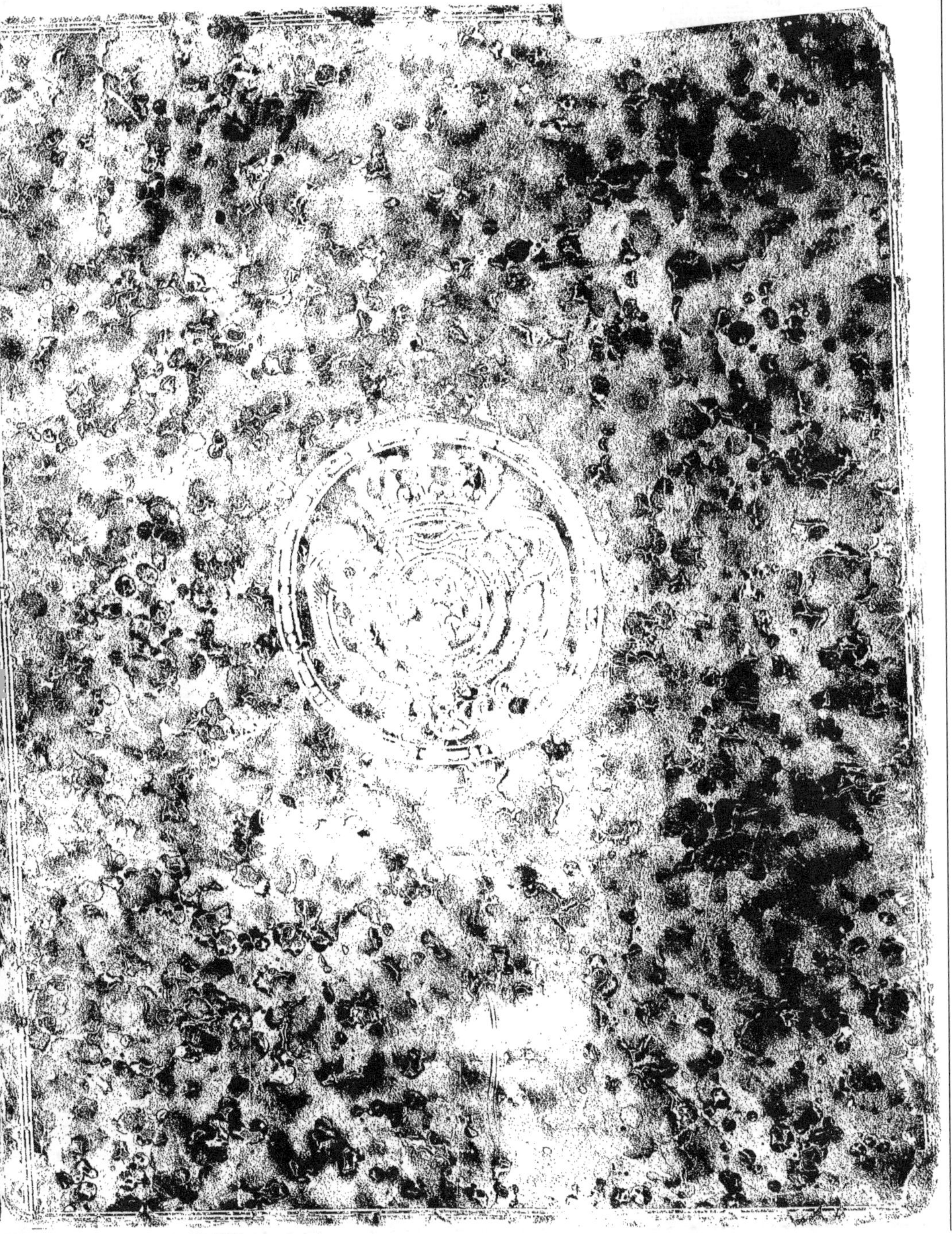

DICTIONNAIRE
RAISONNÉ,
DES DOMAINES
ET DROITS DOMANIAUX;

DES Droits d'Échanges, & de ceux de Contrôle des Actes des Notaires & fous-Signatures privées, Infinuations-Laïques, Centième Denier, Petit-Scel, Contrôle des Exploits, Formule, Gréfes, Droits-réfervés, Francs-Fiefs, Amortiffement, & Nouvel-Acquêt.

Ouvrage dans lequel on a établi les principes de chaque matière, dévelopé leurs conféquences & fait connaître la Jurifprudence actuelle.

TOME TROISIÉME.

A ROUEN,

De l'Imprimerie de JACQUES-JOSEPH LE BOULLENGER, Imprimeur du Roi.

M. DCC. LXII.

AVEC APROBATION ET PRIVILÉGE DU ROI.

DICTIONNAIRE
RAISONNÉ

DES Domaines & Droits Domaniaux, Droits de Contrôle des Actes des Notaires & fous-Signatures privées, Infinuations-Laïques, Centième Denier, Petit-Scel, Contrôle des Exploits, Formule, Gréfes, Droits-Réfervés, Francs-Fiefs, Amortiffe-mens, Nouvel-Acquêt &c.

N

ANTES, ville capitale du comté Nantois, dans la province de Bretagne ; voïez l'article *Bretagne*, tome 1, pag. 331.

Les droits de prévôté de Nantes, dûs fur des marchandifes & denrées amenées par mer à Nantes, ou fortant de la même ville par mer, font domaniaux ; mais ils ont été diftraits de la ferme des domaines & compris dans les cinq groffes fermes ; voïez les articles 350, & fuivans du bail de Forceville du 16 Septembre 1738.

La traite domaniale de Nantes a été aliénée à M. le Maréchal de Barwick le 2 Décembre 1722, à titre d'engagement à faculté de rachat perpétuel, moïennant 700000 liv. de principal ; cette aliénation comprend feulement les droits fur les marchandifes fortant par eau & montant la rivière de Loire, S. M. s'étant refervé les droits de celles qui fortent par terre, de celles qui font déclarées pour être confommées dans la province , & de celles qui fortent par mer & qui s'acquittent au bureau de la prévôté de Nantes ; les droits des paffe-ports qui fe perçoivent au bureau de la porte de Sauvetour , le droit de méage qui fe reçoit , tant au bureau de ladite prévôté , qu'en celui d'Ingrande , le droit de rebillotage audit Ingrande & généralement tous les droits , autres que ceux de la traite defdites marchandifes fortant par eau & montant la Loire.

Par arrêt du confeil du 9 Mai 1724, il a été ordonné que les 24 maifons , qui feront conftruites dans l'emplacement de la Sauffaye de Nantes , demeureront fous le fief du Roi , à caufe de la prévôté de Nantes , & que les propriétaires feront tenus de païer annuellement 8 f. 4 d. de redevance feigneuriale pour chacune ; au moïen de quoi , les maire & échevins ont été déchargés de la redevance de 10 liv. portée par un précédent arrêt du 14 Novembre 1722.

Autre arrêt du confeil du 8 Avril 1732 , qui décharge les habitans de la ville de Nantes , des lods & ventes des maifons fituées fous le fief de la prévôté de ladite ville , au moïen d'une fomme de 36363 liv. 12 f. 9 d. par eux païée ; ainfi , ce n'eft qu'un abonnement qui ne peut avoir lieu que pendant le régne actuel.

Par un arrêt du confeil du 19 Septembre 1682 , rendu fur la requête de M. de Rofnadec , marquis de Molac , gouverneur des ville & château de Nantes , le Roi , fans s'arrêter à une fentence des commiffaires au papier terrier du domaine de Nantes du 22 Juin 1680 , portant réunion au domaine des boutiques & échopes étant à côté des ponts , entre les portes , & fur les murailles & contrefcarpes de la dite ville , permit à M. de Molac de difpofer de cinquante-trois defdits édifices , places & boutiques ; & réunit au domaine les autres places , boutiques & édifices y

mentionnés qui étoient auparavant chargés de rentes envers la communauté de Nantes.

Il a été fait diférentes adjudications de terreins vagues , & emplacemens dépendans des places des fortifications de Nantes , à titre de cens roturier , emportant lods & ventes , & à la charge de païer annuellement une rente au domaine , & de faire conftruire des édifices fur ces terreins , en conféquence d'un arrêt du 3 Janvier 1736 , par lequel M. de Pontdoville , commiffaire de la réformation des domaines de Bretagne , avoit été commis pour faire lefdites adjudications.

Mais les adjudicataires ont effuïé quelques conteftations : les maire & échevins de Nantes , aïant demandé à être fubrogés auxdites adjudications , il eft intervenu arrêt du confeil le 14 Janvier 1738 , par lequel , fans avoir égard à leur demande , il a été ordonné que ces adjudications feront éxécutées , & que les maire & échevins feroient tenus de donner aux adjudicataires les alignemens fuivant lefquels ils doivent conftruire leurs édifices ; le procès verbal d'alignement a été dreffé le 11 Avril 1738 , & jours fuivans.

Enfuite , dame Louife-Félicité de Noailles , veuve de M. le maréchal duc d'Eftrées , gouverneur des ville & château de Nantes , a demandé , non-feulement à être rétablie en la poffeffion & jouïffance pendant fa vie de la partie des terreins & places vagues compris au brévet de don à elle fait par le Roi , le 11 Janvier 1738 , des domaines , maifons , boutiques & baraques , celliers , apentis , jardins & terres vagues , dépendans du gouvernement de Nantes ; & détaillés dans un plan , dont elle demandoit le récollement , mais encore qu'il fut furfis à toutes conftructions d'édifices fur ces places & terreins ; il fut ordonné , par arrêt du 28

Avril 1739 , que fa requête feroit communiquée aux adjudicataires , toutes chofes demeurant en état ; ceux-ci ont demandé qu'il leur fut permis de finir les conftructions commencées, aux offres de païer les rentes dont ils ont été chargés à qui il feroit ordonné ; il y a eû diverfes écritures de part & d'autre ; madame la maréchale d'Eftrées a conclu à ce que fon brévet de don fut confirmé , & à ce qu'en l'interprétant, en tant que de befoin , il plût à S. M. déclarer comprifes audit brévet, comme étant des dépendances du gouvernement de ladite ville de Nantes , toutes les places & terreins vagues qui font autour & dans les douves & foffés & fur les contrefcarpes de ladite ville & château , & notamment , ce qui a été aliéné auxdits adjudicataires, en conféquence lui en accorder la jouïffance dans l'état actuel ; & où S. M. y feroit dificulté , & ne voudroit fe départir des rentes que lefdits adjudicataires fe font obligés de païer , lui donner acte de ce qu'elle offroit païer les mêmes rentes & rembourfer , à dire d'experts , les frais des conftructions faites ou commencées ; & dans ce cas , lui ajuger la propriété & jouïffance defdites places , terreins & édifices.

Sur ces conteftations , il eft intervenu arrêt du confeil le 6 Décembre 1740 , par lequel il eft ordonné que l'arrêt du 19 Septembre 1682 , fera éxécuté felon fa forme & teneur ; en conféquence , faute par la dame maréchale d'Eftrées d'avoir pû juftifier qu'aucun des terreins ajugés par ledit fieur de Pontdoville , foit compris dans le nombre des 53 édifices , places & boutiques , dont la jouïffance a été accordée par S. M. au gouverneur de Nantes , par ledit arrêt de 1682 , ladite dame maréchale d'Eftrées a été déboutée des opofitions par elle formées, & de fes demandes & conclufions ; & il a été ordonné que les adjudications feront éxécutées felon leur forme & teneur.

Les habitans roturiers de la ville de Nantes , ont prétendu , comme ceux de plufieurs autres villes du roïaume, devoir jouïr de l'éxemtion des droits de *franc-fiefs* pour les fiefs , & biens nobles par eux poffédés ; mais , ces prétentions ont été rejettées , parce que toutes les éxemtions de ce droit ont été révoquées , & qu'elles ne peuvent même avoir lieu que pendant le régne du fouverain qui les a accordées.

Arrêt du confeil du 30 Décembre 1721, qui condamne le fieur Rigault de la Gueriniere au païement d'un droit de francfief qui lui étoit demandé , & ordonne que les autres habitans roturiers de la ville de Nantes , feront tenus de païer ledit droit de *franc-fief*, pour raifon des fiefs & autres biens nobles qu'ils poffédent , conformément à la déclaration du 9 Mars 1700 , & à l'édit du mois de Mai 1708. Le fieur Rigault , habitant de Nantes , fondoit fa prétendu éxemtion fur des lettres patentes des années 1490, 1555 , 1574, 1620 & 1644 , & fur un arrêt de la chambre des comptes de Nantes du 4 Mai 1710 , qui l'avoit déchargé de ce droit.

Par décifion du 2 Juin 1732 , le confeil a rejetté les offres faites par les maire , échevins & habitans de la ville de Nantes , de païer , par forme de don gratuit , une fomme de 20000 livres,& les 2 f. pour liv. , & de païer annuellement au même titre , la fomme de 1000 liv. & les 2 f. pour liv. pour être confirmés à perpétuité dans l'éxemtion du droit de *franc-fief* ; ils demandoient non - feulement l'éxemtion pour tous les biens qu'ils poffédéroient dans l'étendüe du roïaume , mais encore que , fur la fomme offerte , il leur fut tenu compte de celles que les habitans avoient été contraints de païer en éxécution de l'arrêt du 30 Décembre 1721.

Néanmoins , la queſtion a été renouvellée par le ſieur Charles Chancerel ,
bourgeois & habitant de la ville de Nantes , qui ſe fondoit , tant ſur les anciennes
lettres patentes , que ſur de nouvelles obtenuës au mois de Septembre 1733 ;
mais , ces lettres n'expriment pas l'éxemtion du droit de *franc-fief* ; elles ne confirment même les priviléges des habitans
de Nantes , qu'autant qu'il n'y a point
été dérogé par aucuns édits , déclarations
ou arrêts du conſeil ; en conſéquence , il
eſt intervenu le 2 Novembre 1734 , un
arrêt du conſeil , par lequel ledit ſieur
Chancerel a été débouté de ſes demandes ,
& il a été ordonné que l'ordonnance
de M. l'intendant de Bretagne qui l'a-
voit condamné au païement du droit de
franc-fief, feroit éxécutée ſelon ſa forme &
teneur.

NANTISSEMENT , eſt une formali-
té à obſerver par les créanciers qui veulent acquérir hipotéque ſur les héritages
de leurs débiteurs , ſitués dans les coûtumes d'Amiens , de Ponthieu , & quelques autres.

Par arrêt du conſeil du 13 Décembre
1695 , & par l'article 5 de la déclaration du 19 Mars 1696 , il fut défendu à
tous juges d'admettre aucuns nantiſſemens
ſur les immeubles , en conſéquence de ſentences ou arrêts , s'ils ne ſont fondés ſur
des actes paſſés par - devant notaires , &
contrôlés. L'édit du mois d'Octobre 1705 ,
raporté dans le vol. 1 , pag. 28 , a confirmé ces diſpoſitions , en aſſujétiſſant tous
actes ſous-ſignatures privées à être contrôlés avant que de pouvoir s'en ſervir en juſtice,& de paſſer aucuns actes en conſéquence.

Le nantiſſement ordonné en juſtice
eſt un acte judiciaire ; mais , il y a un
nantiſſement qui ſe fait par miſe en poſſeſſion ou ſaiſine du créancier , ou de l'acquéreur , & par le miniſtère d'un oficier public. Le droit de contrôle de cet acte eſt dû
ſur le même pié règlé pour la priſe de poſ-

ſeſſion & pour la ſaiſine. *Voïez* ces dénominations.

NAPLES , roïaume en Italie , qui comprend les deux Siciles ; *voïez* le traité
des droits du Roi ſur le roïaume de Naples , par M. Dupuy , pag. 1re; ce roïaume apartient actuellement à l'auguſte maiſon de Bourbon : il paſſa en 1700 au Roi
d'Eſpagne , Philippe V ; mais , l'Archiduc
Charles , depuis Charles VI Empereur ,
s'en ſaiſit en 1706. Il fut donné , par le
traité de Vienne en 1736 , à l'Infant Dom
Carlos , qui a paſſé en 1759 au roïaume
d'Eſpagne ; au moïen de quoi , Ferdinand
Infant d'Eſpagne , eſt devenu Roi de Naples & des deux Siciles.

Par l'article 23 du traité d'amitié & d'u-
nion conclu le 15 Août 1761 , ſous la dénomination de pacte de famille , entre le
Roi & le Roi d'Eſpagne , ſtipulant pour
lui & pour le Roi des deux Siciles ,
dont les ratifications ont été échangées
le 8 Septembre ſuivant , & qui a été
publié dans le ſuplément de la gazette
de France du 26 Décembre 1761 ,
il eſt dit que le droit *d'aubaine* eſt aboli en faveur des ſujets de leurs majeſ-
tés catholique & ſicilienne , qui jouïront
en France des mêmes prérogatives que les
nationnaux , & que les français ſeront également traités en Eſpagne & dans les deux
Siciles , comme les ſujets naturels de ces
deux monarchies. Voïez *Sicile.*

NARBONNE , ville de France en
Languedoc ; *voïez* le traité de M. Dupuy ,
page 591.

Par arrêt du conſeil du 9 Mai 1682 ,
le droit de coſſe de Narbonne fut réuni
au domaine pour un quart & demi ; il fut
ordonné que le fermier des domaines en
jouïroit à commencer du 1er Janvier précédent ; & que , ſur le ſurplus , les conſuls
de Narbonne conteſteroient plus amplement
dans trois mois devant M. l'intendant de
Languedoc.

Autre arrêt du conſeil du 6 Novembre 1683, portant réunion au domaine du droit de leude & péage, dont les consuls de la ville de Narbonne avoient joüï jusqu'alors ; il fut ordonné que le fermier des domaines en joüïroit, sans néanmoins pouvoir prétendre aucune restitution contre lesdits consuls.

NATURALITÉ, *ou naturalisation d'un étranger.*

Le Roi seul peut accorder des lettres de naturalité à un étranger ; c'est-à-dire, le qualifier de vrai & naturel français, lui permettre de joüïr & de disposer de ses biens, & à ses héritiers, d'apréhender ou recueillir sa succession, pourvû qu'ils soient régnicoles & non étrangers. Le Bret, de la souveraineté, liv. 2, ch. 1.

Ces lettres doivent être enregistrées au parlement, par raport aux éfets civils ; elles doivent être enterrinées à la chambre des comptes, & même au bureau des finances, suivant l'édit du mois de Février 1704.

Si l'étranger naturalisé se retire du roïaume, se marie & y transfère son domicile, il perd la grace & est censé étranger ; ensorte que, décédant hors du roïaume, ses enfans nés hors de France, ni autres héritiers, ne peuvent lui succéder, sa succession apartient au Roi seul ; & s'il revient en France, il faut même qu'il se fasse réhabiliter.

L'étranger naturalisé décédant en France, ses parens étrangers ne peuvent lui succéder, nonobstant leurs priviléges quelconques ; sa succession ne peut passer qu'à des héritiers régnicoles, & à leur défaut au Roi, sans que le haut-justicier y puisse rien prétendre.

Voïez *Aubain*, où il a été plus amplement traité des diférens éfets que produisent les lettres de naturalité obtenuës par les étrangers.

Déclaration du Roi du 22 Juillet 1697, portant que les lettres de naturalité & de déclaration de naturalité, obtenuës par les étrangers établis dans le roïaume depuis 1600, demeureront confirmées, à la charge, par ceux qui n'ont point financé, de païer, eux ou leurs descendans ou donataires, les sommes auxquelles ils seront taxés ; que ceux établis depuis le même tems en France, soit qu'ils aïent obtenu des lettres de naturalité ou non, païeront les sommes auxquelles ils seront taxés, moïennant quoi ils joüïront des mêmes priviléges que les naturels français, & il leur sera expédié des lettres à cet éfet.

Par déclaration du Roi du 21 Août 1718, S. M. a révoqué les lettres de naturalité accordées aux Gènois qui ont conservé leur domicile à Gènes, & qui ne font point leur résidence actuelle dans le roïaume ; voïez *Gènes*, tome 2, page 460.

Par autre déclaration du Roi du mois de Février 1720, S. M. a révoqué, conformément à sa déclaration du 21 Août 1718, toutes lettres de naturalité accordées aux étrangers faisant le commerce maritime, qui ont conservé leur domicile dans les païs des princes & républiques dont ils étoient sujets, ou hors du roïaume, & qui ne font point leur résidence actuelle dans les villes ou ports du roïaume, même celles où la clause de non résidence dans le roïaume seroit emploïée ; & déclaré lesdites lettres de naturalité nulles & comme non avenuës ; en conséquence, a ordonné que lesdits étrangers naturalisés français, faisant le commerce maritime & qui ne font point leur résidence actuelle dans le roïaume, ne seront plus censés & réputés sujets du Roi, & ne joüïront plus des priviléges qui leur ont été accordés par lesdites lettres de naturalité.

Les lettres de naturalité doivent être insinuées ; voïez *Lettres de naturalité*, tome 2, page 618.

NAVARRE française ; c'est la basse

Navarre en Gafcogne ; *voïez* le traité des droits du Roi , par M. Dupuy , page 593.

Le roïaume de Navarre , & la principauté de Bearn ont été réunis à la couronne , lorfque Henry IV y eft parvenu. Voïez *Bearn* , tome 1 , page 304 , & *Domaine* , tome 1 , page 86.

Par édit du mois de Mars 1639 , il fut ordonné qu'il feroit procédé à la vente & revente des domaines de Navarre & autres ; voïez *Domaine* , tom. 1 , page 102.

Les diférens droits établis dans le roïaume , ont lieu dans la baffe-Navarre , comme dans les autres provinces ; *voïez* l'arrèt du 9 Mai 1724 , verb. *Abonnement* , & celui du 14 Février 1726 , verb. *Nomination* d'oficiers municipaux ; *voïez* auffi *Nouvel-acquèt* , & l'article fuivant.

NEBOUZAN , païs du gouvernement de Guyenne & de Gafcogne , avec titre de vicomté , dans la généralité d'Auch , faifant partie de l'ancien domaine de la couronne de Navarre.

Les findics généraux du païs de Nebouzan , ont prétendu que les habitans roturiers dudit païs devoient jouïr de l'éxemtion des droits de *franc-fiefs* , qui leur avoit été accordée en 1490 par Charles VIII , en 1577 par Henry III , & en 1594 par Henry IV , & confirmée par Loüis XIV en 1671 ; ils ont dit que le droit , fondé fur l'incapacité des roturiers de poffeder des fiefs & biens nobles , ne peut avoir lieu que dans les païs du roïaume de France où cette maxime a été introduite , qu'elle étoit inconnuë dans le roïaume de Navarre , & que le droit de franc-fief , qui en eft une fuite , n'y a jamais eu lieu ; que lors de la réünion de la Navarre à la couronne de France , par Henry IV , les habitans furent confirmés dans les privilèges & éxemtions dont ils jouïffoient , & que ceux du païs de Nebouzan en particulier , ont été confirmés dans

l'éxemtion du droit de franc-fief par arrèt du 14 Juillet 1711. Le fermier a opofé que , par les édits de 1672 & 1692 , par la déclaration de 1700 , & l'édit du mois de Mai 1708 , il a été ordonné que les droits de franc-fiefs feroient païés par tous les habitans roturiers du roïaume , païs & terres de l'obéïffance du Roi , fans diftinction ni exception ; que lefdits habitans du Nebouzan ne furent confirmés dans l'éxemtion par arrèt du 15 Janvier 1697 , qu'à la charge de païer la fomme de 5000 liv. & les 2 f. pour liv. , à laquelle S. M. modéra tout ce qui pouvoit être dû pour ce droit , en éxécution de l'édit de 1692 ; que l'arrèt du 14 Juillet 1711 étoit également un abonnement jufqu'au 1er Mai 1717 feulement , à raifon de 150 liv. par an ; & que les lettres patentes par eux obtenuës en 1717 , conjointement avec les habitans du comté de Commenges , font fimplement confirmatives de leurs privilèges , & ne peuvent par conféquent leur procurer l'éxemtion des droits de franc-fiefs qui n'y font point exprimés , & auxquels ils étoient affujétis depuis 1672.

Par arrèt du confeil rendu fur cette conteftation le 30 Septembre 1749 , faifant droit fur le renvoi au confeil porté par l'ordonnance de M. l'intendant d'Auch , fans s'arrêter aux demandes des findics des états de Nebouzan , dont ils ont été déboutés , il a été ordonné que les habitans roturiers dudit païs feront tenus de païer les droits de *franc-fiefs* des fiefs & biens nobles qu'ils poffédent , à compter du 1er Mai 1717 , jour de l'expiration de leur dernier abonnement.

NOBLESSE , eft une diftinction dans l'état des perfonnes , introduite dans plufieurs gouvernemens : dans les uns , la nobleffe eft perfonnelle , & dans les autres , elle eft devenuë héréditaire pour récompenfer dans la perfonne des defcendans la vertu de leurs ancètres , au moïen de quoi elle eft tranfmiffible à la poftérité de mâle en mâle , jufqu'à ce qu'elle s'éteigne , foit faute de mâle , foit par des actes de dérogeance ; la nature n'admet d'autre diftinction entre les hommes que celle de la force & de la foibleffe; mais, cette diftinction, fecondée par l'ambition, en a introduit plufieurs autres. Le droit Romain n'en faifoit que trois : la première , des perfonnes libres & des efclaves ; la feconde , des citoïens & des étrangers , & de ceux qui avoient perdu les droits de cité ; & la troifiéme , des pères de famille & des fils de familles. Loix civ. liv. 1, tit. 2 , fect. 2.

2. Il en a été des Francs comme des Romains & des autres nations qui habitoient les Gaules: dans les premiers tems de notre monarchie, les Francs de toutes les tribus, ne compofoient qu'un feul & même corps de citoïens ; ils n'étoient point partagés en deux ordres , comme le font aujourd'hui les fujets de nos Rois, qu'on divife en nobles & en non nobles ou roturiers ; s'il y avoit quelques familles pour lefquelles on avoit plus de confidération que pour d'autres , elles n'avoient néanmoins ni droits particuliers , ni privilége fpécial qui en fit un ordre particulier & fupérieur à un autre ordre de citoïens ; celui qui étoit né libre , étoit qualifié de noble homme dans l'ufage du monde : noble homme & homme né libre ont fignifié long-tems la même chofe , & il n'y a point eû d'autre diftinction jufques vers le déclin de la feconde race de nos Rois. Ainfi, lorfque les hiftoriens , en parlant des tems précédens , fe fervent des termes de nobles, l'on ne doit pas entendre par cette dénomination des familles qui euffent aucuns droits ni prérogatives au-deffus des autres , mais feulement des perfonnes plus particulièrement attachées à l'état par leurs emplois, ou commiffions , ou qui avoient rendu plus de fervices , & qui en conféquence joüiffoient

feulement de quelque confidération plus intime. *Voïez* l'hift. crit. de l'établiffement de la monarchie ; & le trait. hift. de la fouv. du Roi.

3. Par les révolutions arrivées fous les derniers Rois de la feconde race , les biens & droits de la couronne furent ufurpés ; les Francs , ainfi que les Romains & les Gaulois , confondus avec eux , en profitèrent : les commiffions qui n'étoient qu'à tems devinrent des dignités héréditaires , & chacun s'attribua ce qui étoit à fa bienféance. Si les fucceffeurs de Hugues Capet ont rétabli peu à peu une partie de ces ufurpations, ils en ont toléré plufieurs , entr'autres la tranfmiffion de la nobleffe aux defcendans , avec les prérogatives, droits & priviléges qui y font actuellement annéxés ; ils ne fe font pas même bornés à reconnaitre cette nobleffe : confidérant qu'une diftinction dans l'état des citoïens étoit propre à exciter l'émulation , ils ont fait plufieurs nobles à l'inftar des premiers , pour récompenfer la vertu & les fervices importans rendus par quelques fujets ; les befoins de l'état ont auffi fervi de prétexte pour augmenter le nombre des nobles , par des lettres particulières d'annobliffement , ou par la vente de certains ofices auxquels ils ont attaché la nobleffe.

» Si la noble extraction & l'antiquité » de la race qui donne tant de diftinction » parmi les hommes , n'eft que le préfent » d'une fortune aveugle , le titre & la four- » ce de la nobleffe eft un préfent du Prin- » ce qui fait récompenfer avec choix les » fervices importans que les fujets rendent » à leur patrie. Ces fervices , fi dignes » de la reconnaiffance des fouverains , ne » fe rendent pas toujours les armes à la » main : le zèle fe fignale de plus d'une » manière ; & il eft des occafions où , en » facrifiant fon bien pour l'entretien des » troupes qui défendent l'état, on mérite » en quelque forte la même récompenfe

Noblesse.

» que ceux mêmes qui prodiguent leur
» sang pour le défendre. » *Préamb. d'un
édit. de Loüis XIV du mois de Mars
1696.*

4. Comme il ne s'agit pas ici de faire un
traité de la noblesse , mais seulement de
rapeller les principes généraux qui servent
à distinguer ceux qui en jouïssent , de ceux
qui prétendent l'usurper , afin de connaître ceux qui peuvent être sujets aux droits
de franc-fiefs , nous nous bornons à ren-
voïer , pour la noblesse par charges & offices , aux articles *Capitouls , Chancelleries , Commensaux , Cour souveraine , Franc-Fiefs* , §. III , tom. 2 , p.
433 ; *Maires , Secrétaires du Roi , Trésoriers de France* , & autres titres d'offices , & aux renvois qui y sont indiqués ;
& nous traiterons sommairement ici ,
des annoblissemens par lettres , & des révocations qui en ont été ordonnées ; de la
noblesse militaire ; des preuves de la noblesse ; de la dérogeance & de la réhabilitation ; enfin , de la noblesse étrangère.

Des annoblissemens par lettres.

5. Le Roi seul peut annoblir , comme
il a été dit verb. *Annoblissement* : c'est un
droit roïal que nos souverains ont souvent
éxercé ; le premier annoblissement par
lettres , qui soit connu , fut fait en 1271 ,
par Philippe le Hardy , fils de saint Loüis ,
en faveur du nommé Raoul orfévre. Le
célébre auteur de l'abr. chron. de l'hist. de
france , fait sur cet annoblissement , une
observation qui confirme ce qui a été dit
ci-dessus. ,, Cette introduction nouvelle ,
» par laquelle on raprochoit les roturiers
» des nobles & qui fut apellée annoblisse-
» ment , ne faisoit que rétablir les choses
» dans le premier état : les citoïens de
» France , même depuis Clovis , sous la pre-
» mière & long-tems sous la seconde race ,
» étoient tous d'une condition égale , soit
» Francs , soit Gaulois; & cette égalité, qui

» dura tant que les Rois furent absolus ,
» ne fut troublée que par la révolte & la
» violence de ceux qui usurpèrent les sei-
» gneuries &c.

Philippe le Bel fit en 1313 plusieurs
annoblissemens , pour réparer les pertes
faites en Orient par les croisades ; les mêmes motifs déterminèrent la permission qui
fut accordée aux roturiers de posséder des
fiefs , en païant une finance; voïez *Franc-
fiefs ;* par cette possession , les roturiers ,
assujétis au service militaire , usurpèrent
facilement la noblesse : l'usurpation fut telle , que les fiefs communiquoient leur franchise ou leur noblesse aux roturiers qui
les possédoient & qui y faisoient leur demeure ; mais , il y fut remédié par l'art.
258 de l'ordonnance de Blois , ainsi
qu'on l'a ci-devant observé , tom. 2 , pag.
429.

Les annoblissemens devinrent communs
dans le quatorzième siécle ; Charles V donna
le 22 Juillet 1368 , une déclaration portant règlement pour les lettres d'annoblissement.

Par édit du mois de Janvier 1568 ,
Charles IX créa douze personnes nobles en
chaque ville & bailliage du Roïaume , pour
jouïr du privilège de la noblesse , en païant
la finance fixée par cet édit.

Henry III ordonna de semblables annoblissemens , par édit du mois de Juin
1576, dans les généralités de Paris , Roüen
& Caën ; & par un autre édit donné à Poitiers au mois de Septembre 1577 , pour
la province de Bretagne.

Par édit du mois de Mai 1593 , Henry
IV annoblit vingt-quatre personnes dans
l'étenduë du ressort du parlement de Paris;
mais , par autre édit du mois de Janvier
1598 , il révoqua tous les annoblissemens
accordés vingt années auparavant à prix
d'argent ; les besoins de l'état l'obligèrent
ensuite à les rétablir par édit du mois de
Mars 1606.

Loüis XIII révoqua , par l'article 1er de
l'édit

l'édit du mois de Janvier 1634, tous les annobliſſemens accordés vingt ans auparavant, moïennant finance ou autrement, excepté les douze annoblis par édit du mois de Mai 1628, en faveur des aſſociés en la compagnie de la nouvelle-France ; & , par l'article 4 , il ordonna qu'à l'avenir, il ne feroit expédié aucunes lettres d'annobliſſement , ſinon pour grandes & importantes conſidérations ; que leſdits annobliſſemens feroient regiſtrés ès cours ſouveraines, & que les procureurs généraux de S. M. en icelles feroient ouïs , & les habitans & procureurs-ſindics des paroiſſes de la demeure des annoblis, indemniſés. La cour des aides de Paris, en vérifiant l'édit, en reſtraignit l'éfet aux annoblis, moïennant finance ſeulement ; & à l'égard des annoblis de la compagnie de la nouvelle-France , elle ordonna qu'il en feroit délibéré , & cependant qu'ils ne jouïroient d'aucuns priviléges.

Par édit du mois de Novembre 1638, le même prince , en faveur de la naiſſance du Dauphin (depuis Loüis XIV,) accorda la nobleſſe , moïennant finance, à diférentes perſonnes, dans chacune des généralités du Roïaume , & à leur poſtérité & lignée , tant mâles que femelles, nés & à naître ; mais, par édit donné à Saint Germain au mois de Novembre 1640 , il révoqua tous les annobliſſemens accordés moïennant finance ou autrement, depuis trente années ; cette révocation fut confirmée par déclaration du 16 Avril 1643.

Loüis XIV, par édit du mois de Mai 1643, en faveur de ſon heureux avénement à la couronne , annoblit deux perſonnes en chaque généralité du roïaume ; & , par édit donné à Fontainebleau, au mois d'Octobre 1645, il créa cinquante nobles ès villes franches de la province de Normandie ; il confirma, par déclaration du 30 Décembre 1656, les annobliſſemens accordés depuis 1606, à la charge de païer, par chacun des annoblis , une ſomme de 1500 liv. ; il accorda même , par édit du mois de Janvier

Tome III.

1660, en faveur de la paix concluë le 7 Novembre précédent, la nobleſſe à deux perſonnes de chaque généralité, moïennant finance.

Mais , par deux édits des mois d'Août & Septembre 1664, le Roi révoqua tous les annobliſſemens accordés trente années auparavant, ſe réſervant toutefois S. M. de confirmer ceux qui avoient obtenu le titre de nobleſſe pour ſervices ſignalés rendus dans les armées & autres emplois importans ; & , par deux arrêts du conſeil du 13 Janvier 1667, il fut dit que l'intention du Roi étoit que la révocation eût lieu depuis le 1er Janvier 1614, pour la province de Normandie , & depuis le 1er Janvier 1611, pour les autres provinces du roïaume , & que tous les nobles par lettres depuis ces époques, juſqu'aux édits de 1664, feroient impoſés à la taille ; à l'exception néanmoins de ceux qui auroient obtenu des lettres de confirmation ſur des expoſés véritables, & duëment enregiſtrées depuis 1664.

6. Le même monarque , à l'occaſion de la guerre contre la ligue d'Auſbourg, & de celle pour la ſucceſſion d'Eſpagne , fit , à commencer de 1689, pluſieurs nobles moïennant finance , & il révoqua cette nobleſſe après la paix, comme on l'expliquera ci-après , n. 7.

Il fut ordonné , par déclaration du 17 Janvier 1696, en interprétant l'édit du mois de Décembre 1692, concernant la confirmation des lettres de nobleſſe, que ceux qui avoient pris des lettres de réhabilitation, pour maintenuë dans leur ancienne nobleſſe , ou pour annobliſſement en tant que de beſoin , feroient tenus de païer les ſommes contenuës ès rôles qui feroient arrêtés au conſeil, pour être confirmés dans leur ancienne nobleſſe ; que ceux qui avoient obtenu le rétabliſſement de leur nobleſſe, révoquée par les édits de 1664, païeroient, pour y être confirmés , les ſommes auxquelles ils feroient taxés ; &

B

que ceux qui avoient obtenu des lettres de nobleſſe depuis 1664, joüiroient, eux & leurs enfans nés & à naitre en légitime mariage, du bénéfice deſdites lettres, en païant pareillement une finance, au moïen de quoi cette finance leur tiendroit lieu d'augmentation de ſervices : ils ſeroient diſpenſés d'établir le preuves des ſervices prétextés dans leurs lettres de nobleſſe, & il leur ſufiroit de raporter ces lettres duëment enregiſtrées, avec les quitances de finance pour cette confirmation ; enfin, le Roi révoqua toutes lettres d'annobliſſement dont les impétrans ou leurs ſucceſſeurs n'auront païé aucune finance pour la confirmation d'icelles.

Par édit du mois de Mars 1696, le Roi annoblit 500 perſonnes dans le roïaume, qui ſeroient choiſies parmi ceux qui s'étoient le plus diſtingués par leurs mérites, vertus & bonnes qualités, à chacun deſquels il ſeroit expédié des lettres particulières d'annobliſſement, leſquelles ſeroient enregiſtrées dans les cours de parlement, chambres des comptes, cours des aides & bureaux des finances, même aux gréfes des bailliages, ſénéchauſſés & élections du domicile des impétrans. La finance en fut fixée à 6000 liv. par arrêt du 3 Avril 1696.

Il fut ordonné un ſemblable annobliſſement de 200 perſonnes dans le roïaume, par autre édit du mois d'Août 1702, & la finance fut pareillement fixée à 6000 liv. par arrêt du 21 Juin de la même année.

Par édit du mois d'Octobre 1704, il fut ſuprimé cent lettres de nobleſſe des 200 créées en 1702, & ordonné que ceux qui avoient obtenu des lettres en vertu des édits de 1696 & 1702, ſeroient tenus de païer une ſomme de 3000 livres d'augmentation de finance, pour raiſon de laquelle il leur ſeroit fait une rente.

Et par un autre édit du mois de Dé-

cembre 1711, il fut créé cent nouvelles lettres de nobleſſe dans le roïaume.

Si l'on n'a parlé ci-deſſus que des annobliſſemens par lettres, ce n'eſt pas qu'ils n'euſſent également été multipliés, ſous le régne de Loüis XIV, par des charges & ofices ; l'on peut voir à cet égard les renvois indiqués ci-deſſus au n. 4 ; il faut en outre obſerver qu'anciennement les charges & ofices, même les plus diſtingués & les plus éminens, ne conféroient pas la nobleſſe comme aujourd'hui : le cardinal Pierre de la Foreſt, chancelier de France dès le régne de Philippe de Valois, étoit né roturier, & il fut annobli au mois d'Octobre 1354, par le Roi Jean, qui ſcella lui-même les lettres, en ſe ſervant du petit-ſceau qui étoit à la garde de ſon épée, parce que le chancelier avoit le grand-ſceau. Ces lettres ſont raportées par du Chêne, dans les preuves de l'hiſtoire des cardinaux français ; ce n'eſt que par une ſuite de la vénalité des charges qu'on y a joint diférens priviléges.

7. Après la paix, Loüis XIV, voulant remédier aux diférens abus introduits pendant la guerre, ſuprima un grand nombre des oficiers des chancelleries, & révoqua tous leurs priviléges & éxemtions, par édit du mois de Juin 1715, raporté dans le vol. 1, page 399.

Il donna enſuite l'édit du mois d'Août 1715, par l'article Ier, du quel S. M. révoqua, éteignit & ſuprima tous les annobliſſemens accordés depuis le 1er Janvier 1689, par lettres, moïennant finance, en conféquence des édits de 1696, 1702 & 1711, ou autrement ; & ordonna que tous les particuliers annoblis depuis ledit jour 1er Janvier 1689, enſemble leurs enfans & deſcendans, même les enfans & deſcendans de ceux deſdits annoblis décédés, ſeroient impoſés à la taille & autres impoſitions & charges publiques, à compter du 1er Octobre 1715, à la réſerve de ceux que S. M. jugeroit à propos d'excepter, en conſidération de fervices importans rendus à l'état. Art. II, la nobleffe au premier dégré, accordée en conféquence de l'édit du mois d'Octobre 1704, aux oficiers des cours & compagnies fupérieures & bureaux des finances, fut pareillement révoquée, & lefdits oficiers, leurs enfans & defcendans, remis au même état qu'ils étoient auparavant; à l'exception des oficiers du parlement, de la chambre des comptes & de la cour des aides de Paris, & des oficiers & fecrétaires des chancelleries. Article III, S. M. révoqua la nobleffe au premier dégré, accordée aux oficiers du bureau des finances de Paris, par édit du mois d'Avril 1705. Article IV, les oficiers des cours & compagnies fupérieures & bureaux des finances, ont été maintenus dans la nobleffe graduelle & dans les autres honneurs, prérogatives & priviléges attribués à leurs charges, & dont ils jouïffoient avant 1689. Article V, S. M. révoqua auffi, non-feulement la nobleffe au premier dégré, accordée en 1706, aux échevins de Paris, & celle attribuée à diférens oficiers, tant militaires que de judicature, police & finance, foit que ces ofices euffent été créés avant ou depuis 1689; mais encore la nobleffe graduelle accordée depuis le même tems, moïennant finance, en quelque forte & manière que ce fût, tant aux corps & compagnies, qu'à quelques oficiers feulement qui n'en jouïffoient pas avant 1689, voulant que tous les oficiers, enfemble leurs enfans & defcendans, foient & demeurent remis & rétablis au même état où ils étoient avant la conceffion de ce privilége. Par l'article VI, la révocation fut également prononcée de tous les priviléges & éxemtions de taille & autres charges publiques, accordés moïennant finance ou attribués à tous les ofices, tant militaires, que de judicature, police & finance, créés depuis le 1er Janvier 1689, dont la première finance ne fe trouvera pas de la fomme de 10000 livres. Enfin, par l'article XVII, il fut ordonné que, dans le premier chapitre des rôles des tailles, feroient compris tous les annoblis par lettres depuis le premier Janvier 1689, foit que ces lettres leur euffent été accordées, par forme d'annobliffement, ou feulement de confirmation & réhabilitation; enfemble tous les oficiers fupprimés, & ceux dont les privilèges & éxemtions font révoqués par cet édit.

8. De ces diférens règlemens, il réfulte que les defcendans des annoblis par lettres depuis 1614, en Normandie, & depuis 1611, dans les autres provinces, jufqu'à 1664, ne peuvent prétendre aucuns des priviléges de la nobleffe; que ceux qui ont été annoblis depuis 1664 jufqu'à 1689, par des lettres duëment enregiftrées, & qui ont païé les finances ordonnées pour y être confirmés, jouïffent de la nobleffe; & que tous annoblis depuis 1689 jufqu'à 1715, font rentrés dans le même état où ils étoient auparavant, à moins qu'ils n'aïent été exceptés par des lettres particulières obtenuës en conformité de la réferve faite par l'article 1er de l'édit de 1715.

Il faut encore obferver que tous les annoblis pendant le régne de Loüis XIV, c'eft-à-dire depuis 1643 jufqu'à 1715, ont dû y être confirmés & païer le droit de confirmation à l'avénement du Roi régnant; voïez les arrêts de 1723, 1730 & 1732, raportés, verb. *Confirmation*, tom. 1, pages 471 & 472.

De la nobleffe militaire.

9. Par édit donné à Fontainebleau au mois de Novembre 1750, le Roi a établi & créé une nobleffe militaire, qui peut s'acquérir de droit par les armes, fans lettres particulières d'annobliffement; voici les difpofitions de cet édit.

» Article I. Aucun de nos fujets, fer-
» vant dans nos troupes en qualité d'ofi-
» cier, ne poura être impofé à la taille
» pendant qu'il confervera cette qualité.

» II. En vertu de notre préfent édit &

B ij

» du jour de ſa publication , *tous oficiers*
» *généraux* , non nobles , actuellement à
» notre ſervice , ſeront & demeureront
» annoblis , avec toute leur poſtérité née
» & à naître en légitime mariage.

» III. Voulons qu'à l'avenir , *le grade*
» *d'oficier général confère la nobleſſe de*
» *droit* à ceux qui y parviendront , & à
» toute leur poſtérité légitime , lors née
» & à naître , & joüiront noſdits oficiers
» généraux , de tous les droits de la no-
» bleſſe , à compter du jour & date de leurs
» lettres & brévets.

» IV. Tout oficier non noble , d'un gra-
» de inférieur à celui de maréchal de camp ,
» qui aura été par nous créé chevalier de
» l'ordre roïal & militaire de ſaint Loüis , &
» qui ſe retirera après trente ans de ſervi-
» ces non interrompus , dont il en aura paſſé
» vingt avec la commiſſion de capitaine , joüi-
» ra , ſa vie durant , de l'éxemtion de la taille.

» V. L'oficier dont le père aura été
» éxemt de la taille en éxecution de l'arti-
» cle précédent , s'il veut joüir de la mê-
» me éxemtion , en quitant notre ſervice ,
» ſera obligé de remplir auparavant toutes
» les conditions preſcrites par l'article IV.

» VI. Réduiſons les vingt années de
» commiſſion de capitaine , éxigées par les
» articles ci-deſſus , à dix-huit ans pour ceux
» qui auront eu la commiſſion de lieutenant-
» colonel , à ſeize pour ceux qui auront eu
» celle de colonel , & à quatorze pour
» ceux qui auront eu le grade de brigadier.

» VII. Pour que les oficiers non nobles ,
» qui auront accompli leur tems de ſervice ,
» puiſſent juſtifier qu'ils ont acquis l'éxem-
» tion de la taille , accordée par les arti-
» cles IV & V , voulons que le ſecrétaire
» d'état , chargé du département de la guer-
» re , leur donne un certificat , (*) por-
» tant qu'ils nous ont ſervi le tems preſcrit

» par les articles IV & V en tel corps &
» dans tel grade.

» VIII. Les oficiers devenus capitaines
» & chevaliers de l'ordre de ſaint Loüis ,
» que leurs bleſſures mettront hors d'état
» de nous continuer leurs ſervices , demeu-
» reront diſpenſés de droit du tems qui
» en reſtera lors à courir : voulons , en ce
» cas , que le certificat mentionné en l'arti-
» cle précédent , ſpécifie la qualité des
» bleſſures deſdits oficiers , les occaſions
» de guerre dans leſquelles ils les ont re-
» çües , & la néceſſité dans laquelle ils ſe
» trouvent de ſe retirer.

» IX. Ceux qui mourront à notre ſer-
» vice après être parvenus au grade de
» capitaine , mais ſans avoir rempli les autres
» conditions impoſées par les articles IV
» & VI ſeront cenſés les avoir accomplies ;
» & s'ils laiſſent des fils légitimes qui ſoient
» à notre ſervice , ou qui s'y deſtinent ,
» il leur ſera donné , par le ſecrétaire d'é-
» tat , chargé du département de la guer-
» re , un certificat , portant que leur père
» nous ſervoit au jour de ſa mort dans tel
» corps & dans tel grade.

» X. *Tout oficier* , né en légitime ma-
» riage , *dont le père & l'aïeul auront ac-*
» *quis l'éxemtion de la taille* , en éxécu-
» tion des articles ci-deſſus , *ſera noble de*
» *droit* , *après toutefois qu'il aura été par*
» *nous créé chevalier de l'ordre de ſaint*
» *Loüis* , *qu'il nous aura ſervi le tems*
» *preſcrit par les articles IV & VI* , ou qu'il
» aura profité de la diſpenſe accordée par
» l'article VIII. Voulons , pour le mettre en
» état de juſtifier de ſes ſervices perſon-
» nels , qu'il lui ſoit délivré un certificat ,
» tel qu'il eſt ordonné par les articles VII , &
» VIII , ſelon qu'il ſe ſera trouvé dans quel-
» qu'un des cas prévûs par ces articles , &
» qu'en conſéquence il joüiſſe de tous les

(*) Au lieu de ce certificat , il faut des lettres ſcellées du grand-ſceau ; *voïez* l'article 3 de la déclaration du
22 Janvier 1752.

» droits de la nobleſſe , du jour daté dans
» ledit certificat.

» XI. *La nobleſſe acquiſe en vertu de*
» *l'article précédent , paſſera de droit aux*
» *enfans légitimes de ceux qui y feront*
» *parvenus ,* même à ceux qui feront nés
» avant que leurs pères ſoient devenus no-
» bles ; & ſi l'oficier qui remplit ce troiſiè-
» me dégré , meurt dans le cas prévû par
» l'article IX , il aura acquis la nobleſſe : vou-
» lons , pour en aſſurer la preuve , qu'il ſoit dé-
» livré à ſes enfans légitimes un certificat tel
» qu'il eſt mentionné audit article IX.

» XII. Dans tous les cas où nos oficiers
» ſeront obligés de faire les preuves de la
» nobleſſe acquiſe en vertu de notre pré-
» ſent édit , outre les actes de célébration
» & contrats de mariage , extraits-baptiſ-
» taires & mortuaires , & autres titres né-
» ceſſaires pour établir une filiation légiti-
» me , ils ſeront tenus de repréſenter les
» commiſſions des grades des oficiers qui
» auront rempli les trois dégrés ci-deſſus
» établis , leurs proviſions de chevaliers de
» l'ordre de ſaint Loüis , & les certificats à
» eux délivrés en exécution des articles VII,
» VIII, IX, X & XI, ſelon que leſdits ofi-
» ciers auront rempli les conditions auxquel-
» les nous avons attaché l'éxemtion de la
» taille & la nobleſſe , ou , ſelon qu'ils auront
» été diſpenſés deſdites conditions par bleſ-
» ſures ou par mort , conformément aux
» diſpoſitions du préſent édit.

» XIII. Les oficiers non nobles , actuel-
» lement à notre ſervice , joüiront du bé-
» néfice de notre préſent édit , à meſure
» que le tems de leurs ſervices , preſcrit
» par les articles IV , VI & VIII , ſera ac-

» compli , quand même ce tems auroit com-
» mencé à courir avant la publication de
» notre édit.

» XIV. N'entendons néanmoins , par
» l'article précédent , accorder auxdits ofi-
» ciers d'autre avantage rétroactif , que le
» droit de remplir le premier dégré. Dé-
» fendons à nos cours , & à toutes juriſ-
» dictions qui ont droit d'en connaître ,
» de les admettre à la preuve des ſervices
» de leurs pères & aïeuls , retirés ou morts
» à notre ſervice avant la publication de
» notre préſent édit.

» XV. Pourront noſdits oficiers dépo-
» ſer pour minutes , chez tels notaires
» roïaux qu'ils jugeront à propos , (*) les
» lettres , brévets & commiſſions de leurs
» grades , ainſi que les certificats de nos
» ſecrétaires d'état chargés du départe-
» ment de la guerre , dont leur ſera délivré
» des expéditions , qui leur ſerviront ce que
» de raiſon. Si donnons en mandement &c.

Par une déclaration du Roi du 22 Janvier 1752, S. M., en interprétant l'édit du
mois de Novembre 1750, a ordonné; 1. que
ceux qui ſeront actuellement au ſervice
& qui n'auront point encore rempli les
conditions preſcrites par l'édit , pour acquérir l'éxemtion de taille , n'auront pas le
droit qu'ont les nobles ni même les privilégiés de faire valoir aucune charuë ;
2. ceux qui auront rempli les conditions portées par l'édit , pour acquérir l'éxemtion
de la taille , ſoit qu'ils ſoient encore au
ſervice , ſoit qu'ils s'en ſoient retirés ,
pourront faire valoir deux charuës ſeulement; 3. au lieu des certificats de ſervice
dont il eſt parlé dans l'art. 7 de l'édit &

(*) *Voïez* l'article 5 de la déclaration du 22 Janvier 1752 , pour le lieu du dépôt des brévets , commiſſions
& autres titres des grades des oficiers militaires. Il faut auſſi obſerver que , ſuivant l'arrêt d'enregiſtrement à
la chambre des comptes de Paris du 4 Février 1751 , & en conſéquence de la réponſe du Roi du 30 Janvier
précédent aux repréſentations de cette cour , les oficiers militaires , qui prétendront acquérir la nobleſſe ,
ſont tenus de faire inſérer à l'avenir dans leurs brévets , commiſſions & lettres de ſervice , leurs noms propres
de batême & de famille , pour , par eux , joüir de la grace à eux accordée par cet édit. *Voïez* encore l'article 4 de la déclaration du 22 Janvier 1752.

dans les articles fuivans, il fera délivré, à ceux des oficiers qui auront accompli leur tems, ou qui feront dans quelqu'un des autres cas prévûs par lefdits articles, des lettres fcellées du grand-fceau, fous le titre de lettres d'aprobation de fervices; lefquelles contiendront les mêmes atteftations que devoient porter lefdits certificats; & ne feront lefdites lettres fujétes à aucun enregiftrement; 4. à l'avenir il ne fera expédié aux oficiers, aucun brévet, commiffion & lettres, même les lettres d'aprobation de fervices mentionnées en l'article précédent, que les noms de batême, les noms de famille, & les furnoms de ceux à qui elles feront accordées, n'y foient inférés; 5. pouront les oficiers qui auront obtenu lefdites lettres, les dépoferpour minutes, ainfi que les autres titres de leurs grades, aux gréfes des cours de parlement, dont leur fera délivré des expéditions fans frais; pouront pareillement faire lefdits dépôts ès chambres des comptes & cours des aides, dérogeant S. M. à l'art. 15 de l'édit du mois de Novembre 1750, quant à la faculté de faire lefdits dépôts chez les notaires.

La nobleffe militaire eft donc accordée de plein droit aux oficiers généraux, du jour de leurs lettres & brévets; mais, à l'égard des oficiers d'un grade inférieur à celui de maréchal de camp, il n'y a que l'oficier dont le père & l'ayeul ont fervi le tems fixé par les art. 4 & 6 de l'édit, & qui ont été chevaliers de l'ordre de S. Loüis, qui puiffe prétendre la nobleffe & les priviléges qui y font annéxés, & encore fous la condition qu'il ait fervi le même tems & qu'il ait été créé chevalier de l'ordre de S. Loüis, conformément à l'art. X. dudit édit.

Par arrêt du confeil du 14 Novembre 1752, le fieur de Montignac a été condamné au païement d'un droit de franc-fief, dont il demandoit l'éxemption, comme capitaine & fils d'un oficier, chevalier de l'ordre de S. Loüis; il prétendoit qu'é-

tant dans la voie d'acquérir la nobleffe, il devoit perfonnellement jouïr des priviléges qui y font annéxés, comme en jouïffent les pourvûs d'ofices qui ne conférent que la nobleffe graduelle; mais, l'édit de 1750, en accordant l'éxemtion de la taille, dans les cas qui y font exprimés, ne peut procurer l'éxemtion du droit de franc-fief, qu'à ceux qui font parvenus à la nobleffe.

Des preuves de la nobleffe.

10. Il a été obfervé, vol. 2, p. 433, que la roture eft l'état naturel, & que la nobleffe, étant une qualité accidentelle, devoit être prouvée par ceux qui la prétendent. *Nobilitas eft qualitas adventitia, quæ nobis non ineft à natura, ideoque non præfumitur; & qui fe nobilem afferit, probare debet, tamquam hujufmodi qualitas paucis infit. Bald. ad-leg. non ignorat, cod. qui accuf. non poffunt.* Voïez auffi le dict. de droit.

Nous connaiffons deux efpèces de nobleffe: l'une d'origine, & l'autre de conceffion; la première doit être prouvée par des actes folemnels, tels que des contrats de mariage, des extraits-batiftaires, des partages, transactions, teftamens & autres titres autentiques, qui juftifient une généalogie inconteftable, & que les ancêtres par mâles ont pris & continué de prendre fans interruption depuis plus de cent ans, les qualités apartenantes à la nobleffe; & la feconde s'établit par le raport des lettres d'annobliffement, accordées par le Roi, duëment enregiftrées & vérifiées, tant aux chambres des comptes qu'aux cours des aides, ou par la poffeffion des charges auxquelles le Roi a attaché cette prérogative.

Loüis XIV a ordonné diférentes perquifitions des faux nobles: favoir, le 15 Mars 1655, pour la Normandie; le 30 Décembre 1656, pour le reffort de toutes les cours des aides; le 8 Février 1661, pour le reffort de celle de Paris; le 22

Juin 1664, pour tout le Royaume ; le 20 Janvier 1668, pour la province de Bretagne, où il y avoit eu deux précédentes réformations en 1426 & en 1535 ; & le 4 Septembre 1696, pour tout le royaume. Les règles qui furent prescrites pour ces recherches devoient produire tout l'éfet que le monarque s'étoit proposé ; mais, il ne falloit pas en confier l'éxécution à des traitans ; qui, s'occupant de leur intérêt, perdirent de vûe le bien général ; nous rapporterons celles de ces règles qui subsistent & qui font loi pour prouver la noblesse.

Par les déclarations des 30 Décembre 1656, & 8 Février 1661, il fut ordonné que ceux qui prétendront jouïr du titre de noblesse & des priviléges d'icelle, seront tenus de *représenter leurs titres en originaux*.

Par celle du 22 Juin 1664, le Roi ordonna qu'il seroit fait commandement aux usurpateurs des qualités de chevalier & d'écuyer, de *représenter les originaux* des titres de leur prétenduë noblesse, & que, conformément à l'arrêt de vérification de la déclaration de 1661, les particuliers qui comparaîtroient aux commandemens seroient tenus de *produire les grosses originales, ou minutes des titres justificatifs de leur noblesse*, depuis l'année 1560 ; & que ceux qui ne produiroient que des titres & contrats postérieurs à ladite année, seroient déclarés roturiers & contribuables aux tailles & autres impositions, & condamnés en l'amende.

Arrêt de règlement du conseil d'état du 19 Mars 1667, vérifié le 13 Avril suivant, qui ordonne que ceux qui soutiendront être nobles, justifieront que leurs pères ou aïeuls ont pris la qualité de chevalier ou d'écuyer, depuis l'année 1560 ; qu'ils prouveront leurs descentes & filiations, avec possession de fiefs, emplois & services de leurs auteurs, par contrats de mariage, aveux, partages, actes de tutelle, & autres actes autentiques, sans avoir aucunement dérogé ; & qu'en cas

qu'il soit raporté quelques preuves que leurs auteurs aïent été roturiers avant 1560, les commissaires n'auront aucun égard aux qualifications portées par ces contrats.

Autre arrêt du conseil du 26 Février 1697, rendu en règlement, portant que les arrêts des cours supérieures & jugemens, dans lesquels les parties se trouveront avoir pris les qualités de noble homme, d'écuïer, de messire & de chevalier, ne seront regardés comme titres justificatifs de filiation noble, ni de noblesse ; mais seulement, les contrats de mariage, partages, transactions entre personnes de même famille & autres titres autentiques ; ensemble les arrêts du conseil & les ordonnances & jugemens des sieurs intendans & commissaires départis, rendus depuis le règlement du conseil du 22 Mars 1666, qui leur a attribué la connaissance de la réformation de la noblesse.

Déclaration du Roi du 16 Janvier 1714, portant que la recherche des usurpateurs des titres de noblesse, sera incessamment terminée par les intendans & commissaires départis dans les provinces & par les commissaires généraux à ce députés : ce faisant, tous ceux qui se prétendent nobles ne seront tenus de prouver leur possession de noblesse que *pendant cent années complettes*, à compter du jour de l'enregistrement de la présente déclaration, à l'égard de ceux dont les instances sont actuellement indécises, & pour celles qui ne sont point encore commencées... Ordonne que, dans trois mois du jour de l'enregistrement, tous ceux qui prétendent la noblesse, dont les instances sont indécises, seront tenus de les faire juger ; & que, dans ce délai, tous ceux qui n'ont point encore été recherchés seront assignés & tenus de remettre leurs titres entre les mains des intendans ou commissaires départis, pour être fait droit ainsi qu'il apartiendra.

L'époque de cent années antérieures

Noblesse.

à 1714, n'a pas été fixée par cette déclaration, comme un moïen de favoriser l'usurpation par une prescription ; mais seulement pour éviter, à ceux qui sont dans une possession constante, les dificultés de raporter des titres plus anciens ; la noblesse ne peut s'acquérir par quelque laps de tems que ce puisse être : une possession de cent années la fait à la vérité présumer, & cette présomption est sufisante, suivant la déclaration de 1714, pourvû qu'il n'y ait aucune preuve que la possession soit vicieuse ; car, si l'on prouve que les auteurs de celui qui se prétend noble, fussent roturiers, la présomption s'évanoüit ; il faut nécessairement raporter un titre de noblesse, sans quoi, la possession, fût-elle de deux siécles sans interruption, n'est qu'une usurpation condamnable. Voïez le règlement de 1667, raporté ci-dessus.

Il fut ordonné, par arrêt du conseil du 12 Février 1715, que les particuliers qui avoient été impliqués dans la recherche, ne pouroient joüir du bénéfice de la déclaration de 1714 ; mais, qu'ils seroient obligés de raporter des titres autentiques de leur noblesse, depuis & compris 1560 : diction. des arrêts, verb. Noblesse, n. 34.

La recherche fut continuée jusqu'au 1er Juillet 1718, par arrêts du conseil des 1er Mai & 18 Décembre 1717.

Par une déclaration du Roi du 7 Octobre 1717, regiſtrée au parlement de Paris le 11 Décembre suivant, S. M. ordonna que ceux qui ont été déclarés usurpateurs par des jugemens rendus avant la déclaration de 1714, & qui se feront pourvûs par apel, par opofition ou autrement, ou ceux dont les auteurs ont renoncé, & ceux qui auront été maintenus dans leur noblesse par des jugemens, contre lesquels le pourfuivant de la recherche ou autre particulier se feroit pourvû, seront tenus de prouver une possession centenaire antérieure à l'assignation qui leur a été donnée, & sur laquelle lesdits jugemens sont intervenus ; n'entend

néanmoins S. M., que les assignés puissent être tenus de prouver une possession antérieure à l'année 1560, sauf en cas de dérogeance à y être pourvû, ainsi qu'il apartiendra.

La commission de la recherche des usurpateurs, qui n'avoit été continuée que jusqu'au 1er Juillet 1718, fut supprimée par arrêt du conseil du 26 Juin de la même année, portant que ceux qui avoient été assignés, tant pour représenter leurs titres, que sur l'apel des jugemens rendus à leur profit, dont les instances n'étoient point jugées, demeureroient, quant à leur noblesse, en l'état où ils étoient avant ladite assignation ; que les appellans des ordonnances de condamnation des sieurs intendans & commissaires départis, dont les instances n'ont point été jugées dans les délais portés par les arrêts du conseil des 14 Décembre 1715, 1er Mai & 18 Décembre 1717, seront réputés usurpateurs du titre de noblesse, suivant & conformément aux ordonnances, & impofés aux rôles des tailles, sans qu'aucune cour puisse prendre connaissance des apellations interjettées des ordonnances de condamnation desdits sieurs intendans sur le fait de la noblesse.

Par une déclaration du Roi du 8 Octobre 1729, S. M., pour être fait droit sur les instances indécifes au sujet de la recherche des usurpateurs du titre de noblesse, a renvoïé les contestations aux cours des aides, dans le ressort desquelles les parties intéressées ont leur domicile ; n'entendant néanmoins S. M. empêcher que les cours de parlement & les juges ordinaires qui leur sont subordonnés, ne prennent connaissance, ainsi qu'ils ont bien & dûement fait par le passé, des questions de noblesse incidentes aux matières & contestations qui sont de leur compétence.

Celui qui raporte un jugement rendu en faveur de ses ancêtres, par Mrs les intendans ou autres commissaires, lors des recherches ou réformations ordonnées par les déclarations

clarations de Loüis XIV, n'a besoin de produire aucun autre titre ; arrêt du 26 Février 1697 : il lui suffit de prouver qu'il descend de celui qui a été maintenu dans sa nobleſſe ; ces jugemens ſont inattaquables, à moins de prouver qu'ils aïent été rendus ſur des titres faux.

Il eſt d'obſervation que les titres originaux que l'on produit pour prouver la nobleſſe, doivent être de la nature de ceux exprimés par les règlemens raportés ci-deſſus ; tous autres actes qui contiennent des qualifications de nobleſſe, ne ſont d'aucune conſidération ; les certificats de ſervice à l'arrière-ban ne prouvent rien, parce que les roturiers, à cauſe de leurs fiefs, étoient obligés à ce ſervice comme la nobleſſe ; &, en conſéquence, il fut ordonné, par l'article 22 du règlement des tailles en Dauphiné, du 14 Octobre 1639, que ces ſortes de certificats ne pourroient ſervir de titre légitime pour prouver la qualité de noble.

Il a été accordé, dans le ſiécle précédent, diférentes lettres ſous le titre de réhabilitation de nobleſſe, ſans avoir éxigé les preuves ſuffiſantes de la nobleſſe, avant la dérogeance : ainſi, l'on ne doit avoir aucun égard à ces lettres obtenuës moïennant finance, ſi elles ne ſont dûment enregiſtrées, ſi l'on ne repréſente toutes les pièces juſtificatives de la nobleſſe depuis l'année 1560, ſur leſquelles ces lettres ont été obtenuës ; & ſi l'on ne raporte en outre la quitance de finance, pour la confirmation ordonnée par l'édit du mois de Décembre 1692, & par la déclaration du 17 Janvier 1696. Arrêts du conſeil des 26 Août 1698 & 15 Mai 1703 : il faut en outre, pour celles accordées ſous le régne de Loüis XIV, avoir païé le droit de confirmation à l'avénement du Roi régnant. *Voïez* le tom. 1, page 472.

De la dérogeance.

11. La nobleſſe eſt, comme on l'a déja dit, une diſtinction accidentelle qui ſe perd,

Tome III.

ſoit par extinction des mâles, ſoit par dérogeance.

Par édit du mois d'Août 1669, il fut permis aux nobles de faire le commerce de mer, ſans déroger à leur nobleſſe ; & par un autre édit du mois de Décembre 1701, il eſt dit que tous nobles, à l'exception de ceux pourvûs de charges de magiſtrature, pourront faire librement toutes ſortes de commerces *en gros*, tant au dedans, qu'au dehors du roïaume, pour leur compte ou par commiſſion, ſans déroger à leur nobleſſe.

Les oficiers pourvûs de charges de magiſtrature, ne peuvent faire aucun commerce en gros ni en détail ; ſinon, ils ſont déchus de tous privilèges & éxemtions, & ils doivent être impoſés à la taille dans les païs où elle eſt perſonnelle ; édit du mois de Septembre 1706.

L'édit du mois de Juin 1716, concernant les échevins de Paris, porte que, ſi aucun d'eux vient à faire faillite, s'il paſſe contrat d'atermoïement, ou s'il obtient lettres de répi, il ſera déchu & privé de la nobleſſe.

Par une ordonnance de François I, du mois d'Avril 1540, il fut défendu aux gentilshommes de prendre & de tenir aucuns biens à ferme, à peine d'être privés des privilèges de nobleſſe ; ces défenſes furent renouvellées par l'ordonnance d'Orléans, donnée par Charles IX en 1560. Il eſt également défendu, par l'article 48 de l'ordonnance de Blois, aux gentilshommes de prendre à ferme les terres, dixmes, champarts & autres revenus eccléſiaſtiques, ſoit ſous leurs noms, ou ſous des noms interpoſés, à peine d'être déclarés roturiers & taillables ; les mêmes cauſes de dérogeance ſont exprimées dans les arrêts des 13 Janvier 1667 & 10 Octobre 1668 ; mais, les nobles peuvent prendre à ferme les revenus du Roi, ſans nulle dérogeance, comme il a été obſervé, tom. 2, page 344: il a même été permis, par arrêt du conſeil

C

Nobleſſe. du 25 Février 1720, aux nobles, de prendre des fermes des princes & princeſſes du ſang, ſans déroger.

La peine de dérogeance ne tombe que ſur celui qui déroge & ſur ſes enfans à naître; ceux qui étoient nés avant la dérogeance de leur père, conſervent l'état de leur naiſſance, ſans avoir nullement beſoin de lettres de réhabilitation, parce qu'il ne doit pas dépendre du père de les priver de l'état dans lequel ils ſont nés; arrêt du conſeil du 4 Juin 1668, contenant règlement pour la Provence; autre du 10 Octobre de la même année pour tout le roïaume.

Si l'annobliſſement commence ſur la tête du père, ſoit par lettres, ſoit par charge, oſice ou autrement, ſa dérogeance éteint abſolument tout principe de nobleſſe; &, par conſéquent, aucun de ſes enfans nés ou à naître, ne peut prétendre jouïr des priviléges.

L'on peut être relevé de la dérogeance, par des lettres de réhabilitation; mais, pour les obtenir valablement, il faut prouver que celui qui a dérogé eût alors une nobleſſe parfaite; la déclaration du 8 Mai 1583, éxige que l'on juſtifie de la qualité de noble au-deſſus du dérogeant juſqu'à trois dégrés tranquilles pour le moins.

Il a été dit au n° 10 ci-deſſus, qu'une poſſeſſion de cent années ſuſit pour faire préſumer la nobleſſe; de même la nobleſſe eſt abſolument éteinte après cent ans de dérogeance, ſans pouvoir la faire revivre par des lettres de réhabilitation, ainſi qu'il a été jugé par arrêt de la cour des aides de Paris du mois de Mars 1684.

La femme noble qui épouſe un roturier ne perd pas ſa qualité de naiſſance; mais, comme elle ſuit la condition du mari pendant le mariage, quand bien même il y auroit ſéparation de biens ou excluſion de communauté entr'eux, il s'enſuit qu'elle ne peut jouïr des priviléges de ſa naiſſance qui ſont ſuſpendus; enſorte qu'elle eſt ſujéte aux droits de franc-fiefs, pour les biens no-

bles qu'elle poſſéde & aux autres impoſitions roturières; ſi ſon mari meurt avant elle, les éfets de ſa nobleſſe revivent à l'inſtant, & elle rentre dans tous les droits de ſa naiſſance, ſans avoir beſoin d'obtenir de lettres de réhabilitation, parce que le mariage ne peut pas être conſidéré comme une dérogeance. Diférens auteurs ont été partagés ſur cette queſtion; la cour des aides de Paris avoit jugé la réhabilitation néceſſaire, par un arrêt du 17 Janvier 1676, rendu contre la demoiſelle Trouvain, noble d'extraction, & veuve du ſieur du Boulay roturier; mais, cette cour a, depuis ce tems, rendu diférens arrêts contraires, qui établiſſent une juriſprudence fixe, & qui conſtatent la maxime que la femme noble, qui a épouſé un roturier, rentre de plein droit dans tous les avantages de ſa naiſſance, à l'inſtant de la mort de ſon mari, ſans être tenuë d'obtenir des lettres de réhabilitation; l'un de ces arrêts eſt du 27 Juin 1698, en faveur de la demoiſelle Mazenod, veuve du ſieur Pelard, Avocat à Provins; il y en a un autre du 9 Août 1702, en faveur de la demoiſelle Sourdille, veuve du ſieur Trochon, préſident au préſidial de Châteaugontier; cet arrêt eſt même d'autant plus remarquable, que la demoiſelle Sourdille étoit née roturière; qu'elle étoit encore roturière, lorſqu'elle avoit épouſé le ſieur Trochon également roturier; le ſieur Sourdille ſon père, ſe fit pourvoir d'une charge de ſecrétaire du Roi, depuis ce mariage, & il mourut avant ſon gendre; l'on ſoûtenoit, en conſéquence, que cette veuve n'avoit jamais eû d'aptitude à recevoir la moindre impreſſion de la nobleſſe de ſon père, & qu'en tout cas, elle ne pouvoit la prétendre ſans lettres de réhabilitation; enfin, il y a un autre arrêt de la même cour des aides du 16 Octobre 1737, rendu au raport de M. Guillet conſeiller, en faveur de la veuve du nommé Angouillant, laboureur à Wiſſous, contre les habitans de Bruyere; ces arrêts ſont raportés dans le mémorial alphabétique des tailles, verb. *Enfans & Réhabilitation* ; & dans la collection de jurifprudence, verb. *Nobles.*

De la nobleſſe étrangère.

12. L'étranger qui jouïſſoit dans ſon païs d'une nobleſſe originaire, ou qui a été annobli par ſon ſouverain, venant s'établir en France, ſera également noble, encore qu'il n'ait obtenu lettres de naturalité ; & il jouïra des mêmes priviléges dont il auroit jouï, s'il étoit reſté dans ſon païs : c'eſt-à-dire, que ſi la nobleſſe s'y établit, comme en France, qu'elle ſoit tranſmiſſible à la poſtérité de mâle en mâle & qu'elle procure des priviléges & éxemtions, elle produira les mêmes éfets en France, de même que le françois noble jouït de ſa nobleſſe dans le païs étranger, parce que la nobleſſe eſt une qualité inhérente à la perſonne, & qui la ſuit par tout. *Voïe∑* Bacquet des franc-fiefs, ch. 6, n. 7, & Loyſeau, des ordres, ch. 5, n. 113, & ſuiv.

Mais, le françois qui eſt annobli par un ſouverain étranger, dans les états duquel il aura paſſé quelque tems, ne peut jouïr de la nobleſſe en France, s'il n'en a obtenu du Roi des lettres de confirmation dûment enregiſtrées, parce qu'il eſt de principe que S. M. ſeule peut annoblir ſes ſujets.

Par une déclaration du Roi du 8 Décembre 1699, renduë pour les provinces de Flandre, Hainault & Artois, S. M. confirma toutes les lettres de nobleſſe qui avoient été accordées par les Rois d'Eſpagne, les Archiducs, & gouverneurs des Païs-Bas, dans leſdites provinces, depuis 1600, à la charge, pour ceux qui avoient obtenu leſdites lettres ou par leurs deſcendans, de payer ſur les récépiſſés de celui qui étoit chargé de l'éxécution de la déclaration du 4 Septembre 1696, les ſommes auxquelles ils ſeroient taxés par des rôles arrêtés au conſeil.

Pareille choſe avoit été ordonnée pour la Franche-Comté, par autre déclaration du 3 Mars précédent.

Arrêt du conſeil du 25 Septembre 1733, par lequel le ſieur Puech a été condamné au païement du droit de franc-fief, dont il ſe prétendoit éxemt, comme ayant été pourvû en 1706, d'une charge d'auditeur en la chambre des comptes de Savoye, lorſque Loüis XIV étoit en poſſeſſion de ce païs, laquelle charge il avoit éxercé ſept ans juſqu'à la paix concluë en 1713 ; il diſoit que, ſuivant les uſages du païs, les charges de magiſtrature dans une cour ſouveraine, conférent dès l'inſtant de la réception, une nobleſſe entière & tranſmiſſible, ſans que le pourvû ſoit aſſujéti à éxercer pendant un certain nombre d'année ; mais, l'inſpecteur général du domaine a obſervé que la nobleſſe des étrangers n'eſt reconnuë en France que lorſqu'elle eſt acquiſe par les mêmes moyens qui la produiſent dans le roïaume, & qu'en France, les ofices n'annobliſſent que lorſque le titulaire en meurt pourvû, ou qu'après avoir éxercé vingt ans, il obtient des lettres de vétérance ; qu'ainſi, le ſieur Puech ne pouvoit être regardé comme noble.

Par un autre arrêt du conſeil du 18 Octobre 1735, contre le ſieur Suleau de Malroy, né françois, de Claude Suleau, également fançois : le père, ayant fixé ſa demeure dans le duché de Bar en 1709, fut annobli par le duc de Lorraine en 1720 ; il poſſédoit une terre en Bourgogne, & ſur la demande du droit de franc-fief, il y fut condamné par Mr l'intendant de Dijon ; il mourut, & ſon fils ſe pourvût au conſeil, où il opoſa que, par le concordat fait le 24 Janvier 1718, entre le Roi & le duc de Lorraine, il eſt ſtipulé que les nobles françois en Lorraine, & les nobles Lorrains en France, pourront également poſſéder des biens dans l'un & dans l'autre état, ſans payer aucuns droits : mais, l'éfet de ce traité ſe réduiſoit aux

C ij

Lorrains ; & , comme le fieur Suleau étoit né français, il ne pouvoit réclamer en France une nobleffe qui n'avoit pas été agréée par fon fouverain légitime, par des lettres enregiftrées ; en conféquence , ledit fieur Suleau a été condamné au païement du droit de franc-fief ; il a encore été rendu une décifion du confeil contre lui le 4 Décembre 1752 , pour le nouveau droit de franc-fief qui lui étoit demandé.

Décifion du confeil du 19 Mars 1743 , qui juge que M. Galavaux , doit payer le droit de franc-fief jufqu'au jour de fa réception dans un ofice de confeiller au parlement de Metz ; il réclamoit une nobleffe françaife d'origine , & il fe fondoit fur des lettres de réhabilitation obtenuës du duc de Lorraine en 1721 ; mais , comme l'a obfervé l'infpecteur général du domaine , fi ledit fieur Galavaux étoit né fujet du duc de Lorraine , & qu'après avoir joui en Lorraine d'une nobleffe originaire , ou y avoir obtenu des lettres d'annobliffement , ou de réhabilitation dans la nobleffe de fes ancêtres , il fut venu s'établir en France , il ne feroit pas douteux qu'il devroit jouïr des priviléges des nobles , de même qu'il en jouïroit en Lorraine ; au lieu qu'il eft prouvé qu'il eft né en France d'un père français , & que , par conféquent , il ne pouvoit obtenir la réhabilitation que du Roi fon fouverain , comme ayant feul le pouvoir de la lui conférer.

Par décifion du confeil du 28 Juillet 1745 , il a été ordonné que le fieur de Villavicentio , Flamand , dont les auteurs avoient été annoblis par lettres du Roi d'Efpagne , raporteroit dans un mois au fermier des domaines de la généralité de Soiffons , un jugement de Mr l'intendant de Flandre , confirmatif de la nobleffe de fes ancêtres , ou la quitance de la finance , qui a dû être païée en éxécution de la déclaration du 8 Décembre 1699 , finon , qu'il feroit contraint au païement du droit

de franc-fief ; n'ayant pû raporter lefdits jugement ou quitance de finance , il a payé le droit.

Autre décifion du confeil du 8 Octobre 1759 , contre le fieur de Thomas , citoïen d'Avignon , qui , comme annobli par le Pape , fe prétendoit éxemt du droit de franc-fief , pour des terres qu'il poffédoit en Languedoc. Le fermier lui a opofé qu'il n'avoit qu'une nobleffe honoraire , & que , ne prouvant point une vraïe & parfaite nobleffe , provenuë par les moyens ufités en France , il ne peut ètre regardé comme noble que dans les états du Pape ; & que d'ailleurs , il ne raporte point de lettres de reconnaiffance du Roi , dûment enregiftrées. La décifion porte que , *le droit eft dû : les lettres de nobleffe accordées par le Pape , fur lefquelles on fe fonde , n'ayant point été reconnuës ni confirmées par le Roi.*

NOMINATION *en matière eccléfiaftique.* Les nominations ou préfentations à bénéfices , par patrons eccléfiaftiques ou laïques , font comprifes dans la première fection de l'art 1er du tarif , qui en fixe le droit de contrôle à 5 liv. ; ce qui eft confirmé par l'art. 4 de l'arrêt de règlement du 30 Août 1740.

Toutes ces nominations à bénéfices doivent ètre contrôlées avant que de pouvoir s'en fervir ; il faut néanmoins excepter celles qui font faites par le Roi , décifion du 18 Mars 1730 , en faveur des chanoines du chapitre de S. Etienne de Troyes, qui avoient obtenu du Roi des brévets de nomination fcellés.

Décifion du 5 Octobre 1735 , qui déboute le fieur Barelly de fa demande en reftitution de deux droits de contrôle perçus pour fa collation & nomination à une prébende du chapitre collégial de Lille-jourdain , faites par un même acte.

Autre du 5 Janvier 1736 , qui confirme la précédente , fur la demande en reftitution de l'un des deux droits ; on prétendoit que la nomination & l'installation étant par un même acte, il n'étoit dû qu'un droit.

Décision du 9 Décembre 1747, contre le sieur Fremont, curé de Vaudeloge, qui juge que le droit de contrôle est dû pour sa nomination ou présentation à la cure, par M. le Prince de Dombes.

Les nominations de gradués sont comprises dans la troisième section de l'art. 1er du tarif de 1722, & le droit de contrôle en est fixé à 1 liv.

NOMINATION d'oficiers municipaux, consuls, sindics &c. L'article 71 du tarif du 29 Septembre 1722, porte que, pour les procès verbaux de nomination de maires, échevins, capitouls, consuls, jurats, procureurs-sindics, & autres oficiers, receveurs & administrateurs municipaux des villes, communautés & paroisses, reçûs par les notaires, gréfiers, secrétaires des hôtels-de-ville, communautés & autres, il sera païé 10 sols de droit de contrôle.

Par arrêt du conseil du 17 Avril 1717, il fut ordonné qu'en payant par chacune des villes & communautés des généralités de Toulouse, Montpellier, Montauban & Roussillon, la somme de 6 liv. 3 s. 2 d. à laquelle S. M. liquida le contrôle des actes ou procès verbaux de nomination de consuls, faits depuis 1708 jusqu'alors, & qui n'avoient pas été contrôlés, elles demeureroient déchargées des amendes encourûes, à cause des contraventions, pour cette fois seulement; à quoi faire les consuls & autres oficiers chargés des affaires desdites communautés, seroient contraints. Il fut en outre ordonné que les actes ou procès verbaux de nomination de consuls ou autres oficiers des villes & communautés qui seroient faits à l'avenir, seroient contrôlés, & les droits païés dans la quinzaine de leur date, à la diligence des gréfiers ou secrétaires des Hôtels-de-ville, dans les lieux où il y en a; &,

dans les autres, à celle des consuls nommés, à peine de nullité & de 200 liv. d'amende pour chaque contravention; lesquels droits & amendes seroient suportés personnellement par lesdits gréfiers, secrétaires ou consuls, sans répétition vers lesdites communautés.

Par autre arrêt du conseil du 17 Octobre 1721, les maire, échevins & le gréfier de l'hôtel-de-ville de Bourges, ont été déboutés de leur apel d'une ordonnance de M. l'intendant, qui avoit condamné le maire & le gréfier en une amende, pour n'avoir pas fait contrôler les nominations de quatre échevins des années 1720 & 1721. Ils prétendoient que ces actes n'étoient pas sujets au contrôle, n'étant point passés devant notaires, & ne pouvant point produire d'actions civiles.

Décision du 15 Mars 1723, qui juge qu'il est dû 20 sols pour droit de contrôle d'une nomination à des ofices municipaux, levés par un seigneur dans ses terres.

Arrêt du conseil du 26 Septembre 1724, contre les secrétaires & gréfiers des communautés du païs de Nebouzan, pour n'avoir pas fait contrôler les délibérations & nominations des consuls desdites communautés; lequel arrêt prononce les amendes encourûes.

Autre arrêt dudit jour 26 Septembre 1724, qui prononce également les amendes encourûes par les secrétaires & gréfiers des communautés des vallées de Magnoac, d'Aure, Nester & Barousse, pour défaut de contrôle des délibérations & nominations de consuls desdites communautés depuis 1718.

Il a été ordonné, par arrêt du conseil du 24 Février 1726, que les actes, concernant seulement les affaires municipales des communautés de la basse-Navarre, passés depuis le mois de Janvier 1700, seront contrôlés, par grace, jusqu'au 1er Juillet 1726, en païant les droits de contrôle & 1200 livre pour les amendes , fuivant les offres des jurats, fíndics & députés.

Par autre arrêt dudit jour 24 Février 1726 , il a été pareillement permis de contrôler , jufqu'au 1er Juillet fuivant , les procès verbaux de nominations de confuls reçûs par le gréfier de l'hôtel-de-ville de Bayonne & les adjudications des revenus de ladite communauté , en payant les droits de contrôle & 500 liv. pour les amendes.

Arrêt du confeil du 27 Juillet 1727 , rendu en forme de règlement , portant qu'en payant , dans un mois , par chacune des villes , communautés & paroiffes de toute l'étenduë du royaume , où il y a nomination de confuls ou autres oficiers , la fomme de 12 liv. à laquelle S. M. a liquidé les droits de contrôle , depuis 1708 jufqu'à 1727 , pour tous les actes ou procès verbaux de nominations de confuls & autres oficiers , qui ont été faits fans être contrôlés , elles demeureront déchargées des amendes encouruës à cauſe des contraventions , pour cette fois feulement ; après lequel délai , les confuls & autres oficiers chargés de l'adminiſtration des affaires defdites communautés ou paroiffes , pendant ladite année 1727 , feront pourfuivis & contraints au païement de ladite fomme de 12 liv. & de l'amende de 200 liv. pour n'y avoir pas fatisfait , fans pouvoir en demander la répétition contre lefdites communautés & paroiffes : il eſt accordé pareille grace aux communautés & paroiffes , pour les délibérations & autres actes reçus par leurs gréfiers , fecrétaires & autres depuis 1708 ; ordonné que les procès verbaux de nominations de confuls ou autres oficiers des villes, communautés ou paroiffes , les actes de délibération & autres , de quelque nature qu'ils foient , feront à l'avenir contrôlés , & les droits païés dans la quinzaine de leur date , à la diligence des gréfiers ou fecrétaires des hôtels-de-ville, dans les lieux où

il y en a d'établis , & , dans les autres , à celle des confuls , à peine de nullité defdits actes & de 200 liv. d'amende pour chaque contravention , qui ne poura être remiſe ni modérée pour quelque cauſe que ce fo t , fans que les gréfiers , fecrétaires ou confuls puiffent en éxercer de répétition contre les communautés ou paroiffes.

Par l'arrêt de règlement du 30 Décembre 1727 , il a été ordonné que , faute par les villes , communautés & paroiffes du royaume , d'avoir fatisfait au païement des 12 liv. dans les délais fixés par l'arrêt du 27 Juillet précédent , elles ne pouront plus y être reçuës ; en conféquence , il a été enjoint à toutes les villes , communautés & paroiffes , de remettre , dans trois mois à MM. les intendans un état certifié par les maires , confuls ou autres oficiers , contenant les actes & procès verbaux de nomination d'oficiers , paffés depuis le 1er Janvier 1708 ; & un état de toutes les délibérations contenant marchés , traités , quitances ou autres actes , avec de tierces perfonnes , pour être ordonné ce qu'il apartiendra : & faute par les maires , confuls & autres oficiers , de fournir lefdits états dans ledit délai , ou en cas de fauffe déclaration , il fut ordonné qu'ils feroient pourfuivis en leur propre & privé nom , fans aucune répétition , au païement des droits de contrôle & des amendes pour chaque acte obmis.

Décifion du confeil du 21 Février 1728 , qui juge que le fermier n'eſt pas fondé à faire payer les 12 liv. fixées par l'arrêt du 27 Juillet 1727 , par les paroiffes qui n'ont que des fíndics.

Décifion du 4 Mai 1737 , portant que , fi les fíndics nommés par la ville & communauté de S. Jean d'Angely , font fonctions au-dehors de la ville & communauté , leur nomination eſt de nature à être contrôlée dans la quinzaine ; fi au contraire , ils ne fe mêlent que de l'adminiſtration intérieure , elle n'y eſt pas fujéte.

Par arrêt du conseil du 15 Octobre 1737, rendu entre le sindic des états de Languedoc, & le fermier des domaines, sur l'explication des arrêts des 27 Juillet & 30 Décembre 1727, il est ordonné que les actes ci-après seront & demeureront assujétis au contrôle. Art. 1er. Les nominations des oficiers municipaux, tels que maires, consuls, sindics, conseillers politiques, tréforiers ou receveurs, pour lesquelles il ne sera perçu qu'un seul droit sur le pié de l'art. 71 du tarif de 1722, lorsqu'elles seront comprises dans une même délibération, sinon, il sera perçu autant de droits que de délibérations diférentes, à l'exception néanmoins de celles qui ne contiendront que la nomination des auditeurs des comptes des villes, communautés & paroisses, qui sont éxemtes de cette formalité, lorsqu'elles sont faites par une délibération particulière. Art. 6. Les délibérations portant nomination d'un ou plusieurs députés, à la poursuite des procès & autres affaires, dans le cas seulement où elles seront signifiées ou déposées au gréfe des cours & jurisdictions, à l'éfet des afirmations de voïage & séjour de la part des députés, ou dans le cours des procédures : & l'art. 12 ordonne que les actes déclarés sujets au contrôle, seront fournis à cette formalité, & les droits païés dans le tems & sous les peines portées par les précédens règlemens.

Décifion du conseil du 7 Mars 1739, sur mémoire des consuls de la communauté de Belgentier, en Provence, qui demandoient à faire contrôler leurs nominations après le délai de quinzaine ; décidé que le gréfier est en faute & qu'il doit payer l'amende de 200 liv., & de plus, le montant des droits.

Voïez encore *Délibération*, t. 2, p. 30.

NOMINATION à l'éxercice d'ofices de justices seigneuriales. Voïez *Mandement*, tom. 2, page 647 ; & l'article 1er de l'arrêt du 21 Avril 1750, raporté, tom. 1, pag. 331.

NOMINATION *de collecteurs*. Voïez *Collecte*, tom. 1, page 423.

NOMINATION *de curateur* aux mineurs, aux interdits, aux successions vacantes, aux substitutions &c. Voïez *Curateur*, tom. 1, page 594.

NOMINATION *de Messiers*, gens établis pour veiller à la conservation des fruits avant la récolte.

Ces nominations ne sont point sujétes au contrôle, à moins qu'elles ne soient faites devant notaires. Décifion du 16 Octobre 1739, sur mémoire de M. le Procureur général du parlement de Paris.

NORMANDIE, province très-considérable de France, avec titre de duché, qui est l'une des douze anciennes pairies de France. Cette province est divisée en trois généralités : Roüen, Caën & Alençon. M. Dupuy dit qu'elle a été premièrement apellée seconde Lyonoise ; qu'ensuite elle eut le nom de Neustrie, qui lui fut donné par Pharamond & ses successeurs, & qu'elle porte celui de Normandie, qui signifie terre possédée par des hommes venus du nord, & qui lui fut donné par Rôol, prince de Dannemarck, auquel le Roi Charles le Simple donna ce païs en 912, à titre de fief mouvant de la couronne, & sous la dignité de duché. *Voïez* le traité des droits du Roi, page 599.

Les ducs, qui ont possédé cette province, ont tous reconnu la tenir du Roi de France ; même les Rois d'Angleterre, auxquels elle a apartenu, parce que Guillaume le Conquérant, duc de Normandie, devint Roi d'Angleterre en 1067, comme aïant conquis ce roïaume ; Jean Sans-terre, arrière petit-fils de Guillaume, Roi d'Angleterre, aïant fait mourir Artus, duc de Bretagne son neveu, après l'avoir vaincu dans le Poitou, fut cité devant la cour des pairs, pour y être jugé sur le meurtre commis en France ; &, n'aïant pas comparu, toutes ses terres mouvantes de la couronne de France, furent confisquées par arrêt de l'an 1202, sous Philippe Auguste ; ensorte que la Normandie fut réunie à la couronne, 290 ans après en avoir été défunie ; la Touraine, l'Anjou & le Maine, qui apartenoient à Jean, par droit fucceffif, furent également confifqués & réunis.

Par un traité fait en 1259, le Roi Saint Loüis rendit à Henry III, Roi d'Angleterre, une partie de la Guyenne, le Limoufin, le Périgord, le Quercy & l'Agenois, à la charge d'en rendre hommage-lige aux Rois de France, & Henry ne fit que renoncer aux droits qu'il pouvoir avoir fur la Normandie, l'Anjou, la Touraine & le Maine.

Il fut fait un autre traité à Bretigny, le 8 Mai 1360, avec Edoüard III, Roi d'Angleterre, pour délivrer le Roi Jean ; par lequel, en lui cédant la Guyenne, le Poitou, le Limoufin &c., il renonçoit au duché de Normandie & aux comtés de Touraine, d'Anjou & du Maine, & autres ; en conféquence, le Roi Jean, par lettres du mois de Novembre 1361, fit l'union à la couronne des duchés de Bourgogne, de Normandie, & des comtés de Champagne & de Touloufe.

Aliénation, réunion & revente des domaines.

Lettres patentes de 1505, pour l'engagement du comté de Beaumont-le-Roger. *Voïez* tom. 2, page 98.

Edit du mois de Janvier 1592, pour vendre à faculté de rachat, les gréfes, tabellionnages, fergenteries, fceaux & écritures de la province de Normandie.

Autre édit du mois de Décembre 1599, pour la vente & revente, à faculté de rachat, du domaine de Normandie jufqu'à 200000 écus.

Edit du mois de Décembre 1619, pour la vente & revente des gréfes & maîtres-clercs d'iceux, des élections du reffort de la cour des aides de Normandie, avec attribution de 6 deniers aux gréfiers, & 2 aux maîtres clercs, lefquels 8 deniers font

diftraits des 20 deniers qui s'impofent fur les contribuables aux tailles.

Déclaration du Roi du 31 Octobre 1665, portant qu'aulieu de la vente & revente ordonnées par l'édit du mois de Novembre 1654, des maifons, boutiques, échopes & autres édifices bâtis fur les places & lieux inutiles, apartenans à S. M., ou qui ont été améliorés fans permiffion, il fera feulement païé au domaine, dans les refforts des parlemens de Paris & de Roüen, une redevance annuelle du vingtiéme denier du revenu defdites places & lieux améliorés.

Arrêt du confeil du 4 Juin 1666, portant réunion au domaine du Roi, de celui de la vicomté de l'eau à Roüen, de ceux d'Arques, Caudebec, Montivilliers & Vire; il fut ordonné que les engagiftes raporteroient leurs titres, pour être rembourfés, & cependant que le fermier du Roi joüiroit defdits domaines ; en conféquence, ils furent compris dans le bail de François Eulde du 10 Juin 1666, ainfi que celui de Neufchâtel, même toutes les terres qui fe trouveroient avoir été ufurpées ès environs des bois & forêts de S. M., qui n'étoient plus en nature de bois en Normandie, comme précédemment vendües par les commiffaires de l'aliénation des bois & forêts de ladite province.

Arrêt du confeil du 25 Janvier 1669, portant qu'il fera procédé à la liquidation des fommes païées par diférens engagiftes des domaines de Normandie, & des droits de tiers & danger apartenans au Roi dans les bois & forêts de plufieurs particuliers de ladite province, & pourvû à leur rembourfement ; & que dès-à-préfent, les domaines des vicomtés de Caën, Bayeux, Falaife, Valognes, Coutances, Saint Sauveur-Landelin, Saint Sauveur-le-Vicomte, Effay, Moulins & Bonmoulins, Orbec, Verneuil, Mortagne, Belleme & Bernay, membres, parts, portions & dépendances d'iceux, enfemble lefdits droits de tiers & danger, ci-devant aliénés, feront & demeureront

reront réunis à la ferme générale, & le fermier mis en poffeffion.

Arrêt du confeil du 7 Janvier 1673, pour faire procéder à la liquidation & au rembourfement de la finance des gréfes des cours de parlement de Paris & de Roüen, & autres cours & jurifdictions enclavées & reffortiffantes ; ordonne que les engagiftes defdits gréfes, contrôle, parifis, places de clercs, préfentations, & autres droits en dépendans, raporteront leurs titres ; pour être pourvû à leur rembourfement ; que le fermier furfeoira néanmoins leur dépoffeffion pendant trois mois après le commandement fait de repréfenter les titres ; & ledit tems paffé, Me René Drouet, fermier, fes commis & prépofés entreront en la fonction, exercice & perception. *Voïez* encore, *Caën, Alençon, Longueville, Roüen* & *Sedan*.

NOTAIRES, font des oficiers publics établis pour recevoir les actes qui fe font volontairement entre les citoïens, & pour donner à ces actes la forme & l'autorité néceffaires pour leur exécution. Les fonctions des notaires renferment deux caractères d'une jurifdiction purement volontaire, qui ne participe en rien à la jurifdiction contentieufe : le premier confifte, en ce que leur préfence & leur fignature fervent de preuve de la vérité des actes qui font paffés devant eux ; & le fecond, en ce que les actes des notaires revêtus du fceau & des autres formalités prefcrites, donnent hipotéque fur les biens de l'obligé.

La fonction des notaires chez les Romains, étoit de rédiger les actes par *notes* abrégées ; ces actes n'étoient obligatoires qu'après avoir été écrits en lettres par le tabellion ; & que les parties y avoient apofé leur fignature ou leur fceau, enforte que c'étoit le tabellion qui faifoit l'acte même ; cet ufage a fubfifté long-tems en France, avec cette diférence néanmoins que les notaires faifoient les minutes des actes, & qu'ils les remettoient aux tabel-

Tome III.

lions, pour en délivrer les expéditions : enfuite les deux fonctions furent réunies ; &, jufqu'au quatorzième fiécle, les juges uférent des notariats & tabellionnages, comme nous avons dit, tom. 2, pag. 462, qu'ils faifoient des gréfes : regardant le droit d'établir des notaires, comme une dépendance de la juftice, ils y commettoient leurs clercs & fouvent leurs domeftiques.

Philippe le Bel, par fon ordonnance du mois de Mars 1302, défendit aux fénéchaux, baillifs & autres jufticiers, d'établir à l'avenir des notaires & fe réferva ce droit, comme étant un droit roïal, pour en difpofer indépendamment de la juftice. Il excepta, à la vérité, les feigneurs propriétaires des grandes terres titrées, qui étoient dans un ufage ancien d'y inftituer des notaires : *Nolumus autem quod prælatis, baronibus & aliis fubditis noftris qui de antiquâ confuetudine in terris fuis poffunt notarios facere per hoc præjudicium contrarietur.*

Il eft certain que le Roi, non-feulement comme fouverain, mais encore comme premier feigneur féodal, direct & jufticier de toutes les terres du roïaume, a le droit de créer des notaires roïaux, avec faculté d'inftrumenter dans les terres de tous les feigneurs, parce qu'il n'y en a aucuns qui ne tiennent de S. M. leurs juftices & feigneuries, médiatement ou immédiatement ; ainfi, l'exception que voulut bien faire Philippe le Bel ne doit pas être confidérée comme une maxime dont on puiffe tirer aucune conféquence contre le droit du Roi. Philippe le Long en 1319, & Henry II, en 1580, déclarèrent pofitivement que les notariats & tabellionnages font du domaine de la couronne. *Voïez* tom. 1, pag. 462.

Par édit de François I, donné à Angoulême au mois de Novembre 1542, le fouverain crut devoir divifer le titre des ofices de notaires-tabellions, en laiffant à l'un le droit de recevoir les actes en qualité de

Notaires. notaire, & à l'autre celui de les groſſoïer, ſous la dénomination de tabellion; l'on voit, par cet édit, qu'il y avoit dans chaque ſiége roïal un notaire ou tabellion: comme celui qui réuniſſoit ces deux titres alors indivis, ne pouvoit ſufire au ſervice du public, ſur tout dans les branches éloignées, dépendantes du lieu de ſon établiſſement, il y commettoit des perſonnes pour y recevoir les actes; & l'on crut qu'aulieu de ces commis, il valoit mieux établir des notaires en titre d'ofice, en laiſſant toujours au tabellion le droit de groſſoïer les actes, & aux notaires de ſon diſtrict, celui de les recevoir; ce fut pour remplir ces vûès qu'il fut créé des ofices diſtincts de notaires & de tabellions, dans tout le roïaume, avec défenſes à tous juges, lieutenans & gréfiers, de paſſer & recevoir aucuns actes & contrats volontaires, leur enjoignant de les laiſſer faire & expédier aux notaires & tabellions, chacun dans ſon reſſort, à peine de nullité & de tous dépens, dommages & intérêts. Il eſt vrai que François I. excepta encore, par cet édit, les ſeigneurs qui avoient précédemment obtenu les droits de tabellionnage: » Voulant & octroïant en outre que les ſeigneurs, barons & châtelains de noſdits païs, règlés par le droit écrit, puiſſent & leur loiſe, jouïr & uſer deſdits droits de tabellionnages & ſceaux en leurs baronies & châtellenies, ainſi qu'en ſemblable font les barons & châtelains de noſdits païs règlés par coûtume, afin qu'en ce, égalité ſoit gardée, & que le tout ſoit réduit ſous une même forme & loi.

Henry III, par édit de 1575, créa un garde-note en chaque ſiége roïal, pour avoir la garde de toutes les minutes des notaires, après qu'ils ſeroient décédés ou qu'ils ne ſeroient plus en place; mais, ces gardes-notes furent ſuprimés quatre années après & réunis aux ofices de notaires.

Par un autre édit du même Prince, donné au mois de Novembre 1582, il fut dit que,

ſuivant les édits & ordonnances antérieurs, nul ne pouroit à l'avenir, pour quelque cauſe, prétexte & occaſion que ce fut, créer ni établir par commiſſion, matricule ni autrement, aucuns notaires ni ſergens roïaux, S. M. ſe réſervant, & aux Rois ſes ſucceſſeurs, la puiſſance & autorité d'y pourvoir par lettres de proviſions, expédiées ſous le grand-ſceau; & afin de règler le grand nombre de notaires qui avoient été créés, tant par le Roi de Navarre, beaufrère du Roi & ſes oficiers, que par les ſeigneurs particuliers qui prétendoient en avoir privilége & conceſſion, il fut ordonné qu'en toutes les terres & juſtices dudit Roi de Navarre & des autres ſeigneurs aïant privilége, le nombre des notaires ſeigneuriaux ne pouroit excéder celui des notaires roïaux; de manière qu'ès lieux où il y auroit établiſſement d'un notaire roïal, les ſeigneurs privilégiés en pouroient établir un autre ſous leur ſcel particulier.

L'éxécution de l'édit de 1542, qui avoit été ſuſpenduè en quelques endroits, fut ordonnée par un autre édit du mois de Janvier 1584; » ſauf & réſervé ès terres » des ſieurs haut-juſticiers, qui ont droit » de tabellionnage & qui ont accoûtumé d'en » jouïr juſqu'à préſent.

Henry IV donna un édit au mois de Mai 1597, regiſtré au parlement, le Roi y ſéant, le 21 du même mois, par lequel il réunit au domaine tous les ofices de notaires royaux du royaume, même dans l'étenduè des domaines tenus à titre d'apanage ou d'engagement: il unit à ces ofices les droits des tabellions & gardenotes, qui furent à cette fin ſuprimés, & il ordonna la vente & aliénation à faculté de rachat perpétuel deſdits ofices, pour être à l'avenir les pourvûs nommé, *notaires, gardes-notes & tabellions héréditaires*, avec pouvoir de groſſoïer & faire, chacun en droit ſoi, les expéditions de tous les actes par eux faits & paſſés. Il créa même des ofices de notaires dans tous les lieux où les tabellions avoient des commis.

Il y a eu diférentes créations d'ofices de notaires royaux : Louïs XIV en créa, par édit du mois de Mars 1706, dans chacune des villes, bourgs & lieux où l'établissement seroit jugé nécessaire, & S. M. permit aux Seigneurs, qui avoient droit de tabellionnage, de réunir ces ofices à leurs notaires & tabellions.

Par un édit de Loüis XV, du mois de Février 1761, il est dit que, quoique les fonctions des tabellions royaux eussent été réunies à celles des notaires en 1597, cependant le défaut de remboursement de plusieurs des propriétaires des tabellionnages, avoit fait qu'ils avoient subsisté en quelques provinces du roïaume; & comme il a paru avantageux de faire cesser une pareille distinction, qui tend à multiplier les frais des actes, S. M. a cru devoir consommer une opération commencée depuis si long-tems & dont l'expérience fait sentir de plus en plus la nécessité; en conséquence, tous les tabellionnages subsistans dans l'étenduë des justices & domaines du Roi, engagés ou dans la main de S. M., ont été suprimés, à compter du jour de la publication de l'édit, & leurs fonctions réunies à perpétuité à celles des notaires royaux, chacun dans son arrondissement; l'art. 2 ordonne que les minutes des actes passés par lesdits notaires, ou par ceux auxquels ils auront succédé, & qui se trouveront ès mains desdits tabellions, seront remises aux grefes des bailliages, sénéchaussées, ou autres jurisdictions roïales du ressort, pour être délivrées à chacun desdits notaires, ou aux successeurs auxdits ofices. L'article 3 fait défenses auxdits tabellions de faire aucunes fonctions de leurs ofices, à compter du jour de la publication de l'édit, à peine de nullité & de tous dommages & intérêts. Par l'art. 4, il est ordonné que, pour être procédé à l'indem-

nité qui sera dûë à ceux qui jouïssent des tabellionnages suprimés, ils seront tenus de remettre leurs titres ès mains de M. le contrôleur général, pour y être pourvû par S. M. L'article 5 porte que cette indemnité sera fixée sur le pié d'une année commune du produit desdits tabellionnages depuis 20 ans, & convertie en une rente annuelle, qui sera païée par les notaires auxquels leurs fonctions seront réunies, soit aux fermiers des domaines, soit aux engagistes, tant qu'ils jouïront de leurs engagemens. L'art. 6 excepte les tabellions établis dans l'étenduë des terres de l'apanage de M. le duc d'Orléans; &, par l'art. 7, S. M. n'entend pareillement comprendre, dans la supression, les tabellions roïaux créés dans l'étenduë du ressort du parlement de Flandre & du païs d'Artois, ni déroger aux droits que peuvent avoir les seigneurs, d'établir des tabellions dans l'étenduë de leurs seigneuries.

Il résulte de ce que dessus, que le Roi peut créer des ofices de notaires dans l'étenduë du royaume sans exception; que nul ne peut établir des notaires & tabellions sans concession expresse, ou un droit établi avant 1302, & confirmé par une possession suivie. Le droit de haute-justice est diférent de celui d'instituer des notaires & tabellions, & les vassaux en font la distinction dans les aveux & dénombremens qu'ils fournissent au Roi; si quelques coûtumes accordent le droit de notariat & tabellionnage aux seigneurs, elles ne peuvent préjudicier aux droits du Roi, & c'est toujours sous la condition d'une concession, ou d'une possession ancienne.

Les fonctions des notaires sont si importantes, qu'il seroit bien essentiel qu'elles ne fussent confiées qu'à des gens expérimentés, & qui d'ailleurs fussent titulaires d'ofices, dont la finance seroit comme un garant de leur éxercice. Il y a plusieurs provinces où l'on ne trouve de notaires royaux que dans les villes considé-

Notaires.

rables ; par tout ailleurs ce ne font que des notaires inftitués par des feigneurs ; ils font multipliés à l'infini, & la plûpart d'entr'eux favent à peine lire & écrire ; toute leur fortune confifte dans les émolumens arbitraires qu'ils fe font païer pour les actes qu'ils font ; & ces actes, faits dans la vûe d'affûrer la tranquillité des parties, & l'éxécution de leurs conventions, produifent fouvent des éfets contraires, foit parce qu'ils ont été mal faits, foit parce qu'ils n'ont pas été foumis aux formalités auxquelles ils étoient fujets. Ces notaires, fans fortune & fans état fixe, puifqu'ils peuvent être deftitués à la volonté du Seigneur, font communément peu fcrupuleux, & l'on en a des preuves fréquentes dans la ferme des domaines ; s'ils font pourfuivis, ils s'expatrient pour fe mettre à couvert des peines auxquelles ils fe font expofés ; ils détournent les minutes qui ne font pas en règle, & les autres reftent à l'abandon ; enforte que ceux qui ont eû recours à leur miniftère deviennent les victimes de l'ignorance, & de l'irrégularité de ces notaires.

Il y a d'autres provinces, & l'on peut citer celle de Normandie pour éxemple, où il eft très-rare qu'on puiffe fe plaindre d'aucun notaire ; les ofices de notaires roïaux ont été créés dans cette province avec des arrondiffemens fixes, & leurs fonctions réglées par édits des mois de Juillet 1677, Juin 1685 & Mai 1686, & par déclarations des 11 Décembre 1703, & 23 Août 1704 ; ils ne font pas en trop grand nombre, puifqu'à Evreux, à Valognes & même à Caën, chef-lieu de généralité, il n'y a qu'un feul titre d'ofice : on y fuplée en faifant recevoir des commis fur des commiffions du grand-fceau ; moins il y a de titulaires, plus la finance eft confidérable : par cette raifon même, on n'y admet que des gens éprouvés, & qui font d'autant plus circonfpects, qu'ils ont plus à perdre ; toutes les minutes des actes font

réunies dans le notariat, reliées en regiftres cottés & paraphés par le premier juge du bailliage, & ces regiftres doivent être repréfentés aux affifes. Il feroit bien à défirer, pour l'intérêt public, que le même ordre fut établi dans toutes les provinces, fauf à indemnifer les feigneurs qui ont droit de tabellionnage, & à charger les titulaires des ofices de notaires royaux d'une rente proportionnée à l'objet de cette indemnité. Si l'on fuivoit ce qui fut ordonné par l'édit du mois de Mars 1706, raporté ci-deffus, l'on ne remédieroit qu'imparfaitement aux inconvéniens, puifque les Seigneurs, étant toujours propriétaires des ofices, y feroient pourvoir fur leur nomination. Il faut qu'un notaire foit vraiment titulaire, & que la finance de fon ofice foit caution de fon éxactitude ; il conviendroit, par conféquent, de détruire auffi l'abus d'affermer certains notariats à des particuliers, qui n'en font pourvûs que fur des commiffions du grand-fceau & qui changent fréquemment ; enforte que les commiffions ne feroient accordées qu'aux commis du titulaire qui les auroit préfentés & qui en feroit entièrement garant.

Paffons maintenant aux objets que nous avons à traiter fur cet article, & qui font communs aux notaires, tabellions & gréfiers, tant royaux que feigneuriaux ; même à tous autres particuliers qui ont droit de paffer & recevoir des actes & contrats.

§. I. *Ils font tenus de faire contrôler leurs actes, dans la quinzaine, fans pouvoir charger les parties d'y fatisfaire.*

§. II. *Les teftamens & les donations, à caufe de mort, font exceptés de la règle générale.*

§. III. *Des actes réfiliés dans la quinzaine.*

§. IV. *Bureaux où les actes doivent être contrôlés.*

§. V. *Les actes ne peuvent être contrôlés que par les pourvûs de commiffions du fermier.*

§. VI. *Les notaires & autres oficiers publics font refpoufables des dommages & intérêts des parties, réfultans de la nullité des actes non contrôlés.*

§. VII. *Ils doivent dater leurs actes, avant que de les faire figner par les parties.*

§. VIII. *Ils doivent les figner en mêmerems que les parties.*

§. IX. *Ils ne peuvent faire de renvois ni changemens dans les actes, s'ils ne font aprouvés.*

§. X. *Doivent faire mention, dans les expéditions, du contrôle & de l'infinuation des minutes.*

§. XI. *Actes qu'ils doivent faire infinuer.*

§. XII. *Ils doivent avertir de faire infinuer les autres.*

§. XIII. *Doivent retirer leurs minutes & païer provifoirement les droits demandés, fans pouvoir contefter fur la quotité.*

§. XIV. *Ils ont recours des droits qu'ils ont avancés.*

§. XV. *Ne peuvent recevoir en dépôt, les actes fous-fignature privée, non contrôlés, ni faire des actes en conféquence.*

§. XVI. *Ne doivent laiffer écrire aucuns actes fous-fignature privée fur leurs minutes.*

§. XVII. *Ne doivent remettre les minutes aux parties.*

§. XVIII. *Sont tenus de défigner la nature & la mouvance des biens.*

§. XIX. *Doivent tenir des répertoires.*

§. XX. *Sont tenus de communiquer leurs minutes & liaffes à toutes réquifitions.*

§. XXI. *Et de fournir des extraits de leurs actes au fermier des domaines.*

§. XXII. *Actes des notaires & gréfiers fujets au contrôle des exploits.*

§. XXIII. *Expéditions & extraits que les notaires roïaux doivent faire fceller.*

§. XXIV. *Limites du pouvoir & des fonctions des notaires & tabellions des feigneurs.*

§. XXV. *Cas de faux contrôle ou de fauffe mention, fur les expéditions, que les minutes font en forme.*

§. I. *Les notaires, gréfiers & autres, qui reçoivent des actes font tenus de les faire contrôler dans la quinzaine, fans pouvoir charger les parties d'y fatisfaire.*

Voïez ci-devant *Contrôle des actes,* tom. 1, page 544, où l'établiflement de cette formalité eft raporté, ainfi que les difpofitions de l'édit du mois de Mars 1693, par lequel il eft enjoint aux notaires & tabellions, tant roïaux que des feigneurs, & aux gréfiers des arbitrages, de faire contrôler leurs actes, à leur diligence, au bureau le plus prochain, quinze jours au plus tard après la date d'iceux, à peine de 200 liv. d'amende contr'eux, & de pareille amende contre la partie qui s'en fervira.

Arrêt du confeil du 2 Juin 1693, qui condamne un tabellion en 200 liv. d'amende, pour n'avoir pas fait contrôler un acte par lui délivré *en minute,* & prononce pareille amende contre la partie qui s'en eft fervie, & contre l'huiffier qui l'a fignifié.

L'arrêt du confeil du 9 Juin 1693, enjoint aux notaires, tabellions & gréfiers de faire contrôler leurs actes, à peine de *nullité* d'iceux, & des autres peines portées par l'édit du mois de Mars précédent.

Par autre arrêt du 15 Septembre 1693, plufieurs notaires & tabellions ont été condamnés en 200 liv. d'amende chacun, pour avoir préfenté des actes au contrôle quelques jours après la quinzaine, & il leur a été défendu de récidiver, fous plus grandes peines.

Il a été ordonné par arrêt du confeil du 10 Août 1694, que tous les actes paffés par les notaires & tabellions feront contrôlés au contrôle des actes, avec défenfes aux contrôleurs des exploits de contrôler aucuns contrats ni actes reçus & paffés par devant notaires, tabellions & autrès ; mais feulement les exploits & actes de notifications ou fignifications qui en pourront être faites , foit par notaires , huiffiers ou fergens ; *voïez* ci-après , §. XXII.

Autre Arrèt du 19 Avril 1695 , par lequel , fans s'arrêter à une ordonnance de M. l'intendant de Rouen , portant que les actes de notification faits par notaires & autres feroient feulement contrôlés aux exploits , il eft ordonné que *tous les actes, de quelque nature & qualité qu'ils foient* , qui feront paffés par devant notaires roïaux & fubalternes , feront contrôlés au contrôle des actes & les droits payés , finon déclarés *nuls* , & l'amende de 200 livres encouruë par chacun des contrevenans. *Voïez* encore le §. XXII.

Déclaration du Roi du 19 Mars 1696 , contenant règlement : l'article 1er ordonne que les contrats & actes , fujets au contrôle , feront contrôlés dans les bureaux établis *dans les lieux de la réfidence* des notaires , gréfiers & tabellions qui les auront reçus ; & , s'il n'y en a point d'établis, dans les bureaux les plus prochains, dans la quinzaine, à peine de *nullité* & de 200 livres d'amende contre les notaires qui les feront contrôler dans d'autres bureaux , & contre les parties qui s'en ferviront. Et l'art. 9 porte que les notaires , tabellions , gréfiers ou autres aïant la faculté de paffer des contrats ou actes , qui feront convaincus de contravention & d'obmiffion de contrôle , feront condamnés en l'amende de 200 liv.

Par arrèt du 15 Janvier 1697 , il eft ordonné que les notaires , gréfiers , tabellions & autres , qui ont droit de paffer & recevoir des contrats & actes , feront tenus de faire contrôler ceux qu'ils recevront, dans la quinzaine du jour & date d'iceux , & de païer les droits , à peine de 200 liv. d'amende , d'interdiction , & de tous dépens , dommages & intérêts. *Voïez* la fuite au §. III,

L'arrêt du 28 Octobre 1698 , porte que les contrats & actes feront contrôlés & les droits païés, dans le tems de quinzaine , à la diligence des notaires , tabellions , magiftrats , gens de loi , gréfiers des juftices roïales & feigneuriales , & des communautés & autres qui ont droit de paffer des actes & contrats , fous les peines de *nullité* , d'interdiction & des amendes portées par les édit , déclaration & arrêts.

Par la déclaration du Roi du 14 Juillet 1699 , il eft ordonné que tous contrats & actes reçus & paffés par devant notaires & tabellions , tant roïaux & apoftoliques , que feigneuriaux , gréfiers des arbitrages & autres , feront contrôlés dans la quinzaine du jour & date d'iceux & les droits païés. L'article 13 porte que ceux qui feront convaincus de contravention & d'obmiffion de contrôle , feront condamnés en l'amende de 200 livres.

Arrêt du confeil du 13 Maï 1704 , portant que , conformément à la déclaration du 14 Juillet 1699 , les notaires , tabellions , gréfiers & autres , feront tenus de faire contrôler à leur diligence les contrats & actes qu'ils recevront & d'en païer les droits avant que de pouvoir les délivrer aux parties ; leur fait très-expreffes défenfes de charger les parties de les faire contrôler , à peine de 200 livres d'amende contre chacun des contrevenans.

L'édit du mois d'Août 1706 , porte qu'aucuns des notaires & tabellions roïaux , notaires apoftoliques , notaires & tabellions des feigneurs , amands ou autres , qui paffent & reçoivent des actes , comme notaires, ne pouront fe difpenfer de faire contrôler leurs actes dans les tems preferits par les précédents édit & déclarations , & fous les peines y portées.

L'article 184 du tarif du 20 Mars 1708 , dont l'éxécution eft expreffément ordonnée par la déclaration du même jour , porte que tous les actes paffés ou reçus par notaires & tabellions , tant roïaux que feignenriaux , notaires apoftoliques , gréfiers des arbitrages & autres, feront contrôlés , & les droits par eux païés , dans la quinzaine au plus tard du jour de la date defdits actes , & avant qu'ils puiffent les délivrer aux parties , foit en brévet, par groffes ou expéditions , le tout à peine de *nullité* defdits actes & de 200 liv. d'amende pour chaque contravention.

Par Sentences des requêtes du palais à Paris du 16 Avril 1715 , fur l'intervention du fermier , dans une inftance où l'on prétendoit fe fervir d'un acte paffé devant Hutel , notaire à Amboife , ledit Hutel a été condamné en 200 liv. d'amende , pour n'avoir pas fait contrôler cet acte dans la quinzaine de fa date.

Décifion du confeil du 3 Août 1715 , fur l'article 19 du mémoire des notaires de Tours , qui difoient que , fur la bonne-foi de l'ancien ufage , ils avoient plufieurs actes qui n'étoient point contrôlés. Décidé que , fuivant les édits & déclarations , on ne fauroit faire contrôler les actes après la quinzaine de leur date & qu'ils doivent être déclarés nuls.

Arrêt du confeil du 18 Octobre 1718 , qui condamne un notaire en 1600 liv. d'amendes , pour huit actes qu'il n'avoit pas fignés en même tems que les parties , & qu'il n'avoit pas fait contrôler dans la quinzaine.

Autre arrêt du confeil du 21 Mars 1719 , par lequel , fans avoir égard à une ordonnance de M. l'intendant de Châlons qui avoit permis de faire contrôler dans un délai fixe d'anciens actes non contrôlés , *il eft défendu* aux fermiers & à leurs commis , *de contrôler aucuns actes après la quinzaine*, à peine de nullité & de 300 liv. d'amende , fauf aux Fermiers à pourfuivre les notaires , gréfiers & autres qui auront paffé les actes , pour les faire condamner aux amendes par eux encouruës , faute de les avoir fait contrôler dans ledit délai. Et tous les actes , qui pouroient avoir été con-

trôlés après la quinzaine , font déclarés nuls, fans que lefdits contrôles puiffent les faire valider, ni qu'il puiffe être fait de pareils contrôles à l'avenir , fans préjudice des dommages & intérêts des parties, réfultans de la nullité des actes , pour lefquels elles pouront fe pourvoir vers lefdits notaires.

Le 23 Mai 1719 , autre arrêt contre le nommé Coudray , notaire à Montée, en Sonnois , pour n'avoir pas fait contrôler 146 actes par lui reçûs depuis 1712 ; qui le condamne en 200 livres d'amende pour chaque contravention , & l'interdit des fonctions de fon oſice , & de toutes autres , s'il en a.

Par autre arrêt du 4 Août 1719 , Bontems , notaire à Gerfé , a été condamné aux amendes encouruës , pour n'avoir envoïé cinq actes au contrôle , qu'après la quinzaine , & lefdits actes ont été déclarés nuls.

Autre arrêt du 15 Septembre 1719 , qui condamne un notaire en 200 liv. d'amende, pour n'avoir pas fait contrôler une collation d'acte , dans la quinzaine du jour qu'il l'a fignée ; enjoint aux notaires & autres de dater les actes , en même tems qu'ils les fignent , & de les faire contrôler dans la quinzaine , à peine de 200 livres d'amende pour chaque contravention.

Le 12 Avril 1720 , autre arrêt qui déclare nulle une obligation reçuë par un notaire , qu'il n'avoit pas fait contrôler dans la quinzaine, & qu'il avoit délivrée à la partie , à la charge de la faire contrôler ; interdit le notaire des fonctions de fa charge , le condamne en 200 livres d'amende , aux droits de contrôle & aux dommages & intérêts des parties.

Autre arrêt dudit jour 12 Avril 1720 , qui condamne un notaire en 400 livres d'amende , pour n'avoir pas figné une obligation par lui reçuë , en même tems que les parties , & ne l'avoir pas fait contrôler dans la quinzaine , & en outre au païement du droit.

Par autre arrêt du 7 Septembre 1720 ,

Notaires.
§. I.

un notaire a été condamné en 200 livres d'amende, pour n'avoir pas fait contrôler un contrat par lui reçû en 1700.

Autre arrêt du 6 Décembre 1720, qui prononce les amendes encourues par un notaire, pour raison de trois actes : l'un daté feulement de l'année 1712, non figné de lui ; l'autre de 1719, figné & non contrôlé ; & le troisiéme de 1719, non figné de lui ni contrôlé.

Arrêt du confeil du 27 Juin 1721, qui déclare nul un contrat de vente paffé devant notaires en 1712, nonobftant qu'il eût été contrôlé, en vertu d'une ordonnance de M. l'Intendant de Bordeaux du 25 Janvier 1721, qui avoit ordonné le contrôle, fans tirer à conféquence, attendu le décès du notaire & de la partie. *Défend* à tous commis au contrôle, *de contrôler aucuns actes paffés par devant notaires, gréfiers ou tabellions, après la quinzaine de leur date*, à peine de nullité, 200 liv. d'amende pour chaque contravention, & des dommages & intérêts des parties.

Autre arrêt du confeil du 29 Juillet 1721, qui condamne Jean Frocart tabellion, en 238 amendes de 200 livres chaque, pour défaut de contrôle d'autant d'actes, lefquels font déclarés nuls ; cet arrêt prononce l'interdiction du tabellion, jufqu'au païement defdites amendes.

Par autre arrêt du 29 Août 1721, le nommé Kermener, notaire en Bretagne, a été condamné en 496 amendes de 200 liv. chaque, pour autant d'actes non contrôlés, ainfi qu'au païement des droits defdits actes, & il a été interdit de fes fonctions, jufqu'à ce qu'il ait fatisfait à ces condamnations.

Arrêt du confeil du 21 Novembre 1721, qui réforme une ordonnance de M. l'intendant de Bourges, en ce qu'elle ne prononçoit pas la *nullité* de plufieurs *actes contrôlés quelques jours après la quinzaine*. Or-

donne, au furplus, que ladite ordonnance fera éxécutée pour les amendes prononcées contre les notaires & les parties ; lefdits notaires difoient que leurs actes avoient été remis au bureau du contrôle dans la quinzaine, & qu'ils ne devoient pas fouffrir du peu de vigilance & de l'inéxactitude du commis, caufée par fon âge très-avancé.

L'arrêt du confeil du 6 Février 1722, déclare nulle une quitance, faute d'avoir été contrôlée dans la quinzaine, & prononce l'amende encouruë par le notaire.

Celui du 24 Février 1722, confirme une ordonnance de M. l'intendant de Pau & Auch, par laquelle le fieur Depié notaire, a été condamné en 500 liv. d'amende, pour n'avoir pas fait contrôler & infinuer dans la quinzaine un contrat de marefufé de le contrôler & infinuer pour la fomme qui lui étoit offerte ; *voïez* le §. XIII. riage ; il opofoit avoir porté l'acte au bureau dans le délai, & que le commis avoit

Autre arrêt du confeil du 16 Juin 1722, qui interdit Latrille, notaire à Caftres, de fes fonctions jufqu'au païement de 53000 liv. d'amendes prononcées contre lui par le fubdélégué de l'intendance de Touloufe, pour défaut de contrôle de cent cinquante-un actes, & d'infinuation de foixante-feize ; il s'étoit pourvû au confeil pour obtenir une modération, attendu fa pauvreté.

Par l'article 2 de la déclaration du Roi du 29 Septembre 1722, il eft ordonné que tous les contrats & actes qui feront reçûs & paffés par les notaires du châtelet de Paris (*), par ceux de Lyon, & par tous les autres notaires & tabellions, tant roïaux, apoftoliques, que feigneuriaux, gréfiers & autres perfonnes publiques qui ont droit de paffer & de recevoir des actes, feront contrôlés dans les délais preferits par les précédens règlemens, & conformément

(*) *Voïez* ci-après, *Paris.*

conformément à iceux , & les droits païés fous les peines y portées , fans aucune diftinction des lieux où lefdits droits n'ont point été ci-devant perçûs ; & , par l'article 3 , il fut accordé un délai de trois mois pour faire contrôler les actes qui ne l'avoient point été ; au moïen de quoi , ils auroient hipotéque , force & vertu du jour feulement qu'ils feroient contrôlés ; *après lequel délai , la nullité* prononcée par les édits & déclarations *aura fon entier éfet* , s'ils ne font contrôlés.

Décifion du 3 Juillet 1723 , qui juge que l'on ne peut rien changer à un acte qui a reçû fa perfection par les fignatures des parties.

Arrêt du confeil du 11 Juillet 1724 , par lequel , fans avoir égard à une ordonnance de M. l'intendant de Bretagne , Philippe-Henry Bellanger , notaire & gréfier de Brondineuf , a été condamné au païement de 4100 liv. d'amende , & des droits de contrôle & d'infinuation de diférens actes , fans répétition contre les parties ; lefquels actes ont été déclarés *nuls* , faute d'être contrôlés , fauf le recours des parties contre ledit Bellanger pour leurs dommages & intérêts réfultans de ladite nullité , & fans préjudice de la pourfuite extraordinaire pour une fauffe rélation de contrôle fur l'expédition de l'un defdits actes.

Par arrêt du 7 Novembre 1724 , les notaires de Bergerac ont été déboutés de leurs demandes , & le confeil a ordonné l'éxécution d'une ordonnance de M. l'intendant de Bordeaux , par laquelle ils ont été condamnés en 97300 livres d'amendes ; ils avoient remis en 1723 le nombre de 338 actes au commis , & par un procès verbal du mois de Décembre de la même année , il a été conftaté que ces actes avoient été trouvés au bureau non contrôlés ; les notaires difoient qu'ils les y avoient remis dans la quinzaine , & que c'étoit la faute du commis qui étoit dérangé , & auquel on avoit même fait le procès ; mais il ne fufit

Tome III.

pas de remettre les actes au bureau du contrôle dans la quinzaine , il faut les faire contrôler & païer les droits dans le même délai : *voïez* le §. XIII.

Décifion du confeil du 14 Avril 1725 , contre des particuliers , qui demandoient à faire contrôler des actes qu'ils avoient paffés par devant un notaire , qui avoit négligé de les faire contrôler ; ils ofroient de païer les droits , quoiqu'ils les euffent déja remis à ce notaire ; décidé que les actes des notaires , non contrôlés dans la quinzaine , ne peuvent être validés.

Arrêt du confeil du 14 Avril 1725 , qui déclare nuls 65 actes , reçus par feu Jean Auboin , tabellion & gréfier à Châtillon , & condamne les héritiers dudit Auboin , au païement de 943 liv. pour les droits , même aux amendes. *Voïez* le tom. 1er page 131.

Autre arrêt du confeil du 8 Mai 1725 , qui caffe trois ordonnances de M. l'intendant de Tours & de fon fubdélégué , portant modération des amendes encourües par Croiffant , le Breton & le Moine , notaires à Laval ; prononce les amendes & les droits des actes par eux reçûs , & qu'ils n'ont point fait contrôler & infinuer dans les délais fixés par les règlemens.

Le 17 Juillet 1725 , autre arrêt du confeil , qui caffe une ordonnance de M. l'intendant de la Rochelle , par laquelle il avoit déchargé le nommé Roüault , notaire , au comté de Benon , de l'amende prononcée contre lui par une précédente ordonnance , pour n'avoir pas fait contrôler un contrat de mariage dans la quinzaine de fa date.

Décifion du confeil du 7 Février 1728 , qui juge que les actes ne peuvent être contrôlés après le délai.

Autre décifion du 15 Juillet 1730 , qui débboute le nommé Morin de fa demande , tendante à faire contrôler un acte non figné du notaire qui l'avoit reçu , & qui étoit mort.

Par déclaration du Roi du 23 Juin 1733 , S. M. a prorogé jufqu'au 1er Janvier 1743 ,

E

Notaires.

les délais ci-devant accordés pour faire contrôler, infinuer & fceller les actes qui y font affujétis & qui ont été paffés avant le 29 Septembre 1722; voulant qu'après ledit jour 1er Janvier 1734, les peines, prononcées par les édits & déclarations, demeurent encouruës; & ordonne au furplus l'éxécution des règlemens, pour tous les actes paffés depuis ledit jour 29 Septembre 1722.

Décifion du 3 Octobre 1733, qui juge que, quoique les actes foient déclarés nuls par le défaut de contrôle, les droits en doivent être païés au fermier, par forme de reftitution, outre les amendes encouruës.

Par une déclaration du Roi du 10 Novembre 1733, enregiftrée au confeil de Rouffillon, le 17 Décembre fuivant, les actes paffés par les notaires du Rouffillon, avant le 29 Septembre 1722, qui n'ont d'autre défaut que celui d'avoir été contrôlés après la quinzaine de leur date, ont été validés.

Décifion du confeil du 22 Juin 1735, qui juge qu'un acte préfenté au bureau dans la quinzaine & non contrôlé, faute de païement des droits, ne peut plus être contrôlé. *Voïez* §. XIII.

Autre décifion du 29 Mars 1737, adreffée par M. de Fulvy, intendant des finances, à M. l'intendant de Grenoble, portant que les actes des notaires non contrôlés, font nuls; qu'ils ne peuvent être contrôlés ni validés; que les notaires n'ont point de recours des droits qu'ils font tenus de païer par forme de reftitution; enfin, que les parties peuvent même obtenir contr'eux des dommages & intérêts, réfultans de la nullité de ces actes.

Décifion du 23 Juin 1742, fur mémoire de la chambre eccléfiaftique du diocèfe d'Auch, tendant à faire contrôler, après la quinzaine, des procès verbaux faits par des experts nommés par arrêt. Jugé que les droits de contrôle font dûs par forme de reftitution, mais que l'on ne peut contrôler les actes.

Ordonnance de M. l'intendant de Paris du 24 Mars 1746, qui condamne le fieur Gouffet, notaire au duché de Nivernois, réfident à Corbigny, en 9500 liv. d'amendes pour plufieurs contraventions, & aux droits de diférens actes non contrôlés, lefquels font déclarés nuls, & ledit Gouffet interdit de toutes fonctions.

Décifion du confeil du 22 Décembre 1750, qui juge que, pour les actes non contrôlés, les droits doivent être ajugés au fermier, même avant les amendes encouruës.

Autre décifion du 27 Février 1755, qui confirme une ordonnance de M. l'intendant de Soiffons, contre le fieur Dupréel, notaire à Soiffons, au fujet d'un acte qu'il avoit déchiré, du confentement des parties, après leur fignature. *Voïez* le §. III.

Les actes des notaires, & autres oficiers publics ne peuvent être abfolument contrôlés après la quinzaine; d'ailleurs ce contrôle ne les rendroit aucunement valables. Arrêts des 21 Mars 1719, 27 Juin & 21 Novembre 1741; & décifions des 14 Octobre 1725, 7 Février 1728, 28 Mars 1733, 20 Avril, 22 Juin, 28 Septembre 1735, 19 Février, 29 Mars, 13 Avril, 4 Mai, 8 Juin 1737, 30 Août 1738, 2 Mai, 23 Mai, 4 Juillet 1739, 5 Octobre 1740, 29 Avril, 7 Octobre 1741, 23 Juin 1742, 21 Janvier 1747, 10 Février 1748, & 13 Février 1751.

Mais, fi les actes n'ont point été fignés du notaire, & que ce notaire foit mort, le confeil a fouvent autorifé à contrôler les actes, qui valent alors comme actes fousfignature privée. Décifions des 14 Octobre 1730, 29 Mai, 10 Juillet, 24 Juillet, 31 Juillet, 28 Août 1734, 30 Mars 1735, & 29 Mai 1751.

§. II. *Les teftamens & les donations à caufe de mort, font exceptés de la règle générale.*

Les teftamens, codiciles, & donations à

caufe de mort , ne font fujets au contrôle qu'après le décès des teftateurs ; les notaires font feulement tenus d'en fournir des extraits au fermier , pour qu'il puiffe demander les droits aux héritiers ou légataires. Voïez *Teftament.*

§. III. *Des actes réfiliés dans la quinzaine.*

Quoiqu'un acte foit réfilié dans la quinzaine , il doit néanmoins être contrôlé , parce que l'acte eft parfait en foi , dès qu'il eft figné des parties ; il ne peut plus être anéanti ni recevoir le moindre changement que par un autre acte ; & tout acte parfait en foi , eft indifpenfablement affujéti dès ce moment à être contrôlé. Voïez *Actes des notaires* , tom. 1 , page 25.

L'arrêt du confeil du 15 Janvier 1697, qui ordonne de faire contrôler les actes dans la quinzaine de leur date , ajoûte qu'au même inftant que les contrats & actes auront été fignés par les parties contractantes, ils le feront auffi par les notaires , gréfiers ou tabellions qui les auront reçus ; & contrôlés à leur diligence , dans le délai de quinzaine , fous les peines portées par les règlemens ; à moins que les parties contractantes n'aïent , depuis la paffation defdits contrats ou actes & avant la quinzaine , confenti la réfiliation d'iceux , par acte par écrit , dont il fera fait mention fur lefdits contrats réfiliés , *& les droits de contrôle defdits actes réfiliés païés.*

La décifion du confeil du 24 Août 1707, article 5 , porte que le droit de contrôle d'un acte eft dû , fi-tôt qu'il eft figné , foit qu'il ait fon éxécution ou non.

Arrêt du confeil du 23 Décembre 1721: le fieur Baudouin , notaire à Verdun , aïant paffé , le 20 Mars 1720 , un contrat de vente , contenant délégation acceptée &

payable dans trois ans , biffa & bâtonna ce contrat , le 22 du même mois , du confentement des parties , qui en firent la réfiliation fous-fignature privée au pié ; & , le même jour , il fut fait un nouvel acte contenant les mêmes claufes , à la feule diférence du tems de païement. Par cet arrêt , rendu contre la veuve du notaire , elle a été condamnée en fon nom & comme tutrice de fes enfans , en l'amende (*) ; & , par forme de reftitution , dommages & intérêts , au païement des droits du contrat réfilié , & de l'acte de la réfiliation ; & les parties en l'amende.

Par autre arrêt du 15 Mai 1722 , l'une des parties qui s'étoit pourvuë contre l'arrêt ci-deffus , a été déboutée de fon opofition & condamnée au coût de l'arrêt.

Décifions du confeil des 7 Mai & 20 Septembre 1729 , au fujet de donations entre-vifs , réfiliées dans la quinzaine ; qui jugent que les droits font dûs pour les donations , & pour les réfiliations ou rétroceffions qui en ont été faites.

Décifion du confeil du 16 Septembre 1730 , fur mémoire du fieur Monteffier , qui juge que , quoiqu'un contrat de mariage ait été réfilié dans la quinzaine de fa date , le droit de contrôle en doit être payé ; mais qu'il n'eft point dû de droit d'infinuation , n'ayant pas été foumis à cette formalité avant fa réfiliation.

Autre décifion du confeil du 23 Mars 1745 , qui réforme une ordonnance de M. l'intendant de Grenoble , par laquelle il avoit ordonné la reftitution des droits d'un contrat de mariage dont les parties s'étoient défiftées dans la quinzaine de la date ; il a été en conféquence jugé , par cette décifion , que l'acte , étant figné , eft parfait & que dès-lors les droits en ont été acquis au fermier.

Décifion du confeil du 27 Février 1755 ,

(*) Voïez le tome 1 , page 131.

Notaires.

qui confirme une ordonnance de M. l'intendant de Soiſſons, renduë contre le ſieur Dupréel, notaire à Soiſſons, au ſujet d'un acte qu'il avoit déchiré du conſentement des parties, après leur ſignature.

Déciſion du 31 Décembre 1755, au ſujet d'une procuration donnée par la dame Raulin-Antheaume devant les notaires de Meaux, à l'effet de contracter en ſon nom à Paris, & pour laquelle procuration, le commis aïant prétendu le droit fixé par l'article 4 du tarif, cette Dame a fait ſignifier, dans la quinzaine, une révocation de ladite procuration, & elle en a donné une autre pure & ſimple. Décidé que le droit de la première eſt dû, tel qu'il étoit demandé.

Voïez encore, *Inſinuation*, n. 25.

§. IV. *Bureaux où les notaires & autres perſonnes publiques qui reçoivent des actes, doivent les faire contrôler.*

Les actes doivent être contrôlés au Bureau, dans l'arondiſſement duquel réſident les notaires, gréfiers ou autres perſonnes publiques, qui ont reçu & paſſé leſdits actes.

Suivant l'édit du mois de Mars 1693, (tom. 1, p. 545,) les actes doivent être contrôlés & regiſtrés dans le bureau le plus proche du lieu où ils ſeront paſſés.

Par l'arrêt du conſeil du 9 Juin 1693, il eſt enjoint aux notaires & autres, de faire contrôler au bureau le plus proche de leur demeure, à peine de nullité des actes & de 100 liv. d'amende, ſans pouvoir faire contrôler hors du reſſort de l'élection, ou de la juriſdiction roïale de leur réſidence.

L'édit du mois d'Octobre 1694, porte que les contrôleurs ne pourront contrôler d'autres actes que ceux qui ſeront reçus & paſſés dans les lieux où ils ſeront établis, & dans les dépendances d'iceux, à peine de nullité & de 100 livres d'amende.

Il eſt ordonné, par l'arrêt du conſeil du 22 Mars 1695, que les notaires, tabellions & gréfiers, faiſant des actes & réſidens dans le chef-lieu d'un bureau de contrôle, ou dans les paroiſſes y jointes & en dépendantes, ſeront tenus d'y faire contrôler leurs actes. L'arrêt du 22 Novembre 1695, contient les mêmes diſpoſitions, qui ſont réitérées par la déclaration qui ſuit :

La déclaration du Roi du 19 Mars 1696, article 1er, ordonne que tous contrats & actes ſeront contrôlés aux bureaux établis dans les lieux de la réſidence des notaires, gréfiers ou tabellions qui les auront reçus ; & , s'il n'y en a point d'établis, aux plus proches bureaux, dans la quinzaine, à peine de nullité & de 200 liv. d'amende païables au fermier, par les notaires qui les feront contrôler dans d'autres bureaux, & par les parties qui s'en ſerviront ; ſans qu'en aucun cas leſdits actes puiſſent être contrôlés hors des élections, & , dans les païs où il n'y a point d'élection, hors des limites des juriſdictions roïales où ils auront été paſſés, quand même les lieux, où leſdits actes ſeront paſſés, ſeroient plus proches des bureaux hors l'étenduë deſdites élections ou juriſdictions roïales ; le tout ſous les mêmes peines.

Par l'arrêt du conſeil du 28 Octobre 1698, il eſt défendu aux notaires & tabellions royaux & ſeigneuriaux, notaires apoſtoliques, gréfiers & tous autres qui ont droit ou qui ſont en poſſeſſion de paſſer des actes, de faire contrôler leſdits actes en d'autres bureaux qu'en ceux des lieux où ils ſeront paſſés, & , s'il n'y en a point, au plus proche.

Celui du 13 Mai 1704, contient les mêmes diſpoſitions, à peine de 200 livres d'amende pour chaque contravention.

Ordonnance de M. Ferrand, intendant de Bretagne du 24 Mai 1711, qui condamne un notaire de Loudeac en l'amende, pour avoir fait contrôler quelques actes en un autre bureau que celui de ſa réſidence.

Arrêt du confeil du 24 Mai 1718 , qui déclare nul un acte reçu par un notaire de la généralité de Tours , contrôlé dans celle d'Alençon , après la quinzaine ; condamne le notaire en 200 livres d'amende , pour ne l'avoir pas fait contrôler , dans la quinzaine , à fa réfidence , & en pareille amende pour l'avoir été faire contrôler dans un autre bureau ; le commis qui a contrôlé a été condamné en pareille amende , & à reftituer au fermier de Tours , le droit par lui perçu. Il eft défendu aux notaires de faire contrôler leurs actes en d'autres bureaux qu'en ceux établis dans les lieux & dans l'étenduë de leur réfidence ; & aux commis , de contrôler aucuns actes des notaires qui ne feront pas leur réfidence dans l'arondiffement de leur bureau , à peine de nullité , reftitution des droits , 200 liv. d'amende , interdiction d'offices & emplois , & d'être procédé extraordinairement , tant contre les notaires , que contre les commis.

Par arrêt du confeil du 7 Septembre 1720 , il eft enjoint aux notaires de Verdun & à tous autres notaires & tabellions du roïaume , de faire contrôler les actes au bureau d'arondiffement de leur demeure , fous les peines portées par les règlemens.

Arrêt du confeil du 14 Décembre 1728 , qui confirme une ordonnance de M. l'intendant d'Auvergne , par laquelle Chaize & Cottier notaires , ont été condamnés en 400 liv. d'amende & interdits de leurs fonctions ; Chaize étoit réfident à Volore , & Cottier à Tiers ; ils avoient paffé conjointement un acte dont la minute étoit reftée à Chaize , & cet acte avoit été contrôlé à Thiers , au lieu qu'il devoit l'être à Volore. Ils prétendoient avoir satisfait aux règlemens , difant que le notaire qui figne en fecond n'eft pas moins cenfé avoir reçu l'acte que celui qui figne en premier. Mais, la loi eft pofitive : elle ordonne que l'acte fera contrôlé au bureau de la réfidence de l'oficier qui l'a reçu , & le notaire qui figne en fe-

cond n'eft pas celui qui reçoit l'acte , c'eft celui auquel refte la minute ; en conféquence l'ordonnance a été confirmée , & il a été en outre fait itératives défenfes à tous notaires de faire contrôler leurs actes en d'autres bureaux qu'en ceux établis dans les lieux de leur réfidence , fous les peines portées pas les règlemens.

Ordonnance de M. l'intendant de Paris du 12 Septembre 1733 , qui condamne Bourdault notaire , à Anet , en 400 liv. d'amende , pour avoir fait contrôler deux actes à Dreux ; déclare lefdits actes nuls , & l'interdit jufqu'au païement : fes moyens étoient qu'il avoit paffé ces deux actes dans l'arondiffement du bureau de Dreux , & qu'en conféquence , il s'étoit déterminé à les y faire contrôler.

Décifion du confeil du 14 Septembre 1737 , qui juge qu'un acte ne peut être contrôlé qu'au bureau du domicile du notaire qui l'a reçu ; cette décifion eft citée dans l'arrêt qui fuit :

Arrêt du confeil du 12 Janvier 1745 , qui (attendu le droit qu'ont les notaires d'Orléans de paffer des actes dans l'étenduë du roïaume ,) permet aufdits notaires de faire contrôler les actes , qu'ils auront paffés hors de chez eux , foit à Orléans , lieu de leur réfidence , foit au Bureau du lieu de la paffation de l'acte ; & , s'il n'y en a point , au plus proche ; condamne l'un defdits notaires en 200 livres d'amende pour avoir fait contrôler un acte dans un autre bureau que celui de fa réfidence & de la paffation dudit acte ; & un autre notaire , en 600 liv. pour trois contraventions femblables , ainfi qu'au fuplément des droits defdits actes , quoique contrôlés dans la généralité d'Orléans.

Décifion du confeil du 1er Mai 1745 , qui condamne le fieur Chevalier , notaire roïal à Laval , en 200 liv. d'amende pour chacun des actes qu'il a été faire contrôler au bureau de faint Oüen , éloigné de 4 lieuës de fa réfidence où il y a un bureau ; le

Notaires.

condamne en outre , conjointement avec les parties , au païement du suplément des droits defdits actes. Ce notaire , dans l'idée de fe difculper , avoit , mis par furcharge, que les actes étoient au raport d'un notaire de faint Oüen , qui les avoit feulement fignés en fecond.

§. V. *Les actes ne peuvent être contrôlés que par les pourvûs de commiffions du fermier.*

Par arrêt du confeil du 25 Juin 1718 , M. l'intendant de Tours a été commis pour faire le procès à celui , qui , fans pouvoir , a contrôlé un bail , qui n'a pas été enregiftré ; & il a été défendu à tous notaires , gréfiers & autres de faire contrôler , fceller & infinuer leurs actes , jugemens & fentences , que par les prépofés du fermier pourvûs de commiffions à cet éfet ; & à toutes perfonnes de s'immifcer dans lefdites fonctions , fans pouvoir , & fans avoir prêté ferment , à peine de faux , de nullité defdits actes , de 1000 liv. d'amende & des dépens , dommages & intérêts du fermier , tant contre ceux qui s'y feront immifcés , que contre les notaires , gréfiers ou autres qui auront fait contrôler.

Arrêt du confeil du 11 Janvier 1724 , qui commet M. l'intendant de Bourgogne pour faire le procès à Gueniot , ci-devant commis à Marigny , pour avoir , fans caractère , contrôlé des actes.

§. VI. *Les notaires & autres , qui reçoivent des actes, font refponfables des dommages & intérêts des parties , réfultans de la nullité des actes non contrôlés.*

Les notaires , tabellions & autres qui reçoivent des actes font perfonnellement affujétis à les faire contrôler , comme il eft établi par les règlemens raportés ci-deffus ; §. 1. S'ils négligent cette formalité effentielle pour la validité des actes , ils doivent donc en répondre & dédommager les parties qui ne peuvent à cet égard que s'en raporter à eux.

L'arrêt du confeil du 15 Janvier 1697 , enjoint aux notaires , gréfiers , tabellions & autres , de faire contrôler leurs actes dans la quinzaine , à peine de 100 livres d'amende , d'interdiction de leurs charges, & de tous dépens , dommages & intérêts des parties.

Celui du 21 Mars 1719 , déclare que tous actes , contrôlés après la quinzaine, font nuls , fans préjudice des dommages & intérêts des parties , pour lefquels elles pouront fe pourvoir contre lefdits notaires.

Arrêt du confeil du 12 Avril 1720 , par lequel , en déclarant nulle une obligation non contrôlée , le notaire a été condamné en l'amende , aux droits de contrôle & aux dommages & intérêts des parties.

Autre du 27 Juin 1721 , qui défend de contrôler aucuns actes après la quinzaine , à peine de nullité , d'amende , & des dommages & intérêts des parties.

Par l'art. 3 de la déclaration du Roi du 29 Septembre 1722 , il a été accordé un délai de trois mois pour faire contrôler , infinuer & fceller les actes qui ne l'avoient point été , au moyen de quoi ils auroient hipotéque , force & vertu du jour de cette formalité ; & il eft ordonné qu'après ce délai & fans efpoir d'autre , la nullité , prononcée par les édits & déclarations , aura fon entier éfet ; & que lefdits notaires & autres , demeureront refponfables des dommages & intérêts , que les parties pouront fouffrir pour la nullité defdits actes.

Arrêt du confeil du 11 Juillet 1724 , par lequel , fans avoir égard à une ordonnance de M. l'Intendant de Bretagne , Bellanger , notaire à Brondineuf , a été condamné en plufieurs amendes , & aux droits de diférens actes non contrôlés , fans répétition contre les parties ; lefquels actes ont été délarés nuls, fauf le recours des parties contre ledit Bellanger pour leurs dommages & intérêts réfultans de ladite nullité.

Décifion du confeil du 29 Mars 1737, adreffée par M. de Fulvy, intendant des finances, à M. l'intendant de Grenoble, portant que les actes, non contrôlés dans la quinzaine, font nuls ; que les notaires n'ont point de recours des droits qu'ils doivent païer par forme de reftitution, & que les parties peuvent obtenir contr'eux des dommages & intérêts réfultans de cette nullité.

§. VII. Les actes doivent être datés, avant que de les faire figner par les parties.

La date eft de l'effence de l'acte ; les ordonnances veulent même qu'il y foit fait mention s'ils ont été paffés avant ou après-midi.

L'article 13 de la déclaration du 14 Juillet 1699, porte que les notaires ne pourront figner ni faire figner un acte par les parties, que la date n'en foit remplie, à peine de 200 livres d'amende & d'être procédé extraordinairement contr'eux, comme pour crime de faux.

Par arrêt du confeil du 15 Septembre 1719, Trablaine, notaire à faint Etienne en Forèz, a été condamné en 200 liv. d'amende, pour n'avoir ni daté, ni fait contrôler dans la quinzaine une collation d'acte ; & il a été enjoint à tous notaires, gréfiers & autres oficiers qui font des collations de piéces ou extraits d'actes, de les dater en même tems qu'ils les fignent, & de les faire contrôler dans la quinzaine, à peine de 200 livres d'amende pour chaque contravention.

Décifion du confeil du 25 Novembre 1747, qui confirme une ordonnance de M. l'intendant de Caën, renduë en conformité des règlemens, contre Pierre Bi-

net notaire, lequel n'avoit pas daté des actes par lui reçus.

Ordonnances de MM. les intendans de Poitiers & de la Rochelle, des 9 Octobre & 24 Décembre 1752, par lefquelles des notaires ont été condamnés aux amendes par eux encouruës, pour n'avoir pas daté des actes, qui fe font trouvés dans leurs études, & qui étoient fignés des parties. Voïez encore Date, tom. 2, page 2.

§. VIII. Les notaires & autres qui reçoivent des actes, doivent les figner en même tems qu'ils les font figner par les parties.

Anciennement les notaires ne fignoient point leurs actes ; il leur fut enjoint, par l'ordonnance de 1539 & par celle d'Orléans du mois de Janvier 1560, de les faire figner par les parties, ou de faire mention qu'elles ne favent figner, & de les figner eux-mêmes. Par un arrêt du parlement de Paris du 27 Février 1655, portant règlement pour les notaires, il eft ordonné qu'incontinent après qu'ils auront fait figner aux parties les minutes des actes qui feront faits ou paffés devant eux, ou qu'elles auront déclaré ne favoir figner, lefdits notaires feront tenus, fans délai, de figner lefdites minutes en préfence des parties, & d'en tenir un bon & fidèle répertoire, qui fera paraphé tous les fix mois par un des findics defdits notaires. Dict. des arr. verb. notaires, n. 59.

Par arrêt du confeil du 15 Janvier 1697, il eft ordonné qu'au même inftant que les contrats & actes auront été fignés par les parties contractantes, ils le feront aufi par les notaires, gréfiers ou tabellions qui les auront reçus ; & contrôlés, à leur diligence, dans la quinzaine de leur date, fous peine de 200 liv. d'amende pour chacun des actes qui ne fe trouveront pas fignés d'eux.

Celui du 28 Octobre 1698, porte que les notaires & tabellions royaux & fei-

Notaires.

gneuriaux, magiftrats, gens de loi, gré- fiers des juftices royales & feigneuriales & des communautés , & autres qui ont droit de paffer des contrats & actes, feront tenus de les figner en même tems que les parties, de les faire contrôler dans la quinzaine & d'en payer les droits , à peine d'interdic- tion & de 200 liv. d'amende contre chaque contrevenant.

Par arrêt du parlement de Bordeaux du 5 Mars 1714 , rendu en forme de règle- ment , il eft défendu aux contrôleurs des actes d'en contrôler aucuns , s'ils ne font fignés des notaires qui les ont reçus. La Peyrere , édit. 1717, lett. n. p. 73 & 271.

Arrêt du confeil du 18 Octobre 1718, qui condamne un notaire en 1600 liv. d'a- mendes , pour n'avoir pas figné huit actes par lui reçus, en même tems qu'ils l'ont été par les parties , & ne les avoir pas fait contrôler.

Autre arrêt du confeil du 12 Avril 1720, qui condamne un notaire en 400 liv. d'a- mende , pour n'avoir pas figné une obli- gation par lui reçuë en même tems que les parties, & ne l'avoir pas fait contrôler dans la quinzaine.

Par autre arrêt du 23 Janvier 1725, Lucas, notaire en Bretagne, a été condam- né en 200 liv. d'amende , pour n'avoir pas figné une diffion en même tems que les parties.

Décifion du confeil du 25 Novembre 1747 , qui confirme une ordonnance de M. l'intendant de Caën , renduë contre Pierre Binet notaire , pour des actes non fignés de lui.

§. IX. *Lefdits notaires &c. ne peu- vent faire aucune altération , ren- vois ni changemens dans les ac- tes , s'ils ne font dûment aprou- vés.*

Les notaires ne peuvent mettre d'inter-

lignes dans les actes qu'ils paffent , mais feulement des renvois en marge , lefquels doivent être fignés ou paraphés des parties & des notaires ; s'ils font des ratures , il faut que ce foit de manière que les mots raïés puiffent fe diftinguer & fe compter facilement ; ces ratures doivent être aprou- vées, & l'aprobation fignée ou paraphée , à l'inftant même de la paffation de l'acte , par les parties, les témoins & le notaire , à peine de nullité , d'amende & des dom- mages & intérêts ; c'eft ce qui réfulte d'un arrêt de règlement du parlement de Paris du 4 Septembre 1685 , raporté par Fer- riere , fcience des notaires , tome 1.

Par l'article 13 de la déclaration du Roi du 14 Juillet 1699 , il eft ordonné que , lorfqu'il fe trouvera des renvois dans les minutes des actes, les notaires les feront parapher par les contrôleurs , à peine de 200 liv. d'amende & d'être procédé ex- traordinairement contr'eux, comme pour crime de faux.

Arrêt du confeil du 17 Octobre 1721 , pour faire faire le procès à un notaire , par M. l'intendant de Grenoble , pour avoir , depuis le contrôle d'un acte , altéré les fommes ftipulées par ledit acte.

Par arrêt du confeil du 21 Juin 1723, rendu en règlement , il eft fait très-expref- fes inhibitions & défenfes à tous notaires, gréfiers & autres ayant droit d'inftrumen- ter , de faire aucunes ratures , renvois ni changemens de quelque efpèce que ce foit dans les actes qu'ils recevront , qu'ils ne foient aprouvés par les parties , à peine de nullité defdits actes , de 200 liv. d'amende & d'interdiction ; même , en cas de récidive, d'être pourfuivis extraordinairement com- me pour crime de faux ; & il leur eft en- joint, conformément à la déclaration du 14 Juillet 1699 , & fous les peines y por- tées , de faire parapher les renvois & ra- tures par les commis au contrôle des ac- tes ; avec défenfes auxdits commis de con- trôler aucuns des actes où les ratures , chan-

changemens & renvois ne feront pas aprouvés, à peine de 300 liv. d'amende & de
révocation.

Par l'arrêt du conseil du 28 Mai 1726,
rendu en interprétation du précédent, il
est dit que la nullité n'aura lieu que pour
les renvois & ratures non aprouvés, sans
pouvoir donner atteinte au surplus des
actes.

Lorsqu'une fois les actes sont parfaits,
il n'y peut plus être fait aucun changement
quelconque. Voïez *Actes*, tom. 1, page 25.

§. X. *Les notaires & autres qui*
reçoivent des actes, font tenus
de faire mention, dans les expé-
ditions, du contrôle & de l'insi-
nuation des minutes.

Il est enjoint, par l'édit du mois de Mars
1693, aux notaires, gréfiers, tabellions
& autres aïant droit de recevoir des actes,
de faire mention de l'enregistrement ou
contrôle des actes, fur les grosses & expéditions qui seront par eux délivrées.

Par l'arrêt du conseil du 22 Mars 1695,
il est ordonné que les notaires, tabellions
& autres, seront tenus de déclarer, dans les
expéditions de leurs contrats & autres actes, le nom du contrôleur ou commis, &
la date du contrôle : & même qu'ils y feront mention de la somme païée pour le
droit de contrôle, à peine de 100 liv. d'a-
mende pour chaque contravention.

L'article 13 de la déclaration du Roi du
14 Juillet 1699, enjoint aux notaires,
tabellions & autres, de mettre en entier
le certificat du contrôle de leurs actes fur
les expéditions qu'ils en délivreront, sans
obmettre ce qui aura été païé pour le
droit, à peine de 200 liv. d'amende.

Arrêt du conseil du 23 Février 1706,
par lequel, en ordonnant que l'insinuation
doit être faite à la diligence des
notaires & gréfiers, feront insinués fur les
minutes, il leur est enjoint d'en faire men-

Tome III.

tion fur les grosses qu'ils délivreront aux
parties, ainsi qu'il se pratique pour le contrôle des actes des notaires.

L'article 184 du tarif du 20 Mars 1708,
réïtère les dispositions de l'art. 13 de la déclaration du 14 Juillet 1699.

Par arrêt du conseil du 21 Mars 1719,
il est enjoint aux notaires, gréfiers & autres, de transcrire mot pour mot dans les
expéditions ou extraits qu'ils délivreront
de leurs actes, la rélation ou acte de contrôle mis fur les minutes, & d'y faire mention du nom du bureau, de celui du contrôleur qui les aura contrôlés & de la
date du contrôle, à peine de 200 liv. d'a-
mende pour chaque obmission.

§. XI. *Lesdits notaires &c, doi-*
vent faire insinuer les actes, lorf-
que l'insinuation doit être faite
au bureau où ils font contrôlés.

Cette règle générale ne souffre d'exception, à l'égard des notaires, que pour les
donations entre-vifs & pour les substitutions;
quant aux gréfiers, il faut distinguer si l'acte est volontaire ou s'il est judiciaire, comme on l'a expliqué, verb. *Gréfiers*, n. 2,
tom. 2, page 490.

L'édit du mois d'Octobre 1705, & l'arrêt du conseil du 23 Février 1706, qui
établissent la règle, font raportés, verb.
Insinuation, n. 7, tom. 2, page 549.

Par l'article 10 de la déclaration du 20
Mars 1708, il est ordonné que les notaires
& tabellions, tant roïaux que subalternes,
les gréfiers des cours & jurisdictions roïales
& feigneuriales, & tous autres qui ont droit
de passer des actes, feront tenus de les faire
enregistrer & insinuer dans la quinzaine du
jour de leur date, en même tems qu'ils les
feront contrôler & sceller, sans qu'ils puis-
fent les délivrer aux parties, qu'après qu'ils
auront été insinués, & les droits païés,
(à l'exception des notaires & gréfiers de
Paris) fous peine de 300 livres d'amende

F

contre lefdits notaires, tabellions & gréfiers.

Arrêts des 24 Février, 16 Juin 1722 & 18 Juillet 1724, qui ont prononcé les amendes encourués par des notaires, pour n'avoir pas fait infinuer des actes par eux reçûs.

Décifion du 22 Décembre 1731, fur mémoire des notaires de Mantes, portant que les notaires ne font pas tenus de faire infinuer les donations qui doivent l'être, à peine de nullité ; mais, que les droits d'infinuation des donations, mentionnées aux articles 6 & 7 de la déclaration du 17 Février 1731, doivent être par eux païés en même tems que le contrôle. Voïez *Donations*, §. IX, tom. 2, pag. 193.

§. XII. *Ils doivent, fur les expéditions des actes dont l'infinuation n'eft pas à leur charge, avertir les parties de les faire infinuer.*

Lorfque l'infinuation des actes eft à la charge des parties, dans les cas exprimés par l'édit du mois d'Octobre 1705, raporté dans le tom. 2, pag. 549, les notaires, gréfiers, tabellions & autres, doivent, fur les groffes ou expéditions de ces actes, faire mention qu'ils font fujets à l'infinuation, afin que les parties en foient prévenués, & qu'elles puiffent y fatisfaire dans les délais fixés par les règlemens.

L'article 14 de la déclaration du 19 Juillet 1704, porte que, pour que les particuliers dénommés aux contrats & actes, arrêts, jugemens & fentences, ne puiffent ignorer ceux qui font fujets à l'infinuation, tous notaires, gréfiers & autres perfonnes publiques, feront tenus d'en faire mention dans lefdits contrats, actes, arrêts, jugemens & fentences, à peine de répondre en leur propre & privé nom du droit d'infinuation, & de 300 livres d'amende pour chaque contravention.

L'édit du mois d'Octobre 1705, qui af-

fujétit les notaires & les gréfiers à faire infinuer les actes en les faifant contrôler, excepte les fubftitutions & les donations entre-vifs, & les actes tranflatifs de propriété de biens immeubles fitués hors l'étendué des bureaux de la réfidence des notaires, tabellions & gréfiers; il ordonne que ces actes feront infinués à la diligence des parties, & que les notaires & autres, qui pafferont & expédieront lefdits actes, arrêts & jugemens, y feront mention qu'ils font fujets à l'infinuation, afin que les parties n'en prétendent caufe d'ignorance.

Arrêt du confeil du 23 Juin 1705, qui caffe deux ordonnances de M. l'intendant de Châlons, & condamne deux notaires en 600 livres d'amende chacun, pour n'avoir pas fait mention dans les expéditions d'actes tranflatifs de propriété d'immeubles, qu'ils étoient fujets à l'infinuation ; & , par deux autres arrêts des 28 Juillet 1705 & 23 Février 1706, les mêmes peines ont été prononcées pour femblables contraventions.

Suivant l'article 10 de la déclaration du Roi du 20 Mars 1708, tous notaires & tabellions, tant roïaux que fubalternes, les gréfiers des cours & jurifdictions roïales & feigneuriales, & tous autres qui ont droit de paffer des actes, font tenus & obligés de faire mention, dans lefdits actes, contrats & jugemens, qu'ils font fujets à l'infinuation, lorfque les biens - immeubles font fitués hors l'étendué des bureaux de leur demeure, afin que les parties n'en prétendent caufe d'ignorance, à peine de 300 liv. d'amende contre lefdits notaires, tabellions & gréfiers.

Par arrêts du confeil des 13 Mai & 29 Septembre 1722, Loüis André, notaire à Waffy, bailliage de Chaumont en Baffigny, a été condamné en 300 livres d'amende, pour n'avoir pas fait mention, dans un bail de 12 ans, qu'il étoit fujet à l'infinuation.

Décifion du 8 Décembre 1724, portant

que le fermier doit pourſuivre un notaire qui a obmis de faire cette mention, dans une expédition.

Déciſion du conſeil du 7 Septembre 1752, contre un notaire de Paris qui a délivré l'expédition d'un contrat d'union, ſans faire mention qu'il étoit ſujet à l'inſinuation, & qui prononce les amendes encouruës par ceux qui en ont fait uſage.

Arrêt du conſeil du 5 Décembre 1758, qui condamne le Sieur Duval, notaire à Paris, en 300 livres d'amende, pour n'avoir pas fait mention, dans l'expédition d'une démiſſion, qu'elle devoit être inſinuée.

§. XIII. *Leſdits notaires &c., doivent retirer les minutes des bureaux, & päier proviſoirement les droits demandés, ſans pouvoir diférer, ſous prétexte de conteſtations ſur la quotité.*

Les règlemens raportés dans les diviſions précédentes, obligent les notaires, gréfiers & autres, non-ſeulement à faire contrôler, inſinuer & ſceller leurs actes, mais encore, à päier les droits de la formalité en même tems; les commis ne doivent & ne peuvent aucunement donner cette formalité qu'en recevant les droits, dont ils ſont perſonnellement reſponſables dès que les actes ſont enregiſtrés. Il n'y a donc pas lieu d'élever, ſur la quotité de ces droits, des conteſtations qui, en retardant le päiement, retarderoient également la formalité, & pouroient par conſéquent occaſionner la nullité des actes; ainſi, les droits doivent être proviſoirement päiés, tels que le commis les demande, ſauf à ſe pourvoir enſuite, ſi l'on prétend qu'il a trop perçû. Voïez *Commis*, §. 10, tom. 1, page 447.

Par arrêt du conſeil du 29 Décembre 1716, rendu en règlement du mouvement du Roi, il eſt fait défenſes aux notaires de laiſſer leurs minutes aux bureaux du con-trôle, & aux commis de les y garder, ſauf auxdits commis à refuſer le contrôle & l'inſinuation des actes qui leur ſeront apoſés, lorſqu'ils ne ſeront pas päiés de leurs droits.

Autre arrêt du conſeil du 20 Novembre 1717, par lequel (ſur ce que le fermier des généralités de Touſouſe, Montpellier, Montauban, Auch & païs de Rouſſillon, a repréſenté qu'en conſéquence de l'arrêt de 1716 ci-deſſus, les notaires & les parties prétendoient que, lorſqu'il y avoit conteſtation entr'eux & les commis au ſujet de la quotité des droits, en offrant une ſomme, ils étoient diſpenſés de faire contrôler & inſinuer leurs actes dans les délais fixés, & à couvert des amendes, par le refus du commis de contrôler & inſinuer leſdits actes) il a été ordonné à tous notaires, gréfiers & autres, de faire contrôler, inſinuer & ſceller tous les actes qu'ils recevront, dans les délais preſcrits par les règlemens, & d'en päier comptant les droits, ſur le pié des quitances qui ſeront miſes ſur leſdits actes; leſquelles feront mention de l'article du tarif ou du règlement, en exécution duquel les droits auront été perçûs; ſans que leſdits notaires & autres puiſſent en diférer le päiement, ſous prétexte des conteſtations qui pouroient ſurvenir ſur la quotité d'iceux ou pour quelque cauſe que ce puiſſe être, ſous les peines & amendes portées par les règlemens, pour le défaut de contrôle, ſceau & inſinuation; ſauf à ſe pourvoir enſuite, pour faire ordonner la reſtitution de ce qu'ils prétendront avoir päié au-delà de ce qüi eſt porté par les arrêts & règlemens; avec défenſes aux commis & buraliſtes chargés de la perception des droits, d'éxiger, ſous prétexte du préſent arrêt, d'autres & plus forts droits que ceux portés par leſdits tarifs & règlemens, à peine d'amende, qui ne poura être moins forte que le quadruple des droits par eux éxigés contre la diſpoſition des tarifs & règlemens; laquelle amende ſera con-

Notaires. tr'eux prononcée, fuivant l'éxigence des cas, par M^{rs} les intendans, lorfqu'en jugeant lefdites conteftations, il leur paraîtra de la mauvaife foi de la part des commis dans les conteftations qu'ils auront formées.

Par un troifiéme arrêt du 23. Décembre 1718, celui du 20 Novembre 1717, rendu fur la requête du fermier de Languedoc, a été déclaré commun pour les autres provinces, & le confeil a ordonné qu'il feroit éxécuté dans toute l'étenduë du roïaume.

Arrêt du confeil du 14 Juillet 1719, qui déclare nulles les offres du Sieur Chauvin, procureur au préfidial d'Angoulême, de païer 7 fols 6 deniers pour le droit de petit-fcel d'une ordonnance portant acte de l'apel & permis d'intimer fur ledit apel; le condamne à païer 25 fols pour ledit droit & au coût de l'arrêt. Défend à tous procureurs & autres oficiers, ainfi qu'aux parties de faire de pareilles ofres & fommations, à peine de 100 livres d'amende, & des autres peines & amendes portées par les règlemens, pour le défaut de contrôle, fceau & infinuation.

Le 25 Mai 1710, il a été rendu un arrêt en règlement du mouvement du Roi, par lequel, fur ce que les débiteurs des droits forment des conteftations fur la liquidation & quotité d'iceux, pour en éluder le païement, quoique S. M. ait accordé la provifion aux fermiers defdits droits, il eft ordonné que les redevables feront pourfuivis fur les contraintes décernées contr'eux, fauf à fe pourvoir devant M^{rs} les intendans, fur les conteftations qui pouront arriver fur la décharge, liquidation ou quotité defdits droits, & au confeil, en cas d'apel; après toutefois avoir païé lefdits droits, conformément à l'arrêt du confeil du 23 Décembre 1718, lequel fera éxécuté felon fa forme & teneur.

Par arrêt du 24 Février 1722, le confeil a confirmé une ordonnance de M. l'intendant de Pau & Auch, par laquelle le fieur Depié notaire, a été condamné en 500

livres d'amende, pour n'avoir pas fait contrôler & infinuer, dans la quinzaine, un contrat de mariage; il difoit avoir porté l'acte au bureau du contrôle dans le délai, & que le commis avoit refufé de le contrôler & infinuer pour la fomme qui lui fut oferte.

Autre arrêt du confeil du 2 Février 1723, qui ordonne l'éxécution de ceux des 20 Novembre 1717 & 23 Décembre 1718, en confequence, déclare nulles des fommations faites à la requête de trois notaires de Paris, de contrôler & infinuer des actes, aux ofres de païer des droits inférieurs à ceux demandés; &, fans y avoir égard, il a été permis au fermier de fe pourvoir, pour faire prononcer la nullité des actes, au cas qu'ils n'aïent pas été contrôlés & infinués dans les délais, enfemble les amendes contre les notaires & contre les parties: avec défenfes à tous notaires, huifiers & tous autres de faire aucunes femblables fommations ni fignifications au fermier, fes commis & prépofés, à peine d'interdiction & de 300 livres d'amende, qui demeurera encouruë à chaque contravention, fauf aux parties, après le païement des droits, à fe pourvoir pour la répétition des fommes qu'elles fe trouveront avoir trop païé.

Le 21 Juin 1723, autre arrêt du confeil qui caffe une ordonnance du lieutenant général d'Etampes, par laquelle il étoit enjoint au premier huifier requis, de faire fommation de contrôler une tranfaction, en païant les droits oferts par les parties; condamne ledit lieutenant général en 500 livres d'amende; lui fait défenfes & à tous autres juges, de connaître des conteftations concernant la régie & perception des droits de la ferme, à peine d'interdiction & de pareille amende de 500 livres; condamne la partie, le procureur & l'huifier; chacun en 100 livres d'amende; déclare nulle la tranfaction, & condamne le notaire en 200 livres d'amende, pour ne l'avoir pas fait contrôler dans la quinzaine.

Décifion du confeil du 22 Juin 1735, qui juge qu'un acte remis au bureau dans la quinzaine & non contrôlé, faute de païement des droits, ne peut être contrôlé après ce délai.

Autre décifion du confeil du 11 Mai 1748, qui condamne le nommé Paturel notaire, en 200 livres d'amende, pour le refus par lui fait de païer un droit de contrôle fuivant la quitance du commis, lequel a enfuite décerné fa contrainte pour ledit droit; & pour n'avoir pas fatisfait au païement de ce droit dans la quinzaine de la date de l'acte, fauf à fe pourvoir enfuite en reftitution, s'il y avoit lieu; il difoit n'avoir diféré que parce que la partie s'étoit pourvûë en modération.

Par une autre décifion du 17 Octobre 1750, le confeil a confirmé une ordonnance du fubdélégué de l'intendance de Roüen, par laquelle le fieur Rufte, notaire à Chaumont, a été condamné en une amende, pour avoir répondu, lors de la fommation à lui faite de retirer un acte du bureau du contrôle, & de païer 24 livres pour le droit, qu'il n'étoit dû que 6 livres 12 fols, & pour avoir de fa part fommé le commis de recevoir feulement cette fomme.

§. XIV. *Les notaires & autres oficiers qui ont avancé les droits ont, pour leur recours, les mêmes préférences & priviléges que le fermier auroit contr'eux.*

Les notaires, gréfiers & autres perfonnes, qui ont la faculté de recevoir & de paffer des actes, étant obligés de les faire contrôler, infinuer & fceller, & d'en païer comptant les droits, il eft jufte qu'ils puiffent en éxercer leur recours contre les parties, par les mêmes voïes, dont peut fe fervir contr'eux le fermier, au lieu & place duquel ils font fubrogés par le païement.

Mais, ils ne peuvent éxercer de recours pour les droits qu'ils font tenus de païer, par forme de reftitution, à caufe des actes

qu'ils n'ont pas fait contrôler, & qui, par le défaut de cette formalité, font nuls. Il ne feroit pas jufte que les parties fuportaffent les droits d'actes qui ne font nuls que par la faute des oficiers qui les ont reçûs; ceux-ci font même refponfables de tous les dommages & intérêts, *voïez* le **§. VI** ci-deffus.

Par l'article 3 de la déclaration du Roi du 29 Septembre 1722, en accordant un délai de trois mois, pour faire contrôler, infinuer & fceller les actes qui ne l'avoient pas été, il fut ordonné que les notaires, gréfiers & autres perfonnes publiques, feroient tenus d'avancer les droits, fauf leur recours contre les parties qui les devoient.

Sur ce principe, il a été ordonné, par arrêt du confeil du 15 Mars 1723, que le fieur Lauverjo, nnotaire à Paris, feroit rembourfé, par préférence à tous créanciers, fur les éfets de la fucceffion du fieur Abbé de Dangeau, des fommes qu'il avoit païées pour les droits de contrôle & d'infinuation du teftament olographe dudit fieur Abbé, reçu en dépôt par ledit fieur Lauverjon.

Décifion du confeil du 30 Août 1728, qui, fans avoir égard à un arrêt du parlement d'Aix, ajuge à un notaire fon recours pour les droits d'un teftament.

Autre décifion du 16 Septembre 1747, qui confirme une ordonnance de M. l'intendant de Bordeaux, renduë en faveur d'un notaire, contre le fieur de la Faye de la Serve, pour le recours de droits avancés.

Arrêt du confeil du 29 Août 1752, obtenu par les notaires d'Orléans, portant qu'ils feront rembourfés, par préférence à tous créanciers, des droits de contrôle, infinuation & centième denier qu'ils auront païés à caufe des actes par eux reçus, fur les éfets ou fucceffions des particuliers, pour lefquels ils auront fait le païement; & qu'à cet éfet, tous huiffiers-prifeurs & autres dépofitaires des deniers apartenans aux particuliers, ou provenans de la vente defdits éfets, feront contraints par les voies de droit ; moyennant quoi , ils en demeureront valablement déchargés envers tous faififfans , opofans & autres.

Décifion du confeil du 27 Février 1755 , qui confirme une ordonnance de M. l'intendant de Soiffons ; en conféquence , condamne Pierre le Tellier à rembourfer au gréfier de Mello , les droits de contrôle d'un inventaire fait par ce gréfier.

§. XV. *Lefdits notaires &c. , ne peuvent recevoir en dépôt aucuns actes fous-fignatures privées , les collationner , ni les annéxer , ni faire aucuns actes en conféquence d'iceux , s'ils ne font contrôlés.*

Voïez *Actes fous-fignature privée* , §. 4 , tom. 1 , page 38 ; *Collation &* *Dépôt.*

§. XVI. *Ils ne peuvent laiffer écrire aucuns actes fous-fignatures privées fur leurs minutes.*

Par arrêt du confeil du 9 Novembre 1706 , rendu en règlement du mouvement du Roi , il eft fait très-expreffes inhibitions & défenfes à tous notaires , tabellions , gréfiers & autres perfonnes publiques de tranfcrire ni faire aucune mention , fur les minutes des contrats & actes par eux reçûs, des quitances fous-fignature privée , qui auront été données par les parties , foit qu'elles foient écrites fur les groffes ou expéditions defdits contrats & actes ou autrement ; ni de foufrir que les parties écrivent ou fignent elles-mêmes , fur lefdites minutes, aucunes quitances, ratifications, acceptations ou autres actes quelconques fous-fignatures privées , à peine d'interdiction defdits notaires & gréfiers , nullité defdits actes & de 200 liv. d'amende , tant contre les parties qui auront écrit ou figné lefdi-

tes quitances & actes fous-fignatures privées , que contre les notaires ou gréfiers qui l'auront foufert.

Arrêt du confeil du 24 Février 1722 , qui condamne Depié , notaire roïal à Lillejourdain , en 3600 liv. d'amende pour avoir foufert que des parties aïent écrit & figné , fur fes minutes , des quitances de lods , des atresctes de ratifications, acceptations , & au actes fous-fignatures privées , & les parties en 200 liv. d'amende chacune pour avoir écrit & figné lefdits actes fous-fignatures privées.

Arrêt du confeil du 1er Septembre 1722 , qui déclare nulles fept quitances , & deux réductions de rente , écrites par Pierre Gaffe , notaire à Saint Sauge , département de Nevers , & fignées des parties , au pié de fes minutes ; & prononce les amendes encouruës.

Décifion du confeil du 25 Juin 1740 , qui condamne un notaire en l'amende , pour avoir laiffé écrire une décharge fous-fignature privée au pié d'un acte de dépôt.

§. XVII. *Ils ne peuvent remettre les minutes de certains actes aux parties.*

Voïez *Minutes* , tom. 2 , page 660.

Par un arrêt rendu en l'audience de la grand'chambre du parlement de Paris , le 16 Décembre 1678 , fur les conclufions de M. Talon , avocat général , il fut fait défenfes aux notaires de la province du Lyonnois , de fe deffaifir des minutes des actes qu'ils auront paffés , ni de les remettre entre les mains des parties , à peine de perdre leurs charges. Dict. des arr. verb. Notaires , n. 59.

Arrêt du confeil du 7 Septembre 1720, par lequel il eft fait très-expreffes inhibitions & défenfes aux notaires de la ville de Verdun & à tous autres notaires & tabellions du roïaume , de rendre aux parties les minutes des contrats de conftitution de rente, quoique remboursés ; non plus que les minutes d'aucuns autres actes ou contrats de quelque nature & qualité qu'ils soient, sous peine d'interdiction pour toujours des fonctions de leurs charges & offices, & d'être condamnés comme faussaires sur les grosses & expéditions par eux délivrées d'actes ou contrats dont ils ne pourront représenter les minutes ; & il leur est enjoint de faire contrôler les actes de remboursement & actes résolutifs de contrats dans la quinzaine de leur date, le tout à peine de nullité desdits actes & de 200 liv. d'amende.

Autre arrêt du conseil du 21 Janvier 1749, qui défend aux notaires, gréfiers & autres personnes publiques des provinces de Flandre, Hainault & Artois de remettre aux parties les minutes des actes tranflatifs de propriété d'immeubles, & qui leur enjoint de tenir registres desdites minutes.

§. XVIII. *Ils doivent défigner la nature & la mouvance des biens dans les actes tranflatifs de propriété d'immeubles.*

Par l'article 180 de l'ordonnance de François I, donnée à Villers-Cotterets au mois d'Août 1539, il est défendu » à tous » notaires, de quelque jurifdiction qu'ils » foient, de recevoir aucuns contrats d'hé- » ritages, foit de vendition, échange, » donation, ou autres, fans être déclaré, » par les contractans, en quel fief ou cenfive » font les chofes cédées & transportées, » & de quelles charges elles font chargées » envers les feigneurs féodaux ou cenfuels; » & ce, fur peine de privation de leurs » ofices quant aux notaires, & de la nullité » des contrats quant aux contractans.

Et par l'article 181, de la même ordonnance, il est » défendu à tous contractans, » en matière d'héritages, de ne faire fcien-

» tement aucune faute fur le raport ou dé- » claration defdites tenuës féodales ou cen- » fuelles qui feront apofées en leurs con- » trats, fur peine de privation de tout l'é- » molument defdits contrats contre les » coupables : c'eft à favoir, contre le ven- » deur, de la privation du prix ; & contre » l'acquéreur, de la chofe transportée ; le » tout apliquable au Roi, pour les cho- » fes tenuës de S. M., & aux autres fei- » gneurs, pour ce qui feroit tenu d'eux.

Edit de Henry II du mois de Février 1549, portant : » Nous avons par ces pré- » fentes, en reftreignant & modifiant l'art. » 180 de l'ordonnance de 1539, défendu » & défendons très-expreffément à tous » notaires, de quelque jurifdiction qu'ils » foient, de recevoir aucuns contrats d'hé- » ritages, foit de vendition, échange, do- » nation ou autres, fans être déclaré, par » les contractans, en quel fief ou cenfive font » les chofes cédées & transportées, & de » quelles charges elles font chargées en- » vers les feigneurs féodaux ou cenfuels ; » & ce, fous peine de privation de leurs » ofices quant aux notaires ; de privation » du prix des contrats de vendition quant » au vendeur, par faute d'avoir déclaré les » tenures féodales ou cenfuelles ; & fi, » malicieufement, le vendeur fe trouvoit » avoir obmis autres charges dont feront » chargés lefdits héritages, ils encourront » femblable peine ; & quant aux autres » contrats où il n'y aura de prix, les con- » tractans feront punis de telle peine que » les juges verront être à faire & impofer » contre lefdits contrevenans.

Par l'arrêt d'enregiftrement de cet édit au parlement de Paris, du 4 Mars 1549, il eft dit que la cour entend ladite peine quand le vendeur aura fciemment & malicieufement obmis de déclarer en quel fief ou cenfive eft la chofe ; & à l'égard des charges, la cour entend ces autres charges être feulement les charges foncières.

Ordonnance de Henry III du mois de

Mai 1579, que l'on nomme l'ordonnance de Blois, quoique donnée à Paris, parce qu'elle fut rendue fur les cahiers préfentés par les états tenus à Blois ; par l'art. 180 de cette ordonnance, il eft défendu très-étroitement à tous notaires, de quelque jurifdiction qu'ils foient, de recevoir aueuns contrats d'héritages, foit de vendition, donation, échange, ou autres, fans que, par iceux, foit déclaré par exprès en quel fief ou cenfive font les chofes cédées, & de quelles charges ou devoirs elles font fujétes & redevables envers les feigneurs féodaux & cenfuels, qui feront auffi particulièrement & fpécialement déclarées.

Par arrêt du confeil du 26 Avril 1712, il eft enjoint aux notaires & autres perfonnes publiques, qui pafferont à l'avenir des actes tranflatifs de propriété de biens immeubles, d'y défigner les fiefs dont relèvent les héritages vendus ou échangés, foit qu'ils relèvent du domaine de S. M. ou des feigneurs particuliers, à peine de 100 liv. d'amende pour chaque contravention, & de répondre par lefdits oficiers des droits dûs aux receveurs généraux des domaines & bois.

Autre arrêt du confeil du 29 Août 1721, rendu en règlement, par lequel (fur ce que les notaires, nonobftant les défenfes faites par les ordonnances des mois d'Août 1539, Décembre 1540, Mai 1579, Janvier 1629, & par l'arrêt du confeil du 26 Avril 1712, ne laiffent pas de paffer journellement des actes, fans obéir auxdites ordonnances & arrêts, & fe contentent d'y inférer que les parties n'ont pû déclarer d'où relèvent les biens vendus ; ce qu'ils font de concert avec les parties, pour ôter au fermier des domaines & à celui des droits de franc-fiefs la connaiffance des droits qui peuvent leur être dûs ; & voulant prévenir un abus auffi préjudiciable aux droits du domaine, & qui tend à la deftruction de toutes les mouvances & du droit de franc-fiefs,) il eft ordonné que l'arrêt du confeil du 26

Avril 1712, fera éxécuté felon fa forme & teneur ; en conféquence, enjoint à tous notaires & autres perfonnes publiques, qui ont pouvoir de paffer des actes tranflatifs de propriété d'immeubles dans l'étendue du roïaume, d'y faire mention de la nature des biens vendus, s'ils font en fief ou en roture, & d'y défigner le fief d'où relèvent les héritages vendus ou échangés, foit du domaine de S. M. ou de feigneurs particuliers, à peine de nullité des actes, & de 300 liv. d'amende pour chaque contravention, tant contre les parties contractantes, que contre les notaires & autres perfonnes publiques, qui auront paffé les contrats ; fans que ladite peine puiffe être remife, modérée, ni réputée comminatoire.

Arrêt du parlement de Bretagne du 9 Mars 1726, rendu fur les conclufions de M. le procureur général, portant défenfes à tous notaires de paffer aucuns contrats de vente d'héritages, fans raporter le fief d'où ils relèvent, les rentes auxquelles les héritages font fujets, & leur qualité, noble ou roturière, à peine de nullité defdits contrats & de 300 liv. d'amende contre les contrevenans.

Par arrêt du confeil du 21 Janvier 1749, concernant les notaires, tabellions, gréfiers, prévôts, magiftrats, baillifs, maires, échevins, gens de loi & autres faifant fonction de perfonnes publiques dans les provinces de Flandre, Hainault & Artois, il leur eft enjoint de faire mention, dans les actes tranflatifs de propriété d'immeubles, de la nature des biens vendus, donnés, échangés, ou hipotéqués; s'ils font en fief ou en roture, & d'où ils relèvent, foit du domaine, foit des feigneurs particuliers.

Arrêt du parlement de Bretagne du 20 Décembre 1752, fur la requête des états de la province & fur les conclufions de M. le procureur général, par lequel il eft enjoint à tous notaires du reffort, tant roïaux

que

que des feigneurs, d'inférer, dans les actes qu'ils raporteront, foit contrats de vente, aveux ou autres, la qualité noble ou roturière des terres y emploïées, à peine de fuporter perfonnellement tous les dépens, dommages & intérêts des parties, réfultans du défaut de cette expreffion, fans que ladite peine puiffe être réputée comminatoire.

Décifion du confeil du 13 Décembre 1753, qui confirme une ordonnance de M. l'intendant de Languedoc, par laquelle le fieur Garnier, maire de Caftelnaudary & fon époufe, avoient été condamnés en une amende de 300 liv. faute d'avoir fait énoncer la mouvance d'une terre qu'ils ont vendue, dans le contrat de vente qui en fut paffé devant notaires en 1741, lequel contrat a été déclaré nul par ladite ordonnance. Ils ont prétendu que l'amende ne pouvoit être prononcée que contre le notaire, & que d'ailleurs, l'acte ayant été contrôlé depuis plufieurs années, le fermier étoit non recevable; le fermier a fait connaître la régularité de l'ordonnance, & il s'en eft raporté à ce qu'il plairoit au confeil de ftatuer fur la nullité du contrat & fur l'amende. Le confeil, en confirmant l'ordonnance, a feulement accordé la décharge de l'amende, fans tirer à conféquence.

§. XIX. Les notaires & autres oficiers, qui reçoivent des actes, doivent en tenir des répertoires, dont le fermier des domaines & fes emploïés font fondés à demander communication.

Les répertoires font tellement effentiels, pour empêcher le divertiffement des minutes & en affurer la confervation, qu'il a toujours été enjoint aux notaires, tabellions & autres oficiers publics, de les tenir éxactement. Voïez *Répertoires*.

Tome III.

§. XX. Ils doivent communiquer leurs minutes, liaffes & regiftres, à toutes requifitions des employés de la ferme des domaines.

Cette règle générale, prefcrite par l'art. 13 de la déclaration du Roi du 14 Juillet 1699, fût renouvellée par un arrêt du confeil du 5 Mai 1705, pour mettre le fermier du contrôle & des droits y joints, en état de connaître fi les notaires, tabellions & gréfiers étoient éxacts à faire contrôler & infinuer leurs actes, & fi les commis fe chargeoient en recette de tous les droits dûs pour les actes & par eux quitancés fur les minutes. Il n'eft pas moins effentiel pour le fermier des domaines d'avoir cette communication, pour relever les diférens droits feigneuriaux, de francfiefs, d'amortiffement & autres qui peuvent être dûs au Roi & qui font partie de fa ferme; c'eft bien plus fouvent ce dernier motif qui détermine à demander la communication, qu'aucun foupçon d'inéxactitude de la part des notaires.

L'article 6 de la déclaration du Roi du 10 Mars 1708, concernant le contrôle, & l'article 13 de celle du même jour, concernant l'infinuation, portent que tous notaires & tabellions, tant roïaux que feigneuriaux, gréfiers, gens de loi, gréfiers des gens de main-morte & autres perfonnes publiques, feront tenus de donner communication, au fermier defdits droits, fes procureurs & commis, de leurs inventaires, répertoires & liaffes, à peine, par ceux qui auront fait refus, de 200 liv. d'amende pour chaque contravention, laquelle demeurera encouruë fur le fimple procès-verbal du commis.

Arrêts du confeil des 9 Juin & 20 Octobre 1716; qui enjoignent aux notaires de Bordeaux & à ceux de Lyon, de communiquer au fermier, fes commis & prépofés, leurs regiftres, minutes, liaffes,

* G

papiers & répertoires, à la première requifition qui leur en fera faite, à peine de
200 l. d'amende pour chaque contravention.

Par arrêt du confeil du 16 Septembre
1718, deux notaires d'Amboife ont été
condamnés en 200 liv. d'amende chacun,
pour refus de communication de leurs regiftres, liaffes, minutes & répertoires, &
il leur a été enjoint de donner cette communication, à la première requifition, fous
la même peine.

Autre arrêt du confeil du 14 Mars 1719,
par lequel, fans avoir égard à une ordon-
nance de M. l'intendant de Grenoble, quatre notaires de ladite généralité ont
été condamnés en 200 liv. d'amende pour
pareil refus; & il a été défendu à tous notaires, gréfiers & autres de refuser la communication de leurs protocoles, regiftres, minutes & liaffes, à la première requifition qui
leur en fera faite, avec injonction d'en délivrer des extraits aux commis du fermier, le
tout à peine de 300 liv. d'amende, au paiement de laquelle ils feront contraints par
corps; M. l'intendant de Grenoble avoit feulement enjoint aux notaires de repréfenter
leurs protocoles, pour vérifier les actes qui
n'avoient point été repréfentés au fermier &
à fes prédéceffeurs; mais la communication
doit être entière & à toutes requifitions.

Il y a un autre arrêt du confeil du 21
Mars 1719, contre les fieurs Marchant
& autres notaires de Grenoble, au nombre de neuf, qui contient les mêmes difpofitions, condamnations & injonctions.

Ordonnance de M. l'intendant de Paris
du 10 Septembre 1719, contre les notaires
de Melun, qui leur enjoint de fatisfaire à
ladite communication, à la première requifition, fans qu'il foit befoin de la préfence
du fubdélégué ni d'aucun autre oficier.

Arrêt du confeil du 19 Avril 1720, qui
condamne le fieur le Maire, notaire à Chartres, en 500 liv. d'amende, pour la rebellion par lui faite aux employés qui lui demandoient communication de fon répertoi-

re & de fes minutes; l'interdit des fonctions de fa charge pendant trois mois; condamne les autres notaires de ladite ville,
chacun en 200 liv. d'amende, pour le refus concerté & médité entr'eux de repréfenter leurs minutes; & enjoint à tous
notaires, tabellions, gréfiers, procureurs
& autres perfonnes publiques de faire ouverture de leur étude & de donner communication, toutefois & quantes, de leurs
répertoires, inventaires, liaffes, minutes
& doffiers, à la première requifition des
commis du fermier, fous peine de 200 liv.
d'amende, qui demeurera encouruë fur le
fimple procès verbal, & d'interdiction des
fonctions de leurs charges.

Autre arrêt du confeil du 17 Mai 1720,
qui deboute le doïen, le findic & la communauté des notaires de Grenoble, de leur
opofition à celui du 21 Mars 1719, ci-
deffus; ordonne que la fomme de 1800
liv. confignée par les notaires, entre les
mains du concierge des prifons de Grenoble, en conféquence des contraintes par
corps mifes à éxécution contr'eux, pour les
amendes prononcées par ledit arrêt, fera
délivrée au fermier ou à fes commis : condamne en outre lefdits notaires aux frais
de leur emprifonnement & au coût de l'arrêt. Ils difoient qu'il avoit été précédemment fait des vérifications de leurs minutes, & foûtenoient ne devoir communiquer
que les actes par eux reçus depuis.

Arrêts du confeil du 7 Septembre 1720
& 13 Mai 1721, contre deux notaires,
l'un de Montcontour en Bretagne, & l'autre de Clermont, généralité de Soiffons,
pour refus de communiquer leurs minutes.

Autre arrêt du confeil du 11 Juillet
1721, qui confirme une ordonnance de
M. l'intendant de Paris, par laquelle les
notaires de Pontoife ont été condamnés
en 200 liv. d'amende chacun, pour femblable refus. Ils prétendoient que la déclaration de 1708, ne les obligeoit qu'à
repréfenter des répertoires, & à donner

des extraits , & qu'ils n'étoient pas tenus de communiquer leurs minutes , pour ne pas divulguer les secrets des familles.

Arrêt du conseil du 5 Septembre 1721 , contre le gréfier de la justice temporelle du chapitre de Laon ; *votez* , tome 2 , page 492.

Par arrêt du conseil du 5 Mai 1722 , plusieurs notaires de Clamecy ont été condamnés en 200 liv. d'amende , chacun , pour avoir refusé la communication de leurs répertoires & minutes à un inspecteur, sous prétexte qu'il n'avoit pas prêté serment pour le nouveau fermier. Il leur a été enjoint de donner cette communication , avec défenses d'y aporter aucun trouble ni empêchement , à peine d'interdiction pour toujours , de 500 liv. d'amende & de plus grande peine s'il y échet.

Décision du conseil du 23 Février 1723, qui juge que l'on ne peut pas prétendre que les commis soient assistés d'aucun juge , pour demander la communication & faire la vérification des minutes & liasses desdits notaires , gréfiers & autres personnes publiques.

Ordonnance de M. l'intendant de Paris du 7 Août 1723 , contre les notaires de Sens , qui prétendoient ne pas devoir communiquer les minutes antérieures au bail du fermier actuel.

Arrêt du conseil du 6 Septembre 1723 , contre les notaires d'Orléans qui avoient refusé de communiquer leurs minutes , liasses & répertoires , prétextant des affaires en ville ou chez eux , & se faisant ensuite céler , les jours indiqués par eux-mêmes. Cet arrêt prononce l'amende de 200 liv. contre chacun d'eux ; leur enjoint & à tous autres de représenter leurs minutes , liasses & répertoires , à peine de pareille amende qui demeurera encouruë au premier refus.

Autres arrêts du conseil des 8 Octobre 1723 & 15 Mai 1725 ; le premier , contre les notaires de Meaux , le gréfier & le no-

taire de Lisy ; le second , prononce l'amende & l'interdiction pendant six mois contre Guillaume Maner , notaire à Montmaison généralité d'Auch , pour refus de représenter ses minutes.

Décision du conseil du 11 Avril 1733 , contre les notaires d'Angers qui ne vouloient pas communiquer les minutes antérieures au bail du fermier actuel , & qui prétendoient même que le commis devoit être assisté du subdélégué. Décidé qu'on ne peut rien changer aux règlemens , qui donnent au fermier le droit de visiter , toutesfois & quantes , les études des notaires.

Autres décisions du conseil des 1er Novembre 1738 , & 12 Mars 1740 , contre les notaires de la ville de Nantes , & contre ceux de la Fléche.

Lettre de M. le contrôleur général des finances, du 14 Janvier 1742 , à M. l'intendant d'Auvergne , qui avoit limité les vérifications aux minutes des actes faits depuis 20 ans seulement ; en conséquence de cette lettre , M. l'intendant a réformé ses ordres du 26 du même mois , & permis les vérifications indéfiniment.

Décision du conseil du 19 Juin 1745 , qui condamne le nommé Gueroult ancien tabellion , qui a cessé de l'être depuis six ans , en une amende , pour avoir refusé la communication de ses minutes , disant qu'elles avoient toutes été vérifiées.

Arrêt du conseil du 7 Mai 1746 , qui condamne Magniere , notaire à Châtillon , en l'amende , pour refus de communiquer ses minutes , registres & liasses , avec injonction à lui & à tous autres d'y satisfaire fous les peines portées par les règlemens.

Par autre arrêt du conseil du 21 Janvier 1749 , il est enjoint aux notaires , tabellions , gréfiers , prévôts , magistrats , baillifs , maires , échevins , gens de loi & autres faisant fonction de personnes publiques, dans les provinces de Flandre , Hainault & Artois , de tenir des registres des minutes des actes translatifs de propriété ; de te-

G ij

Notaires.

tenir auſſi des répertoires ou protocoles de leurs minutes & regiſtres ; & de communiquer, tant les minutes & regiſtres, que les répertoires, au fermier des domaines & à ſes prépoſés, & de lui en délivrer des extraits.

Ordonnance de M. l'intendant de Grenoble du 30 Juillet 1749, qui enjoint aux notaires de la principauté d'Orange de communiquer leurs minutes & liaſſes au fermier du domaine & à ſes prépoſés.

Déciſion du conſeil du 6 Novembre 1755, contre les notaires de Lyon, qui ſe plaignoient de ce que le fermier & ſes emploïés éxigent la communication de tous les teſtamens qu'ils ont en leur pouvoir ; ils offroient ſeulement de communiquer ceux dont on leur juſtifieroit que les teſtateurs étoient décédés ; le fermier a dit que ſes commis ſe contentent de voir les noms des teſtateurs, pour s'aſſurer s'ils ſont vivans, & qu'ils ne liſent les diſpoſitions que lorſqu'ils ſont certains du décès des teſtateurs. Décidé que les règlemens ſeront éxécutés, & que les teſtamens & autres actes feront communiqués ſans dificulté.

Arrêt du conſeil du 10 Juin 1760, contre le ſieur Lafaurie, notaire de la généralité de Montauban, qui s'étoit pourvû, au parlement de Bordeaux, contre une ordonnance de M. l'intendant de ladite généralité de Montauban ; il eſt raporté dans le tome 1, page 223.

Voïez encore *Gréfiers*, n. 5 ; *Répertoires* & *Teſtamens.*

§. XXI. *Leſdits notaires &c. ſont tenus de fournir des extraits de leurs actes au fermier des domaines.*

Par l'article 15 de la déclaration du Roi du 19 Juillet 1704, il eſt ordonné que, conformément à la déclaration du mois de Mai 1645, les notaires & tabellions du reſſort de chacun gréfe des inſinuations ſeront tenus de délivrer, de trois mois en

trois mois, au fermier des inſinuations, ſes procureurs, commis & prépoſés, un état par articles de tous les actes qu'ils auront paſſés, ſujets à inſinuation, à l'exception toutefois des donations pour cauſe de mort, & des teſtamens, qui ne ſeront délivrés qu'après le décès des teſtateurs ou donateurs ; & qu'il leur ſera païé, pour chacun article contenu auxdits extraits ; ſavoir, 5 ſ. aux notaires de Paris, & 2 ſ. 6 d. à ceux des autres villes & lieux du roïaume, non compris le papier timbré.

Arrêt du conſeil du 10 Mars 1705, du mouvement du Roi, qui ordonne que les notaires & tabellions, même les gréfiers de toutes les cours & ſiéges de juriſdictions roïales ordinaires, ſeront tenus de délivrer au fermier, ſes procureurs & commis, un état par articles, certifié d'eux, des contrats, ſentences, jugemens & autres actes ſujets à inſinuation, de trois mois en trois mois, en païant les droits règlés par la déclaration de 1704 ; ſinon, de fournir leur déclaration qu'ils n'en ont reçu aucuns ; le tout, à peine d'interdiction & de 300 liv. d'amende, & en outre, de 100 liv. pour chaque contr t recélé.

L'édit du mois d'Octobre 1705, qui a aſſujéti les notaires & gréfiers à faire inſinuer leurs actes en même-tems qu'ils les ſont contrôler, lorſqu'ils doivent être inſinués dans le même bureau, leur enjoint de faire mention dans les autres qu'ils ſont ſujets à l'inſinuation, & d'en délivrer des extraits au fermier, ſes procureurs & commis, tous les trois mois, ſous les peines portées par la déclaration de 1704.

Arrêt du conſeil du 27 Juillet 1706, qui confirme un jugement du bureau des finances de Lyon, par lequel il eſt ordonné aux notaires de fournir au fermier un état des teſtamens & donations à cauſe de mort des perſonnes qu'ils ſauront être décédées, ainſi que des contrats de mariage contenant augment, contr'augment & autres donations.

Par l'arrêt de règlement du 18 Juillet 1724, il est ordonné que les commissaires au châtelet de _Paris_, les notaires, les gréfiers des cours & jurifdictions roïales & feigneuriales, & autres personnes publiques de la ville de _Paris_, fourniront aux fermiers ou régisseurs des droits d'infinuation, ou à leurs commis & prépofés, tous les extraits des actes & contrats, fentences & jugemens, fujets à infinuation ou au centième denier, qu'ils recevront : contenant les noms des parties, le lieu de leur demeure, ceux de la jurifdiction roïale, évêché ou élection defdits lieux, avec la fituation des immeubles y mentionnés, également par jurifdiction roïale, évêché ou élection; la nature, qualité & mouvance defdits biens, & s'ils font nobles ou roturiers; le prix porté par les contrats, fentences ou jugemens, & la date d'iceux; à l'exception des teftamens & donations à caufe de mort, dont les extraits ne feront délivrés qu'après le décès des teftateurs & donateurs. Ordonné pareillement qu'ils délivreront des extraits fommaires des inventaires, partages, & actes de notoriété qui font faits entre toutes fortes de personnes, de quelque qualité & condition qu'elles foient, pour raifon de fucceffions collatérales, même de partages en ligne directe, lorfqu'ils contiendront des licitations volontaires, foultes ou retours de lots. Ordonné en outre qu'au pié des états de tous lefdits extraits, lefdits oficiers certifieront n'avoir reçu autres actes, contrats, fentences & jugemens, fujets à l'infinuation, centième denier, droits feigneuriaux apartenans au Roi, amortiffemens & francfiefs; ni d'autres inventaires, partages & actes de notoriété, dans le cas ci-deffus; le tout, à peine de 300 liv. d'amende pour chacune obmiffion, & de demeurer refponfables, en leur nom, du païement defdits droits & autres peines portées par les règlemens; au païement defquelles amendes ils feront pourfuivis fur les fimples contraintes du fermier, fes procureurs & commis, lefquelles feront éxécutées, fans qu'il foit befoin de jugement, nonobftant toutes opofitions. Au furplus, cet arrêt fixe les droits qui feront païés pour lefdits extraits, relativement à leur nature & à leur objet; lefquels frais feront répétés fur les redevables qui n'auront pas païé les droits dans les délais fixés par les règlemens.

Arrêt du conseil du 21 Janvier 1749, pour les provinces de Flandre, Hainault & Artois, raporté ci-deffus, §. XX.

Par arrêt du conseil du 5 Décembre 1758, le fieur Duval, notaire à Paris, a été condamné en 300 liv. d'amende pour n'avoir pas fourni au fermier l'extrait d'une démiffion de biens immeubles, & en pareille amende pour n'avoir pas fait mention dans l'expédition, qu'elle étoit fujette à l'infinuation.

Voïez encore _Extraits_, tome 2. pag. 339; & _Gréfiers_, n. 5. id. p. 491.

§. XXII. _Actes des notaires & gréfiers fujets au contrôle des exploits._

Les protêts de lettres ou billets de change; les déclarations, fommations, renonciations; les lectures de contrats, les ventes de meubles & autres actes paffés par les notaires, tabellions & gréfiers qu'ils notifient aux parties, encore qu'ils n'en laiffent pas de copies, doivent être contrôlés aux exploits, indépendamment qu'ils le foient aux actes, dans le tems & fous les peines portées par les règlemens concernant le contrôle des exploits.

Par arrêt du conseil du 14 Avril 1670, il eft ordonné que tous les actes des notaires, de quelque qualité qu'ils foient, qui feront par eux fignifiés ou notifiés aux parties, feront contrôlés (aux exploits) à peine de nullité defdits actes & des procédures qui feront faites en conféquence,

& de 100 liv. d'amende , tant contre les notaires que contre les parties.

La déclaration du Roi du 21 Mars 1671, affujétit au contrôle des exploits les actes de fommations, déclarations, proteftations, empêchemens, protêts de lettres ou billets de change, offres, défiftemens, renonciations & autres actes de cette nature ; mème ceux faits par les notaires & tabellions, qu'ils notifieront aux parties ; en conféquence de ces règlemens, le fieur Gigaut, notaire à Paris, fut condamné en l'amende, par arrêts du confeil des 28 Janvier & 4 Mars 1673, pour n'avoir pas fait contrôler un protêt qu'il avoit fait ; il fut même ordonné que ces arrêts feroient regiftrés ès regiftres de la communauté des notaires de Paris.

Une autre déclaration du Roi du 23 Février 1677, comprend , au nombre des actes affujétis audit contrôle, tous exploits, même les protêts de lettres de change , déclarations , fommations , renonciations, & autres actes faits par les notaires & tabellions , qu'ils notifieront aux parties.

Par arrêt du confeil du 10 Août 1694, il fut défendu aux contrôleurs des exploits, de contrôler les actes des notaires & tabellions , mais feulement les exploits ou actes de notifications ou fignifications qui en pouroient être faites , foit par notaires , huiffiers ou fergens.

Le confeil ordonna, par un autre arrêt du 19 Avril 1695, en conféquence de l'édit du mois de Mars 1693, que tous les actes, de quelque nature qu'ils fuffent, qui feroient paffés par devant notaires , feront contrôlés aux actes, finon déclarés nuls ; & l'amende de 200 liv. encouruë , conformément audit édit; & , à l'égard des notifications & fignifications defdits actes faites par notaires , ou fergens, qu'elles feront pareillement contrôlées au contrôle des exploits, tout ainfi qu'il fe pratiquoit avant ledit édit de 1693.

Il fut ordonné , par un autre arrêt du confeil du 28 Octobre 1698 , que les actes fujets à notification ou fignification qui feroient reçus par les notaires royaux , feroient contrôlés aux actes, & les droits païés avant qu'ils puiffent être notifiés ou fignifiés par des notaires ou fergens , à peine de nullité & de 200 liv. d'amende ; & que lefdits actes feroient contrôlés au contrôle des exploits , après la fignification ou notification.

Arrêt du confeil du 4 Octobre 1701 , portant que tous actes , fujets à fignification & notification , qui feront reçus par les notaires , feront contrôlés aux exploits , nonobftant qu'ils aïent été contrôlés au contrôle des actes , auquel ils font auffi fujets.

Celui du 30 Mars 1706 , porte que tous actes , fujets à notification & fignification , tant en matière laïque qu'eccléfiaftique, qui feront reçus par les notaires roïaux , feront contrôlés au contrôle des exploits , nonobftant qu'ils aïent été contrôlés au contrôle des actes des notaires, auquel ils font auffi fujets.

L'article 104 du tarif du 24 Août 1706, déclare fujets au contrôle des actes, les protêts, proteftations, empêchemens, notifications, fommations & autres actes perfonnels qui fe fignifient ou notifient en matière laïque.

Arrêt du confeil du 28 Décembre 1706, rendu contre les notaires de Lyon , par lequel il leur eft enjoint de faire contrôler, au contrôle des actes, les protêts & autres actes perfonnels qui fe fignifient ou notifient en matière laïque, lefquels feront auffi fujets au contrôle des exploits.

Autre arrêt du confeil du 17 Avril 1708, qui ordonne qu'un notaire de Morlaix fera contrôler aux actes les protêts par lui faits, & qui le condamne aux amendes encouruës pour n'avoir pas fait contrôler aux actes diférentes fommations , qu'il avoit feulement fait contrôler aux exploits.

Par un autre arrêt du confeil du 4 Novembre 1710, le fieur Audouin, notaire à Quimper, a été condamné en 1200 liv.

d'amende , pour n'avoir pas fait contrôler aux exploits, douze protêts qui avoient feulement été contrôlés aux actes; il prétendoit que , n'aïant pas laiffé de copies , il n'avoit pas été obligé de faire contrôler ces protêts aux exploits; il s'eft pourvû en opofition contre cet arrêt, & il en a été débouté par autre arrêt du 5 Mai 1711 , qui ordonne l'éxécution du précédent.

Déclaration du Roi du 23 Avril 1712 , portant que les protêts de lettres ou billets de change, déclarations, fommations, renonciations & autres actes paffés par les notaires & tabellions , qu'ils notifient aux parties & qu'ils font tenus de faire contrôler au contrôle des actes des notaires, feront & demeureront pareillement fujets au contrôle des exploits; & que les notaires qui les notifieront , feront tenus de les faire contrôler au bureau du contrôle des exploits & d'en païer le droit, dans le tems & fous les peines & amendes portées par les déclarations des 11 Mars 1671, & 23 Février 1677, & autres règlemens du confeil , auxquels ils feront tenus de fe conformer.

Décifion du confeil du 3 Août 1715, fur l'article 3 du mémoire des notaires de Tours, qui juge que le droit de contrôle aux exploits eft dû pour les fommations & protêts de lettres de change, indépendamment du contrôle aux actes.

Arrêt du confeil du 4 Août 1716, qui caffe deux arrêts du parlement de Bretagne, & condamne deux notaires aux amendes par eux encouruës , pour n'avoir pas fait contrôler des fommations au contrôle des exploits.

Par autre arrêt du confeil du 1er Septembre 1716 , deux notaires de Blaye ont été condamnés au païement des droits de contrôle aux actes, de protêts, fommations, empêchemens, proteftations & autres actes perfonnels, fujets à notification, faits par lefdits notaires, lefquels avoient été feulement contrôlés aux exploits, dans le

même bureau ; avec défenfes auxdits notaires & à tous autres de délivrer aucuns defdits actes , avant que de les avoir fait contrôler au contrôle des actes, à peine de nullité & de 200 d'amende.

Suivant l'arrêt du confeil du 20 Octobre 1716 , concernant le contrôle des actes, lorfqu'un protêt de plufieurs lettres de change eft notifié à plufieurs particuliers non affociés, il doit être païé autant de droits de contrôle qu'il contient de notifications diférentes.

Arrêt du confeil du 28 Mars 1721 , qui déclare nulle une fommation faite par un notaire, qu'il avoit feulement fait contrôler aux exploits; le condamne au païement des droits & en 200 liv. d'amende pour ne l'avoir pas fait contrôler aux actes.

Par l'article 2 de l'arrêt du confeil du 29 Avril 1721 , rendu contradictoirement avec les jurats de Bearn , il eft ordonné que les actes extrajudiciaires, comme protêts de lettres ou billets de change, déclarations, fommations, renonciations & autres actes defdits jurats ou notaires, qu'ils notifient aux parties, feront contrôlés au contrôle des actes des notaires dans la quinzaine de leur date, encore qu'ils le foient au contrôle des exploits, conformément au tarif de 1708 , à la déclaration du 23 Avril 1712 , & aux arrêts des 10 Août 1694, 19 Avril 1695, 17 Avril 1708 , & 1er Septembre 1716 , fous les peines & amendes portées par lefdits règlemens.

Décifion du confeil du 22 Décembre 1722 , contre les notaires de Lyon, qui demandoient que les protêts ne fuffent contrôlés qu'aux actes ou aux exploits; décidé qu'ils font fujets à l'un & à l'autre contrôle.

Arrêt du confeil du 12 Janvier 1723 , rendu fur un renvoi du bureau des finances de Soiffons , par lequel il eft ordonné que les actes de notifications de grades, qui feront fignifiés à l'avenir par les no-

Notaires.

taires apoſtoliques, feront contrôlés au con-trôle des exploits, nonobſtant le contrôle d'iceux aux actes, ſous peine de l'amen-de qui demeurera encouruë à chaque con-travention, de nullité deſdites notifications & des dommages & intérêts des parties contre leſdits notaires apoſtoliques.

Voïez encore *Lectures ; Notifications, & Ventes de meubles.*

§. XXIII. *Les notaires royaux doivent faire ſceller les expédi-tions & extraits qu'ils délivrent d'actes antérieurs au premier Octobre 1706.*

Les droits de ſceau des actes des notai-res roïaux ſont fixés par le tarif du 10 Novembre 1699. Ce droit fut ſupprimé par édit du mois d'Août 1706, qui a at-tribué auxdits notaires, le droit de ſceller eux-mêmes leurs actes, à compter du 1ᵉʳ Octobre 1706 ; &, par édit du mois de Novembre de la même année, il a été ex-preſſément ordonné que les expéditions des actes des notaires roïaux, paſſés avant ledit jour 1ᵉʳ Octobre 1706, feront ſcel-lées & les droits païés comme avant l'édit du mois d'Août 1706.

Mais, pour déterminer la quotité du droit de petit-ſcel, il faut diſtinguer le tems de la paſſation des actes : s'ils ſont an-térieurs au 1ᵉʳ Novembre 1696, il n'eſt dû que la moitié du droit fixé par le tarif de 1699, conformément à la dernière ſec-tion du même tarif ; & le droit n'eſt dû en entier que pour les expéditions des actes paſſés depuis ledit jour 1ᵉʳ Novembre 1696, juſqu'au 1ᵉʳ Octobre 1706, qui eſt l'époque de ſa ſupreſſion.

Toutes les expéditions & les extraits, mêmes qui ſont délivrés de ces actes, doi-vent être ſcellés avant que de pouvoir être remis aux parties, à peine de 100 liv. d'amende pour chaque contravention,

en quelque nombre que ſoient les expé-ditions ou extraits d'un même acte, ſoit qu'il s'agiſſe de les mettre à éxécution ou non ; & de quelque nature que puiſſent être leſdits actes.

Arrêt du conſeil du 20 Mars 1703, qui défend à tous notaires de délivrer aucuns contrats & actes, ſoit en groſſes, expé-ditions ou extraits, qu'ils ne les aïent au-paravant fait ſceller, & qu'ils n'en aïent païé les droits, à peine de nullité & de 100 liv. d'amende ; défend de s'en ſervir & d'y avoir égard, s'ils ne ſont ſcellés, ſous pareilles peines contre les contrevenans.

L'arrêt du conſeil du 13 Mai 1704, juge que les diférentes expéditions d'un même acte, ſont ſujetes au ſceau, en quelque nom-bre qu'elles ſoient.

Par la déciſion du conſeil du 3 Mars 1716, ſur l'article 11 du mémoire des no-taires de Roüen, il a été jugé que les droits de ſceau ſont dûs pour les expéditions ou extraits d'actes, quoique paſſés antérieure-ment à l'établiſſement du petit-ſcel en 1696, ſuivant le tarif de 1699, & les arrêts de 1703 & 1704.

Autre déciſion du 27 Juin 1722, contre Hayrie, notaire à Domfront, qui avoit dé-livré en 1722, l'expédition d'un bail de 1687, ſans l'avoir fait ſceller.

§. XXIV. *Limites du pouvoir & & des fonctions des notaires & tabellions des ſeigneurs.*

Les notaires non roïaux qui inſtrumen-tent hors de leur reſſort, ne peuvent pas faire un acte public qui ait une éxécution prompte & parée : ces notaires, hors de leur territoire, ne ſont que perſonnes pri-vées, & leur pouvoir, aïant ſes limites, ſe termine avec elles. Henrys, tome 2, liv. 4, chap. 6, queſt. 35, raporte un arrêt du parlement de Paris du 9 Février 1647, qui juge qu'une obligation paſſée devant le notaire ſubalterne de l'Etang, en-tre

tre des parties domiciliées hors de fon dé-troit, n'a hipotéque, quoique paffée au do-micile du notaire ; cet arrêt eft confirmatif d'un jugement du prévôt de Paris , lequel avoit confirmé celui du prévôt de Saint Germain , qui ajugeoit la préférence à une obli-gation poftérieure, paffée devant un notaire roïal. Bretonnier , fur Henrys , dit que les derniers arrêts ont jugé que ces actes ont hipotéque, fi l'un des contractans eft do-micilié dans l'étenduë de la juftice du no-taire. Il eft même certain que plufieurs ar-rêts ont jugé qu'un notaire feigneurial pou-voit , *dans fon diftrict* , recevoir des actes entre des perfonnes qui n'y font point do-miciliées , & pour biens qui n'y font point fitués : que ces actes ne font à la vérité éxécutoires que dans le reffort de la juftice du notaire, mais qu'ils emportent hipo-téque fur tous les biens de l'obligé , parce que l'hipotéque eft du droit des gens , & qu'elle dépend de la convention des parties. Il s'enfuivroit donc que tous les actes faits par un notaire feigneurial feroient valables, pourvû que le notaire les eût reçûs dans fon diftrict, fans en avoir franchi les limites.

Par la déclaration du Roi du 17 Septembre 1697, qui unit aux ofices de notaires & ta-bellions roïaux, ceux de garde-fcels de leurs actes, il eft dit : » & aïant été infor-» mé qu'au préjudice de nos ordonnances » & de celles des Rois nos prédéceffeurs, » plufieurs feigneurs particuliers ont , de » leur autorité, augmenté le nombre des » notaires dans leurs terres, au lieu de les » réduire conformément & ainfi que nous » avions ordonné par nos édits des mois » d'Avril 1664 & Mai 1686; & que lefdits » notaires fubalternes entreprennent de » paffer toutes fortes d'actes & contrats » hors les limites de leurs jurifdictions; » Nous voulons que nofdits édits de 1664 » & 1686, foient éxécutés felon leur for-» me & teneur ; & faifons défenfes aux-» dits feigneurs d'y contrevenir, fur les pei-» nes y portées ; défendons auffi aux no-

Tome III.

» taires & tabellions defdits feigneurs, tant » eccléfiaftiques que laïques, de paffer au-» cuns contrats ou actes entre des particu-» liers demeurans hors de leur jurifdiction, » ni pour raifon d'immeubles, ou chofes » fituées hors defd. jurifdictions, à peine de » nullité des actes & contrats qui feront par » eux paffés. Défendons à tous juges d'ad-» mettre aucunes hipotéques ni priviléges, » en vertu des actes & contrats paffés par » lefdits notaires fubalternes, fur des im-» meubles fitués hors de leurs jurifdictions.

Par édit du mois d'Octobre 1705, il a été, fur les mêmes motifs, fait défenfes aux notaires & tabellions des feigneurs haut-jufticiers du roïaume, de paffer aucuns actes entre d'autres perfonnes que les jufticiables de la juftice dans laquelle ils font établis, & pour biens fitués dans le reffort d'icelle, à peine de nullité des actes & de 300 liv. d'amende contre lefdits notaires pour chaque contravention, & de pareille amende con-tre chacune des parties contractantes ; lef-quelles demeureront encouruës, en vertu du préfent édit, fans qu'il foit befoin d'autre jugement ni condamnation.

Il fut créé, par édit du mois de Mars 1706, des ofices de notaires roïaux dans toutes les villes & lieux du roïaume où leur établiffement feroit néceffaire, afin de facili-ter le moïen de trouver des notaires roïaux pour tous les actes que les notaires des fei-gneurs ne pouvoient plus paffer, conformé-ment à l'édit de 1705.

Par arrêt du confeil du 2 Août 1707, qui paraît avoir pour objet de faciliter la vente de ces nouveaux ofices de notaires roïaux, il eft ordonné que l'édit du mois d'Octobre 1705 fera éxécuté ; &, en tant que befoin, il eft fait itératives défenfes aux notaires & tabellions des feigneurs haut-jufticiers, de paffer aucuns actes entre d'autres perfonnes que les jufticiables de la juftice dans laquelle ils font établis, & pour biens fitués dans le reffort d'icelle, à peine de nullité des actes & de 300 livres d'a-

H

Notaires.

mende, tant contre lefdits notaires que contre les parties contractantes.

Le parlement de Paris a rendu le 1er Septembre 1708, un arrêt de règlement pour les notaires roïaux de Chartres, contre Bertin, tabellion à Vert, Gregoire, tabellion à Saint Georges & autres; par lequel arrêt il eft fait défenfes auxdits tabellions & à tous autres notaires & tabellions des feigneurs haut-jufticiers de paffer aucuns actes. & contrats entre d'autres perfonnes que les jufticiables de la juftice dans laquelle ils font établis, & pour raifon de biens fitués dans le reffort de ladite juftice; & ordonné que ledit arrêt fera lû & publié en l'audience du bailliage de Chartres, & par tout où befoin fera. Rec. jur. *Verb.* Notaires.

Par un autre arrêt du même parlement du 3 Février 1711, rendu fur les conclufions de M. Chauvelin, il a été jugé que les actes emportent hipotéque, quoique les contractans, ni les biens ne foient dans le détroit du notaire. *Idem.*

Le parlement de Roüen en a rendu un, le 23 Décembre 1718, entre Jacques Cailloué, marchand à Caën, apellant de fentence des requêtes du palais, renduë par défaut, qui avoit déclaré nul un contrat de vente faite audit Cailloué, par devant Saint Jean, tabellion de la haute-juftice de Sainte Paix; les notaires roïaux de Caën; ledit Saint Jean, tabellion, & les religieux de Fécamp, propriétaires de la haute-juftice, dans le diftrict de laquelle font les biens acquis par Cailloué. Les notaires roïaux foûtenoient la copulative, c'eft-à dire que, pour la validité de l'acte, il falloit non-feulement que les biens fuffent fitués dans le diftrict du tabellion, mais encore, que les parties y fuffent auffi domiciliées; & il ne fe rencontroit que la première de ces conditions, qui a été jugée fufifante; en conféquence l'arrêt met l'apellation & ce dont étoit apel au néant; décharge le tabellion des condamnations prononcées, & condamne les notaires roïaux aux dépens.

Rec. des édits regiftrés au parlement de Roüen, page 81.

Arrêt du parlement de Paris du 4 Juillet 1736, rendu fur les conclufions de M. Gilbert, avocat général, entre un notaire roïal & un notaire de feigneur à Chartres; par lequel il eft fait défenfes au notaire feigneurial de paffer des actes entre d'autres perfonnes que les domiciliés dans la juftice dont il eft notaire, & portant hipotéque fur des biens non affis dans ladite juftice. Rec. de jur. *Verb.* Notaires.

Autre arrêt du parlement de Paris du 18 Juin 1738, qui juge que les actes emportent hipotéque, quoique les contractans ni les biens ne foient dans le détroit du notaire. *Id.*

Décifion du confeil du 4 Juillet 1749, fur le mémoire du fermier des domaines de la généralité de Paris, qui s'eft plaint de ce que le fieur Maifon, notaire au bailliage feigneurial de Noyers, réfident à Serigny, recevoit des actes entre des perfonnes domiciliées hors le reffort dudit bailliage; & qu'il a reçu audit lieu de Serigny, un acte entre des particuliers domiciliés à Tiffey, généralité de Paris, & leurs copropriétaires demeurans à Tonnerre, pour biens fitués à Tiffey, lequel acte a été contrôlé à Chaffey, généralité de Dijon. La décifion porte que, conformément aux édit & règlement de 1705 & 1707, il ne doit point être paffé d'actes, par les notaires feigneuriaux, entre parties domiciliées hors l'étenduë de la juftice où ils font immatriculés.

Autre décifion du 14 Novembre 1749, qui confirme une ordonnance de M. l'intendant de Roüen, par laquelle Jacquemart, tabellion au vidamé de Gerberoy, généralité de Paris, a été condamné, folidairement avec les parties domiciliées dans la généralité de Roüen, au païement des droits d'un contrat de vente, par lui paffé de biens en Normandie, & en une amende, quoiqu'il opofât qu'il avoit reçu cet acte dans fon diftrict, où les parties étoient venuës le requérir de faire le contrat.

Arrêt du parlement de Paris du 17 Février 1756, qui maintient les notaires des juftices de Rofny & autres, dans le droit & poffeffion de paffer tous actes dans leur reffort, entre perfonnes non domiciliées & pour biens non fitués dans lefdites juftices.

Dans cette diverfité de jurifprudence, on ne peut donner que fon opinion, & c'eft ce que nous avons fait ci-deffus, avant que de raporter la déclaration de 1697.

§. XXV. *Cas de faux contrôle, ou de fauffe mention, fur les expéditions, que les minutes ont été contrôlées & infinuées.*

Dans l'un & dans l'autre cas, il y a faux puniffable, en conformité des ordonnances. *Voïez* Faux, tom. 2, page 342.

Par arrêts du confeil des 1er & 15 Mai 1722, il a été ordonné que, par Mrs les intendans de Bretagne, Soiffons & Orléans, le procès feroit fait & jugé en dernier reffort à des notaires, pour faux contrôle de leurs actes.

Jugement fouverain rendu le 10 Mars 1725, par M. l'intendant de Caën, qui prononce la peine de mort contre Gilles le Pigeon, notaire à Avranches, convaincu de plufieurs faux contrôles.

Autre jugement fouverain du 17 Janvier 1730, rendu par M. l'intendant de Tours, qui condamne à mort François Pleffis, notaire en Anjou, pour pareilles fauffetés.

Lorfqu'un notaire attefte fauffement fur la groffe que la minute a été contrôlée, la partie eft en fûreté fur fa groffe; c'eft du moins ce qui a été jugé en la première chambre de la cour des aides de Paris, le Vendredi 16 Janvier 1699. *Voïez* le dict. des arrêts, verb. contrôle, n. 8, & la décifion du confeil du 2 Décembre 1741, raportée ci-après.

Le notaire, dans ce cas, eft feul tenu des droits, de l'amende & des autres peines, s'il n'y a preuve de complicité. Décifion du confeil du 16 Mars 1723, fur la queftion propofée par M. l'intendant de Languedoc. *Voïez* auffi la décifion du 2 Décembre 1741.

Par arrêt du confeil du 10 Janvier 1696, il a été ordonné que le procès criminel commencé par M. l'intendant de Montauban, contre Mathurin Lavaur, notaire roïal, pour n'avoir pas fait contrôler quelques actes, s'être fait païer des droits par les parties, & avoir attefté, fur les expéditions de ces actes, que les minutes étoient contrôlées, fera fait & parfait, & jugé en dernier reffort par M. l'intendant, avec les officiers du préfidial, ou tels autres gradués qu'il voudra choifir.

L'article 2 de la déclaration du Roi du 19 Mars 1696 & l'article 13 de celle du 14 Juillet 1699, portent que les notaires, tabellions, gréffiers ou autres qui feront convaincus d'avoir retenu les droits de contrôle des actes qu'ils auront paffés, fans les avoir fait contrôler, & d'avoir fait mention, fur les expéditions par eux délivrées, que les minutes auront été contrôlées, feront condamnés en 200 livres d'amende pour la première fois, & les actes déclarés nuls; & en cas de récidive, veut & entend S. M. qu'ils demeurent interdits de leurs fonctions, tant de notaires que des autres charges ou ofices, fi aucuns ils ont; & que leur procès leur foit fait comme fauffaires & concuffionnaires.

Arrêt du confeil du 30 Mars 1722, portant que, par M. l'intendant de Bordeaux, le procès fera fait à un notaire, pour défaut de contrôle de plufieurs actes, & pour avoir attefté fauffement fur l'expédition d'un de ces actes, que la minute étoit contrôlée.

Autre arrêt du confeil du 11 Juillet 1724, par lequel, fans avoir égard à une ordonnance de M. l'intendant de Bretagne, le nommé Bellanger, notaire & gréfier à Brondineuf, a été condamné en diférentes amendes

des & aux droits de plufieurs actes non contrôlés, fans répétition contre les parties,
& fans préjudice des pourfuites extraordinaires, pour fauffe rélation de contrôle
fur l'expédition de l'un defdits actes.

Par arrêt du confeil du 25 Juin 1726,
il a été ordonné que, par M. l'intendant de
Poitiers, le procès feroit fait à Charles Ba-
donniere, dit de Chambourdon, notaire
en la châtellenie d'Enfigny, pour faux contrôle, changement des droits perçûs pour
le contrôle de quelques actes, & autres
contraventions.

Jugement fouverain rendu le 1er Septembre 1728, par M. l'intendant d'Alençon, qui déclare Germain Godefroy, notaire
à Echauffour, atteint & convaincu d'avoir
fauffement attefté, fur les groffes de 18 actes,
que les minutes étoient contrôlées & infinuées; le condamne en 20 livres d'amende
envers le Roi, en 30 livres à l'hôpital général, & au banniffement pour neuf ans des
provinces de Normandie, du Perche & du
Maine; le déclare indigne & incapable
d'éxercer ni poffeder à l'avenir aucunes
charges ni fonctions publiques; le condamne
à être blâmé, l'audience féante, & en 3600
livres pour les amendes de contravention
envers le fermier; le déclare en outre ref-
ponfable des dommages & intérêts des parties réfulrans de la nullité des actes.

Par la déclaration du Roi du 28 Décembre 1734, il eft ordonné que les notaires,
tabellions, gréfiers ou autres, a'iant faculté
de paffer des actes & contrats, qui feront
convaincus d'avoir fauffement fait mention,
fur les expéditions par eux délivrées des
actes qu'ils auront paffés, que les minutes
auront été contrôlées, feront pourfuivis
extraordinairement, même pour la première
fois, & pourront être condamnés aux peines prononcées par les ordonnances contre
les fauffaires. Enjoint, pour cet éfet, à tous
fermiers, fous-fermiers, leurs commis &
autres, de remettre, à la première requifition, aux fubftituts des procureurs géné-

raux, & aux procureurs des haut-jufticiers,
les extraits des regiftres du contrôle, même
de dépofer les regiftres, s'il eft ordonné par
les Juges, aux gréfes des juftices, pour
être enfuite rendus aux commis après le
jugement du procès.

Le fermier peut fuivre le procès à l'extraordinaire; il peut auffi dénoncer le faux
à la partie publique, & remettre les piéces
de conviction, fans fe rendre partie au procès; il peut même traiter de la contravention avec le coupable, fans qu'on puiffe
l'obliger à lui faire faire fon procès; le confeil l'a ainfi jugé par décifion du 25 Avril
1739; mais, fi la partie publique agit, le
fermier fera tenu de fournir les extraits &
de dépofer les regiftres néceffaires, conformément à la déclaration de 1734.

Décifion du confeil du 2 Décembre 1741,
qui déboute le fermier de fon apel d'une
ordonnance de M. l'intendant de Dauphiné,
par laquelle le nommé Morel, partie, a été
déchargé des droits d'un teftament, fur l'expédition duquel le notaire avoit fauffement
attefté le contrôle & le païement des
droits; fauf au fermier à fe pourvoir contre
le notaire.

Décifion du confeil du 29 Janvier 1756,
qui confirme une ordonnance de M. l'intendant de Montpellier, par laquelle le fieur
Mathieu, notaire à Saint Alban, a été condamné en 500 livres d'amende, pour fauffe
mention de contrôle & d'infinuation fur l'expédition d'un teftament, fauf au fermier à
le pourfuivre extraordinairement pour le
faux. Il difoit avoir délivré l'expédition,
dans le moment que fon regiftre étoit au
bureau du contrôle, pour faire contrôler
& infinuer le teftament, & que, s'étant
apperçû au retour qu'il n'avoit point été
revêtu de ces formalités, il en avoit lui-
même prévenu le commis.

NOTAIRES-SECRÉTAIRES des
cours de parlement & autres cours fupé-
rieures, avoient été créés dès 1372, pour
le parlement de Paris, & fucceffivement

pour les autres cours, à l'éfet de figner les arrêts & autres expéditions des gréfes defdites cours ; la noblesse leur étoit attribuée au premier dégré, ainsi que l'éxemtion des droits & feigneuriaux & féodaux dûs au Roi, notamment par déclaration & arrêt des 24 Juin & 9 Septembre 1702, pour ceux créés au parlement & en la cour des aides de Paris, par édit du mois d'Avril précédent. Les mêmes priviléges furent accordés à ceux créés dans les autres cours fouveraines par édit du mois de Septembre 1705, portant qu'ils joüiroient de la noblesse & des mêmes priviléges que les fecrétaires des chancelleries établies près lefdites cours ; ils furent même déchargés de toutes recherches, pour avoir indûment pris les qualités de noble & d'écuïer, avant que d'être pourvûs de leurs ofices.

Par édit du mois de Mai 1716, tous ces ofices furent fupprimés, foit qu'ils fussent unis aux ofices de gréfiers en chef, ou qu'ils eussent été levés par des particuliers, à l'exception feulement de quatre au parlement de Paris, réfervés par édit du mois d'Avril 1672, & de celui de la même cour uni à la charge de gréfier par édit du mois de Mars 1709, & des deux ofices de la cour des aides de Paris créés par édits des mois d'Avril 1702, & Janvier 1716, éxercés par les gréfiers en chef de ladite cour. Il fut permis à ceux dont les ofices étoient fupprimés, d'acquérir les ofices créés dans les chancelleries près les cours, par l'édit du mois de Juin 1715, (raporté tome 1, page 399.) Et ordonné que le tems de l'éxercice de ces diférens ofices, ferviroit à remplir le nombre des années nécessaires pour acquérir la vétérance ; & à l'égard des oficiers fupprimés qui n'avoient pas éxercé pendant vingt ans, & qui ne feroient pas leur foumission avant le 1er Août 1716, pour acquérir des ofices de fecrétaires du Roi, ils furent déclarés déchus de tous les priviléges attribués à leurs ofices.

Il fut même ordonné, par une déclaration du 20 Mars 1717, que les titulaires defdits ofices, créés dans les cours depuis 1689, dont la première finance étoit au-dessous de 10000 liv., demeureroient, ensemble leurs veuves, enfans & descendans, déchus du privilége de noblesse, encore que lefdits titulaires fussent décédés revêtus defdits ofices, ou qu'après les avoir possédés vingt ans, ils eussent obtenu des lettres de vétérance.

Les notaires-fecrétaires des parlemens & des cours des aides de Bordeaux & de Roüen, ont été exceptés, par déclaration du 8 Avril 1718, de la fupression ordonnée en 1716, & maintenus dans leurs ofices & dans leurs privilées ; mais, ces priviléges font réduits à la noblesse graduelle, & ne peuvent plus procurer l'éxemtion des droits feigneuriaux & féodaux dûs au Roi.

Ceux de la cour des aides de Paris, créés en 1635, & ceux du grand conseil, créés en 1636, ont pareillement été exceptés de la fupression par déclaration du 6 Mars 1719, qui les a confervés dans leurs fonctions & priviléges, fans néanmoins pouvoir figner les arrêts intitulés du nom du Roi.

Avant cette déclaration, les enfans du fieur Regnonval, décédé au mois d'Avril 1716, pourvû d'un ofice de notaire-fecrétaire du grand conseil, de la création de 1498, avoient été déchargés du droit de franc-fief, par arrêt du conseil du 18 Juin 1718 ; ils ont même obtenu des lettres patentes le 27 Septembre 1727, fur arrêt du 12 Août précédent, qui ont excepté cet ofice de la fupression ordonnée par l'édit du mois de Mai 1716.

Par arrêt du conseil du 6 Juillet 1733, & lettres patentes du 14 Août fuivant, enregiftrées au parlement & à la cour des aides de Bordeaux les 27 Août & 3 Septembre fuivant, en interprétant la déclaration du 8 Avril 1718, il a été ordonné que

les fonctions & priviléges accordés par
icelle aux notaires-fecrétaires du parlement
& de la cour des aides de Bordeaux, feront & demeureront reftraints à ceux dont
ils jouïffoient ou avoient droit de jouïr
avant les édits des mois de Septembre
1705, & Novembre 1708 ; il leur eft,
en conféquence, fait défenfes de fe qualifier fecrétaires du Roi, mais feulement
fecrétaires du parlement & de la cour des
aides ; il eft au furplus ordonné que lefdits
fecrétaires du parlement & de la cour des
aides, ne pourront jouïr du privilége de la
nobleffe au premier dégré, ni de l'éxemtion
des lods & ventes & droits feigneuriaux
dans les domaines du Roi.

Il réfulte de ce que deffus, que les pourvûs d'ofices de fecrétaires des cours, créés
avant 1689, qui font morts revêtus defdits ofices, ou qui, après les avoir éxercés
vingt ans, ont obtenu des lettres de vétérance, ont tranfmis la nobleffe à leurs defcendans ; qu'il en eft de même à l'égard
des titulaires defdits ofices créés depuis
1689, pourvû que leur première finance
fût au moins de 10000 liv. ; & que, fi la
finance étoit inférieure, ils ne jouïffent
d'aucune nobleffe ; enfin, que ceux qui
ont été exceptés de la fupreffion de 1716,
jouïffent des mêmes priviléges de nobleffe
que les oficiers des cours dont ils font fecrétaires ; enforte que ceux des cours de
Bordeaux & de Roüen ne peuvent prétendre que la nobleffe graduelle, conformément aux lettres patentes de 1733.

Par arrêt du confeil du 13 Octobre
1739, rendu en faveur du fieur Souatin,
notaire-fecrétaire du parlement de Roüen,
& fur l'intervention des autres notaires-
fecrétaires de la même cour, ils ont été
maintenus dans leurs droits, priviléges &
franchifes ; &, en conféquence, ledit fieur
Souatin a été déchargé d'un droit de franc-
fief qui lui étoit demandé.

NOTIFICATIONS *en matière eccléfiaftique*, font les notifications de grades
qui fe font à la requête du gradué au collateur, fur lequel il eft nommé.

Les notifications de dégrés & les procurations pour notifier les noms, titres &
qualités des gradués, font comprifes dans
la troifième fection de l'article 1er du tarif
du 29 Septembre 1722, qui en fixe le
droit de contrôle à 1 liv.

Il n'eft dû qu'un droit de contrôle aux
actes, quoique la notification foit faite à
diférens patrons ou collateurs ; décifion du
31 Mars 1736, fur un mémoire de l'uni-
verfité d'Angers ; autres décifions des 17
Avril & 14 Août 1736.

Ces notifications, & même les fignifications extrajudiciaires en matière bénéficiale, doivent être faites par les notaires
roïaux apoftoliques, privativement à tous
autres oficiers, fuivant l'article 5 de l'édit
du mois de Décembre 1691. Néanmoins,
il a été jugé qu'elles doivent être contrôlées aux exploits, indépendamment du
contrôle des actes. Voïez *Notaires*,
§. XXII, & les arrêts des 30 Mars 1706,
& 12 Janvier 1723, qui y font raportés.

Décifion du confeil du 10 Avril 1728,
contre les notaires apoftoliques de Chartres, qui n'avoient point fait contrôler
aux exploits diférentes fignifications ou
réïtérations de dégrés.

Les réïtérations de grades, c'eft-à-dire,
les réïtérations de notifications que doivent
faire les gradués tous les ans, font fujétes
aux mêmes formalités & aux mêmes droits
que les notifications. Décifion du 10 Avril
1728, contre les notaires apoftoliques de
Chartres.

NOTIFICATIONS *en matière laïque.*

L'article 88 du tarif du 29 Septembre
1722, comprend les notifications & autres
actes qui fe fignifient ou notifient en matière laïque ; & le droit de contrôle en eft
fixé à 10 f., ce qui s'entend feulement des
notifications faites par les notaires, lefquelles font en outre fujétes au contrôle
des exploits. Voïez *Notaires*, §. XXII.

NOVICIAT ; les actes de vêture, noviciat & profession dans les monaſtères, étoient aſſujétis au contrôle des actes par la ſeconde ſection de l'article 1er du tarif du 29 Septembre 1722, qui en avoit fixé le droit de contrôle à 2 liv., en exceptant néanmoins ceux faits dans les ordres des mendians, qui devoient être contrôlés *gratis*.

Mais, par l'article 3 de l'arrêt de règlement du 30 Août 1740, tous ces actes ont été déchargés de la formalité & du droit de contrôle.

NOUVEL-ACQUEST, eſt un droit qui a la même ſource que celui d'amortiſſement ; il eſt également dû au Roi, à cauſe de ſa couronne, & il eſt domanial & impreſcriptible ; les arrêts rendus les 21 Décembre 1723, & 15 Juillet 1749, contre les états d'Artois & contre ceux de la province de Béarn, déclarent nommément que le droit de nouvel-acquêt eſt du domaine de la couronne.

Ce droit eſt dû par les communautés eccléſiaſtiques, ſéculières & règulières, bénéficiers & autres gens de main-morte, pour les biens qu'ils poſſédent, juſqu'à ce qu'ils ſoient amortis, & pour ceux dont ils n'ont que la jouïſſance ſans propriété. *Voïez* Bacquet, des franc-fiefs, chap. 3 ; & le traité de Berth. chap. 41 & 42.

Il eſt pareillement dû par les communautés laïques, habitans des villes, bourgs & hameaux, pour les biens dont ils ont la poſſeſſion & l'uſage en commun, tels que les droits de paccage, pâturage, glandage, chauffage & autres uſages, quelqu'ancienne que ſoit leur poſſeſſion. Diférentes perſonnes nomment *droits d'uſages*, les droits dûs par leſdites communautés laïques, mais improprement : c'eſt confondre le droit ſous la dénomination de ce qui y donne lieu ; les communautés qui jouïſſent de droits d'uſages, doivent, pour raiſon d'iceux, païer le droit de nouvel-acquêt. Ainſi, l'on doit dire, droit de *nouvel-acquêt des uſages*, lorſqu'on veut diſtinguer le droit dû par les communautés laïques, de celui dû par les gens de main-morte, pour les biens dont ils n'ont qu'une jouïſſance limitée.

Nous établirons diſtinctement les règles particulières à chacune des deux eſpèces, dans leſquelles le droit de nouvel-acquêt eſt dû.

§. I. *Droit de nouvel-acquêt dû par les communautés eccléſiaſtiques & autres gens de main-morte.*

Le recouvrement des droits d'amortiſſement ne ſe faiſoit anciennement pour le compte du Roi, par régie ou par traités, que de tems à autre, ainſi qu'il a été obſervé, tom. 1, page 182, & tom. 2, page 350 ; enſorte que les gens de main-morte ſe trouvoient ſouvent poſſéder des biens pendant pluſieurs années, ſans qu'ils fuſſent amortis ; tous les biens qu'ils acquéroient, à quelque titre que ce fut, étoient réputés nouveaux-acquêts, pour les diſtinguer de ceux valablement amortis qu'ils poſſédoient ; & ils en devoient païer le droit de nouvel-acquêt, juſqu'à ce qu'ils fuſſent amortis, & le païement de ce droit de nouvel-acquêt, ſervoit même à faire connaître les biens qui devoient être compris dans la première recherche des droits d'amortiſſement.

Le droit ſe païoit ſur le pié d'une année du revenu pour vingt années de jouïſſance de biens non amortis ; *voïez* l'édit du mois de Mars 1672, la déclaration du Roi du 5 Juillet 1689, & l'article 2 de celle du 9 Mars 1700.

Il fut ordonné, par l'édit du mois de Mai 1708, qu'à l'avenir les droits d'amortiſſement ſeroient païés dans l'an & jour des acquiſitions ; ces droits furent, en conſéquence de cet édit, mis en ferme ; &, par ce moïen, il n'y a plus eû lieu au droit de nouvel-acquêt, pour les biens dont les gens de main-morte ont eû la propriété depuis le 1er Mai 1708, parce qu'il dépend du fermier de faire païer le droit d'amortissement, qui eft éxigible à l'expiration de l'année de la poffeffion des biens. Ainfi, les communautés eccléfiaftiques & autres gens de main-morte ne font, depuis cette époque, fujets au droit de nouvel-acquêt, que pour les biens dont ils ont fimplement la jouïffance, fans en être propriétaires.

Plufieurs arrêts, en condamnant des gens de main-morte au païement des droits d'amortiffement de biens qu'ils poffédoient avant 1708, les ont en même tems condamnés à païer le droit de nouvel-acquêt depuis le jour de leur poffeffion jufqu'au 1er Mai 1708, parce que l'édit qui a fait ceffer ce droit pour les biens dont la main-morte eft propriétaire, n'a d'éfet que pour l'avenir. *Voïez* l'arrêt du 22 Avril 1738, contre les prêtres de l'oratoire de la maifon de faint Magloire de Paris, pour une maifon conftruite en 1695; & celui du 3 Mars 1739, contre le chapitre de Tours, pour biens donnés, à charge de fondation, en 1705.

Suivant l'article 8 de l'arrêt de règlement du 13 Avril 1751, les gens de main-morte qui, pour fûreté de leurs créances, jouïffent des biens de leur débiteur, à titre d'engagement ou autrement, doivent en payer le droit de nouvel-acquêt pendant le tems de leur jouïffance, pourvû qu'elle n'excéde pas dix années; mais, s'ils font autorifés à en jouïr un plus long-tems, ils en doivent païer le droit d'amortiffement. Cet article eft raporté à la page 161 du 1er vol.

La même règle doit avoir lieu pour toute autre jouïffance d'immeubles, à quelque titre que ce foit.

Par décifion du confeil du 8 Avril 1752, les religieufes de la congrégation de notre-dame de Caudebec, ont été condamnées au païement du droit de nouvel-acquêt de deux rentes foncières, néanmoins rachetables, qui leur avoient été données en 1740, par la dlle Fortin pour fa dotation, lefquelles rentes leur ont été rembourfées en 1750, par le débiteur; elles n'ont été condamnées qu'au droit de nouvel-acquêt, parce qu'elles ne poffédoient plus les rentes; au lieu que, fi ces rentes avoient encore été éxiftantes, les religieufes auroient dû le droit d'amortiffement, comme il eft établi, tom. 2, pag. 226.

Lorfque les gens de main-morte n'ont qu'une jouïffance limitée à dix années & au-deffous, ou un ufufruit attaché à la vie de quelqu'un, ils ne doivent que le droit de nouvel-acquêt, qui doit être païé pour chaque année de jouïffance, à raifon du vingtième du revenu des biens, avec les 2 f. pour liv. dont il eft fait mention à la page 182 du 1er vol; & même le nouveau fol pour livre, établi en 1760, dont il fera parlé à l'article: *Sol pour livre*.

Si la jouïffance eft illimitée, elle eft confidérée comme une propriété; le droit d'amortiffement eft dû; mais, celui de nouvel-acquêt n'eft pas éxigible; ce dernier droit ceffe d'avoir lieu, lorfque l'autre peut être demandé; mais, fi les gens de main-morte font évincés des biens, après qu'ils en ont païé le droit d'amortiffement, ils peuvent ufer de la faculté de remplacer, qui leur eft accordée par l'article 8 du règlement de 1751, que l'on vient de citer. Il eft, au furplus, d'obfervation que, depuis l'édit du mois d'Août 1749, ils ne peuvent plus avoir de jouïffance illimitée d'immeubles, à quelque titre que ce foit, fans avoir préalablement obtenu des lettres patentes; *voïez* l'art. 14 de cet édit, & le fufdit art. 8, du règlement de 1751.

On vient de dire que le droit de nouvel-acquêt eft dû pour les biens dont la main-morte a l'ufufruit pendant la vie de quelqu'un qu'un , & ce principe paraît inconteftable, pourvû néanmoins que les biens foient de nature à être fujets au droit d'amortiffe- ment , lorfque la main-morte en a la pro- priété au lieu de l'ufufruit. Il eft vrai que, par deux arrêts du confeil du 21 Août 1731, les bénédictins de Mezieres & ceux de l'abbaïe de faint Benigne de Dijon , ont été déchargés de la demande des droits de nouvel-acquêt pour raifon des revenus des manfes abbatiales , dont les abbés comman- dataires leur avoient fait des baux à vie , moïennant des rentes ; on convient même qu'il ne fut opofé d'autres moïens , par les religieux & par l'infpecteur général du do- maine , finon qu'il ne s'agiffoit que d'une fimple jouïffance de biens amortis , & que cette conceffion de l'abbé aux Religieux ne devoit pas être confidérée comme opé- rant un changement de main-morte.

Mais , quoique des biens foient amortis, ils ne font pas moins fujets au droit de nou- vel-acquêt , lorfqu'ils font , à titre de jouïf- fance , dans la poffeffion d'une autre main- morte que celle qui en a païé le droit d'a- mortiffement ; parce qu'il eft de principe inconteftable que les gens de main-morte ne peuvent poffé der des immeubles , à quel- que titre que ce foit , fans être perfonnel- lement relevés de leur incapacité , par le païement d'une finance : cette finance eft le droit d'amortiffement , s'il s'agit d'une propriété ou d'une jouïffance illimitée ; & , ce n'eft que le droit de nouvel-acquêt , pour la jouïffance limitée ou pour le fimple ufu- fruit ; c'eft fur ces principes que , par la décifion du confeil roïal rendue fur la on- zième queftion propofée au recouvrement de 1689 , il fut décidé que les commu- tés devoient le droit d'amortiffement pour les biens dont elles étoient fimplement propriétaires fans en avoir la jouïffance ; qu'elles n'en devoient point le droit de nouvel-acquêt ; mais , que ce droit feroit païé par l'ufufruitier , s'il étoit de qualité à le devoir.

Tome III.

Il s'enfuit donc que l'amortiffement d'un bien n'empêche pas que le droit de nouvel- acquêt foit dû , lorfqu'une autre main-mor- te jouït du même bien ; de même qu'un bien déja amorti n'eft pas moins fujet à un nouveau droit d'amortiffement , lorfque la propriété en eft transférée à une autre main-morte , ainfi qu'il a été établi , tome 1er , page 147, & tome 2 , pages 273 & 534.

Quant au fecond moïen , il eft cer- tain que , par la conceffion de l'abbé aux religieux , il y a changement de main-mor- te , lorfque les deux manfes font divifées & que l'une & l'autre poffédoit diftincte- ment ce qui lui apartenoit , en vertu d'un partage autentique. Cela eft tellement re- connu , que fi l'abbé , au lieu de faire un bail à vie , avoit fait une aliénation à fes religieux , ceux-ci auroient été affujétis à païer le droit d'amortiffement , fuivant les principes établis , tom. 2 , pag. 275. Or , fi les religieux font tenus de païer le droit d'amortiffement pour acquérir en proprié- té la portion diftincte de leur abbé , il faut conclure avec certitude qu'ils doivent le droit de nouvel-acquêt pour jouïr de cette même portion en vertu d'un bail à vie ; ainfi , les arrêts de 1731 , ne peuvent être opofés à la demande du droit de nou- vel-acquêt , que lorfqu'il n'y a eu aucun partage entre l'abbé & les religieux , & que l'un fait aux autres un bail à vie de fa portion indivife.

§. II. *Droit de nouvel-acquêt des ufages des communautés laïques &c.*

Les communautés laïques , & les ha- bitans des villes , bourgs & hameaux , qui poffédent des droits de paccages , chauf- fages & tous autres droits d'ufages géné- ralement quelconques , à charge de cens , redevances ou autrement , ont été difpen- fés d'en païer le droit d'amortiffement ,

I

parce qu'ils n'ont point de propriété de ces sortes de biens ; ils en ont seulement la poffeffion commune & l'ufage général ; mais, ils font affujétis à païer une finance annuelle, proportionnée à l'objet de cette jouïffance, & c'eft cette finance que l'on nomme *Droit de nouvel-acquêt des ufages.*

Par la déclaration du Roi du 19 Avril 1639, qui ordonnoit un recouvrement général des droits d'amortiffement pour les biens acquis par les communautés & autres gens de main-morte, les ufages & biens communs furent mis dans une claffe particulière, dont la taxe ne devoit pas fe règler, comme celle du droit d'amortiffement, relativement à la mouvance ou à la cenfive, attendu que c'étoit un droit diférent de celui d'amortiffement.

Les communautés ne furent affujéties, par l'édit du mois de Mars 1672, à païer pour le droit de nouvel-acquêt des biens non amortis, que la jufte valeur du revenu d'une année pour leur poffeffion jufqu'alors ; & , dans le même efprit, il fut ordonné, par la déclaration du 5 Juillet 1689, que les ufages poffédés par les communautés feroient taxés à proportion de la jouïffance qu'elles avoient euë depuis 1672.

Pour parvenir à l'impofition du droit de nouvel-acquêt des ufages fur les habitans des paroiffes qui en profitent, il fut ordonné, par arrêt du confeil du 23 Janvier 1691, que les maires & échevins, confuls, capitouls, ou findics des villes, bourgs, bourgades, paroiffes, villages & hameaux, qui poffédoient des droits de glandages, paccages, chauffages & tous autres droits d'ufages généralement quelconques, en donneroient inceffamment des déclarations certifiées, contenant les ufages qui leur apartenoient de tout tems, l'étenduë & la qualité des terres qui y font fujétes, pour être remifes à M^rs les intendans, & enfuite raportées au confeil avec leur avis fur le revenu annuel, pour être

arrêté des états du droit de nouvel-acquêt, à raifon de la jouïffance depuis 1672 ; nonobftant toutes lettres d'amortiffement générales ou particulières, & toutes compofitions faites par les provinces pour le droit d'amortiffement, déclarations & arrêts confirmatifs ; fur lefquels états, M^rs les intendans impoferoient la fomme dûe par chaque communauté & les deux fols pour livre d'icelle.

Ces déclarations ont encore été ordonnées, par l'article 9 de la déclaration du 9 Mars 1700, & par les arrêts des 21 Juin 1712, 15 Novembre 1720 & autres.

Le droit de nouvel-acquêt des ufages fut fixé, fur le pié d'une année de revenu, pour vingt années de jouïffance paffées ; & , à l'avenir, à raifon du vingtiéme du revenu, par chaque année de jouïffance ; art. 9 & 21, de la déclaration du 9 Mars 1700 ; art. 3 de l'édit du mois de Mai 1708 ; & édit du mois de Septembre 1710.

Les biens qui y font fujets font les droits de glandages, paccages, chauffages, pâturages & tous autres droits d'ufages (poffédés, foit à charge de cens, redevance annuelle ou autrement) tant fur des brandes, bruïères, landes & communaux, que fur des bois taillis ou de haute-fûtaïe, prés, herbages & pâtis, terres vaines & vagues. & tous autres fonds généralement quelconques, même les domaines congéables dont jouïffent les communautés en vertu de conceffions pour plus de neuf années ; arrêt du 23 Janvier 1691, & art. 9 de la déclaration du 9 Mars 1700.

Le droit eft dû fans nulle diftinction de la mouvance des biens, foit qu'ils foient mouvans du Roi, foit qu'ils relévent de feigneurs particuliers ; parce que c'eft un droit de la couronne, dû par les communautés, pour avoir la faculté de pouvoir jouïr de tous droits d'ufages quelconques ; arrêt du confeil du 17 Novembre 1722, rendu

contre les habitans de la paroisse de Journet, généralité de Poitiers; autre du 11
Février 1723, contre les habitans des paroisses des Bastilles, du païs de Marsan.

Le cens ou la redevance annuelle, qui
peut être dûë au domaine pour raison des
biens qui en dépendent, n'empêche aucunement le droit de nouvel acquêt; parce que la redevance stipulée par la concef-
sion est dûë au Roi comme seigneur du
fond; & que le droit de nouvel-acquêt est
domanial & dû, comme on vient de le dire,
pour la jouïssance en commun des droits
d'usages; arrêt du conseil du 2 Février
1723, contre les habitans des paroisses
de saint Cyr, Vouneüil-sur-Vienne, &
Bonneüil-Matours, en Poitou, pour des
landes, bruïères & bois taillis, de la forêt de Moulieres, chargés, par la concef-
sion, d'une redevance annuelle au domaine;
autre arrêt du 8 Octobre 1726, contre
les habitans du païs de Labourt, chargés
pareillement d'une redevance annuelle au
domaine.

Par l'article 8 de l'édit du mois de Mai
1708, il est ordonné que les sommes dont
les communautés laïques se trouveront redevables pour le nouvel-acquêt de leurs
usages, seront imposées par M^{rs} les intendans; &, dans les païs d'états, par les
députés ordinaires desdits états, avec les
deux sols pour livre desdites sommes, sur
tous les habitans aïant droit d'usages,
éxemts ou non éxemts, nobles & roturiers, privilégiés & non privilégiés.

La déclaration du 31 Décembre 1709,
& l'édit du mois de Septembre 1710, portent que le droit de nouvel-acquêt, dû par
les communautés laïques pour leurs usages,
sera imposé *annuellement*, depuis le 1er
Mai 1708, par lesdits sieurs intendans &
par lesdits députés des états, dans la forme
prescrite par l'article 8 de l'édit de 1708,
à raison d'un vingtième du revenu desdits
usages, sur le pié de la liquidation qui en
a été faite en éxécution de la déclaration

du 9 Mars 1700, & que lesdits droits feront païés par les collecteurs & sindics sur
les simples quitances du fermier, visées par
l'un des contrôleurs généraux des domaines & bois.

Il fut ordonné, par arrêt de règlement
du 15 Novembre 1720, que l'imposition
du droit seroit faite dans toutes les provinces & généralités du roïaume, sur le
pié de la liquidation faite en éxécution de
la déclaration de 1700, & que, dans les
provinces où ce droit avoit été négligé
par les anciens traitans & fermiers, les
communautés seroient tenuës de fournir des
déclarations des droits & biens par elles possédés, qui y sont sujets; les communautés,
qui avoient fournies ces déclarations, furent
dispensées d'en fournir de nouvelles.

Par un autre arrêt du conseil du 17 Juillet 1725, il est ordonné que l'imposition
sera faite à l'avenir, *annuellement &
par avance*, par lesdits sieurs intendans dans
les païs d'élections, &, dans ceux d'états,
par les députés ordinaires desdits états,
dans la forme ci-devant prescrite.

Les deux sols pour livre des droits
de nouvel-acquêt, qui apartiennent aux
receveurs & contrôleurs généraux des
domaines & bois, comme on l'a dit, tom.
1, page 182, doivent être imposés conjointement & avec le principal du droit;
art. 8 de l'édit du mois de Mai 1708, &
arrêts des 25 Novembre 1721, & 20
Septembre 1729.

L'on doit encore imposer un autre sol
pour livre du principal du droit, jusqu'au
1er Mars 1770, en conséquence de la déclaration du Roi du 3 Février 1760, &
de l'arrêt du conseil rendu en conséquence
le 29 Juin 1761, qui ont ordonné cette
augmentation au profit du Roi pendant
dix années.

Enfin, l'on impose un sol pour livre de
la totalité, pour la remise des collecteurs,
des receveurs des tailles, & du receveur
général des finances, à raison de quatre

deniers pour livre à chacun , suivant un arrêt du conseil du 7 Septembre 1723.

En conséquence de l'imposition , le droit est levé , sur les habitans qui y sont contribuables , par les collecteurs qui en remettent le montant aux receveurs des tailles , & ceux-ci le remettent aux receveurs généraux des finances , par lesquels le droit principal est païé au fermier du domaine avec le nouveau sol pour livre établi en 1760 , sur ses quitances en forme ; & les deux sols pour livre sont par eux remis aux receveurs généraux des domaines & bois ; le tout conformément aux déclarations du Roi des 3 Février 1728 , 25 Juillet 1733 , 11 Février 1739 , 16 Octobre 1743 , 25 Octobre 1749 & 7 Octobre 1755 , portant que les sommes provenantes des impositions & abonnemens qui ont été ou seront faits pour les droits de nouvel-acquêt des usages , seront païés par les receveurs généraux des finances , trésoriers généraux , & particuliers des païs d'états & autres , sur les quitances de l'adjudicataire des fermes , ses sous-fermiers , procureurs , & commis ; sans que les deniers provenans desdites impositions & abonnemens puissent être païés en d'autres mains , à peine de radiation & de païer deux fois ; lesquelles quitances seront passées & allouées sans dificulté dans la dépense des états & comptes desdits receveurs & trésoriers , en raportant seulement , avec lesdites quitances , copie collationnée de la déclaration du Roi renduë pour le bail du fermier auquel le païement est fait, sans être tenus de fournir aucunes autres piéces sur ladite dépense.

Il ne nous reste qu'à raporter sommairement ce qui concerne chaque province , généralité ou autre païs particulier , en indiquant les règlemens qui ont ordonné le païement du droit de nouvel-acquêt , & ceux qui en ont fixé l'imposition ; ainsi que l'objet principal de cette imposition.

Aix ; arr. 20 Juin 1713 , & 15 Fé-

vrier 1716 ; l'imposition est de 1957 liv. 10 sols.

Alençon ; arr. 13 Mars 1703 ; l'imposition 1655 liv. 14 sols.

Amiens ; arr. 3 Juillet 1731 , l'imposition 2363 liv. 15 sols.

Artois ; décl. 8 Octobre 1697 ; arr. 20 Juillet 1720 , 6 Février & 14 Mars 1722 & 21 Décembre 1723 ; & décision 14 Novembre 1724 ; le droit de nouvel-acquêt des usages est compris dans l'abonnement des droits de contrôle &c. *Voïez* tom. 1 , p. 216.

Auch ; arr. 18 Octobre 1723 pour le païs de Soule ; arr. 18 Octobre 1723 , & 12 Février 1726 , pour l'élection de Lannes ; l'imposition de la généralité est de 5049 liv. 11 sols 8 den.

Auvergne ; l'imposition est de 2404 liv. 8 sols.

Bearn ; voïez *Pau* , dans cet article.

Besançon ; arr. des 13 Mars 1703 , 15 Mai 1722 , & 5 Août 1732 ; l'imposition a été fixée à 4945 liv. par l'arrêt de 1722.

Bordeaux ; arr. 12 Février 1723 , contre les habitans des paroisses des Bastilles du païs de Marsan ; l'imposition de la généralité est de 1321 liv. 6 sols 3 den.

Bourges ; arr. 1 Décembre 1722 ; imposition 1416 liv. 9 sols 3 den.

Bourgogne ; duché de Bourgogne ; païs de Bresse , Bugey , Valromey & Gex ; arr. 21 Juin 1712 , 15 Février 1716 , & 13 Mars 1722 ; l'imposition est de 6000 livres.

Bretagne ; arr. 1er Décembre 1718 , 29 Septembre 1722 , & 26 Septembre 1724 ; l'imposition est de 7338 liv. 16 sols 1 denier.

Caën ; arr. 13 Mars 1703 , 9 Juillet & 21 Décembre 1715 , 9 Septembre 1716 & 18 Avril 1720 ; l'imposition est de 5540 liv. ; & l'arr. de 1716 , porte que cette somme sera imposée avec la taille , d'année en année , par M. l'intendant.

Chaalons ; arr. 13 Mars 1703 ; l'impofition eft de 13183 liv. 17 fols.

Flandre ; décl. 2 Octobre 1697 ; arr. 20 Avril 1700, 16 Décembre 1721, 12 Février, 15 Mai, 7 Juillet & 22 Septembre 1722, 26 Avril 1723, 23 Mai 1724 & 7 Mai 1726. *Voïez* le tom. 2, pag. 376.

Foix ; voïez *Touloufe*, dans cet article.

Grenoble ; arrêt du 20 Juin 1713, qui fixe à 4000 liv. le droit de nouvel-acquêt des ufages, & ordonne l'impofition de 36000 liv. pour neuf années, de 1708 à 1717. Autres arrêts des 3 Octobre 1719, & 20 Juin 1721, qui ordonnent la même impofition pour les années échuës depuis 1717, & jufqu'à 1724. Autre arrêt du 5 Décembre 1724, portant que cette impofition fera continuée d'année en année, fur le même pié de 4000 liv. par M. l'intendant ; & les deniers en provenans remis aux procureurs ou commis du prépofé au recouvrement de ces droits, fur leurs récépiffés, portant promeffe de raporter des quitances comptables dudit prépofé, dans trois mois du jour de la date d'iceux.

Hainault ; décl. 8 Octobre 1697 ; arr. 29 Mars 1702, 16 Décembre 1721 & 12 Février 1722. Cette Province eft abonnée.

Labourt ; arr. de 1703, 1723 & 1726, raportés, tom. 2, p. 592 ; le findic du païs de Labourt, aïant formé opofition à ces arrêts, en a été débouté par autre arrêt du 26 Février 1754, qui a fixé le droit de nouvel-acquêt à 1190 liv. 9 fols 6 den. par an. Voïez *Pau*, dans cet article.

Languedoc ; voïez ci-deffous, *Montpellier* & *Touloufe*, dans cet article.

La Rochelle ; par arrêt du 13 Juillet 1713, il fut ordonné qu'il feroit procédé à l'impofition des droits échus jufqu'alors, à raifon de 1016 liv. 19 fols 5 den. par an, fuivant les liquidations faites dans les précédens recouvremens ; le droit n'eft actuellement que de 945 liv. 8 fols par an.

Limoges ; il ne s'y impofe point de droits de nouvel-acquêt, parce que, vraifemblablement il n'y a point de droits d'ufages.

Lyon, Forêz & Beaujolois. Par arr. du 29 Janvier 1704, les habitans de ces provinces furent abonnés, moïennant 54010 l. 8 f. 4 d. pour les droits de franc-fiefs des fiefs poffédés par les roturiers & pour les droits de nouvel-acquêt des ufages dont jouïffent les communautés defdites provinces ; néanmoins, il ne s'impofe ni ne fe païe actuellement aucuns droits de nouvel-acquêt pour la généralité de Lyon.

Metz ; le droit étoit annuellement de 4147 l. 5 f. 6 d. fuivant l'arr. du 29 Septembre 1711, qui ordonna l'impofition de 26266 liv. 1 fol pour fix années quatre mois de jouïffance échus ; mais, actuellement l'impofition en principal n'eft que de 3018 liv. 9 fols 3 den.

Montauban ; l'impofition eft de 4982 liv. 5 f. 9 d.

Montpellier ; arrêt du 6 Février 1722, pour faire fournir des déclarations des ufages du Languedoc ; autre du 6 Janvier 1728, qui, en difpenfant de les fournir, fixe le droit à 10000 liv. par an. Cette fomme fe païe annuellement à Montpellier.

Moulins ; arrêts des 22 Septembre 1711, 9 Janvier 1717, & 3 Janvier 1719 ; l'impofition eft de 2151 liv. 11 f. 6 d.

Navarre ; arrêt du 26 Février 1692, qui fixe, par abonnement, le droit dû par les communautés laïques de la baffe-Navarre, de 1672 à 1689, à raifon de 228 liv. 11 f. 5 d. par an ; autre arrêt du 18 Octobre 1723, qui ordonne le païement fur le même pié, depuis 1708, jufqu'à 1722 ; après diférentes opofitions de la part des états de la baffe-Navarre, dont ils ont été déboutés par autant de décifions, il eft intervenu arrêt le 15 Juillet 1749, qui condamne lefdites communautés laïques au païement du droit , fur le pié fixé par les précédens arrêts. Les états fe font encore pourvûs , & ils ont été déboutés par décifion du 15 Janvier 1751 , portant qu'il ne fera plus admis aucun mémoire de leur part à ce fujet. Cela fait partie de la généralité d'Auch.

Orléans ; arrêt du 18 Octobre 1723, concernant les élections de Pithiviers & Châteaudun ; l'impofition de la généralité eft de 474 liv. 11 f. 2 d.

Paris ; arrêt du 24 Juillet 1717, qui ordonne l'impofition dans la généralité de Paris , à raifon de 3970 liv. 3 f. 2 d. par an , depuis 1715 , jufqu'à 1719 ; cette liquidation fubfifte.

Pau ; arrêts contre les findics des états du Bearn des 15 Janvier 1718 , & 15 Juillet 1749 ; autre du 29 Mai 1753 , portant abonnement du droit dans le Bearn , à 1000 liv. par an ; ces arrêts font raportés dans le tom. 1er , pag. 305 ; l'impofition de la généralité de Pau eft de 2247 liv. 12 f. 3 d.

Perpignan ; comme à Limoges, ci-deffus.

Poitiers ; arrêt du 17 Novembre 1722, contre les habitans de la paroiffe de Journet ; autre du 2 Février 1723 , contre ceux des paroiffes de Saint Cir , Vouneuil-fur-Vienne , & Bonneuil-Matours ; l'impofition de la généralité eft de 845 liv. 4 f. 9 d.

Roüen ; arrêt du 17 Juillet 1717 , qui ordonne que les droits feront impofés depuis 1715 , jufqu'à 1718 , à raifon de 3205 liv. 19 f. 10 d. Arrêt du 17 Août 1747 , en faveur des habitans des paroiffes de Canouville & de Crofville ; autre du 7 Juin 1757 , en faveur de ceux de la paroiffe de Travailles ; l'impofition eft actuellement réduite fur le pié de 3108 , 18 f. 9 d. par an , & elle ne fe fait que de trois ans en trois ans.

Soiffons ; l'impofition eft de 2931 liv. 4 f. 2 d. par an.

Touloufe ; les droits de nouvel-acquêt des ufages du Languedoc fe païent à Montpellier ; mais , ceux du païs de *Foix* fe païent à Touloufe , fur le pié de 591 liv. 18 f. 5 d. par an.

Tours ; l'impofition annuelle eft de 1582 liv. 5 f. 11 d.

NULLITÉ ; l'on n'entend pas parler ici de la peine de nullité prononcée par les règlemens , pour défaut de contrôle , infinuation &c. , parce qu'en traitant de chaque formalité , l'on a expliqué les peines qui réfultent du défaut d'y fatisfaire.

Il s'agit ici des éfets , relatifs à la ferme des domaines, qui réfultent de la nullité des actes , foit parce que ces actes font contraires aux difpofitions des loix , foit parce qu'ils ne font pas revêtus des formalités prefcrites , ou pour quelqu'autre caufe que ce puiffe être.

Les nullités établies par les coûtumes & ordonnances , rendent un acte nul de plein droit , c'eft-à-dire , qu'il n'eft pas néceffaire d'obtenir des lettres de refcifion ; mais , il faut fe pourvoir en juftice , fans quoi l'acte le plus nul peut fubfifter & produire fon éfet : fi la nullité eft alléguée & prouvée par les coûtumes ou par les ordonnances , les juges peuvent la prononcer , pourvû néanmoins que les chofes foient encore entières.

Il y a des nullités que l'on nomme nullités de droit , comme étant introduites par le droit romain ; elles ne rendent pas les actes & contrats nuls de plein droit : elles donnent feulement ouverture à les faire caffer & refcinder , en obtenant préalablement des lettres de refcifion. Paffons à ce qui eft de notre objet.

§. I. *La nullité prétenduë d'un acte , eft-elle un motif pour fe difpenfer d'en païer les droits ?*

Il faut diftinguer les droits qui font le talaire d'une formalité , à laquelle l'acte est essentiellement soumis dès qu'il est passé , (tels sont les droits de contrôle) de ceux de centième denier , qui sont des droits réels dûs pour une mutation éfective. Ces premiers droits sont dûs & acquis sans retour , dès le moment de la signature de l'acte passé devant un officier public, nonobstant toute allégation de nullité ; mais , les droits réels ne sont éxigibles , pour un acte que l'on prétend nul , que sous la condition de les restituer , si la nullité est prononcée ; ils doivent être païés provisoirement , parce que les droits du Roi ne peuvent rester en soufrance , sous prétexte des contestations qui s'élévent entre les parties.

Par décision du 4 Juin 1722 , le conseil ordonna que M. le chevalier de Conflans païeroit le droit de centième denier de biens qui lui avoient été légués, quoique le testament fut alors attaqué comme nul , sauf néanmoins la restitution de ce droit, si la nullité en étoit prononcée.

Une autre décision du 11 Février 1728, a condamné les administrateurs de l'hôpital général de Bayonne , à païer le droit de contrôle d'un testament attaqué de nullité ; le conseil ne leur a point accordé , comme dans l'espèce ci-dessus , la faculté de répéter le droit , en cas que le testament fut annullé , parce qu'il s'agit du droit d'une formalité essentielle à l'acte , avant que de pouvoir s'en servir aucunement ; & dès que cette formalité est remplie , ou même dès qu'elle est nécessaire , le droit est acquis sans retour.

Décision du conseil du 27 Avril 1735 , qui , du consentement du fermier , décharge un donataire du droit de centième denier des biens à lui donnés , attendu que la donation a été annullée en conséquence de lettres de rescision.

Autre décision du conseil du 9 Novembre 1737 , au sujet d'un testament que l'on disoit être nul , comme fait par une fille en puissance paternelle. Décidé que , faute d'une renonciation en bonne forme , il est censé subsister par raport au fermier qui ne peut décider de sa validité ou invalidité ; & que , si l'on veut l'attaquer , il faut qu'il soit préalablement contrôlé.

Décision du 25 Juin 1746 , contre M. de Berville , au sujet du testament de son père , contenant des substitutions dont il est grévé , & qu'il dit vouloir attaquer de nullité. Décidé que les droits sont dûs sur les énonciations des actes , & non sur leur éxécution ; qu'ainsi , la substitution doit être insinuée , sans espérance de restitution ; & que , d'ailleurs , il ne peut valablement former sa demande en nullité de cet acte , sans l'avoir fait insinuer.

Autre décision du 11 Janvier 1747 , qui déboute le sieur Legrand , éxécuteur testamentaire , de sa demande en restitution du droit d'insinuation perçu pour un legs fait par le testament qu'il disoit être nul , faute de date. Cette décision porte que ce n'est point au fermier à juger de la validité ou invalidité des actes.

Par autre décision du conseil du 11 Octobre 1749 , il a été jugé que l'on doit païer les diférens droits en entier , d'un testament attaqué de nullité , sauf néanmoins la restitution des droits d'insinuation des legs qui deviendront caducs , si la nullité est prononcée.

Décision du 5 Février 1752 , au sujet d'une donation faite à madame d'Entragues , attaquée par le donateur. Décidé que le droit de centième denier sera païé , sauf la restitution , si la donation est annullée par justice.

Autre décision du 9 Novembre 1752 , qui confirme une ordonnance de M. l'intendant d'Alençon , par laquelle il a été ordonné qu'il feroit païé 240 liv. , pour droit de contrôle d'une donation de biens présens & à venir , que l'on disoit nulle , suivant l'ordonnance de 1731. Elle pouvoit éfectivement être déclarée nulle ; mais

Nullité.

aussi, les parties intéressées pouvoient la laisser produire son éfet ; & dès que l'acte étoit passé, le droit de contrôle en étoit incontestablement dû ; ce n'étoit point au fermier à entrer dans la discussion de sa validité.

Voïez encore *Actes nuls*, tom. 1, pag. 25, & ci-après, *Testament*.

§. II. *La nullité effective opère-t-elle la restitution des droits païés ?*

Les droits réels, tels que les lods & le centième denier, sont dans le cas de la restitution, si la nullité du titre, à cause duquel ils ont été perçûs, est prononcée pour raison d'un vice inhérent à l'acte, qui l'ait annullé dans le principe. Voïez *Résolution*. Il faut néanmoins que la demande en restitution soit formée en tems utile. Voïez *Restitution*.

Mais, les droits de contrôle & d'insinuation, qui ne sont que le salaire de la formalité donnée à l'acte, sont irrévocablement acquis au fermier, quelque soit le sort de l'acte pour lequel ils ont été perçûs.

Néanmoins, si le fermier avoit contraint les parties à lui païer des droits d'insinuation pour des legs, nonobstant la nullité dès-lors alléguée du testament, le païement ne seroit réputé que provisoire, & la restitution de ces droits d'insinuation auroit lieu, lorsque la nullité seroit prononcée ; pourvû, comme on vient de le dire, que la demande en restitution fut formée en tems utile. Mais, si les légataires avoient païé volontairement les droits d'insinuation, en requérant la formalité, pour se mettre en état de soûtenir la validité de leurs legs, ces droits seroient acquis au fermier sans retour.

Décision du conseil du 23 Février 1727, qui déboute d'une demande en restitution des droits de contrôle & d'insinuation païés

pour un testament annullé depuis le païement desdits droits.

Autre décision du 17 Novembre 1731, au sujet d'un testament annullé par arrêt, depuis le païement des droits ; qui ordonne la restitution du droit de centième denier seulement, & déboute les parties de leur demande à l'égard des droits de contrôle & d'insinuation.

Autre décision du conseil du 7 Mars 1739, au sujet d'une donation annullée, par raport au décès du donateur arrivé dans les quatre mois de l'acte ; décidé qu'il n'y a pas lieu à la restitution du droit d'insinuation.

Par autre du 13 Novembre 1745, Loüis Bunel a été débouté de sa demande en restitution des droits de contrôle & d'insinuation du testament du sieur Cointreau, contenant un legs universel qu'il avoit fait annuller par un jugement, lequel condamnoit le légataire à lui rendre compte de la succession comme héritier.

Décision du 21 Janvier 1747, qui déboute le sieur Legrand, exécuteur du testament de sa mère, de sa demande en restitution du droit d'insinuation d'un legs fait par ledit testament, qu'il dit être nul faute de date ; cette décision juge que ce n'est point au fermier à entrer dans la discussion de la validité des actes, & que, quand il n'a reçu que les droits dûs pour la formalité qu'il a donnée, il ne peut être recherché pour la restitution.

Autre du 15 Juin 1752, qui réforme une ordonnance de M. l'intendant de Languedoc, par laquelle le fermier avoit été condamné à restituer les droits de contrôle & d'insinuation, païés pour un inventaire qui a été déclaré nul, à cause de l'incompétence des oficiers qui l'avoient fait ; lequel a été suivi d'un autre inventaire. Décidé que les droits de contrôle & d'insinuation suivant le tarif, ne sont point restituables, le droit de contrôle étant dû, à peine de nullité, dans la quinzaine, &

celui

celui d'infinuation étant le falaire du commis qui repréfente le gréfier des infinuations.

Décifion du 25 Juin 1756, fur mémoire de M. de Champeron, qui ordonne la reftitution des droits d'infinuation éxigés par le fermier pour une fubftitution, attendu que, par une tranfaction antérieure au païement, tous les apellés ont renoncé à cette fubftitution, conformément à l'article 28 du titre 1er de l'ordonnance de 1747, & que par conféquent, la fubftitution étoit caduque avant que le fermier eût demandé les droits.

§. III. *Actes & jugemens qui prononcent la nullité d'autres actes.*

L'article 9 du tarif du 29 Septembre 1722, porte que, pour les actes & jugemens qui auront caffé, annullé ou fait main-levée des actes mentionnés aux articles précédens, il fera païé moitié des droits d'infinuation fixés pour lefdits actes.

Les actes mentionnés aux articles précédens, font les donations entre-vifs, ou à caufe de mort ; les teftamens ; les dons mutuels ; les fubftitutions ; les exhérédations ; les féparations de biens, de corps, ou d'habitation ; les exclufions de communauté entre mari & femme ; & les interdictions de prodigues & gens en démence.

Les jugemens qui portent main-levée des interdictions, font affujétis à l'infinuation par l'article 5 de l'édit du mois de Décembre 1703.

Ceux qui déclarent nulles les exhérédations, doivent être infinués au gréfe du lieu du domicile de celui qui avoit fait l'exhérédation : art. 6 de l'édit du mois de Décembre 1703. Voïez *Exhérédation*, tom. 2, pag. 338.

Et ceux qui annullent les donations & dons mutuels, & les fubftitutions, tant au lieu du domicile des donateurs, qu'à

Tome III.

celui de la fituation des biens. Art. 6 & 9 de l'édit du mois de Décembre 1703.

Décifion du confeil du 18 Août 1731, fur mémoire de Touffaint Bouret, qui juge que, pour la révocation d'une fubftitution, il eft dû la moitié du droit d'infinuation païé pour cette fubftitution.

Autre décifion du confeil du 29 Novembre 1738, contre le fieur Gautier de Saint Bazille, qui juge qu'une fentence qui caffe deux donations d'immeubles, doit être infinuée où la donation l'a été, & qu'il eft dû la moitié de tout ce qui a été païé pour la donation.

Du 14 Février 1739, autre décifion qui confirme celle du 29 Novembre 1738, ci-deffus, & déboute de la demande en reftitution des droits, attendu qu'il n'a été païé, pour la fentence, que la moitié des droits d'infinuation & de centième denier païés pour la donation.

Autre décifion du 20 Mai 1741, qui juge qu'un acte, par lequel la véuve Naple a annullé une fubftitution qu'elle avoit faite par une donation, doit être infinué, en païant la moitié des droits païés pour le premier acte.

Décifion du 23 Novembre 1748, contre la demoifelle Fournier : elle avoit fait une donation de meubles & immeubles à fa fœur en 1746, fous la condition d'une rente viagère ; en infinuant cette donation, il ne fut perçû que le droit d'infinuation fuivant le tarif, fous la réferve du droit de centième denier des immeubles ; la donatrice aïant pris des lettres de refcifion, les deux fœurs fe font défiftées de la donation en 1747. Et, fur la demande du fermier de deux droits de centième denier, l'un pour la donation, & l'autre pour le défiftement qui opère une rétroceffion en faveur de la donatrice, il a été jugé que ces deux droits font dûs, & que, pour le dernier acte, il eft dû en outre la moitié du droit d'infinuation perçû pour la donation.

K

Nullité.

Autre décision du 25 Juin 1756, sur mémoire de M. de Champeron, qui ordonne la restitution des droits d'infinuation éxigés pour une substitution devenuë caduque. (*Voïez* §. II, ci-dessus) ; cette décision juge en même-tems que , pour la transaction qui a anéanti la substitution par la renonciation de ceux qui étoient apellés, il est dû la moitié du droit d'infinuation perçu pour la substitution.

Il est certain que les actes & jugemens qui ont cassé, annullé , ou fait main-levée des donations , substitutions &c. doivent être infinués dans tous les lieux où les actes annullés l'ont été ; parce qu'il est nécessaire que l'acte qui annulle devienne aussi public que l'acte annullé ; mais , il n'est pas juste de faire païer , pour les derniers actes , la moitié des droits de centième denier païés pour les premiers.

Si la nullité est prononcée pour cause vicieuse & inhérente , elle anéantit l'acte ; & pour un pareil jugement qui , loin d'opérer une mutation , juge au contraire qu'il n'y en a cû aucune , il ne peut être dû de droits réels ; il n'est dû qu'un droit de forme , c'est-à-dire , un droit d'infinuation suivant le tarif , en le proportionnant en chaque bureau où le jugement sera infinué à ce qui est réglé par l'article 9 du tarif ; de manière que , dans aucun bureau , le droit ne puisse excéder 25 liv. qui est la moitié du plus fort droit d'infinuation.

Lorsque , pour l'infinuation d'une donation annullée , il a été perçu , dans un bureau , 20 liv. suivant le tarif , & 30 liv.

pour droit de centième denier , il est dû , dans le même bureau , 25 liv. pour droit d'infinuation du jugement qui a cassé ou annullé cette donation ; & c'est dans ce sens, que l'on doit entendre les décisions qui portent que , pour les jugemens , il est dû la moitié des droits d'infinuation suivant le tarif & de centième denier , qui ont été païés pour l'acte annullé. Mais , lorsque , dans le bureau où l'on fait infinuer le jugement , il n'avoit été païé qu'un droit de centième denier de 30 liv. pour la donation , il n'est dû que 15 liv. pour l'infinuation du jugement ; & de même , à proportion de l'objet de l'acte annullé , fans pouvoir excéder 25 liv. pour chaque infinuation du jugement qui a prononcé la nullité.

Si , au contraire , le jugement est moins fondé sur une nullité radicale , que sur le consentement exprès ou tacite des parties, qui pouvoient faire valider la donation , il y aura alors rétrocession , & le droit de centième denier des immeubles sera dû en entier , indépendamment de la moitié des droits d'infinuation , suivant le tarif , perçus pour la donation. Voïez *Résolution* & *Rétrocession.*

§. IV. *Actes refaits de nouveau pour cause de nullité ou d'omissions dans les premiers.*

Voïez ci-devant , *Actes nuls & refaits,* tom. 1 , pag. 25.

O.

BLIGATION est un acte par lequel on s'engage de païer une somme, ou de faire quelque chose ; il y a des obligations simples, c'est-à-dire, faites par une seule partie, qui peut être contrainte à l'éxécution de son engagement ; & il y a des obligations réciproques, comme les marchés & autres actes synallagmatiques ; il ne s'agit ici que des obligations ou promesses de païer une somme, parce qu'il a été parlé des autres actes obligatoires sous leur dénomination particulière.

L'article 64 du tarif du 29 Septembre 1722, porte que, pour les obligations où les sommes seront désignées, le droit de contrôle sera perçù sur le pié réglé par l'article 3 du même tarif & que, pour celles où elles ne le seront pas, il sera perçù sur le pié de l'art. 4.

Les billets sont des obligations sous-signature privée. Voïez *Billets*.

OBLIGATIONS *à la grosse avanture*, & *celles pour retour de voïage*, reçues par les notaires, censaux, courtiers, agens de change, gréfiers des amirautés, ceux des jurisdictions consulaires, ou autres qui sont en usage de les recevoir, sont sujétes au contrôle ; & le droit est fixé par l'article 7 du tarif du 29 Septembre 1722, pour chaque acte, & pour chacun des donnans à la grosse, ou prenans à retour de voïage, sur le pié des sommes principales ou valeur des choses données. Il faut voir cet article pour la fixation des droits, qui est moindre que celui dû pour les autres obligations.

OBLIGATIONS *à la grosse, pour le compte du Roi :* l'art 9 du tarif du contrôle du 29 Septembre 1722, porte que, pour les obligations à la grosse avanture ou pour retour de voïage, faites pour le compte de S. M., par les intendans & commissaires pour les fournitures concernant la marine, il ne sera païé que la moitié des droits fixés par l'art. 7.

OBLIGATIONS *pour prêt de sel, dans les greniers à sel*, devoient être reçues par les notaires ; il étoit défendu aux gréfiers des greniers à sel de les recevoir à leur préjudice, à peine de nullité & de 200 d'amende. Art. 8 de la déclaration du 20 Avril 1694, & art. 1, de celle du 14 Juillet 1699.

Le droit de contrôle de ces obligations avoit été fixé beancoup au-dessous de celui des autres obligations, par arrêt du 28 Mai 1693, par l'art. 1er de la déclaration du 14 Juillet 1699, & par l'art. 101 du tarif du 20 Mars 1708.

Il avoit été ordonné, par l'article 1er de la déclaration du 14 Juillet 1699, que toutes les obligations pour prêt de sel, passées en un même jour, par un même notaire, seroient enregistrées en gros dans un seul article au contrôle.

Par arrêt du conseil du 28 Juin 1701,

K ij

il fut ordonné qu'il ne feroit fait aucun prêt de fel par les receveurs des greniers que fur des obligations paffées par devant notaires, ou fur de fimples promeffes des particuliers, dont lefdits receveurs demeureroient garants & refponfables, avec défenfes aux oficiers des greniers à fel, de délivrer aucuns actes judiciaires portant obligation ou foumiffion pour prêt de fel.

Le prêt de fel a été fuprimé par la déclaration du Roi du 3 Mars 1711, au moïen de quoi il ne fe fait plus de ces obligations ; & en conféquence, elles n'ont point été comprifes dans le tarif de 1722.

OCLAGE eft une ftipulation ordinaire par contrat de mariage, dans la coûtume d'Aunis ; elle confifte à donner droit à la femme furvivante de prendre, fur les biens du mari, une certaine fomme, qui eft fixée à la moitié de ce qu'elle aporte en mariage ; c'eft un gain de furvie, qui n'eft acquis aux enfans que quand la femme a furvécu à fon mari, & qui ne peut avoir lieu fans ftipulation expreffe ; il faut même pour l'éxercer, que la femme renonce à la communauté.

Ce n'a été qu'au mois de Mai 1722, que l'on a commencé à infinuer & à percevoir le droit d'infinuation de cette efpéce de gain de furvie.

Par décifion du confeil du 22 Septembre 1736, il a été jugé que le droit d'infinuation en eft dû, & qu'il doit continuer d'être perçu ; fans néanmoins que le fermier puiffe le demander pour les actes antérieurs au mois de Mai 1722.

Les règles établies pour les contrats de mariage, qui contiennent des gains de furvie, font communes à l'oclage ; voïez *Contrat de mariage*, §. 14, tome 1er pag. 522 ; & *Gains de furvie*, tom. 2, pag. 457.

OCTROIS, font des droits & revenus accordés par le Roi à plufieurs villes, pour fatisfaire aux charges municipales.

Les baux & adjudications des biens & revenus communs, patrimoniaux & d'octroi, des villes & communautés, doivent être contrôlés & les droits païés dans la quinzaine de leur date, à l'exception des adjudications qui font faites devant Mrs les intendans ; voïez *Adjudications* & *Baux*, tom. 1er pag. 93 & 286.

La première moitié des octrois & deniers communs des villes & communautés du roïaume apartient au Roi, & elle eft comprife dans les baux des fermes, au chapitre des aides. *Voïez* l'article 431 du bail de Forceville du 16 Septembre 1738, portant qu'il jouïra de cette première moitié, conformément à l'ordonnance du mois de Juillet 1681, & comme en ont jouï ou dû jouïr les précédens fermiers ; en ce non compris les deniers patrimoniaux.

Il a été prefcrit des règles pour les baux de ces octrois & pour prévenir qu'il ne s'y introduife des abus contraires aux intérêts du Roi ; voïez l'arrêt du 24 Juin 1759, qui caffe & annulle le bail des octrois de la ville de Brives en la généralité de Limoges, comme fimulé ; & ordonne qu'il en fera fait une nouvelle adjudication devant les tréforiers de France de Limoges, en préfence du directeur prépofé par l'adjudicataire des fermes, ou lui dûment apellé.

OFFRES ; l'article 66 du tarif du 29 Septembre 1722, fixe à 10 fols le droit de contrôle des offres pures & fimples, qui ne contiennent que refus de recevoir ou proteftation, fans aucune autre difpofition.

Si la fomme offerte eft dépofée, fur le refus du créancier de la recevoir ; voïez *Confignation*, tom. 1, p. 480; & *dépôt d'efpéces*, tom. 3, page 47.

Les offres faites par le miniftère d'huiffiers & fergens, ne font fujétes qu'au contrôle des exploits, à moins qu'il n'y ait quitance, auquel cas cette quitance donnée par la partie, eft fujéte au contrôle des actes, indépendamment du contrôle des exploits.

Celles faites par les notaires font fujétes, tant au contrôle des actes, qu'à celui des exploits. *Voïez* Notaires, §. XXII.

OFFRES *fuivies de païement*, portant quitance par le même acte, foit qu'elles foient reçuës par les notaires, gréfiers, huiffiers ou autres perfonnes publiques, doivent être contrôlées aux actes, conformément à l'article 65 du tarif du 29 Septembre 1722, qui en fixe le droit fur le pié de l'article 3 du même tarif & fur la fomme païée.

Arrêt du confeil du 3 Septembre 1720, qui déclare fujet au contrôle des actes un exploit d'offre de rembourfement, fuivi d'acceptation, ainfi que tous autres exploits qui pourront être faits à l'avenir, contenant offres fuivies de païement & quitance; enjoint à toutes parties & aux huiffiers qui feront de pareils exploits d'offres, contenant acceptation, païement & quitance, de les faire contrôler au bureau du contrôle des actes, & d'en païer les droits en mêmetems qu'ils les feront contrôler au contrôle des exploits, fi les deux contrôles font dans le même bureau; &, lorfqu'il y aura deux bureaux diférens, dans la quinzaine au plus tard, à peine de nullité & de 200 livres d'amende, tant contre les huiffiers, que contre les parties qui s'en ferviront.

Par décifion du confeil du 12 Août 1725, les huiffiers de la ville de Paris ont été déboutés de leur opofition à l'éxécution de l'arrêt du 3 Septembre 1720; & il leur a été enjoint de s'y conformer.

Les jugemens portant acte des offres, & acceptation d'icelles, font également fujets au contrôle des actes, lorfqu'ils contiennent la quitance de l'acceptant, parce que cette quitance eft volontaire & de nature à être paffée devant notaires. Décifion du confeil du 15 Décembre 1731. *Voyez Actes volontaires*, tom. 1, p. 82 & fuivantes.

Décifion du confeil du 1er Septembre 1735, qui juge qu'un acte fait par un notaire contenant offres fuivies de païement,

eft fujet au contrôle des exploits, indépendamment du contrôle des actes.

OFFRES *de fe libérer d'obligations contractées par des actes*, ne peuvent être faites, fi lefdits actes ne font préalablement contrôlés. Voïez *Actes fous-fignature privée*, où l'on a raporté les principes, fuivant lefquels on ne peut faire aucun exploit ni acte, en vertu defdits actes fousfignature privée, s'ils n'ont été préalablement contrôlés.

Arrêt du confeil du 17 Septembre 1720, qui confirme une ordonnance de M. l'intendant de la Rochelle, par laquelle le fieur Dabadie, commiffaire de la marine à Rochefort, avoit été condamné en 500 livres d'amende, pour n'avoir pas fait contrôler un contrat de vente paffé à Leogane, côte de Saint Domingue, avant que de s'en fervir à la Rochelle, comme procureur fondé des acquéreurs, en faifant faire au vendeur une offre du prix de l'acquifition. Il difoit n'avoir fait qu'un fervice d'ami, que d'ailleurs un débiteur, qui veut fe libérer, n'eft pas tenu de faire contrôler l'acte en conféquence duquel il eft débiteur. L'arrêt, en confirmant l'ordonnance pour l'amende prononcée, condamne en outre le fieur Dabadie au païement du droit de contrôle du contrat de vente.

Par arrêts des 15 Juillet & 9 Décembre 1721, une partie, fon procureur & le juge du marquifat du Blanc, généralité de Bourges, le gréfier & un huiffier ont été condamnés en l'amende, au fujet d'une fommation faite au créancier d'une rente foncière, d'en recevoir le rembourfement en conféquence d'un acte fous-fignature privée de 1695, qui permettoit le rachat de la rente, & pour avoir en conféquence obtenu une fentence qui ordonnoit la confignation du capital.

Arrêt du confeil du 30 Décembre 1721, qui déclare nul un acte de dépôt fait ès mains d'un notaire par un particulier, du prix d'une acquifition qu'il avoit faite par acte fous-fignature privée non contrôlé,

& prononce les amendes encourues.

Par autre arrêt du 25 Août 1722, le conseil a déclaré nulles toutes les procédures faites sur un exploit d'offres de sommes dûes en conséquence d'un marché sous-signature privée non contrôlé, & a prononcé les amendes encouruës par la partie, le procureur, le gréfier & l'huissier.

Il est néanmoins d'observation qu'on ne peut faire l'aplication de ces réglemens, qu'aux offres faites de sommes dûes par un acte finallagmatique, ou fait double, & dont le débiteur soit par conséquent saisi ; car, s'il ne s'agit que d'un billet, on ne peut pas éxiger que le débiteur le fasse contrôler avant que de faire des offres de se libérer, puisqu'il n'est pas saisi de ce billet qui est entre les mains du créancier ; mais, si celui-ci accepte les offres, & qu'en conséquence il donne quitance devant un oficier public, soit notaire, huissier ou autre, le billet doit nécessairement être contrôlé auparavant.

OFICE, est une charge ou une dignité avec fonction publique, dont on est révêtu par l'autorité du Roi. Loüis XII commença d'abord à taxer, les ofices : François I en introduisit ouvertement la vénalité en 1522, par l'établissement d'un bureau des parties casuelles. On distingue les charges des ofices, voïez *Charges*, tom. 1, p. 406. L'on distingue aussi deux sortes d'ofices venaux, les uns domaniaux & les autres casuels ; il en sera parlé après avoir raporté quelques règles sur le titre nécessaire pour éxercer les ofices.

Par arrêt du conseil du 3 Juin 1671, il est fait défenses itératives à tous les sujets du Roi de s'immiscer en l'éxercice d'aucuns ofices roïaux sans *lettres de provisions* ; & à tous juges d'en recevoir par matricule ou autrement, sous les peines portées par les édits & arrêts, qui sont déclarées encouruës contre les contrevenans, en conformité des édits des mois de Mars & Avril 1664.

Arrêt du conseil du 1er Mars 1686, qui ordonne l'éxécution des édits & déclarations des dernier Juin 1653, & mois de Décembre 1656, & des arrêts du conseil des 18 Juin 1638, 9 Septembre 1654, 12 Novembre 1657, 11 Juin 1661, 13 Mai 1662, dernier Avril 1668, 3 Juin 1671 & 21 Janvier 1673; en conséquence ordonne que tous particuliers qui éxercent des ofices roïaux, casuels, héréditaires & domaniaux, de quelque qualité qu'ils puissent être, de judicature, police ou finance, par commission ou simple matricule, seront tenus de prendre des *lettres de provisions ou de ratification* du grand-sceau, en conséquence de la finance qu'ils seront tenus de païer aux revenus casuels du Roi, sur le pié du huitiéme denier, si fait n'a été, ensemble le droit de marc d'or ; faute de quoi, contraints aux peines & amendes portées par lesdits réglemens, & à la restitution des indues joüissances, & lesdits ofices seront taxés vacans aux revenus casuels pour y être levés par toutes sortes de personnes ; & s'ils sont domaniaux, les possesseurs seront déchûs de leur remboursement.

Par arrêt du conseil du 3 Janvier 1688, il a été ordonné que celui du 1er Mars 1686, sera éxécuté, & qu'il sera incessamment pourvû auxdits ofices & autres vacans aux revenus casuels, dans tout le roïaume, à la poursuite des receveurs généraux des finances.

Autre arrêt du conseil du 6 Novembre 1688, portant que, dans trois mois, les propriétaires des gréfes, ofices, parisis, présentations, commissaires aux saisies-réelles, contrôleurs des titres, gardes des petits-sceaux, sergens fiéfés, les propriétaires des sergenteries nobles de Normandie, & tous autres ofices prétendus héréditaires domaniaux, ensemble ceux de police & à la nomination des maires & échevins des villes & communautés, seront tenus de remettre les quitances de finance, lettres de provisions, & autres actes en vertu desquels ils jouissent, par devant M^rs les intendans, pour être ordonné ce qu'il apartiendra, & faute d'y satisfaire, lesdits ofices demeureront vacans & impétrables au profit de S. M.

Par arrêt du conseil du 25 Septembre 1718, il est *défendu* à toutes personnes, de quelqu'état & condition qu'elles soient, *d'éxercer aucuns ofices* de justice, police, finance ou domaniaux, *sans provisions de S. M., ratification ou commission du grand-sceau*, à peine d'interdiction & de privation de gages.

L'arrêt du conseil du 11 Novembre 1724, fait les mêmes défenses, à peine de nullité & de 1000 liv. d'amende, dont les juges qui auront admis à l'éxercice des ofices sans provisions, ratification ou commission, feront solidairement responsables.

OFICES *domaniaux*, sont ceux qui ont été démembrés du domaine, & aliénés par le Roi, à faculté de rachat perpétuel, sans être sujets aux parties casuelles, mais seulement à la revente, de même que les autres biens aliénés du domaine; à ce moïen, ils sont héréditaires comme des héritages, sans païer finance ni prendre de provisions du Roi; tels sont les tabellionnages, & quelques gréfes dont la distinction a été faite à l'article. *Gréfe*, §. I, tom. 2, pag. 463.

Ce ne sont point de simples commissions attachées à la personne, mais de véritables domaines aliénés, qu'on possède en propriété: ce sont des immeubles à tous égards, qui se règlent en tout & par tout comme les héritages; ils n'impriment point au propriétaire la qualité d'oficier, & ne sont point inhérens à la personne; ils ne vacquent point par mort, & ne se perdent point par forfaiture; toutes personnes sont capables de les posséder, soit hommes, femmes, filles ou enfans; on en fait des

baux; on les vend par décret, & l'on en transfère la propriété à qui l'on veut, sans le consentement du Roi; l'acquéreur ne prend point de provisions, parce que le Roi n'y a plus de droit; & il n'en peut être dépossédé que par revente, comme des autres biens domaniaux: mais il faut que le nouveau propriétaire obtienne des lettres de ratification, & que celui qui est chargé de l'éxercice y soit autorisé par une commission du grand-sceau.

Par déclaration du Roi du 28 Janvier 1651, il fut ordonné qu'il seroit procédé à la vente & revente des ofices & droits domaniaux, ci-devant aliénés à faculté de rachat; & le Roi ordonna, par une autre déclaration du 20 Août 1657, qu'il seroit procédé à la vente & revente des domaines, ofices domaniaux & héréditaires, soit qu'ils fussent de police ou non, & à la revente de ceux déja vendus ou engagés.

Les ofices domaniaux vendus par le Roi à faculté de rachat perpétuel, & les ofices créés héréditaires, dont l'hérédité n'a point été révoquée, ne sont point sujets à la paulette.

Les *gréfes domaniaux* sont sujets à retrait en Normandie, où ils sont héréditaires. Basn. sur l'article 452 de la coûtume; arrêts des 22 Février 1676 & 2 Mai 1684. Journ. des aud., tom. 4, liv. 1, ch. 1; mais en général, les ofices, même domaniaux, ne sont point sujets au retrait lignager, parce qu'ils consistent en une fonction incorporelle, & que le retrait n'a lieu que sur les choses corporelles. Duplessis, ch. 5; Auz. sur Paris 149; arrêt du 31 Août 1585. Choppin sur Anjou, lib. 2, part. 2, cap. 2, tit. 3, n. 21; Ricard sur Paris 144 & 148, & Brodeau sur Paris 148, n. 3.

Les ofices domaniaux étant immeubles, & aïant tous les attributs des immeubles réels, sont sujets aux mêmes droits que ceux-ci, & par conséquent au droit de *centième denier*, dans tous les cas où les règiemens y ont affujéti les mutations d'immeubles.

Décifion du confeil du 6 Mars 1736, fur mémoire des adminiftrateurs des cent filles orphelines de la miféricorde, établies au fauxbourg Saint Marcel, à Paris, donataires de portions de diférens gréfes : l'un triennal de la mairie de Troyes ; l'autre triennal de la vicomté d'Orbec ; & le troifième, parifis, de Vernon. Cette décifion juge que le droit de centième denier eft dû de ces portions de gréfes, à caufe de la donation qui en a été faite.

Par autre décifion du confeil du 6 Mai 1747, rendue contre M. de Beringhem, il a été jugé qu'il devoit païer le droit de centième denier des gréfes domaniaux des bailliages de Châlons & de Mâcon.

Le fieur Cheveru, & le fieur abbé Regnier ont été condamnés, par une autre décifion du 23 Novembre 1748, à païer le droit de centième denier de diférens gréfes domaniaux de la ville d'Auxerre, à caufe de l'acquifition qu'ils en avoient faite quinze années auparavant.

Le fermier aïant demandé à mad. de Menars le droit de centième denier de fon acquifition des gréfes du parlement de Roüen & des bailliages de Vire & de Falaife, elle a foûtenu que ces gréfes ne font pas domaniaux ; aïant été condamnée au païement du droit, par ordonnances de Mrs les intendans de Roüen & d'Alençon, elle s'eft pourvûe au confeil, où il a été ordonné le 5 Juillet 1755, qu'elle raporteroit les anciens titres de propriété de ces gréfes, pour en connaitre la nature ; & comme il a été reconnu que ces gréfes font domaniaux, & qu'ils avoient été aliénés du domaine en 1618, il eft intervenu une décifion du confeil le 1er Juin 1756, qui a confirmé les ordonnances dont mad. de Menars étoit apellante.

Décifion du confeil du 5 Août 1756, qui confirme une ordonnance de M. l'intendant de Roüen, par laquelle le fieur Botel,

lieutenant particulier au bailliage de Roüen, a été condamné au païement du droit de centième denier, de l'acquifition par lui faite en 1734 du gréfe de la maitrife des eaux & forêts de Roüen.

Voyez encore *Immeubles*, tom. 2, p. 522.

O F I C E S *cafuels*, font ceux dont les oficiers ne font pourvûs qu'à vie par le Roi ; ces ofices font attachés à la perfonne du titulaire qui a obtenu des provifions ; l'on dit, *qui a obtenu des provifions*, parce que le contrat de vente & la procuration *ad refignandum*, ne tranfmettent point la propriété de ces ofices : tout ce qu'ils opèrent, c'eft la remife de l'ofice entre les mains du Roi, qui en eft le vrai & feul propriétaire ; ce font les provifions qui donnent le caractère, le titre & la fonction ; enforte que la propriété eft cenfée réfider en la perfonne de celui qui eft pourvû.

Ces ofices retournent au Roi, lorfque le titulaire eft mort fans avoir réfigné, ou fans avoir païé le prêt & la paulette, fi l'ofice y eft fujet ; mais, par ce païement, il tranfmet l'ofice à fes héritiers ; & s'il le réfigne & qu'il meure dans les 40 jours qui fuivent fa réfignation, l'ofice n'eft pas perdu.

Les ofices cafuels ne font immeubles que par fiction, & par conféquent, ils ne font point fujets au droit de centième denier.

Voyez encore *Procuration* ad refignandum ; & *Traité* d'ofices.

O F I C E S *municipaux*, font ceux dénommés à l'article *Maires*, tom. 2, p. 638.

Leurs nominations font fujétes au contrôle ; *voïez* ci-devant *Nomination*, p. 21.

A l'égard de leurs priviléges, voïez, *Capitouls* & *Maires*.

OPOSITION *en matière eccléfiaftique*. Les opofitions & interpellations que les parties font faire, pour la confervation de leurs droits, aux patrons, aux élifans, collateurs & collatrices, font fujétes au contrôle des actes, & le droit en eft fixé à 5 liv. par l'article 1er du tarif du 29 Septembre 1722, & par l'article 4 de
l'arrêt

l'arrêt de règlement du 30 Août 1740.

Les opofitions aux prifes de poffeffion de bénéfices, & les actes de refus d'ouvrir les portes pour prendre poffeffion ou autrement, font également fujets au contrôle des actes ; & le droit en eft fixé à 1 liv. par la troifième fection de l'article 1er du tarif de 1722, & par l'article 6 de l'arrêt du 30 Août 1740.

A l'égard du contrôle aux exploits de ces différentes opofitions, *voïez* ce qui a été dit, verb. *Notification en matière eccléfiaftique.*

OPOSITIONS en *matière laïque* ; l'art. 68 du tarif du 29 Septembre 1722, fixe à 10 f. le droit de contrôle des opofitions à la célébration des mariages & autres, en matière laïque, pour quelque caufe que ce foit.

Ces opofitions, faites par des notaires, font, en outre, fujétes au contrôle des exploits. *Voïez* Notaires, §. XXII.

OPOSITIONS *aux fcellés, inventaires, ventes* &c. ; l'article 67 du tarif du 29 Septembre 1722, porte que, pour les epofitions aux inventaires, ventes ou adjudications de meubles, faites par notaires, gréfiers ou autres qui en ont la faculté, foit qu'elles foient inférées dans les inventaires & ventes, ou qu'elles foient faites par acte particulier, il fera païé, outre le droit de contrôle dû pour lefdits inventaires & ventes, autant de droits de 10 f. qu'il y aura d'opofitions.

Cet article eft conforme à ce qui avoit été ordonné par l'article 1er de la déclaration du 14 Juillet 1699, par l'article 78 du tarif de 1706, & par l'article 106 de celui du 20 Mars 1708.

Décifion du confeil du 23 Mars 1752, au fujet d'opofitions formées aux fcellés apofés par les commiffaires-enquêteurs de Melun, & inférées dans l'acte d'apofition de fcellés, pour raifon defquelles opofitions le commis prétendoit le droit de contrôle. Décidé que l'article 67 du tarif n'eft

Tome III.

point aplicable à ces opofitions, parce qu'étant reçûës par les commiffaires-enquêteurs, ce font des actes judiciaires.

Si l'apofition de fcellés n'eft pas fujéte au contrôle, l'opofition qui s'y trouve inférée, n'y doit pas être affujétie ; &, pour connaître quelles font les apofitions de fcellés fujétes au contrôle, *voïez* le tom. 1, pag. 211, col. 2.

OPOSITIONS *aux ordonnances de M^rs les intendans*, ne peuvent être admifes, lorfque les ordonnances font renduës contradictoirement ; il n'y a que la voie de fe pourvoir par apel au confeil. Ce principe, conforme aux règles établies & obfervées dans tous les tribunaux, a été rapellé à M. l'intendant d'Alençon, par une lettre de M. Chauvelin, intendant des finances, du 9 Avril 1753.

Les ordonnances de M^rs les intendans doivent être éxécutées par provifion, nonobftant toutes opofitions ou apellations quelconques ; *voïez*, tom. 1, pag. 222 ; & ci-après, *Ordonnances.*

OPOSITION ; *tierces opofitions* à des fentences ou à des arrêts de cours fouveraines, font les opofitions formées à des fentences, jugemens ou arrêts, par des perfonnes qui n'y font point dénommées comme parties, & qui ont pour objet de faire changer les difpofitions de ces jugemens qui leur font préjudiciables.

Le titre 35 de l'ordonnance du mois d'Avril 1667, fixe les cas dans lefquels on peut fe pourvoir par opofition ou par requête civile contre les jugemens & arrêts.

Il eft ordonné, par l'article 10 du titre 27 de la même ordonnance, que les tiers opofans à l'éxécution des arrêts, qui auront été déboutés de leurs opofitions, feront condamnés en 150 liv. *d'amende ;* & ceux qui feront déboutés des opofitions à l'éxécution des fentences, en 75 liv. ; le tout aplicable, moitié envers le Roi, & moitié envers la partie.

L

Par l'article 3 de la déclaration du 11 Mars 1671, il est enjoint aux cours & aux juges inférieurs, de condamner en l'amende les oposans & tiers oposans qui seront déboutés de leurs opositions, suivant & conformément à l'ordonnance de 1667.

Il fut ordonné, par la même déclaration, que l'on consigneroit une amende avant que de se pourvoir par requête civile, & dans plusieurs autres cas; la consignation n'a point été ordonnée pour se pourvoir par tierce oposition; mais, celui qui succombe doit être condamné en l'amende, & il peut être contraint au païement de cette amende, quand bien même le jugement qui l'a débouté ne prononceroit aucune amende.

L'article 5 de la déclaration de 1671, porte que, de quelque manière qu'il soit prononcé, quand les pourfuivans succomberont dans leurs requêtes civiles, inscriptions de faux, ou *opofitions*, soit par débouté, sans avoir égard, sans s'arrêter, ou hors de cour, même en cas d'acquiescement, l'amende sera acquise au Roi, sans que les cours & juges en puissent ordonner la remise ou modération.

Par arrêt du conseil du 7 Août 1684, il est ordonné qu'ès arrêts du conseil dans lesquels les sommes que les condamnés aux amendes seront tenus de païer, ne seront pas exprimées, les redevables seront contraints au païement desdites amendes, sur le pié de ce qui est porté par l'ordonnance; savoir, les tiers oposans (au conseil), 200 liv. envers S. M., & 100 liv. envers la partie. *Voïez* le règlement de 1738, ci-après.

Le parlement de Paris a confirmé le 12 Mars 1698, une sentence de la chambre du domaine, par laquelle des tiers oposans à un arrêt de la même cour, avoient été condamnés au païement de l'amende portée par l'ordonnance de 1667, quoique cette amende n'eût pas été prononcée

par l'arrêt qui les avoit déboutés de leur tierce opofition.

L'arrêt du conseil du 3 Septembre 1698, raporté à la page 363 du 1er volume, porte que les oposans au conseil, qui n'obtiendront pas leurs fins & conclufions, seront tenus de païer l'amende, quoique non prononcée.

Décifion du conseil du 31 Juillet 1742, contre M. de Faverolles, correcteur en la chambre des comptes de Paris: il se plaignoit de ce que le fermier des domaines lui demandoit le païement d'une amende de 150 livres, avec les 2 f. 8 d. pour liv. & droit de quitance, sous prétexte qu'il avoit été débouté d'une tierce opofition formée à un arrêt du parlement de Paris, rendu en faveur des gréfiers à la peau du châtelet de Paris; il soûtenoit que les peines ne se supléent point, & que, l'arrêt n'aïant point prononcé d'amende, l'on ne pouvoit en éxiger aucune, d'autant plus même qu'il n'avoit point fait de mauvaise contestation, & que les dépens avoient été compensés; décidé qu'*il y a lieu à l'amende*, & que *le fermier peut s'en faire païer*.

L'article 7 du titre 10 de la première partie du règlement du conseil du 28 Juin 1738, porte que les tiers oposans qui succomberont dans leurs opositions, seront condamnés en 150 liv. d'amende, moitié envers le Roi, & moitié envers la partie; laquelle amende poura même être augmentée, lorsque le conseil le jugera à propos.

Ces amendes doivent être païées entre les mains des commis du fermier des domaines, avec les 2 f. 8 d. pour liv. en outre, & le droit de quitance. Voïez *Droits-réservés*, §. VI, tom. 2 p. 257.

ORANGE, ville de France, capitale d'une principauté du même nom, qui a eu long-tems ses princes particuliers; son étenduë est d'environ quatre lieuës de longueur, sur deux de largeur: on lui donne plus d'étenduë dans le Dict. des arrêts;

mais, je parle d'après les mémoires du parlement de Grenoble, inférés dans l'arrêt du conseil du 23 Avril 1715, revêtu de lettres patentes du 29 du même mois, concernant les priviléges des oficiers du parlement. Cette principauté a dépendu anciennement de la Provence, & elle a été unie à la province du Dauphiné, par édit du mois de Décembre 1714, regiftré au parlement de Grenoble le 14 Février 1715, tant pour le gouvernement militaire, que pour le reffort de la jurifdiction, & le païement des impofitions.

Par arrêt de la chambre des comptes de Dauphiné, du 27 Mai 1583, il fut permis aux fermiers de Meffire comte de Naffeau, prince d'Orange, de faire recette du droit de *péage* dans la baronnie d'Orpiere & autres terres à lui apartenantes en Dauphiné.

La principauté d'Orange apartenoit en 1080 à Gilbert, comte de Provence; Eftephanette, fon arriere-petite-fille, héritière de la principauté d'Orange, la porta dans la maifon de *des Baulx*, en époufant Rémond des Baulx vers la fin du douziéme fiécle; cette feconde branche des feigneurs d'Orange dura deux fiécles: les des Baulx poffédèrent la principauté, conjointement avec les chevaliers de Saint Jean de Jérufalem, chacun par moitié, fous la mouvance du comte de Provence, qui en recevoit les hommages; Charles II, Roi de Sicile & comte de Provence, acquit la moitié des chevaliers de Saint Jean le 22 Octobre 1307, & la remit à Bertrand des Baulx, l'année fuivante. Marie des Baulx, héritière de la principauté, époufa en 1398 Jean de *Chalon*: cette troifième branche des princes d'Orange a duré jufqu'en 1530, que Philbert de Chalon, décédant fans enfans, laiffa la principauté à René de *Naffau*, fon neveu, comme fils de Claude de Chalon, fa fœur, qui avoit époufé Henry, comte de Naffau. René fut tué au fiége de faint Dizier en 1544, n'aïant

point d'enfans; mais, il avoit inftitué pour héritier de fes biens, Guillaume de Naffau, baron de Breda, fon coufin-germain, fils d'un autre Guillaume de Naffau, dit le Vieil, & de Julienne de Stolberg; ce Guillaume, héritier inftitué, fut reconnu par les états généraux de Hollande, chef de la république, dont il avoit été le fondateur; c'étoit le bis-aïeul de Guillaume de Naffau, prince d'Orange, qui, dans la fuite, fut Roi d'Angleterre.

Cette principauté aïant paffé à Fréderic, Roi de Pruffe, après la mort du prince Guillaume, couronné Roi d'Angleterre le 11 Avril 1689, fon fils Fréderic-Guillaume la céda à Loüis XIV en 1713, avec tous fes droits; & cette ceffion fut confirmée par le traité d'Utrecht.

Elle a paffé enfuite à la maifon de Conty; & Loüis XV ordonna, par lettres patentes du mois de Juillet 1718, que M. le prince de Conty continueroit de joüir, en toute propriété, des droits & revenus dépendans de ladite principauté, S. M. fe réfervant feulement le droit d'hommage & de fouveraineté.

Par arrêt du confeil du 9 Janvier 1731, le Roi nomma Mrs Fagon, Dormeffon & de Gaumont, confeillers d'état & intendans des finances, pour, en qualité de commiffaires du confeil, procéder au nom de S. M. à l'acquifition du domaine utile de la principauté d'Orange, & des fiefs, feigneuries, terres & héritages en dépendans, apartenans à M. le prince de Conty; laquelle acquifition feroit faite, moïennant la fomme de feize cent mille livres de prix principal; de laquelle fomme, les intérêts feroient païés fur le pié du denier vingt, jufqu'à l'entier & parfait païement de ladite fomme principale, de quartier en quartier, à M. le prince de Conty, par l'adjudicataire des fermes générales unies. Il paroît néanmoins que la principauté d'Orange n'eft revenüe au Roi, que par un échange du 23 Avril 1731, lequel a été confirmé

L ij

par lettres patentes du mois de Mars 1734, enregistrées en la chambre des comptes de Dauphiné le 26 Mai suivant.

La perception des mêmes droits qui se lèvent dans la province du Dauphiné, au profit du Roi, & qui étoient compris dans le bail général des fermes, fut ordonnée dans la principauté d'Orange, par arrêt & lettres patentes du 29 Mai 1731, enregistrés au parlement de Grenoble le 28 Juin suivant.

Par résultat du conseil dudit jour 29 Mai 1731, le Roi accepta les offres des cautions de Carlier & de Desboves, adjudicataires des fermes unies, pour la réunion à leurs baux successifs de tous lesdits droits, même des domaines & droits domaniaux de la principauté d'Orange & dépendances, compris dans le bail qui en avoit été passé par Loüis-Armand de Bourbon, prince de Conty, le 26 Septembre 1723, à M. Loüis Crozat; en conséquence, S. M. leur fit bail des droits qui se percevoient alors dans ladite principauté, & encore des gabelles, des droits de timbre des papiers & parchemins, de ceux de contrôle des actes & des exploits, insinuation, centième denier, amortissement, franc-fiefs & nouveaux-acquêts, pour être levés & perçûs dans l'étenduë de la principauté, de la même manière qu'ils le sont en Dauphiné, moïennant 83000 liv. par an, dont 43000 liv. pour les domaines & droits y joints, & 40000 liv. pour le surplus; il fut donné, le même jour 29 Mai 1731, un arrêt du conseil, portant qu'en attendant l'expédition, sceau & enregistrement du résultat, lesdits Carlier & Desboves seroient mis en possession de tous lesdits droits; & le 6 Novembre 1731, il fut fait un sous-bail de ces droits à Jacques Borel, pour en joüir jusqu'au 1er Janvier 1738.

Il fut ordonné, par arrêt du conseil du 24 Juillet 1731, que lesdits Carlier & Desboves, adjudicataires des fermes gé-nérales unies, & fermiers des droits & revenus de la principauté d'Orange, païeroient au trésor roïal le prix du bail de cette principauté, nonobstant l'oposition formée par le marquis de Nesle, par acte du 23 Juin 1731; quoi faisant, ils en seroient bien & valablement déchargés.

Par autre arrêt du conseil du 4 Septembre 1731, il fut ordonné qu'il seroit païé une somme de 80000 liv. par an, en conformité de l'arrêt du 9 Janvier précédent, à madame la princesse de Conty & aux prince & princesse ses enfans, en attendant que l'échange de la principauté d'Orange fut consommé, & ce, à compter du 1er Janvier 1731.

L'échange aïant été consommé & confirmé par lettres patentes du mois de Mars 1734, il fut ordonné, par arrêt du conseil du 30 Juillet 1734, qu'à la diligence du procureur général en la chambre des comptes de Dauphiné, les titres & papiers de la principauté seroient transportés aux archives de ladite chambre des comptes, à l'exception des registres des notaires.

Par l'article 540 du bail de Forceville du 16 Septembre 1738, il est dit : »joüira » ledit Forceville des domaines & droits » domaniaux, péages sur les marchandi- » ses, par eau & par terre, & autres » qui se perçoivent dans l'étenduë de la » principauté d'Orange & dépendances, » que nous avons acquis à titre d'échan- » ge, de la maison de Bourbon-Conty, » par contrat du 23 Avril 1731, ensem- » ble des gabelles, droits de formule sur » les parchemins & papiers timbrés, con- » trôle des actes & des exploits, insinua- » tion, centième denier, amortissemens, » franc-fiefs & nouveaux-acquêts; droits » sur les huiles & savons, courtiers-jau- » geurs, inspecteurs aux boucheries & » aux boissons, & autres droits qui ont » lieu dans la province de Dauphiné, » pour être levés & perçûs dans toute

» l'étenduë de ladite principauté d'Oran-
» ge , de la manière qu'ils le font dans la-
» dite province de Dauphiné , conformé-
» ment à l'arrêt & lettres patentes fur ice-
» lui , du 29 Mai 1731 , regiftrés au par-
» lement de Grenoble le 28 Juin de la-
» dite année , & au réfultat du confeil
» dudit jour 29 Mai 1731 , tout ainfi
» qu'en a bien & dûment joui Pierre Car-
» lier , & qu'en jouït actuellement Nico-
» las Defboves , pendant les fix années du
» préfent bail ; favoir , des gabelles ,
» droits fur les huiles & favons , courtiers-
» jaugeurs & infpecteurs aux boucheries
» & aux boiffons , du 1er Octobre 1738 ,
» & des domaines & droits domaniaux ,
» péages , contrôle des actes & des ex-
» ploits , papiers & parchemins timbrés ,
» infinuation , centième denier , amortif-
» femens , franc-fiefs & nouveaux-acquêts,
» du 1er Janvier 1739. Ne poura néan-
» moins ledit Forceville nous demander
» aucune indemnité pour les droits de péa-
» ge qui fe lévent fur le Rhône dans l'é-
» tenduë de ladite principauté , fur les
» marchandifes & denrées qui y paffe-
» ront en vertu de nos paffe-ports ». Le
prix de ce bail fut encore fixé , par l'art.
601 , à 83000 liv. , comme il l'avoit été en
1731.

Les baux fuivans ne parlent que des
gabelles & droits domaniaux de la principauté d'Orange ; il eft de fait certain que ,
nonobftant le réfultat & les lettres patentes
de 1731 , & le bail de 1738 , les droits
de formule , de contrôle & d'infinuation ,
ne font point perçûs dans cette principauté ; je ne puis faire mention du titre qui a
dérogé à ces autorités : j'en ai inutilement
fait la recherche.

Par ordonnance de M. l'intendant de
Grenoble du 30 Juillet 1749 , il eft défendu aux notaires , tabellions & gréfiers
de la principauté d'Orange , de recevoir
ni paffer aucuns actes qu'entre perfonnes
domiciliées , & pour des biens fitués dans
ladite principauté , à peine de nullité defdits actes & de 300 liv. d'amende ; ordonné que lefdits notaires , tabellions &
gréfiers roïaux , feigneuriaux & confulai-
res de ladite principauté , feront tenus de
repréfenter & communiquer au fermier des
domaines du Dauphiné & de ladite principauté , & à fes commis & prépofés toutes les minutes , liaffes , répertoires , ca-
daftres & autres papiers ; & de leur en
laiffer prendre des extraits à la première
requifition , à peine , contre chacun des
refufans , de 300 liv. d'amende.

Le contrôle des actes n'aïant pas lieu
dans la principauté , l'on doit y faire obferver les règles prefcrites en pareil cas.
Voïez *Actes paffés* &c. §. 2 , tom. 1 ,
pag. 80 , & les articles , *Dombes* , *En-
richemont* &c.

ORDONNANCES *de Mrs. les intendans* ; nous avons expliqué , tant à
l'article *Attribution* , que fous la dénomination de chacun des droits qui font l'objet de ce Dictionnaire , ceux dont la connaiffance eft attribuée , en première inftance , à Mrs les intendans , fauf l'apel réfervé
au Roi & à fon confeil. Nous avons dit
auffi qu'en jugeant les conteftations , ils
doivent le faire en conformité des édits ,
déclarations , arrêts & règlemens , fans
nulle modification ; voïez le tom. 1 , pag.
116 & 224.

Les ordonnances de Mrs les intendans
doivent être exécutées provifoirement ,
nonobftant & fans préjudice de l'apel ; l'article 23 de la déclaration du Roi du 9
Mars 1700 , concernant les droits d'amortiffemens & de franc-fiefs , porte que les
opofitions aux demandes feront inftruites
& jugées fommairement par Mrs les intendans & commiffaires départis , & que ce
qui fera par eux ordonné , fera exécuté
nonobftant & fans préjudice de l'apel au
confeil ; voïez encore les arrêts du confeil
des 20 Juillet 1694 , 11 Septembre 1703 ,
& 25 Mai 1710 &c.

L'article 1ᵉʳ du titre 8 de la première partie du règlement de la procédure du conseil du 28 Juin 1738, porte que les apels des ordonnances ou jugemens de Mʳˢ les intendans & commissaires départis, ou autres commissaires du conseil, députés pour juger à la charge de l'apel, ne pouront être relevés au conseil que par lettres, ou par arrêt de soit communiqué ; mais, l'on ne tient pas la main à cette disposition pour les droits qui sont l'objet de ce Dictionnaire, & qui sont de la compétence de Mʳˢ les intendans.

Il est ordonné, par l'article 2, que lesdites ordonnances ou jugemens seront éxécutés par provision, nonobstant l'apel, & qu'il en sera inséré une clause expresse dans les lettres, ou dans l'arrêt qui recevra la partie apellante ; ce qui sera observé, à peine de nullité.

Et, suivant l'article 3, il ne sera reçû aucun apel des ordonnances rendues par les subdélégués, sur les renvois à eux faits par Mʳˢ les intendans ou commissaires départis, sauf aux parties à s'adresser auxdits sieurs intendans ou commissaires départis, pour y être pourvû par eux ainsi qu'il apartiendra.

L'on ne peut se pourvoir devant Mʳˢ les intendans, par oposition, contre leurs ordonnances contradictoires ; voïez ci-devant, *Opositions*, page 81.

On ne peut même règulièrement attaquer ces ordonnances que par la voie d'apel prescrite par l'article 1ᵉʳ du règlement de 1738, raporté ci-dessus ; décisions du conseil des 26 Août 1747, & 3 Février 1748, qui rejettent de simples mémoires, faute d'avoir préalablement fait notifier l'apel.

ORDRES *du Roi* ; nous n'entendons, sous ce titre, que les ordres distinctifs : nous ne parlerons même que de ceux qui jouïssent de quelques priviléges ou éxemtions des droits qui sont l'objet de ce Dictionnaire.

ORDRE *du Saint Esprit* ; Henry III créa, institua & établit un ordre & milice sous le nom & titre du Saint-Esprit, par édit du mois de Décembre 1578.

L'article 65 des statuts de l'ordre, du même mois, porte : » Voulons & enten- » dons que lesdits cardinaux, prélats, » commandeurs & oficiers dudit ordre, » soient ci-après éxemts de contribuer au » ban & arrière-ban de notre roïaume, » & de nous païer aucuns rachats, lods & » ventes, quints & requints, tant des » terres qu'ils vendront, que de celles » qu'ils pourront acheter, relevant de » nous ; sans qu'à l'occasion des coûtumes » de notre roïaume, portant que l'ache- » teur soit tenu de païer le quint-denier » du prix de la vendition du fief, il puisse » être aucune chose querellée ou deman- » dée auxdits cardinaux, prélats, com- » mandeurs & oficiers dudit ordre, ni » pareillement à ceux desquels ils auront » fait lesdites acquisitions ».

Le même souverain ordonna, par édit du mois de Mars 1580, que tous les cardinaux, prélats, commandeurs & oficiers, qui ont été & seront ci-après reçûs & admis audit ordre, seront & demeureront toujours & à perpétuité, francs, quites & éxemts de tous emprunts, subsides, impositions, *péages, travers, passages*, fortifications *&c.*, & qu'ils jouïront entièrement de tous & chacuns les priviléges, franchises, libertés & éxemtions dont jouïssent, doivent & ont accoûtumé jouïr les oficiers domestiques & commensaux de la maison du Roi, nonobstant toutes lettres, ordonnances & mandemens que S. M. & ses successeurs pouroient faire expédier pour la levée des choses susdites, par lesquels il seroit mandé d'y comprendre éxemts & non éxemts, privilégiés & non privilégiés ; » & en outre, de nos » plus ample grace & autorité roïale, » voulons, ordonnons & nous plait qu'ils » soient & demeurent aussi, francs, quites

» & éxempts de nous païer à l'avenir au-
» cuns rachats, fous-rachats, quints, re-
» quints, lods, ventes & autres droits &
» devoirs feigneuriaux, tant des terres &
» *héritages qu'ils vendront & acheteront,*
» que *de ceux qui leur aviendront par*
» *fucceffion, donation ou autrement*, en
» quelque païs & provinces qu'ils foient
» fitués & affis, *tenus & mouvans de*
» *nous*, fans qu'à l'occafion des coûtumes
» de notredit roïaume, portant que le
» vendeur eft tenu de païer le quint de
» la vendition du fief, ou autres au con-
» traire, il puiffe être aucune chofe de-
» mandée auxdits cardinaux, prélats,
» commandeurs & oficiers de notredit
» ordre, ni à ceux de qui ils auront fait
» lefdites acquifitions, à quelques fommes
» de deniers, valeur & eftimation que lef-
» dits droits & devoirs feigneuriaux fe
» puiffent monter, que nous leur avons,
» dès-à-préfent, donnés, quités & re-
» mis, donnons, quitons & remettons
» par cefdites préfentes, pour nous &
» nos fucceffeurs Rois à perpétuité».

Par une déclaration donnée à Roüen le
26 Août 1603, il eft dit que, par l'inftitution de l'ordre, il a été ordonné que
le prévôt, maitre des cérémonies, le
grand-tréforier & le gréfier dudit ordre,
feroient commandeurs; en conféquence,
Henry IV réforme la diftinction qui avoit
été faite à leur égard pour le diner à la
table de S. M. aux jours de cérémonie,
& ordonne qu'en toutes chofes ils joüiront
des mêmes honneurs, avantages & prérogatives que les autres commandeurs de
l'ordre.

M. de Bullion, commandeur & garde
des fceaux de l'ordre du Saint-Efprit, s'é-
tant démis volontairement de cette charge,
obtint, le 28 Février 1637, un brévet
qui le maintenoit en tous les honneurs,
privilèges & droits apartenans à ladite
charge, nonobftant fa démiffion; aïant
acquis par décret la terre & feigneurie de

Mollé, depuis fa démiffion, il obtint enfuite des lettres patentes le 31 Mai 1637,
par lefquelles le Roi, reconnaiffant les
fervices qu'il rendoit à l'état, (comme
fur-intendant des finances) lui continua &
confirma la joüiffance de tous les honneurs,
autorités, prérogatives, prééminences,
privilèges, franchifes, libertés & droits
apartenans à ladite charge; & conformément à iceux le déclara quite & éxemt de
tous lods & ventes, & autres droits feigneuriaux des terres qu'il avoit acquifes, ou pouroit acquérir, même de ceux
de l'adjudication de la terre de Mollé; &
defquels droits, en tant que befoin eft ou
feroit, & fans préjudicier à fondit privilége, S. M. lui fit don & remife par lefdites
lettres patentes.

Par arrêt du confeil du 18 Mars 1643,
la dame de Chaftenay, veuve de M. de
Coligny, chevalier des ordres du Roi, &
le fieur Lambert auquel elle avoit, depuis
fa viduité, vendu des biens moÿans du
Roi en Auxerrois, ont été déchargés du
païement des droits de quint de cette
vente & des pourfuites faites à ce fujet
par le procureur du Roi, en la chambre
du tréfor.

Déclaration de Loüis XIV du 10 Mars
1658, par laquelle, en conféquence des
ftatuts & règlemens de l'ordre, & en interprétant l'article 65 d'iceux, il eft ordonné que les chevaliers, commandeurs
& oficiers dudit ordre, joüiront de l'éxemtion de tous les droits feigneuriaux, rachats, lods & ventes, quints & requints
des terres qu'ils vendront ou acheteront,
tenuës, mouvantes & relevantes du Roi
& du domaine de S. M.; révoquant à
cette fin tous dons qui pouroient avoir été
faits defdits droits, les déclarant nuls &
comme non avenus.

Par arrêt du confeil du 11 Décembre
1668, rendu en faveur du fieur Martineau,
hérault-roi-d'armes des ordres du Roi,
& du fieur Defprés, huiffier des mêmes

ordres, & en confidération de leurs services, ils ont été déchargés d'une affignation
qui leur avoit été donnée devant les commiffaires députés pour la recherche des ufurpateurs de nobleffe, ainfi que des condamnations contr'eux données pour raifon de
la qualité d'écuïer ; il a été fait défenfes
de faire aucunes pourfuites contr'eux à
cet égard ; ce faifant, ils ont été maintenus en ladite qualité d'écuïer ; & il a été
ordonné qu'ils jouïront des priviléges &
éxemtions dont jouïffent les autres gentilshommes du roïaume, tant qu'ils vivront
noblement, & ne feront aucun acte de
dérogeance ; qu'ils feront infcrits & emploïés dans l'état & catalogue des gentilshommes, qui fera arrêté au confeil, &
envoïé dans les bailliages & élections du
roïaume en conféquence du règlement du
22 Mars 1666.

Arrêt du confeil du 18 Août 1682,
qui décharge madame Charlotte Seguier,
veuve de meffire Henry de Bourbon, duc
de Verneuil, chevalier des ordres du Roi,
du rachat qui lui étoit demandé, fuivant
la coûtume de Senlis, pour la terre de
Verneuil que fon mari lui avoit donnée
par contrat de mariage, fous la réferve
d'ufufruit.

Par autre arrêt du confeil du 8 Mai
1696, fans avoir égard à deux arrêts de
la cour des comptes, aides & finances
de Montpellier, dame Ifabeau de Saint
Chamond, veuve de meffire Loüis Car-
daillac de Levy, comte de Bioulle, chevalier commandeur des ordres du Roi, a
été déchargée des droits de quint & requint de la terre de Cambonnez, par elle
venduë au fieur de Roquefont, lequel a
été pareillement déchargé defdits droits ;
en conféquence, il a été fait défenfes au
fieur Dumefnil, qui avoit obtenu du Roi
le don des droits feigneuriaux de cette
vente, & à tous autres, de les troubler
pour raifon de ce.

Arrêt du confeil du 7 Avril 1699, qui

décharge Monfeigneur, comme chevalier
des ordres du Roi, des droits à lui demandés à caufe de la terre de Meudon,
dans la mouvance immédiate de S. M.,
acquife en échange de celle de Choify ;
& qui ordonne que les chevaliers des ordres, les fecrétaires du Roi & autres privilégiés, qui jouïffent de l'éxemtion defdits droits feigneuriaux à l'inftar defdits
fecrétaires de S. M., jouïront de l'éxemtion des droits feigneuriaux, pour les
acquifitions par échange, dans l'étenduë
des directes de S. M., de même que des
autres droits feigneuriaux ; & feront feulement (en conformité de l'arrêt du confeil
du 11 Mars 1682, rendu contre les fecrétaires du Roi) tenus de les païer dans
l'étenduë des directes des feigneurs particuliers.

Arrêt du confeil du 4 Novembre 1709,
en faveur de M. Morizet de la Cour, intendant des ordres du Roi, qui le décharge des demandes qui ont pû ou qui pouroient lui être faites des droits feigneuriaux
de l'acquifition par lui faite de la terre de
Plaifance. Cet arrêt eft fondé fur l'article
54 des ftatuts de l'ordre du Saint-Efprit,
portant que l'intendant jouïra des mêmes
priviléges & éxemtions, franchifes & immunités, que les cardinaux, prélats,
commandeurs & oficiers d'iceux.

Autre arrêt du confeil du 7 Décembre
1709, qui décharge madame la ducheffe
d'Aumont, en qualité de veuve d'un chevalier de l'ordre du Saint-Efprit, du païement des droits de lods & ventes du prix
de l'hôtel d'Aumont à Saint Germain-en-
Laye, dans la cenfive du Roi, tant pour
l'adjudication qui lui en a été faite depuis fa
viduité, que pour la vente qu'elle en a faite
en 1707, au fieur Dumouftier fecrétaire du
Roi, lequel eft pareillement déchargé de la
demande à lui formée de la part de M. le
comte de Mornay, auquel le Roi avoit donné l'ufufruit du domaine de Saint Germain.

L'éxemtion des veuves, qui n'avoit été
prononcée

prononcée que par les arrêts de 1643, 1682, 1696 & 1709, ci-deſſus, donnant lieu à former encore des conteſtations, Loüis XIV réſolût de les faire ceſſer à l'avenir.

En conſéquence, il fut ordonné, par déclaration du Roi du 14 Mars 1711, que les *femmes* des chevaliers, commandeurs & oficiers de l'ordre du Saint-Eſprit, & leurs *veuves*, tant qu'elles demeureront en viduité, joüiront de tous les priviléges, éxemtions & immunités, qui ont été accordés auxdits chevaliers, commandeurs & oficiers, & notamment de ceux portés par les articles 65 & 66 des ſtatuts dudit ordre, ſans qu'il puiſſe être fait aucune diférence ni diſtinction entr'elles & leſdits chevaliers, commandeurs & oficiers leurs maris.

Edit de Loüis XV du mois de Décembre 1725, enregiſtré au parlement de Bretagne le 13 Février 1726, & au parlement de Roüen le 20 Juillet ſuivant.

Autre édit ſemblable du mois de Mars 1727, enregiſtré au parlement, en la chambre des comptes & en la cour des aides de Paris.

L'article 1er de ces édits confirme les privileges, franchiſes, prérogatives & immunités attribués à l'ordre. L'article 2 porte que les princes, cardinaux, prélats, chevaliers, commandeurs & oficiers admis & reçus dans l'ordre du Saint-Eſprit, ſeront & demeureront pour toujours à perpétuité, francs, quites & éxemts de païer au Roi aucuns rachats, ſous-rachats, reliefs, treizièmes, quints, requints, lods & ventes, & tous autres droits ſeigneuriaux généralement quelconques, ſous quelque titre & dénomination qu'ils ſoient exprimés, tant des terres & héritages qu'ils vendront, que de ceux qu'ils acquerront ou qu'ils auront pris ou donnés en échange, ou qui leur aviendront par ſucceſſion, donation, legs ou autrement, en quelque païs & province du roïaume qu'ils

ſoient ſitués, tenus & mouvans du Roi & de ſon domaine, ou cédés & délaiſſés à titre d'engagement ou d'uſufruit ; ſans qu'à quelque occaſion que ce ſoit, ni ſous prétexte des diférentes diſpoſitions des coûtumes du roïaume, il puiſſe être aucune choſe demandée auxdits princes, cardinaux, prélats, chevaliers, commandeurs & oficiers de l'ordre du Saint-Eſprit, ni à ceux de qui ils auront fait leſdites acquiſitions ; ſoit que, ſuivant les coûtumes, leſdits droits ſoient dûs par les vendeurs ou par les acquéreurs. Par l'article 3, il eſt dit qu'ils ſeront francs, quites & éxempts de tous emprunts, ſubſides, impoſitions, péages, travers, paſſages & autres charges publiques &c. Et, par l'article 6, il eſt ordonné que tous les privileges & éxemtions accordés aux chevaliers, commandeurs & oficiers de l'ordre, auront pareillement lieu pour leurs femmes & leurs veuves, tant qu'elles demeureront en viduité, enſemble pour ceux qui auront acquis la vétérance, & ceux auxquels S. M. a accordé ou accordera ſes lettres d'honneur ſcellées du grand-ſceau de l'ordre, leſquels joüiront des mêmes privileges & éxemtions, ſans aucune diférence ni diſtinction.

L'ordre du Saint-Eſprit arrêta, dans ſon chapitre tenu le 1er Janvier 1734, qu'il ſeroit offert au Roi la ſomme d'un million de livres, pour ſubvenir aux dépenſes extraordinaires de la guerre, & que S. M. ſeroit ſupliée de recevoir cette ſomme à titre de confirmation des privileges de l'ordre, & d'éxemtion ou rachat du dixième, dont l'ordre croiroit pouvoir, avec raiſon, prétendre l'éxemtion ; en conſéquence, S. M. donna un édit, à Marly, au mois de Janvier 1734, par l'article 1er duquel, en acceptant les offres de l'ordre, il eſt ordonné que l'édit du mois de Mars 1580, les déclarations des 20 Mars 1658, 17 Décembre 1691, & 14 Octobre 1711, & les édits des mois de Janvier 1720, &

Ordre du S. Esprit.

Mars 1717 &c., seront éxécutés selon leur forme & teneur ; & les revenus de l'ordre furent éxemtés de la retenuë du dixième.

Quoique l'éxemtion des droits seigneuriaux ne soit accordée que pour les acquisitions, ventes & échanges de biens mouvans des terres & seigneuries du domaine, il y a néanmoins eû une longue discussion ès années 1736, 1737 & 1738, sur la prétention de l'ordre du Saint-Esprit, de jouïr de l'éxemtion des droits dûs au Roi, pour les *échanges* de biens situés dans les mouvances des seigneurs particuliers : il s'agissoit d'une demande faite à M. le duc de Rochechouart, chevalier des ordres du Roi, petit-fils & héritier de madame la duchesse de Beauviliers, veuve d'un chevalier des ordres ; les princes, cardinaux, prélats, commandeurs & oficiers de l'ordre, sont intervenus dans l'instance, & il y a eû diférens mémoires imprimés, faits par Mrs Normant & Bargeton avocats, pour soûtenir les privilèges de l'ordre : ils disoient principalement que l'arrêt du conseil du 21 Mars 1682, rendu contre les secrétaires du Roi, & celui du 7 Avril 1699, raporté ci-dessus, ne pouvoient avoir d'aplication qu'aux échanges de biens situés dans les mouvances des seigneurs particuliers qui avoient acquis les droits d'échange, & nullement aux droits dûs pour les échanges de biens mouvans des seigneurs qui n'avoient pas acquis ces droits ; parce qu'alors, lesdits droits étant dûs au Roi, seigneur, médiat ou immédiat de tous les fiefs, les privilégiés devoient jouïr de l'éxemtion qui leur est accordée de tous les droits dûs à S. M. pour les mutations par acquisitions, par vente, par échange ou autrement.

Cette question a été jugée par arrêt du conseil du 23 Décembre 1738, qui ordonne que tous les privilégiés, & notamment les commandeurs & oficiers de l'ordre du Saint-Esprit, seront tenus de païer au profit de S. M. les *droits d'échange* des terres & biens qu'ils ont acquis ou qu'ils acquerront à l'avenir à titre d'échange, dans les directes & mouvances des seigneurs particuliers auxquels lesd. droits d'échange n'auront pas été aliénés.

Les chevaliers, commandeurs & oficiers de l'ordre du Saint-Esprit ont aussi prétendu devoir jouïr de l'éxemtion des droits de *contrôle, insinuation & centième denier* ; mais, il a été jugé qu'ils n'étoient pas fondés dans cette prétention ; décisions du conseil des 30 Septembre 1729 & 26 Septembre 1730.

Ils ont ensuite demandé l'éxemtion des *droits-réservés*, & particulièrement des deux deniers pour livre du prix des biens dont on poursuit le décret volontaire. Il ne parait pas que la question ait été jugée, & il y a lieu de croire qu'on s'est désisté de cette demande, lorsque le fermier des domaines a fait connaître que le conseil avoit jugé le 17 Juin 1736, que cette éxemtion ne pouvoit pas même avoir lieu en faveur de madame la duchesse d'Orléans & de M. le duc d'Orléans, qui l'avoient réclamée. Voïez *Droits-réservés*, tom. 2, p. 236.

Mrs les chevaliers, commandeurs & oficiers de l'ordre du Saint-Esprit, sont nommément déclarés éxemts de tous droits seigneuriaux dûs au Roi, tant pour les acquisitions, que pour les ventes qu'ils font, en toutes coûtumes indistinctement, de biens mouvans de S. M. ; ainsi, il ne peut y avoir aucune dificulté, lorsqu'il s'agit simplement d'une vente ou d'une acquisition.

Mais, il en peut naître dans le cas du retrait éxercé par un chevalier des ordres du Roi, ou sur lui ; il y en a également, lorsqu'un chevalier de l'ordre, qui a acquis une terre, la revend peu après à un particulier non privilégié.

Le retrait lignager éxercé par un chevalier, un commandeur, ou un oficier de l'ordre, ne peut être considéré que comme s'il avoit acquis lui-même immédiatement du vendeur, & par conséquent, l'éxemtion doit avoir lieu en fa faveur, comme il a été obfervé à l'article *Cafuels*, §. 5, n. 8, tom. 1, pag. 378.

Si, au contraire, le retrait eft exercé par un non privilégié fur l'acquifition faite par le chevalier, commandeur, ou autre oficier de l'ordre, les droits font inconteftablement dûs, parce que le retraïant eft fubrogé à l'acquifition, comme s'il avoit contracté directement avec le vendeur; enforte que l'acquifition n'étant pas pour le privilégié, fon éxemtion ne peut plus produire aucun éfet. Le privilége de l'ordre eft une fimple éxemtion de païer les droits; &, pour faire valoir ce privilége après l'exercice du retrait, il faudroit le convertir en une aliénation faite par le Roi, telle que celle qui a été faite, moïennant finance, aux oficiers & aux fecrétaires du Roi de la chancellerie de France, par l'édit du mois de Décembre 1743, portant *don, ceffion & remife*, en leur faveur, des droits feigneuriaux, pour jouïr de l'éfet de ce don, ceffion & remife, foit qu'ils foient retraïans ou convenus en retrait. Or, M^rs les chevaliers, commandeurs & oficiers de l'ordre du Saint-Efprit, n'aïant que l'éxemtion ou immunité du droit en vendant & en achetant, il s'enfuit que, dans l'efpèce propofée, ils ne peuvent invoquer leur privilége, puifqu'ils ne font ni vendeurs ni acquéreurs; *voïez* l'article *Cafuels*, §. 5, n. 9, tom. 1, pag. 378 & fuiv.

Lorfqu'un chevalier de l'ordre a acquis une terre, & qu'il la revend peu après à un non privilégié, peut-on fe prévaloir de l'éxemtion accordée à l'ordre du Saint-Efprit en acquérant & en vendant, pour foûtenir que, dans le cas propofé, il ne fera dû aucuns droits feigneuriaux au domaine du Roi?

Si l'on agite cette queftion, c'eft uniquement par la raifon que tous priviléges quelconques doivent avoir leurs limites, fans quoi ils deviennent abufifs. Pour fe déterminer, il femble qu'il eft indifpenfable de fe fixer à ce qui a été réglé pour les priviléges les plus étendus: ces priviléges font inconteftablement ceux des fecrétaires du Roi de la grande-chancellerie, puifqu'indépendamment de l'éxemtion des droits, il leur a été fait *don, ceffion & remife* defdits droits, dans les cas y exprimés, comme il a été obfervé ci-deffus.

L'article 5 de l'édit du mois de Décembre 1743, après avoir donné à leurs priviléges beaucoup plus d'étendue qu'ils n'avoient auparavant, s'explique dans les termes les plus pofitifs: » Voulons qu'en » cas que lefdits privilégiés viennent à re- » vendre à des non privilégiés les biens » qu'ils auroient acquis d'autres non pri- » vilégiés, dans les cinq ans du jour de » la première acquifition, les receveurs » & les fermiers de notre domaine puiffent » fe faire païer les droits dûs pour raifon » d'une des deux acquifitions, à leur » choix ».

Or, fi les priviléges les plus étendus font limités à ne pouvoir produire que l'éxemtion des droits d'une feule mutation, lorfque le privilégié revend, dans l'intervale de cinq années, les biens qu'il avoit acquis, il s'enfuit à plus forte raifon que les autres priviléges doivent être foumis aux mêmes limites.

Cette queftion s'eft préfentée en Bretagne: M. le prince de Lambefc, légataire univerfel de M. le duc de Coiflin, évêque de Metz, chargé d'acquiter des dettes confidérables, prit des arrangemens avec les créanciers, qui lui accordérent des délais pour être en état de vendre le duché de Coiflin; il en prit auffi avec M. le prince Charles de Lorraine, grandécuïer de France & chevalier des ordres du Roi, dont il étoit le préfomptif héritier: il lui paffa le 20 Août 1741, un contrat de vente des terres compofant le duché

de Coiflin, moïennant 700000 livres ftipulées païables dans trois ans.

M. le prince Charles n'obferva point
les formalités néceffaires pour s'aproprier
& devenir propriétaire incommutable : il
revendit les biens par trois contrats,
& dans le délai de trois années qui lui
étoit accordé ; favoir, la terre de Pont-
château à M. le comte de Menou, le 30
Décembre 1743, moïennant 225000 liv. ;
la baronie de la Rochebernard à M. de
Cucé, préfident au parlement de Bretagne,
le 14 Janvier 1744, moïennant 418000
liv. ; & le marquifat de Coiflin à M. de
Talhouet de Keraveon, le 27 Avril 1744,
moïennant 200000 liv. ; le prix de ces
trois contrats excédoit celui de l'acquifition de 1741 ; mais, il étoit ftipulé que les
acquéreurs ne païeroient point de lods &
ventes, dont le vendeur, chevalier des
ordres du Roi, les difpenfoit.

Le receveur général & le fermier des
domaines firent affigner les acquéreurs au
fiége préfidial de Nantes, pour être condamnés au païement des lods & ventes :
ces acquéreurs apellérent en garantie M.
le prince Charles, qui laiffa prendre défaut contre lui ; il intervint fentence contradictoire avec les acquéreurs le 30 Mars
1748, par laquelle ils furent condamnés
au païement defdits lods & ventes & aux
dépens ; & M. le prince Charles, à les
garantir & indemnifer defdites condamnations en principaux & dépens.

Sur l'apel porté au parlement de Bretagne, M. le prince Charles a dit qu'en fa
qualité de chevalier des ordres du Roi, il
étoit éxempt des droits, tant en acquérant,
qu'en vendant, en toutes coûtumes indiftinctement ; & que, par conféquent, l'on
ne pouvoit demander ces droits, ni pour
l'acquifition qu'il avoit faite de M. le prince de Lambefc, ni pour les ventes par lui
faites enfuite ; qu'on ne peut tirer aucune
conféquence de ce qui a été ordonné à l'é-
gard des fecrétaires du Roi, pour obvier

aux fraudes qu'ils pouroient commettre ;
parcé qu'il y a une grande diférence à
faire entr'eux & Mrs les chevaliers, commandeurs & oficiers de l'ordre du Saint-
Efprit, qui ne peuvent pas même être
foupçonnés de concourir à la fraude ; enfin,
que leur privilége, n'aïant été limité par
aucuns règlemens, doit produire fon éfet,
fans reftriction, pour toutes les acquifitions & ventes qu'ils peuvent faire.

Il eft intervenu arrêt au parlement le
23 Décembre 1749, qui, en réformant
la fentence du préfidial de Nantes, a débouté le receveur général & le fermier des
domaines, de la demande des lods & ventes, & les a condamnés aux dépens.

Le receveur général & le fermier des
domaines fe font pourvûs au confeil, où
ils ont demandé la caffation de l'arrêt du
parlement de Bretagne. Je ne crois pas
qu'il foit intervenu de jugement ; mais, je
fais qu'on leur a dit d'abandonner leur
tentative. Quel en peut être le motif ? ce
fut fans doute la faveur particuliè.e que
méritoit le prince Charles, qui, en cher-
chant à obliger le prince de Lambefc,
n'avoit certainement pas cru rien faire d'il-
légitime : entraîné par fa proximité & par
fon amitié pour le prince de Lambefc, il
s'étoit prêté à l'arrangement, parce qu'il
ignoroit les limites prefcrites aux priviléges qui emportent l'éxemtion des droits
feigneuriaux. Si le confeil avoit trouvé que
la demande en caffation fut mal fondée, il
feroit intervenu un jugement : l'ordre n'auroit pas manqué de le demander, pour s'en
faire un titre ; au lieu que l'affaire reftant
indécife, ce n'eft qu'un droit cafuel perdu
pour ceux qui étoient en droit de le prétendre ; la queftion refte entière, fans
qu'on puiffe fe prévaloir de l'arrêt du parlement de Bretagne, qui, dans cette matière, ne peut être regardé que comme un
fimple préjugé, tant qu'il ne fera pas confirmé par le Roi & par fon confeil, qui,
feuls peuvent expliquer l'étenduë & les

limites des priviléges qu'il plaît à S. M. d'accorder. Examinons donc la queſtion, ſur laquelle nous avons déja ſufiſamment annoncé qu'elle eſt notre opinion.

Loin d'attaquer aucunement les priviléges de l'ordre du Saint-Eſprit, l'on ſait combien eſt reſpectable & digne des bienfaits du Roi, un ordre compoſé des grands du roïaume ; mais, l'on peut dire que les priviléges les plus favorables ne peuvent jamais être étendus au delà d'un uſage légitime : ils ne peuvent jamais avoir lieu contre l'objet qui a déterminé à les accorder. L'objet & les motifs de l'éxemtion des lods & ventes ont été de rendre faciles & avantageuſes aux privilégiés, les acquiſitions de biens mouvans du Roi, dont ils déſirent la propriété ; cet objet & ces motifs n'ont plus lieu, lorſqu'une acquiſition ne ſubſiſte, pour ainſi dire, qu'un moment, & qu'elle eſt ſuivie preſqu'auſſitôt d'une revente ; &, n'étant pas alors poſſible de ſupoſer dans la perſonne de l'acquéreur un déſir ſincère de propriété, il eſt ſenſible qu'il n'a fait qu'interpoſer ſon nom, pour fruſtrer le domaine des lods & ventes qui auroient été dûs, ſi la vente avoit été faite directement à ſceux qui reſtent propriétaires, comme étant les véritables acquéreurs.

Cette interpoſition eſt ſufiſamment prouvée par toutes les circonſtances de l'affaire dont il s'agit : la néceſſité de vendre de la part du prince de Lambeſc, pour acquiter les dettes & les legs de l'évêque de Metz ; la proximité & l'amitié d'entre lui & le prince Charles ; les termes de païement fixés par le contrat de 1741 ; & les reventes faites avant l'échéance de ces termes, ſans que le prince Charles eût rempli les formalités de l'apropriement, pour s'aſſurer la propriété incommutable ; ces circonſtances caractèriſent la ſimulation, & il eſt certain que, toutes les fois qu'il paroit de la ſimulation & de l'abus dans les actes contractés par les privilégiés, ils ne peu-

vent uſer de leurs privilèges ; ce n'eſt plus en faire un uſage légitime, c'eſt en abuſer, & l'abus ne peut jamais être autoriſé. Ce principe de droit commun eſt confirmé par l'autorité ſouveraine, qui a établi, pour règle, que lorſque les privilégiés revendent les biens par eux acquis, avant que de les avoir poſſédés pendant cinq ans, les droits ſeigneuriaux doivent être païés pour l'une des deux mutations ; cette diſpoſition de l'édit de 1743, n'eſt point une loi nouvelle : elle ne fait que répéter ce qui avoit toujours été décidé, lorſque le même abus avoit été reconnu.

Il eſt vrai que cet édit de 1743, ne dénomme que les ſecrétaires du Roi, mais, leur dénomination eſt en cet endroit ſeulement démonſtrative & non limitative. C'eſt une règle générale contre l'abus du privilége, en établiſſant comme un ſigne univoque de fraude, le défaut de poſſeſſion pendant cinq ans d'un héritage acquis par le privilégié, & revendu, dans cet intervale, à des non privilégiés ; ainſi, l'aplication s'en fait aux chevaliers des ordres du Roi, comme aux ſecrétaires du Roi & autres privilégiés.

S'il n'y a point de comparaiſon à faire des naiſſances & des perſonnes, la comparaiſon des priviléges eſt extrèmement juſte ; elle eſt fondée ſur une identité & une conformité inconteſtables ; cette comparaiſon, cette indentité & cette uniformité ſont établies par tous les édits rendus en faveur des chevaliers, commandeurs & oficiers de l'ordre du Saint-Eſprit ; elles ont même été adoptées & reconnuës par le corps entier de l'ordre.

Il eſt inconteſtable que les ſecrétaires du Roi de la grande-chancellerie ont les priviléges les plus étendus qui aient jamais été établis en France ; ils ſont du nombre des commenſaux de la maiſon du Roi ; & l'éxemtion des droits ſeigneuriaux dans les mouvances du Roi, leur fut accordée près d'un ſiécle avant l'inſtitution de l'ordre du

Saint-Efprit ; ce ne font que les mêmes priviléges qui ont été depuis communiqués aux chevaliers, commandeurs & oficiers de l'ordre. Par les ftatuts de 1578, Henry III leur accorda les mêmes & femblables priviléges des oficiers-domeftiques & commenfaux de fa maifon ; cette difpofition fut répétée dans l'édit du mois de Mars 1580. Par arrêt de la chambre des comptes de Paris du 17 Mai 1582, rendu en faveur de M. le duc de Guife, qui demandoit que l'éxemtion des droits feigneuriaux fut inférée dans l'expédition de fon hommage, il fut ordonné que la claufe feroit mife, telle & femblable qu'il eft accoûtumé pour les confeillers-fecrétaires du Roi. M. le maréchal d'Effiat, chevalier des ordres du Roi, qui fut déchargé des droits de confignation, par arrêts du confeil des 16 Octobre 1631, & 15 Mars 1632, ne demanda cette éxemtion que fur le fondement des déclarations & arrêts rendus en faveur des fecrétaires du Roi. L'arrêt du confeil du 8 Mai 1696, obtenu par la veuve d'un chevalier des ordres, pour la décharge des droits feigneuriaux, eft fondé fur la parité des priviléges des fécrétaires du Roi, qui furent invoqués. Il avoit été jugé, par un arrêt du 21 Mars 1682, que les fecrétaires du Roi devoient païer les droits dûs pour les échanges de biens fitués dans les mouvances des feigneurs particuliers ; cette règle a été renduë commune aux chevaliers, commandeurs & oficiers de l'ordre, ainfi qu'à tous autres privilégiés ; l'arrêt du confeil du 7 Avril 1699, rendu au fujet de l'acquifition de la terre de Meudon, faite par Monfeigneur à titre d'échange, porte en termes exprès que les chevaliers des ordres, les fecrétaires du Roi & autres privilégiés *qui jouïffent de l'éxemtion des droits feigneuriaux d'l'inftar des fecrétaires de S. M.*, jouïront de l'éxemtion des droits feigneuriaux, pour les acquifitions par échange dans l'étenduë des directes de S. M., & feront

feulement tenus de les païer dans l'étenduë des directes des feigneurs particuliers ; c'eft à l'occafion des mêmes droits d'échange, que l'identité des priviléges a été foûtenuë fo'emnellement en 1736, par le corps entier de l'ordre du Saint-Efprit, qui, par l'organe de Mrs Normant & Bargeton, célèbres avocats, foûtenoit que l'éxemtion des droits d'échange étoit comprife avec celle de tous droits feigneuriaux dans l'affranchiffement général & abfolu accordé à l'ordre, *à l'inftar de celui qui l'avoit été long-tems auparavant aux fecrétaires du Roi ;* » pour éclaircir cette » queftion, il faut commencer par éxami- » ner fi les chevaliers de l'ordre & les » fecrétaires du Roi, *qui ont le même pri-* » *vilége,* ont dû jouïr de l'éxemtion des » droits d'échange. . . . L'on conviendra » fans doute qu'*à l'égard du privilége, il* » *ne faut faire aucune diférence entre les* » *chevaliers de l'ordre & les fecrétaires* » *du Roi :* ce qui eft contenu dans les » édits faits pour ceux-ci, doit être regar- » dé comme répété dans les édits faits pour » les chevaliers de l'ordre. . . Il faut pré- » fentement éxaminer les édits faits pour » les chevaliers de l'ordre, en rapellant » toujours ce qui a été dit ci-deffus, que » tous les édits faits pour les fecrétaires » du Roi, doivent également leur être » apliqués ». Enfin, dans le cours de cette affaire, l'ordre du Saint-Efprit a toujours invoqué les priviléges accordés aux fecrétaires du Roi, comme devant lui être communs, & ce n'étoit qu'en affimilant fes priviléges à ceux defdits fecrétaires, qu'il prétendoit devoir jouïr de l'éxemtion des droits d'échange. L'arrêt rendu fur cette prétention le 23 Décembre 1738, eft raporté dans le tome 2, page 297 & ci-deffus.

On peut donc, d'après le langage énergique du corps entier de l'ordre, pour réclamer les priviléges des fecrétaires du Roi, lui opofer le même langage, & fe prévaloir avec juftice des limites qui ont été preſcrites à ces priviléges, pour en empêcher l'abus.

2. L'inſtituteur de l'ordre du Saint-Eſprit, qui l'avoit doté de ſix vingt mille écus d'or annuellement, par les articles 8 & 38 des ſtatuts, lui attribua, pour ſatisfaire à cette dotation, par une déclaration du 7 Décembre 1581, le cinquiéme de tous les dons & libéralités excédans 100 écus, qui ſeroient faits par S. M., tant en argent comptant, que des deniers provenans des aubaines & confiſcations, amendes, lods & ventes, rachats, ſous-rachats & autres droits & devoirs ſeigneuriaux. Il concéda auſſi à l'ordre le droit de *marc-d'or*, par une autre déclaration du 7 Décembre 1582 ; le cinquième des dons fut réduit au dixième, par le chapitre tenu en 1592, & par arrêt du conſeil du 1er Octobre 1628.

Il fut créé des receveurs généraux du marc-d'or, par édit du mois d'Août 1628, pour être pourvûs ſur la nomination du grand-tréſorier des ordres du Roi. Ces receveurs aïant été recherchés pour le païement des taxes ordonnées par la déclaration du Roi du mois d'Avril 1635, expédiée en faveur des comptables & autres oficiers de finance, pour la révocation de la chambre de juſtice, obtinrent un arrêt du conſeil le 29 Janvier 1637, qui les déchargea de ces taxes, ſans qu'eux ni leurs ſucceſſeurs auxdites charges pûſſent être compris à l'avenir en ſemblables taxes, *comme étant du corps des oficiers dudit ordre & milice du Saint-Eſprit*. Sur le même motif, il a été jugé, par diférens arrêts du conſeil, que leſdits receveurs du marc-d'or n'étoient point compris dans les révocations des hérédités & ſurvivances des ofices, & qu'ils étoient éxemts des taxes pour la confirmation de ſurvivance.

Loüis XIV doubla le marc-d'or, par édit du mois de Décembre 1656 ; il en réï-

téra la conceſſion à l'ordre du Saint-Eſprit, pour lui tenir lieu du fond à lui accordé & promis dès la fondation d'icelui ; il n'y fut fait aucune mention du dixième des dons ; enfin, S. M. ſuprima les ofices de receveurs, créés en 1628, & attribua à l'ordre la faculté d'établir des tréſoriers & contrôleurs. Par un ſtatut du même mois en forme d'édit du Roi, comme chef & ſouverain grand-maître de l'ordre, il fut créé deux tréſoriers généraux & deux contrôleurs généraux du marc-d'or, pour joüir des mêmes priviléges que le hérault, roi-d'armes des ordres du Roi.

Il eſt dit, dans une déclaration du 1er Avril 1658, qu'en conſéquence de la déclaration du 20 Mars précédent (*), le hérault, roi-d'armes a droit de joüir de l'éxemtion des droits ſeigneuriaux pour les terres mouvantes du Roi & de ſon domaine ; en conſéquence, S. M. ordonna que leſdits tréſoriers & contrôleurs généraux joüiroient de la même éxemtion, nonobſtant que, par l'arrêt d'enregiſtrement d'icelle, elle ait été reſtrainte aux oficiers créés par l'inſtitut de l'ordre ; ils furent en outre déchargés de toutes taxes ſur les oficiers comptables, attendu qu'ils n'étoient oficiers roïaux, mais de l'ordre, créés & pourvûs par icelui.

Par une déclaration du Roi du 17 Décembre 1691, il eſt reconnu que l'ordre avoit créé en titre d'ofices formés héréditaires, quatre tréſoriers, quatre contrôleurs généraux du marc-d'or, avec quatre principaux commis deſdits tréſoriers, & autant des contrôleurs ; & comme leurs attributions avoient augmenté, par l'augmentation du nombre des diférens ofices ſujets au marc-d'or, S. M. ordonne qu'en païant, par leſdits tréſoriers, contrôleurs & principaux commis, la ſomme de 250000 liv. entre les mains du commandeur, grand-

(*) La déclaration du 20 Mars 1658, raportée ci-deſſus, page 87, ne parle pas nommément du hérault, roi-d'armes.

tréforier de l'ordre , pour leur tenir lieu d'augmentation de finance , ils feront maintenus & confirmés dans la jouïffance de leurs gages & taxations, & des honneurs, priviléges , éxemtions, hérédités, franchifes & facultés , tels qu'ils ont été accordés à leurs ofices par leur création ou depuis , à l'inftar du hérault, roi-d'armes des ordres , & ainfi qu'il eft plus au long porté par les édits , déclarations , ftatuts , arrêts du confeil & règlemens fur ce intervenus.

Par un édit de Louis XV du mois de Janvier 1720 , S. M. a réuni au domaine, le droit de marc-d'or , le doublement d'icelui & le dixième des dons ; fuprimé les ofices de tréforiers , contrôleurs & principaux commis du marc-d'or ; & , pour tenir lieu à l'ordre de fa dotation primitive , & s'acquitter de ce qui lui étoit dû par le Roi , S. M. a créé & conftitué au profit de l'ordre , 400000 livres de rentes annuelles & non rachetables , fur les aides , gabelles, cinq groffes fermes &c., en y affectant même fpécialement les droits de marc-d'or & le dixième des dons fans novation ; enforte que l'ordre puiffe reatrer de plein droit dans la jouïffance du marc-d'or & doublement d'icelui , fans qu'il foit befoin d'aucune nouvelle conceffion ni confirmation. Il a été ordonné, par déclaration du Roi du 18 Mai 1721 , que le produit du marc-d'or & doublement d'icelui , feroit remis par le commis à la recette , entre les mains du grand-tréforier de l'ordre , jufqu'à concurrence de ladite rente de 400000 livres ; que , fi le produit ne fufit pas , le furplus fera païé par l'adjudicataire des fermes ; & que , s'il y a de l'excédent , il fera porté au tréfor roïal.

Par l'article 2 de l'édit du mois de Janvier 1734 , le Roi a créé & établi deux tréforiers généraux & deux contrôleurs généraux , héréditaires du marc-d'or , l'un defquels fera ancien & triennal , & l'autre alternatif & quatriennal ; lefquels tréforiers remettront le produit du marc-d'or en con-

formité de la déclaration de 1721. L'article 6 porte que lefdits tréforiers généraux & leurs contrôleurs feront oficiers des ordres du Roi , & jouïront des mêmes droits , honneurs , priviléges & éxemtions , attribués au hérault , roi-d'armes des ordres , comme les précédens titulaires fuprimés par l'édit du mois de Janvier 1720.

Il faut fe rapeller ce que nous avons dit en plufieurs endroits de ce dictionnaire que les priviléges ne fe fous-entendent point par des expreffions générales ; & que l'éxemtion des droits feigneuriaux , étant une aliénation d'une précieufe partie du domaine , ne peut avoir lieu fi elle n'eft nommément exprimée dans un titre autentique émané du Roi régnant.

Par arrêt de Mrs les commiffaires députés pour la recherche des ufurpateurs du titre de nobleffe du 17 Décembre 1699 , rendu fur le raport de M. Dagueffeau confeiller d'état , le fieur Nicolas Chuppin , tréforier général du marc-d'or , a été déchargé de l'affignation qui lui avoit été donnée ; en conféquence , maintenu en la qualité d'écuïer , tant & fi longuement qu'il poffédera ladite charge de tréforier général du marc-d'or , & en joignant la qualité de fadite charge à celle d'écuïer , & fans qu'elle puiffe lui fervir de titre de nobleffe ni à fes enfans. Il eft vrai que , par un autre arrêt de la même commiffion du 14 Février 1715 , M. Chuppin tréforier du marc-d'or , a été maintenu dans la nobleffe , ainfi que fa poftérité ; mais , il étoit fils d'un fecrétaire du Roi de la chancellerie de France ; ainfi , fa nobleffe étoit inconteftable.

ORDRE *roïal & militaire de Saint Loüis* , inftitué par Loüis XIV , par édit du mois d'Avril 1693.

Il fut accordé à cet ordre , par édit du mois d'Avril 1719 , à titre de fuplément de dot & fondation , 150 mille livres de rente , outre les 300 mille de première dotation , & pour fatisfaire à ce fuplément , S. M.

S. M. lui donna tous les cafuels des domaines échus dont il n'avoit pas été difpofé jufqu'alors, & ceux qui échéroient à l'avenir; autres néanmoins que les parties defdits droits comprifes dans les baux des fermes, & fans que les receveurs généraux & autres oficiers du domaine pûffent prétendre aucune attribution fur cette portion des cafuels donnée à l'ordre. S. M. lui accorda en outre les deux fols pour livres des droits d'amortiffement, franc-fiefs & nouveaux-acquêts pendant fix années. Il fut dit, au furplus, que les droits de rachat & fous-rachats, & ceux de confifcation ne pouroient apartenir à l'ordre que jufqu'à concurrence de 10000 livres feulement, S. M. fe réfervant le furplus. Enfin, il lui fut accordé la jouïffance de la première année du revenu des domaines & droits aliénés à vie, à compter du jour du décès des engagiftes.

Par l'article 6 de cet édit, portant création d'oficiers, il eft ordonné que le chancelier, le grand-prévôt, & le fecrétaire-gréfier, jouïront de tels & femblables priviléges & éxemptions dont jouïffent les grands-oficiers de l'ordre du Saint-Efprit; que l'intendant & les tréforiers auront fans aucune exception, tous les privilèges dont jouïffent les oficiers & fecrétaires de la grande-chancellerie; & à l'égard des autres oficiers, S. M. leur accorde le titre d'écuïer & les mêmes priviléges & éxemptions dont jouïffent les commenfaux de la maifon du Roi, même l'éxemption des tailles & de franc-fiefs.

Par édit du mois de Mai 1730, le Roi a révoqué tous édits, déclarations & arrêts, portant don à perpétuité ou autrement, en faveur de quelques perfonnes ou ordres que ce puiffe être, tant des portions, non comprifes dans les baux, des cafuels des domaines, que des jouïffances des diférens domaines & droits aliénés à vie, & le tout a été réuni au domaine; il a été donné & accordé en augmentation de dot

Tome. III.

& de fondation à l'ordre de faint Loüis, 70000 livres de rente annuelle qui fera emploïée dans les états des charges affignées fur les domaines de la généralité de Paris.

En conféquence de cette réunion, il a été ordonné, par arrêt du confeil du 16 Mai 1730, que le bail qui avoit été fait à Remy Barbier le 6 Décembre 1727, pour fix ans de la portion des cafuels donnée à l'ordre de faint Loüis, & de la première année de jouïffance des domaines engagés à vie, après la mort des engagiftes, moïennant 70000 livres par an, feroit éxécuté; qu'à cet efet lefdits droits feroient remis par les receveurs généraux des domaines audit Barbier, lequel compteroit du prix de fon bail à l'adjudicataire des fermes générales.

A ce moïen, l'ordre ne jouït plus d'aucuns des droits qui lui avoient été donnés par l'édit de 1719; tous ces droits font compris dans les baux des fermes; & les receveurs généraux & autres oficiers du domaine jouïffent, en vertu de l'article 1er de l'édit du mois de Décembre 1743, de leurs taxations fur la portion des cafuels domaniaux réunie par l'édit du mois de Mai 1730.

Par Arrêt du confeil du 5 Juin 1745, fans s'arrêter à un jugement du Bureau des finances de Grenoble, le fieur Durcy de Sauroy, commandeur & tréforier général de l'ordre roïal & militaire de faint Loüis, a été déchargé des lods & ventes à lui demandés & des condamnations contre lui prononcées, à caufe de l'acquifition par lui faite en 1742, de la terre du Terrail mouvante du Roi; & comme fon privilège, accordé par l'article 4 de l'édit du mois d'Avril 1719, eft poftérieur aux attributions des receveurs généraux & autres oficiers du domaine, il a été ordonné qu'il leur païeroit les fix fols pour livre fur la portion defdits droits comprife dans les baux des fermes, & fans que lefdits oficiers du

N

domaine puiſſent prétendre leurs ſix ſols pour livre ſur la portion ci-devant réſervée, enſuite attribuée à l'ordre & réunie en 1730, attendu, comme on vient de l'obſerver, que leſdits oficiers du domaine n'ont leurs attributions ſur cette portion qu'en vertu de l'édit du mois de Décembre 1743, ainſi qu'il a été expliqué à l'article *Caſuels*, §. 3, tom. 1, p. 370.

Arrêt du conſeil du 1er Mars 1746, par lequel, ſans s'arrêter aux demandes de l'ordre de Saint Loüis, il eſt ordonné que les receveurs & contrôleurs généraux des domaines & bois de Flandre, d'Auch & des autres généralités du roïaume, joüiront des 2 ſ. pour liv. des droits d'amortiſſement & de franc-fiefs, échus depuis l'édit du mois de Décembre 1701, qui n'ont pas été perçus ou demandés par ceux qui avoient droit de les percevoir pendant la joüiſſance accordée audit ordre par l'édit du mois d'Avril 1719.

Par autre arrêt du conſeil du 12 Août 1749, il a été jugé que l'ordre militaire de S. Loüis doit joüir des portions qui lui étoient attribuées dans les droits domaniaux caſuels échus pendant ſa joüiſſance, depuis le 1er Avril 1719, juſqu'au 1er Janvier 1730; & qu'il n'eſt point aſſujéti à la formalité des demandes pour ſe conſerver leſdits droits; en conſéquence, M. le marquis de Laſſey a été condamné à païer à l'ordre la portion à lui attribuée dans les droits ſeigneuriaux de l'acquiſition faite par M. de Laſſey le 21 Août 1719, d'une terre en Normandie, moïennant 100000 liv.

ORDRE de *Malthe*, dont l'établiſſement a eû pour principe l'hoſpitalité. Le grand-prieur & les chevaliers ſont dénommés hoſpitaliers dans leurs chartes, & la premiere deſtination de leurs revenus a été de loger, nourir & entretenir ceux de l'ordre & les pélerins qui alloient à la terre ſainte. Il fut alors accordé diférens priviléges à l'ordre, tant par une charte de Richard, Roi d'Angleterre, duc de Normandie, de l'année 1194, que par une autre de Philippe-Auguſte, Roi de France, de l'année 1229, confirmative de celle de Richard; & par une de Philippe-le-Bel, de l'année 1304.

Les chevaliers de l'ordre de Malthe ſont inhabiles à ſuccéder. Ils ne peuvent faire de teſtamens, ni même diſpoſer de leur pécule qui apartient à l'ordre.

L'ordre de Malthe eſt éxempt des droits de péage, paſſage, ponts & chauſſées, travers & autres, tant ordinaires qu'extraordinaires, ſuivant les lettres patentes de Henry II, du mois de Juillet 1549, confirmées par celles de Loüis XIV, du mois de Décembre 1651, & de Loüis XV du mois de Décembre 1716. *Voïez* le traité de la ſouveraineté, ch. 20, n. 12.

Par arrêt du conſeil du 1er Mai 1753, rendu contradictoirement avec M. le grand-prieur de France, le procureur général de l'ordre de Malthe, & le commandeur de Saint Jean de Latran, & ſur le dire de M. Lorenchet, inſpecteur général du domaine de la couronne, il a été jugé que l'ordre de Malthe n'eſt point éxempt des droits d'amortiſſement; en conſéquence, M. le grand-prieur & le commandeur de Saint Jean de Latran ont été condamnés à païer ce droit pour des conſtructions à neuf, reconſtructions & augmentations, produiſant revenu, faites à des bâtimens dépendans de l'ordre, & ſur des emplacemens qu'ils ont donnés à vie.

L'ordre de Malthe invoquoit ſes anciennes chartes, confirmées par lettres patentes du Roi régnant des mois de Décembre 1716, & Décembre 1718. Il alléguoit la faveur des hôpitaux, & il ajoûtoit que les chevaliers ne ſont point des bénéficiers, mais de ſimples adminiſtrateurs de l'hôpital général qui n'a jamais fait corps avec le clergé; enfin, qu'ils ne ſont qu'uſufruitiers à l'inſtar des chanoines, pour leurs maiſons canoniales. Mais, ſuivant la déclaration de

1689 , & les règlemens poſtérieurs , l'éxemtion du droit d'amortiſſement n'eſt accordée qu'aux hôpitaux de l'intérieur du roïaume , où l'hoſpitalité eſt éxercée , & pour les biens deſtinés à cet uſage ; & ſi le Roi permet que l'ordre de Malthe poſſéde des biens en France , c'eſt ſous la condition de la loi générale , ſuivant laquelle tous les biens qui ſortent du commerce , & qui ne ſont plus dans le cas de produire des droits aux mutations , doivent être amortis avec finance.

ORDRES ſur des billets , mandemens &c. Voïez *Billets à ordre* ; & *Endoſſement*.

Par déciſion du 11 Septembre 1733 , le conſeil a jugé bien perçus trois droits de contrôle ſur une reconnaiſſance ſousſignature privée , portant obligation de païer la valeur d'une lettre de change , après l'avis de païement ; laquelle reconnaiſſance a été paſſée à ordre & négociée. Cette déciſion eſt fondée ſur ce qu'une ſemblable reconnaiſſance eſt un billet ſimple , & que les deux ordres dont elle étoit endoſſée , étoient des tranſports.

ORLÉANS , ville conſidérable de France , & chef lieu de généralité ; elle a même été le titre d'un roïaume , ſous la première race de nos Rois.

Philippe de Valois donna le duché d'Orléans à Philippe , ſon fils , & l'érigea en pairie en 1344. Ce prince mourut ſans enfans en 1391 , & le duché d'Orléans étant revenu à la couronne , fut donné en apanage , par Charles VI , à Loüis de France , ſon frère ; il fut de nouveau réüni à la couronne par l'avènement de Loüis , duc d'Orléans , au trône , ſous le nom de Loüis XII.

François I le donna ſucceſſivement à Henry & à Charles ſes fils , après la mort deſquels il fut encore réüni à la couronne ; Loüis XIII le donna pareillement en apanage à M. Gaſton de France , ſon frère unique ; & il eſt actuellement poſſédé par M. le duc d'Orléans à titre d'apanage conſtitué en 1661.

Lettres patentes du 31 Janvier 1547 , pour la vente du domaine du Roi dans les duchés d'Orléans & de Touraine , & dans le comté de Blois.

Edit du mois d'Octobre 1590 , portant règlement pour la vente du domaine du Roi dans les généralités d'Orléans , de Tours , Poitiers , Bourges & Limoges.

Déclaration du Roi du 16 Avril 1591 , pour l'éxécution de l'édit du mois d'Octobre 1590.

Dans le duché d'Orléans , les droits d'inſinuation & de centième denier apartiennent à M. le duc d'Orléans. Voïez *Apanage*.

Les notaires d'Orléans ont le droit de paſſer des actes dans l'étenduë du roïaume ; ceux qu'ils paſſent chez eux doivent être contrôlés à Orléans ; à l'égard des autres , ils ont l'option de les faire contrôler , ſoit à Orléans , ſoit au plus proche bureau du lieu où ils ont été paſſés ; voïez l'arrêt du conſeil du 12 Janvier 1745 , raporté cidevant , verb. *Notaires* , §. 4.

Les bourgeois & habitans roturiers de la ville d'Orléans , ſont abonnés pour le droit de *franc-fief* des fiefs & biens nobles qu'ils poſſédent dans la généralité d'Orléans.

Ils ont eû d'anciens priviléges , qui , comme ceux des autres villes franches , ont ceſſé par l'éfet des diſpoſitions des édits de 1672 & 1692.

Lors du recouvrement fait en vertu de ce dernier édit , ils obtinrent un arrêt du conſeil du 6 Mars 1694 , qui les maintint dans l'éxemtion du droit de *franc-fief* , pour les fiefs & biens nobles par eux poſſédés dans l'étenduë de ladite généralité ; il fut ordonné , par cet arrêt , qu'ils païeroient , ſuivant leurs offres , ès mains de Fumée , chargé du recouvrement deſdits droits , la ſomme de 70000 liv. & les 2 f. pour liv. , ſur laquelle ſomme , il leur

N ij

feroit fait déduction des droits de franc-fiefs qui fe trouveroient avoir été païés par lefdits habitans, pour biens fitués dans ladite généralité. Et il leur fut permis d'en faire l'impofition & la répartition fur lefdits roturiers, poffeffeurs de fiefs & biens nobles.

Ils obtinrent un pareil arrêt le 16 Février 1715, au moïen du païement, par forme de don gratuit, de la fomme de 31933 liv.

Par autre arrêt du confeil du 7 Décembre 1728, ils ont été confirmés dans l'éxemtion du droit de *franc-fief*, pour tous les fiefs & autres biens nobles par eux poffédés, ou qu'ils poffséderont ci-après dans l'étendue de la généralité d'Orléans, à condition par eux de païer annuellement à S. M., fuivant leurs offres, entre les mains du fermier defdits droits, par forme de don gratuit, la fomme de 2000 liv.

On fent affez la force de ces expreffions de don gratuit, lorfqu'il s'agit de confirmer des priviléges qui ne fubfiftent plus ; & que, par conféquent, l'arrêt de 1728, n'eft qu'un abonnement, tel que celui de la ville de Chartres, moïennant une fomme annuelle, païable au fermier des droits de franc-fiefs.

Les conditions néceffaires pour jouïr de la faveur de cet abonnement, font expliquées dans le tome 1, page 7.

P.

ACTE & convention font des termes finonimes ; on apelle *pacte de la loi commiſſoire* , la convention faite entre un vendeur & ſon acquéreur , que , ſi le prix de la choſe venduë n'eſt pas païé dans un certain tems, la vente ſera nulle ; il en ſera parlé ci-après, à l'article *Réſolution*.

PACTE *de famille* ; nous ne pouvons trop rapeller le traité d'amitié & d'union conclu le 15 Août 1761 , fous la dénomination de *pacte de famille* entre le Roi & le Roi d'Eſpagne , ſtipulant pour lui & le Roi des deux Siciles ; par l'article 23 duquel , le droit d'*aubaine* eſt aboli reciproquement en faveur des ſujets des trois puiſſances , dans leurs états reſpectifs. *Voïez* ci-devant , page 4.

PAISSON , *panage & glandée des* forêts du Roi ; droits qui ont fait partie des baux des domaines ; *voïez* l'article 100 de celui de Charriere du 18 Mars 1687 ; mais , ils en ont été diſtraits par arrêt du 14 Mai 1715 , avec les amendes prononcées dans les juriſdictions des tables de marbre & des maîtriſes des eaux & forêts.

PAPIER *terrier* , deſcription de tous les héritages, tant féodaux , que roturiers , qui font dans la mouvance ou cenſive du Roi ou des ſeigneurs particuliers. Voïez *Terrier* ; voïez auſſi *Déclaration* au papier terrier , & *Domaine* , §. VI , n. 3.

PAPIER *timbré* , voïez *Formule* , où l'on a traité de tout ce qui concerne les papiers & parchemins timbrés.

PARAPHE ; les regiſtres du contrôle & de l'inſinuation doivent être paraphés dans tous les feuillets ; voïez *Regiſtres*.

Les journaux de recette & dépenſe doivent également être paraphés ; voïez *Journaux*.

Les renvois & changemens qui font faits dans les minutes des actes des notaires , doivent être paraphés par les parties, par leſdits notaires & par les contrôleurs des actes ; voïez *Notaires* , §. IX , p. 40.

Il n'eſt dû aucun droit de contrôle ni autre , pour le paraphe des notaires ſur les pièces qui leur font dépoſées , & qu'ils annéxent à leurs minutes ; nous n'aurions jamais penſé que cela eût dû faire la matière d'un doute , ſi la queſtion ne s'étoit élevée ; elle a été portée au conſeil , où elle a été décidée le 3 Mai 1723. Les pièces dépoſées doivent être en forme ; ainſi , les actes faits ſous-ſignatures privées ne peuvent être dépoſés , s'ils ne font préalablement contrôlés. Voïez *Notaires* , §. XV , p. 46 , & les renvois qui y font indiqués.

PARCHEMIN *timbré* , voïez *Formule*, où l'on a expliqué quels font les actes & jugemens qui doivent être expédiés en parchemin timbré.

PARIAGE , eſt une eſpèce de ſociété dans la poſſeſſion d'un fief ou d'une juſtice , apartenant originairement à un ſeigneur , qui s'en eſt aſſocié un autre plus puiſſant , pour avoir ſa protection. *Voïez* Bacquet, traité des boutiques du palais, chap. 15. Le Roi poſſéde en pariage avec quelques ſeigneurs particuliers. *Voïez Copropriété,* tom. 1, p. 589.

Par les remontrances du clergé de l'année 1610 , il ſe plaignit de ce que , ſous les précédens régnes, il avoit été procédé à l'aliénation de la portion des Rois dans les terres & ſeigneuries qu'ils poſſédoient en pariage avec pluſieurs archevêques, évêques &c. Loüis XIII donna un édit au mois de Septembre de la même année , par l'article 11 duquel, S. M. voulut que ſi , en la vente du domaine, quelques terres & ſeigneuries, de la qualité ſuſdite, avoient été engagées ou aliénées, les eccléſiaſtiques y aïant part , puſſent les retirer des mains des acquéreurs, en leur rendant le prix , frais & loïaux-coûts, toutesfois & quantes que bon leur ſembleroit , pourvû que ce fut pour les réunir au domaine de l'égliſe, & non autrement.

Ce retrait de la part des eccléſiaſtiques n'a pû être fait que pour poſſéder à la même condition que les acquéreurs ; ainſi , le Roi peut toujours rentrer dans les biens aliénés, pour les poſſéder au titre originaire de pariage.

PARIS , a été , ſous la première race de nos Rois, le titre d'un roïaume ; les Rois Loüis III & Carloman donnèrent cette ville, à titre de comté, à Eudes, fils de Robert-le-Fort, lequel Eudes fut éſu Roi en 888 ; c'étoit le grand-oncle de Hugues Capet, le chef de la troiſième race, qui , par ſa promotion à la couronne de France, réunit & incorpora au domaine roïal le comté & la ville de Paris , ainſi que les autres biens patrimoniaux qu'il poſſédoit , *voïez* le tome 2 , page 90. Depuis ce tems , la ville de Paris a continué d'être dans le domaine de la couronne & la capitale du roïaume. *Voïez* le traité de M. Dupuy, page 604.

Dans ce que nous avons à dire ſur cette capitale, nous nous bornerons à raporter ſommairement ce qui lui eſt particulier , en avertiſſant qu'il faut conſulter les articles principaux, pour connaître les règles générales des matières dont il va être parlé.

1. *De l'aliénation , réunion & revente des domaines.*

Edit du mois de Février 1539, qui réunit au domaine toutes les juſtices & juriſdictions , fiefs, cenſives, voiries & autres droits quelconques , tenus par gens de main-morte ou autres perſonnes en la ville & banlieüe de Paris , leur interdit tous exploits, exercice & adminiſtration ; & règle leur indemnité.

Autre édit du 20 Septembre 1543 , qui ordonne que les hôtels de Bourgogne, d'Artois, de Flandre, le Petit-Bourbon & de Tancarville, l'hôtel de la Reine près ſaint Paul, & ſes apartenances, une place vague joignant les murs du quai au-deſſus des céleſtins, vulgairement apellée le trotoir du Roi , certains endroits des halles & pluſieurs autres maiſons étant du vrai & ancien domaine, feront vendus à titre de cens & rentes annuels, portant lods & ventes, ſaiſine & amendes, & moïennant certaines ſommes de deniers qui ſe prendront pour une fois d'achat & ſort principal; pour , par les preneurs & acheteurs , leurs hoirs, ſucceſſeurs & aïant cauſe, en joüir & uſer comme de leur propre héritage & acquêt , & à la charge d'y faire bâtir & édifier maiſons & manoirs habitables, commodes & convenables, tant pour la décoration de la ville, que lieux circonvoiſins.

Déclaration du Roi du 14 Septembre 1548 , pour vendre les maiſons & lieux, étant de l'ancien pourpris & maiſon de l'hôtel de Bourgogne, & le Grand-Lyon & Artois, ruë Mauconſeil ; les ſéjours, manoirs & maiſons de Bourgogne, Artois,

Flandre & Brabant , jardins, lieux , pourpris , ainfi qu'ils fe comportent , fitués au village de Conflans près Charenton , & les terres , prés , vignes , faulfayes , aulnois , cens , rentes dépendans defdits hôtels , fans en rien réferver que la tenure féodale & autres chofes qui feront divifées par les commiffaires.

Edit du mois de Février 1594 , pour la vente , à faculté de rachat perpétuel , des domaines , gréfes , clercs d'iceux , fceaux & tabellionnages des généralités de Paris , Picardie &c.

Autre du mois d'Octobre 1594 , pour la vente , revente & aliénation , à faculté de rachat , du domaine , gréfes , fceaux & tabellionnages des généralités du reffort du parlement de Paris.

Déclaration du Roi du 31 Octobre 1665 , portant qu'au lieu des vente & revente ordonnées , par édit de Décembre 1654 , des domaines , maifons , boutiques & autres édifices bâtis fur les places & lieux inutiles apartenans à S. M. , il fera feulement païé au domaine , dans les refforts des parlemens de Paris & de Roüen , une redevance annuelle du vingtième denier du revenu defdites places & lieux améliorés fans permiffion.

Arrêt du confeil du 1er Avril 1669 , pour la réunion du péage du pont de bois paffant de l'ifle au cloitre de notre-dame , dont la jouïffance avoit été donnée , pendant treize ans , aux entrepreneurs du Pont-Marie.

Par autre arrêt du confeil du 6 Septembre 1672 , il a été ordonné que le fermier général entrera en jouïffance des places , dont les tréforiers de France & les vendeurs de marée prétendoient avoir droit de jouïr dans plufieurs endroits de Paris.

Autre arrêt du confeil du 7 Janvier 1673 , pour faire procéder à la liquidation & au rembourfement de la finance des gréfes des cours des parlemens de Paris & de Roüen , & autres cours enclavées &

reffortiffantes ; *voïez* tome 1 , page 581.

Déclaration du Roi du 1er Septembre 1674 , en faveur des adjudicataires des boutiques du palais , halles , grand-châtelet & cimetière Saint-Jean , dont la vente & l'aliénation font ordonnées à perpétuité , à la charge de 5 f. de cens , portant lods & ventes , faifine & amende. Fait remife aux adjudicataires des droits qui pourroient être dûs , à caufe de la première vente qui fera par eux faite , pourvû que ce foit dans dix ans de ce jour ; & ratifie les adjudications qui en ont été déja faites.

Arrêt du confeil du 14 Mai 1678 , qui liquide la finance du fieur de Larche , engagifte du fief de faint Mandé , à lui ajugé le 26 Novembre 1655 , & réunit pour toujours ledit fief au domaine ; lequel fief confifte en cens & rentes , portant lods & ventes fur les maifons conftruites fur fix arpens dix-huit perches de terre à Paris , hors l'ancienne porte Montmartre , entre ladite porte & celle de faint Denis.

Autre arrêt du confeil du 24 Février 1680 , qui réunit au domaine le gréfe des préfentations de la cour des aides de Paris , & ordonne que le fermier général en jouïra.

Arrêt du confeil du 30 Juin 1682 , qui réunit au domaine le bâteau , coche & voiture par eau de Paris à Valvin , près Fontainebleau , ajugé à Samuel du Curé en 1675 , moïennant 675 liv. , à la charge , par le fermier , de rembourfer le prix de l'adjudication , frais , bateaux & équipages.

Par arrêt du confeil du 3 Février 1688 , il a été ordonné que celui du 23 Juillet 1686 , (raporté , tom. 2 , pag. 105 ,) fera éxécuté dans la généralité de Paris ; & en conféquence , que , par les tréforiers de France de Paris , il fera procédé à la vente & aliénation , à perpétuité & à titre de propriété incommutable , des moulins , fours , preffoirs , halles , étangs , maifons & autres bâtimens & édifices dépendans

Paris.

des domaines sujets à réparations dans ladite généralité &c.

Le Roi est seul seigneur haut-justicier dans Paris ; S. M. est présumée y avoir la directe universelle, comme dans tout son roïaume ; & ceux qui prétendent des droits de justice, de censives & autres, sont tenus de justifier de leurs titres ; c'est la disposition précise de l'édit du mois de Mars 1655. *Voïez* aussi celui du mois de Février 1539, raporté ci-dessus.

Arrêt du conseil du 13 Mai 1684, qui ordonne, conformément au règlement du 28 Décembre 1666, concernant la confection du papier terrier, & à un arrêt du 21 Novembre 1676, que les propriétaires des justices, voiries & censives de la ville & fauxbourgs de Paris, fourniront, devant les oficiers de la chambre du trésor, leurs déclarations, états & pièces justificatives ; faute de quoi, les maisons & héritages qu'ils prétendent dépendre de leurs fiefs, seront censés être de la directe du Roi.

2. *Boutiques, halles, échopes* &c.

La vente des boutiques, bancs, loges & échopes de Paris, fut ordonnée par arrêt du 31 Juillet 1638, moïennant 650000 liv. de deniers d'entrée, & 3180 liv. de redevance annuelle à répartir ; sans que les acquéreurs pussent être dépossédés pendant vingt ans ; cette vente fut faite l'année suivante.

Par déclaration du Roi du 20 Août 1657, il fut ordonné qu'il seroit procédé à l'aliénation, à charge de cens, des places étant ès halles de Paris, de quelque nature qu'elles soient, nonobstant que les trésoriers de France, comme voïers, les prétendissent ; leur défendant de disposer d'aucunes desdites places, & de prétendre des droits sur aucunes d'icelles, vendues ou non, autres que les droits coûtumiers qui se prennent sur celles qui apartiennent à des particuliers, & qui ne sont du domaine.

En 1660, il fut fait de nouveaux engagemens des boutiques, bancs, loges & échopes, pour trente années, moïennant 110000 liv. d'augmentation de finance ; & à ce moïen, la revente générale, qui fut ordonnée par la déclaration du 8 Avril 1672, n'eut pas lieu pour ces boutiques &c.

Arrêt du conseil du 16 Août 1666, portant qu'Euldes, fermier général, jouïra de la redevance annuelle de 3180 liv., dûe par les engagistes des maisons, boutiques, bancs, loges & échopes dépendans du domaine, situés dedans & dehors l'enclos du palais, châtelet, cimetière Saint-Jean & halles de Paris ; du fief d'Alby situé auxdites halles, des censives & droits seigneuriaux des maisons bâties sur le pont du palais, rue & quai de Gêvres &c.

Autre arrêt du conseil du 11 Novembre 1673, qui aprouve les baux faits, par le fermier général, d'aucunes des places, boutiques, étaux & échopes des halles & autres endroits de Paris, & ceux qu'il fera, pour avoir lieu pendant la vie des preneurs, sans qu'ils puissent être dépossédés aux renouvellemens des baux des fermes.

Par arrêt du 9 Décembre 1673, il fut ordonné que les détailleresses de poisson de mer à Paris, seroient contraintes au païement des sommes qu'elles devoient pour la jouïssance des places qu'elles avoient occupées.

Arrêt du 6 Septembre 1672, & déclaration du 1er Septembre 1674, raportés ci-dessus, n. 1.

Arrêt du conseil du 6 Décembre 1689, qui maintient tous les tenanciers des boutiques, loges, bancs & échopes, qui n'ont point été aliénés en conséquence de la déclaration de 1672, pour en jouïr à titre de propriété incommutable, à la charge de 5 f. de cens & redevance annuelle pour chacune, & de païer une taxe ; moïennant quoi, ils seront déchargés des rentes & redevances portées par les contrats de

1639

1639 & 1660 ; & ordonne que , conformément à ladite déclaration de 1672 , il en fera paffé des contrats de vente & aliénation auxdites conditions.

Arrêt du confeil du 9 Décembre 1691, qui confirme les poffeffeurs des étaux à boucherie de la ville & fauxbourgs de Paris , dans la jouïffance à perpétuité & à titre de propriété incommutable , à la charge de les tenir du Roi , moïennant 5 f. de cens & redevance annuelle & perpétuelle pour chacun , emportant lods & ventes , & de païer une taxe.

Par autre arrêt du confeil du 17 Février 1693 , l'abbé & les religieux de fainte Geneviéve ont été maintenus dans leur droit de directe fur les étaux des bouchers , étant dans l'étenduë de leur fief de la montagne de fainte Geneviéve , à la charge , par les détenteurs , de païer les taxes auxquelles ils feront emploïés dans les rôles arrêtés au confeil.

Arrêt du confeil du 23 Juillet 1697 , qui permet à Thomas Templier , fermier général des domaines , de faire des baux à vie des places , boutiques , étaux & échopes aux halles & marchés de Paris , fans que les preneurs puiffent être dépoffédés , nonobftant le changement des fermiers des domaines.

Autre arrêt du confeil du 8 Octobre 1697 , qui maintient les fermiers des domaines en poffeffion & jouïffance de la halle , fervant à détailler le poiffon de mer , frais , fec & falé ; défend au procureur du Roi , au fait de la marée , de les y troubler & de prendre connaiffance defdites places , à peine de 1000 liv. d'amende.

Ordonnance de M. Dargenfon , lieutenant général de police , du 8 Août 1698 , qui défend de rétrocéder les baux à vie des places & échopes , faits par le fermier général , pour une fomme plus forte que le prix des baux , à peine de nullité & de 100 liv. d'amende.

Arrêt du confeil du 16 Août 1701 ,
Tome III.

qui défend à tous particuliers qui ont renouvellé ou renouvelleront les baux à vie des places & échopes dans les places de Paris , apartenantes au domaine du Roi , de les loüer à qui que ce foit , à peine d'être déchus de la jouïffance & de 200 liv. d'amende.

Déclaration du Roi du 10 Avril 1724 , au fujet des boutiques du palais à Paris , pour le dédommagement dû à ceux dont les boutiques ont été changées ou fuprimées par la nouvelle réparation du palais.

Arrêt du confeil du 20 Juin 1724 , portant que , dans deux mois , les baux & autres titres des places & échopes de la place Maubert , feront repréfentés devant le lieutenant général de police , faute de quoi , les détenteurs feront dépoffédés ; & il en fera fait des baux par le fermier , aux conditions portées par les arrêts des 23 Juillet 1697 , & 16 Août 1701.

Autre arrêt du confeil du 29 Décembre 1725 , portant qu'en païant , par Pierre-Felix Alaric & Jean Hartaud , la fomme de 100000 liv. , ils jouïront , à titre d'engagement , des cent quatre-vingt-dix places , boutiques & échopes de Paris apartenantes au Roi , dont les fermiers ont jouï , non compris celles aliénées ; à la charge de fe conformer dans leur jouïffance aux arrêts des 11 Novembre 1673 , 23 Juillet 1697 , 12 Mars & 16 Août 1701 , 10 Février & 5 Juin 1703.

Par autre arrêt du confeil du 7 Janvier 1727 , il a été ordonné qu'à la requête de le Gras , fubrogé à Bourgeois , fermier général , les héritiers du fieur Horreau & autres , qui reçoivent les loïers des cent vingt-quatre places ou échopes fituées aux halles de Paris & dans la place des marchands de moruë , repréfenteront , dans un mois , devant M. le lieutenant général de police , les titres en vertu defquels ils perçoivent lefdits loïers , faute de quoi , lefdites places & échopes demeureront réunies en vertu du préfent arrêt.

O

Arrêt du confeil du 19 Décembre 1730, qui ordónne l'éxécution de celui du 23 Juillet 1697 ; en conféquence, évoque au confeil toutes les demandes & conteftations au fujet de la jouïffance des cent quatre - vingt - dix places, boutiques & échopes des halles, places & marchés de Paris, tant entre les particuliers qui les occupent, qu'entre les aliénataires ; & renvoïe devant M. le lieutenant général de police, fauf l'apel au confeil, avec défenfes de fe pourvoir ailleurs, à peine de nullité, caffation des procédures, 1000 liv. d'amende, dépens, dommages & intérêts.

3. *Places des murs & fortifications de Paris ; & directe du Roi fur ce qui en dépend.*

Voïez *Murs*, tom. 2, p. 663.

Arrêt du confeil du 20 Août 1678, qui déclare que les droits de directe feigneurie, apartiennent au Roi fur les fonds des murs, remparts, foffés, contrefcarpes, clôtures & autres fortifications de la ville de Paris, prétendus par l'abbaïe de faint Germain-des-prés.

Autre arrêt du confeil du 26 Avril 1681, rendu contradictoirement avec la dame abbeffe de Fontevrault & les religieufes Filles-Dieu ; qui déclare que la feigneurie directe & la pleine propriété de toutes les places des anciennes & nouvelles fortifications de Paris, depuis la ruë Montorgueil, jufqu'à la porte Saint Denis, apartiennent au Roi ; maintient cependant, par grace, les Filles-Dieu dans la propriété d'une piéce enfermée dans leur clôture ; & leur accorde, par forme d'aumône & de dédommagement, 300 liv. par an, fur le domaine de la prévôté & vicomté de Paris.

Par autre arrêt du confeil du 12 Juillet 1681, il fut ordonné que, dans un mois, ceux qui avoient acquis de M. le prévôt des marchands & des échevins de Paris, des places, maifons & lieux dépendans des fortifications de ladite ville, & leurs aïant caufe, païeroient le tiers du prix auquel fe trouveroient monter lefdites aliénations ; au moïen duquel païement, ils demeureroient propriétaires incommutables defdits lieux, & confirmés en la jouïffance d'iceux.

Voïez l'édit du mois de Décembre 1681, rendu nommément pour Paris, tom. 2, pag. 663.

Arrêt du confeil du 24 Avril 1691, qui confirme les prévôt des marchands & échevins de Paris dans la jouïffance & difpofition des places des fortifications de ladite ville, fifes entre la porte faint Bernard & le lieu où étoit ci-devant la porte faint Victor ; ordonne que les détenteurs païeront à la ville les rentes & redevances duës à caufe defdites places, fans préjudice des cens & droits feigneuriaux dûs au domaine du Roi aux mutations.

L'arrêt du confeil du 17 Février 1693, maintient l'abbé & les religieux de fainte Geneviéve dans leur droit de directe fur les étaux des bouchers, étant dans l'étenduë de leur fief de la montagne de fainte Geneviéve, à la charge, par les détenteurs, de païer les taxes auxquelles ils feront compris dans les rôles arrêtés au confeil.

Arrêt du confeil du 3 Avril 1696, portant règlement entre le contrôleur des domaines & le chapitre de faint Honoré, pour les maifons des ruës des Bons-Enfans, des Petits-Champs & Baillive ; & qui diftingue ce qui eft dans la directe du Roi, comme bâti fur l'emplacement des anciens remparts.

Autre arrêt du confeil du 23 Août 1701, qui maintient le couvent des Filles-Dieu de Paris, dans la feigneurie apellée la Villeneuve-fur-Gravois &c. Le fermier du domaine, en conféquence d'un arrêt du 26 Novembre 1686, réclamoit la mouvance fur toutes les ruës, lieux & places, dépendans des fortifications; les Filles-Dieu ont prouvé leur fief.

Arrêt du parlement de Paris du 10 Février 1740, qui juge qu'une maison, ruë Dauphine, donnant par derrière fur la ruë Contrefcarpe, dont le terrein a ci-devant fait partie des anciens foffés & remparts de la ville de Paris, eft dans la cenfive & directe du Roi ; & condamne les propriétaires à en païer les droits de lods & ventes au receveur général du domaine. *Nota.* Par fentence de la chambre du domaine, Claude Ballu & la veuve d'André le Laboureur, acquéreurs en 1738, ont été condamnés, comme détenteurs, à païer les droits de l'acquifition faite en 1715, par le nommé le Coq, leur vendeur ; M. l'abbé de faint Germain-des-prés, qui avoit reçu ces droits pour l'acquifition de 1715, prenoit fait & caufe ; il a d'abord été ordonné qu'il feroit fait un plan & defcription, pour connaître fi la maifon eft conftruite fur le terrein des remparts & places des foffés & fortifications ; &, fur ce procès verbal, on a déclaré ne point contefter la mouvance ; en conféquence, il en eft accordé acte par l'arrêt du parlement, qui ordonne l'éxécution de la fentence, & condamne l'héritier de M. l'abbé de faint Germain à païer les lods de la mutation de 1715.

Arrêt du confeil du 19 Février 1743, entre le fermier des domaines de Paris ; M. le Prince de Clermont, abbé de faint Germain-des-prés, & les héritiers de M. le cardinal de Biffy, précédent abbé ; par lequel il eft ordonné qu'il fera levé un plan figuratif des terreins qu'occupoient les murs, foffés, remparts & contrefcarpes de Nefle & lieux adjacens, ainfi que des maifons étant fur lefdits terreins ; ordonné pareillement que les propriétaires feront tenus de raporter leurs titres & ceux de la propriété de leurs auteurs, & autres pièces qui pouront conftater la directe de S. M., pour être enfuite ordonné ce qu'il apartiendra.

Arrêt du confeil du 5 Mars 1743, fur la demande du receveur général des domaines, des lods & ventes de deux maifons conftruites fur le terrein des foffés & remparts de Paris, païés par les acquéreurs aux religieux de faint Martin-des-Champs ; qui renvoïe les parties devant les juges qui en doivent connaître, fur l'apel de fentences de la chambre du domaine, par lefquelles lefdits droits ont été ajugés au receveur général ; & cependant ordonne, par provifion, que les fentences feront éxécutées, & que les religieux feront tenus d'indemnifer les héritiers du fieur Bourgoin, acquéreur defdites maifons.

Arrêt du parlement de Paris du 26 Août 1748, qui confirme deux fentences de la chambre du domaine, par lefquelles, en conformité de l'édit du mois de Décembre 1681, la directe eft ajugée au Roi fur deux maifons à Paris, comme étant bâties fur les terreins des anciens remparts. M. l'abbé de faint Victor-lès-Paris objectoit la longue poffeffion de cette directe par fes prédéceffeurs.

Arrêt du confeil du 25 Février 1749, qui, fans s'arrêter à une fentence de la chambre du domaine, portant que les lods & ventes dûs par M. de Cuify, fermier général du Roi, à caufe de l'acquifition d'une partie de maifon à Paris, demeureroient entre fes mains par forme de dépôt ; ordonne que, par provifion & fans préjudice du droit des parties, lefdits droits feront païés au receveur général des domaines. *Nota.* M. de Cuify, avant que d'acquérir, avoit traité avec les religieufes de l'hôpital de fainte Catherine ; le receveur général des domaines a foûtenu que le Roi, étant préfumé avoir la directe univerfelle, comme feul feigneur haut-jufticier dans Paris, S. M. devoit avoir la provifion, conformément à l'arrêt du confeil du 5 Mars 1743, raporté ci-deffus.

Paris.

4. *Droit de franc-fief dû par les bourgeois de Paris.*

Les bourgeois & habitans roturiers de la ville de Paris, ont anciennement joui de l'éxemtion du droit de franc-fief, en vertu des lettres patentes à eux accordées par Charles V en 1371, par Charles VI en 1409, par Loüis XI en 1465, & par Loüis XIV en 1669. Mais, cette éxemtion, purement gratuite, & qui opéroit l'aliénation d'un droit domanial, a été anéantie par l'édit du mois d'Août 1692, par la déclaration du 9 Mars 1700, & par l'édit du mois de Mai 1708, qui ont ordonné que ce droit seroit païé par tous les roturiers possesseurs de fiefs & biens nobles, sans exception.

Immédiatement après l'édit de 1692, le prévôt des marchands & les échevins de Paris, offrirent au Roi une somme de 200000 liv., pour obtenir de nouveau l'éxemtion du droit de franc-fief, dont le recouvrement étoit ordonné par cet édit. Ces offres furent acceptées; mais, elles ne furent pas réalisées: le prévôt des marchands & les échevins représentèrent ensuite qu'il étoit impossible à la ville d'y satisfaire, & consentirent que le recouvrement des droits de franc-fiefs fut fait sur les bourgeois de Paris, à moins que S. M. n'eut la bonté de les en décharger gratuitement.

En conséquence, il intervint arrêt du conseil, le Roi y étant, le 31 Août 1694, par lequel S. M. ordonna que tous les jugemens des commissaires députés, pour connaitre des droits de franc-fiefs, qui avoient déchargé aucuns bourgeois de Paris, des taxes des franc-fiefs, sur le fondement de leur bourgeoisie, seroient raportés comme nuls; ce faisant, que les rôles dans lesquels les bourgeois de ladite ville avoient été compris, à cause des fiefs & biens nobles par eux possédés, seroient exécutés selon leur forme & teneur, &

lesdits bourgeois de Paris contraints au païement des sommes y contenuës par les voïes y portées.

Arrêt du conseil du 18 Octobre 1712, par lequel, sans s'arrêter à une ordonnance de M. l'intendant de Bourges, qui avoit déchargé le sieur Vaillant, bourgeois de Paris, du droit de franc-fief d'une portion de dixme qu'il possédoit en ladite généralité, il a été ordonné que ledit sieur Vaillant seroit contraint au païement dudit droit.

Par autre arrêt du conseil, rendu contradictoirement le 19 Septembre 1721, contre le sieur Guillaume Querelle, bourgeois de Paris, il a été ordonné, sans s'arrêter aux priviléges par lui allégués, qu'il païeroit le droit de franc-fief du fief de la Doutre, par lui possédé en la généralité de Soissons.

Autre arrêt du conseil du 9 Décembre 1721, par lequel, sans s'arrêter à une ordonnance de M. l'intendant de Champagne, obtenuë en 1716, par Pierre Sivelle de Vermoise, bourgeois de Paris, il a été ordonné qu'il païeroit le droit de franc-fief des fiefs & biens nobles par lui possédés.

Décision du conseil du 18 Avril 1734, qui condamne Nicolas & Jean-Pierre-Denis de Fontaine au païement des droits de franc-fiefs des fiefs par eux possédés en la généralité de Paris.

Autre décision du conseil du 18 Octobre 1739, contre Loüis-François Delacroix, bourgeois de Paris, qui demandoit, en cette qualité, l'éxemtion du droit de franc-fief de la terre de Foreille en la généralité de Paris; la décision le renvoïe se pourvoir devant M. l'intendant, pour la liquidation du droit, *dont il ne peut être éxemt comme bourgeois de Paris.*

Par une autre décision du conseil du 1er Décembre 1739, le sieur Paul Millin, avocat au parlement, & qui se prétendoit éxemt des droits de franc-fiefs, comme bourgeois de Paris, a été condamné au païement de ce droit, à caufe du fief de Chambelaine fis au port & territoire de Neuilly, par lui acquis en 1717.

5. *Contrôle des aétes des notaires de Paris.*

Voïez d'abord l'article *Contrôle des aétes*, tom. 1, p. 544, où l'on a raporté les motifs de l'établiffement de cette formalité & les difpofitions des édits des mois de Juin 1581, Juin 1606, & Juin 1627, portant création d'ofices de contrôleurs des aétes dans tout le roïaume.

Par un autre édit du mois de Décembre 1635, le nombre des notaires au châtelet de Paris fut augmenté de vingt-fept ; à ces nouveaux ofices, furent unies & incorporées les qualités & fonétions de contrôleurs de tous les aétes qui feroient reçus & expédiés, tant par ceux qui en feroient pourvûs, que par les autres notaires de Paris ; lefquels aétes, faute d'être contrôlés par l'un defdits vingt-fept nouveaux notaires, feroient nuls & de nulle valeur ; &, pour ce contrôle, il leur fut attribué le tiers des falaires que prendroient les notaires-raporteurs pour leurs aétes & pour leurs expéditions ; en conféquence, l'édit du mois de Juin 1627, fut révoqué en ce qui concernoit les notaires de Paris feulement.

Loüis XIV ordonna, par édit du mois de Mars 1693, que les aétes des notaires feroient contrôlés dans la forme & dans le tems qui s'obfervent aétuellement ; & il y affujétit nommément les notaires du châtelet de Paris, comme tous les autres notaires du roïaume. *Voïez* cet édit, tom. 1, p. 545.

Par arrêt du confeil du 5 Avril 1693, il fut permis auxdits notaires de Paris, de faire entr'eux le contrôle des aétes qui feroient par eux paffés & reçus, lefquels feroient contrôlés par les notaires qui figne-

roient en fecond, fans qu'il fut befoin d'autre enregiftrement que celui qui feroit fait par lefdits notaires ; & ordonné qu'ils percevroient les droits fixés par le tarif arrêté en conféquence de l'édit du mois de Mars 1693, à la charge par eux de païer une finance.

Ces notaires obtinrent enfuite une déclaration du Roi du 27 Avril 1694, portant extinétion & fupreffion de la formalité & du païement du droit de contrôle de leurs aétes ; cette déclaration fut follicitée par Me Jean Carnot, l'un d'entr'eux, notaire de madame de Maintenon, qui l'apuïa de fon crédit auprès de Mrs de Pontchartrain & de Chamillart.

Le motif, expliqué par cette déclaration, fut que l'éxécution de l'édit du mois de Mars 1693, feroit un préjudice confidérable au commerce des affaires, fi le fecret que lefdits notaires avoient toujours gardé au public avec tant de fidélité, paffoit à d'autres ; mais, le fecret confié à un contrôleur qui fait ferment de difcrétion, qui n'a point d'intérêt particulier de le violer, & auquel il eft expreffément défendu de communiquer fes regiftres, court beaucoup moins de rifque d'être divulgué, que lorfque lefdits notaires étoient affujétis, en vertu de l'édit de 1635, à faire contrôler leurs aétes par l'un des vingt-fept notaires, leurs confrères, nouvellement établis. D'ailleurs, le même motif peut être également allégué dans les autres villes du roïaume, & avec plus de vraifemblance encore qu'à Paris, où la quantité d'affaires & le nombre infini d'habitans, permettent beaucoup moins qu'en province, de s'occuper des intérêts des particuliers, pour les révéler.

Par la fupreffion de 1694, les notaires de Paris recouvrèrent les moïens de retomber dans les inconvéniens, qui, depuis long-tems, avoient fait reconnaître l'utilité & même la néceffité du contrôle ; on peut même dire que l'affranchiffement de cette

Paris, n. 5. formalité a tourné en entier à l'avantage des notaires, & que l'intérêt public & celui du Roi en ont souffert.

Il est vrai que les notaires de Paris païèrent alors un million de livres au Roi ; mais, l'affranchissement ne fut pas moins purement gratuit ; en éfet, de cette somme il y eut neuf cent mille livres imputées à titre de prêt, pour lequel les prévôt des marchands & échevins de Paris constituèrent à la communauté desdits notaires cinquante mille livres de rente, à raison du denier dix-huit, à prendre sur le million de rente, aliéné en éxécution d'un édit du mois de Février 1693, sur les aides & gabelles ; laquelle rente a été éxactement païée jusqu'au remboursement (*) qui a été fait du capital ; &, pour les cent mille livres restans, il fut accordé auxdits notaires quarante sols, par augmentation aux six livres dont ils jouïssoient précédemment par chaque vacation aux inventaires ; attribution dont ils jouïssent encore, & qui vaut infiniment mieux que les cent mille livres de finance. Néanmoins, l'affranchissement a duré depuis 1694, jusqu'en 1722.

Par arrêt du conseil du 22 Novembre 1695, rendu en conséquence de la déclaration du 27 Avril 1694, il fut ordonné que les actes passés & reçus par les notaires de Paris, seroient éxécutés dans l'étenduë du roïaume sans être controlés.

Ces dispositions furent confirmées par l'article 4 de l'édit du mois de Mars 1696, & par l'article 184 du tarif du 20 Mars 1708.

Mais, par l'article 2 de la déclaration du Roi du 29 Septembre 1722, S. M. révoqua la déclaration du 27 Avril 1694, & les autres édits, déclarations & arrêts, portant supression, aliénation ou abonnement des droits de controle des actes, insinuations-laïques & petit-scel, précédem-

ment rendus ; & ordonna qu'à l'avenir, & à commencer du 1er Novembre 1722, tous les contrats & actes qui seroient reçus par les notaires du châtelet de Paris, & par tous autres notaires, tabellions & autres personnes publiques, seroient controlés & insinués dans les délais prescrits par les précédens règlemens, & conformément à iceux, & les droits païés, sous les peines y portées, sans aucune distinction des lieux où lesdits droits n'avoient point été ci-devant perçûs.

Il fut, en conséquence, ordonné, par arrêt du conseil du 13 Octobre 1722, qu'il seroit établi diférens bureaux dans Paris, pour le controle & l'insinuation des actes des notaires.

Mais, ce rétablissement fut encore éteint & suprimé, à compter du 1er Janvier 1724, par une déclaration du Roi du 7 Décembre 1723, portant commutation des droits de controle qui devoient être perçûs pour les actes desdits notaires en un autre droit, qui, à l'avenir, seroit païé pour les papiers & parchemins sur lesquels seroient faites & passées les minutes & expéditions desdits actes ; ce qui seroit pareillement observé par tous ceux qui prétendent avoir droit de faire des inventaires & partages dans la ville & fauxbourgs de Paris. Les dispositions de cette déclaration sont plus amplement raportées, verb. *Formule*, tom. 2, pag. 412, & suivantes.

Par l'article 9 de ladite déclaration du 7 Décembre 1723, il fut ordonné que les expéditions & grosses des contrats & actes antérieurs au 1er Janvier 1724, (*comme aïant été controlés ou passés dans le tems de la supression absoluë de cette formalité*) seroient faites ou délivrées en papier ou parchemin timbrés seulement du timbre ordinaire des fermes.

(*) *Voïez* la déclaration du Roi du 29 Septembre 1722.

Enfin, par l'article 10 de la même déclaration, les quitances des rentes fur l'hôtel-de-ville de Paris, & fur les tailles, perpétuelles ou viagères, ont été difpenfées de la nouvelle formule, ainfi que les copies collationnées par les notaires des groffes & expéditions d'actes dont ils n'auront pas les minutes.

Par arrêt du confeil du 1er Février 1724, il fut ordonné que les teftamens reçus par les notaires de Paris, avant le 1er Janvier 1724, & dont les teftateurs font décédés pendant que le contrôle a eû lieu, ne pouroient être expédiés que fur du papier de la nouvelle formule; au moïen de quoi, lefdits notaires feroient difpenfés de les faire contrôler.

A l'égard des teftamens olographes dépofés auxdits notaires de Paris, ils doivent être contrôlés après la mort des teftateurs, comme dans les autres villes & lieux du roïaume. *Voïez* l'arrêt du confeil du 4 Décembre 1725, raporté ci-après, verb. *Teftament.*

Par déclaration du Roi du 5 Décembre 1730, les différentes formules ordonnées par celle de 1723, ont été abrogées; & elles ont été commuées en une *formule uniforme*, pour tous les papiers & parchemins fervans aux actes & contrats qui feront paffés par lefdits notaires de Paris, brévets, groffes, expéditions, copies collationnées, & extraits defdits actes & contrats, & fans aucune diftinction des diférens actes, ni des premières & autres feuilles des groffes, expéditions, copies collationnées ou extraits; *voïez* le tom. 2, p. 413.

Par édit du mois de Février 1748, il a été ordonné une augmentation fur le prix du timbre des papiers & parchemins, tant du timbre ordinaire, que de la formule par-ticulière aux actes des notaires de Paris.

L'on voit, par ce détail, que les notaires du châtelet de Paris n'ont abfolument rien financé pour l'affranchiffement du contrôle de leurs actes; ils fe font néanmoins païer des falaires & vacations, qui fouvent excédent de beaucoup ceux des notaires de province, y compris les droits de contrôle; on les païe fans dificulté, parce que l'on croit qu'ils ont racheté le contrôle, & qu'il eft jufte qu'ils s'en faffent rembourfer; & parce que l'on ignore qu'ils ont des tarifs, notamment celui de 1688, confirmé par arrêt du parlement du 4 Décembre de la même année, qui leur accorde fix livres par vacation aux actes qu'ils font hors de leurs études, pour lefquels il fe païe vacation (*); dix fols du rôle de la groffe en grand papier, & vingt fols en parchemin, en ce non compris le papier & le parchemin timbrés.

L'objet des droits de contrôle des actes des notaires de Paris, fur le pié du tarif de 1722, qui fubfifte actuellement, feroit au moins de 700000 liv. par an, à en juger par ce qu'il a produit, lorfqu'il a eû lieu; les formules qui lui furent fubftituées en 1723, ont à peine produit 200000 liv. par an; & la formule uniforme d'aujourd'hui, y compris l'augmentation ordonnée par l'édit du mois de Février 1748, produit à peine 130000 liv., année commune. Ainfi, le Roi, fans avoir reçu aucune finance, a confidérablement diminué fes revenus, en fuprimant à Paris une formalité qui a lieu dans tout le roïaume, qui a été précédemment obfervée dans la capitale, comme dans les provinces, & dont le rétabliffement feroit utile & même néceffaire.

On convient qu'en général, les notaires de Paris font incapables des antidates &

(*) La vacation eft aujourd'hui de 8 livres, au moïen de l'augmentation accordée par la déclaration du 27 Avril 1694, raportée ci-deffus.

des autres inconvéniens dont on a cherché le reméde par l'établissement du contrôle des actes ; mais , il est possible qu'il y ait des exceptions à faire.

D'ailleurs , le rétablissement de cette formalité procureroit les moïens de connaître les mutations des biens qui sont dans les censives & directes du Roi ; & de conserver les domaines de S. M. dans leur intégrité ; au lieu que , par le défaut d'éxactitude des notaires de Paris à fournir au fermier des extraits de tous les actes qu'ils passent relativement à cet objet & à toutes les autres mutations de propriété ou d'usufruit de biens immeubles , ils occasionnent la perte de diférens droits seigneuriaux & des droits de centième denier de la plûpart des mutations.

Les règlemens qui enjoignent auxdits notaires de fournir ces extraits , sont raportés , tant à l'article *Extraits* , tom. 2 , pag. 339 , qu'à celui *Notaires* , §. XXI , & au n. 6 , ci-après.

Il faut faire attention à ce qui a été dit à la fin de l'article *Formule* , tom. 2 , pag. 415 , tant pour l'usage de cette formule , que pour les actes que les notaires de Paris passent ailleurs que dans cette capitale.

Il est encore d'observation que l'éxemtion des droits de contrôle n'a eû véritablement pour objet que les actes qui seroient passés devant les notaires de Paris , par les parties contractantes mêmes ; en-sorte que , lorsque les personnes domiciliées en province , font passer des actes à Paris en leur nom , en vertu de procurations , sans qu'aucune des parties principales soit présente à l'acte , il est dû pour le contrôle de l'une de ces procurations , le même droit qui seroit dû pour l'acte même qui en est l'objet , s'il étoit passé en province , *Voïez* ci-après , *Procurations pour passer des actes.*

Enfin , il faut encore observer que les règles prescrites pour le contrôle des actes sous-signatures privées sont généra-les , & qu'elles doivent être suivies à Paris , comme dans les provinces. Voïez *Actes sous-signatures privées.*

6. *De l'insinuation à Paris.*

La formalité de l'insinuation a lieu à Paris , comme dans les provinces du roïaume ; & les droits d'insinuation suivant le tarif , ainsi que ceux de centième denier , y sont également dûs ; mais , les notaires du châtelet de Paris ne sont pas tenus de satisfaire eux-mêmes à la formalité de l'insinuation , qui doit être remplie à la diligence des parties ; c'est une suite de l'éxemtion du contrôle des actes desdits notaires. Ils sont seulement tenus de fournir au fermier des extraits de tous les actes , par eux reçus , qui sont sujets auxdits droits d'insinuation & de centième denier.

Par édit du mois de Mars 1704 , le titre de l'office de gréfier des insinuations fut divisé en quatre pour la ville de Paris ; en conséquence , il fut créé trois nouveaux offices ; & les quatre furent vendus au sieur Delassalle par arrêt du 29 Avril 1704.

Par arrêt du conseil du 27 Avril 1706 , il fut ordonné que les notaires de Paris seroient tenus de faire insinuer , dans la quinzaine , tous les actes qu'ils passeroient à l'avenir , sujets à l'insinuation , pour les biens situés dans la ville & fauxbourgs de Paris ; à l'exception des substitutions & des donations entre-vifs qui seront insinuées à la diligence des parties , & des contrats de vente & autres actes translatifs de propriété d'immeubles situés hors de la ville & fauxbourgs de Paris , lesquels seront insinués , à la diligence des parties , dans les bureaux où les biens se trouveront situés , conformément à l'édit du mois d'Octobre 1705 , (raporté , tom. 2 , p. 549) & enjoint auxdits notaires & aux gréfiers de toutes les cours & jurisdictions de Paris , de délivrer , de trois mois en trois mois , au fermier , ses procureurs & commis , un

état

état particulier certifié d'eux, des contrats, fentences, jugemens & autres actes fujets à l'infinuation, à l'exception des donations à caufe de mort & des teftamens, qui ne feront délivrés qu'après le décès des teftateurs & donateurs, en leur païant les droits réglés par l'article 13 de la déclaration du 19 Juillet 1704.

Et par un autre arrêt du confeil du 5 Juin 1706, les notaires de Paris furent reçus opofans audit arrêt du 27 Avril précédent ; en conféquence, déchargés de l'obligation de faire eux-mêmes infinuer les contrats & actes fujets à infinuation, à condition, par eux, de faire mention, *fuivant leurs offres*, dans les contrats & actes qu'ils pafferont fujets à l'infinuation, de la néceffité qu'il y aura de les faire infinuer dans les termes portés par l'édit du mois d'Octobre 1705 ; & de délivrer, de trois mois en trois mois, aux fermiers les *extraits* des contrats de vente, partages entre collatéraux, & autres actes tranflatifs de propriété d'immeubles qu'ils pafferont fujets à l'infinuation, à peine de 100 liv. d'amende pour chaque contravention ; pour chacun defquels extraits il leur fera païé 5 f. par le fermier, non compris le papier timbré.

L'article 10 de la déclaration du Roi du 20 Mars 1708, qui affujétit les notaires du roïaume à faire infinuer leurs actes dans la quinzaine, excepte les notaires & les grêtiers de la ville de Paris, lefquels feront tenus feulement de faire mention de la néceffité de l'infinuation dans les actes & jugemens qu'ils délivreront, lorfqu'ils y feront fujets.

L'arrêt du confeil du 18 Juillet 1724, renouvelle les difpofitions des règlemens pour la mention de la néceffité de l'infinuation, que doivent faire les notaires & les gréfiers de Paris ; & fixe ce qui doit être obfervé pour les *extraits* qu'ils doivent fournir au fermier, des actes tranflatifs de propriété ou d'ufufruit d'immeubles, & des

Tome III.

inventaires, partages & autres actes. Cet arrêt & celui du 5 Décembre 1758, rendu contre un notaire, pour y avoir contrevenu, font raportés, verb. *Notaires*, §. XXI.

PARISIS, fignifie le quart en fus ; ce terme vient de ce que la monnoïe valoit anciennement un quart davantage à Paris qu'à Tours ; le fol tournois ne valoit que 12 deniers & le fol parifis en valoit 15.

Par édit du mois de Juillet 1595, les gréfes, clercs d'iceux & tabellionnages, furent augmentés du parifis; voyez *Gréfes*, tom. 2, p. 476.

Par autre édit du mois de Juillet 1626, le parifis des droits de gréfe fut établi en Bretagne.

Voïez auffi l'édit du mois de Décembre 1639, par lequel il fut créé des ofices de gréfiers alternatifs & triennaux, avec attribution, tant à eux qu'aux anciens, du quart en fus ; tom. 2, p. 476.

Par édit du mois de Mars 1654, le parifis fut établi fur tous les droits des fermes & autres étant ès mains du Roi ou aliénés.

Par autre édit du mois de Mars 1695, il fut ordonné qu'il feroit procédé à l'aliénation & vente à faculté de rachat perpétuel, au plus offrant, des 5 fols pour liv. ou parifis ordonné être levé par l'édit du mois de Mars 1654, fur tous les droits des fermes du Roi & autres.

PARLEMENS, cours fouveraines établies par nos Rois, & dépofitaires de leur autorité, pour, en leur nom, maintenir les loix, & juger en dernier reffort les diférends qui naiffent entre particuliers, & qui y font portés par apel des juges inférieurs ; il n'eft pas de notre objet de traiter de l'inftitution des Parlemens, ni du plus ou du moins d'étendue de leur pouvoir ; mais, nous devons parler des priviléges des oficiers de ces cours fouveraines.

La nobleffe au premier dégré fut accordée, par édit du mois de Juillet 1644, &

P

par déclaration du 6 Novembre 1657, aux préfidens, confeillers, avocats & procureur généraux, au gréfier en chef & aux quatre notaires-fecrétaires du parlement de *Paris*, alors pourvûs & qui le feroient ci-après ; l'éxemtion des droits feigneuriaux dûs au Roi, leur fut auffi accordée par le même édit, ainfi qu'à leurs veuves demeurantes en viduité. *Voïez* le tom. I, p. 590.

Par lettres patentes du mois de Novembre 1650, le Roi accorda pareillement la nobleffe aux préfidens, confeillers, avocats & Procureur généraux ; aux deux gréfiers en chef civil & criminel, & aux deux notaires-fecrétaires du Parlement de *Roüen*, ainfi qu'à leurs veuves & poftérité ; & S. M. ordonna qu'ils feroient éxemts à l'avenir, tant en aliénant & acquérant, qu'à toutes mutations, foit en ligne directe ou collatérale, de tous profits de fiefs, droits feigneuriaux, lods & ventes, rachats, & généralement de tous droits feigneuriaux & féodaux.

Le parlement de *Provence*, obtint, par lettres patentes du mois de Mars 1660, les mêmes priviléges dont jouïffoient les fecrétaires du Roi.

Les mêmes priviléges fûrent accordés au parlement de *Bretagne*, par un édit des mêmes mois & an ; mais, *voïez* ce qui a été obfervé, tom. 1, page 338.

La plûpart des autres parlemens & des cours fouveraines obtinrent les mêmes priviléges ; mais ils fûrent révoqués par édit du mois de Juillet 1669, raporté, tom. 1, p. 590.

Les befoins de l'état, pour fubvenir aux guerres qui fûrvinrent à l'occafion de la ligue d'Aufbourg & de la fucceffion d'Efpagne, obligèrent le Souverain à rétablir ces priviléges.

Par édit du mois de Novembre 1690, il eft dit que la grandeur du reffort du parlement de *Paris* avoit fait renouveller la propofition d'en créer d'autres dans fon étenduë, ou d'attribuer à de nouvelles jurifdictions la connaiffance de quelques affaires, qui lui a été donnée dès les premiers tems, de fon établiffement ; mais, que S. M. a eftimé devoir laiffer dans toute fon étenduë le reffort & la jurifdiction d'un parlement qui eft le premier tribunal de fa juftice & le fiége où elle la rend elle-même dans les affaires importantes, en augmentant le nombre des oficiers de cette cour, de deux préfidens, feize confeillers laïques & un avocat général ; & S. M. voulant en même tems donner à fa cour de parlement des marques publiques de fa fatisfaction, du zèle qu'elle fait paraître en toutes occafions pour fon fervice, & quelque indemnité de la multiplication du nombre des oficiers qui la compofent, la *nobleffe* au premier dégré fut attribuée aux préfidens, confeillers, avocats & procureur généraux, au gréfier en chef, & aux quatre notaires-fecrétaires de ladite cour, ainfi qu'au premier & principal commis au gréfe civil d'icelle (pourvû qu'ils éxercent 20 ans, ou qu'ils décédent revêtus de leurs ofices ;) voulant en outre S. M. que les fufdits oficiers & leurs veuves, demeurantes en viduité, foient *éxemts* à l'avenir, tant en aliénant, acquérant, même par échange, qu'à toutes mutations, foit en ligne directe ou collatérale, *de tous profits de fief*, lods, mi-lods, ventes, rachats, reliefs, & généralement de tous droits feigneuriaux & féodaux qui pouroient être dûs à S. M., à caufe des ventes & acquifitions qu'ils pouront faire de maifons, terres, feigneuries & autres héritages mouvans du domaine que poffédoit alors S. M, & qu'elle pofféderoit à l'avenir en quelque forte que ce puiffe être.

Les fubftituts de M. le procureur général du parlement de *Paris*, ont obtenu le 29 Juin 1704, une déclaration du Roi portant qu'ils feront compris & agrégés au nombre des oficiers de ladite cour de parlement, & compris dans l'édit de 1690 ;

en conféquence, ils font réputés nobles, pourvû qu'ils aïent fervi vingt ans, ou qu'ils décédent revêtus de leurs ofices ; & déclarés éxempts, en aliénant, acquérant, même par échange, de tous profits de fiefs des biens mouvans du domaine, ainfi qu'en jouïffent les principaux oficiers du parlement.

Ces priviléges & éxemtions furent accordés aux principaux oficiers de la plûpart des parlemens & autres cours fouveraines, comme on l'a obfervé, tom. 1, p. 590.

La noblefle au premier dégré a encore été révoquée par l'édit du mois d'Août 1715, qui n'a excepté que les oficiers du parlement de Paris, de la Chambre des comptes & de la cour des aides de cette capitale ; l'art. 4 de cet édit a feulement maintenu les oficiers des autres cours & compagnies fupérieures du roïaume dans la noblefle graduelle & dans tous les autres honneurs, prérogatives & priviléges attribués à leurs charges, & dont ils jouïffoient aux termes des ordonnances, édits, déclarations & règlemens intervenus avant le 1er Janvier 1689. Voïez le tom. 1, p. 591, où les éfets réfultans de cet édit font expliqués.

Les oficiers des parlemens (autres que celui de Paris,) ne peuvent donc jouïr de la noblefle au premier dégré, fi elle ne leur a été nommément attribuée depuis l'édit de 1715 ; & à l'égard de l'éxemtion des droits feigneuriaux, elle dépend de la manière dont elle eft exprimée dans les titres émanés de S. M. régnante, s'ils en ont obtenus.

Par arrêt du confeil du 12 Août 1738, rendu contradictoirement avec Yvon, fermier de l'excédent des cafuels & le fous-fermier des domaines de Dauphiné, il a été jugé que M. le comte du May, commandant pour le Roi en Provence, étoit, en qualité de confeiller d'honneur au parlement de Provence, éxemt des droits feigneuriaux, à caufe de l'acquifition par lui faite le 21 Mai précédent, de la terre de Chamaret, fituée en Dauphiné ; il s'eft fondé fur un édit du mois de Février 1705, qui accorde aux préfidens, avocats & procureur généraux de ladite cour, l'éxemtion & franchife des droits de lods & ventes des acquifitions qu'ils feront des fiefs, mouvans du domaine, ainfi qu'en jouïffent les oficiers de la cour des comptes, aides & finances dudit païs, fuivant l'édit du mois d'Avril 1704 ; & fur une déclaration du 30 Octobre 1708, par laquelle les oficiers du parlement de Provence ont été confirmés dans tous les attributs, priviléges & éxemtions des droits feigneuriaux des biens mouvans de S. M., & de tous droits de lods & ventes, quints & requints, reliefs, treizièmes, rachats, fous-rachats & autres droits feigneuriaux, à caufe des terres & fiefs, nobles ou rôturiers, mouvans du Roi, tant en vendant qu'en achetant ou autrement ; il a même allégué un arrêt du confeil du 12 Mai 1722, qui a jugé une pareille éxemtion en faveur de M. de Gramont préfident à mortier au parlement de Dauphiné, pour l'acquifition des terres de Pouffin & de Condom, fituées dans le Bugey, hors du reffort du Dauphiné.

Voïez, au furplus, ce qui a été obfervé, pour le parlement de Paris, tom. 1, p. 376 ; pour celui de Bretagne, tom. 1, p. 338 ; pour celui de Grenoble, tom. 2. p. 4 ; pour celui de Flandre, tom. 2, p. 375 ; pour celui de Befançon, tom. 2, p. 455 ; & pour celui de Metz, tom. 2, page 656.

Il faut auffi obferver que le privilége de la noblefle & l'éxemtion des droits feigneuriaux ne peuvent être prétendus que par ceux qui font dénommés dans les édits qui les ont attribués ; il y a de ces édits qui comprennent les gréfiers en chef, même les premiers huiffiers des parlemens ; & d'autres ne font aucune mention de ces oficiers inférieurs ; le filence qui a été gardé à leur égard eft une privation abfolue de la communication de ces priviléges & éxemtions, qui ne peuvent avoir lieu qu'en faveur de ceux auxquels ils sont nommément attribués. Voïez, *tom.* 1 , p. 429, col. 1 , & page 591 .

Par arrèt du Conseil du 9 Octobre 1759, rendu contradictoirement , après une ample instruction , & sur le dire de l'inspecteur général du domaine , il a été jugé que les *païeurs des gages* des cours souveraines , n'étant qu'oficiers inférieurs , ne jouïssent d'aucune des prérogatives de la noblesse , quoique leurs ofices aïent été créés pour jouïr , par ceux qui en seroient pourvûs , des mêmes priviléges & franchises dont jouïssent les principaux oficiers desdites cours , comme étant & faisant corps d'i- celles ; en conséquence , les demoiselles Chardon , filles d'un païeur des gages du parlement de Paris , ont été condamnées au païement du droit de franc-fief d'une terre noble à elles apartenante.

L'inspecteur général du domaine de la couronne a observé , par son dire inséré dans cet arrêt, que la vraïe noblesse est celle qui dérive de race ; que celle de concession est fondée sur la qualité des fonc- tions attachées à un service ordinaire ; que , lorsqu'il s'agit de concessions qui regardent certains corps d'ofices en général & cer- taines compagnies , comme les concessions embrassent ordinairement des priviléges & prérogatives de différentes espéces , & que , dans le nombre d'oficiers qui paroissent faire corps ensemble , il y en a de supé- rieurs & d'inférieurs , il est indispensable , quelques génériques que soient les termes dont on s'est servi dans la concession des différens priviléges , d'admettre des dis- tinctions dans l'application que l'on doit en faire à chaque membre même du corps ; que l'administration de la justice étant une des fonctions les plus importantes , c'est par cette raison que ceux qui ont été char- gés de la rendre dans un dégré de supé- riorité , ont toujours été regardés comme constitués dans un état noble , pour jouïr

des prérogatives de la noblesse person- nelle , ainsi que Chopin , Loiseau , Bac- quet , le Bret , & plusieurs autres auteurs l'attestent ; d'où il résulte nécessairement que lorsque , dans les compagnies supérieu- res chargées de l'administration de la justi- ce , il se trouve des oficiers qui , quoique créés en même-tems & pour être de leur corps , ne prennent aucune part aux fonc- tions publiques vraiment intéressantes pour l'état , ce seroit contrevenir aux véritables intentions du souverain , que d'étendre à ces sortes d'oficiers inférieurs les préroga- tives de la noblesse , tant que le Roi n'a pas jugé à propos de les attribuer d'une manière spéciale ; que les expressions gé- nériques , & la communication des mêmes & semblables priviléges , ne doivent s'en- tendre que des autres graces du prince , de l'application desquelles ces oficiers in- férieurs sont susceptibles , comme de jouïr des mêmes gages & autres émolumens de même qualité ; mais que , par rapport à la noblesse , il ne peut y avoir qu'une attri- bution expresse de ce privilége éminent en faveur de tels ou tels oficiers inférieurs , qui puisse les autoriser à la réclamer ; & , faute de cette concession précise & immé- diate , le silence gardé à cet égard sur cet objet les laisse dans la classe des non nobles, & par conséquent sujets aux droits de franc- fiefs : que , d'après ces principes incontesta- bles , il est aisé de se déterminer sur la question actuelle , en examinant les diffé- rens titres produits par les demoiselles Chardon ; que l'édit du mois de Juillet 1644 , accorde au parlement de Paris di- férentes sortes de priviléges ; que le pre- mier , qui concerne la noblesse transmissible au premier dégré , est attribué aux Prési- dens , conseillers , avocats & procureur généraux , au gréfier en chef , & aux quatre notaires - secrétaires ; que cette premiere concession , qui a été limitée aux personnes dénommées dans cette premiere partie de l'édit , ne peut s'étendre aux receveurs , huifliers & autres fupôts qu'on a coûtume de comprendre fous la dénomination ordinaire d'autres oficiers inférieurs , parce que ces oficiers inférieurs ne peuvent s'appliquer les motifs de cette grace , tels qu'ils font énoncés dans l'édit : dont l'un , entr'autres , eft de vaquer à une fonction aufli noble que celle d'adminiftrer , à la place du Roi , la juftice à fes fujets ; que le fecond privilége concedé par cet édit , qui ne confiftoit qu'à décharger les oficiers du parlement du droit de gabelle pour le fel de leur provifion & du droit de marchand , a été accordé non-feulement aux principaux oficiers de cette cour , mais encore aux gréfiers & autres oficiers ; que la troifiéme grace , qui avoit pour objet l'éxemtion des droits feigneuriaux , n'a été conférée qu'aux mêmes oficiers dénommés dans la premiere partie de cet édit concernant la noblefle ; d'où il fuit que *les receveurs & païeurs des gages* font demeurés exclus de cette éxemtion des droits feigneuriaux , aufli-bien que de la noblefle ; que la déclaration du 8 Juillet 1646 , (*a*) ne confirme les païeurs des gages que dans les priviléges dont il étoit queftion dans la déclaration du mois d'Octobre 1643 : favoir , de jouïr de leurs gages , augmentations de gages & taxations ; ce qui prouve bien évidemment que le Roi n'a eu nullement en vûë de communiquer aux païeurs des gages la même noblefle qu'aux principaux oficiers , par la raifon que la déclaration de 1646 , n'étoit qu'une confirmation , qui fuppofe une conceffion antérieure ; qu'elle ne rapelle pas l'édit de 1644 , & qu'elle ne dit pas un mot de la noblefle , ce qui prouve qu'on

peut être & faire partie de certain corps fous certain afpect : qu'on peut , quoique membre inférieur de ce corps , participer à une partie des priviléges des oficiers principaux du même corps , fans que ces défignations génériques emportent une participation abfoluë & entière à toutes les prérogatives dont les principaux membres font décorés ; qu'à l'égard des lettres patentes du mois d'Octobre 1677 , (*b*) à confidérer les chofes fuivant les vrais principes & les motifs qui ont donné lieu à l'indult , cette prérogative ne devoit point s'étendre jufqu'aux Païeurs des gages , parce que ce droit n'a été accordé , aux termes des bulles du Pape & des lettres patentes du Roi , que pour récompenfer les fervices que les principaux oficiers du parlement rendent continuellement à la religion & à l'état ; quoiqu'il en foit , ce qui a été décidé & réglé provifoirement à cet egard au profit de quelques particuliers , ne peut fervir de motif & de préjugé pour les priviléges de la noblefle , qui eft une prérogative qui intéreffe tout le public , & qui , par conféquent , ne doit être accordée que par des motifs d'utilité publique ; que l'édit de 1690 ne contient point la conceffion de la noblefle au premier dégré d'une manière générale , indéfinie & commune pour tous les oficiers du parlement de Paris ; mais d'une façon limitative , & feulement pour les oficiers qui ont l'honneur & l'avantage de coopérer perfonnellement aux nobles & importantes fonctions confiées à cette première compagnie du roïaume , & qui font les préfidens , confeillers , avocat & procureur général , gréfier en chef , les quatres notaires-fecré-

---

(*a*) Les demoifelles Chardon ont allégué que cette déclaration confirme les receveurs & païeurs des gages des oficiers du parlement & autres cours fupérieures , dans les mêmes priviléges & franchifes dont jouïffent les principaux oficiers defdites cours.

(*b*) Par ces lettres patentes , le Roi a confirmé les receveurs & païeurs des gages dans le droit d'être & de fe dire du corps du parlement , & , en cette qualité , continuer de jouïr & ufer de tous les mêmes priviléges , immunités , franchifes , éxemtions & droits ; & fpécialement de celui d'indult , dont jouïffent ou doivent jouïr les autres oficiers qui compofent cette cour.

taires , premier & principal commis au gréfe , qui font feuls dénommés dans cet édit ; d'où naît une conféquence d'exclufion contre les fimples païeurs des gages qui n'ont point été compris nommément dans cet édit ni dans celui de 1644 , & qui ne coopèrent pas à ces mêmes fonctions ; que l'arrêt du 8 Juillet 1704 , (*a*) a été rendu fur la requête du fieur Chardon pere , qui fe fondoit fur l'édit de création de fon ofice du mois de Mai 1691 , qui lui attribuoit les mêmes privilèges qu'aux païeurs des anciens gages de cette cour , fur les lettres patentes de 1677 , relatives à l'indult , & fur la déclaration de 1646 ; mais , qu'il s'eft abftenu de parler des édits de 1644 & 1690 , enforte que cet arrêt n'a prononcé en fa faveur qu'une décharge relative à la demande actuelle du fous-traitant , & non pas une confirmation & une maintenuë dans une éxemtion qui n'éxiftoit pas , & qui ne pouroit prendre fa fource dans aucun édit antérieur qui en contînt l'attribution expreffe ; que ce qui eft bien remarquable , c'eft que l'édit du mois de Juillet 1707 , rendu trois ans après l'arrêt de 1704 , ne dit pas un mot de la nobleffe : il confirme feulement lefdits païeurs des gages du parlement dans tous leurs privilèges , éxemtions , droits d'indult , & autres attribués par les édits & déclarations des années 1497 , 1514 , 1548 , 1592 , 1646 , & Octobre 1677 , dont ils jouïffent de même que les principaux oficiers du parlement ; que l'arrêt du 11 Juillet 1721 , (*b*) dont le fermier tire avantage , eft important en ce qu'il décide non-feulement que les privilèges & éxemtions font de droit étroit & ne peuvent en aucune manière fe fousentendre par des termes généraux , mais auffi que l'éxemtion du droit de franc-fief

ne peut jamais avoir lieu que dans le cas où elle eft nommément exprimée ; que la décifion du 21 Novembre 1720 , mérite attention , puifqu'elle eft dans l'efpéce actuelle ; & que , pour en connaître les motifs , il ne faut pas obmettre ce que le fieur de Poilly , infpecteur général du domaine , fous les yeux duquel elle avoit paffé , a obfervé à ce fujet dans fon avis , qui fut adopté par arrêt du 13 Juillet 1728 , rendu en faveur des oficiers du confeil provincial d'Artois , dans lequel cette décifion fe trouve vifée ; qu'il s'eft expliqué en ces termes : la décifion du confeil du 21 Novembre 1720 , qui affujétit le païeur de gages de la cour des aides (de Paris) au païement du droit de franc-fief qui lui étoit demandé , ne peut former aucun préjugé contre les oficiers du confeil provincial d'Artois , non plus que contre ceux des autres compagnies fupérieures , car la nobleffe perfonnelle & la prérogative de former un premier dégré pour tranfmettre la nobleffe à fes defcendans , lorfque le père & le fils ont fervi dans des corps fupérieurs , n'apartient , fuivant l'ancienne règle , qu'aux préfidens & confeillers , & aux gens du Roi , & non point aux oficiers fubalternes qui en dépendent ; que l'on doit donc regarder cette décifion comme conftante , & que fon vrai motif eft pris de la différence des fonctions entre ceux qui font habituellement acte de magiftrature , & de fimples receveurs & païeurs , qui ne font que manier les deniers deftinés à fervir de gages aux membres de la compagnie. Qu'indépendamment des arrêts cités par le fermier , & relatifs aux référendaires des chancelleries , (*c*) lefquels référendaires , quoiqu'oficiers inférieurs , ont des fonctions plus relatives à l'expédition du fceau que celles des païeurs des gages des cours

---

(*a*) Victor Chardon , païeur des gages , fut , par cet arrêt de 1704 , déchargé d'un droit de franc-fief qui lui étoit demandé.
(*b*) Cet arrêt eft raporté dans le tome 1 , page 428.
(*c*) *Voïez* tome 1 , page 402.

ne le font aux fonctions de judicature : l'arrêt du 18 Mars 1732, (*a*) fur lequel le fermier infifte, est d'autant plus confidérable que le fieur de Poilly relevoit pour les contrôleurs des domaines une circonftance très-forte ; que la décifion du 7 Avril 1745, mérite encore une fingulière attention, en ce que le fieur de Bois-le-Roi fe prétendoit exempt des droits de franc-fiefs, à caufe de fa charge d'intendant des turcies & levées, attendu qu'elle avoit été créée pour jouïr des mêmes privilèges que les tréforiers de France ; enforte que cette décifion confirme le principe, fuivant lequel la nobleffe & l'exemtion des droits féodaux doivent toujours être exprimés nommément, & ne peuvent fe fupléer par une fimple affimilation aux privilèges accordés à d'autres charges ; qu'enfin, les arrêts des 11 Juin & 13 Août 1749, (*b*) raportés par les demoifelles Chardon, ne peuvent porter la plus legère atteinte aux confidérations tirées des édits de 1644, & 1690, de la limitation qu'ils renferment, & de la qualité des fonctions dont il s'agit ; puifque, d'un côté la déclaration de 1646, qui y eft énoncée & qui a été invoquée par les païeurs des gages, n'a point de raport à la nobleffe ; & que, de l'autre côté, les païeurs des gages font corps des compagnies, parce qu'ils leur font néceffaires pour l'adminiftration intérieure & économique de leurs affaires ; mais qu'ils ne font point corps des cours, ne fiégent point, ne coopèrent point avec les préfidens & confeillers pour rendre la juftice fouveraine. Par toutes ces confidérations, l'infpecteur général du domaine eftime qu'il y a lieu, fans s'arrêter aux demandes des demoifelles Chardon, d'ordonner que la contrainte décernée contr'elles le 23 Mars 1756,

fera exécutée felon fa forme & teneur.

Par l'arrêt intervenu le 9 Octobre 1759, l'adjudicataire des fermes a été reçu opofant aux arrêts du confeil des 8 Juillet 1704, 20 Juin & 13 Août 1749 ; & ce faifant, fans s'arrêter aux demandes de Jeanne-Françoife-Madelaine, & Jeanne-Françoife-Jofephe Chardon, dont Sa Majefté les a déboutées & déboute, il a été ordonné qu'elles feront tenuës de païer le droit de franc-fief de la terre de Marchefroy, pour lequel elles ont été employées dans la contrainte du 23 Mars 1756, fauf à elles à fe pourvoir en modération, fi elles prétendent que la taxe excéde une année du revenu de ladite terre.

L'on doit dire la même chofe de tous les oficiers fubalternes des parlemens & autres cours fouveraines, qui ne font pas expreffément dénommés dans l'attribution de la nobleffe & des autres privilèges : comme les gréfiers plumitifs, ceux des préfentations & ceux des afirmations de voïages & autres femblables.

Voïez encore, *Notaires-Secrétaires des cours*, ci-devant, page 60.

PARTAGE, eft la divifion qui fe fait entre plufieurs perfonnes, de biens ou éfets qui leur apartenoient en commun, ou en qualité de cohéritiers, ou comme copropriétaires à quelque titre que ce foit.

Le partage eft un acte déclaratif de propriété de la portion échuë à chacun des cohéritiers ou copropriétaires ; jufqu'à ce partage, chacun avoit un droit indivis dans le tout : enforte que tout lui apartenoit, fans néanmoins qu'aucune partie lui apartint fpécialement ; mais, le partage, en réalifant le droit de chacun & en déterminant ce qui doit lui apartenir, fixe fa propriété diftincte, & le rend propriétaire abfolu

---

(*a*) *Voïez* tome 1, page 587.

(*b*) Par ces arrêts le fieur Reteau de la Baudoliere, païeur des gages de la chambre des comptes de Nantes, & le fieur Claude-André Andrea de Marciat, païeur des gages du parlement & cour des aides de Dijon, avoient été déchargés des droits de franc-fiefs.

Partage.

de ce qui lui eſt échu; chaque copartageant eſt même cenſé, par une fiction de droit, avoir eû cette propriété ſpéciale dès l'inſtant de l'ouverture de la ſucceſſion ou du titre commun, à l'éfet d'aſſigner ſur ſa portion les droits de ſes créanciers, & d'en dégager le ſurplus des biens qui étoient communs avant le partage.

§. 1. *Règlemens qui aſſujétiſſent les partages au contrôle.*

Tous les partages de meubles ou immeubles, qui ſeront faits par les notaires roïaux ou autres, ou par les gréfiers des juriſdictions, ſeront contrôlés dans la quinzaine du jour de la clôture ou dernière vacation d'iceux; défenſes auxdits notaires, gréfiers ou tabellions, d'en délivrer aucuns extraits ni expéditions, aux juges d'ordonner aucuns actes en éxécution deſdits partages, & à tous huiſſiers de faire aucuns deſdits actes, ſi leſdits partages n'ont été contrôlés, à peine de nullité & de 300 liv. d'amende contre chaque contrevenant; Arrêts du conſeil des 24 Août 1694, & 11 Janvier 1695.

Par autre arrêt du conſeil du 1er Mars 1695, rendu pour la province de Bretagne & autres païs où les gréfiers ont le droit de faire les inventaires & les partages, il eſt ordonné qu'ils les feront contrôler dans le tems & ſous les peines portées par les deux arrêts ci-deſſus.

Les diſpoſitions de ces trois arrêts ont été réitérées par l'article 2 de la déclaration du Roi du 19 Mars 1696, & par l'article 8 de celle du 14 Juillet 1699, ſous peine de 200 liv. d'amende pour chaque contravention.

Lorſque les partages ſont faits volontairement en juſtice, ils doivent être contrôlés dans la quinzaine de leur date à la diligence du gréfier. Voïez *Actes volontaires*, tom. 1, p. 82, & la déciſion de 1748, raportée à la pag. 85 du même vol.

A l'égard des partages faits par les père

& mère entre leurs enfans, voïez *Démiſſion*, tom. 2, p. 38; & *ajoûtez* que, par l'article 75 de l'ordonnance des teſtamens du mois d'Août 1735, il eſt ordonné que les diſpoſitions de l'article 6 du titre 7 de la coûtume de Bourgogne, & de l'article 216 de la coûtume de Bourbonnois, ſur la néceſſité de la ſurvie pour la validité des actes de partage entre enfans & deſcendans, auront leur entier éfet, lorſque les biens, compris dans leſdits actes, ſeront ſitués dans les lieux régis par leſdites coûtumes; & que leſdites diſpoſitions n'en auront aucun, lorſque leſdits biens ſeront ſitués ailleurs. L'article 77 de la même ordonnance, en abrogeant l'uſage des teſtamens faits conjointement par mari & femme, excepte néanmoins les actes de partage entre enfans & deſcendans.

Quant aux partages faits ſous-ſignatures privées, ils ſont dans le cas de tous les autres actes faits dans cette forme libre: c'eſt-à-dire, qu'ils ne ſont ſujets au contrôle qu'auparavant de s'en ſervir, ſoit en juſtice, ſoit pour paſſer des actes publics en conſéquence, par devant notaires ou autrement; à moins cependant que ces partages ne contiennent des retours de lots, ou autres diſpoſitions ſujétes au centième denier; auquel cas, le fermier eſt fondé à former la demande, tant de ce droit que les parties ont dû acquiter dans les trois mois de la date de l'acte, à peine du triple droit, que de celui de contrôle, comme étant le ſalaire d'une formalité qui doit néceſſairement précéder l'inſinuation; voïez *Actes ſous-ſignature privée*, §. 4, 13, 14 & 18.

§. 2. *Droit de contrôle des partages.*

Le droit de contrôle des partages eſt dû ſur la valeur entière de tous les biens qui forment la maſſe, y compris ceux de raport, & ſans aucune diſtraction des dettes paſſives

passives dûës fur lesdits biens ; à cet éfet , les estimations doivent être sincères & véritables ; voïez *Estimation*.

L'article 69 du tarif du 29 Septembre 1722 , porte que , pour les partages de meubles ou immeubles , entre telles perfonnes que ce soit , faits par devant notaires , gréfiers & autres qui en ont la faculté , les droits de contrôle feront païés fur le pié de la valeur des biens , fuivant les articles 3 & 4 du même tarif.

Le renvoi à l'article 4 , n'a lieu que dans la fupofition que les biens ne foient pas défignés dans le partage ; car , s'ils y font défignés , comme ils doivent règulièrement l'être , le fermier ne peut prétendre la fomme de 200 liv. fixée par l'article 4 du tarif , pour tenir lieu du plus fort droit de contrôle ; de même que les parties ne font pas fondées à vouloir le reftraindre à cette perception : il faut néceffairement que les biens défignés foient évalués pour liquider le droit de contrôle fur leur valeur ; c'eft même ce qui a été décidé au confeil le 28 Octobre 1742 , contradictoirement avec Mrs de Canapeville. Voïez *Défignation* , tom. 2 , p. 53 , & *Fort-droit*, p. 417 du même volume.

Décifion du confeil du 13 Juin 1723 , fur mémoire du fieur Bouron , notaire à Paris , qui juge que , les biens de raport entrant dans la maffe , le droit de contrôle eft dû , tant fur ces biens que fur ceux éxistans.

Par autre décifion du confeil du 11 Août 1733 , renduë contre Anne Audiger , il a été jugé que , pour un acte d'ordre de créanciers , dans lequel chacun fe trouve colloqué , le droit de contrôle devoit être perçu fur la totalité de ce qui eft partagé entre les créanciers. N. B. Cette décifion n'a pas d'aplication aux fentences d'ordre , qui font des actes judiciaires non fujets au contrôle , mais aux fentences arbitrales , & aux autres actes volontaires contenant ordre & diftribution entre les créanciers.

Décifion du 18 Octobre 1738 , con-

Tome III.

tre la veuve & les héritiers de Charles Oudot , au fujet du partage d'entr'eux , dans lequel il a été fait raport des dots des enfans & des aliénations ; décidé que , les raports étant réellement compris dans la maffe , le droit de contrôle eft dû fur la totalité.

Il y a une autre décifion du confeil du même jour 18 Octobre 1738 , au fujet du partage fait , entre la veuve & les héritiers du nommé Loifel , des éfets de la communauté , partagés après la déduction des reprifes refpectives , tant de la veuve que des héritiers du mari ; le commis de Beauvais prétendoit le droit de contrôle fur la totalité de la communauté ; le fermier acquiefça à la demande des parties , attendu que les reprifes avoient été prélevées avant le partage ; & la décifion porte que le remboursement des reprifes , tant de la veuve que des héritiers aïant été fait avant la formation de la maffe , il n'eft dû de droit de contrôle que fur ce qui forme réellement la maffe.

Le 25 Juillet 1739 , il a été décidé au confeil qu'il étoit dû 200 liv. pour tenir lieu du plus fort-droit de contrôle , pour une fentence arbitrale qui règloit les droits & prétentions de Mrs du Guefclin avant le partage qui devoit être fait entr'eux ; parce que néanmoins , fi le partage qui s'enfuivra ne contient point de nouvelle difpofition , il fera contrôlé comme acte fimple. *Nota.* La fentence arbitrale règloit la portion de chaque cohéritier , fans en fixer la quotité & fans donner aucune indication des biens ni de leur valeur ; ainfi , le droit de contrôle ne pouvoit être fixé que fur le pié de l'art. 4 du tarif ; mais , fi le partage fait enfuite étoit dans le cas de produire plus de 200 liv. pour le droit de contrôle , le fermier étoit inconteftablement fondé à percevoir l'excédent.

Décifion du confeil du 17 Mars 1742 , qui confirme la perception faite à Montlhéry du droit de contrôle d'un partage fait entre les enfans Gaudeau , fur le pié de la

Q

Partage.

masse des biens, montante à 113375 liv. & déboute les parties de leur demande, tendante à ce que ce droit fut réduit sur le pié de 67955 liv. à quoi se réduisoit la valeur des biens, distraction faite des dettes passives énoncées dans le partage.

Autre décision du 15 Décembre 1742, sur mémoire de M. Devaux, conseiller au parlement de Metz, qui se plaignoit de ce que le droit de contrôle du partage de la succession mobiliaire de la dame Darancy avoit été perçu sur sa valeur, sans avoir égard à ce que ce partage avoit été précédé d'un inventaire dont le droit de contrôle avoit été païé, & même sans faire distraction des legs prélevés en faveur de deux légataires. Décidé que le païement du droit de contrôle de l'inventaire ne peut dispenser un acte subséquent d'un droit auquel il est nommément assujéti ; que les légataires ne l'étoient pas nommément de tels & tels éfets, qu'ainsi, ceux qui leur ont été délivrés par l'acte de partage faisoient partie de la masse, & font réellement entrés en partage entre les héritiers & les légataires.

Décision du 24 Février 1752, au sujet du partage fait entre les enfans du nommé le Cointe, ensuite du compte de tutelle à eux rendu, par le même acte, par Pierre Salmon leur tuteur. Décidé qu'il n'est dû que le droit de contrôle du partage sur la masse, & qu'il n'en est point dû de particulier pour le compte de tutelle.

En 1738, il est fait un acte entre M. Clamousse auditeur des comptes à Montpellier & sa mère, par lequel il est convenu que la mère a la propriété des deux tiers indivis d'un bien, & que l'autre tiers apartient au fils ; après la mort de la mère, il se fait un partage entre le fils & ses deux sœurs ; M. l'intendant de Languedoc rend une ordonnance le 11 Décembre 1752, portant que le dernier acte n'a attribué au fils d'autre propriété que celle qui lui avoit été transmise par la transaction de 1738,

qu'ainsi l'éfet du dernier acte est seulement d'indiquer les objets dont la jouïssance étoit précédemment indivise ; en conséquence, le droit de contrôle de cet acte fut fixé à 10 fols pour ce qui concernoit le frère, & l'acte fut réputé partage pour ce qui étoit échu aux sœurs, qui n'avoient pas été parties dans la transaction de 1738. Sur l'apel du fermier, l'ordonnance a été infirmés par décision du Conseil du 26 Mai 1753, qui juge que le droit de contrôle est dû sur la valeur de tous les biens partagés. Cette décision est d'autant plus juste, que les biens étoient toujours restés indivis, qu'il n'y avoit pas plus de raison de considérer le partage comme acte simple, relativement au frère, qu'à l'égard des sœurs ; & que si l'on devoit réputer actes simples, ceux qui n'ont d'autre éfet que d'indiquer les objets dont la jouïssance étoit précédemment indivise, il faudroit retrancher absolument l'article 69 du tarif, parce que tous les partages sans exception se font entre des personnes déja propriétaires, & n'ont d'autre éfet que de désigner ce qui apartient à chacun dans la masse qui étoit indivise entr'eux.

Autre décision du conseil du 4 Juillet 1753, qui réforme deux ordonnances de M. l'intendant de Languedoc, par lesquelles il avoit jugé que le droit de contrôle du partage fait entre la veuve du sieur le Blanc & les administrateurs de l'hôtel-dieu de saint Eloy, héritiers institués, n'étoit dû que sur ce qui restoit de la masse, après la distraction des dettes ; cette décision porte positivement que *le droit est dû sur la totalité de biens, sans distraction des dettes* ; il a été formé oposition à cette décision, mais elle a été confirmée par une autre du 6 Juin 1754.

Décision du conseil du 22 Juillet 1754, sur l'article 6 du cahier des états de la province de Bretagne, qui juge que le droit de contrôle des partages est dû sur la valeur entière des biens partagés, sans déduction des dettes & charges ; elle eſt raportée tome 2, page 321.

Autre déciſion du 28 Septembre 1758, qui confirme une ordonnance de M. l'intendant de Montauban, par laquelle les enfans & petits-enfans de Jean Bouſquet ont été condamnés au païement du ſuplément du droit de contrôle du partage fait entr'eux, & chacun en 200 liv. d'amende pour la fauſſe eſtimation ; les biens avoient été eſtimés 5000 liv. par experts, quelques jours avant le partage, dans lequel ils ne ſont portés qu'à 700 liv. ; ils diſoient que c'étoit uniquement la faute du notaire, qui avoit été l'un des experts ; mais, l'évaluation dans le partage étoit de leur fait, & ils étoient les ſeuls qui euſſent profité de la fraude, ſi elle n'avoit pas été découverte.

§. 3. *Droit de centième denier des partages.*

1. Il a été obſervé, ci-deſſus, qu'un partage n'eſt point attributif, mais ſeulement déclaratif de propriété de la portion échuë à chacun des copartageans ; ainſi, le partage n'eſt point par lui-même ſujet au droit de centième denier, qui n'eſt dû que pour les mutations de propriété ou d'uſufruit d'immeubles.

2. La part d'un cohéritier eſt une portion de tout ce qui compoſe l'hérédité, ſans que ce ſoit plûtôt une choſe qu'une autre ; l'on n'eſt point aſtreint à diviſer chaque choſe en particulier ; le partage déclare & réaliſe la part de chaque cohéritier, & cette part peut conſiſter en immeubles comme en meubles ou éfets de l'hérédité, ſans donner ouverture à aucuns droits.

3. Mais, s'il eſt échû à l'un des cohéritiers ou autres copartageans des immeubles au-delà de ce qui doit compoſer ſa part, & qu'il ſoit tenu de faire raiſon de l'excédent à ceux qui ſont moins partagés, ſoit en leur faiſant une rente, ſoit en leur

païant une ſomme en deniers, c'eſt ce qu'on apelle *ſoulte*, ou *retour de lot ;* le droit de centième denier en eſt dû, quand bien même il s'agiroit du partage d'une ſucceſſion directe ou d'une ſucceſſion collatérale, ou de tout autre partage quelconque ; parce que la ſomme païée par l'un des copartageans à l'autre, ou la rente dans laquelle il ſe conſtituë, eſt le prix d'une acquiſition qu'il fait juſqu'à cette concurrence. Il y a même quelques coûtumes qui ; dans ce cas, accordent lods & ventes : telles ſont celles de Tours, de Nivernois & de Loris ; mais, en général, on favoriſe les premiers actes qui ſont faits entre cohéritiers & copropriétaires, pour faire ceſſer l'indivis des biens qu'ils poſſédoient en commun. Cette faveur, relative aux droits ſeigneuriaux, n'empêche pas que, dans toutes coûtumes indiſtinctement, le droit de centième denier, ne ſoit dû pour la ſoulte ou retour, parce que ce droit a ſes principes généraux, qui dépendent des loix du prince, & non des diſpoſitions des coûtumes.

4. Il faut néanmoins excepter deux cas, dans leſquels le droit de centième denier n'eſt pas dû de la ſoulte : le premier, lorſque cette ſoulte eſt païée en éfets provenans de la ſucceſſion commune ; alors, celui auquel elle eſt donnée, n'eſt pas cenſé la recevoir de ſon copartageant à titre de païement ; l'on conſidère qu'il la prend dans la ſucceſſion même, juſqu'à concurrence de ce qui lui revient pour ſon partage.

5. Le ſecond cas eſt, lorſque celui qui païe la ſoulte ſe trouve avoir dans ſon lot des immeubles fictifs, ou des meubles & éfets qui excédent la valeur de cette ſoulte ; parce qu'alors, on ne peut pas dire que la ſoulte qu'il païe, ſoit plûtôt le prix de l'acquiſition d'un excédent d'immeubles, que celui des immeubles fictifs ou des éfets mobiliaires, qui ne ſont pas ſujets au centième denier.

Q ij

6. Il faut encore excepter les partages contenant foulte, qui font faits entre des démiffionnaires, par le même acte qui leur a tranfmis les biens ; *voïez* ce qui a été dit à cet égard à l'article *Démiffion*, tom. 2, p. 43.

7. Dans les partages qui fe font entre des héritiers aux propres, & des héritiers aux acquêts, ou des légataires univerfels, il eft du bon ordre de donner à chacun d'eux l'efpèce de biens, à laquelle il eft apellé par la loi ou par le teftament ; mais, on eft fouvent obligé d'y aporter des changemens, pour ne pas divifer une maifon ou une terre, qui peut être en partie propre, & en partie acquêt ; ce n'eft néanmoins qu'un partage, qui ne peut donner ouverture au droit de centième denier, lorfqu'il n'y a point d'argent promis ou donné, pour avoir des immeubles au-delà de fon contingent ; bien entendu néanmoins que celui auquel refte une terre ou une maifon, y eut une part quelconque à prétendre avant le partage ; car, s'il y étoit abfolument étranger, le droit feroit dû : c'eft ce qui peut arriver, lorfqu'on donne un propre à celui qui n'étoit héritier qu'aux acquêts feulement. Alors, ce n'eft plus un partage ; c'eft un échange ; au lieu que s'il y a deux maifons à partager entre l'héritier des propres & celui des acquêts, & que chacune de ces deux maifons tienne nature de propres & d'acquêts, l'on n'eft point aftreint à la divifion de chaque maifon ; & il eft plus naturel que chacun des partageans en ait une entière. Il ne fera dû pour ce partage aucun droit de centième denier, parce que l'un & l'autre des partageans avoit un droit indivis dans la maifon qui lui refte, & que le partage eft fimplement déclaratif de fa propriété de la totalité, fans qu'il débourfe aucuns deniers.

8. Mais, lorfqu'en divifant une fucceffion entre des héritiers de diverfes lignes, l'on donne aux uns ou aux autres des biens auxquels la loi ni le teftament ne les apelloit pour aucune portion, comme lorfqu'on donne des propres paternels à l'héritier aux propres maternels, ou des propres à l'héritier aux acquêts, ou au légataire des meubles & acquêts, cet arrangement, qui faifit les uns & les autres de biens auxquels ils étoient étrangers, donne lieu non-feulement au droit de centième denier, mais encore aux lods & ventes, fuivant l'article 282 de la coûtume d'Anjou, & fuivant Livon. traité des fiefs, liv. 3, chap. 6, fect. 6.

9. Si, par l'évènement du partage, l'un a plus d'immeubles que l'autre, fous la condition de païer les dettes de l'hérédité, c'eft une efpèce d'acquifition qu'il fait ; mais, il faut diftinguer les charges foncières dont il eft grévé, des dettes hipotéquaires : le copartageant chargé d'une rente foncière, affectée fpécialement fur fon lot, ou qui l'étoit fur tous les biens de l'hérédité, ne peut être préfumé acquérir, ni par conféquent être affujéti au droit de centième denier ; au lieu que fi les charges dont il eft grévé font de nature à pouvoir s'en libérer en deniers, c'eft une créance qu'il fe charge d'acquiter : c'eft le prix d'une acquifition qu'il fait de la maffe, dont les lods ne font pas dûs à la vérité, fuivant le droit commun ; mais, le droit de centième denier en eft inconteftablement dû, à la déduction de fon contingent ; un éxemple expliquera la règle de cette déduction : trois frères ont à partager également des immeubles de valeur de 30000 liv., & il eft dû 6000 liv. fur ces biens, foit en argent, foit en rentes conftituées ; il revient donc jufqu'à concurrence de 10000 liv. de fonds à chacun, fous la condition de païer pour 2000 liv. de dettes ; au lieu de s'arranger ainfi, l'un prend pour 14000 liv. de fonds, & il en refte pour 8000 liv. à chacun des deux autres ; au moïen de quoi, le premier fe charge d'acquiter les dettes, & d'en libérer fes frères ; il ne feroit pas jufte d'éxiger le droit de centième denier fur le

pié des 6000 liv. qu'il est tenu de païer à la décharge de la succession : il en confond un tiers en sa personne, & il ne doit le droit que sur le pié de 4000 liv., qui est la juste concurrence de ce qu'il a d'immeubles, au-delà de ce qui devoit lui revenir par un partage égal ; chacun de ses frères est censé lui en abandonner pour les 2000 liv. qu'il païera en leur acquit, & le centième denier n'est dû que de cet objet.

10. Le partage une fois fait, tous les actes qui se passent entre les copartageans, rentrent dans les règles générales & ordinaires ; ensorte que si l'un céde sa part à l'autre, ou s'ils font un échange entr'eux, ce n'est plus un partage : chacun avoit sa part distincte, & n'avoit plus aucun droit sur celle des autres ; ainsi, toutes conventions postérieures, par lesquelles ils échangent ou se transportent le tout ou partie de ce qui leur étoit échu, opèrent de véritables mutations sujétes aux lods, au centième denier & aux autres droits, quelques soient les termes qui s'y trouvent employés ; les loix féodales ont favorisé les premiers actes faits entre cohéritiers & copropriétaires, pour faire sortir de communauté les biens qu'ils possédoient par indivis ; mais, cette faveur ne peut s'étendre au-delà. *Voyez* le traité des fiefs de Livon. liv. 3, ch. 6, sect. 6.

11. Après ces maximes, nous raporterons les autorités sur lesquelles elles sont fondées.

Voïez l'article 6 de la déclaration du 20 Mars 1708, & ce qui a été observé à l'article *Licitation*, n. 3, tom. 2, pag. 623.

Arrêt du conseil du 28 Mars 1721, par lequel, sans avoir égard à une ordonnance de M. l'intendant de Bordeaux, qui avoit déchargé le sieur Brassier du droit de centième denier d'une somme de 6500 liv. de retour de lot, convenuë par le partage d'entre lui & son frère, des biens de la succession de leur oncle, sous prétexte que

le droit avoit été païé en entier pour cette succession ouverte en ligne collatérale, ledit sieur Brassier a été condamné au païement dudit droit pour le retour stipulé dans le partage.

Décidé le 4 Mai 1723, qu'il n'est point dû de droit de centième denier pour une soulte, païée en éfets provenans de la succession partagée.

L'arrêt du conseil du 18 Juillet 1724, qui assujétit les notaires & gréfiers de Paris à fournir au fermier des domaines des extraits de tous les actes sujets à l'insinuation ou au centième denier, comprend nommément les partages des successions collatérales, & ceux des biens échus en ligne directe, qui contiendront des soultes & retours de lot.

Décision du conseil du 10 Août 1727, qui juge que le droit de centième denier est dû pour une soulte convenuë dans un partage de succession directe.

Autre décision du conseil du 18 Décembre 1728, au sujet du partage fait entre le sieur du Rochy & son frère, des biens de leur père ; l'un avoit eû tous les immeubles, & l'autre, tout le mobilier, reconnaissant l'un & l'autre qu'ils étoient bien & dûment partagés ; le fermier des domaines de la généralité de Moulins demandoit le droit de centième denier de la moitié des immeubles, prétendant que chacun des deux frères, y avoit une portion égale, & que celui qui en demeuroit propriétaire, acquéroit par conséquent la part de son frère ; mais, cette prétention étoit sans fondement, puisque l'autre frère se trouvoit entièrement partagé en éfets de la succession ; la décision porte : *néant sur la prétention du fermier ; le centième denier n'est dû en cas de partage d'une succession directe que de la soulte qui seroit païée en autres éfets que ceux de la succession.*

Décision du conseil du 14 Mai 1729, sur la demande faite à la dame Feydeau du droit de centième denier d'une soulte de

17754 liv. par elle payée au fieur le Fé-vre de la Barre fon frère , par le partage d'entr'eux , quoique dans le lot de ladite dame , compofé de deux terres , il y eût des éfets mobiliaires qui abforboient cette foulte ; la décifion prononce *néant* fur cet-te demande , *attendu que le lot qui com-prend les terres , étant auffi compofé d'é-fets mobiliaires , on ne doit pas imputer la foulte fur les immeubles :* la même chofe a été décidée le 19 Janvier 1732 pour un par-tage fait entre les fieurs le Bel.

Décidé le 16 Décembre 1730 , que , pour un partage de communauté fait entre l'héritier du mari & celui de la femme , il n'eft point dû de droit de centième denier , quoique l'un ait tous les conquêts ; parce qu'il ne débourfe rien , & que l'autre fe trouve rempli par le mobilier.

Décifion du 23 Juin 1731 , qui juge qu'il n'eft point dû de centième denier pour un partage d'immeubles , quoique le lot de l'un foit plus confidérable que les autres ; attendu que celui auquel eft échu ce lot ne débourfe rien & qu'il eft feulement ftipu-lé qu'il prendra moins dans les éfets mobi-liaires.

Autre décifion du confeil du 22 Juin 1737 ; il avoit été fait en 1726 , un par-tage entre les fieurs de Moges , frères , de biens fitués à Paris & en Normandie ; il étoit échu à l'un , des biens auxquels la loi ne l'apelloit que pour une partie ; & , en compenfation , les autres frères avoient des biens auxquels il devoit participer fui-vant la coûtume ; le fermier demandoit le droit de centième denier , prétendant que cet arrangement opéroit un échange ; mais , il ne s'agiffoit que d'un fimple partage , dans lequel , comme on l'a déja dit , l'on n'eft point affujéti à divifer chaque partie : il fufit que chaque copartageant foit rem-pli de fa part en biens ou éfets provenans de la fucceffion commune , & auxquels il devoit participer , de quelque nature qu'ils foient , & qu'il n'y ait point de foulte

païée en deniers ou éfets étrangers à la fucceffion , pour que l'on ne puiffe pas de-mander le centième denier ; la décifion in-tervenuë fur le mémoire du fieur Debas , repréfentant le fieur de Moges , a jugé en-conformité de ces principes : elle porte qu'il n'eft dû de centième denier que pour les portions qui font demeurées aux co-partageans , pour de l'argent qu'ils ont donné aux autres.

Décifion du confeil du 20 Juillet 1737 , fur mémoire des gens des trois états de Provence , tendant à la reftitution du droit de centième denier d'une foulte de partage fait entre les deux filles du fieur de Saint Leger ; le père , après avoir conftitué 15000 liv. en dot à chacune de fes filles , leur en avoit fait le païement en éfets qui produifoient des revenus diférens ; après la mort du père , il fut ordonné qu'il feroit fait un partage égal entr'elles ; & c'eft par ce partage qu'il a été ftipulé une foulte à caufe de la diférence du revenu dont elles jouïffoient. Décidé qu'auffi-tôt qu'il y a une foulte de partage qui ne fe tire point de la fucceffion , le droit de centième de-nier eft dû.

Autre décifion du confeil du 11 Janvier 1738 , au fujet d'un acte , en forme de par-tage , fait en 1719 , entre la dame veuve Mandé & la dame Perochet fa fœur , par le-quel l'une , qui avoit à prétendre les deux tiers des biens , refte propriétaire de la totalité , en païant une fomme à fa fœur , & en fe chargeant de païer les dettes ; l'on confentoit à païer le droit de centiè-me denier fur le pié de la fomme feulement , & le fermier le prétendoit fur la valeur du tiers : c'eft ce qui a été jugé par la décifion.

Du 14 Mars 1739 , décifion fur mémoire du fieur Binet de Touteville , qui , par le partage d'une fucceffion directe , avoit prélevé des biens , à la charge d'acquiter un legs fait par la mère , pour fondation ; décidé que , s'il a pris les biens à la charge d'éxécuter la fondation , il doit le droit de centième denier ; il falloit diftraire fa part comme on l'a dit ci-deffus , n. 9.

Décifion du confeil du 11 Avril 1739 , contre M. Bréauté qui foûtenoit ne pas devoir de centième denier , pour une foulte ftipulée dans le partage d'entre lui & fon frère , de la fucceffion de leur père : il difoit que la foulte étoit forcée , parce qu'il s'agiffoit d'un fief en Normandie , où la loi défend de divifer les fiefs ; mais , le droit n'eft pas moins dû pour une foulte forcée que pour celle qui eft volontaire : c'eft la même efpèce que la licitation , dont l'introduction a eû principalement pour objet les biens qui ne peuvent fe divifer ; elle eft néanmoins affujétie nommément au droit de centième denier.

Autre décifion du 9 Juin 1742 , contre Charles de la Barre & fes cohéritiers , au fujet du partage fait entr'eux des biens de la fucceffion de leur père , & de celle de leur oncle , contenant des retours ftipulés païables en rentes. Décidé que toutes fortes de biens fonds , qui ne s'acquitent pas en mobilier de la fucceffion , font fujets au centième denier.

Décifion du 10 Juillet 1745 , pour une licitation faite entre l'héritier aux propres paternels & aux acquêts , & l'héritier aux propres maternels ; elle eft raportée dans le tom. 1 , page 624. L'obfervation qui s'y trouve eft conforme à ce que nous avons dit ci-deffus , n. 7 , puifque les colicitans avoient droit l'un & l'autre dans les deux maifons , quoiqu'à des titres diférens : voïez encore la décifion fuivante.

Autre décifion du 30 Octobre 1745 , en faveur du fieur Deroufiers , confeiller en la cour des monnoïes de Paris. Il s'agiffoit du partage fait entre lui & fes frères uterins , des biens de leur mère commune ; il y avoit diférentes maifons , qui tenoient nature de propres & d'acquêts , & dans chacune defquelles , les uns, & les autres avoient un droit indivis ; par l'événement , le fieur Deroufiers refte propriétaire d'une de ces maifons , & les autres paffent à fes

frères ; le fermier foûtient mal-à-propos que c'eft une double licitation , & il eft débouté de fa prétention.

Décifion du confeil du 4 Décembre 1749 , contre M. le marquis de Marfay , au fujet d'un acte fait entre lui & le comte de Marfay fon frère ainé , par lequel le comte céde au marquis les droits qui lui apartenoient dans la terre de Mauzé , généralité de la Rochelle , provenante de la fucceffion de leur père , & dont ils jouïffoient par indivis , fur le pié de 78000 liv. jufqu'au païement de laquelle fomme , il abandonne au comte la jouïffance de biens en Champagne , qui apartenoient privativement au marquis de la fucceffion de fa mere ; jugé que le droit de centième denier eft dû de la partie cédée au marquis , indépendamment de ce qui a été païé en Champagne pour les autres biens. Il n'auroit été dû aucun droit , fi le marquis avoit païé le prix des portions de la terre de Mauzé , en éfets provenans de l'hérédité commune ; mais , ne l'aïant païé qu'en biens qui lui apartenoient privativement , c'eft un échange fujet au centième denier fur tout ce qui eft cédé réciproquement.

Autre décifion du 10 Mars 1757 ; le fieur le Roi & fa femme moururent en 1747 , & laiffèrent trois enfans mineurs , lefquels ont jouï des biens par indivis pendant quelques années ; ils ont acquis une maifon en 1754 , fous le nom de l'aîné qui étoit alors majeur , & la déclaration en fut paffée à l'inftant au profit commun ; en 1756 , ils font un partage , par lequel ils reconnaiffent que le prix de la maifon acquife a été emprunté à titre de conftitution ; & que cette maifon , qui ne peut fe divifer , ne convient qu'au fieur Bougenoux , l'un d'entr'eux , qui n'a pas pris le parti du commerce ; en conféquence fon lot eft compofé de cette maifon & de diférentes parties de rentes provenantes des fucceffions des père & mère ; les deux autres frères ont les marchandifes , les deniers comptans &

Partage,
§. 3.

les dettes actives, qui forment à chacun la même valeur que celle du lot du sieur Bougenoux. Le fermier a dit qu'ils avoient procédé au partage à deux titres diférens: l'un de cohéritiers & l'autre de coacquéreurs; qu'en cette dernière qualité ils ont fait une licitation de la maison, qui est étrangère aux successions partagées; qu'ainsi le droit de centième denier est dû sur le pié des deux tiers de l'évaluation de cette maison; que si le prix n'en a pas été païé par celui auquel elle est restée, il a été compensé par l'abandon que le sieur Bougenoux a fait de ce qui devoit lui revenir jusqu'à la même concurrence dans les éfets des successions: la décision porte que le droit est dû pour les deux tiers. Je ne saurois me persuader que le centième denier fut dû, dans ce cas: la distinction des deux titres auxquels on a partagé est absolument indiférente: les trois frères étoient en communauté, & la maison qu'ils avoient acquise étoit entrée dans cette communauté; elle y étoit tellement identifiée qu'elle n'en formoit plus qu'une partie intégrante & indivisible; le droit de chacun des frères étoit le même sur toute la masse, sans pouvoir former aucune prétention distincte, plûtôt sur un objet que sur un autre; les accroissemens de la communauté pendant dix années, par des profits de commerce, par des acquisitions ou autrement, ne pouvoient être regardés que comme s'étant à l'instant identifiés avec les éfets qu'ils avoient recueillis des successions des père & mère, & par conséquent comme formant un tout, dans lequel chacun des frères avoit un droit égal. Il étoit inutile d'alléguer que le prix de l'acquisition fut emprunté à titre de constitution: il ne paraît pas même que les rentes subsistassent lors du partage, ce qui donne lieu de croire qu'elles avoient été remboursées à même des deniers communs. Or, la maison faisant partie de la masse, & les frères aïant également droit sur tous les objets de cette

masse, il s'ensuit qu'ils ont pû la partager pour faire cesser l'indivis, sans être astreints à diviser séparément ce qui éxistoit lors du décès des père & mère, & ce qui étoit accrû depuis par acquisition, œconomie d'administration ou autrement; & que, par conséquent, le droit de centième denier ne pouvoit être demandé d'un partage égal, fait sans aucune soulte.

PARTAGE *entre les abbés ou prieurs & leurs religieux*, est la division qui se fait des biens qui étoient communs à l'une & à l'autre manse, pour les posséder & en jouir distinctement à l'avenir & en satisfaisant aux charges claustrales. *Voïez* ce qui a été dit à cet égard, tome 1, pages 3 & 469; & tome 2, page 275.

Il y est établi que le droit de contrôle est dû pour ces partages, comme pour les autres, sur la valeur entière des biens partagés.

Il y est dit aussi que, lorsqu'il a été fait une fois un partage canonique entre l'abbé & les religieux, les actes qu'ils passent ensuite, pour changer le tout ou partie des biens dont ils jouissent, soit à titre de cession moïennant une rente, soit par échange, sont sujets aux droits ordinaires, tant de contrôle que de centième denier & d'amortissement; il n'y a d'exception à cet égard que lorsqu'il s'agit simplement du lot spécialement affecté aux réparations & autres charges claustrales; car, quoique ce lot ait été compris dans l'une des deux manses par un partage précédent, si l'on fait aujourd'hui un acte qui n'aura d'autre objet que de faire passer le même lot à l'autre manse, les droits de contrôle & de centième denier seront dûs à la vérité, comme il a été dit aux citations ci-dessus; mais, il ne sera point dû d'amortissement, parce que l'on ne considère pas comme une mutation, le simple changement d'administration d'un lot commun, & uniquement affecté aux charges des deux manses. Décision du conseil du 5 Février 1730, en

faveur

faveur des religieux de l'abbaïe de Valho-
nette en Auvergne.

Livoniere, dans son traité des fiefs, liv.
4, ch. 4, en parlant du rachat dû par les
communautés ecclésiastiques, dit qu'à l'é-
gard des communautés qui ont un chef en
titre perpétuel, l'on distingue lorsque la
manse conventuelle a été partagée entre
l'abbé ou le Prieur commandataire ; que ce
qui est dans le lot de l'abbé ou du Prieur
tombe en rachat par sa mutation, de quelque manière qu'elle arrive sans exception ;
car, depuis l'introduction des commandes
& que les partitions ont été autorisées par
les arrêts, il faut regarder le lot des abbés
& prieurs commandataires, comme leur
manse particulière, & le temporel de leurs
bénéfices distinct & séparé de la manse conventuelle, sans remonter à l'origine ; ainsi,
les abbés & prieurs ne doivent plus être
regardés comme chefs de communautés,
mais, comme des titulaires particuliers,
qui ont leurs revenus à part.

Lorsqu'il n'y a point encore eû de partage & que les biens ont été possédés par
indivis, avec confusion des manses, le
partage qui se fait ne peut donner ouverture aux droits de centième denier ni
d'amortissement, s'il est pur & simple, c'est-
à-dire, simplement déclaratif de la portion
dont chacun jouïra à l'avenir ; mais, s'il y
a eû un partage, les arrangemens postérieurs, sous quelque nom qu'ils soient dé-
guisés, sont sujets aux droits comme on
l'a observé ci-dessus.

Dans le cas même, où il n'y a pas eû
de partage canonique, si l'abbé céde aux
Religieux le tout ou partie des biens
qui doivent lui apartenir, sous la condition de lui en faire une rente, ou une redevance fixe : ou si les religieux cédent
à leur abbé, à cette condition, les droits
de centième denier, & d'amortissement
sont incontestablement dûs ; on allé-
gueroit envain qu'il n'est point dû de
droits seigneuriaux pour le premier acte

Tome III.

qui se fait entre cohéritiers & copropriétaires : la règle de ces droits n'est pas
celle de ceux de centième denier, comme
nous l'avons fait voir aux articles *Licitation & Partage* ; ceux d'amortissement ne
font pas non plus soumis aux mêmes règles : ils ont leurs principes distincts ; les
cohéritiers & copropriétaires font éxempts
de lods & ventes pour le premier acte
qu'ils passent, à l'éfet de faire sortir de
communauté les biens qu'ils possédoient par
indivis : ils ont la liberté & la capacité de
posséder, & il est indiférent, pour les
droits seigneuriaux, que ce premier acte
soit un partage, une licitation, ou une
cession ; mais, il n'en est pas ainsi des
communautés religieuses : les biens communs à la manse abbatiale & à la manse
conventuelle, appartiennent à l'abbé &
aux religieux, qui, par l'amortissement
primitif, font réciproquement habiles à
posséder leur portion ; ils peuvent donc
faire cesser l'indivis par un partage, qui
mettra chacun en état de jouïr distinctement de sa portion, &, dans ce cas,
il ne sera point dû de droit d'amortissement ; si, au lieu de faire un partage,
tous les biens font abandonnés à l'une des
manses, à condition de faire une rente à
l'autre, c'est une véritable cession, & le
cessionnaire, qui n'étoit habile qu'à posséder sa portion uniquement, devra incontestablement le droit d'amortissement du
surplus, c'est-à-dire, sur le capital de ce
qui doit être payé à l'autre manse, pour
le prix de cette cession, & non pas sur
les charges communes & claustrales,
comme il a déja été observé. Je sais que
l'on peut prétendre se prévaloir d'un arrêt du 19 Août 1755, rendu au sujet des
droits de centième denier & d'amortissement
d'une cession faite par le Prieur-Comman-
dataire de Saint-Pierre de la ville du Saint-
Esprit, aux religieux de ce couvent ; mais
un arrêt, rendu sans que la question ait
été traitée, qui est contraire aux princi-

R

pes subsistans de l'un & de l'autre des droits, & qui n'annonce aucune volonté déterminée du législateur de changer ces principes : un semblable arrêt ne peut nullement servir de règle. *Voïez* ce qui a été observé sur l'espèce dont il s'agit à la date du 10 Octobre 1752, tome 1, page 3, colonne 2.

PAU, ville capitale du Bearn, où il y a parlement & chambre des comptes ; c'est le chef-lieu d'une généralité, qui est réunie avec celle d'Auch, pour ne faire qu'une seule intendance. Voïez *Bearn.*

La réunion des Domaines ordonnée en 1667, fut effectuée dans le ressort de la chambre des comptes de Pau. Voïez *Domaine*, §. 5, n. 1. Il fut ordonné, par arrêt du 17 Février 1668, qu'il seroit procédé à la réunion de tous les domaines engagés dans le ressort de ladite cour ; un autre arrêt du 2 Juillet 1668, ordonna que le fermier des domaines entreroit en possession de ces domaines ; & par un autre arrêt du 10 Décembre 1670, le conseil ordonna la réunion des domaines, du contrôle des exploits, des amendes, afirmations de voïage & autres droits, compris dans le bail de Vialet, dans l'étendue du parlement de Pau; & qu'il seroit procédé à la recherche desdits domaines & droits domaniaux, parts & portions d'iceux, usurpés, recélés ou négligés ; & même, travaillé à la confection d'un papier terrier.

PAYEURS *des gages* ; ceux des oficiers de la chancellerie de France, sont secrétaires du Roi, & jouïssent des mêmes & semblables priviléges, pour la noblesse & l'éxemtion des droits seigneuriaux que les autres secrétaires de S. M. Voïez *Secrétaires du Roi.*

Les payeurs des gages des oficiers des chancelleries établies près les cours & conseils supérieurs & provinciaux, jouïssent des mêmes priviléges que les secré-

taires des mêmes chancelleries, comme leur étant spécialement attribués par les édits des mois de Décembre 1727, & Décembre 1743, raportés, tom. 1, p, 400 & 401.

Quant aux païeurs des gages des oficiers des parlemens & autres cours supérieures, ils ne jouïssent, ni de la noblesse, ni de l'éxemtion des droits seigneuriaux. *Voïez* ce qui est dit à leur égard, à l'article *Parlemens*, pag. 116.

PAYS-BAS ; on distingue les païs-bas de la domination française & les païs-bas Autrichiens.

Par le traité de Cambray du mois d'Août 1529, il fut accordé que, dorénavant tous & chacuns les sujets, manans & habitans des duchés, comtés, païs & seigneuries de Brabant, Limbourg, Luxembourg, comtés de Flandre, d'Artois, de Bourgogne, de Hainault, Doutrelen, de Namur, Hollande, Zélande, Tournay, Tournaisis, Salins & Malines, apartenans à l'Empereur Charle V, pouroient succéder aux fiefs, terres, seigneuries, héritages & biens meubles de leurs prochains parens étant au roïaume de France, encore qu'ils ne fussent natifs dudit roïaume ; & pareillement que les sujets, manans & habitans d'icelui roïaume de France, en quelques lieux qu'ils fussent nés, pouroient succéder aux fiefs, terres, seigneuries, héritages & biens meubles, qui se délaisseroient par leurs parens, étant situés & assis èsdits duchés, comtés, terres & seigneuries de l'Empereur, nonobstant & sans avoir égard au droit d'aubaine ou d'aubanité qui fut aboli & mis au néant.

Ce traité, & celui de 1544, pour les païs de Gueldres, Zurpen, Frize & Utrecht, apartenans au même Empereur, furent confirmés par le traité de Câteau-Cambresis, du 3 Avril 1559, entre Henry II, & le Roi d'Espagne Philippe II ; enforte que l'éxemtion du droit d'aubaine a eu lieu pour la partie des païs-bas restée à la maison d'Autriche.

Par l'art. 24 du traité de Baden, entre Loüis XIV, l'Empereur Charles VI & l'empire, conclu le 7 Septembre 1714, il eſt ſtipulé que tous les règlemens établis par les précédens traités & par les ordonnances ou édits roïaux, & qui ont été juſqu'alors reçus par un uſage ſuivi de part & d'autre, pour l'abolition réciproque du droit d'aubaine, à l'égard des ſujets de France & de ceux des païs-bas, ſeront tenus pour confirmés, comme s'ils étoient expreſſément raportés.

Voïez encore les arrêts cités dans le tome 1er, page 240, & l'article *Hollande*.

PÉAGE; les droits de péage ſont connus ſous diférens noms, comme paſſages, bacs, pontonages, travers, barrages, coûtumes, tonlieu, trépas de loire &c; ils ſe perçoivent pour le paſſage des voitures, beſtiaux, marchandiſes & denrées, même pour celui des hommes qui paſſent des rivières, ou qui traverſent certains chemins, ou des places, ponts, chauſſées &c.

Les droits de péage apartiennent au Roi, & ne peuvent être perçus qu'au profit de S. M., ou des engagiſtes de ſes domaines, ou de ceux auxquels ils ont été accordés à titre d'inféodation ou d'octroi. Les ſeigneurs haut-juſticiers ne les peuvent éxiger ſans conceſſion expreſſe, ou du moins s'ils n'ont en leur faveur une poſſeſſion immémoriale; *voïez* Bacquet, des droits de juſtice, chap. 30, n. 19, & l'arrêt du parlement de Paris obtenu par M. le Duc de Sully le 27 Janvier 1665, ſur le fondement de ſa poſſeſſion immémoriale.

Ces droits ſont quelquefois préjudiciables au commerce; néanmoins, diférens ſeigneurs ſe ſont immiſcés ſans titre à les faire percevoir à leur profit; mais, le ſouverain a pris des précautions pour réprimer ces uſurpations: la déclaration de Loüis XIV du 31 Janvier 1663, contenant règlement pour la levée des droits de péage, tant par eau que par terre dans tout le roïaume, & l'ordonnance du mois d'Août 1669, concernant les eaux & forêts, déterminent ceux deſdits droits qui peuvent être perçus, & la manière de les régir.

L'ordonnance de 1669 n'admet que les péages & droits établis avant cent années, par titres légitimes, dont la poſſeſſion n'aura point été interrompuë; &, pour les diſtinguer de ceux qui ne doivent pas ſubſiſter, il fut ordonné que les ſeigneurs & propriétaires, eccléſiaſtiques ou laïques, de quelque qualité qu'ils ſoient, juſtifieroient de leur droit & poſſeſſion.

Le Roi a même, par arrêt du 29 Août 1724, établi un bureau, compoſé de conſeillers d'état & de maitres des requêtes, pour faire l'éxamen des titres de ceux qui ſe prétendent propriétaires deſdits droits de péages, paſſages, pontonages, travers & autres qui ſe perçoivent ſur les ponts & chauſſées, chemins & rivières navigables & ruiſſeaux y afluens, dans toute l'étenduë du roïaume; les diférentes ſupreſſions de ces droits, prononcées juſqu'à ce jour par Mrs les commiſſaires, ſont des preuves de leur attention à dégager le commerce des entraves de l'uſurpation, & à ſoulager le public.

Les ſeigneurs & autres particuliers, qui ſont valablement autoriſés à joüir des droits de péage, ſont obligés d'entretenir les ponts, chemins & paſſages en bonne & düe réparation, même de rétablir les ponts tombés par cas fortuits; art. 107 de l'ordonnance d'Orléans; art. 5 du titre des péages de l'ordonnance de 1669 &c.

Dans les lieux où ſe fait la perception des droits de péages, ſoit au profit du Roi ou des engagiſtes, ſoit pour des ſeigneurs ou autres particuiers, il doit y avoir en évidence des tarifs ou pancartes en bonne forme, afin que les redevables puiffent fe convaincre que l'on n'éxige d'eux que ce qui eft légitimement dû ; art. 7 du tit. des péages de l'ordonnance de 1669 &c.

Par édit du mois de Janvier 1707, il fut créé des ofices de contrôleurs des péages des domaines du Roi, étant ès mains de S. M. ou engagés, pour veiller à ce que les droits fuffent perçus conformément aux tarifs & pancartes ; & il leur fut attribué le dixième, ou deux fols pour liv. par augmentation fur le produit entier des droits ; ces ofices ont été fuprimés par édit du mois d'Octobre 1716 ; mais, il a été ordonné que les deux fols pour liv. continueroient d'être perçus au profit du Roi, comme avant l'édit de 1707 ; attendu qu'ils faifoient partie de ceux dont l'établiffement avoit été ordonné en 1705, fur tous les droits des fermes. Ces deux fols pour liv. ont enfuite été doublés ; il en fera parlé plus amplement ci-après ; voïez *Quatre fols pour livre.*

Il fut même ordonné, par déclarations du Roi des 29 Décembre 1708 & 30 Avril 1709, que tous les droits de péage, fous quelques noms qu'ils fuffent perçus, tant par eau que par terre, au profit du Roi ou des feigneurs, des engagiftes & des particuliers feroient levés par doublement, pendant fept années ; cette augmentation fut prorogée jufqu'au mois de Février 1722 par déclarations des 15 Décembre 1711 & 22 Mars 1712, mais elle fut fuprimée par édit du mois d'Août 1714, portant révocation des adjudications qui avoient été faites de ce doublement.

Les droits de péage font domaniaux & non d'aides & de fubfides ; le fermier des domaines joüit, en conformité de fon bail, de ceux qui apartiennent au Roi ; mais, il ne peut les prétendre fur tout ce qui paffe, tant par eau que par terre, fur les paffe-ports de S. M. & pour fon fervice ; art. 512 du bail de Forceville. Nous

parlerons, à la fuite de cet article, des éxemtions de ces droits.

Il y a des droits de péage, tels que celui de Peronne & autres, qui ont été défunis de la ferme des domaines & joints à celle des traites, pour en rendre la régie plus facile & moins difpendieufe, parce qu'ils font perçus conjointement avec des droits de traite-foraine & de doüane, qui dépendent des cinq groffes fermes.

Les droits de péage font confidérés à tous égards comme des imméubles réels, & par conféquent ils font fujets aux lods & ventes, & autres droits feigneuriaux aux mutations. *Voïez* Livon. traité des fiefs, liv. 3., chap. 6, fect. 7, §. 10 ; ces droits ne peuvent apartenir qu'au Roi, lorfqu'il s'agit de péages fur des rivières navigables, parce que ces rivières n'apartiennent qu'au fouverain. Il s'enfuit, à plus forte raifon, que le droit de centième denier eft dû à toutes mutations des droits de péage, & c'eft ce qui a été décidé au confeil du 6 Mai 1747, contre M. le Marquis de Beringhem, pour les péages de Chalons, fur la rivière de Saone, dont il avoit hérité en ligne collatérale, & qu'il difoit avoir été aliénés par le Roi, fans nulle retenuë de mouvance, féodalité ni cenfive, & ne confifter qu'en droits incorporels.

Nous avons dit, tom. 2, page 59, qu'il n'apartient au Roi que les deux tiers du droit de péage & travers qui fe perçoit au Pollet de *Dieppe* ; mais, S. M. le poffède actuellement en totalité.

Par arrêt du confeil du 18 Octobre 1757, S. M. a accepté l'abandon à elle fait par les fieurs Détrepagny & Dubufc, du tiers qui leur apartenoit dans les droits de péage du travers du Pont du Pollet de *Dieppe* & Arques, circonftances & dépendances ; au moïen duquel abandon, S. M. les a déchargés de toutes réparations généralement quelconques, même de tout raport concernant les 10 années antérieures à leur déguerpiſſement & abandonnement ; en conſéquence, S. M. a ordonné qu'à commencer du 1er Janvier 1757, le ſuſdit tiers demeurera réuni & incorporé à toujours au domaine de la généralité de Roüen, pour en être le produit perçu par le fermier général dudit domaine ; & néanmoins, attendu que ledit tiers des droits en queſtion ne fait pas partie du bail de Pierre Henriet, fermier général, veut S. M. que, pendant le cours des ſix années dudit bail, à compter du 1er Janvier 1757, & à l'expiration de chacune d'icelles, ledit Henriet ſoit tenu de païer, outre & par deſſus le prix de ſon bail, entre les mains du receveur général des domaines de Roüen, qui lui en délivrera ſa quitance, la ſomme de 627 liv. 4 ſols 5 den. chaque année, dont ledit receveur général ſe chargera pour en compter à S. M. &c.

Cette règle particulière au bail de Henriet, qui avoit été paſſé avant que le Roi fut rentré dans la jouïſſance de la totalité deſdits droits, ne peut avoir lieu pour le bail de Prévôt ſon ſucceſſeur, qui commencera le 1er Janvier 1763 ; celui-ci jouïra de la totalité de ce droit de péage, ſon bail ne contenant aucune réſerve à cet égard.

Il a déja été obſervé que les droits de péage ſont domaniaux & non d'aides & de ſubſides ; il en réſulte que l'éxemption n'en peut être prétenduë par aucunes perſonnes ; Tournet raporte un arrêt du 24 Mai 1583, qui a ordonné qu'un droit de péage ſeroit levé ſur toutes ſortes de perſonnes indiſtinctement, ſans avoir égard au privilége des eccléſiaſtiques ; arr. not. de Tournet, tom. 1, lettre *E*, pag. 572, & coll. de juriſpr.

Les perſonnes nobles ni les privilégiées n'en font point éxemtes, ſinon de ce qui eſt de leur crû, & de ce qu'elles ont acheté pour la proviſion de leur maiſon ou pour leur uſage, & non de ce qu'elles achetent pour revendre ; Bacquet, des droits de juſt. ch. 30, n. 32.

Il ne doit être païé aucuns droits de péage, paſſage & autres droits dépendans de la ferme des domaines, pour les marchandiſes qui paſſent, tant par eau, que par terre, pour le Roi, ou pour le ſervice de S. M. ; bail de Fauconnet du 26 Juillet 1681 ; article 105 de celui de Charriere ; article 545 de celui de Carlier du 19 Août 1726 ; article 512 de celui de Forceville du 16 Septembre 1738 &c.

Par arrêts du conſeil des 19 Février & 23 Août 1695, il a été fait défenſes aux fermiers des domaines, receveurs des droits de péage, travers, octrois, entrées des villes, & tous autres, de faire païer aucuns droits, ſous quelque prétexte que ce ſoit, aux adjudicataires des bois du Roi, lorſqu'ils font conduire & débiter eux-mêmes les bois.

Cette éxemtion pour les bois du Roi, n'étant accordée qu'aux adjudicataires qui les font conduire & débiter pour leur compte, il a été preſcrit des formalités pour éviter les fraudes que l'on voudroit pratiquer.

Il a été ordonné, par arrêt du conſeil du 10 Octobre 1716, que les adjudicataires des bois du Roi ne païeront aucuns droits d'entrée, octrois, péages, travers & autres, pour tous les bois provenans de leurs ventes, lorſqu'ils les feront conduire & débiter, pour leur compte, en la ville de Saint Quentin & autres lieux ; que leſdits adjudicataires ou leurs commis & gardes-ventes, feront tenus de marquer de leur marteau deux bûches ſur chacun des chariots & autres voitures de bois qu'ils feront conduire & débiter pour leur compte ; de donner, à chacun des voituriers & conducteurs de leurs bois, un certificat ſigné d'eux, qui contiendra les noms, ſurnoms & demeures deſdits voituriers, les quantité & qualité des bois qu'ils auront chargés, & le jour de leur départ des forêts & ventes, qui y feront auffi dénommées ; que lefdits voituriers & conducteurs remettront lefdits certificats aux bureaux des entrées & octrois de ladite ville , & que les marchands adjudicataires , ou leurs facteurs & gardes-ventes , feront tenus d'enregiftrer lefdits certificats fur des regiftres qu'ils auront à cet éfet , cottés & paraphés par le maitre particulier , ou le lieutenant de la maitrife, où l'adjudication aura été faite ; le tout , à peine de 300 liv. d'amende contre les contrevenans. Fait S. M. défenfes à tous marchands & blanchiffeurs de toiles , & à tous autres , de fe fervir du nom des adjudicataires de fes bois , pour faire entrer dans ladite ville ceux dont ils auront befoin , & aux adjudicataires de prêter leurs nom à cet éfet , à peine de tous dépens , dommages & intérêts , & de pareille amende de 300 liv. , fauf toutefois lorfque lefdits marchands & blanchiffeurs de toiles feront adjudicataires des bois de S. M. ; auquel cas , ils joüiront , pour raifon de leurs adjudications , des mêmes priviléges & éxemtions accordés aux autres adjudicataires.

Quoique cet arrêt foit rendu fur une conteftation qui s'étoit élevée à Saint Quentin , il fert de règle dans les diférentés provinces , & l'éxécution en a été ordonnée dans la généralité de Roüen , par ordonnance du fubdélégué de l'intendance du 21 Juin 1745.

Par arrêt du 30 Juin 1733 , le confeil a ordonné l'éxécution de ceux des 2 Août & 23 Septembre 1732 , (par lefquels eft accordée l'éxemtion des droits fur les beftiaux & fur les grains , paffant des provinces réputées étrangères dans celles de l'étenduë des cinq groffes fermes , ou des provinces des cinq groffes fermés dans celles réputées étrangères ,) fans néanmoins qu'en vertu d'iceux il puiffe être prétendu aucune éxemtion des droits dûs aux fous-fermiers des domaines , dont le païement fera fait conformément aux pancartes , tarifs & autres titres. *Voïez* encore l'arrêt du 13 Octobre 1743 , raporté dans le tome 1 , page 304.

Il eft défendu , par un jugement des préfidens & tréforiers de France de Paris du 18 Mars 1713 , à tous voituriers par eau & par terre , de paffer & repaffer les travers & péages , fans païer , fur le champ & fans délai , les droits qui font dûs; & en cas de refus ou délai , il eft permis au fermier des domaines , fes procureurs & commis , de faire contraindre les débiteurs au païement d'iceux , tant par faifie & arrêt des chevaux , chariots , coches , caroffes , harnois & autres chofes fujétes auxdits droits , que par autres voies duës & raifonnables , comme pour deniers roïaux.

Par une fentence des prévôt des marchands & échevins de Paris du 3 Octobre 1720 , les fieurs Freret , voituriers par eau , & leur contre-maitre , ont été condamnés folidairement au païement de l'excédent des droits dûs pour des marchandifes qu'ils ont fait paffer dans un bateau au péage d'Andely , & en 300 liv. d'amende pour la fauffe déclaration , fuivant un arrêt du confeil du 29 Août 1682.

PÉCULE *des religieux* , eft ce que chacun d'eux pofféde en particulier ; c'eft le bien qu'il acquiert par fon induftrie , par les libéralités de fes parens , ou par fes épargnes fur les revenus d'un bénéfice régulier ; le pécule des fimples religieux apartient aux abbés ; celui des religieux-curés apartient à la fabrique pour les immeubles. On peut voir , fur cette matière , ce que dit M. Richer , dans fon traité de la mort civile. A l'égard des droits de centième denier & d'amortiffement qui peuvent être dûs pour le pécule qui fe trouve dans les fucceffions des religieux , voïez *Cote-morte*, tom. 1 , pag. 589.

PERCHE (le) eft une petite province qui joint la Normandie , le Maine & la Beauce. C'eft un comté , réuni à la couronne fous faint Loüis , qui a enfuite été donné en apanage avec le duché d'Alençon, & qui eft revenu à la couronne en 1525, après la mort de Charles, duc d'Alençon, fans enfans. *Voïez* le traité de Dupuy, pag. 409.

Par arrêt de la chambre des franc-fiefs du 8 Mars 1636, rendu contre les habitans du païs & comté du Perche, qui demandoient la décharge des droits de *franc-fiefs* des fiefs bourfaux, aineffes, & attenemens que l'on nomme audit païs & bailliage du Perche, les terres hommagées, ils furent déboutés de cette demande, & la chambre déclara lefdits fiefs & terres hommagées fujets audit droit de franc-fief.

Lors de la recherche faite en éxécution de l'édit du mois d'Août 1692, le droit de franc-fief defdites terres hommagées ou des fiefs bourfaux, fut modéré à 30 f. par arpent de terre; 2 liv. 10 f. par arpent de pré, & 3 liv. pour l'hébergement.

Les habitans obtinrent les 19 Août 1702 & 20 Mars 1703, un abonnement à la fomme de 30000 liv., pour ce qui étoit dû jufqu'au 1er Janvier 1700, & à 9000 liv. pour les années 1700 & 1701.

Ils offrirent enfuite une fomme de 40000 liv. pour vingt années, à compter du 1er Janvier 1702, jufqu'au 1er Janvier 1722; & cette offre fut acceptée par arrêt du 9 Décembre 1710, pour droit de franc-fief des terres hommagées ou fiefs bourfaux; fans néanmoins que cet arrêt puiffe être tiré à conféquence, pour ceux des habitans de ladite province, qui poffédent des fiefs ou terres nobles, autres que lefdites terres hommagées ou fiefs bourfaux, à l'égard defquels l'édit du mois de Mai 1708, enfemble les déclarations & arrêts rendus en conféquence, feront éxécutés felon leur forme & teneur.

Cet abonnement a été renouvellé aux mêmes conditions, & moïennant pareille fomme de 40000 liv. & les 2 f. pour liv., par arrêt du 19 Avril 1729, pour vingt années, jufqu'au 1er Janvier 1742. Il a encore été renouvellé aux mêmes prix & conditions par arrêt du 30 Novembre 1745, pour vingt années qui font expirées le 1er Janvier de cette année 1762.

Les habitans de la ville & châtellenie de *Mortagne*, province & coûtume du Grand-Perche, ont prétendu n'être pas foumis à la loi de l'enfaifinement, difant que leurs maifons & héritages font des biens allodiaux qui ne font affujétis ni à la foi & hommage, qui eft le caractère diftinctif de la directe fur les fiefs, ni au *cens* qui eft celui des rotures; en un mot, à aucun acte ni devoir de vaffalité.

M. Freteau, infpecteur général du domaine de la couronne, auquel l'affaire à été communiquée, a dit que, non-feulement la formalité de l'enfaifinement doit avoir lieu dans la châtellenie de Mortagne, mais encore que la perception du *cens* doit y être rétablie en faveur du Roi: pour foumettre les biens à la formalité de l'enfaifinement, on s'eft fixé à un point décifif, qui eft de favoir s'ils relévent du Roi; dès que Sa Majefté a la directe, quelques modiques que foient les droits feigneuriaux qu'elle s'eft refervés, il eft indifpenfable d'empêcher qu'ils ne s'éclipfent par un entier oubli & d'y apliquer les formalités qui tendent à les perpétuer & à mettre à portée d'en faire le recouvrement; or, quels que foient les priviléges de la châtellenie de Mortagne, quoiqu'elle foit exempte des lods & ventes, quoique la coûtume du Perche n'attribuë au feigneur direct ni le droit de deshérence, ni celui de ligne éteinte, ni retrait cenfuel; quoiqu'il ne paroiffe même pas de trace de perception du *cens* au profit du Roi à Mortagne, il n'eft cependant pas poffible d'en conclure que cette châtellenie foit abfolument éxempte de toute directe envers le Roi: les habitans eux-mêmes conviennent que le cens eft la marque diftinctive de la directe, & que ceux dont les biens font foumis à

Perche. cette charge , font aufli foumis à l'enfaifine-ment ; ils ne peuvent donc fe fouftraire à cette formalité , puifque réellement & de fait , ils doivent le cens. Tout, dans la coûtume, refpire & indique la directe univerfelle en faveur du Roi, ou en faveur des Seigneurs particuliers , qui en jouïffent fous la mouvance de Sa Majefté. Un titre précis, qui eft le fecond , règle les droits feigneuriaux pour les fiefs , & l'article XXXIX y foumet fpécialement la châtellenie de Mortagne. Le titre fuivant règle les droits feigneuriaux pour les rotures , & il préfente, ainfi que le précédent , l'obligation de païer le *cens* comme commune à tous les biens qui ne font pas tenus en fief ; il permet de faifir , faute de païement de ce cens , établit une amende en ce cas , & un doublement de cens à toute mutation ; enfin , il accorde au feigneur les lods & ventes , & il impofe aux acquéreurs l'obligation d'exhiber leurs titres dans le délai de quarante jours , & de lui fournir déclaration de leurs héritages : le *cens* , cependant étant dû généralement, aux termes de la coûtume , *étant une fuite naturelle & indifpenfable de la directe univerfelle* , que cette coûtume établit & à laquelle elle ne forme point d'exception par aucune tenure en franc-aleu , puifqu'elle n'en dit pas un mot , il eft fenfible que le Roi a droit de percevoir un cens fur tous les héritages roturiers fitués dans la châtellenie de Mortagne, comme dans le furplus du reffort de la coûtume ; on peut alléguer , il eft vrai, qu'il n'y a pas de preuves que l'on ait jamais acquité ce droit ; mais , au moïen du privilége d'imprefcribilité propre à tout ce qui apartient au Roi , privilége que la coûtume du Perche communique aux autres feigneurs directs , pour ce qui intéreffe le fond de leur mouvance , il eft certain que , nonobftant le défaut du païement du cens , pour le paffé , le Roi a droit d'en éxiger un à l'avenir , fur le pié qu'il fe perçoit dans les lieux les plus voifins. Il faudroit aux

habitans de Mortagne , pour s'en difpenfer , un affranchiffement exprès ; or , ils ne raportent aucun titre d'éxemtion , & la coûtume ne les en décharge pas : elle borne leur éxemtion aux lods & ventes par l'article LXXXVI ; cet article & le fuivant particularifent même les lieux de fon reffort , où elle admet quelques exceptions pour la quotité des lods & ventes , elle accorde l'éxemtion entière pour la châtellenie de Mortagne, & de moitié feulement pour celle de Longny ; delà il fuit que fi quelque châtellenie de fon reffort eût eû un privilége auffi important que l'éxemtion du cens , la coûtume en eût fait mention; puifqu'elle ne contient aucune exception par raport à la châtellenie de Mortagne , qu'elle garde le filence par raport à elle , comme par raport à toutes les autres villes ou châtellenies de fa dépendance , c'eft une preuve que le cens eft dû par tout : il eft donc indifpenfable de rétablir à Mortagne & dans la châtellenie la perception de cette marque imprefcriptible de la directe du Roi , & , pour la confervation de ce droit , d'y apliquer la formalité de l'enfaifinement : par ces confidérations l'infpecteur général requiert &c.

Par arrêt du confeil , rendu contradictoirement le 11 Avril 1752 , fans s'arrêter aux demandes des habitans de la ville & châtellenie de Mortagne , dont ils ont été déboutés, Sa Majefté , aïant égard aux demandes de l'infpecteur général du domaine , a déclaré & déclare que la directe univerfelle lui apartient dans l'étenduë de ladite ville & châtellenie, fans préjudice des directes particulières, dont ceux qui les prétendront feront tenus de juftifier par titres bons & valables ; ordonné en conféquence que le droit de *cens* fera perçu au profit de Sa Majefté , fur toutes les maifons & héritages de ladite ville & châtellenie qui ne feront juftifiés être tenus en fief ou en cenfive de feigneurs particuliers , & ce , fur le pié que le cens fe païe dans les feigneuries

ries limitrophes ; & , par grace, Sa Majefté a déchargé & décharge lefdits habitans des arrérages échus dudit cens : ordonné **en** outre , que les poffeffeurs defdits biens chargés de cens envers le Roi, feront tenus de faire enfaifiner & contrôler leurs titres de propriété , conformément aux édits du mois de Décembre 1701., & 1727 ; & néanmoins par grace, ordonné que ceux qui , dans fix mois à compter du jour de la fignification qui fera faite à la communauté defdits habitans du préfent arrêt, repréfenteront leurs titres ou déclarations de leurs biens, ne feront tenus de païer lefdits droits d'enfaifinement & de contrôle que fur le pié fixé pour les autres villes de la province de Normandie par les arrêts du confeil des 10 Juin 1749 & 17 Mars 1750.

PÉREMPTION , eft une efpèce de prefcription, qui éteint & anéantit un procès , lorfqu'on a été trois ans fans faire de pourfuites.

La péremption n'a pas lieu dans les affaires qui regardent le droit public , ni par conféquent dans les caufes & procès qui concernent le domaine du Roi. *Voïez* Brodeau fur Loüet, Let. P. n. 14. Elle n'a pas lieu contre le fifc , parce que l'action domaniale eft perpétuelle & peut toujours s'intenter de nouveau , le domaine étant imprefcriptible ; Choppin , coût. de Paris , liv. 2, tit. 8 , n. 7. On peut toujours reprendre les inftances du domaine , en quelques tribunaux qu'elles foient pendantes , foit fous le nom des receveurs ou fermiers des domaines qui les ont intentées , foit fous le nom de leurs fucceffeurs, par un fimple acte de reprife.

Décifions du confeil des 10 Août 1752 & 5 Avril 1753 , qui , fans avoir égard à la prefcription opofée par la dame Blacher , faute de fuites dans l'année fur une affignation qui lui avoit été donnée à l'intendance d'Alençon , pour raifon d'une fauffe eftimation dans une déclaration de fucceffion colla-

Tome III.

térale ,ordonnent qu'elle répondra au fond.

Autre décifion du 29 Août 1754 , qui réforme une ordonnance de M. l'intendant de Languedoc , par laquelle il avoit jugé la péremption acquife pour les droits du teftament du fieur Nortems , faute d'avoir fuivi l'éxécution d'une contrainte fignifiée en 1730 ; le confeil a jugé en conféquence que ces droits font dûs.

Les inftances intentées contre les fermiers du Roi font fujétes à péremption , comme les autres, fuivant la déclaration du 20 Janvier 1699.

PERMUTATION , eft l'acte par lequel deux titulaires font entr'eux un échange de leurs bénéfices ; il faut à cet éfet qu'ils s'en démettent entre les mains du collateur pour caufe de permutation ; & celui-ci , en admettant leur démiffion , ne peut conférer les bénéfices à d'autres qu'aux copermutans , fi les claufes de la permutation font canoniques.

Le droit de contrôle des actes de permutation eft fixé à 5 liv. en principal par l'article 1er du tarif du 29 Septembre 1722.

Il n'y auroit aucun fondement à prétendre éxiger deux droits de contrôle d'un acte de permutation , fous prétexte qu'il renferme les démiffions de deux titulaires ; parce que ces deux démiffions réciproques font néceffaires pour former la permutation , & que le légiflateur n'a affujéti cette permutation qu'à un feul droit, fixé à 5 liv. ; de même qu'il n'a affujéti l'échange de biens temporels qu'à un feul droit de contrôle , quoiqu'il s'y trouve deux aliénations. Il parait néanmoins que la prétention d'un double droit a été formée ; mais elle a été condamnée par une décifion du confeil du 28 Mars 1733 , rendue fur mémoire de M. l'archevêque de Bourges , qui , en jugeant qu'il n'eft dû qu'un droit de contrôle pour les permutations , ordonne la reftitution de ce qui pouvoit avoir été perçû de plus.

S

PERONNE, ville de Picardie; *voïez* ce qu'en dit M. Dupuy, dans fon Traité des droits du Roi, page 608.

Les habitans de la ville, fauxbourgs & banlieuë de Peronne obtinrent quelques priviléges de François I, en 1536, pour récompenfe de leurs fervices; ils ont jouï de l'éxemtion du droit de *franc-fief*, juf-qu'en 1672, que tous les priviléges & les éxemtions de ce droit furent révoqués; ils obtinrent un arrêt du confeil le 9 Novembre 1673, qui les en déchargea de nouveau, mais c'étoit au moïen d'une finance de 5000 liv. qu'ils païèrent & qui ne pouvoit être regardée que comme le prix d'un abonnement.

Le recouvrement aïant été ordonné en 1692, ces habitans obtinrent encore le 5 Décembre 1693, un arrêt qui les déchargea du droit, pour les fiefs & biens nobles qu'ils poffèderoient dans la généralité d'Amiens, en païant 6000 livres de finance.

Ce dernier abonnement a fervi de règle pour en fixer un autre en 1718, à raifon de 300 liv. par an; il ne fubfifta qu'un an, au moïen de l'arrêt du 4 Avril 1719, qui défendoit ces abonnemens.

Il a été ordonné, par arrêt du 26 Septembre 1730; que tous les habitans de ladite ville de Peronne, feront déchargés des droits de franc-fiefs *pour tous les fiefs & terres nobles fitués dans l'étenduë de la généralité d'Amiens;* parce que le maïeur, échevins & habitans païeront, fuivant leurs ofres, aux fous-fermiers defdits droits, pour l'indemnité de leur non-jouïffance depuis le 1er Janvier 1719, la fomme de 3300 liv. avec les deux fols pour livre; & parce qu'en outre ils païeront, fuivant leurs ofres, aux fous-fermiers actuels & à ceux qui leur fuccéderont, la fomme de 300 liv. par chacun an, pour leur tenir lieu de la non-jouïffance defdits droits, avec les 2 fols pour livre en outre aux receveurs des domaines de ladite généralité.

Les conditions néceffaires pour jouïr de cet abonnement font expliquées dans le tom. 1, pag. 6.

PIGNORATIF; l'on nomme contrat pignoratif, celui par lequel un débiteur vend fon héritage à fon créancier, pour jouïr des fruits jufqu'à l'éxercice de la faculté de rachat; c'eft l'antique contrat fiduciaire des Romains; cet engagement eft prefque comme l'antichrèfe, finon qu'il eft conçû en termes de vente à faculté de rachat, & pour les diftinguer, l'on prend garde à l'intention des parties, en éxaminant fi elle étoit d'emprunter, ou de vendre, ce qui fe reconnaît par les trois préfomptions ordinaires, qui font la relocation, la vilité du prix & coûtume d'ufure. Il eft illicite en France, excepté dans les coûtumes du Maine & d'Anjou, où il eft autorifé. Dict. des arr. verb. contrat.

Le contrat pignoratif n'eft point la même chofe que l'antichrèfe; quoiqu'il foit conçu comme celui de vente à faculté de rachat, & qu'on le compare, tantôt au contrat fiduciaire des Romains, tantôt aux conftitutions de rentes, il eft diférent: il contient une efpèce de vente de la chofe, qu'on ne fait éfectivement qu'engager, à la charge par l'acquéreur, qui en laiffe la jouïffance au vendeur, d'en faire la revente, lorfque le rembourfement lui fera offert; ce qui eft aprouvé dans les coûtumes d'Anjou & du Maine, pourvû qu'il n'y ait aucune aparence d'ufure. Id.

L'article 49 du tarif du 29 Septembre 1722, porte que, pour les engagemens, antichrèfes, ou *pignoratifs*, le droit de *contrôle* fera païé fur le pié réglé par les art. 3, & 4. du même tarif.

Les contrats pignoratifs font nommément affujétis au droit de *centième denier* par l'art. 6 de la déclaration du Roi, du 20 Mars 1708; néanmoins, les notaires de Tours prétendirent en 1715 qu'ils ne devoient pas y être fujets, parce qu'ils n'opèrent point de mutation de propriété ; ils exposèrent que, lorsqu'un particulier veut emprunter une somme de 1000 livres, il simule une vente au profit du prêteur, d'un domaine de valeur de 5 à 6000 livres, &, par le même acte, le prêteur lui laisse ce domaine à titre de ferme pendant le tems stipulé, moïennant 50 liv. par an, qui est l'intérêt de la somme prêtée, avec faculté à l'emprunteur de rendre les 1000 liv. dans le tems marqué, quoi faisant le contrat demeure nul ; & l'emprunteur continuë toujours de jouïr, sans que le preneur puisse l'en empêcher, quoique la somme n'ait pas été renduë, n'aïant que la voie d'assigner l'emprunteur pour être condamné au remboursement ; d'où ils concluoient que ce contrat n'étoit qu'une espèce de constitution simulée, faite de cette manière pour se mettre à couvert de la prescription qui s'acquiert après cinq ans, par la coûtume de Touraine, contre les contrats de constitution, & pour avoir lieu en même tems de tirer l'intérêt de la somme prêtée ; M. l'intendant étoit d'avis que le droit de centième den. n'étoit pas dû.

La décision renduë le 3 Août 1715, sur cette contestation, porte que l'art. 6. de la déclaration du 20 Mars 1708, assujétit expressément au droit de centième denier les contrats d'engagemens & pignoratifs, & que M. l'intendant doit se conformer à cette déclaration.

Décision du conseil du 11 Novembre 1721, sur question proposée par M. l'intendant de Bordeaux, au sujet d'un contrat, par lequel Pierre Barat délaisse à titre de jouïssance pendant cinq ans à la veuve Labat, une maison & dépendances, moïennant 3404 liv. qu'elle païera suivant les délégations portées au contrat, pour en jouïr par elle jusqu'au remboursement de ladite somme, sans même que le vendeur puisse y rentrer avant les cinq ans. Décidé que les clauses de l'acte justifient assez que c'est un contrat pignoratif sujet au centième denier.

PLACES ; les places fortes n'appartiennent qu'au Roi, & elles sont absolument inaliénables, comme servant à la défense publique, & à la sûreté de l'état. Voïez le Bret, de la souv. L. 3, chap. 5, & l'édit de 1591, tom. 2. pag. 101.

Les places publiques des villes roïales, les lieux où l'on rend la justice au nom du Roi & autres lieux semblables, sont censés dans la censive de S. M, & sont partie de son domaine ; c'est pourquoi les particuliers n'y peuvent posséder maisons, boutiques, ni autres dépendances, sans une concession expresse, & sans païer, pour raison de ce, une redevance au souverain.

Toutes les places qui ont servi aux fossés, contrescarpes, murs, remparts, portes & fortifications, tant anciennes que nouvelles de toutes les villes du roïaume, (soit que ces villes appartiennent au Roi, ou à des seigneurs particuliers) & l'espace étant au dedans desdites villes, près les murs d'icelles, jusqu'à concurrence de neuf piés, appartiennent au Roi en pleine propriété, par droit de souveraineté ; ainsi, la directe des maisons & édifices construits sur ces places n'apartient qu'à S. M. Voïez Murs, tome 2, pag. 663, & Paris, n. 3.

PLACES & lieux inutiles, terres vaines & vagues, dépendans des domaines du Roi.

Edits des mois d'Avril 1551 & septembre 1552, portant révocation des dons des places vagues & inutiles, dépendantes du domaine du Roi.

L'article 11 de l'édit du mois de Février 1566, porte qu'il ne se poura faire aucun bail des terres vaines ou vagues, sans lettres patentes vérifiées, à peine de nullité, restitution des valeurs, fruits & profits.

Autre édit du mois de Février 1566, pour l'aliénation des terres, prés, palus & marais vagues apartenans au Roi ;

voïez *Domaine* , tome 2 , page 94.

Lettres patentes de 1577 pour la Bretagne ; tom. 2 , pag. 100.

Edit du mois d'Avril 1645 , pour l'aliénation des places & lieux, inutiles, tant de la ville de Paris, que des autres villes du roïaume ; tom. 2 , pag. 101.

Autre édit du mois de Décembre 1654 pour la vente & revente desdites places & lieux inutiles , & des améliorations qui y ont été faites ; tom. 2 , pag. 103.

Edit du mois de Novembre 1658 pour la Bourgogne ; *id.* pag. 104.

Par une déclaration du Roi du 31 Octobre 1665 , donnée pour le ressort des parlemens de Paris & de Roüen , il fut ordonné qu'au lieu des ventes & reventes ordonnées par l'édit de 1654 , les possesseurs & détenteurs desdites places & lieux inutiles améliorés sans permission , feroient confirmés dans leur joüissance , en païant au domaine une redevance annuelle du vingtième denier du revenu.

Il fut ordonné , par édit du mois d'Avril 1667 , que les détenteurs des terres vaines & vagues , landes , marais , étangs , communes & autres domaines , baillés & concédés à deniers d'entrée , à cens, rentes & redevances , par inféodation , à perpétuité, à tems ou à vie , ou autrement , & les détenteurs des boutiques , échopes & places baillées par baux emphytéotiques, feroient tenus de représenter leurs titres, pour être rembourfés ou maintenus , ainfi qu'il feroit jugé par le conseil.

Arrêt du conseil du 22 Décembre 1667 en faveur des détenteurs des maisons , boutiques , échopes , étaux , apentis , moulins, places , halles , bacs , bateaux , passages , terres incultes & améliorées ; portant que la recherche demeurera limitée aux places & autres lieux inutiles apartenans au Roi , fur lesquels il aura été bâti, édifié & fait des améliorations fans pouvoirs vérifiés dans les cours, conformément à la déclaration du 31 Octobre 1665.

Déclaration du 8 Avril 1672 pour l'aliénation à perpétuité par inféodation des terres vaines & vagues &c , tome 2 , page 104.

Autre déclaration du 13 Août 1697 , en faveur des aliénataires defdites terres vaines & vagues , *id.* pag. 107.

Edit du mois d'Avril 1702 , pour l'aliénation des terres , vaines & vagues , places & lieux inutiles ; *id.* pag. 108.

Autre édit du mois d'Août 1708 pour l'aliénation à titre de propriété incommutable des petits domaines & des terres vaines & vagues &c. *id.* pag. 81 , & 108.

L'aliénation en fut encore ordonnée par l'édit du mois d'Août 1717 , à condition de païer le prix des adjudications en billets de l'état &c. tom. 2 , pag. 109.

POITOU , province de France , dont la ville de Poitiers eft la capitale, c'eft le chef lieu de la généralité.

Henry , comte d'Anjou & duc de Normandie, en épousant Eléonor , fille de Guillaume, duc d'Aquitaine & comte de Poitou , & répudiée par Loüis VII , fut duc de Guyenne & comte de Poitou ; il devint Roi d'Angleterre , fous le nom de Henry II ; mais , par un jugement de la cour des Pairs , rendu en 1202 , tout ce que possédoit en France, Jean Sans-Terre, Roi d'Angleterre , fut confisqué ; *voïez* ci-devant pag. 23 ; &, par ce moïen , le comté de Poitou fut uni à la couronne.

Loüis VIII donna le comté de Poitou à fon quatrième fils , Alfonfe , qui mourut en 1270 , & ce comté fut encore réuni à la couronne.

Philippe le Bel donna le comté de Poitou à fon second fils , en 1314, avec claufe de retour à la couronne à défaut d'hoirs mâles ; le fils (Philippe le Long) vînt à la couronne , & ce comté y fut réuni de nouveau.

Loüis Hutin l'érigea en Pairie en faveur de Philippe (le Long) fon frère.

Le Roi Jean aïant été fait prisonnier en 1356 à Poitiers, le comté de Poitou & autres biens furent cédés, pour sa délivrance, à Edouard III, Roi d'Angleterre, par le traité de Bretigny en 1360; *voïez* pag. 24 de ce volume.

Ces diférens biens retournèrent à la couronne de France, par la confiscation prononcée le 14 Mai 1370 contre Edouard d'Angleterre, prince de Galles. *Voïez* le tom. 2, pag. 626.

Le comté de Poitou fut donné en accroiffement d'apanage à Jean de France, duc de Berry, par la mort duquel en 1417, il fut réuni à la couronne; & Charles VII donna un édit, au mois d'Août 1436 pour la réunion exprefle du comté de Poitou au domaine de la couronne.

La réunion du domaine usurpé du comté du Poitou, fut ordonnée par déclaration du Roi du 8 Janvier 1419.

Il fut ordonné le 3 Septembre 1555, qu'il feroit vendu une partie du domaine du Roi en Poitou, jusqu'à concurrence de 30000 liv. de rente. *Voïez* encore, les édits de 1587, 1590 & autres, raportés à l'article *Domaine*, § 3, n. 2.

La Baffe-Marche, eft un ancien comté, qui étoit tenu à foi & hommage des comtes de Poitou, & qui fut uni au domaine de la couronne par la confiscation des biens de Guy de Lufignan, en 1302; il fut donné en apanage à Charles le Bel, qui, étant parvenu à la couronne, en fit un échange avec Clermont en Beauvoifis; il paffa au comte d'Armagnac, & fut confifqué par arrêt du parlement du 10 Juillet 1477. Il fut donné au mois de Septembre 1477 au duc de Bourbon, qui avoit époufé la fille du comte d'Armagnac, & fut enfin réuni au domaine par la confiscation du connétable de Bourbon prononcée par arrêt du parlement de Paris du 27 Juillet 1527.

Montmorillon; Philippe III & Philippe le Bel firent en 1281 & 1309, l'acquifition de la baronnie de Montmorillon; elle

fit partie des biens que Philippe le Long donna à Charles, fon frère, en 1319. Elle fut enfuite donnée en 1417, au fieur de Vignoles, dit Lahire, écuïer d'écurie du Roi, & à fes hoirs mâles; *voïez* Dupuy, tr. des dr. du Roi, p. 586.

Cette baronnie, étant réunie au domaine, fut engagée, à faculté de rachat perpétuel, le 25 Septembre 1587, à Gilles Broffard, moïennant 8070 écus, & 3 f. par écu. Elle fut partagée en 1634, entre fes defcendans, & il en échût un tiers à Jean Milon.

Il en fut fait une adjudication par revente au Louvre, le 4 Février 1645, à Gabriel de Rochechouart, marquis de Mortemart, moïennant 2100 liv. & les 2 fols pour liv., outre le prix de l'engagement, qui devoit être remboursé aux détenteurs; les repréfentans de Milon ne furent point dépoffédés de leur tiers.

M. de Rochechouart, duc de Mortemart, aïant acquis des créanciers de Gabriel de Rochechouart le 1er Juillet 1685, les droits qu'il avoit dans cette baronnie, l'autre tiers y a été joint enfuite, par l'acquifition qui en a été faite le 21 Juillet 1741, des fieur & dame Augier, repréfentans Jean Milon, moïennant 8390 liv.

La portion des dixmes de la paroiffe de Jouhet, dépendante de ce tiers, fut venduë par M. de Mortemart au fieur de Mouffy le 24 Février 1742, moïennant 1500 liv.

M. le duc de Mortemart, aïant été affujéti aux frais de juftice & aux réparations par arrêt du confeil du 23 Juillet 1754, nonobftant le païement de 1294 liv., fait en 1713, pour le rachat des charges locales, a propofé au Roi de rentrer dans ce domaine.

Arrêt du confeil en conféquence, du 30 Novembre 1756, par lequel le Roi ordonne, par grace & fans tirer à conféquence, que le contrat d'engagement du domaine de Montmorillon du 25 Septembre 1587, demeurera réfolu, & ledit domaine réuni à la couronne, à commencer du 1er Janvier 1757, à l'exception de la portion des dixmes fur la paroiffe de Jouhet, qui en demeurera diftraite, & dont le fieur de Mouffy continuera de jouïr à titre d'engagement & à faculté de rachat perpétuel, moïennant les 1500 liv. qu'il a païées au duc de Mortemart ; les finances de l'engagement ont été liquidées à 25000 liv., & il a été ordonné que le rembourfement de 23500 liv. feroit fait par le garde du tréfor roïal ; les 1500 liv. de furplus reftant entre les mains de S. M., pour le prix de l'aliénation faite par le duc de Mortemart au fieur de Mouffy.

Comme le rembourfement étoit fait par le Roi, il fut ordonné, par le même arrêt, que le fermier général ne jouïroit de ce domaine, à compter du 1er Janvier 1757, que fous la condition d'en compter à S. M., outre le prix de fon bail ; mais, il eft compris dans le bail fait à Prévôt, pour en jouïr, à compter du 1er Janvier 1763, comme des autres objets qui lui font affermés ; *voïez* le tom. 2, p. 348 **.

Le vicomté de *Thouars* apartenoit à Loüis d'Amboife, dont les biens furent confifqués par arrêt donné, le Roi féant en fon confeil, le 8 Mai 1431. Et le vicomté fut uni au domaine par autre arrêt du 11 Avril 1478 ; Loüis XI le donna à Anne de France, dame de Beaujeu ; enfuite il fut jugé, par arrêt du mois de Janvier 1483, du confentement de ladite dame, que ledit vicomté apartenoit à Loüis de la Trimouille, & aux enfans de fon mariage avec la fille de Loüis d'Amboife ; néanmoins, le droit du Roi s'y eft tellement confervé que, lors des éreĉtions de Thouars en duché en 1563, & en pairie en 1599, il a été inféré dans les arrêts d'enregiftrement, que c'eft fans préjudice de la réunion dudit vicomté, au domaine de la couronne, prétenduë par le procureur général. *Voïez* le traité de Dupuy, p. 631.

Par arrêt du confeil du 28 Juillet 1668, il fut ordonné que les engagiftes des domaines de *Poitiers*, *Fontenay-le-Comte*, *Chifay*, *Niort*, *Aulnay*, *Lufignan*, & autres ci-devant aliénés, repréfenteroient leurs titres pour être pourvû à leur remboursement ; faute de quoi, lefdits domaines demeureroient joints & unis à la ferme générale des domaines.

Autre arrêt du confeil du 31 Décembre 1668, qui réunit ces diférens domaines, & ordonne que le fermier en jouïra.

Par arrêt du confeil du 11 Avril 1672, il fut permis à Vialet, fermier général des domaines, de faire des baux à ferme des boutiques du palais à *Poitiers*, à tels prix & conditions que bon lui fembleroit, nonobftant la prétention des tréforiers de France de l'affujétir à en faire des adjudications par devant eux.

Arrêt du confeil du 15 Juillet 1679, par lequel les habitans de la ville de *Poitiers*, nonobftant plufieurs titres d'exemption par eux allégués, ont été condamnés à fournir des déclarations des domaines par eux tenus dans la cenfive du Roi, & d'en païer les devoirs feigneuriaux ; cet arrêt doit inconteftablement fervir de règle dans tout le Poitou, le franc-aleu n'y étant pas admis ; *voïez* les articles 52 & 99 de la coûtume.

Par autre arrêt du confeil du 8 Avril 1684, il a été ordonné qu'il fera impofé, par M. l'intendant de Poitiers, un devoir roturier fur les maifons, cours & jardins de la ville & fauxbourgs de *Poitiers*, à raifon du douzième du revenu des fonds de terre, fans y comprendre les édifices & bâtimens conftruits fur lefdits fonds ; pour être ce devoir païé annuellement au domaine du Roi.

Arrêts du confeil des 9 Mars 1694, & 28 Février 1696, pour la réunion des terres de *Partenay*, *Secondigny*, *Baffeleu-Seur*, *Dorqueline*, *le Coudray*, *Salbert*, *Vouvans* & *Mervans* &c., tom. 2, pag. 632.

POLICE, jurifdiction établie pour le maintien du bon ordre & pour la fûreté des citoïens. La police, confidérée comme l'éxercice de cette jurifdiction, confifte à affûrer le repos du public & des particuliers, à purger une ville de ce qui peut caufer des défordres, à procurer l'abondance, & à faire vivre chacun felon fa condition & fon devoir ; *Préamb. de l'édit du mois de Mars 1667.*

Par cet édit de 1667, Loüis XIV fuprima l'ofice de lieutenant civil du prévôt de Paris, & le divifa, en créant un autre ofice de lieutenant civil pour les matières concernant la juftice contentieufe & diftributive, & un ofice de lieutenant général de police de la ville, prévôté & vicomté de Paris, pour connaitre de la fûreté de la ville & des autres matières qui y font exprimées.

Cet établiffement dans la capitale, n'étoit pas moins néceffaire dans les provinces ; c'eft pourquoi le Roi fuprima, par édit du mois d'Octobre 1699, les ofices de lieutenans généraux de police ci-devant créés dans lefdites provinces, foit qu'ils fuffent poffédés par des titulaires ou réunis à d'autres corps d'ofices ou aux hôtels de ville ; en conféquence, S. M. créa un ofice de lieutenant général de police dans chacune des villes & lieux du roïaume où il y a cour fouveraine, préfidial, bailliage ou autre jurifdiction roïale, pour en faire les fonctions comme le lieutenant général de police de Paris, & connaitre des matières mentionnées dans cet édit.

Par un autre édit du mois de Novembre de la même année 1699, il fut créé, pour tous les lieux où l'établiffement des lieutenans généraux de police feroit fait, des ofices de procureurs du Roi de la police (*) ;

& en outre, des ofices *de gréfiers*, pour recevoir les ordonnances de police & en délivrer les expéditions, aux mêmes droits & émolumens dont joüiffent les gréfiers des bailliages & autres juftices roïales des lieux où ils feront établis ; S. M. créa auffi, en titre d'ofices, des *commiffaires* de police, pour faire éxécuter les ordres & mandemens des lieutenans généraux de police, faire leur raport de tout ce qui concernera la police &c ; lefquels joüiront de droits & émolumens, & *d'un quart des amendes* qui feront ajugées au Roi pour fait de police, *qu'ils recevront des mains des receveurs des amendes.*

2. Les *amendes* prononcées pour fait de police, apartiennent au Roi, à l'exception du quart attribué aux commiffaires créés par l'édit de 1699 : le recouvrement & la recette doivent être faits de la totalité par les commis du fermier des domaines, comme repréfentant les receveurs des amendes, qui avoient été créés pour les fiéges de police ainfi que pour toutes les cours & fiéges roïaux ; ils doivent faire païer, en outre, les 2 fols 8 den. pour liv. & droits de quitance ; les oficiers de police ne peuvent faire aucune application ni diftraction de ces amendes ; enfin, le recouvrement doit être fait provifoirement, fous la caution du bail, nonobftant & fans préjudice de l'apel. *Voïez* les règles générales établies à l'article : *Amendes arbitraires*, tom. 1, p. 114 & fuiv. l'art. 504, du bail de Forceville, raporté dans le même volume, p. 115 & les règlemens ci-après. S'il s'agit d'amendes prononcées fur le fait des manufactures, il faut voir l'article : *Manufactures.*

Par édit du mois de Décembre 1666, portant règlement général pour la police

---

(*) *Voïez* l'édit du mois de Juillet 1758, pour la fupreffion dès ofices de procureurs du Roi de Police & des hôtels-de-ville, à mefure qu'ils feront vacans par mort, réfignation ou autrement ; & pour la réunion de leurs fonctions aux ofices de procureurs du Roi des jurifdictions roïales ordinaires, à l'exception de Paris & de Lyon &c.

Police.

de Paris, il eſt défendu au prévôt de Paris, ſes lieutenans & à tous autres juges & oficiers de juſtice qu'il apartiendra, de décharger des amendes encouruës, ceux qui y auront été condamnés ; ſi ce n'eſt que leſdites condamnations a'ent été renduës par défaut, & après que les procureurs du Roi & les receveurs des amendes auront été entendus, à peine de nullité & d'en répondre en leurs propres & privés noms.

Arrêt du conſeil du 7 Novembre 1682, portant que le ſous-fermier des domaines de la généralité de Metz joüira des amendes de police, avec défenſes d'en faire aucune aplication; tom. 1, p. 120.

Autre du 13 Novembre 1683, pour les amendes prononcées par les conſuls & autres oficiers de police des villes & communautés du Languedoc, id.

La déclaration du Roi du 28 Décembre 1700, fixe les cours & ſiéges où doivent être portées les apellations des jugemens de police ; & ordonne que les jugemens, qui ne porteront condamnation d'amende que juſqu'à ſoixante ſols, ſeront éxécutés par proviſion, nonobſtant l'apel, ſans que, pour quelque cauſe que ce puiſſe être, les juges d'apel puiſſent faire des défenſes de les éxécuter ; leſquelles défenſes, S. M. a dès-à-préſent levées & déclarées nulles & de nul éfet.

Par une autre déclaration du Roi du 6 Août 1701, enregiſtrée au parlement de Paris le 19 du même mois, concernant encore l'apel des jugemens de police, il eſt ordonné que les art. 12 & 16 du titre

des matières ſommaires de l'ordonnance du mois d'Avril 1667 (*), concernant l'éxécution proviſoire de tous les jugemens en fait de police, ſeront éxécutés ſelon leur forme & teneur ; avec défenſes aux oficiers des cours & autres d'y contrevenir, ſous les peines y portées.

Déclaration du Roi du 23 Décembre 1738, ſur ce que, nonobſtant les diſpoſitions des art. 12 & 16 du titre 17 de l'ordonnance de 1667, l'uſage s'étoit établi en quelques endroits, d'arrêter l'éxécution des jugemens de police qui portent condamnation d'amende au profit du Roi, par de ſimples actes d'apel &c; la diſpoſition de la déclaration du 28 Décembre 1700, a pû donner lieu à ces abus, quoiqu'elle ne doive s'entendre que des jugemens rendus par les lieutenans de police établis dans les ſiéges qui ne reſſortiſſoient pas nuëment aux cours.... d'ailleurs cette déclaration n'ayant point dérogé à l'ordonnance de 1667, n'a pû en arrêter l'éxécution &c. *Sa Majeſté* ordonne que l'art. 12 du titre 17 de l'ordonnance de 1667, ſera éxécuté ſelon ſa forme & teneur, &, en conſéquence, que les jugemens rendus en fait de police, qui prononceront des condamnations d'amende au profit de S. M., ſeront éxécutés nonobſtant opoſition ou apellation & ſans y préjudicier, à quelques ſommes qu'elles puiſſent monter &c, nonobſtant la diſpoſition de la déclaration du 28 Décembre 1700, à laquelle S. M. a dérogé en tant que beſoin; ordonne que le recouvrement deſdites amendes ſe fera en la manière accoûtumée,

___

(*) Article 12 du titre 17. » En fait de police, les jugemens définitifs ou proviſoires, à quelque ſomme » qu'ils puiſſent monter, ſeront éxécutés, nonobſtant opoſition ou apellation, & ſans y préjudicier, » en baillant caution.

Article 16 du même titre. » Défendons à nos cours de parlement, grand conſeil, cour des aides & » autres nos cours, & à tous autres juges, de donner défenſes ou ſurſéances en aucuns des cas exprimés aux » précédens articles, & ſi aucunes étoient obtenuës, nous les avons dès-à-préſent déclarées nulles : voulons » que, ſans y avoir égard & ſans qu'il ſoit beſoin d'en demander main-levée, les ſentences ſoient éxécutées, » nonobſtant tous jugemens, ordonnances ou arrêts contraires, & que les parties qui auront préſenté les » requêtes afin de défenſes ou de ſurſéances, & les procureurs qui les auront ſignées, ou qui en auront fait » demande en l'audience ou autrement, ſoient condamnés chacun en 100 livres d'amende, aplicable moitié » à la partie, & l'autre moitié aux pauvres, leſquelles amendes ne pourront être remiſes ni modérées coûtumée , à la pourfuire & diligence des fermiers du domaine , fans qu'ils foient tenus de donner d'autres cautions que celles fournies pour l'éxécution de leurs baux , ni que l'on puiffe éxiger d'eux aucun nouvel acte de préfentation defdites cautions. Défend aux cours & autres juges roïaux de donner des défenfes d'éxécuter lefdits jugemens , ni de furfeoir à leur éxécution , dans les cas où lefdites amendes n'excéderont pas la fomme de 100 liv. ; voulant qu'au cas qu'elles excédent ladite fommé de 100 liv. , ceux qui feront condamnés ne puiffent être reçus apellans qu'ils n'aïent configné ladite fomme de 100 liv. outre l'amende d'apel ; à l'éfet de quoi feront tenus de repréfenter la quitance de confignation de ladite fomme de 100 liv. , ainfi que celle de l'amende de l'apel , conformément aux difpofitions de l'édit du mois d'Août 1669 , & de la déclaration du 21 Mars 1671 , & fous les peines y portées. Cette déclaration a été enregiftrée au parlement de Bretagne le 23 Novembre 1739 ; au parlement de Befançon le 27 du même mois &c.

Arrêt du confeil du 24 Octobre 1747 , pour les amendes prononcées par les jurats de Bordeaux, dans l'éxercice de la jurifdiction de la police ; tom. 1 , p. 117.

Par ordonnance de M. l'intendant de Limoges du 19 Mai 1752 , il eft ordonné que les emploïés du fermier des domaines feront le recouvrement de toutes les amendes prononcées par les juges de police de cette généralité , à quelques fommes qu'elles puiffent monter , & des 2 fols 8 d. pour liv. d'icelles & droits de quitance, fauf à remettre aux commiffaires de police créés par l'édit de 1699, le quart qui leur eft attribué par cet édit ; défendu à tous juges de faire aucune aplication de ces amendes , pour quelque caufe & fous quelque prétexte que ce foit , à peine de 500 liv. d'amende pour chaque contravention ; & aux gréfiers & commiffaires de police & à

Tome III.

tous autres de faire la recette defdites amendes , en tout ou en partie , encore qu'elles leur foient volontairement offertes , fous la même peine de 500 liv. d'amende.

Arrêt du confeil du 31 Octobre 1752 , qui caffe un arrêt du parlement de Paris du 8 Mai 1748 , en ce qui concerne les défenfes y portées d'éxiger le païement d'une amende de 1000 liv. prononcée contre le fieur la Vergne de Labaudie , par fentence de la fénéchauffée d'Angoulême , pour avoir acheté des bleds en verd , & fait le commerce de bled , fans avoir prêté ferment comme marchand ; ordonne que , conformément à l'art. 12 du titre 17 de l'ordonnance de 1667 , & à la déclaration du 23 Décembre 1738 , ladite fentence fera éxécutée par provifion , fuivant fa forme & teneur , en ce qui concerne ladite amende ; & en conféquence que ledit Labaudie fera tenu de païer cette amende au fermier du domaine, avec les 2 f. 8 d. pour liv. & le droit de quitance ; le condamne en outre aux frais & coût de l'arrêt, liquidés à 75 liv. *Nota.* Cet arrêt eft rendu fur la fimple requête du fermier ; mais , fuivant la déclaration de 1738 , le fieur Labaudie n'avoit pû demander l'arrêt de défenfes , fans avoir préalablement configné 100 liv. fur le montant de la condamnation , avec l'amende d'apel.

3. Le miniftère des procureurs n'eft point néceffaire dans les affaires de police , où tout doit être traité fommairement & jugé fur le champ ; ainfi , l'on ne peut éxiger le droit de *préfentation* dans toutes les caufes où les parties fe défendent elles mêmes , mais feulement dans celles où elles agiffent par procureur ; décifion du confeil du 3 Juin 1747 , fur mémoire du lieutenant général de police de Caën.

Les actes qui concernent la police & qui font faits à la requête des procureurs du Roi , feuls parties , font éxemts du païement des droits. Voïez *Contrôle des Exploits* , §. IX , tome 1 , page 564.

T

POLONOIS, sujets du roïaume de Pologne.

Henry, duc d'Anjou, (depuis Henry III) aïant été apellé à la couronne de Pologne, obtint de Charles IX, en 1573, des lettres patentes pour conserver ses droits de naturel français, nonobstant son établissement en païs étranger. *Voïez* tom. 1, pag. 237.

Voïez l'arrêt du 6 Août 1748, qui ajuge au Roi, à titre d'aubaine, la succession d'un ecclésiastique polonois, naturalisé français, & confesseur de la Reine; tome 1, pag. 227.

PORTUGAIS, sont les sujets du roïaume de Portugal. Les marchands & autres portugais obtinrent des lettres de Henry II, au mois d'Août 1550, portant permission aux portugais de se retirer & habituer au roïaume de France, d'y amener leurs femmes, enfans & domestiques; d'y trafiquer librement, y tenir tous biens, meubles & immeubles qu'ils pouroient licitement acquérir & posséder, ainsi que ceux qui pouroient leur écheoir par succession, donation, testament ou autrement, & en disposer de même; & que leurs héritiers les puissent apréhender de même que s'ils étoient originaires du roïaume; le tout, sans païer aucune finance.

Ces lettres furent vérifiées au parlement le 22 Décembre de la même année 1550, pour en jouïr par les impétrans, sous la condition que leurs héritiers, ou ceux en faveur desquels ils auront disposé de leurs biens, soient régnicoles.

La chambre des comptes ne les vérifia le 25 Juin 1551, qu'en faveur de vingt-trois des impétrans y dénommés, moïennant 115 écus d'or-soleil, par eux païés; & à la charge toutefois que leurs héritiers soient régnicoles. *Voïez* Bacquet, aub. ch. 7.

Ces priviléges n'aïant point été renouvellés, les portugais ne peuvent actuellement les invoquer.

PRÉCIPUT, dans le sens propre & naturel du terme, qui signifie prélevement, est le droit de prélever, sur certains biens, un objet déterminé par la loi ou par la convention : prendre un préciput, c'est distraire une portion d'un tout à partager.

Le *préciput entre conjoints* est légal ou conventionnel ; s'il est simplement légal, il ne produit aucuns droits ; s'il est conventionnel, il peut être stipulé de trois manières : la première, en accordant au survivant le droit de prendre certains effets, ou une somme fixe sur la masse de la communauté, hors part : c'est-à-dire, avant partage & sans préjudice de la part du survivant dans le surplus ; la seconde, en accordant ce préciput entier sur la portion du prédécédé ; & la troisième, en convenant que la femme survivante aura le préciput, même en renonçant à la communauté.

Dans toutes ces espèces, le préciput est une libéralité que se font les conjoints par leur contrat de mariage : c'est un avantage sujet au retranchement ordonné par l'édit des secondes nôces, suivant un arrêt du 10 Juillet 1656, raporté par Ricard, des donations, part. 3, ch. 9, n. 1344. Il ne se confond point dans le don mutuel ; & se prend en pleine propriété. *Voïez* Ferriere, sur Paris, art. 229.

Il a été jugé, par quelques décisions du conseil, qu'il n'étoit point dû de droit d'insinuation pour le préciput, à prendre par le survivant sur les éfets de la communauté, & avant le partage d'icelle : je ne crois pas que la question ait été éclaircie ; car, il faut distinguer la stipulation de préciput, de la faculté accordée par la loi au survivant de prélever certains objets : le préciput conventionnel est un véritable avantage en faveur du survivant ; c'est un gain de survie, qui n'est pas, à la vérité, assujéti à l'insinuation de forme, mais il est sujet au droit d'insinuation, comme les stipulations de bagues, joïaux & autres choses semblables, qui, étant de véritables préciputs, sont néanmoins sujets à ces droits, ainsi qu'il a été observé aux articles *Bagues & Contrat de mariage*, §. 14. Il est vrai que, la stipulation étant faite pour faire le prélevement sur la masse hors part, le survivant ne profite que d'une moitié du préciput sur la part du prédécédé dans la communauté, parce qu'il confond l'autre moitié; ensorte que le droit d'insinuation d'un semblable préciput, ne peut être perçû que sur la moitié de l'objet auquel il est fixé.

Si le préciput est à prendre en entier sur la part du prédécédé dans la communauté, il ne peut y avoir aucun doute que le droit d'insinuation soit dû, & qu'il doive être perçû sur l'objet entier du préciput.

Le préciput conventionnel n'a lieu que dans le cas de communauté entre les conjoints; on peut néanmoins stipuler que la femme aura le préciput, même en renonçant à la communauté; &, pour cette action, elle a hipotéque, du jour du contrat de mariage, sur les immeubles de son mari; ensorte qu'en renonçant, elle exercera le préciput comme une donation simple, d'abord sur la communauté, & subsidiairement sur les propres du mari. Le droit d'insinuation est également dû de ce préciput, & ne peut être contesté.

PRÉFÉRENCE *du Roi & de ses fermiers, sur les biens meubles & immeubles des comptables & autres débiteurs de deniers roïaux.*

L'article 1er de l'édit du mois d'Août 1669, porte que le Roi aura la préférence aux créanciers des oficiers comptables, fermiers généraux ou particuliers, & autres aïant le maniment de ses deniers, qui lui seront redevables, tant sur les deniers comptans, que sur ceux qui proviendront de la vente des meubles & éfets mobiliaires sur eux saisis, sans concurrence ni contribution avec les autres créanciers, nonobstant toutes saisies précédentes; à l'ex-

ception néanmoins des frais funéraires, de justice & autres privilégiés; des droits du marchand qui réclame sa marchandise dans les délais de la coûtume, & du propriétaire des maisons des villes, sur les meubles qui s'y trouveront, pour six mois de loïer; l'article 2 conserve la même préférence sur le prix des ofices comptables & droits y annéxés; par l'article 3, le Roi entend être préféré sur le prix des immeubles acquis depuis le maniment de ses deniers, néanmoins, après le vendeur & celui de qui les deniers auront été emploïés à l'acquisition, pourvû qu'il en soit fait mention sur la minute & sur l'expédition du contrat; ce qui sera exécuté, nonobstant toutes coûtumes & usages contraires, auxquels il est dérogé. A l'égard des immeubles acquis auparavant, le Roi a seulement hipotéque, du jour des provisions des ofices, des baux des fermes, des traités ou des commissions. Il est ordonné, par l'article 5, que ce qui est réglé par les articles précédens, aura lieu nonobstant les opositions & actions des femmes séparées de leurs maris, tant à l'égard des meubles trouvés dans la maison du mari, qui n'auront pas apartenu à la femme avant le mariage, que sur le prix des immeubles acquis par elle depuis la séparation, s'il n'est justifié que les deniers emploïés à l'acquisition, lui apartiennent légitimement.

L'article 14 du titre 8 du gros de l'ordonnance du mois de Juin 1680, porte que, sur les deniers provenans des meubles saisis & vendus, le fermier du Roi sera païé par préférence à tous créanciers, même au propriétaire de la maison, excepté pour deux quartiers de loïer, y compris le courant, pour lesquels le propriétaire sera préféré, en afirmant qu'ils lui sont dûs, & sans qu'il puisse prétendre aucune préférence pour les réparations.

Article 4 du titre commun de l'ordonnance du mois de Juillet 1681. » Les fer-

Préféren-
ce.

» miers de nos droits auront , contre les
» fous-fermiers , les mêmes actions , pri-
» viléges , hipotéques , droits de con-
» traindre & pourfuivre , que nous avons
» contre les fermiers ».

Article 5 du même titre. » Ce que
» nous avons ordonné à l'égard des fer-
» miers contre les fous-fermiers , aura
» lieu à l'égard des fermiers & fous-fer-
» miers contre leurs commis ».

Article 6 du même titre. » Voulons
» que les fermiers & fous-fermiers qui
» feront crédit de nos droits, & qui vien-
» dront par action , opofition , interven-
» tion , plainte ou autrement, même dans
» les cas auxquels ils pouroient fe faire
» païer fur le champ , foient préférés, fur
» les meubles , à tous autres créanciers ,
» même à ceux qui ont prêté leurs deniers
» pour les acheter ».

Article 7. » N'entendons la préférence
» portée par l'article précédent , avoir
» lieu , finon lorfque les foumiffions &
» promeffes que nos fermiers & fous-fer-
» miers auront prifes des redevables , fe-
» ront libellées pour nos droits , coafor-
» mément aux regiftres & aux déclarations
» qui en auront été faites ».

Article 8. » N'entendons auffi que la
» préférence ordonnée pour nos droits ,
» ait lieu pour les confifcations de la jufte
» valeur , en ce qu'elles excédent nos
» droits , ni pour l'amende & les dépens ».

L'article 9 règle la préférence dans le
cas de conteftation entre le fermier d'un
bail expiré & le fermier actuel ; *voïez*
tom. 2 , pag. 358.

Par arrêt du confeil du 21 Mai 1709 ,
rendu en règlement du mouvement du Roi,
il eft ordonné que , pour raifon du païement des droits d'*infinuation-laïque* , les
fermiers de ces droits auront , tant fur le
fonds , que fur les fruits des immeubles fujets auxdits droits , privilége & préférence à tous créanciers , même aux vendeurs
& à ceux qui ont prêté leurs deniers pour

l'acquifition defdits immeubles ; veut S. M,
que les redevables defdits droits , les locataires & fermiers conventionnels ou judiciaires des biens immeubles , commiffaires
aux faifies-réelles , receveurs des confignations , & autres dépofitaires des biens
de juftice , foient contraints au païement
defdits droits , nonobftant toutes faifies &
opofitions faites ou à faire ; quoi faifant ,
ils en demeureront bien & valablement
quites & déchargés, tant envers les parties
faifies , que les créanciers , opofans & faififfans.

Celui du 14 Août 1714 , ordonne que
les fruits & revenus des héritages fujets
aux droits d'*amortiffimens* , *franc-fiefs &*
nouvel-acquêt , qui ont été ou feront faifis
à la requête du fermier defdits droits , lui
feront baillés & délivrés , ou à fes procureurs , commis & prépofés , jufqu'à concurrence des fommes portées par les états
de contraintes , nonobftant & par préférence à toutes autres faifies ou opofitions
faites ou à faire; à quoi faire les locataires,
fermiers conventionnels & judiciaires ,
commiffaires aux faifies-réelles , receveurs
des confignations , & autres dépofitaires ,
feront contraints comme pour les propres
deniers & affaires de S. M. , fans qu'il foit
befoin de le faire ordonner en juftice avec
les redevables , leurs débiteurs & leurs
créanciers opofans , moïennant quoi ils en
demeureront valablement quites & déchargés.

Arrêt du confeil du 23 Décembre 1721:
le fieur André , acquéreur de la terre du
Mefnil-Garnier , avoit donné une délégation du montant du *centième denier* de fon
acquifition , fur le nommé Godard , fermier
de cette terre ; lors de la fignification qui
lui en fut faite , il déclara être prêt de païer,
en raportant par le fermier main-levée des
différentes faifies faites fur lui ; l'arrêt le
condamne , même par corps , au païement
du droit de centième denier ; quoi faifant ,
il en demeurera valablement quite & dé-

chargé, tant vers les parties faifies, que les créanciers opofans & faififfans.

Arrêt du confeil du 20 Septembre 1722, qui, en condamnant les héritiers collatéraux de la dame Anfeline, au païement du droit de centième-denier des biens de cette fucceffion & du triple d'icelui, permet de contraindre le fieur Hardier, procureur en la prévôté de l'hôtel, dépofitaire des deniers de la fucceffion, par corps, nonobftant un arrêt du grand confeil, qui donnoit main-levée des faifies du fermier, & qui ordonnoit que ledit Hardier demeureroit faifi par forme de dépôt &c.

Arrêt du confeil du 15 Mars 1723, qui ordonne que le fieur Lauverjon, notaire au châtelet de Paris, (qui avoit reçu en dépôt le teftament de l'abbé de Dangeau, dont il avoit païé les droits de *contrôle* & *d'infinuation*) fera rembourfé, par préférence à tous créanciers, fur les éfets dudit fieur abbé, de la fomme par lui païée pour les droits; en conféquence, que l'huiffier-prifeur, chargé de la vente defdits éfets, fera contraint, comme dépofitaire, à païer ladite fomme, enfemble celle de 30 liv. pour le coût de l'arrêt; moïennant quoi il en demeurera bien & valablement déchargé envers tous faififfans, opofans & autres &c.

Arrêt du confeil du 24 Octobre 1724: fur ce que les acquéreurs refufent de païer les droits de centième denier, pour les mutations qui ont précédé leurs acquifitions; les uns prétendant que le fermier ne peut fe pourvoir que contre les précédens propriétaires, dont la plûpart font décédés, abfens ou infolvables; & d'autres, parce qu'ils ont obtenu des décrets judiciaires fur les immeubles auxquels le fermier ne s'eft point opofé, foûtiement qu'il doit être déchû de fon privilége; il eft ordonné, par cet arrêt rendu en règlement, que les acquéreurs des biens immeubles, foit par vente, teftamens, fucceffions collatérales, & à quelque titre que ce foit,

feront tenus de païer tous les droits de *centième denier*, dont lefdits biens fe trouveront chargés à caufe des mutations arrivées avant leurs titres de propriété ou de poffeffion, par préférence à tous créanciers, à peine d'y être contraints, fauf leur recours, fi le cas y échet, contre ceux qui les auront précédés en la propriété ou poffeffion defdits biens.

Autre arrêt du confeil du 5 Février 1726, qui ordonne l'éxécution de celui du 14 Août 1714, non-feulement pour le recouvrement des droits d'*amortiffemens*, *franc-fiefs* & *nouveaux-acquêts*, qui peuvent encore être dûs des reftes du traité de le Lievre, & de la ferme de Sadet, mais encore, pour ceux de toutes les régies, fermes & fous-fermes defdits droits qui leur ont fuccédé, & pour toutes celles qui pourront être faites à l'avenir; en conféquence, réïtère les difpofitions de l'arrêt de 1714.

Arrêt de la cour des aides de Paris du 6 Août 1728, rendu entre l'adjudicataire des fermes & les collecteurs des tailles de Conflans-Charenton, créanciers de Jacques Benard cabaretier, pour droits d'aides & pour la taille de la même année: ils prétendoient réciproquement la préférence fur les deniers provenus de la vente des meubles de Benard; cette préférence fut ajugée au fermier par fentence de l'élection de Paris: la cour des aides, fur l'apel, a ordonné que le fermier & les collecteurs feroient païés par concurrence. *Nota*, l'arrêt eft cité dans celui du 29 Avril 1749, raporté ci-après.

Arrêt du confeil du 24 Octobre 1730: le fieur le Gras du Luart avoit acquis en 1726, la terre du Bouer de l'héritier du baron du Sein, décédé en 1709, fur la demande des droits de *centième denier* dûs pour la fucceffion & pour l'acquifition; il a été ordonné que ledit fieur du Luart & le commiffaire aux faifies-réelles, dépofitaire de deniers provenans de la fuc-

Préférence.

cession, seroient contraints jusqu'à concurrence du premier droit; & l'acquéreur a été personnellement condamné au païement de celui dû pour son acquisition.

Autre arrêt du conseil du 1er Février 1735, qui accorde la préférence sur le prix d'un ofice : Engracie Gourdan aïant vendu l'ofice de notaire roïal à Marseille, dont feu son père étoit pourvû, le fermier des domaines a demandé à être païé, par préférence, de la somme de 1898 liv. pour droits de *contrôle* & *insinuation* de plusieurs actes passés par Gourdan, & qui avoient été contrôlés & insinués à la faveur de l'amnistie accordée par la déclaration du Roi du 11 Juin 1733 ; ladite Gourdan l'a soûtenu mal fondé, parce que le prix de l'ofice étoit affecté aux dettes des créanciers, & devoit être distribué suivant l'ordre des hipotéques, tant auxdits créanciers, qu'à elle, pour la dot de sa mère. Le fermier a soûtenu que la préférence qui lui est accordée par les règlemens, sur les biens des débiteurs, est encore moins susceptible de dificulté sur le prix des ofices des notaires, parce que ces ofices sont, de droit, garants de toutes les fautes & négligences des titulaires. L'arrêt ordonne que ledit fermier des domaines sera païé de ladite somme de 1898 liv. sur les deniers provenans du prix de l'ofice, par préférence à ladite Gourdan & à tous autres créanciers.

Décision du conseil du 10 Avril 1737, qui a jugé que le fermier des domaines devoit être païé, par préférence, sur le prix de la vente de l'ofice du nommé Trois, notaire à Laval, de la somme de 416 liv. restante de celle de 500 liv. d'*amende* de contravention ; & cela, parce que la contravention est un fait de charge. *Nota.* Il ne doit y avoir aucune préférence pour les amendes de contravention aux règlemens, mais seulement hipotéque du jour qu'elles ont été prononcées, ou règlées par actes passés par devant notaires.

Arrêt du conseil du 10 Mars 1739, qui ordonne que, sur les deniers étant entre les mains du païeur des gages des secrétaires du Roi, provenans de ceux attribués à l'ofice du sieur Châtelain, le fermier des domaines sera païé, par préférence à tous créanciers, du droit de *centième denier* de terres acquises par ledit Châtelain en 1714 ; à quoi faire ledit païeur sera contraint, comme dépositaire, conformément à l'arrêt du 11 Mai 1709, nonobstant toutes saisies, opositions & empêchemens &c. *Nota.* Cet arrêt a été rendu du consentement du sieur Châtelain, débiteur.

Décision du conseil du 28 Juillet 1742, qui ordonne que le fermier judiciaire de biens saisis, païera le droit de centième denier dû pour ces biens, par préférence à toute autre créance ; & que la quitance de ce droit sera prise, pour comptant, par le commissaire aux saisies-réelles.

Arrêt de la cour des comptes, aides & finances de Montpellier du 10 Février 1743, qui a ajugé au fermier le prix de la vente des meubles de Jean le Blanc, contrôleur des actes à Toulouse, resté reliquataire, par préférence à sa femme, qui demandoit son logement & sa constitution dotale.

Décision du conseil du 10 Mars 1745 : le fermier des domaines avoit saisi les revenus d'un bien faisant partie d'une succession collatérale ; cette partie étoit saisie réellement par Nicolas Jouvenot créancier, qui a demandé main-levée de la saisie du fermier, offrant de païer le droit de centième denier de cet objet ; il a été débouté de sa demande, jusqu'à ce que la déclaration fut faite, & le droit païé de la totalité des biens de la succession ; & cela, parce que le droit de centième denier d'une succession collatérale est indivisible sur tous les biens, & chaque partie de ces biens est affectée solidairement au païement du droit entier.

M. l'intendant de Grenoble aïant demandé au conseil, si le fermier devoit avoir la préférence pour le *triple* droit de centième denier, comme pour le droit principal, il lui fut répondu, le 14 Août 1747, par M. de Fulvy, intendant des finances, que le triple droit, étant une peine ou amende, ne peut être éxigé par préférence.

Décision du conseil du 25 Juin 1746, qui juge que le droit de centième denier des biens échus à titre successif en ligne collatérale, est dû sur la masse générale de tous les biens, & que le fermier a droit de se pourvoir sur tout ce qui en provient, tant meubles, qu'immeubles; cette décision a été renduë sur le mémoire des créanciers de la succession du sieur Pelais, qui avoient païé le droit de centième denier, & qui en demandoient la reprise sur les meubles.

Autre décision du 10 Juin 1747, qui ajuge au fermier le droit de centième denier d'une succession, par préférence au douaire de la veuve, & sur les revenus affectés au douaire, plûtôt que contre l'acquéreur du surplus des biens.

Arrêt du conseil du 14 Mai 1748, entre Forceville, fermier général, & le sieur Tartarin, contrôleur des bons d'états. Le Roi se trouvoit directement créancier du nommé Rouvelin, pour une somme que S. M. lui avoit avancée pour favoriser l'exploitation d'une manufacture de cristaux; le fermier général étoit créancier à cause de la gestion que Rouvelin avoit faite de la recette générale du tabac à Paris; & le contrôleur des bons d'états étoit oposant à la délivrance des deniers. L'arrêt le déboute de son oposition, & ordonne l'éxécution de l'édit du mois d'Août 1669; en conséquence, juge que Forceville doit être païé, par préférence à tous créanciers, sur le prix provenu de la vente des meubles de Rouvelin. Cet arrêt est cité dans celui du 29 Avril 1749, raporté ci-après.

Décision du conseil du 22 Mars 1749, portant que les droits du Roi doivent être païés par préférence, & que ceux dûs pour le testament de M. le grand-prieur de France, seront païés sur les deniers sequestrés entre les mains de l'économe général.

Arrêt du conseil du 29 Avril 1749, sur la requête de Nicolas Bonnemain, subrogé à feu Pierre Carlier adjudicataire des fermes générales pour le bail commencé le 1er Octobre 1726, saisissant les biens de Jean Chaudun qui a fait la recette du grenier à sel de Brou, & qui est resté reliquataire; les biens ont été saisis & ajugés, & le prix a été consigné. Le sieur Sanson, receveur des consignation à Paris, a prétendu retenir par préférence ses droits de consignation; Bonnemain, a cité l'article 24 de l'édit du mois de Février 1689, pour la revente des offices de receveurs des consignations, portant qu'ils ne prendront aucuns droits pour raison des sommes pour lesquelles S. M. sera colloquée utilement, sans pouvoir prétendre aucune indemnité ni récompense sur le surplus des deniers; l'art. 23 de l'édit du mois d'Août 1669, portant que les sommes pour lesquelles S. M. sera utilement colloquée, seront païées par les receveurs des consignations, & délivrées sans frais ni aucuns droits de consignation; & les dispositions de l'ordonnance de 1681 par lesquelles le Roi conserve aux deniers roïaux, quoiqu'exploités par ses fermiers, tous les mêmes avantages que si S. M. les faisoit exploiter & percevoir à titre de régie & par ses mains. L'arrêt ordonne que, dans le jour de la signification, le sieur Sanson, receveur des consignations, sera tenu de païer à Bonnemain, sans aucune diminution, ni retenuë du droit de consignation, la somme de 4847 livres 15 sols 3 deniers, qu'il a droit de prendre dans celle de 5000 livres déposée au bureau des consignations; quoi faisant, il en demeura bien & valablement déchargé.

Arrêt du confeil du 19 Août 1752, en faveur des notaires, pour leur rembourfement par préférence des droits de contrôle & d'infinuation qu'ils ont avancés; voïez *Notaires*, §. 14, pag. 45.

Décifion du confeil du 4 Mai 1754, contre Catherine Girardin, veuve du fieur Coufin, gréfier à la peau, qui avoit été chargé par le fermier des domaines de la recette des droits de contrôle des afirmations de voïage à Paris, & qui étoit décédé reliquataire pour raifon de cette recette; le fermier demandoit à être païé par préférence; la veuve difoit avoir renoncé à la communauté, & les héritiers à la fucceffion; qu'elle n'étoit point caution de fon mari, & que toute cette fucceffion ne fufifoit pas pour la remplir de fes créances privilégiées. Décidé que le fermier a la préférence fur le mobilier. *Nota*. Il auroit eû également la préférence fur les immeubles que le mari auroit acquis depuis qu'il avoit été chargé de la recette, fuivant l'édit de 1669.

Arrêt du confeil du 26 Juillet 1757, qui caffe un Arrêt du parlement de Bordeaux, contraire à la préférence du fermier des domaines, pour les droits de centième denier; M. de Sabran héritier infitué de M. le marquis de la Capelle fut inquiété par une autre perfonne qui fe prétendoit apellée à une fubftitution des mêmes biens; fur la demande du droit de centième den. de l'inftitution, il intervint ordonnance de M. l'intendant de Limoges, portant que ce droit feroit païé par préférence fur les fruits; les féqueftres & les commiffaires des revenus fe pourvurent au parlement de Bordeaux où ils obtinrent arrêt, par lequel, fans s'arrêter à l'ordonnance de M. l'intendant de Limoges, il étoit ordonné que les fruits & revenus leur feroient remis par préférence au fermier du domaine. C'eft cet arrêt qui a été caffé

par celui du confeil, tant comme rendu fur une matière dont la connoiffance eft attribuée à M^rs les intendans fauf l'apel au confeil, que comme contraire aux règles qui donnent la préférence au recouvrement des deniers roïaux; en conféquence, il a été ordonné que l'ordonnance de M. l'intendant feroit éxécutée & que le fermier feroit païé du droit de centième par préférence à tous créanciers & opofans &c.

Si, en conféquence d'une faifie-arrêt faite pour le recouvrement de deniers roïaux, le faifi déclare avoir païé d'avance, *voïez* ce qui a été obfervé à l'article *afirmation d'un débiteur*, tom. 1, pag. 101; & ajoûtez-y que, par arrêt du confeil rendu en règlement le 19 Juillet 1672, il fut ordonné que, pour le recouvrement des droits de franc-fiefs, les fermiers & métaïers des biens fujets auxdits droits, feront tenus de repréfenter leurs baux à la première requifition ou fommation qui leur fera faite, & de vuider leurs mains, par préférence, en celles du fermier de ces droits, des fommes par eux dûes; à quoi faire ils feront contraints par les voïes qu'ils y font obligés; & en cas de refus, par les autres voïes qui feront ordonnées par les commiffaires départis; *nonobftant* toutes faifies & arrêts, même les faifies-réelles, & pour quelque caufe & occafion que ce foit, *& tous païemens qu'il pouront alléguer avoir faits par avance*, fauf leur recours ainfi qu'ils aviferont bon être contre les propriétaires.

A l'égard de la préférence pour le recouvrement des *amendes* arbitraires & autres acquifes ou ajugées au Roi dans les cours & fiéges; voïez *amendes*, §. 4, n. 4, tom. 1, pag. 124.

PRÉLATION eft, dans les païs de droit écrit, ce que l'on nomme retrait féodal dans les païs coûtumiers; le nom de prélation, qui fignifie une préférence ou fupériorité, eft ufité dans le païs de droit écrit,

écrit, pour exprimer le retrait féodal qui y est éfectivement préféré au retrait lignager, au lieu que, dans le général des coûtumes, le retrait féodal céde au lignager.

Le droit de prélation, apartenant au Roi, passe aux apanagistes par la constitution de l'apanage, encore qu'il n'y soit pas nommément exprimé ; mais, il ne peut passer aux engagistes sans stipulation expresse ; *voïez* Bacquet, des dr. de just. ch. 12.

Le Roi ne peut pas même éxercer ce droit dans quelques provinces : mais, S. M. peut le céder à un tiers, pour éxercer en conséquence le retrait.

Nous expliquerons à l'article *Retrait*, les droits qui sont dûs par le cessionnaire du droit de prélation du Roi ou des seigneurs, lorsqu'il éxerce ce droit, en retirant des biens sur celui qui les avoit acquis.

PRÉMESSE, terme dont la coûtume de Bretagne se sert pour exprimer le retrait lignager ; il y a, dans cette coûtume, un titre entier des *prémesses* ; c'est le titre 16. L'article 298 porte que *prémessé* est octroïée à tous ceux qui sont du lignage ; &, suivant l'article 299, tout *prême* & lignager peut retirer la chose sujéte à prémesse.

Le terme de *prême* est un vieux mot français qui signifie le prochain, *id est proximus* ; delà, prémesse, *à proximitate*.

Voïez l'article *Retrait*, où il sera traité des diférens droits dûs pour le retrait lignager.

PRESCRIPTION, est une espèce de fin de non recevoir, introduite pour assûrer, après un certain tems, la tranquillité de ceux qui n'ont pas conservé leurs titres de possession ou de libération ; Cassiodore l'a nommée, en matière civile, la patrone du genre humain, à cause de la paix qu'elle procure ; & M. de la Guesle (Remont.) lui donne le même nom ; mais, ce titre ne lui convient que lorsqu'elle est invoquée de bonne foi.

La prescription ne peut être admise, si

Tome III.

elle n'est autorisée par un texte de coûtume ou par une ordonnance précise ; elle n'est pas de droit, & le juge ne peut la supléer, si elle n'est pas invoquée ; on ne peut même l'invoquer, après avoir traité la question au fond.

1. Le domaine du Roi, & les droits de souveraineté apartenans à la couronne, sont imprescriptibles, par quelque laps de tems que ce puisse être ; cela demande néanmoins une explication, parce que la prescription, établie entre les sujets du Roi, peut être invoquée dans certains cas contre S. M. même.

Les biens & droits essentiels à la souveraineté sont absolument imprescriptibles, ainsi que les domaines de la couronne, c'est-à-dire, ceux qui ne peuvent être aliénés qu'à faculté perpétuelle de rachat ; *voïez* l'article *Domaine*.

Il y a des petits domaines & droits domaniaux, qui peuvent être aliénés par inféodation, à titre de propriété incommutable ; d'où il suit que le détenteur peut invoquer la prescription, s'il prouve une possession immémoriale, & au moins de cent années ; *voïez* ce qui a été observé sous le titre particulier de ces biens & droits, comme *Isles*, *Péages* &c. ; *voïez* aussi Bacquet, de la desh. ch. 7.

A l'égard des biens que le Roi pouroit posséder, & qui ne seroient pas encore unis & incorporés au domaine de la couronne, comme dans l'espèce expliquée à l'article *Domaine*, §. I, n. 7, tom. 2, pag. 89, ils n'ont aucun privilége particulier ; & la prescription peut être par conséquent invoquée pour ces biens, dans les mêmes cas où elle est établie entre les citoïens.

2. Les droits *casuels* dûs au Roi, tels que les profits de fief, & les droits de confiscation, aubaine, bâtardise & autres, détaillés, tom. 2, pag. 364, se prescrivent par le même délai que les coûtumes fixent aux seigneurs pour le recouvrement des

V

droits femblables qui leur apartiennent. Il faut néanmoins obferver que , fi le nouveau poffeffeur n'a pas fait enfaifiner fon titre par les receveurs & contrôleurs généraux des domaines & bois , il ne poura opofer aucune prefcription pour les droits réfultans de la mutation non enfaifinée. *Voïez* l'édit du mois de Mai 1710 ; l'arrêt du 2 Août 1749 , & la fentence de la chambre du domaine de Paris du 2 Septembre 1750 , raportés à l'article *Enfaifinement* , n. 11 , tom. 2 , pag. 313.

L'indemnité dûë au Roi par les gens de main-morte , pour les biens qu'ils acquièrent dans les mouvances , cenfives & juftices de S. M. , n'eft pas un droit cafuel : c'eft le prix de l'aliénation d'une portion du domaine ; & dès-lors, ceux qui en font débiteurs ne peuvent opofer de prefcription , par quelque laps de tems que ce puiffe être ; *voïez* l'article 5 de la déclaration du 21 Novembre 1724 , tom. 2 , pag. 531. Mais , par la raifon même que cette indemnité eft le prix d'une aliénation, elle ne peut être reçuë en efpèces , & elle doit être conftituée en rente perpétuelle ; or , comme les arrérages de cette rente font fujets à la prefcription ordinaire, il s'enfuit que fi l'on avoit diféré plus de 30 ans à demander l'indemnité à des gens de main-morte , le fond du droit ne feroit pas à la vérité prefcrit ; mais , en le convertiffant en rente , les arrérages n'en feroient éxigibles que pour les 29 années antérieures à la demande , & à l'avenir , d'année en année à perpétuité.

3. Les diférens autres droits , compris dans la ferme des domaines , ne font point prefcriptibles de leur nature , comme on l'a expliqué fous le titre de ces diférents droits.

Arrêt du confeil du 28 Mars 1719 , rendu en règlement ; par lequel (fur ce que plufieurs redevables des droits de centième denier anciennement dûs , objectent que ce droit , ouvert dans un bail , ne

peut apartenir aux fermiers des baux fuivans ; que lefdits fermiers font même déchus de leurs prétentions à cet égard , fuivant l'article 34 du titre commun de l'ordonnance du mois de Juillet 1681 , qui n'accorde que fix mois , après les baux finis , pour former la demande des droits ; & comme cette ordonnance ne concerne point le centième denier , pour lequel il a été rendu des règlemens particuliers ,) S. M. déclare qu'elle n'entend point que les droits d'*infinuation* & *centième denier* foient compris dans l'éxécution dudit article 34 ; en conféquence , elle ordonne que les redevables feront pourfuivis , fur les contraintes des fermiers & fous-fermiers , au païement defdits droits d'*infinuation* & *centième denier* , & des *amendes* & peines par eux encouruës , faute d'avoir fait infinuer leurs contrats d'acquifition d'immeubles , ou d'avoir fourni leurs déclarations pour les fucceffions collatérales , & d'en avoir païé le centième denier dans les délais prefcrits par les règlemens ; & ce , nonobftant toutes opofitions formées ou à former , réfultantes du laps de tems , dont ils demeurent & demeureront déboutés.

On ne peut donc opofer de prefcription pour ces droits , quelques anciens qu'ils foient ; c'eft ce qui a été pofitivement décidé le 18 Mars 1725 , fur la queftion propofée par M. l'intendant de Befançon , au fujet d'anciennes contraventions ; il y a une infinité d'autres décifions qui ont jugé que lefdits droits font imprefcriptibles , & que l'on ne doit laiffer introduire aucun doute à cet égard.

4. Mais , comme il feroit fatiguant pour le public de faire remonter les recherches à des tems trop reculés , le Roi a fixé une époque à fes fermiers , pour certains droits , fans néanmoins admettre de prefcription contre S. M.

La première limitation à cet égard a été faite par les articles 529 & 535 du bail de Forceville du 16 Septembre 1738 , portant que le fermier ne pouroit faire la recherche des droits de contrôle des actes des notaires, infinuation, centième denier & petit-fcel, droits d'amortiffemens & de franc-fiefs échus plus de vingt années antérieurement à fa demande, fans préjudicier néanmoins à la nullité des actes ordonnée par les règlemens, S. M. fe réfervant de faire faire à fon profit, fi elle le juge à propos, le recouvrement defdits droits échus avant cette époque.

Cette claufe a été répétée dans les baux fuivans; il fut ajoûté, par l'article 3 des lettres patentes du 22 Août 1756, portant bail à Henriet, qu'il pouroit recevoir à fon profit ceux defdits droits, qui feroient volontairement aportés & païés dans fes bureaux pendant le cours de fon bail, fans être tenu d'en compter au Roi. *Voïez* encore l'article 5 du bail de Prévôt, raporté, tom. 1, pag. 348 ***.

Les droits dûs pour les actes fous-fignature privée, ne font point compris dans les limites de cette époque de vingt années, comme il a été dit, tom. 1, p. 45.

5. Il y a auffi une efpèce de prefcription établie en faveur des fermiers du Roi: la déclaration du Roi du 20 Janvier 1699, porte que, deux ans après l'expiration d'un bail général des fermes de S. M., l'on ne poura être recevable en aucunes demandes contre les fermiers, pour prétendües reftitutions de droits. *Voïez* ci-après, l'article *Reftitution*.

PRÉSENTATION *en matière eccléfiaftique*, eft l'éxercice du droit de patronage: c'eft un acte, par lequel le patron d'un bénéfice, ou autre qui a droit de préfenter, nomme & préfente au collateur une perfonne capable de remplir ce bénéfice, pour en avoir la collation & inftitution.

Les nominations ou préfentations à bénéfice, par patrons eccléfiaftiques ou laïques, font comprifes dans la première fection de l'article 1er du tarif de 1722, qui en fixe le droit de *contrôle* à 5 liv. en principal; ce qui eft confirmé par l'article 4 de l'arrêt de règlement du 30 Août 1740.

Le patron peut faire fa préfentation par un acte fous-fignature privée: fi l'on a recours au notaire, il faut que ce foit un notaire apoftolique, fuivant l'édit du mois de Décembre 1691; ce qui n'empêche pas que l'on ne faffe des préfentations, fous-fignature privée; mais, le gréfier des infinuations eccléfiaftiques ne peut infinuer ces préfentations, & l'on ne peut faire aucun acte en conféquence, fi elles ne font préalablement contrôlées au contrôle des actes, à peine de nullité de tout ce qui feroit fait auparavant, & des amendes portées par les règlemens. *Voïez Actes fous-fignatures privées*.

PRÉSENTATION, *en matière laïque*, eft un acte de procédure, par lequel un procureur déclare au gréfe des préfentations d'une cour ou d'une jurifdiction roïale, qu'il occupera pour telle partie contre telle autre, dans l'inftance introduite entr'elles par la demande qu'il défigne. Il y a préfentation pour les *demandeurs*, appellans ou anticipans, & préfentation pour les *défendeurs*, intimés & anticipés.

1. Les droits de préfentation, établis & attribués par diférens édits, fe perçoivent actuellement fur le pié de 6 f. 8 d. dans les cours, préfidiaux, bailliages & fénéchauffées qui reffortiffent nuëment aux cours; il-eft, en outre, dû un droit de contrôle à raifon de 3 f. par préfentation.

Dans les autres jurifdictions roïales qui ne reffortiffent pas nuëment aux cours, même dans les jurifdictions des hôtels de ville, & des juges & confuls des marchands, dans les fiéges des élections & des greniers à fel, & dans les maîtrifes des eaux & forêts, le droit de préfentation n'eft que de 5 f. & celui de contrôle de 2 f.

En *Provence*, la perception eft diféV ij

rente : la déclaration du Roi du 13 Mars
1696, regiftrée au parlement d'Aix le
7 Avril fuivant, porte que les droits des
préfentations, tant des demandeurs que des
défendeurs, dans les cours, fiéges & juftices roïales du païs de Provence feront
païés : favoir,

I. Au *parlement*, pour chacune préfentation fimple, 13 fols.

II. Pour chacune préfentation double, 16 fols.

III. Pour chacune préfentation perfonnelle, 22 fols 4 deniers.

VI. A la *chambre des comptes* d'Aix,
pour la préfentation fimple, 1 fol.

VII. Pour la double, 2 fols.

IX. Et *dans les fiéges inférieurs* dudit
païs, pour chacune préfentation fimple, 7 f.

X. Pour chacune préfentation double, 9 fols.

XI. Pour chacune préfentation perfonnelle, 10 fols.

Voïez ce qui eft obfervé au fujet du
contrôle des préfentations, tom. 1,
p. 582, & tom. 2, p. 21.

2. L'ufage des préfentations eft auffi
ancien que l'établiffement de l'ordre dans
les procédures : ces préfentations fe prenoient d'abord au gréfe ordinaire, où
il en étoit tenu regiftre ; enfuite, il fut
créé des gréfiers particuliers des préfentations dans les cours de parlement de
Paris & de Touloufe ; & cet établiffement,
aïant été reconnu utile, fut fait également dans les différentes provinces du
Roïaume.

Par édit du mois d'Août 1575, Henry III créa & érigea en chef & titre
d'ofice formé, un gréfier & garde des
préfentations, en chacune des cours de
parlement, grand confeil, cour des aides
& autres cours fouveraines, où il n'y
avoit gréfiers des préfentations établis &
féparés, des gréfiers ordinaires : requêtes
du palais, préfidiaux, bailliages, fénéchauffées, prévôtés, & autres jurifdictions

roïales du roïaume, tant en matière civile que criminelle, pour enregiftrer lefdites préfentations dans un regiftre tenu à
cet éfet ; il ordonna que toutes perfonnes
qui feront ajournées, ou qui auront fait
ajourner, auticiper ou intimer, foit en premiere inftance, éxécution de fentences,
contrats, obligations & caufes d'apel &
toutes autres matières, èfdites cours, fiéges & jurifdictions roïales, feront tenus
de fe préfenter par leur procureur ; déclarant dès-à-préfent *nulles* & de nul
éfet toutes procédures qui auront été faites & pourfuivies autrement, avec défenfes aux parties de s'en aider, à peine
de faux & de tous dépens, dommages
& intérêts ; auquel gréfier & garde des
préfentations, il fut attribué *douze deniers* tournois pour recevoir & enregiftrer chaque préfentation.

La cour des aides de Paris, en en-
regiftrant cet édit, ordonna, par arrêt du
2 Décembre 1577, qu'il auroit lieu, tant
ès gréfes des *élections*, qu'autres jurifdictions reffortiffantes en icelle cour.

Il fut ordonné, par une déclaration
du Roi du 5 Mars 1578, que les procureurs poftulans dans les cours de parlement, bailliages, fénéchauffées, préfidiaux, prévôtés, élections, & autres juftices & jurifdictions roïales, fe préfente-
roient & cotteroient refpectivement en
toutes affignations, à peine de *nullité* de
tout ce qui feroit par eux fait, & de deux
écus fol d'amende.

Par une autre déclaration du Roi du 2
Septembre 1578, enregiftrée en la cour
des aides de Paris le 22 Janvier 1579,
S. M. ordonna pareillement les préfentations refpectives dans les cours des aides,
élections & autres fiéges reffortiffans, tant
pour raifon de la taille & crue, qu'en
toutes autres caufes, reconnaiffances de
promeffes, cédules & compofitions de
furtaux, radiations de rôles, priviléges,
décharges de marguilliers des paroiffes,

de procureurs de villes , afféeurs , collecteurs , commiſſaires & autres charges
publiques ; opoſitions ou apellations ſur
éxécution de ſentences , obligations ,
baux à ferme , mandemens & autres pareilles & ſemblables aſſignations qui ſe
donneront par devant les élus & commis ;
& , pour le regard des cauſes où les procureurs généraux deſdites cours des aides
& leurs ſubſtituts ſeront ſeuls parties , &
auſſi des particuliers qui ſeront ajournés
par devant les élus ou leurs commis , à
la requête des fermiers du Roi , ou de leurs
procureurs , facteurs & entremetteurs ,
pour faire vrai & fidèle ſerment du vin qu'ils
au-ront recueilli , vendu , échangé ou donné
en payement , tant pour le vingtième , quatrième & huitième des vins vendus , & autres impoſitions qui ſe levent & leveront
ſur les ſujets de S. M. ; & leſquelles cauſes ſe vuideront ſur le champ , l'audience
tenante , ſuivant leur ſerment & afirmation , ſans aucune remiſe ou délai : en ce
cas ſeul , S. M. n'entend qu'il ſoit payé
aucune préſentation , ſoit par le demandeur , défendeur ou ajourné ; voulant néanmoins que s'il arrivoit conteſtation en icelle
cauſe , remiſe ou délai , & ſur les aſſignations de défaut ou congé , qu'icelui droit
de préſentation ſoit payé auxdits gréfiers
des préſentations , ſans dificulté ; défendant
très - expreſſément auxdits procureurs
d'intervenir pour leſdites parties & de
faire & paſſer aucun acte , ſentence &
jugement ou arrêt de conſentement d'icelles parties ou autrement , que préalablement ils ne ſe ſoient préſentés & cottés ſur
les regiſtres deſdits gréfiers , ſur peine de
nullité de tout ce qui ſeroit par eux fait &
de deux écus d'amende ; leſquels procureurs ſeront tenus de communiquer leurs
cédules auxdits gréfiers ou leurs commis
une fois la ſemaine ſeulement , pour éviter
aux monopoles & colluſions , & voir &
connaitre le droit à eux dû.

Les ofices de gréfiers civils , criminels
& des préſentations furent ſuprimés par
édit du mois de Mars 1580 , pour être réunis & incorporés au domaine ; & l'aliénation en fut ordonnée à faculté de rachat perpétuel.

Par une déclaration du 5 Mars 1587 ,
il fut ordonné que les gréfiers-gardes des
préſentations tiendroient deux regiſtres :
l'un deſquels ſerviroit pour les préſentations des demandeurs , & l'autre pour celles
des défendeurs , avec défenſes de délivrer
aucun acte , jugement ou arrêt , s'il n'a-
paraiſſoit de la préſentation.

Henry IV ordonna , par édit du mois de
Mars 1595 , que dorénavant , en toutes
cours de parlement , grand conſeil , cours
des aides , des monnoies , & autres cours
ſouveraines , requêtes du palais & de l'hôtel , chambre du tréſor , eaux & forêts , connétables & maréchauſſées de France , prévôté de l'hôtel , ſiéges préſidiaux , bailliages , ſénéchauſſées , vicomtés , prévôtés ,
mairies , vigueries , élections , gruries ,
greniers à ſel , juges - conſuls des marchands , hôtels communs des villes & autres juriſdictions roïales du roïaume , où il
y avoit gréfier des préſentations établi , il
ſeroit payé audit gréfier pour recevoir chacune préſentation & l'enregiſtrer , *deux
ſols* tournois , tant par le demandeur que
par le défendeur ; leſquels gréfiers ſeront
tenus de mettre au bas de l'exploit &
cédule , que S. M. ordonne leur être préſentés par les procureurs , l'acte de ladite préſentation , avec défenſes très-expreſſes à tous procureurs d'occuper en aucune inſtance , ni produire en icelle , que
ledit exploit ou cédule n'ait été cotté &
paraphé par le gréfier des préſentations
ou ſon commis , à peine de cent écus d'a-
mende & de tous dépens , dommages &
intérêts envers la partie intéreſſée. S. M.
ordonna la revente des gréfes des préſentations & l'aliénation du doublement à
faculté de rachat perpétuel. L'arrêt d'enregiſtrement en la cour des aides de Pa-

ris du 9 Avril 1595, excepte du droit
de préfentation les caufes où le procureur
général & fes fubftituts feront feuls parties ; & toutes affignations qui feront pour
les fermiers & droits du Roi, foit en demandant ou défendant, de quelque nature
que foient lefdites fermes ; dans lefquelles
caufes ne fera païé aucune préfentation,
finon lorfqu'elles feront conteftées ; &
cette cour a règlé la conteftation par l'a-
pointement en droit d'informer ou amener
témoins, ou quand il y aura fentence de
débouté de défenfes & non autres ; elle a
encore excepté les caufes fommaires vui-
dées promptement & fur le champ.

Les droits furent augmentés du parifis
par édit du mois de Juillet 1695.

Par autre édit du mois de Juin 1606,
particulier pour la province de Normandie, le droit de préfentation fut augmenté
d'un fol.

Loüis XIII ordonna, par édit du mois
de Février 1620, qu'à l'avenir il feroit pris
& perçu *quatre fols parifis*, pour chacune préfentation, en ce compris ce qui
fe païoit alors, ce qui faifoit cinq fols ;
l'augmentation fut attribuée aux gréfiers
des préfentations, pour en joüir à titre
de domaine aliéné à faculté de rachat perpétuel, en païant une finance.

Les gréfiers particuliers des préfentations n'aïant point été établis en *Provence*, cet établiffement fut ordonné par édit
du mois de Juillet 1639.

Il fut créé des ofices de gréfiers alternatifs & triennaux, par édit du mois de
Décembre 1639, pour joüir, chacun dans
l'année de fon éxercice, des mêmes droits
dont joüiffoient ou devoient joüir les anciens, & en outre du quart en fus par
forme d'augmentation ; cette nouvelle attribution fut auffi accordée aux anciens, fans
être tenus de financer, pour les dédom-

mager de la création des alternatifs &
triennaux ; l'édit explique que le quart
en fus, eft, par éxemple, 4 fols, au lieu
de 3 fols, & ainfi des autres fommes à proportion ; enforte que le droit de chaque
préfentation, qui étoit de 5 fols, fe trouva porté à 6 fols 8 deniers ; enfin, cet
édit fixe la joüiffance de l'ancien à l'année
1639, celle de l'alternatif à 1640 & celle
du triennal à 1641, & ainfi fucceffivement ; mais, cette fixation n'a eû lieu que
dans le reffort des parlemens de Paris &
de Roüen ; dans les autres païs, l'alternatif n'a commencé qu'en 1641, le triennal en 1642 &c., fuivant l'arrêt du confeil du 16 Février 1641.

Déclaration du Roi du 5 Novembre
1661, contenant règlement général des
droits de gréfes : par l'art. I il eft enjoint aux gréfiers des préfentations ou
leurs commis, de tenir un regiftre éxaçt de
toutes les préfentations, & aux procureurs de fe préfenter en toutes caufes,
excepté celles comprifes dans l'art. 4, &
de faire parapher leurs exploits par lefdits gréfiers avant que de plaider les caufes, à peine de nullité & d'amende ; & feront lefdites préfentations faites che≥ ledit
gréfier, ou au banc ou bureau établi au palais à heure certaine, avec défenfes aux
juges de faire appeller ou plaider aucunes
caufes qu'elles ne foient préfentées, fous
les mêmes peines. L'art. II porte que le
gréfier des préfentations aura pour fon
droit, de chaque partie plaidant par diférens procureurs, ou qui fe préfenteront
en divers tems, tant fur le demandeur que
fur le défendeur, fur défaut, éxécution
de fentence, fur l'appellant, intimé, an-
ticipant, anticipé, défertions, fommations,
contre-fommations, tant au civil qu'au criminel, 5 fols tournois, fuivant les édits
de 1575, 1595 & 1620 (*). L'art. III

_____

(*) Cette déclaration ordonne au furplus que l'Edit de 1639, portant attribution du quart en fus,
fera éxécuté felon fa forme & teneur.

réduit le droit pour les caufes des pauvres mercenaires, & autres demandes dont l'objet eſt modique ; & l'art. IV explique les caufes non ſujétes à préfentations : il en fera parlé ci-après. Par l'art. V il eſt défendu à tous huiſſiers & fergens de bailler dorénavant les aſſignations ès hôtels des juges, ains aux audiences ordinaires, à peine d'amende ; & aux procureurs de faire des expéditions en aucunes caufes fur aſſignations, qu'au préalable ils n'aïent fait leurs préfentations & païé le droit, fait cotter & parapher, par leſdits gréfiers ou leurs commis, les exploits ou cédules d'icelles, fous peine de nullité & d'amende.

L'art. 1ᵉʳ du titre 4 de l'ordonnance de 1667, porte qu'en toutes cours où il y a des gréfes des préfentations, les *défendeurs*, intimés & anticipés, feront tenus de fe préfenter & cotter le nom de leur procureur fur le cahier des préfentations, dans la quinzaine ; & dans les autres ſiéges, où il y a pareillement des gréfes des préfentations, dans la huitaine ; & aux matières fommaires, tant ès cours qu'ès autres ſiéges, dans trois jours ; le tout après l'échéance de l'aſſignation ; & feront les préfentations faites tous les jours, fans diſtinction.

Par l'art. 2 du même titre, le Roi avoit ordonné que les *demandeurs* & ceux qui ont relevé leur apel, ou qui ont fait anticiper, ne feroient à l'avenir aucune préfentation, dont S. M. abrogea l'ufage à leur égard ; mais, la préfentation des demandeurs, apellans ou anticipans, a été rétablie en 1695, comme on l'expliquera dans la fuite de cet article.

Les procureurs aïant cru pouvoir éviter le païement des droits des préfentations des défendeurs, en fupléant à la préfentation par des actes fignifiés au procureur du demandeur, il intervint diférens arrêts qui leur enjoignirent de fe préfenter pour les défendeurs, intimés & an-

ticipés, à peine de nullité des procédures & de 100 livres d'amende pour chacune contravention ; arrêt du 11 Août 1670, contre les procureurs du parlement de Bordeaux ; autre, du 25 du même mois, contre les procureurs de la cour des aides de Paris ; autre du 17 Juin 1671, qui prononce l'amende contre quinze procureurs de la même cour ; autre arrêt du 23 Septembre 1671, contre les procureurs du préfidial de Tours ; autre arrêt du 11 Février 1672, contre les procureurs du reſſort du parlement de Roüen &c.

Par un autre arrêt du confeil du 28 Mars 1676, il fut ordonné que l'art. 1ᵉʳ du tit. 4 de l'ordonnance de 1667, feroit éxécuté, avec très-expreſſes, inhibitions & défenfes aux procureurs des cours & des jurifdictions où il y a des gréfes des préfentations, de s'ingérer de faire aucuns actes ni procédures pour l'inſtruction des procès & inſtances avant l'enregiſtrement des préfentations des défendeurs, intimés & anticipés, à peine de 300 livres d'amende pour chacune contravention, nullité des procédures & de fufpenſion de leurs charges, fans que leſdites peines puiſſent être remifes, modérés ou furſifes, fous quelque prétexte que ce foit.

Ces amendes ont été prononcées contre diférens procureurs au châtelet de Paris, par arrêt du confeil du 29 Mars 1677 ; *voïez* encore l'arrêt de la cour des aides de Paris du 29 Avril 1689, qui enjoint aux procureurs de l'élection de Cognac de fe préfenter avant que de faire aucune procédure en défendant, à peine de 100 livres d'amende pour chaque contravention.

Edit du mois d'Avril 1695, par lequel S. M. ordonne qu'il fera procédé à l'établiſſement des ofices des gréfiers des préfentations & afirmations, qu'elle a à cet éfet, en tant que befoin, créés en titre d'ofices formés & héréditaires, dans les

cours, préfidiaux, bailliages, fénéchauffées, élections, greniers à fel & autres juftices roïales, avec attribution de tous les
droits des préfentations & afirmations
apartenant à S. M.; &, attendu que le public n'a reçu aucun foulagement de l'abro-
gation de l'ufage des préfentations pour les
demandeurs, les procureurs n'aïant pas laiffé
de s'en faire païer par leurs parties, S. M.
a *rétabli*, par cet édit, *la préfentation
des demandeurs*, en toute caufe, foit de
première inftance ou d'apel, pour en jouïr,
par lefdits gréfiers comme avant 1667, &
fuivant le règlement qui en fera fait au confeil; il fut ordonné que les engagiftes des
gréfes des préfentations en jouïroient également, en païant les fommes auxquelles ils
feroient taxés.

La déclaration du Roi du 12 Juillet
1695, contient le règlement annoncé par
cet édit; il eft ordonné:

Article I. Qu'en toutes affignations en
matières civiles & criminelles, foit en première inftance ou d'apel, affiftance de
caufe, anticipation, fommation, contre-
fommation, éxécutions de jugemens, fentences ou arrêts & autres, quoique non
exprimés, les procureurs des parties fe
préfenteront refpectivement.

II. Seront pareillement, dans le cas
d'intervention, les procureurs des parties
intervenantes, tenus de fe préfenter.

III. Les gréfiers-gardes des préfentations tiendront deux regiftres, fur l'un defquels les préfentations des demandeurs,
apellans & anticipans feront enregiftrées;
& fur l'autre, celles des défendeurs, intimés & anticipés; & outre les regiftres,
voulons qu'ils gardent les cédules des préfentations que les procureurs leur donneront fignées d'eux, les doubles defquelles
les gréfiers figneront & les délivreront aux
procureurs.

IV. Défendons aux procureurs de fe
tenir pour préfentés, & de fupléer à la
préfentation par actes fignifiés entr'eux, &

de faire aucun acte d'inftruction & de procédure avant la préfentation, ni avec un
procureur non préfenté; auquel éfet ils feront tenus de produire, dans leur inventaire, pour première piéce de leur procédure, la cédule de la préfentation fignée
du gréfier, le tout à peine de 300 liv.
d'amende pour chacune contravention.

V. Défendons pareillement aux gréfiers-
gardes-facs d'enregiftrer aucunes productions dans lefquelles ils ne trouveront pas
les cédules des préfentations, à peine de
100 liv. d'amende pour chacune contravention; & enjoignons aux gréfiers en
chef & commis des gréfes, d'inférer &
dater les préfentations dans les apointemens, arrêts, jugemens & fentences qu'ils
expédieront pour caufes fujétes à préfentations, à peine de répondre des droits de
préfentation en leur propre & privé nom.

VIII. Et ne feront fujétes aux droits
des préfentations les caufes fommaires portées à l'audience, & dans lefquelles on ne
jugera point le fond des conteftations des
parties, non plus que les inftructions qui
fe font devant les commiffaires.

IX. Voulons qu'il ne foit païé qu'un
droit de préfentation pour les affignations
données pour voir clore les inventaires & les
comptes, à moins que, fur les conteftations
& débats, les parties ne foient renvoïées
en jugement; auquel cas, les procureurs
feront tenus de fe préfenter fur les affignations.

X. Ordonnons que, dans les caufes
des pauvres mercenaires, demandant le
païement de leurs falaires & journées, il
ne fera *par eux* païé que la moitié des
droits de préfentation, défaut ou congé,
lorfque leurs demandes portées par les
exploits n'excéderont pas dix livres; mais
feront les droits païés *en entier* par le défendeur.

XI. Et pour donner moïen auxdits
gréfiers des préfentations de vaquer avec
affiduité aux fonctions de leurs ofices,
voulons

voulons que , pour l'enregistrement de chaque préfentation & fignature de la cédule qu'ils délivreront aux procureurs dans toutes les cours & fiéges , il leur foit païé fix fols huit deniers , créés & attribués par les édits des mois d'Août 1575 , Mars 1595 , Février 1620 & Décembre 1639.

XII. Pour l'extrait de chaque préfentation , fera païé auxdits gréfiers 6 f. 8 d.

XXII. Voulons que lefdits gréfiers jouïffent de tous lefdits droits, ainfi qu'ils font ci-devant déclarés , que nous leur attribuons par ces préfentes, en tant que befoin feroit.

Par arrêt du confeil du 24 Janvier 1696 , il a été ordonné qu'à l'avenir , les gréfiers des préfentations des juftices roïales qui ne reffortiffent pas nuëment aux cours fupérieures , & ceux des jurifdictions des hôtels-de-ville & des juges & confuls des marchands , ne percevront que 5 fols tournois pour chaque préfentation & cédule , & pareil droit pour chaque extrait s'il en eft délivré ; dérogeant pour ce regard feulement à la déclaration de 1695.

La même modération a été ordonnée, dans les fiéges des élections , greniers à fel & maitrifes des eaux & forêts , par autre arrêt du confeil du 28 Février 1696.

La déclaration du 13 Mars 1696 , pour la Provence , eft raportée ci-deffus , n. 1.

Arrêt du confeil du 29 Mars 1696 , portant qu'en toutes caufes civiles & criminelles , à l'exception de celles exprimées dans l'art. 8 de la déclaration de 1695 , les procureurs du châtelet de Paris feront tenus , lors de la fignification du premier avenir , d'y attacher la cédule de leur préfentation , tant du demandeur que du défendeur , fignée du gréfier , & de faire mention de la date d'icelle dans ledit avenir , à peine de 300 liv. d'amende pour chaque contravention ; avec défenfes aux huiffiers audienciers & autres , de fignifier aucuns avenirs , s'il ne leur eft aparu en originaux des cédules des préfentations , fous pareille peine.

Tome III.

Par arrêt du confeil du 5 Juin 1696 , rendu en conformité de l'avis de M. Ferrand , intendant de Bourgogne , contenant que l'ufage de cette province a été de fe préfenter en toutes caufes , il a été ordonné que les procureurs du parlement de Dijon & des jurifdictions de fon reffort , feront tenus de fe préfenter en demandant , en toutes caufes , même pour matières fommaires , de même qu'ils ont fait jufqu'à préfent en défendant ; auquel éfet S. M. a dérogé à cet égard à l'art. 8 de la déclaration du 12 Juillet 1695.

Il fut ordonné , par déclaration du 4 Septembre 1696 , que les engagiftes qui jouïffoient des préfentations des défendeurs , comme faifant partie de leur engagement, jouïroient de celles des demandeurs , rétablies en 1695 , en païant une finance.

Arrêt du confeil du 29 Novembre 1696 , qui caffe une fentence des oficiers de l'élection de Pont-l'Evêque , par laquelle ils avoient réputé pour caufes fommaires & éxemtes de préfentations , plufieurs caufes qu'ils jugent au fond à l'audience ; ordonne l'éxécution de l'art. 8 de la déclaration de 1695 ; ce faifant, que le droit de préfentation fera païé pour toutes les caufes fans exception , dans lefquelles le fond fera jugé , foit à l'audience ou fur procès par écrit ; & défend auxdits élus de rendre à l'avenir de femblables fentences , à peine de défobéïffance.

Par l'édit du mois de Décembre 1699 , raporté tom. 2 , p. 469 , le Roi fuprima les ofices de gréfiers ; réunit au domaine les droits de préfentations des demandeurs , rétablies en 1695 , ainfi que celles des défendeurs qui avoient été aliénées ; & il fut créé de nouveaux ofices de gréfiers.

Arrêt du confeil du 12 Mars 1701 , qui ordonne que , conformément aux articles 4 & 5 de la déclaration de 1695 , les procureurs des cours & des fiéges inférieurs feront tenus de fe préfenter aux gréfes des préfentations , avant que de faire aucunes

X

pourfuites ni procédures, pas même de conftitution de procureur, & ce, à peine de 300,
liv. d'amende portée par ladite déclaration;
ordonne en outre que les gréfiers defdites
cours & fiéges, feront tenus de faire mention de la date des préfentations dans tous
les arrêts, fentences & jugemens qu'ils délivreront, & ce, à peine d'interdiction.

Par édit du mois d'Octobre 1704, le
Roi attribua les droits des préfentations
des demandeurs rétablies par l'édit de 1695,
& l'augmentation de celles des défendeurs, ordonnée par la déclaration du
12 Juillet de la même année, aux engagiftes des gréfes des préfentations, pour
en jouïr comme avant l'édit de 1699 ; à
la charge par eux de païer les mêmes fommes qu'ils avoient païées en éxécution de
ladite déclaration de 1695.

Ces aliénations furent révoquées par
édit du mois de Février 1715, portant
réunion au domaine de tous les droits
attribués aux gréfiers & propriétaires par
l'édit de 1704, pour être perçus au profit
du Roi.

Arrêt du conseil du 31 Décembre 1715,
portant que, conformément à la déclaration
de 1695 & à l'arrêt du 12 Mars 1701,
les procureurs des cours & des fiéges inférieurs, feront tenus de fe préfenter aux
gréfes des préfentations, avant que de
faire aucunes pourfuites ni procédures,
pas même de conftitution de procureur, à
peine de 300 liv. d'amende ; & que les
gréfiers des cours & fiéges feront tenus de
faire mention de la date des préfentations
& du contrôle d'icelles dans tous les arrêts,
fentences & jugemens qu'ils délivreront ;
auquel éfet S. M. fait défenfes de fe fervir
d'actes portant pouvoir d'occuper.

Par édit du mois de Janvier 1716, il
eft ordonné que, conformément à l'arrêt
du conseil du 12 Mars 1701, les procureurs des cours & fiéges inférieurs, feront
tenus de fe préfenter aux gréfes des préfentations, avant que de faire aucunes

pourfuites ni procédures, & ce, à peine
de 300 liv. d'amende ; comme auffi que
les gréfiers defdites cours & fiéges feront
tenus, fous les mêmes peines, de faire
mention de la date des préfentations dans
tous les arrêts, fentences & jugemens
qu'ils délivreront.

Arrêt du conseil du 18 Août 1716, rendu contradictoirement avec les procureurs
des diférentes jurifdictions de la ville de
Tours, qui foûtenoient ne devoir aucuns
droits de préfentations au fiége criminel,
à la police, aux eaux & forêts, au bureau des finances, & à l'élection de ladite
ville, où ils difoient qu'il n'étoit porté que
des affaires fommaires & de peu de conféquence ; l'arrêt ordonne que les édits,
déclarations, arrêts & règlemens qui ont
ordonné l'établiffement des droits d'afirmations, de préfentations & de contrôle
feront exécutés felon leur forme & teneur
dans toutes les jurifdictions de la ville de
Tours : ce faifant, que les procureurs des
bailliage, fiége préfidial, élection, fiége
criminel & de la police, eaux & forêts,
bureau des finances & autres jurifdictions
roïales de la ville & généralité de Tours,
feront tenus de payer lefdits droits ; à ce
faire contraints, à peine contre les contrevenans des amendes portées par lefdits
édits, déclarations & arrêts ; enjoint aux
gréfiers de faire mention de la date de la
préfentation & du contrôle dans toutes
les fentences & jugemens qu'ils délivreront, à peine de 300 liv. d'amende pour
chacune contravention ; défend aux juges
defdites jurifdictions d'admettre les avocats & procureurs à plaider qu'il ne leur
aparoiffe de la préfentation ; & aux tiers-
référendaires-taxateurs des dépens, d'emploïer & paffer en taxe aucuns frais de voïage, à moins qu'il ne leur aparoiffe de
l'acte d'afirmation, levé au gréfe pour
chaque voïage qu'il conviendra taxer ; à
peine, par les uns & les autres, de répondre en leur propre & privé nom defdits

droits & de 300 liv. d'amende pour cha-cune contravention ; & ordonne que lesdits procureurs de la ville & généralité de Tours , feront tenus de compter au fer-mier des gréfes , dans huitaine , de tous les droits de préfentation & contrôle , à compter du 1ᵉʳ Avril 1715. Cet arrêt a été imprimé à Tours avec l'ordonnance de M. Chauvelin , intendant de Tours , du 3 Septembre 1716 , qui en ordonnoit l'éxé-cution.

Les procureurs de Tours , aïant conti-nué l'abus , il a été rendu un autre arrêt du confeil le 8 Avril 1721 , par lequel il eft fait très-expreffes inhibitions & défenfes aux procureurs poftulans & autres perfonnes faifant fonctions de procureurs , de faire aucunes pourfuites ni procédures avant que de s'être préfentés fur le regiftre des pré-fentations , & de préfenter aucuns placets pour les caufes qui doivent être mifes aux rôles , de quelque nature qu'elles foient , & aux gréfiers de les enregiftrer , que les exploits & la préfentation n'y foient datés ; le tout à peine , contre les uns & les au-tres , d'interdiction & de 300 liv. d'amen-de pour chaque contravention ; pareilles défenfes aux gréfiers d'expédier & déli-vrer aucuns arrêts , fentences ou jugemens qu'il ne leur foit aparu de la préfentation , à peine d'interdiction , de répondre des droits & de pareille amende de 300 liv. ; & aux procureurs de retirer , & auxdits gréfiers de rendre aux procureurs les pla-cets , fur lefquels les caufes auront été apellées , à peine de pareille amende con-tre les uns & les autres , pour chaque con-travention ; enfin , cet arrêt condamne les procureurs & gréfiers de Tours y dénom-més , au nombre de 29 , aux amendes par eux encouruës & au païement des droits de préfentation , à quoi faire ils feront con-traints , même par corps , comme pour de-niers roïaux.

Par un autre arrêt du confeil du 12 Septembre 1721 , plufieurs autres procu-reurs de Tours , de Loches & de Loudun , ont été condamnés en pareilles amendes & au païement des droits de préfentations ; & il a été ordonné que toutes les procé-dures qui feront faites à l'avenir par les procureurs des cours & jurifdictions roïales , fans préfentation , & fans en avoir acquité les droits , feront & demeureront nulles , & que les procureurs feront refponfables , en leur propre & privé nom , des domma-ges & intérêts des parties , réfultans de la-dite nullité ; & en outre condamnés en l'amende de 300 liv. pour chaque contra-vention , & interdits pendant trois mois des fonctions de leurs ofices.

Arrêt du confeil du 12 Février 1723 , qui condamne les procureurs du préfidial de Montpellier en diférentes amendes , pour avoir occupé & obtenu des jugemens , fans préfentations préalables , & le gréfier , pour avoir enregiftré les productions fans cédule de préfentation.

Autre arrêt du confeil du 13 Septem-bre 1723 , qui déclare nulles les procédu-res faites en la cour des aides de Paris par Mᵉ Malingrey procureur , contre les fieurs Perrin & Mauroy , faute de préfen-tations ; & condamne ledit procureur aux dommages & intérêts des fieurs Vaffe & Dubois , réfultans de la nullité defdites procédures.

Par autre arrêt du confeil du 8 Février 1729 , trois procureurs au châtelet de Paris , ont été condamnés au raport de di-férens droits de préfentations & aux amen-des encouruës ; ainfi qu'aux dommages & intérêts des parties réfultans de la nullité des procédures.

Voïez encore le titre des jurifdictions , tels que *Confuls , Elections* &c.

Caufes fujétes à préfentations.

3. Les préfentations , tant des deman-deurs que des défendeurs font indifpenfa-bles en toutes affignations en matière ci-

ville & criminelle , foit en première inftance ou d'apel, affiftance de caufe, anticipation , fommation , contre-fommation , éxécution de jugemens , fentences ou arrêts
& autres. *Voïez* l'art. 1er de la déclaration
du 12 Juillet 1695.

Il eft inconteftable qu'en toutes caufes
où les parties agiffent par procureurs , il
faut néceffairement une préfentation avant
que de faire aucun acte de procédure , fi
ce n'eft feulement dans les cas exceptés
par les règlemens & dont il fera parlé ci-
après.

Dans les *interventions* , il faut une
préfentation pour l'intervenant , & cela ne
fouffre aucune dificulté ; mais , on a prétendu qu'il en falloit également pour ceux
qui font parties principales au procès dans
lequel un tiers intervient, quoique les procureurs de ces parties principales fe foient
déja préfentés pour elles ; on fe fonde fur
l'art. 1er de la déclaration de 1695 , qui
porte que les procureurs des parties fe préfenteront *refpectivement* ; & l'on cite des
certificats de l'ufage obfervé au châtelet
de Paris. Néanmoins , je dirai que cette
prétention me paroît abfolument fans fondement : la préfentation n'eft autre chofe
qu'une déclaration que tel procureur occupera pour telle partie dans telle inftance ;
or , cette déclaration aïant été faite pour
l'inftance principale , il n'y a pas lieu de la
renouveller fur l'intervention , puifqu'une
même perfonne ne peut avoir en même-
tems deux procureurs dans une feule inftance , l'un contre fa partie principale , &
l'autre contre l'intervenant. Il n'y a donc
pas de motif pour éxiger cette préfentation pour les parties principales ; & les
règlemens n'en fourniffent aucun prétexte.
Le terme *refpectivement* emploïé dans l'article 1er de la déclaration de 1695 , eft relatif à ce qui précéde : *en toutes affignations* . . les procureurs des parties fe préfenteront *refpectivement* ; ce terme étoit
d'autant plus néceffaire que là préfentation

des demandeurs, qui avoit été abrogée par
l'ordonnance de 1667 , venoit d'être rétablie , & qu'il falloit par conféquent expliquer que le demandeur & le défendeur,
qui entroient en procès fur l'affignation
donnée de la part de l'un à l'autre , devoient *refpectivement* fe préfenter. Mais ,
bien loin d'en pouvoir faire l'aplication aux
interventions , c'eft que l'article 2 de la
même déclaration , qui fuit immédiatement
le terme dont on veut fe prévaloir , porte
en termes pofitifs & limitatifs , que , dans
le cas d'intervention , *les procureurs des
parties intervenantes* feront tenus de fe
préfenter. Une loi auffi claire exclud toute differtation , & doit faire regarder les
ufages contraires comme aïant été introduits
par les procureurs pour multiplier mal-à-
propos les actes des procédures.

De la pluralité des droits de pré-
fentations.

4. Suivant un édit du mois de Février
1449 , concernant la province de Normandie , les parties ne font affujéties à fe
préfenter qu'une fois pour une feule caufe ;
& un feul demandeur contre plufieurs défendeurs ne doit païer qu'un droit de préfentation.

Le règlement du 28 Avril 1621 , porte
que , où un particulier , ou plufieurs inté-
reffés & joints en même caufe , faifant affigner plufieurs parties par un même exploit , & lefdites parties affignées compa-
rant enfemble en même-tems par même
procureur , ne fera païé que le droit de
préfentation de cinq fols tournois pour les
demandeurs, & cinq fols pour les défendeurs ; & fi lefdites parties fe préfentent
par divers procureurs , ou en divers tems ,
feront tenus chacun de païer lefdits droits
de préfentation de cinq fols tournois.

Il eft ordonné , par l'article 2 de la déclaration du 5 Novembre 1661 , que le
gréfier des préfentations aura fon droit de

chaque partie plaidant par diférens procureurs, ou qui fe préfenteront en divers tems, tant fur le demandeur que fur le défendeur.

Il réfulte de ces règlemens qu'il ne peut être perçu qu'un droit pour la préfentation d'un demandeur, quoiqu'il agiffe contre diférens particuliers, & qu'il n'eft dû pareillement qu'un droit pour une feule préfentation, faite par un même procureur pour diférentes parties aïant intérêt dans la même caufe, on prétend néanmoins pouvoir éxiger autant de droits qu'il y a de parties dénommées dans la préfentation lorfqu'elles ne font pas liées par un intérêt commun & folidaire : l'on fonde cette prétention que fur le règlement de 1621, qui porte que le droit fera perçu de chacune affignation, pour chacune partie, tant en demandant qu'en défendant ; fur un arrêt du 29 Septembre 1722 & fur une ordonnance de M. l'intendant de Soiffons du 7 Juin 1739.

Le règlement de 1621, en difant que le droit fera païé pour chacune partie, tant en demandant qu'en défendant, explique feulement que le droit fera païé, fur la même affignation, tant par le demandeur que par le défendeur ; il y a fi peu d'équivoque, qu'il eft dit, immédiatement après cette difpofition, que, fur une affignation de la part de plufieurs demandeurs joints en même caufe, à plufieurs parties, par un même exploit, il n'eft dû qu'un droit pour les demandeurs, pourvû qu'ils comparoiffent enfemble, en même-tems, & par même procureur ; & qu'il n'eft pareillement dû qu'un droit pour les défendeurs ; mais que, fi les parties fe préfentent par divers procureurs ou en divers tems, il eft dû un droit par chacune d'elles. Ce règlement n'autorife donc point la prétention que nous éxaminons ; celui de 1661 la profcrit abfolument, puifqu'il n'ordonne le païement d'un droit pour chaque partie que lorfqu'elles plaident par diférens procu-

reurs, ou qu'elles fe préfentent en divers tems.

L'arrêt du 29 Septembre 1722, eft rendu dans une efpéce particulière, dont on ne peut tirer aucune conféquence. Le nommé Neveaux, marchand de bois, avoit fait donner des affignations diftinctes & de dates diférentes à 127 particuliers, en la maitrife des eaux & forêts de Fougères ; Bachelot procureur, fe préfenta pour deux de ces particuliers & *autres*, & néanmoins il fournit des défenfes pour les 127 affignés ; Hochet, procureur du demandeur, protefta qu'il leveroit défaut contre les 125 défendeurs non dénommés dans la préfentation ; le fermier des gréfes de Bretagne, en aïant eû connaiffance, fe pourvût au confeil, où il expofa que Bachelot ne s'étoit préfenté que pour deux affignés & qu'ayant occupé & défendu pour les 125 autres, fans préfentation préalable, il avoit encouru l'amende prononcée par les règlemens. C'eft dans cette circonftance qu'eft intervenu l'arrêt de 1722, par lequel Bachelot eft condamné à païer les droits de préfentation de 125 perfonnes pour lefquelles il a occupé ; fans s'être préfenté, & en l'amende de 300 liv. pour chacune contravention defdites préfentations.

On voit donc que cette efpèce n'eft pas applicable à la queftion dont il s'agit : les 127 particuliers avoient été affignés par des exploits diférens, comme aïant des intérêts diftincts ; ils pouvoient fe préfenter par divers procureurs : les uns pouvoient répondre, & les autres laiffer défaut ; un procureur fe préfente pour deux & *autres* ; enfuite il occupe pour tous les affignés nommément ; il étoit donc en faute, parce qu'il eft certain qu'il ne pouvoit agir que pour ceux dénommés dans fa préfentation : les autres étoient réputés défaillans, & le procureur du demandeur foûtenoit avec raifon qu'il étoit en droit de lever défaut contr'eux.

A l'égard de l'ordonnance de M. l'intendant de Soiffons, les circonftances n'en font pas connuës; mais, telles qu'elles puiffent être, cette ordonnance ne pouroit pas même faire un préjugé fur une queftion décidée par des loix autentiques auxquelles il n'a point été dérogé.

Contrôle des préfentations.

5. *Voïez* d'abord ce qui a été obfervé à l'article *Défauts*, tom. 2, pag. 21, fur la création & la fupreffion des ofices de contrôleurs des préfentations, défauts & congés.

Le droit de contrôle des préfentations apartient au Roi, & doit être perçu par le fermier des domaines (comme étant compris dans fon bail) dans toutes les cours & jurifdictions roïales où les droits de préfentation doivent être païés, encore que lefdits droits de préfentation foient engagés.

L'édit du mois de Décembre 1707, en a difpenfé les fermiers généraux des fermes du Roi; ce qui s'entend feulement pour les affaires qui concernent les cinq groffes fermes.

Par arrêt du confeil du 30 Juillet 1709, il a été ordonné que la déclaration du 12 Juillet 1695, & l'édit du mois de Décembre 1707, feront éxécutés; en conféquence, que tous les procureurs, qui font obligés de faire leurs préfentations au gréfe, feront tenus, chacun pour fa préfentation, de païer le droit de contrôle d'icelle; avec défenfes à tous gréfiers - gardesfacs, d'enregiftrer aucunes productions, que les cédules des préfentations, qui doivent être produites par les procureurs, chacun pour la première piéce de fon inventaire ne foient contrôlées, fous les peines portées par les art. 4 & 5 de la déclaration de 1695.

Il a été ordonné, par un autre arrêt du confeil du 22 Février 1710, que les gréfiers, commis & autres particuliers qui reçoivent les droits de préfentations, afirmations, congés & défauts, aliénés ou non aliénés, dans les cours & jurifdictions roïales, feront tenus, en recevant lefdits droits, de faire païer & de recevoir ceux de contrôle, & d'en remettre le produit au fermier des gréfes, de mois en mois, à la remife du dixième d'icelui qu'ils retiendront par leurs mains pour tous frais & falaires; & à cet éfet, qu'ils feront tenus de repréfenter leurs regiftres audit fermier, fes procureurs & commis, lorfqu'ils en feront requis, à peine d'être contraints au païement de l'amende de 500 livres portée par l'édit du mois de Décembre 1707.

Les procureurs du parlement de Navarre, qui avoient réuni à leur communauté l'ofice de contrôleur des préfentations, défauts, congés & afirmations de ce parlement, fe font opofés à la perception de ce droit; mais, comme l'ofice avoit été fuprimé par l'édit du mois d'Octobre 1708, portant réunion du droit à la ferme des gréfes, il eft intervenu arrêt du confeil le 10 Mars 1716, portant défenfes auxdits procureurs du parlement de Pau & à tous autres de troubler à l'avenir le fermier des gréfes en la perception defdits droits de contrôle des préfentations, défauts, congés & afirmations, réunis à la ferme des gréfes, à peine de 500 livres d'amende & de tous dépens, dommages & intérêts.

Arrêt du confeil du 24 Avril 1717, par lequel (fur ce que les procureurs s'opofoient à la perception defdits droits de contrôle fous prétexte de la fupreffion qui avoit été ordonnée des deux fols pour livres établis fur les droits de gréfe) il eft ordonné que le fermier des gréfes & fes fous-fermiers jouïront, comme ils ont fait ou dû faire, des droits de contrôle des afirmations, préfentations, défauts & congés; avec défenfes aux gréfiers & procureurs & à tous autres de les troubler dans la jouïffance defdits droits, à peine de 500 livres d'amende pour chacune contravention.

Exception aux régles générales.

6. Dans toutes affaires où il n'y a point de parties adverfes, & qui, par conféquent font portées à l'audience fans affignation, il n'y a point de préfentation, parce qu'il n'y a pas de motif pour déclarer quel fera le procureur qui occupera. *Voïez* l'art. 4. de la déclaration du 5 Novembre 1661.

L'art. 8 de la déclaration du 12 Juillet 1695, porte que les caufes fommaires portées à l'audience & dans lefquelles on ne jugera point le fond des conteftations des parties, ne feront point fujétes aux droits de préfentation, non plus que les inftructions qui fe font devant les commiffaires. *Voïez* le règlement du 28 Avril 1621, qui explique ces caufes fommaires; & ce qui a été dit à l'article *Police*, pour les caufes où les parties s'expédient elles-mêmes fans miniftère de procureurs; mais, dans les inftances contentieufes où les Procureurs occupent pour les parties; *voïez* les règlemens raportés ci-deffus, n. 2.

Suivant l'art. 9 de la même déclaration de 1695, il ne doit être païé qu'un droit de préfentation pour les affignations données pour voir clore les inventaires & les comptes; à moins que, fur les conteftations & débats, les parties ne foient renvoïées en jugement; auquel cas les procureurs feront tenus de fe préfenter fur les affignations.

Par l'art. 10 de ladite déclaration, il eft ordonné que, dans les caufes des pauvres mercénaires demandant païement de leurs falaires & journées, il ne fera *par eux* païé que la moitié des droits de préfentation, défaut ou congé, lorfque leurs demandes portées par les exploits n'excéderont pas dix livres; mais que les droits feront païés en entier par le défendeur.

Il a été obfervé à l'article *Grenier à fel* que les caufes font portées dans ces jurifdictions, fans préfentation de la part du demandeur ni de celle du défendeur.

Droits des engagiftes, & des gréfiers, dans les préfentations.

7. Le droit de préfentation a reçu fucceffivement diférentes augmentations; les engagiftes ne peuvent prétendre que la portion qui leur a été aliénée; il faut donc éxaminer les engagemens & ne pas fouffrir que les engagiftes jouïffent de plus amples droits que ceux qui leur ont été engagés.

Les engagemens faits depuis l'édit du mois de Février 1620, jufqu'à celui du mois de Décembre 1639, ont pû comprendre le droit de préfentation fur le pié de cinq fols; mais, cet ancien engagifte ne jouïra que du droit de préfentation des défendeurs: il ne poura rien prétendre fur celle des demandeurs, qui, aïant été abrogée en 1667, n'a été rétablie qu'en 1695 au profit du Roi.

Si les ofices alternatifs & triennaux créés en 1639 ont été levés, cet ancien engagifte s'eft trouvé réduit à ne jouïr de fon droit que dans l'année de fon éxercice, comme on l'a expliqué ci-deffus, à la fuite de l'édit de 1639; mais il jouïra dans cette même année, du quart en fus pour l'indemnifer de cette création; fi, au contraire, les ofices alternatifs & triennaux n'ont point été levés, & que l'engagifte de l'ancien foit demeuré en poffeffion de tout l'éxercice, il jouïra, chaque année, du droit qui lui a été engagé, fans pouvoir prétendre le quart en fus, qui, dans ce cas, ne peut être perçu qu'au profit du Roi; *voïez* le tom. 2, pag. 23 & 477.

Ceux qui font engagiftes des ofices

alternatifs & triennaux de gréfiers des préfentations créés en 1639, joüiront, dans
leurs années d'éxercice, des droits de
préfentations des défendeurs, tels qu'ils
étoient dûs lors de leur engagement primitif; & en outre, du quart en fus dans les
mêmes années ; *voïez* la même citation.

Il faut cependant obferver que les uns
ni les autres ne peuvent prétendre plus de
cinq fols dans les fiéges où le droit de préfentation a été réduit fur ce pié en 1696.

Le gréfe des préfentations eft, comme
on l'a obfervé d'abord, diftinct du gréfe
en chef ordinaire ; néanmoins, il y a des
gréfiers en chef de la création de 1699,
qui font établis fous le titre de gréfiers
en chef & des préfentations : ces gréfiers doivent joüir de deux fols pour liv.
du produit des droits de préfentations,
tant des demandeurs que des défendeurs ;
voïez *Gréfes*, §. III.

Enfin, il eft d'obfervation que les engagiftes, ni les gréfiers ne peuvent rien
prétendre dans le droit de contrôle des
préfentations ; *voïez* le tome 2, pag. 23.

PRESTATION *de ferment*, eft un
acte par lequel on promet par ferment,
en juftice ou devant un juge, de bien remplir les fonctions d'une charge, d'un emploi ou d'une commiffion ; ainfi, ce font
des actes judiciaires qui ne font point fujets au contrôle des actes : il ne devoit pas
s'élever de doute à cet égard ; néanmoins,
la queftion a été propofée, & décidée
au confeil le 15 Décembre 1731.

Les oficiers de judicature, police &
finances, prêtent ferment, lors de leurs
réceptions. Voïez *Réceptions d'oficiers*.

Les *experts* doivent prêter ferment
avant que de procéder à chaque commiffion ou vérification. Le réglement du confeil du 11 Mars 1676, défend à tous juges & commiffaires des cours, & jurifdictions roïales & fubalternes, même des
juftices eccléfiaftiques & des feigneurs, de
recevoir le ferment des experts, que les

exploits d'affignations ne leur aïent été
répréfentés dûment contrôlés.

Les apointemens ou fentences qui ordonnent une vifite ou raport d'experts : ceux
qui donnent acte de la nomination des experts ; leurs preftations de ferment, & les
jugemens qui enterrinent les raports, doivent être fcellés, lorfqu'ils font émanés d'u-
ne jurifdiction roïale, avant que de s'en fervir ; décifion du confeil du 31 Décembre
1722 ; le droit de petit-fcel de ces actes eft
dû fur le pié réglé par la feconde claffe du
tarif du 20 Mars 1708. Les affignations
pour voir prêter ferment aux experts, &
les fignifications de leur preftation de ferment, doivent être contrôlées, encore
qu'elles foient fignifiées aux procureurs
des parties ; voïez *Contrôle des exploits*,
§. VIII, & la décifion de 1746, &
l'arrêt de 1749 qui y font raportés.

Les *emploïés des fermes* du Roi, font
tenus de prêter ferment avant que de pouvoir exercer leurs emplois.

Pour ce qui concerne les emploïés de la
ferme des domaines, voïez *commis*, §. 2
& 3.

Il fut décidé au confeil le 11 Juin 1729,
qu'il ne feroit perçu que 12 fols 6 deniers
en principal pour le droit de petit-fcel
des preftations de ferment des emploïés
de la *ferme des aides* ; c'eft une réduction à la moitié de ce qui étoit dû fuivant
la feconde claffe du tarif de 1708.

Cette fixation a été déclarée commune
pour les emploïés des fermes générales,
par décifion du confeil du 30 Juin 1731,
fur le mémoire de Carlier, adjudicataire des
fermes ; il eft enfuite intervenu une décifion le 15 Février 1738, au fujet des preftations de ferment de ces emploïés dans
les jurifdictions des greniers à fel ; cette
décifion porte que les commiffions des commis des fermes générales doivent être enregiftrées, ainfi que leurs preftations de ferment ; & qu'on ne peut les difpenfer d'acquiter les droits de petit-fcel, qui demeureront ,

reront, du confentement du fermier de ces droits, fixés à 6 fols 3 deniers..

Les actes de preftation de ferment ou de reception de ferment dés emploiés des fermes générales & de la ferme des aides, doivent être retirés du gréfe, & les droits acquités, tant pour les droits de gréfe, que pour le petit - fcel & pour les trois fols pour livre des épices des juges, avant que lefdits employés puiffent faire aucuns procès verbaux & autres actes publics de leurs fonctions ; *voïez* la décifion du confeil du 8 Avril 1741, renduë contradictoirement avec le fermier des devoirs de Bretagne; celle du 15 Février 1738 ci-deffus; & ce qui eft obfervé à l'article: *Droits-réfervés*, tom. 2, p. 251.

P R I S A G E , eft une eftimation de meubles ou immeubles, pour parvenir à en faire le partage ou à autres fins.

L'article 72 du tarif du 29 Septembre 1722, fixe à 10 fols le droit de contrôle des procès verbaux de raport d'experts, de ceux des arpentages, mefurages, *prifages*, vérifications, eftimations de réparations & dégradations, & autres de pareille nature, qui font reçus par les notaires, gréfiers, arpenteurs roïaux & gréfiers des experts ou de l'écritoire, & autres qui en ont la faculté.

P R I S E D E P O S S E S S I O N , *en matière eccléfiaftique*; l'article 1er du tarif du 29 Septembre 1722, fixe le droit de *contrôle* des prifes de poffeffion de bénéfices, à 5 livres en principal ; ce qui eft confirmé par l'art. 4 de l'arrêt du 30 Août 1740, tom. 1, p. 24.

Cette fixation a lieu pour tous bénéfices indiftinctement; elle eft la même pour un archevêché ou pour une abbaïe & pour une cure à portion congruë.

Il eft dû le même droit de 5 livres pour le contrôle des procurations pour prendre poffeffion de bénéfices ou dignités eccléfiaftiques, fuivant les mêmes règlemens.

Mais, pour les opofitions aux prifes de

Tome III.

poffeffion de bénéfices, il n'eft dû que 1 liv. Voïez *Opofition en matière eccléfiaftique.*

Les prifes de poffeffion de bénéfices doivent être rédigées par les notaires apoftoliques fi ce n'eft feulement dans les chapitres & collégiales, où les prifes de poffeffion des bénéfices & dignités peuvent être reçuës par le fecrétaire ou gréfier du chapitre ; mais, les unes & les autres doivent néceffairement être contrôlées aux actes dans la quinzaine de leur date.

Par l'art. 7 de l'édit du mois de Décembre 1691, il eft défendu aux ordinaires d'adreffer leurs provifions aux Prêtres, pour mettre en poffeffion des bénéfices, S. M. les admoneftant & néanmoins leur enjoignant d'en faire l'adreffe aux notaires roïaux & apoftoliques pour les exécuter.

Il eft ordonné, par l'arrêt du confeil du 28 Octobre 1698 & par l'art. 7 de la déclaration du Roi du 14 Juillet 1699, que tous actes, fans exception, qui peuvent fervir à obtenir ou pofféder des bénéfices, feront paffés par devant les notaires roïaux & apoftoliques, ou par devant ceux qui en font les fonctions, & contrôlés, à peine de nullité; voïez *Actes eccléfiaftiques*, tom. 1, p. 22.

Dans les diocèfes où les ofices de notaires apoftoliques n'ont point été levés, il eft d'ufage que les prifes de poffeffion de bénéfices foient reçuës par des chanoines ou autres eccléfiaftiques, fans miniftère de notaires, attendu la réunion defdits ofices, faite en faveur du clergé de ces diocèfes, par arrêt du 3 Août 1694. Mais, dans ce cas, les prifes de poffeffion doivent être également contrôlées dans la quinzaine, fuivant les autorités ci-deffus raportées, puifque ceux qui les reçoivent exercent les fonctions defdits notaires.

Arrêt du confeil du 13 Juillet 1728, rendu contradictoirement entre le fermier des domaines & le chapitre de Bourges, qui difoit que les bénéfices qui font à fa difpofition

Y

Prilage.

font conférés, de plein droit, par le chapitre en corps, ou par les dignitaires-chanoines capitulans ou de réſidence ; que les démiſſions pures & ſimples, écrites ſous-ſignatures privées ſur le regiſtre du chapitre, & les autres actes de cette eſpèce, font en uſage de tems immémorial dans tout. le diocèſe, ſans qu'on ait été obligé de les faire contrôler que lorſqu'on a voulu les produire en juſtice ; que le chapitre étoit auſſi dans l'uſage de faire mettre en poſſeſſion les chanoines & bénéficiers du haut-chœur par deux chanoines députés *ad hoc*, aſſiſtés du ſecrétaire du chapitre ; & par ledit ſecrétaire ſeulement, pour les bénéficiers du bas chœur ; que les démiſſions, nominations, collations & priſes de poſſeſſion faites dans cette forme n'étoient ſujétes au contrôle, que lorſqu'on les produiſoit en juſtice, prétendant que ce font des actes capitulaires, pour la rédaction deſquels le chapitre a la liberté de ſe choiſir un ſecrétaire, laïque, clerc, prêtre, bénéficier ou chanoine. *L'arrêt* a jugé que les priſes de poſſeſſion & autres actes de la nature de ceux qui font de la compétence des notaires apoſtoliques doivent être contrôlés, & les droits payés dans la quinzaine de leur date, fous les peines portées par les règlemens. *Voïez* tom. 1, p. 23.

Autre arrêt du conſeil du 19 Juillet 1729, rendu contradictoirement avec les chanoines des chapitres de Rheims & de Châlons, qui prétendoient que l'arrêt de 1728, ne pouvoit concerner que le chapitre de Bourges, dont le ſecrétaire étoit notaire ; il a été ordonné que l'arrêt de 1728 ſera éxécuté, & en conſéquence qu'à l'avenir les ſecrétaires deſdits chapitres & tous autres ſecrétaires des chapitres, feront tenus de faire contrôler dans la quinzaine tous les actes de priſe de poſſeſſion & autres qui font de la compétence des notaires apoſtoliques, qu'ils recevront, fous peine de 200 livres d'amende

pour chacun deſdits actes non contrôlés.

PRISE DE POSSESSION *d'immeubles*, eſt l'acte par lequel on met en poſſeſſion d'un héritage, d'une maiſon ou autre immeuble, celui qui en a nouvellement acquis la propriété à titre d'acquiſition, ou autrement ; ou même celui dont la poſſeſſion a été interrompuë, ſoit par uſurpation, ſoit par uſufruit, ou autre cauſe quelconque.

Suivant la première ſection de l'article 70 du tarif de 1722, ſi la priſe de poſſeſſion d'immeubles eſt faite en conſéquence d'un contrat d'acquiſition volontaire qui ait été contrôlé, il n'eſt dû pour le droit de *contrôle* de cette priſe de poſſeſſion, que le quart du droit règlé pour le contrat par les articles 3 & 4 du même tarif.

Mais, s'il s'agit d'immeubles échus à titre ſucceſſif ou adjugés par jugemens ou autres actes judiciaires, non ſujets au contrôle, le droit de contrôle de la priſe de poſſeſſion eſt dû ſur le pié de la valeur des immeubles, & ſuivant les art. 3 & 4 du tarif.

La priſe de poſſeſſion ne peut être faite qu'après que le titre a été inſinué, s'il y eſt ſujet. Il avoit été ordonné une inſinuation afin d'apropriement, par édit de 1626 ; & il fût, en conſéquence, défendu, par arrêts des 30 Septembre 1628, 5 Mars 1630, & 10 Octobre 1636, à tous notaires, de raporter aucuns actes de priſe de poſſeſſion qu'après l'inſinuation du contrat, à peine de nullité & de 2000 liv. d'amende ; dict. des arr. verb. apropriement. Il en eſt de même de l'inſinuation établie en 1703, elle doit néceſſairement précéder tous actes faits en conſéquence de ceux qui font aſſujétis à cette formalité. *Voïez Inſinuation*, n. 20, & les déciſions des 28 Janvier 1747, & 10 Mai 1749, qui y font raportées.

Il a été jugé qu'une priſe de poſſeſſion d'immeubles faite par un huiſſier étoit ſujéte au contrôle des actes, & que le droit étoit dû ſur le pié règlé par l'art. 4 du tarif, faute d'évaluation des biens. La dame de Mafliot, femme féparée du fieur de Pomiers, obtint un arrêt du parlement, qui condamnoit les neveux & niéces de fon mari à défemparer, & à lui rendre une maifon & dépendances à Bordeaux, provenante de la fucceffion de fon aïeule, & qui lui permettoit de s'en mettre en poffeffion ; il fut fait en conféquence un procès verbal par un huiffier qui raportoit avoir pris ladite dame par la main & l'avoir conduite, en préfence de fes témoins, dans la maifon & lieux en dépendans, & que cette dame en prenoit poffeffion réelle, actuelle, corporelle &c. Le commis, outre le droit de contrôle aux exploits, perçût 200 l. pour droit de contrôle aux actes, faute d'évaluation ; la dame de Pomiers fe pourvût à l'intendance : elle expofa que l'arrêt ne lui donnoit aucune nouvelle propriété, & qu'il s'agiffoit moins d'une prife de poffeffion que d'un fimple procès verbal de l'état des lieux ; M. l'intendant réduifit le droit de contrôle aux actes à 10 fols ; cette ordonnance fut réformée par décifion du confeil du 9 Avril 1729, qui jugea la perception règulière ; il intervint enfuite un arrêt du confeil le 24 Mai 1729, fur la requête du fermier, par lequel, fans s'arrêter à l'ordonnance du fieur intendant de Bordeaux, il fut ordonné que l'acte de prife de poffeffion en queftion feroit contrôlé, & le droit de contrôle païé fur le pié de la feconde fection de l'article 70 du tarif du 29 Septembre 1722. La dame de Pomiers fe pourvût en opofition, & elle en fut déboutée par décifion du 3 Avril 1730 : elle infifta, & elle expofa qu'il s'agiffoit d'un acte du miniftère de l'huiffier & nullement de celui d'un notaire ; que l'objet de cet acte étoit de fe faire connoitre aux locataires & de conftater les lieux, n'aïant pas befoin d'une prife de poffeffion, puifqu'elle avoit toujours été propriétaire &c. Par autre arrêt du confeil du 4 Juillet 1730, ladite dame de Pomiers

a été déboutée de fon opofition, il a été ordonné que celui du 24 Mai 1729, feroit éxécuté felon fa forme & teneur, & ladite dame a, en outre, été condamnée au coût des deux arrêts, liquidé à 75 liv. pour chacun.

Il eft certain que, pour caractèrifer une prife de poffeffion, il n'eft pas néceffaire qu'il s'agiffe d'une propriété nouvelle : il fufit que l'on ait été dépoffédé de fait, pour être dans le cas de reprendre la poffeffion ; mais, lorfque les biens font défignés, ils font fufceptibles d'évaluation pour liquider les droits.

Par décifion du confeil du 20 Février 1740, il a été jugé, en faveur du fieur le Chapelier de la Varenne, que, pour une prife de poffeffion de biens en la généralité d'Orléans, qu'il avoit acquis par contrat paffé devant des notaires de Paris, le droit de contrôle n'étoit dû que fur le pié de la première fection de l'article 70 du tarif, fous prétexte que le contrat paffé à Paris, en papier de formule, eft cenfé contrôlé.

Il a été jugé par arrêt du confeil du 8 Mai 1744, que les droits de contrôle & de centième denier avoient été bien perçus fur la valeur des biens dont le findic de l'hôpital de Caftel-Naudary avoit pris poffeffion, en vertu de l'union faite à cet hôpital des biens de celui de Villary ; M. l'intendant de Languedoc avoit jugé par deux ordonnances des 26 Mai & 18 Septembre 1742, qu'il n'étoit dû que le droit de contrôle, fixé à 5 livres comme pour une prife de poffeffion de bénéfice, & fes ordonnances ont été réformées. Il eft certain qu'un pareil acte ne peut être regardé comme un acte eccléfiaftique, qui a pour objet le titre du bénéfice ; la prife de poffeffion d'immeubles eft un acte d'adminiftration temporelle, pour réunir les biens à titre de propriété ; voïez ce qui a été obfervé à l'article *Concordat* fur la diftinction des actes eccléfiaftiques & de ceux temporèls. Et à l'égard du droit de

Y ij

centième denier des biens d'une main-
morte unis à une autre. Voïez *Union*.

Décision du conseil du 11 Janvier 1753,
contre le sieur Desplas, ci-devant gréfier
au bailliage de Renel, généralité de Toulouse, qui n'avoit pas fait contrôler plusieurs actes de mise ou prise de possession,
par lui rédigés en vertu de décrets &
autres actes judiciaires; cette décision le
condamne au païement des droits de contrôle & aux amendes encourues.

Autre décision du conseil du 14 Décembre 1758, qui confirme une ordonnance
de M. l'intendant de Languedoc, par laquelle le sieur Brés, gréfier en chef du
sénéchal de Beziers, a été condamné en
200 livres d'amende pour n'avoir pas fait
contrôler, dans la quinzaine, un procès
verbal de prise de possession, par lui fait
en vertu d'une adjudication par décret;
le gréfier disoit, pour moïens d'apel, qu'il
s'agissoit d'un acte judiciaire, & de l'éxécution du décret qui l'avoit commis expressément pour procéder à la mise en possession de l'adjudicataire des biens; mais, les
prises de possession, quoique faites en vertu
d'arrêts & autres jugemens, sont nommément assujéties au contrôle par la seconde
section de l'art. 70 du tarif, parce que ce
sont des actes purement volontaires, où la
présence du juge n'est nullement nécessaire.

Les prises de possession de biens ajugés
au Roi, à titre de confiscation, d'aubaine, ou autrement ne sont sujétes à aucuns
droits, tant parce qu'elles sont faites par
les oficiers qui connaissent des domaines,
que parce que S. M. ne peut être sujéte
au païement des droits qu'elle impose sur
ses sujets; décision du conseil du 19 Mai
1726. Il en est de même des prises de
possession de biens réunis au domaine.

Mais, si les biens ne sont pas réunis,
pour entrer immédiatement dans la main
du souverain, la prise de possession doit
être contrôlée suivant deux décisions du
conseil des 3 Mai & 28 Juin 1732, ren-

dués au sujet des domaines de Franche-
Comté, dont la Combe avoit été chargé
de faire la réunion, par un traité qui lui
en accordoit la jouïssance pendant 18 ans;
il est vrai que le droit de contrôle fut
fixé à dix sols par ces décisions. Je pense
néanmoins, que ces prises de possession &
celles des biens réunis après la mort des
engagistes à vie, doivent être faites par
les oficiers qui connaissent des domaines,
pour constater l'état des lieux, afin de
les faire rentrer au même état dans la main
du Roi, après le tems de la jouïssance de
ceux qui ont traité de ces réunions; dans
ce cas, ce sont des actes judiciaires, non
sujets au contrôle.

Par une décision du 23 Juillet 1740,
le sieur Mucin, adjudicataire à titre de revente d'un moulin bannal & domanial, en
la généralité de Metz, par adjudication de
Mrs les commissaires députés pour l'aliénation des domaines, a été débouté de
sa demande en restitution de 54 livres 8
sols perçus pour droit de contrôle de sa
prise de possession, rédigée par le gréfier
de la prévôté de Dampvillers; la décision
en donne ce motif: que la prise de possession avoit été faite par un gréfier ordinaire & non par un délégué du conseil.
Les adjudications sont éxemtes de tous
droits, comme on l'a observé, tom. 2,
pag. 116 & 122; mais les prises de possession, faites par d'autres personnes que par
des délégués du conseil, sont sujétes au contrôle; il est d'observation que, par une
décision du 22 Mars 1751, il est ordonné
qu'il ne sera perçu que 10 sols pour ce
droit de contrôle.

Voïez, au surplus ce qui a été observé, tom. 2, pag. 245, pour l'enregistrement des prises de possession, afin d'a-
proprement ou de décret volontaire.

PRISONS; les prisons dépendantes des
domaines qui sont dans la main du Roi,
sont distraites de la ferme des domaines
par déclaration du 11 Juin 1724, qui a

déchargé les géoliers d'en païer aucune chose pour le loïer ou ferme.

Par une autre déclaration du Roi du 7 Novembre 1724, il est ordonné que les engagistes, qui ont des prisons dépendantes de leurs engagemens, seront tenus de les entretenir de toutes réparations, & d'y pourvoir de fidéles géoliers qu'ils présenteront aux procureurs généraux des parlemens, pour ensuite prêter serment devant les juges des lieux, après information de leurs vies & mœurs ; au moïen de quoi, S. M. leur laisse les loïers desdites prisons.

Par arrêt du conseil du 22 Juillet 1673, il a été défendu aux gréfiers des géoles & conciergeries, concierges & gardes des prisons, de recevoir, par consignation ou autrement, aucunes sommes procédantes du recouvrement des deniers du Roi ; & d'élargir ceux qui sont emprisonnés pour raison desdits deniers, qu'il ne leur soit aparu du païement par quitances valables, ou du consentement de ceux qui ont requis les emprisonnemens, à peine de 500 livres d'amende, dépens, dommages & intérêts.

Les fermiers du Roi sont éxemts de gites & géolages pour les prisonniers qu'ils ont fait arrêter pour les droits des fermes. Voïez *Gites*.

PRIVILÉGE *d'éxemtion* & affranchissement de certains droits. Il y en a plusieurs, & trop sans doute, qui procurent l'éxemtion des droits seigneuriaux dûs au Roi pour les mutations de biens mouvans de S. M. ; voïez *Casuels*, §. 5 ; l'article *Exemtions* ; & les dénominations de ceux qui sont ou qui se prétendent privilégiés.

PRIVILÉGE ; pris pour la préférence accordée au recouvrement des deniers roïaux. Voïez *Préférence*.

PRIVILÉGES *accordés aux fermiers du Roi & aux emploïés des fermes. Voïez* d'abord ce qui a été observé aux articles *Commis* & *Fermiers*.

L'article 11 du titre commun de l'ordonnance des fermes du mois de Juillet 1681, permet aux fermiers & sous-fermiers des droits du Roi, & aux commis des fermes, aïant serment en justice, de porter épées & autres armes ; les déclare éxemts de tutelle & curatelle, de collecte, de logement de gens de guerre, de guet, & de garde ; défend aux oficiers des élections & greniers à sel, habitans des villes & paroisses, asséeurs & collecteurs, de les comprendre dans les rôles, en cas qu'ils n'aïent point été imposés avant leurs fermes & commissions ; & d'augmenter l'imposition qui aura été faite de leurs personnes auparavant ; le tout, sinon à proportion des immeubles qu'ils auront acquis depuis, ou en cas de trafic.

L'article 14 du même titre déclare les gages & apointemens des emploïés non saisissables ; voïez *Apointemens*, tom. 1, pag. 209.

Par l'article 35, il est défendu à tous juges, autres que les roïaux, de décréter contre les commis, gardes & autres, aïant serment en justice, emploïés dans l'administration des fermes & sous-fermes du Roi, pour délits ou crimes, de quelque nature qu'ils puissent être, commis dans le département où ils sont emploïés, à peine de nullité, cassation de procédures, dépens, dommages & intérêts ; de 1000 livres d'amende contre les parties, & d'interdiction contre les juges ; & l'article 36 défend aussi, sur pareilles peines, à tous juges roïaux & des jurisdictions ordinaires, de décréter contr'eux pour le fait de leurs commissions & emplois, & pour les cas arrivés dans le cours & à l'occasion de leur éxercice.

Ainsi, pour les faits particuliers & personnels à l'emploïé, il n'y a que les juges roïaux qui puissent prononcer un décret contre lui ; & s'il s'agit de faits relatifs à l'éxercice de l'emploi, il n'y a que les juges qui connaissent des droits que régit l'emploïé, qui puiffent en prendre connaiffance.

Les articles 422, 424 & 425 du bail de Domergue, du 18 Mars 1687, réïtèrent les difpofitions des articles 11, 35 & 36 du titre commun de l'ordonnance de 1681. Il eft ordonné, par l'article 426, qu'en cas de conflit pour la compétence des décrets, les informations feront faites, tant par les oficiers des jurifdictions roïales ordinaires, que par ceux des élections, greniers à fel, traites & autres qui connaiffent des droits des fermes, & envoïées inceffamment au gréfe du confeil, pour y être les parties règlées de juges; cependant, fera l'inftruction du procès continuée jufqu'au jugement définitif, par les oficiers des élections, greniers à fel, traites, & autres juges des droits du Roi; fera furfis au jugement jufqu'à ce que la compétence foit règlée; & feront les juges qui auront entrepris fur les autres, outre l'interdiction, condamnés en 1000 livres d'amende.

Par l'édit du mois de Mars 1691, portant création d'ofices de contrôleurs des exploits, il eft ordonné que ceux qui n'auront pas été impofés à la taille, fubfides & uftenfiles, jufqu'au jour & date de leurs provifions, en demeureront éxemts, & que ceux qui y auront été impofés ne pourront être augmentés, finon à proportion de l'augmentation de la taille & de leurs biens; & qu'ils jouïront de l'éxemtion de logement de gens de guerre, collecte, tutelle & curatelle, guet, gardes & autres charges publiques.

L'édit du mois de Mars 1693, portant établiffement du contrôle des actes, porte que ceux qui feront commis à l'éxercice des contrôles, jouïront de tous les priviléges & éxemtions dont jouïffent les autres commis & emploïés pour la régie des fermes, avec défenfes aux maires & échevins des villes & à tous autres de les troubler dans lefdits priviléges.

Arrêt du confeil du 17 Novembre 1693,

portant défenfes aux maires & échevins des villes, de troubler les commis au contrôle des actes dans leurs priviléges, à peine de 500 livres d'amende; décharge les commis, nommés aux collectes des tailles & autres impofitions, de leur nomination, & ordonne qu'il en fera nommé d'autres en leur place.

Autre arrêt du confeil du 23 Mars 1694, qui décharge les commis des fermes du Roi à Angers, qui font étrangers dans cette ville, qui n'y ont aucuns biens & qui n'y font aucun commerce, du païement des fommes pour lefquelles ils étoient compris dans un rôle arrêté par les maire & échevins pour la répartition d'une fomme de 125000 livres impofée fur les habitans de ladite ville, pour la confirmation de leurs priviléges.

Par un autre arrêt du confeil du 10 Avril 1694, le précédent a été déclaré commun avec tous les commis des fermes du Roi dans les différentes provinces du roïaume; & en conféquence, ils ont été déchargés de toutes impofitions pour les contributions des villes, pourvû qu'ils n'y poffèdent aucuns biens & qu'ils n'y faffent aucun commerce, avec défenfes aux échevins de les comprendre dans les répartitions, & à toutes autres perfonnes de les y contraindre, à peine de tous dépens, dommages & intérêts.

L'édit du mois d'Octobre 1694, portant création d'ofices de contrôleurs des actes, éxemte les pourvus defdits ofices & ceux qui en éxerceront les fonctions, de tous logemens de gens de guerre, de contribution à iceux; de collecte des tailles & autres impofitions; de tutelle curatelle, & nomination à icelles; de guet & garde & autres charges publiques; avec défenfes aux maires & échevins, affeurs & autres d'y contrevenir, à peine de répondre, en leurs propres & privés noms, de leurs dommages & intérêts.

Par arrêt du confeil du 3 Janvier 1696,

il a été fait défenses aux maires, échevins & à tous autres de troubler les commis au contrôle dans leurs priviléges, & de leur donner à l'avenir aucun logement de gens de guerre, à peine de 300 livres d'amende pour chaque contravention, aplicable moitié à l'hôpital des lieux, & l'autre moitié au contrôleur.

L'art. 15 de l'édit du mois de Mars 1696, porte que les contrôleurs des actes & leurs commis, seront éxemts de tous logemens de gens de guerre, contribution à iceux, de collecte de tailles & autres impositions; & que leurs cottes des tailles, ustensiles & autres impositions, ne pourront être augmentées à cause de leurs ofices; mais seulement à cause des augmentations qui seront faites sur les communautés de leur résidence, & de celles qu'ils feront en particulier; avec défenses aux maires, échevins, asséeurs & collecteurs desdites communautés & autres, de contrevenir auxdits priviléges & éxemtions, à peine de répondre, en leurs privés noms, des dommages & intérêts desdits oficiers ou commis.

Par arrêt du 20 Avril 1696, il est dit que les commis à l'éxercice jouïront desdits priviléges, & que ceux qui les troubleront seront contraints au payement d'une amende de 200 livres.

Il fut ordonné, par l'art. 30 de l'édit du mois de Décembre 1703, que les gréfiers des insinuations-laïques jouïroient de tous & semblables priviléges dont jouïssent les oficiers des bailliages, sénéchaussées & autres siéges roïaux près desquels ils seront établis. *Voïez* l'édit du mois d'Octobre 1704.

L'édit du mois de Septembre 1704, portant création d'ofices de contrôleurs des exploits, contient les mêmes dispositions que l'édit du mois de Mars 1691, & ajoûte que lesdits contrôleurs ne pourront, ni leurs enfans, être choisis pour soldats de milice.

Les ofices des gréfiers des insinuations furent suprimés par édit du mois d'Octobre 1704, portant que les droits seront perçus par les commis de la ferme du contrôle des actes, & que lesdits commis jouïront des mêmes & semblables priviléges & éxemtions que ceux attribués aux commis des fermes; sans que, sous ce prétexte, ils soient tenus de faire enregistrer leurs commissions aux gréfes des élections ni ailleurs.

Par la déclaration du Roi du 12 Janvier 1706, il est ordonné que les contrôleurs des exploits, en titre d'ofices, ou ceux qui y feront commis, jouïront, en qualité de commis & employés dans les fermes, des priviléges & éxemtions portés par l'art. 11 du titre commun de l'ordonnance du mois de Juillet 1681; & qu'eux ni leurs enfans ne pourront être choisis pour soldats de milice; avec défenses aux maires, échevins, findics & tous autres, de les troubler dans leurs priviléges & éxemtions.

Arrêt du conseil du 28 Décembre 1706, qui décharge le sieur Audurier, commis au contrôle des actes à Marans, de la nomination faite de sa personne pour collecteur, avec défenses de nommer les employés pour collecteurs &c.

Par l'article 7 de la déclaration du Roi du 20 Mars 1708, concernant le contrôle des actes, il est ordonné que les contrôleurs & les commis du fermier ne pourront être imposés à la taille, s'ils n'y ont été imposés avant que d'être pourvus de leurs ofices & commissions; que s'ils y ont été imposés, ils ne pourront en aucune manière être augmentés, sinon en cas d'augmentation de biens; comme aussi qu'ils jouïront de l'éxemption du logement de gens de guerre, collecte de la taille & autres impositions, tutelle, curatelle, & des mêmes & semblables priviléges dont jouïssent les commis des fermes générales, sans qu'ils puissent y être troublés par qui & pour quelque cause & prétexte que ce puisse être. L'art. 14 de la déclaration du même jour contient les mêmes dispositions en faveur des gréfiers des insinuations-laïques, de leurs commis & de ceux du fermier.

Arrêt du conseil du 16 Juillet 1709, portant que les fermes, sous-fermes, greniers à sel, & bureaux de recette des deniers du Roi, seront & demeureront déchargés du payement des sommes auxquelles être taxés pour la subsistance des pauvres ; sauf à imposer personnellement les fermiers, sous-fermiers, receveurs & commis, à proportion des biens qu'ils possédent dans les lieux de l'exploitation de leurs fermes & de l'éxercice de leurs emplois ; en conséquence décharge Jean Dubois, fermier du pont de Pecq, près S. Germain, de semblable taxe.

Par arrêt du conseil du 11 Novembre 1709, trois contrôleurs des actes ont été déchargés de la collecte des tailles & autres impositions ; avec défenses d'y nommer les commis à la recette des droits de contrôle des actes, petit-scel, & insinuations-laïques, à peine de nullité &c.

Autre arrêt du conseil du 25 Janvier 1710, qui décharge pareillement de la collecte des tailles, cinq commis au contrôle des exploits, avec défenses de les troubler dans leurs priviléges, à peine de 300 livres d'amende & de tous dépens, dommages & intérêts.

Arrêt du conseil du 8 Avril 1710, portant que les commis au contrôle des actes, petit-scel & insinuations-laïques, jouïront de tous les priviléges à eux attribués par les édits, déclarations & arrêts, sans aucune diférence ni distinction, & comme en ont joui ou dû joui les commis des fermes, en conformité de l'art. 11 du titre commun de l'ordonnance de 1681 ; à condition qu'il ne sera établi qu'un seul commis, pour ces droits, dans chaque ville, bourg & paroisse.

Par l'article 6 de l'édit du mois de Mars 1714, portant réunion au domaine des droits de contrôle des actes, petit-scel, & insinuations-laïques, il est ordonné que les commis & préposés à la régie, recette & perception desdits droits, jouïront de leurs éxemtions, franchises & priviléges, avec défenses à toutes personnes de les y troubler, à peine de tous dépens, dommages & intérêts, & de 1000 livres d'amende, qui demeurera encouruë en vertu dudit édit, & qui ne poura être réduite ni modérée pour quelque cause que ce soit.

Les receveurs, fermiers, sous-fermiers & commis, sont mis sous la sauve-garde du Roi & des juges &c. Déclaration du 27 Juin 1716, au 1er volume, pag. 353.

Arrêt du conseil du 14 Novembre 1716, portant que les commis à la régie & perception des droits de contrôle, de petit-scel, & d'insinuation-laïque, jouïront des priviléges accordés aux commis des fermes du Roi, & nommément de l'éxemtion de collecte ; ordonne qu'ils seront compris dans la colonne des éxemts au tableau ou état des habitans dressé en chaque paroisse ; & réitère les défenses de les troubler, sous les peines portées par les précédens règlemens.

La déclaration du Roi du 8 Mai 1717, porte que les commis emploïés à la régie des droits-réservés, jouïront, pendant le tems de l'éxercice de leurs commissions, des mêmes & semblables priviléges que ceux accordés aux commis des fermes par le titre commun de l'ordonnance de 1681.

Arrêt du conseil du 13 Novembre 1717, qui fait défenses aux maires & échevins de troubler les commis à la régie des droits-réservés, dans l'éxemtion des logemens de gens de guerre, à peine de 500 livres d'amende & de répondre, en leur nom, des dommages & intérêts desdits commis résultans des logemens de gens de guerre ; & condamne les maire & échevins

échevins de Bourges aux dommages & intérêts des commis à la régie desdits droits-réfervés, pour leur avoir donné des logemens de gens de guerre au préjudice de l'éxemtion portée par la déclaration du 8 Mai 1717.

Arrêt du confeil du 15 Mars 1720, qui condamne le fieur Rochery de Marfenay, maire de la ville de Nevers, en 100 livres de dommages & intérêts, & au coût de l'arrêt, pour avoir envoïé des foldats loger chez le nommé Cheron, commis aux aides de ladite ville.

Par autre arrêt du confeil du 27 Septembre 1720, Blaize Jarrot, commis buralifte des aides de la paroiffe de Trelou, a été déchargé de la nomination faite de fa perfonne pour tuteur d'Antoine Rivallant mineur, conformément à l'article 11 du titre commun de l'ordonnance de 1681.

Autre arrêt du confeil du 29 Octobre 1720, qui condamne folidairement les maire & échevins de la Neuville-au-Pont, élection de fainte Menehould, en 100 livres de dommages & intérêts envers le nommé Colardelle, buralifte des aides de ladite paroiffe, pour avoir envoïé des foldats loger chez lui ; leur fait défenfes de récidiver fous plus grande peine ; & les condamne en outre, au coût de l'arrêt, liquidé à 30 livres.

Par arrêt du confeil du 5 Août 1721, fans s'arrêter à l'ordonnance du fieur Doujat, il eft ordonné que les nommés Péniffaud, Doyard & autres emploïés des aides en la ville de Moulins, feront raïés du rôle des impofitions pour l'enlevement des boues de ladite ville, où ils ont été compris ; avec défenfes de les y comprendre à l'avenir &c.

Arrêt du confeil du 10 Octobre 1721, qui décharge le fieur Godard, commis du fermier pour le contrôle des actes à Cofne, généralité de Moulins, de fon impofition à la taille, attendu qu'il n'avoit pas été impofé avant fa commiffion ; défend

Tome III.

aux collecteurs de l'impofer à l'avenir tant qu'il éxercera fon emploi, finon en cas de ferme ou trafic, ou d'acquifition d'immeubles, à peine de reftitution & de tous dépens, dommages & intérêts ; & fait itératives défenfes aux oficiers des élections, greniers à fel, habitans des villes & paroiffes, affeeurs & collecteurs des tailles, de comprendre dans les rôles les commis des fermes, en cas qu'ils n'aïent pas été impofés avant leur commiffion ; & d'augmenter l'impofition qui avoit été faite auparavant, finon à proportion des immeubles qu'ils auront acquis depuis, ou en cas de trafic ou de ferme.

Par autre arrêt du 7 Mars 1722, le confeil a réduit l'impofition à la taille du commis au contrôle de faint Jean de Bonneval à la même fomme à laquelle étoit impofé l'année précédente ; avec défenfes de l'augmenter tant qu'il éxercera fon emploi, finon en cas d'acquifition d'immeubles, ou de trafic.

Autre arrêt du confeil du 24 Avril 1722, qui réduit l'impofition du fieur Arlaud, commis au contrôle à Villeneuve-faint-George, à 15 livres telle qu'elle étoit lors de fa commiffion, ordonne la reftitution de 12 liv. d'excédent ; à l'éfet de quoi il en fera fait, l'année fuivante, impofition fur la paroiffe avec la taille.

Arrêt du confeil du 28 Avril 1722, qui renouvelle, en faveur des commis à la régie des droits-réfervés, les difpofitions de la déclaration & de l'arrêt des 8 Mai & 13 Novembre 1717.

Autre arrêt du confeil du 5 Avril 1723, qui ordonne l'éxécution de trois ordonnances de M. l'intendant de Champagne renduës contre les collecteurs de la paroiffe de Guiffaumont, pour avoir voulu en 1722 augmenter de 8 livres l'impofition à la taille du fieur Simon, contrôleur des actes à Guiffaumont, élection de Vitry ; leur fait défenfes de l'augmenter, finon en cas d'augmentation de biens & à propor-

Z

tion , & les condamne au coût de l'arrêt.

L'arrêt du conseil du 11 Janvier 1724, concernant les casernemens en Bretagne , porte que les diférens privilégiées y dénommés , entr'autres les directeurs & receveurs des domaines , commis des fermes du Roi & de la province , continueront de jouïr de l'éxemption de la fourniture aux casernemens des troupes , & même de l'imposition du casernement , petit ustensile & suplément de fourage ; pourvû, & non autrement, qu'ils ne fassent point commerce ou autre acte dérogeant ; voulant S. M. que ceux qui feront commerce ou qui éxerceront quelque emploi ou ofice qui emporte acte de dérogeance , tel que celui de procureur postulant & autres de pareille nature , soient compris dans la fourniture aux casernemens & imposition des casernemens , suplément de fourage & petit ustensile.

Arrêt du conseil du 25 Janvier 1724, en faveur de Blaize Geoffroy , commis au contrôle des actes à Rochemillay , généralité de Moulins , garçon sous puissance de père & mère , & imposé à la taille sous prétexte qu'il étoit en même tems notaire & procureur. Par cet arrêt , sans avoir égard à une ordonnance de M. l'intendant , il a été déchargé de l'imposition , avec défenses de l'imposer tant qu'il éxercera l'emploi , sinon en cas de ferme , de trafic , ou d'acquisition d'immeubles.

Par décision du conseil du 11 Mars 1724 , sur le mémoire du sieur Daupeley , commis au contrôle des actes à Mortrée , généralité d'Alençon , il a été jugé qu'aïant acquis du bien par son mariage , hors la paroisse de son domicile , il ne pouvoit jouïr de l'éxemption de la taille à cet égard.

Arrêt du conseil du 6 Février 1725 , qui ordonne l'éxécution de la déclaration du 8 Mai 1717 ; condamne les consuls de la ville de Tarbes en Bigorre , en 500 liv. d'amende , pour avoir envoïé des gens de guerre loger chez le sieur Davarac, receveur des droits réservés en ladite ville , & en ses dommages & intérêts.

Autre arrêt du 14 Août 1725 , qui , en confirmant les privilèges des emploïés , ordonne la réunion des diférens emplois des fermes dans le même lieu , autant qu'il est possible , pour éviter la multiplicité des privilèges & éxemtions.

Arrêt du conseil du 15 Juillet 1732 , qui déclare les receveurs , commis & emploïés des fermes à Aumale , éxemts des droits de tarif , tenant lieu de taille en ladite ville , pour les denrées & marchandises qu'ils feront entrer dans cette ville pour leur usage & consommation; & ordonne la restitution des sommes éxigées d'eux.

Les échevins , sindics & habitans de la ville d'Aumale , s'étant oposés à l'éxécution de l'arrêt du 15 Juillet 1732 , sur le fondement des lettres patentes pour la perception des droits de tarif , portant que lesdits droits seront païés par toutes sortes de personnes éxemtes & non éxemtes , privilégiées & non privilégiées , nobles & autres , ils ont été déboutés de leur oposition par autre arrêt du conseil du 28 Octobre 1732 , qui ordonne l'éxécution du précédent.

Arrêt du conseil du 8 Janvier 1737 , en faveur du sieur Roger , contrôleur des actes à Vouzier , généralité de Châlons ; aïant été imposé aux tailles en 1731 , à une somme éxorbitante , sa cotte fut réduite à 35 livres par M. l'intendant , qui condamna les collecteurs en ses dépens , dommages & intérêts ; en 1735 , il fut imposé à 55 livres , & M. l'intendant le réduisit à 40 livres par proportion à ses biens & facultés , & à l'augmentation de l'imposition sur la paroisse , avec défenses aux collecteurs de l'imposer à une somme plus forte , tant qu'il sera contrôleur des actes , & qu'il n'augmentera en biens & facultés , à peine d'en répondre. Les collecteurs se sont pourvûs à la cour des aides de Paris , où ils ont obtenu arrêt qui fait défenfes d'éxécuter l'ordonnance de M. l'intendant. L'arrêt du confeil, fans avoir égard à celui de la cour des aides, évoque l'apel des collecteurs, & ordonne provifoirement l'éxécution de l'ordonnance de M. l'intendant.

Décifion du confeil du 16 Mars 1737, fur ce qu'on vouloit affujétir les commis au contrôle des actes à contribuer au travail des grands chemins, à proportion de leurs biens, comme une charge réelle; décidé qu'ils doivent.jouïr de l'éxemtion des corvées perfonnelles; mais que, dans les lieux où les charges & impofitions font réelles, ils doivent y contribuer, s'ils font valoir des biens.

L'article 561, du bail de Forceville du 16 Septembre 1738, porte que les commis généraux & particuliers des fermes pourront porter épées & autres armes; qu'ils feront éxems de tutele & curatelle, de collecte, de folidité, de logement de gens de guerre, de guet & de garde, de tirer au fort pour la milice & d'y contribuer, & de toutes autres charges publiques; fans que les oficiers des élections & greniers à fel, habitans des villes & paroiffes, afféeurs & collecteurs, les puiffent comprendre dans les rôles, en cas qu'ils n'aïent point été impofés avant leurs fermes & commiffions, ni augmenter l'impofition qui aura été faite de leurs perfonnes auparavant; le tout, finon à proportion des immeubles qu'ils auront acquis depuis leurs commiffions, ou en cas de trafic.

Les articles 572 & 573 du même bail réïtérent les difpofitions des articles 35 & 36, du titre commun de l'ordonnance de 1681, au fujet des juges qui peuvent prononcer des décrets contre les commis.

Arrêt du confeil du 11 Octobre 1740, qui caffe une taxe d'ofice faite fur le contrôleur des actes de Landreville; & le réduit à ce qu'il a ci - devant païé, avec défenfes de l'augmenter, finon en cas d'acquifition d'immeubles ou de trafic.

Arrêt de la cour des aides de Paris du 2 Décembre 1740, qui décharge le nommé Lacerna, diftributeur de la formule à Coulomiers, d'une nomination de collecteur, & condamne les maire, échevins & habitans en tous les dépens.

Par ordonnance de M. l'intendant de Roüen du 18 Septembre 1741, le fieur Vauquet, contrôleur des actes à Blangy, a été déchargé d'une nomination de tuteur.

Arrêt du confeil du 2 Octobre 1742, qui caffe & annule une procédure criminelle faite au châtelet de Paris & tous décrets prononcés contre les employés des fermes générales, comme incompétemment rendus, s'agiffant d'une rebellion & de faits relatifs à l'éxercice de leurs emplois, dont les juges ordinaires ne peuvent connaître, mais feulement ceux des fermes.

Ordonnance de M. l'intendant de Bourges du 16 Juillet 1744, qui décharge le Directeur & les commis aux aides à Iffoudun, de l'impofition faite fur eux, pour réparation & conftruction du pont de la ville, par un rôle arrêté en vertu d'arrêt du confeil; cette ordonnance a été renduë en conformité d'une lettre de M. le contrôleur général du 7 Février précédent, portant qu'il eft bien vrai que fi le pont n'avoit pas été rétabli, les commis auroient été obligés de païer le falaire de ceux qui les auroient paffés par bateau, mais que cela ne fait pas l'objet d'une impofition générale, que les commis ont été éxemtés de ces impofitions, & qu'il a été jugé en conféquence, par arrêt du 26 Janvier 1734, qu'ils font éxemts du péage des ponts de Mante, auquel les privilégiés, éxemts & non éxemts étoient affujétis. On peut ajoûter que tout emploïé étranger du lieu, & qui n'y poffède pas de biens, ne peut être affujéti aux contributions pour les

Privilèges. objets d'une perpétuelle utilité à la ville, puisqu'il n'en est point réputé habitant, & qu'il n'y acquiert point de domicile, comme il a été observé à l'art. *Domicile.*

Décision du conseil du 18 Juin 1746, qui autorise la nomination faite par le fermier des aides de la généralité de Caën, de deux commis dans la ville de Condé-sur-Noireau; l'un pour la distribution de la formule, & l'autre pour la régie des droits d'inspecteurs aux boucheries; & ce, nonobstant les représentations de l'adjudicataire des droits de tarif de la même ville, qui prétendoit que cet établissement étoit préjudiciable aux droits de sa ferme, dont les employés sont éxempts, & qu'il multiplioit trop le nombre des privilégiés & éxempts des charges de la ville.

Arrêt du conseil du 10 Janvier 1747, qui décharge les employés des fermes à Sedan, du païement des sommes auxquelles ils ont été compris dans le rôle de l'imposition établie pour la pension des enfans trouvés dans ladite ville & dépendances; avec défenses de les y comprendre à l'avenir. Si cette imposition se fait annuellement, il y auroit autant de motifs pour y assujétir les employés, que pour les en dispenser.

L'ordonnance du Roi du 25 Juin 1750, concernant le logement des troupes, comprend, depuis l'article 73, jusqu'à l'article 89, inclusivement, les personnes qui en sont éxemptes; il est ordonné, par l'article 90, que les privilégiés ne joüiront de leurs éxemtions que pour les maisons, ou parties d'icelles, qu'ils occuperont personnellement, sans que les particuliers non éxemts qui pouroient les loüer en tout ou en partie, puissent participer, sous tel prétexte que ce soit, à ladite éxemtion

Par l'article 91, S. M. ordonne que ceux qui, étant éxemts par leur état, leurs charges ou emplois, feront commerce à boutique ouverte, ou tiendront cabaret, soient déchûs de leur éxemtion, & qu'ils soient assujétis au logement, comme marchands ou cabaretiers, pendant tout le tems qu'ils feront ledit commerce.

L'article 92 porte qu'*en cas de foule*, le logement doit être fait indiféremment chez les éxemts & non éxemts, en suivant néanmoins l'ordre des privilèges; de manière que les ecclésiastiques soient logés tous les derniers.

Quelque générale que paroisse la disposition de cet article, on ne peut néanmoins en faire l'application aux receveurs, caissiers & dépositaires des deniers roïaux, par raport aux inconvéniens qui pouroient résulter du logement d'étrangers chez eux. Nous raporterons une lettre écrite à ce sujet, par M. le contrôleur général des finances, à M. Feydeau de Brou, intendant à Roüen, le 1er Mars 1756.

M., les receveurs généraux des finances de votre généralité ont fait des représentations au conseil sur la nécessité qu'il y a de maintenir les receveurs des tailles dans l'éxemtion du logement des gens de guerre, dont ils ont toujours joui, & dans laquelle ils ont été conservés par la disposition expresse de l'art. 83 de l'ordonnance du Roi du 25 Juin 1750; attendu que, sous prétexte qu'il y a foule par le grand nombre de troupes qui se trouvent actuellement dans la ville d'Eu, les oficiers municipaux de cette ville ont prétendu être autorisés, par la disposition de l'art. 92 de la même ordonnance de 1750, à assigner un loge ment chez le receveur des tailles. Il est vrai que cet article paraît ne faire aucune exception; mais, ce ne peut être qu'une omission *à l'égard des dépositaires des caisses des deniers roïaux*, attendu les inconvéniens sans nombre qui pouroient résulter de l'obligation qu'on leur imposeroit de recevoir chez eux des étrangers; c'est pourquoi, vous ne devez pas hésiter à défendre, de la manière la plus expresse, aux maires & échevins, tant de la ville d'Eu que de toutes les villes de votre généralité, où il y a des receveurs des tailles, d'affigner chez eux aucuns logemens, quelques nombreuses que foient les troupes qui feront envoïées. Je fuis &c. Signé DE SECHELLES. *Collationné* par nous intendant de Roüen. *Signé* Feydeau.

Voici, au furplus, les perfonnes, qui, dans l'ordre des priviléges établi par l'ordonnance de 1750, doivent loger avant les emploïés qui ne font pas dépofitaires de deniers royaux : 1°. Les veuves des gentilshommes & d'oficiers des troupes ; 2°. Les directeurs des bureaux des lettres, les maîtres des poftes établis par brévets de S. M., ainfi que les couriers ordinaires emploïés par les fermiers des poftes ; 3°: Les commis chargés de la fourniture des lits dans les garnifons ; 4°. Les étapiers ; 5°. Les changeurs ; 6°. Les commis des fermiers des domaines, gabelles, aides, traites-foraines, doüanes domaniales & autres fermes de S. M. ; 7°. L'art. 83 comprend les tréforiers & receveurs généraux ou particuliers, aïant le maniment actuel des deniers de S. M. ; & c'eft à leur égard qu'a été donnée l'explication raportée ci-deffus ; enfuite, viennent les maires & échevins, & tous autres privilégiés, jufqu'aux eccléfiaftiques.

Par arrêt du confeil du 10 Juillet 1759, il eft ordonné que tous les commis des fermes, & tous prépofés à la perception & au recouvrement des deniers roïaux feront éxemts de le fervice dans les compagnies détachées de la milice garde-côte & même dans celle du guet, pendant le tems feulement qu'ils font pourvûs de l'emploi ou chargés des recouvremens.

PRIX *des contrats de vente & des ceffions d'immeubles*, eft, non-feulement la fomme ftipulée dans le contrat, mais encore tout ce qui tourne au profit du vendeur, & tout ce qui eft un objet lucratif pour lui, ou onéreux pour l'acquéreur ; cela eft bien-tôt dit ; mais, il peut naitre bien des dificultés pour favoir ce qui forme le prix fur lequel les lods & ventes font dûs, & fur lequel les droits de contrôle & de centième denier doivent être perçus. Nous tâcherons d'expliquer les principales ; 1°. Les droits font-ils dûs fur ce qui forme le prix ou fur la valeur des biens ? 2°. Lorfque l'acquéreur eft tenu d'acquiter des rentes ou autres charges affectées fur les biens vendus ? 3°. Des ceffions de droits fucceffifs, à la charge de païer des dettes, ou de droits litigieux à condition de fuporter les événemens des procès ? 4°. S'il n'eft vendu que des rentes qui ont une valeur connuë par leurs capitaux ? 5°. Des aliénations dont le prix eft ftipulé païable en rentes viagères ? 6°. Des ventes qui comprennent des meubles & des inmeubles ? 7°. Des ventes de la nuë propriété d'immeubles, avec referve d'ufufruit pour le vendeur ou pour une tierce perfonne ?

1. C'eft *le prix des contrats, & non la valeur des biens vendus*, qui règle les diférens droits qui en font dûs ; les objets qui forment ce prix pour les lods font expliqués à l'article *Lods*, n. 4, tom. 2, page 629.

C'eft auffi le prix, ftipulé fans fraude, qui règle les droits de contrôle & de centième denier des contrats de vente ; mais il y a quelque diférence dans la manière de le former : il en fera parlé au n. 2.

L'article 3 du tarif de 1722, fixe le droit de contrôle des acquifitions, & c'eft tellement le prix qui doit fervir de règle que l'art. 4 porte que, pour celles, où toutes les fommes & autres chofes *qui en font le prix*, ne feront pas défignées ni évaluées, il fera perçu 200 livres pour tenir lieu du plus fort droit.

Suivant l'article 24 de l'édit du mois de Décembre 1703, & l'édit du mois d'Août 1706, raportés à l'article *Centième denier*, ce droit doit être perçu fur le prix porté aux contrats, s'il y en a ; finon, fur la valeur des biens.

Décifion du confeil du 4 Février 1722, qui juge que , pour une acquifition faite par la princeffe d'Auvergne , moïennant 350000 liv. , de biens qui ne produifoient que 5500 liv. de revenu , le droit eft dû fur le prix du contrat.

Pareille décifion du 12 Mars 1724, au fujet d'une acquifition faite par M. le duc de Briffac , dont le prix étoit de fix fois la valeur des maifons acquifes.

Autre décifion du 16 Septembre 1728 , contre le fieur Sohier de la Verrerie , au fujet d'une maifon acquife en 1720, moïennant 120000 liv. païées en billets de banque ; il difoit que cette maifon ne valoit que 20000 liv. Décidé qu'il doit païer le centième denier de fon acquifition fur le prix.

Décifion du 12 Mai 1731 , contre le fieur Roger , Marchand à Paris, qui avoit acquis une maifon dont le prix avoit été païé en contrats fur l'hôtel-de-ville de Paris; il difoit que le prix étoit exceffif de trois cinquièmes, aïant été proportionné à celui de la valeur des contrats fur la place. Décidé que le droit eft dû fur le prix, en quelques éfets qu'il doive être païé.

C'eft par une fuite du même principe qu'il a été décidé le 23 Août 1732 , que le fieur Gariny ne devoit le centième denier d'une acquifition faite moïennant 4035 liv. que fur le prix ftipulé, quoiqu'il fut juftifié que le bien valoit le double.

Décifion du confeil du 22 Août 1750 , fur le mémoire de M. de Blais , confeiller au parlement de Bordeaux , qui prétendoit que le droit de centième denier ne devoit être perçu des acquifitions que fur la valeur intrinfèque des terres , & eû égard à ce qu'elles raportent de revenu éfectif , fans avoir égard au prix qui en eft donné au-deffus , en confidération des droits honorifiques ; la décifion porte que ce fyftême eft fondé fur un principe abfolument contraire aux règlemens rendus fur le centième denier , & à la jurifprudence du confeil.

Autre décifion du 18 Janvier 1753 , contre le fieur Simon , qui avoit acquis des biens du feigneur dont ils font mouvans , moïennant 24000 liv. y compris les lods , dont l'acquéreur feroit éxemt ; il prétendoit que le centième denier n'étoit dû que fur le pié de 22000 liv. devant lui être fait diftraction de 2000 liv. pour les lods ; décidé que le droit eft dû fur le prix ftipulé , fans diftraction.

2°. *Si l'acquéreur eft tenu d'acquiter des rentes ou autres charges affectées fur les biens vendus ; voïez* pour les lods ce qui a été obfervé , tom. 2 , p. 629.

Mais , pour les droits de contrôle & de centième denier , tenez pour principe que , fuivant la jurifprudence du confeil , toutes les charges quelconques doivent être évaluées pour former le prix & percevoir en conféquence lefdits droits ; à l'exception feulement de celles qui font tellement inhérentes au fond que l'acquéreur en feroit indifpenfablement tenu quand bien même elles ne feroient pas ftipulées ; l'on ne connait que le cens qui foit de cette nature. *Voïez* l'art. *Charges* , §. 1, tom. 1 , p. 407.

Décifion du confeil du 7 Mars 1754 , contre le fieur Dionis des Carrieres , qui avoit acquis de M. le maréchal duc de Biron , une terre près Corbeil , chargée de 8 fols 3 den. 4 oboles de cens ; & de plufieurs autres redevances perpétuelles & foncières, tant en grains qu'en argent, dûes aux religieux Chartreux de Paris ; il prétendoit ne devoir le droit que fur le prix ftipulé , & il a été jugé qu'il étoit dû , tant fur le prix que fur les charges , à la feule exception du cens.

Autre décifion du 8 Juin 1758 , contre M. Pecquet , ancien grand-maître des eaux & forêts de Roüen , qui avoit acquis des maifons à Chilly , chargées de cens emportant lods & ventes à la feigneurie de Chilly , & de rentes foncières perpétuelles & non rachetables envers le feigneur. Il foû-

tenoit ne devoir le droit que fur le prix ftipulé pour vendeur ; décidé que les rentes
foncières doivent être jointes avec le prix
principal , pour la liquidation du droit de
centième denier.

3. A l'égard des *ceffions de droits fuc-*
ceffifs , ou de droits litigieux , à la charge
de païer les dettes ou de fuporter les
événemens de procès , comme le prix
n'en eft pas ordinairement exprimé & qu'en
certains cas il ne peut pas l'être ; *voïez* ce
qui a été obfervé à l'article *Ceffion*, tom.
1 , p. 393.

4. Les *ventes , ceffions & tranfports de*
rentes foncières & conftituées , expriment
quelquesfois des prix inférieurs aux capitaux de ces rentes ; mais , fuivant la
jurifprudence du confeil , les droits d'une
acquifition volontaire font dûs fur le pié
des capitaux des rentes dûes par des particuliers feulement.

Par arrêt du confeil du 20 Mars 1713 ,
il a été ordonné que , pour les ceffions de
rentes conftituées , il fera perçu les mêmes
droits de contrôle que pour les conftitutions ; & fuivant la décifion du 3 Août
1715 , le droit eft dû fur les capitaux quoiqu'elles foient venduës pour un moindre
prix. C'eft ce qui a encore été jugé au
confeil le 29 Décembre 1726 , pour une
rente dont le capital étoit de 510 liv. &
qui avoit été venduë moïennant 400 liv. ;
le 7 Février 1728 , pour la donation
d'une rente conftituée à raifon du denier
50 ; & les 21 Avril 1731 & 8 Mars
1732 , pour des legs de rentes fur l'hôtel-
de-ville de Paris.

Décifion du 9 Mai 1733 , contre le
chevalier de Beauchefne , ceffionnaire d'une
quitance de finance de 9000 liv. portant
rente au denier 50 fur les tailles , laquelle rente fe trouve réduite à 60 liv. annuellement ; il demandoit que le droit de
contrôle fut perçu fur le pié de 1200 liv.
feulement ; décidé qu'il eft dû fur le principal.

Autre décifion du 13 Mars 1736 , qui
juge que le droit de contrôle de la ceffion d'une rente au capital de 5000 liv.
fur les états de Languedoc , venduë moïennant 2000 liv. eft dû fur le capital de la
rente.

Le 17 Septembre 1740 , décidé , fur
le mémoire du fieur le Clerc , gréfier-gar-
de-facs du confeil , adjudicataire , par décret forcé , de rentes foncières , que le droit
de centième denier des rentes ajugées judiciairement n'eft dû que fur le prix de
l'adjudication , quoiqu'inférieur aux capitaux.

Lors de la régie qui fe faifoit pour le
compte du Roi , du droit de centième denier des immeubles fictifs établi en 1748 ,
& fuprimé en 1751 , il fut décidé le 30
Mai 1748 , que pour les rentes fur l'hôtel-de-ville & fur les tailles , le droit feroit feulement perçu fur le pié du denier
vingt defdites rentes ; mais que , pour toutes rentes fur particuliers , il feroit perçu fur
le principal porté par les contrats ; il fut
même décidé le 3 Août fuivant que l'on
fuivroit la règle du denier vingt pour toutes rentes fur le Roi , fans avoir égard au
prix ; & le 17 Octobre 1748 , le confeil
jugea que la même règle feroit obfervée
pour les rentes fur le clergé.

Par décifion du 30 Septembre 1756 , le
confeil a confirmé une ordonnance de M.
l'intendant de Bretagne , par laquelle il
avoit réduit à 18 liv. 10 fols en principal
le droit de contrôle de la ceffion faite
moïennant 3600 liv. de trois rentes fur
les états de Bretagne , dont le capital étoit
de 9000 liv. , mais qui ne produifoient
annuellement que 180 liv.

Il faut donc conclure que , quelque foit
le prix ftipulé dans les ceffions de rentes
fur le Roi , fur le clergé , & fur les païs
d'états , le droit de contrôle ne doit être
perçu que fur le pié du capital au denier
vingt du produit actuel defdites rentes.

S'il s'agit de rentes fur particuliers ,

Prix.

les droits font dûs fur le prix ftipulé, à moins qu'ils ne foit inférieur aux capitaux; dans ce cas, le fermier eft fondé à percevoir les droits fur lès capitaux, à l'exception néanmoins des acquifitions faites en juftice : le prix n'eft pas fufpeâ alors, & il doit fervir de règle fuivant la décifion du 17 Septembre 1740.

Les rentes foncières venduës font fujétes au droit de centième denier fur le même pié. Voïez *Rentes*.

5. Lorfque le *prix* de l'aliénation eft *ftipulé païable en rente viagère*, les Cours ont fouvent égard à l'âge de la perfonne fur la tête de laquelle la rente doit être païée, pour en évaluer le capital, & pour fixer en conféquence les droits feigneuriaux ; *voïez* l'arrêt du parlement de Paris du 8 Février 1744, tom. 2, p. 205.

Mais, les droits de contrôle & de centième denier fe fixent toujours fur le capital au denier dix des rentes viagères ; c'eft une règle générale qui étoit néceffaire pour prévenir des dificultés continuelles ; *voïez* les articles 27, 28 & 45 du tarif du contrôle du 29 Septembre 1722, & l'art. 4 de la déclaration du 20 Mars 1708, concernant les infinuations.

Il peut néanmoins fe trouver des dificultés, foit lorfque la valeur de ce qui eft aliéné excède le capital au denier dix de la rente viagère, foit lorfque le prix eft païable en rentes viagères fur plufieurs têtes.

Décifion du 30 Avril 1724, au fujet de l'aliénation faite en forme de donation d'une vigne, eftimée 700 liv., moïennant 500 liv. de penfion viagère que fe réfervoit le donateur, & au païement de laquelle s'obligeoit le donataire ; on prétendoit que les droits de contrôle & de centième denier n'étoient dûs que fur le pié de l'eftimation, & il fut décidé qu'ils étoient dûs fur le pié de 5000 liv., capital au denier dix de la rente.

Autre décifion du 27 Mai 1741, au

fujet de la ceffion faite à l'hôpital général de Touloufe d'un contrat de 30000 liv. produifant 1500 liv. de rente, moïennant 2000 liv. de penfion viagère fur la tête du cédant ; les adminiftrateurs foûtenoient que le droit n'étoit dû que fur le capital au denier dix de la penfion comme étant le prix de la ceffion ; décidé que le droit eft dû fur le capital du contrat cédé, qui eft de 30000 liv.

Décifion du confeil du 25 Avril 1754, au fujet d'une acquifition faite par le fieur Duperey, huiffier-prifeur à Paris; il y étoit ftipulé un prix de 6000 liv., & ce prix étoit, par le même acte, conftitué en une rente viagère de 900 liv. fur la tête de la venderefle ; il foûtenoit ne devoir le droit que fur le prix ftipulé, & que, s'il s'étoit conftitué en une rente plus forte, c'étoit eû égard au grand âge de la venderefle ; mais, le prix ftipulé en pareil cas fans néceffité, n'eft d'aucune confidération ; le véritable prix eft le capital de la rente ; en conféquence, il a été décidé que les droits étoient dûs fur le pié de ce capital à raifon du denier dix.

Si, pour le prix d'une vente faite par deux perfonnes, il leur eft conftitué une rente viagère païable fur la tête des deux & jufqu'au décès du furvivant, on demande qu'elle fera la règle pour évaluer le capital de cette rente & trouver par là le prix de la vente ? Par éxemple, un mari & la femme vendent un bien qui leur apartient en commun, moïennant 1000 liv. de rente viagère païable jufqu'au décès du dernier mourant.

Les uns prétendent que les droits font dûs fur le pié de 15000 liv. qui eft le capital au denier 15 de la rente ; ils fe fondent fur ce que les tribunaux ordinaires évaluent les capitaux des rentes viagères eû égard aux circonftances ; fur ce que la rente créée fur deux têtes eft d'un objet & d'une valeur plus confidérables que celle qui n'eft créée que fur une tête, & que la

valeur

valeur en eſt même fixée par l'arrêt du conſeil du 13 Mai 1748, qui permettoit à la compagnie des indes d'emprunter à rente viagère ſur deux têtes, à raiſon de ſept & demi pour cent.

D'autres opoſent que ce qui a été permis pour faciliter des emprunts ne peut ſervir de règle pour fixer des droits qui, en cas de vente, ne ſont pas dûs ſur la valeur des biens, mais ſur le prix; que la rente viagère, qui forme ce prix, ne peut, ſuivant les règlemens, être évaluée qu'à raiſon du denier dix; que celle qui eſt créée ſur deux têtes, même ſur celles de cent perſonnes actuellement éxiſtantes, n'eſt qu'une rente viagère, qui s'éteindra à la mort du dernier de ceux qui doivent en jouïr; & que ſi l'on admettoit le ſyſtème de la progreſſion, il s'enſuivroit que la rente viagère créée ſur la tête de quatre à cinq perſonnes, devroit être évaluée au-delà du capital d'une rente qui ſeroit perpétuelle; ce qui ſufit pour rejetter cette progreſſion.

L'opinion des derniers me paraît aſſez juſte; je dois, au ſurplus, obſerver que la rente viagère, qui eſt le prix de la vente d'un bien commun, devant apartenir en entier à celui des co-vendeurs qui ſurvivra & qui n'étoit propriétaire du bien qu'en partie, il y a, par ce moïen, un avantage ſtipulé en ſa faveur, dont le droit d'inſinuation ſuivant le tarif eſt dû dès l'inſtant du contrat, ſans attendre l'événement, & dans la proportion de l'avantage dont il peut profiter.

6. Quand, par un même contrat, on vend des meubles & des immeubles, les droits réels ſeront dûs ſur le tout, s'il n'y a pas un prix diſtinct pour chaque partie, & ſi l'on n'a pas annéxé un état des meubles, à la minute du contrat. Voïez *Ventilation*.

7. Si la *vente* eſt faite ſimplement de la nuë propriété d'un bien, *avec réſerve de l'uſufruit*, ſoit en faveur du vendeur, ſoit pour une autre perſonne à laquelle il apar-

tient, les diférens droits ſont dûs dès-à-préſent ſur le prix ſtipulé & ſur les autres charges impoſées à l'acquéreur, qui ſont de nature à y être jointes; mais, doit-on regarder la réſerve de l'uſufruit comme faiſant partie du prix, ou des charges impoſées? Nous éxaminerons cette queſtion importante, d'abord relativement aux droits ſeigneuriaux, & enſuite par raport aux droits de contrôle & de centième denier de la vente, & autres droits qui y peuvent être acceſſoires.

Ceux qui ſoûtiennent que l'uſufruit retenu doit être joint au prix de la propriété, diſent qu'une terre venduë 10000 livres avec réſerve d'uſufruit vaut le double; que l'acquéreur, en païant actuellement cette ſomme de 10000 livres ſans avoir la jouïſſance de la terre, perd l'intérêt de ſon argent, qui fait partie du prix; que l'on doit conſidérer que c'eſt l'acquéreur même qui céde au vendeur la jouïſſance de la terre, comme une partie du prix, qui augmente le ſort principal; que c'eſt la même choſe que ſi le tout avoit été vendu moïennant 10000 livres en argent & ſous la condition de païer une rente viagère de 1000 liv., au vendeur, en argent ou en une certaine quantité des productions de la terre; enfin, que ſi l'on réduiſoit les droits ſeigneuriaux ſur le prix ſtipulé, ce ſeroit autoriſer un moïen de frauder les droits des ſeigneurs, en ne paſſant que des contrats de vente de la nuë propriété, & en uſant de la facilité qu'il y a de faire paſſer l'uſufruit à l'acquéreur de la propriété, ſoit par des actes publics dans les coûtumes qui n'accordent point de droits ſeigneuriaux pour la ceſſion d'uſufruit en faveur du propriétaire, ſoit par des actes ſecrets ou ſimulés dans les autres coûtumes.

On opoſe à tout ce raiſonnement qu'il péche dans le principe, parce que les droits ſeigneuriaux ne ſe règlent pas ſur la valeur des biens vendus, mais uniquement *sur le prix* stipulé dans les contrats en y joignant les charges, réductibles en deniers, impofées à l'acquéreur ; que l'ufufruit d'un immeuble eft immeuble, & que c'eft une partie de l'héritage même ; la réferve qui en eft faite l'excepte expreffément de la vente ; or, s'il n'eft pas vendu, l'acquéreur n'en doit pas les droits ; il les doit feulement *sur le prix* de ce qu'il acquiert, & il n'acquiert que la nuë propriété. La réferve de l'ufufruit ne lui impofe aucune charge : elle ne fait que retarder fa jouïffance ; il n'a rien à païer à ce fujet ; il n'en doit donc aucuns droits. La raifon de la perte de l'intérêt n'eft pas de la plus légère confidération, non-feulement parce que l'argent de lui-même, ne produit rien, mais encore, parce que fi le vendeur profite de l'intérêt du prix qui lui eft païé, le feigneur profite également de l'intérêt des lods qui lui font païés du même prix avant la mutation dans la poffeffion utile. Comme l'ufufruit n'eft point vendu & qu'au contraire il eft expreffément réfervé, il n'eft pas poffible de fe prêter à la fupofition qu'il ait été acquis & enfuite cédé au vendeur en païement d'une partie du prix ; on ne peut pas non plus comparer la réferve qui en eft faite à une charge de païer une rente viagère au vendeur ; parce qu'encore une fois, l'ufufruit réfervé n'eft point vendu : il eft excepté de la vente, fans impofer à cet égard aucune charge à l'acquéreur, qui n'en profite pas actuellement ; aulieu que, dans l'efpèce de la rente viagère en argent ou en nature, l'ufufruit eft transféré conjointement avec la propriété à l'acquéreur, qui peut dès-à-préfent jouïr de la terre comme il lui plaît, en païant le prix principal, & en acquitant annuellement la rente qui lui eft impofée comme une charge faifant partie du prix. Cette charge peut être apréciée, & tous les auteurs conviennent qu'elle fait partie du prix, fur lequel les

droits feigneuriaux font dûs, en la diftinguant abfolument de la fouffrance de l'ufufruit réfervé par la vente de la propriété. Enfin, les raifons tirées de la poffibilité de frauder les droits des feigneurs ne font d'aucune confidération : les feigneurs ont la voie du retrait ; ils peuvent même faire afirmer les parties, lorfqu'il y a foupçon de fraude ; mais ils ne peuvent étendre leurs droits, fous prétexte de prévenir la fraude : parce que ce feroit faire tomber la peine de cette fraude, tant fur ceux qui font déterminés à la pratiquer, que fur les contractans de bonne foi ; ainfi, il en réfulteroit une injuftice évidente à l'égard de ceux-ci, dont le fort ne doit pas être aggravé pour favorifer les feigneurs, qui ont plufieurs moïens pour punir la fraude.

Les diférens auteurs qui ont agité la queftion, fe réuniffent pour rejetter la prétention des feigneurs comme extenfive ; on peut voir Dumoulin, tome 1, de l'éd. de 1681, pag. 801, n. 14 ; Dargentré fur l'art. 65 de l'ancienne coût. de Bret. pag. 286 de l'éd. de 1640 ; Dupleffis, des cenfives, liv. 2, chap. 1 ; Livoniere, tr. des fiefs, liv. 3, chap. 6, fect. 7, § 3 ; Guyot, vol. 3, du Quint, chap. 2 & 7 ; Poullain fur la coût. de Bret. art. 52, §. 20, & le nouveau commentateur de celle de la Rochelle, art. 3, n. 227. Il eft vrai que Boucheul, fur l'art. 21 de la coûtume du Poitou, n. 73, dit que de Ferriere, en fon manuel fur l'article 33 de la coûtume de Paris, a remarqué que fi le vendeur s'eft réfervé l'ufufruit de la chofe venduë fa vie durant ou autre tems convenu, le droit de lods & ventes eft dû, non-feulement du prix de la vente porté au contrat, mais auffi eû égard à la valeur de l'ufufruit que le vendeur s'eft réfervé, parce que cette réferve fait partie du prix ; mais il eft étonnant que Boucheul, auteur célébre, fe foit borné à cette citation, fans prendre aucun parti.

Il a été rendu, fur cette queftion, un arrêt au parlement de Bretagne, le 13 Août 1750 : **M. Bifien**, vicomte du Lezard, avoit acquis au mois de Septembre 1748, de la dame de Coëtandoch, des terres & feigneuries mouvantes du duché de Penthiévre, moïennant 41000 livres, & avec claufe que ladite dame continueroit d'en jouïr pendant fa vie. Le fieur le Demour de Kernilien, fermier du duché de Penthiévre, aïant prétendu que les lods devoient être païés fur le pié du doublement du prix ftipulé, fut débouté de cette prétention & condamné aux dépens, par fentence du fiége de Guingamp. Sur l'apel au parlement, la caufe a été apointée à écrire & produire ; & l'arrêt qui a été rendu en grand-chambre ledit jour 13 Août 1750, met l'apel au néant, ordonne que la fentence fortira fon plein & entier éfet, condamne l'apellant en l'amende & aux dépens de la caufe d'apel.

La même queftion, portée au parlement de Roüen, y a été jugée différemment le 14 Juin 1751. Le fieur du Bofc, lieutenant général du bailliage de Thorigny, avoit vendu le 30 Mars 1742 au fieur Auvray avocat, une terre mouvante en partie de la feigneurie de Rouffeville, moïennant 8500 livres, dont une partie fut païée comptant & le furplus conftitué en rente rembourfable toutesfois & quantes ; fous la condition que l'acquéreur n'entreroit en jouïffance qu'après le décès du vendeur qui fe réfervoit l'ufufruit de la terre. L'acquéreur aïant été trouver le fieur le prévôt de Rouffeville feigneur, celui-ci prétendit le treizième (lods & ventes) fur le double de la fomme de 7600 livres, à laquelle étoit fixé le prix de ce qui relevoit de lui ; & l'acquéreur foûtint qu'il ne le devoit que fur ce prix feulement ; ils convinrent verbalement de prendre l'avis de trois avocats du parlement : deux de ces avocats furent favorables à la prétention du fei-

gneur, mais le troifième s'y opofa fortement, enforte que l'acquéreur ne crut pas devoir acquiefcer ; le fieur de Rouffeville le fit affigner devant fon fénéchal, qui, par fentence du 30 Avril 1743, condamna le fieur Auvray à païer 633 liv. 6 f. 8 d. pour le treizième de la vente de la propriété, & pareille fomme pour le treizième de l'ufufruit. Le fieur Auvray interjeta apel au bailliage de Thorigny, où la fentence du fénéchal fut confirmée, après partage, le 17 Juillet 1743. Sur l'apel au parlement, il eft intervenu, après une ample inftruction, arrêt le 14 Juin 1751, par lequel la cour, toutes les chambres affemblées, a mis & met l'apellation & ce dont eft l'apel au néant : émandant, fans s'arrêter aux offres dudit Auvray de la fomme de 633 livres 6 f. 8 d. pour le treizième du contrat du 30 Mars 1742, l'a condamné à païer audit le Prévôt, le treizième entier dudit contrat, y compris l'ufufruit retenu par icelui, défalcation faite des charges étant fur la terre, autres que l'ufufruit ; enfemble de la portion d'héritages qui ne relevent point dudit le Prévôt, pour la liquidation duquel treizième a renvoïé les parties au bailliage de Thorigny .... Ordonne que le préfent arrêt fervira de règlement, &, en conféquence, que le treizième des contrats de ventes, faites avec rétention d'ufufruit, fera païé, tant du prix porté auxdits contrats, que de l'ufufruit retenu par iceux ; ordonne en outre que le préfent arrêt fera envoïé dans les fiéges du reffort pour y être enregiftré, lû, publié & éxécuté &c.

Si la queftion jugée diverfement par deux cours fouveraines étoit abfolument la même à tous égards, il faudroit, fans doute, pour établir un principe général, fe fixer à celui des jugemens qui paraitroit le plus réfléchi & le plus folemnel, & par conféquent donner à l'arrêt du parlement de Roüen la préférence fur celui du parlement de Bretagne, qui n'eft que

A a ij

le jugement d'une fimple conteftation , que l'on peut préfumer n'avoir pas été aprofondie avec la même attention que lorfqu'il s'agit de faire un règlement général : mais , l'on trouve des motifs de ces jugemens dans les loix féodales des deux provinces.

En Bretagne, les lods font dûs fur le prix , comme ailleurs ; l'ufufruit d'un immeuble eft immeuble , & la vente de cet ufufruit eft fujéte aux lods & ventes fuivant l'art. 57 de la coûtume, qui n'excepte pas la vente faite au propriétaire ; ainfi , par la vente de la propriété avec rétention d'ufufruit , le vendeur fe réferve un immeuble qui n'eft pas vendu ; il n'eft donc pas jufte d'en faire payer les lods par l'acquéreur de la propriété , qui les devra pour cet ufufruit, s'il le confolide à prix d'argent pendant la vie de celui auquel il eft réfervé.

Les lods ou le treizième ne font également dûs en Normandie que fur le prix , fuivant l'art. 173 de la coûtume; l'ufufruit d'un immeuble y eft pareillement confidéré comme immeuble, art. 508 ; mais l'art. 502 décide que l'ufufruit n'eft fujet au retrait que lorfqu'il eft vendu à autre qu'au propriétaire ; & comme la règle du retrait fait , dans cette province, celle des cas où le treizième eft dû , il s'enfuit que ce droit n'eft pas dû pour la vente de l'ufufruit en faveur de celui qui eft propriétaire ; enforte qu'un particulier peut acquérir aujourd'hui la nuë propriété, & demain l'ufufruit, fans être tenu de payer le treizième pour le dernier contrat ; c'eft vraifemblablement pour remédier à cette fraude que le parlement de Roüen a jugé que le droit feroit payé pour la vente de la propriété , tant du prix ftipulé que de l'ufufruit réfervé.

Ainfi , en adoptant les deux arrêts , il s'enfuivra que , dans les païs où l'ufufruit vendu au propriétaire eft fujet à lods & ventes , ces droits ne feront dûs pour la vente de la nuë propriété que fur le pié du prix ftipulé par le contrat ; & que, dans les païs où il n'eft point dû de lods pour la vente de l'ufufruit faite en faveur de celui qui eft propriétaire , les droits de la vente de la nuë propriété feront dûs , tant du prix ftipulé que de l'ufufruit réfervé.

Mais , fur quel pié fe fera l'évaluation de cet ufufruit ? Le parlement de Roüen ne s'eft pas expliqué à cet égard : il a réformé la fentence qui l'avoit fixé fur le même pié que le prix ftipulé pour la propriété , & a renvoyé au bailliage pour faire la liquidation ; l'on m'a affuré que le fieur Auvray a payé le treizième au fieur de Rouffeville , fur le pié du double de ce qui formoit le prix des biens mouvans de lui ; & cette fixation me parait jufte , s'il en faut faire une & la déterminer par une règle générale. Car celle qui feroit fondée fur l'âge de l'ufufruitier & fur les autres circonftances , feroit fujéte à trop d'incouvéniens & à une infinité de conteftations ; dans la règle générale , il eft certain que la propriété pleine s'évalue à raifon du denier vingt du revenu ; l'évaluation de l'ufufruit pendant la vie d'une perfonne fe fait fur le pié du denier dix , qui eft la moitié de la valeur de la propriété jointe à l'ufufruit ; il s'enfuit donc que la valeur de la nuë propriété doit être fixée fur l'autre moitié , ces règles font même preferites par les art. 241 & 242 de la coûtume de Bretagne , qui fixent la manière dont on doit prifer les biens.

En raportant ces deux arrêts & les motifs fur lefquels ils nous paraiffent avoir été rendus , nous ne prétendons pas les donner comme des règles hors du reffort des cours qui les ont rendus , mais feulement comme des préjugés ; nous obferverons même que , quoique celui du parlement de Roüen foit bien folemnel , on le trouve éxorbitant du droit commun & trop favorable aux feigneurs , s'il a eu pour objet de prévenir la fraude qui fe pratiqueroit en acquérant la propriété & l'ufufruit par deux contrats féparés, il produit également fon éfet à l'égard de ceux qui n'acquièrent que la propriété, & qui n'y réuniront l'ufufruit que par la mort de ceux auxquels il eft réfervé; il réfulte même un autre inconvénient de cet arrêt; car fi, après la vente de la nuë propriété, dont le treizième aura été payé, tant fur le prix que fur l'ufufruit, réfervé, cet ufufruit eft vendu à une tierce perfonne, celle-ci fera tenuë d'en payer le treizième, & le feigneur aura deux droits au lieu d'un: il percevra le treizième de l'ufufruit vendu par Jaques à Paul, quoiqu'il l'ait déja fait payer par Pierre, pour raifon du même ufufruit, fur la fupofition qu'il l'avoit précédemment acquis de Jacques, conjointement avec la nuë propriété; or, fi Pierre l'avoit acquis, Jacques n'en pouvoit plus difpofer; mais, fi Jacques l'avoit réfervé expreffément & qu'il en pût difpofer, comme il en difpofe en éfet, il s'enfuit que Pierre, qui ne l'avoit point acquis, n'en devoit point payer le treizième.

Il étoit un autre moyen de prévenir la fraude: la coûtume ne dit pas qu'il n'eft point dû de treizième de la vente d'ufufruit en faveur du propriétaire: on en tire feulement la conféquence de ce que le retrait n'a pas lieu dans ce cas. On pouvoit donc affujétir au treizième la vente de l'ufufruit en faveur du propriétaire, lorfqu'elle feroit faite, dans un certain tems, après l'acquifition de la nuë propriété; & dans le cas même où la coûtume fe feroit expliquée auffi pofitivement fur le treizième, que fur le retrait, l'on pouvoit s'adreffer au légiflateur & demander la même règle que celle établie par la déclaration du 23 Juin 1731, au fujet de la fraude normande, qui confifte à aliéner, par des contrats féparés, un fief & les domaines en dépendans; *voïez* tom 2, p. 441.

A l'égard des droits de *contrôle* & de *centième deniers* des ventes de la nuë propriété d'un bien, fous la réferve de l'ufufruit, le confeil a, jufqu'à préfent, jugé que ces droits ne devoient être perçus que fur le prix ftipulé; je penfe que cette jurifprudence eft fondée, tant fur les principaux motifs déduits ci-deffus à l'égard des droits feigneuriaux, que fur ce que la ceffion d'ufufruit d'immeubles eft fujéte au droit de centième denier dans tous les cas, même lorfqu'elle eft faite en faveur du propriétaire; mais, je n'héfite point à dire que l'on peut néanmoins percevoir ces droits pour la vente de la nuë propriété fur le même pié, qui, fuivant les coûtumes ou fuivant les arrêts des cours, fert à fixer les lods & ventes; enforte que, pendant que l'arrêt du parlement de Roüen du 14 Juin 1751 fera loi, les droits de contrôle & de centième denier de ces contrats de vente, doivent inconteftablement être perçus en Normandie, tant fur le montant du prix ftipulé, que fur l'évaluation de l'ufufruit retenu; car, dès que cet ufufruit eft regardé comme faifant partie du prix, les droits de contrôle & de centième denier en doivent néceffairement être perçus, puifqu'ils font dûs fur tout ce qui forme le prix.

Par une décifion du confeil du 3 Octobre 1724, il fut jugé qu'il n'étoit dû aucuns droits de contrôle ni de centième denier, pour raifon de la réferve d'ufufruit faite par un contrat de vente.

Décifion du confeil du 18 Décembre 1731, en faveur de M. le marquis de Gouffier, qui avoit acquis, moïennant 47000 liv., une terre affermée 3000 liv., dont le vendeur s'étoit réfervé l'ufufruit. Le commis prétendoit le droit de centième denier, tant fur le prix, que fur cette réferve. La décifion porte que le droit n'eft dû que fur les 47000 livres.

Autre décifion du confeil du 10 Février 1734, fur la queftion propofée par les notaires de la ville de Langres, de savoir si, pour une vente faite avec rétention d'usufruit au profit du vendeur, il étoit dû, outre le centième denier du prix stipulé, celui de l'usufruit ; le fermier est convenu que, suivant la décision du 3 Octobre 1724, il n'est rien dû pour la réserve de l'usufruit en faveur du vendeur ; mais, il a prétendu que le droit de la vente devoit être païé sur le pié de la valeur entière de l'immeuble, & non pas sur le pié seulement du prix porté au contrat. La décision porte qu'*il ne peut être rien dû pour la réserve de l'usufruit.*

Décision du 8 Mai 1734, en faveur du sieur Vautrain, acquéreur moïennant 1600 liv., d'une maison dont le vendeur s'étoit réservé l'usufruit ; il se plaignoit de ce que le commis de Pontoise avoit perçû le droit de centième denier sur le pié de 2400 liv. La décision ordonne qu'il lui sera restitué 8 livres.

Autre décision du 28 Juin 1735, sur le mémoire de M. de Dampierre, brigadier des armées, acquéreur, moïennant une rente de 1300 liv. rachetable au denier vingt, de biens dont les vendeurs s'étoient réservé l'usufruit. Décidé qu'il faut suivre le prix porté par le contrat & ne percevoir le droit que sur le pié de 26000 liv.

Pareille décision du 6 Mars 1736, pour le sieur de Franciere, acquéreur moïennant 5000 liv. de biens, dont les vendeurs retenoient l'usufruit.

Décision du conseil du 26 Juin 1736, en faveur de François-Jacques Bourlier, acquéreur d'une ferme en la généralité de Tours, moïennant 4200 liv. & avec réserve d'usufruit par le vendeur ; il se plaignoit de ce que les droits de contrôle & de centième denier avoient été perçûs sur le pié de 8400 liv. ; & la décision porte qu'il ne doit les droits que sur le pié du prix porté au contrat.

Autre décision du conseil du 31 Octobre 1739, au sujet d'un contrat du 25

Février précédent, par lequel il étoit dit que le sieur de la Perriere & son épouse, séparés de biens, vendoient, moïennant 35000 liv. au sieur de la Papotiere, une terre auprès d'Angers, apartenante au mari ; ce contrat contenoit diverses stipulations, pour libérer le mari des créances de sa femme, & pour donner le prix stipulé à l'acquéreur, frère & présomptif héritier de ladite dame ; enfin, l'usufruit de la terre étoit réservé en faveur du mari & de la femme & du survivant des deux. Le commis d'Angers, outre les droits de contrôle des diférentes dispositions, & ceux d'insinuation du don fait à l'acquéreur, avoit perçu le droit de centième denier sur le pié de 70000 liv. en doublant le prix, par raport à l'usufruit réservé ; l'acquéreur demandoit la restitution de la moitié de ce droit, disant qu'il n'avoit dû être perçu que sur le prix stipulé. Le fermier a dit que le droit de centième denier étoit incontestablement dû pour la réserve de l'usufruit en faveur du mari & de la femme ; qu'il ne pouvoit s'élever de question à cet égard, que pour savoir s'il devoit être perçu sur 35000 liv. ou sur 17500 liv. ; mais que, dans l'espèce présente, il y avoit deux usufruits, en faveur du mari & de la femme, qu'ainsi le droit avoit été bien perçu ; la décision porte que le droit pour l'usufruit sera seulement perçu sur 17500 livres.

Dans cette espèce particuliere le droit de centième denier de la vente, n'étoit véritablement dû, suivant les précédentes décisions, que sur le prix de 35000 liv. convenu dans le contrat ; il y avoit, à la vérité, un avantage stipulé en faveur de la femme, en lui assûrant l'usufruit des biens, qui provenoient des propres de son mari, en cas qu'elle lui survécut ; mais, comme cet usufruit dépendoit de l'événement de la survie, il n'étoit dû pour la stipulation qu'un droit d'insinuation suivant le tarif, sauf à faire païer dans

la fuite le droit de centième denier de l'ufufruit, fi la femme furvivoit à fon mari.

La queftion principale que nous agitons
s'eft préfentée lors de la régie, qui fe faifoit
pour le compte du Roi, du droit de centième denier des immeubles fictifs, établi
en 1748 & fuprimé en 1751 : le fieur
de Choderlos avoit cédé à fon frère, fa
moitié dans des capitaux de rentes, dont
ils étoient propriétaires, mais dont leur
mère avoit l'ufufruit : les régiffeurs demandèrent fi le droit étoit dû fur la moitié
des capitaux ou fur le prix : le confeil
décida le 7 Septembre 1748, que le droit
feroit perçu fur le pié du prix porté par
l'acte de ceffion. L'efprit de cette décifion
eft bien dévelopé dans l'inftruction que
donnèrent les régiffeurs, de l'agrément du
confeil ; on y donne cet éxemple : Pierre,
propriétaire d'une rente de 200 liv., dont
l'ufufruit apartient à un tiers, ou *dont il
fe réferve l'ufufruit*, la vend à Jacques,
moïennant 2000 liv.; & l'on donne cette
folution : *le centième denier n'eft dû que fur
2000 livres, prix déterminé par l'acte,
parce que ce prix eft la valeur éfective
de la nuë propriété de la rente venduë.*

Il paraît donc établi au confeil que les
droits de contrôle & de centième denier
d'une vente de la nuë propriété ne font
dûs que fur le prix & fur les charges ftipulées dans le contrat ; mais fi, dans la fuite,
l'ufufruit eft cédé à l'acquéreur, par anticipation du tems qui en devoit opérer la
confolidation, les droits de contrôle & de
centième denier feront dûs fur le prix de
cette ceffion.

Décifion du confeil du 1er Octobre 1746,
fur le mémoire du fieur Beudin de la Salle ;
il avoit acquis en 1745, moïennant 2200
livres la propriété d'un bien, dont le vendeur s'étoit réfervé l'ufufruit ; en 1746,
cet ufufruit lui fut cédé moïennant 4328
livres ; il fe plaignoit ce que les droits
de l'acte de 1745, avoient été perçus au
Mans fur le pié de 4400 livres, & de ce

que l'on avoit encore éxigé le droit de
centième denier fur le prix ftipulé dans
l'acte de 1746 ; il difoit que fi, pour le
premier acte, on avoit été fondé à percevoir le droit pour l'ufufruit, il s'enfui-
voit qu'il avoit été perçu mal-à-propos
pour le fecond acte. Le fermier a em-
brouillé la queftion : il a prétendu que
les droits du premier acte étoient dûs fur
6528 livres, qui font la valeur du bien ;
il a dit qu'il n'étoit point dû de centième
denier pour l'acte de 1746 ; mais, que le
commis avoit omis des droits de contrôle qu'il falloit compenfer avec ce qu'il
avoit reçu de trop ; enforte qu'il ne revenoit que 10 livres 16 fols à la partie.
La décifion porte qu'il fera reftitué 10
livres 16 fols. Le raifonnement du fermier
n'étoit pas fondé, il n'y avoit ni raifon ni
prétexte pour percevoir en 1745 le droit
fur le pié de 6528 livres, & il eft certain qu'il étoit dû un droit de centième
denier pour l'acquifition de l'ufufruit ; les
deux droits réunis produifoient précifément ce que le fermier demandoit, mal-à-
propos, pour un feul droit ; mais, le confeil n'a adopté que le réfultat du calcul, qui
fe trouvoit jufte, dans l'efpèce particulière, quoique fondé fur de faux principes.

Les droits font dûs dès-à-préfent fur
le prix & fur les charges impofées à
l'acquéreur, comme il a été déja obfervé,
quand bien même il ne feroit tenu de païer
le prix & d'acquiter ces charges que dans
un tems éloigné ou après l'extinction de
l'ufufruit : c'eft ce qui ne peut être fufceptible d'aucun doute : *voïez* à cet égard
la décifion du confeil du 25 Juin 1756,
au fujet de l'acquifition faite par le prince
de Grimberghem, d'un hôtel à Paris, pour
en jouïr pendant fa vie, moïennant 100000
livres païables un an après fa mort ; décidé que le droit de centième denier eft
dû fur le prix ftipulé par le contrat.

Si la vente eft faite par mari & femme
ou par deux autres perfonnes auxquelles

les biens apartenoient en commun, & qu'il
foit ftipulé une réferve d'ufufruit en faveur du furvivant des co-vendeurs, il fera
dû, outre les droits de la vente, un
droit d'infinuation fuivant le tarif pour
cette difpofition, qui affûre au furvivant
la jouïffance de la portion du premier décédé ; à moins cependant que cette jouïffance ne fut précédemment affurée par un
acte en forme ; comme, par éxemple, fi
le mari & la femme, entre lefquels il a
été fait un don mutuel des conquêts, vendent la propriété d'un bien dépendant de
leur communauté, la réferve d'ufufruit
qu'ils ftipuleront dans la vente en faveur
du furvivant, ne doit être confidérée que
comme une fuite & un éfet du don mutuel : elle n'attribuë rien de nouveau, &
ne peut donner lieu à aucun droit d'infinuation ; mais, l'évènement arrivant, le
furvivant doit païer un demi-droit de centième denier de la valeur entière de la
portion du prédécédé.

Lorfque les biens, vendus avec réferve
d'ufufruit en faveur du furvivant de deux
perfonnes, apartenoient à l'une d'elles,
il faut fuivre les mêmes règles ; parce
que le propriétaire qui vend affûre à l'autre, en cas de furvie, une jouïffance qui
ne lui apartenoit pas. Si, dans l'événement, celui qui étoit propriétaire furvit, il
ne devra aucun droit nouveau ; mais, s'il
prédécéde, le furvivant devra un demi-
droit de centième denier de la valeur
entière de tous les biens, à caufe de
l'ouverture de l'ufufruit en fa faveur.

Décifion du confeil du 15 Février 1738,
contre la dame de Bienville : il avoit été
ftipulé entr'elle & fon mari, par leur contrat de mariage de 1705, une donation
mutuelle en ufufruit ; le mari avoit vendu
en 1720, une terre fous la réferve de
l'ufufruit en faveur de lui & de fa femme & du furvivant ; ladite dame aïant
furvécu prétendoit ne devoir aucun droit,
comme ne tenant fon ufufruit que de la

réferve inférée dans la vente. Décidé qu'en
juftifiant que c'eft un conquêt, elle ne
païera que le demi-droit de centième
denier de la moitié de la terre ; finon,
qu'elle doit païer le demi-droit de centième denier de la totalité.

PROCÉS VERBAUX *des emploïés
de la ferme des domaines*, fe font pour
conftater des contraventions ; c'eft-à-dire
des faits contraires aux difpofitions des
règlemens.

L'article 6 de la déclaration du 20 Mars
1708, porte que les amendes de contravention demeureront encouruës, contre
les notaires & gréfiers, pour refus de
communiquer leurs inventaires, répertoires & liaffes &c, fur le fimple procès
verbal des contrôleurs des actes ou commis, pourvû que *le commis fe foit fait*
recevoir & ait prêté ferment par devant
le fieur commiffaire départi de la généralité
où il fera établi, ou fes fubdélégués.

Cet article établit donc que le procès
verbal d'un feul commis, qui a prêté ferment, eft fufifant pour conftater un fait
dont il n'y a aucune autre preuve ; & cela
eft jufte, parce qu'il n'y a & qu'il ne doit y
avoir qu'un emploïé fédentaire en chaque
bourg, & même en chaque ville ordinaire.

Il s'enfuit à plus forte raifon que, dans
tous les cas où l'on joint au procès verbal des pièces qui prouvent la contravention, le procès verbal d'un feul emploïé eft fufifant.

Dans tous les procès verbaux des dité-
rens emploïés des fermes, il n'eft aucunement néceffaire d'inférer la demeure du
fermier, ainfi qu'il a été jugé par quatre
arrêts de la cour des aides de Paris des
10 Avril 1736, 12 Mai, 26 Août &
7 Septembre 1740 ; il fufit aux emploïés
de la ferme des domaines de dire le nom
du fermier, & d'indiquer fon domicile élu
au bureau de la direction établi dans le
chef-lieu de la généralité.

Décifion du confeil du 26 Novembre
1740,

1740, contre François Foreftier, notaire roïal & gréfier au bailliage de Vermandois, apellant d'une ordonnance de M. l'intendant de Soiffons, par laquelle il avoit été condamné en l'amende pour avoir refufé de repréfenter fes minutes aux emploïés de la ferme ; il difoit n'avoir pas refufé, & avoir feulement demandé la repréfentation des autorités en vertu defquelles les emploïés éxigeoient cette communication ; c'étoit attaquer le procès verbal, qui conftatoit un refus pofitif. Il a été débouté de fon apel par la décifion, qui juge que l'on ne peut former d'opofition à un procès verbal que par la voie d'infcription de faux.

Voïez *Affirmation* & *Infcription*.

A l'égard de ce qui concerne les procès verbaux des emploïés des autres fermes, relativement aux objets de ce dictionnaire, voïez *Affirmation* & *Contrôle des exploits*, §. 12 & 14.

PROCÈS VERBAUX de *raport d'experts*; ceux des arpentages, mefurages, prifages, vérifications, eftimations de réparations & dégradations, & *autres de pareille nature*, qui font reçus par les notaires, gréfiers, arpenteurs roïaux, gréfiers des experts, ou de l'écritoire, & autres qui en ont la faculté, font compris dans l'article 72 du tarif du 29 Septembre 1722, comme devant être contrôlés ; & le droit de contrôle en eft fixé à dix fols.

Cette fixation à 10 fols n'a lieu que pour les procès verbaux qui ne contiennent que le fimple raport des experts, pour faciliter enfuite les arrangemens des parties, ou pour mettre les juges en état de prononcer fur leurs conteftations ; car fi, au lieu de fe borner à conftater l'état des chofes ou à les évaluer diftinctement, les experts font des partages ou autres actes quelconques qui foient agréés par les parties, ce n'eft plus un fimple procès verbal, & les droits doivent être perçus relativement à la nature & à l'objet de l'acte.

Tome III.

Les procès-verbaux faits par des jurés-experts en titre, doivent être contrôlés à leur diligence dans la quinzaine de leur date, comme les actes des notaires & fous les mêmes peines; voïez *Arpenteurs*, tom. 1, page 214.

Ceux faits à l'amiable, par des particuliers fans titre, convenus par les parties, ne peuvent pas être regardez comme des procès verbaux : ce font de fimples certificats, feulement fujets au contrôle avant que de s'en fervir & de les pouvoir dépofer, foit dans les gréfes, foit chez les notaires. Il faut obferver que ces particuliers, n'aïant ni titre, ni caractère pour faire des procès verbaux, ne peuvent en demeurer dépofitaires, ni en délivrer des expéditions fans entreprendre fur les fonctions publiques qu'ils n'ont pas droit d'éxercer.

A l'égard de ceux qui font faits dans les lieux où il n'y a point d'experts en titre, par de femblables particuliers, convenus par les parties en juftice, ou nommés par les juges, ils peuvent être dépofés au gréfe, fans être préalablement contrôlés; mais ils doivent être contrôlés, à la diligence du gréfier, dans la quinzaine du dépôt & avant que d'en pouvoir délivrer l'expédition, même avant la quinzaine ; c'eft ce qui a été jugé par la décifion du confeil du 24 Septembre 1721, raportée dans le commentaire des tarifs ; mais cette décifion n'a pour objet que les raports faits, en vertu de jugemens, par des particuliers dont les parties font convenuës, ou qui ont été nommés en juftice ; & elle ne concerne nullement les raports faits à l'amiable par des particuliers, parce que ce font, comme on l'a déja dit, de fimples certificats fujets à toutes les règles prefcrites pour les actes fous-fignature privée, & qui, par conféquent, ne peuvent être dépofés s'ils n'ont été préalablement contrôlés.

Lorfque les procès verbaux ont été

B b

Procès
verbaux.

faits en vertu de jugemens qui en ont ordonné le dépôt au gréfe, ce dépôt eſt une ſuite & une exécution du jugement : il eſt réputé acte judiciaire & n'eſt point ſujet au contrôle ; on ne peut pas même exiger que le gréfier faſſe contrôler & qu'il faſſe l'avance du droit de contrôle du procès verbal, qu'il eſt forcé de recevoir des mains des experts ; il ſuffit qu'il ſoit contrôlé avant que d'en délivrer l'expédition, & qu'aucune partie en puiſſe tirer des inductions. Voïez *Dépôt.*

Arrêt du conſeil du 6 Mars 1717, qui déclare nuls deux procès verbaux de raports d'experts en titre, faute d'avoir été contrôlés dans la quinzaine de leur date ; ainſi que les jugemens d'homologation rendus ſur iceux au bailliage de Tours, & toutes procédures faites en conſéquence ; les experts ont été condamnés au païement des droits de contrôle & chacun en 100 livres d'amende ; & la partie & l'huiſſier en pareille amende pour avoir requis & fait la ſignification deſdits procès verbaux.

Autre arrêt du conſeil du 4 Avril 1724, qui déclare nulle la ſignification faite d'un procès verbal de viſite & raport d'experts, que le nommé Delaporte avoit fait faire d'une portion de maiſon à Paris, & qu'il avoit enſuite fait ſignifier à un particulier ; cet arrêt prononce les amendes contre la partie & l'huiſſier, & les condamne au païement du droit de contrôle du raport.

Le 6 Juillet 1724, il a été décidé au conſeil que la déciſion du 24 Septembre 1721, n'avoit pour objet que les procès verbaux des experts nommés par juſtice, qui devoient être contrôlés à la diligence des gréfiers, après le dépôt, & avant que d'en délivrer les expéditions ; & que cette déciſion n'étoit point relative aux procès verbaux des experts en titre, qui doivent être contrôlés dans la quinzaine de leur date.

Déciſion du conſeil du 23 Juin 1742, ſur un mémoire préſenté au nom de la chambre eccléſiaſtique du dioceſe d'Auch, tendant à être autoriſé à faire contrôler des procès verbaux faits par des experts nommés par arrêts du grand conſeil, au cas qu'ils y fuſſent ſujets, & à obtenir la décharge des amendes encourues pour ne les avoir pas fait contrôler dans le tems fixé par les règlemens. Décidé qu'on ne peut abſolument les contrôler, que les droits ſont dûs par forme de reſtitution, & que tout ce que l'on peut faire, c'eſt d'accorder, par grace, la décharge des amendes.

Le 12 Février 1746, le conſeil a confirmé une ordonnance du ſubdélégué de l'intendance de Soiſſons, par laquelle le nommé Lequint, arpenteur roïal à Ribemont, a été condamné en 100 liv. d'amende pour n'avoir pas fait contrôler un acte par lui fait, portant ſubdiviſion & arpentage ; le fermier n'en avoit la preuve que par une quitance que ledit Lequint avoit donnée d'une ſomme de 3 liv. pour avoir procédé à cet acte : on lui avoit demandé la repréſentation de la minute, & il avoit dit ne l'avoir pas conſervée, non plus que celles de pluſieurs actes ſemblables par lui faits à l'amiable.

Autre déciſion du 3 Août 1748, qui confirme une ordonnance de M. l'intendant de Bourgogne, par laquelle le ſieur Michel, procureur au bailliage de Mâcon, a été condamné en l'amende, pour avoir pourſuivi l'homologation d'un raport d'experts non contrôlé.

Voïez encore les déciſions des 21 Décembre 1748, & 9 Décembre 1751, tom. 1, p. 214.

Les jugemens rendus dans les ſiéges roïaux, qui donnent acte de la nomination des experts & de leur preſtation de ſerment ; ceux qui ordonnent une viſite ou raport d'experts, ou qui enterrinent les raports des experts, doivent être ſcellés,

& les droits de petit-fcel payés ; déci-fion du confeil du 31 Décembre 1722.

On a demandé fi les raports des médecins & chirurgiens font fujets au contrôle ; il paroit que le confeil a décidé le 17 Septembre 1724, que, lorfque la vifite a été ordonnée, le raport ne feroit point fujet au contrôle, quoique dépofé au gréfe ; ainfi, l'on ne peut prétendre que les raports des médecins & chirurgiens foient fujets au contrôle, que lorfqu'ils font donnés fur la fimple requifition d'une partie, qui veut enfuite s'en fervir en juftice.

PROCÈS VERBAUX *de raport de délits & dégats dans les bois & dans les héritages de la campagne &c.*

Il a été précédemment établi que les raports des délits commis dans les bois du Roi font éxemts de contrôle ; que ceux des délits & dégats commis dans les bois des communautés eccléfiaftiques & laïques & autres gens de main-morte n'en font éxemts, que lorfqu'ils font faits par les gardes des eaux & forêts du Roi, & lorfque les affignations font données, à la requête des procureurs de S. M. feuls parties ; fans préjudice néanmoins du païement des droits, fi, par l'événement, il eft prononcé des amendes & reftitutions de droits au profit defdites gens de main-morte ; & qu'à l'égard des procès verbaux de délits, faits par les gardes des bois des princes, des apanagiftes, des engagiftes, des gens de main-morte & de tous feigneurs particuliers, ils doivent être contrôlés & les droits payés, fi ce n'eft feulement lorfque les délinquans font inconnus, & qu'il n'y a point de faifie de beftiaux dont la valeur réponde des frais. Voïez *Contrôle des exploits*, §. IX, & *Maîtrifes.*

L'art. 7 de l'arrêt du confeil du 15 Octobre 1737, rendu contradictoirement avec les députés des états du Languedoc, porte que les procès verbaux qui feront dreffés par les gardes du terroir, dans ladite province de Languedoc, & dépofés aux gréfes des communautés, feront contrôlés & les droits payés fur le pié règlé par l'art. 72 du tarif, fans toutesfois que les gréfiers puiffent être affujétis à les faire contrôler dans la quinzaine, mais feulement au cas & lorfque les parties en requéront des expéditions & vant la délivrance d'icelles.

M. le procureur général du parlement de Metz s'étant plaint de ce que l'on prétendoit le droit de contrôle des raports des délits commis dans les héritages de la campagne, & des affignations données en conféquence, à la requête des procureurs fifcaux, M. de Fulvy, intendant des finances, lui répondit le 24 Février 1747, que tous les exploits faits à la requête des procureurs du Roi & des procureurs fifcaux, dans tous les cas qui ne concernent pas la police générale ou la pourfuite des affaires criminelles, étoient affujétis au contrôle & au païement des droits ; que la queftion s'étant préfentée au confeil, il y fut décidé le 28 Octobre 1730, que les exploits faits à la requête des procureurs fifcaux, pour les bois coupés dans les parcs des feigneurs, étoient fujets au contrôle & au païement du droit, aux termes de l'arrêt du 26 Juillet 1701, & que c'eft fur le même principe qu'il eft ordonné par l'art. 11 de l'arrêt du 19 Mars 1743, que les procès verbaux des gardes, pour fait de chaffe, ou pour délits commis dans les bois & fur les rivières du comté d'Eu, feront contrôlés & les droits payés ; d'où il fuit que le fermier n'excédant point les règlemens, il n'eft pas poffible de défendre de faire une perception qui y eft conforme.

Décifion du confeil du 14 Juin 1749, fur le mémoire du fieur Philippin, procureur du Roi au bailliage de Langres, qui juge que les pourfuites faites à la requête des procureurs du Roi ou fifcaux pour délits commis dans les héritages de la campagne doivent être contrôlés & les droits païés.

Il eft certain que, lorfqu'on fait des pourfuites contre les délinquans, ces pourfuites n'ont pas fimplement pour objet la police générale ; elles fe font pour l'intérêt des propriétaires qui, devant profiter des reftitutions & des dommages & intérêts, ne peuvent être difpenfés du païement des droits.

PROCURATION eft l'aête par lequel celui qui ne peut, ou qui ne veut pas vaquer lui-même à quelques affaires, donne pouvoir à un autre de le faire, & de ftipuler pour lui, comme s'il étoit préfent.

Il y a des procurations de diverfes efpéces : d'abord, il faut diftinguer celles données en matière eccléfiaftique pour raifon des bénéfices, de celles données en matière laïque ; & à l'égard de ces dernières, il faut auffi diftinguer les procurations fimples, pour agir ; celles qui font données pour paffer des aêtes dans les lieux où le contrôle des aêtes n'eft pas établi ; & celles données à l'éfet de réfigner des ofices.

Procuration en matière eccléfiaftique.

Les procurations pour prendre poffeffion de bénéfices ou dignités ; celles pour s'en démettre, & celles qui portent réfignation ou rétroceffion, ou qui feront conçuës dans des termes qui pourront difpenfer les réfignataires de paffer d'autres aêtes par devant notaires, pour parvenir à l'obtention des provifions, font comprifes dans la première feêtion de l'article 1er du tarif du 29 Septembre 1722 ; & le droit de contrôle en eft fixé à 5 liv. en principal.

Celles pour compromettre, requérir, réfigner, céder ou rétrocéder un bénéfice ; celles pour notifier les noms, titres & qualités des gradués, ou pour confentir création ou extinction de penfion ; enfemble les révocations defdites procurations, font comprifes dans la troifième fec-

tion du même article 1er du tarif qui en fixe le droit de contrôle à 1 liv.

Les art. 4 & 6 de l'arrêt du confeil du 30 Août 1740, confirment ces difpofitions. Voïez *Aêtes eccléfiaftiques.*

On voit que le droit de la procuration qui porte réfignation eft diférent de celui de la procuration pour réfigner ; & il ne faut pas les confondre. La première n'a pas befoin d'être fuivie d'aucun autre aête pour remettre direêtement le bénéfice entre les mains du collateur ; au lieu que l'autre n'eft qu'une procuration pour faire l'aête de réfignation, qui doit néceffairement être paffé en conféquence.

Par une déclaration du Roi du 14 Février 1737, S. M. a règlé la forme dans laquelle ces procurations doivent être faites ; l'art. 1er porte que les procurations pour réfigner des bénéfices ne pourront être faites que par des aêtes paffés en préfence de deux notaires, ou d'un notaire avec deux témoins ; fuivant l'art. 2, il en doit refter minute à peine de nullité ; & il eft ordonné, par l'art. 6, que ces règles auront lieu pour les procurations & aêtes qui fe font à l'éfet de permuter des bénéfices & pour les aêtes de démiffion pure & fimple.

Procurations en matière laïque ; l'article 74 du tarif du 29 Septembre 1722, porte que, pour les *procurations fimples*, en matière laïque, pour plaider, tranfiger, confentir, requérir, agir, contraêter, païer, recevoir, donner avis de parens ; pouvoir de contraindre & autres, pour quelque caufe que ce puiffe être, autres que celles exprimées dans l'article précédent, (ce font les procurations pour réfigner des ofices) il fera païé dix fols pour le droit de contrôle.

La promeffe inférée dans la procuration, de la part du conftituant, de rembourfer le procureur conftitué des frais qu'il pourra avancer, eft une claufe de droit, qui fe fupléeroit quand bien même elle n'y feroit pas inférée ; ainsi elle ne peut produire d'autre droit que celui fixé pour la procuration simple ; décision du conseil du 3 Mai 1723.

Si la procuration est donnée à l'éfet de faire le recouvrement du montant d'un billet ou d'une obligation, remis au constitué, il n'est pareillement dû que le simple droit de la procuration, quoiqu'elle produise une action contre le constitué ; parce qu'il n'y a eû aucun transport en sa faveur, & qu'il n'est tenu que de rendre le billet ou d'en remettre le montant ; décision du conseil du 14 Avril 1726.

Le 19 Juin 1734, il a été décidé au conseil que, pour une procuration donnée pour régir une terre & en recevoir les revenus, moïennant des gages & apointemens fixes, le droit de contrôle étoit dû sur le pié d'une année des apointemens, & suivant qu'il est règlé par l'article 15 du tarif pour les baux.

Par une autre décision du 30 Mars 1735, il a été jugé que le droit de contrôle d'une procuration donnée pour diriger une forge, avec des apointemens & un intérêt dans l'entreprise, devoit être perçu sur le pié règlé par la première section de l'art. 31 du tarif, comme société.

Décision du 10 Juillet 1758, par laquelle, faisant droit sur un renvoi au conseil porté par ordonnance de M. l'intendant de Roüen, le sieur de Beaunay de Boishimont a été débouté de sa demande en restitution de partie de la somme de 200 liv. en principal perçuë par le commis de Caudebec, pour droit de contrôle d'un acte du 19 Mai 1756, par lequel ledit sieur de Boishimont a donné pouvoir aux sieurs Auger, Andrieux & compagnie, de régir & administrer trois habitations qui lui apartiennent à saint Domingue, jusques & compris l'année 1760, à la remise de dix pour cent du revenu desdites habitations. Il disoit que ce n'étoit qu'une simple procuration générale, révocable

toutesfois & quantes ; qu'on ne pouvoit la considérer comme marché ni comme société, parce que ces conventions ne se font que par des actes sinallagmatiques, qui lient réciproquement les parties, & qui ne peuvent pas être résiliées arbitrairement par la volonté de l'une d'elles ; au lieu qu'il peut révoquer sa procuration quand il lui plaira, quoiqu'il ait promis de la laisser subsister jusqu'en 1760 ; de même que les mandataires peuvent la refuser ou la répudier après l'avoir acceptée ; que d'ailleurs, en l'acceptant, ils se rendent comptables, & que dès-lors ils seroient fondés à prétendre une rétribution, quand bien même elle ne seroit pas accordée par l'acte. Le fermier a dit qu'il est expressément stipulé que l'acte produira son éfet jusqu'en 1760 ; que c'est un bail, à la charge de rendre les neuf dixièmes au propriétaire, & qu'à défaut d'évaluation du revenu des trois habitations, le commis avoit dû percevoir 200 liv. pour tenir lieu du plus fort droit de contrôle.

Lorsque, par un acte en forme de procuration, la partie fait actuellement ce qu'elle paraît donner pouvoir de faire, de manière qu'il ne soit plus besoin d'acte subséquent pour qu'elle soit obligée, & qu'il y ait une action contr'elle, le droit de contrôle doit être perçû sur la disposition principale, & non pas sur le pié règlé pour les simples procurations. Décision du conseil du 21 Juin 1738, qui déboute François le Hardy, marchand à Caën, de sa demande en restitution du droit de contrôle perçu sur le pié de la somme de 10000 liv. dont il se reconnaissoit débiteur envers un particulier par une procuration qu'il avoit donnée ; & cela, parce qu'encore que le créancier ne fut pas présent à l'acte, ledit Hardy pouvoit néanmoins être contraint au païement de cette somme en vertu dudit acte.

Les procurations données par diférentes personnes qui ont des intérêts diférens, à un même particulier, à l'éfet d'agir pour

Procura-
tions.

elles, font fujétes à autant de droits de contrôle qu'il y a de particuliers ; voïez *Actes contenant diférentes difpofitions*, & la décifion du 28 Janvier 1747, qui y eft raportée, tom. 1., p. 71.

Toutes procurations, de nature à devoir être contrôlées, doivent être revêtües de cette formalité avant que le conftitué puiffe agir en conféquence, foit en juftice, foit en paffant par devant notaires des actes pour le conftituant ; *voïez* actes fous-fignatures privées; la décifion du 3 Août 1715, art. 11 ; l'arrêt du confeil du 14 Mai 1720, qui déclare nulle une délibération des habitans de la paroiffe d'Autrey, contenant pouvoir d'agir à un échevin de leur communauté, ce qu'il a fait, fans que la délibération ait été contrôlée ; cet arrêt le condamne, en fon propre & privé nom, en 300 liv. d'amende & au droit de contrôle, & l'huiffier, qui avoit agi, en pareille amende ; *voïez* encore l'art. 1 de l'arrêt du 30 Août 1740, tom. 1, p. 10, col. 1.

Si le conftituant ne fait pas écrire, le conftitué peut-il, en cette qualité, faire des actes fous-fignature privée ? *Voïez* le tom. 1, p. 66.

A l'égard des procurations données par le mari à fa femme, ou par l'un & l'autre à une tierce perfonne, elles renferment ordinairement une autorifation de la femme par le mari; mais ce n'eft pas un motif fufifant pour percevoir le droit de contrôle fur le pié règlé par l'art. 13 du tarif : il faut, pour faire règulièrement cette perception, que le mari autorife fa femme à agir feule pour raifon de la propriété des biens à elle apartenans ; alors, il s'agit d'une autorifation pour laquelle le droit eft dû fuivant l'art. 13, fans pouvoir percevoir celui de procuration. Si le mari donne pouvoir à fa femme d'agir pour raifon des biens à lui apartenans, ou pour ceux qui leur font communs, ou même pour l'adminiftration des fruits de ceux de la femme, il n'eft dû que le droit fixé pour les procura-

tions fimples ; enfin, fi le mari autorife fa femme & qu'elle donne procuration à un tiers pour agir & contracter au fujet du fond & de la propriété des biens à elle apartenans, il eft dû deux droits de contrôles, l'un pour l'autorifation & l'autre pour la procuration. Voïez *Autorifation*.

Procurations données dans les lieux où le contrôle des actes eft établi, à l'éfet de paffer des actes dans les païs où cette formalité n'a pas lieu, annoncent un efprit de fraude, pour fe fouftraire au païement des droits qui auroient été dûs fi l'acte avoit été paffé où il devoit naturellement l'être ; les règlemens ont prévu ce genre de fraude : leurs difpofitions générales font raportées dans le tom. 1, p. 74 & 80. Nous raporterons ici les efpèces particulières, en diftinguant les actes paffés, en vertu de procurations, dans les païs abonnés ou éxents de contrôle, des procurations données en province pour paffer des actes à Paris.

1. Arrêt du confeil du 1er Juin 1728, qui, en confirmant l'éxemtion des droits de contrôle & d'infinuation dans la baronie d'Eftroeng, porte expreffément que les gens de loi de ladite baronie ne pourront paffer des actes qu'entre les habitans, fans pouvoir en paffer aucuns en vertu des procurations de particuliers réfidens dans des païs fujets auxdits droits, à peine de nullité & d'amende pour chaque contravention.

Autre arrêt du 13 Décembre 1740, qui défend aux domiciliés des généralités de Metz & Champagne & à tous autres, d'aller ou d'envoïer leurs procurations en Lorraine, pour y paffer des actes entr'eux pour caufe de chofes mobiliaires ou de biens réels fitués en France, à peine de nullité & de 300 livres d'amende ; fors & à l'exception du feul cas où l'une des parties contractantes fe trouveroit domiciliée & actuellement en Lorraine, lors de la paffation de l'acte, qui y feroit fait avec le porteur de procuration, tom. 1, p. 76.

Autres arrêts des 24 Octobre 1741, & 26 Juin 1742, qui contiennent de femblables difpofitions, pour les domiciliés en Champagne & en Franche-Comté, rélativement au Clermontois & à la Lorraine; *id.* p. 77.

2. Les actes qui font paffés par devant les notaires de *Paris*, en conféquence de procurations données par des habitans des provinces où le contrôle des actes eft établi, ne font pas nuls, & les règlemens ne prononcent même aucune amende à cet égard; ils autorifent feulement à percevoir le droit de contrôle de l'une des procurations comme pour l'acte même qui en eft l'objet. Mais, pour faire cette perception, il ne fufit pas qu'il foit donné en province une procuration pour paffer un acte à Paris; il faut que l'acte eût dû naturellement être paffé en province, & qu'il foit réciproquement donné des procurations pour le paffer à Paris; car, fi l'une des parties néceffaires fe trouve à Paris, l'acte y peut être paffé entr'elle perfonnellement & les porteurs des procurations des autres parties, fans qu'on puiffe préfumer la moindre fraude.

Il a été décidé au confeil les 24 & 31 Janvier 1736, qu'il n'étoit dû que 10 fols pour droit de contrôle de procurations données en province pour paffer des actes à Paris avec des perfonnes qui y étoient domiciliées.

Autre décifion du 2 Mai 1739, qui juge qu'il n'eft dû que 10 fols pour droit de contrôle d'une procuration donnée par les adminiftrateurs de l'hôpital de Tonnerre, pour paffer contrat d'acquifition avec un domicilié à Paris.

Décifion du confeil du 19 Décembre 1739, fur le mémoire du fieur Gouffot, notaire à Nevers, au fujet de deux procurations données devant lui pour paffer contrat de mariage, devant les notaires de Paris, entre deux perfonnes domiciliées à

Nevers; lefquelles procurations contiennent toutes les conditions du mariage. Décidé que, les deux parties étant l'une & l'autre de Nevers, il eft conftant qu'elles n'ont donné les procurations pour paffer le contrat de mariage à Paris, que pour éluder le païement du contrôle; & que, dans ce cas, le droit doit être perçu fur l'une des procurations comme fur les actes mêmes; & que l'autre fera contrôlée comme acte fimple.

Arrêt du confeil du 19 Janvier 1740, rendu contradictoirement avec le fieur Flavigny, entrepreneur de la manufacture de draperie, établie à Andely, au fujet d'un contrat d'acquifition paffé devant les notaires de Paris, en vertu de la procuration des parties domiciliées à Andely, généralité de Roüen; par cet arrêt, S. M. ordonne que l'art. 96 du tarif de 1722, fera éxécuté felon fa forme & teneur; &, en conféquence, attendu que la procuration du 27 Juin 1735, contient toutes les difpofitions d'un contrat, & que les parties n'ont paffé cette même procuration aux Andelys, au lieu du contrat, que pour frauder les droits du contrôle, puifque l'une & l'autre partie étoient domiciliées auxdits Andelys, permet au fermier de percevoir le droit fur le même pié qu'il l'auroit perçu fur le contrat de 40000 liv. à la déduction toutesfois de 12 fols, ci-devant païés pour ladite procuration.

Décifion du confeil du 15 Février 1743, au fujet de deux procurations, l'une donnée à Moulins par le fieur Faulconnier, avocat du Roi à Moulins, & fa mère, pour paffer fon contrat de mariage avec la demoifelle Philippe de Changy; & l'autre, donnée par cette demoifelle & par fa mère qui fe trouvoient alors à leur terre près de Moulins, au fieur de Changy, père de ladite demoifelle, gentilhomme fervant de la Reine, lequel a fait paffer le contrat de mariage devant un notaire de Paris; décidé que les procurations doivent être contrôlées comme actes simples. Cela étoit d'autant plus juste que le père, partie nécessaire au contrat de mariage de sa fille, y avoit stipulé personnellement ; il disoit de plus que son service l'attachant auprès de la Reine, il avoit été obligé de demander l'agrément & la signature de S. M., & que, par conséquent, il étoit naturel que le contrat fut passé à Paris. Néanmoins, le fermier a formé oposition à cette décision, disant que le sieur de Changy avoit précédemment donné procuration à sa femme de passer le contrat où bon lui sembleroit, & que, s'il étoit nécessaire qu'il fut honoré de la signature de la Reine, c'étoit à Versailles, lieu du domicile du père & de la résidence de la cour, qu'il devoit être passé & non à Paris ; le fermier a été débouté de son oposition le 11 Mai 1743, & cela devoit être, dès que le père avoit contracté personnellement.

Le 19 Novembre 1744, il a été décidé, du consentement du fermier, qu'il n'étoit dû que 10 sols pour droit de contrôle d'une procuration donnée par le trésorier des états de Bourgogne, pour passer à Paris un contrat de reconstitution de rente sur les états, au profit d'une personne qui doit l'acquérir d'un bourgeois de Dijon, lequel a aussi envoyé sa procuration pour recevoir son remboursement. Cette voïe avoit été prise pour faciliter le commerce de ces contrats, qui font immeubles à Paris & meubles en province ; d'ailleurs, les deux procurations ne complettoient pas l'acte : il falloit celle de l'acquéreur, qui pouvoit se trouver à Paris, pour y contracter en personne.

Décision du conseil du 24 Août 1748, au sujet d'une procuration donnée par les curé & marguilliers de Monfort-Lamaury à un bourgeois de Paris, pour accepter, en leur nom, une rente sur les aides & gabelles à charge de fondation, proposée par le sieur de la Valette domicilié à Monfort, qui avoit également donné sa procu-

ration. Décidé que, les deux parties étant domiciliées à Monfort, le droit de contrôle est dû pour l'une des procurations, sur le pié de transport de la rente.

Autre décision du 1er Février 1753, contre le sieur Simon, asseseur à Beauvais, pour une procuration passée audit lieu, tant par lui que par le sieur Lhugueville, à l'éfet de ratifier un contrat de vente précédemment passé à Paris, & pour vendre d'autres biens situés à Beauvais, audit sieur Simon.

Par décision du 17 Décembre 1753, le conseil a réduit à 10 sols, du consentement du fermier, le droit de contrôle d'une procuration donnée à Meaux par la dame de Giffart résidente à Meaux, pour passer à Paris un acte avec un particulier domicilié à Verdun, & avec M. le comte de Villers, partie nécessaire à l'acte, qui se trouvoit alors à Paris pour contracter personnellement.

Décision du conseil du 31 Décembre 1755, au sujet d'une procuration donnée par la dame Raulin Antheaume, résidente à Meaux, pour procéder, en son nom, devant notaires à Paris, conjointement avec son frère, élu à Meaux, au partage des biens de leurs père & mère ; le commis de Meaux aïant prétendu 100 liv. pour le droit de contrôle & aïant décerné sa contrainte contre le notaire, la dame Antheaume a fait signifier une révocation de sa procuration ; & elle a demandé au conseil que le droit de contrôle en fut réduit à 10 sols, disant qu'il y avoit eû un partage préliminaire fait à Paris en 1751, & qu'il étoit naturel que le partage définitif fut fait par le même notaire ; que d'ailleurs, son frère n'avoit point donné de procuration, parce qu'il étoit actuellement à Paris où il devoit contracter personnellement. Le fermier a dit qu'un séjour momentanné ne change point le véritable domicile ; & la décision porte que le droit est dû. Il est certain que le droit étoit dû nonobstant

obftant la révocation ; mais , je crois qu'il ne devoit être fixé qu'à 10 fols , puifque le frère n'avoit pas donné de procuration ; il femble qu'il n'eft pas néceffaire d'avoir un domicile à Paris , & qu'il fufit de s'y trouver , pour pouvoir y contracter en perfonne valablement & règulièrement.

Autre décifion du confeil du 15 Janvier 1756 , contre la dame Clozier , veuve du fieur Gudin , gréfier de police à Etampes ; elle y avoit paffé un acte de ratification d'un partage fait devant les notaires de Paris entr'elle & le fils de fon mari ; le commis d'Etampes aïant demandé pour la ratification le même droit qui auroit été dû pour le partage , & , à défaut de repréfenter ce partage , aïant décerné une contrainte de 200 livres , la veuve a dit que le fieur Gudin fils , étoit domicilié à Paris depuis cinq ans , que n'aïant pû s'y transporter pour partager avec lui , elle avoit chargé un procureur d'Etampes de ftipuler pour elle , avec promeffe de ratifier l'acte qui feroit fait ; que c'eft cette ratification qui donne lieu à la conteftation , & pour laquelle elle n'étoit dû que 10 fols , comme fimple ratification d'un acte paffé à Paris avec une partie principale qui y étoit perfonnellement préfente. Le fermier a dit que le fils , étudiant en droit à Paris , n'y avoit point de domicile ; qu'il étoit domicilié de droit à Etampes , que les biens y font fitués & que le partage devoit y être fait ; que la veuve n'a évité de donner une procuration , que pour éluder les droits ; mais que ces droits font dûs pour la ratification qui donne la perfection au partage ; la décifion porte que le partage fera repréfenté & les droits de la ratification païés fur le pié du partage , faute de quoi la contrainte fera éxécutée.

PROCURATION *pour réfigner des ofices* , eft un acte par lequel le pourvû ou titulaire d'un ofice donne pouvoir de le

réfigner ou remettre entre les mains du Roi , de M. le chancelier , ou autre collateur , pour en difpofer en faveur de la perfonne défignée ; & c'eft en conféquence de cette réfignation ou démiffion , que les provifions font accordées au réfignataire dénommé dans la procuration *ad refignandum.* Ce font les provifions qui donnent droit en l'ofice , & qui en conférent le titre ; on ne reconnaît abfolument pour propriétaire que celui qui eft pourvû.

Le droit de contrôle de ces procurations eft fixé , par l'article 73 du tarif du 29 Septembre 1722 , en trois claffes ; la première , de 4 liv. pour les ofices de cours fupérieures , & pour les ofices de finance , comme receveurs généraux des finances , receveurs des tailles , & autres de pareille qualité ; la feconde , de 2 liv. pour les ofices des préfidiaux , bailliages & autres juftices reffortiffantes nuëment ès cours fupérieures ; & la troifième , de 1 liv. pour tous autres ofices de quelque nature qu'ils puiffent être. Indépendamment du droit de contrôle de la procuration *ad refignandum* , l'on doit préalablement acquiter celui de la vente ou du traité de l'ofice , dont la propriété paffe à celui qui s'en fait pourvoir. Nous raporterons d'abord ce qui eft ordonné en général à cet égard ; & , comme l'on a quelquefois prétendu que l'on devoit excepter le cas où la procuration eft donnée par le père en faveur du fils , nous en parlerons diftinctement à la fuite de cet article , au n. 4.

1. Par arrêt du confeil du 2 Mars 1723 , rendu en règlement du mouvement du Roi , fur ce que les acquéreurs d'ofices , pour fe difpenfer de païer le droit de contrôle des traités qu'ils font pour l'acquifition defdits ofices , ne font paraître que des procurations *ad refignandum* , dont les droits n'ont été fixés à 4 livres , à 2 livres & à 1 livre par l'article 73 du tarif , qu'en con-

C c

Procuration. …fidération du droit qui auroit été païé pour les contrats de vente defdits ofices ; & que les ventes n'en font cependant faites que par des écrits fous-fignature privée, quoiqu'il ne puiffe être fait aucuns actes en conféquence d'écrits fous-fignature privée que lefdits écrits n'aïent été préalablement contrôlés, .. il eft ordonné » qu'avant que » les procurations *ad refignandum* puif- » fent être contrôlées, les notaires & les » parties feron ttenus de repréfenter, aux » commis du fermier, les ventes ou traités » defdits ofices, pour être contrôlés & » les droits païés, fi fait n'a été, confor- » mément à l'article 3 du tarif; & faute » par eux d'y fatisfaire, veut S. M. que » les droits de contrôle defdites procura- » tions foient perçus fur le pié de l'art. » 4 dudit tarif, outre & par-deffus les » droits qui pourront être dûs pour les » procurations, conformément audit art. » 73 du même tarif.

Il y a néanmoins un cas où il n'y a ni vente, ni traité : c'eft lorfque le proprié- taire paffe fa nomination, uniquement pour conferver l'ofice, en donnant un homme au Roi, à l'éfet d'empêcher que cet ofice ne tombe vacant aux parties-cafuelles ; en conféquence, il a été ordonné, par un autre arrêt du confeil du 15 Novembre 1723, que ceux auxquels les propriétaires des ofices donneront leurs nominations, unique- ment pour la confervation defdits ofi- ces, feront tenus de paffer des déclara- tions par devant notaires, contenant qu'ils ne font que prêter leurs noms aux proprié- taires defdits ofices, qu'ils ne prétendent rien à la propriété d'iceux, & qu'ils *n'en- tendent s'en faire pourvoir, ni s'y faire recevoir ;* pour le contrôle defquelles dé- clarations il ne fera païé que dix fols, conformément à l'article 95 du tarif; & qu'en remettant au commis du fermier une expédition defdites déclarations, lefdits actes de nomination feront contrôlés, en païant feulement le droit porté par l'article

73 dudit tarif ; veut S. M. que *fi, au préjudice defdites déclarations, ceux qui les auront paffées fe font pourvoir & recevoir auxdits ofices, ils foient con- damnés au païement du quadruple des droits qu'ils auroient dû païer pour le traité defdits ofices,* fur le pié du plus fort prix que les ofices de pareille nature auront été vendus depuis les trois années dernières ; & fera, au furplus, ledit arrêt du 2 Mars dernier éxécuté felon fa forme & teneur.

Décifion du confeil du 26 Octobre 1723, au fujet de la nomination à une charge de fecrétaire du Roi, pour en jouïr pendant vingt ans, fous la réferve de la propriété, des gages & des aug- mentations de gages ; décidé que, dès que la démiffion doit être fuivie de pro- vifions & de réception, le droit de contrôle a été bien perçu fur la valeur de l'ofice, outre le droit de la procu- ration.

Décidé le 5 Février 1729, qu'un traité paffé à Lille en Flandre pour un ofice de confeiller au parlement de Bordeaux, doit être contrôlé & le droit païé ; finon que ce droit peut être perçu en contrôlant la procuration.

Décifion du confeil du 22 Août 1733, fur le mémoire de M. Caldagne, au fujet de la procuration donnée en fa fa- veur par fon oncle pour une charge de préfident en la cour des aides de Cler- mont ; il difoit qu'il n'y avoit point de traité ; attendu que cette charge provenoit de fon aïeul, que fon oncle l'avoit éxer- cée plus de 30 ans, parce que fon père, qui avoit pris le parti des armes, n'a- voit pû l'éxercer ; & il ofroit de l'afir- mer par ferment ; décidé qu'il doit païer, outre le droit de la procuration, un au- tre droit pour le traité, fur la valeur de l'ofice, fi mieux n'aime repréfenter le traité.

Autre décifion du 11 Juillet 1739,

qui juge que le plus fort droit de contrôle a été bien perçu pour un acte par lequel on avoit pris à titre de loïer, pendant neuf ans, un ofice de conseiller au parlement de Toulouse, avec faculté de le pouvoir garder après ce tems, en fournissant un pareil ofice au bailleur.

Du 11 Mars 1747, autre décision du conseil contre le sieur Pillas, lieutenant général au bailliage & siége présidial de Sedan, qui demandoit restitution d'une partie des droits païés, en vertu d'une ordonnance, pour raison de l'acquisition de sa charge; il disoit qu'il n'y avoit ni traité ni convention par écrit, mais une simple convention verbale; la décision porte que le droit est dû pour la transmission de la propriété de la charge.

Autre décision du 8 Avril 1748, qui réforme une ordonnance de M. l'intendant de Montpellier, au sujet de la procuration *ad resignandum* donnée par le sieur Barency pour un ofice de trésorier de France, en faveur du sieur Baron, qui s'en est fait pourvoir, & qui a déclaré qu'il ne faisoit que prêter son nom au sieur Barency & ne prétendre ni la propriété, ni aucuns profits de la charge. Décidé que le droit est dû, suivant l'arrêt du 15 Novembre 1723, dès que le résignataire s'est fait pourvoir.

Par décision du 15 Novembre 1751, le conseil a réformé une ordonnance de M. l'intendant de Provence, qui avoit ordonné la restitution de 97 livres 4 sols perçues pour le contrôle de la vente d'un ofice de chevalier d'honneur en la cour des monnoies de Paris, en contrôlant la procuration *ad resignandum*; le sieur Charron avoit d'abord donné le 4 Octobre 1750, une simple procuration au sieur Perrin pour vendre l'ofice; & le 10 du même mois il avoit donné sa procuration *ad resignandum* en faveur du sieur Clapeyron; il y avoit donc eû un traité dans l'intervale. Le commis aïant perçu les droits de ce

traité, on fit passer le contrat à Paris le 18 Janvier 1751, & en conséquence, M. l'intendant ordonna la restitution, le 17 Mars suivant. Mais, le contrat postérieur n'empêchoit pas que le droit ne fut dû lors de la procuration *ad resignandum* pour le traité qui avoit dû précéder; c'est pourquoi le conseil, en réformant l'ordonnance, a ordonné le rétablissement de ces droits en cas qu'ils eussent été restitués.

Autre décision du conseil du 6 Novembre 1755, qui réforme une ordonnance de M. l'intendant de Grenoble : les héritiers de M. Dalmas avoient donné procuration *ad resignandum* de son ofice de conseiller au parlement de Grenoble, en faveur de M. Devaulx; sur la prétention du droit de contrôle du traité, l'on disoit qu'il n'y avoit qu'un bail à loïer pour cinq ans, après lesquels M. Devaulx sera tenu de donner une procuration *ad resignandum*; mais comme la propriété est toujours censée transférée en faveur de celui qui se fait pourvoir d'un ofice, le conseil a jugé que le droit de contrôle étoit dû pour cette transmission.

Du 19 Février 1756, autre décision du conseil qui réforme une ordonnance de M. l'intendant de Soissons, par laquelle il avoit jugé qu'il n'étoit dû que le droit de contrôle d'une procuration *ad resignandum*; la veuve du sieur Sezille de Bessancourt, receveur des tailles à Noyon, & son fils aîné, avoient donné procuration *ad resignandum* de cet ofice en faveur d'un autre fils, sous la condition que l'ofice continueroit d'apartenir en commun à tous les enfans; le commis avoit perçu le droit de la procuration, & un autre droit, sur la valeur de l'ofice, pour le traité; & M. l'intendant avoit ordonné la restitution de ce dernier droit, en déclarant, par celui qui doit être pourvû, qu'il n'est qu'homme donné au Roi. Décidé que le droit est dû en entier pour le traité.

C c ij

2. Il n'est dû que 10 sols pour les déclarations de ne rien prétendre dans la propriété d'un ofice, & de n'entendre s'en faire pourvoir, conformément à l'arrêt du 15 Novembre 1723. Mais, si la déclaration de ne rien prétendre dans la propriété, est passée après s'être fait pourvoir de l'ofice, il est certain que le droit de contrôle de cette déclaration est dû sur la valeur, parce que le pourvû est censé propriétaire, & que sa déclaration ne peut être considérée que comme transmettant la propriété qui lui appartenoit. *Voïez* la décision du 25 Juillet 1750, tom. 2, p. 8.

3. Lorsqu'il s'agit de charges de la maison du Roi, le conseil a excepté les démissions, qui en sont faites en faveur d'une autre personne, de la règle prescrite par l'arrêt du 2 Mars 1723, parce que l'on n'est pas censé vendre ces charges; que les sommes qui se païent aux mutations ne sont pas considérées comme en étant le prix, mais comme de simples récompenses volontaires, & que l'on ne doit pas exiger, par conséquent, qu'il en soit raporté des contrats de vente. Décision générale du 19 Octobre 1723; autre du 30 Avril 1729 pour une majorité militaire; autre du 4 Août 1741 pour une charge d'ordinaire de la musique de la chambre du Roi; il est vrai que, par une décision du 4 Décembre 1749 renduë contre le sieur Moufferon de la Chauffée, il a été jugé que le droit avoit été bien perçu sur la valeur d'une charge de fourier des logis du Roi, en contrôlant la démission, faute de raporter le traité; mais, la question particulière ne fut point agitée; & le conseil a confirmé le principe qu'on vient d'établir, le 8 Avril 1756 en faveur du sieur Darmancourt, pour une charge de garde de la porte du Roi, quoiqu'il y eut réellement un traité sous-signature privée que le commis s'étoit fait représenter & dont il avoit fait païer le droit de contrôle.

4. On a plusieurs fois prétendu que, lorsque la procuration *ad resignandum* étoit donnnée par le père au fils, l'on ne devoit point suivre la règle prescrite par l'arrêt du 2 Mars 1723, & qu'il falloit simplement percevoir, pour cette procuration, le droit fixé par l'art. 73 du tarif. Mais, l'arrêt établit une règle générale, sans faire aucune exception, & les décisions sur lesquelles on vouloit apuïer la prétention ne l'autorisent aucunement; elles ont toutes été déterminées par des circonstances particulières.

Celle du 25 Mai 1723, obtenuë par M. de Chafé, garde des rôles de la chancellerie de France, étoit fondée sur une stipulation expresse que le fils n'auroit aucune propriété dans son office. Peu de tems après, M. le Vasseur, avocat au conseil, voulut se prévaloir de cette décision pour la procuration *ad resignandum* de son ofice en faveur de son fils; mais le conseil, en expliquant les motifs qui l'avoient déterminé dans l'affaire de M. de Chafé, décida le 10 Juillet 1723, que la procuration de M. le Vasseur étant pure & simple, le droit de contrôle devoit être païé sur le pié du cours de la valeur des ofices d'avocat au conseil; c'est ce qui fut encore décidé le 17 Juillet 1723, contre le sieur Moles de Tourville, quoiqu'il fut stipulé que le père restoit propriétaire de l'ofice, dont il pouroit disposer; & le 9 Avril 1724, au sujet d'une procuration *ad resignandum* passée par le sieur Morel, conseiller au présidial de Besançon, en faveur de son fils.

Une décision du 18 Mars 1725, renduë sur le mémoire du sieur Defeuil, conseiller en la cour des comptes de Provence, porte qu'il ne faut pas tirer l'arrêt du 2 Mars 1723 à conséquence pour la procuration du père au fils; mais il s'agissoit d'une espéce singulière: le sieur Defeuil disoit que, suivant l'usage de Provence, ces procurations ne transmettoient aucune propriété, qu'elles n'avoient pour objet que de donner le pas & une préféance aux enfans, & de leur donner lieu de s'apliquer de bonne heure au travail; enforte que, pour leur affûrer les charges, les pères les leur donnoient en les mariant. Ces moïens ne feroient aujourd'hui d'aucune confidération, parce qu'on ne reconnait pour propriétaire que le pourvû; mais, le confeil voulut bien alors accorder un grace particulière.

Par une autre décifion du 1ᵉʳ Août 1741, M. de Sery préfident au parlement de Paris a été déchargé de l'éfet d'une contrainte décernée pour le fuplément de contrôle de la procuration *ad refignandum* par lui paffée en faveur de fon fils; mais, il s'agiffoit d'un forcement de recette, & le fermier n'étoit pas recevable à le demander à la partie, comme il a été obfervé à l'article *Forcement*. Ainfi, cette décifion ne juge rien fur la queftion.

Il eft certain que, lorfque le père donne à fon fils une procuration *ad refignandum* de fon ofice, pour qu'il en foit pourvû, il lui tranfmet la propriété de cet ofice, dont le fils ne peut être dépoffédé: on ne peut éxiger qu'il raporte autre chofe, que le prix ou la valeur de l'ofice, à la maffe de la fucceffion du père; ainfi, le père eft abfolument cenfé le lui vendre ou le lui donner en avancement de fucceffion, en paffant en fa faveur une procuration *ad refignandum*, qui doit être fuivie de provifions: d'où il fuit qu'en contrôlant cette procuration, l'on eft fondé à demander la repréfentation de l'acte qui contient cette tranfmiffion & à en faire paÿer les droits s'ils n'ont pas été acquités; mais, quoiqu'il paraiffe que l'ofice ait été donné en avancement de fucceffion, l'on ne doit point percevoir de droit d'infinuation, à moins que cet avancement ne foit de toute évidence, parce que la condition du fils ne doit pas être pire que celle d'un étranger, duquel on ne peut éxiger que le droit de contrôle fur la valeur de l'ofice, lorfqu'il ne repré-

fente point le traité envertu duquel il a été paffé une procuration *ad refignandum* en fa faveur.

Le confeil a rendu le 14 Février 1750, une décifion générale, fur un mémoire dans lequel étoient raportées les décifions de 1725 & 1741; les termes de cette décifion font fi pofitifs qu'il ne doit plus y avoir de conteftation: » il eft fans dificul- » té que la procuration *ad refignandum*, » dépouillant le titulaire de l'ofice, ne pré- » fente au Roi pour propriétaire que celui » en faveur de qui ladite procuration eft » paffée, qui obtient en conféquence des » provifions; ainfi, le droit eft dû, dans » l'efpéce où le père paffe la procuration » en faveur de fon fils, conformément à » l'arrêt du 2 Mars 1723.

Arrêt du confeil du 11 Février 1755, par lequel, fans s'arrêter à une ordonnance de M. l'intendant de Languedoc, il a été ordonné que l'arrêt du 2 Mars 1723, fera éxécuté felon fa forme & teneur; en conféquence, que le droit de contrôle de la procuration *ad refignandum* paffée par le fieur Chaunel, correcteur en la cour des comptes de Montpellier, de fon ofice en faveur de fon fils, fera païé fur le pié de la valeur dudit ofice, outre & par-deffus le droit dû pour ladite procuration, conformément à l'art. 73 du tarif de 1722. Le fieur Chaunel père, difoit qu'il n'y avoit ni traité ni vente de l'ofice; qu'il ne pouvoit pas même y en avoir, dans le païs de droit écrit, qu'autant que le fils étoit émancipé; qu'il n'avoit fourni fa procuration à fon fils que pour lui faire obtenir des provifions à titre de furvivance; & que, par ce moïen, il confervoit tous les droits utiles & honorifiques de l'ofice; & M. l'intendant avoit jugé qu'il n'étoit dû que le droit fixé par l'article 73 du tarif, attendu que la furvivance demandée par le père en faveur du fils n'avoit pas dépoffédé le père titulaire, qui confervoit la propriété de l'ofice jufqu'à fa mort. Mais, toutes les fois que la procuration doit être fuivie de provifions, il eft de principe qu'elle tranfmet la propriété de l'ofice & que, par conféquent, le droit de contrôle eft dû en conformité de l'arrêt de 1723.

Cette queftion a encore été jugée par décifion du 30 Septembre 1756, contre le fieur Bollioud, confeiller en la cour des monnoies de Lyon, qui avoit paffé procuration *ad refignandum* de fon ofice en faveur de fon fils, & qui foûtenoit qu'il n'étoit dû que le droit fixé par l'art. 73 du tarif.

PROFESSION *en religion*, eft une promeffe folemnelle d'obferver les vœux & les règles de l'ordre religieux que l'on embraffe.

Les actes de vêture, de noviciat, & de profeffion dans les monaftères, ont été fujets au contrôle des actes, & le droit en étoit fixé à 2 livres par la feconde fection de l'art. 1er du tarif du 29 Septembre 1722, qui ordonnoit néanmoins que les actes de vêture & de profeffion dans les ordres des mendians feroient contrôlés *gratis*.

Par une déclaration du Roi du 9 Avril 1736, S. M. a fait un règlement fur la forme de tenir les regiftres des batèmes, mariages, fépultures, vêtures, noviciats & profeffions; &, par l'art. 41 de cette déclaration, elle a déclaré éxemts des droits de contrôle & de tous autres, tant les regiftres mentionnés en ladite déclaration, que les extraits des actes y contenus.

Cette éxemtion a été confirmée par l'arrêt du 3 Mars 1739, portant que, conformément à la déclaration du 9 Avril 1736, tous les actes de vêture, noviciat & profeffion, feront éxemts des droits de contrôle & de tous autres. *Voïez* encore l'art. 3 de l'arrêt du 30 Août 1740, tom. 1, pag. 20, col. 2.

La profeffion religieufe eft une mort civile, qui donne ouverture à la fuccef-fion de la perfonne qui entre en religion: enforte que le droit de centième denier des immeubles qu'elle poffédoit, eft dû, dès l'inftant de l'émiffion des vœux, par ceux qui font habiles à lui fuccéder, ainfi que les autres droits, foit de franc-fiefs, de rachat *&c.* auxquels la mutation à titre fucceffif donne lieu.

Les communautés religieufes font obligées de dépofer, tous les cinq ans, le double regiftre des profeffions, aux gréfes des fiéges roïaux, conformément à l'art. 28 de la déclaration de 1736; & les emploïés de la ferme des domaines font en droit d'en prendre communication, fans déplacer, pour faire le relevé des profeffions dont il peut réfulter des droits.

PROMESSE eft un engagement de donner ou de faire quelque chofe; il feroit donc jufte que toute promeffe fut éxécutoire & qu'en conféquence l'on pût contraindre à faire ce qui a été promis, en tout ce qui ne feroit contraire aux loix ni aux bonnes mœurs. Il y a néanmoins des cas où l'inéxécution de la promeffe ne produit que des dommages & intérêts.

PROMESSE *de vendre*, eft ou pure & fimple, ou conditionnelle; mais elle n'eft point confidérée comme vente; au lieu que l'acte, par lequel on vend nommément à une perfonne, ou par lequel on déclare lui avoir vendu tel bien moïennant tel prix, avec promeffe d'en paffer contrat dans un tems fixe, ou à la première réquifition de l'une des parties, eft une vente actuelle, dont la publicité n'eft diférée que pour plus d'affûrance ou par des raifons particulières.

La promeffe indéterminée n'eft point une vente, elle n'eft point obligatoire, & fon inéxécution ne produit que des dommages & intérêts; d'Arg. *de laud. cap.* 14 Bafn. furNorm. art. 452, Breton. furHenr. l. 4 qu. 40, mais s'il y a eû tradition & païement du prix, c'eft une vente.

Lorfque la promeffe eft déterminée &

qu'elle contient les trois conditions nécessaires pour former le contrat : la chose venduë, le prix & le consentement actuel, c'est une vente qui oblige à passer le contrat. Du Moulin, consf. 30, n. 7 & §. 78, gl. 1, n. 81, dit qu'encore que la promesse de vendre ne soit pas vente, cela cesse *quando omnia substantialia venditionis de præsenti interveniunt, tunc pactum de vendendo transit in venditionem de præsenti & est actualis venditio.* Voïez aussi Henrys, tom. 2, l. 4, chap. 6, qu. 40, où il est raporté un arrêt notable rendu en la grand-chambre du parlement de Paris le 19 Juillet 1697, sur les conclusions de M. Daguesseau avocat général, confirmatif d'une sentence des requêtes du palais, qui avoit jugé obligatoires des propositions convenuës & signées pour la vente d'une terre considérable, avec promesse d'en passer contrat.

Boutaric, dans sa conférence des instituts, liv. 3, tit. 24, fait la même distinction, en disant qu'il ne faut pas confondre le cas où les parties ont voulu que le contrat public fût nécessaire pour la validité de leur convention, avec celui où, après être convenuës du prix & des autres conditions de la vente, elles n'ont désiré le contrat devant notaires, que pour une plus grande assûrance ou une preuve plus autentique de la vente déja parfaite; & que, par ce moïen, l'on concilie les diférens arrêts qui semblent avoir jugé diversement la question.

Il faut donc bien distinguer la simple promesse de vendre, de l'acte qui contient vente avec promesse de passer contrat; cette distinction, nécessaire pour les droits seigneuriaux, l'est également pour ceux de centième denier; car, la promesse indéterminée de vendre, sans tradition, & sans prix païé, ne transfére aucune propriété; le droit de contrôle en est dû à la vérité sur ce qui en fait l'objet; mais, il n'en peut être dû de

centième denier, si elle n'est pas éfectuée.

Le 20 Juillet 1724, il a été décidé au conseil qu'une simple promesse de vendre, réductible en dommages & intérêts, n'est qu'un éfet mobiliaire dans la succession de celui qui devoit acquérir, dont le montant (c'est-à-dire, la somme prêtée ou celle stipulée en cas de dédit) devoit être joint à celui des autres éfets inventoriés, pour percevoir le droit de contrôle de l'inventaire sur le tout.

Décisions des 15 Juillet 1732 & 14 Mars 1733, qui ont jugé qu'il n'étoit point dû de droit de centième denier pour des promesses de vendre, qui n'ont pû avoir d'éxécution; l'une, parce que le propriétaire ne pouvoit vendre franc & quite d'hipothèques, comme il avoit promis de faire; & l'autre, parce que la promesse étoit faite sous la condition de faire intervenir dans la vente, les père, mère & frères, qui ne l'ont pas voulu.

Mais, par une autre décision du 7 Septembre 1748, le conseil a confirmé une ordonnance de M. l'intendant d'Alençon, qui avoit condamné le sieur Rouviere au païement du triple droit de centième denier, pour un acte sous-signature privées, contenant vente avec promesse de passer contrat; ce contrat avoit été passé en conséquence & les droits en avoient été acquités : mais, il a été jugé, avec raison, que l'acte sous-signature privée étoit une vente, dont le droit de centième denier avoit dû être païé dans les 3 mois de la date & avant que de passer le contrat en conséquence.

Lorsque l'acte, qui contient vente avec promesse de passer contrat, a été contrôlé & insinué, le contrat qui est passé en conséquence n'est considéré que comme une reconnaissance autentique des conventions, & il n'est sujet qu'à un simple droit de contrôle de 10 sols, pourvû qu'il ne contienne aucunes nouvelles dispositions; art. 78 du tarif du 29 Septembre 1722.

La promeſſe de vendre un ofice n'emporte point obligation de paſſer contrat de vente, parce qu'on ne peut pas dépouiller un oficier malgré lui ; mais, s'il a déclaré vendre actuellement ſon ofice à un tel, moïennant un prix ſtipulé, avec promeſſe d'en paſſer contrat, ou procuration *ad reſignandum* dans un certain tems, l'acte eſt réputé vente : la promeſſe n'a pour objet que la paſſation de l'acte public, que des raiſons particulieres ont pû faire diférer.

Il a été décidé au conſeil le 20 Décembre 1749, qu'une promeſſe de vendre une charge d'éxempt du guet à Paris, moïennant 13000 livres, avec ſtipulation d'un dédit de 1000 livres, devoit être contrôlée avant que de s'en ſervir, & qu'il étoit dû le même droit que ſi la vente étoit paſſée devant notaires ; le ſieur Didier prétendoit ne devoir le droit que ſur le pié du dédit, diſant ne vouloir s'en ſervir que pour cette peine, attendu que celui, auquel la vente devoit être faite refuſoit d'éxécuter la promeſſe ; mais, il eſt certain que, pour mettre l'une des parties en demeure d'éxécuter la convention, & pouvoir en conſéquence conclure au païement du dédit ou à des dommages & intérêts, il faut que l'autre partie demande préalablement l'éxécution de l'acte, dont les diſpoſitions ne peuvent être diviſées, & dont le droit de contrôle eſt par conſéquent dû ſur tout ce qui en fait l'objet. Voïez *Actes ſous-ſignatures privée*, §. 11, & *Contrôle*, tom. 1, pag. 546.

PROMESSE *de paſſer contrat de conſtitution*, produit à tous égards les éfets de la conſtitution même ; voïez *Conſtitution de rentes*, tom. 1, pag. 481.

PROMESSE *de fournir lettres de change* ; les billets qui contiennent ces promeſſes, ſont conſidérés comme tous autres billets ſimples, qui doivent être contrôlés avant que de s'en ſervir. Voïez *Lettres de change*, tom. 2, pag. 619.

PROMESSE *de garder ſucceſſion*, eſt un acte en uſage dans quelques coûtumes, pour aſſûrer ſa ſucceſſion à ſon préſomptif héritier, en cas qu'il ſurvive à celui qui fait la promeſſe, ou qu'il laiſſe des enfans.

L'art. 244 de la coûtume de Normandie porte que ſi pere ou mere ou aïeul ou aïeule, ou aſcendant reconnaît l'un de ſes enfans pour ſon héritier en faveur de mariage & fait promeſſe de lui garder ſon héritage, il ne poura aliéner ni hipotéquer ledit héritage en tout ou partie, ni les bois de haute fûtaie étant deſſus, au préjudice de celui au profit duquel il aura fait ladite diſpoſition & de ſes enfans, pourvû que ladite promeſſe ſoit portée par écrit, & *inſinuée* dans le tems de l'ordonnance, ſinon en cas de néceſſité, de maladie ou de priſon.

Il eſt certain que la promeſſe de garder ſucceſſion, faite par contrat de mariage, doit être conſidérée comme une inſtitution contractuelle, ſujéte aux mêmes droits & aux mêmes regles, elle eſt même plus avantageuſe que l'inſtitution contractuelle, puiſque celui qui a fait cette promeſſe ne peut plus aliéner ſes biens en tout ni en partie, au lieu que l'inſtitution contractuelle a pour objet que ce qu'on laiſſera & n'empêche point d'aliéner.

Néanmoins, il eſt d'uſage en Normandie de percevoir 15 livres pour le droit d'inſinuation des promeſſes de garder ſucceſſion, ſur le pié réglé par l'art. 8 du tarif de 1722, pour les interdictions volontaires de contracter ; & cette perception ſe fait également, lorſque la promeſſe eſt faite par contrat de mariage en ligne directe ; cela ne me parait pas juſte.

Cet uſage a été introduit par une ordonnance de M. l'intendant de Roüen du 5 Décembre 1736, au ſujet d'une promeſſe de garder ſucceſſion faite par madame la préſidente Duhamel, en faveur de ſes fils, par acte particulier : il fut ordonné que le droit d'inſinuation ſeroit perçu ſur

le

se pié réglé pour les interdictions volontaires ; on a suivi la même perception dans
les généralités de Caën & d'Alençon ; &
elle a été ordonnée par M^rs les intendans,
même pour les promesses faites en ligne
directe par contrat de mariage, tant par
ce qu'on les considère comme simples interdictions, que parce qu'elles doivent
être insinuées suivant la coûtume.

Le motif de l'usage dont nous parlons
est tiré d'une observation de Basnage sur
l'art. 244 de la coûtume, où il dit que
la promesse de garder succession ne donne
pas seulement l'espérance, qu'elle la conserve & l'assûre ; mais que la propriété
n'est pas encore transférée ; que cette promesse n'a son éfet que par le prédécès
de celui qui l'a faite & qu'elle devient caduque si l'héritier présomptif prédécéde ;
qu'en ce cas, il n'a jamais rien eû aux
biens, ensorte que ses héritiers (collatéraux) ou ses créanciers n'en tirent aucun avantage : le premier engagement cesse
entièrement, & celui qui avoit fait la
promesse recouvre la liberté de disposer de
son bien comme il auroit pû faire auparavant.

Il est vrai que la promesse de garder succession, ne transfère pas une propriété actuelle & absoluë ; elle a cela de commun
avec l'institution contractuelle : l'une & l'autre deviennent caduques par le prédécès
de ceux en faveur desquels elles sont faites ;
mais, l'institution n'empêche point l'instituant de disposer, au lieu que celui qui a
promis de garder sa succession a tellement
transmis un droit sur ses biens, dès l'instant de cette promesse, qu'il ne peut plus
disposer desdits biens de quelque manière
que ce soit, & que, si celui en faveur duquel la promesse est faite, laisse des enfans, ils héritent de ce droit, quoique leur
père soit mort avant l'ouverture de la succession de celui qui avoit promis.

Boucheul, sur l'art. 216 de la coûtume du Poitou, qui règle ce que l'on peut
donner à ses héritiers présomptifs, dit que
Tome III.

les dispositions contractuelles, en mariant
l'un de ses enfans, se peuvent faire de trois
manières : la première, en le reconnaissant
& déclarant héritier ; la seconde, en promettant de lui garder la succession également avec ses autres frères ; & la troisième, en lui faisant dès-à-présent un don
& avancement de sa portion héréditaire.
Il convient que la dernière espèce est la
seule qui transfère actuellement la propriété, & il met les deux autres dans la classe
des institutions contractuelles.

Si la promesse de garder succession est
faite par acte particulier accepté, je crois
que le droit de contrôle en est dû suivant
l'art. 4 du tarif du contrôle, & le droit d'insinuation suivant l'art. 1er du tarif des insinuations ; mais, si elle est faite en ligne
directe, par contrat de mariage, en faveur
de celui qui se marie, je pense que, nonobstant l'art. 244 de la coûtume de Normandie, elle n'est sujète ni à l'insinuation
ni au payement du droit. Il a déja été observé, tom. 2, p. 197, que les donations
faites en ligne directe en faveur de mariage & par contrats de mariage, dont
l'art. 448 de la même coûtume de Normandie éxige l'insinuation, ne sont plus
sujétes à cette formalité ; l'on en doit dire
autant de la promesse de garder succession qui, certainement, ne peut pas être soumise à plus de formalités qu'une vraie donation entre-vifs.

P R O T E S T, est une sommation faite
par un notaire ou par un huissier ou sergent, d'accepter une lettre de change ou
un billet de commerce, ou d'en païer le
montant, avec déclaration qu'à défaut de
païement, l'éfet sera renvoïé au tireur ou
aux endosseurs, & que celui qui en est
porteur se pourvoira pour ses dépens,
dommages & intérêts &c.

L'article 88 du tarif du 29 Septembre
1722, fixe à 10 sols le droit de contrôle
aux actes des protêts de lettres de change
ou billets ; mais, ce droit n'est dû que pour

D d

les protêts faits par les notaires : s'ils font faits par des huissiers ou sergens , ils ne font fujets qu'au contrôle des exploits.

Par arrêt du confeil du 20 Octobre 1716 , rendu contre les notaires de Lyon , il a été jugé que , lorfqu'un protêt de lettre de change eft fait à diférens particuliers non affociés , il eft dû autant de droits de contrôle aux actes qu'il y a de notifications diférentes.

Les notaires , qui font des protêts , font tenus , comme les huissiers , de donner copie entière de la lettre ou billet protefté , & de faire mention des réponfes de la partie ; & ils doivent faire contrôler ces protêts au contrôle des exploits , indépendamment du contrôle des actes ; voïez *Notaires* , §. XXII.

PROTESTATION , eft une déclaration que l'on fait contre une action , contre un acte ou contre un jugement , dont on protefte de nullité , dans l'intention de fe pourvoir en tems & lieu. Le droit de contrôle de ces actes eft fixé à 10 fols par l'art. 88 du tarif du 29 Septembre 1722.

Suivant le tarif du 17 Mars 1693 , les proteftations fecrétes n'étoient , ainfi que les contre-lettres , affujéties à être contrôlées qu'auparavant de s'en fervir. On a fait voir , tom. 1 , p. 543 , que les contre-lettres reçues par les notaires doivent être contrôlées dans la quinzaine de leur date ; il en eft de même des proteftations , quoique fecrétes ; parce que , fuivant les règlemens poftérieurs à 1693 , & principalement les déclarations des 20 Mars 1708 , & 29 Septembre 1722 , les notaires font tenus de faire contrôler tous les actes qu'ils reçoivent , dans la quinzaine de leur date , à la feule exception des teftamens & des donations à caufe de mort ; ainfi , ils ne peuvent plus fe prévaloir de l'exception qui avoit été faite en 1693.

PROVENCE , eft une province confidérable de France , avec titre de comté , qui a été long-tems gouvernée par fes com-

tes particuliers ; Loüis XI en prit poffeffion en 1480 , & Charles VIII unit les comtés de Provence & de Forcalquier au domaine de la couronne à perpétuité , fans pouvoir en être féparés , par édit donné à Compiégne au mois d'Octobre 1486. *Voïez* ce que dit Dupuy , de la Provence , dans fon traité des droits du Roi , p. 34 & 614.

Il fe perçoit en Provence des droits véritablement domaniaux , établis par les comtes de Provence , tels que ceux de poids & caffe de Marfeille , de table de mer , & de foraine & domaniale de Provence ; mais , ces droits font diftraits de la ferme des domaines & font partie des cinq groffes fermes ; *voïez* les art. 275 & fuivans , du bail de Forceville du 16 Septembre 1738.

Le droit de lods & ventes du comté de Provence fut aliéné au nommé Arnaud en 1657 , mais cette aliénation , faite fans prefqu'aucune finance , fut bien-tôt révoquée.

Il fut même ordonné , par arrêt du confeil du 31 Décembre 1665 , que tous les propriétaires des domaines & droits domaniaux , foit par engagement à faculté de rachat , inféodation , don , ou autrement , au païs & comté de Provence , aliénés , inféodés ou concédés depuis l'union du comté à la couronne ; enfemble les engagiftes d'aucuns droits des fermes & revenus de S. M. , audit païs , aliénés depuis 1643 , raporteroient leurs titres , contrats , quitances de finance & autres titres , pour être procédé à la liquidation de leurs finances & à leur rembourfement ; & cependant que le revenu feroit perçû au profit du Roi , à compter du 1er Janvier 1666.

En conféquence , il fut ordonné , par l'art. 9 du bail de François Euldes du 10 Juin 1666 , qu'il jouïroit des domaines en fonds des fénéchauffées d'Aix , Marfeille , Arles , Draguignant , Brignoles , Toulon , Forcalquier , Sifteron , Graffe , Digne & autres lieux de Provence , alié-

:nés depuis l'union du comté de Provence à la couronne , fans en rien réferver ni excepter ; des droits de lods & ventes apartenans au Roi , au païs de Provence , & des domaines & maifons de S. M. , en la ville de Marfeille &c.

Par un autre arrêt du confeil & lettres patentes du 15 Juin 1668 , le Roi révoqua les arrêts des 23 Février 1663, 5 Octobre 1666 , & 3 Octobre 1667 , en ce qui concernoit le rachat des domaines aliénés par les comtes & comteffes de Provence , & maintint la nobleffe en la poffeffion de leurs fiefs , jurifdictions & feigneuries aliénés en fa faveur , à la réferve des domaines & droits donnés à tems ou à vie ou à durée des familles , dont les tems étoient expirés ou les familles éteintes , & dans lefquels S. M. étoit en droit de rentrer. Dic. des arr. verb. domaine , n. 20.

Arrêt du confeil du 14 Avril 1670 , portant que Vialet, fermier général, entrera en jouïffance des gréfes civil & criminel d'Arles , du gréfe ordinaire de la ville de Nifmes , & des gréfes des faifies & des exploits de la ville d'Aix , ainfi que de tous les autres gréfes roïaux de Provence.

Jugement de M^rs les commiffaires du domaine en Provence , du 5 Août 1687 , par lequel la directe univerfelle eft établie en faveur du Roi , dans toute l'étenduë des comtés de Provence & Forcalquier , les privilégiés exceptés ; en conféquence , il eft ordonné que les poffeffeurs des fonds , maifons & héritages fitués dans les villes defdits comtés & leurs terroirs , en feront leurs déclarations au terrier de S. M. , & païeront les arrérages des cens & redevances dûs depuis 29 ans , enfemble les lods pour les mutations , arrivées pendant ledit tems , des maifons & héritages reconnus fous la directe du Roi , ou fitués dans les régales.

Arrêt du confeil du 24 Octobre 1687 , entre les confuls & gouverneurs de la ville d'Arles , les fermiers du domaine , Mademoifelle de Lorraine d'Elbeuf , M. le duc de Saint Aignan & le contrôleur général des domaines reçu partie intervenante ; qui juge que la directe univerfelle emportant cenfives , lods & ventes & prélation aux mutations , apartient au Roi dans toute l'étenduë de la ville & territoire d'Arles , fans préjudice néanmoins des droits & privileges particuliers , dont il fera juftifié par titres bons & valables. Ordonne la réunion au domaine des murs , foffés , fortifications , remparts , quais & places publiques de ladite ville &c.

Par autre arrêt du confeil du 12 Avril 1689 , il fut ordonné que tous les propriétaires & détenteurs , foit communautés ou particuliers , de maifons , prés , moulins , terres & autres héritages en roture dans l'étenduë de la ville & territoire d'Arles , feroient tenus dans quinzaine , à peine de 50 liv. d'amende , de paffer leurs déclarations defdits héritages en roture , par-devant un notaire & de faire leurs foumiffions de païer le cens où il ne s'en trouvoit pas d'établi , fur le pié fixé par cet arrêt ; & de païer les lods & ventes avec droit de prélation aux mutations , ainfi qu'il eft accoûtumé .

Autre arrêt du confeil du 19 Avril 1689, portant défenfes aux oficiers de la chambre des comptes de Provence de faire aucunes pourfuites contre les acquéreurs de terres fous la directe du Roi en ladite province , pour les obliger à prendre des inveftitures , & à faire des enfaifinemens des héritages roturiers qu'ils auront acquis , faufaux dits acquéreurs à prendre dans ladite chambre lefdites inveftitures & enfaifinemens lorfque bon leur femblera ; à condition néanmoins qu'ils feront fujets au droit de prélation apartenant au Roi , jufqu'à l'inveftiture ou enfaifinement par lefdits oficiers ; & ne pourront lefdites inveftitures ou enfaifinemens être délivrés que du confentement par écrit du fermier des domaines , ou 40 jours après que les contrats lui auront été notifiés, à peine de nullité.

Arrêt du conseil du 3 Juillet 1717, qui réunit au domaine, une rente de 35000 liv. dûë par les communautés des villes & paroisses de Provence, à cause de péages & autres droits cédés par S. M. auxdites communautés ; laquelle rente avoit été aliénée moïennant 420000 liv. en éxécution de l'édit du mois d'Avril 1702 ; ordonne que lesdites communautés & paroisses païeront cette rente au domaine, comme avant l'aliénation, & que les acquéreurs raporteront leurs titres pour être remboursés.

L'aliénation des droits de contrôle, insinuation & petit-scel, ordonnée dans le roïaume par l'édit du mois de Mars 1710, l'aïant été nommément pour la Provence par déclaration du 3 Février 1711, sur le pié de 40000 liv. pour dix années, les états de Provence, qui en avoient déja joüi par subrogation aux baux, furent adjudicataires ; toutes ces aliénations aïant été révoquées par édit du mois de Mars 1714, Loüis Mignot en fut fermier général dans le roïaume ; il fit un sous-bail pour la Provence à Loüis le Févre, & les états de Provence y furent subrogés par arrêt du conseil du 6 Octobre 1714 ; mais les sous-baux de Mignot furent résiliés en 1718, & il en fut fait de nouveaux au conseil, avec stipulation qu'il ne seroit accordé aucune subrogation du tout ou de partie desdits droits en faveur des états du païs de Provence ni autres ; en conséquence, il fut ordonné, par arrêt du 13 Décembre 1718, que Petit, sous-fermier desdits droits & autres y joints, en joüiroit nonobstant & sans avoir égard audit arrêt du conseil du 6 Octobre 1714.

Les droits de présentations, défauts & congés font différens en Provence de ce qu'ils font dans les autres provinces du roïaume ; voïez la déclaration du Roi du 13 Mars 1696, registrée au parlement d'Aix le 7 Avril suivant, & les articles *Défaut* & *Présentation*.

Au surplus, *voïez* encore les articles *Avignon*, *Barcelonnette*, *Marseille*.

PROVISIONS *en matière ecclésiastique*, font des actes par lesquels les évêques, abbés, bénéficiers & autres collateurs conférent le titre d'un bénéfice à un ecclésiastique.

Les provisions données par les abbés abbesses, bénéficiers & autres collateurs font comprises dans la première section de l'article 1er du tarif du 29 Septembre 1722, qui en fixe le droit de contrôle à 5 livres en principal ; & cela est confirmé par l'article de l'arrêt du 30 Août 1740, raporté tom. 1, pag. 24.

Ces règlemens ne parlent point des provisions accordées par les archevêques, par les Evêques & par leurs grands-vicaires, parce qu'elles font considérées comme des actes émanés de leur jurisdiction gracieuse & volontaire, pour lesquels le ministère des notaires n'est nullement nécessaire ; & qui font dispensés du contrôle, tant par l'article 4 de la déclaration du Roi du 19 Mars 1696, que par l'article 1er de l'arrêt du conseil du 30 Août 1740. La question a même été jugée nommément par décision du 28 Mars 1733, pour des provisions données par le grand-vicaire & oficial du duché d'Usés en faveur du sieur Sardagne prêtre ; & par une autre décision du 11 Novembre 1739, sur le mémoire de Mrs les Agens généraux du clergé, qui se plaignoient de ce que le commis du Lude avoit perçu le droit de contrôle de provisions données par M. l'évêque d'Angers à un ecclésiastique de fon diocèse.

Si les provisions, données par les archevêques, évêques ou grands-vicaires, ne font pas accordées en cette qualité, mais comme abbés, pour conférer des bénéfices dont la collation leur apartient en cette dernière qualité, les actes font sujets au contrôle, parce qu'ils ne font point émanés de la jurisdiction gracieuse

& volontaire ; ils font nommément compris dans le tarif & dans l'arrêt de 1740, & ils doivent être contrôlés avant que de pouvoir s'en fervir, foit pour prendre poffeffion ou autrement. *Voïez* la décifion du confeil du 16 Mars 1758, au fujet d'une collation accordée par M. le cardinal de Luynes, non comme archevêque de Sens, mais comme abbé de Corbie, tom. 1, pag. 23.

PROVISIONS *d'ofices*, font, à l'égard des ofices roïaux, des lettres du grand-fceau, par lefquelles le Roi confère & donne le titre de l'office ; il n'y a que les provifions qui donnent droit en l'office, & l'on ne peut confidèrer comme propriétaire que celui qui eft pourvû. *Voïez Procuration pour réfigner des ofices*.

Les provifions doivent être fuivies de réception, pour mettre le pourvû en droit d'éxercer les fonctions de l'office, & cette réception eft fujéte à des droits dont il fera parlé à l'article : *Réception d'officiers*.

Quant aux ofices des jurifdictions feigneuriales, ils s'éxercent fur la nomination du feigneur ; & il a été parlé ci-devant, de cette nomination, aux articles *Mandement & Nomination*.

PUBLICATIONS, fe font, ou par les curés aux prônes des meffes paroiffiales, ou par des officiers publics, foit à l'iffuë des meffes, foit dans d'autres affemblées & lieux publics.

Les publications, que les curés font tenus de faire aux prônes, ne font fujétes au contrôle dans aucun cas ; mais, s'il y font des publications, fans en être tenus, les actes qu'ils en donnent font confidérés comme des certificats de perfonnes privées, qui doivent être contrôlés avant que de s'en fervir.

Les curés ne font affujétis à publier aux prônes que les prifes de poffeffion de bénéfices, les bans de mariage & les monitoires.

Suivant l'article 32 de l'édit du mois d'Avril 1695, les curés, vicaires & autres eccléfiaftiques, ne font point obligés de publier au prône ni pendant l'office divin, les actes de juftice & autres qui regardent l'intérêt des particuliers ; & il eft ordonné que les publications ordonnées par les coûtumes & règlemens devoir être faites aux prônes, qui feront faites par des huiffiers, fergens ou notaires, à l'iffuë des grandes meffes de paroiffe, avec les afiches qui en feront par eux pofées aux grandes portes des églifes, feront de pareille force & valeur, même pour les décrets, que fi lefdites publications avoient été faites au prône. L'éxécution de cet édit a même été ordonnée pour ce qui regarde les propres affaires du Roi, par une déclaration du 16 Décembre 1698.

Les publications des prifes de poffeffion de bénéfices, étant de nature à être faites au prône, il s'enfuit qu'elles ne font point fujétes au contrôle, lorfqu'elles ont été éfectivement faites par les curés ou vicaires ; mais, la requifition faite au curé de faire cette publication eft un acte du miniftère du notaire apoftolique, qui doit être contrôlé & dont le droit eft fixé à 1 liv. par la troifième fection de l'article 1er du tarif du 29 Septembre 1722, & par l'article 6 de l'arrêt du 30 Août 1740. Si le curé refufe de faire la publication, elle fe fait par le notaire apoftolique à l'iffuë de la meffe, & le droit de contrôle de cette publication eft également fixé à 1 liv. par les mêmes règlemens.

Par une décifion du 26 Mai 1724, il a été jugé, du confentement du fermier que les certificats des curés d'avoir fait au prône les publications des tranflations de domicile, n'étoient pas fujets au contrôle. Il a été obfervé, tom. 1, pag. 596, que cette décifion eft contraire au principe, parce que les curés, n'étant point affujétis à faire ces publications, ne les font qu'en entreprenant fur les fonctions des oficiers publics , qui ont droit de les faire & qui font foumis à faire contrôler leurs actes & exploits ; c'eſt même ce qui a été jugé par une décifion du confeil du 4 Septembre 1745 , renduë contradictoirement avec les oficiers du préſidial de Chartres ; il s'agiſſoit de certificats de publication , donnés par les curés , pour parvenir aux adjudications judiciaires de biens meubles & immeubles ; la décifion porte que , lorſque les curés donnent des certificats qui doivent être donnés par des huiſſiers , ils ne doivent pas prétendre l'éxemtion du contrôle.

Il s'enfuit donc , comme il a déja été dit , que les certificats de publications donnés par les curés ou vicaires doivent être contrôlés , lorſque ces publications ne font pas de la nature de celles qu'ils doivent faire aux prônes ; ces certificats doivent être contrôlés aux actes & le droit perçu fur le pié règlé par l'art. 5 du tarif ; ils ne doivent pas être contrôlés aux exploits , parce que ce feroit confondre un acte avec un exploit , & le miniſtère du curé avec celui des huiſſiers & fergens.

Arrêt du confeil du 20 Août 1726 , par lequel , fur ce que les maîtres d'école des paroiſſes & autres particuliers fans droit ni qualité , s'immiſçoient à faire des publications de ventes de meubles & à en donner leurs certificats , il eſt fait trèsexpreſſes inhibitions & défenſes à toutes perſonnes , qui n'ont aucun titre ni caractère d'oficier public , de faire aucunes publications ou autres actes & exploits qui font de la fonction des huiſſiers , à peine de faux & de 100 liv. d'amende pour chacune contravention.

Par l'article 8 de l'arrêt de règlement du 15 Octobre 1737 , rendu contradictoirement avec les états de Languedoc ,

il eſt ordonné que les procès verbaux de publications & afiches , quand ils feront dreſſés par des notaires , gréfiers ou fecrétaires des villes & communautés , font & demeureront aſſujétis à la formalité du contrôle (des actes) ; & ceux qui feront faits par des huiſſiers ou fergens , au contrôle des exploits ; fans qu'en aucun cas les publications & afiches qui feront faites , pour quelque caufe que ce foit , par les trompettes ou valets conſulaires , foient aſſujéties à être contrôlées ; mais feulement le certificat du gréfier de la communauté , des publications & afiches faites par lefdits valets de ville ou trompettes , pour parvenir à l'adjudication des baux des revenus des communautés & des ouvrages publics.

Les confuls de la ville de Draguignant , en Provence , aïant prétendu que les publications & afiches , pour parvenir aux baux & adjudications de leurs revenus communs , n'étoient pas fujétes au contrôle , il eſt intervenu une décifion du confeil le 12 Septembre 1739 , qui ordonne l'éxécution de l'article 8 de l'arrêt du 15 Octobre 1737.

Il eſt dû autant de droits de contrôle aux exploits qu'il y a de paroiſſes où la publication a été faite. *Voïez* l'article 2 de l'arrêt de règlement du 19 Mars 1743 , portant règlement pour les adjudications de bois du comté d'Eu ; il eſt ordonné , par cet article , que les certificats ou procès verbaux de publication qui précédent lefdites adjudications , feront contrôlés au contrôle des exploits , & qu'il fera païé 9 fols 6 deniers pour chaque paroiſſe où lefdites publications feront faites , fuivant les arrêts du confeil des 30 Mars 1670 , & 10 Avril 1725.

A l'égard des publications faites par les notaires , des contrats d'acquifition d'immeubles , voïez *Lecture* tome 2 , page 596.

Q.

UALITÉS *des perſon-nes* ; il ne s'agit pas ſeu-lement ici des perſonnes nobles & roturières dont il a été parlé aux mots *Franc-fief* & *Nobleſſe* ; l'objet de cet article eſt plus étendu, puiſ-qu'il concerne l'état & la qualité de tous les citoïens.

1. Il y a diférens droits de contrôle & d'inſinuation que les tarifs ont fixés ſuivant les qualités des parties contraǎantes, dont il eſt fait diverſes claſſes ; *voïez* les art. 10, 13, 35, 46, 51, 52, 57, & 89 du tarif du contrôle ; & les art. 2, 4, 5, 7, 12, 13, 14 & 15 de celui de l'inſinuation.

Les droits fixés par ces articles ſont proportionnés à la nature & à l'objet des aǎes qui y ſont déſignés, ainſi qu'à l'état & à la qualité des parties, & cela eſt juſte ; mais, les diviſions des états & qua-lités ne ſont pas les mêmes dans tous les articles ; s'il n'y avoit qu'une ſeule divi-ſion de claſſes, à laquelle les autres ar-ticles renverroient, en fixant néanmoins des droits diférens, la régie ſeroit plus facile & il s'éleveroit moins de conteſta-tions.

Il faut cependant convenir que, par les ſeize articles cités ci-deſſus, il n'eſt fait que trois diviſions diférentes ; & que, ſi ces diviſions ſont répetées pluſieurs fois dans les tarifs, ce n'a été que pour compren-dre les eccléſiaſtiques dans les unes, & pour les excepter de celles qui ne peu-vent les concerner.

Première diviſion.

La principale diviſion, que nous nom-mons la première, contient ſix claſſes di-férentes : elle a lieu 1° pour le droit de contrôle des *contrats de mariage*, lorſ-que les biens ne ſont déſignés ni évalués, art. 35 du tarif ; 2° pour le droit de con-trôle des *teſtamens*, codiciles, donations à cauſe de mort, ſubſtitutions, & autres aǎes portant donations, qui ne doivent avoir éfet qu'après la mort des teſtateurs ou donateurs, ſoit que les choſes ſoient évaluées ou non, art. 89 du tarif ; 3°. pour l'inſinuation des *teſtamens*, dans leſ-quels le legs univerſel où l'hérédité mo-biliaire ne ſont point évalués, art 2 du ta-rif ; 4° pour l'inſinuation des *ſubſtitutions* de meubles ou immeubles, dont le droit eſt fixé par chaque ſubſtitué, ſuivant la qualité des ſubſtituans, ſans cependant qu'il puiſſe être perçu plus de quatre droits, compris celui de l'inſtitution ; art. 5, du tarif.

Les droits fixés par ces ſix claſſes ſont les mêmes dans les quatre cas, à la ſeule exception que, pour l'inſinuation des ſub-ſtitutions, les deux dernières claſſes ſont réunies, & que le droit en eſt fixé à 5 liv. Nous raprocherons ici les diſpoſitions de

ces quatre articles du tarif, en obſervant
que ce qui eſt entre ( ) ne ſe trouve point
dans l'art. 35 concernant les contrats de
mariage.

Première claſſe. Les perſonnes conſtituées en dignités (eccléſiaſtiques ou laïques) gentilshommes qualifiés ; ou ceux
qui poſſédent des terres aïant haute ,
moïenne ou baſſe-juſtice , ſoit gentilshommes ou roturiers ; préſidens , conſeillers ,
avocats ou procureurs généraux & gréfiers en chef des parlemens & autres cours
ſupérieures ; oficiers de finance ; ſecrétaires du Roi ; tréſoriers & autres pourvûs
d'emplois conſidérables ; fermiers , ſous-
fermiers & traitans des droits du Roi ;
banquiers & marchands en gros de toutes les villes ; premiers oficiers & bourgeois vivans de leur revenu des villes où
il y a cour ſupérieure , préſidial ou évêché
(leurs veuves & enfans de l'un & de
l'autre ſêxe *) 50 livres.

Seconde claſſe. Les (chanoines , curés
& autres eccléſiaſtiques pourvûs de bénéfices de toutes les villes & paroiſſes) ſimples gentilshommes de toutes les villes &
paroiſſes ; oficiers de judicature des préſidiaux , bailliages , ſénéchauſſées , vigueries , élections & autres juriſdictions roïales ; premiers oficiers & bourgeois vivans
de leur revenu , de toutes les autres villes
que celles mentionnées en l'article précédent ; directeurs , receveurs & principaux commis des fermes & droits du
Roi , 30 livres.

Troiſième claſſe. Les oficiers de judicature des duchés-pairies & autres juriſdictions ſeigneuriales reſſortiſſantes nuement ès parlemens ; avocats , notaires ,
procureurs , gréfiers & autres oficiers ; médecins , chirurgiens , apoticaires , peintres ,

ſculpteurs , orfévres , marchands en détail &
autres notables artiſans des villes où il y
a cour ſupérieure , préſidial , bailliage , ſé-
néchauſſée , élection & autres juriſdictions
roïales , 20 livres.

Quatrième claſſe. Les (eccléſiaſtiques
qui ne ſont pourvûs d'aucun bénéfice , de
toutes les villes & paroiſſes) ; oficiers de
judicature des autres juriſdictions ſeigneuriales , procureurs , notaires , gréfiers &
autres oficiers des mêmes juriſdictions ;
médecins , chirurgiens , apoticaires , marchands , bourgeois des autres villes , gros
laboureurs & fermiers , 10 livres.

Cinquième claſſe. Les artiſans , manou-
vriers , journaliers & autres perſonnes du
commun des villes , 3 livres , à *l'exception du droit d'inſinuation des ſubſtitutions , qui eſt fixé à 5 livres.*

Sixième claſſe. Les ſimples manou-
vriers , journaliers & autres perſonnes du
commun de la campagne , 1 liv. 10 ſols ,
à *l'exception pareillement du droit d'inſinuation des ſubſtitutions qui eſt de même fixé à 5 livres.*

Seconde diviſion.

Cette diviſion ne contient que trois claſſes ; ſavoir , pour le *contrôle* , 1° des *dons
mutuels* entre maris & femmes , art. 46
du tarif ; 2° des *émancipations* , art. 51 ;
3° des *exhérédations* , art. 52 ; 4° des
inventaires de papiers , art 57 ; & pour
l'inſinuation , 1° des *dons mutuels* entre
maris & femmes , art. 4 du tarif ; 2° des
ſéparations de biens , de corps ou d'habitation , ou *excluſion* de communauté
entre maris & femmes , art. 7 ; 3° des
renonciations à ſucceſſion , ſuivant la qualité des perſonnes décédées , art 12 ; 4°
des

(*) Quoique l'Article 35 du tarif ne parle pas des enfans , il eſt néanmoins certain que les droits des
contrats de mariage des enfans , qui n'ont point d'état décidé , doivent être perçûs ſuivant la qualité du
père ; déciſions des 6 Mars & 1er Mai 1734 , pour le contrat de mariage du ſieur Joly habitaur de village , fils
d'un préſident de l'élection de Sens.

des *renonciations* à communauté entre mari & femme, fuivant la qualité du mari, art. 13; 5°. des lettres de *bénéfice d'âge*, lettres & actes d'*émancipation*, & lettres de *bénéfice d'inventaire*, art. 14; 6°. des *nominations de curateur* aux fucceffions, aux fubftitutions, aux in-terdits, aux mineurs & autres, art. 15.

Tous ces diférens droits fe perçoivent fuivant les qualités des parties, fixées par les 3 claffes de cette feconde divifion; mais, la quotité des droits eft diférente pour plufieurs actes, comme on le voit par le tableau fuivant.

	Contrôle.			Infinuation.		
	Dons-mutuels. Art. 46.	Emancipations. Exhérédations. Art. 51 & 52.	Inventaires de papiers. Art. 57.	Dons-mutuels. Séparation & exclufion de communauté. Art. 4 & 7.	Renonciation à fucceffion & à communauté. Nomination de curateur. Art. 12, 13 & 15.	Emancipations. Lettres de bénéfice d'âge & d'inventaire. Art. 14.
Premiere claffe. Les (eccléfiaftiques poffédant bénéfices ou dignités) perfonnes conftituées en dignités, gentilshommes qualifiés; ceux qui poffèdent des terres aïant haute, moïenne ou baffe-juftice; oficiers des cours fupérieures: gréfiers en chef defdites cours, oficiers & gens du Roi des préfidiaux, bailliages, fénéchauffées, élections & autres jurifdictions roïales; fecrétaires du Roi; tréforiers de france; receveurs généraux des finances; receveurs des tailles, & tous autres oficiers de finance; fermiers, fous-fermiers & traitans des droits du Roi; directeurs, receveurs & principaux commis des fermes; banquiers & négocians en gros.	15 liv.	6.	12.	50.	6.	15.
Seconde claffe. Les (fimples eccléfiaftiques qui ne poffédent aucuns bénéfices) fimples gentilshommes; oficiers de judicature, autres que ceux dénommés en la claffe ci-deffus; avocats, notaires, procureurs, gréfiers, huiffiers, médecins, chirurgiens, apoticaires, bourgeois, marchands en détail, & notables artifans des villes.	10.	3.	6.	20.	3.	6.
Troifiéme claffe. Tous autres artifans des villes, laboureurs, fermiers & habitans de la campagne.	2.	1.	2.	5.	1.	3.

Troisième division.

La troisième division est la plus simplifiée : elle ne contient que deux classes, suivant lesquelles doivent être perçus les droits de *contrôle* des *actes de respect*, ou requisitions faites par des enfans à leurs pères & mères pour consentir à leur mariage ; ceux des *actes d'autorisation* d'un mari à sa femme & des actes qui contiennent déclaration de refus d'autorisation; art. 10 & 13 du tarif.

Première classe. Toutes sortes de personnes, à l'exception des artisans & gens du commun, 3 livres.

Seconde classe. Les artisans & gens du commun, 1 livre.

2. Les droits, qui sont fixés relativement à l'état des personnes, doivent être perçus suivant les qualités qui ont été prises par les actes ; si un particulier se qualifie au-dessus de son état, il fait lui-même la règle du droit, & il ne peut se plaindre d'une perception à laquelle il s'est soumis par vanité, ou par d'autres motifs. Le fermier ne peut ni ne doit s'écarter de la perception fixée sur la qualité insérée dans l'acte : cette qualité fait inviolablement la règle qu'il doit suivre, (*voiez* le n. 3, ci-après) comme les estimations font celles des droits qui doivent être perçus sur la valeur des biens, ensorte que, lorsqu'un particulier sans fortune déclarera, par son contrat de mariage, qu'il possède cent mille livres, le droit de contrôle doit être perçu sur le pié de cette somme : de même, quand un particulier du commun prendra la qualité de bourgeois ou autre, le droit sera perçu en conformité, sans pouvoir être réduit par la suite, quelques preuves qui soient raportées de la qualité ou de l'état de la fortune des parties ; parce que les droits sont dûs suivant la nature des actes & sur ce qui y est inféré.

Ces principes sont tellement justes qu'on pourroit se dispenser de les fortifier par des autorités : nous citerons néanmoins quelques décisions qui les ont confirmés : du 17 Juin 1728, pour les droits du testament de la veuve d'un bonnetier, qualifiée bourgeoise ; du 28 Décembre 1731, pour le testament d'un marinier qui avoit pris la qualité de bourgeois de Paris ; du 18 Avril 1733, pour celui d'un domestique qui s'étoit également dit bourgeois de Paris ; du 11 Décembre 1734, pour le testament de la veuve d'un ferrurier, à Paris, qualifiée bourgeoise ; du 27 Mars 1736, pour le contrat de mariage d'un commis aux écritures à l'hôtel des fermes à Paris, qui s'étoit qualifié bourgeois ; du 17 Mai 1738, pour celui d'un commis à la direction des fermes à saint Quentin, qualifié fils d'Ecuïer ; du 30 Juin 1742, pour le testament d'un garçon apoticaire, qui avoit pris la qualité de bourgeois de Paris ; du 1er Mai 1745, pour le contrat de mariage d'un compagnon ciseleur, à Paris, qui s'étoit qualifié bourgeois ; du 24 Août 1748, pour le testament d'un domestique, qualifié bourgeois de Paris ; du 7 Juin 1749, qui réforme une ordonnance de M. l'intendant de Champagne, par laquelle il avoit réduit les droits du contrat de mariage du sieur de Combes, commis aux aides à Epernay, sans avoir égard à la qualité d'écuïer sieur de la Reyne, qui lui paraissoit hazardée & dictée par la vanité ; du 28 Novembre 1750, pour les droits du testament de la femme d'un commis du receveur général du clergé, lequel s'est lui-même qualifié bourgeois dans l'inventaire qu'il a fait faire &c.

Toutes ces décisions jugent que l'on ne peut connaître les parties que par les qualités qu'elles prennent dans leurs actes, & que les droits sont dûs suivant ces qualités, sans examiner si elles ont été dictées par vanité ou par d'autres motifs.

3. Mais fi, dans le deffein de diminuer les droits fixés par les tarifs, les parties déguifent leurs véritables qualités, & qu'elles en prennent d'inférieurs, elles ne font pas fondées à dire que les droits ne peuvent être perçus que fuivant les qualités prifes; le fermier aura raifon de les percevoir fur les véritables qualités: il poura même faire raporter procès verbal pour faire condamner ces parties au païement du fuplément des droits & des amendes par elles encourues.

Il eft, fans doute, bien plus rare de voir des perfonnes prendre des qualités inférieures à celles qu'elles ont, que d'en voir prendre qui ne leur apartiennent pas: mais cela peut arriver, & l'on ne peut fe prévaloir de ce qui eft dit ci-deffus, n. 2, pour en conclure que les droits ne font dûs que fur les qualités prifes par les actes: dans l'efpèce précédente, la perception fe fait fur ces qualités, & les parties ne peuvent s'en plaindre, comme on l'a dit; tout eft volontaire: ce font elles-mêmes qui, par oftentation ou autrement, ont fait la règle: mais, c'eft toujours l'efprit de fraude & l'intention de diminuer des droits légitimes, qui engagent les parties à diffimuler leurs véritables qualités & à en prendre d'inférieures; la fraude connuë ne peut jamais profiter à celui qui l'a pratiquée: c'eft une fauffe déclaration qui doit être punie.

L'article 12 de la déclaration du Roi du 14 Juillet 1699, porte qu'en cas de fauffe déclaration ou eftimation dans les contrats de mariage & autres actes, ceux qui les auront faites feront condamnés en 100 livres d'amende.

Prendre une qualité inférieure à celle que l'on a, dans un acte dont les droits font réglés fuivant les qualités des parties, c'eft une fauffe déclaration, de même nature que celle par laquelle on eftimeroit des biens au-deffous de leur vraie valeur, dans un acte dont les droits font fixés fur cette valeur; ainfi, les règles concernant les fauffes eftimations, tome 2, pag. 319, font communes à l'efpèce dont il s'agit ici.

Par l'arrêt du confeil du 7 Septembre 1751, concernant les droits de contrôle des autorifations données par les maris à leurs femmes, il eft enjoint aux notaires & à tous autres oficiers, qui ont droit de paffer des actes, de ne donner aux Parties que leurs véritables qualités, à peine de 100 livres d'amende pour chaque contravention; & à Mrs les intendans de tenir la main à l'éxécution de cet arrêt, qui fera éxécuté, nonobftant toutes opofitions & autres empêchemens quelconques.

4. Il s'eft élevé & il peut encore s'élever des conteftations fur la jufte aplication des qualités, aux diférentes claffes des tarifs; nous ne raporterons pas tout ce qui a été décidé à cet égard: nous nous bornerons à comprendre dans le tableau fuivant, ce qui paraiffoit devoir faire le plus de dificulté.

QUALITÉS

QUALITÉS PRISES.	DATE des Arrêts ou Décisions.	PRÉCIS des Jugemens.

Première division en six Classes.

Bourgeois des Villes principales.	D. 12 Mai 1729. D. 2 Février 1732. D. 22 Mars 1732. D. 14 Mars 1733. D. 7 Novembre 1735. D. 23 Mai 1736. D. 3 Août 1748.	Première Classe.
Marchand en gros qui détaille quelquesfois.	D. 3 Août 1715.	1re Cl. ne cesse pas pour cela d'être marchand en gros. (*)
Capitaine de vaisseau du Roi.	D. 19 Mai 1753.	Première Classe.
Ecclésiastique , ci-devant curé.	D. 5 Octobre 1737. D. 30 Janvier 1740. D. 14 Juin 1749.	
Curé à portion congruë.	D. 30 Mai 1739.	
Ancien brigadier des gardes du corps.	D. 1er Septembre 1731.	
Ancien capitaine de dragons.	D. 19 Juin 1734.	
Ancien capitaine d'infanterie , retiré du service.	D. 29 Mars 1749.	
Capitaine de cavalerie.	D. 3 Juillet 1734.	Seconde Classe.
Capitaine d'infanterie.	D. 24 Janvier 1736.	
Maréchal-des-logis des Mousquetaires.	D. 24 Janvier 1739.	
Receveur des aides , à Anguien.	D. 15 Octobre 1729.	
Directeur des postes , à la Ferre en Picardie.	D. 9 Mars 1737. D. 14 Mai 1742.	
Lieutenant de dragons.	D. 18 Avril 1737.	
Aiguilletier à Paris.	D. 2 Septembre 1730.	
Arpenteur royal.	D. 19 Septembre 1733.	
Barbier-perruquier à Paris.	D. 9 Octobre 1728.	
Boulanger. à Bourg-sur-Dordonne. à Chaalons. à Paris. à Paris. à Limoges. à Bernay, siége d'élection.	D. 2 Juin 1726. D. 24 Février 1731. D. 28 Mars 1733. D. 30 Juillet 1739. D. 22 Octobre 1740. D. 21 Janvier 1747.	Troisième Classe.

(*) Tous banquiers & marchands en gros , établis dans les villes ou ailleurs , doivent incontestablement être apliqués à la première Classe.

QUALITÉS PRISES.	DATE des arrêts ou décifions.	PRÉCIS des jugemens.
Bourrelier à Paris.	D. 14 Mai 1746.	
Chaircuitier-cuifinier à Chartres.	D. 9 Octobre 1728.	
Chirurgien à Chartres.	D. 30 Août 1728.	
à Riom.	D. 30 Septembre 1741.	
Cordonnier { à Graffe.	D. 31 Juillet 1728.	
à Montfort-l'Amaury.	D. 20 Décembre 1749.	
à Ufèz.	D. 13 Janvier 1753.	
Corroyeur-tanneur, fans maîtrife, à Ufèz.	D. 6 Août 1746.	
Dévalleur de vin à Amiens.	A. 12 Septembre 1752.	
Gantier à Paris.	D. 14 Novembre 1739	
Horloger à Limoux.	D. 27 Août 1729.	
Limonadier à Paris.	D. 21 Novembre 1739.	
Maître de penfion à Beauvais.	D. 7 Septembre 1742.	
Marchand en détail à Chartres.	D. 22 Mars 1732.	
Orfèvre à Paris.	D. 25 Août 1731.	
Paffementier à Graffe.	D. 29 Mars 1728.	Troifième Claffe.
Perruquier { à Paris.	D. 28 Mars 1733.	
à Tours.	D. 21 Janvier 1741.	
Potier de terre à Paris.	D. 20 Octobre 1757.	
Secrétaire d'un maitre des requêtes.	D. 17 Avril 1734.	
Serrurier { à Verdun.	D. 6 Novembre 1732.	
à Château-Gontier, fans maîtrife.	D. 20 Septembre 1748.	
Tabletier à Paris.	D. 27 Octobre 1732.	
Tailleur d'habits à Chaumont, fans jurande.	D. 17 & 21 Octobre 1750.	
Tanneur - Corroïeur à Ufèz , fans maîtrife.	D. 6 Août 1746.	
Teinturier à Verfailles.	D. 19 Septembre 1742.	
Tonnelier { à Pontoife.	D. 27 Avril 1735.	
à Tonnere.	D. 29 Mars 1749.	
Vitrier , fans maîtrife , dans un Faux-bourg de Paris.	D. 14 Février 1750.	
Compagnon orfévre à Paris.	D. 25 Août 1731.	
Cordier à Beauvais.	D. 27 Novembre 1736.	Quatrième Claffe.
Laboureur.	D. 7 Mai 1729.	
Laboureur fermier à moitié.	D. 20 Septembre 1729.	
Laboureur.	D. 10 Janvier 1736.	

QUALITÉS PRISES.	DATES des arrêts ou décifions.	PRÉCIS des jugemens.
Laboureurs.	D. 1er Décembre 1736.	Ils font tous compris dans la 4e Claſſe, & l'on n'en peut faire diférentes Claſſes.
Compagnon tourneur à Senlis.	D. 1er Mai 1734.	Cinquième Claſſe.
Cordonnier, ſans maîtriſe, à Melun.	D. 9 Septembre 1758.	*Id.* comme ſimple artiſan.
Seconde diviſion en trois Claſſes.		
Ingénieur du Roi, à Broüage.	D. 17 Mars 1749.	Première Claſſe.
Veuve d'un Mouſquetaire.	D. 17 Juillet 1734.	
Boulanger à Paris.	D. 13 Février 1751.	
Cordonnier à Paris.	D. 24 Juin 1730.	Seconde Claſſe.
Teinturier à Paris.	D. 7 Janvier 1730.	
Toilier d'un fauxbourg de Roüen.	D. 6 Juillet 1758.	*Id.* Comme notable artiſan de ville.
Fille naturelle d'un marquis.	D. 21 Novembre 1728.	Troiſième Claſſe.

QUATRE SOLS *pour livre des droits de la ferme des domaines*; il a été obſervé, tom. 2, p. 58, que, par déclarations du Roi des 3 Mars & 7 Juillet 1705, il fut ordonné qu'il ſeroit perçu & levé au profit du Roi, pendant une année, un dixième, ou deux ſols pour livre ſur tous les droits des fermes, & revenus du Roi; & nommément ſur les droits & émolumens des gréfes, ſur les droits de contrôle des exploits & ſur ceux des inſinuations-laïques, de petit-ſcel & de contrôle des actes; cette perception fut prorogée juſqu'au 31 Décembre 1706, par une déclaration du 26 Décembre 1705.

Le produit de ces deux ſols pour livre aïant été affecté, par déclaration du 29 Mai 1706, au remboursement des billets de monnoïe, il fut ordonné, par une autre déclaration du 18 Septembre 1706, que la perception en ſeroit continuée juſqu'à ce qu'autrement il en eut été ordonné.

Par édit du mois de Janvier 1707, il fut créé des ofices de contrôleurs des gréfes, de contrôleurs des deniers d'octroi & ſubvention, & de contrôleurs des péages dépendans des domaines, qui ſe levent ſur les rivières navigables ou canaux, même dans les domaines engagés; à tous leſquels contrôleurs, S. M. attribua le dixième ou deux ſols pour livre deſdits droits, pour être perçus conjointement avec le principal de ces droits; les ofices de contrôleurs des gréfes ont été ſupriměs en 1708; voïez *Contrôle des gréfes*, §. 3; & ceux des péages, en 1716.

Les deux ſols pour livre avoient tellement lieu ſur les droits domaniaux (autres néanmoins que les droits ſeigneuriaux & féodaux caſuels) & autres droits des fermes, que par l'édit du mois de Juin 1710, qui ordonnoit l'aliénation des droits d'impôts & billots de Bretagne, de ceux de la traite domaniale, étaux & cuiraterie de la ville de Rennes, & du poids-au-duc de la-dite province, il étoit dit qu'il feroit éga-lement procédé à l'aliénation du dixième ou deux fols pour livre de tous lefdits droits, ordonnés être levés au profit du Roi par la déclaration de 1705.

Il fut ordonné, par déclaration du Roi du 7 Mai 1715, qu'au lieu de deux fols pour livre, il feroit levé & perçu à l'ave-nir *quatre fols* pour livre par augmenta-tion de tous les droits, tant des fermes générales qu'autres fermes particulières, ainfi & de la même manière que les pre-miers deux fols pour livre avoient été le-vés & perçus jufqu'alors; le produit en fut affecté au remboursement des principaux & au paíement des intérêts des promesses de la caisse des emprunts; voulant S. M. qu'après lefdits remboursemens & paíe-mens, la levée & perception defdits qua-tre fols pour livre, cesse & demeure étein-te & suprimée.

Les droits & émolumens des gréfes ont été difpenfés de ce doublement; *voïez Contrôle des gréfes*, §. 3.

Par une déclaration du Roi du 13 Fé-vrier 1717, S. M. éteignit & fuprima les deux fols pour livre établis en 1705, & les nouveaux deux fols pour livre établis par augmentation en 1715, avec défen-fes de percevoir à l'avenir lefdits quatre fols pour livre.

La perception en fut rétablie, par let-tres patentes du 18 Mars 1718, pour trois années feulement, & pour servir à acquiter le paíement des rentes affignées fur l'hôtel-de-ville de Paris; & il fut or-donné qu'au lieu de vingt deniers, auxquels fe monteroit, par chacun *contrôle d'exploit*, l'augmentation de quatre fols pour livre, il ne feroit perçu qu'un fol d'augmentation par chaque contrôle d'exploit, ainfi qu'il fe levoit avant la ceffation ordonnée en 1717; & fix deniers feulement par cha-cune faifie mobiliaire, au lieu de fept de-niers.

Cette perception fut prorogée pour trois années, par arrêt du confeil du 18 Janvier 1721 & lettres patentes expé-diées en conféquence.

Continuée jufqu'au 20 Mars 1727, par lettres patentes du 27 Février 1724.

Jufqu'au 31 Décembre 1732, par au-tres lettres patentes du 12 Juillet 1726.

Jufqu'au dernier Décembre 1738, par déclaration du 3 Août 1732.

Jufqu'au 31 Décembre 1744, par dé-claration du 7 Janvier 1738.

Prorogée jufqu'au 31 Décembre 1750, par autre déclaration du 13 Octobre 1743.

Continuée jufqu'au 31 Décembre 1756, par déclaration du Roi du 21 Octobre 1749.

Jufqu'au 31 Décembre 1762, par dé-claration du 8 Septembre 1755.

Et jufqu'au dernier Décembre 1768, par autre déclaration du 29 Octobre 1761.

Les articles 98 du tarif des droits de contrôle, & 19 de celui des droits d'infi-nuation, portent que lefdits droits, en-femble les *quatre fols pour livre*, pendant le tems que la levée en doit être faite au profit de S. M., feront paíés par toutes fortes de perfonnes, éxemtes & non éxemtes &c.

Par l'article 1er de l'arrêt du confeil du 10 Octobre 1722, il fut ordonné que ceux des princes du fang qui jouïffoient des droits de contrôle, infinuations-laïques & petit-fcel, continueroient d'en jouïr, à la charge de les faire percevoir conformément aux tarifs; & de faire percevoir les quatre fols pour livre defdits droits, tant qu'ils auront cours, defquels quatre fols pour livre la levée fera faite au profit de S. M.; & feront les commis tenus de compter defdits qua-tre fols pour livre à celui qui fe rendra adjudicataire de la ferme générale.

Arrêt du confeil du 9 Mars 1723, ren-du en règlement, par lequel (fur ce que diférens particuliers prétendoient n'être tenus de païer les quatre fols pour livre que fuivant les diférentes époques de leur établiffement) il eft ordonné que les droits de contrôle & d'infinuation feront païés fur le pié des tarifs de 1722, quand bien même les actes feroient antérieurs, enfemble les quatre fols pour livre defdits droits, quoique non établis ou fuprimés lors de la paffation defdits actes.

Autre arrêt du confeil du 11 Septembre 1725, portant que les engagiftes des domaines & droits domaniaux, fur lefquels les deux & quatre fols pour livre étoient perçus auparavant les engagemens, continueront de les percevoir, au profit du Roi, tant qu'ils auront cours; & qu'ils en compteront, tous les trois mois, aux receveurs & contrôleurs ambulans de la ferme des domaines, contrôle des actes & droits y joints, à la remife de deux fols pour livre pour tous frais.

Les baux des fermes portent que l'adjudicataire, ou le preneur jouïra des quatre fols pour livre de tous les droits compris dans fon bail, qui y font fujets, ainfi que des quatre fols pour livre des droits de péages, paffages, travers, barrages & autres droits dépendans des domaines, même de ceux defdits droits, fujets à la levée des quatre fols pour livre, qui ont été cidevant aliénés; que les fermiers, commis ou prépofés par les engagiftes pour la levée defdits droits aliénés, feront tenus de faire la perception defdits quatre fols pour livre & d'en compter & remettre les deniers au fermier du Roi, de quartier en quartier; qu'il jouïra pareillement d'un fol d'augmentation par chacun contrôle d'exploit & de 6 deniers par chacune faifie de deniers ou autres éfets mobiliaires; & encore des quatre fols pour livre des droits de contrôle des actes, petit-fcel, infinuation-laïque, & centième denier, dont jouïffent les princes du fang; le tout conformément aux déclarations de 1705, & 1715, aux lettres patentes du 18 Mars

1718, & aux arrêts du confeil des 10 Octobre 1722 & 9 Mars 1723. *Voïez* l'art. 545, du bail de Carlier du 19 Août 1726; l'article 522 de celui de Forceville du 16 Septembre 1738; le réfultat du 21 Octobre 1749, portant bail à Girardin, & les fous-baux faits en conféquence *&c.*

Les quatre fols pour livre des droits de péages, paffages & autres droits domaniaux aliénés, ne font éxigibles que de ceux defdits droits qui y étoient fujets avant que d'être aliénés; il eft vrai que, par l'édit de 1707, portant création d'ofices de contrôleurs des droits de péage, il leur fut attribué des droits fur ceux dépendans des domaines aliénés, comme fur ceux qui reftoient dans la main du Roi; mais, l'édit du mois d'Octobre 1716, en fuprimant le titre de ces ofices, fuprima pareillement les droits qui leur avoient été attribués dans l'étenduë des domaines engagés, & n'ordonna la continuation de la perception que fur les péages dépendans des domaines actuellement dans les mains de S. M.; enforte que, fur ceux qui ont été aliénés depuis, les engagiftes ont dû continuer de faire percevoir les quatre fols pour livre, pour en compter au Roi; l'arrêt de 1725, eft relatif à ces principes: il ne parle que des domaines & droits domaniaux, fur lefquels les deux & quatre fols pour livre étoient perçus auparavant les engagemens.

Par l'article 10 d'un édit du mois de Septembre 1759, portant établiffement d'une fubvention générale, il étoit ordonné qu'il feroit perçu au profit du Roi, *quatre nouveaux fols pour livre*, en fus de tous les droits des fermes, taxes & impofitions qui ont lieu dans le roïaume fur tous les objets de confommation; pendant la durée de la guerre, & dix ans après la ceffation des hoftilités en Europe; il intervint en conféquence deux arrêts du confeil: l'un du 5 Octobre 1759, portant qu'au lieu de ces nouveaux quatre fols pour livre

livre fur les droits de contrôle des exploits, il ne feroit perçu qu'un fol d'augmentation par chaque contrôle d'exploit & fix deniers pour chaque faifie, par doublement de pareils droits, ordonné par les lettres patentes du 18 Mars 1718; les émolumens des gréfes, les amendes de confignation fixées par les ordonnances, les amendes arbitraires prononcées par les juges, & les droits-réfervés dans les cours & jurifdictions roïales, furent déclarés éxemts de cette nouvelle augmentation; mais, il fût ordonné qu'elle auroit lieu fur ceux defdits droits-réfervés ci-devant attribués aux commiffaires confervateurs des décrets volontaires & à leurs contrôleurs; lefquels droits demeureroient fujets à ladite impofition, de même & ainfi que tous les autres droits des fermes du Roi. Par l'autre arrêt du 18 Octobre 1759, les droits de quint, requint, reliefs, rachats, fous-rachats, lods & ventes, droits d'échanges, & autres droits feigneuriaux dûs aux mutations, & apartenans au Roi à caufe de fes domaines, ainfi que les cens, rentes & redevances qui dépendent defdits domaines, furent déclarés éxemts de la nouvelle augmentation: même les droits de franc-fiefs dûs par les roturiers poffeffeurs de biens nobles, fans cependant que l'éxemtion pût avoir lieu fur les abonnemens defdits droits accordés à quelques villes & communautés, lefquels abonnemens refteroient fujets auxdits nouveaux quatre fols pour livre, fur le prix y porté.

La perception de ces nouveaux quatre fols pour livre a ceffé, en éxécution d'un autre édit du mois de Février 1760, par l'art. 3 duquel le Roi a éteint & fuprimé la fubvention générale établie par l'édit du mois de Septembre précédent.

Par déclaration du Roi du 3 du même mois de Février 1760, il a été ordonné que, jufqu'au dernier Septembre 1770, il fera perçu & levé au profit du Roi, un vingtième ou *fol pour liv.* d'augmentation

Tome III.

du prix principal de diférens droits; l'art. 4 porte que la perception & levée de ladite augmentation fera faite fur le principal des droits de *contrôle des actes*, *contrôle des exploits*, *petit-fcel*, *infinuation*, *centième denier*, *franc-fiefs*, *amortiffemens* & autres droits qui compofent & font partie de la ferme des domaines, de même que fur ceux de ces droits qui fe trouveroient avoir été aliénés, donnés, échangés ou engagés. L'art. 5 excepte de cette augmentation les droits fur le *papier & parchemin timbrés*, celui de la *formule des notaires de Paris*, les *droits de gréfes*, & les *droits-réfervés* dans les cours & jurifdictions roïales.

Sur les dificultés propofées au confeil, au fujet de ce nouveau fol pour livre, il a été décidé le 2 Avril 1760, 1°. que les diférens droits feigneuriaux & féodaux dûs au Roi en étoient éxemts; 2°. que les droits dûs à S. M. pour échanges de biens dans ces mouvances ou dans celles des feigneurs particuliers qui n'ont point acquis ces droits, en font pareillement éxemts; 3°. que le prix des fous-baux particuliers des domaines n'y fera point fujet, quand bien même ces fous-baux comprendroient quelques modiques droits de péages, paffages & autres, pourvû que ces droits foient attachés aux domaines fous-fermés, comme dépendans d'iceux; 4°. que les cens & rentes dûs au Roi, en argent ou en nature, font également éxemts du nouveau fol pour liv.; 5°. que le principal des amendes de confignation & de condamnation y demeureroit affujéti; 6°. que, conformément à l'arrêt du 9 Mars 1723, le nouveau fol pour livre aura lieu fur les droits qui y font fujets & qui, au jour de l'enregiftrement de la déclaration du 3 Février 1760, n'auront pas été acquités, quoique dûs pour des actes paffés, ou pour des fucceffions ouvertes antérieurement à cet enregiftrement; 7°. que la perception du nouveau fol pour liv. ordonnée , fur les droits de franc-fiefs , par l'article 4 de la déclaration du 3 Février 1760, aura également lieu fur le prix des abonnemens defdits droits , qui peuvent avoir été accordés aux villes & communautés ; 8°. que cette perception aura pareillement lieu fur les droits de nouvel-acquêt dûs par les communautés-laïques pour les droits d'ufages dont elles jouïffent ; 9°. enfin, fur ce que la perception du fort denier pouvoit avoir lieu à l'égard du fol pour livre des droits de contrôle des exploits , l'on demandoit fi les emploïés feroient tenus de compter de ce fort denier ; & il fut décidé qu'il en feroit ufé comme pour le droit principal.

Les difpofitions de la déclaration du 3 Février 1760 , & l'explication donnée par la décifion du 2 Avril fuivant , paroiffent fufifantes pour les diférens droits dépendans de la ferme des domaines ; néanmoins , les avis ne font pas uniformes fur ce qui doit être obfervé à l'égard des droits de contrôle des exploits : les uns prétendent que la déclaration a ordonné le païement du fol pour livre du produit principal de ces droits ; que la décifion autorife la perception du fort denier , & que , par conféquent , elle fupofe que le fol pour livre doit être perçu de la totalité du droit principal , puifqu'il n'y auroit jamais lieu à percevoir le fort denier fi le nouveau fol pour livre étoit foumis à la proportion établie , pour les quatre fols pour livre , par les lettres patentes du 18 Mars 1718 ; enforte qu'ils font monter le nouveau fol pour livre à fix deniers par chaque droit de contrôle d'exploit , dû fur le pié de huit fols fix deniers ; tandis que les quatre fols pour liv. ne produifent qu'un fol. D'autres difent que les quatre fols pour livre des droits de contrôle des exploits aïant toujours été fixés à raifon d'un fol par exploit , tant en 1718 , qu'en 1759 , l'on

ne doit percevoir , dans la même proportion , que trois deniers pour le nouveau fol pour livre ; que cette règle paraiffoit fi certaine en 1760 , qu'il ne fut propofé aucun doute à cet égard , & que le confeil n'a rien ftatué qui puiffe autorifer à changer la règle , il s'agiffoit uniquement de la comptabilité du fort denier , dans les cas où il peut être éxigé , & la décifion porte feulement qu'il en fera ufé comme pour le droit principal ; ce droit principal n'eft jamais dans le cas de la perception du fort denier , ainfi l'application qu'on prétend faire de cette décifion ne peut avoir lieu qu'à l'égard du fol pour livre du droit de faifie mobiliaire , qui , ne produifant pas deux deniers , donne néceffairement lieu à percevoir le fort denier , pour la comptabilité duquel on fe conformera à l'ufage établi.

Il eft d'obfervation que les quatre fols pour livre , & le nouveau fol pour liv. établis fur les *droits* des fermes ne peuvent avoir lieu fur les triples droits de centième denier , ni fur les amendes de contravention , qui font des peines impofées à ceux qui contreviennent aux règlemens.

Le nouveau fol pour livre des droits des fermes a été régi pour le compte du Roi depuis fon établiffement , & il l'eft encore actuellement ; mais , il eft compris dans le bail des fermes qui commencera , pour les domaines , le 1er Janvier 1763. *Voïez* ce bail , tom. 2 , pag. 348 *.

QUINT , *droit féodal* , dû pour les mutations de fief , par vente ou autre acte équipolent à vente ; ce droit , fixé à la cinquième partie du prix , dans la plupart des coûtumes , a retenu le nom de *Quint* , tiré de fa quotité. Il y a quelques coûtumes qui chargent le vendeur d'acquiter ce droit féodal , enforte que , pour le faire païer par l'acquéreur , il faut en convenir expreffément par le contrat , ou du moins y ftipuler que le prix de la vente eft païable *francs-deniers* , au vendeur ; alors, cette clause, qui oblige l'acquéreur de païer le quint à la décharge du vendeur, est considérée comme une augmentation du prix de son acquisition, & il en doit païer le quint, que ces coûtumes apellent *requint* ; le quint est la cinquième partie du prix, & le requint est la cinquième partie du quint, que doit païer l'acquéreur.

Ce qui s'observe pour le requint est une manière de fixer les droits féodaux de la vente d'un fief, qui ne doit point influer sur la perception des droits de contrôle & de centième denier de cette vente ; ces derniers droits ne doivent être perçus que sur le prix stipulé, quand bien même l'acquéreur se chargeroit d'acquiter le quint, dans une coûtume qui en charge le vendeur.

Les règles générales qui concernent les droits de quint & de requint, sont raportées ou indiquées à l'article, *lods*, tom. 2, pag. 627.

QUITANCE, est un acte par lequel un créancier tient quite son débiteur de ce qu'il lui devoit, reconnaissant qu'il lui en a fait le païement ou qu'il l'a fait en son acquit ; nous suivrons les distinctions faites par les tarifs, en parlant 1°. des quitances, en général ; 2°. des quitances données pour reste d'une plus grande somme ; 3°. des quitances du droit d'amortissement ; 4°. des quitances du droit d'indemnité dû par les gens de main-morte.

QUITANCES pour quelque cause que ce soit ; *voïez* l'art. 75 du tarif du 29 Septembre 1722, portant que le droit de contrôle en sera païé sur le pié réglé par les art. 3 & 4 du même tarif, soit qu'elles soient pures & simples, ou qu'elles contiennent d'autres dispositions.

Si la quitance contient d'autres disposition qui opèrent un droit plus considérable que celui règlé par cet article, le fermier aura incontestablement l'option de le percevoir, conformément à l'art. 96 du même tarif. *Voïez* actes contenant diférentes dispositions, tom. 1, pag. 69.

Lorsque, par un même acte, diférentes personnes donnent quitance au même débiteur, de ce qui étoit dû à chacune d'elles distinctement, il est dû un droit pour chaque quitance ; arrêt de 1693, & décision de 1715, à la même citation.

A l'égard des quitances ou décharges données à des dépositaires, ou à des fondés de procuration, il faut distinguer si elles ne produisent qu'une simple décharge, ou si elles opèrent quitance ou libération ; *voïez* les articles *Consignation* & *Décharge*.

Il a été décidé le 14 Février 1739, sur mémoire de M. l'archevêque de Besançon que, pour les quitances contenuës dans la sommation de païer, faite par un huissier, il n'est dû de droit de contrôle aux actes qu'au cas que le créancier soit présent & qu'il donne lui-même la quitance ; mais que si le débiteur, en conséquence de la sommation, païe réellement entre les mains de l'huissier, le procès verbal de cet huissier n'est sujet qu'au droit de contrôle des exploits.

Il a aussi été décidé au conseil le 19 Septembre 1733, qu'il n'est dû qu'un seul droit de contrôle pour une *quitance, contenant subrogation* en faveur d'un tiers qui n'est pas présent & acceptant.

L'on ne doit pareillement percevoir qu'un droit de contrôle, pour une *quitance donnée à un acquéreur, par le créancier auquel le prix de l'acquisition avoit été délégué en l'acquit du vendeur*, lorsqu'il n'y a d'autre partie que l'acquéreur qui païe & le créancier qui reçoit, quoique cette quitance opère deux libérations. *Voïez Délégation*, tome 2, page 28.

Les *décharges données par des légataires particuliers*, à l'héritier ou au légataire universel, sont de simples actes

F f ij

de délivrance, pour le droit de contrôle desquels il n'est dû que dix sols, si le legs est désigné & qu'il ne s'agisse que de la simple éxécution du testament ; mais, si le legs n'est pas nommément exprimé dans le testament & que le légataire, en traitant avec l'héritier, lui donne quitance ou décharge au moïen des éfets ou de l'argent qu'il reçoit ; voïez *Legs*, n. 7, tom. 2, pag. 610.

Les *quitances de dot* doivent être passées par devant notaires ; l'art. 130 de l'ordonnance de 1629, déclare nulles, à l'égard des créanciers, toutes celles qui ne sont pas données devant notaires ; l'art. 8 de la déclaration du 19 Mars 1696, ordonne que tous les contrats de mariage, quitances de dot & décharges données en conséquence, seront passées par devant notaires, à peine de privation des priviléges & hipotéques ; voïez encore *Contrat de mariage*, §. 1. Ces quitances ne peuvent être passées par devant notaires, si le contrat de mariage n'est préalablement contrôlé ; voïez *Actes sous-signature privée*, §. 4. Lorsqu'une femme repéte sa dot en justice ou par acte public, le contrat de mariage fait son titre unique, s'il contient réception & quitance de la dot ; mais, si la dot est simplement promise par le contrat, il faut la preuve de la réception, pour en éxercer la reprise ; ainsi, la quitance de dot doit être préalablement contrôlée, de même que le contrat de mariage. Il faut néanmoins observer que lorsqu'une fille, qui se marie, est maitresse & jouïssante de ses droits, la célébration lui peut valoir de quitance de ce qu'elle a promis d'aporter, par le contrat de mariage, lorsqu'il n'y a eu ni promesse ni garantie de la part d'un tiers ; ainsi le contrat de mariage contrôlé lui sufit pour agir, sans que les emploïés de la ferme des domaines puissent éxiger qu'elle raporte une quitance qu'elle n'a point été dans le cas de pren-

dre pour des éfets qui, étant en sa possession, ont passé avec elle dans celle du mari.

A l'égard des *quitances* données par les entrepreneurs *des fournitures de la marine* aux trésoriers de la marine & autres, le droit de contrôle est dû sur le pié fixé par le tarif ; voïez *Marchés pour la marine*, tom. 2, pag. 654. Les quitances données par les matelots aux armateurs, en ce qui concerne les armemens qui se font pour le compte du Roi, peuvent être signées de témoins pour attester les marques rustiques des mariniers & matelots qui ne savent pas écrire ; voïez le tom. 1, pag. 65.

Quant aux quitances qui doivent être en papier timbré, voïez *Formule*, §. 3, tom. 2, pag. 398.

QUITANCES *pour reste d'une plus grande somme* ; l'art. 76 du tarif du 29 Septembre 1722, porte que le droit de contrôle sera païé pour la *quitance finale*, comme si elle étoit pour le total, sur le pié ci-dessus, (c'est-à-dire suivant les articles 3 & 4 du même tarif) à moins qu'il ne soit justifié que les quitances du surplus auront été passées par devant notaires & contrôlées ; auquel cas, il ne sera païé, pour le contrôle de ladite quitance finale, qu'à proportion de la somme y contenuë.

Cette disposition du tarif est conforme à ce qui avoit été ordonné par arrêt du conseil du 21 Novembre 1693, par l'art. 7 de la déclaration du Roi du 20 Avril 1694, l'art. 1er de celle du 14 Juillet 1699 ; les art. 107 & 108 du tarif du 24 Août 1706, la décision du 24 Août 1707, l'art. 140 du tarif du 20 Mars 1708, & par la décision du 3 Mars 1716.

Par une décision du 17 Décembre 1756, le conseil a confirmé la perception faite à Mortain, du droit de contrôle suivant l'art. 4 du tarif, pour une quitance par laquelle le sieur Loyret a reconnu avoir été généralement païé par François Jeauté, tant en argent qu'en quitances, de plusieurs obligations de son frère & de tous arrérages de rentes ; en demandant la réduction du droit, l'on disoit qu'il ne s'agissoit que des arrérages d'une rente de 7 liv. ; mais la quitance étoit générale , sans aucune désignation ; ainsi , la perception étoit conforme au tarif.

QUITANCES du droit d'amortissement dû par les gens de main-morte , ne sont point sujétes au contrôle des actes ; mais , elles doivent être insinuées & le droit d'insinuation en est fixé par l'art. 11 du tarif du 29 Septembre 1722.

Il faut observer que le droit d'insinuation fixé , par cet article, à 10 liv. pour les biens de valeur de 500 liv. & au-dessous indistinctement , a été réduit par arrêt du conseil du 27 Avril 1728 : savoir ,

Pour les biens de valeur de 50 liv. & au-dessous. . . . . . . 10 sols.
de 50 liv. à 100 liv. 1 livre.
de 100 liv. à 150 liv. 1 . 10
de 150 liv. à 200 liv. 2 . . . . .
de 200 liv. à 250 liv. 2 . 10
de 250 liv. à 300 liv. 3 . . . . .
de 300 liv. à 350 liv. 3 . 10
de 350 liv. à 400 liv. 5 . . . .
de 400 liv. à 450 liv. 7 . . . . .
de 450 liv. à 500 liv. 10 . . . .

Cet arrêt porte que les autres sections dudit article du tarif seront exécutées selon leur forme & teneur ; & il est en outre ordonné que les quitances d'amortissement expédiées depuis le 1er Novembre 1722 & celles qui le seront à l'avenir , même en conversion des récépissés qui ont été délivrés aux gens de main-morte avant ledit jour 1er Novembre 1722, seront insinuées sur le pié ci-dessus règlé , sans que , sous aucun prétexte , ils puissent s'en dispenser ; au païement desquels droits ils seront poursuivis sur les contraintes du fermiers ou de ses receveurs.

L'article 18 de l'édit du mois de Décembre 1703 , porte que les lettres d'a-

mortissement seront insinuées à la situation des biens pour lesquels elles auront été obtenuës ; le tarif de 1708 , ne comprenoit encore que ces lettres d'amortissement ; celui de 1722 , est la première loi qui y air assujéti les quitances ; mais , l'art. 11 porte que , lorsque la quitance d'amortissement aura été insinuée & le droit païé , les lettres d'amortissement seront insinuées gratis.

Les gens de main-morte sont tenus de raporter les récépissés du droit d'amortissement qui leur sont donnés par les commis du fermier & de retirer les quitances expédiées en conséquence par les receveurs généraux des domaines, conformément à l'arrêt du conseil du 4 Septembre 1696.

Le droit d'insinuation est dû sur le pié de la somme entière sur laquelle le droit d'amortissement étoit dû ; c'est-à-dire , sur la valeur entière de ce qui est donné ou légué , & sur la totalité du prix des acquisitions , tant en principal que sur le pot-de-vin , rentes & autres charges; décisions du conseil du 25 Juillet 1739 , 22 Mai 1745 & 10 Décembre 1746 ; mais , pour 300 liv. justes, il n'est dû que 3 liv. , parce que ces droits sont règlés d'une somme à l'autre inclusivement ; voiez ce qui a été observé, tom. 2, p. 325.

Lorsqu'il n'est donné qu'une quitance de deux droits d'amortissement dûs pour deux legs ou pour autres causes, il n'est dû qu'un seul droit d'insinuation sur la totalité , parce que c'est la quitance qui est sujéte au droit d'insinuation sur la valeur de ce qui est amorti ; décision du conseil du 10 Avril 1728.

QUITANCES du droit d'indemnité dû aux seigneurs, par les gens de main-morte, sont sujétes à l'insinuation , dont le droit est fixé par l'article 11 du tarif de 1722, & par l'arrêt du 27 Avril 1728 , raporté ci-dessus , à l'article des quitances du droit d'amortissement.

Les actes d'indemnité étoient assujétis

Quitances. à l'infinuation par le tarif du 20 Mars 1708, indépendamment des lettres d'amortissement; de même que le tarif de 1722 y assujétit les quitances du droit d'amortissement, & celles du droit d'indemnité dû aux seigneurs.

1. Les droits d'infinuation des actes ou quitances d'indemnité font dûs & éxigibles pour tous biens fonds & rentes foncières non rachetables qui passent en la possession des gens de main-morte, parce qu'il n'y a aucuns biens qui ne soient sujets à l'indemnité, soit à cause de la mouvance, soit par raport à la justice; & que tous les gens de main-morte, sans aucune exception, font sujets au païement de l'indemnité; *voïez* ce qui est observé à cet égard, à l'article *Indemnité*, tome 2, page 529 & suiv. Il y a cependant un cas où il n'est point dû de droit d'infinuation : c'est lorsque la main-morte acquiert dans sa mouvance & dans sa haute-justice; alors ne devant point d'indemnité, elle ne peut devoir de droit d'infinuation; *voïez* le n. 7 ci-après.

2. Ces droits d'infinuation font dûs sur la valeur entière des biens sujets à l'indemnité, suivant les tarifs & l'arrêt de 1728; mais le conseil y a aporté une modification, en le réduifant sur le pié de la somme sur laquelle l'indemnité doit être fixée en conformité des coûtumes & des ufages; enforte que, si les biens acquis par la main-morte font dans la mouvance ou censive d'un seigneur, comme ils font alors sujets à une entière indemnité, le droit d'infinuation est dû sur la valeur entière de ce qui est donné & légué, ou sur tout ce qui fait le prix des acquisitions; si les biens font en franc-bourgage, l'indemnité n'est dûe que sur le pié du fixième de la fixation ordinaire, (tom. 2, p. 536) & le droit d'infinuation ne doit être perçû que sur le pié du fixième de la valeur des biens. Lorsque les biens font en franc-aleu, l'indemnité n'en est éxigible qu'à raison du dixième de l'indemnité ordinaire, (tom. 2, p. 535); ainfi,

le droit d'infinuation n'est dû que sur le pié du dixième de leur valeur.

Décision du 16 Décembre 1724, portant que le droit d'infinuation est dû sur la valeur & suivant le tarif; autres décisions des 7 Décembre 1737, & 25 Juillet 1739.

Autre décision du 22 Mai 1745, contre les bénédictines de Montargis, fur tout ce qui fait le prix des acquisitions, tant en principal, que pot-de-vin & autres charges.

Décision du 15 Avril 1746, contre les curé & marguilliers de Villejuif, qui foûtenoient que le droit d'infinuation n'étoit dû que sur le montant de l'indemnité païée; décidé que ce droit est dû fur la valeur des biens.

Par la décision générale du conseil du 23 Novembre 1748, il a été ordonné que le droit d'infinuation ne sera païé pour raison des biens en franc-aleu, que relativement à l'indemnité de ces biens, qui est fixée au dixième de l'indemnité ordinaire; & que, quoiqu'il foit dû indemnité à diférens seigneurs pour le même bien, il ne sera perçû qu'un seul droit d'infinuation fur la valeur des biens & conformément au tarif; cette dernière disposition ne peut avoir lieu que lorsqu'il n'y a pas de preuve du païement de l'indemnité; car, s'il étoit raporté des quitances de deux seigneurs, il faudroit insinuer l'une & l'autre, &, en conféquence, percevoir les droits de cette formalité dans la proportion de chaque objet.

3. Les droits d'infinuation des quitances & actes d'indemnité, font dûs indépendamment de ceux des quitances d'amortissement, c'est ce qui est bien décidé par le texte du tarif & par l'arrêt du 27 Avril 1728; les contestations qui fe font élevées à cet égard ont toujours été jugées en conformité; décision du 6 Mars 1736, contre le chapitre de saint Frambourg de Senlis.

4. Ils font éxigibles par le fermier des domaines, comme lui étant acquis dès le

jour que la main-morte poſſéde des biens ſujets à l'indemnité , de quelque maniere que le ſeigneur uſe de ſon droit.

Déciſion du 5 Juin 1736 , contre les religieuſes de ſainte Geneviéve d'Amiens , qui ſoûtenoient que le fermier ne pouvoit les contraindre au païement du droit d'inſinuation d'une quitance d'indemnité.

Autre déciſion du conſeil du 7 Décembre 1737 , contre les adminiſtrateurs de l'hôpital général de Rheims , qui diſoient que , l'indemnité ne leur aïant pas été demandée , ils n'avoient point de quitance , & que par conſéquent ils ne devoient point de droit d'inſinuation ; décidé que le ſeigneur peut requérir ſon indemnité quand il ſouhaitera ; mais , que le droit d'inſinuation de la quitance qui doit être donnée , eſt acquis au fermier du jour de la réunion à l'hôpital des biens donnés ou acquis.

Lettre de M. le contrôleur général des finances du 5 Décembre 1741 , à M. l'intendant de Bretagne , portant que les ſeigneurs ſont les maitres de ne pas éxiger l'indemnité qui leur eſt dûë & d'en faire remiſe ; mais que le droit d'inſinuation eſt acquis au fermier dès l'inſtant de l'ouverture au droit d'indemnité.

Déciſions du 14 Novembre 1744 , qui réforment deux ordonnances de M. l'intendant de Bourges , par leſqu'elles il avoit déchargé le curé de ſainte Croix de la ville de la Charité , & les religieux Auguſtins de la ville du Blanc , du droit d'inſinuation , ſous prétexte que l'indemnité n'avoit pas été païée aux ſeigneurs , & qu'ils en avoient fait remiſe ; en conſéquence , juge que les droits ſont dûs , quoique l'indemnité n'ait pas été païée.

Déciſion du 20 Novembre 1745 , contre les adminiſtrateurs de l'hôpital de Freſnay , qui diſoient que le ſeigneur pouvoit forcer à vuider les mains , n'aïant encore éxigé aucune indemnité. Décidé que le droit d'inſinuation n'eſt pas moins dû.

Autre déciſion du 25 Mai 1748 , contre

les adminiſtrateurs de l'hôtel-dieu de ſaint Etienne-en-forèz , qui diſoient que le ſeigneur avoit fait remiſe de l'indemnité en faveur des pauvres. Décidé que les ſeigneurs ſont les maitres de faire grace du droit qui leur apartient , mais qu'ils ne peuvent priver le fermier de celui d'inſinuation.

Déciſion du 3 Août 1748 , contre les ſœurs de ſaint Joſeph de Chomelis , pour leſquelles Mrs les agens généraux du clergé étoient intervenus ; décidé que le droit d'inſinuation eſt dû , quoique le ſeigneur faſſe remiſe de ſon indemnité.

Par la déciſion générale du 23 Novembre 1748 , il a été jugé que le fermier , étant autoriſé à demander le droit d'inſinuation dès le jour de la poſſeſſion de la main-morte , ne pouroit en former la demande après les 20 années de cette poſſeſſion , à moins qu'il ne prouve qu'il ait réellement été expédié une quitance d'indemnité ; auquel cas il poura demander le droit d'inſinuation de cette quitance dans les 20 années de ſa date ; le ſurplus de la déciſion eſt raporté aux numeros 2 & 7 de cet article.

5. Les actes faits entre le ſeigneur & les gens de main-morte , qui contiennent des conventions au ſujet de l'indemnité , ſoit en recevant un homme vivant & mourant , ſoit en convertiſſant l'indemnité en rentes , ou en lods , ou autrement ; tous actes enfin , par leſquels le ſeigneur ſe met hors d'état de forcer la main-morte à vuider ſes mains , ſont des actes d'indemnité , ſujets au droit d'inſinuation.

Déciſion du 16 Décembre 1724 , au ſujet d'une acquiſition faite par le chapitre de S. André de Bordeaux , dans la mouvance d'une autre main-morte , & pour l'indemnité de laquelle le chapitre s'étoit conſtitué en une rente ; décidé que cette conſtitution eſt un acte d'indemnité ſujet au droit d'inſinuation , ſur la valeur des biens ſuivant le tarif.

Autre déciſion du 23 Mars 1743 , COEtre les bénédictines de Baugé , qui , pour indemnité , ne fournissoient aux seigneurs qu'homme vivant & mourant.

Décision du 19 Septembre 1744 , sur mémoire de M. de la Blinière , conseiller au grand-conseil , qui avoit donné des biens mouvans de lui , en la généralité de Tours , aux sœurs de la charité de la paroisse de Montourtiere. Décidé que , quoiqu'il ait donné dans sa seigneurie & qu'il ait fait remise de l'indemnité , le droit d'insinuation n'est pas moins dû.

Autre décision du 26 Juin 1745 , contre l'hôtel-dieu de Chartres , qui avoit acquis des biens dans la mouvance de l'évêché , pour lesquels il n'étoit tenu qu'à fournir homme vivant & mourant , lors du décès duquel il sera paié des droits seigneuriaux.

Décision du 13 Janvier 1748 , qui réforme une ordonnance de M. l'intendant de Tours , par laquelle il avoit ordonné la restitution du droit d'insinuation perçu en contrôlant un acte portant constitution de rente , par les administrateurs de l'hôpital général de Tours , en faveur du chapitre de saint Martin , pour tenir lieu de l'indemnité des biens acquis par l'hôpital dans le fief du chapitre ; en conséquence il a été jugé que le droit avoit été bien perçu.

Autre décision du 8 Juin 1748 , sur mémoire des commissaires de la chambre ecclésiastique du comté de Bourgogne , qui oposoient que , dans cette province , il n'est point dû d'indemnité aux seigneurs , mais seulement des lods , de 29 en 29 ans ; & que l'indemnité dûe au Roi ne se paie point en capital ; qu'ainsi , il n'y a point de quitances. Décidé que les droits d'insinuation sont dûs dans l'un & l'autre cas.

Décision du 4 Décembre 1749 , contre le curé de Montelot , près Morer , pour acquisition faite afin de loger un maître d'école , & à cause de laquelle il n'a

été stipulé qu'homme vivant & mourant ; décidé que le droit d'insinuation est dû.

6. Si les biens sont dans les mouvances ou dans les hautes justices du Roi , soit à cause des domaines qui sont dans les mains de S. M. , soit à cause de ceux qui sont engagés , l'indemnité doit être liquidée & convertie en rente perpétuelle (tom. 2 , pag. 132) & il a été jugé que le droit d'insinuation est exigible aussitôt que les arrêts de liquidation sont expédiés.

Décision du conseil du 1er Juillet 1741 , contre les religieuses de sainte Marie , rue saint Antoine à Paris.

Autre du 19 Mars 1742 , contre la charité de sainte Marguerite à Paris.

Autres des 23 & 28 Mars 1743 , contre le curé & la fabrique de Baugé & les religieuses de saint Joseph du même lieu , pour biens mouvans de domaines engagés.

Décision du 28 Novembre 1744 , contre les nouvelles catholiques de Sedan , pour biens mouvans du Roi.

Autre décision du conseil du 8 Juin 1748 , ci-dessus , n. 5.

7. Des acquisitions faites par les gens de main-morte dans leurs mouvances , censives , ou hautes-justices.

Une décision du conseil du 26 Juin 1745 , rendue contre le chapitre de la cathédrale de Chartres , porte que , lorsque la main-morte acquiert dans sa directe & hors de sa justice , elle ne peut priver le fermier du droit d'insinuation qui lui est dû , à cause de l'indemnité du seigneur haut-justicier ; mais qu'en acquérant dans sa haute-justice & dans sa censive , il n'est point dû de droit d'insinuation , parce qu'il n'est dû aucune indemnité.

Autre décision du 16 Septembre 1747 , en faveur des bénédictines de Marville , qui avoient acquis dans leur mouvance & haute-justice.

Par la décision générale du conseil du

23 Novembre 1748, il est ordonné que si la main-morte acquiert dans sa justice & dans la censive d'un seigneur, ou dans sa censive & dans la justice d'un seigneur, le droit d'insinuation doit être réglé relativement à l'objet du cens ou de la haute-justice ; c'est-à-dire, suivant l'objet pour lequel l'indemnité se trouvera dûe, & dans la proportion expliquée ci-dessus, n. 2.

R.

 ACHAT ou *relif*, droit féodal dû aux seigneurs pour les mutations qui arrivent de la part des vassaux, à l'exception néanmoins de celles qui s'opèrent par ventes & de celles qui arrivent à titre successif en ligne directe, qui, dans quelques coûtumes, en sont dispensées. Ce droit consiste en une année du revenu des biens qui y sont sujets, à moins qu'il ne soit autrement fixé par là coûtume ou par les usages locaux. Les droits de rachat & de sous-rachat dûs au Roi, font partie des droits dominaux casuels, dont il a été parlé à l'article *Casuels*.

En Bretagne, ce droit est réellement un rachat du bail ou garde des mineurs, qui apartenoit au seigneur lors de la mort de son vassal, & qui fut converti en une année de revenu par lettres patentes du duc Jean, du mois de Janvier 1275, raportées sur l'article 67, du nouveau commentaire de la coûtume de cette province.

Suivant cet article 67, quand aucun meurt, en quelque âge que soient ses héritiers, le Prince ou autre aïant droit de rachat, prendra & levera, pour un an, les fruits & issuës des terres, héritages & rentes du décédé, sans couper bois &c. Ainsi, dans cette coûtume, le rachat est dû en ligne directe comme en collatérale ; &, par conséquent, il est d'un objet considérable ; il y a quelques autres coûtumes semblables ; *voïez* Livon, tr. des fiefs, liv. 4, chap, 1, sect. 1. Il a été jugé, par arrêt du parlement de Paris du 7 Février 1704, que le rachat est dû à toutes mutations de père à fils, & de frère à frère & à sœur, dans la coûtume locale de la baronie de Ligueuil, située dans la province de Touraine.

Le droit est dû, en Bretagne, sur la totalité du revenu, sans distraction d'aucune charge qui n'ont pas été inféodées, même nonobstant l'usufruit qui pouroit apartenir à un tiers, si ce n'est seulement de l'usufruit purement légal, tel que le doüaire (art. 69) ; mais le rachat, ouvert par le dèces du propriétaire, est acquis dèslors, & il n'est que suspendu sur la partie dont joüit la doüairière, pour être païé lors de son décès, sans que l'on puisse opofer de prescription, quelque long qu'ait été l'usufruit. Il fut décidé au conseil le 25 Avril 1744, que le rachat de la portion affectée au doüaire apartiendroit au fermier du domaine du Roi, du tems de l'ouverture de ce rachat, sans être obligé de se l'assurer par aucune demande, pourvû qu'il se fut fait païer du surplus dans le cours de son bail.

Suivant l'article 455, de la coûtume de cette province, le doüaire de la veuve consiste dans la joüissance du tiers des biens de son mari, s'il n'y a convention au contraire, jufqu'à la moitié en usufruit.

Cet article a fait naitre une queſtion dans le cas de la ſtipulation d'un doüaire porté à la moitié ; on prétendoit qu'à la mort du mari, l'héritier devoit païer le rachat, ſans pouvoir ſuſpendre plus du tiers, parce que le doüaire légal n'eſt que du tiers, & que ſi la veuve a un uſufruit plus étendu, elle ne le tient que d'une convention qui ne peut nuire aux droits du ſeigneur.

Sur cette queſtion, il a été donné un acte de notoriété du parquet, à Rennes, le 23 Août 1757, atteſté de 15 avocats, portant que le doüaire, ſoit coûtumier, ſoit conventionnel, ſuſpend le rachat pendant le cours de l'uſufruit de la doüairière, juſqu'à concurrence du tiers des biens ſujets au doüaire, s'il eſt coûtumier, & juſqu'à concurrence de la convention, s'il y en a une dérogatoire à la fixation du tiers faite par la coûtume ; que les ſtipulations ſervent de règle ; que ce ſont les conventions matrimoniales autoriſées par la coûtume qui déterminent le plus ou le moins d'étenduë de la ſuſpenſion du rachat, lorſque le doüaire eſt conventionnel.

Nul autre uſufruit conventionnel ne peut ſuſpendre le rachat ; voïez les commentateurs ſur l'article 69 de la coûtume de Bretagne.

On a auſſi agité la queſtion de ſavoir ſi le doüaire ſtipulé en rente pouvoit ſuſpendre le rachat, comme celui qui conſiſte dans l'uſufruit en eſſence d'une partie des biens. J'ai vû, à ce ſujet, une conſultation de trois avocats du parlement de Bretagne (du Parc Poullain, Marc de la Chenardais, & Martigné Pepin) du 27 Août 1757, portant que le doüaire, quoique fixé en rente par le contrat de mariage, doit opèrer la ſuſpenſion du rachat, à proportion de cette charge ; que, dans pluſieurs provinces, le doüaire eſt hipotéqué ſur l'univerſalité de la ſucceſſion comme une ſimple dette, mais qu'en Bretagne, il eſt

toujours conſidéré comme une charge réelle ; que la femme en a la ſaiſine dans tous les cas, ſuivant les articles 471 & 472 de la coûtume, enſorte que l'aproprriment de l'acquéreur ne pourroit l'en affranchir ; enfin, que l'héritier du mari peut toujours ſe décharger de cette rente, en obligeant la veuve à joüir en eſſence juſqu'à concurrence de la moitié des biens.

Si, pendant l'uſufruit, il arrive pluſieurs mutations de propriétaire, il eſt dû autant de rachats, en ſuſpendant toujours le païement de la partie du doüaire juſqu'au décès de la doüairière ; enſorte qu'alors, il poura être dû diférens rachats qui emporteront autant d'années du revenu des biens.

Mais ſi, dans le cours d'une année, il arrive deux mutations dans la propriété, il ne ſera pas dû deux droits de rachat en entier : c'eſt ce qu'on apelle *rachat rencontré.*

Suivant l'art. 70 de la coûtume de Bretagne, avenant qu'en même année, deux ou pluſieurs vaſſaux, ſeigneurs d'une même terre, décéderoient, en ce cas le ſeigneur de fief joüira depuis le décès du premier juſqu'au décès du ſecond, & depuis le décès du dernier, un an entier. Les coûtumes d'Anjou, du Maine, de Touraine, de Loudun, de Blois & de Poitou y ſont conformes ; voïez Livon. tr. des fiefs, liv. 4, ch. 9.

Le *ſous-rachat*, que quelques auteurs apellent *rachat de rencontre*, a lieu lorſque, pendant que le ſeigneur joüit du fief de ſon vaſſal par droit de rachat, l'arrière fief qui en dépend tombe auſſi en rachat par la mutation de l'arrière-vaſſal. Le rachat de l'arrière-fief eſt un profit féodal, qui fait partie des fruits du fief & qui doit apartenir au ſeigneur qui en joüit par droit de rachat ; c'eſt ce qui a lieu en Bretagne, quand bien même l'arrière-vaſſal ſeroit éxemt de rachat envers le ſeigneur proche, ainſi qu'il a été jugé par arrêt du 22 Octobre 1569, raporté ſur l'art. 67 de la coûtume par le nouveau commentateur , n. 4 ; & le sous-rachat apartient en entier au seigneur comme un casuel échu pendant sa jouïssance ; on fait quelques distinctions dans les autres coûtumes; *voïez* Livon. *ibid.*

Dans la baronie de Fougères , la conversion du bail ou garde en rachat n'a été faite qu'en 1570 , & sous la condition que le Baron seroit seul fondé à percevoir les droits de rachat & sous-rachat sur toutes les terres nobles assises sous ladite baronie & qui en sont mouvantes en proche ou en arrière-fief; la réserve en fut faite expressément lors de la réformation de la coûtume de Bretagne en 1589 , au nom de la reine, usufruitière de cette baronie.

Pendant l'année du rachat ouvert en Bretagne au profit du Roi , les juges roïaux éxercent la jurisdiction du vassal , dont le gréfe tombe également en rachat ; ensorte que les droits de petit-scel , les droits-réservés & autres semblables , doivent incontestablement être perçus sur les actes émanés de cette jurisdiction pendant qu'elle est dans la main du Roi , & éxercée par ses oficiers.

Pour la jouïssance ou la liquidation du rachat en Bretagne , l'héritier est tenu de fournir minu ou dénombrement , & de communiquer les rôles , rentiers & autres pièces justificatives du revenu.

Il fut ordonné , par arrêt du conseil du 23 Avril 1686 , que tous les baux à ferme des terres & seigneuries tombées en rachat sous le fief du Roi en Bretagne , seroient faits devant les oficiers des lieux , à la requête des procureurs du Roi , à la poursuite du receveur général des domaines , le fermier présent ou apellé ; & à cet effet , les actes remis au receveur général , pour par lui , s'il y échet , faire convertir les baux conventionnels en judiciaires , sinon faire procéder judiciairement aux baux à ferme ; avec défenses à tous

oficiers roïaux de ladite province de procéder à aucunes adjudications & baux à rachat , autrement qu'en la manière ci-dessus , & aux fermiers des domaines , de recevoir aucuns droits de rachat qu'après que lesdits baux à rachat auront été faits , à peine de mille livres d'amende. Par un autre arrêt du 19 Février 1689 , en interprétant le précédent , il fut ordonné qu'il ne seroit fait à l'avenir de baux des terres , fiefs & seigneuries tombés en rachat en Bretagne , par devant les juges des lieux , que lorsque le receveur général des domaines reconnaîtroit , par la déclaration qui lui seroit fournie , que le revenu excéderoit 500 liv. ; & que , lorsqu'il seroit au-dessous , le receveur général le recevroit par ses mains , sans aucune formalité , pour faire aux fermiers des domaines le païement de ce qui leur revient.

Ces formalités étoient alors nécessaires , parce que les baux ne comprenoient qu'une partie des casuels , jusqu'à certaine concurrence & que le surplus étoit réservé au Roi ; ainsi , il falloit prendre des précautions pour constater ce qui devoit apartenir à S. M. & à ses fermiers ; mais à présent que tous les droits domaniaux casuels sont compris dans les baux des fermes , sans nulle exception ni réserve (*) , il n'y auroit aucun motif (si les domaines de Bretagne étoient dans la main du Roi & régis par les fermiers de S. M.) , pour qu'il fut fait des baux judiciaires des biens tombés en rachat ; ce ne seroit qu'une formalité absolument inutile , qui occasionne des frais que l'on doit toujours éviter autant qu'il est possible ; il n'y a donc pas lieu de douter qu'elle seroit abrogée à la première représentation qui en seroit faite au conseil.

Voïez encore l'article *Relief*.

RACHAT , *faculté de rachat ou de reméré* dans les contrats de vente ; *voïez*

(*) *Voïez* le tome 2 , page 348 * *.

Faculté, tom. 2, p. 341; & ci-après, *Vente* à faculté de réméré.

RACHAT, faculté inférée, ou qui fe fuplée de droit, dans les aliénations de biens dépendans du domaine du Roi, eft imprefcriptible par quelque laps de tems que ce puiffe être. *Voïez* Domaine, tom. 2, pages 96, 97 & 125.

RACHAT, *ou remboursement de rentes*.

1. Suivant l'art. 79 du tarif du 29 Septembre 1722, le droit de *contrôle* des rembourfemens du prix des contrats ou rentes conftituées ou foncières, eft dû fur le pié des art. 3 & 4 du même tarif. Ainfi, ce droit doit être perçu fur le pié du capital de la conftitution des rentes rembourfables de leur nature; & à l'égard des rentes foncières non rachetables, fur le pié des fommes païées pour le rachat; décifion du confeil du 18 Mai 1748, qui réforme une ordonnance de M. l'intendant d'Amiens, par laquelle il avoit jugé qu'il n'étoit dû que 2 liv. comme réfiliment, pour droit de *contrôle* du remboursement d'un contrat de conftitution de 700 liv. de rente viagère, conftituée moïennant 10000 liv.; &, en conféquence, juge qu'il eft dû le même droit de contrôle que pour le contrat.

2. Le rachat d'une rente foncière non rachetable ne peut fe faire que du confentement du créancier de la rente; ainfi, c'eft une aliénation qui donne ouverture au droit de *centième denier* & même aux droits feigneuriaux, dans la plûpart des coûtumes(*). Le bail à rente foncière non rachetable transfère pleinement au preneur la propriété naturelle du fond; c'eft par cette raifon qu'il eft affujéti au droit de centième denier; la réferve d'une rente foncière par le bailleur eft une rétention de propriété directe, qui repréfente le fond; &

comme le rachat de cette rente réunit la propriété directe à la propriété naturelle, les lods & ventes en font dûs, fuivant le droit général; & par une fuite de ce principe, le droit de *centième denier* eft également dû pour le rachat; *voïez* Baux à rente, tom. 1, p. 299.

Par arrêt du confeil, rendu en règlement le 20 Mars 1742, contradictoirement avec les notaires de la ville de Riom, qui foûtenoient que le droit de centième denier ne pouvoit pas être éxigé pour le rachat des rentes foncières non rachetables, attendu qu'il avoit été perçu lors de leur création, *il a été ordonné* que la déclaration du Roi du 20 Mars 1708, fera éxécutée felon fa forme & teneur, en conféquence que le droit de centième denier fera païé pour le rachat des rentes foncières non rachetables, fur le pié des fommes païées pour l'extinction defdites rentes; & enjoint à Mrs les intendans des provinces & généralités du roïaume de tehir la main à l'éxécution de l'arrêt.

Cet arrêt ne fut pas confidéré comme une loi nouvelle, mais comme la confirmation des principes, fuivant lefquels le droit de centième denier avoit dû être païé dans toutes les provinces du roïaume pour le rachat des rentes foncières non rachetables; c'eft même ce qui a été jugé diférentes fois; décifion du confeil des 19 Juin 1745 & 11 Mars 1747, contre les administrateurs de l'hôpital de faint Front, apellans d'une ordonnance du lieutenant général de Domfront, qui les avoit condamnés au païement du centième denier d'un rachat de rente foncière fait devant notaires en 1736; autres décifions des 11 Mars & 10 Juin 1747, contre la dame du Bourg, veuve du fieur Pierre-Pont de Blainville, appellante d'une ordonnance de M.

(*) L'article 87 de la coûtume de Paris porte que de toutes rentes foncières, non rachetables, venduës à autres ou délaiffées par rachat, depuis le premier bail, font dûës ventes, eû égard au prix de la vente ou rachat d'icelle rente, teut ainfi que fi l'héritage ou partie d'icelui étoit vendu.

l'int:ndant de Caën , pour rachats faits par fon mari, devant notaires , en 1733 & 1738. Autre décifion du 10 Juin 1747 , qui réforme une ordonnance de M. l'intendant de Tours , & condamne le fieur de la Porte au païement du centième denier du rachat d'une rente féodale , en grains ; décifion du 9 Mars 1748 , contre le fieur Vitry , pour le rachat fait en 1747 , d'une rente créée par le bail à rente qui lui avoit été paffé en 1734 , d'une maifon à Fontenay , généralité de Paris ; autre décifion du 30 Août 1751 , qui réforme une ordonnance de M. l'intendant de Paris , & condamne le fieur Joly au païement du centième denier du rachat par lui fait avant 1742 , d'une rente créée par le bail à rente qui lui avoit été fait de deux maifons à Sens ; laquelle rente étoit ftipulée foncière & première après le cens & par conféquent non rachetable.

3. Il y a des coûtumes qui permettent au débiteur d'une rente foncière non rachetable, de s'en libérer , lorfqu'elle eft venduë à un tiers , en rembourfant à l'acquéreur le prix de fon acquifition & les loïaux coûts ; voïez l'art. 501 de la coûtume de Normandie , qui accorde cette faculté dans l'an & jour de la lecture du contrat de vente.

L'on a prétendu le droit de centième denier de ces extinctions , & c'eft le fermier des infinuations de M. le duc d'Orléans , qui, le premier , a formé une prétention auffi éxorbitante. Il n'y a point d'aliénation dans cette efpèce , puifque le débiteur de la rente n'a befoin du confentement de perfonne pour l'éteindre, il ufe fimplement de la faculté qui lui eft accordée par la loi ; & il eft affujéti à tou-

tes les formalités prefcrites pour le retrait lignager ; l'aliénation a précédé cette extinction , & le droit de centième denier en a été païé par l'acquéreur , auquel le propriétaire du fond eft tenu d'en faire le rembourfement ; dès que cet acquéreur n'eft pas le maître de conferver ce qu'il a acquis & qu'il en peut être dépoffédé , le droit de centième denier qu'il a païé & qui lui eft rembourfé , doit par conféquent fervir à acquiter le propriétaire du fond, qui le dépoffède de la rente ; comme celui païé par un acquéreur , fert à acquiter le rétraïant ; d'ailleurs , le débiteur ne fait pas le rachat d'une rente foncière non rachetable , puifque la loi la rend rachetable en fa faveur , pendant le délai qui lui eft accordé (*) ; & , en lui faifant païer le centième denier pour cette extinction , il s'enfuivroit qu'il païeroit deux droits de centième denier , pour éteindre la rente , indépendamment de celui qu'il auroit païé pour le bail à rente ; néanmoins , les décifions ont favorifé la prétention.

Par deux décifions du 6 Août 1746 , le confeil a réformé des ordonnances du lieutenant général du Pont-l'Evéque , & a condamné les fieurs le Peley & Montaye au païement du droit de centième denier pour des rentes foncières dont ils étoient débiteurs & qu'ils avoient éteintes en vertu de l'art. 501 de la coûtume de Normandie & dans le délai fixé par cette loi , en rembourfant les acquéreurs du prix de leurs acquifitions & des loïaux coûts. Ces deux particuliers s'étant pourvûs en opofition , ont été déboutés par autres décifions du 25 Février 1747.

La queftion s'étant élevée entre le fermier du Roi & le fieur le Picard de Belleville ,

(*) Si le débiteur d'une rente foncière , feconde après le cens , affife fur une maifon fituée dans Paris ou dans d'autres villes , & ftipulée non rachetable par le bail à rente , en fait le rembourfement au créancier en vertu de la faculté qui lui en eft accordée par les ordonnances , il ne devra point de centième denier , parce qu'il ne rachete qu'une rente foncière rachetable. Dans l'efpèce propofée , la rente eft également rachetable en vertu de la coûtume ; pourquoi donc le centième denier fera-t-il dû pour le rachat fait pendant le tems de la faculté légale ?

qui demandoit la reſtitution d'un droit éxigé en pareil cas à Caudebec , M. l'intendant de Roüen renvoïa les parties au conſeil , où il intervint décifion le 26 Novembre 1746 , portant : le droit eſt dû & a été bien perçû. *Voïez* encore les décifions des 20 Mai , 17 Juin & 25 Novembre 1747 , 5 Juillet & 31 Octobre 1748 , 4 Décembre 1749 , & 12 Avril 1751 , qui ont jugé la même choſe , même dans le cas où le débiteur de la rente étoit parent de celui qui l'avoit vendüe , & pouvoit par conféquent exercer le retrait , foit comme lignager , foit comme débiteur.

RACHAT de cens & rentes dûs au Roi *&c.* Voïez *Affranchiſſement* , tom. 1 , page 101 , & ci-après *Rentes domaniales.*

R A P E L *à ſucceſſion* , eſt une diſpoſition par laquelle on rapelle à ſa ſucceſſion , celui qui n'auroit pû hériter comme plus éloigné en dégré que les autres parens habiles à ſuccéder ; dans pluſieurs coûtumes , la repréſentation n'a pas lieu , enforte que les enfans ne peuvent pas , par repréſentation de leur père , hériter d'un oncle qui laiſſe un frère plus proche qu'eux ; mais ils peuvent être rapellés par contrat de mariage ou par teſtament : il n'y a que ces deux manières de rapeller.

Si le rapel à ſucceſſion eſt fait par contrat de mariage , il eſt conſidéré comme inſtitution contractuelle & ſujet aux mêmes droits ; décifion du conſeil du 9 Mars 1748 , contre le ſieur Catherinot de Barmont , rapellé aux ſucceſſions de deux oncles par ſon contrat de mariage ; qui juge que , par raport à cette diſpoſition , il eſt dû 200 liv. pour le droit de contrôle du contrat de mariage , & 100 liv. pour deux droits d'inſinuation ; autre décifion du 18 Mai 1748 , contre le ſieur Joly , pour un rapel fait par ſon contrat de mariage en faveur de ſes enfans à naître : cette décifion eſt raportée , tom. 1 , p. 518.

Le rapel fait par teſtament vaut legs ; ainſi , le droit d'inſinuation en eſt dû ,

lorſqu'il eſt fait en ligne collatérale ; décifion du conſeil du 26 Janvier 1732 , ſur le mémoire du ſieur Protte , curé de S. Martin de Chaalons , éxécuteur du teſtament de la veuve Grognard qui avoit rapellé ſa petite-niéce , pour prendre dans ſa ſucceſſion , la même part que ſon père y auroit priſe ; décidé que ce rapel vaut legs & que , comme tel , il eſt ſujet à l'inſinuation. Le droit d'inſinuation eſt dû ſur le pié règlé par l'art. 2 du tarif , ſuivant la qualité du teſtateur , parce que c'eſt un legs d'une partie dans une univerſalité ; & il n'eſt dû qu'un droit , en quelque nombre que ſoient les rapellés par le même teſtateur ; *voïez* l'Arrêt de règlement du 29 Juillet 1732 , raporté tom. 2 , p. 606.

R A P O R T d'experts ; & autres raports , ſoit pour délits & dégats dans les bois , ou autrement ; voïez *Procés verbaux.*

R A T I F I C A T I O N , eſt la confirmation où l'aprobation de ce que l'on a fait , ou de ce qui a été fait pour ſoi.

L'art. 77 du tarif du 29 Septembre 1722 , fixe à dix fols le droit de contrôle des ratifications pures & ſimples , d'actes ou contrats paſſés par devant notaires , qui ne contiendront pas d'autres diſpoſitions que celles contenües dans les actes ou contrats ratifiés.

Et l'article 78 du même tarif , fixe également à dix fols le droit de contrôle des ratifications d'actes fous-ſignatures privées qui auront été préalablement contrôlés , dont mention ſera faite dans les ratifications.

Il n'eſt dû que le droit fixé par ces articles pour toutes ratifications pures & ſimples , quand bien même elles contiendroient décharge en faveur du procureur conſtitué des ſommes dont il auroit donné quitance par les actes ratifiés , parce que la quitance a été contrôlée & que la décharge du conſtitué eſt de l'eſſence de la ratification des actes qu'il a paſſés en cette qualité. *Voïez* Décharge & Procurations.

Mais , ſi la ratification contient quelques nouvelles diſpoſitions , les droits en feront dûs , ainſi qu'ils font règlés par le tarif.

Il ne faut pas confondre la ratification des actes fous-ſignatures privées avec la re-connoiſſance dont il fera parlé ci-après.

REBELLION , eſt une révolte con-tre l'autorité légitime ; une opoſition avec force & violence à l'éxécution d'une loi , d'un jugement ou autre choſe ſemblable.

Les juges qui connoiſſent des conteſta-tions ſur les droits de la ferme des do-maines , font ſeuls compétens pour con-noître des rebellions faites aux emploïés de cette ferme , & même aux huiſſiers , dans leurs fonctions pour le recouvrement des droits de la même ferme. Les procès verbaux de rebellion doivent être afirmés devant les mêmes juges ; *voïez* Afirma-tion , Inſcription en faux , & Procès ver-baux.

Par arrêt du conſeil du 19 Avril 1720 , le ſieur Marie , notaire à Chartres , a été condamné en 500 liv. d'amende pour la rebellion par lui faite aux emploïés qui lui demandoient la communication de ſon répertoire & de ſes liaſſes & minutes ; & interdit de ſes fonctions pendant trois mois.

Par ordonnance de M. Bignon , inten-dant de la généralité de Paris , du 20 Décembre 1720 , les mêmes peines & amendes ont été prononcées contre Jour-dan , notaire & gréfier à Corbigny , pour pareil refus de communication avec re-bellion.

Arrêt du conſeil du 13 Février 1722 , qui ordonne que le procès fera fait & ju-gé en dernier reſſort par M. l'intendant d'Auch , aux auteurs des violences & rebellions , faites à des huiſſiers chargés du recouvrement des droits de la ferme des domaines.

Autre arrêt du 7 Mars 1722 , contre un procureur à Gien , pour rebellion & violences faites à un inſpecteur de la ferme.

Arrêt du conſeil du 4 Octobre 1723 , qui condamne Nicolas-Claude Cheronne , notaire & contrôleur à Croüy , en 1000 liv. d'amende , pour le refus par lui fait de communiquer à un emploïé ſes liaſſes & minutes , comme notaire , & de repré-ſenter ſes regiſtres en qualité de commis , & pour la rebellion par lui fuſcitée.

Jugement ſouverain rendu le 1er Dé-cembre 1719 , par M. l'intendant de Riom , en conſéquence d'arrêt d'attribution du 15 Mars précédent , contre Louis Achard , notaire roïal à Rochefort ; qui le déclare atteint & convaincu d'avoir , par voie de fait , violences , outrages & émotion populaire , empêché la viſite de ſes liaſ-ſes , minutes & répertoire , que l'inſpec-teur & l'ambulant étoient ſur le point de faire en ſa maiſon ; pour réparation de quoi le condamne à être , tête nuë & à genoux , blâmé & réprimandé deſdits cas en la chambre du conſeil , en 100 liv. d'amende envers le Roi , & en 500 liv. de réparation civile envers le fermier. Ordonne qu'il fera tenu de ſe démettre de ſon ofice de notaire dans ſix mois ; faute de quoi , déclare ledit ofice impé-trable aux parties caſuelles du Roi , & ce-pendant l'interdit de ſes fonctions ; avec défenſes à ſa femme de récidiver , ſous peine de punition corporelle.

Autre jugement ſouverain rendu le 17 Décembre 1739 , par M. l'intendant de Bourges , en vertu d'arrêt du conſeil du 12 Mai précédent , contre Silvain Bonin , notaire du duché de Châteauroux , qui le déclare atteint & convaincu d'avoir enlevé de force & violence , les piè-ces & minutes faiſies par l'inſpecteur de la ferme & le contrôleur des actes ; & de rebellion & voies de fait : ordonne qu'il fera mandé en la chambre pour être blâmé , le déclare incapable d'éxercer au-cunes ieunes fonctions publiques, & le condamne en 50 liv. d'amende envers le Roi.

Par arrêt du 30 Septembre 1755, le conseil a évoqué un procès verbal de rebellion fait par le nommé Estorge huissier, lors du recouvrement qu'il étoit chargé de faire d'une amende arbitraire prononcée par le lieutenant criminel de Tulles, contre la nommée du Molard, femme Bar; ensemble la répétition faite dudit procès verbal par Estorge & par ses records, devant le subdélégué de M. l'intendant de Limoges; ainsi que la plainte formée par ladite du Molard devant les juges de Tulles; & a renvoïé le tout pour être jugé en dernier ressort par M. l'intendant, lui attribuant toute jurisdiction & l'interdisant à toutes cours & autres juges.

RÉCEPTIONS d'oficiers, en des charges de judicatures & autres.

Les oficiers royaux, sont pourvûs & titulaires en vertu des provisions ou des lettres de ratification de la grande chancellerie; mais, ils ne peuvent faire aucunes fonctions jusqu'à ce qu'ils aïent été admis par les juges auxquels leurs lettres sont adressées, après information de vie & mœurs & prestation de serment.

Comme l'on ne peut se servir d'aucuns actes qui ne soient en forme, il s'ensuit que les oficiers royaux & même ceux des justices subalternes, qui ont été obligés de faire enregistrer leur provisions ou de prêter serment dans des jurisdictions roïales, ne peuvent faire aucunes fonctions, s'ils n'ont retiré les expéditions de l'enregistrement desdites provisions, prestations de serment & réception, & païé les droits de gréfe, ceux de petit-scel, & les 3 sols pour livre des épices.

Sur une contestation générale qui s'étoit élevée à cet égard, il intervint une décision du conseil, le 21 Août 1745, portant que les actes de réception desdits oficiers, devant être retirés, le droit de petit-scel doit être païé.

Tome III.

Décision du 11 Juin 1746, qui juge que la réception du receveur des amendes de la maitrise de Vaassy, doit être scellée, nonobstant la prétention contraire du procureur du Roi de la maitrise.

Autre décision du 17 Décembre 1746, sur le mémoire du procureur du Roi de la maîtrise des eaux & forêts de Roüen, qui soûtenoit que les ordonnances renduës sur ses conclusions, portant permission d'informer des vies & mœurs de ceux qui demandent à être reçus oficiers ou gardes des eaux & forêts, n'étoient pas sujétes au droit de petit-scel; décidé qu'elles y sont sujétes, & que, s'il a été donné une assignation aux témoins pour déposer dans l'information, l'exploit a dû être contrôlé. Voïez, Information, tom. 2, p. 538.

A l'égard des trois sols pour livre des épices & conclusions des juges & du procureur du Roi. Voïez Droits-réservés, §. 4, n. 7, tom. 2, p. 252.

RÉCEPTIONS de marchands, maîtres & aprentis; nomination de sindics, gardes & jurés des communautés des arts & métiers.

Les expéditions de tous ces actes doivent être retirées du gréfe du siège de police où ils ont été faits, & les droits acquités, avant que les marchands puissent ouvrir leurs boutiques, & que les gardes & jurés puissent faire aucunes fonctions en cette qualité. Voïez Droits-réservés, §. 4, n. 8, tom. 2, p. 253.

Il a été donné, le 24 Septembre 1744, un acte de notoriété du siège de la police de Caën, signé du Mouchet Grefier, & attesté le 25 par le sieur Vezel, conseiller du Roi au bailliage & siège présidial de la même ville, contenant qu'il ne se fait aucune réception de gardes ès arts & métiers, qu'il n'y ait une délibération par écrit des maîtres de chaque communauté, contenant la nomination desdits gardes, dûment contrôlée; & qu'il n'est reçu aucun aprenti, qu'il n'y ait un Brevet d'apren-

H h

tiffage , arrêté par écrit entre le maître & l'aprenti , & contrôlé ; & que les droits-réfervés fe portent fur les minutes defdites réceptions , pour les trois fols pour livre des épices ; qu'il eft perçû trente fols de petit-fcel , & en outre le dixième de l'émolument du gréfe fur la groffe.

RECEVEURS *généraux des domaines & bois* , font des oficiers titulaires , établis pour veiller à la confervation des domaines du Roi , dont ils font tenus de fournir des états en détail ; ils reçoivent des fermiers des domaines , le fond des charges affignées , pour en faire le païement fuivant les états arrêtés au confeil ; ils font la recette des droits domaniaux cafuels apartenans au Roi , à la charge de remettre au fermier des domaines , tous les quartiers , ou de fix mois en fix mois , pour le plus tard , le montant de ce qui lui apartient dans lefdits droits cafuels ; ils ont des attributions fur leur recette ; ils font les enfaifinemens , pour lefquels il leur eft également attribué des droits ; ils ont auffi des attributions fur les droits d'amortiffement , de franc-fiefs & de nouvel-acquêt ; enfin , ils font la recette du prix des bois & forêts du Roi , & de ceux des eccléfiaftiques & communautés ; cette dernière partie n'eft pas de nôtre objet.

Il y avoit des receveurs ordinaires , de très-ancienne création en chaque domaine , pour en percevoir les revenus , & en compter à la chambre des comptes. Par édit du mois de Mai 1639 , il fut créé trois tréforiers des domaines de France , & trois tréforiers provinciaux en chaque généralité.

Louis XIV , par un autre édit du mois d'Août 1669 , fuprima les ofices des receveurs particuliers , de quelque création qu'ils puffent être , ainfi que les tréforiers des domaines , & les tréforiers provinciaux de la création de 1639 ; & S. M. créa deux tréforiers généraux des domaines , ancien & alternatif , en chacune des chambres des comptes de Paris , Rouen , Dijon , Grenoble , Aix , Montpellier & Nantes , avec attribution de gages & de huit deniers pour livre des droits cafuels ; même des privilèges dont jouïffoient les tréforiers de France.

Il fut enfuite créé , par édit du mois de Mars 1673 , deux receveurs généraux provinciaux , ancien & alternatif , en chaque généralité du reffort de la chambre des comptes de Paris , pour faire le païement des charges locales.

Tous ces oficiers , fans exception , ont été fuprimés en 1685 , époque de l'origine des receveurs généraux actuels.

Par édit du mois d'Avril 1685 , il fut créé & érigé en titre d'ofice formé héréditaire , un confeiller du Roi receveur général des domaines en chacune des généralités & provinces du Royaume , pour recevoir des fermiers des domaines , les fonds des charges locales & autres affignées fur les domaines , & en faire le païement fur les lieux , fuivant les états arrêtés au confeil ; pour recevoir auffi les deniers provenans des diférens droits féodaux & cafuels apartenans au Roi , & réfervés par les baux des fermes ; & pour faire les enfaifinemens des titres de propriété.

Il fut créé , par autre édit du mois de Décembre 1701 , un receveur général alternatif en chaque province & généralité , où ceux de la création de 1685 avoient été établis ; il en fut auffi créé un triennal , mais il fut en même-tems réuni à l'ofice ancien & à l'alternatif , pour éxercer alternativement , année par année , fous le titre de receveur général ancien & mitriennal , & de receveur général alternatif & mitriennal.

Ces ofices furent fuprimés par édit du mois de Juin 1725 , portant nouvelle création de femblables ofices de receveurs généraux , ancien & mitriennal , & alternatif & mitriennal , en chaque province & généralité.

Plufieurs receveurs généraux des créations de 1685 & 1701 , furent main-

tenus dans leurs ofices , par arrêt du 9
Avril 1726 , à condition de fatisfaire à
leurs foumiffions de païer un fuplément
de finance ; & il fut ordonné qu'il feroit
commis à l'éxercice des ofices de ceux
qui n'avoient pas fait de femblables foumiffions.

Par édit du mois de Décembre 1727 ,
les receveurs & les contrôleurs généraux
des domaines & bois , furent maintenus
dans leurs ofices , ainfi qu'ils avoient été
créés par les édits de 1685 , 1689 , 1694 ,
1701 , & autres , & il fut ordonné qu'il
feroit arrêté des rôles de fuplément de
finances pour leurs nouvelles attributions.

Il leur a été attribué de nouvelles taxations par édit du mois de Décembre
1743 , à condition de païer un fuplément
de finance.

Leurs fonctions pour la recette des
droits cafuels , & les attributions qui leur
font accordées fur ces droits , font expliquées à l'article *Cafuels* , §. 2 & 3 ; l'on
peut auffi voire l'article *Domaine* , tom. 2 ,
p. 138. L'art. 4 de l'édit du mois de Décembre 1743 , raporté , tom. 1 , p. 370 ,
leur attribuë , pour leurs faux frais au
fujet des fucceffions ajugées au Roi &
qui font enfuite réclamées ou confommées par les créanciers , fix deniers pour
livre de toute la recette éfective qu'ils auront faite.

Par l'art. 1er de la déclaration du Roi
du 25 Février 1745 , il eft ordonné , en
expliquant , en tant que de befoin , l'art. 4
de l'édit de 1743 , que , dans les fucceffions ajugées au Roi à titre d'aubaine ,
bâtardife , deshérence & confifcation ,
qui ne feront ni réclamées , ni entièrement
confommées par les créances & autres
charges , lorfque les taxations defdits
receveurs généraux fur le produit reftant
net defdites fucceffions , feront moindres
que les fix deniers pour livre de la recette
éfective par eux faite des biens & éfets defdites fucceffions , ils pourront retenir , fur

les païemens qui feront ordonnés & faits
aux créanciers , au marc la livre defdits
païemens , les fommes néceffaires pour
parfaire avec lefdites taxations les fix
deniers pour livre de leur recette éfective , que S. M. leur attribuë audit cas ;
en telle forte que ce qu'ils retiendront
auxdits créanciers ne puiffe en aucun
cas excéder les fix deniers pour livre des
fommes qui leur feront païées.

Ces oficiers font tenus de compter
aux fermiers des domaines de ce qui leur
apartient dans les droits cafuels : l'article
4 de l'édit du mois de Décembre 1727 ,
le leur enjoint , fans fixer le tems ; mais
l'article 12 du même édit porte que les
fermiers des domaines remettront auxdits receveurs généraux & à leurs contrôleurs , les deux fols pour livre qui leur
apartiennent fur les droits d'amortiffement , franc-fiefs & nouvel-acquêt , *dans
le même tems* que lefdits receveurs généraux leur compteront des droits cafuels
qu'ils auront reçus pour eux , & *de fix
mois en fix mois pour le plus tard.* Voïez
Amortiffement , §. 34.

Ils ne peuvent diférer plus long-tems
de compter des droits cafuels qu'ils ont
reçus , fous prétexte que les fucceffions
ajugées peuvent être réclamées par de
prétendus héritiers ou par des créanciers ;
le fermier , auquel ils compteront , fubira
le fort de la réclamation : fon bail en répond , & le cautionnement qu'il a fourni
eft auffi folide que celui des receveurs généraux , qui , par l'article 3 de la déclaration du Roi du 25 Février 1745 , font
difpenfés de donner caution de leur maniment , lorfqu'ils ont acquis cette difpenfe à titre de finance , en éxécution de
l'édit du mois de Décembre 1706 & de
la déclaration du 17 Janvier 1708.

Les receveurs généraux des domaines
ne peuvent retenir au fermier aucuns
frais de régie , mais feulement les frais
qui ont été faits dans des affaires con-

fommées , contre les redevables & dont la répétition ne peut être faite contr'eux ; lefquels frais font , dans ce cas , prélevés fur le total des droits , de manière que le fermier ne les fuporte que dans la proportion des quatorze-fols pour livre qui lui apartiennent dans les droits cafuels ; *voïez* l'édit de 1727 & l'arrêt de 1731 , raportés tom. 1 , p. 369. Il faut même que ces frais aïent été faits de concert avec le fermier qui eft la partie la plus intéreffée dans les droits cafuels ; car , fi le receveur général entreprenoit , de fon feul mouvement , de mauvaifes conteftations , il ne feroit pas fondé à prétendre en faire fuporter les frais par le fermier ; il convient donc qu'ils agiffent de concert.

Ils ne peuvent faire aucune autre compenfation que celle des deux fols pour livre des droits d'amortiffement , de franc-fiefs & de nouvel- acquêt ; inutilement prétendroient-ils (comme ils l'ont fait quelquefois) retenir ce qui apartient au fermier , fous prétexte du défaut de païement de leurs gages , ou de la remife des fonds deftinés à l'acquit des charges affignées fur les domaines ; les quatorze fols pour livre revenans au fermier , lui apartiennent comme faifant partie de fon bail ; les receveurs généraux qui les ont reçus font fes débiteurs , & il ne leur doit perfonnellement rien pour les parties qu'ils voudroient compenfer. Il ne peut même leur remettre aucuns fonds qu'au nom du Roi , & feulement envertu des ordres qu'il en reçoit , afin qu'il lui en foit tenu compte en déduction du prix de fon bail ; *voïez* Charges locales, tom. 1 , p. 411.

A l'égard des états en détail qui doivent être fournis par les receveurs généraux des domaines , *voïez* Domaine , §. 6 , n. 3 , tom. 2 , pag. 140.

Et pour ce qui concerne l'enfaifinement, les éfets de cette formalité , & les droits apartenans auxdits receveurs généraux & à leurs contrôleurs , *voïez* Enfaifinement.

Les receveurs généraux des domaines font difpenfés de réfidence actuelle dans leur département , S. M. fe réfervant de les y envoïer quand le fervice le requerra ; édit du mois de Mai 1710 , & article 14 de celui du mois de Décembre 1727.

Ils peuvent commettre à l'éxercice de leurs ofices ; l'arrêt du confeil du 7 Juillet 1722 , leur permet de commettre fur leurs fimples procurations , & enjoint aux tréforiers de France d'enregiftrer lefdites procurations fans frais ; l'article 7 de l'édit de 1727 le permet également , parce que les commis prêteront ferment & feront enregiftrer leurs procurations aux bureaux des finances ou aux chambres des domaines , en païant 10 livres pour tous droits.

L'on ne peut les traduire , pour les fonctions de leurs charges , en aucunes autres jurifdictions que dans les bureaux des finances & chambres des domaines de leur généralité ; édit du mois de Février 1705 , & arrêt du confeil du 20 Juillet 1723 , qui décharge le receveur général de la généralité de Roüen d'une affignation à lui donnée au confeil privé , en vertu de lettres en règlement de juges ; & qui défend de traduire lefdits receveurs généraux ailleurs qu'aux bureaux des finances , à peine de nullité de tous dépens , dommages & intérêts.

Il ne peut être prononcé aucuns dépens contr'eux , lorfque , fur la communication des titres , ils fe font défiftés. *Voïez* Dépens , tom. 2 , p. 44.

Les receveurs généraux des domaines & bois ont prétendu qu'ils devoient joüir de l'éxemption des droits *de franc-fiefs* : l'art. 9 de l'édit du mois d'Avril 1685 , leur attribua les mêmes priviléges , franchifes & éxemtions dont joüiffoient les receveurs généraux des finances ; l'édit du mois de Décembre 1701, confirma tous leurs priviléges, tant dans l'année d'exercice que hors d'icelle, & leur accorda même le droit de committimus. Celui du mois de Février 1705, les a fujétit à un fuplément de finance ; à ce moïen leurs anciens priviléges furent confirmés, le Roi leur accorda une augmentation de gages, & nommément l'éxemtion du droit de franc-fief, & autres priviléges & droits.

Mais la parité des priviléges des receveurs généraux des finances, n'eft d'aucune confidération pour l'éxemtion prétenduë, parce que les receveurs généraux des finances n'en jouïffent pas eux-mêmes, ainfi qu'il a été jugé par décifion du confeil du 3 Juin 1745, contre le fieur Lelez de Givency, receveur général des finances de la province d'Artois, pour lequel les receveurs généraux des finances des païs d'élections & des païs d'états, avoient pris fait & caufe.

A l'égard de l'éxemtion accordée, moïennant finance, par l'édit du mois de Février 1705, elle s'eft trouvée comprife dans la révocation ordonnée par l'édit du mois d'Août 1715 ; c'eft même ce qui fut décidé au confeil le 21 Mai 1724, contre le fieur Boyer d'Anglejart, receveur général des domaines & bois de la généralité d'Auch ; la décifion porte *qu'il ne paraît aucun fondement au privilége prétendu par ce particulier, pour être éxemt de franc-fief, en qualité de receveur des domaines & bois.* Elle fe trouve dans le quatrième vol. du recueil de ces droits, p. 56.

Il eft même de principe que tous les oficiers, auxquels l'éxemtion du droit de franc-fief avoit été accordée, dont les ofices ont enfuite été fupprimés, ne peuvent prétendre cette éxemtion, nonobftant le rétabliffement defdits ofices, & la confirmation générale de tous les anciens priviléges, à

moins que celui de l'éxemtion du droit de franc-fiefs ne fe trouve nommément exprimé dans les édits & déclarations poftérieurs au rétabliffement, ainfi qu'il a été jugé par arrêt du confeil du 11 Juillet 1721.

Les ofices de receveurs généraux des domaines & bois ont été fupprimés par l'édit du mois de Juin 1725, qui en créa de nouveaux pour jouïr des mêmes fonctions, taxations & priviléges attribués par les édits des mois d'Octobre 1693, Février 1705, Novembre 1707 & Mai 1710.

Quoique l'édit de 1705 s'y trouve rapellé, il n'en réfulte que la confirmation des priviléges qui y font fpécifiés, autres que l'éxemtion du droit de franc-fief, qui ne peut avoir lieu fans être nommément exprimée, d'autant plus même qu'elle étoit révoquée, & que, pour la faire revivre, il falloit l'accorder de nouveau.

L'édit du mois de Décembre 1727, maintient les receveurs & contrôleurs généraux des domaines & bois dans leurs fonctions, gages, remifes, taxations, difpenfe de réfidence actuelle, éxemtion de toutes tailles, taillon, uftenfile, logement de gens de guerre, tutelle, curatelle, nomination à icelles, & autres charges publiques, droits d'entrée, rang & féance aux bureaux des finances, droit de committimus & autres droits, facultés, priviléges & éxemtions, conformément aux édits de 1685, 1689, 1701, & autres édits & déclarations, & notamment à ceux des mois de Février 1705, Mai 1710 & Décembre 1713.

La remarque à faire fur cet édit eft la même que celle faite fur le précédent, en obfervant même que le détail des priviléges, fait dans ce dernier, eft une exclufion de ceux qui n'y font pas exprimés.

Il en eft de même de l'édit du mois de Décembre 1743, qui ne contient qu'une confirmation générale des priviléges & éxemtions précédemment accordés.

Par une décision du 30 Septembre 1741, (qui eſt la quatorzième du recueil imprimé à Paris en 1742), le ſieur Félicité-Pierre Mauricet, receveur des domaines & bois en Brie, a été condamné au païement du droit de franc-fiefs ; il eſt vrai qu'il ne réclama pas l'éxemtion comme un privilége attaché à ſon ofice.

Voïez encore les jugemens rendus contre les contrôleurs généraux des domaines & bois, raportés tom. 1, p. 587.

RECHERCHES *ſur les regiſtres du contrôle & de l'inſinuation.* L'article 18 du tarif des inſinuations du 29 Septembre 1722, porte que, pour la recherche ſur les regiſtres, lorſque les juges étoit permis d'en délivrer des extraits, il ne ſera païé que dix ſols, ſi l'on indique l'année dans laquelle l'inſinuation aura été faite ; cet article règle auſſi ce qui ſera païé pour les extraits qui ſeront délivrés.

Pour ſavoir dans quels cas il eſt néceſſaire que la recherche ſoit ordonnée en juſtice, *voïez* ci-après, *Regiſtres de la ferme*, n. 4.

Nous ne parlons pas ici des recherches des droits négligés : ſi chacun étoit éxaĉt à acquiter ceux qu'il doit, il n'y auroit point de recherches à faire, & les frais de régie ſeroient bien moins conſidérables.

RECONNAISSANCE *d'aĉtes ſous-ſignature privée.* L'article 78 du tarif du 29 Septembre 1722, fixe à 10 ſols le droit de contrôle des reconnaiſſances ou ratifications d'aĉtes ſous-ſignatures privées, qui auront préalablement été contrôlés, dont mention ſera faite dans les ratifications ou reconnaiſſances.

Les aĉtes faits ſous-ſignatures privées n'ont de privilége & d'hipotéque, que du jour qu'ils ſont reconnus ; & ils ne peuvent l'être s'ils ne ſont préalablement contrôlés.

Avant que les aĉtes ſous-ſignatures privées euſſent été aſſujétis au contrôle par l'édit du mois d'Oĉtobre 1705, il avoit été pris des précautions pour aſſurer le païe-

ment du droit de contrôle des aĉtes reconnus, en ordonnant que les reconnaiſſances volontaires ne pouroient être faites que par devant notaires ; & que celles pourſuivies en juſtice ne ſeroient ordonnées qu'à la charge de dépoſer l'aĉte reconnu, ès mains du notaire du lieu ; & que, dans l'un & l'autre cas, le droit de contrôle ſeroit payé pour la reconnaiſſance ou pour le dépôt comme pour l'aĉte même ; arrêt du 21 Juillet 1693, art. 5 de la déclaration du 19 Mars 1696, & art. 5 de celle du 14 Juillet 1699.

Leſdits aĉtes ſous-ſignature privée aïant été aſſujétis au contrôle par l'édit du mois d'Oĉtobre 1705, l'on ne peut plus donner aucune aſſignation en juſtice pour les reconnaitre, s'ils n'ont été préalablement contrôlés ; de même qu'ils doivent être revêtus de cette formalité avant que de pouvoir être reconnus volontairement devant notaires.

Le caraĉtère diſtinĉtif d'une reconnaiſſance eſt qu'elle ſoit faite par les parties mêmes qui ont paſſé l'aĉte ſous-ſignature privée, en reconnaiſſant la vérité de ce qui y eſt contenu, ainſi que leur écriture & leur ſignature ; il faut que l'aĉte reconnu ſoit dépoſé & annexé à la minute de la reconnaiſſance faite devant notaires.

Lorſqu'une conſtitution, faite ſous-ſignature privée & contrôlée, eſt reconnuë, & que la reconnaiſſance eſt paſſée par les mêmes parties, ſans aucune novation, le droit de contrôle de cette reconnaiſſance n'eſt dû que ſur le pié fixé par l'art. 78 du tarif ; mais, ſi la reconnaiſſance eſt paſſée par l'héritier du débiteur en faveur du créancier ou de ſon héritier, c'eſt une nouvelle obligation, ou un titre nouvel, dont le droit de contrôle eſt dû ſur le pié fixé par l'art. 91 du tarif ; il en eſt de même, toutes les fois que la reconnaiſſance contient novation ; *voïez* Titre nouvel.

RECONNAISSANCE *d'hipotéques de rentes*, conſtituées ou foncières, le droit de contrôle eft dû comme pour les contrats de conftitution ou de création defdites rentes fuivant l'art. 9 1 du tarif; *voïez* Titre nouvel.

RECONNAISSANCE *fournie au papier terrier*, des chofes tenuës en cenfive, le droit de contrôle en eft fixé par l'article 4 1 du tarif; *voïez* Déclaration au papier terrier, tom. 2, p. 6.

RECONNAISSANCES *particulières*; il y en a de divers efpèces; mais il faut diftin-guer celles qui forment obligation & qui produifent une action, de celles qui font pures & fimples; nous ne pouvons à cet égard que donner quelques éxemples tirés des queftions qui fe font préfentées, aux-quels il faut joindre ceux raportés à l'ar-ticle des *Déclarations pures & fimples*, tom. 2, p. 15.

Les récepiffés ou reconnaiffances four-nis par les procureurs *ad lites*, procureurs conftitués, intendans & autres perfonnes de pareil état, des pièces qui leur font don-nées en communication, & de celles qui leur font remifes pour agir en leur qualité, font des actes fimples, quoique produifant une action pour les obliger à remettre les pièces, ou à en répondre; mais il n'y a point de tranfport en leur faveur, ils ne peuvent agir en leur nom, & il leur fufit de remettre les pièces & de juftifier d'avoir fait les diligences dont ils étoient chargés, pour qu'il n'y ait point d'autre action con-tr'eux; il faut même obferver que les re-connaiffances des procureurs *ad lites*, des pièces qui leur font communiquées dans le cours d'une inftance, font des actes judi-ciaires, de leur miniftère, qui ne peuvent être fujets au contrôle dans aucun cas.

Décifion du confeil du 8 Septembre 1726, qui juge que le droit n'eft dû que comme pour acte fimple, pour la reconnaiffance fournie par un procureur conftitué, de la remife qui lui a été faite d'un billet de 1425 liv. en lui donnant procuration, à l'éfet de pourfuivre le débiteur.

Mais les reconnaiffance de billets & au-tres éfets négociables, données par des par-ticuliers, font regardées comme des tranf-ports de ces mêmes éfets, & donnent une action pour contraindre celui auquel ils ont été remis à en païer le montant; les em-prunts fe font en argent ou en éfets, avec promeffe d'en remettre le montant, dans le tems convenu ou à volonté.

Décifion du 16 Mars 1731, qui juge que, pour une fimple reconnaiffance de deux affignations fur le tréfor royal, le droit de contrôle eft dû fur le montant.

Autres décifions des 16 Février 1732, & 12 Septembre 1733, pour des reconnaif-fances de lettres de change, tom. 2, p. 620.

Décifion du 26 Avril 1732, qui juge le droit dû fur la fomme pour une recon-naiffance qu'un particulier n'avoir endoffé un billet à ordre que pour faire plaifir à un autre. C'eft ce qui a encore été décidé le 20 Juillet 1735, pour une femblable dé-claration faite par M. de Braffac, qu'un man-dement au porteur par lui tiré fur le fieur Befnier notaire, n'avoit été accepté par led. fieur Befnier que pour lui faire plaifir.

Autre décifion, du 21 Août 1734, fur une reconnaiffance de billets dont le bor-dereau étoit en tête, laquelle reconnaiffan-ce étoit en ces termes : » je reconnais que » M. Poullain m'a remis les originaux des » billets dont la note eft ci-deffus, montant » enfemble à la fomme de 59500 liv., » dont je lui tiendrai compte *à fa volonté* » ; décidé que le droit de contrôle eft dû fur le montant des billets; en éfet, cette re-connaiffance étoit un véritable emprunt & ne pouvoit être confidérée comme le ré-cepiffé d'un procureur conftitué.

Décifion du 2 Octobre 1742, contre Amable Margot & conforts, au fujet d'une reconnaiffance fournie par le fieur Charotte, d'être faifi de plufieurs billets & éfets pour en fuivre le recouvrement, avec obligation d'en tenir compte à fa mère & à fa tante ; décidé que le droit de contrôle eft dû fur le montant comme obligation.

Voïez encore les décifions des 13 Février 1751 & 31 Octobre 1758, qui ont jugé que de pareilles reconnaiffances devoient être contrôlées avant que de s'en fervir, tom. 1, pages 33 & 315.

RÉCUSATION *de juges*, eft un moïen d'empêcher qu'un juge ne connaiffe d'une affaire portée à fon tribunal, en propofant contre lui des raifons de parenté, d'intérêt ou d'autres caufes de fufpicion; *voïez* le titre 24 de l'ordonnance du mois d'Avril 1667.

L'article 29 de ce titre porte que celui dont les récufations auront été déclarées impertinentes & inadmiffibles, ou qui en aura été débouté faute de preuve, fera condamné en 200 *d'amende* dans les cours de parlement, grand - confeil & autres cours; 100 liv. aux requêtes de l'hôtel & du palais; 50 liv. aux préfidiaux, bailliages & fénéchauffées; 35 liv. ès Châtellenies, prévôtés, vicomtés, élections, greniers à fel & autres jurifdictions royales; le tout aplicable: favoir, moitié au Roi, & l'autre moitié à la partie, fans que lefdites amendes puiffent être remifes ni modérées.

Il y a auffi des amendes pour les récufations dans les juftices feigneuriales; mais elles apartiennent aux feigneurs.

Par l'article 73 du règlement du 3 Janvier 1673, & par l'arrêt du 22 Avril fuivant, il étoit ordonné que l'amende feroit confignée avant que de fe pourvoir au confeil, pour récufer l'un des juges; mais, par l'art. 8 du règlement du 27 Octobre 1674, le Roi a difpenfé de cette confignation.

L'amende a lieu dès que la récufation n'a point été admife, en quelque manière & en quelques termes que la prononciation foit conçue, fi le juge qui avoit été récufé demeure; art. 75 du règlement de 1673, arrêt du confeil du 7 Août 1684, & règlement du confeil du 28 Juin 1738, art. 4 du titre 11 de la feconde partie.

RÉDUCTION *de penfion fur des bénéfices*, eft un acte eccléfiaftique, compris dans la première fection de l'art. 1er du tarif du 29 Septembre 1722, qui fixe à 5 liv. le droit de contrôle de tous actes de création, de réduction & d'extinction de penfion créée & à créer en cour de Rome; ce qui eft confirmé par l'art. 4 de l'arrêt du 30 Août 1740, tom. 1, p. 24.

RÉDUCTION *de rentes*, eft l'acte par lequel on réduit la quotité d'une rente, conftituée au-deffus du denier courant: comme, lorfque l'on convient qu'une rente de 100 liv. conftituée, à raifon du denier 16, pour un capital de 1600 liv. demeurera réduite à 80 liv. fur le pié du denier 20 actuellement courant.

Ces actes, ne changeant rien au capital qui refte le même, font réputés actes fimples, pourvû qu'il n'y ait point de novation dans l'obligation ni dans l'hipotéque; art. 7 de l'arrêt du confeil du 9 Novembre 1700, & décifions du confeil des 25 Mai 1723 & 10 Février 1726.

Mais, fi l'acte de réduction produit en même tems l'éfet du titre nouvel, foit parce qu'il eft fait avec l'héritier du créancier, foit parce que l'obligation de continuer la rente, fur le pié de la réduction, eft contractée par l'héritier du débiteur, foit enfin, parce qu'il eft paffé à l'aproche du tems fatal de la prefcription de la rente, il eft confidéré comme nouvelle reconnaiffance, & le droit de contrôle eft dû fur le pié réglé par l'art. 91 du tarif.

Au furplus, fi la réduction étoit accordée à prix d'argent, le capital feroit d'autant diminué; & il eft inconteftable que le droit de contrôle feroit dû fur le pié fixé pour les rembourfemens, par l'article 79 du tarif.

RÉGALE, eft un droit éminent de la couronne de france, qui fait rentrer, à chaque vacance d'un évêché ou archevêché, les fruits & revenus temporels

porels qui en dépendent , dans la main du Roi , par un droit acquis de tous les tems à la dignité de fon trône ; ainfi le Roi jouït des fruits de l'évêché , il en difpofe comme il lui plait , & il a de plein droit la collation des bénéfices en dépendans , autres que ceux à charge d'ame , qui viennent à vaquer pendant la régale.

Il y a ouverture à la régale par la mort de l'archevêque ou évêque , ou par fa démiffion ou réfignation; même par fa promotion au cardinalat , mais feulement du jour de fon acceptation de cette dignité. La régale dure jufqu'à ce que le ferment de fidélité ait été prêté au Roi , par le nouveau prélat , que les lettres aïent été enregiftrées en la chambre des comptes , que l'arrêt d'enregiftrement ait été levé & fignifié aux fubftituts de M. le procureur général fur les lieux.

Quoique les fruits apartenans au Roi , foient des droits cafuels du domaine de fa couronne, ils ne font point partie de la ferme des domaines ; nos Rois en ont difpofé de diverfes manières jufqu'à préfent , foit en les accordant à la fainte chapelle , foit en les donnant aux nouveaux titulaires, pour les aider à païer leurs bulles , foit en les diftribuant aux nouveaux catholiques & en autres œuvres pies , foit enfin , en les faifant régir par l'économeféqueftre , pour en difpofer enfuite comme il plait à S. M.

L'article 12 de l'édit du mois de Décembre 1691 , porte que les économesféqueftres recevront pendant la vacance tous les revenus ; ces oficiers ont été fuprimés par édit du mois de Novembre 1714 , portant que les fonctions qui leur étoient attribuées feront éxercées par les commis qui y feront prépofés par S. M. Et par une déclaration du Roi du 20 Février 1725 , il a été ordonné que lefdits prépofés feront toutes les diligences néceffaires pour le recouvrement des droits ,

fruits & revenus dont le dernier titulaire étoit en poffeffion , & en continuëront la perception & adminiftration pendant la vacance.

C'eft fur ce principe que , par arrêt du confeil du 1ᵉʳ Mai 1740 , rendu contre le gréfier du fiége roïal de Quimper , qui prétendoit devoir éxercer le gréfe dépendant du domaine de l'évêché pendant la vacance du fiége épifcopal , il a été jugé que celui auquel le dernier évêque en avoit fait bail , devoit continuer d'en jouïr , à la charge de païer le prix du bail au commis à l'éxercice des ofices d'économes-féqueftres. Il y a un autre arrêt femblable du 14 Août 1746 , pour le gréfe de l'évêché de Treguier , fans avoir égard à un arrêt du parlement de Bretagne , qui avoit autorifé le gréfier du fiége roïal à éxercer le gréfe épifcopal & à fe faire remettre les regiftres & liaffes.

Il a été jugé , par un arrêt du grandconfeil du 7 Juin 1666 , raporté dans le journal des audiences , tom. 2 , liv. 8 , ch. 6 , que les fecrétaires du Roi devoient jouïr de l'éxemtion qui leur eft accordée des droits feigneuriaux dûs au Roi , lorfqu'ils acquéroient , pendant la régale , des biens mouvans des archevêchés ou évêchés vacans ; cet arrêt a été rendu en faveur du fieur l'Abé , fecrétaire du Roi , acquéreur de deux maifons à Paris , dans la mouvance de l'archevêché.

RÉGALIENS ; les droits régaliens font tous ceux apartenans au Roi à caufe de fa couronne , qui , étant acceffoires à la fouveraineté , dont ils font inféparables , ne peuvent être éxercés que par le fouverain : tels font ceux de faire des loix , de rendre la juftice , de faire battre monnoïe , d'accorder la nobleffe & autres priviléges ; les droits d'aubaine , ceux d'amortiffement , de franc-fiefs & de nouvel-acquêt ; le droit de lever des impofitions , & la propriété de tout ce

qui , étant public , n'apartient à perfonne , comme les mers , les fleuves , les
rivières navigables & tout ce qui en dépend.

REGISTRES *de la ferme des*
domaines ; il y a diférens regiſtres dans
chaque bureau ; mais , nous ne parlerons
particulièrement que des regiſtres de forme , tels que ceux du contrôle des actes & du contrôle des exploits ; ceux
de l'infinuation , du centième denier , &
du petit-fcel. Ces diférens regiſtres doivent être en papier timbré ; il y a quelques autres règles générales à leur égard ,
fur lefquelles nous entrerons dans quelque détail.

1. *Tous les regiſtres doivent être re-*
mis aux commis en éxercice ; l'édit du
mois de Mars 1696 , concernant le contrôle des actes , l'ordonne pour la fûreté
publique ; & l'arrêt du 11 Mars 1698 ,
porte que tous dépofitaires feront contraints de les raporter au bureau où ils
doivent être dépofés ; c'eſt ce qui a encore été ordonné , pour tous anciens regiſtres , par arrêt du confeil du 5 Janvier 1715.

Par un autre arrêt du confeil du 18
Octobre 1723 , rendu en règlement , du
mouvement du Roi , il eſt ordonné que ,
conformément à l'édit de 1696 & aux
arrêts de 1698 & 1715 , tous dépofitaires & détenteurs des regiſtres qui ont
fervi à la perception des droits de contrôle des actes , d'infinuations-laïques &
de centième denier , féront tenus , à la
première fommation , à peine d'y être
contraints par corps , de les remettre aux
commis & prépofés du fermier defdits
droits , actuellement en place , ou à ceux
qui leur fuccéderont , lefquels s'en char-
geront par inventaires faits doubles , en
préfence de M^{rs} les intendans ou de leurs
fubdélégués , qui dreſferont procès verbal
de l'état defdits regiſtres ; l'un defquels
inventaires fera remis aux anciens dépo-

fitaires pour leur décharge , & l'autre reftera entre les mains des commis pour y
avoir recours en cas de befoin.

L'arrêt du 4 Juin 1726 , ordonne la même
chofe , pour les regiſtres du contrôle des
exploits ; & l'article 556 du bail de Carlier
du 19 Août 1726 , ordonne l'éxécution
de l'arrêt de 1723 , contre les fermiers
des baux expirés & leurs commis.

Décifion du 29 Août 1733 , contre le
commis du bureau de la Fléche , qui , après
fa révocation , refufoit de remettre à fon
fuccefſeur les regiſtres & contraintes.

Autre du 19 Janvier 1735 , contre la
veuve du fieur Brodart , ci-devant contrôleur des exploits à Paris , laquelle ,
fur la demande des regiſtres du tems de
l'éxercice de fon mari , foûtenoit devoir
les remettre au gréfe du châtelet , & demandoit à être païée pour la garde qu'elle
en avoit faite depuis 1710. Décidé qu'elle
doit les remettre par inventaire , au fermier actuel ou à fon commis & qu'elle
eſt mal fondée dans fes demandes.

Voïez encore l'article *Commis* , §. 13 , n.
2 , tom. 1 , pages 452 & 453.

Les regiſtres particuliers , & uniquement deſtinés à l'infinuation des donations , doivent être dépofés tous les ans
aux gréfes des fiéges roïaux , près defquels
eſt établi le bureau des infinuations ; article 4 de la déclaration du Roi du 17
Février 1731 , raporté tom. 2 , p. 554.

2. *Les commis ne peuvent laiſſer au-*
cun blanc dans leurs regiſtres ; l'édit
du mois de Mars 1693 le défend expreſſément aux contrôleurs des actes , à
peine de 200 livres d'amende pour chaque contravention & de plus grande peine
s'il y échet ; ces défenfes ont été renouvellées par l'article 13 de la déclaration du
Roi du 14 Juillet 1699 ; l'arrêt du confeil du 13 Mai 1704 , ordonne même qu'indépendamment de l'amende , il fera procédé extraordinairement contre les commis , comme pour crime de faux ; celui

du 19 Avril 1720, rendu contre le sieur Duclos, commis au bureau de saint Pater, élection du Mans, l'a interdit de ses fonctions, & l'a condamné en 500 livres d'amende, pour avoir laissé un blanc d'environ un tiers de page dans le registre du centième denier, & a renouvellé les défenses à tous les commis, sous les mêmes peines.

3. *Ils doivent arrêter journellement* le registre du contrôle des exploits, celui du contrôle des actes, & ceux de l'insinuation & du centième denier, avant que de quiter le bureau, par un arrêté signé d'eux, immédiatement au-dessous du dernier enregistrement; ou au-dessous de l'arrêté de la veille, s'il n'a point été fait d'enregistrement dans le jour.

L'article 6 de l'arrêt de règlement du 21 Mars 1676, l'a ainsi ordonné pour le contrôle des exploits, à peine de 100 livres d'amende pour chaque contravention; & cette peine a été prononcée par arrêts des 4 Avril 1721, 16 Juin, 29 Septembre 1722, 19 Décembre 1724, & 6 Mars 1725.

Par arrêt du conseil du 6 Mars 1725, rendu en règlement, du mouvement du Roi, il a été ordonné que les commis à la perception des droits de contrôle des actes & insinuations-laïques, seront tenus d'arrêter leurs registres à la fin de chaque jour, immédiatement après le dernier enregistrement, & de signer & répéter cet arrêté chaque jour, quand bien même ils n'auroient fait aucun enregistrement depuis le dernier arrêté, sous peine de 300 livres d'amende pour chaque obmission.

Il est très-essentiel de tenir la main à l'éxécution de ces règlemens, qui ont eu pour motif de prévenir & d'empêcher toute antidate.

L'on n'arrête point journellement le registre particulier destiné à l'insinuation des donations entre-vifs, dont il est parlé, tom. 2. pages 181 & 554; il en peut résulter des inconvéniens dangereux, parce que les commis sont les maîtres de dater l'insinuation du jour de la dernière qu'ils ont faite, dont la date est souvent reculée. Par une antidate criminelle, mais facile à donner, l'on peut valider des donations qui seroient nulles, faute d'avoir été insinuées pendant la vie des donateurs ou dans les quatre mois de leur date. On m'alléguera peut-être que le droit, qui est le salaire de l'insinuation, doit être porté en recette sur le registre de l'insinuation suivant le tarif ou sur celui du centième denier, relativement à la nature de ce qui est donné; qu'il s'y fait un enregistrement par extrait de la donation, & que ces registres étant arrêtés journellement, empêchent l'antidate sur le registre destiné à donner la formalité; mais, je réponds d'avance que le second enregistrement par extrait n'est prescrit que pour l'ordre de la comptabilité des droits, qu'il n'est nullement nécessaire pour la validité de l'insinuation des donations, & que le commis, qui l'a obmis ou diféré, ne peut être attaqué que par le fermier; ainsi, l'obmission de cet enregistrement ne pouroit servir de moïen pour attaquer une donation, insinuée dans la forme prescrite par l'ordonnance & par la déclaration de 1731, & dont la date de l'enregistrement se trouveroit dans le tems utile.

Il est donc bien intéressant d'ordonner que le registre, servant à l'insinuation des donations entre-vifs, sera arrêté journellement comme les autres registres.

4. *Les registres du contrôle des actes & du petit-scel, ne peuvent être communiqués*, qu'en vertu d'ordonnance de justice, rendue avec les parties intéressées, sans que les commis, dépositaires desdits registres, puissent être mis en cause pour le faire ordonner avec eux; mais les registres des insinuations & du centième denier sont publics, & la communication n'en peut être refusée à ceux qui la requièrent.

Toutes ces communications ne se peuvent faire que dans le bureau & par le moïen du commis ; on ne doit pas communiquer les regiſtres aux parties, pour y faire elles-mêmes des recherches ; le jugement qu'elles obtiennent, à l'égard du contrôle, doit indiquer les actes dont elles veulent avoir connaiſſance, & le commis ne doit leur faire voir, ni leur délivrer des extraits, que de l'enregiſtrement de ces actes : il en doit être uſé de même pour les regiſtres de l'inſinuation, à la ſeule diférence qu'il ne faut point de jugement.

Par l'édit du mois de Mars 1693, il eſt fait défenſes aux commis, ſous peine de 100 livres d'amende & de plus grande peine, ſi le cas y échet, de donner communication du regiſtre du contrôle des actes & d'en délivrer aucuns extraits, que le tout n'ait été auparavant ordonné en juſtice ; & par l'arrêt du 17 Novembre ſuivant, il a été ordonné que les particuliers porteurs de jugemens qui leur permettront de tirer & compulſer les articles qui les concernent, ſeront tenus d'indiquer les articles, leſquels ſeront compulſés dans les bureaux du contrôle ; & que, lorſque les articles ſeront trouvés, les commis pourront cacheter les feuillets, autres que ceux ſur leſquels les articles à compulſer ſeront tranſcrits, afin d'en empêcher la communication ; ſans que, pour quelque cauſe que ce puiſſe être, les regiſtres puiſſent être tirés des bureaux ni portés ailleurs, à peine de 500 livres d'amende contre les contrevenans.

L'article 4 de la déclaration du Roi du 19 Septembre 1722, fait défenſes aux commis à la perception des droits de contrôle, inſinuations-laïques & petit-ſcel, de donner communication de leurs regiſtres & d'en délivrer aucuns extraits, pour quelque cauſe & ſous quelque prétexte que ce puiſſe être, qu'en vertu d'ordonnance de juſtice, à peine de mille livres d'amende, de révocation, & d'être privés

pour toujours de toutes ſortes d'emplois.

Arrêt du conſeil du 6 Février 1725, rendu en règlement, du mouvement du Roi, qui décharge les commis au contrôle des actes des aſſignations qui pouroient leur être données dans les diférentes juriſdictions pour donner communication de leurs regiſtres du contrôle ; veut S. M. que, dans le cas où les parties auroient intérêt de faire ordonner la communication deſdits regiſtres, la demande afin de la faire ordonner ne puiſſe être inſtruite qu'avec les parties qui y ont intérêt, ſans que les commis puiſſent être mis en cauſe pour la faire ordonner avec eux ; & ſeront tenus leſdits commis de donner la communication, qui leur ſera demandée, ſur la repréſentation des jugemens qui l'auront ordonnée. Réïtère les défenſes faites aux commis de donner communication des regiſtres concernant le contrôle des actes, qu'il n'ait été ordonné avec les parties intéreſſées, ſous les peines prononcées par les précédens règlemens ; *ſans préjudice de la communication qu'ils ſont tenus de donner, ſuivant les ordonnances, des regiſtres concernant les inſinuations, comme étant regiſtres publics établis à cet éfet.*

Déciſion du conſeil du 19 Mars 1729, ſur le mémoire du marquis de Creil, qui demandoit qu'un commis fut tenu de communiquer à ſon homme d'affaires, les regiſtres du contrôle & du centième denier, afin d'en tirer des éclairciſſemens pour la confection de ſon terrier ; décidé que les regiſtres du contrôle des actes ne peuvent être communiqués qu'en vertu d'un compulſoire, mais que le regiſtre des inſinuations eſt public.

L'art. 25 de l'ordonnance du mois de Février 1731, & l'art. 3 de la déclaration du 17 du même mois, portent que les commis ſeront tenus de communiquer les regiſtres des inſinuations des donations entre-vifs, ſans déplacer, à tous ceux qui le demanderont & fans ordonnance de juftice ; même d'en délivrer un extrait figné d'eux , fi les parties le demandent , le tout fauf leur falaire , fixé à 10 fols pour le droit de recherche dans chaque regiftre , & à pareille fomme pour chaque extrait délivré ; & s'ils font requis de délivrer des expéditions entières des actes enregiftrés , il leur fera païé par rôle de groffe , le même droit qui fe païe pour les expéditions en papier au gréfe du fiége près lequel ils feront établis. Ces difpofitions font communes aux gréfiers des fiéges royaux , auxquels lefdits regiftres ont été dépofés par les commis ; art. 5 de ladite déclaration.

Lorfqu'on dit qu'un regiftre eft public , c'eft dire feulement que les articles indiqués par une partie peuvent lui être communiqués par le dépofitaire de ce regiftre , & qu'on peut même lui en délivrer des extraits , fans qu'il foit befoin d'ordonnance de juftice ; mais la recherche doit toujours être faite par le commis ; c'eft pourquoi l'art. 18 du tarif de 1722 & la déclaration de 1731 , attribuent au commis un falaire proportionné à la recherche qu'il eft obligé de faire ; les parties doivent donc indiquer l'époque des recherches à faire , & la nature des actes dont elles ont intérêt d'avoir connaiffance , afin que le commis en faffe la recherche : c'eft même ce que le confeil a décidé le 27 Août 1757 , fur la demande des agens de M. d'Anican-d'Annebault , qui prétendoient que le commis d'Honfleur devoit leur remettre les regiftres du centième denier , pour y faire eux - mêmes la recherche & le relevé des mutations de biens mouvans de M. d'Anican.

Il y a des cas où les juges peuvent, pour l'inftruction d'une affaire criminelle en matière de faux , ordonner que les regiftres du contrôle des actes feront dépofés au gréfe , pour être remis au bureau après le jugement du procès. *Voïez* la déclaration du Roi du 28 Décembre 1734 , dans ce volume , page 60.

5. *Du paraphe des regiftres.* Les regiftres fervant à l'infinuation des donations entre-vifs doivent être cottés & paraphés à chaque feuillet , par le premier oficier du fiége royal , comme il a été obfervé tom. 2 , p. 182. Le droit de ceparaphe eft fixé à 10 fols pour un regiftre de 50 feuillets ; à 20 fols pour celui de 100 feuillets ; & à 3 liv. au-deffus de 100 feuillets.

Avant 1706 , il étoit ordonné que les regiftres du contrôle des exploits , feroient paraphés par les juges des lieux ; qu'ils le feroient par les tréforiers de France , dans les villes de leur établiffement ; & à Paris , par M. le lieutenant civil ; que les regiftres du contrôle des actes feroient paraphés par le premier juge du lieu de l'établiffement ; & que ceux des infinuations-laïques feroient paraphés par les juges roïaux ; indépendamment de ce paraphe , tous lefdits regiftres devoient être également paraphés par le directeur de la ferme.

Par la déclaration du Roi du 14 Septembre 1706 , la connaiffance des conteftations fur les droits de contrôle , infinuations-laïques & petit - fcel , fut attribuée à M^{rs} les intendans , & il fut ordonné que les regiftres , fervant à la perception defdits droits , feront paraphés fans frais , par leurs fubdélégués ; c'eft ce qui a encore été ordonné par la déclaration du 15 Juillet 1710.

Décifion du confeil du 1er Mars 1749 , par laquelle il a été mis , *néant* , fur le mémoire du fieur Borel , lieutenant général du bailliage de Beauvais , qui fe plaignoit de ce que les regiftres du contrôle étoient paraphés par le fubdélégué de M. l'intendant.

REGISTRES *de fépulture* , doivent être communiqués , par ceux qui en font dépofitaires , au fermier des domaines & à fes emploïés , lorfqu'ils le requièrent , pour en faire des relevés , afin de conftater les mutations qui donnent ouverture à des droits feigneuriaux dûs au Roi , & à ceux de centième denier , de franc-fiefs & autres.

Par l'article 13 de la déclaration du Roi du 20 Mars 1708, il est ordonné que les gardes-conservateurs des registres des batêmes, mariages & sépultures, seront tenus d'en donner communication au fermier, ses procureurs & commis, à peine de 200 liv. d'amende en cas de refus.

Arrêt du conseil du 28 Juin 1746, qui condamne le sieur Girard, curé de la paroisse de Tournan, en Brie, en 200 liv. d'amende, pour le refus par lui fait de communiquer les registres de sépulture de ladite paroisse à un contrôleur ambulant de la ferme; & qui lui enjoint de donner cette communication. Il parait que ce curé prétendoit éxiger des droits pour communiquer ses registres, puisque M^{rs} les agens généraux du clergé écrivirent le 14 Décembre 1746, à M. de Fulvy, intendant des finances, qu'ils s'étoient adressés à M^{rs} les vicaires généraux du diocèse de Paris, pour les prier d'avertir ledit sieur Girard de se conformer à l'arrêt du 28 Juin précédent, & en conséquence, de laisser prendre sur ses registres de batêmes, mariages & sépultures, les extraits dont le fermier des domaines ou son commis pouroient avoir besoin, sans dificulté & sans éxiger aucuns droits.

Il s'est élevé des contestations au sujet de cette communication; on a dit de la part des curés, vicaires & desservans, que suivant l'art. 1er de la déclaration du 9 Avril 1736, il ne devoit être tenu qu'un double registre pour y inscrire tous les batêmes, mariages & sépultures; que le fermier n'a d'intérêt que de connaître les actes de sépulture, & que les autres actes doivent souvent être secrets; d'un autre côté, l'on a oposé que la communication ne pouvoit être refusée, aux termes de la déclaration de 1708 & de l'article 3 de celle du 9 Avril 1736, qui permet à toutes personnes qui ont droit de lever des actes, soit de batêmes, mariages ou sépultures, soit de vêture, noviciat & profession, de faire compulser les registres entre les mains des dépositaires d'iceux, lesquels se-

ront tenus de les représenter, pour en être pris des extraits, & à ce faire contraints, nonobstant tous priviléges & usages contraires, à peine de saisie du temporel & de privation des droits, éxemtions & priviléges à eux accordés; enfin, que la communication des registres de sépulture, est indispensable pour connaître les mutations qui donnent ouverture à des droits dûs au Roi.

Par arrêt du conseil du 12 Juillet 1746, rendu en règlement sur ces contestations, il a été ordonné qu'à l'avenir le registre sur lequel doivent être inscrits les batêmes, mariages & sépultures, sera divisé en deux: sur l'un desquels seront inscrits les actes de sépultures, dont les fermiers des domaines, leurs commis & préposés pouront prendre communication, conformément à l'art. 13 de la déclaration de 1708, toutesfois & quantes, sans qu'elle puisse leur être refusée par les curés, vicaires ou desservans dans les Paroisses, sous les peines portées par ledit article 13. Entend S. M. qu'à l'égard de l'autre registre sur lequel seront inscrits les batêmes & les actes de célébration de mariages, la communication n'en puisse être éxigée par lesdits fermiers, leurs commis & préposés; & cependant, pour constater les mutations qui étoient arrivées, il fut permis au fermier de prendre communication jusqu'au 1er Janvier 1748, des registres sur lesquels étoient inscrits, tant les actes de sépultures, que ceux de batêmes & mariages.

Si les curés ne se sont pas conformés à ce règlement, en inscrivant les actes de sépultures sur un registre particulier, ils ne peuvent se dispenser de communiquer aux emploïés de la ferme le registre sur lequel ils les ont inscrits confusément avec les actes de batêmes & de mariages; par ce qu'il est absolument nécessaire qu'il ait la communication de tous les actes de sépultures.

Les pourfuites que font les procureurs

du Roi pour obliger les curés à dépofer le double de leurs regiftres aux gréfes des fiéges roïaux, & les jugemens, fentences & arrêts qui interviennent à ce fujet, font difpenfés de tous droits de contrôle, fceau & autres, de quelque nature qu'il foient, par l'article 40 de la déclaration du Roi du 9 Avril 1736.

Les extraits des regiftres de batêmes, mariages & fépultures, font pareillement éxemts de tous droits de contrôle & de tous autres; art. 41, de la même déclaration.

RÉGLEMENT *de juges*, a lieu en cas de conflit de jurifdiction, c'eft-à-dire, lorfqu'une même conteftation eft portée en même-tems dans deux tribunaux diférens; l'article 1er du titre 2 de l'ordonnance du mois d'Août 1737, porte que, lorfque deux cours, ou deux jurifdictions inférieures, indépendantes l'une de l'autre, & non reffortiffantes en même cour, feront faifies d'un même diférend, les parties pouront fe pourvoir en règlement de juges.

Par l'art. 19 du même titre, le Roi défirant empêcher l'abus que plufieurs parties font des inftances de règlement de juges qu'elles introduifent au confeil, ou auxquelles elles donnent lieu, dans la feule vûë d'éloigner le jugement du fond de leur conteftation, a ordonné que ceux qui fuccomberont dans lefdites inftances puiffent être condamnés au confeil, s'il y échet, en la même amende, & aplicable de la même manière, que les évoquans qui fuccombent dans leurs demandes; laquelle amende poura même être augmentée dans les cas qui le mériteront, ainfi qu'il fera jugé à propos au confeil; *voyez* Evocation, tom. 1, p. 324.

RÉGNICOLES, font les naturels français, qui font nés & qui réfident dans le roïaume, païs, terres & feigneuries de l'obéïffance du Roi, &, qui en conféquence, font capables de tous les éfets civils; on dit régnicole par opofition à aubain, qui eft

un étranger actuellement dans le roïaume. *Voïez* Aubain.

RÉHABILITATION *de nobleffe*, s'accorde, par lettres de grand-fceau, à ceux qui font nobles d'origine, & qui ont fait quelque acte, trafic ou emploi dérogeant à la nobleffe. *Voïez* Lettres, tom. 2, p. 615; & Nobleffe, tom. 3, p. 18.

RÉLATION *de contrôle ou d'infinuation*, eft une mention ou efpèce de certificat que les commis mettent fur les actes, qui leur font préfentés, qu'ils les ont contrôlés ou infinués; cette rélation eft fuccinte; elle doit fimplement contenir la dénomination de la formalité; le lieu où elle a été donnée; la date du jour qu'elle a été remplie; le reçu du droit, en toutes lettres, & la fignature du commis; *voïez* l'édit du mois Mars 1693, l'art. 13 de la déclaration du Roi du 14 Juillet 1699 &c.

Les rélations ne doivent être mifes fur les actes qu'après qu'ils ont été enregiftrés; *voïez* l'article Commis, §. 5.

Ces rélations doivent être tranfcrites mot pour mot dans les expéditions qui font délivrées par les notaires & autres dépofitaires des minutes. Voïez *Notaires*, §. X.

RELIEF, droit feigneurial, fubftitué à l'ancienne réverfion des fiefs au profit des feigneurs, lorfqu'ils n'étoient poffédés qu'à vie; ce droit, qui eft le même que celui de rachat, fe païe pour relever le fief, pour le racheter des mains du feigneur; il a lieu en général pour toutes les mutations qui ne font pas fujetes au quint ou aux lods & ventes; il y a néanmoins quelques coûtumes dans lefquelles il eft dû lods & ventes & relief pour la vente des fiefs; il y a auffi des coûtumes dans lefquelles le relief n'eft pas dû pour les mutations à titre fucceffif en ligne directe, & c'eft le droit commun.

Par arrêt du confeil du 13 Novembre 1683, il a été ordonné que les propriétaires des fiefs, terres & feigneuries, mouvans en plein fief des comtés de Mantes & Meulan (fi, dans leurs inveftitures, ou dans les reconnaissances faites par les aveux & dénombremens, il est dit que les fiefs seront sujets aux droits de relief & rachat à toutes mutations, ou suivant l'usage du Véxin-françois) seront tenus de payer lesdits droits à toutes mutations, même en ligne directe, & en cas de contestation, entre les seigneurs de fief & le fermier des domaines du Roi, les parties sont renvoyées se pourvoir au parlement de Paris.

La substitution étant une image de la succession, il s'ensuit que, lorsqu'un fief substitué passe du grévé à un collatéral, descendant en ligne directe de l'auteur de la substitution, le droit de relief est dû, quoique ce soit dans une coûtume qui en éxemte les mutations en ligne directe, parce qu'il faut considèrer la mutation en soi, & que, dans cette espèce, elle est effectuée en ligne collatérale; mais si le fief substitué passoit du grévé à son fils, il ne seroit point dû de relief dans une coûtume semblable, parce que la mutation seroit effectuée en ligne directe, quoique l'un & l'autre ne fussent parens qu'en ligne collatérale de l'auteur de la substitution; arrêt du parlement de Paris du 30 Mai 1727, rendu en grand-chambre, sur les conclusions de M. l'avocat général Daguesseau, confirmatif d'une sentence de la chambre du domaine de Paris, du 5 Juin 1726, qui avoit condamné M. le duc de Mazarin à païer le droit de relief dû au Roi, pour la terre de Chilly & dépendances, à lui échuë par le décès du marquis d'Effiat, son parent en ligne collatérale, en conséquence de la substitution faite par l'aïeul maternel de M. de Mazarin, qui soûtenoit ne pas devoir de relief, suivant l'article 3 de la coûtume de Paris, comme descendant en ligne directe de l'auteur de la substitution.

En général, le droit de relief consiste en une année du revenu des biens qui y sont sujets; mais, dans quelques coûtumes, il est règlé à des sommes fixes. Il a été observé

que ce droit est le même que celui de rachat; ainsi *voïez* l'art. *Rachat.*

RELIGIONNAIRES *fugitifs*; la religion prétendue réformée a été tolérée en France jusqu'à l'édit du mois d'Octobre 1685, portant révocation de celui donné à Nantes par Henry IV au mois d'Avril 1598; les biens qui avoient apartenu aux consistoires & ceux qui étoient destinés à l'entretien des Ministres, furent consacrés à Dieu & à des œuvres pieuses.

1. Par un autre édit du mois de Janvier 1688, le Roi a réuni à son domaine les biens de ceux professant la R. P. R. qui étoient sortis du roïaume au préjudice des édits des mois de Juillet 1681, Juillet 1682 & Août 1685, & qui n'y étoient point revenus suivant la grace qui leur étoit accordée par les édits des mois d'Octobre 1685 & Juillet 1686.

Cette réunion ne fut pas ordonnée en vûë d'augmenter les revenus du domaine, mais afin que les biens fussent régis & conservés par les officiers roïaux, pour en être les revenus emploïés à fonder & entretenir des maitres d'école, au rétablissement des églises, à fonder des hôpitaux & à toutes autres destinations utiles & nécessaires, pour l'avantage des nouveaux convertis & le bien de la religion.

Par l'art. 2 de l'édit du mois de Décembre 1689, il fut ordonné que les biens délaissés par les sujets du Roi, qui étoient sortis & qui pouroient sortir ci-après du roïaume, apartiendront à ceux de leurs parens paternels ou maternels, auxquels, suivant les dispositions des coûtumes & des loix observées dans les provinces de leur situation, ils eussent apartenu par la mort naturelle des fugitifs; & qu'ils les partageront & posséderont en la même manière que s'ils les avoient recueillis par successions, & aux mêmes charges & conditions dont lesdits biens sont chargés.

La déclaration du Roi du 21 Mars 1718, porte que c'est par grace spéciale, & non à titre

tre de fucceſſion, que S. M. a bien voulu accorder aux parens de ſes ſujets de la R. P. R. ſortis du roïaume, la jouïſſance & même la propriété des biens de ces religionnaires, qui étoient acquis au domaine & confiſqués par l'édit de 1688; en conſéquence, il eſt ordonné que cette grace ſpéciale ne poura s'étendre qu'à ceux qui auront pleinement ſatisfait aux conditions portées par l'édit de 1689 & par la déclaration du 29 Décembre 1698, ſuivant leſquels leſdits parens donataires doivent réſider dans le roïaume, & ne peuvent jouïr deſdits biens qu'à condition de n'envoïer dans les païs étrangers aucune partie du fond ni même du revenu de ces biens.

2. Louis XIV avoit permis, par une déclaration du 29 Décembre 1698, à ceux qui s'étoient retirés en païs étranger & à leurs enfans, nés avant ou depuis leur fuite, de revenir en France dans un tems limité, ſans que les enfans nés en païs étranger euſſent beſoin d'obtenir des lettres de naturalité, mais ſeulement de faire abjuration, pour rentrer dans leurs biens. Par une déclaration de Louis XV du 27 Octobre 1725, il a été ordonné que, faute par les français réfugiés & par leurs enfans d'être revenus en France dans les tems marqués par la déclaration de 1698, leurs parens reſtés en France, jouïront paiſiblement des biens dont ils ont été envoïés en poſſeſſion; & que leſdits réfugiés, qui ne ſont revenus qu'après l'expiration des tems portés par ladite déclaration, & ceux qui reviendront à l'avenir, ainſi que leurs enfans nés en païs étranger, pourront être admis, après ſerment de fidélité & abjuration, aux ſucceſſions échuës depuis leur retour & à celles qui leur échérront par la ſuite, *ſans avoir beſoin de lettres de naturalité*, S. M. les regardant comme ſes fidèles ſujets, du moment qu'ils auront ſatisfait à ſes intentions.

3. Lorſque les parens collatéraux des fugitifs ſe font envoïer en poſſeſſion de leurs

biens, en conformité de l'édit de 1689 & de la déclaration de 1725, ils doivent inconteſtablement païer le droit de *centième denier*; inutilement objecteroient-ils qu'il s'agit moins d'une ſucceſſion légitime que d'une grace du Roi, qui leur accorde des biens confiſqués; cette grace ne leur eſt accordée que comme les plus proches héritiers: la propriété leur eſt aſſurée par la déclaration de 1725: & ils ſont ſujets aux règles établies pour les mutations à titre ſucceſſif, de même que le ſeroient ceux auxquels le Roi feroit don des confiſcations ajugées à S. M. pour tous autres crimes.

Arrêt du conſeil du 16 Juin 1722, par lequel, ſans avoir égard à une ordonnance de M. l'intendant de Bordeaux, il a été jugé que le ſieur Paſquier devoit le droit de centième denier des biens de ſon frère fugitif, dont il s'étoit fait envoïer en poſſeſſion, en vertu de l'édit de 1689.

Déciſion du 22 Septembre 1722, contre les parens de la demoiſelle Anſeline fugitive; autre du 16 Décembre 1725, qui juge que le droit eſt dù par les collatéraux des religionnaires réfugiés depuis 1704; autre déciſion du 31 Décembre 1732, contre le ſieur Bezudy; autre déciſion du 12 Juin 1734, contre Jean-Baptiſte Louſtonneau & ſa femme, qui, par ſentence du Bailliage du Havre, avoient été envoïés en poſſeſſion des biens de Marie & Rachel Ourſel, fugitives pour fait de religion.

4. Si les biens confiſqués par la fuite des religionnaires, n'ont point été réclamés par des parens habiles à ſuccéder, qui ſoient reſtés en France, ces biens ſont régis & adminiſtrés particulièrement pour le compte du Roi, & les revenus en ſont apliqués ainſi qu'il plait à S. M. Le régiſſeur en fait ordinairement des baux à rente, qui ſont aprouvés au conſeil; & ces baux portent que, lorſque S. M. voudra diſpoſer des biens au profit du fugitif, ou de ſes parens ou autrement,

le poffeffeur fera tenu de les remettre , fans aucun recours contre la régie.

Ces *baux à rente* font *difpenfés du droit de centième denier* , ainfi que les ceffions qui en peuvent être faites par les preneurs à d'autres particuliers ; ils font auffi difpenfés de tous droits de lods & ventes ; & les biens ne peuvent être retirés ni faifis féodalement pendant la régie.

Par arrêt du confeil du 24 Avril 1736, rendu contre le fous-fermier des domaines de Bordeaux , il lui a été fait défenfes & à tous autres , de faire à l'avenir aucunes pourfuites pour raifon du centième denier des baux à rente des biens des religionnaires fugitifs , faits par le régiffeurs defdits biens.

Il a été rendu le 10 Juin 1749 , un autre arrêt du confeil, contradiétoirement entre le fermier des domaines & le régiffeur des biens des religionnaires fugitifs , qui décharge François-Guilhem Bertin , Antoine Bergoignon , & le nommé Henin , du droit de centième denier qui leur étoit demandé , pour raifon du bail à rente fait à Bertin , par le régiffeur , en vertu d'arrêt du confeil, le 3 Août 1735 ; & à caufe des fubrogations qui en ont été faites le 8 Juin 1736 , par Bertin à Bergoignon , & le 5 Mars 1743 , par Bergoignon à Henin , lefquels aétes ont été homologués par arrêt du confeil.

Il a encore été décidé le 9 Janvier 1750 , en faveur du fieur Morice , qu'il n'eft point dû de centième denier pour la ceffion defdits biens , faite à un tiers par celui qui les tenoit à rente de la régie.

Un arrêt du confeil du 3 Juin 1754 , rendu contre le fermier des revenus de l'évêché de Rièz , fait défenfes à tous feigneurs de fief , dans la mouvance defquels fe trouvent des biens faifis ou confifqués pour fait de religion , d'éxiger aucuns droits de lods & ventes pour raifon des baux à rente perpétuelle ,

faits defdits biens par les fermiers de la régie de ces biens , à peine de 1500 livres de dommages & intérêts & de 3000 livres d'amende envers la régie. Dans cet arrêt , il en eft vifé deux autres , des 12 Février 1724 & 12 Février 1745 , par lefquels il eft fait défenfes de retraire & de faifir féodalement les biens faifis ou confifqués pour caufe de religion , tant qu'ils feront fous la main du Roi , & que les revenus en feront régis & adminiftrés par les ordres de S. M , foit que lefdits biens foient en bail à rente perpétuelle ou autrement.

5. L'article 16 de la déclaration du Roi du 14 Mai 1724 , porte que les enfans mineurs , dont les pères & mères , tuteurs ou curateurs font fortis du royaume pour caufe de religion , pourront valablement contraéter mariage de l'avis de leurs autres parens s'ils en ont ; ou , à défaut , de leurs amis ou voifins , qui donneront leur avis & confentement devant le juge des lieux ; & que les aétes pour ce néceffaires , feront expédiés fans aucuns frais , tant de juflice que de fceau , contrôle , infinuation ou autres. Cette éxemtion n'a lieu que pour les aétes préliminaires au mariage , tels que la nomination d'un nouveau curateur , l'affemblée & l'avis de parens ou amis &c. ; mais , elle ne s'étend nullement aux droits du contrat de mariage , comme on l'a dit mal-à-propos dans le titre de la déclaration , inféré dans le recueil du contrôle , imprimé à Paris en 1724 ; ainfi , les droits du contrat de mariage doivent être païés ; la déclaration du Roi n'a eû pour objet que de fupléer au défaut de confentement des pères & mères , tuteurs & curateurs , abfens pour fait de religion , & d'affranchir de tous droits les aétes néceffaires pour autorifer les enfans à fe marier ; mais , elle ne les affranchit pas des droits du contrat de mariage , qu'ils auroient dûs également , quand bien même

leurs parens feroient reftés en France & y auroient été parties.

REMBOURSEMENT; l'article 79 du tarif du 29 Septembre 1722, porte que le droit de contrôle des rembourfemens du prix des contrats ou rentes conftituées ou foncières, fera païé fur le pié des articles 3 & 4 du même tarif; *voïez* ci-devant, *Rachat*, page 237.

A l'égard du remboursement fait par un retraïant, à l'acquéreur fur lequel il éxerce le retrait; voïez *Retrait*.

Quant au remboursement de la finance des engagiftes des domaines, par les adjudicataires à titre de revente, ou lors des réunions, voïez *Domaine*, §. 5, tom. 2, p. 129 & 132, & ci-après *Revente*.

RÉMÉRÉ, eft un terme qui fignifie une faculté de retirer dans un certain tems, l'héritage qu'on a vendu, en remboursant le prix païé par l'acquéreur avec les loïaux coûts; voïez *Faculté*, & ci-après, *Vente à faculté de réméré*.

REMISE ou RESTITUTION *d'hérédité ou de fidéi-commis*, eft l'acte par lequel celui qui eft grévé de fubftitution, ou qui eft inftitué héritier à la charge de remettre à un autre dans un certain tems, lui en fait la remife à l'échéance de ce tems ou par anticipation.

Il eft dû, pour l'acte de remife d'hérédité, les mêmes droits que pour tout autre acte tranflatif de propriété. Si elle eft faite en ligne collatérale, avant ou après le délai fixé pour remettre, il y a mutation & le droit de centième denier eft dû; fi elle eft faite en ligne directe, fans anticiper le tems fixé, ou même par anticipation, pourvû que ce foit par contrat de mariage, il n'eft point dû de droit de centième denier; mais, fi la remife anticipée eft faite par le père au fils, autrement que par contrat de mariage, elle eft inconteftablement fujette à ce droit.

La remife anticipée eft confidérée comme une aliénation volontaire, parce que celui

auquel elle eft faite ne pouvoit rien prétendre aux biens qu'après le tems fixé, & que s'il étoit mort avant le tems, le grévé reftoit propriétaire libre; *voïez* les art. 41 & 42 du titre 1er de l'ordonnance du mois d'Août 1747, raportés à l'article : *Inftitution*, tom. 2, p. 565.

Toutes les mutations qui arrivent dans la poffeffion des biens fubftitués font foumifes aux mêmes droits feigneuriaux & autres, que fi elles s'opéroient par la voïe de la fucceffion ordinaire ou de la donation; enforte que, fans confidérer l'auteur de la fubftitution, il faut uniquement s'attacher au dernier poffeffeur & à celui qui entre en poffeffion; ce principe, établi pour le centième denier par arrêt du confeil rendu en règlement le 30 Décembre 1721, & adopté pour les droits feigneuriaux par arrêt du parlement de Paris du 20 Mai 1727, raporté ci-devant à l'article *Relief*, page 256, eft devenu une règle générale par la difpofition de l'article 56 du titre 1er de l'ordonnance du mois d'Août 1747, portant que » lors qu'il y aura des biens féo-
» daux ou cenfuels compris dans une fubf-
» titution, elle ne poura nuire ni préju-
» dicier aux feigneurs dont lefdits biens
» font mouvans; & en conféquence, il en
» fera ufé à l'égard de chaque nouveau pof-
» feffeur des biens fubftitués, ainfi que s'il
» avoit pris la place du dernier poffeffeur
» defdits biens, par la voïe de la fucceffion
» ordinaire, ou par une donation; enforte
» que, dans tous les païs & dans tous les
» cas où les héritiers naturels & légiti-
» mes ou les donataires font fujets dans
» les mutations au païement du droit de
» relief ou autre droit feigneurial, chaque
» fubftitué foit pareillement obligé d'acqui-
» ter les mêmes droits; & réciproquement,
» lorfque les héritiers naturels & légitimes
» ou les donataires n'en font pas tenus, les
» fubftitués en feront pareillement éxempts.

Décifion du confeil du 15 Février 1722, fur le mémoire de M. de Cruffol, qui juge

K k ij

que le droit de centième denier n'eſt pas
dû pour une remiſe de biens ſubſtitués ,
faite en ligne directe après le tems du fidéi-
commis ; mais , que le droit eſt dû , lorſque
la remiſe eſt faite volontairement avant en
tems.

Autre déciſion du 23 Février 1727 ,
qui juge le droit dû pour une remiſe faite ee
ligne collatérale au fils du teſtateur , par ſon
contrat de mariage ; tom. 2 , p. 566.

Pareilles déciſions, des 16 Juillet 1729 ,
& 1er Septembre 1735 , contre le ſieur de
S. Germain pour la remiſe à lui faite par le
curé de Bar ſon oncle ; *id.* p. 567.

Autre du 16 Juin 1731 , pour la remiſe
faite au ſieur Chimiat , fils du teſtateur , par
ſon oncle , inſtitué à la charge de lui remettre lorſqu'il auroit atteint l'âge de 25 ans ;
il ſoûtenoit ne pas devoir le droit , en recevant les biens de ſon père après le tems
fixé par le teſtament , diſant que ſon oncle
n'avoit pas eû de propriété , & qu'il n'avoit
été qu'économe ; cette déciſion juge qu'il
eſt dû deux droits , l'un pour l'inſtitution , &
l'autre pour la remiſe , quoique faite après
le terme du fidéi-commis , parce qu'elle
produit une mutation en ligne collatérale.

Déciſion du 1er Septembre 1735 , contre
le ſieur Deſperandieu , pour l'hérédité de
ſon aïeul , à lui remiſe par le ſieur de
la Deveze , héritier inſtitué , à la charge
de lui remettre à 27 ans.

Du 25 Novembre 1735 , autre déciſion
du conſeil , contre le ſieur Blondeau , tréſorier de France à Limoges , pour la remiſe
faite à ſa femme par contrat de mariage ,
par ſon oncle , en vertu du teſtament du
père de ladite dame , portant inſtitution à
la charge de remettre à ſa fille à l'âge de
20 ans.

Autre déciſion du 1er Mars 1738 , pour
la remiſe faite au ſieur Pouyard , par ſa
mère , inſtituée héritière par ſon mari ,
& après avoir joüi pendant trois ans des
biens.

Déciſion du conſeil du 23 Janvier 1748 ,

ſur le mémoire de M. le comte de Joyeuſe ,
donataire de ſon frère , de la nuë propriété
d'une terre , avec liberté de choiſir celui
de ſes enfans auquel il voudra faire paſſer
cette terre ; enſuite il a nommé le marquis
de Joyeuſe , ſon fils aîné , par la donation
qu'il lui en a faite , cinq jours après ; décidé qu'il eſt dû deux droits de centième
denier : l'un pour la donation faite au comte ,
& l'autre pour celle par lui faite à ſon fils ;
parce qu'encore qu'il fut grévé , il n'étoit
pas obligé de nommer ni de tranſmettre de
ſon vivant , & pouvoit devenir propriétaire libre.

Autre déciſion du 18 Avril 1750 , ſur le
mémoire de la dame Landais , veuve du ſieur
Baron des Adrets , inſtituée héritière par
ſon mari , à la charge de rendre l'hérédité ,
à ſa mort ou plûtôt ſi elle juge à propos , à
leur fils aîné , & à ſon défaut , au cadet ; elle
avoit payé le droit de centième denier pour
l'inſtitution , & , voulant remettre l'hérédité
au ſeul fils qui lui reſtoit , elle demandoit
qu'il fut défendu au fermier d'éxiger le
droit pour cette remiſe , ſoûtenant qu'il
n'étoit pas dû pour une mutation en ligne
directe , & conforme au teſtament ; elle ſe
fondoit même ſur une déciſion du 11 Mai
1742 , citée dans le commentaire des tarifs ,
p. 478 ; mais , on a répondu que cette déciſion , contraire aux principes , n'a pas été
éxécutée ; que ladite dame des Adrets n'é-
toit point aſſujétie à remettre dans un tems
fixe : elle pouvoit conſerver les biens toute
ſa vie , & même en devenir propriétaire
libre , ſi ſon fils décédoit avant elle ; enſorte qu'il s'agiſſoit d'une remiſe anticipée ,
qui ne pouvoit nuire aux droits que ſes
créanciers auroient pû éxercer ſur les biens
pendant ſa vie ; en conſéquence , il a été
décidé que le droit de centième denier étoit
dû , ſans dificulté , pour cette remiſe.

Le 29 Mars 1753 , le conſeil a réformé
une ordonnance de M. l'intendant de Languedoc , par laquelle il avoit été jugé que
le ſieur de Marcoran , chanoine à Beſiers , ne

devoit le droit de centième denier des biens à lui remis par sa mère, instituée héritière par le père, à la charge de lui remettre l'hérédité quand elle jugeroit à propos, qu'après avoir distrait, sur la valeur, toutes les charges inhérentes, les tailles, censives & droits seigneuriaux; en conséquence, il a été jugé que le droit étoit dû sur le pié de la valeur justifiée par les baux, à raison du denier 20 du revenu, à la seule déduction des rentes foncières dûes sur lesdits biens; cette décision a été confirmée les 30 Août 1753 & 7 Octobre 1755.

La dame de Creyssac, ayant été instituée héritière par son mari, à la charge de remettre le domaine de Chavanes, à son fils lorsqu'il seroit majeur, & sous la condition de pouvoir jouïr de tous les autres biens, & d'en disposer en faveur de qui elle jugeroit à propos, a remis tous les biens à son fils dès qu'il a été majeur; décidé les 20 Avril 1752 & 6 Octobre 1753, que le droit de centième denier n'est pas dû pour le domaine de Chavanes, remis en ligne directe, dans le tems fixé par le testament; mais que ce droit est dû pour le surplus des biens. Le fermier de la généralité de Bordeaux ne demandoit que le demi-droit de centième denier de ces autres biens; mais il avoit tort: le droit étoit dû en entier, & cela ne peut faire la matière d'un doute, puisque la mère n'étoit pas simplement usufruitière, qu'elle n'étoit pas obligée de remettre à son fils, & que, quand bien même elle auroit été assujétie à lui transmettre en mourant, il y avoit une mutation anticipée de biens, dont elle pouvoit devenir propriétaire libre par le prédécès de son fils.

REMPARTS; les portes des villes, murailles, remparts, contr'escarpes, fossés & tous les lieux qui servent ou qui ont servi aux clôtures & fortifications des villes du roïaume, apartiennent au Roi en pleine propriété, par droit de souveraineté; *voïez* Murs, tom. 2, p. 663.

REMPLACEMENT; ce titre est des-

tiné à traiter de l'emploi que font les *gens de main-morte*, des sommes à eux données ou léguées, & du remploi de celles provenantes des remboursemens qui leur ont été faits, tant de rentes constituées ou de rentes foncières rachetables, que du prix des héritages qu'ils avoient acquis & dont ils ont été évincés par retrait ou autrement, sans qu'il dépendit d'eux d'empêcher l'éviction. A l'égard du remplacement de la dot ou des biens aliénés de l'un des conjoints par mariage, il en sera parlé à l'article *Remploi*, qui est le nom, sous lequel ce remplacement est connu dans la jurisprudence.

Les règlemens ont accordé aux gens de main-morte la faculté de remplacer les biens amortis, dont ils sont évincés par des remboursemens inévitables de leur part, en autres biens, sans être tenus d'en païer de nouveau le droit d'amortissement; à condition d'observer les formalités nécessaires pour être autorisés à retirer ces biens du commerce & pour constater le remplacement; de manière qu'ils ne puissent pas abuser de la faculté qui leur est accordée, pour se soustraire à des droits légitimes; nous raporterons d'abord les règlemens généraux, pour entrer ensuite dans un détail succint des espèces particulières.

§. I. *Règlemens généraux.*

Par un arrêt du conseil rendu en règlement le 11 Juillet 1690, il été » ordonné qu'en cas que les *rentes foncières* ou *constituées par dons & legs*, » pour lesquelles les droits d'amortissement auront été païés, soient rachetées aux gens de main-morte, *suivant la faculté portée par les contrats*, les » héritages ou autres biens immeubles » qu'ils pourront acquérir des deniers provenans du rachat d'icelles, feront & demeureront amortis sans nouvelle finan-

» ce , en déclarant , par le contrat , les » débiteurs de la rente , dont le rembour- » fement aura fervi à païer le prix de l'ac- » quifition , & en y joignant une groffe » des actes de création ou conftitution » defdites rentes , portant faculté de » les racheter , & copie de la quitance » de remboursement qui en aura été fait ; » enfemble l'extrait de la quitance des » droits d'amortiffement qu'ils auront » païés pour raifon defdites rentes. (*)

Il ne fut point fait mention dans ce règlement des rentes conftituées à prix d'argent , au profit des gens de main-morte , parce qu'elles n'avoient pas encore été nommément déclarées fujettes au droit d'amortiffement ; elles y furent affujéties par la déclaration du 4 Octobre 1704 , dans tous les lieux où elles font déclarées ou réputées immeubles ; le Roi permit , par l'article 8 , de cette déclaration , aux gens de main-morte , en cas de remboursement des rentes conftituées à leur profit à prix d'argent , dont ils auroient païé l'amortiffement , d'en remplacer le principal en d'autres rentes de pareille nature , qui demeureroient valablement amorties , fans qu'ils fuffent tenus de païer une nouvelle finance , à la charge de faire mention dudit remplacement dans les quitances de remboursement & dans les contrats des nouvelles conftitutions qui feroient paffés à leur profit. Le droit d'amortiffement de ces rentes conftituées au profit des gens de main-morte à prix d'argent , fût réduit fur le pié de deux années de revenu , par la déclaration du Roi du 9 Mars 1706 ; & elles en furent difpenfées par l'article 26 de l'édit du mois de Mai 1708 ; mais , les rentes conftituées qui leur font données ou léguées à charge de fondation , ont toujours été fujettes au droit d'amor-

tiffement fur le pié du fixième du capital defdites rentes ; il y a néanmoins quelques rentes conftituées qui en font éxemtes , telles que celles fur l'hôtel-de-ville de Paris , & fur le clergé ; *voïez* Rentes , n. 6 & fuiv.

Par l'article 16 de l'arrêt du confeil du 21 Janvier 1738 , fervant de règlement général , il eft ordonné que » les » *deniers provenans du rembourfement* » *des rentes de toute nature ,* données ou » conftituées au profit des gens de main- » morte , par dons & legs , même pour » fûreté de fondations , pour lefquels les » droits d'amortiffement auront été païés , » enfemble *ceux provenans du rembour-* » *fement du prix des acquifitions faites* » *par les gens de main-morte , avec fa-* » *culté de réméré ,* dont l'amortiffement » aura été païé , *pouront être emploïés* » par les gens de main-morte , foit *en* » *acquifition de fonds ,* foit en *conftruc-* » *tions ou reconftructions de bâtimens ,* » fans que les fermiers en place , lors du » remboursement & des remplacemens , » puiffent prétendre aucun nouveau droit » d'amortiffement , en gardant les forma- » lités prefcrites par l'arrêt du 11 Juil- » let 1690 ; & à la charge en outre , » par les gens de main-morte , lorfqu'ils » feront des remplacemens , de faire » faire mention , fur la minute de la qui- » tance de remboursement , par le no- » taire qui en fera dépofitaire , des fom- » mes qu'ils remplaceront & de la nature » du remploi , & d'en raporter un ex- » trait , figné du notaire , aux fermiers » qui feront pour lors en place.

Suivant l'article 8 du règlement du 13 Avril 1751 , raporté tom. 1 , p. 161 , les gens de main-morte qui jouïront de biens fonds , par forme d'engagement pour fûreté de leurs créances , n'en doi-

---

(*) Il manquoit une formalité néceffaire : celle de faire mention du remplacement , fur la minute des actes de remboursement ; il y a été fupléé par le règlement de 1738.

vent que le droit de nouvel acquêt ; mais , ils ne peuvent en continuer la jouïssance plus de dix ans , qu'en vertu de lettres patentes , & , dans ce cas , ils en doivent païer le droit d'amortissement ; » bien entendu néanmoins que si , après le » païement dudit droit d'amortissement , » lesdits gens de main-morte étoient » obligés d'abandonner la jouïssance des- » dits biens au moïen du remboursement » qui leur seroit fait de leurs créances , » *ils pouroient remplacer les sommes qui* » *leur auroient été remboursées , en d'au-* » *tres fonds de pareille nature* , sans » païer de nouveau l'amortissement , en » observant les formalités prescrites par » les arrêts du conseil des 11 Juillet » 1690 , & 21 Janvier 1738 , & par » l'édit du mois d'Août 1749 » , (raporté tom. 1 , p. 148) ; & il leur est défendu de prendre à l'avenir aucun bien par engagement , sans avoir obtenu des lettres patentes , conformément à l'article 14 du même édit.

L'article 9 du même règlement de 1751 , excepte du droit d'amortissement , les sommes données ou léguées pour fondation , qui seront placées par les gens de main-morte en rentes sur l'hôtel-de-ville de Paris ; ordonne que tous autres éfets , même les rentes (*) sur le clergé , sur les païs d'états & autres de pareille nature , seront sujets à l'amortissement : sauf , en cas de remboursement desdites rentes , à pouvoir les remplacer en autres rentes , sans païer un nouveau droit d'amortissement , en observant les formalités prescrites par les arrêts du conseil des 11 Juillet 1690 , & 21 Janvier 1738 , & par l'édit du mois d'Août 1749.

S'il est donné ou légué des deniers pour être emploïés aux bâtimens des églises & lieux réguliers , & à charge de fondations de messes , de prières & autres , l'amortissement n'est dû que jusqu'à concurrence de ce qui est jugé nécessaire pour l'acquitement des fondations , *en justifiant* , *par quitances passées par devant notaires* , que lesdits deniers ont été réellement emploïés auxdits bâtimens ; article 10 du règlement de 1751.

Lorsque les gens de main-morte emploïent des deniers donnés ou légués pour cause de fondations , à l'acquitement de ce qu'ils peuvent devoir pour des fonds précédemment acquis & dûment amortis , l'amortissement desdits deniers donnés pour fondations ne doit être païé que sur le montant des capitaux des sommes nécessaires pour l'acquit des fondations ; article 11 du même règlement. Il faut que le droit soit païé pour la nouvelle fondation , au lieu que si les deniers avoient été donnés d'abord à charge de fondation & qu'ils eussent été amortis , l'emploi qui en auroit été fait ensuite auroit été éxemt du droit d'amortissement jusqu'à concurrence du droit païé pour les deniers donnés.

Les ecclésiastiques & gens de main-morte ne peuvent acquérir ni recevoir aucuns biens , soit à titre de remplacement ou autrement , qu'après avoir satisfait à toutes les formalités prescrites par l'édit du mois d'Août 1749 ; *voïez* les articles 8 , 9 & 15 du règlement du 13 Avril 1751.

Pour faire l'aplication de ces diférens règlemens , il faut distinguer les remboursemens forcés faits aux gens de main-morte , de ceux qu'ils n'ont reçu que volontairement comme le prix d'une aliénation qu'ils étoient les maîtres de ne pas faire ; dans le premier cas , il a été juste de leur procurer les moïens de faire

(*) Il a été dérogé à cette disposition , pour les rentes sur le clergé , par les lettres patentes de 1755 & 1760 , raportées tome 1 , pages 163 & 164.

des remplacemens , fans païer de nouveaux droits d'amortiffement , jufqu'à concurrence de ce qui étoit amorti avec finance & dont ils ont été dépoffédés ;
au lieu que , dans le fecond cas , ils ne
peuvent profiter de la même faveur ,
parce que ce feroit les autorifer à fubftituer à leur gré un bien à un autre , fans
païer le droit d'amortiffement , auquel ils
font affujétis pour toutes acquifitions faites par échange ou autrement.

§. II. Remplacement de tous rembourfemens forcés.

1. Toutes les fommes provenantes de
rembourfemens forcés faits aux eccléfiaftiques & gens de main-morte , peuvent être
remplacées en acquifition de fonds ou de
rentes , ou même en conftructions & reconftructions de bâtimens produifans revenu ,
fans qu'il foit dû un nouveau droit d'amortiffement à caufe de ce remplacement , pourvû que les biens dont ils ont été évincés par
le rembourfement , aïent été amortis avec
finance ; bien entendu que cette éxemtion n'a lieu que jufqu'à concurrence de
ce qui étoit amorti : enforte que fi la
main-morte , qui a reçu une fomme de
6000 livres pour le rembourfement d'une
rente conftituée ou foncière rachetable ,
dont l'amortiffement n'a été païé qu'à raifon du fixième , emploïe cette fomme à
acquérir un fond noble , dont le droit
d'amortiffement eft dû fur le pié du cinquième , elle devra 200 livres pour droit
d'amortiffement de cette nouvelle acquifition , qui n'eft amortie fans nouvelle finance que jufqu'à concurrence de ce qui
a été païé pour le bien qu'elle remplace.

2. Il fuit de ce principe que fi les gens
de main-morte ont reçu le rembourfement

de rentes ou autres biens , pour lefquels
le droit d'amortiffement n'eut pas été
païé , comme en étant éxempts par leur
nature , le remplacement qui en fera fait
en biens fujets au droit , n'en poura être
éxempt ; c'eft même ce qui eft ordonné
par l'article 7 du règlement de 1738 ,
raporté tom. 1 , p. 157 ; les rentes fur
l'hôtel-de-ville de Paris , celles conftituées par le clergé , & celles créées en
1758 , à quatre pour cent fur les aides
& gabelles , acquifes par les gens de
main-morte ou qui leur font données à
charge de fondations , ne font point fujettes au droit d'amortiffement (a) ; mais ,
fi ces rentes font rembourfées , & que
le prix du rembourfement foit emploïé à
acquérir d'autres rentes ou des fonds ,
le droit d'amortiffement fera inconteftablement dû ; les règlemens raportés ci-
deffus , au §. 1 , n'en éxemtent ces nouvelles acquifitions que lorfqu'elles remplacent
des biens dont le droit d'amortiffement
a été païé.

3. En donnant pour principe que *toutes* les fommes provenantes de rembourfemens forcés , peuvent être remplacées en
acquifitions de fonds ou de rentes , ou
même en conftructions & reconftructions
de bâtimens , fans qu'il foit dû un nouveau droit d'amortiffement , ce n'eft pas
qu'on ignore qu'anciennement on a prétendu que le rembourfement des rentes
conftituées à prix d'argent ne pouvoit
être fait qu'*en rentes de pareille nature* ,
pour jouïr de cette éxemtion : l'on fe
fondoit fur la difpofition de l'article 8
de la déclaration du 4 Octobre 1704 , raporté ci-deffus , §. 1 ; & cette prétention
a été confirmée par diférens arrêts (b) ;
mais , l'article 16 du règlement de 1738 ,
a fait ceffer les dificultés à cet égard ,
en

(a) *Voïez* le tome 1 , pages 162 , 163 & 164.
(b) Arrêts des 18 Avril 1713 , 17 Décembre 1726 , 11 Octobre 1729 , 13 Novembre 1731 , 9 Septembre
1732 &c.

en autorifant à remplacer les deniers provenans du remboursement des rentes de *toute nature* , & du remboursement du prix des acquifitions à faculté de ré-méré , foit en acquifition de fonds , foit en conftructions ou reconftructions de bâ-timens ; les diftinctions gênantes ne font plus admifes , parce que tout remplace-ment eft égal : il fufit que la main-morte ait été involontairement évincée d'un bien amorti avec finance , pour qu'elle foit auto-rifée à en faire le remplacement en tout autre bien quelconque , qui fera amorti jufqu'à concurrence de ce qu'elle avoit païé , pour le bien dont elle a été dé-poffédée.

Ainfi , le remplacement du prix des contrats d'acquifition n'eft pas borné à celui des acquifitions à faculté de réméré : la difpofition de l'article 16 du règlement de 1738 , n'eft point limitative à cet égard , mais feulement démonftrative d'un cas où la main-morte peut être dé-poffédée des biens qu'elle avoit acquis ; la faculté qui lui eft accordée en ce cas , eft commune à tous ceux où elle a pû être & où elle a été éffectivement évin-cée des biens qu'elle poffédoit , fans qu'il fut néceffaire d'aucun confentement de fa part ; parce qu'étant alors forcée de recevoir le remboursement , il a paru jufte d'affranchir , d'un nouveau droit d'a-mortiffement , le remplacement qui en fe-roit fait avec les formalités néceffaires ; arrêt du 13 Décembre 1729 , en fa-veur du chapitre de Befançon , pour remplacement du prix de maifons cano-niales & autres édifices , dont il avoit été évincé par ordre du Roi , pour l'uti-lité publique & l'augmentation des forti-fications de la citadelle de la même ville : autre arrêt femblable du 21 Mars 1730 , en faveur des Chartreux du Mont S. An-dré , près Tournay ; autres arrêts des 14 Octobre 1732 , 10 Juillet 1736 , & 29 Janvier 1737 , en faveur des religieux

de Marchienne , des Jéfuites de Nantes , & des prêtres de la doctrine , de la mai-fon de S. Charles à Paris , pour des rem-placemens de fommes provenantes d'évic-tions forcées. Arrêt du confeil du 13 Décembre 1740 , qui déboute les fœurs des écoles de Guignen , en Bretagne , de leur demande en reftitution d'une fomme par elles païée pour partie du droit d'a-mortiffement de biens acquis le 3 Juin 1738 , dont elles ont enfuite été évin-cées par retrait féodal ; les condamne en outre à acquiter le billet qu'elles avoient fait en même tems pour le furplus du droit ; parce qu'elles pourront acquérir de nouveaux fonds de pareille valeur que les héritages dont elles ont été évincées , lefquels demeureront amortis , fans païer nouvelle finance , en obfervant les forma-lités prefcrites par les règlemens ; l'arrêt du confeil du 19 Juin 1745 , en con-damnant l'abbeffe & les religieufes de Saint Sauveur d'Evreux au païement du droit d'amortiffement de biens dont elles avoient été envoïées en poffeffion par deshérence , comme mouvans de leur fief, porte qu'en cas de dépoffeffion par les héritiers dans le tems fixé par la coûtume , elles pourront faire de nou-velles acquifitions , fans païer de droits d'amortiffement, jufqu'à concurrence de ce qu'elles auront païé pour l'amortiffe-ment defdits biens.

4. Il peut également être fait emploi des fommes données ou léguées aux gens de main-morte , fans qu'il foit dû d'amortiffe-ment , fi les fommes emploïées ont été amorties avec finance : & fi l'on a obfervé les formalités néceffaires pour prévenir un double emploi des mêmes fommes.

Si l'emploi eft fait en rentes fur l'hôtel-de-ville de Paris , ou en rentes conftituées par le clergé , il ne fera dû aucun droit d'amortiffement , quand bien même les fommes emploïées n'auroient pas été amor-ties.

Tome III.

L l

REM

A l'égard de tout autre emploi , *voïez* le §. 1 ci-deſſus., & l'article *Amortiſſement* , §. 22 , tom. 1 , pag. 176.

5. *Les formalités néceſſaires* pour l'emploi des ſommes données & léguées, & pour le remplacement de celles qui proviennent de rembourſemens , ſont d'abord , de ſe conformer à l'édit du mois d'Août 1749, ſuivant lequel les gens de main-morte ne peuvent acquérir , recevoir ni poſſéder , à quelque titre que ce ſoit , aucuns biens en fonds , droits-réels , rentes foncières , ou rentes conſtituées ſur des particuliers , s'ils n'y ont préalablement été autoriſés par des lettres patentes enregiſtrées dans les cours.

En faiſant l'acquiſition qui ſert d'emploi ou de remplacement , il faut en faire une déclaration bien ſpécifiée par le contrat ; exprimer d'où proviennent les deniers qui ſervent à païer le prix de l'acquiſition ; y joindre & annéxer : ſçavoir , pour l'emploi, une groſſe de l'acte par lequel les deniers ont été donnés ou légués , & pour le remplacement , une groſſe des actes de création des rentes ou des acquiſitions dont on a été dépoſſédé , une copie de l'acte de rembourſement , & les autres pièces néceſſaires pour juſtifier que ce rembourſement étoit inévitable de la part de la main-morte ; & dans tous les cas , il faut en outre , joindre la preuve que le droit d'amortiſſement a été païé des ſommes emploïées ou des biens rembourſés ; enfin , il eſt néceſſaire que , ſur la minute des dons & legs ou des rembourſemens , il ſoit fait mention , par le notaire qui en eſt dépoſitaire , du remplacement qui a été fait , de ſa nature & des ſommes qui y ont été emploïées ; & que l'extrait de cette mention , certifié du notaire , ſoit raporté au fermier des domaines.

Si le remplacement eſt fait en conſtructions ou reconſtructions de bâtimens , les mêmes précautions doivent être obſervées dans le marché & dans les quitances des ouvriers , & ces actes doivent être paſſés par devant notaires ; il faut auſſi

raporter l'extrait de la mention du remplacement faite ſur la minute des dons & legs ou des rembourſemens , ſans quoi le droit d'amortiſſement ſera dû de ces conſtructions & reconſtructions , ſi elles ſont de nature à y être ſujettes.

Toutes ces formalités ſont indiſpenſables , pour éviter que le remplacement ne ſoit ſujet à un nouveau droit d'amortiſſement ; la tolérance de l'omiſſion d'une ſeule pouroit donner lieu à des abus , en facilitant le moïen de ſupoſer pluſieurs fois le remplacement des mêmes ſommes amorties ; arrêt du conſeil du 24 Avril 1725 , contre les Prémontrés de la croix-rouge à Paris , qui les condamne au païement du droit d'amortiſſement d'une ſomme à eux donnée pour fondation perpétuelle en 1718 , nonobſtant l'emploi qu'ils diſoient en avoir fait en conſtructions , dont le droit d'amortiſſement avoit été païé ; ils juſtifioient cet emploi par des quitances des ouvriers données ſous - ſignatures privées , dépoſées & reconnuës par devant notaires en 1721 , mais poſtérieurement à la demande qui leur étoit faite. Arrêt du 14 Janvier 1727 , contre les chanoines de la cathédrale de Beauvais , qui les condamne à païer le droit d'amortiſſement d'une ſomme léguée pour fondation , & celui d'une acquiſition faite trois mois après la délivrance du legs , attendu le défaut de déclaration d'emploi dans le contrat , & ſans avoir égard à l'offre qu'ils faiſoient d'afirmer que les deniers légués avoient été emploïés à faire l'acquiſition. Autre arrêt du 21 Juin 1729 , qui condamne la fabrique de ſaint Remy d'Amiens , au païement du droit d'amortiſſement d'une acquiſition , dans laquelle il étoit dit que le prix provenoit du rembourſement d'une rente conſtituée pour fondation ; mais , les autres formalités preſcrites par l'arrêt de 1690 , n'avoient pas été obſervées.

Les formalités du remplacement des rentes amorties ſont encore plus étenduës dans les provinces de *Flandre, Hai-*

nault & *Artois*; il faut que le rembourfement & le contrat d'acquifition foient
enregiftrés, dans trois mois du jour de
l'acquifition, au gréfe du fiége roïal du
reffort; arrêts de règlement des 1er Février 1681, 27 Octobre 1696, 12 Juillet
1729, & 19 Juin 1745.

6. A l'égard de l'emploi fait par les gens
de main-morte, feigneurs féodaux, cen-
fiers ou haut-jufticiers, de l'indemnité
qui leur eft païée par d'autres gens de
main-morte, en acquifition d'immeubles;
voïez Amortiffement, §. 14, tom. 1, p.
574; & Indemnité, tom. 2, p. 537.

§. III. *Remplacement du prix des aliénations faites par les gens de main-morte, & des rembourfemens qu'ils ont volontairement reçus.*

Il a été dit dans le §. précédent, que
les gens de main-morte ne doivent pas
un nouveau droit d'amortiffement pour le
remplacement des rembourfemens qu'ils
ont été indifpenfablement obligés de recevoir, pourvû que les formalités fufifantes aïent été obfervées; ils ne font pas
confidérés comme propriétaires incommutables des biens dont ils peuvent être dépoffédés, & le remplacement en a été favorifé.

Mais, lors que les eccléfiaftiques & gens
de main-morte aliénent un héritage, ou
reçoivent volontairement le rembourfement d'une rente que le débiteur n'avoit
pas la faculté de racheter, & dont ils
pouvoient refufer le rachat, il perdent
l'éfet de l'amortiffement de cet héritage,
ou de la rente, & doivent par conféquent
païer un nouveau droit pour les biens
qu'ils acquièrent à titre de remplacement, pour les fubftituer à ceux dont ils fe
font deffaifis volontairement; les principes
en font établis à l'article *Echange*, tom.
2, p. 272.

Arrêt du confeil du 18 Juin 1715;

contre les religieux du prieuré de S. Martin-des-champs à Paris, pour des conftructions faites en 1712, des deniers de
la vente d'une terre, faite en 1706;
l'acquéreur avoit éxigé que, par le contrat
de vente, ils s'obligeaffent à remplacer
le prix; cette vente avoit été confirmée
par lettres patentes homologuées; le plan
des conftructions avoit été communiqué
au prévôt des marchands & aux échevins
de Paris, aprouvé par arrêt du confeil
rendu fur requête & fuivi de lettres patentes, portant décharge du droit d'amortiffement defdites conftructions; mais, il
s'agiffoit d'une vente purement volontaire; l'arrêt & les lettres patentes avoient
été obtenus fans que le fermier eut été
entendu & fans finance.

Autre arrêt du 12 Janvier 1723, contre les bénédictins de Saint-Pere-en-Val-
lée de Chartres, pour une acquifition
faite avec déclaration que le prix provenoit d'une aliénation qu'ils avoient faite
quelque-tems auparavant.

Par autre arrêt du confeil du 8 Mars
1723, les maire & échevins de Dijon ont
été déboutés de leur opofition à un précédent arrêt du 14 Février 1719, par
lequel les chanoines du chapitre de la
fainte Chapelle de Dijon, avoient été condamnés au païement du droit d'amortiffement d'une acquifition faite en 1713,
pour remplacer des biens vendus l'année
précédente aux maire & échevins; & en
conféquence, il a été ordonné que l'arrêt
de 1719, fera éxécuté felon fa forme &
teneur. Les maire & échevins, en éxigeant par leur acquifition, que le Chapitre s'obligeât au remplacement, avoient
promis le garantir de toute recherche
du droit d'amortiffement pour le remploi,
& ils foûtenoient que ce droit n'étoit
pas dû, parce qu'il ne s'agiffoit que d'un
fimple remplacement de fonds amortis,
fait avec les déclarations fufifantes.

Décifion du confeil du 24 Août 1727,

au sujet de reconstructions faites par les pères feuillans de Bordeaux, qui disoient avoir été obligés de vendre leur maison & fief de la Plane, amorti, pour en emploïer le prix à ces reconstructions qui étoient nécessaires ; tom. 4 du recueil, page 45.

Arrêts du conseil des 28 Décembre 1728, & 31 Mai 1729, contre les chanoines du chapitre de la sainte Chapelle de Bourges, pour une acquisition faite en 1721, dont le prix provenoit du remboursement qui leur étoit fait par le même acte, d'une rente foncière rachetable ; mais cette rente étoit le prix de l'aliénation qu'ils avoient faite d'une métairie en 1678, par bail à rente rachetable ; ainsi, le remboursement qui leur en avoit été fait, n'étoit que le païement du prix d'une vente volontaire.

Décision du conseil du 6 Février 1735, contre les Augustins de la ville de Montauban : il avoient vendu en 1732 une maison amortie, & l'année suivante, ils avoient emploïé le prix à faire une nouvelle acquisition, avec toutes les déclarations suffisantes ; en conséquence, ils soutenoient ne pas devoir d'amortissement, sous prétexte qu'ils n'avoient pas augmenté leurs revenus, puisque les biens nouvellement acquis ne faisoient que remplacer d'autres biens amortis ; mais comme l'aliénation qu'ils en avoient faite étoit volontaire, il a été jugé que le droit d'amortissement étoit dû pour les biens acquis des deniers de cette aliénation.

REMPLOI *de la dot & des reprises matrimoniales, d'une femme, ou des biens aliénés de l'un des conjoints*, est l'acte par lequel on donne à celui auquel est dû le remploi, ou à ses héritiers, des biens de la communauté ou même des propres de l'autre conjoint, pour servir de remplacement.

1. Si le remploi est fait par un acte conventionnel, sujet au contrôle, le droit

est dû sur la valeur des biens & suivant l'article 3 du tarif. Le droit de centième denier est dû, en outre, des immeubles cédés ou ajugés pour le remploi, à l'exception néanmoins des biens de conquêts abandonnés à la femme, qui n'a pas renoncé à la communauté ; mais, si elle y avoit renoncé, elle seroit étrangère aux biens qui en proviennent, & devroit le centième denier de tous ceux qui lui seroient abandonnés ou ajugés en païement de ses créances.

2. Lorsque la femme aporte des deniers en dot, dont le remploi est stipulé par le contrat de mariage & assigné spécialement sur un héritage propre du mari, qu'on estime à cet éfet, l'assignat ne transporte aucune propriété actuelle : le mari peut faire un autre emploi sufisant ; mais s'il décède, sans avoir fait d'emploi, & que l'héritage qui lui étoit propre, reste à la femme, en réalisant l'assignat, il y a translation de propriété, & les droits seigneuriaux sont dûs ; *voïez* Coquille, ch. 113, de ses questions, & le traité des fiefs de Guyot, tom. 3, p. 368, le droit de centième denier est pareillement dû.

3. Le remploi de la femme ou de ses héritiers étant fait sur les propres du mari, les droits seigneuriaux sont dûs, parce que c'est dation en païement, en faveur de personnes qui étoient étrangères à ces biens ; traité des fiefs de Guyot, vol. 2, p. 134 ; & vol. 3, p. 356 ; *voïez* aussi le traité des fiefs de Livon, liv. 3, ch. 5, sect. 3 ; le droit de centième denier est également dû sans nulle dificulté.

4. Si, pour le remploi de la dot de la femme, de ses propres aliénés ou de ses reprises & conventions matrimonales, on lui cède, ou à ses héritiers, des conquêts de la communauté, il n'est dû aucuns droits seigneuriaux, suivant le droit commun & général, soit qu'elle soit commune en biens, ou non ; parce que les

conquêts font préfumés faits des deniers provenus de fa dot ou de l'aliénation de fes propres , & qu'en conféquence , ils y font fubrogés. Quoiqu'elle ait renoncé à la communauté , elle n'eft pas abfolument étrangère aux conquêts faits pendant le mariage ; il eft vrai que la renonciation efface en elle le caractère de commune ; mais , par raport aux droits feigneuriaux , cette renonciation n'eft confidérée produire éfet que pour les dettes ; & les conquêts font regardés comme affectés aux reprifes , dont ils font cenfés provenir ; Guyot , dans fon traité des fiefs , tom. 3 , p. 357 , cite un arrêt du parlement de Paris du 23 Juin 1665 , qui a infirmé une fentence du châtelet de Paris , par laquelle une femme , qui avoit renoncé à la communauté , & qui avoit obtenu des conquêts pour fes reprifes & pour le remploi de fes propres aliénés , avoit été condamnée au païement des droits feigneuriaux ; il ajoûte qu'il en doit être ainfi en toute coûtume , & que c'eft l'avis de S. Leu fur celle de Senlis , articles 235 & 236 ; il cite encore une fentence des requêtes du palais du 5 Août 1740, en la coûtume de Mantes & Meulan. *Voïez* auffi Brodeau fur l'article 80 , de la coûtume de Paris , n. 14 , & le traité des fiefs de Livon. liv. 3 , ch. 5 , fect. 3.

Mais , il n'en eft pas ainfi pour le droit de centième denier ; on diftingue fi la femme eft commune en biens ou fi elle a renoncé à la communauté ; dans le prèmier cas , le droit de centième denier n'eft pas dû , parce que le remploi fur les conquêts n'eft confidéré que comme un partage de la communauté , par le réfultat duquel ces conquêts font compenfés avec les reprifes ; au lieu que fi la femme n'eft pas commune en biens , elle n'eft pas dans le cas de faire un partage : elle eft réellement étrangère aux acquêts faits pendant le mariage , qui ne peu-

vent lui être tranfmis fans qu'il y ait une mutation effective de propriété ; ainfi le droit de centième denier en eft dû , fuivant les autorités qui feront raportées à la fuite de cet article , n. 9.

5. Lorfqu'il n'y a point de communauté entre les conjoints , foit par l'éfet de la loi , foit par celui d'une féparation ftipulée par contrat de mariage , les acquêts faits pendant le mariage apartiennent privativement à celui au nom duquel ils ont été faits , enforte que la femme eft abfolument étrangère à ceux du mari : s'il eft abandonné des conquêts à une femme qui n'a jamais été commune , ou même des acquêts faits par le mari depuis que la communauté a ceffé , elle en doit les droits feigneuriaux ; traité des fiefs de Guyot , tom. 3 , du Quint , ch. 4 ; elle en doit également le droit de centième denier.

6. Par une fuite de ce principe , les droits feigneuriaux font dûs lorfqu'il eft cédé à une feconde femme , des acquêts d'une première communauté ; parce que les conquêts ne font affectés qu'à la communauté pendant laquelle ils ont été faits ; c'eft ce qui a été jugé par arrêt du parlement de Bordeaux du 24 Janvier 1666.

7. Si le remploi eft fait par l'acquifition même , il faut diftinguer s'il ne s'agit que d'une fimple déclaration de l'emploi des deniers de la femme à faire l'acquifition ; dans ce cas , elle n'a qu'un privilége , & l'héritage entre pleinement dans la communauté ; mais s'il eft expreffément ftipulé que le prix provient des deniers de la femme , qui lui tenoient nature de propre , que l'héritage acquis eft pour fon remploi & tenir même nature , & qu'elle accepte ce remploi , alors l'héritage acquis apartient privativement à la femme , fans pouvoir entrer dans la communauté & fous la puiffance du mari ; ainfi elle n'en doit d'autres droits que

Remploi,
f. 3.

ceux de l'acquisition. *Voïez* la décision du 6 Septembre 1735.

8. Le remploi étant fait , après la mort de la femme , en faveur de ses héritiers , ils ne devront les lods & ventes que dans les mêmes cas où elle les auroit dûs , puisqu'ils ont les mêmes droits qu'elle avoit à éxercer ; mais ils devront le relief ou le rachat si les biens y sont sujets , comme ils l'auroient dû s'ils avoient trouvé ces biens dans la succession de la femme ; s'ils ont hérité d'elle en ligne directe , ils ne devront le droit de centième denier pour le remploi , que dans les mêmes cas où elle y auroit été sujette ; mais s'ils n'ont hérité qu'en ligne collatérale , le droit de centième denier sera dû dans tous les cas , même pour la cession des conquêts , quoiqu'il n'y ait pas eu de renonciation à la communauté ; parce que si le remploi avoit été fait à la femme & qu'ils eussent hérité d'elle , ils auroient dû le même droit.

9. Après ces principes , nous raporterons les arrêts & décisions du conseil rendus au sujet du droit de centième denier.

Par arrêt du conseil du 23 Août 1707 , la veuve Meneult , qui avoit renoncé à la communauté d'entr'elle & son mari , a été condamnée au païement du droit de centième denier de biens à Paris , acquis pendant la communauté , & à elle cédés par ses enfans en déduction de ses reprises pour sa dot & ses conventions matrimoniales.

Autre arrêt du conseil du 28 Mars 1721 , qui juge que le demi-droit de centième denier est dû de biens , en Roüergues , cédés , à titre d'usufruit , à la dame comtesse de Caylus , pour le remploi de ses droits de doüaire , habitation , dot & conventions matrimoniales , par son fils ; avec stipulation qu'au décès de ladite dame , il rentrera en joüïssance des biens , en païant aux héritiers le montant des reprises qu'ils auront à faire.

Décisions du Conseil des 25 Juillet & 12 Novembre 1724 , qui jugent qu'en Dauphiné & dans les autres provinces régies par le droit écrit , les femmes doivent le droit de centième denier des immeubles de leurs maris , dans lesquels elles sont colloquées , ou qui leur sont donnés pour leurs deniers dotaux & autres avantages matrimoniaux , sauf à le réduire au demi-droit lorsqu'elles ne doivent joüïr qu'à titre d'usufruit.

Décision du 25 Mai 1727 , qui condamne la veuve du sieur Joüen , élu à Bernay , au païement du centième denier de biens acquis par son mari , en Normandie , & à elle cédés pour le remploi de ses propres aliénés.

Arrêt du conseil du 19 Juillet 1729 , en faveur du sieur Marchand , qui juge qu'il n'est point dû de droit de centième denier pour un acte en forme de partage qu'il a fait avec les héritiers de sa femme , par lequel les conquêts de la communauté lui sont restés pour le remploi de ses propres ; cet arrêt est conforme à la distinction faite ci-dessus , n. 4.

Autre arrêt du 28 Août 1731 , contre la dame de Kergroades , pour des biens de son mari , en Bretagne , à elle abandonnés pour assiette ou remploi de ses deniers dotaux.

Décisions des 8 Juin , 26 Juillet , & 28 Septembre 1735 , contre la dame Sadoc de Grandval , à laquelle il avoit été ajugé des biens de la succession de son mari , en Normandie , pour sa dot & ses reprises.

Décision du 6 Septembre 1735 , qui décharge la dame comtesse de Bethune du droit de centième denier qui lui étoit demandé pour une terre en Nivernois , dont elle avoit fait juger la distraction en sa faveur , attendu qu'elle avoit été acquise du prix de ses deniers dotaux , pour lui servir de remploi & qu'elle avoit acœpté ce remploi ; *voïez* ci-deſſus le n. 7.

Autre déciſion du conſeil du 30 Novembre 1737 , contre la dame Marquiſe de Mailloc, pour une terre en Normandie , dépendante de la ſucceſſion de ſon mari, qu'elle s'étoit fait ajuger pour le remploi de ſa dot & pour des dettes qu'elle avoit acquitées ; elle opoſoit que les héritiers collatéraux du mari avoient déja païé le droit de centième denier lors de l'ouverture de la ſucceſſion; il a été jugé qu'elle devoit néanmoins le païer , parce qu'il y avoit eû deux mutations : l'une en faveur des héritiers , auxquels la terre avoit paſſé de droit à l'inſtant du décès ; & l'autre en faveur de ladite dame , par l'adjudication en païement de ſes créances, que les héritiers avoient été les maîtres d'acquiter en argent.

Déciſion du 6 Septembre 1738 , ſur le mémoire de la dame marquiſe de Buzanval : elle étoit commune en biens ſuivant ſon contrat de mariage de 1717 ; la terre de Buzanval fut acquiſe pendant cette communauté ; il y eût enſuite une ſéparation de biens , & cette terre fut abandonnée à ladite dame en déduction de ſa dot & autres repriſes. Décidé que , s'il ne lui a été abandonné que l'uſufruit, elle ne doit que le demi-droit de centième denier ; mais que , ſi la terre lui a été cédée en propriété, elle doit païer le droit de la valeur entière.

Du 18 Juillet 1739 , autre déciſion ſur le mémoire de Jean-Baptiſte Devaux , bourgeois de Paris , héritier de ſa mère, décédée femme en ſecondes nôces du ſieur Broquet ; il avoit renoncé à la communauté de ce ſecond mariage, pour s'en tenir à la répétition des repriſes de ſa mère; en conſéquence , le ſieur Broquet lui avoit cédé un immeuble qui étoit l'unique conquêt de cette communauté , dont ledit ſieur Devaux ſoûtenoit ne pas devoir le centième denier , attendu que le droit avoit été païé lors de l'acquiſition , &

que les conquêts tenoient lieu du bien de ſa mère dont il étoit héritier en ligne directe. Décidé qu'aïant renoncé à la communauté, il doit le droit pour les immeubles de cette communauté, qui ne lui ont été cédés qu'en païement de ſes créances.

Déciſion du 26 Mars 1746 , ſur le mémoire de la veuve de Jean Nau , commune en biens, à laquelle il avoit été cédé, par acte en forme de partage , des biens à Paris , les uns provenans de conquêts , & les autres des propres de ſon mari , pour ſes repriſes. Décidé qu'elle doit le centième denier pour les propres , mais , qu'elle ne le doit pas pour les conquêts, puiſqu'elle étoit commune en biens, & qu'elle n'a pas renoncé à la communauté.

Autres des 14 Mai & 20 Août 1746 , contre les dames de Dampierre & Coquinot , auxquelles leurs maris avoient cédé, après ſéparation , des biens acquis pendant la communauté, pour le remploi de leurs deniers dotaux emploïés à ces acquiſitions , ſuivant les déclarations faites par les contrats ; & cela , parce que le remploi n'avoit pas été ſuſiſamment fait & accepté par les contrats d'acquiſition, ſuivant la diſtinction établie ci-deſſus , n. 7.

Cette diſtinction a été bien obſervée lors de la déciſion renduë le 29 Juin 1748 , ſur le mémoire des héritiers de la dame d'Honnecourt ; pendant le mariage de cette dame , qui étoit commune en biens , la terre d'Heudicourt avoit été cédée à elle, & à ſon mari par le débiteur de la partie de la dot de ladite dame avec déclaration d'acceptation & de remploi ; il avoit enſuite été fait des conquêts ; & cette dame, aïant renoncé à la communauté après la mort de ſon mari, paſſa un acte avec les héritiers , qui reconnurent que la terre d'Heudicourt lui apartenoit, & qui lui abandonnèrent des conquêts pour le ſurplus de ſa dot , & de ſes repriſes; il fut décidé qu'il n'étoit point dû de droit de centième denier pour la terre d'Heudicourt ; mais que le centième denier étoit dû pour le surplus.

Décision du 16 Août 1750, qui juge que Marie Morel, veuve de Pierre Roches, mariée en Dauphiné, où la communauté n'a pas lieu, doit le centième denier des biens situés en Bresse, acquis par son mari pendant le mariage, qui lui ont été ajugés pour sa dot & ses reprises matrimoniales.

Autres décisions des 15 Février & 21 Avril 1755, qui jugent que le droit de centième denier est dû pour l'abandonnement qui avoit été fait en 1752 à la dame comtesse de Beranger, pour ses reprises, par le tuteur de ses enfans, d'une terre acquise pendant la communauté, à laquelle elle avoit renoncé ; on oposoit que la veuve, quoique renonçante, n'est pas étrangère aux conquêts qui sont subrogés de droit à ses deniers dotaux, & que d'ailleurs un pareil acte étoit nul ; mais, il avoit eû son éxécution pendant la vie de ladite dame.

Du 23 Décembre 1756, autre décision, pour l'abandonnement fait par le tuteur des enfans de M. de Crillon à la dame Couvay leur aïeule maternelle, d'une terre en déduction de ses reprises. Cette dame oposoit qu'il s'agissoit d'un conquêt, & qu'il étoit stipulé, par son contrat de mariage, que le remploi de sa dot seroit pris d'abord sur les biens de la communauté & subsidiairement sur les propres ; qu'ainsi, il n'y avoit pas de mutation en sa faveur ; mais, elle avoit renoncé à la communauté, & dès-lors elle étoit étrangère aux conquêts ; en conséquence, il a été jugé qu'elle devoit le droit de centième denier.

RENNES, ville capitale de la Province de Bretagne, où il y a Parlement, Intendance &c. *Voïez* Bretagne.

Une partie considérable de cette ville aïant été incendiée en 1720, le Roi accorda, par une déclaration du 13 Janvier 1722, enregistrée au parlement le 26 Février suivant, différens avantages à ceux qui contribuëroient à la rétablir par de nouvelles constructions. Par l'article 6, il fut ordonné qu'il ne seroit païé que le tiers des droits ordinaires & fixés par les tarifs des droits de contrôle des actes des notaires & des insinuations, pour tous les contrats & actes passés par ceux qui seroient autorisés à rebâtir dans l'emplacement des maisons & édifices incendiés, & dans celui des maisons abatuës à l'occasion de l'incendie, tant au sujet des emprunts qu'ils feroient pour bâtir, que pour la première vente, soit des places à bâtir, soit des maisons qui y seront construites ; S. M. ordonna pareillement que lesdits emplacemens, ensemble les maisons qui y seroient bâties, seroient éxempts pour la première fois, en cas de vente, des droits de lods & ventes, soit envers S. M., soit envers les seigneurs particuliers.

RENONCIATION est une répudiation pure & simple d'un droit acquis ; l'on renonce à une succession échuë, à une communauté, à un legs ; on renonce aussi à des succession à écheoir ; l'on déclare même quelquefois renoncer en faveur d'un tiers, à des droits acquis ; nous distinguerons ces diférentes espèces de renonciations, pour établir les règles qui leur sont particulières.

RENONCIATION *à succession échuë* ; est l'acte par lequel celui qui est apellé à recueillir une succession, déclare purement & simplement qu'il y renonce ; nul n'est héritier qui ne veut, & celui qui ne veut pas succéder peut s'abstenir ou renoncer, pendant que les choses sont entières, c'est-à-dire, avant que d'avoir fait aucun acte d'héritier.

En général, les renonciations peuvent être faites par devant notaires ou au gréfe ; &, dans l'un & l'autre cas, elles doivent être contrôlées dans la quinzaine de leur date ; en Normandie, elles doivent être faites en justice, suivant l'art. 235, de la coûtume :

coûtume : ce font alors des actes judiciaires non fujets au contrôle.

L'article 80 du tarif du 29 Septembre 1722, fixe à 10 fols le droit de contrôle des renonciations ou répudiations de fucceffions, communautés & autres droits.

Toutes les renonciations à fucceffions doivent être infinuées au bureau du lieu où les fucceffions font ouvertes ; art. 6 & 13 de l'édit du mois de Décembre 1703. Le droit d'infinuation eft fixé, par l'art. 12 du tarif de 1722, pour chacun des renonçans, fuivant la qualité des perfonnes décédées, dont il eft fait trois claffes.

Cette difpofition du Tarif, qui affujétit à païer autant de droits d'infinuation qu'il y a de renonçans, eft fondée fur ce que chacun agit perfonnellement pour fon intérêt particulier, que l'un peut renoncer & que l'autre peut accepter ; elle eft relative à ce qui avoit été ordonné par arrêt du confeil du 5 Décembre 1705, & par l'article 1er de la déclaration du 20 Mars 1708.

Il a même été jugé qu'il eft dû par chaque renonçant autant de droits d'infinuation qu'il y a de fucceffions auxquelles il renonce par un même acte, fur le fondement qu'il pouvoit accepter l'une & répudier l'autre, & fur ce que le tarif du 20 Mars 1708 avoit fixé le droit par chaque renonçant pour chacune renonciation à *une* fucceffion ; décifion du 31 Juillet 1736, qui juge que, pour les renonciations faites par Louis Allais & fes frères & fœurs, aux fucceffions d'Antoine Allais & de fa femme, leurs aïeux paternels, il étoit dû par chaque renonçant autant de droits qu'il y a de fucceffions ; autre décifion du 23 Septembre 1756, qui confirme la perception faite à Vincennes de huit droits d'infinuation pour une acte de renonciation faite par le nommé Uzé, en qualité de tuteur de quatre mineurs, aux fucceffions de leurs père & mère.

On prétend auffi qu'il eft dû autant de
Tome III.

droits de contrôle qu'il y a de renonçans par un même acte à une même fucceffion, parce que chaque renonçant agit perfonnellement pour fon intérêt particulier ; on argumente de ce qui eft règlé pour les droits d'infinuation ; mais les deux droits n'ont pas les mêmes principes : le tarif du contrôle ne s'explique pas comme celui de l'infinuation, & je ne connois ni arrêt, ni décifion qui ait autorifé à multiplier les droits de contrôle d'un feul acte de renonciation faite par plufieurs perfonnes à la même fucceffion.

Arrêt du confeil du 2 Avril 1718, qui confirme une ordonnance de M. l'intendant de Caën, par laquelle le gréfier de la vicomté de la même ville, a été condamné aux amendes encourües pour avoir délivré l'expédition d'une renonciation, avant que d'avoir fait infinuer l'acte, & pour n'avoir pas fait fceller l'expédition.

Autre arrêt du 20 Juin 1721, qui caffe une fentence du juge de Meillan, portant enterrinement de lettres de répudiation d'hérédité, avant qu'elles fuffent infinuées ; &, fans avoir égard à une ordonnance de M. l'intendant de Bordeaux qui avoit accordé la décharge des amendes encourües, condamne la partie & fon procureur au païement du droit d'infinuation & en 300 livres d'amende chacun.

Par arrêt du 16 Février 1723, les gréfiers du châtelet de Paris ont été reçus, par amniftie, à faire contrôler & infinuer fur les minutes jufqu'au premier Avril fuivant, les renonciations & autres actes par eux reçus, qu'ils avoient négligé de foûmettre à ces formalités, prétendant qu'il n'y avoit que les expéditions qui y fuffent fujetes à la diligence des parties.

Décifion du confeil du 4 Décembre 1728, qui juge que, dans la province de Normandie, les renonciations faites en juftice, en conformité de l'article 235 de la coûtume, ne font point fujetes au contrôle ; & que, comme actes judiciaires que les

M m

gréñers font obligés de recevoir, ils ne font point tenus de les faire inñnuer dans la quinzaine, mais feulement avant que d'en délivrer les expéditions. Cette difpofition, quant à l'inñnuation, eft conforme à la diftinction établie à l'article *Gréfiers.*, n. 2, tom. 2, p. 490.

Par décilion du 21 Juin 1732, renduë contre la veuve Gilibert, il a été jugé que, pour une renonciation à fucceffion, faite par diférentes perfonnes, il eft dû autant de droits d'infinuation, qu'il y a de renonçans, fans diftinguer s'ils étoient apellés à la fucceffion de leur chef, ou par repréfentation.

Autre décilion du 28 Août 1734, qui juge que, pour la renonciation faite par le tuteur des enfans mineurs du fieur du Rocher à la fucceffion de leur oncle, il eft dû autant de droits qu'il y a de perfonnes pour lefquelles la renonciation a été faite.

L'acte par lequel celui qui eft habile à fuccéder, déclare s'abftenir, vaut renonciation, & eft fujet aux mêmes droits de contrôle & d'infinuation; *voïez* Abftention, tom. 1, p. 12.

Quoique, par la renonciation d'un cohéritier, il y ait accroiffement au profit des autres, ceux-ci ne doivent d'autres droits que ceux qu'ils auroient dûs, s'ils avoient été les feuls apellés à l'hérédité, pourvû que celui qui renonce n'eut fait aucun acte d'héritier & que les autres ne lui aïent rien donné pour obtenir une renonciation en leur faveur; *voïez* Accroiffement en fucceffion, tom. 1, p. 14; mais, la renonciation faite en faveur d'une autre perfonne eft une adition d'hérédité, pour transférer fon droit à autrui, comme il fera dit ci-après, à l'article *Renonciation en faveur.*

RENONCIATION *à communauté*, eft l'acte par lequel une veuve déclare renoncer à la communauté de biens qu'il y avoit entr'elle & fon mari; le mari, étant le maître de la communauté, n'eft pas admis à y renoncer.

Suivant le droit général, ces renonciations peuvent être faites par devant notaires ou au gréfe; elles font valables dans l'un & l'autre cas; mais il en doit refter minute fuivant l'arrêt de règlement du Parlement de Paris du 14 Février 1701, qui enjoint aux gréfiers & notaires qui recevront des actes d'acceptation ou de renonciation à communauté, d'en garder les minutes, fans les laiffer aux parties.

Ces renonciations à communauté doivent être contrôlées dans la quinzaine de leur date, à la diligence des notaires ou gréfiers qui les ont recuës; & le droit de contrôle en eft fixé à 10 fols, par l'article 80 du tarif du 29 Septembre 1722.

Il y a quelques coûtumes qui éxigent que la renonciation à communauté foit faite en juftice: telles font celles de Tours, art. 290; d'Eu, art. 84; du Perche, art. 104; & celle de Normandie, art. 394, pour la renonciation de la femme à la fucceffion de fon mari. Ces renonciations font, dans ce cas, des actes judiciaires qui ne peuvent erre affujétis au contrôle.

La coûtume de Bretagne, article 432, ne s'explique pas auffi pofitivement; mais, fuivant le nouveau commentateur, la renonciation à communauté qui feroit faite devant notaires ne feroit pas valable; il faut qu'elle foit faite en juftice ou du moins au gréfe; or, les actes reçus par les gréfiers n'étant fujets au contrôle que lorfqu'ils font de nature à pouvoir être valablement faits par devant notaires, il s'enfuit que les renonciations à communauté qui, dans la province de Bretagne, font faites au gréfe, ne doivent point être affujéties au contrôle.

Toutes renonciations à communauté, fans exception, doivent être infinuées au bureau du lieu du domicile du mari; art. 6 & 13 de l'édit du mois de Décembre 1703; &

le droit d'infinuation eft fixé par l'art. 13 du tarif du 29 Septembre 1722, fuivant la qualité du mari.

Il eft d'ufage de ftipuler dans les contrats de mariage, que fi la femme ou fes enfans renoncent à la communauté, ils auront la faculté de demander la dot & tout ce qui eft échu à la femme, pendant le mariage, par fucceffion, donation ou autrement ; mais fi cette faculté n'eft pas accordée par le contrat de mariage, la femme ou fes héritiers, ne peuvent, en cas de renonciation, répéter que les propres, & ils perdent tout ce qui étoit entré dans la communauté du chef de la femme. *Voïez* ce qui eft dit à cet égard, verb. *Contrat de mariage*, §. 17, tom. 1, p. 534 ; *voïez* auffi, Communauté, tom. 1, p. 456.

Si la femme répudie la communauté du vivant de fon mari, pour faire ordonner une féparation de biens, le droit d'infinuation des lettres qu'elle obtient, ou du jugement qui intervient fans lettres, doit être perçu fur le pié règlé par l'article 7 du tarif concernant les féparations ; mais fi elle obtient des lettres qui aïent été infinuées, il n'eft point dû de droit d'infinuation pour le jugement qui les enterrine.

A l'égard des répudiations de communautés légales établies entre des perfonnes qui demeurent enfemble, *voïez* Communauté légale, tom. 1, p. 459.

RENONCIATION *à des legs* ; renoncer à une inftitution d'héritier, ou à un legs univerfel, c'eft la même chofe que renoncer à une fucceffion dévolue en vertu de la loi par le droit du fang ; & les mêmes droits en font dûs ; décifions du confeil des 16 Décembre 1730 & 28 Août 1734, mais les fimples renonciations à des legs particuliers, qui ne font éxigées que par le fermier des domaines, pour opèrer la décharge des droits des teftamens, & qui ne produifent point d'autre éfet, ont été favorifées pour le droit d'infinuation, qui a

été modéré à 10 f. par une décifion du 9 Octobre 1733 ; ces renonciations doivent être faites par acte autentique fuivant une autre décifion du 17 Juin 1747 ; & la modération accordée par celle de 1733, ne peut être apliquée à aucun autre cas qu'à celui qui y eft expliqué ; décifion du 26 Septembre 1739 ; c'eft une exception dérogatoire au tarif & qui doit être refferrée dans les bornes prefcrites.

Il faut obferver que toute renonciation après acceptation, ou après avoir fait tout autre acte équivalent, ne peut être confidérée que comme ceffion ou rétroceffion.

RENONCIATIONS *à des fuccef-fions futures*, ne font admifes que par contrat de mariage. Il en a été parlé ci-devant, tom. 1, p. 519, où il a été raporté différentes autorités ; les unes ont jugé qu'il n'étoit point dû de droit d'infinuation ; les autres ont jugé le contraire. Je crois que ces renonciations doivent être infinuées, & que le droit eft dû fur le pié règlé par l'article 13 du tarif, l'arrêt de 1721, & les dernières décifions l'ont ainfi jugé.

RENONCIATIONS *en faveur d'une autre perfonne*, eft une adition d'hérédité & une ceffion du droit que l'on y avoit ; la renonciation eft une répudiation fimple de ce droit, en le laiffant dans la maffe de la fucceffion ; au lieu que fi l'on renonce en faveur de quelqu'un, c'eft faire un acte d'héritier & difpofer enfuite de fes droits, l'on ne peut céder que ce qui eft à foi ; il faut donc que celui qui dit qu'il renonce en faveur d'un autre, ait été propriétaire pour fubroger cette tierce perfonne en fes droits ; d'où il fuit qu'il y a acceptation & tranflation ; ainfi, le droit de contrôle eft dû comme ceffion fur la valeur de ce qui eft cédé ; le droit de centième denier en eft pareillement dû, s'il s'agit d'immeubles ; décifion du 9 Novembre 1737, au fujet d'un acte paffé entre Jeanne Paulmier & fa fille, par lequel la fille avoit renoncé,

M m ij

en faveur de fa mère , à tous fes droits dans la fucceffion du père ; décidé que le droit de centième denier eft dû comme ceffion de la part qui apartenoit à la fille dans les immeubles.

RENTES , font perpétuelles ou via- gères ; les rentes perpétuelles font conf- tituées ou foncières : elles font perpé- tuelles , parce qu'elles peuvent fubfifter à perpétuité , & qu'elles ne s'éteignent que par le rembourfement éfeftif de leurs capitaux ou par la prefcription ; les ren- tes viagères s'éteignent à la mort des per- fonnes fur la tête defquelles elles ont été créées.

1. On nomme , *rentes conftituées* , cel- les qui ont été créées à prix d'argent , pour lequel on a conftitué une rente , qui tient lieu de l'intérêt du capital , dont le débiteur peut fe libérer toutesfois & quantes , en le rembourfant avec les ar- rérages échus & éxigibles ; mais le créan- cier ne peut éxiger ce rembourfement , parce qu'il a aliéné le capital , en le conf- tituant en rente. *Voïez* Conftitution de rentes , tom. 1 , p. 481 ; les arrérages de ces rentes fe prefcrivent par cinq ans ; le capital même eft fujet à prefcription , lorfqu'on ne prouve pas que la rente ait été païée depuis trente ans

2. Les *rentes foncières* font celles qui font créées pour aliénation de fonds ; & fous cette dénomination font comprifes les rentes feigneuriales créées à titre de fur- cens par les aftes d'inféodation ; celles créées par des baux à rente , par des partages , ou par des aftes de licitation ; les arrérages de ces rentes ne fe prefcri- vent que par 30 ans , enforte qu'on en peut demander 29 années.

L'on peut auffi créer une rente foncière en donnant cette rente à perpétuité & en l'affignant fpécialement fur un fond , pourvû que la difpofition foit purement gratuite & que l'affignat foit fait dans la difpofition même , de manière que le fond

en foit *feul* grévé : telles font les rentes données ou léguées pour fondations ; lorfqu'elles ont été ainfi créées , elles font foncières , non rachetables & im- prefcriptibles. *Voïez* Loyfeau , du déguer- piffement , liv. 1 , ch. 7 ; & Henrys , tom. 1 , liv. 4 , ch. 6 , qu. 71.

Il y a une autre rente , provenant d'a- liénation de fonds , fur la nature de la- qu'elle les auteurs ne font pas d'accord : c'eft lorfqu'il eft dit que le fond eft aliéné moïennant une fomme , pour laquelle l'ac- quéreur a créé & conftitué une rente fur tous fes biens & fpécialement fur le fond acquis ; plufieurs auteurs prétendent , d'après Loyfeau , qu'une telle rente eft purement conftituée ; il y a même des arrêts qui l'ont ainfi jugé & qu'on ne pouvoit en demander que cinq années d'arrérages.

Le nouveau commentateur de la coû- tume de la Rochelle , fur l'article 44 , eft étonné qu'une diftinftion auffi fubtile , pour ne pas dire frivole & ridicule , ait pû être érigée en maxime au palais , & qu'en conféquence on ait jugé cette rente tellement conftituée que les arré- rages s'en prefcriroient par cinq ans ; dans la réalité , & toute fubtilité à part , continuë-t-il , cette rente ne procéde-t- elle pas de l'héritage aliéné ? & n'eft-ce pas tout comme fi l'acquéreur avoit été purement & fimplement chargé de la rente avec faculté de l'amortir quand bon lui fembleroit ? Il n'y a pas de prix , lorfque celui qui aliéne n'a pas la faculté d'obli- ger l'acquéreur à lui païer la valeur dont ils font convenus , ni dans un tems , ni dans un autre , & qu'il s'eft contenté d'une rente rachetable à la volonté du débiteur ; l'efprit fimple & droit ne voit là qu'un pur arrentement : l'ignorance d'u- ne fubtilité , ou la diftraftion , foit de la part des parties , foit du côté de ceux qui donnent la forme à de tels aftes , doit- elle en changer l'effence ? celui qui aliéne , reçoit fimplement une rente pour l'équivalent de fon fond ; cette rente ne peut donc naturellement être qu'une rente foncière.

Le même auteur cite un arrêt du Parlement de Paris du 21 Juin 1703 (*), rendu en la quatrième chambre des enquêtes, qui a condamné à païer 29 années d'arrérages d'une pareille rente, conftituée pour le prix d'une maifon ; il ajoûte que c'eft l'avis de plufieurs auteurs qu'il indique, & il conclut que cette rente n'eft point une rente conftituée, mais vraiment foncière ; qu'une diftinction, qui n'a pour fondement que la diférente manière de tourner un contrat, qui, au fond, n'eft qu'un bail d'héritage, ne peut être qu'une diftinction fcotiftique, incapable par conféquent de changer la nature d'une rente. Le confeil a jugé que le droit de centième denier étoit dû de ces rentes, par décifions des 10 Avril 1745, & 10 Novembre 1757, raportées ci-après.

Toute rente créée foncière eft non rachetable, fi le contraire n'eft ftipulé ; mais la faculté de rachat accordée au débiteur ne change point la nature de la rente ; cette faculté eft même fujette à prefcription par 30 ou par 40 années, fuivant les coûtumes ; enforte que, fi le débiteur ne s'eft pas libéré dans ce tems, il ne poura plus le faire après fon expiration, fi ce n'eft du confentement du créancier.

Il y a néanmoins des rentes qui, quoique foncières, font toujours rachetables à la volonté du débiteur ; telles font celles qui font dûës fur des places & maifons fituées dans des villes murées, lorfqu'elles ne font pas les premières après le cens ; *voïez* Baux à rente, §. 3, tom. 1, p. 300 ; les rentes foncières dûës aux eccléfiaftiques n'en font pas même exceptées, ainfi qu'il a été jugé par arrêt du parlement de Paris, rendu en grand-chambre le 28 Août 1725, pour une rente foncière

de 140 livres & d'une livre de cire, dûë aux Jacobins de Tours, fur deux maifons fituées dans la même ville.

3. Quant aux *rentes viagères*, on a déja dit que ce font celles qui s'éteignent à la mort des perfonnes fur la tête defquelles elles ont été créées ; l'on peut voir ce qui a été obfervé pour l'évaluation de leurs capitaux à l'article *Prix*, n. 5 ; & l'article *Accroiffement* tom. 1, p. 15.

Après cette diftinction fommaire des rentes, nous parlerons des droits dûs pour les ceffions & tranfports qui s'en font ; & des droits réels dûs aux mutations de propriété des rentes foncières ; ainfi que de ceux d'amortiffement qui peuvent être dûs par les eccléfiaftiques & gens de main-morte, pour raifon des rentes de toute efpèce.

Du droit de contrôle.

4. Le droit de contrôle des ventes, ceffions & tranfports de rentes foncières ou conftituées, eft dû fur le prix ftipulé, à moins qu'il ne foit inférieur aux capitaux : dans ce cas, le fermier a l'option de le percevoir fur le pié defdits capitaux ; à l'exception néanmoins des rentes fur le Roi, fur le clergé & fur les païs d'états, pour la ceffion defquelles le droit de contrôle ne doit être perçu que fur le pié du capital au denier 20 du produit actuel defdites rentes ; *voïez* ci-devant, l'article *Prix*, n. 4, p. 183.

Centième denier &c.

5. Les rentes conftituées à prix d'argent ne font immeubles que par fiction, & ne font par conféquent fujettes ni aux droits feigneuriaux, ni à celui de centième denier, quoiqu'elles foient affignées fur tous les biens

---

(*) Il eft cité dans le dict. des arr., verb. rentes, n. 4, un pareil arrêt du parlement de Paris, du 29 Décembre 1600, confirmatif d'une Sentence du châtelet.

Rentes. du débiteur ou fur un fond particulier, parce qu'elles ne produifent qu'une obligation perfonnelle & une fimple hipotéque générale ou fpéciale, fur les biens qui y font affectés.

Mais, les rentes foncières, quoique droits incorporels, font à tous égards confidérées comme des immeubles réels, qui affectent l'héritage même fur lequel elles font dûes, & qui font réputées en faire partie. Lorfqu'elles font non-rachetables, elles font fujétes aux droits feigneuriaux, dans la plûpart des coûtumes, tant pour les ceffions & tranfports qui en font faits, que pour l'extinction qui en eft accordée au débiteur. *Voïez* l'article 87 de la coûtume de Paris.

Le droit de *centième denier* en doit être païé dans tous les cas où il eft dû pour les autres immeubles réels, foit qu'elles foient rachetables ou non; parce que, comme on l'a obfervé ci-deffus, la faculté de rachat n'en altère point la réalité, & que cette faculté eft même fujéte à prefcription; mais ce droit n'eft dû, pour le rachat ou extinction, que de celles qui étoient alors non-rachetables, comme il a été dit ci-devant à l'article *Rachat de rentes*, n. 2, page 237.

L'article 6 de la déclaration du 20 Mars 1708, en ordonnant que le droit de centième denier fera païé à toutes mutations de biens immeubles, exprime nommément les rentes foncières; cet article ne fait point de diftinction entre les rentes foncières rachetables & celles qui font non-rachetables, parce que les unes & les autres font de même nature; il eft même ordonné que le droit de centième denier foit païé, encore qu'aucuns des biens ne fuffent pas fujets à lods & ventes & autres droits feigneuriaux; tom. 1, p. 391.

C'eft fur ce principe que, par ordonnance de M. de la Bourdonnaye, intendant à Orléans, du 1er Avril 1713, la veuve Brachet fut condamnée au païement du centième denier pour le tranfport d'une rente foncière rachetable, créée par bail à rente de 1704.

Il fut décidé au confeil le 3 Août 1715, que le droit de centième denier des rentes foncières venduës pour un moindre prix que le capital, devoit être païé fur le pié de ce capital.

La décifion du confeil du 3 Mars 1716, renduë fur l'article 9 du mémoire des notaires de Roüen, porte qu'il n'y a pas lieu de faire une diftinction des rentes foncières rachetables, qui font fujétes au droit de centième denier également que les rentes non-rachetables.

Par deux ordonnances de M. Bignon, intendant de Paris, des 22 Mai & 10 Septembre 1719, renduës contre les notaires de Melun, il fut jugé que les contrats de vente, ceffions, tranfports & fubrogations de rentes foncières, rachetables ou non-rachetables, devoient être infinués dans les délais prefcrits par les règlemens.

Arrêt du confeil du 24 Mai 1720, par lequel, fans avoir égard à une ordonnance de M. l'intendant de la Rochelle, obtenuë par les notaires de la même ville, il eft ordonné que les ventes, ceffions, fubrogations, tranfports, abandonnemens, démiffions & tous autres actes tranflatifs de propriété de rentes foncières, feront infinués & les droits païés dans les délais prefcrits par les règlemens, à peine du triple droit; & enjoint à Mrs les intendans de tenir la main à l'éxécution de cet arrêt.

Par ordonnance de M. Bignon, intendant de Paris, du 24 Juillet 1722, renduë contre Sebaftien Epoigny, marchand à Sens, acquéreur d'une rente foncière rachetable, dont le rembourfement lui avoit même été fait, il a été ordonné que les actes tranflatifs de propriété de rentes foncières rachetables ou non-rachetables feront infinués, & ledit Epoigny a été condamné au païement du droit de cen-tième denier & du triple d'icelui pour son acquisition.

Décision du conseil du 13 Janvier 1726, renduë contre le sieur Pellerin & autres héritiers, qui juge que le droit de centiè-me denier est dû pour une rente foncière rachetable à eux échuë à titre successif en ligne collatérale.

Autre décision du 30 Août 1731, contre Pierre Morice, acquéreur d'une rente foncière rachetable, assise sur des fonds situés en Gatinois.

Il est raporté dans le commentaire des tarifs, sur l'article 25, une décision du 22 Mai 1734, qui a dû juger que le centième denier n'étoit dû pour les rentes foncières créées rachetables, qu'après qu'elles étoient devenuës non-rachetables par la prescrip-tion de la faculté; je ne connais point cette décision, qui d'ailleurs seroit contraire à ce qui a été jugé précédemment & depuis; la prescription de la faculté de rachat ne change point la nature de la rente : si elle est foncière après, c'est qu'elle l'étoit au-paravant; ce seroit une erreur de croi-re qu'une rente qui n'étoit pas foncière dans son origine, pût acquérir cette qualité par le laps de tems; comme toute rente foncière est assujétie au centième denier par la déclaration de 1708, encore qu'elle ne soit sujéte aux lods & ventes & autres droits seigneuriaux, il s'ensuit que la ren-te qui est véritablement foncière, quoique soumise à la faculté de rachat pendant un tems, est sujéte audit droit de centième denier.

Décision du conseil du 28 Février 1736, contre le sieur des Mignores, gendarme ordinaire de la garde, qui juge le centiè-me denier dû pour une rente foncière ra-chetable.

Autre décision du conseil du 25 Août 1742, contre la dame Portier, veuve Bri-sard, qui avoit acquis une rente foncière rachetable, sur une maison à Paris, dont le rembourfement lui avoit été fait ensuite par le débiteur; décidé que toute rente foncière, rachetable ou non rachetable, est sujéte au centième denier, qu'ainsi la dis-tinction faite à cet égard n'est d'aucune considération, dès qu'il est reconnu que la rente est foncière.

Pareille décision du 1er Décembre 1742, contre Marie Jouanne, cessionnaire d'une rente rachetable, de bail d'héritages.

Par décision du 10 Avril 1745, le conseil a confirmé une ordonnance de M. l'intendant de Moulins, par laquelle le sieur le Beau a été condamné au païement du droit de centième denier d'une rente à lui échuë à titre successif en ligne collatérale; laquelle rente avoit été créée pour reste du prix d'une vente de fonds, & stipulée fon-cière, néanmoins rachetable.

Décision du conseil du 29 Avril 1747, contre les demoiselles Michel, de la ville du Havre, pour une rente foncière rachetab-ble, à elles échuë en ligne collatérale.

Autre du 29 Juillet 1747, contre le sieur Petit avocat, qui avoit hérité d'une rente foncière rachetable; décidé que le droit de centième denier est dû pour la rente rachetable ou non-rachetable, dès qu'elle est foncière provenante d'aliéna-tion de fonds.

Autres décisions des 29 Juillet 1747, & 20 Avril 1748, contre le sieur Lespi-nette, procureur fiscal à Milly; portant que toute rente foncière rachetable ou non-rachetable, est considérée comme im-meuble & sujéte au droit de centième denier.

Par une autre décision du 1er Mai 1749, le sieur le Roi a été débouté de la de-mande en restitution du droit de centième denier perçu à Versailles pour une rente foncière rachetable à lui échuë à titre suc-cessif en ligne collatérale.

Les états de Bretagne aïant demandé par l'article 2 de leur cahier, que les ac-quéreurs de fonds chargés de rentes fon-

Rentes.

cières ne fuſſent aſſujétis au païement du centième denier, que ſur le prix de leurs contrats, ſans y joindre le capital de ces rentes, ou du moins que les acquéreurs deſdites rentes foncières fuſſent diſpenſés d'en païer le centième denier, il fut décidé le 22 Juillet 1754, que le droit de centième denier étoit dû dans l'un & l'autre cas; cette déciſion eſt raportée à la pag. 408 du premier volume.

Déciſion du conſeil du 10 Novembre 1757, contre les héritiers de la veuve du ſieur Vaſſe, au ſujet d'une rente créée pour le prix d'une vente; en 1732, le nommé de Freſſine avoit vendu à Pierre de la Forge, des biens, moïennant 2000 liv. francs deniers; &, en païement, l'acquéreur avoit par le même acte, créé, conſtitué & aſſigné 100 liv. de rente annuelle & perpétuelle, foncière de bail d'héritages; cette rente fut venduë en 1739 à la veuve Vaſſe, par acte paſſé devant les notaires de Paris, dans lequel elle fut encore qualifiée foncière de bail d'héritages, & le droit de centième denier en fut païé; la veuve Vaſſe étant morte ſans enfans, ſes héritiers ont ſoûtenu qu'ils ne devoient pas païer ce droit de centième denier, parce qu'il ne s'agiſſoit que d'une rente conſtituée à prix d'argent, avec réſerve de privilége ſur le bien vendu, & que la mauvaiſe énonciation des notaires n'avoit pû changer la vraie nature de cette rente; décidé que le droit de centième denier eſt dû.

Le droit de centième denier des rentes foncières, cédées & tranſportées, eſt dû ſur le prix ſtipulé, ou ſur le capital à raiſon du denier vingt, en obſervant néanmoins que, pour les ventes, ou adjudications faites en juſtice, le droit de centième denier eſt toujours dû ſur le prix ſtipulé; *voïez* ci-devant l'article *Prix*, page 183.

Il a déja été obſervé que le droit de centième denier eſt dû pour le rachat ou extinction des rentes foncières non-rache-

tables; & cela eſt inconteſtable, ſoit quele rembourſement ſoit fait par le preneur à rente ou par tout autre détenteur du fond; parce que, dans l'un comme dans l'autre cas, il y a aliénation de la propriété directe de la part du créancier qui conſent à recevoir ce rembourſement; *voïez*, ci-devant l'art. *Rachat de rentes*, page 237.

Lors des mutations de biens, chargés de rentes foncières qui ſuivent le fond, l'on doit diſtinguer les mutations par ventes, de celles qui ſe font à titre gratuit ou à titre ſucceſſif; l'acquéreur doit païer le droit de centième denier, tant du prix ſtipulé, que du montant de toutes les charges qu'il eſt tenu d'acquiter; le donataire & l'héritier en ligne collatérale doivent le païer ſur la valeur des biens, mais diſtraction faite des rentes foncières non-rachetables dont ces biens ſont chargés; les rentes foncières rachetables ne doivent pas être diſtraites, parce que le nouveau poſſeſſeur a la liberté de s'en libérer ſans être aſſujéti au droit de centième denier; enſorte que, par le rachat, il ſe trouveroit propriétaire libre de la totalité du bien, ſans avoir païé le centième denier de ſa valeur, ſi l'on avoit diſtrait la rente rachetable lors de la mutation du fond. *Voïez* les articles *Charges*, tom. 1, p. 407; *Prix*, n. 2, tom. 3, p. 182; & ci-après, *Succeſſions collatérales*.

Droit d'amortiſſement.

6. L'on peut dire en général que les eccléſiaſtiques & gens de main-morte doivent le droit d'amortiſſement pour toutes les rentes dont ils deviennent propriétaires à quelque titre que ce ſoit, de même que des autres biens; ſauf néanmoins en cas de rembourſement de celles qui ſont rachetables de leur nature, à remplacer le prix, comme il a été obſervé à l'article *Remplacement*; il y a cependant quelques rentes qui en ſont exceptées.

7. Rentes

7. *Rentes conftituées fur des particu-liers* ; il fut ordonné par déclaration du Roi du 4 Octobre 1704, que le droit d'amortiffement feroit païé des rentes conftituées à prix d'argent au profit des gens de main-morte. Ce droit fut réduit à deux années du revenu defdites rentes, par autre déclaration du 9 Mars 1706 ; mais elles en ont été éxemtées par l'article 26 de l'édit du mois de Mai 1708, qui excepta néanmoins la Flandre, le Hainault & l'Artois, où ces rentes avoient été affujéties au droit d'amortiffement par les anciens fouverains ; il y eft dû à raifon de trois années du revenu ; arrêt de règlement du 12 Juillet 1729.

Ainfi, les rentes conftituées au profit des gens de main-morte, des deniers de leurs épargnes ; celles par eux acquifes à prix d'argent ; & celles à eux données & léguées, font éxemtes du droit d'amortiffement, pourvu que les dons & legs foient faits gratuitement & fans aucune charge, de manière que lefdits gens de main-morte puiffent poffèder librement ces rentes & en difpofer à leur gré, fans être obligés d'en faire le remplacement ; il en eft de même de celles données pour dotations de religieux ou religieufes, comme il a été obfervé, tom. 2, p. 225.

Par l'article 14 de l'édit du mois d'Août 1749, il a été fait défenfes à tous les gens de main-morte d'acquérir, recevoir ni poffèder aucuns fonds, même des rentes conftituées par des particuliers, fi ce n'eft après avoir obtenu des lettres patentes, pour parvenir à ladite acquifition & pour l'amortiffement defdits biens ; & par l'article 23, le Roi s'eft réfervé d'expliquer fes intentions fur les cas où le droit d'amortiffement fera dû.

L'article 9 de l'arrêt de règlement du 13 Avril 1751, après avoir excepté du droit d'amortiffement les rentes fur l'hôtel-de-ville de Paris, porte que tous les autres éfets, même les rentes fur le cler-

gé, fur les païs d'états & autres de pareille nature, feront fujets à l'amortiffement, fauf à remplacer en cas de rembourfement.

De ces difpofitions de l'édit de 1749, & de l'arrêt de 1751, on a voulu conclure que les gens de main-morte devoient le droit d'amortiffement des rentes conftituées à leur profit à prix d'argent, ou par eux acquifes à quelque titre que ce foit ; mais l'article 9 de l'arrêt de 1751, paraît n'avoir pour objet que les rentes données ou léguées à la charge de fondations, ou acquifes des deniers donnés pour fûreté defdites fondations ; les gens de main-morte ne peuvent, à la vérité, acquérir à l'avenir aucunes rentes conftituées fur des particuliers, par quelque moïen que ce puiffe être, fans avoir préalablement obtenu des lettres patentes ; ce qui fufit, fuivant les règles fondamentales du droit d'amortiffement, pour les affujétir au païement de ce droit ; mais, comme ils en étoient difpenfés avant cet édit, & que l'arrêt de 1751 ne donne pas toute l'explication que le Roi s'eft réfervé de donner par l'article 23 du même édit, il y a lieu de croire qu'il interviendra un autre règlement, ou que les lettres patentes, portant permiffion d'acquérir des rentes conftituées fur des particuliers, ne feront accordées qu'à la charge d'en païer le droit d'amortiffement, fauf à remplacer en cas de rembourfement en obfervant les formalités néceffaires.

Lorfque les rentes conftituées fur des particuliers font fujétes au droit d'amortiffement, comme aïant été données ou léguées à la charge de fondations, le droit eft dû fur le pié du fixième de leur capital, fans pouvoir invoquer la fixation faite par la déclaration du 9 Mars 1706 ; parce que cette loi ne fubfifte plus ; elle n'avoit même d'aplication qu'aux fimples conftitutions faites à prix d'argent en faveur des gens de main-morte ; décifion

Rentes. du conseil du 13 Janvier 1745 , contre le chapitre de Bourges , qui prétendoit ne devoir le droit d'amortissement de rentes constituées à raison du denier 50 , données pour fondation, que sur le pié de deux années de revenu. M. l'intendant de Bourges avoit ordonné que le droit seroit païé sur le pié du sixième du capital au denier 20 ; & le conseil a jugé qu'il étoit dû au sixième du capital au denier 50 , attendu qu'en cas de remboursement de ce capital , le remplacement peut être fait en fonds. Autre décision du conseil du 26 Août 1748 , qui confirme une ordonnance de M. l'intendant d'Orléans , par laquelle les chanoines du chapitre de S. André de Chartres ont été déboutés de leur demande en restitution de partie du droit d'amortissement païé sur le pié du sixième du capital de deux rentes constituées , à eux leguées à charge de fondation.

8. *Rentes sur le Roi , sur le clergé & sur les païs d'états ;* par l'article 7 du règlement du 21 Janvier 1738 , les dons & legs faits aux gens de main-morte de rentes *sur l'hôtel-de-ville de Paris* , *sur les tailles* & sur *le clergé* , même sur *les diocèses particuliers* , avoient été déclarés éxempts de tous droits d'amortissement , quand même ces rentes seroient données pour cause de fondation ; parce qu'en cas de remboursement , le remploi qui seroit fait des deniers remboursés , seroit sujet au droit , à moins que ce remploi ne fut fait en rentes pareillement éxemtes desdits droits.

Mais il a été ordonné par l'article 9 du règlement du 13 Avril 1751 , que les sommes données ou léguées pour cause des fondations comprises dans l'article 3 de l'édit de 1749 , qui seront délivrées aux gens de main-morte en rentes sur *l'hôtel-de-ville de Paris* , ne seront sujetes à aucun droit d'amortissement , quelle que soit l'origine desdites rentes , & soit qu'elles dépendent de la succession des fonda-

teurs ou qu'elles aïent été acquises par leurs héritiers ; que les gens de main-morte pourront pareillement placer en rentes sur *l'hôtel-de-ville* les sommes qu'ils auront reçües pour l'acquit desdites fondations, sans païer le droit d'amortissement ; & que tous les autres éfets , même les rentes *sur le clergé* , sur *les païs d'états* , & *autres* de pareille nature , seront sujets au droit d'amortissement ; sauf en cas de remboursement desdites rentes , à pouvoir les remplacer en autres rentes sans païer un nouveau droit d'amortissement , en observant les formalités prescrites par les arrêts du conseil des 11 Juillet 1690 , 21 Janvier 1738 , & par l'édit du mois d'Août 1749.

Les gens de main-morte , pouvant placer en rentes *sur l'hôtel-de-ville* , les sommes par eux reçües à charge de fondations , sans païer aucun droit d'amortissement , doivent donc jouïr d'un délai suffisant après la délivrance des sommes données ou léguées ; le conseil a accordé , le 28 Décembre 1756 , un mois à l'abbaïe de la Trappe , à compter du jour de la délivrance d'un legs ; & le 13 Janvier 1757 , il a accordé six mois au séminaire de Besançon & à la communauté des missionnaires de Beaupré , tant pour se procurer la rentrée des fonds légués par M. l'Archevêque de Besançon , que pour justifier de l'emploi ; passé lequel tems , il a été ordonné que les droits d'amortissement seroient païés , si l'on ne justifioit pas avoir emploïé les deniers légués en rentes sur la ville de Paris ; le délai de six mois est très-suffisant & ne doit pas être refusé.

9. Les rentes *sur les tailles* créées par l'édit du mois d'Août 1720 , sont éxemtes de droit d'amortissement , lorsqu'elles sont acquises ou constituées à prix d'argent au profit des gens de main-morte ; arrêt du 6 Février 1725 , & décision du 14 Décembre 1728 , en faveur

dn chapitre de Roüen : l'éxemtion avoit même été étenduë , par l'article 7 du règlement de 1738 , au cas où ces rentes étoient données à charge de fondation , mais l'article 9 du règlement de 1751 , n'a excepté que les rentes fur la ville de Paris & a déclaré toutes les autres fujétes au droit ; ce qui , néanmoins , ne doit s'entendre , que lorfque lefdites rentes fur les tailles font données ou léguées pour fûreté de fondation ; car il a déja été obfervé que ce règlement de 1751 n'a pour objet que les fondations faites en éxécution des articles 3 & 18 de l'édit de 1749 ; ainfi la main-morte qui acquiert des rentes *fur les tailles* , avec des deniers de fes épargnes , ne doit point de droit d'amortiffement ; ces rentes n'y font actuellement fujétes que lorfqu'elles font données pour fondations , ou qu'elles ont été acquifes pour faire l'emploi de fommes non amorties , données pour lefdites fondations ; faut , en cas de rembourfement defdites rentes , à faire un nouvel emploi en conformité des règlemens.

10. Les rentes créées à quatre pour cent, fur *les aides & gabelles* , en vertu de l'édit du mois d'Août 1758 , font dans le même cas que les rentes fur les tailles ; *voïez* l'article 9 de cet édit.

11. Les rentes fur *le clergé ou fur les dioccèfes particuliers* , font éxemtes de droit d'amortiffement , lorfqu'elles font acquifes ou conftituées à prix d'argent au profit des gens de main-morte ; les diférens arrèts & lettres patentes qui autorifent les emprunts du clergé , contiennent cette éxemtion ; elle avoit même été accordée , par l'article 7 du règlement de 1738 , pour ces rentes données ou léguées à charge de fondation ; mais , par l'article 9 du règlement de 1751 , lefdites rentes y ont été affujéties , lorfqu'elles font données pour fondations , ou acquifes en faifant l'emploi des deniers donnés à cette charge ; il faut cependant excepter celles

qui ont été conftituées par le clergé , pour les dons gratuits de 1755 & 1760 , qui , par les lettres patentes des 28 Juin 1755 , & 24 Mai 1760 , ont été déclarées éxemtes de droits d'amortiffement , même dans le cas où lefdites rentes conftituées fur le clergé feroient données ou léguées , pour caufe de fondation ou œuvres pies , avec dérogation expreffe à l'article 9 du règlement de 1751.

Cette éxemtion eft générale , tant en faveur des gens de main-morte faifant partie du clergé de France que des autres ; elle eft inhérente aux rentes mèmes ; & l'on ne doit pas faire plus de diftinction à cet égard que n'en a faite le fouverain lui-même , qui a permis aux étrangers , comme aux régnicoles , d'acquérir & poffèder ces rentes , & d'en difpofer fans être aucunement fujets à la loi d'aubaine &c.

Mais lorfque les rentes conftituées fur le clergé pour les dons gratuits de 1755 & 1760 , font acquifes par les gens de main-morte des deniers qui leur ont été donnés ou légués à la charge de fondation , elles font fujétes au droit d'amortiffement comme les autres rentes fur le clergé , en vertu de l'article 9 du règlement du 13 Avril 1751 , auquel il n'a été dérogé que pour ces dernieres rentes *données* ou *léguées* pour caufe de fondation.

Enforte que , s'il n'eft donné qu'une fomme pour la fondation , fans affujétir la main-morte à en faire emploi , nommément en rentes fur le clergé , de ces dernieres conftitutions , le droit d'amortiffement eft dû dès l'inftant de l'acceptation de la donation ou du legs , fans que la main-morte puiffe s'y fouftraire par un emploi fait enfuite à fon gré ; cette liberté ne lui eft accordée que pour les rentes fur l'hôtel-de-ville uniquement , par une exception à la loi générale : & les exceptions ne doivent jamais être étenduës au-delà des cas pour lefquels elles font précifé-

Rentes. ment faites. Par une décision du 1er Avril 1757, le conseil a confirmé une ordonnance de M. l'intendant de Flandre, par laquelle l'Université de Douay a été condamnée au païement du droit d'amortissement d'une somme léguée pour fondation, quoique cette somme, après la mort du testateur arrivée au mois de Mars 1755, eût été emploïée en rentes constituées sur le clergé pour le don gratuit de 1755, & que l'Université oposât les lettres patentes du 28 Juin de la même année.

A l'égard des rentes sur le clergé, constituées avant 1755, il est incontestable qu'elles sont sujétes au droit d'amortissement, soit qu'elles soient données ou léguées pour fondation, soit que les gens de main-morte en fassent l'acquisition avec des deniers non amortis qui leur avoient été donnés pour lesdites fondations ; elles y sont expressément assujéties par l'article 9 du règlement de 1751, auquel il n'a été dérogé que pour les rentes constituées à l'occasion des dons gratuits de 1755 & 1760.

11. Les rentes *sur les païs d'états*, sont éxemtes de droits d'amortissement, lorsqu'elles sont possédées librement par les gens de main-morte, sans aucune charge de fondation, comme aïant été constituées à leur profit à prix d'argent provenant de leurs épargnes ; l'édit du mois de Février 1757, qui autorise les états de Bretagne à emprunter jusqu'à concurrence de six millions de livres prêtés au Roi, ordonne que celles des rentes qui seront constituées à prix d'argent sur ledit emprunt, au profit des gens de main-morte, seront déchargées de tous droits d'amortissement ; & les lettres patentes du mois de Mars 1759, qui autorisent les

mêmes états à emprunter jusqu'à concurrence de 40 millions de livres, pour le prix des aliénations faites par le Roi à la Province, portent que les communautés féculières & règulières, hôpitaux, fabriques & gens de main-morte, pourront emploïer leurs deniers dans ledit emprunt, sans être tenus de païer aucun droit d'amortissement desdites rentes qui seront constituées à leur profit.

Mais lorsque ces rentes *sur les païs d'états* sont données ou léguées à charge de fondation, ou acquises pour faire emploi des deniers donnés à cette charge, elles sont incontestablement sujétes au droit d'amortissement.

Par décision du 22 Janvier 1738, il fut jugé contre M. le marquis de Chabanas, héritier de M. l'évêque de Viviers, que le droit d'amortissement étoit dû pour une rente sur les états de Languedoc, léguée par ce Prélat, à la charge de fondation.

Par l'article 2 du cahier du clergé de l'année 1740, il demanda que les dons & legs de rentes sur les postes & sur les païs d'états, fussent déclarés éxemts de droits d'amortissement ; il fut répondu, au nom du Roi, que l'éxemtion du droit d'amortissement accordée par l'arrêt du 21 Janvier 1738, pour les dons & legs faits aux gens de main-morte en rentes sur l'hôtel-de-ville de Paris & sur les tailles, est une grace singulière que S. M. n'a pas jugé à propos d'étendre, soit sur les rentes nouvellement créées sur les postes (*), dont la meilleure partie est remboursable d'année en année, soit sur celles *constituées sur les états*, qui ne méritent pas la même faveur que celles contituées sur S. M.

(*) Par lettres patentes du 17 Février 1743, il fut permis aux gens de main-morte d'acquérir des rentes créées sur la ferme générale des postes, en vertu de l'édit du mois de Juin 1742, sans païer aucun droit d'amortissement ; celles qui leur sont données à charge de fondation, & celles qu'ils acquièrent, en faisant l'emploi des deniers non amortis, donnés ou légués pour fondation, sont sujétes au droit, conformément à l'article 9 du règlement du 13 Avril 1751.

Par décifion du confeil du 13 Septembre 1742 , il a été jugé que le collége des Lombards devoit le droit d'amortiſſement d'une rente ſur les états de Bretagne , léguée pour fondation de bourſes.

13. A l'égard des *rentes foncières* , comme ce ſont des immeubles réels , elles ſont ſujétes au droit d'amortiſſement , de même que tous autres immeubles , à quelque titre que les gens de main-morte en deviennent propriétaires , ſans diſtinction des rentes rachetables & de celles qui ne le ſont pas ; parce que les unes & les autres ſont de même nature , & que la faculté de rachat n'en altère pas la réalité , comme on l'a déja dit ; ſauf , en cas de rembourſement deſdites rentes rachetables , à f.ire un nouvel emploi des deniers rembourſés , en obſervant les formalités indiquées à l'article *Remplacement.*

Voïez les arrêts des 13 Septembre & 4 Octobre 1729 , dans le 5ᵉ vol. du recueil , pour des rentes foncières & perpétuelles données ſans charge de fondations , & les autorités raportées à l'article *Dotation* , pour des rentes foncières rachetables.

RENTES *domaniales* , ſont les redevances annuelles , cenſives , ſeigneuriales ou foncières , dûes au domaine du Roi , ſur les biens qui en ſont mouvans , ou ſur ceux qui dépendent du domaine , & qui , aïant été engagés à faculté de rachat perpétuel , ont été chargés d'une rente , ſoit par l'engagement , ſoit par la revente qui en a été faite , ou même en confirmant les détenteurs dans leur jouïſſance.

Il y a de ces rentes qui ont été *rachetées* dans les beſoins de l'état , ſur le pié du denier douze ou du denier quinze , *& enſuite rétablies* en partie , parce que le prix du rachat avoit été trop modique ; rétabliſſement qui n'a cependant eû lieu que faute d'avoir païé un ſuplément de finance juſqu'à concurrence du denier 24.

Affranchiſſement ordonné.

Par édit du mois de Novembre 1655 , l'aliénation fut ordonnée des rentes au-deſſous de trois livres dûes au Roi , en Bretagne. Par autre édit du mois de Novembre 1658 , il fut ordonné une aliénation des cens , rentes & droits ſeigneuriaux & féodaux.

Autre édit du mois de Mars 1693 , pour l'affranchiſſement , à faculté de rachat , des rentes & des droits ſeigneuriaux dûs au Roi pour les biens mouvans du domaine , ſitués dans les villes & bourgs fermés du roïaume , ſous la réſerve d'un droit modique aux mutations ; tom. 1 , p. 102.

Par édit du mois de Mars 1695 , les adjudicataires des domaines , ſujets à réparation , furent maintenus dans leur poſſeſſion , à la charge d'amortir les rentes dont ils étoient chargés , *d raiſon du denier quinze* , dans trois mois ; faute de quoi , il fut permis à toutes perſonnes de les acquérir. Tous ceux qui poſſédoient des biens chargés de rentes ou redevances envers le Roi , furent autoriſés à les amortir ſur le même pié du *denier quinze* , & à leur défaut , il fut également permis a toutes perſonnes de les acquérir ſur ce pié.

La déclaration du Roi du 3 Avril 1696 , permit d'amortir , ſur le pié du *denier quinze* , les rentes & redevances dont les biens tenus du domaine pouvoient être chargés , ſans préjudice des tailles & autres impoſitions ; il fut réſervé ſix deniers de cens pour la conſervation des droits de lods & autres droits ſeigneuriaux aux mutations; arrêt du conſeil du 8 Mai 1696.

L'affranchiſſement de ces rentes & redevances fut même permis ſur le pié du *denier douze* , par déclaration du 13 Août 1697 , qui réſerva néanmoins les ſix deniers de cens , tom. 2 , p. 107.

Ceux qui avoient affranchi ou acquis les rentes , albergues & redevances domaniales , fur le pié du denier douze , furent aſſujétis à un ſuplement de finance , juſqu'à concurrence du *denier quinze* , par édit du mois d'Août 1708 ; au moyen de quoi ils furent confirmés , en réſervant toujours les ſix deniers de redevance, pour la conſervation des droits ſeigneuriaux.

Il fut enſuite ordonné , par déclaration du 22 Décembre 1708 , qu'il ſeroit racheté , à raiſon du *denier douze* , pour 110000 livres de rentes , albergues & redevances dûës au domaine ; pour en demeurer les redevables éxemts à perpétuité , en réſervant ſeulement , à l'égard des cens & rentes emportant lods & ventes , ſix deniers de redevance annuelle , pour la conſervation deſdits lods & ventes ; les rachats ou affranchiſſemens faits ſur le pié du *denier douze* , en éxécution de la déclaration du 13 Août 1697 , & de l'édit du mois d'Avril 1702 , furent confirmés , nonobſtant l'édit du mois d'Août 1708.

Rétabliſſement de partie deſdites rentes, albergues & redevances.

La finance païée pour le rachat ou affranchiſſement de ces rentes, albergues & redevances , étant trop modique , il a été ordonné qu'il ſeroit païé un ſuplément de finance juſqu'à concurrence du *denier vingt-quatre* ; ſinon , que leſdites redevances ſeroient rétablies à proportion : c'eſt-à-dire , que la rente rachetée ſur le pié du denier douze , ſeroit rétablie pour moitié ; & celle rachetée ſur pié du denier quinze , rétablie pour trois huitièmes.

Arrêt du conſeil du 14 Mai 1721 , portant que les poſſeſſeurs des rentes , albergues & redevances aliénées du domaine du Roi , ſoit qu'ils en ſoient eux-mêmes les débiteurs ou autrement , n'y ſeront maintenus qu'en païant le double de la finance païée pour l'acquiſition deſdites

rentes , quant à celles aliénées ſur le pié du denier 12 ; & à l'égard de celles engagées ſur le pié du denier 15 , en païant un ſuplément de finance juſqu'au denier 24 ; ordonne à cet éfet que ceux qui ont acquis leſdites rentes & qui en voudront conſerver l'entière jouïſſance , ſeront tenus d'en donner leur déclaration par écrit dans un mois , & de païer le ſuplément de finance dans la quinzaine ſuivante ; & faute d'y ſatisfaire , veut S. M. qu'à compter du 1er Janvier 1721 , la jouïſſance de ceux qui ont acquis leſdites rentes & redevances , ſur le pié du den. 12 , demeure reduite à la moitié , & pour ceux qui ont acquis ſur le pié du denier 15 , à proportion , eû égard à l'évaluation deſdites rentes à raiſon du denier 24 ; ordonne en conſéquence que Cordier , chargé de la régie des fermes , jouïra , à compter dudit jour 1er Janvier 1721 , des portions deſdites rentes qui ſeront réunies , avec défenſes aux débiteurs d'icelles de païer aux anciens engagiſtes au-delà deſdites portions , s'il ne fait aparoir du païement du ſuplément de finance ordonné par le préſent arrêt

Par autre arrêt du conſeil du 23 Juin 1721 , il a été ordonné que les poſſeſſeurs des rentes , albergues & redevances aliénées du domaine , continueront de jouïr de la moitié deſdites rentes , à l'égard de celles dont l'aliénation a été faite au denier douze ; & à proportion pour celles aliénées au denier quinze. Permis néanmoins à ceux deſdits poſſeſſeurs qui ont acquis pluſieurs rentes , même en différentes provinces , d'en conſerver une ou pluſieurs entières ; le tout , enſorte que le revenu de ce qui leur ſera conſervé , n'excède pas le denier 24 du prix principal de la totalité de leur finance , ou à condition d'en païer l'excédent ; ordonné que ceux qui païeront la finance à ladite raiſon du denier 24 des rentes ou portions des rentes réunies , ſeront & demeureront ſubrogés aux premiers engagiſtes , pour jouïr deſdites rentes ou portions de rentes réunies , au même titre & ainsi que lesdits premiers engagistes ont fait jusqu'à présent, voulant pareillement S. M. que Cordier, régisseur des fermes , fasse le recouvrement, à compter du 1ᵉʳ Janvier 1721 , des portions desdites rentes qui seront réunies & qui se trouveront encore entre les mains de S. M. au dernier Décembre 1721 ; & réitère les défenses faites aux débiteurs par l'arrêt du 14 Mai 1721.

Autre arrêt du conseil du 16 Janvier 1725 , qui ordonne que, par Charles Baffet chargé de la règie des domaines , il sera fait des états, tant desdites rentes , albergues & redevances non rachetées ni aliénées , que des portions de celles rachetées par les redevables , ou aliénées à des particuliers , & réunies par les arrêts des 14 Mai & 13 Juin 1721 ; lesquels états seront visés par Mʳˢ les intendans ; sur lesquels, Baffet décernera ses contraintes pour le paiement des arrérages échus : savoir , à l'égard des rentes non rachetées ni aliénées, depuis 29 années , en deniers ou quitances; & à l'égard des portions de celles rachetées par les redevables ou aliénées à des particuliers , à compter du 1ᵉʳ Janvier 1721 ; & en cas d'opposition ou contestation, les parties se pourvoiront devant Mʳˢ les intendans & commissaires départis, lesquels dresseront leur procès verbal de leurs dires & raisons qu'ils enverront au conseil avec leur avis , pour être par S. M. ordonné ce qu'il apartiendra.

Le recouvrement fut ordonné sur des contraintes décernées en conséquence d'états visés par Mʳˢ les intendans , parce qu'il s'agissoit de constater les rentes qui se trouvoient rétablies , & que d'ailleurs ce recouvrement se faisoit à titre de règie pour le compte du Roi ; mais , les fermiers ne font pas assujétis à former ces états.

L'arrêt du conseil du 26 Janvier 1740 ,

ordonne l'éxécution de ceux de 1721 , & 1725 , en conséquence condamne le sieur Piédoux à païer annuellement au domaine du Roi 33 boisseaux & trois quarts d'avoine, faisant moitié de la rente de 67 boisseaux & demi , dûe au domaine & rachetée en 1714 , sur le pié du denier 12 seulement ; ordonne que les arrérages desdits 33 boisseaux trois quarts d'avoine , à compter du 1ᵉʳ Janvier 1721 , jusqu'au dernier Décembre 1738 , seront païés à Nicolas Joblot , fermier de la généralité de Caën , du bail expiré en 1738 , & ensuite aux fermiers ses successeurs.

Celui du 10 Décembre 1743 , condamne les consuls & habitans de Masgrenier , à païer annuellement au domaine 5 livres en argent, 7 bariques de vin , 7 sacs de blé , & 7 sacs d'avoine , faisant moitié de la rente par eux dûe au domaine , & rachetée au denier 12 , en 1711 ; ordonne que les arrérages échus depuis le 1ᵉʳ Janvier 1721 , seront païés sur le pié de ce que les grains & les vins ont valu aux échéances de chaque année.

Ces portions de rentes , albergues & redevances, ainsi rétablies , font comprises dans les baux de la ferme des domaines , ainsi que tous les cens , rentes & & redevances dûes au Roi à cause de ses domaines , & les rentes dont les engagistes ont été & seront chargés pour raison des reventes & aliénations faites en conséquence de l'arrêt du 13 Mai 1724 ; voïez l'article 532 du bail de Carlier du 19 Août 1726 , & l'article 509 de celui de Forceville du 16 Septembre 1738.

RENTRÉE en possession d'immeubles , est le retour des biens dans la main de celui qui en avoit été dépossédé , ou de ses représentans ; ce retour peut avoir lieu par la *rétrocession* de la part de celui qui étoit détenteur du fond , ou par la *résolution* de l'acte en vertu duquel il jouïssoit ; nous expliquerons, sous ces deux

Rentrée.

titres, les diférens droits qui, en général, peuvent résulter des rétrocessions & des actes ou jugemens portant résolution, en diftinguant les motifs fur lesquels cette réfolution eft fondée ; & nous ne parlerons ici que des droits *d'amortiffement* qui peuvent être dûs par les eccléfiaftiques & gens de main-morte, lorfqu'ils rentrent dans des biens dont ils n'avoient pas la poffeffion actuelle.

Les biens amortis perdent l'éfet de cet amortiffement, lorfqu'ils rentrent dans le commerce, pour être poffédés par des laïques ; en forte que s'ils retournent à la main-morte, c'eft par l'éfet d'une nouvelle propriété qui donne ouverture au droit *d'amortiffement*. Il y a néanmoins quelques exceptions, tirées des caufes de l'aliénation des biens & de leur retour à la main-morte ; principalement, lorfque ce retour n'eft nullement volontaire de la part du détenteur qui ne pouvoit abfolument l'empêcher.

1°. *Des biens aliénés pour caufe de fubvention.* Les aliénations faites pour caufe de fubvention, c'eft-à-dire, pour contribuer aux befoins de l'état, a'ant pû être forcées jufqu'à concurrence du montant de la taxe, les gens de main-morte ont été autorifés à retirer les biens qu'ils avoient ainfi aliénés, fans être fujets au droit d'amortiffement jufqu'à la même concurrence.

Lors du recouvrement ordonné par la déclaration du 5 Juillet 1689, il fut décidé au confeil que » tous les biens eccléfia-
» ftiques aliénés pour fubvention, *moïen-*
» *nant un prix égal à la taxe*, ne de-
» voient aucun droit d'amortiffement en
» cas de retrait *pour le même prix* ; n'é-
» tant pas jufte que des fonds de terre
» aliénés par un ordre exprès du fouve-
» rain, & dont le prix a été emploïé aux
» befoins de l'état, ne puffent revenir à
» la manfe eccléfiaftique ou religieufe dont
» ils ont été féparés par une efpèce de

» néceffité, fans païer un nouvel amor-
» tiffement.

» Mais que, quand le prix des biens
» aliénés pour caufe de fubvention excéde
» la cotte-part dont les gens de main-mor-
» te étoient tenus, la faveur de la fub-
» vention ne peut avoir lieu que jufqu'à
» concurrence de la fomme qui a tourné
» au profit du Roi ; & que le furplus de
» l'aliénation ne peut paffer que pour une
» vente ordinaire, dont l'autorité fupé-
» rieure & la néceffité ont été plutôt le
» prétexte que le motif.

» Et que, quand le prix du retrait ex-
» céde celui de l'aliénation faite pour cau-
» fe de fubvention, les droits d'amortif-
» fement feront païés par raport à cet
» excédent, qui préfupofe toujours que,
» depuis le tems de l'aliénation, il s'eft
» fait par le détenteur laïque, quelque
» acquifition ou quelque augmentation con-
» fidérable, laquelle ne peut appartenir à
» la communauté en vertu de fon ancien
» droit, puifqu'en ce cas, il ne feroit dû
» aucun fuplément, mais à titré de nou-
» velle vente, dont le fuplément eft le prix.

Ces décifions établiffent le principe qui doit être fuivi dans tous les cas où les gens de main-morte font autorifés à rentrer, nonobftant le confentement du détenteur, dans les biens qu'ils avoient été forcés d'aliéner, pour païer leur taxe des fubventions ordonnées pour les befoins de l'état.

Par décifion du confeil du 15 Octobre 1738, renduë contre les religieux de bonne-nouvelle, qui, en vertu d'arrêt, avoient retiré en 1717 moïennant 4000 liv. des biens par eux aliénés pour païer leur cotte-part de la fubvention montante à 1602 liv, il a été jugé qu'ils devoient le droit d'amortiffement fur le pié de 2398 liv. nonobftant l'allégation qu'il n'y avoit eû aucuns bâtimens & que l'augmentation ne provenoit que de la diférence du prix des monnoies & d une progreffion naturelle.

Autre

Autre décision du 10 Septembre 1739, contre les chanoines du chapitre d'Aurillac, qui, pour païer 1590 liv. de subvention, avoient aliéné des rentes moïennant 1753 livres, dans la possession desquelles rentes ils sont ensuite rentrés ; décidé que le droit d'amortissement est dû de l'excédent.

2. *Biens usurpés.* Lorsque les gens de main-morte rentrent dans leurs anciens domaines, en vertu d'un jugement qui condamne le détenteur à s'en désister à leur profit, *sans aucun remboursement,* la possession du détenteur, n'étant qu'une usurpation, n'a pû donner atteinte aux droits de l'église, ni faire cesser l'éfet de l'ancien amortissement qu'elle avoit obtenu ; ainsi, reprenant ses anciens biens, non pas en vertu d'un nouveau titre translatif de propriété, mais en conséquence de son premier droit, dont elle ne s'est jamais dépouillée par aucun acte volontaire, elle ne peut être assujétie au droit d'amortissement ; décision rendue lors du recouvrement de 1689, tom. 4, du Rec. p. 24.

3. *Biens aliénés volontairement* ; il fut encore décidé au conseil, lors dudit recouvrement de 1689 » qu'en cas de » toutes autres aliénations (autres que » celles dont il est parlé ci-dessus) les » droits d'amortissement & de nouvel-ac- » quêt, sont dûs pour les biens retirés par » les ecclésiastiques & gens de main-morte ; » parce que, s'étant expropriés par une alié- » nation volontaire & aïant donné un titre » au détenteur laïque pour pouvoir possé- » der légitimement l'héritage aliéné, il faut » nécessairement qu'il y ait là un véritable » changement de main ; ce qui sufit pour » faire cesser l'éfet de l'ancien amortisse- » ment ; ainsi, comme celui qui acquiert » une seconde fois l'héritage qu'il avoit » précédemment acquis & vendu, n'en » doit pas moins les lods & ventes de » cette seconde acquisition, quoique païés » à l'occasion de la première, parce que

Tome III.

» l'effet des premiers lods & ventes a été » consommé & rempli par le premier con- » trat : de même tout héritage qui, après » avoir été amorti, rentre dans le com- » merce, n'en peut sortir une seconde » fois pour retourner en main-morte sans » païer à S. M. un nouvel amortissement, » joint à ce que la grace que les Rois ont » bien voulu faire au clergé, en déro- » geant par leurs édits à la loi générale des » prescriptions, pour le faire rentrer dans » son ancien domaine, est sans doute » assez grande, sans y ajoûter encore la » remise des droits d'amortissement, & de » nouvel-acquêt dûs à S. M. pour ce » retour ».

Par diférens édits, il a été permis aux ecclésiastiques de rentrer dans leurs biens aliénés, à la charge de rembourser aux détenteurs le prix des aliénations & les taxes qu'ils avoient païées au Roi, pour être confirmés dans leur possession ; ces confirmations, accordées d'abord pour des tems limitées, ont été déclarées perpétuelles, par déclaration du Roi du 18 Juillet 1702, à la charge, par les détenteurs, de païer à S. M. le sixième denier du prix de l'aliénation ; il fut néanmoins permis aux ecclésiastiques de les prévenir, & de rentrer dans lesdits biens, en païant au Roi le huitième denier seulement.

Si la vente étoit valable en soi, & que la main-morte n'ait eû d'autre moïen pour rentrer dans les biens que le défaut du détenteur d'avoir païé la taxe du sixième denier, le droit d'amortissement est incontestablement dû de la rentrée ; mais, si l'aliénation étoit nulle, ou si la main-morte étoit fondée à déposséder le détenteur nonobstant son consentement, & quoiqu'il eut païé cette taxe, le droit d'amortissement n'est pas dû, pourvû que le prix de la rentrée ne soit uniquement que le remboursement de ce qui avoit été païé par le détenteur.

O o

Renuée. Par arrêt du conseil du 9 Octobre 1708, l'abbé & les religieux de saint Achœuil, près Amiens, ont été condamnés au païement du droit d'amortissement de la totalité de biens aliénés en 1623, moïennant 36 liv. de rente foncière, dans lesquels ils sont rentrés en 1703, moïennant 6000 liv., en vertu de la faculté accordée par la déclaration du 18 Juillet 1702, & en païant au Roi la taxe du huitième denier.

Autre arrêt du conseil du 5 Août 1710, contre le sieur abbé de Morigny, diocèse de Sens, pour une rentrée en possession, sans aucun remboursement, en vertu de la même déclaration, dans des biens aliénés par son prédécesseur, en 1690, moïennant une rente foncière.

Arrêt du conseil du 24 Mars 1733, contre les chanoines du chapitre de Brioude, qui, en 1717, avoient vendu au théologal de la même église, une rente, moïennant 900 liv., & qui, en 1720, lui ont remboursé 1108 liv. pour le prix principal, intérêts, frais & loïaux coûts, au moïen de quoi il s'est défisté de son acquisition. Le chapitre, sur la demande du droit d'amortissement, a opposé que la vente étoit nulle, faute de formalités, comme faite sans permission du Pape ni du Roi ; sans information *de commodo & incommodo* ; & sans publications ni enchères. M. de Poilly, inspecteur général du domaine de la couronne, avoit conclu à la décharge du droit ; mais le conseil a jugé qu'il étoit dû.

Décision du conseil du 15 Octobre 1738, contre les Jésuites de Toulouse ; le sindic du collège avoit vendu en 1687 une métairie au sieur Cancabanes, & la vente avoit été ratifiée par le provincial & le recteur. La métairie aïant passé à la fabrique du saint Sacrement de Rabastens, les marguilliers ont été attaqués sur le fondement du défaut de formalités de la vente de 1687 ; il est intervenu sentence en 1723 qui a apointé ; & les parties ont passé un acte en 1724, par lequelles marguilliers se sont défistés, au moïen du remboursement qui leur a été fait du prix de la vente de 1687. Décidé que les Jésuites doivent le droit d'amortissement.

Par arrêt du conseil du 24 Janvier 1730, les communautés de provence ont été déchargées du droit d'amortissement des biens qu'elles avoient abandonnés en païement à leurs créanciers, pour les posséder avec franchise de taille, dans la propriété desquels lesdites communautés sont rentrées ; attendu que ces abandonnemens, qui ne peuvent être considérés que comme des engagemens à faculté de rachat perpétuel, étoient d'ailleurs nuls, comme faits avec la clause de franchise de taille, & qu'en conséquence lesdites communautés ont été autorisées par arrêts du conseil de 1668 & 1701, à y rentrer.

Décision du conseil du 27 Mars 1743, qui décharge la communauté de saint Etienne-les-Orges du droit d'amortissement de sa rentrée dans des biens vendus en 1720 à M. le marquis d'Oraison, en vertu d'un arrêt rendu en 1728, qui avoit déclaré la vente nulle ; attendu que ces biens avoient été vendus en exemtion de toute servitude, & qu'un seigneur s'y étoit fait maintenir dans ses droits d'usage ; ce qui rendoit l'aliénation véritablement nulle.

Nous parlerons plus amplement, ci-après n. 5, de la rentrée en possession des biens aliénés par des baux à rente foncière.

4. *Biens donnés à titre d'emphitéose.* Par l'article 4 de la déclaration du Roi du 22 Février 1724, il est ordonné que les gens de main-morte pourront, sans païer un *nouvel* amortissement, rentrer dans les biens, *anciennement amortis*, aliénés par baux emphitéotiques, lorsque

le tems porté par lesdits baux sera expiré, *pourvû que lesdits biens se trouvent au même état qu'ils étoient lors des aliénations :* mais, que s'il y a été fait des bâtimens & autres améliorations, le droit d'amortiſſement sera païé sur le pié de la valeur desdits bâtimens & autres améliorations.

Et l'art. 5 de cette déclaration, porte qu'ils jouïront d'une semblable décharge, encore qu'ils rentrent dans lesdits biens, *anciennement amortis*, du consentement des emphitéotes, même avant l'expiration desdits baux ; pourvû auſſi qu'il n'y ait été fait aucunes améliorations, & qu'il n'y ait eû aucuns deniers païés.

Suivant l'art. 12 du règlement de 1751, tome 1, p. 162, le droit d'amortiſſement des constructions sur les fonds donnés à baux emphitéotiques n'eſt dû qu'à l'expiration desdits baux.

Mais, lorsque la main-morte rentre dans la poſſeſſion des biens ainſi aliénés, le droit d'amortiſſement n'eſt pas seulement dû à cause des conſtructions & reconstructions : il eſt également dû pour toutes améliorations & pour les deniers païés à l'emphitéote.

Par arrêt du conſeil du 3 Avril 1731, les religieux de Clermarais, en Artois, ont été condamnés au païement du droit d'amortiſſement sur le pié de ce qu'ils ont remboursé en vertu d'une estimation faite par experts, pour les améliorations & augmentations faites à une cenſe tenuë à bail emphitéotique depuis 1692, dans laquelle ils font rentrés en vertu d'arrêt de 1712, qui a déclaré le bail nul, faute de formalités ; lesquelles améliorations conſiſtoient en bâtimens pour les fermiers, plantations & défrichemens.

Décision du conseil du 23 Octobre 1735, contre les religieux de l'abbaïe de Thironneau, rentrés en 1732 dans une métairie concédée en 1636, à bail emphitéotique, moïennant 140 liv. de rente & à la charge de bâtir une maiſon & une grange pour l'exploitation de cette métairie. Décidé que le droit d'amortiſſement eſt dû fur le pié de ce que le revenu excédoit, lors de la rentrée, la redevance fixée par le bail emphitéotique.

Déciſions des 8 Avril 1752 & 5 Janvier 1753, contre les chanoines de notre-dame de Sens, rentrés en 1735 dans des biens aliénés à titre d'emphitéoſe en 1570, pour le tems de trois vies, & de 99 ans, moïennant 13 liv. de redevance. Ils ont dit qu'avant le bail emphitéotique, il y avoit des bâtimens, détruits à la vérité lors des guerres civiles, mais auſſi conſidérables que ceux qui ſubſiſtoient lors de leur rentrée ; & que ſi ceux-ci étoient actuellement affermés 239 liv. l'augmentation ne devoit être attribuée qu'à une progreſſion naturelle ; mais, dans le fait, il n'y avoit point de bâtimens lors du bail emphitéotique ; en conséquence, ils ont été condamnés, par la premiere de ces déciſions, au païement du droit d'amortiſſement, sur la totalité du revenu, à la déduction du tiers pour le ſol amorti ; & la ſeconde les a déboutés de leur oppoſition.

On peut réſumer cet article, en diſant qu'il n'eſt point dû de droit d'amortiſſement, ſiles biens ſe trouvent au même état lors de la rentrée, qu'ils étoient lors de l'emphitéoſe, & s'il n'eſt païé aucuns deniers pour y rentrer.

L'augmentation qui pouroit ſe trouver dans le prix d'un bail à loïer paſſé par la main-morte depuis ſa rentrée, ſur le prix de l'emphitéoſe, ne feroit pas une raiſon pour demander un droit d'amortiſſement, ſi, pendant la durée de l'emphitéoſe, il n'a été fait ni conſtructions, ni améliorations, & ſi la main-morte n'a rien débourſé pour rentrer ; parce que cette augmentation ne peut alors être conſidérée que comme occaſionnée par la viciſſitude des tems & par la variation des eſpèces numéraires ; à joindre qu'il eſt

O o ij

fenfible que le prix d'un bail à loïer doit être plus confidérable que celui d'une emphitéofe, puifque l'emphitéote eft chargé des groffes réparations, qui ne font pas à la charge du fimple fermier ou locataire.

Mais fi les biens ne font pas au même état, lors de la rentrée, qu'ils étoient lorfqu'ils ont été donnés à bail emphitéotique, le droit d'amortiffement eft dû des améliorations, dont il ne s'agit que de fixer l'objet, s'il n'eft pas conftaté par le rembourfement fait à l'emphitéote.

5. *Biens aliénés par baux à rente foncière.* Le bail à rente eft tranflatif de la propriété naturelle du fond ; mais la rente foncière eft une rétention de propriété directe ; fi le détenteur ne païe pas éxactement la rente, le bailleur peut le dépofféder & rentrer dans fon fond ; le détenteur peut lui-même fe libérer de cette rente à l'avenir, par la voïe du déguerpiffement, & forcer par ce moïen le bailleur à reprendre l'héritage.

La rentrée de la main-morte dans des biens anciennement amortis, & qu'elle a aliénés par des baux à rente foncière non rachetable, eft bien favorable ; néanmoins, il eft dû un nouveau droit d'amortiffement, fuivant la jurifprudence du confeil, lorfque cette rentrée eft volontaire. Il en eft de même des fonds cédés ou abandonnés aux gens de main-morte, pour être déchargé d'une rente foncière acquife par lefdits gens de main-morte ou à eux donnée ; cela eft très-jufte dans ce dernier cas, parce que le fond n'a jamais été amorti ; mais, lorfque les gens de main-morte rentrent dans des biens qu'ils avoient eux-mêmes arrentés, il paraîtroit jufte d'en ufer comme pour l'emphitéofe ; le bail à rente eft plutôt un acte d'adminiftration économique, qu'une véritable aliénation ; le bailleur retient la propriété directe, comme il la conferve dans l'emphitéofe ; & les gens de main-

morte pouvant rentrer dans les biens aliénés par des baux emphitéotiques, fans païer un nouveau droit d'amortiffement, encore que ce foit du confentement du détenteur & avant l'expiration du tems fixé par le bail, pourvû qu'il n'y ait point eû d'améliorations ni de deniers païés, il femble qu'il en devroit être de même pour les biens qu'ils ont eux-mêmes aliénés par des baux à rente foncière non rachetable.

En rentrant dans les biens qu'ils ont ainfi aliénés, c'eft ordinairement faute de païement des arrérages de la rente ; & fouvent la main-morte fait un nouveau bail à rente des mêmes biens à un autre. Si la rente excéde celle ftipulée par le précédent, il eft jufte de faire païer le droit d'amortiffement de cette augmentation ; mais, en l'éxigeant de la totalité, il feroit poffible de faire païer plus que la valeur du bien en peu d'années, pour les diférentes rentrées, en poffeffion déterminées par l'inéxécution des baux à rente faits fucceffivement.

Lors du recouvrement ordonné par la déclaration de 1689, la queftion fut propofée au confeil roïal ; l'on mit d'abord en doute fi, en donnant à rente des héritages amortis, il étoit dû un nouvel amortiffement pour la rente réfervée ; il fut jugé que cette rente devoit auffi profiter de l'amortiffement accordé pour l'héritage ; parce que, faifant en quelque manière partie du fond qui y eft fujet, l'amortiffement obtenu pour le tout, fubfiftoit toujours pour cette partie, réfervée par le bail à rente.

On expofa enfuite que plufieurs communautés, après avoir donné à rente leurs anciens héritages, y font depuis rentrées, faute de païement des arrérages de la rente qui leur étoit dûë, & qu'elles ont prétendu que ce retour ne pouvoit paffer pour une nouvelle acquifition ; la décifion du confeil fut *»* que quand la cef-

» fion de ces héritages étoit *volontaire*,
» & qu'elle avoit pour fondement *le con-*
» *fentement du rentier* qui s'exproprie,
» *& l'acceptation de la communauté*, qui
» préfère la poffeffion de l'héritage à fa
» rente, cet acte, qui lui tranfmet une
» propriété qu'elle n'avoit pas, donne ou-
» verture au droit d'amortiffement & de
» nouvel-acquêt ».

Voïez les arrêts de 1708 & 1710 raportés ci-deffus, n. 3, pag. 290.

Arrêt du confeil du 4 Mars 1732, qui
condamne les religieux de notre-dame de
Barbery, au païement du droit d'amortiffement d'un moulin, four & dépendances,
qu'ils avoient aliénés en 1728, au nommé
Bacon, moïennant une rente foncière, &
dans la poffeffion defquels biens ils font rentrés en 1730, en vertu d'un acte fait du
confentement de Bacon, par lequel il a reconnu ne pouvoir fatisfaire aux obligations
par lui contractées, & déclaré qu'il entendoit abandonner l'éfet du contrat & déguerpir; à quoi les religieux ont bien voulu
confentir par efprit de charité envers lui;
fur la demande du droit d'amortiffement,
ces religieux ont foûtenu que le bail à rente étoit nul, faute d'avoir été révêtu des
formalités néceffaires pour l'aliénation des
biens de l'églife, qu'ainfi il n'y avoit eû ni
aliénation ni rétroceffion.

Par autre arrêt du confeil du 22 Juillet
1732, lefdits religieux de Barbery ont été
déboutés de l'opofition par eux formée à
l'éxécution du précédent.

Décifion du confeil du 20 Mars 1743,
contre la fabrique de notre-dame de Ver-
vins, qui, fous le bon plaifir de M. l'évêque
de Laon, avoit aliéné en 1737 des biens, à
titre de fur-cens & rente perpétuelle, au
nommé Desharbes & à fa femme, & à la charge d'y conftruire des maifons & granges;
après la mort de Desharbes, fa veuve &
fes enfans ont été affignés pour être condamnés à païer une année de la rente &
pour achever la conftruction. Ils ont renon-

cé à la fucceffion de Desharbes; & par acte
de 1739, fur ce que la veuve à déclaré
ne pouvoir cultiver le fond ni payer la
rente, & confentir à ce que la fabrique
rentrât en poffeffion, cette propofition a
été acceptée, en confidération de fa pauvreté. La décifion juge que le droit d'amortiffement eft dû pour la rentrée en poffeffion.

Par autre décifion du 19 Mai 1745, le
confeil a confirmé une ordonnance de M.
l'intendant d'Alençon, par laquelle le
prieur & les chanoines règuliers du prieuré de Chartrage ont été condamnés au
payement du droit d'amortiffement de biens
dans lefquels ils font rentrés; le précédent
prieur avoit aliéné ces biens au nommé
Frefnel, en 1720, moïennant 70 liv. de
rente foncière; le fucceffeur au prieuré &
les chanoines firent affigner Frefnel au grandconfeil en 1741, pour être condamné à
leur remettre les héritages, comme faifant
partie de leur ancien patrimoine, & il intervint arrêt qui retint la caufe; fur la fignification qui en fut faite audit Frefnel, il
confentit, par acte paffé devant notaires,
que le prieur fe mit en poffeffion des héritages, en lui tenant compte des améliorations, qui furent liquidées à 577 livres par
le même acte. Le droit d'amortiffement
ayant été demandé fur le pié de 1977 liv.,
valeur entière des biens, ils ont opofé que
l'acte de 1720 étoit nul de plein droit, &
que celui de 1741 n'étoit pas volontaire,
qu'ainfi ils ne devoient le droit que pour les
améliorations; il a été jugé que le droit
étoit dû en entier, parce que le bail à rente
n'avoit pas même été attaqué pour caufe de
nullité, & que la rentrée ne pouvoit être
confidérée que comme volontaire.

Autre décifion du 28 Septembre 1746,
par laquelle le prieur de faint Pierre d'Alle-
vard, rentré en 1728, en conféquence du
défiftement du nommé Veyron, dans la
poffeffion d'héritages faifant partie du
prieuré, aliénés en 1692, à titre d'alber-

Rentrée.

gement, a été condamné au païement du droit d'amortiffement, nonobftant fon allégation que l'albergement ne pouvoit fubfifter, aïant été fait fans caufe, fans néceffité & fans formalités.

Décifion du confeil du 11 Novembre 1749, qui réforme une ordonnance de M. l'intendant de Roüen, & condamne les adminiftrateurs de la confrérie du faint Sacrement, érigée en la paroiffe de faint Leger, au païement du droit d'amortiffement d'une maifon, dans la poffeffion de laquelle cette confrérie eft rentrée. Il en avoit été fait un bail à rente à Antoine le Mire en 1683, moïennant 15 liv. de rente; & en 1721, les héritiers dudit le Mire, l'ont volontairement abandonnée à la confrérie, qui en avoit befoin pour loger le chapelain; au moïen de quoi, lefdits héritiers ont été déchargés de la rente, & il leur a été rembourfé 250 liv. pour améliorations & augmentations. Le confeil, en réformant l'ordonnance, n'a prononcé le païement du droit que fur le pié des 250 liv. feulement, ce qui eft conforme à ce que nous avons obfervé d'abord.

Autre décifion du confeil du 8 Avril 1750, qui décharge les curé & marguilliers de la paroiffe du Pleffis-Bouchard, du droit d'amortiffement de biens donnés à rente en 1660, au nommé Dardel, à eux abandonnés par fes héritiers, pour être déchargés de la rente, en 1747, après une fentence par défaut qui condamnoit au païement des arrérages échus, & à paffer titre nouvel; finon permettoit à la fabrique de rentrer en poffeffion.

En admettant le principe que le droit eft dû pour la rentrée volontaire, il en réfulte que cette dernière décifion n'eft pas jufte, parce que le détenteur pouvoit conferver les biens, & que, par conféquent l'abandonnement qu'il en a fait eft volontaire. S'il fufifoit d'obtenir une fentence par défaut ou même contradictoire, qui, faute de paffer titre nouvel, permettroit au créan-

cier de la rente de fe mettre en poffeffion des fonds, pour être difpenfé d'en païer le droit d'amortiffement, on pourroit dire que les gens de main-morte feroient bien fimples de ne pas emploïer un moïen aufli peu difpendieux pour éviter des droits, fouvent confidérables; difons mieux: la variété qu'on remarque dans les jugemens rendus fur la queftion dont il s'agit ici, vient de ce que le confeil regarde comme très-favorable la rentrée des gens de main-morte en poffeffion de biens qu'ils ont eux-mêmes aliénés par des baux à rente; & qu'en conféquence, il faifit les moindres prétextes pour s'écarter des principes anciennement établis.

Par décifion du confeil du 2 Février 1751, le curé de Saint Laurent-fur-Saivre a été déchargé du droit d'amortiffement d'une métairie léguée d'abord à la cure en 1712, reftée néanmoins à l'héritier du teftateur, en conféquence d'une tranfaction de 1721, à la charge de païer une rente foncière à la cure; pour le païement des arrérages de laquelle rente, il eft intervenu fentence au préfidial de Poitiers en 1732, confirmée au parlement de Paris en 1740; enfuite, & après la mort de l'héritier, fes repréfentans ont abandonné la maifon à la cure pour être déchargés de la rente. Le curé a dit que cet acte n'avoit fait que rétablir les chofes en conformité du teftament, & rendre la métairie à fa deftination; M. l'intendant de Poitiers avoit condamné au païement du droit, & je crois qu'il avoit bien jugé: parce que le curé ne pouvoit éxiger que le païement de la rente, au moïen de l'acte de 1721, de la fentence & de l'arrêt; les héritiers pouvoient donc conferver la métairie; & comme elle n'avoit pas été amortie, le curé, qui en devenoit propriétaire par une difpofition volontaire, devoit en païer le droit d'amortiffement.

Par autre décifion du confeil du 25 Octobre 1751, il a été jugé que la fabrique de Chilly devoit le droit d'amortiſſement d'un fond à elle abandonné par le nommé Loyſeau, pour demeurer quite d'une rente foncière ; l'on diſoit qu'il ne s'agiſſoit que d'un déguerpiſſement de la part d'un débiteur inſolvable & qui s'étoit même évadé depuis.

Déciſion du conſeil du 12 Février 1753, qui confirme une ordonnance de M. l'intendant de Limoges, par laquelle dom Loüis Couché, religieux de Nanteuil, &, en qualité de ſous-chantre de cette abbaïe, titulaire du prieuré de Boiſaugeay, a été condamné au païement du droit d'amortiſſement, à cauſe d'un acte fait ſous-ſignature privée, en 1747, par lequel la veuve du ſieur de Boiſclair, tant en ſon nom que comme tutrice de ſes enfans, reconnaiſſant l'impoſſibilité de faire valoir & régir les domaines qu'elle & ſon mari poſſédoient dans la mouvance de ſon prieuré, lui a abandonné leſdits domaines, pour en joüir ou en faire de nouveaux arrentemens ainſi qu'il aviſera ; ce qu'il a accepté, en faiſant remiſe de 249 liv. d'arrérages, ſauf néanmoins à exercer tous ſes droits, ſi la veuve ou ſes héritiers vouloient par la ſuite reprendre leſdits domaines. Le prieur alléguoit que cet abandon étoit nul, par le défaut de capacité ſuſiſante des deux parties, pour le faire & pour l'accepter ; que d'ailleurs, il ne ſaiſiſſoit pas le prieuré, puiſque la veuve avoit la liberté de rentrer dans les biens ; enfin, qu'il ne produiſoit aucune augmentation de revenu.

Autre déciſion du conſeil du 10 Mars 1753, qui confirme une ordonnance de M. l'intendant de Bourges, par laquelle les religieux Auguſtins de Bourges ont été déchargés du droit d'amortiſſement d'une maiſon qu'ils avoient aliénée en 1701, par bail à rente, & dans la poſſeſſion de laquelle ils ſont rentrés envertu de ſentence de 1736, qui, du conſentement du détenteur, a ordonné cette rentrée.

Arrêt du conſeil du 13 Août 1754, contre le chapitre de la ſainte chapelle de Dunois, qui, en 1714, avoit aliéné à perpétuité une terre, au nommé Pavie, moïennant une redevance en grains ; la veuve & les héritiers de Pavie aïant été aſſignés, en 1751, en païement des arrérages & pour être condamnés à abandonner la propriété de la terre, attendu qu'elle avoit été mal-à-propos aliénée à Pavie, il eſt intervenu ſentence, qui a déclaré le bail à rente éxécutoire, contre la veuve & les héritiers, les a condamnés à païer les arrérages échus, & en outre, à abandonner les biens au chapitre, à compter du 1er Mai 1751, & le chapitre eſt, en conſéquence, rentré en poſſeſſion. Sur la demande du droit d'amortiſſement, M. l'intendant d'Orléans a renvoïé au conſeil ; le chapitre a ſoûtenu que le bail de 1714 avoit été paſſé ſans néceſſité & ſans formalités ; que la ſentence a été renduë ſur ce fondement & ſans conſentement des détenteurs ; mais le bail avoit été paſſé par tous les chanoines qui compoſoient alors le chapitre, & ſur le pié des baux à ferme faits précédemment ; la ſentence n'annulloit point ce bail à rente : elle le déclaroit éxécutoire, & ne condamnoit les détenteurs à abandonner les biens qu'à défaut de païement des arrérages.

Déciſion du conſeil du 4 Avril 1756, qui confirme une ordonnance de M. l'intendant de Grenoble, renduë contre la communauté des habitans de Veyne, qui, en 1723, avoit donné des moulins à rente foncière au ſieur Goudre, & à la charge d'entretenir un pont & de païer des penſions affectées ſur ces moulins ; avec ſtipulation que la communauté auroit le droit de reprendre, ſans formalités, leſdits moulins, en cas de défaut de païement éxact deſdites penſions ; en 1737, le ſieur Goudre aïant entrepris des pourſuites contre des particuliers, pour des réparations conſidérables, qu'ils avoient occasionnées , la communauté lui fit entendre qu'elle pouvoit faire annuller l'acte de 1723 , sur quoi il fut convenu qu'il abandonnoit l'éfet de cet acte , & qu'il se désistoit de toutes demandes pour réparations & améliorations ; au moïen de quoi , la communauté lui a païé une somme de 900 livres. Sur la demande du droit d'amortissement , ladite communauté a soûtenu que l'acte de 1723 étoit nul , par le défaut de formalités sufisantes , & que la somme qu'elle a païée est pour des réparations faites aux écluses ; mais le bail à rente avoit été fait dans une assemblée générale ; il avoit eû son éxécution , & le détenteur ne pouvoit être dépossédé qu'à défaut de païement des redevances dont il étoit chargé.

Autre décision du conseil du 8 Octobre 1756 , contre les religieux de l'abbaïe de Quinçay ; ils avoient aliéné deux moulins en 1636 , moïennant une rente foncière , avec clause de nullité par le seul défaut de païement ; en 1747 , ils ont obtenu sentence par défaut , à la conservation de Poitiers , qui , faute de païer dans un mois les arrérages échus & de faire faire les réparations , permet aux religieux de rentrer en possession ; ensuite , le détenteur a été reçû opofant à cette sentence ; & fur l'apel il a été rendu arrêt au parlement de Paris , portant que les parties feront diligence pour faire juger l'apel ; & cependant , fans préjudicier aux droits des parties , ordonne l'éxécution provisoire de la sentence de 1747 , en donnant par les religieux caution ; enfin , le détenteur a consenti , par acte de 1749 , à la rentrée des religieux , qui l'ont déchargé des arrérages , ainsi que des réparations à faire , lesquelles avoient été estimées 8000 livres, & ils lui ont remise de tous les dépens. Sur la demande du droit d'amortissement , M. l'intendant de Poitiers a renvoïé les parties au conseil ; les religieux ont soûtenu qu'il ne s'agis-

soit pas d'une rétrocession , mais d'une résolution qui avoit annullé le premier titre , & qu'en 1750 , ils ont même fait un nouveau bail à rente de l'un des moulins ; le conseil a jugé que l'acte de rétrocession étant volontaire , le droit d'amortissement est dû.

Décision du conseil du 3 Décembre 1756 , qui confirme une ordonnance de M. l'intendant de Poitiers , par laquelle M. de Bussy , abbé commandataire de Thouars , a été condamné au païement du droit d'amortissement d'un moulin aliéné à titre d'arrentement en 1734 , & rétrocédé au précédent titulaire de l'abbaïe en 1751 ; il opofoit que cette rétrocession avoit été faite par le preneur , pour ne pas être expulsé , faute de païement de la rente & de faire les réparations.

Par une autre décision du conseil du 4 Janvier 1761 , sans s'arrêter à une ordonnance de M. l'intendant de Caën , les religieuses Carmelites du fauxbourg S. Jacques à Paris , ont été déchargées du droit d'amortissement qui leur étoit demandé pour la terre de Longaunay ; elles avoient aliéné cette terre en 1725 , au sieur Amey , moïennant 1250 livres de rente foncière ; en 1754 , elles l'ont fait assigner au châtelet de Paris , pour voir prononcer la nullité de l'acte ; il en a soûtenu la validité , en disant néanmoins qu'il s'opofoit à la rentrée en possession , à moins de lui païer ses frais & les améliorations , & de diférer cette rentrée jusqu'à la S. Michel suivante , attendu qu'il avoit toujours païé les arrérages , même d'avance ; il est intervenu sentence qui a prononcé la nullité du bail à rente ; ordonné au sieur Amey de se désister de la possession au jour de S. Michel prochain , condamné les religieuses à lui païer 964 livres pour les frais du contrat , suivant que les parties en étoient convenües ; & ordonné que , par experts , il seroit fait estimation des améliorations , lesquelles

quelles ont enfuite été réglées à 9236 livres ; les religieufes ont fait en 1755, immédiatement après leur rentrée, un autre bail de la terre, moïennant 2150 livres de rente foncière. Sur la demande du droit d'amortiffement de la rentrée en poffeffion, M. l'intendant de Caën ordonna le 18 Octobre 1759, que le droit feroit païé fur le pié de 900 livres de revenu, qui faifoit l'augmentation prouvée par le nouveau bail à rente ; il femble que cette ordonnance étoit très-règulière, & que le fermier devoit fe borner à en demander l'éxécution, au lieu de prétendre que le droit étoit dû fur la totalité ; on ne voit pas fur quel motif le confeil en a prononcé la décharge entière : parce que, quand bien même la nullité alléguée du bail de 1725, eût été évidente & prononcée en juftice, le droit étoit toujours dû pour l'augmentation provenante des améliorations faites par le preneur.

RENVOIS & autres changemens dans les actes des notaires, doivent être fignés & paraphés par les parties & par eux ; ils doivent auffi être paraphés par les commis du fermier, en même tems qu'ils contrôlent lefdits actes. Voïez *Notaires*, §. IX.

On apelle *renvois d'infinuation ou de centième denier*, la mention mife fur un acte qu'il eft fujet à ces droits ; par exemple, lorfqu'un acte doit être contrôlé dans un bureau & infinué dans un autre, le commis qui le contrôle, doit faire mention qu'il a renvoyé l'infinuation où elle doit être faite, pour y être la formalité remplie & le droit païé ; il fufit qu'il mette un fimple avertiffement de faire infinuer, afin que la partie ne puiffe prétexter qu'elle l'ignore ; il eft encore mieux d'indiquer le bureau où l'acte doit être infinué, fi le contrôleur le fait. Il doit être fait pareille mention en marge de l'article, fur le regiftre du contrôle.

Tome III.

Ces infinuations renvoïées fe font à la diligence des parties, fuivant l'édit du mois d'Octobre 1705, raporté tom. 2, p. 550.

RÉPARATIONS *des biens domaniaux* ; trois obfervations à faire à cet égard : 1°. il a été ordonné des aliénations à titre de propriété, des édifices fujets à réparations ; 2°. les groffes réparations des domaines reftés dans la main du Roi, font à la charge de S. M. ; & les menuës réparations locatives font à celle du fermier qui en jouït ; 3°. les apanagiftes & les engagiftes, même les engagiftes à vie, font tenus des réparations de toute nature, comme une charge des revenus que les domaines produifent.

1. *Aliénations des moulins & autres édifices fujets à réparations* ; il a, dans tous les tems, été jugé à propos d'aliéner à titre d'inféodation & de propriété incommutable, les petits domaines & les édifices particuliers fujets à réparations, dont la poffeffion n'étoit pas convenable entre les mains du Roi ; cette aliénation a même été nommément ordonnée par les arrêts des 29 Décembre 1682 & 23 Juillet 1686, & par les lettres patentes du 3 Mai 1687, raportés ci-devant, tom. 2, p. 105.

Par autre arrêt du 3 Janvier 1688, il fut ordonné que celui de 1686 feroit éxécuté dans la généralité de Paris ; & que, par les tréforiers de France de ladite généralité, il feroit procédé à la vente & aliénation à perpétuité & à titre de propriété incommutable, des moulins, fours, preffoirs, halles, étangs, maifons & autres bâtimens & édifices dépendans des domaines fujets à réparations, dans ladite généralité.

Ceux qui s'étoient rendus adjudicataires des domaines fujets à réparations, à la charge de païer des rentes ou redevances annuelles, y furent maintenus par édit du mois de Mars 1695, à condition d'amortir lefdites rentes ; mais, les ren-

P p

tes rachetées à un trop bas prix ont été rétablies en partie, comme il a été expliqué à l'article *Rentes domaniales*.

2. *Réparations des domaines qui font dans les mains du Roi* ; nous avons dit que les groffes réparations font à la charge de S. M., & que les menuës réparations locatives doivent être fuportées par les fermiers qui en jouïffent.

Par un édit du mois de Janvier 1561, le produit des droits cafuels fut deftiné aux réparations & à l'entretien des châteaux, maifons, auditoires, géoles, prifons, & autres bâtimens & édifices apartenans au Roi, fans pouvoir les emploïer à d'autres ufages, jufqu'à ce que lefdites réparations fuffent faites. Les droits cafuels ayant été compris dans les baux des fermes, il a été pris d'autres précautions.

Il fut réglé, par l'article 24 du bail de François Euldes du 10 Juin 1666, & par l'art. 108 de celui de Chariere, du 18 Mars 1687, que le fermier ne feroit tenu, ainfi que fes fous-fermiers, que des menuës réparations locatives, pour l'entretien des moulins & autres bâtimens des domaines compris dans fon bail, telles que celles dont les fermiers & locataires font tenus fuivant les coûtumes des lieux ; que, s'il convenoit d'en faire de groffes, le Roi feroit tenu d'en faire les fonds, fuivant l'eftimation & les marchés faits par les officiers des lieux, en la manière accoûtumée ; & que, s'il arrivoit que, par les ruines & débordemens des ruiffeaux & rivières, les moulins & maifons fuffent emportés & rendus inhabitables, S. M. feroit tenuë d'en dédommager le fermier jufqu'au rétabliffement.

Les lettres patentes du 12 Juillet 1687, portent que les dépenfes qui feront ordonnées pour l'entretien & les réparations des domaines, feront païées fur les lieux, par les fermiers defdits domaines, qui remettront, de fix mois en fix mois, les devis, adjudications & réceptions des ou-

vrages, enfemble les ordonnances de païement & les quitances des ouvriers, ès mains des receveurs généraux des domaines, lefquels leur délivreront leurs quitances comptables du montant defdites dépenfes.

Par l'article 2 de l'édit du mois de Décembre 1701, il a été ordonné que les receveurs généraux des domaines, recevront des fermiers, en deniers ou acquits valables, tous les fonds deftinés au païement des réparations ordonnées par le Roi, aux édifices dépendans de fes domaines ; & l'article 3 porte que les frais defdites réparations feront alloüés dans les comptes, en raportant feulement les devis, baux aux rabais, procès verbaux de réception, mandemens & ordonnances de M^{rs} les Intendans, avec les quitances en bonne forme, des ouvriers & entrepreneurs.

L'article 537 du bail de Carlier, du 19 Août 1726, porte qu'il lui fera fait déduction fur le prix dudit bail, de ce qu'il aura païé pour frais de juftice, groffes réparations & autres dépenfes ordonnées ; & l'article 515 de celui de Forceville, du 16 Septembre 1738, porte qu'il fera tenu, ainfi que fes fous-fermiers, des menuës réparations locatives, pour l'entretien des maifons, halles, moulins & autres bâtimens, & de tout ce que les fermiers & locataires font tenus fuivant les coûtumes des lieux où les biens font fitués.

3. *Réparations à la charge des apanagiftes & des engagiftes.* Ils font inconteftablement tenus des réparations de toute nature, comme jouïffant des revenus des domaines : c'eft une claufe inférée dans les lettres de conftitution d'apanage ; à l'égard des engagiftes, *voïez* le tom. 2, p. 308, & l'arrêt du confeil du 6 Juin 1722, portant que les engagiftes des domaines, même ceux à vie, feront tenus d'y faire toutes les réparations néceffaires ;

de quelque nature qu'elles foient, à peine d'y être contraints par faifie des revenus defdits domaines, en vertu d'ordonnances renduës par les bureaux des finances, à la requête des procureurs du Roi auxdits bureaux ; & que, faute de faire faire bien & dûment les réparations dans les fix mois du jour de la faifie, l'adjudication defdites réparations fera faite au rabais & le prix païé fur le produit defdits domaines, par préférence à toutes autres charges & dettes. Enjoint à M^{rs} les intendans d'y tenir la main, de faire vifiter lefdits domaines par les infpecteurs des ponts & chauffées de chaque généralité, & d'informer M. le contrôleur général des finances de l'état des bâtimens & lieux dépendans defdits domaines engagés.

L'édit du mois de Mars 1695, ordonne que, lors de la prife de poffeffion des engagiftes, il fera fait des procès verbaux éxacts de l'état des lieux, par M^{rs} les intendans ; lefquels procès verbaux feront dépofés aux gréfes des bureaux des finances, pour y avoir recours.

RÉPERTOIRES *des notaires &* *tabellions*, font des inventaires fommaires de tous les contrats & actes que ces oficiers reçoivent, foit qu'ils les remettent en minute aux parties, foit qu'ils les gardent pour en délivrer les expéditions. Ils font tenus d'y enregistrer tous leurs actes, de fuite & fans laisser aucun blanc ; mais, par extrait feulement, contenant la nature de l'acte, le fommaire de fes difpofitions, fa date, avec les noms, qualités & demeures des parties. Les teftamens ne font point exceptés d'être enregistrés fur le répertoire ; mais, les notaires n'y doivent pas faire mention des difpofitions des teftamens des perfonnes qui font encore vivantes : il fufit d'y dire que, tel jour, ils ont reçu, ou qu'il leur a été dépofé un teftament ouvert ou clos, & d'expliquer le nom & la demeure du teftateur ; fauf enfuite, fi le teftateur re-

tire lui-même fon teftament, à en prendre une décharge à la date courante du répertoire, & à en faire mention en marge de l'article où ce teftament étoit enregiftré.

Ce n'eft point pour affurer le contrôle des actes, que les notaires & tabellions ont été affujétis à tenir des répertoires : l'obligation leur en étoit impofée, longtems avant l'établiffement du contrôle, comme un moïen d'empêcher toute antidate & de prévenir la fouftraction des actes. Les répertoires furent fubftitués aux regiftres & protocoles que lefdits notaires & tabellions devoient tenir, fuivant les ordonnances de Louis XII, & de François I, des années 1512 & 1539 ; nous avons déja fait mention, à l'article *Notaires*, §. VIII, page 39, d'un arrêt du parlement de Paris du 27 Février 1655, portant injonction aux notaires de figner les actes en préfence des parties, & d'en tenir un bon & fidèle répertoire, qui feroit paraphé tous les fix mois, par un des findics des notaires. Il a même été ordonné, par l'article 8 de l'ordonnance du mois de Juin 1680, que lefdits répertoires feroient tenus en *papier timbré ;* ce qui a été réïtéré par l'article 15 de la déclaration du Roi du 19 Juin 1691.

Après l'établiffement du contrôle des actes, en 1693, l'injonction faite aux notaires & tabellions de tenir des répertoires fut renouvellée ; & afin que ces répertoires fuffent également utiles au bien public & à la confervation des droits du Roi, il fut enjoint auxdits notaires & tabellions d'y enregistrer tous leurs actes fans exception ; d'y faire mention du contrôle & du droit païé ; & de les communiquer au fermier des droits de contrôle à toutes requifitions, ainfi que leurs minutes & liaffes ; le tout à peine de 100 livres d'amende pour chaque contravention.

Le premier règlement à cet égard, eft

l'arrêt du conseil du 21 Juillet 1693 ; mais, comme la plus part des notaires ne portoient fur leurs répertoires que les actes dont ils conservoient les minutes ; & que le fermier ne pouvoit avoir connaissance des autres, pour vérifier s'ils avoient été contrôlés & fi les droits en avoient été bien perçus & enregistrés, il a été ordonné, par un autre arrêt du 21 Juin 1695, que les notaires, tabellions & tous autres, feront obligés de tenir des répertoires ou inventaires de tous les actes qu'ils passeront, soit qu'ils les délivrent en minutes, soit qu'ils les gardent pour en expédier des grosses.

Par l'article 3 de la déclaration du Roi du 19 Mars 1696, il est enjoint aux notaires & tabellions, tant roïaux que seigneuriaux, & aux gréfiers faisant des actes & contrats, de tenir à l'avenir des répertoires & inventaires sommaires de tous les actes & contrats qu'ils passeront, soit qu'ils les délivrent en minute, ou qu'ils les gardent pour en délivrer des expéditions ; dans lesquels ils feront mention des noms des contrôleurs & des bureaux où ils auront fait contrôler lesdits actes, & des sommes païées pour le contrôle ; ces dispositions ont été renouvellées, tant par l'article 13 de la déclaration du 14 Juillet 1699, que par l'article 6 de la déclaration du 20 Mars 1708, concernant le contrôle, & par l'article 13 de celle du même jour concernant l'insinuation, qui enjoignent auxdits notaires, tabellions & autres, de donner communication de leurs répertoires au fermier des droits de contrôle & d'insinuation, & à ses préposés, & même de leur en fournir des extraits à toutes requisitions, à peine de 200 livres d'amende pour chaque contravention, qui demeurera encouruë fur le simple procès verbal du commis.

Cette peine a été prononcée par diférens arrêts contre les notaires & tabellions qui n'avoient pas tenus de répertoi-res, ou qui ne les avoient pas tenus éxactement, ou qui avoient refusé de les communiquer ; plusieurs de ces arrêts font raportés, ci-devant, à l'article *Notaires*, §. XX.

Par arrêt du conseil du 13 Août 1709, Jean Rapet, notaire à Brisambourg, en Saintonge, a été débouté de son apel d'une ordonnance de M. l'intendant de la Rochelle, par laquelle il avoit été condamné en 200 livres d'amende, pour n'avoir pas porté fur son répertoire une quitance de remboursement qu'il avoit délivrée en brévet à la partie.

Autre arrêt du conseil du 7 Septembre 1710, qui condamne le nommé Doüaren, notaire à Moncontour, en Bretagne, en 200 livres d'amende, pour n'avoir pas tenu de répertoire ; casse une ordonnance de M. l'intendant, par laquelle l'amende avoit été modérée à 20 livres ; & enjoint à tous notaires & gréfiers, faisant des actes & contrats, de tenir des répertoires & inventaires sommaires de tous lesdits actes & contrats, & de les communiquer au fermier, fous pareille peine, qui ne poura être remise ni modérée, fous quelque prétexte que ce foit ou puisse être.

Par deux autres arrêts du 6 Février 1722, les mêmes peines ont été prononcées contre des notaires, pour défaut de répertoires, fans avoir égard aux ordonnances de M. l'intendant de Moulins, par lesquelles il avoit modéré les amendes encouruës.

Un autre arrêt du 24 Février 1722, a confirmé une ordonnance de M. l'intendant de Pau, par laquelle le nommé Depié notaire, avoit été condamné en 200 livres d'amende, pour avoir refusé de communiquer fon répertoire aux emploïés de la ferme ; il disoit n'y être assujéti que lorsqu'il en étoit requis par un acte de justice, & que, le lendemain du refus, il avoit fait sommer l'inspecteur de venir prendre communication de son répertoire ; mais la déclaration de 1708, porte que l'amende demeurera encouruë sur le simple refus constaté par un procès verbal ; & il est essentiel d'y tenir la main : parce que les refus ne sont ordinairement que des prétextes pour gagner du tems , afin de donner une aparence de règle à ce qui étoit irrégulier.

Il a été prononcé de semblables condamnations contre diférens notaires, pour n'avoir pas tenu de répertoires ; contre Gentil , notaire à Isy , près Beaugency , par arrêt du 12 Avril 1723 ; contre le nommé Piot , notaire à Jargeau , & Drevillaye , notaire à Ligny , par deux arrêts du 18 Juillet 1724 ; contre les notaires de Narbonne & ceux de Montpellier , par deux arrêts du 17 Octobre 1724 ; & contre le nommé Bal , notaire au Bourg de Dorsans , en Dauphiné , pour n'avoir tenu , au lieu de répertoire , que de simples cahiers de papier non timbré , par arrêt du 31 Juillet 1725.

Arrêt du conseil du 19 Avril 1740 , rendu en règlement , qui enjoint aux notaires & tabellions de tenir leurs répertoires en *papier timbré* ; & qui casse deux arrêts de la cour des aides de Paris , obtenus par Jean Mony , notaire à Fontelle , en Champagne. *Voïez* tom. 2 , p. 397.

Autre arrêt du conseil du 5 Décembre 1752 , qui confirme une ordonnance de M. l'intendant de Dijon , par laquelle le sieur Aucaigne , notaire à Mâcon , a été condamné en différentes amendes , pour n'avoir pas porté sur son répertoire plusieurs testamens par lui reçûs , & pour avoir discontinué le répertoire depuis 1737 , ne s'étant servi que de cahiers de papier non timbré ; & sans avoir égard à l'intervention du sindic de la communauté des notaires de Mâcon , ordonne que les notaires de ladite ville , tiendront à l'avenir des répertoires *en papier timbré* ,

dans lesquels ils comprendront , sans aucune exception , tous les actes qu'ils recevront , ou qui leur seront déposés , dont ils feront la représentation au fermier des domaines , ses commis & préposés , toutes les fois qu'ils en seront requis ; avec défenses d'avoir des liasses secrétes ; le tout à peine d'interdiction & des amendes portées par les règlemens ; condamne ledit Aucaigne & le sindic au coût de l'arrêt, qui sera lû, publié & afiché par tout où besoin sera. Le sindic disoit que les notaires de Mâcon n'avoient pas été dans l'usage d'avoir des inventaires ou répertoires , signés , cottés & paraphés , mais seulement de simples états ou mémoires , en papier non timbré , pour leur propre commodité & pour la facilité des recherches.

Autre arrêt du conseil du 30 Mars 1756 , rendu contradictoirement avec les notaires de la ville de Roüen ; par lequel il leur est enjoint de tenir à l'avenir des répertoires *en papier timbré* , dans lesquels ils comprendront , sans exception , tous les actes qui leur seront déposés , *même les testamens* qu'ils ont reçûs ou qui leur ont été remis ou déposés , à quelque titre que ce soit , ainsi que ceux qu'ils recevront par la suite , en faisant mention sur lesdits répertoires , du nom , de la qualité & demeure des testateurs ; l'un desdits notaires a été condamné en 200 livres d'amende , faute par lui d'avoir tenu un répertoire depuis le commencement de son éxercice ; & lesdits notaires au coût de l'arrêt.

Il est certain que les répertoires sont utiles & même indispensables pour la conservation des intérêts du public & des droits du Roi ; mais , pour cet éfet , il faudroit qu'ils fussent faits dans des registres re̅liés , cottés & paraphés dans tous les feuillets par le juge des lieux , auquel ils seroient représentés tous les six mois ou même plus fréquemment , pour y mettre fon vû au-deffous du dernier article. Par ce moïen les notaires ne pouroient fouftraire aucun acte de leurs liaffes & l'on feroit à l'abri des antidates, auxquelles le contrôle n'a remédié qu'en partie, puifqu'un notaire, aïant un délai de quinzaine pour faire contrôler fes actes, peut profiter de ce délai pour antidater l'acte qu'il reçoit & caufer des préjudices confidérables.

RÉPERTOIRES *des huiffiers & fergens.* Par le règlement du confeil du 11 Mars 1676, il fut ordonné que tous les huiffiers, fergens, archers & autres aïant pouvoir d'exploiter, feroient tenus d'avoir des regiftres, paraphés fans frais ni droits par les premiers juges de leurs jurifdictions; dans lefquels ils feroient mention fommaire de tous leurs exploits, ainfi que du contrôle d'iceux; defquels regiftres, ils donneroient communication aux fermiers du domaine, même des extraits d'iceux, toutes les fois qu'ils en feroient requis.

L'éxécution de ce règlement fut ordonnée par une fentence de la chambre du tréfor au palais à Paris, du 16 Janvier 1677, contre diférens huiffiers de Mantes & Meulan, auxquels il fut enjoint de tenir exactement lefdits regiftres & de les communiquer au fermier, à peine de 100 livres d'amende pour chaque contravention.

Décifion du confeil du 25 Novembre 1747, qui confirme une ordonnance de M. l'intendant de Caën, par laquelle il a été enjoint à Nicolas le Maréchal, fergent à Thorigny, de fe conformer au règlement de 1676, pour la tenuë du regiftre de fes exploits, à peine de 100 livres d'amende; il difoit que, ne gardant point les originaux de fes exploits, il n'étoit pas obligé d'en tenir regiftre.

Les répertoires des huiffiers & fergens ne font pas, à beaucoup près, fi intéreffans que ceux des notaires; & je crois que le règlement de 1676, a très-peu d'éxécution.

RÉPI, délai; les lettres de répi accordées aux débiteurs, doivent être infinuées; *voïez* Lettres, tom. 2, p. 619.

RÉPUDIATION *de fucceffion*, eft à tous égards, la même chofe qu'une renonciation; l'on dit répudiation, en païs de droit écrit; & renonciation, en païs coûtumiers; *voïez* Renonciation.

REQUETE CIVILE, eft un moïen de faire rétracter les arrêts & jugemens rendus en dernier reffort, dans les cas expliqués par le titre 35 de l'ordonnance de 1667.

Suivant l'article 16 du même titre de l'ordonnance, les impétrans de lettres en forme de requête civile contre des arrêts contradictoires, foit qu'ils foient préparatoires ou définitifs, font tenus, en préfentant leur requête afin d'enterrinement, de configner une *amende* : favoir, 300 livres envers le Roi, & 150 livres envers la partie; & fi les arrêts ont été rendus par défaut, fera feulement configné 150 livres pour l'amende envers le Roi, & 75 livres pour celle envers la partie; lefquelles fommes feront reçuës par le receveur des amendes, qui s'en chargera comme dépofitaire.

Si les ouvertures des requêtes civiles ne font jugées fufifantes, le demandeur doit être condamné en l'amende, qui eft la même que celle qui a dû être confignée; article 39 du même titre 35 de l'ordonnance. Cette amende eft même acquife, lorfque le demandeur fuccombe ou qu'il fe défifte de fa demande, en quelque manière que ce foit.

Par arrêt du 15 Janvier 1671, le Roi étant en fon confeil, a caffé quatre arrêts du parlement de Bordeaux, en ce que des demandeurs en requête civile, qui avoient fuccombé, n'avoient été condamnés qu'en 12 livres d'amende; en conféquence, l'amende de 300 livres a été prononcée contre chacun d'eux envers S. M., & celle de 150 livres envers la partie ; avec défenses au parlement & à toutes autres cours & juges de contrevenir aux ordonnances & de modérer les amendes portées par icelles, à peine d'en répondre.

L'art. 4 de la déclaration du Roi du 21 Mars 1671, ordonne que tous demandeurs en requête civiles, soit qu'ils ayent été parties dans les arrêts contre lesquels les requêtes civiles seront obtenuës, ou non, seront tenus de consigner (les sommes fixées par l'ordonnance de 1667) auparavant qu'ils y puissent être reçus ; & l'art. 5 porte que, de quelque manière qu'il soit prononcé, quand les poursuivans succomberont dans leurs requêtes civiles, soit par débouté, sans avoir égard, sans s'arrêter, ou hors de cour, même en cas d'acquiescement, l'amende sera acquise au Roi, sans que les cours & juges en puissent ordonner la remise ou modération.

Arrêt du conseil du 7 Mars 1676, qui ordonne que le sieur Goujon de Touronde, qui s'étoit désisté d'une requête civile, sera contraint au païement de 300 l. pour l'amende envers le Roi ; casse un arrêt du parlement de Paris rendu par apointé, sur un acte passé le même jour que le désistement, par lequel l'on avoit frauduleusement consenti l'enterrinement des lettres de requête civile, afin de pouvoir retirer l'amende ; & défend aux notaires de recevoir de pareils actes, & aux procureurs de signer de pareils arrêts, à peine de 1000 liv. d'amende & d'interdiction.

Autre arrêt du 30 Juin 1705, qui casse des arrêts de la cour des aides de Montpellier ; ordonne que les consuls de la ville d'Aix seront contraints au païement de l'amende envers le Roi, à cause d'une requête civile dont ils s'étoient désistés par transaction du 1er Juin 1703, & condamne leur procureur en une amende de

100 liv. pour avoir sollicité l'arrêt de restitution de l'amende consignée.

Arrêt du conseil du 16 Mai 1721, qui ordonne l'éxécution de l'ordonnance du mois d'Avril 1667 & de la déclaration du 21 Mars 1671 ; en conséquence, casse un arrêt de la cour des aides de Bordeaux, par lequel il étoit permis à la dame Dhiacre de plaider sur une requête civile, sans consigner l'amende, sauf au sieur Celhay partie, & au receveur du domaine à se pourvoir sur les biens de la dame Dhiacre, en cas qu'elle fut déboutée de sa demande ; fait défenses à ladite cour des aides de recevoir ladite dame à poursuivre l'enterrinement de sa requête civile, aux parties & aux avocats de plaider sur icelle, avant que l'amende portée par l'ordonnance ait été consignée, à peine de nullité des arrêts qui pouroient intervenir, & de 3000 l. d'amende contre les parties & leurs procureurs.

Par les lettres patentes du 27 Décembre 1729, il est ordonné que les amendes seront acquises au Roi, lors des accords ou transactions sur les apellations, requêtes civiles & inscriptions en faux, lorsque, par lesdits accords ou transactions, les parties se seront désistées de leurs apellations, inscriptions en faux, ou lettres en forme de requête civile.

Au surplus, il est d'observation que la consignation ne peut être faite qu'entre les mains du commis du fermier des domaines, auquel il doit en outre, être païé deux sols 8 den. pour livre du montant des sommes consignées, avec le droit de quitance ; lesquelles attributions sont définitivement acquises, quand bien même il y auroit lieu de rendre lesdites sommes consignées ; *voïez* Amendes de consignation, tom. 1, p. 114 ; & Droits-réservés, §. VI, n. 2, tom. 2, p. 258.

REQUISITIONS *en matière ecclésiastique*, sont de diverses espèces. Le droit de contrôle des requisitions de con-

firmation d'élection à des bénéfices réguliers, ou à des dignités canoniales, est
fixé à 5 liv. par la première section de l'article 1er du tarif de 1722.

Celui des requisitions de *visa* de ful-
mination de bulles, d'admission à prendre
l'habit, à faire noviciat & profession; de
celles pour satisfaire au décret d'une provision de bénéfice régulier; & de celles
faites aux curés pour publier, aux prônes des messes, les prises de possession
de bénéfices, est fixé à 1 liv. par la 3me
section dudit article 1er du tarif.

La requisition de bénéfice est un acte,
par lequel un gradué, qui aprend qu'un
bénéfice est vacant par la mort du titulaire, arrivée dans un des mois affectés
aux gradués, dénonce au collateur dans
les six mois du décès, qu'il a notifié &
réitéré la notification de ses grades; en
conséquence, il le requiert de lui conférer
le bénéfice & de lui faire expédier les collations & provisions nécessaires, pour en prendre possession. Il n'est dû que 1 liv. pour le
droit de contrôle de cet acte, qu'il ne faut
pas confondre avec la requisition de confirmation d'élection; la troisième section
de l'art. 1er du tarif, comprend les notifications de dégrés & autres représentations; & sous ce terme *d'autres représentations*, il renferme la requisition, qui
est la suite de la notification de grades.

REQUISITIONS faites par des enfans à leurs pères & mères, pour consentir à leur mariage. *Voïez* Actes de respect, tom. 1, p. 73.

RÉSERVES *à successions, ou à
partages*, sont des actes plus particulièrement connus en Normandie qu'ailleurs;
dans cette province, les filles ne sont point
héritières, tant qu'elles ont des frères ou
qu'il y a des descendans des frères; &
l'institution d'héritier n'y est point admise,
non plus que dans les autres païs coûtumiers; mais la coûtume de Normandie
contient une disposition particulière, par

laquelle elle autorise les pères & mères à
donner à leurs filles le droit d'être héritières & de partager avec leurs frères les
meubles & les immeubles de leurs successions; l'art. 258 autorise le père, en mariant ses filles, à les réserver à sa succession & même à celle de la mère. L'art.
259 autorise la mère, après la mort de
son mari, à réserver sa fille à sa succession,
en la mariant, mais elle ne peut la réserver à celle du père.

Le terme *en mariant* n'est que démons-
tratif de l'occasion la plus ordinaire de
réserver les filles à succéder; mais il n'est
pas limitatif ni exclusif des autres cas :
le père peut réserver sa fille par toutes
sortes d'actes, pourvu néanmoins que ce
soit avant ou lors du mariage; la réserve
doit être en termes formels, parce qu'on
n'en admet point d'équivalans. Après le
mariage de la fille, elle ne peut plus être
réservée, pas même lors d'un second mariage; arrêt du 5 Décembre 1644, raporté
par Merville; autre du 28 Janvier 1655,
raporté par Basnage; le père peut seulement augmenter la dot après le mariage.

Le père peut réserver par testament,
la fille non mariée, tant à sa succession, qu'à
celle de la mère vivante ou décédée; arrêts des 9 Février 1513 & 29 Juin 1605,
raportés par Berault; autre du 8 Janvier
1639, rendu en la chambre de l'édit, raporté par Basnage; le beau-père peut réserver la fille de sa femme à la succession
de sadite femme; arrêt du mois d'Août
1621. Basnage.

Le droit de contrôle de l'acte de réserve à succession ou à partage doit être
perçu sur le pié réglé par l'art. 89, lorsque cette réserve est faite autrement que
par contrat de mariage; parce qu'alors,
l'acte particulier est considéré comme disposition à cause de mort; ordonnance de
M. l'intendant de Roüen du 19 Août
1747, contre Etienne le Moyne, perru-
quier à Gisors.

Par

Par décision du 24 Août 1748 , le conseil a réformé une ordonnance de M. l'intendant d'Alençon , rendue en faveur de la dame veuve Cochin, par laquelle le droit de contrôle d'une réferve à fuccession en faveur de deux filles avoit été fixé à 16 f. comme déclaration pure & fimple ; & il a été jugé que le droit en eft dû fur le pié fixé par l'art. 89 du tarif, comme acte de dernière volonté.

Si la réferve à fuccession eft faite par contrat de mariage, elle ne donne lieu à aucuns droits particuliers : c'eft une difpofition en ligne directe, qui fait feulement confidérer la conftitution de dot comme non évaluée.

RÉSIGNATION *de bénéfice* ; fi elle eft pure & fimple , avec liberté à celui qui a droit de conférer le bénéfice d'y pourvoir, c'eft une démission, dont le droit de contrôle eft fixé à 5 l. par l'art. 1er du tarif du 29 Septembre 1722.

Lorfque la démission eft en faveur d'une perfonne indiquée, c'eft une réfignation, dont le droit de contrôle eft le même que celui de la démission.

Mais, comme le titulaire, qui veut réfigner fon bénéfice, donne ordinairement procuration à cet éfet, il faut diftinguer les procurations qui portent réfignation ou qui font conçues dans des termes qui peuvent difpenfer les réfignataires de paffer d'autres actes par devant notaires, pour parvenir à l'obtention des provifions, de celles qui doivent être fuivies d'un acte de réfignation ; le droit de contrôle des premières eft fixé à 5 liv. & celui des dernières n'eft fixé qu'à 1 liv. *Voïez* ci-devant, page 196 de ce volume.

Quoique les réfignations ou les procurations pour réfigner , contiennent réferve ou création de penfion fur le bénéfice, il n'eft dû qu'un droit de contrôle. S'il ne s'agit que d'une fimple réferve ou condition impofée par le réfignant, cette difpofition ne change rien à ce qui eft dû

pour l'acte principal ; mais, fi le réfignataire confent à la création de la penfion, le droit eft dû fur le pié de la première fection de l'art. 1er du tarif, quand bien même cette difpofition feroit inférée dans une fimple procuration pour réfigner, & il ne fera point dû d'autre droit ; c'eft même ce qui a été décidé au confeil le 28 Février 1736, au fujet d'une procuration pour réfigner une cure du diocèfe d'Amiens, en faveur du fieur Raulet, fous la réferve d'une penfion, à laquelle le réfignataire avoit confenti ; il fut jugé qu'il n'étoit dû qu'un droit de contrôle, fixé à 5 liv.

RÉSIGNATION *d'offices* , fe fait en vertu de la procuration donnée par le titulaire de l'office, pour le réfigner entre les mains du Roi ou autre collateur, & en difpofer en faveur du réfignataire défigné ; *voïez* Procuration pour réfigner , tom. 3 , p. 201.

RÉSILIMENT *d'actes* , eft ce qu'en droit on nomme *diftractus* ; c'eft l'acte par lequel, d'un mutuel confentement, on annulle un autre acte , pendant que les chofes font encore entières, *rebus integris* ; enforte que l'acte réfili foit anéanti dans tous fes éfets : il faut que *reducatur ad nihilum*, & que fon anéantiffement opère *ut ex tunc* ; car l'acte qui fait feulement ceffer à l'avenir l'éfet d'une convention précédente, n'eft point un réfiliment : c'eft une réfolution ou une rétroceffion.

L'art. 81 du tarif du 29 Septembre 1722, fixe à 2 liv. le droit de contrôle des réfilimens d'actes.

Mais , le terme de réfiliment employé dans un acte , ne doit pas déterminer à l'apliquer indiftinctement à cet article du tarif ; l'on ne peut confidérer comme réfiliment que l'acte qui annulle un marché, un brevet d'aprentiffage, un contrat de mariage, un don mutuel & autres femblables conventions, qui ne contiennent ni

Tome III.   Q q

ceſſion ni tranſport & qui n'ont encore eû aucune éxécution.

Il y a cependant quelques actes, contenant ceſſion, dont la réſolution volontaire a été conſidérée comme réfiliment, en jugeant qu'ils étoient ſujets au droit de contrôle fixé par l'art. 81 du tarif ; tels ſont le réfiliment d'un bail à ferme ou à loïer, avant que le preneur ſoit entré en jouïſſance ; celui d'un contrat de vente d'immeubles, fait le même jour ou dans les 24 heures du contrat ; & celui d'une vente d'office, avant que le réſignataire ait obtenu des proviſions.

L'on doit néanmoins obſerver que, ſi l'acte de réſiliment contenoit le rembourſement de la ſomme qui auroit été précédemment païée par l'une des parties à l'autre, le fermier auroit, en conſéquence de l'article 96 du tarif, l'option de percevoir le droit de contrôle conformément à l'article 81, comme réſiliment, ou ſur le pié de la ſomme rembourſée, ſuivant l'article 79 qui renvoïe à l'article 3.

S'il s'agit d'un bail *à ferme* ou à loïer, il ne peut être anéanti dans tous ſes éſets, qu'auparavant que le preneur ſoit entré en jouïſſance : dans ce cas, il eſt anéanti par un réſiliment, dont le droit de contrôle eſt dû ſur le pié fixé par l'art. 81 du tarif, quelque ſoit le prix du bail. Mais, ſi le preneur étoit entré en jouïſſance, la convention d'entre lui & le bailleur, pour faire ceſſer à l'avenir l'éſet du bail, ſeroit une rétroceſſion, dont le droit de contrôle eſt dû ſur le même pié fixé pour le bail, ſuivant l'article 16 du tarif. Cet article comprend nommément les rétroceſſions de baux ; & la rétroceſſion d'un bail ne peut être faite que par le preneur en jouïſſance, ou par ſes repréſentans, en faveur du bailleur.

Le droit de contrôle de la rétroceſſion peut donc être plus ou moins fort que celui du réfiliment ; ainſi, il eſt néceſſaire de bien diſtinguer ces actes. Par déciſion du 24 Juillet 1734, il a été jugé qu'il étoit dû 2 liv. pour le droit de contrôle du réfiliment d'un bail à loïer, dont le prix étoit de 32 liv., parce qu'il s'agiſſoit d'un véritable réfiliment, fait avant que le bail eut eû aucune éxécution.

Une autre déciſion du 4 Août 1740, renduë contre la veuve de Joſeph Rolland, a jugé que le droit de contrôle étoit dû ſur le pié de l'art. 16 du tarif, pour la rétroceſſion par elle faite d'un bail de neuf ans paſſé à ſon mari & à elle ; attendu que ce bail avoit été éxécuté par la jouïſſance commencée dès la ſaint Martin 1739, & que par conſéquent il s'agiſſoit d'une rétroceſſion. Par une autre déciſion du 8 Octobre 1751, renduë contre le ſieur Rollet notaire à Melun, il a été jugé qu'il étoit dû deux droits de contrôle, à raiſon de 6 liv. chacun, pour un acte par lequel la veuve & les héritiers de Pierre Lecuyer ont remis au ſieur Herment une ferme qu'ils tenoient de lui à titre de bail à ferme, dont il reſtoit une année à expirer ; & par le même acte, ledit ſieur Herment en a accordé l'exploitation au nommé Francheveux, pour ladite année ; le notaire ſoûtenoit que, pour la première diſpoſition il n'étoit dû que 2 liv. comme réfiliment ; mais c'étoit une véritable rétroceſſion. La même choſe a encore été jugée, par déciſion du 28 Août 1753, contre le chapitre de Meaux, qui ſoûtenoit que les rétroceſſions qu'il avoit acceptées, de baux à ferme précédemment paſſés, devoient être conſidérées comme des réſilimens, d'autant plus qu'il avoit paſſé immédiatement après de nouveaux baux à ferme pour le tems reſtant à expirer des premiers.

Les actes conventionnels qui annullent un *contrat de mariage* ou un *don mutuel*, ſont des réſilimens, dont le droit de contrôle eſt dû ſur le pié de l'art. 81 du tarif ; parce que le contrat de mariage n'a pas d'éxécution avant la célébration, & que le don mutuel n'en a aucune que par la mort de l'un des conjoints entre lesquels il est fait ; ensorte que le résiliment de l'un & de l'autre de ces actes les anéantit dans tous leurs éfets ; mais , le résiliment d'un don mutuel insinué , doit pareillement être insinué ; *voïez* Donation, §. XII , tom. 2 , p. 202.

On peut faire le résiliment d'un *traité d'office* & de la procuration *ad resignandum* donnée par le titulaire ; le droit de contrôle n'en sera dû que sur le pié fixé par l'art. 81 du tarif , pourvû que ce soit avant que le résignataire ait obtenu des provisions , parce que ce sont les provisions qui confèrent le titre & qui attribuent la propriété de l'office : jusques-là , le vendeur peut conserver son ofice en éxerçant le regrès ; ainsi , le résiliment annulle entièrement une convention qui n'avoit pas transféré la propriété ; le droit de contrôle n'en est donc dû que suivant l'art. 81 du tarif , à moins que le même acte ne contienne le remboursement de ce qui avoit été païé , auquel cas le droit pouroit être perçu sur la somme , comme on l'a déja observé.

Dans le commentaire des tarifs , l'on donne , sur l'art. 81 , l'éxemple d'un bénéficier qui auroit aliéné un héritage dépendant de son bénéfice , sans avoir observé les formalités nécessaires ; l'on ajoûte que l'acte qui seroit passé pour anéantir cette vente , seroit un résiliment pur & simple ; & l'on cite une décision du 6 Mars 1734 , qui a jugé qu'il n'étoit point dû de centième denier pour la résolution d'un bail emphitéotique fait par un bénéficier ; d'où l'on tire des conséquences pour toutes les aliénations qui n'ont point été consommées par la tradition réelle ou feinte.

L'on n'admet point en France les formalités de la tradition , introduites par les loix romaines ; tout contrat est translatif de propriété , lorsque les trois conditions essentielles s'y trouvent : le consentement de

parties libres , la chose apartenante à celle qui vend , & la stipulation d'un prix ; dèslors , le contrat est parfait & ne peut être dissous que par une revente , à moins que ce ne soit dans le jour ou dans les 24 heures au plus tard.

L'on n'admet point non plus de nullités de droit : l'acte le plus nul , peut produire son éfet si les parties le laissent subsister ; ainsi , la résolution passée entre deux personnes qui pouvoient confirmer & valider l'acte résolu , ne peut être considérée comme résiliment ; c'est une rétrocession.

Il y a des cas où le droit de centième denier n'est pas dû pour la résolution d'une aliénation , comme on l'expliquera à l'article *Résolution* ; mais , il ne s'ensuit aucune conséquence pour le droit de contrôle , qui a ses règles particulières ; la décision du 6 Mars 1734 , citée par le commentateur , a seulement jugé qu'il n'étoit point dû de droit de centième denier pour la résolution que le grand prieur de Cluny , en qualité d'abbé de Chambon , avoit fait prononcer d'un bail emphitéotique fait par son prédécesseur , sous prétexte du défaut des formalités nécessaires pour l'aliénation des biens dépendans des bénéfices ; cette décision n'a rien statué sur le droit de contrôle , parce qu'il n'en étoit pas question. Lorsqu'une semblable résolution est prononcée en justice , il n'est dû aucun droit de contrôle ; & si elle est faite par un acte conventionnel , le droit est incontestablement dû comme rétrocession.

Si un particulier avoit déclaré vendre un bien dont il ne fût pas propriétaire , ou si un bénéficier avoit vendu , à prix d'argent , un bien dépendant de son bénéfice , sans y avoir été sufisamment autorisé , il est certain que l'acte qui seroit passé , quoique conventionnellement , pour anéantir le contrat , ne pouroit être considéré que comme résiliment , dont le droit de contrôle seroit dû sur le pié fixé par l'article 81 du tarif , ou fur la fomme rembourfée ; parce que , dans ce cas , il n'étoit pas au pouvoir des parties de valider le contrat dont elles ont reconnu la nullité abfolue.

Mais , les baux à rente ou à titre d'emphitéofe faits par un bénéficier , fans aucuns deniers d'entrée , font des actes d'adminiftration économique , qui n'éxigent pas les mêmes formalités qu'une aliénation véritable , & qui , au moïen de la redevance tenant lieu du fond , peuvent fubfifter jufqu'à leur réfolution ; il en eft de même de la vente qui auroit été faite par un mineur : elle peut produire fon éfet à perpétuité , foit par la ratification du vendeur devenu majeur , foit faute d'être attaquée en tems de droit. Ainfi les actes conventionnels , qui font ceffer l'éfet de ces baux & contrats , font des réfolutions volontaires , dont le droit de contrôle eft dû fur tout ce qui en fait l'objet ; fi la réfolution en eft prononcée en juftice , c'eft un acte judiciaire.

RÉSOLUTION *de contrats* , eft ou volontaire ou forcée : la réfolution volontaire fait ceffer à l'avenir l'éfet d'une convention précédente ; la réfolution forcée eft celle qui eft prononcée en juftice , foit en caffant & annullant un contrat dans tous fes éfets foit en l'anéantiffant feulement pour l'avenir.

1. Le tarif des droits de contrôle , du 19 Septembre 1722 , ne fait mention des réfolutions que dans l'article 43 , au fujet des diffolutions ou réfolutions de traités , fous-traités , & fociétés ; parce que l'on n'entend en général , fous le titre de réfolution , qu'un jugement qui caffe & annulle un acte ; il y a néanmoins des réfolutions volontaires , & le tarif en a fixé le droit de contrôle , fous le titre de rétroceffions, par l'article 83. Les réfolutions volontaires de ventes d'immeubles font même affujéties nommément au droit de centième denier par l'article 6 de la déclaration du Roi du 20 Mars 1708.

Il ne peut pas y avoir de dificultés fur le droit de contrôle des réfolutions faites par des actes conventionnels , en fe conformant à l'article 43 du tarif pour les réfolutions de traités & fociétés , & à l'article 83 pour les autres réfolutions qui emportent rétroceffion ; & en fe donnant de garde de les confondre avec les réfolimens ; nous parlerons plus amplement de ces réfolutions volontaires , à l'article *Rétroceffion.* Les réfolutions prononcées juridiquement en matière contentieufe ne font point fujétes au contrôle , parce que ce font des actes judiciaires ; mais , comme les unes peuvent être fujétes au droit de centième denier , & que les autres en peuvent être éxemtes , c'eft ce que nous éxaminerons particuliérement ici.

2. Suivant l'article 6 de la déclaration de 1708 , le droit de centième denier doit être païé pour toutes réfolutions volontaires de ventes d'immeubles ; il faut donc diftinguer ces réfolutions , de celles qui font forcées ; les réfolutions volontaires fe font par des actes conventionnels, paffés par devant notaires ou fous-fignatures privées: elles font également volontaires , quoique faites dans une forme judiciaire , lorfqu'il dépendoit de l'acquéreur ou autre détenteur de conferver les biens & qu'on ne pouvoit pas l'en dépoffeder d'autorité : dès qu'il pouvoit éviter la dépoffeffion , en rempliffant la condition pour l'inéxécution de laquelle il étoit attaqué , la réfolution eft cenfée volontaire de fa part.

On a déja obfervé , à l'article *Réfiliment* , qu'une vente eft parfaite par le confentement des parties fur la chofe & fur le prix , quoique l'acquéreur ne foit pas encore en poffeffion & qu'il n'ait pas païé le prix ; il fufit que les parties puiffent fe contraindre réciproquement à éxécuter leurs conventions, pour que le contrat foit parfait ; fi , dans cet état , elles s'en départent , c'eft par une réfolution volontaire , qui ne peut être confidérée que comme une re-vente , fujéte aux droits de centième de-nier & même aux lods & ventes. Mais , s'il s'agit d'une vente nulle de droit , & que la nullité foit prononcée pour caufe inhérente au contrat , c'eft une réfolution forcée qui n'eft pas fujéte à ces droits.

3. Il y a deux fortes de caufes que l'on apele primitives & inhérentes , dont les éfets font néanmoins diférens : les unes réfolvent le contrat dès fon commen-cement & le réduifent au point qu'il n'y a jamais eu de vente ; ces réfolutions font celles dites *ut ex tunc*. Les autres caufes ne réfolvent le contrat que pour l'avenir *ut ex nunc* , parce qu'il étoit parfait en foi & qu'il pouvoit fubfifter.

Les premières caufes inhérentes peu-vent provenir , ou de la qualité des per-fonnes , ou de la nature & condition de la chofe , ou parce que la vente a été faite par force & par violence : elles provien-nent de la qualité des perfonnes qui ne font pas propriétaires des biens fpécifiés dans le contrat , ou qui n'ont pas la ca-pacité de pouvoir contracter , comme font les infenfés , les furieux , les interdits , les mineurs , leurs tuteurs & autres fem-blables ; elles naiffent de la nature & con-dition de la chofe , lorfqu'elle ne tombe point dans le commerce , ou que l'alié-nation en eft prohibée , ou lorfqu'elle eft vendue fous un titre qu'elle n'a pas ; enfin , celles qui font fondées fur le dol ou la violence peuvent être réparées par le tems ; mais , elles annullent le contrat dans fon principe , lorfqu'étant invoquées , elles déterminent un jugement rendu dans le tems utile. Dans tous ces cas , il n'eft point dû de droit de centième denier pour la réfolution , parce qu'elle eft forcée : on peut même dire qu'il n'y a pas eû de vente , & que le droit ne poura pas être éxigé , pour le contrat , s'il n'a pas été acquité.

Les caufes réfolutoires *ut ex nunc* peu-vent être inhérentes au contrat , comme des conditions qui y font exprimées ; au-quel cas il n'eft point dû de droits fei-gneuriaux pour la réfolution prononcée. Si elles font furvenuës depuis , lefdits droits feront dûs pour la réfolution. Lorfqu'il a été ftipulé dans le contrat que , faute de païement du prix , dans un tems fixe , la vente demeurera nulle , c'eft ce qu'on apelle le pacte de la loi commiffoire , qui ne rend pas la vente conditionnelle , mais dont il réfulte feulement une claufe réfolutoire fous condition ; & comme les claufes ré-folutoires ne font jamais prifes à la rigueur & qu'elles ne paffent que pour des peines comminatoires , elles n'ont pas l'éfet de réfoudre de plein droit le contrat : il faut mettre la partie en demeure d'y fatisfaire , & en conféquence faire ordonner la réfo-lution en juftice.

Il n'eft point dû de droits feigneuriaux pour la réfolution prononcée faute de païement du prix , envertu du pacte de la loi commiffoire , pourvû que le vendeur rentre pour le même prix ; mais , s'il fe réferve quelque hipotéque fur les autres biens de l'acquéreur , pour le reftant de fon dû , ou s'il rentre pour un prix diférent , c'eft une rétroceffion fujéte à de nou-veaux droits feigneuriaux. S'il n'y a point de claufe réfolutoire dans le contrat , le vendeur n'a qu'une action pour obliger l'acquéreur à païer : c'eft une maxime en droit qu'un contrat n'eft pas diffous , en-core que l'acquéreur n'en accompliffe pas les conditions ; le vendeur doit agir par la voïe hipotécaire pour être païé , d'au-tant qu'il s'eft entiérement deffaifi de la propriété du fond.

Lorfque le contrat eft fimplement ré-folu pour l'avenir , fans être déclaré nul *ab initiò* , le droit de centième denier eft dû pour le contrat , & il eft éxigible s'il n'a pas été acquité , parce qu'il fufit qu'il y ait eû un contrat figné & parfait en foi , pour que ce droit foit dû ; il a fes règles particulières , fondées fur les règlemens qui en ont ordonné le païement pour tous actes tranflatifs ou rétroceffifs de propriété ; au lieu que les droits feigneuriaux , foumis aux difpofitions des coûtumes , ne font dûs , dans plufieurs , que pour le change-ment réel de vaffal.

Pour faire connaître la jurifprudence du confeil fur le droit de centième denier des réfolutions , nous raporterons d'a-bord quelques principaux règlemens , pour en faire enfuite l'aplication aux ef-pèces particulières.

Principaux règlemens concernant le droit de centième denier des réfolutions.

4. L'article 6 de la déclaration du Roi du 20 Mars 1708 , affujétit au droit de centième denier , les réfolutions volon-taires de ventes , arrêts , jugemens , fen-tences & généralement tous actes tranf-latifs & rétroceffifs de propriété de biens immeubles : mais , fous ces dénominations, l'on ne doit pas comprendre les réfolu-tions forcées , qui prononcent la nullité du contrat fur le fondement d'un vice inhé-rent , parce que ces réfolutions n'opèrent aucune mutation : elles jugent qu'il n'y a point eu de vente ; il n'y a donc point de rétroceffion.

Arrêts du confeil des 24 Février 1711 & 28 Mai 1712 , par lefquels , fans avoir égard à une ordonnance de M. l'in-tendant de Metz , le fermier a été dé-chargé de la reftitution du droit de cen-tième denier d'une vente , & l'acquéreur condamné au païement du même droit pour la réfolution de ladite vente. Le fieur Henry avoit vendu une terre à Jean Plaifant , par contrat du 27 Septembre 1709 , qui fut infinué le 10 Octobre fuivant : l'acquéreur , aïant voulu fe met-tre en poffeffion , trouva que la terre avoit été faifie réellement dès le 3 du même mois , à la requête d'un créancier du

vendeur ; en conféquence , le contrat fut réfolu entre les parties le 15 du même mois d'Octobre , à condition que Plaifant fatisferoit à tous les droits qui pouroient être demandés pour raifon dudit contrat ; il fe pourvût devant M. l'intendant , qui jugea non-feulement qu'il n'étoit pas dû de centième denier pour la réfolution , mais encore que celui païé pour le con-trat devoit être reftitué ; c'eft cette or-donnance qui a été réformée dans les deux chefs , parce que la faifie n'avoit pas détruit la vente , & que l'acquéreur , en cas d'éviction , avoit fa garantie & des dommages & intérêts à exercer contre le vendeur. Mais , fi les biens avoient été faifis réellement avant la vente , *voïez* l'Arrêt du 15 Novembre 1723 , ci-après.

Autres arrêts du confeil des 5 Février & 30 Juillet 1718 , qui , fans s'arrêter à une ordonnance de M. l'intendant de Roüen , condamnent le fieur Ravant de Vieuxbourg au païement du droit de cen-tième denier d'une réfolution. Il avoit vendu le 21 Novembre 1714 , au fieur de Verfon , une terre en Normandie , moïen-nant un prix dont il fut païé partie comp-tant ; la moitié de ce qui reftoit , devoit être païée en 1715 , & l'autre moitié étoit conftituée en rente ; faute de païe-ment de cette première moitié , l'acqué-reur fut affigné aux requêtes du Palais , pour voir dire que l'acquéreur rentreroit en propriété & poffeffion avec dommages & intérêts ; ce qui fut ainfi jugé le 7 Août 1716 ; fur l'apel , les parties tranf-igèrent le 9 Novembre de la même an-née : le fieur de Verfon confentit que le fieur de Vieuxbourg rentrât en la pleine propriété , poffeffion & jouïffance de la terre , pour en difpofer , à compter du 15 Septembre précédent , & le vendeur s'obligea de païer les lods de la vente. Ainfi la vente avoit eû fon éfet , l'acque-reur pouvoit conferver les biens en païant, & l'acte a été confidéré comme réfolution volontaire ou comme rétroceffion.

Arrêt du confeil du 19 Mars 1718, contre M. Duhamel, préfident au parlement de Roüen, pour un renvoi en poffeffion prononcé en fa faveur, faute de païement du prix d'une vente faite par fa mère, pendant fa minorité. La dame Duhamel vendit la terre d'Oiffel & dépendances, le 24 Mars 1711, par un acte fous-fignatures privées, tant en fon nom perfonnel comme aïant des créances fur cette terre pour fa dot & pour une rente conftituée, qu'en qualité de tutrice & fe faifant fort de fes enfans, au fieur de la Houffaye receveur des gabelles, moïennant 61000 livres; & elle s'obligea perfonnellement de faire valoir la vente, à peine de tous dépens, dommages & intérêts. M. Duhamel, devenu majeur au mois de Novembre 1712, fe mit en état de ratifier la vente, en paffant un acte préliminaire & rélatif à cette ratification; dans ce même tems l'acquéreur donna à ladite dame Duhamel une fomme de 10000 livres à titre de conftitution, mais pour fervir de compenfation au prix du contrat; cet acquéreur refta en jouïffance jufqu'en 1714, qu'il fut conftitué prifonnier à la requête du procureur général de la cour des comptes, aides & finances de Normandie, faute de païement du produit de fa recette des gabelles. Dans cette circonftance, M. Duhamel lui fit propofer la réfolution, en reconnaiffant qu'il avoit reçu les 10000 livres, & ils convinrent de cette réfolution, par leurs lettres, fur lefquelles M. Duhamel préfenta fa requête à la Cour des comptes, aides & finances, & obtint arrêt le 31 Juillet 1714, du confentement de M. le procureur général & du fermier des gabelles, par lequel arrêt il fut renvoïé en poffeffion de cette terre, en rembourfant les 10000 livres qu'il avoit reçûes à compte. Le fermier lui aïant demandé les droits de la vente fous-

fignatures privées & le centième denier de la réfolution, il foûtint que la vente étoit nulle, comme faite par fa mère, fans aucune autorité & fans avis de parens, de biens qui ne lui apartenoient pas; qu'il n'avoit point ratifié cette vente après fa majorité, qu'ainfi il n'avoit jamais été deffaifi de la propriété defdits biens; il intervint une ordonnance qui débouta le fermier de fes demandes. Sur l'apel au confeil, le fermier a dit que la vente avoit été faite par la mère créanciere, avec garantie perfonnelle de fa part; que les actes paffés par le fils à fa majorité, & la fomme par lui reçuë, opéroient une ratification fufifante; enfin, que la vente avoit eû fon éfet pendant plus de trois ans & que M. Duhamel n'étoit rentré dans les biens que par le feul défaut de païement du refte du prix: L'arrêt dudit jour 19 Mars 1718, condamne M. Duhamel au païement des droits de la vente, fauf fon recours, & perfonnellement au païement du droit de centième denier de la réfolution ordonnée par l'arrêt de la cour des comptes, aides & finances.

Par arrêt du confeil du 10 Juin 1721, le fieur Vauquelin a été condamné au païement du droit de centième denier d'une réfolution que l'acquéreur avoit fait prononcer, faute d'éxécution de quelques conditions de la part dudit Vauquelin. Il avoit vendu le 2 Décembre 1719, devant les notaires de Paris, au fieur de la Vieuville, deux pièces de terre en Normandie, moïennant 10500 liv. païées comptant, & l'acquéreur avoit reconnu que les titres de propriété lui avoient été remis; mais, par une contre-lettre fous-fignature privée, le vendeur avoit reconnu qu'il n'avoit fourni aucuns titres, & s'étoit obligé de les remettre dans un mois, & de faire emploi du prix qui lui avoit été païé, à peine de réfiliation & de nullité du contrat, & de reftitution du prix, comme conditions expreffes du contrat , fans lefquelles il n'auroit été fait ; n'aïant fatisfait à aucunes de ces conditions , il fut affigné au châtelet de Paris , où il intervint fentence le 30 Avril 1720 , portant réfiliation du contrat , comme non fait & avenu , & condamnation contre l'acquéreur à reftituer le prix , les intérêts & les frais du contrat ; laquelle fentence fut éxécutée le 10 Mai fuivant. Le fermier aïant demandé le droit de centième denier de la vente qui n'avoit pas été infinuée , le fieur Vauquelin fe pourvût au confeil , & foûtint que ce droit n'étoit pas dû , parce que le contrat , aïant été déclaré nul en juftice , faute d'éxécution de conditions expreffes , étoit cenfé n'avoir pas été fait. Mais , comme le contrat étoit parfait en foi , l'acquéreur a été condamné au païement du centième denier de l'acquifition , & le vendeur à païer celui de la réfolution.

Autre arrêt du 22 Juillet 1721 , par lequel , fans avoir égard à une ordonnance de M. l'intendant de Bordeaux , le fieur de la Vigerie a été condamné au païement du droit de centième denier d'une réfolution de vente , faite par tranfaction. Il avoit vendu le 15 Juin 1720 , un domaine à la dame d'Aydic , moïennant 51000 livres , dont 6000 furent païées comptant , & il fut accordé des termes pour le furplus ; cette dame , pour fe libérer , offrit enfuite des billets de banque , qui furent refufés ; il intervint fentence au préfidial de Perigueux le 24 Septembre 1720 , portant acte des offres , & que les éfets feroient confignés ; fur l'apel au parlement , & après un apointement , les parties tranfigèrent le 23 Juin 1721 , en convenant que le contrat de vente demeureroit nul , réfilié & fans éfet ; que ladite dame retireroit fa confignation & que le vendeur rentreroit dans les biens , parce qu'il en délaifferoit une partie , à dûe eftimation , à cette dame , en païement des 6000 liv.

qu'il avoit reçuës , fi mieux n'aïmoit les rembourfer. M. l'intendant de Bordeaux avoit réduit le droit de contrôle de cette tranfaction fur le pié des 6000 livres , & avoit jugé qu'il n'en étoit point dû de centième denier ; mais , la vente étoit parfaite , & la réfolution volontaire qui en a été faite fur la feule dificulté de recevoir en païement des éfets qui avoient cours , étoit une rétroceffion ; en conféquence , l'arrêt du confeil a ordonné que le droit de contrôle & celui de centième denier feroient païés pour la rétroceffion , fur le pié du prix entier de la vente.

Arrêt du confeil du 14 Juillet 1722 , qui condamne le fieur Darcy de la Gitonniere au païement du droit de centième denier de la réfolution volontaire d'un bail à rente qu'il avoit paffé le 19 Août 1718 , à Charles de la Martellerie , d'une terre en Touraine , moïennant 1800 liv. de rente foncière ; le preneur n'aïant rien païé , le contrat fut réfolu le 15 Mai 1720. Sur la demande du droit de centième denier de cette réfolution , le fieur Darcy fe pourvût au confeil : il expofa qu'il n'avoit pas ceffé d'être propriétaire ; que le bail à rente avoit été infinué , & que , le preneur n'en accompliffant pas les conditions , il étoit naturel qu'il rentrât dans fon fond , fans en païer le centième denier : il fut condamné au païement du droit par décifion du 25 Février 1722 ; & s'étant pourvûs en opofition , il a été condamné au coût de l'arrêt.

Autre arrêt du confeil du 17 Novembre 1722 , qui caffe une ordonnance du lieutenant général d'Orléans , & condamne Jean Mallet au païement du centième denier d'une vente & d'une réfolution ou rétroceffion , fauf fon recours contre l'acquéreur pour le droit de la vente. Mallet avoit vendu une maifon à Michel Tourin en 1714 , moïennant 6500 liv. ; faute de païement , il le pourfuivit pour être condamné à païer ou à rétrocéder ;

en

en conféquence , Tourin rétrocéda en 1718 , moïennant 325 livres qui lui furent païées pour les améliorations qu'il avoit faites. Sur la demande des deux droits , le lieutenant général n'avoit prononcé que celui de la rétroceffion , en jugeant qu'il n'en étoit point dû pour la vente ; cette ordonnance a été réformée , & Mallet condamné au coût de l'arrêt.

Par un autre arrêt du 15 Novembre 1723 , il a été jugé que le droit de centième denier , païé pour une vente , feroit réftitué, attendu que les biens avoient été précédemment faifis réellement & qu'ils ont enfuite été ajugés à un autre. Louis Maillard avoit vendu au mois de Novembre 1719 , au fieur de Morfan , une maifon à Paris , moïennant 110000 livres ; le contrat fut infinué , & les lods païés au chapitre de Saint Honoré ; comme la maifon avoit été faifie réellement longtems avant la vente , les créanciers de Maillard pourfuivirent le décret , aux requêtes du Palais , & cette maifon fut ajugée au fieur Rigault le 20 Mars 1720 , moïennant 200500 liv. ; le fieur de Morfan prétendit que l'adjudicataire devoit lui rembourfer les droits de centième denier & les lods qu'il avoit païés ; le fieur Rigault païa néanmoins les droits de fon adjudication & foûtint que le fieur de Morfan devoit fe pourvoir contre le fermier & contre le chapitre ; cette conteftation fut décidée en faveur du fieur de Morfan , aux requêtes du Palais , contradictoirement avec le chapitre & par défaut contre le fermier ; celui-ci s'étant pourvû au confeil , intervint l'arrêt du 15 Novembre 1723 , qui le condamne à reftituer le droit de centième denier qui avoit été païé par ledit fieur de Morfan. Cet arrêt eft-il jufte ? la faifie réelle ne deffaifit point de la propriété , comme il a été obfervé , tom. 2 , p. 19 : Maillard avoit donc pû vendre , fauf la garantie des dommages & intérêts de l'acquéreur en

Tome III.

cas d'éviction ; celui-ci pouvoit refter adjudicataire , auquel cas il n'auroit dû le droit de centième denier que de l'excédent du prix : mais , l'adjudication étant faite à un autre , je crois que le droit de centième denier étoit dû en entier par l'adjudicataire , & que celui païé par l'acquéreur étoit acquis au fermier , puifqu'il y avoit eû une aliénation & que l'acquéreur avoit pû conferver les biens.

Réfolution fur le fondement de la nullité abfoluë des contrats.

5. Lorfqu'un contrat de vente eft déclaré nul & réfolu pour caufes tellement inhérentes que le contrat fut nul en foi , il n'eft point dû de droit de centième denier ; il n'y a point eû de vente : il n'y a donc point de rétroceffion. Le droit ne fera pas même dû pour la vente , s'il n'a pas été acquité ; mais , fi le contrat n'eft réfolu que pour l'avenir , il a fubfifté , & le droit de centième denier eft inconteftablement dû pour la vente , quoiqu'il puiffe n'être pas dû pour la réfolution , comme on l'expliquera ci-après.

Décifion du confeil du 13 Mars 1721 , en faveur des enfans de Pafchal Macaire , qui avoient fait déclarer nulle , par fentence d'Angers , la vente que leur mère avoit faite pendant leur minorité , d'un bien qui leur apartenoit , fans avoir obfervé aucunes formalités ; jugé que le droit de centième denier n'eft pas même dû pour le contrat ; voïez l'arrêt du 19 Mars 1718 , ci-deffus , n. 4 , dans un cas femblable dans fon principe , mais diférent en ce que le mineur devenu majeur avoit ratifié.

Autre décifion du 12 Août 1725 , qui juge qu'il n'eft point dû de centième denier pour la réfolution prononcée au châtelet de Paris , fur la demande de l'acquéreur , attendu que la terre , venduë dans fon intégrité & fous un titre qu'elle n'avoit

R r

pas , fe trouvoit avoir été précédemment démembrée.

Décidé le 6 Avril 1727, qu'il n'eft point dû de centième denier pour une vente faite par des mineurs autorifés d'un tuteur *adhoc* , contre laquelle ils ont pris enfuite des lettres de réfcifion , qui ont été enterrinées en annullant la vente.

Autre décifion du 16 Mars 1731, au fujet de la réfolution judiciaire d'un contrat d'échange d'immeubles , déclaré nul , parce que l'une des parties n'étoit pas propriétaire de ce qu'elle avoit cédé en échange ; décidé qu'il n'eft point dû de droits pour le contrat.

Autre décifion du 22 Février 1744, dans le cas de la vente d'une terre qui étoit affectée à une rente viagère non exprimée dans le contrat ; il étoit intervenu arrêt qui avoit réfolu la vente , fi mieux n'aimoit l'acquéreur fe charger de cette rente. Décidé qu'il n'eft point dû de centième denier.

Réfolution d'une vente , faute de païement du prix , ou d'éxécution des autres conditions.

6. Il y a des contrats qui peuvent être réfolus faute d'éxécution des claufes qui y font inférées ; cette réfolution eft par conféquent fondée fur une caufe inhérente au contrat ; mais elle ne l'anéantit que pour l'avenir : il a produit fon éfet jufqu'alors , & le droit de centième denier en eft dû. A l'égard de la réfolution , il faut confidérer fi la condition eft au pouvoir de celui qui devoit la remplir , parce que , fi elle ne dépend d'aucune autre perfonne , l'inéxécution feroit confidérée comme un moyen de fe départir d'un contrat parfait & de voiler une rétroceffion volontaire fous les aparences d'une réfolution forcée.

Si le vendeur rentre dans les biens ,

faute par l'acquéreur d'avoir payé le prix , les droits feigneuriaux font dûs pour le contrat : ils font même dûs pour la rentrée , confidérée comme revente , lorfqu'il y a quelques conditions particulières & qu'il ne s'agit pas fimplement d'une réfolution *diftractus contractus* ; voïez ci-deffus le n. 3 ; le traité des fiefs de Guyot , vol. 3 , p. 294 ; un arrêt du 26 Avril 1672 , raporté au journal du palais ; & un autre arrêt rendu le 6 Mai 1726 en la quatrième des enquêtes du parlement de Paris, qui condamne à païer les lods de la vente & de la réfolution , faute de païement , dans un cas où l'acquéreur étoit notoirement folvable & n'étoit pas en demeure de païer ; mais il avoit mieux aimé rétrocéder après deux ans de jouïffance.

Suivant la jurifprudence du confeil , l'on confidère fi la vente , réfoluë en juftice faute de païement du prix , a eu quelque éxécution, par la jouïffance de l'acquéreur ou par quelque païement fait à compte ; dans ce cas , l'on juge toujours que le centième denier eft dû pour la réfolution prononcée en juftice , comme il l'eft pour toute réfolution volontaire , quoique motivée du défaut de païement de tout le prix du contrat ou de partie d'icelui.

Les conditions ftipulées par les contrats que , faute de païement , le vendeur pourra rentrer en poffeffion de plein droit , fans formalité de juftice , font purement comminatoires ; il faut toujours un jugement , fans quoi la rentrée ne peut être confidérée que comme l'éfet d'une rétroceffion : la réfolution qui eft prononcée porte même le caractère de rétroceffion volontaire : l'acquéreur eft le maître , jufqu'à l'éxécution de ce jugement , de conferver les biens , en payant le prix de fon acquifition ; il peut faire ceffer la caufe de la réfolution ; & s'il ne le fait pas , c'eft fouvent parce qu'il trouve un avantage à fe départir de fon acquifition ; il paraitroit donc jufte de faire païer le centième denier de toutes réfolutions prononcées , faute par l'acquéreur de païer ou d'éxécuter les conditions auxquelles il s'eſt ſoumis par le contrat.

Voïez ce qui a été obſervé , ci-deſſus , n. 2 & 3 ; & les arrêts de 1718 , 1721 & 1722 , raportés au n. 4 , qui ont jugé que le droit de centième denier étoit dû pour des réſolutions , même dans le cas où l'acquéreur n'avoit fait aucun païement.

Les 31 Janvier & 1er Mai 1728 , il fut décidé au conſeil que le droit de centième denier étoit dû pour des réſolutions de ventes , prononcées faute de païement du reſte du prix.

Par déciſion du 8 Janvier 1729 , renduë en faveur des héritiers de la dame de la Champagne , il a été jugé qu'il n'étoit pas dû de centième denier pour la réfolution prononcée le 1er Juillet 1721 , par ſentence contradiĉtoire du châtelet de Paris , d'une vente faite le 6 Juin 1720 , par ladite dame au ſieur Daſſiot , faute de païement du prix entier de cette vente , qui étoit ſtipulé païable dans un an.

Déciſions des 10 Avril 1734 & 17 Janvier 1739 , qui jugent le droit de centième denier dû pour des rentrées en poſſeſſion , en vertu de ſentences , faute de continuer le païement des rentes viagères qui faiſoient le prix des ventes.

Du 7 Mars 1739 , déciſion en faveur du ſieur Marchand , rentré juridiquement en poſſeſſion de biens qu'il avoit vendus , 18 mois auparavant , faute de païement du prix dans l'année , ſuivant la ſtipulation faite par le contrat ; décidé que le droit de centième denier n'eſt pas dû , à moins de juſtifier que l'acquéreur eût païé quelque choſe à compte du prix.

Pareille déciſion du 19 Septembre 1742 , pour une rentrée en poſſeſſion ordonnée en juſtice , faute d'éxécution d'une vente faite en 1738 , moïennant une rente viagère.

Autre déciſion du 2 Janvier 1743 , contre M. Delpech de Merainville , qui juge que , pour une rentrée en poſſeſſion de

biens vendus en 1727 , faute de païement des arrérages de la rente tenant lieu de prix , le droit de centième denier eſt dû , attendu que la vente a été conſommée par le païement de quelques arrérages.

Déciſion du conſeil du 26 Avril 1745 , qui réforme une ordonnance de M. l'intendant de Roüen , & condamne le ſieur le Brument au païement du droit de centième denier d'une réſolution de vente , prononcée par ſentence , qui déclaroit le contrat nul , faute de païement du reſte du prix.

Autre déciſion du 13 Novembre 1745 , qui réforme une ordonnance de M. l'intendant de Poitiers , & condamne les chanoines du chapitre de Poitiers au païement du droit de centième denier d'un ancien domaine , vendu par le chapitre en 1699 , avec les formalités ſuſiſantes , & dans lequel il eſt rentré en 1736 , du conſentement du détenteur , mais après avoir obtenu lettres de reſciſion & les avoir fait enteriner par ſentence qui prononçoit la nullité de la vente ; cette déciſion eſt fondée ſur ce que l'aliénation avoit été faite en vertu d'un aĉte capitulaire , & que le chapitre n'a pas profité des diſpoſitions de la déclaration du mois de Juillet 1702 , (citée ci-devant à l'article *Rentrée*) , & qu'au contraire l'acquéreur avoit païé la taxe du ſixième denier pour être maintenu dans les biens.

Du 20 Novembre 1745 , déciſion contre Loüis Roquet , qui avoit vendu en 1736 , une maiſon à Paris , dont le prix fut en partie païé , & le ſurplus ſtipulé païable dans ſix ans ; faute d'y avoir ſatiſfait , il eſt intervenu au parlement un arrêt contradiĉtoire le 20 Août 1742 , qui déclare le contrat nul & réſolu , en rendant , par ledit Roquet vendeur , ce qu'il avoit reçu , même le droit de centième denier païé par l'acquéreur pour le contrat. Sur la demande de Roquet tendante à ce que le fermier lui reſtituât ce premier droit , ſous prétexte que la vente avoit été dé clarée nulle ; le confeil a décidé que , le contrat aïant été éxécuté par la jouïffance de l'acquéreur , & par le païement d'une partie du prix , non-feulement la demande en reftitution n'eft pas fondée , mais qu'il eft encore dû un droit pour la rentrée en poffeffion. Les adminiftrateurs de l'hôpital général de Paris , créanciers du fieur Roquet , ont formé opofition à cette décifion , prétendant que le contrat devoit être confidéré comme n'ayant eû aucune éxécution , puifque la vente a été déclarée nulle & le vendeur condamné à rembourfer le droit de centième denier ; ils ont été déboutés de cette opofition par autre décifion du 15 Avril 1747.

Pareilles décifions des 14 Novembre 1749 & 22 Août 1750 , contre André Sibire , & le fieur Buirette ; autre du 15 Novembre 1751 , contre le fieur Thevard , notaire à Ambierle , pour le droit d'une réfolution volontaire de vente faite en 1746 , avec réferve d'ufufruit de la part du vendeur ; l'acquéreur n'étoit pas entré en jouïffance , mais il avoit païé partie du prix.

Autre décifion du 16 Juillet 1753 , au fujet d'une vente faite en 1748 , par M. Périchon tréforier des invalides à la dame Ravary , réfoluë par arrêt du 1er Septembre 1749 , faute de païement du prix entier ; décidé que le droit n'eft pas dû pour la rentrée en poffeffion ; mais que celui de la vente doit être païé par le détenteur actuel , fauf fon recours.

Décifion du 3 Mars 1757 , fur le mémoire du fieur Quirot , qui avoit vendu deux maifons à Paris le 20 Août 1755 , au fieur Nivelet de Gaffé , moïennant un prix , dont le premier païement devoit être fait au mois de Mars 1756 ; faute d'y avoir fatisfait , il a obtenu fentence qui a déclaré le contrat nul , & cette fentence a été confirmée par arrêt. Sur la demande des droits de centième denier de la vente & de la réfolution , le fieur Quirot a foû-

tenu qu'il n'y avoit jamais eû de vente , puifque la condition principale n'avoit pas été accomplie ; le fermier a dit que la vente étoit parfaite en foi , & qu'elle n'a été réfoluë pour aucun vice primordial ; il a confenti à la décharge du droit pour la réfolution , attendu qu'il n'avoit été rien païé ; le confeil a jugé qu'il n'étoit dû que le droit de la vente. Sur l'opofition du fieur Quirot , fondée fur ce que le fermier qui avoit eu connaiffance de la vente , avoit dû faire païer le droit par l'acquéreur , & qu'il lui avoit même accordé diférens délais , il a été décidé le 31 Mars 1757 , que les pourfuites ne feroient dirigées que contre cet acquéreur , pour le droit de centième denier de la vente.

Réfolution d'un Bail à rente ou à longues années, faute de païement des arrérages.

7. Le défaut de païement de la redevance annuelle produit le même éfet que le défaut d'éxécution des conditions d'une vente.

Le bail à rente ceffe de produire fon éfet , ou par une réfolution prononcée fur le fondement d'une nullité abfoluë , ou par le déguerpiffement du détenteur , ou par fon expulfion , faute de païement.

Dans le premier cas , il faut fuivre les mêmes règles que pour les réfolutions de toutes autres aliénations ; voïez le n. 5 , ci-deffus.

Si le détenteur déguerpit ou fait exponfe pour être déchargé de continuer le païement des arrérages de la rente , par un acte de nature à être fujet au contrôle , fans l'acceptation du créancier de la rente , le droit de contrôle eft dû fur le pié fixé par l'article 36 du tarif ; fi l'acte eft conventionnel & accepté par le bailleur ou par celui qui le repréfente , c'eft une rétroceffion , dont le droit de contrôle eft dû fur le pié fixé par l'article 83 du tarif ;

dans l'un & dans l'autre cas , le droit de centième denier eſt dû.

Lorſque la réſolution du bail à rente eſt prononcée en juſtice , faute de païement des arrérages de la rente , l'on fait au conſeil la même diſtinction établie ci-deſſus , n. 6 , pour les autres aliénations ; c'eſt-à-dire , que ſi le preneur n'eſt pas entré en jouïſſance , ou qu'il n'ait abſolument rien païé , l'on juge qu'il n'eſt point dû de centième denier pour la réſolution ; mais que le droit eſt dû pour cette réſolution , lorſque le bail à rente a eû quelque éxécution , ſoit qu'il ait été ſtipulé par le bail , qu'à défaut de païement le bailleur rentreroit de plein droit en poſſeſſion , ſoit que la faculté de rentrer ait été ſeulement ſous-entenduë.

Voïez l'arrêt du conſeil du 14 Juillet 1722 , rendu contre le ſieur Darcy , raporté ci-deſſus , n. 4.

Déciſion du conſeil du 16 Août 1732 , qui juge que le droit de centième denier eſt dû pour un déguerpiſſement volontaire fait au gréfe par Gabriel de Laleu , confirmé par ſentence , qui a déclaré nul le bail à rente qui lui avoit été fait en 1715 , par les chanoines de ſaint Spire.

Autre déciſion du même jour ſur le mémoire de M. Bertin , maître des requêtes honoraire , qui demandoit l'éxemption du centième denier d'héritages , près Chevreuſe , qu'il avoit aliénés par bail à rente à Michel Riou , & dans la propriété deſquels il rentré faute de païement de la rente ; décidé que le droit eſt dû.

Déciſion du conſeil du 6 Septembre 1738 , contre la dame abbeſſe & les religieuſes de Port-roïal à Paris ; elles avoient paſſé en 1715 , un bail à rente aux nommés Girard & Gambon , & elles ſont rentrées en poſſeſſion en vertu de ſentence du 16 Mai 1738 , faute de païement de cinq années de la rente ; enſuite elles ont paſſé un nouveau bail à rente des mêmes biens à un autre particulier. Sur la demande des droits de centième denier du bail de 1715 , & de la rentrée , elles diſoient qu'il n'y avoit pas eu de mutation ; jugé qu'elles doivent le premier droit ſauf leur recours , & perſonnellement celui de leur rentrée en poſſeſſion.

Autre déciſion du 21 Février 1739 , ſur le mémoire de M. de Beauregard , conſeiller au grand conſeil , rentré en poſſeſſion , en vertu de ſentence de 1738 , de biens aliénés à titre de bail à rente par ſes auteurs en 1703 , faute de païement de trois années d'arrérages de la rente. Décidé que , la rente aïant été ſervie pendant pluſieurs années , le contrat a eû ſon éxécution ; qu'ainſi la rentrée en poſſeſſion , quoique judiciaire , eſt ſujéte au droit de centième denier.

Pareille déciſion du 29 Avril 1741 ; autres des 19 Septembre & 2 Janvier 1743 , pour des réſolutions de ventes faites moïennant des rentes viagères , faute de continuer le païement des arrérages.

Autres déciſions des 31 Juillet 1745 , & 26 Mars 1746 , contre Michel Poupart , qui avoit fait un bail à rente en 1733 , & qui avoit obtenu en 1734 , une ſentence qui condamnoit le preneur à païer l'année échuë avec le pot-de-vin , faute de quoi déclaroit le contrat nul & réſolu , à commencer au 1er Octobre ſuivant ; en conſéquence de ce jugement , Poupart a reçu aux conſignations une partie de ce qui lui étoit dû , & eſt rentré en poſſeſſion. Jugé que le droit de centième denier eſt dû pour cette réſolution.

Déciſion du 22 Janvier 1752 , ſur le mémoire de M. de Marans , maître des requêtes : il avoit fait un bail à rente en 1738 , avec ſtipulation qu'à défaut de païement des arrérages , il rentreroit en poſſeſſion ; il y a eu quelques arrérages païés , mais , faute de continuer , M. de Marans a obtenu ſentence en 1744 , conforme à la clauſe du contrat. Décidé que le droit de centième denier eſt dû de la rentrée.

Autre décifion du 25 Mai 1752, fur une queftion renvoïée au confeil par M. l'intendant de Soiffons, au fujet d'une pareille rentrée prononcée en faveur des fieurs Hincelin, faute de païement de quelques arrérages de la rente qui faifoit le prix de l'aliénation. Décidé que le droit de centième denier eft dû de cette rentrée.

RESTES *des Baux des fermes du Roi* ; il a été établi, à l'article *Fermes*, §. V & VI, en quoi confiftent les reftes des baux de la ferme des domaines, & de quelle manière le fermier, auquel ils apartiennent, peut en faire le recouvrement.

Suivant l'article 6 du bail de Prévôt, qui finira le 31 Décembre 1768, tous les reftes de fon bail apartiendront au fermier fon fucceffeur, en lui rembourfant 1365000 liv. en deux païemens égaux ; *voïez* le tom. 2, p. 349. A ce moïen, l'on ne connaîtra plus de reftes : les droits courans, comme les anciens, apartiendront au fermier en place.

RESTITUTION *de droits* ; l'on connaît, dans la ferme des domaines, la reftitution active & la reftitution paffive.

1. La reftitution au profit de la ferme fe fait par les commis, qui, par infidélité ou par obmiffion, ne fe font pas chargés en recette de tous les droits qu'ils avoient reçus ; c'eft une véritable reftitution des fommes dont ils n'étoient que dépofitaires pour en compter.

Elle fe fait auffi, par les notaires, par les huiffiers & par tous autres oficiers, ainfi que par les particuliers qui fe font fouftraits au païement des droits qu'ils devoient légitimement, en ne fatisfaifant pas aux difpofitions des règlemens qui ont prononcé des amendes en cas de contravention à leurs difpofitions. Le rétabliffement de ces droits eft une reftitution ; l'on adoucit néanmoins le terme, dans les demandes qui en font formées, dans les condamnations qui en font prononcées & dans les quitances qui en font données, en difant :

droits dûs ou païés *par forme de reftitution.*

Les notaires & les huiffiers font tenus de faire contrôler leurs actes & leurs exploits dans un tems fixe, à peine de nullité & d'amende ; s'ils n'y fatisfont pas, ils font contraignables au païement des droits qui étoient dûs & acquis dès l'inftant de la fignature de l'acte, & des amendes encouruës ; les droits fe païent par forme de reftitution, & le païement qui en eft fait ne peut valider l'acte, lorfqu'il n'a pas été revêtu de la formalité dans le tems qu'il devoit l'être. Les commis ne doivent donc pas mettre une rélation ordinaire fur ces actes ; mais feulement y faire mention que les droits en ont été païés tel jour, *par forme de reftitution* ; ces droits doivent être enregiftrés comme les autres, en faifant une mention fufifante fur le regiftre, pour faire connaître que l'acte n'a pas été revêtu de la formalité & que les droits en ont feulement été païés.

Les particuliers qui font des déclarations fauffes ou des eftimations infufifantes, font dans le cas d'être pourfuivis & condamnés au païement du fuplément des droits, *par forme de reftitution*, & aux amendes prononcées par les règlemens ; s'ils agiffent en juftice, ou s'ils paffent des actes publics en conféquence d'actes fous-fignatures privées non contrôlés, ou de tous autres actes ou jugemens non revêtus des formalités auxquelles ils font fujets, ils encourent les amendes que les règlemens ont prononcées, & doivent païer par forme de reftitution les droits defdits actes & jugemens.

Enfin, l'on n'apelle droits reftitués ou païés par forme de reftitution, que ceux qui font éxigibles par le fermier en conféquence d'une contravention pour laquelle les règlemens ont prononcé une amende ; ce qui ne peut s'apliquer aux droits que les redevables ont diféré de païer, quoiqu'affujétis à y fatisfaire dans un tems fixe, à peine du double ou du triple droit.

2. Le fermier des domaines eſt obligé de reſtituer les droits que les commis de ſa ferme ont exceſſivement ou mal-à-propos perçûs, par ignorance ou impéritie ; il tâche d'en prévenir les demandes, autant qu'il eſt poſſible, en chargeant les emploïés ſupérieurs de veiller à ce que ces reſtitutions ſoient faites, avec la même attention qui leur eſt recommandée pour rechercher les droits négligés ; c'eſt une clauſe des procurations de ces emploïés, comme il a déja été obſervé à l'article, *Commis*, tom. 1, p. 443. Le fermier eſt même quelquefois dans le cas de reſtituer des droits de centième denier & de lods & ventes, quoiqu'ils aïent été légitimement païés, ſi la cauſe pour laquelle ils ont été acquités eſt enſuite anéantie, en la déclarant nulle *ab initiò* ; au lieu que ſi la nullité n'eſt prononcée que faute d'éxécution, le contrat n'eſt pas anéanti dans ſon principe : il étoit bon en ſoi, & le droit de centième denier qui en a été païé n'eſt point reſtituable ; *voïez* Nullité, §. II, page 72.

Les demandes en reſtitution ſont ſujétes à preſcription : dans chaque bail il y a des changemens d'aſſociés ; ceux qui reſtent & ceux qui ſe ſont retirés, ou leurs héritiers, ne peuvent pas être indéfiniment expoſés à ſe réunir pour répondre à une demande en reſtitution & pour y ſatisfaire. Le terme a été fixé à *deux années* après l'expiration du bail, dans le cours duquel les droits dont on demande la reſtitution ont été païés ; enſorte que la demande en reſtitution d'un droit païé dans le cours du bail commencé le 1ᵉʳ Janvier 1757, & qui finira le 31 Décembre de cette année 1762, ne peut être valablement formée que juſqu'au 31 Décembre 1764. Il y a néanmoins deux exceptions : la première, lorſqu'un droit a été païé à un fermier après l'expiration de ſon bail, comme faiſant parties des reſtes du même bail ; dans ce cas, le délai de deux années pour pouvoir en demander la reſtitution, ne court que du jour du païement ; de manière que ſi le fermier actuel recevoit le 15 Avril 1763, un droit faiſant partie des reſtes de ſon bail expiré, la partie ſeroit recevable à former ſa demande en reſtitution du même droit, juſqu'au 14 Avril 1765. La ſeconde exception, eſt pour les droits qui ont été légitimement païés, & qui, par l'événement de l'anéantiſſement de la cauſe qui les avoit produits, ſont dans le cas d'être reſtitués : juſqu'à cet anéantiſſement la partie n'eſt pas plus fondée à demander la reſtitution, qu'elle ne l'auroit été à refuſer le païement du droit lorſqu'il a été acquité ; & comme la preſcription ne court point contre celui qui ne peut agir, il s'enſuit que les deux années ne courent dans cette eſpèce, que du jour que la partie a pû régulièrement former ſa demande en reſtitution ; d'où il réſulte que ſi un acquéreur païe actuellement des lods & ventes pour un contrat qu'il croit parfait, & que ce contrat ſoit dans la ſuite déclaré nul, pour l'une des premières cauſes inhérentes expliquées à l'article *Réſolution*, n. 3, page 309, cet acquéreur aura deux années, à compter du jour que la nullité lui a été connuë, pour demander valablement la reſtitution de la portion deſdits lods & ventes reçuë par le fermier.

Par la déclaration du Roi du 20 Janvier 1699, enregiſtrée au parlement de Paris le 13 Avril ; & aux cours des aides de Paris & de Roüen, les 5 Février & 8 Mai de la même année &c., il eſt ordonné que, deux ans après l'expiration d'un bail général des fermes, l'on ne poura être recevable en aucunes demandes contre les fermiers de S. M., pour prétenduës reſtitutions de droits, loïers de bureaux & greniers, apointemens de commis, vacations d'oficiers en titre ou commis.

L'éxécution de cette déclaration a été ordonnée dans toutes les occaſions ; par

Restitu-
tion.

décisions des 18 Octobre & 13 Décembre 1735, contre le sieur Grimaudet qui demandoit restitution de droits de centième denier indûment païés à Rosporden, dans le cours du bail fini le 31 Décembre 1732 ; par autre décision du 13 Avril 1737, contre François Thurot qui demandoit restitution d'un droit de centième denier mal-à-propos perçu en 1732, pour un retrait ; par l'art. 555 du bail de Forceville du 16 Septembre 1738, qui réïtère les dispositions de la déclaration de 1699. Arrêt du conseil du 18 Octobre 1740, qui a déclaré les dames de l'union chrétienne de Mantes, non-recevables dans leur demande en restitution d'un droit d'amortissement païé en 1732, pour une acquisition déclarée nulle. Autre arrêt du conseil du 19 Mars 1743, qui déclare le sieur Bourdon Vidard non-recevable dans sa demande en restitution d'un droit de centième denier païé à Poitiers en 1732, pour une succession ouverte avant l'établissement du droit, faute par lui d'avoir formé sa demande dans les deux années qui ont suivi le bail du fermier qui avoit reçu. Décision du conseil du 17 Décembre 1743, qui a réformé une ordonnance du subdélégué de l'intendance de Bretagne, par laquelle il avoit condamné le fermier du bail fini en 1738, à restituer un droit mal perçu en 1737, sous prétexte que la déclaration de 1699, n'étoit pas éxécutée, & que d'ailleurs, ce fermier, agissant alors pour le recouvrement des restes de son bail, étoit susceptible des actions passives, comme il éxerçoit les actives. Autre décision du 26 Mars 1746, qui déboute la veuve du sieur Billeton de sa demande en restitution d'un droit de centième denier païé en 1732, dans la généralité d'Orléans, pour biens situés dans celle de Bourges, & pour raison duquel droit elle étoit actuellement pourfuivie par le fermier de Bourges ; & cela, faute d'avoir formé la demande en restitution dans les deux années fixées par la déclaration de 1699. Arrêt du conseil du 3 Juin 1747, qui réforme une ordonnance de M. l'intendant de Metz, obtenuë par le sieur Michel, & ordonne le rétablissement de droits de contrôle & d'insinuation mal perçus en 1736, que le fermier avoit été obligé de rendre en vertu de ladite ordonnance, quoique la demande en restitution n'eut été formée qu'après les deux années. Autre arrêt du conseil du 1er Octobre 1748, qui réforme une ordonnance de M. l'intendant de Bretagne, obtenuë par le marquis de Crenan pour se faire restituer des droits mal perçus en 1731, & dont il n'avoit formé la demande qu'après le délai fixé par la déclaration de 1699.

Par l'art. 22 de l'arrêt de règlement du 13 Avril 1751, S. M. interprétant, en tant que de besoin, la déclaration du 20 Janvier 1699, a ordonné que la restitution des droits d'amortissement & de franc-fiefs indûment perçus *pendant le cours des baux*, ne poura être demandée que dans le cours des deux années qui suivront la fin desdits baux ; & à l'égard de ceux qui seront *païés après les baux finis*, soit que la demande en ait été faite pendant le cours des baux, soit dans les trois années accordées aux fermiers pour former leurs demandes, la prescription des deux années commencera à courir du jour du payement.

Arrêt du conseil du 9 Mai 1752, qui casse un arrêt du parlement de Pau, & déclare le sieur Pierre Cayla non-recevable dans sa demande en restitution des quatorze sols pour livre apartenans aux fermiers des domaines dans les lods & ventes par lui païés le 3 Décembre 1742, au receveur général des domaines & bois, pour une acquisition par lui faite le 2 Novembre précédent, faute par lui de s'être pourvû dans le délai prescrit par la déclaration du 20 Janvier 1699 ; & quant aux six sols pour livre desdits lods & ventes, ordonne que la restitution en sera faite audit sieur Cayla, par les oficiers
du

du domaine qui les ont reçus. *Nota.* La vente avoit été annullée par arrêt du parlement de Pau du 9 Mars 1746 ; le sieur Cayla n'avoit formé sa demande en restitution contre le receveur général que le 19 Décembre 1750, & il avoit obtenu arrêt au même parlement le 27 Septembre 1751, qui condamnoit ledit receveur général à restituer la totalité des lods. L'arrêt du conseil a été rendu contradictoirement entre le sieur Cayla & le receveur général ; & il a jugé qu'il y avoit prescription pour répéter la portion des fermiers dans les lods : mais, que cette prescription ne pouvoit être invoquée par les officiers du domaine, parce que la déclaration de 1699, ne concerne que les fermiers du Roi.

Décision du conseil du 5 Septembre 1754, qui réforme une ordonnance de M. l'intendant d'Amiens, par laquelle il avoit ordonné la restitution d'une partie des droits perçus pour le contrat de mariage du sieur Dubois notaire, quoique la demande eut été formée après les deux années fixées par la déclaration de 1699.

Autre décision du 14 Juin 1755, qui, sur le même fondement, réforme une ordonnance de M. l'intendant de Roüen, obtenuë par Pierre George, pour la restitution d'un droit d'amortissement païé en 1741.

Arrêt du conseil du 7 Octobre 1755, rendu contradictoirement entre Yvon ancien fermier des domaines, le receveur général des domaines de la généralité de Paris, la demoiselle Ferrand & M. Bouillé doïen de l'église & comté de Lyon, qui juge la même chose que celui du 9 Mai 1752. Les parties demandoient la restitution de 4250 livres païées le 30 Août 1729, pour les lods & ventes de l'acquisition d'une maison à Paris, attendu que l'acquisition a été déclarée nulle par arrêt du parlement de Paris du 28 Avril 1744. L'Arrêt du conseil a déclaré la demoiselle Ferrand & l'abbé Bouillé, non-recevables dans leur demande

Tome III.

en restitution des quatorze sols pour livre desdits lods & ventes, faute de s'être pourvûs contre les fermiers des domaines qui les ont reçus, dans les deux ans après l'arrêt du parlement de Paris du 28 Avril 1744, qui a annullé la vente ; & a ordonné que les six sols pour livre seront restitués par les officiers du domaine qui les ont reçus.

Décision du conseil du 30 Septembre 1756, qui, sans avoir égard à une ordonnance de M. l'intendant de Lyon, juge que le sieur Deshayes est non-recevable à demander la restitution de ce qui avoit été perçû de trop, en 1745, pour le droit de contrôle d'un attermoïement, faute de s'être pourvû dans les deux années qui ont suivi l'expiration du bail qui avoit cours lors de cette perception.

Arrêt du conseil du 23 Août 1757, qui ordonne la restitution de droits de lods & ventes & de rachat anciennement païés, attendu que la demande en restitution a été formée dans les deux années du jour que la partie avoit pû valablement agir. Par contrat de 1720, il fut vendu une terre en Bretagne, dont les lods & ventes furent païés le 1er Mars 1721 à Pillavoine, fermier général, ou prête-nom de la compagnie des Indes, sur la supofition que cette terre étoit mouvante du Roi ; l'acquéreur étant mort en 1736, le rachat fut païé à Colombat, fermier des domaines de Bretagne, le 11 Septembre de la même année. Le sieur de Monty aïant réclamé la mouvance & les droits en dépendans, il fut jugé, par sentence du présidial de Nantes du 3 Septembre 1751, que la terre relevoit de lui ; & cette sentence a été confirmée par arrêt du parlement de Bretagne du 1er Juin 1756 ; le sieur Lirot de la Patouliere a en conséquence demandé la restitution des lods & ventes & du rachat payés au domaine ; on lui a opofé une fin de non-recevoir ; mais, il a été ordonné que ces droits seroient restitués par Pillavoine &

S f

par Colombat ; cet arrèt a été fignifié le 14 Octobre 1757, à la compagnie des Indes. Il eſt d'obſervation, ſur cet arrèt, que le ſieur Lirot avoit dû former ſa demande en reſtitution, au moins dans les 30 années du jour du païement ; c'eſt ce qu'on ne voit point par l'arrèt.

RETENTION ; le droit de retention eſt une ſtipulation très-ordinaire des contrats de mariage, dans certaines provinces. C'eſt une faculté accordée à la femme, en cas qu'elle ſurvive, de retenir la jouïſſance des biens de ſon mari juſqu'au rembourſement éfectif de ſa dot & de toutes ſes repriſes matrimoniales.

Les dons mobils, *droits de rétention*, agencemens &c., ſont aſſujétis à l'inſinuation par l'article 3 de la déclaration du 20 Mars 1708 ; mais la nullité ne s'enſuit pas du défaut d'inſinuation de ces ſtipulations, ſuivant la déclaration du 25 Juin 1729, l'ordonnance du mois de Février 1731, & la déclaration du 17 du même mois, dont les diſpoſitions ſont raportées, tom. 1, p. 520, & tom. 2, p. 553 & 554. Les *droits de rétention* y ſont nommément exprimés, comme devant être inſinués & les droits païés en même-tems que le contrat de mariage eſt contrôlé.

Néanmoins, le parlement de Bordeaux ordonna en 1760, que leſdits droits d'inſinuation ne pouroient être perçus pour les clauſes de retention ſtipulées dans les contrats de mariage, qu'après le décès du mari ſeulement, & dans le cas où la femme voudroit ſe ſervir de ladite clauſe de rétention ; mais cette diſpoſition, contraire à l'art. 6 de la déclaration du 17 Février 1731, ne provenoit que de ce que le parlement avoit confondu le droit d'inſinuation ſuivant le tarif, qui doit être perçu pour la ſtipulation en même-tems que le contrat de mariage eſt contrôlé, avec le droit de centième denier qui, comme droit réel, n'eſt dû que lors de l'éfet de la clauſe de rétention en faveur de la femme.

En conſéquence il eſt intervenu un arrèt du conſeil le 21 Avril 1761, qui, en caſſant celui du parlement de Bordeaux, a ordonné l'éxécution des déclarations de 1708, 1729 & 1731 ; il eſt raporté dans le 1er volume, pag. 263.

Les droits dùs pour raiſon des contrats de mariage, contenant ſtipulation des clauſes de rétention, ſont expliqués à l'article. *Contrat de mariage*, §. 14.

Les veuves qui uſent du droit de rétention, doivent païer le demi-droit de centième denier de la valeur entière de tous les immeubles dont elles jouïſſent pour la ſûreté de leur dot & de leurs conventions matrimoniales.

Dans quelques coûtumes l'on apelle droit de *rétention*, le retrait féodal éxercé par le ſeigneur ; art. 8 de la coûtume de Dax. Dans d'autres coûtumes, ce retrait eſt nommé *retenuë* féodale.

RETOUR *de partage* entre cohéritiers ou copropriétaires, eſt une ſomme ou une rente que païe celui qui a eû des biens au-delà de ſon contingent, à ceux qui ont été moins partagés. Le droit de centième denier eſt dû pour les retours de partage, qui ne ſont pas païés en deniers provenans de la ſucceſſion partagée ; *voïez* Partage, §. 3, page 123.

RÉTRACTATION *en matière eccléſiaſtique* ; la troiſiéme ſection de l'art. 1er du tarif du 29 Septembre 1722, comprend diférentes procurations concernant les bénéfices, ainſi que les révocations & rétractations deſdites procurations, dont il fixe le droit de contrôle à 20 ſols.

En matière laïque, les rétractations d'actes ſinallagmatiques ſont des réſolutions, des rétroceſſions ou des réſilimens ; & celles des actes qui n'ont été paſſés que par une perſonne, comme les procurations, les teſtamens &c., ſont des révocations.

RETRAIT, eſt l'éxercice du droit de retirer ou *retraire* un héritage aliéné, en rembourſant l'acquéreur de tout ce qu'il a païé, en fe fubrogeant en fon lieu & place & en le garantiffant de toutes les obligations qu'il avoit contractées. Il y a trois principaux retraits : 1°. Le *conventionnel*, qui eft celui dont les parties fon convenuës par un contrat de vente à faculté de réméré, & qui s'éxerce par le vendeur, en rentrant dans les biens qu'il avoit vendus. 2°. Le *Lignager*, introduit dans le païs coûtumier, & admis en quelques provinces régies par le droit écrit, en faveur des parens du côté & ligne d'où provenoit l'héritage au vendeur, afin de pouvoir conferver les propres dans les familles ; plufieurs coûtumes l'admettent même pour les acquêts. 3°. Le *féodal*, par le moïen duquel le feigneur féodal retient le fief mouvant de lui, qui a été vendu par fon vaffal ; le feigneur cenfier éxerce auffi le retrait de l'héritage roturier, tenu de lui à cens, c'eft ce qu'on apelle le retrait cenfuel. Il y a quelques autres retraits autorifés par les difpofitions des coûtumes : je parlerai, à la fuite de cet article, de ceux qui me font connus.

Droit de contrôle des retraits.

Suivant l'article 82 du tarif du 29 Septembre 1722, le droit de contrôle des actes de retrait lignager, féodal ou conventionnel, doit être perçu fur le pié règlé par les articles 3 & 4 du même tarif.

Quoique le retrait foit éxercé & ajugé en juftice, il doit être fuivi d'un acte, pour le rembourfement de l'acquéreur, ou pour le rendre indemne des obligations qu'il a contractées ; c'eft cet acte qui confomme le retrait & dont le droit de contrôle eft fixé par le tarif. Si le rembourfement eft fait devant le juge qui en accorde acte, c'eft une difpofition volontaire, de nature à être faite par devant notaires & dont le droit de contrôle eft par conféquent dû ; le miniftère du juge fe borne à admettre le demandeur au retrait, & à ordonner le

rembourfement ; *voïez* Actes volontaires, tom. 1, page 82, & la décifion du 5 Octobre 1735, qui y eft raportée.

Lorfque le prix du contrat a été païé au vendeur, le retrait peut fe confommer entre l'acquéreur & le retraïant, fans la participation du vendeur ; dans ce cas, il n'y a qu'un acte de rembourfement, dont le droit de contrôle eft dû fur tout ce que païe & doit païer le retraïant, pour principal & loïaux coûts.

Mais, fi le vendeur a fait crédit à l'acquéreur, pour être païé du prix dans un certain tems, ou s'il l'a conftitué en rente perpétuelle ou viagère, fon confentement eft effentiel à la confommation du retrait ; l'acquéreur doit être rendu indemne, & comme il ne peut être valablement déchargé des obligations qu'il avoit contractées, que par l'acceptation du retraïant en fon lieu & place, il eft néceffaire que le vendeur intervienne à l'acte pour accepter le retraïant & décharger l'acquéreur, ou que cette acceptation foit faite par un acte préliminaire.

Le tout étant confommé par un feul acte, il fera dû deux droits de contrôle ; l'un fur tout ce qui fait le prix du contrat, en y joignant les loïaux coûts, dont le rembourfement eft fait à l'acquéreur ou dont il eft déchargé ; & l'autre, fur l'obligation que contracte le retraïant envers le vendeur feulement. Ce font deux difpofitions entre différentes perfonnes ; & il eft de principe qu'il eft dû un fecond droit de contrôle pour l'acceptation que fait le créancier d'un nouveau débiteur délégué au lieu & place de l'ancien.

Si le vendeur accepte le retraïant par un acte particulier, les deux droits feront perçus diftinctement fur les deux actes, en obfervant de les fixer dans la proportion que l'on vient de dire.

Ces règles de perception ont été jugées régulières par une ordonnance de M. de la Bourdonnaye, intendant de Roüen, renduë

Retrait. contradictoirement le 12 Février 1751, contre le sieur Alorge écuyer, qui avoit exercé le retrait d'un bien vendu par le sieur de la Houssaye au sieur Guerin, moïennant une rente viagère, pour la sûreté de laquelle il avoit été agréé par le vendeur, avant que de consommer avec l'acquéreur.

Le conseil a confirmé le 28 Décembre 1731, une ordonnance de M. l'intendant de Pau, par laquelle il avoit été jugé qu'un retrait seroit contrôlé comme acte simple : attendu que lors de l'action de retrait du même jour, le demandeur avoit offert le remboursement à l'acquéreur, qui l'avoit accepté & quitancé au pié de l'exploit, avec promesse de passer en conséquence l'acte de retrait, & que le droit de contrôle avoit été perçu de cette quitance sur le pié fixé par le tarif. Il n'y avoit aucun motif pour demander la réformation de cette ordonnance, puisque l'acte passé devant notaires, n'étoit qu'une simple reconnoissance de l'acte sous-signature privée, dont le droit avoit été païé.

Centième denier des retraits.

Il est ordonné, par les règlemens & nommément par l'art. 6 de la déclaration du Roi du 10 Mars 1708, que le droit de centième denier sera païé pour tous arrêts, jugemens, sentences, & généralement pour tous actes translatifs & rétrocessifs de propriété de biens immeubles.

Mais, l'art. 7 de cette déclaration, fait une exception : » N'entendons, néan- » moins assujétir au droit de centième de- » nier les actes de retrait, soit *féodal*, » *lignager* ou *conventionnel*; pourvû qu'ils » soient faits, à l'égard du retrait féodal » & lignager, dans les tems prescrits par » les coûtumes & usages; & à l'égard du » conventionnel, dans le délai porté par » le contrat, qui ne poura éxéder neuf » années.

Cette exception est fondée sur ce que l'acquéreur n'est pas propriétaire incommutable pendant tout le tems qu'il peut être dépossédé par la voie du retrait, qui subroge entiérement le retraïant à sa place : & tellement que cet acquéreur est totalement éclipsé, & le retraïant considéré comme le véritable acquéreur & comme s'il avoit contracté immédiatement avec le vendeur ; il est obligé de rembourser à cet acquéreur évincé, les droits qu'il avoit païés ; & ces droits tournent à la décharge du retraïant, en la personne duquel la mutation est effectuée ; ensorte que si le premier acquéreur n'avoit pas païé le droit de centième denier de l'acquisition, il faudroit s'adresser au retraïant, qui en seroit personnellement tenu, ainsi qu'il a été jugé par arrêt du conseil du 1er Septembre 1716, contre le comte de Moncassin.

Le retrait féodal & le lignager ne peuvent être éxercés, après les délais fixés par les coûtumes & usages, que du consentement de l'acquéreur ; ce ne sont donc plus alors des retraits, mais des cessions, dont le droit de centième denier est dû indépendamment de celui du premier contrat. Le retrait conventionnel éxercé après le terme de la faculté de reméré, fixé par le contrat, ou après neuf ans, si le terme étoit plus long, est également sujet au droit, quand bien même il y auroit eû une prolongation de délai, accordée conventionnellement ou en justice ; il faut aussi que la faculté soit stipulée par le contrat : si elle n'étoit accordée que par un acte particulier, ce seroit une rétrocession.

Arrêt du conseil du 28 Mars 1721, qui condamne le sieur Vaconssain au païement du droit de centième denier d'un retrait *conventionnel*, par lui éxercé douze ans après l'expiration du délai fixé par le contrat, quoiqu'il eut été admis à l'éxercer par sentence du bailliage d'Amiens.

Le 20 Janvier 1727, il a été décidé au conseil que le sieur Lesperat devoit le droit de centième denier d'un retrait conventionnel, éxercé sept mois après l'expiration de la faculté de reméré de neuf ans, ftipulée par le contrat.

Décifion du confeil du 30 Septembre 1730, qui déboute Adrien Redon de fa demande en reftitution du droit de centième denier, perçû pour un retrait *conventionnel* éxercé après le délai fixé par le contrat.

Autre du 2 Mars 1735, contre Michel Girardin qui avoit éxercé, le 30 Mai 1734, le retrait conventionnel de biens qu'il avoit vendus le 7 Avril 1724, avec faculté de reméré de neuf ans.

Par une autre décifion du 25 Octobre 1735, fur le mémoire du fieur de Fabreque, de la ville de Caftres, il a été jugé qu'il devoit le droit de centième denier des biens par lui retirés en 1707, & qui avoient été engagés en 1686, pour neuf années.

Il faut non-feulement que les retraits foient éxercés dans le tems de droit pour être éxemts du centième denier ; mais encore qu'il s'agiffe véritablement d'un retrait éxercé par celui qui étoit fondé à dépofféder l'acquéreur.

Retraits acquiefcés volontairement.

La demande par action ou fommation, eft confidérée comme étant de l'effence du retrait ; enforte que, fi l'acquéreur remet les biens à une tierce perfonne, qui pouvoit les retraire, avant qu'il ait été formé aucune demande en retrait, l'acte fera réputé une ceffion, quoiqu'il y foit exprimé que l'acquéreur ne s'eft deffaifi qu'à titre de retrait & pour éviter une demande, dont il ne pouvoit empêcher l'éfet ; *voïez* le traité des fiefs de Guyot, tom. 3, p. 223.

Mais, fi la demande en retrait a été formée, l'acquéreur peut reconnaître le retraïant, en acquiefçant à fa demande hors jugement : la demande eft un retrait intenté, dont l'acte eft la reconnaiffance. Il y a néan-

moins des coûtumes qui, comme une règle intéreffante pour prévenir bien des fraudes, éxigent que la reconnaiffance du retrait foit faite en juftice : telles font celles de Tours, de Lodunois, du Maine & d'Anjou, fuivant lefquelles le retrait eft réputé vendition, fi la reconnaiffance n'en eft faite en plein jugement & en pleine audience ; l'article 301 de celle de Bretagne décide que la reconnaiffance de prémeffe (retrait lignager) ne fera cenfée ni réputée valable au préjudice d'un tiers, fi elle n'eft faite en jugement. Retrait accordé volontairement, fans jugement, eft réputé vendition, Loifel. liv. 3, tit. 5, art. 22. Dupineau, fur l'article 392 de la coûtume d'Anjou, obferve que, dans le droit commun, cela s'entend uniquement de la ceffion de l'héritage faite au lignager par l'acquéreur, fans aucune action de retrait ; & que fi, après l'inftance commencée & la reconnaiffance dûment faite, les parties tranfigent fur l'éxécution du retrait ; cette tranfaction ne doit pas être regardée comme une vente. Belordeau, fur la coûtume de Bretagne, raporte un arrêt du 9 Novembre 1611, conforme à l'obfervation de Dupineau.

Le confeil fuit ces diftinctions, pour le droit de centième denier, d'autant que le prétendu retrait acquiefcé volontairement n'eft fouvent qu'une vente faite à celui qui n'auroit pas pû éxercer le retrait, ou une rétroceffion faite au vendeur fous le nom d'un de fes enfans.

Décifion du confeil du 29 Juin 1727, qui juge que le fieur Naudin de la Vallée, héritier du fieur Rabot, doit le centième denier du retrait d'une maifon à Paris, provenant de la fucceffion dudit Rabot, ajugée par licitation ; il avoit d'abord obtenu une fentence par défaut qui lui ajugeoit ce retrait ; l'adjudicataire aïant formé opofition à cette fentence, & offert réellement le prix de fon adjudication, fes

Retrait.

offres furent déclarées valables , & ledit Naudin condamné à les recevoir. Cinq mois après , le fieur Naudin fit fignifier un exploit par lequel il fe défiftoit de fa demande en retrait & de la fentence qui le lui avoit ajugé , & il conclût à ce que le prix de l'adjudication lui fut païé en fa qualité d'héritier ; l'adjudicataire, de fa part a révoqué fes offres & s'eft défifté de la fentence qui les déclaroit valables , en confentant à l'éxécution de celle précédemment obtenuë par ledit Naudin, à la charge du remboursement des loïaux coûts. Sur le tout , il a été paffé transaction , homologuée par arrêt du parlement, par laquelle le retrait a été acquiefcé & éfectué en faveur de Naudin. Il a été décidé que le droit de centième denier étoit dû , parce que Naudin s'étant une fois défifté du retrait ne pouvoit plus dépofféder l'adjudicataire que de son confentement ; & dès que ce confentement eft néceffaire , il s'agit d'une ceffion ou vente.

Par décifion du 9 Juillet 1729 , le confeil a confirmé une ordonnance de M. l'intendant d'Alençon , par laquelle il a été jugé que le droit de centième denier étoit dû pour un acte , par lequel le fieur de Honneville a remis au fieur de la Roque un bien qu'il lui avoit vendu , pour prévenir la demande en retrait que ledit de la Roque étoit fur le point de former au nom de fon fils.

Autre décifion du confeil du 19 Janvier 1736 , contre Suzanne-Françoife Davy , époufe du fieur Dumefnil de Draqueville , qui confirme une ordonnance de M. l'intendant de Caën , par laquelle il avoit été jugé qu'elle devoit le droit de centième denier d'un retrait acquiefcé volontairement le lendemain de la vente ; il s'agiffoit de biens provenans de la fucceffion de fon père , à laquelle elle avoit renoncé : cette fucceffion avoit été acceptée par Barbe Davy , comme plus proche parente , & celle-ci avoit vendu

les biens au fieur le Roy , qui les remit le lendemain à la dame de Draqueville , fans aucune nouvelle claufe , prix ou convention , mais purement & fimplement , à titre d'acquiefcement au retrait qu'elle étoit fur le point d'intenter. La parenté ni le lignage ne pouvoient pas être conteftés , ni par conféquent la capacité de la dame de Draqueville pour éxercer le retrait ; mais il a été jugé ftrictement que ce n'étoit pas un retrait.

Le 30 Novembre 1737 , il a pareillement été décidé au confeil que le droit de centième denier étoit dû des biens remis le 18 Février 1737 , par le fieur Boiffel receveur des tailles de Montivilliers , généralité de Roüen , au fieur de Maffeille , à titre d'acquiefcement volontaire au retrait que ledit fieur de Maffeille vouloit éxercer de la vente qui en avoit été faite le 13 Août 1736 , par fon frère , audit fieur Boiffel , moïennant une rente viagère. Il étoit évident que le fieur de Maffeille pouvoit retirer , puifqu'il étoit frère du vendeur ; d'ailleurs , la rente viagère , qui formoit le prix de la vente , étoit éteinte lors de l'acte du 18 Février 1737 , par la mort du vendeur ; ce qui écartoit toute idée de fraude , n'étant pas poffible de préfumer que l'acquéreur fe fut deffaifi du bien , s'il avoit eû des moïens à opofer à la demande que le fieur de Maffeille étoit fur le point de faire ; mais , cette demande n'aïant pas été formée , il ne s'agiffoit pas d'un retrait.

Décifion du 29 Novembre 1738 , par laquelle , faifant droit fur une queftion renvoïée au confeil par M. l'intendant d'Alençon , il a été jugé que le fieur François du Houllay , feigneur d'Enfernes , devoit le droit de centième denier de biens mouvans de fes fiefs , à lui remis par le fieur Denize , qui les avoit acquis de la dame Cornu , en acquiefcant volontairement au retrait féodal que ledit fieur du Houllay étoit en droit d'éxercer.

Autre décision du conseil du 14 Mars 1739, qui confirme une ordonnance de M. l'intendant de Tours, par laquelle le sieur Ridel, notaire roïal à Tours, a été débouté de sa demande en restitution des droits de centième denier perçus à Tours pour des actes de délaissement ou remise d'héritage, faits à titre d'acquiescement volontaire à un retrait féodal & à un retrait lignager, sans avoir été précédés d'aucunes des formalités prescrites par la coûtume de Tours, qui répute vendition tout retrait fait hors jugement.

Les retraits faits avec toutes les formalités nécessaires, ne sont même exemts du droit de centième denier, qu'autant qu'ils sont éxercés : savoir le féodal., par le seigneur personnellement ; & le conventionnel, par le vendeur ou par son héritier en ligne directe.

Retraits éxercés par les cessionnaires ou par les collatéraux de ceux qui en avoient le droit.

L'objet principal du retrait féodal est de favoriser la réunion du fief servant au fief dominant ; si le seigneur céde à un tiers le droit d'éxercer ce retrait, soit pour en tirer profit, soit pour avoir un autre vassal que celui auquel la vente avoit été faite, & que le cessionnaire éxerce en conséquence le retrait, il devra le droit de centième denier, tant sur ce qu'il a païé au seigneur, que sur le prix de la vente à laquelle il se trouve subrogé. On ne peut pas objecter sérieusement que le seigneur ne fait que choisir un vassal plus agréable, & que, n'aïant pas été saisi lui-même, il n'y a point de mutation en faveur du cessionnaire, qui entre tellement dans tous les droits de l'acquéreur, qu'il n'y a qu'un seul contrat & une seule mutation. L'exception faite par la déclaration de 1708, est une faveur accordée uniquement à ceux qui, personnellement, sont en droit

d'éxercer les retraits qui y sont exprimés : comme le seigneur, pour réunir à son fief ; le parent lignager, pour conserver les biens dans la famille ; & le vendeur, pour rentrer dans ceux qu'il n'a vendus que sous cette condition. Le retrait féodal éxercé par un cessionnaire, opère le même éfet que si le seigneur avoit lui-même éxercé ce retrait & qu'il eut ensuite vendu les biens : le cessionnaire ne païe pour son retrait que ce qu'il auroit païé en acquérant du seigneur, qui auroit lui-même éxercé le retrait féodal.

Si celui qui a vendu à faculté de reméré, céde cette faculté à un tiers, qui éxerce en conséquence le retrait conventionnel, quoique dans le délai fixé par le contrat, les lods & ventes sont dûs de ce retrait, tant sur le prix de la vente que sur celui de la cession : l'un & l'autre se confondent & forment ensemble le prix de la chose, dont il y a réelle & éfective mutation en la personne du cessionnaire. C'est, comme on vient de le dire à l'égard du retrait féodal, la même chose que si le vendeur avoit retiré & ensuite revendu : voïez le traité des fiefs de Livon. liv. 3, ch. 4, sect. 3 ; celui de Guyot, tom. 3, ch. 4, page 471 ; & le nouveau commentateur de la coûtume de Bretagne, art. 52, §. 36. Le droit de centième denier est pareillement dû de ce retrait, indépendamment de celui païé pour la vente.

L'héritier collatéral du vendeur, qui éxerce le retrait conventionnel dans le délai fixé par le contrat, doit également le droit de centième denier ; non pas nommément pour le retrait, puisque la faculté de l'éxercer ne lui a été transmise qu'à titre successif ; il ne le doit que parce qu'il l'auroit également païé si le retrait avoit été éxercé par le vendeur même, & qu'il eût trouvé les biens dans sa succession ; c'est sur ce motif qu'il en doit aussi le relief ou rachat, si les biens y sont sujets.

Il fut décidé au Conseil le 1er Juin 1723, qu'il n'étoit pas dû de droit de centième denier pour la cession faite par les seigneurs de leur droit de prélation & retenuë féodale. La cession ne transmet qu'une action ; mais, lorsque cette action est exercée & que le cessionnaire devient propriétaire des biens qui en étoient l'objet, il doit païer le droit de centième denier sur tout le prix qu'il a déboursé ou qu'il doit païer, & par conséquent sur ce qui a été païé au seigneur pour obtenir la cession.

Cette cession doit être contrôlée avant que de pouvoir agir en conséquence, pour exercer le retrait ; & le droit n'est dû que sur le prix, parce que ce droit de contrôle est dû en entier sur l'acte de retrait, conformément à l'article 82 du tarif.

Décision du conseil du 6 Mai 1730, qui déboute le sieur Grenouilleau, avocat à Bordeaux, de sa demande en restitution du droit de centième denier perçu pour un retrait qu'il avoit exercé, comme cessionnaire du droit du seigneur de la directe.

Autre décision du 25 Août 1731, contre Elie Loche, négociant à Bergerac, pour un retrait exercé en vertu de la cession du droit de prélation du Seigneur féodal.

Pareille décision du 27 Octobre 1732, contre le sieur de La Bigotie, qui avoit retiré un domaine en Périgord, en vertu de la cession du droit de prélation de M. le Duc de Biron seigneur du lieu.

Décision du conseil du 23 Mai 1733, sur le mémoire de M. le marquis de Senneterre, qui demandoit la décharge du droit de centième denier d'une terre en Poitou, venduë le 22 Avril 1727, par madame de Rochechouart au marquis de Montéclere, à faculté de reméré de six ans, & dont M. de Senneterre avoit exercé le retrait conventionnel, au mois de Décembre 1732, comme héritier collatéral de M. de Rochechouart ; mais, en conformité du principe établi ci-dessus, il a été décidé que le droit de centième denier étoit dû par M. de Senneterre.

Par décision du 17 Août 1737, le conseil a réformé une ordonnance de M. l'intendant de Limoges, & a condamné Pierre-Benoit de Blemont & Marie Pichon au païement du droit de centième denier de biens par eux retirés, comme cessionnaires du droit de prélation des chanoines du chapitre de Limoges & des religieux Feuillans de la même ville.

Les contestations continuelles de la part de ceux qui exerçoient des retraits féodaux, comme cessionnaires des droits des seigneurs, ont donné lieu à un arrêt de règlement, rendu le 3 Décembre 1737, du mouvement du Roi ; par lequel arrêt S. M. étant en son conseil » aïant été » informée que, quoique la disposition » de l'article 7 de la déclaration du » 20 Mars 1708, ne puisse s'apliquer » qu'aux retraits féodaux qui sont exer- » cés par les seigneurs même, & en fa- » veur de la réunion à la directe, ainsi » qu'il a été jugé par S. M. toutes les » fois que la question s'est présentée, » néanmoins les cessionnaires dudit droit » de retrait féodal prétendent être aussi » dans le cas de l'exemtion dudit arti- » cle 7, ce qui fait naître journellement » des contestations ; à quoi voulant pour- » voir & lever toutes dificultés à cet » égard, le Roi, en expliquant en tant » que besoin est, l'article 7 de la décla- » ration du 20 Mars 1708, & le confir- » mant par raport aux retraits féodaux » exercés par les seigneurs personnelle- » ment, a déclaré & déclare sujets au » centième denier les retraits féodaux » exercés par les cessionnaires desdits » seigneurs, tant pour le passé que pour » l'avenir. Enjoint S. M. aux sieurs inten- » dans & commissaires départis dans les » provinces & généralités du royaume, » de

» de tenir la main à l'éxécution du pré-
» fent arrêt.

Décifion du confeil du 1er Février
1738, par laquelle, fans avoir égard à
deux ordonnances de M. l'intendant de
Caën, les fieurs Bourguignon du Perrey
& le Mortreux, ont été condamnés au
païement du droit de centième denier de
biens par eux retirés en 1729 & 1732,
en vertu des ceffions à eux faites du droit
de reméré ou retrait conventionnel ; M.
l'intendant avoit feulement ordonné le
païement du centième denier fur le prix
de la ceffion & avoit déchargé du furplus, parce que le retrait étoit fait dans
le tems porté par le contrat, dont le droit
avoit été païé. La même queftion a encore été décidée le 4 Octobre 1738,
contre Jacques-Pierre Langlois, qui avoit
obtenu une femblable ordonnance de M.
l'intendant de Caën.

Le fieur Serpe, bourgéois de Beauvais, aïant retiré en 1736 une terre, en
qualité de ceffionnaire du droit de retrait
féodal, prétendit qu'aïant païé le droit
de centième denier du prix de la ceffion,
il ne le devoit pas pour l'éxercice du
droit qui lui avoit été tranfmis, d'autant
plus que fon retrait étoit antérieur à l'arrêt du 3 Décembre 1737 ; il fut décidé
au confeil, le 8 Février 1738, que cet
arrêt n'établit pas un droit nouveau, &
qu'il n'a été rendu que pour fixer une loi
invariable, qu'ainfi il doit être éxecuté.

Arrêt du confeil du 4 Février 1744,
contre la veuve du fieur Pingrés de Fri-
camps : fon mari, en qualité de ceffionnaire du droit de retrait féodal de M. le
comte de Touloufe & du marquis de
Folleville, avoit retiré en 1726, une
terre en Picardie, venduë au fieur Dave-
lay. Sur la demande du droit de centième
denier, fa veuve a dit qu'il avoit été
païé par l'acquéreur, auquel il avoit été
rembourfé ; qu'il n'en étoit point dû pour
le retrait féodal ; que le ceffionnaire étoit

dans le même cas que le feigneur ; que la
ceffion n'opéroit pas de mutation, mais un
fimple choix de vaffal ; qu'il n'y avoit qu'un
contrat auquel le retraïant étoit fubrogé ;
qu'ainfi il n'y avoit qu'une mutation. Elle a
formé opofition à l'arrêt du 3 Décembre
1737, foûtenant qu'il étoit contraire à la
déclaration du 20 Mars 1708, & qu'en
tout cas, il ne pouvoit avoir d'éfet rétroactif ; elle s'eft pareillement opofée à une
décifion renduë contr'elle dès le 7 Mai
1740. L'arrêt la déclare non-recevable &
mal fondée dans fon opofition à l'arrêt de
1737, ordonne l'éxécution des ordonnances renduës contr'elle, & la condamne au coût de l'arrêt, liquidé à 75 livres.

Décifion du confeil du 22 Juillet 1751,
fur le mémoire de M. le marquis d'Ar-
mentieres, qui, en qualité de ceffionnaire
du droit de retrait féodal de M. le duc
de Luxembourg, avoit éxercé juridiquement le retrait d'une terre ajugée au fieur
Paffot. On lui demandoit le droit de centième denier de l'adjudication & celui du
retrait, & il foûtenoit n'en devoir qu'un,
difant qu'il n'y avoit qu'une mutation, le
fieur Paffot n'aïant jamais été propriétaire,
puifqu'il a été dépoffédé avant le tems
fixé par la coûtume de Senlis pour être
propriétaire. Décidé que les deux droits
font dûs.

Autre décifion du confeil du 29 Octobre 1761, qui confirme une ordonnance
de M. l'intendant de Caën, renduë contre
le fieur Beauchef de Valjonas, correcteur
en la chambre des comptes de Roüen, par
laquelle il a été condamné au païement
du droit de centième denier d'un retrait
conventionnel éxercé au mois de Mars
1757, en vertu de la ceffion du vendeur,
faite & éfectuée avant l'expiration du terme de la faculté de reméré ftipulée par
le contrat.

Il eft donc inconteftable que le droit
de centième denier eft dû pour tous les

retraits éxercés par les ceffionnaires de ceux auxquels apartenoit perfonnellement le droit de retirer. Il faut néanmoins excepter les retraits qui font éxercés par les ceffionnaires du droit de prélation ou de retrait féodal du Roi. Il a été obfervé que les ceffionnaires du droit de retrait féodal des feigneurs doivent le centième denier, parce que c'eft la même chofe que fi le feigneur eût retiré & qu'il leur eût vendu enfuite les biens ; fi le Roi éxerçoit le retrait & que S. M. aliénât enfuite les biens retirés, il ne feroit dû aucun droit, comme il a été dit, tom. 2, p. 116 ; il s'enfuit donc que, lorfque le retrait féodal eft éxercé par un ceffionnaire du droit du Roi, il n'eft dû d'autre droit de centième denier que celui de l'aliénation fur laquelle on retire. C'eft même ce qui a été décidé au confeil le 24 Janvier 1739, en faveur de M. le comte de Muy, qui, comme ceffionnaire du droit de prélation du Roi, avoit retiré une terre en Provence.

Par la déclaration du Roi du 19 Juillet 1695, S. M. accorda à ceux qui fe rendroient adjudicataires de fes domaines, en éxécution de l'édit du mois de Mars précédent, foit par revente ou autrement, le droit de retrait féodal ou de prélation dans l'étendue des mêmes domaines, pour l'éxercer comme S. M. auroit pû le faire ; fans néanmoins qu'ils le puffent céder. Il fut ordonné que les engagiftes jouïroient des terres qu'ils auroient ainfi retirées comme de leur propre bien, incommutablement, fans pouvoir en être dépoffédés, à la charge par eux d'en rendre foi & hommage au Roi & d'en fournir aveu & dénombrement aux chambres des comptes ou aux bureaux des finances, fuivant la qualité defdites terres.

Les engagiftes font à cet égard confidérés comme des ceffionnaires particuliers du droit de prélation du Roi ; ainfi, en éxerçant le retrait féodal, ils ne doivent d'autre droit de centième denier que celui qu'ils font tenus de rembourfer à l'acquéreur ; mais, s'ils retirent des biens précédemment engagés & dépendans des domaines dont ils font engagiftes, c'eft une réunion de biens qu'ils ne peuvent poffédér qu'au même titre d'engagement que les poffédoit le détenteur qu'ils ont rembourfé, & le droit de centième denier eft dû comme il a été obfervé, tom. 2, p. 134.

Le délai pour éxercer les retraits, ne peut courir avant l'infinuation des contrats. Il ne court même, pour les biens mouvans du Roi, qu'après l'enfaifinement.

Le tems des retraits eft diverfement fixé par les coûtumes ; les unes le fixent à un an du jour des contrats, d'autres, du jour de la lecture ; &, dans d'autres, le délai court du jour de la deffaifine du vendeur & faifine de l'acquéreur.

Par l'article 26 de l'édit du mois de Décembre 1703, il eft ordonné que le tems fixé par les coûtumes pour le retrait féodal ou lignager, ne poura courir, même après l'exhibition des contrats & autres titres de propriété à l'égard du retrait féodal, ou après l'enfaifinement à l'égard du retrait lignager, que du jour de l'infinuation ou enregiftrement.

Il ne s'enfuit pas que le délai commence du jour de l'infinuation ; mais feulement que celui qui eft fixé par les coûtumes ne peut commencer à courir qu'après cette infinuation, quoique toutes les autres formalités qu'elles prefcrivent aïent été remplies. C'eft ce qui a été jugé par un arrêt du parlement de Paris du 10 Mars 1717, pour madame la princeffe de Conty, première doüairière ; par un arrêt du confeil du 12 Mars 1718, qui caffe un arrêt du parlement de Roüen , contraire à l'édit de 1703 : par arrêt, rendu en la grand'-chambre du parlement de Paris le 21 Juillet 1720 , fur les conclufions de M. de Lamoignon, qui a jugé , contre M. le comte de Laffé , que l'année du retrait lignager éxercé par M. le prince de Conty pour le duché de Mercœur, n'avoit couru que du jour de l'infinuation du contrat d'acquifition de M. de Laffé ; & par un autre arrêt du parlement de Paris du 31 Mai 1756 , rendu en la première chambre des enquêtes, dans la coûtume d'Auxerre, où l'on foûtenoit que le délai du retrait devoit courir du jour du contrat de vente.

Il a même été jugé , par arrêt du par-lement de Paris du 2 Août 1749 , que le délai du retrait des biens mouvans du Roi , ne peut courir qu'après l'enfaifine-ment du contrat, conformément à l'édit du mois de Mai 1710. Cet arrêt a été rendu en faveur de M. le duc de Richelieu, cef-fionnaire du droit de prélation du Roi , contre le fieur Valet de la Touche, fecré-taire du Roi , qui avoit acquis le 27 Oc-tobre 1744 , la terre de Marenne en Saintonge , mouvante du Roi; il fe dé-fendoit du retrait fur ce qu'il avoit été admis en foi , à la chambre des comptes , le 30 Avril 1745 , & fur ce que le Roi lui-même l'avoit encore de nouveau agréé pour vaffal en qualité de nouvel acqué-reur , par des lettres patentes du mois d'Août fuivant ; d'où il concluoit que le Roi n'étoit plus recevable à éxercer ou à céder le retrait féodal ; qu'ainfi M. le Duc de Richelieu, qui ne demandoit ce retrait qu'en vertu des lettres de don du 17 Février 1746 , devoit être dé-bouté de fa demande. Voïez Enfaifine-ment , n. 11.

Il refte à parler de quelques retraits particuliers éxercés en vertu de facultés légales , c'eft - à - dire , des difpofitions des coûtumes.

RETRAIT *de mi-denier* , a lieu pour l'héritage acquis pendant la communauté d'un mari & d'une femme , dont l'un ou l'autre étoit parent lignager du vendeur : après la mort de l'un des conjoints & dans l'année de fon décès , celui des deux qui étoit lignager , ou fes héritiers, peuvent éxercer le retrait de la moitié de l'héritage qui apartenoit à l'autre con-joint, en rembourfant la moitié du prix de l'acquifition & des frais & loïaux coûts ; article 155 de la coûtume de Pa-ris ; articles 319 & 322 de celle de Bre-tagne ; article 340 de celle du Poi-tou &c.

C'eft un véritable retrait lignager , qui ne difère du retrait lignager ordinaire , qu'en ce que la loi prolonge le tems de l'éxercer jufqu'après la diffolution de la communauté d'entre les deux conjoints co-acquéreurs ; delà il fembleroit que le retrait de mi-denier, éxercé dans le tems fixé par les coûtumes , né devroit pas donner ouverture au droit de centième denier , conformément à l'article 7 de la déclaration du 20 Mars 1708 , à moins cependant qu'il ne fut éxercé par les hé-ritiers collatéraux de l'un des conjoints.

Il a néanmoins été jugé , le 6 Août 1751 , par M. l'intendant de Bretagne, que le droit de centième denier étoit dû pour un pareil retrait de mi-denier éxercé par la dame le Breton, veuve Gaubert, de biens acquis pendant fa communauté avec fon mari ; & cela fondé fur ce que la déclaration de 1708 , n'a difpenfé le retrait lignager d'un nouveau droit de centième denier , qu'en confidération de celui païé par l'acquéreur pour fon con-trat , auquel le retraïant eft entièrement fubrogé ; au lieu que , dans le cas du re-trait de mi-denier, le contrat fubfifte pen-dant la communauté , & que le droit de centième denier païé pour l'acquifition commune , fe trouvoit abforbé par la jouïf-fance qu'avoit euë le mari pendant fa vie. Le fermier invoqua trois décifions des 22

Octobre 1740, 27 Avril 1748, & 25 Janvier 1749 (*), renduës fur le principe général que toutes les facultés de retirer ou de rembourfer, accordées par certaines coûtumes ; pour conferver les biens dans les familles, emportent une mutation de propriété fujéte au centième denier, dont les règlemens ordonnent le païement pour toutes mutations, quoiqu'elles ne foient pas fujétes aux droits feigneuriaux ; avec cette diftinction cependant que, fi le rembourfement étoit fait des deniers de la communauté ou de la fucceffion commune entre celui qui fait ce rembourfement & celui qui le reçoit, il n'y auroit pas alors ouverture au droit.

En Normandie, il n'y a point de communauté entre les conjoints ; nous avons déja parlé, tom. 1, p. 458, du droit de la femme dans les acquêts faits pendant le mariage. Suivant l'article 332 de la coûtume de cette province, le mari ou fes héritiers peuvent retirer la part des conquêts aïant apartenu en propriété à la femme, en rendant le prix de ce qu'elle a coûté, enfemble des augmentations, dans trois ans du jour du décès de ladite femme.

Il a été jugé plufieurs fois que ce retrait eft fujet au droit de centième denier, parce qu'il ne s'agit pas d'un retrait de la nature de ceux exceptés par la déclaration de 1708, que c'eft moins un retrait qu'une faculté particulière accordée au mari & à fes héritiers : tous lefdits héritiers peuvent être admis indiftinctement à faire le rembourfement fuivant un arrêt du 3 Avril 1635, au lieu que les actions en retrait lignager fe règlent, comme les fucceffions & qu'il n'y a que les plus proches qui y foient admis ; enfin, lorfque le mari fait lui-même ce rembourfement pendant un fecond mariage, c'eft une nouvelle acquifition à laquelle fa feconde femme prend part. La queftion a été jugée par diférentes ordonnances de M. l'intendant de Roüen, & par une décifion du confeil ; la première ordonnance du 20 Février 1743, contre le fieur le Touc, avocat à Neufchâtel ; la feconde, du 30 Octobre 1748, contre le fieur de Salbray, gentilhomme ordinaire de la garde du Roi, lequel, en qualité d'héritier du fieur Briffet fon aïeul, avoit rembourfé, dans le tems fixé par la coûtume, aux héritiers collatéraux de la femme du fecond lit, le prix de la moitié des acquêts faits pendant ce fecond mariage, même le droit de centième denier que lefdits héritiers avoient païés après la mort de ladite femme, à caufe de fa fucceffion. Le fieur de Salbray s'eft pourvû au confeil, où il a dit qu'il s'agiffoit d'un véritable retrait, puifque, pour l'éxercer, il faut être parent du mari, & que la loi n'attribue à la femme une part dans les conquêts, que fous la condition que fes héritiers en pourront être évincés ; l'ordonnance a été confirmée par une décifion du 25 Janvier 1749. Il y a encore deux ordonnances de M. l'intendant de Roüen des 26 Novembre & 6 Décembre 1748, renduës contre Nicolas Moriffet ; il eft vrai qu'il n'avoit fait le rembourfement qu'en qualité d'héritier collatéral du mari ; ainfi, il ne pouvoit y avoir aucune dificulté ; mais l'ordonnance & la décifion renduës contre le fieur de Salbray font pour un rembourfement fait par un héritier en ligne directe du mari.

R E T R A I T *par l'aîné, des portions de fes puînés.* Il y a des coûtumes qui autorifent l'aîné à retirer dans un tems fixe les parts héréditaires de fes puînés, en les rembourfant de la valeur ; telles font celles de Normandie, article 296, dans l'an du décès du père ; celle de

Montdidier , article 171 , qui donne à l'ainé la faculté de retirer le quint , en récompenfant les puinés en héritages de la fucceffion ou en argent , dans trois ans du jour du décès du père.

Comme cette faculté ne peut être mife au nombre des retraits que l'article 7 de la déclaration du 20 Mars 1708 , a difpenfés d'un nouveau droit de centième denier , en confidération de celui qui a été païé pour l'aliénation fur laquelle le retrait féodal , lignager ou conventionnel eft éxercé , l'on a foûtenu que le droit étoit dû pour tous les rembourfemens faits par les aînés à leurs puinés ; à moins cependant que lefdits puinés n'aïent été rembourfés en immeubles ou en éfets provenans de la fucceffion commune : dans ce cas , le droit ne pouroit être éxigé , fuivant la règle générale établie pour les retours de partage.

Décifion du confeil du 22 Octobre 1740 , contre M. de Bellofanne , qui , en vertu de la coûtume de Normandie , avoit retiré , après le décès de fon père , les portions de fes puinés dans une terre qui faifoit tout le bien de la fucceffion , pour raifon de quoi il s'étoit conftitué en une rente envers eux. Décidé que le droit de centième denier eft dû , puifque M. de Bellofanne n'eft réellement devenu propriétaire des portions de fes puinés qu'en vertu de la ceffion qu'ils lui ont faite , n'y aïant point d'autres biens dans la fucceffion du père commun.

Autre décifion du confeil du 27 Avril 1748 , contre la dame le Gras du Luare , qui avoit rembourfé à fa fœur , dans le tems fixé par la coûtume de Montdidier , le quint qui lui revenoit de la fucceffion du père. Décidé que le droit de centième denier eft dû , attendu que le rembourfement a été fait en deniers étrangers à la fucceffion , & non compenfé par d'autres éfets de cette fucceffion.

Néanmoins , il y a une décifion contraire du 10 Avril 1754 ; le fieur de la Sauffaye , procureur du Roi en l'élection de Roüen , avoit retiré le tiers de fes puinés , en conformité de l'article 296 de la coûtume de Normandie , par acte fous-fignatures privées du 15 Septembre 1723. Le fermier aïant demandé les droits de contrôle & de centième denier de cet acte , M. l'intendant de Roüen condamna le fieur de la Sauffaye au païement du droit de contrôle , parce qu'il s'étoit fervi de cet acte , en paffant d'autres actes en conféquence ; & il le déchargea de celui de centième denier , par deux ordonnances des 11 Décembre 1748 & 24 Mars 1750. Le fieur de la Sauffaye a interjetté apel de ces ordonnances , en ce qu'elles l'avoient condamné au païement du droit de contrôle ; le fermier s'eft auffi porté apellant , en ce que la décharge du droit de centième denier avoit été prononcée ; la décifion prononce fimplement la confirmation des ordonnances. Il faut donc fe conformer à cette dernière décifion , pendant qu'elle fubfiftera.

RETRAIT *de rente foncière venduë , éxercé par le débiteur.* L'article 501 de la coûtume de Normandie favorife la libération des débiteurs de rentes foncières ; il porte que , lorfque la rente foncière eft venduë & non retirée par le feigneur ou le lignager , le propriétaire du fond peut *retirer* ladite rente , dans l'an & jour de la lecture du contrat , & en décharger fon fond , en païant le prix & les loïaux coûts. *Voïez* ce qui a été obfervé , à l'article *Rachat de rentes* , n. 3 , page 238.

RETRAITS *particuliers* , autres que ceux dont il a été précédemment parlé.

Décifion du confeil du 14 Février 1728 , fur le mémoire du fieur de Raiffon , premier conful de la ville de Toulon , qui juge le droit de centième denier dû pour des biens qu'il avoit retirés *par droit d'ofice* des mains d'Antoine Tournier dernier poſſeſſeur, qui en avoit fait l'acquiſition de Madeleine de Raiſſon en 1711. Il diſoit que le droit d'ofice a le même éfet que le retrait, qui eſt d'être ſubrogé au lieu & place de l'acquéreur, en lui rembourſant le prix de l'acquiſition & des loïaux coûts ; & que ſi ce droit d'ofice n'a pas été compris dans l'exception faite par l'article 7 de la déclarationdu 20 Mars 1708, c'eſt qu'il n'eſt pas connu en France, où le décret purge les hipotéques.

Autre déciſion du 23 Juin 1755, qui juge que le droit de centième denier eſt dù pour des biens en Normandie que le Curé de champigny avoit aliénés en 1730 au ſieur Bonnemie, par deux contrats, l'un de bail à rente foncière non rachetable, & l'autre de bail à rente rachetable. Le ſieur Bauſſy, neveu du curé, en a demandé le retrait en juſtice en 1754, ſous prétexte de fraude dans les contrats, & Bonnemie a acquieſcé volontairement à cette demande ; le ſieur Bauſſy ſoûtenoit qu'il n'étoit pas dù de droit de centième denier, & le contraire a été jugé. L'article 500 de la coûtume de Normandie, porte que tout contrat de vente où il y a fraude commiſe au préjudice du retrait lignager ou féodal, eſt clamable (ſujet au retrait) dans trente ans ; un retrait éxercé dans ce délai, après avoir conſtaté la fraude, eſt inconteſtablement éxemt de centième denier, ſuivant l'art. 7 de la déclaration de 1708 ; mais, le ſieur Bauſſy n'aïant pas même articulé la prétenduë fraude, l'acte a été conſidéré comme volontaire, d'autant plus que le premier acte n'étoit point de ſa nature ſujet au retrait, & que le ſecond n'y étoit ſujet que dans l'année de la Lecture qui en avoit été faite.

Déciſion du conſeil du 15 Janvier 1756, qui confirme une ordonnance de M. l'intendant de Caën, par laquelle François Pierre a été condamné au païement du droit de centième denier d'un *retrait à droit de lettre-lûë.* Philippe Pierre avoit acquis des biens de Pierre Bertrand le 14 Janvier 1741, moïennant 6600 livres ; ces biens ont enſuite été ſaiſis réellement pour les dettes du vendeur, & ajugés par décret à Pierre Renouf, par ſentence du bailliage de Caën du 29 Janvier 1748. François Pierre, fils de l'acquéreur, en vertu de l'article 471 de la coûtume (*), a fait ſignifier une demande de retrait, à laquelle l'adjudicataire a acquieſcé, en recevant 8544 liv. pour le rembourſement du prix & des loïaux coûts, dans leſquels ſont entrés le centième denier de l'adjudication ; l'Ordonnance étoit fondée ſur ce que ce retrait n'eſt point du nombre de ceux exceptés par la déclaration de 1708, & qu'il opère une mutation réelle.

La même queſtion du retrait à droit de lettre-lûë, s'étant préſentée dans la généralité de Roüen, M. l'intendant renvoïa les parties au conſeil, qui a décidé le 23 Septembre 1756, que le droit de centième denier étoit dù. Cette déciſion a été renduë contre la dame veuve Longer, fille du ſieur Petit, au ſujet de biens ſaiſis réellement ſur ſon père pour les dettes du vendeur, & par lui retirés enſuite en vertu de la coûtume.

RETRAIT *de biens mouvans du Roi,* éxercé par un privilégié éxemt des droits ſeigneuriaux, ſur un acquéreur non privilégié ; ou par un non privilégié, ſur un acquéreur privilégié : *voïez* l'article *Caſuels,* § 5, n. 8 & 9, tom. 1, page 378.

(*) Cet article porte que le propriétaire ayant poſſédé par an & jour l'héritage, qui puis après ſoit décrété pour dettes aînées de ſon acquiſition, il peut s'en clamer à titre de lettre-lûë, en rembourſant le prix & loïaux coûts, dans l'an & jour.

Il a été observé ci-deſſus , que le délai du retrait de ces biens ne peut courir qu'après l'enſaiſinement du contrat.

RÉTROCESSION , eſt un acte par lequel on céde volontairement une choſe à celui duquel on la tenoit ; le preneur à titre de bail à loïer ou de bail à rente , fait une rétroceſſion , lorſqu'il remet les biens au bailleur , pour être déchargé du prix du loïer ou de la rente ; les acquéreurs & les donataires , font des rétroceſſions , lorſqu'ils remettent les biens aux vendeurs ou aux donateurs acceptans. Il en eſt de même de tous objets mobiliaires ou immobiliaires , qui , par l'éfet d'une convention volontaire , retournent dans la main dont ils étoient ſortis.

1. Suivant l'article 83 du tarif du 29 Septembre 1722 , le droit de contrôle des rétroceſſions des choſes portées par toutes ſortes d'actes , pour quelque choſe & matière que ce ſoit , doit être païé comme pour les actes rétrocédés , ſur le pié réglé par le même tarif.

Il a été expliqué , à l'article *Réſiliment* , que , lorſqu'un bail à ferme ou à loïer eſt réſolu avant que d'avoir eû aucune éxécution , l'acte eſt un réſiliment ; mais que , ſi le preneur eſt entré en jouïſſance & qu'il remette le bailleur en poſſeſſion , c'eſt une rétroceſſion de bail , dont le droit de contrôle eſt dû ſur le même pié fixé pour le bail , conformément à l'article 16 du tarif.

Le droit de contrôle des rétroceſſions ne peut ſouffrir aucune dificulté , parce que la diſpoſition du tarif eſt très-claire à cet égard.

2. Mais il s'eſt élevé bien des dificultés pour le droit de centième denier des rétroceſſions d'immeubles , quoiqu'il ſoit ordonné , par l'article 6 de la déclaration du Roi du 20 Mars 1708 , que le droit de centième denier ſera païé pour tous arrêts , jugemens , ſentences & généralement pour tous actes tranſlatifs & *rétroceſſifs* de propriété de biens immeu-

bles. Il ne faut que faire attention à la nature de l'acte & aux motifs qui le déterminent , pour connaître ſi c'eſt une rétroceſſion , auquel cas le droit de centième denier eſt inconteſtablement dû ; tout acte tranſlatif de propriété ou d'uſufruit d'immeubles ne peut ceſſer de produire ſon éfet qu'en vertu d'une convention volontaire , ou d'un jugement qui en prononce la nullité ; ſi la convention volontaire eſt faite devant notaires , le jour même du contrat , c'eſt un réſiliment ; & ſi elle n'eſt faite que depuis , c'eſt une rétroceſſion. A l'égard du jugement qui prononce la nullité , ſoit *ab initiò* , pour cauſes premières & inhérentes , ſoit pour l'avenir ſeulement , faute d'éxécution des conditions , c'eſt une réſolution , forcée ou volontaire. Il faut donc voir ces deux articles : *Réſiliment* & *Réſolution*.

3. La *rétroceſſion d'un bail à vie* , d'immeubles , eſt ſujéte au même droit de demi-centième denier que le bail , parce qu'elle remet la jouïſſance par anticipation au bailleur ; déciſion du 18 Juin 1735 , contre la veuve du ſieur le Peletier de S. Gervais ; autre déciſion du 30 Août 1738 , contre le ſieur d'Houteville , qui prétendoit qu'une ſemblable rétroceſſion faite en 1738 , d'un bail à vie paſſé au mois de Décembre 1732 , étoit un ſimple réſiliment : décidé que ce n'eſt point un réſiliment , mais une rétroceſſion , dont les droits de contrôle & de centième denier ſont dûs. *Voïez* encore la déciſion du 28 Juin 1749 , tom. 1 , p. 290 , col. 1.

4. Il en eſt de même de la *rétroceſſion des baux emphitéotiques & à longues années* , pourvû que , lors de la rétroceſſion , il reſte encore plus de neuf années de jouïſſance ; s'il en reſtoit moins , le droit de contrôle ne ſeroit dû que ſur le pié règlé par l'article 15 du tarif , & il ne ſeroit dû aucun droit de centième denier. *Voïez* Baux emphitéotiques § 1 , tom. 1 , p. 293.

5. Les *rétroceſſions de baux à rente foncière* ſont ſujétes aux mêmes droits que leſdits baux , parce qu'elles transférent au bailleur ou à ſes repréſentans , la propriété naturelle de l'immeuble dont ils étoient déſaiſis. Nous n'entendons parler ici que de la rétroceſſion volontaire & acceptée ; car s'il s'agit d'un déguerpiſſement , exponſe ou abandonnement de l'héritage , ſans l'acceptation du créancier de la rente , le droit de contrôle n'eſt dû que ſur le pié fixé par l'article 36 du tarif ; mais le droit de centième denier en ſera dû. Si , au contraire , c'eſt le propriétaire de la rente qui force le détenteur du fond à déguerpir , & à lui abandonner l'héritage ; *voïez* Réſolution , n. 7.

Déciſion du 20 Août 1746 , contre Nicolas Rotrou , qui avoit fait un bail à rente en 1736 ; lequel a été conventionnellement réſolu en 1745 , faute de païement de quelques arrérages , & ſous la réſerve , de la part de Rotrou , de ſes droits & actions pour ce qui lui étoit dû. Décidé que le droit de centième denier eſt dû pour la rétroceſſion.

Autre déciſion ſemblable , du 18 Mars 1752 , contre Charles de la Herce , qui avoit fait un bail à rente au ſieur Grenet en 1746 , & qui eſt rentré en poſſeſſion , en vertu d'un acte fait avec la veuve Grenet en 1751 , par lequel il a été reconnu qu'il étoit dû 200 livres audit de la Herce pour reſte des arrérages échus.

6. A l'égard des *rétroceſſions de donations*, faites volontairement par le donataire au donateur ou à ſes repréſentans , *voïez* Donation , §. XII , tom. 2 , p. 203.

7. Quant aux *rétroceſſions de ventes ou autres aliénations* d'immeubles , les principes établis à l'article *réſolution* font connaître les droits qui ſont dûs pour la rétroceſſion ; lorſqu'il eſt poſſible à l'acquéreur de conſerver les biens & de n'en pouvoir être dépoſſédé que de ſon conſentement , le vendeur n'y rentre que par l'éfet d'une rétroceſſion , & doit païer le droit de centième denier , ſans avoir égard aux termes emploïés dans l'acte ou dans le jugement qui a été rendu. *Voïez* les arrêts raportés à l'article Réſolution , n. 4.

Déciſion du conſeil du 10 Avril 1728 , au ſujet de l'adjudication des biens d'une ſucceſſion vacante , dont il y a eû apel , & enſuite un déſiſtement volontaire de la part de l'adjudicataire , lequel , ſous prétexte que le prix étoit trop fort , a conſenti que le curateur diſpoſât des biens , à telles conditions qu'il voudroit , pourvû que le prix ne fut pas inférieur à celui de ſon adjudication , & qu'il lui ſeroit délégué pour ſon rembourſement. Décidé que le droit de centième denier eſt dû pour l'adjudication , & qu'il eſt également dû pour la rétroceſſion.

Autre déciſion du 19 Septembre 1739 , ſur le mémoire du ſieur marquis Dormenans ; il avoit vendu une terre en Bourgogne , le 14 Février 1737 , au ſieur Clerget , moïennant 36000 liv. païables dans des tems fixes , avec clauſe expreſſe qu'à défaut de païement il lui ſeroit loiſible de faire revendre à la fole-enchère de l'acquéreur , ou de rentrer en poſſeſſion , ſans aucune formalité de procédure ; deux ans après , il a repris la terre , faute de païement & en conſéquence d'un acte conventionnel paſſé entre lui & l'acquéreur. Il ſoûtenoit qu'il n'étoit pas dû de centième denier , diſant qu'il ne s'étoit pas deſſaiſi , puiſque les conditions de la vente n'avoient pas été éxécutées , & que d'ailleurs ſa rentrée en poſſeſſion ne pouvoit être conſidérée que comme un retrait conventionnel , puiſqu'elle étoit fondée ſur une ſtipulation expreſſe du contrat. Décidé que le droit de centième denier eſt dû en conformité de la déclaration de 1708 , qui y aſſujétit toute rétroceſſion volontaire. Il s'agiſſoit en éfet d'une rétroceſſion , puiſque l'acquéreur pouvoit conſerver les biens en païant ; ainſi , il n'y avoit aucune comparaiſon avec

le

le retrait conventionnel, que le vendeur peut éxercer par le feul éfet de fa volonté, & indépendamment de celle de l'acquéreur.

Décifion du confeil du 2 Avril 1746: Louis Minard avoit vendu une maifon à Claude Minard, fon fils aîné, le 10 Octobre 1729, moïennant une rente rachetable; après la mort du père, il eft procédé au partage de cette maifon entre tous les enfans, qui reconnaiffent que l'aîné s'étoit défifté de fon acquifition, & que, l'acte s'étant perdu dans la maffe des papiers de la fucceffion, l'acquifition ni le défiftement ne produiront aucun éfet, au cas qu'on les trouve. Sur la demande du droit de la rétroceffion, Claude Minard difoit qu'il ne poffédoit la maifon qu'à titre fucceffif; & que l'énonciation faite dans le partage devoit être confidérée comme un raport à fucceffion, & non comme la preuve d'une rétroceffion, puifqu'il ne fe trouvoit aucun acte. Décidé que le droit de centième denier eft dû par tous les enfans comme héritiers de leur père, pour la rétroceffion qui lui avoit été faite par l'aîné.

Autre décifion du 9 Juillet 1746, fur le mémoire du fieur Chapuis, garde du corps du Roi; il avoit acquis des portions de maifons à Paris le 17 Décembre 1743, du fieur Bréhant; & par un acte du 6 Décembre 1745, reconnaiffant que la vente n'avoit pas eû d'éxécution & que l'acquéreur n'avoit pû en païer le prix, ils ont déclaré réfilier cette vente, ledit fieur Chapuis fe chargeant de tous les événemens envers le vendeur; en conféquence il demandoit la décharge du droit. Décidé que ce droit eft dû par le fieur Bréhant, à caufe de la rétroceffion.

Du 15 Novembre 1751, décifion du confeil contre le fieur Thevard, notaire à Ambierle, qui avoit vendu une maifon le 28 Février 1746, moïennant 825 liv. & fous la réferve de l'ufufruit pendant la vie de fa mère; il fût paffé le 15 Juillet 1751, un autre acte, par lequel les parties

Tome III.

fe défiftèrent réciproquement du contrat qu'ils déclarèrent nul & réfolu, le vendeur s'obligeant de rendre une fomme de 100 livres par lui reçuë à compte. Il foûtenoit que c'étoit un fimple réfiliment avant que la vente eût eû aucune éxécution, puifque la mère avoit continué de joüir de la maifon. Décidé que les droits de contrôle & le centième denier de la rétroceffion font dûs.

Par décifion du 4 Mai 1754, le confeil, fans avoir égard à une ordonnance de M. l'intendant d'Alençon, a condamné Nicolas Milment au païement du droit de centième denier de la rétroceffion de biens qu'il avoit vendus le 6 Mars 1738, au fieur Maquaire; au pié d'une expédition du contrat, le fieur abbé Maquaire, l'un des enfans de l'acquéreur, avoit reconnu le 11 Septembre 1740, que ce contrat n'étoit que confidenciaire, que la vente n'avoit pas été réelle, que Milment avoit toujours confervé les biens, & qu'aucun des enfans de Maquaire n'y prétendoit rien. Mais, on n'admet point de contrats confidenciaires, & l'on ne peut détruire un contrat parfait en foi, fans nouveaux droits, fi ce n'eft par une contre-lettre du même jour, faite par devant notaires.

Décifion du 10 Mars 1755, qui confirme une ordonnance de M. l'intendant de Poitiers, par laquelle le fieur Pellard de Montigny a été condamné au païement du droit de centième denier d'une rétroceffion à lui faite le 23 Décembre 1752, fous le titre de retrait conventionnel, de biens qu'il avoit vendus le 16 Janvier 1751, au fieur Mourain, purement & fimplement; il avoit été fait un acte fous-fignatures privées, daté du même jour que la vente, par lequel il avoit été reconnu que cette vente n'étoit faite que pour affurer à Mourain l'intérêt de 8000 livres qu'il avoit prêtées au fieur Pellard, & que celui-ci pourroit éxercer la faculté de reméré pendant deux ans, comme une

V v

condition expreffe. Mais il eft de principe que cette faculté doit être exprimée dans le contrat même , ou au moins dans un acte passé devant notaires le même jour , parce qu'elle doit être une condition expreffe de la vente , fans quoi la ftipulation qui en eft faite autrement , eft une revente.

REVENTE *des domaines du Roi,* eft l'adjudication qui fe fait au confeil , d'un domaine actuellement engagé à faculté de rachat perpétuel , à la charge , par l'adjudicataire , de rembourfer comptant & en un feul païement les finances de l'engagifte , & de païer en outre une rente annuelle au domaine , avec le fol pour livre du capital de cette rente fur le pié du denier 30.

La revente eft un moïen de dépofféder un engagifte , dont la finance eft trop modique , en fubrogeant un autre engagifte en fon lieu & place , & en chargeant celui-ci de payer une rente , qui augmente les revenus de l'état , fans augmenter les finances qu'il faudra rembourfer , lorfqu'il s'agira de réunir les biens au domaine.

L'adjudicataire par revente eft entièrement fubrogé au contrat d'engagement fait à celui qu'il dépofféde ou à fes auteurs : il joüit au même titre , il a les mêmes priviléges , & il eft tenu des mêmes charges , outre la nouvelle rente ; au lieu que , lorfque les biens engagés font rentrés dans la main du Roi , par réunion ou autrement , & que S. M. les aliéne enfuite , c'eft par un nouvel engagement ; l'arrêt du 21 Mai 1745 , raporté à l'art. *Crecy,* tom. 1 , page 593 , eft fondé fur cette diftinction ; voïez auffi la déclaration du Roi du 19 Juillet 1695 , tom. 2 , p. 106.

Les règlemens généraux qui ont ordonné qu'il feroit procédé à la vente , *revente* & aliénation des biens domaniaux , font raportés à l'article *Domaine* , §. 3 , n. 2.

Voïez principalement l'édit du mois de Mars 1695 , tom. 2 , p. 106 , & les règlemens qui font cités à la fuite de cet édit.

Celui qui veut dépofféder un engagifte & fe rendre adjudicataire par revente , doit faire des offres de rembourfer comptant & en un feul païement la finance de l'engagifte , fur le pié de la liquidation qui en fera faite au confeil , & en outre de païer une rente annuelle au domaine , telle qu'il voudra l'offrir ; ces offres doivent être remifes à Mrs les intendans ou à M. le contrôleur général des finances. Les offres ne font reçuës que par arrêt du confeil , qui ordonne qu'après les publications fufifantes , il fera procédé à l'adjudication à titre de revente , au plus offrant & dernier enchériffeur ; voïez l'arrêt du 13 Mai 1724 , tom. 2 , p. 113.

Si les engagiftes prétendent avoir des moïens de s'opofer à la revente , ils doivent les fournir devant Mrs les intendans , ou à Paris au gréfe les commiffions extraordinaires , trois jours avant celui indiqué pour l'adjudication définitive , arrêt du confeil du 26 Février 1725 , tom. 2 , p. 110.

Les adjudicataires doivent rembourfer la finance des engagiftes , avec les intérêts à raifon du denier 30 , à compter du jour de la remife qu'ils ont faite de leurs titres pour être procédé à la liquidation defdites finances , jufqu'à l'actuel rembourfement ; arrêt du confeil du 20 Juin 1724. L'édit de 1667 & l'arrêt de 1719 , raportés tom. 2 , p. 129 & 132 , règlent ce qui doit entrer dans la liquidation des finances.

Ils doivent faire expédier & retirer les contrats des adjudications qui leur ont été faites à titre de revente , en remettre les expéditions en forme au fermier du domaine , & les faire enregiftrer aux gréfes des bureaux des finances , ou à ceux des chambres des comptes , dans les provinces où il n'y a point de bureaux des finances ; faute de quoi , il fera procédé à nouvelle adjudication à leur fole-enchère. Ces expéditions ne peuvent leur être délivrées , qu'ils n'aïent préalablement païé le fol pour livre au denier trente du capital de la rente ftipulée par l'adjudication ; *voïez* les arrêts des 20 Novembre 1725 , 14 Juillet 1733 , 24 Mars 1739 , 5 Mars & 31 Décembre 1743 , tom. 2 , p. 114 & 115.

R E V E N T E *à la fole-enchère* , eft une nouvelle adjudication qui fe fait aux rifques , périls & fortune d'un précédent adjudicataire , qui n'a pas païé le prix de fon adjudication , ou qui n'a pas fatisfait aux autres conditions fous lefquelles elle lui avoit été faite. *Voïez* Adjudications , tom. 1 , p. 91.

Ceux qui fe font rendus adjudicataires des biens domaniaux , font tenus de faire expédier leur contrats , finon , il doit être procédé à nouvelle adjudication à leur fole - enchère ; & ils doivent être contraints à la requête & diligence des fermiers des domaines au païement du principal , à raifon du denier 30 de la totalité ou de la portion des rentes , à la charge defquelles l'adjudication leur avoit été faite , fuivant le montant de la fole-enchère ; c'eft-à-dire que , fi la première adjudication étoit à la charge de rembourfer l'ancien engagifte & de païer 100 liv. de rente au domaine , & que la nouvelle adjudication ne foit portée qu'à 80 livres de rente , le premier adjudicataire fera contraint au païement de 600 livres qui eft le capital au denier 30 de la fole-enchère de 20 livres de rente. *Voïez* les arrêts des 20 Novembre 1745 & 24 Mars 1739 , tom. 2 , p. 114.

R É U N I O N *au domaine de la couronne* , des biens qui en avoient été défunis , foit à titre de conceffion , de don , d'engagement , ou de toute autre aliénation quelconque , foit par ufurpation ou autrement ; *voïez* l'article *Domaine* , §. V.

tom. 2 , p. 114 , où il eft parlé des réunions dans les diférens cas.

R É U N I O N *féodale* ; les biens qui ont dépendu d'un fief peuvent y être réunis de diférentes manières , foit parce que le feigneur acquiert les biens mouvans de lui , foit parce qu'il les retire féodalement ou qu'ils lui aviennent par deshérence , bâtardife , ou confifcation ; foit enfin parce que le propriétaire defdits biens acquiert le fief dont ils étoient mouvans. Par tous ces moyens , il y a réunion & confolidation , tellement que l'héritage qui étoit tenu en cenfive & qui retourne au Seigneur , devient une partie du fief & reprend la nature féodale qu'il avoit originairement ; cette confolidation eft de droit pour tout ce que le feigneur réunit en vertu des droits attachés à fa feigneurie ; mais , dans quelques coûtumes , il peut empêcher la réunion des biens qu'il acquiert & qui étoient mouvans de fon fief , en déclarant qu'il entend les poffeder roturièrement. L'article 200 de la coûtume de Normandie , porte même que cette réunion n'a lieu pour les acquifitions , que lorfque le fucceffeur de l'acquéreur les a poffédées comme domaine non fieffé par 40 ans.

Suivant l'art. 18 de l'arrêt de règlement du confeil du 13 Avril 1751 , tout roturier poffeffeur de fief ou de terres nobles , qui acquiert des fonds dans fa cenfive , eft tenu d'en payer le droit de franc-fief ; & s'il acquiert le fief dont il eft cenfitaire , le droit de franc-fief doit être également païé pour la totalité , tant du fief acquis que des terres qui étoient auparavant poffédées roturièrement , en préfupofant néanmoins , dans l'un & l'autre de ces deux cas , que la réunion de la roture au fief ait eu lieu.

R É V O C A T I O N *d'actes*. Il y a des actes qui s'anéantiffent par l'expreffion d'une volonté contraire ; on révoque une procuration , un teftament & autres actes fem-

blables. Mais s'il s'agit d'actes finallagmati-
ques, ils ne peuvent être anéantis que par
le concours de la volonté des parties entre
lesquelles ils ont été passés, ou par des jugemens qui les déclarent nuls ou qui en
prononcent la résolution ; ainsi l'anéantisse-
ment de ces actes est un résiliment, une
résolution, ou une rétrocession.

Les révocations de procurations en matière ecclésiastique, sont comprises dans la
troisiéme section de l'article premier du
tarif du 29 Septembre 1722, qui en fixe
le droit de contrôle à 20 sols.

Mais, en matière laïque, la révocation
de la procuration est un acte simple, pour
le droit de contrôle duquel il n'est dû que
10 sols, comme pour la procuration.

La révocation d'un testament est un acte
de dernière volonté, qui n'est sujet au contrôle qu'après le décès de la personne qui
révoque, & dont le droit doit être perçû
fur le pié règlé par l'art. 89 du tarif de
1722 ; dans ce cas, le testament révoqué
n'est point sujet au contrôle ; mais, si le
testament n'est pas entièrement révoqué &
que la révocation ne tombe que fur un legs
ou fur toute autre disposition particulière,
le testament fera sujet au droit de contrôle
fixé par l'art. 89, & il ne fera dû que 10
sols pour la révocation, considérée alors
comme un codicile précédé d'un testament
contrôlé.

Il n'est point dû de droit d'insinuation
pour la simple révocation d'un testament ;
l'art. 9 du tarif des insinuations n'est apliquable qu'aux actes qui annullent des dispositions insinuées, & qui pouvoient dès-
lors produire leur éfet ; & comme les dispositions testamentaires ne peuvent avoir
aucun éfet qu'après la mort du testateur, il
est certain qu'il peut les anéantir, fans
donner ouverture à aucun droit d'insinuation.

Décision du conseil du 18 Août 1731,
fur le mémoire de Touffaint Bouret, qui
juge qu'un acte portant révocation d'une
substitution faite par une donation entre-
vifs & insinuée, doit être insinuée ; &
qu'il est dû, suivant l'art. 9 du tarif, la
moitié des droits règlés par le même tarif,
pour la substitution.

Le 10 Juillet 1731, il a été décidé au
conseil qu'un testament déposé au gréfe &
entièrement révoqué par un acte pareillement déposé, n'étoit point sujet au contrôle, mais seulement l'acte de révocation.

Décidé le 28 Mars 1733, qu'un acte
portant révocation de testament & déclaration de vouloir mourir *ab intestat*, est
un acte de dernière volonté, qui n'est sujet
au contrôle qu'après le décès de la personne
par laquelle il a été fait.

Autre décision du 4 Juillet 1733, fur
le mémoire du fieur Beaulieu, qui juge qu'un
acte par lequel fa mère demeurante à Toulon, avoit révoqué fon testament & déclaré
vouloir mourir *ab intestat*, doit être contrôlé comme testament, & qu'il n'est sujet
à aucun droit d'insinuation.

Par une autre décision du 19 Janvier
1736, fur le mémoire de la veuve Boulon,
il a été jugé qu'il n'étoit dû que 10 sols
pour le droit de contrôle d'une révocation
de testament, & que cette révocation devoit être insinuée & le droit païé fur le pié
règlé par l'art. 9 du tarif. Mais, il s'agissoit
d'un testament fait par le mari & par la femme ; il avoit été contrôlé & insinué après
la mort du mari, & la veuve avoit ensuite
révoqué la disposition qui lui étoit personnelle. On ne pouvoit pas percevoir une seconde fois le droit de contrôle fur le pié de
l'art. 89 ; & il a été jugé qu'il étoit dû un
demi-droit d'insinuation, parce que, la disposition révoquée aïant été insinuée, il étoit
nécessaire que la révocation le fut également.

Décision du conseil du 19 Mai 1753, qui
confirme la perception de 50 liv. pour le
droit de contrôle d'un acte par lequel le
fieur du Tillet, capitaine de Vaisseaux du
Roi, avoit révoqué tous testamens & codi-

ciles qu'il pouvoit avoir faits, & déboute son fils de sa demande en restitution d'une partie de ce droit.

Arrêt du conseil du 18 Novembre 1755, par lequel, sans s'arrêter à une ordonnance de M. l'intendant de Languedoc, la dame de la Fontguy a été contradictoirement condamnée à païer, sur le pié règlé par l'art. 89 du tarif, le droit de contrôle d'un acte passé par le sieur de la Fontguy, ancien capitaine au régiment de Piémont, & bourgeois de la ville d'Alais, portant révocation d'un testament mistique qu'il avoit fait précédemment devant notaires, avec déclaration de vouloir mourir *ab intestat* ; en conséquence, il a été ordonné que la somme de 57 liv. 11 sols restituée en vertu de ladite ordonnance seroit rétablie entre les mains du commis de la ferme au bureau d'Alais. Il avoit été perçu 60 liv. y compris les quatre sols pour livre, sur le pié de la 1ʳᵉ classe de l'art. 89 ; & M. l'intendant avoit jugé qu'il ne s'agissoit que d'un résiliment, pour lequel il n'étoit dû que 2 liv. 8 sols suivant l'art. 81.

Les donations sont révoquées de plein droit, lorsqu'il survient des enfans au donateur ; *voïez* ce qui est observé à cet égard, tom. 2, p. 203.

RIVIÉRES ; les fleuves, & les rivières navigables du roïaume, appartiennent au Roi en pleine propriété, par le seul titre de sa souveraineté ; ainsi que tout ce qui se trouve dans leurs lits, comme les isles & islots, les attérissemens & accroissemens, droits de pêche, péages, passages, ponts, bacs, bateaux, moulins & édifices, & autres choses & droits que ces fleuves & rivières produisent ; *voïez* Isles, tom. 2, p. 583.

Par arrêt du parlement de Paris du 29 Mai 1743, rendu sur les conclusions de M. Joly de Fleury, avocat général, il a été jugé qu'un diamant, trouvé dans le lit de la rivière de Seine, par le nommé Guenemond, retenu par les gardes de l'orfévre-

rie, & non réclamé, étoit une épave, dont la vente seroit faite, pour en être le prix distribué, un tiers au receveur général du domaine, un tiers à Guenemond, & l'autre tiers aux orfévres, conformément aux ordonnances qui leur ont attribué le tiers des épaves de jouaillerie & orfévrerie.

ROLES *des tailles, de l'impôt du sel & autres impositions générales & particulières*, n'ont jamais été assujétis au *contrôle* des actes, comme étant faits par les oficiers des élections ou des greniers à sel, ou par Mʳˢ les intendans ; mais les rôles des foüages & autres impositions de la province de Bretagne y ont été assujétis, comme on l'expliquera à l'article *Rôles des foüages.*

Tous ces rôles ont été sujets au droit de *petit-sceil.* Ils y furent assujétis par l'art. 3 de l'édit du mois de Novembre 1696, par la déclaration du 6 Mai 1698, par l'art. 4 de celle du 10 Novembre 1699, & par l'art. 1ᵉʳ de celle du 20 Mars 1708.

Il fut fait une exception, par les art. 2 & 3 de la déclaration de 1699, pour les provinces & généralités de Toulouse, Montpellier, Provence, Bourgogne, Flandre, Hainault & Artois ; & pour les rôles des impositions extraordinaires du roïaume.

Le droit de sceil de ces rôles fut fixé par la septième classe du tarif du 20 Mars 1708, confirmatif de l'exception ci-dessus.

Le 8 Juin 1733, il fut décidé que les rôles d'impositions, pour les droits des courtiers-jaugeurs & inspecteurs aux boissons, n'étoient pas sujets au petit-sceil, en les considérant comme des rôles d'impositions extraordinaires, dispensés de ce droit par la déclaration de 1699.

Les rôles des tailles tariffées ou proportionnelles, tenant lieu de l'ancienne taille personnelle, devoient être scellés, quoique non vérifiés par les oficiers des élections, suivant une décision du 20 Mars 1744, adressée à M. l'intendant de Roüen.

Il fut ordonné, par arrêt de règlement

rendu au conseil le 31 Décembre 1710, & par l'art. 9 de celui du 29 Avril 1721, rendu contradictoirement avec les jurats de Bearn, que les collecteurs des tailles, de l'impôt du sel & autres impositions, seroient tenus de représenter aux receveurs d'icelles, les quitances des droits de petit-scel de leurs rôles, faute de quoi le montant de ces droits leur seroit retenu sur le premier païement, par lesdits receveurs, qui en fourniroient quitances aux collecteurs, sur lesquelles les rôles seroient scellés par les commis du fermier, qui se feroient païer de ces droits par lesdits receveurs des impositions.

Par la déclaration du Roi du 13 Avril 1761, il a été ordonné que, *dans les païs où la taille est personnelle* (ce sont les provinces & généralités d'élections) la répartition de la capitation se fera sur les mêmes rôles que la taille, conjointement avec les autres impositions accessoires; & qu'à commencer au département qui se fera pour l'année 1763, *dans les païs de taille personnelle*, lesdits rôles, ensemble les premières contraintes décernées par les receveurs des tailles, à chaque terme de païement, contre les collecteurs & contre les contribuables, seront *exemts du droit de contrôle, papier marqué & petit-scel*. Nous avons expliqué, tom. 1er page 569, ce qui a été ordonné pour le recouvrement de la taille; il ne s'agit ici que des rôles.

Cette déclaration a été enregistrée en la cour des aides de Paris le 8 Mai 1761; ainsi elle doit avoir son éfet dans le ressort de cette cour. Elle doit également être suivie pour ce qui concerne les droits de timbre & de sceau des rôles des tailles imposées conjointement avec la capitation dans tous autres païs de taille personnelle, quand bien même elle n'y seroit pas encore enregistrée; attendu la disposition de l'article 2 du bail fait pour commencer au 1er Janvier 1763, raporté tom. 2, p. 348. ***

A l'égard des païs de taille réelle, il faut se rapeller l'exception faite par la déclaration de 1699, & par le tarif de 1708.

Quant aux rôles de l'impôt du sel, & des impositions générales & particulières, autres que celles qui sont accessoires à la taille & qui s'imposent conjointement avec la capitation, ces rôles doivent être scellés & les droits païés sur le montant de l'imposition, avant que de pouvoir être mis à éxécution, conformément au tarif de 1708, sous les peines portées par les déclarations de 1698 & 1708; c'est-à-dire, à peine de 100 liv. d'amende & du païement desdits droits.

RÔLES *des foüages de Bretagne*; l'article 84 du tarif du 29 Septembre 1722, avoit fixé le droit de *contrôle* des rôles des tailles, foüages & autres impositions de la *province de Bretagne*; ces rôles n'avoient point été compris dans le tarif du contrôle du 10 Mars 1708: il y fut supléé par arrêt du 18 Septembre de la même année, portant qu'ils continuëroient d'être contrôlés à l'avenir, comme ils l'avoient été par le passé. Mais, par un autre arrêt du conseil du 18 Décembre 1736, il a été ordonné qu'à commencer au 1er Janvier 1739, lesdits rôles cesseroient d'être contrôlés; ainsi ils ne sont plus assujétis à cette formalité.

Ils doivent être *scellés* & le droit perçû suivant la fixation faite par la septième classe du tarif du 20 Mars 1708. Il fut ordonné, par arrêt du conseil du 23 Novembre 1709, que les droits de *petit-scel* seroient perçus sur deux expéditions de chacun desdits rôles; au moïen de quoi, les gréfiers des rôles, dont les ofices subsistoient alors, pouroient délivrer tel nombre de copies ou extraits desdits rôles, qu'ils jugeroient à propos, sans les faire sceller.

Par un autre arrêt du conseil du 3 Août 1734, il a été ordonné que les extraits des rôles qu'il eſt d'uſage de délivrer , en pluſieurs paroiſſes de la province de Bretagne , aux diférens collecteurs , demeureront éxemts du droit de ſceau ; & qu'à commencer au 1ᵉʳ Janvier 1739 , *il ne ſera plus perçu qu'un droit de ſceau ſur les rôles des foüages* de ladite province ; *& ce , ſur le pié de la ſomme entière contenuë en chacun rôle* , ſans que ladite ſomme puiſſe être diviſée , ſous prétexte de la diférence des impoſitions qui compoſent leſdits rôles. Cet arrêt a été rendu ſur le mémoire des états de la province, contenant que le double droit de ſceau , ordonné en 1709 , avoit pour objet l'expédition qui ſe délivroit alors au vérificateur des rôles ; mais que , l'ofice aïant été ſupprimé en 1711 , les ſecondes expéditions ſont devenuës inutiles , & que l'uſage en a même été aboli ; que d'ailleurs , ſous prétexte que leſdits rôles comprennent pluſieurs eſpéces d'impoſitions , comme les foüages ordinaires qui apartiennent au Roi , les foüages extraordinaires qui ſe perçoivent au profit de la province , & une dernière impoſition qui ſe fait au profit de S. M. pour l'entretien des garniſons, l'on faiſoit païer le droit de ſceau diſtinctement pour chaque eſpèce d'impoſitions.

Vöiez au ſurplus , l'article *Foüages* de Bretagne , tom. 2 , page 418.

RÔLES pour *la ſubſiſtance des pauvres* ; le parlement de Paris a ordonné , par arrêt du 30 Décembre 1740 , qu'il ſeroit fait des rôles pour la ſubſiſtance des pauvres dans toutes les paroiſſes de ſon reſſort ; & le Roi eſtimant que , dans un objet auſſi important pour le ſoulagement des pauvres , il n'étoit pas convenable que leſdits rôles & les procédures néceſſaires pour leur exécution fuſſent ſujets à aucuns droits , il a été ordonné , par arrêt du conſeil du 20 Janvier 1741 , que les rôles faits pour la ſubſiſtance des pauvres , en éxécution dudit arrêt du parlement de Paris , les actes & procédu-

res pour l'éxécution d'iceux , les procédures faites pour parvenir à la réduction des cotiſations , & les jugemens qui interviendront , ſoit devant les premiers juges , ſoit au parlement ſur l'apel , ſeront faits & rédigés en papier commun & non timbré , & qu'ils ſeront éxemts de la formalité des contrôle , ſceau , droits-réſervés , & autres droits , de quelque nature qu'ils puiſſent être.

Il ne faut pas confondre ces rôles d'impoſitions générales , avec ceux qui ſe font , dans certaines provinces , ſur toute une famille , pour contribuer à la nourriture & à l'entretien d'un parent indigent ; là , c'eſt une acte particulier à la famille , juſte dans ſon principe , mais volontaire dans ſon éfet , puiſqu'il ne s'éfectuë qu'en vertu d'une délibération des parens convoqués. Ici , c'eſt une charité , & même un devoir auquel tous les citoïens ſont ſoumis dans la proportion de leurs facultés ; devoir dont l'accompliſſement concourt au maintien du bon ordre. Si le ſouverain fait céder l'intérêt de l'état à la cauſe publique , il n'y a aucune conſéquence à en tirer pour ce qui concerne les familles particulières.

ROUEN , ville capitale de la Province de Normandie , & chef-lieu d'une généralité , où il y a parlement , cour des comptes , aides & finances , bureau des finances & intendance. *Vöiez* Normandie.

Les villes de Lyon , Roüen & autres ont demandé l'éxemtion ou l'abonnement des droits de contrôle des actes , inſinuation , centième denier & petit-ſcel ; & elles en ont été déboutées par l'arrêt du 9 Mai 1724 , raporté , tom. 1 , p. 5.

Les habitans roturiers de la ville de Roüen ont pluſieurs fois prétendu devoir joüir de l'éxemtion des droits de franc-fiefs , pour les fiefs & biens nobles par eux poſſédés ; mais ces anciens priviléges ont ceſſé comme ceux de pluſieurs autres villes , en conſéquence des édits de 1672 & 1692 , & de la déclaration du 16 Juillet 1702.

C'est même ce qui a été jugé, contradictoirement avec les maire & échevins de Roüen, par arrêts du conseil des 8 Août 1713, 13 Décembre 1718 & 24 Novembre 1722 ; & par un autre arrêt du 30 Août 1723, contre le sieur le Prevost de la Grandiere, bourgeois de Roüen.

La même chose a été jugée contre les habitans des villes de Dieppe & du Havre, en la généralité de Roüen, par arrêt du conseil du 13 Décembre 1718.

ROUSSILLON, province de France, dans les Pyrénées, dont Perpignan est la capitale ; elle fut prise par Louis XIII, en 1642, & assurées à la France par le traité des Pyrénées, fait entre la France & l'Espagne, le 7 Novembre 1659.

Par déclaration du Roi du 10 Novembre 1733, enregistrée au conseil supérieur de Roussillon le 17 Décembre suivant, S. M. valida les actes passés par les notaires du Roussillon avant la déclaration du 29 Septembre 1722, qui n'avoient d'autre défaut que celui d'avoir été contrôlés après la quinzaine de leur date.

Le droit d'amortissement dû par les gens de main-morte du païs & comté de Roussillon, a été fixé sur le pié du quart de la valeur des immeubles ou des sommes données ou léguées pour fondations ; *voïez* le tom. 1, p. 181.

Par l'article 56 du traité des Pyrénées, il fut stipulé que les successions testamentaires ou autres quelconques, donations entre-vifs ou autres, des habitans de Catalogne & du côté de Roussillon, réciproquement les uns aux autres, leur demeureront également permises & inviolables. Ce qui emporte l'éxemtion du droit d'aubaine en faveur des catalans, dans le Roussillon seulement ; & réciproquement dans la Catalogne, en faveur des habitants du Roussillon.

Les domaines de Thuis & Thuluge avec leurs apartenances & annéxes, ont été réunis au domaine de Roussillon, par arrêt du conseil du 11 Avril 1669, raporté dans le tom. 2, p. 594.

Louis XIV, par une déclaration du 7 Décembre 1688, unit & incorpora au conseil supérieur de Roussillon le consistoire du domaine dudit païs.

Par une déclaration du Roi du 17 Juin 1759, S. M. a donné une nouvelle forme à la chambre du domaine de Roussillon ; il a été ordonné que cette chambre sera à l'avenir composée de juges permanens qui continuëront de connaitre des affaires concernant le domaine ; en conséquence il a été créé en titre d'ofice, un président & deux conseillers en ladite chambre, pour juger lesdites affaires, sauf l'apel au conseil supérieur de Perpignan ; il a pareillement été créé un ofice de procureur du Roi en ladite chambre ; mais le gréfe est resté uni à celui du conseil supérieur. Au surplus, le président & les deux conseillers de la chambre du domaine sont conseillers honoraires au conseil supérieur ; & le procureur du Roi, est avocat général honoraire audit conseil ; & les uns & les autres y ont entrée, séance & voix délibérative. Cette déclaration a été enregistrée au conseil supérieur de Perpignan, le 1er Septembre 1759.

On ne se sert point de papier timbré en Roussillon, comme il a été observé à la fin de l'article *Formule*, tome 2, p. 412.

SAISIE,

S.

 AISIE, eft un exploit fait par le miniftère d'un huiffier ou fergent à la requête d'un créancier, fur ce qui apartient à fon débiteur, pour s'affurer le paîement de ce qui lui eft dû. Il y a diverfes efpèces de faifies.

SAISIE-ARRÊT, eft celle que fait faire un créancier entre les mains d'un dépofitaire d'éfets apartenans à fon débiteur, ou entre les mains des fermiers, rentiers ou autres débiteurs de ce débiteur principal.

Voïez ce qui a été obfervé, tom. 1, p. 554, fur les droits de contrôle dûs pour les faifies-arrêts. Il eft dû, en outre, un droit de faifie-mobiliaire, qui eft de 3 f. en principal, fuivant l'édit du mois de Septembre 1704, raporté, t. 1, p. 574.

Si les faifies-arrêts font faites pour le recouvrement des fermes du Roi, *voïez* Contrôle des exploits, §. 12 & 13.

Sur les afirmations paffées en conféquence des faifies-arrêts, *voïez* le tom. 1, page 100; & le tom. 2, p. 453.

Il ne peut être fait de faifies-arrêts entre les mains des fermiers des domaines pour créances fur le Roi; arrêt du confeil du 5 Août 1738, qui caffe & annulle une faifie faite à la requête du fieur de Moncaffin, entre les mains du fieur Roudier, directeur des domaines à Touloufe; avec défenfes audit fieur de Moncaffin &

à tous autres de faire aucunes faifies entre les mains du fermier des domaines, pour raifon de créances qu'ils prétendront avoir à éxercer contre le Roi, fauf à fe pourvoir par devers S. M., pour être ftatué ainfi qu'il apartiendra fur la repréfentation des titres.

Les faifies-arrêts faites entre les mains des receveurs généraux des domaines & bois, doivent être par eux vifées fur les originaux, fuivant l'édit du mois d'Octobre 1705; arrêt du parlement de Paris du 18 Mai 1744, qui, faute de cette formalité, déclare nulles des faifies faites entre les mains des receveurs généraux des domaines & bois de Paris.

SAISIE-ÉXÉCUTION, fe fait à la requête d'un créancier, des meubles qui fe trouvent en la poffeffion de fon débiteur, pour être enfuite procédé à la vente d'iceux, & le prix délivré au faififfant.

Il eft dû autant de droits de contrôle qu'il y a de gardiens établis à la confervation des éfets faifis, indépendamment de celui dû par raport à la partie principale pour la faifie; &, en outre, un droit de faifie-mobiliaire; *voïez* le tom. 1, p. 554 & 574.

Si la faifie-éxécution eft faite pour recouvrement d'impofitions, ou pour les droits des fermes, *voïez* Contrôle des exploits, §. 10 & fuiv.

Sur la forme de procéder aux faifies-éxécutions de meubles pour deniers roïaux,

Tome III.   X x

voïez la déclaration du Roi du mois de Mars 1668, tom. 2 , p. 518.

SAISIE-MOBILIAIRE, confidérée comme un acte , eft une faifie-arrêt , ou une faifie-éxécution, dont il a été parlé ci-deffus.

Il y a un droit connu fous le nom de faifie-mobiliaire, qui eft de trois fols en principal ; il avoit été attribué à des ofices de commiffaires aux faifies-mobiliaires, pour toutes· les faifies de deniers , meubles & éfets, ainfi que pour les opofitions à la délivrance des deniers & éfets faifis , & pour les main-levées ; *voïez* le tom. 1 , page 574.

SAISIE FÉODALE , eft celle que le feigneur fait du fief de fon vaffal , faute de foi & hommage , ou d'aveu & dénombrement, ou enfin , faute d'avoir fatisfait aux droits & devoirs dont le vaffal étoit tenu.

Les faifies féodales des biens mouvans des domaines du Roi , fe font à la requête des procureurs généraux des chambres des comptes , ou des procureurs du Roi des bureaux des finances. Par un arrêt du confeil du 19 Janvier 1668 , rendu entre M. le procureur général de la chambre des comptes de Paris , & le procureur du Roi au bureau des finances de Châlons , il a été ordonné que les faifies féodales & liquidations des droits dûs à S. M. feront faites : favoir , à la requête du procureur du Roi en la chambre du tréfor à Paris , pour l'étenduë de fon reffort , ainfi qu'il s'eft pratiqué avant la déclaration du 24 Novembre 1665 ; & , dans les généralités de Châlons & de Bourges , à la requête des procureurs de S. M. èfdits bureaux, créés en 1617 , à la charge d'en envoïer autant , de trois en trois mois , au procureur général de la chambre des comptes ; fans qu'il puiffe être accordé aucune main-levée defdites faifies féodales qu'après l'hommage rendu & les droits dûs à S. M. , liquidés

& païés , & à condition d'obliger les vaffaux à fournir des aveux & dénombremens dans le tems & aux peines portées par les coûtumes.

Voïez encore ce qui a été obfervé , au fujet des main-levées des faifies féodales , à l'article *Foi* , tom. 2 , p. 378.

Les faifies féodales faites à la requête des procureurs généraux des chambres des comptes & des procureurs du Roi des bureaux des finances , doivent être contrôlées fans percevoir aucun droit , fauf à le faire païer par les gréfiers , lors de la réception des actes de foi & hommage , aveux & dénombremens ; arrêt du confeil du 2 Août 1724 , raporté , tom. 1 , page 558.

SAISIE-RÉELLE fe fait des immeubles du débiteur, en les mettant fous la main de la juftice, pour être vendus , & le prix diftribué au faififfant & autres créanciers , s'il y en a. Cette faifie eft fujéte au contrôle des exploits , comme il a été expliqué , tom. 1 , page 554.

La faifie réelle ne dépouille pas le faifi , qui peut , jufqu'à l'adjudication, conferver fes biens , en païant les créanciers ; mais on confidère que le congé d'ajuger dépouille le faifi , & met abfolument les biens dans la main de la juftice : c'eft une fentence qui déclare la faifie & les criées bonnes & valables , & qui ordonne qu'il fera procédé à la vente & adjudication des biens faifis. *Voïez* le tom. 2 , p. 19.

L'adjudication qui s'en fait eft apellée *décret* , dont il a été parlé , tom. 2 , page 18.

SAISINE, eft ou la poffeffion actuelle dans laquelle le vendeur d'un immeuble met l'acquéreur , par une tradition réelle ; ou une efpèce d'inveftiture ou enfaifinement accordé au nouveau poffeffeur par le feigneur direct. En général , les contrats font tranflatifs de propriété ; mais il y a des coûtumes qui éxigent la tradition réelle par la deffaifine & la faifine.

L'article 85 du tarif du 29 Septembre 1722 , porte que , pour les faifines , inveftitures , lectures & publications , ou prifes de poffeffion d'héritages & immeubles , le droit de contrôle fera païé ainfi qu'il eft règlé par l'article 70 du même tarif. *Voïez* Prife de poffeffion d'immeubles.

La faifine ou nantiffement pris en juftice en vertu d'un contrat contrôlé , n'eft qu'un acte judiciaire , éxemt de contrôle ; décifion du confeil du 3 Mai 1723.

S A L U C E S , marquifat & Province de Piémont. C'étoit un domaine de la couronne de France , qui fut cédé au duc de Savoye en contr'échange de la Breffe , du Bugey , du païs de Gex & de Valromey , par le traité de Lyon , du 17 Janvier 1601 , que M. Dupuy , date du 17 Juin , dans fon traité des droits du Roi , page 465 , & qui a été mis fous la même date dans le 1er volume de ce dictionnaire page 329. *Voïez* auffi ce qui a été dit , tom. 2 , p. 92.

S A R D A I G N E , roïaume apartenant à la maifon de Savoye ; *voïez* ci-après , *Savoye*.

S A U F - C O N D U I T , eft une affurance ou fauve-garde donnée par le Roi à quelqu'un pour la fûreté de fa perfonne pendant un tems. Les créanciers , qui ont une contrainte par corps contre leur débiteur , peuvent bien lui en accorder une furféance par un acte qui tient lieu de fauf-conduit. Les juges peuvent même donner des fauf-conduits dans certains cas , pour procurer au débiteur le tems & la facilité de vaquer à fes affaires.

Par l'article 8 de l'édit du mois de Décembre 1703 , il fut ordonné que toutes lettres de répi ou arrêts de furféance feroient infinués. Par les art. 4 & 5 de la déclaration du Roi du 19 Juillet 1704 , S. M. a déclaré fujets à l'infinuation , conformément à l'article 8 de l'édit de 1703 , tous arrêts , jugemens & fentences portant

fauf-conduit ou furféance générale , foit qu'ils foient accordés par S. M. , ou par les oficiers des cours & autres jurifdictions du roïaume ; avec défenfes à tous huiffiers & fergens & autres fur ce requis , de faire aucuns actes & exploits en conféquence , qu'après l'infinuation defdits arrêts , fentences & jugemens , à peine de nullité , dommages & intérêts des parties , & de 300 livres d'amende contre les contrevenans.

Les fauf-conduits ne font compris dans les tarifs que fous le nom de furféance : l'article 17 , de celui du 29 Septembre 1722 , pour l'infinuation , porte que , pour chacune lettre de répi , arrêts , jugemens & fentences portant furféance générale , foit qu'ils foient accordés par S. M. ou par les cours & autres jurifdictions , il fera païé 20 livres.

Il a néanmoins été décidé au confeil le 18 Avril 1723 , que les fauf-conduits expédiés par les fecrétaires d'état ne font point fujets à l'infinuation.

Les actes par lefquels les créanciers accordent fauf-conduit à leur débiteur , ou furféance de la contrainte par corps , ne font point fujets à l'infinuation , comme il a été obfervé , tom. 1 , p. 111.

A l'égard des autres fauf - conduits , *voïez* Surféance.

S A V O Y E , état fouverain , avec titre de duché , entre la France & l'Italie , apartenant au Roi de Sardaigne. François I , comme héritier de madame Louife de Savoye fa mère , a joûi de la Savoye , qui ne fut remife aux Ducs que par Henri I I , en 1559 , par le traité de paix fait au château de Cambrefis. *Voïez* le traité des droits du Roi , par M. Dupuy , page 31.

Par une déclaration de Charles IX du 5 Février 1566 , il fut ordonné que les favoyards , qui étoient habitués dans le roïaume avant la reftitution de la Savoye & qui y font demeurés depuis , feroient réputés Français, & que, comme tels, leurs enfans & héritiers régnicoles pouroient leur fuccéder.

En 1601, il fut fait une échange entre Henry IV, & le duc de Savoye ; *voïez* Saluces.

Déclaration du Roi du 3 Février 1606, portant qu'il n'y auroit aucun droit d'aubaine fur les fujets de la Savoye, confirmation de l'ancienne coûtume de fuccéder, & confervation de la nobleffe de Savoye dans fes priviléges pour les terres qu'elle poffède en Dauphiné.

Au mois de Juillet 1645, Louis XIV, donna des lettres patentes portant éxemtion du droit d'aubaine, en faveur de Thomas de Savoye, prince de Carignan, de Marie de Bourbon fon époufe & de leurs enfans.

Arrêt du confeil du 8 Décembre 1666, portant que les fujets de Savoye ne feront point fujets au droit d'aubaine en Dauphiné, où ils font capables de toutes fucceffions, à la charge de la réciprocité dans la Savoye en faveur des habitans du Dauphiné. Il fut en conféquence expédié des lettres patentes du Roi, au mois de Juillet 1669 ; & la réciprocité fut admife par lettres patentes du duc de Savoye du 15 Août de la même année 1669. Cette éxemtion étoit limitée au Dauphiné.

Par arrêt du confeil du 13 Mai 1698, les originaires du comté de Nice & des autres terres du duc de Savoye ont été déboutés de leur requête ; il a été ordonné que la déclaration du Roi du 14 Août 1612, concernant les lettres de naturalité fera éxécutée, ainfi que les rôles arrêtés en conféquence de celle du 22 Juillet 1697. Néanmoins, ceux qui étoient nés avant 1612, dans le marquifat de Saluces, les vallées de Piémont, viguerie de Barcelonne & autres lieux en dépendans, qui ont transféré leur domicile dans le roïaume, & qui ont fait leur déclaration conformément à ladite déclaration de 1612, ont été déchargés des taxes.

Lettres patentes de Louis XIV, du mois de Juillet 1702, portant éxemtion du droit d'aubaine en faveur du duc de Savoye, de la ducheffe de Savoye, de la ducheffe douairière de Savoye, & des enfans du duc de Savoye. Si ces lettres étoient néceffaires aux fouverains, il s'enfuit, à plus forte raifon, que leurs fujets étoient aubains en France, à la feule exception du Dauphiné.

Par arrêt du parlement de Paris du 6 Mars 1738, il a été jugé, conformément aux conclufions de M. Dagueffeau, avocat général, que le fieur Faure, favoyard de nation, marchand forain commerçant en France, décédé à Brie-Comte-Robert, en 1735, y eft mort aubain ; & en conféquence, fes biens ont été ajugés au Roi.

Autre arrêt du parlement de Paris du 22 Février 1743 ; Jofeph Simon, favoyard de nation étant décédé, le receveur général des domaines de Paris a pourfuivi le recouvrement de fes biens, à titre de deshérence ou autrement, & a agi contre Jaques Borel, marchand à Fontainebleau, débiteur de 1050 livres à la fucceffion de Simon, pour le montant d'un billet ; celui-ci a prétendu avoir païé cette fomme au marquis de Montmorin, donataire par le Roi des droits feigneuriaux. L'arrêt ordonne néanmoins l'éxécution provifoire des fentences de la chambre du domaine, pour la délivrance, & condamne Borel aux dépens.

Par l'article 21 du traité conclu à Turin, le 24 Mars 1760, entre le Roi, & le Roi de Sardaigne duc de Savoye, & ratifié par le Roi, le 10 Juillet fuivant, il eft dit que, pour cimenter toujours plus l'union & la correfpondance intime que l'on défire de perpétuer entre les fujets des deux Cours, le droit *d'aubaine* & tous autres qui pouroient être contraires à la liberté des fucceffions & des difpofitions réciproques, reftent déformais fuprimés & abolis pour tous les états des deux puiffances , y compris les duchés de Lorraine & de Bar.

S C E A U & S C E L , font des marques autentiques de l'autorité néceffaire pour faire valider les actes & jugemens , & les faire éxécuter.

Le fceau de la grande chancellerie eft apellé le grand-fceau , gardé par M. le chancelier ou par M. le garde des fceaux de France ; il fert à fceller les édits , déclarations & lettres patentes du Roi , ainfi que les provifions d'ofices , les commiffions & autres actes émanés de la grande chancellerie.

Il y a des chancelleries établies près les parlemens & autres cours fouveraines , pour fceller les arrêts defdites cours & les lettres & actes qui font expédiés dans ces chancelleries.

Les préfidiaux ont auffi leurs chancelleries , où font fcellés leurs jugemens & les reliefs d'apels & anticipations.

Voïez ce qui a été obfervé au fujet des oficiers de ces diférentes chancelleries, tom. 1 , pages 397 , 398 & 403.

1. On nomme *petit-fcel* , le fceau des actes judiciaires émanés des autres fiéges & jurifdictions roïales, dont les droits font partie de la ferme des domaines , & dont les fonctions font éxercées par les commis de cette ferme, en mettant feulment un certifiat fur les actes & jugemens , qu'ils ont été fcellés & que le droit a été acquité.

2. Il avoit été créé des ofices de gardes-fcel dès 1319 & par plufieurs édits fubféquens , dans toutes les jurifdictions roïales ordinaires & extraordinaires , pour fceller les fentences & jugemens qui en feroient émanés , & les contrats & actes des notaires & tabellions roïaux ; il fut ordonné , par arrêt du confeil du 28 Mars 1676 , que les fonctions defdits ofices créés en

1619 , 1639 & 1640 , ne feroient point aliénés ; qu'ils demeureroient réunis au domaine , & que le fermier général rembourferoit les engagiftes & jouïroit des droits. L'éxécution de cet arrêt fut ordonnée par un autre du 10 Mai 1677 , pour la généralité de Moulins , dans les lieux où le droit de fcel n'étoit pas engagé.

3. Par édit de Louis XIV du mois de Novembre 1696 , il eft dit que, comme la juftice qui s'éxerce dans les jurifdictions du roïaume , païs, terres & feigneuries de l'obéïffance du Roi , prend fa force entière de l'autorité de S. M. , les Rois fes prédéceffeurs ont cru qu'il étoit néceffaire , pour en imprimer une marque autentique aux fentences , commiffions , mandemens & autres actes qui s'expédient , d'y apofer le fcel roïal ; comme auffi aux contrats & actes qui fe paffent par les notaires & tabellions. Et pour établir l'uniformité dans les fonctions des ofices de gardes-fcel qui avoient été créés & dans la perception des droits, S. M. éteignit & fuprima , par cet édit, les ofices de gardes-fcel des fentences , jugemens & autres actes de toutes les juftices & jurifdictions roïales , enfemble les ofices de gardes - fcel des contrats & actes des notaires & tabellions roïaux ; foit qu'ils euffent été joints & unis à d'autres ofices , rétablis ou réunis au domaine , à l'exception feulement des ofices de gardes-fcel créés depuis 1688.

4. Au lieu de ces ofices , il en fut créé de nouveaux , par le même édit de 1696 , fous le titre de confeillers gardes - fcel des fentences & des contrats , dans toutes les juftices & jurifdictions roïales ordinaires & extraordinaires du roïaume , exprimées ou non exprimées dans l'édit , pour fceller tous les jugemens , fentences provifoires , interlocutoires , définitives , défauts , congés , (*) adjudications des baux judiciaires ,

---

(*) Les préfentations , défauts & congés levés au gréfe des préfentations , ainfi que les actes d'afirmation de voïage , font difpenfés du fceau par la feptiéme claffe du tarif de 1708. -

tutelles , curatelles , interdictions , féparations , certifications de criées , adjudications par décret , redditions & clôtures de comptes , commissions , décharges de commissaires , main-levées , acquiescemens , éxécutoires de dépens , & généralement tous les jugemens , ordonnances & autres actes émanés desdites justices , soit que les expéditions en soient faites par les gréfiers , ou qu'elles soient feulement signées par les juges au pié des requêtes ou des procès verbaux ; même les contraintes & rôles des tailles , de l'impôt du fel & autres impositions , dont le droit de fcel fera remboursé aux collecteurs & à cet éfet imposé par les rôles.

5. Il fut aussi ordonné , par le même édit, que tous les contrats & actes des notaires & tabellions roïaux feroient fcellés par lesdits gardes-fcel. Les fonctions de gardes-fcel des actes des notaires furent défunies par une déclaration du Roi du 18 Juin 1697 ; les droits furent ensuite réunis au domaine , par une autre déclaration du 6 Mai 1698 ; & le droit de fcel desdites actes des notaires a été supprimé par édit du mois d'Août 1706. *Voïez* Notaires , §. XXIII , tom. 3 , page 56.

6. Par l'article 8 de l'édit du mois de Novembre 1696 , il est défendu à tous gréfiers , notaires & tabellions de délivrer aucunes fentences , ordonnances , contrats , obligations & autres actes fujets au petit-fcel , qu'ils n'aïent été fcellés , à peine de nullité & de 100 livres d'amende contre chacun des contrevenans pour chacune contravention ; l'article 9 défend pareillement aux parties de s'en aider , à tous procureurs & autres de les produire dans les procès & instances , & à tous huissiers & fergens de les signifier , ni mettre à éxécution , fous pareille peine , & aux juges d'y avoir égard. Et l'article 10 porte qu'à l'égard des ordonnances & autres actes fujets au petit-fcel , dont il ne fe délivre point d'expédition par les gréfiers ,

& qui s'éxécutent fur la fimple fignature des juges , S. M. défend aux parties de s'en fervir , & à tous huissiers & fergens de les mettre à éxécution qu'ils ne foient fcellés , aussi fous les mêmes peines.

Les détrets de prise de corps peuvent néanmoins être mis à éxécution avant que d'être fcellés ; *voïez* Décret , tom. 2 , pag. 16. Il faut au furplus obferver que tous les décrets ne font fujets au droit de petit-fcel que lorfqu'il y a partie civile ou dénonciateur.

7. Par la déclaration du Roi du 17 Septembre 1697 , les ofices de gardesfcel établis avant 1696 , dans les jurifdictions roïales ordinaires furent rétablis , à l'exception de ceux du châtelet & des autres jurifdictions de la ville de Paris , dans laquelle il fut ordonné que l'édit du mois de Novembre 1696 , feroit éxécuté ; & ceux créés dans les jurifdictions roïales extraordinaires furent unis aux corps des oficiers.

Une autre déclaration du 6 Mai 1698 , ordonna la réunion des ofices de gardesfcel du châtelet & des jurifdictions roïales ordinaires , auxdites jurifdictions ; mais les droits furent réfervés au Roi.

Les ofices de gardes-fcel ont été supprimés par édit du mois de Décembre 1713 , & les droits réunis au domaine.

Par l'article 2 de la déclaration du Roi du 29 Septembre 1722 , S. M. a révoqué les édits , déclarations & arrêts portant fupreffion , aliénation ou abonnement des droits de contrôle des actes , infinuations-laïques & *petit-fcel* précédemment rendus ; & a ordonné qu'à commencer du 1er Novembre fuivant , tous les actes fujets auxdits droits , enfemble tous les jugemens & actes judiciaires fujets au petit-fcel , feront contrôlés , infinués & fcellés dans les délais prefcrits par les précédens règlemens & conformément à iceux , & les droits païés fous les peines y portées , fans aucune diftinction des lieux où lefdits droits n'ont point été ci-devant perçûs , fauf à raporter au confeil les titres en vertu defquels les fupreffions , aliénations ou abonnemens ont été faits , pour être fur iceux procédé à la liquidation des finances & au remboursement s'il y échet

En conféquence de cette déclaration , il a été rendu plufieurs arrêts contre ceux qui fe prétendoient aliénataires des droits de petit-fcel ; *voïez* ceux des 11 Octobre 1723 & 4 Décembre 1725 , tom. 1 , p. 646 ; & celui du 30 Mai 1724 , dans le même vol. p. 300.

8. Le droit de petit-fcel eft dû pour les fentences , jugemens & actes émanés des requêtes du palais & de toutes jurifdictions roïales ordinaires & extraordinaires ; *voïez* Amirautés , Confuls , Elections , Greniers à fel , Hôtels-de-ville , Maîtrifes *&c.*

Les juftices aliénées par le Roi à titre d'échange , deviennent patrimoniales aux engagiftes ; ainfi le droit de petit-fcel n'y doit pas être perçû , à moins que la juftice ne continuât d'être renduë au nom du Roi ; mais il eft dû dans toutes les jurifdictions cédées au Roi en contr'échange ou à quelque titre que ce foit , parce que dès-lors la juftice eft roïale & ne peut être renduë qu'au nom de S. M.

9. Ce droit eft dû fur le pié règlé par le tarif du 20 Mars 1708 , dont l'exécution eft ordonnée par la déclaration du Roi du 29 Septembre 1722. Nous n'entrerons pas dans le détail de tout ce qui eft fujet au petit-fcel , ni des droits qui font dûs ; il faut confulter le tarif , & les articles de ce dictionnaire où il a été parlé de quelques actes fujets à ces droits.

Par arrêt du confeil du 22 Janvier 1709 , il a été ordonné que les fentences qui donnent acte aux commiffaires aux faifies-réelles de leurs diligences , & les commiffions & mandemens pour mettre à exécution les fentences & jugemens par d'autres huiffiers que ceux des jurifdictions où ils ont été rendus , feront fcellés , quoiqu'obmis par erreur dans quelques duplicata du tarif de 1708.

Ordonnance portant permiffion d'intimer fur apel ; jugé , par arrêt du 14 Juillet 1719 , contre un procureur à Angouléme , qu'il eft dû 25 fols de droit de fcel.

Décidé le 30 Juin 1722 , que , pour un décret d'affigné pour être ouï , il eft dû 6 fols 3 deniers.

Le 22 Décembre de la même année , il a été décidé que les permiffions d'informer & les décrets ne font point fujets au droit , lorfque les pourfuites fe font à la requête des procureurs du Roi , feuls parties , fans dénonciateur.

Le 31 du même mois de Décembre 1722 , décidé que les jugemens qui ordonnent l'exécution d'un autre , les fentences qui déboutent des opofitions à celles renduës par défaut , & celles qui accordent acte de l'afirmation d'un débiteur fur une faifie - arrêt , font fujétes au fceau , à raifon de 25 fols. Que celles qui accordent acte de la nomination d'experts & de leur preftation de ferment , les jugemens qui ordonnent une vifite ou un raport d'experts , & qui entérinent les raports , & ceux qui autorifent les femmes au refus de leurs maris , font fujets au fceau.

Décidé le même jour que les procès-verbaux d'enquêtes , ne font point fujets au fceau ; mais que , fi le juge prononce défaut & réaffigné fous peine d'amende , il eft dû 7 fols 6 deniers pour le droit de petit-fcel fuivant la feptième claffe.

Les actes de reprife d'inftance pour en venir à l'audience & procéder fuivant les derniers erremens , & qui fe fignifient de procureur à procureur , font des actes d'inftruction , non fujets au fceau ; décifion du 19 Mars 1729.

Mais , s'il s'agit de demandes introductives d'inftances , le jugement qui permet d'affigner eft fujet au fceau , foit qu'il foit fignifié à la partie ou au procureur ; décifion du 11 Décembre 1751.

La même décifion , renduë fur le mémoire des procureurs de Magny , juge qu'il eft dû 7 fols 6 deniers pour le droit de petit-fcel des ordonnances portant permiffion d'informer & de fe faire vifiter par des chirurgiens.

Les apréciations de grains, dont les extraits font délivrés par les gréfiers ne font point fujets au fceau ; décifion du 22 Mai 1738.

10. Toutes les expéditions ou extraits d'un même jugement doivent être fcellés, parce que c'eft l'expédition même qui y eft fujéte & non pas la minute, & que le fcel eft néceffaire pour la validité de chaque expédition ou extrait ; arrêt du 13 Mai 1704.

Les peines prononcées pour le défaut de fceau font expliquées ci-deffus, n. 8. *Voïez* encore l'arrêt du 27 Février 1717, qui confirme une ordonnance de M. l'intendant de Poitiers rendue contre le gréfier de Lufignan, un procureur & un huiffier pour avoir délivré & s'être fervi de fentences non fcellées ; autre arrêt du 15 Mars 1718, contre le fieur Chandonnay, fon procureur & un huiffier, pour s'être fervi d'une ordonnance du baillif de Tours, rendue fur requête, portant permiffion de faifir des fruits, fans qu'elle fut fcellée. Autre arrêt du 2 Avril 1718, contre le gréfier de la vicomté de Caën, pour avoir délivré l'expédition d'une renonciation, fans l'avoir fait fceller. Celui du 12 Décembre 1721, défend de donner des affignations fur les tutelles, en conféquence des ordonnances non fcellées, & prononce les amendes encourues. Arrêt du confeil du 29 Juillet 1747, qui réïtère les défenfes aux gréfiers de délivrer aucunes expéditions ou extraits de jugemens, s'ils ne font fcellés, & prononce les amendes encourues par le gréfier du bailliage de Toul, dont il avoit été déchargé par M. l'intendant de Metz, fous prétexte qu'il n'avoit pas figné les expéditions en les remettant aux parties & qu'il ne les fignoit qu'après qu'elles les avoient fait fceller.

SCELLÉ, eft l'apofition d'un fceau, faite d'autorité de juftice fur les armoires & autres lieux où font renfermés les meubles & éfets d'un défunt ou d'un abfent. *Voïez* apofition de fcellés, où il a été traité des droits qui font dûs pour ces actes.

Les fonctions & les droits attribués aux garde-fcels pour les apofitions & levées de fcellés, ont été réunis aux ofices de commiffaires au châtelet de Paris, par déclaration du Roi du 2 Mai 1713.

Par décifion du confeil du 23 Mars 1752, rendue fur le mémoire des commiffaires-enquêteurs & éxaminateurs au châtelet de Melun, en confirmant la perception du droit de fceau par chaque vacation aux apofitions & levées de fcellés, il a été jugé qu'il n'eft point dû de droit de contrôle pour les opofitions aux fcellés apofés par lefdits commiffaires, & renfermées dans leurs procès verbaux ; parce que, ces Procès verbaux étant des actes judiciaires, l'opofition qui y eft formée par le même acte eft également judiciaire. Mais, fi le procès verbal d'apofition de fcellés étoit fait par un notaire, & en conféquence fujet au contrôle, il feroit pareillement dû un droit de contrôle pour l'opofition faite par le même acte auxdits fcellés.

Les fcellés fur les éfets des comptables des deniers roïaux, fur ceux des emploïés des fermes aïant maniment de deniers, & fur les éfets provenans des fucceffions ajugées au Roi, doivent être apofés & levés par les oficiers qui connaiffent de la comptabilité, & defdites fucceffions. *Voïez* Inventaire, tom. 2, p. 576, 578 & 581.

SECRÉTAIRES *du Roi*, font des oficiers, pour faire les fonctions de gréfiers des expéditions de la chancellerie, & qui jouïffent de très-grands privilèges. Ils ont des gages, des attributions & la nobleffe au premier dégré ; ils font
éxemts

éxemts de païer les droits feigneuriaux pour les biens mouvans du Roi , & il leur a été attribué une infinité d'autres éxemtions ; mais l'on ne doit reconnaître que celles qui font nommément exprimées dans des titres fubfiftans , émanés du Roi régnant ; *voïcz* le tom. 1 , page 375 , & le tom. 2 , p. 94 & 144. Les arrêts particuliers qu'ils peuvent avoir obtenus ne font d'aucune confidération pour les droits roïaux dont il eft traité dans ce Dictionnaire, s'ils n'ont pas été rendus contradictoirement au confeil des finances.

Dans leur inftitution , les fecrétaires du Roi étoient oficiers de la maifon de S. M. pour fervir auprès de fa perfonne ; delà font provenus leurs privilégies infinis & le titre de commenfaux. Ils ne fervent plus qu'à la chancellerie ; ils ont néanmoins le titre de fecrétaires du Roi, maifon , couronne de France & de fes finances.

Ils ont plufieurs édits qui n'ont été enregiftrés qu'avec répugnance & après différentes lettres de juffion , par raport aux inconvéniens qui réfultent de l'augmentation des privilégiés & de l'étenduë de leurs éxemtions , qui diminuent confidérablement les droits du Roi, qui tournent fouvent à l'aggravation des autres fujets de S. M. , & qui font naitre des obftacles dans la régie & la perception. *Voïez* les édits des mois de Mars 1605 , Décembre 1607 *&c.*

Sous le titre de fecrétaires du Roi , l'on connaît ceux de la chancellerie de France ; ceux des chancelleries établies près les cours fupérieures , & ceux des cours ; il ne faut pas les confondre , parce que leurs privilèges ne font pas entiérement les mêmes. Pour remplir notre objet , nous en parlerons diftinctement.

SECRÉTAIRES DU ROI , *de la grande chancellerie ,* font ceux qu'on apelle fecrétaires du Roi du grand collé-

ge ; ils ont le titre de fecrétaires du Roi , maifon , couronne de France & de fes finances. Cette compagnie étoit autrefois compofée de fix colléges diférens , fuivant les diférentes créations qui en avoient été faites , jufques & compris celles de Louis XIV , en 1655 & 1657 ; ils font actuellement fixés à 300 , & réunis pour ne compofer qu'un feul corps & même collége ; ainfi , fous le titre de fecrétaires du Roi du grand collége , l'on entend tous ceux de la chancellerie de France. Les fecrétaires du Roi du petit collége , font ceux des chancelleries établies près les cours fupérieures.

1. Louis XI , par un édit du mois de Novembre 1482 , donné au Pleffis-du-Parc Lez-Tours , augmenta de 50 le nombre de fes notaires-fecrétaires , auxquels il attribua la nobleffe avec l'éxemtion des droits de lods & ventes , quints , requints , rachats , reliefs & autres droits feigneuriaux , dans fes mouvances & directes , pour tous les fiefs & autres biens qui leur viendroient par fucceffion , achat , échange, permutation, emphitéofe , vente ou autrement.

Par un édit de François I , du mois de Décembre 1518 , en confirmant celui de 1482 , il déclare les fecrétaires du Roi éxems de tous droits & devoirs apartenans à S. M. , tant de relief , rachats , quints & requints , deniers , lods & ventes , octrois & cheval de fervice , qu'autres droits & devoirs feigneuriaux quelconques qui fe pouroient trouver dûs à caufe des chofes nobles ou roturières , tenuës & mouvantes de S. M , jà acquifes ou à acquérir à deniers , droits fucceffifs à écheoir à eux ou à leurs femmes , permutations , dons du Roi , ou autres titres quelconques.

Autre édit de François I , donné à Chenonceaux le 14 Avril 1545 , qui leur accorde l'éxemtion des droits feigneuriaux dans le cas de retrait éxercé fur un

Tome III.   Y y

Secrétai-
res du Roi.

premier acquéreur , & la conceſſion. deſdits droits lorſqu'ils ſeroient dépoſſédés
de leurs acquiſitions par un retraïant lignager , après avoir fait la foi & hommage pour les fiefs , ou l'enſaiſinement
pour les rotures. *Voïez* le. tom.. 1 , page
379.

Il y a eû diférentes augmentations &
réductions du nombre des ſecrétaires du
Roi , avec confirmation ou extenſion de
leurs priviléges ; on peut voir les édits de
mois d'Avril 1672 , & Décembre 1697.

Par édit du mois de Mars 1704 , le
nombre fut augmenté de 40 , pour faire
un ſeul collége avec les 300 déja créés ,
aux mêmes honneurs , fonctions , droits
de bourſe , privilége de nobleſſe & éxemtions ; l'article 21 porte. que leſdits 340 ,
ſecrétaires jouïront de l'éxemtion de tous
profits de. fiefs , quints , requints , droits
de lods & ventes. , reliefs , treizièmes ,
rachats , échanges & autres droits ſeigneuriaux & féodaux , de quelque nature
qu'ils ſoient , tant en achetant , vendant ,
qu'autrement ; même dans le cas d'échanges , dans l'étenduë des domaines du Roi ,
& dans les lieux & coûtumes où leſdits
droits d'échange n'avoient pas lieu avant
les édits des mois. de. Mai 1645 , Mars
1673 & Février 1674 ; ſoit qu'ils ſoient
régis par les fermiers , aliénés , échangés
ou donnés en apanage , antérieurement
à la création deſdits 340 ; attendu qu'ils
ne font qu'un ſeul corps & collége. Par
l'article 22 du même édit , ils ſont déclarés éxemts des droits de gréfe , contrôle des dépens. & de ſcel pour les jugemens , actes & contrats qui les concernent , de quelque nature que ſoient
leſdits droits.

Cet édit , accordé moïennant finance ,
dans les preſſans beſoins de l'état , n'a pû
avoir lieu que pendant le. régne du ſouverain dont il étoit émané ; il faut donc
éxaminer les titres du régne actuel.

Par l'art. 1er de l'édit du mois de Juillet

1724, Loüis XV , réduiſit le nombre des
ſecrétaires de la grande chancellerie à 240 ,
conformément à l'édit du mois d'Avril
1672 , & ordonna qu'ils rembourſeroient
la finance des cent qui furent ſupprimés.
S. M. augmenta, en conféquence, leurs
gages & les. maintint dans tous leurs
droits , avantages , priviléges , éxemptions & prérogatives , conformément aux
édits des mois de Novembre 1482 ,
Février 1484 , Avril 1672 , Mars 1704 ,
Juin 1715 , & déclaration du 24 Octobre.
1643.

Il en a été rétabli 60 , par autre édit
du mois d'Octobre 1727 ; enſorte qu'il y
a actuellement 300 ſecrétaires du Roi du
grand collége.

L'édit de 1545 , n'aïant été confirmé ni
rapellé par aucun des ſucceſſeurs de François I , les ſecrétaires du Roi n'avoient aucun prétexte pour prétendre jouïr des
droits ſeigneuriaux pour les acquiſitions
dont ils étoient évincés par un retraïant ; ils
profitèrent de l'occaſion d'une demande de
ſuplément de finance en 1743 , pour faire
revivre une conceſſion anéantie depuis long-
tems.

Ils obtinrent l'édit du mois de. Décembre 1743 , par lequel la finance de chacun
des 300 ſecrétaires du Roi du grand collége , fut augmentée de 19333 liv. 6 ſols
8 den. , & en conſéquence , fixée à 110000
liv. , mais il leur fut accordé une augmentation de gages , à raiſon du denier vingt
de cette. nouvelle finance. L'article 5 de
cet édit eſt remarquable , en ce qu'il explique toute l'étenduë des priviléges & éxemtions. des ſecrétaires du Roi du grand collége. » Maintenons & confirmons noſdits
» trois cent conſeillers-ſecrétaires , leurs.
» ſucceſſeurs , les vétérans & les veuves ,
» dans tous les honneurs , rangs , fonc-
» tions , droits , émolumens , immunités ,
» priviléges , éxemtions & prérogatives à
» eux accordés par tous les précédens
» édits , arrêts & règlemens , pour en

» jouïr en conformité d'iceux, comme s'ils
» étoient ici de nouveau raportés en dé-
» tail ; & *en les expliquant*, en tant que
» de besoin, *voulons qu'ils jouïssent de*
» *l'éxemption* de tous profits de fiefs,
» quints, requints, droits de lods & ven-
» tes, reliefs, treizièmes, rachats, échan-
» ges & autres droits seigneuriaux & féo-
» daux, de quelque nature qu'ils soient, &
» à nous dûs, tant à cause de notre cou-
» ronne, qu'à cause de nos domaines par-
» ticuliers ; *desquels droits nous avons*
» *fait don, cession & remise* à nosdits
» conseillers-secrétaires, à l'éfet par eux
» de jouïr dudit don & remise, *soit qu'ils*
» *soient retraïans ou convenus en retrait,*
» *soit qu'ils soient vendeurs ou acqué-*
» *reurs* ; & ce, dans l'étendue de toutes
» coûtumes indiféremment, soit qu'elles
» chargent le vendeur, l'acquéreur, ou
» tous les deux ensemble, du païement
» desdits droits ; *pourvû toutefois qu'il*
» *n'y ait dol ni fraude ;* & pour y obvier,
» voulons qu'*en cas que lesdits privilégiés*
» *viennent à revendre à des non-privilé-*
» *giés*, les biens qu'ils auroient acquis
» *d'autres non-privilégiés, dans les cinq*
» *ans du jour de la première acquisition,*
» les receveurs & les fermiers de notre
» domaine puissent se faire païer les droits
» dûs pour raison d'une des deux acquisi-
» tions, à leur choix ; de tous lesquels
» droits, éxemtions & privilèges ils ne
» pourront jouïr qu'après avoir païé ladite
» nouvelle augmentation de finance.

Les oficiers de la grande chancellerie,
c'est-à-dire, les grands audienciers, contrôleurs généraux, gardes des rôles, con-
servateurs des hipotéques & le trésorier
général du sceau, ont les mêmes priviléges & concessions, suivant l'art. 4 d'un
autre édit du mois de Décembre 1743,
raporté tom. 1, p. 397.

Par autre édit du mois de Septembre
1755, sur ce que le prix, auquel les
grandes attributions attachées auxdits ofices

de secrétaires du Roi, de la grande chancellerie, les font monter de jour en jour,
faisoit connaître que la finance n'étoit nullement proportionnée à leur valeur, S. M.
a ordonné le païement d'un suplément de
finance à raison de 40000 liv. pour chaque
ofice ; leur a attribué des gages, sur le pié
de quatre pour cent de cette augmentation,
sans retenuë de vingtième & les a, au surplus, confirmés dans tous les honneurs,
rangs, fonctions, droits, émolumens, priviléges, prérogatives, franchises, éxemptions & immunités qui leur sont accordés
par les précédens édits & déclarations,
à la charge toutefois de païer au préalable l'augmentation de finance.

2. Les secrétaires du Roi, du grand collége sont donc *éxemts de païer les droits*
seigneuriaux dûs au Roi, tant à cause de
sa couronne, qu'à cause de ses domaines
particuliers, *pour les biens qu'ils vendent*
ou qu'ils acquièrent dans les mouvances
de S. M., ainsi que pour ceux qui leur
viennent à titre successif.

3. Mais ils ne peuvent se faire païer lesdits droits seigneuriaux des *biens qui sont*
ajugés sur eux, ainsi qu'il a été jugé par
arrêt du grand conseil du 27 Mars 1730,
qui a déchargé le sieur de Damas de la
demande formée par la veuve & les enfans
du sieur le Petit, secrétaire du Roi, des
droits seigneuriaux dûs à cause des terres
de Marcenou, Beaumont & Villiers, mouvantes du domaine du Roi, & ajugées
sur eux audit sieur de Damas ; condamné
ladite veuve & enfans 'e Petit aux dépens,
& débouté les doïen, sous-doïen, &
procureur-sindic des secrétaires du Roi, de
leur intervention & de leur demande en
maintenuë dans le privilége de toucher les
droits seigneuriaux des biens qui se vendent ou qui s'ajugent sur eux, dans les
mouvances du Roi.

4. S'ils sont dépossédés, par retrait,
d'un bien qu'ils avoient acquis dans la mouvance du Roi, ils peuvent éxiger du ré-

traïant non-privilégié, le montant des droits seigneuriaux en vertu de la concession qui leur en eſt faite par l'édit de 1743, ainſi qu'il a déja été obſervé, tom. 1, page 381; & *s'ils éxercent eux-mêmes le retrait* ſur un acquéreur non-privilégié, il n'eſt point dû de droits ſeigneuriaux, parce qu'ils ſont conſidérés comme aïant acquis immédiatement du vendeur; *voïez* le tom. 1, p. 378.

5. L'éxemtion des *droits dûs pour les échanges* ne leur eſt accordée que pour raiſon des biens mouvans des domaines du Roi; & ils ſont tenus de païer leſdits droits, quoique dûs à S. M., pour les échanges de biens mouvans des ſeigneurs particu- liers qui n'ont pas acquis les droits d'é- change: *Voïez* le tom. 2, p. 297.

6. Ces diférentes éxemtions de droits ſeigneuriaux ne peuvent avoir lieu pour les *biens mouvans des domaines tenus à titre d'apanage*, ainſi qu'il a été obſervé, tom. 1, p. 190.

7. Mais, elles ont lieu pour les *biens mouvans des domaines engagés*, ſi l'en- gagement eſt poſtérieur à la conceſſion du privilége des ſecrétaires du Roi; car s'il eſt antérieur, l'engagiſte n'a pû être pri- vé d'une partie des droits qui lui étoient engagés, pour en faire jouïr ces oficiers. Lorſque l'engagiſte eſt adjudicataire à titre de revente, ſans que les biens ſoient ren- trés dans la main du Roi par réunion, ce n'eſt pas l'époque de la revente qu'il faut conſidérer: c'eſt celle du premier engage- ment, auquel l'adjudicataire par revente a été entièrement ſubrogé; au lieu que ſi le Roi avoit réuni & revendu à titre d'enga- gement, ce ſeroit alors un nouveau titre, dont l'époque décideroit en faveur du pri- vilégié, ſi elle étoit poſtérieure à la con- ceſſion de ſon privilége; *voïez* l'arrêt du 22 Mai 1745, tom. 1, p. 593.

8. Par les édits qui accordent la no- bleſſe aux ſecrétaires du Roi du grand col- lége, ils ſont réputés nobles de quatre ra-

ces; ainſi, par une fiction de droit, celui qui eſt reçu ſecrétaire du Roi, quoique né roturier, eſt cenſé né noble; en conſé- quence il eſt *éxemt de droits de franc-fiefs*: cela ne fait aucun doute pour l'avenir, puiſ- qu'il eſt noble; mais, il eſt pareillement éxemt du droit pour raiſon des fiefs & biens nobles dont il a jouï avant ſa réception. Cette éxemtion a été accordée aux ſecré- taires de la grande chancellerie par l'art. 20 de l'édit du mois de Mars 1704, & il a été rendu, le 14 Août 1737, un arrêt du conſeil qui a déchargé M. Gueau de Re- verſeaux d'un droit de franc-fief, dont la demande lui avoit même été formée avant ſa réception dans un ofice de ſecrétaire du Roi, maiſon, couronne de France & de ſes finances.

9. Ils ne ſont point éxemts des droits *d'enſaiſinement*, ainſi qu'on l'a dit à l'arti- cle de ce droit, n. 9, tom. 2, p. 313. Je pourrois citer pluſieurs autres prétentions dans leſquelles ils ont été déclarés mal fon- dés; mais je me renferme dans mon objet.

10. Les ſecrétaires du Roi, ont difé- rentes fois prétendu l'éxemtion des droits de *contrôle des actes, inſinuation & cen- tième denier*, quoiqu'il ſoit ordonné que ces droits ſeront païés par toutes ſortes de perſonnes, éxemtes ou non éxemtes, pri- vilégiées & non privilégiées, ſans aucu- ne exception. Quatre arrêts du conſeil des 24 Août 1706, 20 Décembre 1707, 25 Février & 27 Mars 1710, condamnèrent la prétention formée à cet égard par des ſecrétaires des chancelleries établies près les parlemens de Bordeaux, de Rennes & de Toulouſe. Par autre arrêt du 1er Dé- cembre 1711, le conſeil a caſſé une ordon- nance du ſubdélégué de l'intendance de Montauban, & a ordonné que les ſecré- taires du Roi, les audienciers & con- trôleurs, tant de la chancellerie près la cour des aides de Montauban, que des chancelleries établies près les parlemens, cours ſupérieures, & préſidiaux du roïau-

me, seront tenus de païer, soit pour le passé, soit pour l'avenir, les droits de contrôle, petits-sceaux & insinuations laïques de tous les contrats, jugemens & actes qui les concerneront, sous les peines portées par les édits, déclarations & arrêts.

Néanmoins le sieur Piquet de la Motte, garde des sceaux de la chancellerie établie près le parlement de Rennes, s'étant avisé d'assigner le fermier au grand conseil, pour faire ordonner qu'une acquisition qu'il avoit faite seroit contrôlée & insinuée sans droits, il intervint, le 25 Juin 1718, un arrêt du conseil des finances, qui évoqua cette contestation, avec défenses audit sieur Piquet de la Motte, de procéder ailleurs qu'audit conseil, à peine de nullité & cassation des procédures, & de tous dépens, dommages & intérêts. Une semblable assignation de la part du sieur Desclos, secrétaire de la même chancellerie, fut pareillement évoquée au conseil des finances, le 31 Janvier 1719. Et, par arrêt du conseil du 25 Juillet 1719, faisant droit sur ces évocations, lesdits sieurs Desclos & Piquet de la Motte, ont été condamnés au païement des droits de contrôle, insinuation & centième denier par eux dûs.

La déclaration du Roi du 29 Septembre 1722, & les derniers articles des tarifs du même jour, proscrivent toutes éxemtions personnelles de ces droits.

11. Ils ont aussi prétendu jouïr de l'éxemtion des droits de contrôle des exploits; & par un arrêt du conseil, non rendu en finance, du 7 Juillet 1716, cette prétention a été admise en faveur du sieur Fleury, secrétaire du Roi, en la chancellerie établie près le parlement de Roüen, sur le fondement de l'édit du mois de Février 1703, concernant les chancelleries établies près les cours; mais cet édit ne parle aucunement du droit de contrôle des exploits, dont le premier Prince du sang n'est pas même éxemt, comme on peut le voir, tom. 2, p. 331. La question s'étant

présentée de nouveau, a été jugée, contre les secrétaires du Roi, par arrêt du conseil du 11 Juin 1734.

12. Les secrétaires du Roi ont aussi prétendu l'éxemtion des droits de petit-scel, en les considérant comme des émanations du sceau des chancelleries dont ils sont oficiers; & ils se sont fondés sur l'article 22 de l'édit de 1704, raporté ci-dessus, n. 1; mais le droit de petit scel des actes des jurisdictions roïales n'a point été démembré du sceau des chancelleries, qui est resté dans son intégrité; c'est un établissement particulier du souverain, qui avoit à cet éfet créé des ofices de garde-scels; Loüis XIV en accorda véritablement l'éxemtion par l'édit de 1704; mais cette éxemtion se trouva révoquée par la déclaration du 20 Mars 1708, contenant nouveau règlement des droits de petit-scel, portant que lesdits droits seroient païés au fermier du Roi & à ses commis, sans qu'ils pûssent y être troublés ni empêchés par quelques sortes de personnes, & sous quelque prétexte que ce puisse être. En conséquence, il fut ordonné, par l'arrêt du 1er Décembre 1711, que ces droits seroient païés par les secrétaires du Roi. Loüis XV a également révoqué toutes aliénations & abonnemens des droits de petit-scel, par sa déclaration du 29 Septembre 1722.

13. L'article 22 de l'édit du mois de Mars 1704, a accordé aux secrétaires du Roi, de la grande chancellerie, l'éxemtion des droits de contrôle des dépens; un arrêt du conseil d'état du 11 Octobre 1707, les a maintenus dans l'éxemtion de ce droit, tant au conseil, qu'au parlement de Paris, & autres cours & jurisdictions du roïaume. Ce droit, qui fait partie de ceux que l'on nomme Droits-réservés, étoit alors attribué à des oficiers que Loüis XV a suprimés par édit du mois d'Août 1716, en réservant les droits, pour être perçus au profit de S. M. Je ne connais aucun titre du règne actuel qui ait confirmé l'éxemtion

accordée par Loüis XIV , & je crois , en conféquence , qu'elle ne peut plus être invoquée.

14. Par le même article 22 de l'édit du mois de Mars 1704 , les fecrétaires du Roi, du grand collége , ont été déclarés éxemts des *droits de gréfe.* Un arrêt du grand confeil du 11 Mai 1717 , rendu entre le fieur Rolland , fecrétaire du Roi , de la grande chancellerie , & le gréfier des décrets de la cour des aides de Paris , & fur l'intervention , tant du collége des fecrétaires du Roi , que des gréfiers de l'enclos du palais à Paris , a maintenu & gardé lefdits fecrétaires du Roi , dans l'éxemtion de tous droits & émolumens des gréfes , à l'exception de la plume , encre , parchemin & papier ; en conféquence , le gréfier de la cour des aides de Paris , a été condamné de délivrer audit fieur Rolland le décret d'une terre à lui ajugée , en païant la plume , l'encre , le parchemin & le papier.

Le grand confeil connaît des priviléges des fecrétaires du Roi , lorfqu'ils font conteftés ou attaqués par des particuliers ; mais dès qu'il s'agit de l'intérêt du Roi , le grand confeil n'en peut connaître : c'eft au confeil des finances feul qu'il apartient de ftatuer fur tout ce qui concerne les droits de S. M. ; parce qu'il eft de principe que le Roi , en accordant le *committimus* , n'entend pas donner des priviléges contre lui-même. D'ailleurs le grand confeil ni les autres cours ne peuvent prendre aucune connaiffance de ce qui concerne les droits de gréfes , apartenans au Roi ; *voïez* le tom. 2 , p. 488.

Il a été fait mention , ci-deffus , n. 10 , de deux arrêts de 1718 & 1719 , qui ont évoqué au confeil des finances , des conteftations mal-à-propos portées au grand confeil , par des fecrétaires du Roi , pour droits de contrôle ; un autre arrêt du confeil des finances du 24 Janvier 1758 , a pareillement évoqué la demande formée au grand confeil par le fieur Dumas , fe-

crétaire du Roi , de la chancellerie près le parlement de Bordeaux , tendante , non-feulement à l'éxemtion des droits de gréfe pour un arrêt par lui obtenu au parlement de Bordeaux , mais encore , à ce que le montant de ces droits fut marqué fur l'expédition , pour le mettre en état de les répéter fur fa partie. En conféquence , il a été fait défenfes aux parties de procéder , pour raifon de ce , ailleurs qu'au confeil des finances ; & au grand confeil & à toutes autres cours & juges , d'en connaitre , à peine de nullité , caffation des procédures & de tous dépens , dommages & intérêts.

Le fieur Potor , fecrétaire du Roi du grand collége , a obtenu , le 12 Janvier 1759 , un arrêt du grand confeil , par lequel les gréfiers du châtelet de Paris ont été condamnés à lui reftituer les fommes par eux éxigées pour droit de fignature , collation & autres , à la déduction des droits de plume & encre , & de 2 fols 6 deniers par rôle pour la mife au net d'une fentence , & des débourfés pour le papier & le parchemin.

Une éxemtion de droits accordée par le fouverain , eft une aliénation préjudiciable à l'état & aux fujets ; c'eft pourquoi il eft de principe qu'elle ne peut valoir que pendant fon régne , fi elle n'eft confirmée nommément par fon fucceffeur. L'édit de 1704 , fe trouve à la vérité rapellé par date , comme plufieurs autres , dans celui du mois de Juillet 1724 ; mais cela n'eft pas à beaucoup près fufifant. Il faut une expreffion formelle des conceffions , pour pouvoir en joüir : l'édit de 1743 , en fourniroit même la preuve au befoin , puifqu'après avoir confirmé les priviléges accordés par *tous* les précédens édits , S. M. les explique & entre dans le détail à cet égard ; il n'étoit pas néceffaire d'y faire mention de la nobleffe , puifqu'elle avoit déja été confirmée par S. M. , en 1724 ; l'on doit donc conclure que les fecrétaires du Roi ne peuvent réclamer d'autres priviléges & éxemtions que ceux qui font nommément exprimés dans les édits & déclarations du Roi régnant; d'où il s'enfuivra qu'ils ne peuvent prétendre l'éxemtion des droits de gréfes.

Les fecrétaires du Roi, des chancelleries établies près les cours, n'ont aucun motif pour prétendre cette éxemtion, puifqu'elle n'avoit été accordée, par l'édit de 1704, qu'à ceux de la grande chancellerie; & qu'on ne leur connaît même aucun titre poftérieur à cette époque, dont ils puiffent fe prévaloir, pour réclamer les priviléges des fecrétaires du grand collége. Il eft vrai que, dans les précédens régnes, la même éxemtion avoit été accordée aux fecrétaires du Roi; mais elle ne fubfiftoit pas plus, lorfqu'elle fut renouvellée en 1704, qu'elle ne fubfifte aujourd'hui.

Ajoûtons que, quand bien même cette éxemtion feroit auffi légitime qu'elle le parait peu, ce ne feroit qu'une fimple éxemtion en faveur du fecrétaire du Roi, pour le difpenfer de païer les droits qui feroient à fa charge; & non pas une conceffion, pour le difpenfer de les acquiter & pour l'autorifer néanmoins à s'en faire rembourfer par fa partie. La demande du fieur Dumas, dont il a été parlé ci-deffus, eft donc éxorbitante & contraire à toutes les règles. Le premier prince du fang ne jouït de l'éxemtion des droits de contrôle, que lorfque ces droits font à fa charge perfonnellement (*); & les fecrétaires du Roi voudroient profiter des droits dont on auroit bien voulu leur faire grace ! Les procureurs généraux & leurs fubftituts font éxemts de diférens droits, lorfqu'ils agiffent en cette qualité, pour l'utilité publique, mais fi ces droits font répétés fur les parties, il en doit être compté au Roi; & les fecrétaires du Roi, voudroient éten-

dre leur prétenduë éxemtion, jufqu'au point d'éxercer la répétition des droits à leur profit !

15. Sur ce qui doit être obfervé à l'égard des *collations* faites par les fecrétaires du Roi, d'autres actes que de ceux émanés du confeil, des cours & des chancelleries; *voïez* Collation, tom. 1, p. 423.

SECRÉTAIRES DU ROI, *des chancelleries établies près les cours* de parlement, chambres des comptes, cours des aides, cours des monnoïes, & confeils fupérieurs & provinciaux, font oficiers defdites chancelleries, comme les fecrétaires du Roi du grand collége font oficiers de la chancellerie de France.

Ils jouïffent de la nobleffe au premier dégré, & de l'éxemtion des droits feigneuriaux dûs au Roi, pour les acquifitions qu'ils font de biens mouvans de S. M., & fitués dans le reffort des cours & confeils, près lefquels font établies les chancelleries dont ils font oficiers. *Voïez* Chancelleries, tom. 1, p. 398.

A l'égard des autres priviléges dont ils jouïffent ou dont ils prétendent jouïr, *voïez* ce qui vient d'être obfervé à l'article des fecrétaires du Roi, de la grande chancellerie.

SECRÉTAIRES *des cours fupérieures*, avoient été créés fous le titre de notaires-fecrétaires des parlemens & autres cours, pour figner les arrêts & autres expéditions des gréfes defdites cours. *Voïez* ci-devant *Notaires-fecrétaires*, page 60.

SECRÉTAIRES *des chapitres, des villes & communautés* &c. rempliffent les fonctions de gréfiers; ils doivent faire contrôler les actes qui y font fujets, & communiquer leurs regiftres & minutes au fermier des domaines & à fes emploïés.

(*) Voïez le tom. 2, p. 331.

Voïez les dénominations des actes ; & les articles *Chapitres*, *Gréfiers & Hôtels-de-ville.*

SEDAN, ville capitale de la Principauté du même nom, fur les confins du Luxembourg & fur la frontière de la province de Champagne, mais de la généralité & du reffort du parlement de Metz. Cette Principauté a été poffédée, à titre de fouveraineté, par la maifon de Bouillon, jufqu'à la ceffion que Frédéric-Maurice de la Tour, duc de Bouillon, en fit au Roi, comme l'une des clefs importantes du roïaume, par contrat d'échange du 20 Mars 1651.

Louis XIV, confirma ce contrat par lettres patentes du mois d'Avril 1651 ; il y eft dit que S. M., avoit jugé utile & néceffaire, pour le bien de l'état & pour mettre à couvert la frontière de la province de Champagne, de traiter avec le duc de Bouillon, de la place de Sedan ; que, par le contrat paffé entre les commiffaires nommés à cet éfet & le duc de Bouillon, devant Vaultier & Marreau, notaires au châtelet de Paris, le 20 Mars précédent, ledit fieur duc de Bouillon a fait ceffion & tranfport de tous les droits & revenus qui lui apartenoient aux fouverainetés, terres & feigneuries de Sedan & Raucourt, & en la portion du duché de Bouillon, de laquelle il étoit en poffeffion, leurs annéxes, apartenances & dépendances, tant delà que deça la Meufe, entre les rivières de Cher & Semoy ; & comme le tout eft compris en la recette dudit Sedan, fans rien excepter ni réferver, finon les droits qu'il a au château de Bouillon, & les portions dudit duché, ufurpées fur fes prédéceffeurs, & détenuës par le Roi d'Efpagne & par l'Evêque de Liége, qui lui demeureront réfervées, pour en faire le recouvrement & en difpofer à fon profit, du confentement de S. M. Et au lieu defdites fouverainetés, terres & feigneuries,

dont, par ledit traité S. M., a accordé au dit fieur duc de Bouillon la récompenfe fur le pié du denier 60, eû égard au titre & dignité d'icelles & à l'importance de la place de Sedan, il lui a été cédé, par lefdits fieurs commiffaires, le duché & pairie d'Albret, fes apartenances & annéxes ; la baronie de Durance, fituée au dit duché d'Albret ; les juftices, hautes, moïennes & baffes de la ville de Naugaro, & des lieux de Barcelonne, Rifcle, Plaifance & d'Aignan, fituées au Bas-Armagnac ; le duché & pairie de Château-Thierry, y compris Epernay & Châtillon-fur-Marne ; le comté d'Auvergne ; la baronie de la Tour, en ce qui en apartenoit à S. M. ; le comté d'Évreux, confiftant ès vicomtés dudit Evreux, Conches, Breteuil & Beaumont-le-Roger, avec les bois & forêts defdites vicomtés, & ce qui refte à engager de celle de Paffy dépendante dudit Evreux ; les domaines, terres & feigneuries de Poiffy & Sainte Jame ; le comté de Beaumont, Faux, Mont & Bannes en Périgord ; & finalement la châtellenie de Gambais, fife dans le comté de Monfort-Lamaury, avec tous les membres, apartenances & annéxes defdites terres, villes, châteaux, domaines, juftices & autres chofes qui y apartiennent, aux réfervations & exceptations y contenuës ; favoir, lefdites terres en duché & pairie, à raifon du denier 40, jufqu'à la concurence de 70000 liv. & le furplus, fi aucun y a, outre lefdites 70000 livres avec les autres, à raifon du denier 25 ; pour en jouïr, par le duc de Bouillon, fes hoirs, fucceffeurs & aïans caufe, mâles & femelles, à perpétuité, & en faire & difpofer comme de leur vrai patrimoine & chofe à eux apartenante, en pleine propriété, incommutablement & irrévocablement, fans que lefdites terres à lui baillées en contr'échange foient fujétes à aucuns rachat ou rembourfement, revente ou réunion au domaine,

ne , pour quelque caufe ou occafion que
ce foit. Ces lettres patentes font adref-
fantes aux parlemens de Paris , de Roüen ,
de Touloufe & de Bordeaux ; aux chambres des comptes de Paris , Roüen ,
Montpellier & Pau ; aux bureaux des
finances defdits lieux & autres qu'il apartiendra. Brillon dit qu'elles ont été enregiftrées les 20 Février 1652 , au parlement de Paris , & le 13 Mars fuivant en
la chambre des comptes.

Dans l'arrêt du confeil du 15 Janvier 1754 , dont il fera parlé ci-après ,
il eft vifé un arrêt du parlement de Paris
du 21 Août 1657 , portant enregiftrement defdites lettres patentes & de celles de juffion , données pour leur éxécution le 1er Avril 1656.

Le domaine de Sedan eft compofé de
ceux des principautés de Sedan , Raucourt , Saint Manges & Château-Renaut ;
& de ceux des prévôtés de Montmedy ,
Chanvency-le-Château , Marville & Damvillers.

Les droits de quint , requint , reliefs
& rachats font dûs pour les fiefs , dans
la principauté de Sedan ; mais , le Roi
étant feigneur des lieux , à l'exception
du hameau de la Moncelle , il y a peu de
fiefs & ils font d'une valeur modique ; les
lods & ventes y font dûs à raifon de douze
deniers pour livre du prix de la vente des
héritages roturiers.

Dans la principauté de Raucourt , les
droits de quint , requint , relief & rachat
font également dûs pour les fiefs ; le Roi
eft auffi feigneur des lieux , à l'exception
des hameaux de la Malmaifon ; les lods
& ventes y font dûs à raifon de vingt deniers pour livre.

Les droits de quint , requint , relief &
rachat font pareillement dûs dans la principauté de Château-Renaut , ainfi que les
lods & ventes , à raifon de quinze deniers pour livre , à l'exception des villages de Moncy-notre-Dame , Haulmé &

Tome III.

Mohon, qui en font affranchis. Dans la dépendance du bailliage de Mouzon , il
n'eft dû aucuns droits de quint , relief ,
rachat , lods & ventes , ni autres droits
cafuels.

Il n'eft également dû ni lods & ventes ,
ni autres droits cafuels dans les prévôtés de Montmedy , Chanvency-le-Château , Marville & Damvillers.

Les diférens droits apartenans au Roi dans
Chanvency-le-Château , ont été aliénés le
24 Novembre 1718 , au fieur Raynod.

Par un arrêt du parlement de Metz ,
du 16 Janvier 1741 , obtenu par le fieur
Pillas , il avoit été ordonné que les lods
& ventes ne feroient perçus , dans les
principautés de Sedan & Raucourt , qu'à
raifon de fix deniers pour livre , fuivant
l'article 582 des ordonnances de Sedan.
Cet arrêt a été caffé & annullé , en ce
qui concerne Raucourt , par un arrêt du
confeil rendu en la grande direction le
29 Mars 1745 , qui a évoqué les demandes , & ordonné que fur icelles les parties
procéderoient au confeil avec l'infpecteur
général du domaine de la couronne. La
conteftation pour Sedan , a été renvoïée
à la grande direction par arrêt du confeil
du 16 Mars 1748 ; & , après une ample
inftruction de la part des fermiers des
domaines , des maire , échevins & communautés des habitans de Sedan , plufieurs dires de M. Freteau , infpecteur général , & la communication de l'affaire
à Mrs les commiffaires du bureau des domaines , S. M. a jugé à propos de s'en
faire rendre un compte plus immédiat &
d'y ftatuer par elle-même en fon confeil
roïal des finances.

En conféquence , il eft intervenu arrêt
du confeil du 15 Janvier 1754 , par lequel l'infpecteur général du domaine a été
reçu opofant à l'arrêt du parlement de
Metz du 16 Janvier 1741. Faifant droit
fur ladite opofition , enfemble fur les demandes des arrière-fermiers de la princi-

Z z

pauté de Sedan, fans s'arrêter audit arrêt & à tout ce qui a fuivi, ni aux conclufions des maire, échevins & communautés de la ville & des villages compofant ladite principauté de Sedan, ni à celles du fieur Pillas (lieutenant général au bailliage de Sedan), & fes cohéritiers dont S. M. les a déboutés & déboute, ordonne que les droits de lods & ventes continueront d'être perçus au profit de S. M. dans l'étendue de ladite feigneurie de Sedan, à raifon de douze deniers pour livre, comme auparavant ledit arrêt du parlement de Metz; &, en conféquence, que lefdits droits échus jufqu'à ce jour feront païés fur ce même pié auxdits arrière-fermiers; condamne ledit fieur Pillas feul en la fomme de vingt mille livres envers lefdits arrière - fermiers, pour leur tenir lieu de dommages & intérêts; condamne en outre ledit Pillas, fes cohéritiers & lefdits maire, échevins & communautés, folidairement en tous les dépens envers lefdits arrière-fermiers, liquidés à 18000 livres, fauf le recours de la ville & des communautés contre ledit Pillas & fes cohéritiers, s'il y échet.

Il eft dû à Sedan un droit de ftellage, qui a été perçu de tems immémorial à raifon de la vingt-quatrième partie des grains vendus fous la halle de Sedan & autres lieux. Néanmoins, par l'art. 570 de la coûtume de Sedan, ce droit eft fixé à raifon d'une écuelle par chaque feptier de grains, ce qui reviendroit au trente-deuxiéme; les habitans de Sedan, après l'arrêt du parlement de Metz de 1741, qui avoit réduit les lods & ventes, prétendirent auffi faire réduire le droit de ftellage; l'affaire a été portée au confeil, où il a été rendu diférens arrêts, qui ont confirmé la perception ufitée; mais, la ville de Sedan aïant demandé l'aliénation de ce droit, il a été ordonné, par arrêt du confeil du 24 Décembre 1754, qu'il demeureroit réuni au corps & à la communauté de ladite ville de Sedan, à la charge de païer annuellement une rente de 5000 livres au domaine du Roi.

SENTENCE, eft un jugement fufceptible d'apel, rendu fur des conteftations portées en juftice. Les fentences des préfidiaux, rendues en dernier reffort, au premier chef de l'édit, font ordinairement apellées jugemens en dernier reffort; mais, les jugemens des cours fouveraines font des arrêts.

Il y a des fentences de toutes efpèces, parce qu'il y a des conteftations de toute nature; ce qu'il y a principalement à obferver, c'eft qu'il faut diftinguer les fentences rendues fur des conteftations réelles, de celles par lefquelles les Juges ne font qu'accorder acte de conventions faites volontairement entre les parties, & qui étoient de nature à être paffées par devant notaires. Voïez les articles : Actes judiciaires; & Actes volontaires, tom. 1, p. 81 & 82.

SENTENCE arbitrale, eft celle qui eft rendue par des arbitres, à la décifion defquels les parties fe font volontairement foumifes par un compromis; ainfi ces actes, que l'on nomme fentences, ne font nullement judiciaires : ils font purement volontaires dans leur principe, quoiqu'ils ne foient pas toujours conforme aux intentions des parties; les arbitres n'ont que la jurifdiction volontaire qui leur eft donnée par le confentement defdites parties, pour prévenir ou terminer leurs diférends.

Toutes les fentences arbitrales font fujétes au contrôle des actes; mais, il faut d'abord diftinguer celles rendues en matière eccléfiaftique de celles rendues en toutes autres matières.

SENTENCES arbitrales en matière eccléfiaftique, font celles qui font rendues en vertu de compromis, entre feuls eccléfiaftiques, pour raifon des droits apartenans à leurs églises. Le compromis doit être contrôlé avant la sentence, & cette sentence doit être pareillement contrôlée : le droit de contrôle de l'un & de l'autre de ces actes est fixé à 2 livres, par la seconde section de l'article 1er du tarif du 29 Septembre 1722 ; ce n'est même que l'expédition de la sentence arbitrale renduë en matière ecclésiastique, qui est assujétie au contrôle ; & il y doit être satisfait, à la diligence du gréfier ou secrétaire auquel la minute en a été déposée, dans la quinzaine du dépôt & avant que l'on en puisse faire aucun usage. Mais ces règles ne concernent uniquement que les sentences arbitrales renduës entre *seuls ecclésiastiques*, & *pour raison des droits apartenans à leurs églises*. Les sentences arbitrales renduës entre des ecclésiastiques pour des intérêts particuliers, sont soumises à toutes les règles prescrites pour celles dont il est parlé dans l'article suivant.

Sentences arbitrales, *entre personnes laïques ou ecclésiastiques, pour intérêts particuliers ;* l'article 86, du tarif du 29 Septembre 1722, porte que les droits de contrôle en seront païés sur le pié règlé par les articles 3 & 4 du même tarif.

Avant que de traiter des droits dûs pour une sentence arbitrale, il faut établir la nécessité du contrôle du compromis & de la sentence.

1. Le compromis est le principe d'une sentence arbitrale : il en est la base & le fondement, puisque les arbitres n'ont d'autre pouvoir que celui qui leur est donné par cet acte ; ainsi, il doit être contrôlé avant que la sentence puisse être renduë ; & les arbitres sont tenus de faire mention, dans leur sentence, de la date du compromis & du contrôle d'icelui, à peine de nullité & de 200 livres d'amende.

La sentence arbitrale doit être contrô-lée dans la quinzaine ; les arbitres, qui sont assujétis à la déposer, dans les 24 heures de la lecture ou prononciation qu'ils en font aux parties, peuvent faire ce dépôt au gréfier des arbitrages ou à celui qui en fait les fonctions, avant qu'elle soit contrôlée. Dans ce cas, ce sera le dépositaire qui sera tenu de la faire contrôler dans ledit délai de quinzaine & avant que d'en pouvoir délivrer l'expédition ; mais, si les arbitres ne déposent pas leur sentence, cela concerne l'ordre public, & le fermier ne me paroit pas fondé à les inquiéter à cet égard ; il a seulement intérêt que cette sentence soit contrôlée & que les droits soient païés dans la quinzaine du jour qu'elle est renduë & prononcée. Les arbitres sont seuls garants du défaut d'y avoir satisfait, lorsqu'ils n'ont pas déposé la sentence dans le tems de droit ; au lieu que, s'ils l'ont déposée, l'on ne peut attaquer que le dépositaire.

Par l'arrêt de règlement du 28 Octobre 1698, il fut enjoint aux gréfiers des arbitrages, sindics & directeurs des créanciers, de faire mention, dans les minutes des sentences arbitrales & autres actes, des compromis sur lesquels lesdites sentences & actes auront été rendus. Il est vrai que cette disposition est limitée aux compromis passés par devant notaires, parce qu'alors, les actes sousfignatures privées n'étoient pas sujets au contrôle ; ils n'y ont été assujétis qu'en 1705 ; &, depuis ce tems, la règle est commune pour les compromis passés devant notaires, & pour ceux faits sousfignatures privées ; à la seule exception que ces derniers ne sont pas assujétis au contrôle dans un tems fixe : il sufit qu'ils soient contrôlés avant que la sentence arbitrale soit renduë, & qu'il en soit fait mention dans cette sentence.

Les articles 2 & 3 de l'arrêt du conseil du 6 Août 1715, défendent à tous

arbitres & gréfiers des arbitrages de rendre , prononcer , recevoir , ni expédier
aucunes fentences arbitrales fur compromis fous-fignatures privées , qu'ils n'aïent
été contrôlés & les droits d'iceux païés.
Il leur eft enjoint de faire mention ,
dans leurs fentences arbitrales , du contrôle defdits compromis , à peine de nullité & de 200 livres d'amende pour chacune contravention , qui ne poura être
remife ni modérée pour quelque caufe &
fous quelque prétexte que ce foit.

Un arrêt du confeil du 14 Mars 1721 ,
a prononcé l'amende de 200 livres , contre le nommé des Farges notaire , pour
avoir reçu en dépôt une fentence arbitrale
renduë fur un compromis fous-fignatures
privées non contrôlé , & l'a condamné au
païement du droit de contrôle du compromis.

Par autre arrêt du confeil du 4 Juillet 1722 , Jean Thury a été condamné
en 200 livres d'amende , pour avoir rendu
une fentence arbitrale , en conféquence
d'un compromis fous-fignatures privées non
contrôlé ; & il a été prononcé plufieurs
autres amendes , tant contre le gréfier de
la juftice de Ver , qui , après le dépôt
de la fentence , en avoit délivré des expéditions fans qu'elle fut contrôlée , que
contre la partie qui s'en étoit fervi , &
l'huiffier qui en avoit fait la fignification.

Décifion du confeil du 29 Juin 1737 ,
qui confirme deux ordonnances de M. l'intendant de Languedoc , par lefquelles le
fieur Sanglier avoit été condamné en 400
liv. d'amende , tant pour avoir rendu une
fentence arbitrale entre des créanciers ,
en vertu d'un compromis non contrôlé ,
que pour n'avoir pas fait contrôler cette
fentence. Il difoit qu'elle n'avoit été que
projettée , que la partie en avoit mal-à-
propos fait mention dans une affignation ,
que le fermier ne pouvoit la repréfenter ,
& que par conféquent on l'attaquoit fans
fondement. Mais , il étoit prouvé que les

créanciers jouïffoient diftinctement des
biens qui leur avoient été ajugés ; le
compromis & la fentence arbitrale étoient
même datés dans des lettres obtenuës en
conféquence à la chancellerie du parlement de Touloufe.

Autre décifion du 28 Janvier 1741 ,
qui confirme une ordonnance de M. l'intendant de Caën , par laquelle le fieur Dubois , avocat à Bayeux , a été condamné
en une amende , pour avoir rendu une
fentence arbitrale en forme de tranfaction ,
en conféquence d'un compromis non contrôlé. Il foûtenoit que les arbitres n'é-
toient pas foumis à faire contrôler ces actes , mais feulement les gréfiers des arbitrages.

Décifion du confeil du 13 Juillet 1743 ,
qui confirme une ordonnance de M. l'intendant de Roüen , par laquelle les fieurs
Dumefnil , Defnoyers & compagnie , négocians à Roüen , ont été condamnés au
païement du droit de contrôle d'une fentence arbitrale renduë en conféquence d'u-
ne police d'affurance. Ils difoient que , les
affurances étant difpenfées du contrôle
en faveur de la liberté du commerce ,
& que la foumiffion aux arbitres faifant
partie de l'affurance depuis l'ordonnance
de 1681 , les fentences arbitrales , qui
en font une fuite , dévoient joüir de la
même éxemption. Mais les exceptions font
de droit étroit , & l'éxemption accordée
pour les affurances n'influë aucunement
fur les fentences arbitrales , qui font toutes fujétes au contrôle.

Arrêt du confeil du 12 Mai 1750 ,
contre les fieurs Cordier & Maubaillarcq ,
avocats à Calais , pour n'avoir pas fait
contrôler deux fentences arbitrales par
eux renduës. Ils opofèrent , à l'intendance d'Amiens , que ce n'étoit point en
qualité d'arbitres qu'ils avoient règlé les
droits des parties , mais feulement comme
avocats & *amiables arbitrateurs* &
compofiteurs : qualités qui ne pouvoient

les affujétir à aucune formalité , puifque d'ailleurs on ne pouvoit regarder ce qu'ils avoient fait que comme des règlemens en forme d'avis d'amiables compofiteurs. M. l'intendant rendit une ordonnance , le 10 Décembre 1749 , par laquelle , attendu l'ufage où étoient les avocats de remettre aux parties ou à leurs procureurs les fentences arbitrales , ou règlemens par eux rendus , fous la condition de les faire contrôler , il déchargea lefdits fieurs Cordier & Maubaillarcq des amendes réfultantes du défaut de contrôle defdites deux fentences arbitrales , » à la charge , » par eux & par tous autres avocats & » particuliers , qui , en qualité d'arbitres , » arbitrateurs ou amiables compofiteurs , » foit qu'ils foient nommés amiablement » & volontairement par les parties ou » par les juges , rendront à l'avenir des » fentences arbitrales ou règlemens , de » les dépofer eux-mêmes , dans les 24 » heures du moment de la lecture qu'ils » font obligés d'en faire aux parties , ès » mains d'un notaire aïant droit de rece- » voir ce dépôt , ou du grefier des arbi- » trages ; & de les faire contrôler à leur » diligence (*) , avant ledit dépôt , fous » peine de 200 liv. d'amende pour cha- » que contravention & de nullité defdits ac- » tes ; fans pouvoir , fous aucun prétexte , » remettre lefdites fentences ou règlemens » aux parties ou à leurs procureurs , ni en » demeurer eux-mêmes gardiens , fous pa- » reille peine de 200 liv. d'amende pour » chaque contravention ». Le fermier s'eft pourvû contre cette ordonnance , en ce qu'elle prononçoit la décharge des amendes ; il a dit qu'il s'agiffoit de deux fentences arbitrales renduës en vertu de compromis ; que les arbitres & les amiables com-

pofiteurs font compris fous le terme générique d'arbitres , affujétis à faire contrôler les fentences arbitrales , ou les règlemens qu'ils rendent ; & que , par l'édit du mois de Mars 1679 , il eft ordonné que les arbitres remettront lefdits actes , dans les 24 heures , entre les mains d'un notaire , pour en délivrer des expéditions aux parties. Par l'arrêt dudit jour 12 Mai 1750 , fans s'arrêter à l'ordonnance de M. l'intendant d'Amiens , en ce qu'elle avoit prononcé la décharge des amendes encourues , lefdits fieurs Cordier & Maubaillarcq ont été condamnés chacun en 400 liv. pour lefdites amendes.

Décifion du confeil du 2 Août 1753 , qui confirme une ordonnance de M. l'intendant de Languedoc , par laquelle Guillaume Viguier , a été condamné en deux amendes de 200 liv. chacune , pour avoir fait faire la fignification d'une fentence arbitrale fans qu'elle fut contrôlée , non plus que le compromis en vertu duquel elle avoit été renduë , & l'huiffier en pareilles amendes. Viguier s'étant pourvû au confeil , a dit qu'il ne s'agiffoit que d'un raport d'experts , ainfi qu'il étoit intitulé par les experts mêmes ; mais il y avoit un compromis , & l'acte règloit les droits & les conteftations des parties. D'ailleurs un raport d'experts doit auffi être contrôlé avant que de pouvoir être fignifié.

Par deux décifions des 28 Août 1755 , & 5 Février 1756 , le confeil a confirmé une ordonnance de M. l'intendant d'Amiens , par laquelle trois avocats à Boulogne-fur-Mer , ont été condamnés en 400 livres d'amende chacun , pour avoir remis aux parties une fentence arbitrale non contrôlée , & pour l'avoir renduë fans que le compromis fut contrôlé. Ils difoient

---

(*) Je crois , comme je l'ai dit d'abord , qu'il fufit aux arbitres de dépofer les fentences arbitrales ; que l'on ne peut éxiger qu'ils les faffent contrôler dans le bref délai qu'ils ont pour faire ce dépôt ; & que c'eft l'oficier dépofitaire qui eft tenu de faire contrôler la fentence arbitrale dans la quinzaine & avant que d'en délivrer des expéditions.

que c'étoit une transaction qu'ils n'avoient signée que comme conseils ; qu'ils avoient mis au-dessus de leur signature : *bon pour transaction ;* & que les parties avoient promis de passer l'acte en conformité, par devant notaires. Mais, ils avoient été choisis par les parties ; ils avoient parlé en juges, en prononçant hors de cour & de procès, dépens compensés; & ils s'étoient taxés des honoraires ; d'ailleurs ils n'auroient pas pû signer un acte fait sous-signatures privées, dans lequel ils n'auroient pas été parties.

2. Le droit de contrôle des sentences arbitrales est fixé, par l'art. 86 du tarif de 1722, sur le pié réglé par les art. 3 & 4 du même tarif. Ces sentences ont un raport intime avec les transactions : elles ont pour objet de maintenir ou de rétablir la paix & l'union, en prévenant des contestations, ou en terminant celles qui se font élevées. Comme les contestations peuvent naître sur toutes sortes d'objets, de même les dispositions des sentences arbitrales peuvent varier à l'infini ; ainsi, l'on ne peut donner de règles fixes à cet égard. Nous observerons que l'on tient pour principe que le droit de contrôle est dû sur tout ce qui fait l'objet des contestations réglées par les sentences arbitrales ; & qu'elles donnent lieu à la perception des droits de centième denier, si elles opèrent une mutation de propriété ou d'usufruit de biens immeubles. En raportant ce qui a été jugé, lorsqu'il s'est élevé des contestations sur la quotité des droits, c'est fournir des exemples qui vaudront mieux que des raisonnemens.

Le 23 Mars 1727, il fut décidé au conseil que le droit de contrôle d'une sentence arbitrale, renduë entre un gentilhomme & un conseiller honoraire au parlement de Dijon, sur des droits de justice contestés, dans lesquels l'une des parties avoit été maintenuë, étoit dû sur le pié réglé par l'art. 4 du tarif ; attendu que ces droits de justice n'étoient point évalués par

la sentence, quoiqu'il en eût été fait ensuite une évaluation modique.

Décisions du conseil des 7 Mai & 10 Septembre 1729, qui jugent que le droit de contrôle d'une sentence arbitrale renduë pour clorre un compte, n'est dû que sur le reliqua. Il ne pouvoit être dû, pour la sentence, que le même droit qui auroit été dû pour le compte rendu devant notaires ; *voïez* Compte.

Autre décision du 20 Août 1729, sur le mémoire de M. le président de Briçonnet, qui juge que le droit de contrôle est dû sur le pié réglé par l'art. 4 du tarif, pour une sentence arbitrale dont l'objet étoit d'assujétir deux cent arpens de terre au païement des droits seigneuriaux, attendu le défaut d'évaluation de ces droits, qui ne pouvoient pas même être évalués, puisqu'il dépendent des mutations plus ou moins fréquentes.

Décision du 19 Août 1733, sur le mémoire des notaires de Lyon, qui se plaignoient de ce que, pour une sentence arbitrale contenant ordre & distribution de deniers, il eut été perçu des *droits-réservés*, & des *droits de gréfe*. Décidé que ces droits ne sont dûs que pour les actes judiciaires; que les sentences arbitrales sont des actes volontaires, sujets au contrôle des actes ; & que les expéditions, qui en sont délivrées par les notaires auxquels le dépôt en a été fait, comme aïant réuni les ofices de gréfiers des arbitrages, ne peuvent être considérées que comme les expéditions des autres actes volontaires reçus par lesdits notaires. Cette décision a été confirmée par arrêt du 29 Décembre 1733. *Voïez* encore la décision du 7 Septembre 1752, ci-après.

Le 31 Juillet 1734, il a été décidé au conseil que le droit de contrôle étoit dû sur le pié réglé par l'art. 4 du tarif, pour une sentence arbitrale renduë entre les sieurs Raphaël, frères. Il y avoit eû une société de commerce entr'eux & leur père, après la mort duquel, Isaac l'un desdits frères s'est défuni de la société ; il y eut contestation sur le tems auquel cette société avoit dû cesser ; il intervint même une sentence au consulat de Bordeaux, contraire à la prétention d'Isaac, qui en interjetta apel ; ensuite il attaqua de nullité le testament des père & mère, contenant le partage de leurs successions & de la société. Sur ces deux chefs, les frères passérent un compromis, & il intervint sentence arbitrale, par laquelle Isaac fut débouté de son apel, & le testament confirmé. Le commis aïant prétendu 200 liv. pour le droit de contrôle de cette sentence, Jacob Raphaël se pourvût au conseil & soûtint que la sentence, ne changeant rien au fort des parties qu'elle remettoit au même état qu'elles étoient avant les contestations, devoit être contrôlée comme acte simple & le droit fixé à 10 sols.

Décision du 8 Mai 1736, qui déboute Jean-Baptiste Delaplanche de sa demande en réduction du droit de contrôle perçû suivant l'art. 4 du tarif, pour une sentence arbitrale qui jugeoit qu'on l'avoit mal-à-propos troublé dans la propriété & possession d'une féodalité & mouvance à lui apartenante.

Autre décision du 28 Juin 1738, contre le sieur le Gay, conseiller au siége de Cognac, qui se plaignoit de ce que le commis de ladite ville avoit perçu le droit de contrôle d'une sentence arbitrale du 7 Août 1736, sur le pié de 22600 liv., prétendant qu'il n'avoit dû être perçû que sur le pié de 1700 liv., revenantes par le résultat à l'une des parties, déduction faite de ce qu'elle avoit reçu. Décidé que » le » droit de contrôle est dû, non-seulement » sur le reliqua à païer, mais même sur » toutes les sommes qui font objet de » compensation dans la sentence arbitrale ». Cela est bon, lorsqu'il s'agit de régler un partage de succession ou de société ; mais, si la sentence arbitrale a pour objet de règler un compte dû par un tuteur ou autre comptable, la compensation feroit admise & le droit ne feroit dû que sur le reliqua.

Décision du conseil du 25 Juillet 1739, au sujet d'une sentence arbitrale renduë entre Mrs du Guesclin & Mrs de la Bufferie, leurs neveux & cohéritiers, pour règler leurs droits avant le partage des successions communes ; ils avoient acquiescé à cette sentence, & ils étoient convenus des mêmes arbitres pour faire le partage ; en conséquence, ils soûtenoient qu'il ne s'agissoit que d'un acte préparatoire au partage & qu'il n'étoit dû que 10 sols pour le droit de contrôle. Décidé que le droit est dû sur le pié règlé par l'art. 4 du tarif, mais que le partage sera contrôlé comme acte simple, s'il ne contient aucune nouvelle disposition. *Voïez* ce qui a été observé sur cette décision à l'article *Partage*, p. 121.

Autre décision du 26 Novembre 1740, qui réforme une ordonnance de M. l'intendant de Tours, par laquelle il avoit fixé à 10 sols, le droit de contrôle d'une sentence arbitrale, par laquelle les héritiers du sieur Dunoyer ont été renvoïés avec dépens de l'accusation des légataires, & condamnés à faire délivrance des legs. M. l'intendant s'étoit fondé sur ce que la sentence n'ordonnoit que l'exécution d'un testament en forme ; mais sa validité étoit contestée, & il falloit un jugement, tant sur ce chef que sur l'accusation en soustraction d'éfets. Le fermier a soûtenu que le droit de contrôle lui étoit dû sur le montant de toutes les sommes ajugées, en y joignant les dépens. La décision porte que l'ordonnance ne peut subsister, attendu que la loi & le tarif font précis.

Par décision du 7 Septembre 1752, le conseil a confirmé une ordonnance de M. l'intendant de Provence, par laquelle il a été jugé que le droit de contrôle d'une sentence arbitrale renduë entre le sieur de Pontévès & son fils, étoit dû sur la som-

me de 16000 liv., qui en faifoit l'objet.
Le fils avoit formé la demande de cette
fomme au père, pour la moitié de la dot de
fa mère ; le père opofa qu'il falloit déduire
les légitimes des deux fœurs, & que d'ailleurs, dans le païs de droit écrit, les pères
ont l'ufufruit des biens de leurs enfans ;
qu'ainfi la demande étoit exceffive & mal
fondée ; on convint d'arbitres, qui débou-
tèrent le fils de cette demande. M. l'intendant aïant jugé que le droit de contrôle
étoit dû fur la fomme qui faifoit l'objet de
la fentence arbitrale, le fieur de Pontévès
foûtenoit qu'il n'étoit dû que 10 fols comme
pour un acte fimple, qui, en mettant les
parties hors d'inftance, les remettoit au
même état qu'elles étoient avant la demande. Cette décifion a confirmé l'ordonnance
& a ordonné, conformément aux offres du
fermier, la reftitution des droits-réfervés
qui avoient été perçus par le commis, pour
les trois fols pour livre des épices ou honoraires des arbitres.

SÉPARATION *entre mari & femme* ;
il y en a de deux fortes : l'une de corps
ou d'habitation & de biens : elle ne peut
avoir lieu qu'en vertu d'un jugement ; l'autre, de biens feulement, peut avoir lieu,
foit en vertu d'un jugement, foit en conféquence d'une ftipulation faite par contrat
de mariage, ou autre acte.

Les féparations de biens, de corps ou
d'habitation, & les exclufions de communauté entre maris & femmes, ftipulées
par contrats de mariage *& autres actes*,
ou ordonnées en juftice, doivent être infinuées au bureau du domicile du mari,
lors de la féparation ; art. 4 & 11 de l'édit
du mois de Décembre 1703, & art. 1er de
la déclaration du Roi du 19 Juillet 1704.
Elles font nommément comprifes dans l'art.
7 du tarif du 29 Septembre 1722, qui
en fixe le droit d'infinuation fur le pié règlé
par l'art. 4 du même tarif, & fuivant la qualité du mari.

Les féparations de biens ftipulées par
contrat de mariage, font des exclufions
de communauté, dont il a été parlé à l'article *exclufion*. Il n'eft dû d'autre droit de
contrôle que celui du contrat de mariage.

Si les féparations de biens font ftipulées
par des actes particuliers poftérieurs au
mariage, le droit de contrôle en doit être
perçû fur le pié règlé pour les diffolutions
de fociétés, par l'art. 43 du tarif, qui eft
le feul auquel cette féparation, qui diffout
la communauté établie, puiffe avoir raport.
Mais, fi l'acte contenoit d'autres difpofitions, comme le partage des éfets, la délivrance ou l'affurance de certains biens à
l'un des conjoints, le droit de contrôle
feroit dû fur ces difpofitions, & en outre
le droit d'infinuation.

SEPTUAGENAIRES, font les perfonnes parvenües à l'âge de foixante-dix ans
accomplis. Sur laqueftion de favoir fi les
feptuagenaires peuvent être contraints par
corps, lorfqu'il s'agit des deniers roïaux ;
voïez Age, tom. 1, page 105.

SÉPULTURE ; les regiftres de fépulture doivent être communiqués aux emploïés
de la ferme des domaines, pour y faire les
relevés néceffaires, afin de conftater les
mutations qui donnent ouverture aux droits
dûs au Roi. *Voïez* Regiftres, page 253.

Les extraits de ces regiftres, délivrés
par les curés ou par les gréfiers qui en
font dépofitaires, ne font point fujets au
contrôle. *Voïez* Extraits, tom. 2, p. 339.

SERGENS, oficiers fubalternes, dont
les fonctions & les devoirs font les mêmes
que ceux des huiffiers, relativement aux
objets dont nous traitons. *Voïez* Huiffiers,
tom. 2, p. 516.

SERGENTERIE *féodale*, eft un ofice
fiéfé, connu particulièrement en Normandie ; c'eft un droit acceffoire & dépendant
du fief, en vertu duquel le propriétaire
peut commettre un nombre fufifant de perfonnes, pour faire, à l'exclufion de tous
huiffiers & fergens quelconques, toutes
fignifications & exploits dans l'étenduë du
fief.

fief. La fergenterie avec fa glébe peut être divifée du fief : elle conferve néanmoins fa nature féodale, & eft toujours fujéte à foi & hommage.

Le Roi eft propriétaire de plufieurs fergenteries dans ladite province de Normandie ; l'aliénation en a été ordonnée diférentes fois, & notamment par l'édit du mois de Janvier 1592, qui ordonna la vente à faculté de rachat des gréfes, tabellionnages, fergenteries, fceaux & écritures de ladite province.

Par un arrêt du parlement de Roüen du 16 Janvier 1730, rendu en conformité de plufieurs autres de la même cour, M. Duchemin de la Tour, propriétaire des fergenteries nobles & héréditaires de Carentan, faint Lo & le Hommet, a été maintenu dans le droit de commettre quatre commis dans chacune defdites fergenteries, pour faire, privativement aux huifliers audienciers des jurifdictions ordinaires & extraordinaires & aux huifliers à cheval du châtelet de Paris, tous exploits qui concernent & émanent des jurifdictions ordinaires, dans le diftrict defquelles lefdites fergenteries font enclofes ; avec défenfes auxdits huifliers d'entreprendre fur les fonctions defdits commis, à peine de faux & de 100 liv. d'amende ; & injonction aux huifliers des bailliages, réfidens fur le territoire defdites fergenteries, de fe retirer dans l'étenduë de leur bailliage.

Un autre arrêt du même parlement du 27 Mai 1750, a enjoint à divers huifliers & aux archers de la connétablie, de fe retirer des fergenteries nobles & glébées, & de réfider dans les lieux de leur établiffement, fi mieux ils n'aimoient renoncer à éxercer leur profeffion dans l'étenduë defdites fergenteries.

Par arrêt du confeil du 30 Octobre 1759, rendu entre M. le duc d'Orléans, propriétaire du comté de Mortain & de la vicomté d'Auge, & des fergenteries nobles & domaniales en dépendantes, & Jacques-

Adrien Binette, huiflier à cheval au châtelet de Paris, ledit Binette a été débouté de fes demandes, & la communauté des huifliers à cheval de fon intervention ; en conféquence, il a été fait défenfes, tant audit Binette qu'à tous autres huifliers & fergens du châtelet de Paris, de s'immifcer de fignifier & éxécuter les fentences des baillifs, vicomtes & autres juges des comté de Mortain & vicomté d'Auge, contrats & actes faits par les notaires & tabellions defdites fergenteries ; lefquelles fignifications & éxécutions, ainfi que tous autres exploits, ne pouront être faits que par les fergens des fergenteries defdits comté & vicomté, à peine de nullité & des dommages & intérêts, tant de ces fergenteries que des parties &c.

Les roturiers, propriétaires des fergenteries, doivent en païer le droit de franc-fiefs ; voïez Bacquet, des franc-fiefs, ch. 6, n. 1. Cela ne peut faire la matière d'un doute, puifque c'eft un bien noble & féodal.

Par arrêt du confeil du 8 Mai 1736, la communauté des huifliers de la ville de Roüen, qui avoit acquis la fergenterie noble à maffe du bailliage de la même ville, a été condamnée à en païer le droit d'amortiffement, fans avoir égard à une ordonnance de M. l'intendant qui avoit ordonné qu'ils en païeroient le droit de franc-fief. Une communauté, qui acquiert en corps, n'eft pas fujéte au droit de franc-fief, mais bien à celui d'amortiffement pour les biens qu'elle retire du commerce.

SERMENT ; fous le titre, *preftation de ferment*, page 168, l'on a expliqué les droits qui réfultent des diférentes preftations de ferment, faites par des oficiers de judicature, des emploïés des fermes, des experts ou autres.

SERMENT *de fidélité* ; la première fection de l'art. 1er du tarif du 29 Septembre 1722, concernant les actes eccléfiaftiques, comprend les fignifications de lettres d'indult , de joïeux avénement & ferment de fidélité , dont le droit de contrôle eft fixé à 5 liv.

Le ferment de fidélité eft celui que font au Roi , les évêques & archevèques après l'obtention de leurs bulles ; il en eft expédié des lettres qui font cesser la régale. En conféquence de ce ferment , le Roi a droit de nommer & préfenter , en expectative , à la première prébende de la collation du nouveau prélat , qui vacquera dans l'églife cathédrale ; S. M. en fait expédier un brévet à celui qu'elle a nommé : il eft apellé brévetaire du ferment de fidélité , & doit faire notifier fon brévet au collateur. Ce brévet , accordé par le Roi , n'eft point fujet au contrôle : le tarif n'y affujétit que les fignifications qui s'en font par les notaires apoftoliques , lefquelles font auffi fujétes au contrôle des exploits , comme les notifications de grades.

SICILE , ifle de la Méditérannée , entre l'Italie & l'Affrique , aïant titre de roïaume , dans lequel on comprend , tant l'ifle de la Sicile , que le roïaume de Naples. Charles de France duc d'Anjou , comte de Provence , fils de Loüis V I I I , & frère de faint Loüis , fut invefti du roïaume de Naples & de Sicile ; *voïez* le traité des droits du Roi , par M. Dupuy , pages 1re & fuivantes. Ce roïaume eft actuellement dans la maifon de Bourbon ; le droit d'aubaine eft aboli en faveur des fujets du Roi des deux Siciles : ils joüiffent en France des mêmes prérogatives que les nationnaux , & réciproquement les français dans les deux Siciles , conformément à l'art. 23 du traité raporté à l'article *Naples.* Par l'article 24 de ce traité , il eft ftipulé que les fujets des trois fouverains (de France , d'Efpagne & des deux Siciles) , joüiront dans les états refpectifs , en Europe , par raport à la navigation & au commerce , des mêmes priviléges & éxemtions que les nationnaux.

SOCIÉTÉ , eft une convention écrite entre deux ou plufieurs perfonnes , par la-

quelle elles mettent en commun entr'elles , le tout ou partie de leur bien , ou quelque commerce , quelque affaire ou entreprife , pour partager le gain & la perte. Toute fociété générale , ou en commandite , doit être rédigée par écrit , fuivant l'article 1er du titre 4 de l'ordonnance du commerce de 1673 ; la fociété générale eft celle faite pour que tous les affociés agiffent également & faffent le commerce en leur nom collectif ; & la fociété en commandite , eft celle où l'un des affociés fournit fon argent , fans faire aucune fonction d'affocié.

Suivant l'article 87 du tarif du 29 Septembre 1722 , le droit de contrôle des fociétés , traités , fous-traités , & comptes entre gens d'affaires , marchands & autres particuliers , pour le commerce fur terre ou fur mer , armement ou autrement , doit être païé ainfi qu'il eft règlé par l'art. 31 du même tarif. Cet art. 31 porte que le droit de contrôle des fociétés dans lefquelles les fommes feront certaines , fera païé fuivant l'art. 3 ; & que , fi les fommes ne font pas certaines , il fera païé , entre gens d'affaires , 12 livres ; entre marchands , 8 livres ; & entre particuliers , pour quelque caufe que ce foit , 4 liv. 10 fols.

Si deux marchands font une fociété de commerce ou d'entreprife , dans laquelle ils ne mettent en tout que 600 liv. de fonds , il ne fera dû que 3 liv. 10 fols pour le droit de contrôle , fuivant l'art. 3 du tarif , fans pouvoir percevoir les 8 livres fixées par la feconde fection de l'art. 31 du tarif. Mais , s'il eft dit que les affociés feront tenus de fupléer à cette première mife , dans les tems & dans les cas prévus , ou que les autres fonds néceffaires feront fixés par une délibération fubféquente , c'eft une fociété dont les fommes ne font pas certaines , & pour laquelle le fermier aura l'option de percevoir le droit de contrôle fur la fomme ftipulée ou fur la qualité ; enforte que fi la première mife étoit de 3000 liv. , il pouvoit percevoir 15 liv. 10 fols , fans qu'on pût l'obliger à fe reſtraindre aux claſſes de l'art. 31, fous prétexte que le fond de la fociété ne feroit pas entièrement certain.

Décifion du confeil du 17 Juin 1747, contre les entrepreneurs de la fourniture des chevaux pour les armées de Flandre & d'Italie, qui demandoient que le droit de contrôle de leur acte de fociété fut fixé à 12 liv., fans pouvoir le percevoir fur les fonds d'avance convenus par ladite fociété, prétendant que ces fonds ne devoient pas être regardés comme certains, puifque les affociés devoient y fupléer au befoin, ou retirer une partie de ces fonds. Décidé que le droit eſt dû fur le pié des fonds convenus dans la fociété.

Le droit de contrôle des fociétés eſt toujours dû fur leurs difpofitions, fans pouvoir prétendre le réduire fur l'objet qu'on veut répéter lorfqu'on les fait contrôler; parce que cette réduction eſt une exception à la règle générale & qu'elle n'a lieu que pour les fimples billets, comme il a été obfervé, tom. 1, p. 56. Décifions du confeil des 20 Février & 10 Avril 1734, contre le fieur Benneroy, qui demandoit que le droit de contrôle d'une fociété de 18 foumiffions de la compagnie des Indes, montantes à 87280 liv. faite entre le fieur d'Herbouville & le fieur Nicas, fut fixé fur la fomme qu'il entendoit répéter dudit fieur d'Herbouville.

Mais les fociétés de commerce faites fous-fignatures privées ne doivent être contrôlées qu'auparavant de s'en fervir; il faut, à la vérité, en dépofer les extraits au gréfe de la jurifdiction confulaire, s'il y en a, finon en celui de l'hôtel-de-ville, ou au gréfe du fiége ordinaire du lieu; & que ces extraits foient inférés dans un tableau public, fuivant l'art. 2 du tit. 4 de l'ordonnance de 1673. (*) Et comme l'art.

29 du tarif de 1722, porte que les actes fous-fignatures privées ne pourront être extraits ou collationnés qu'ils n'aïent été préalablement contrôlés, on a prétendu qu'il falloit faire contrôler la fociété avant que de dépofer ces extraits; il y a été remédié par un arrêt du confeil du 19 Janvier 1734, qui, en accordant des facilités pour ce dépôt, a confervé les droits dûs pour la fociété, lorfqu'on voudra s'en fervir. Comme cet arrêt n'a été imprimé que 20 ans après qu'il a été rendu, & qu'il n'eſt peut-être pas affez connu, & nous croïons devoir en raporter les difpofitions.

» Le Roi étant informé que les mar- » chands & négocians du roïaume négli- » gent de faire enregiſtrer aux gréfes, en » éxécution de l'article 2 du titre 4 de » l'ordonnance de 1673, concernant le » commerce, les extraits des fociétés » qu'ils font entr'eux fous-fignatures pri- » vées, dans la vûe d'éviter les droits » de contrôle que les fous-fermiers de » quelques provinces fe font cru en droit » d'éxiger fur l'acte même de fociété, » conformément à la dernière difpofition » de l'article 29 du tarif du 29 Septem- » bre 1722; & S. M. voulant faire cef- » fer les obſtacles qui ont pû fervir de » prétexte jufqu'à préfent à l'omiffion » d'une formalité fi effentielle. Vû les mé- » moires des députés du commerce à ce » fujet, enfemble la réponfe des fous- » fermiers des droits de contrôle, ouï » le raport du fieur Orry, confeiller » d'état & ordinaire au confeil roïal, con- » trôleur général des finances, S. M. en » fon confeil, a ordonné & ordonne.

» I. Que les extraits de fociété, fous- » fignatures privées, qui feront faits en » éxécution de l'ordonnance du commer- » ce pour être enregiſtrés, aux gréfes

---

(*) L'article 3 du même titre de l'ordonnance porte qu'aucun extrait ne fera enregiſtré, s'il n'eſt figné ou des affociés, ou de ceux qui auront fouffert la fociété; & s'il ne contient les noms, furnoms, qualités & demeures des affociés, & les claufes extraordinaires, s'il y en a, pour la fignature des actes, & le tems auquel elle doit commencer & finir.

A aa ij

» & ne contiendront que les difpofitions » prefcrites par icelle , feront contrôlés , » en païant , par chacun d'iceux , huit » livres & les quatre fols pour livre , fe- » lon la feconde claffe de l'article 31 du » tarif du 19 Septembre 1722.

» I I. Lorfque les négocians feront » obligés de faire enregiftrer en plufieurs » gréfes , les extraits de la même focié- » té , tous & chacuns lefdits extraits fe- » ront contrôlés , en païant pour le pre- » mier huit livres , conformément à l'art. » précédent ; & dix fols & les quatre » fols pour livre , pour chacun des au- » tres , fur le pié d'actes fimples.

» I I I. N'entend néanmoins S. M. , » que le contrôle de l'extrait des focié- » tés fous-fignatures privées , puiffe dif- » penfer les affociés , leurs créanciers ou » autres , de faire contrôler leurs focié- » tés , lorfqu'ils voudront s'en fervir , les » dépofer , collationner , ou faire aucun » acte en conféquence ; auxquels cas les » droits feront perçus conformément à » l'article 31 dudit tarif du 29 Septem- » bre 1722.

» I V. Veut au furplus S. M. , que , » lorfque les fociétés auront été paffées » devant notaires & contrôlées , il ne » foit perçu que cinq fols pour le con- » trôle des extraits , conformément à » l'article 29 du tarif du 29 Septembre » 1722 ; enjoint S. M. , aux fieurs in- » tendans & commiffaires départis pour » l'éxécution de fes ordres dans les pro- » vinces & généralités du roïaume , de » tenir la main à l'éxécution du préfent ar- » rêt , lequel fera lû , publié & afiché par » tout où befoin fera , à ce que perfonne » n'en ignore. Fait au confeil d'état du » Roi , tenu à Marly le 19 Janvier » 1734.

Une fociété finit à l'expiration du tems pour lequel elle étoit faite. Pour la faire continuer , il faut un nouvel acte fujet aux mêmes formalités que la focié-

té ; il doit être également public & en- regiftré. C'eft une nouvelle fociété , dont le droit de contrôle eft dû comme pour la première.

Si l'on diffout volontairement une fo- ciété avant le terme de fon expiration , *voïez* Diffolution.

A l'égard des fociétés générales ftipu- lées entre futurs conjoints , *voïez* Con- trat de mariage , §. 16 , tom. 1 , p. 527.

Il eft quelquefois ftipulé , par contrat de mariage , que les conjoints feront com- muns en biens avec leurs pères & mè- res ; les droits réfultans de cette affo- ciation font expliqués à l'article *Con- trat de mariage* , §. 6 , tom. 1 , p. 509.

Quant aux fociétés légales , qui s'intro- duifent tacitement entre des perfonnes qui demeurent enfemble & qui , aïant confondu leurs biens , font une dépenfe commune ; *voïez* Communauté , tom. 1 , p. 459.

S O I S S O N S , ville capitale du Soif- fonnois & chef-lieu d'une généralité.

Par édit du 18 Décembre 1411 , les château , comté & vicomté de Soiffons , qui étoient poffédés & tenus en pairie par Charles , duc d'Orléans , furent réu- nis au domaine de la couronne.

Déclaration du Roi du 19 Janvier 1751 , renduë en faveur de M. le duc d'Orléans , qui venoit de faire l'acquifition du comté de Soiffons ; par laquelle S. M. lui céde les droits d'infinuation & de centième de- nier dans ledit comté , en échange de ceux dûs dans les principautés de la Ro- che-fur-Yon & du Luc , & dans les fei- gneuries de Cravant , Champigny & Ar- genton ; *voïez* le tom. 1 , p. 195.

S O L P O U R L I V R E , établi par augmentation fur diférens droits des fer- mes , par déclaration du Roi du 3 Fé- vrier 1760. L'on a expliqué , à la fuite de l'article *quatre fols pour livre* , page 225 , quels font les droits dépendans de la ferme des domaines , qui font fujets à ce nouveau fol pour livre.

SOMMATION , est un acte ou commandement , par lequel on somme & interpelle quelqu'un de faire quelque chose ; on apelle aussi sommation , une demande en garantie , & la dénonciation de poursuites que fait faire une partie à celui qui est tenu de l'en acquiter.

L'article 88 du tarif du 29 Septembre 1722 , fixe à 10 sols le droit de contrôle des sommations , protêts de lettres de change ou billets , protestations , empêchemens , notifications ou autres actes qui se signifient ou notifient en matière laïque , pour quelque cause que ce soit ; mais ce droit n'est dû que lorsque les sommations sont faites par des notaires , auquel cas , elles doivent aussi être contrôlées aux exploits ; *voïez* Notaires , §. XXII.

Les sommations faites par des huissiers ou sergens ne sont sujétes qu'au contrôle des exploits , quand bien même elles contiendroient sommation de païer , païement entre les mains de l'huissier & décharge de sa part , inférée dans l'exploit ; au lieu que si le créancier étoit présent & qu'il souscrivit le procès verbal de l'huissier pour valoir de quitance au débiteur , le droit de contrôle seroit dû de cette quitance sur le pié fixé par le tarif. Décision du conseil du 10 Juillet 1734 , qui ordonne la restitution d'un droit de contrôle aux actes perçu à Troyes , sur une sommation faite par un huissier à la communauté des tanneurs de la même ville , de païer une somme ajugée par arrêt , laquelle somme ou partie d'icelle fut païée entre les mains de l'huissier ; autre décision du 14 Février 1739 , sur le mémoire de M. de Monaco , ancien archevêque de Besançon & abbé de Vauluisan , portant que l'huissier , qui reçoit des sommes sur son exploit , ne doit que le contrôle des exploits.

Il ne faut pas confondre ces sommations , avec les offres suivies de païement , dont la quitance est donnée par le même acte ; cette quitance étant donnée par la partie à laquelle l'offre est faite , est sujéte au contrôle des actes , quoiqu'insérée dans un exploit d'huissier ou sergent , conformément à la disposition textuelle de l'article 65 du tarif de 1722 , & ainsi qu'il a été observé à l'article , *Offres suivies de païement* , page 77.

On apelle , mais improprement , *sommations respectueuses* , les requisitions que font les enfans à leurs pères & mères de consentir à leur mariage ; le terme de sommation ne convient pas à des actes de respect & de soumission ; *voïez* Actes de respect , tom. 1 , p. 73.

Les sommations en matière ecclésiastique sont des requisitions & des notifications qui se font par des notaires apostoliques ; *voïez* l'article 1er du tarif , & les art. *Notification* & *Serment de fidélité.*

SOULTE a lieu en échange pour balancer la valeur de l'héritage donné en contr'échange ; elle a lieu dans les partages , en assujétissant celui dont le lot est trop fort à païer une soulte ou un retour de lot à celui des copartageans dont le lot est plus foible. Voïez *Échange*, tom. 2 , p. 272 & 293 ; & *Partage* , tom. 3 , p. 123.

SOUMISSION est une promesse de païer ou de faire quelque chose , sous les peines portées par les loix ou exprimées dans la soumission.

On apelle soumission de caution , celle faite au gréfe par des cautions judiciaires & leurs certificateurs ; *voïez* Cautionnement , §. 2 & 3.

Les soumissions faites pour les acquits à caution , qui se délivrent dans les bureaux des fermes , & les autres soumissions faites dans lesdits bureaux , pour sûreté du païement des droits du Roi & des amendes & confiscations , sont dispensées de la formalité & du païement des droits de contrôle , encore qu'il soit

formé des demandes en conféquence.
Voïez Acquits à caution, tom. 1, p. 17.

Il a été obfervé, tom. 1, p. 129, que les fermiers du Roi peuvent traiter des amendes de contravention aux règlemens, fans qu'il foit néceffaire qu'il intervienne aucun jugement fur les contraventions ; ces traités, dans la ferme des domaines, font nommés des foumiffions, par lefquelles le contrevenant fe foumet à païer telle fomme pour tenir lieu des amendes qu'il a encouruës, & qui doivent être établies par un procès verbal raporté précédemment.

Jufqu'à ce que ces foumiffions aïent été agréées par le fermier, il peut pourfuivre le contrevenant pour faire prononcer contre lui en conformité des règlemens ; *voïez* l'arrêt du 11 Juillet 1724, tom. 2, p. 320. Mais, fi la foumiffion a été acceptée, le fermier ne peut plus invoquer les difpofitions des règlemens, pour raifon de tout ce qui fe trouve énoncé dans le procès verbal, à l'occafion duquel cette foumiffion a été faite. Elle fait fa règle, comme elle fait irrévocablement celle du contrevenant (*), dès l'inftant qu'elle a été fignée de lui; à moins cependant qu'il ne foit prouvé qu'il n'y avoit point de contravention, ou que la peine ftipulée excéde celle prononcée par les règlemens. Dans l'un & l'autre cas, la foumiffion n'a pour fondement qu'une erreur, qui la rend abfolument nulle.

La foumiffion faite devant notaires, doit être contrôlée comme tous les autres actes faits par ces oficiers ; fi la partie n'en remplit pas les conditions dans le tems qui a été fixé, il faut la lui faire fignifier avec commandement d'y fatisfaire dans huitaine, après laquelle on peut ufer de faifie-éxécution, ou de faifie-arrêt, par ce que l'on agit en vertu d'un titre éxé-

cutoire. Mais, fi la foumiffion a été fournie fous-fignature privée & que la partie foit en demeure d'y fatisfaire, il faut la lui faire fignifier (fans qu'il foit néceffaire de la faire contrôler auparavant, puifqu'elle en eft difpenfée), avec affignation devant M. l'intendant ou autre juge d'attribution de la matière dont il s'agit, pour la voir déclarer éxécutoire ; ce n'eft qu'en conféquence du jugement qui intervient que l'on peut agir par voie de contrainte.

SOUS-BAIL *à ferme ou à loïer*, eft l'acte par lequel on afferme à une tierce perfonne une partie des biens dont on eft fermier ou locataire. L'article 16 du tarif du 29 Septembre 1722, fixe le droit de contrôle des fous-baux fur le même pié réglé pour les baux ; c'eft-à-dire, à proportion du prix defdits fous-baux.

A l'égard des fous-baux que peut faire le fermier des droits du Roi, *voïez* Fermes, §. IV, tom. 2, p. 355.

SOUS-FERMES ; on apelloit ainfi, les baux paffés au nom de l'adjudicataire des fermes-unies de France, fous les yeux & de l'autorité de commiffaires du confeil, de l'univerfalité d'une partie du bail général, foit pour tout le roïaume, foit par provinces & généralités ; & principalement des domaines & droits y joints & des droits d'aides.

Les règlemens généraux concernant les baux defdites fous-fermes, font raportés à l'article *Fermes du Roi*, §. I, page 342 ; & il a été fait mention au §. II, du même article, pages 346 & fuivantes des fous-fermes qui ont été faites en conféquence, dont les dernières font expirées en 1756.

SOUS-RACHAT, a lieu lorfque, pendant que le feigneur jouït du fief de fon vaffal par droit de rachat, l'arrière-

---

(*) Ce principe, établi dans le premier volume, page 229, a été confirmé toutes les fois que la queftion s'eft préfentée.

fief, qui en dépend, tombe auffi en ra-chat par la mort de l'arrière-vaffal; *voïez* Rachat, page 235.

SOUS-TRAITÉ, eft un acte par lequel celui qui a traité d'une entreprife, traite lui-même avec une autre perfonne, pour le tout ou partie de la même entreprife. Le droit de contrôle des fous-traités eft fixé par l'article 87 du tarif, fur le pié règlé par l'article 31.

Un fermier fait des fous-baux & des marchés. Le traitant fait des fous-traités; on confond fouvent le fermier & le traitant; il y a cependant bien des diférences à faire. *Voïez* Traité.

SUBROGATION, *tranfport*. Le tarif du 29 Septembre 1722, parle des fubrogations dans les articles 16 & 25.

Par l'article 16, il fixe le droit de contrôle des *fubrogations de baux* à loïer ou à titre de ferme, fur le même pié règlé par l'article 15 pour lefdits baux. La fubrogation de bail eft un acte par lequel le locataire ou le fermier d'un bien, céde fon bail à un autre qu'il met en fa place & qu'il fubroge dans tous fes droits.

L'article 25 du tarif fixe le droit de contrôle des *fubrogations de chofes mobiliaires ou immobiliaires*, fur le pié règlé par les articles 3 & 4. Ce font des actes de ceffion, par lefquels on eft fubrogé à un autre, pour éxercer les créances ou les droits qui y font exprimés, comme pour recueillir une fucceffion échuë au fubrogeant, continuer une entreprife dans laquelle il étoit affocié ou intéreffé &c.

Les fubrogations de chofes immobiliaires, en fonds d'héritages & immeubles ou en rentes foncières, font affujéties au droit de centième denier par l'article 6 de la déclaration du Roi du 20 Mars 1708, comme tranflatives de propriété ou d'ufufruit. *Voïez* Ceffion, tom. 1, p. 392.

SUBSTITUTION, eft une difpofition par laquelle, après avoir fait une inftitution d'héritier, un legs, ou une donation, l'on nomme une autre perfonne ou plufieurs, pour recueillir les biens. Elle eft définie en droit, une inftitution au fecond dégré; c'eft une donation fous-ordonnée, ou une feconde donation, par laquelle les biens font déférés de l'un à l'autre, pour leur apartenir fucceffivement. Une chofe qui eft incommutablement donnée, ne peut plus être donnée à un autre; mais, s'il eft ftipulé qu'elle doit paffer à un autre après la mort du donataire, il eft évident que celui qui eft ainfi apellé pour la recueillir, eft fubrogé & fubftitué au donataire, lequel, par conféquent, ne peut pas difpofer de la chofe au préjudice du fecond donataire, qui doit la poffeder après lui.

On peut donc dire qu'une fubftitution eft une image de la fucceffion, & une fucceffion même, fuivant l'ordre établi par le donateur ou teftateur. Le légiflateur dit, lui-même, dans le préambule de fon ordonnance du mois d'Août 1747, que, par les fubftitutions étendues à plufieurs perfonnes apellées les unes après les autres, il s'eft formé comme un nouveau genre de fucceffion, où la volonté de l'homme prend la place de la loi. Les mêmes droits feigneuriaux & de centième denier, qui font dûs lors de l'ouverture des fucceffions, font également dûs lorfque les biens fubftitués paffent des mains de celui qui étoit grévé, en celles de l'apellé à la fubftitution; c'eft ce qu'on établira dans la fuite de cet article; mais il faut préalablement parler des diverfes efpèces de fubftitutions, & traiter des droits de contrôle & d'infinuation qui en font dûs.

§. I. *Diverfes efpèces de fubftitutions.*

1. La plus ordinaire eft la fubftitution

oblique & *fidéi-commiffaire*, qui, de
droit commun, a lieu, tant en païs de
droit écrit qu'en païs coûtumier ; c'eft
lorfque l'héritier inftitué ou le donataire
eft chargé de remettre les biens à un autre, qui les recevra immédiatement de
lui ; toute inftitution à charge de rendre
eft une fubftitution fidéi-commiffaire,
comme on l'a déjà dit, tome 2, page
564. On lui donne le nom d'oblique par
opofition à celui de directe, parce que
les biens ne paffent pas immédiatement
de la perfonne du teftateur ou donateur
à celle qui eft apellée à les recueillir, à
la diférence de la fubftitution directe dont
il fera parlé ci-après ; on la nomme fidéi-
commiffaire, parce que les biens font
d'abord recueillis par une perfonne chargée de les tranfmettre à une autre.

L'inftitution n'eft pas de l'effence de
la fubftitution, dans les païs où l'on joüit
pleinement de la liberté de fubftituer ;
parce que l'on peut faire la fubftitution
fur l'héritier légitime ; on peut la faire
fur un légataire ou fur un donataire. Elle
fe fait par contrat de mariage, par donation entre-vifs, ou par teftament.

La fubftitution fe foûtient plus par l'intention du teftateur ou donateur, que par
le mot *fubftituer*, qui peut être fupléé
par d'autres marques ; il fufit qu'il ait
manifefté fa volonté de faire paffer les
biens de l'un à l'autre, pour qu'il y ait
une fubftitution fidéi-commiffaire.

L'exclufion de certaines perfonnes capables de fuccéder, pour déférer les
biens à d'autres, forme une véritable
fubftitution, parce qu'elle intervertit l'ordre des fucceffions établi par la loi, pour
donner lieu à la difpofition qui fait ceffer
cet ordre ; ainfi, l'affectation aux mâles
à l'exclufion des filles, forme un véritable fidéi-commis en faveur des mâles,
qui font préférés par le choix du donateur ou teftateur.

La prière faite par un teftateur au lé-

gataire de conferver fon legs à une autre
perfonne, forme un véritable fidéi-commis, de même que fi, au lieu de prier,
il s'étoit fervi de termes impératifs. C'eft
ce qui a été jugé par un arrêt rendu en
l'audience de grand'chambre du parlement
de Paris, le 26 Février 1715.

Voïez le §. III de cet article, n. 4,
où il fera fait mention de quelques difpofitions particulieres, confidérées comme
de véritables fubftitutions & fujétes aux
mêmes droits.

Il y a des provinces où les fubftitutions font rares ; delà l'on prétend qu'elles y font inconnuës & même prohibées.
Il eft vrai que quelques coûtumes, comme
celles d'Auvergne, de Bourbonnois &
de la Marche, défendent les fubftitutions
teftamentaires, parce que le vœu de ces
coûtumes & autres femblables, eft de conferver les fucceffions dans l'ordre établi
par la loi ; mais, il eft certain que, dans
toutes coûtumes qui permettent de donner, l'on peut fubftituer les biens dont
on a la liberté de difpofer par donation
ou legs, puifque les fubftitutions ne font
autre chofe que de fecondes donations
ou des donations fubordonnées.

Les inftitutions d'héritiers font à la vérité inconnuës dans quelques coûtumes,
comme dans celles de Normandie &
de Bretagne, où il n'y a d'autre héritier
que celui du fang, apellé par la difpofition de la loi ; ainfi, dans ces coûtumes,
il n'y a point de fubftitution univerfelle,
fi elle n'eft autorifée par lettres patentes, puifque cette fubftitution eft une feconde inftitution fubrogée à la première ; mais, comme il étoit permis en droit
de fubftituer à un légataire ou donataire
particulier, il eft certain que l'on peut
fubftituer à un legs ou à une difpofition
particulière, dans tout le païs coûtumier,
lorfque la coûtume ne le défend pas ex-
preffement. *Hevin*, dans fes confultations
fur la coûtume de Bretagne, page 248,
dit

dit que c'eſt ſur ce fondement que la cour a condamné l'erreur de ceux qui s'étoient perſuadés que la coûtume de Normandie réprouvoit les ſubſtitutions ; que ce paradoxe a été condamné par un arrêt célébre rendu depuis quelques années en la maiſon de Montbaſon, qui a jugé qu'on pouvoit ſubſtituer en Normandie tout ce qu'il eſt permis d'y donner ; que les donations, étant bonnes & valables, peuvent être chargées de fidéi-commis, parce qu'il eſt libre à un donateur d'impoſer telle condition qu'il veut à ſa libéralité, pourvû qu'elle ne ſoit point contraire aux bonnes mœurs ou à la diſpoſition de la loi ; enfin, qu'il n'y a point d'article dans la coûtume de Bretagne qui défende les ſubſtitutions, & que, par conſéquent, elles peuvent entrer dans les donations.

Le Roi a donné, au mois d'Août 1747, une ordonnance au ſujet des ſubſtitutions fidéi-commiſſaires, univerſelles ou particulières, faites par teſtament, par contrat de mariage ou par donation entrevifs, même par des inſtitutions contractuelles. L'article 1ᵉʳ du titre 1ᵉʳ porte que les ſubſtitutions fidéi-commiſſaires, dans les païs où elles ſont en uſage, pourront être faites par toutes perſonnes capables de diſpoſer de leurs biens, de quelque état & condition qu'elles ſoient.

Suivant les articles 30 & ſuivans, ces ſubſtitutions ne peuvent dorénavant s'étendre au-delà de *deux dégrés* de ſubſtitués, outre le donataire ou autre qui aura recueilli le premier les biens donnés ou légués (*) ; ſans cependant rien innover à l'égard des provinces, où les ſubſtitutions n'ont pas encore été reſtrain-

tes à un certain nombre de dégrès, S. M. ſe réſervant d'y pourvoir dans la ſuite. Les dégrès de ſubſtitution ſeront comptés par têtes & non par ſouches ou générations, de telle manière que chaque perſonne ſoit comptée pour un dégré, article 33. En cas que la ſubſtitution ait été faite au profit de pluſieurs frères ou autres apellés conjointement, ils ſeront cenſés avoir rempli un dégré, chacun pour la part & portion qu'il aura recueillie dans leſdits biens ; enforte que ladite part paſſe enſuite à un autre ſubſtitué, même à un de ceux qui avoient été apellés conjointement, il ſoit regardé comme rempliſſant à cet égard un ſecond dégré, article 34. Lorſque le grévé de ſubſtitution aura accepté la diſpoſition faite en ſa faveur, ſoit expreſſément par des actes ou par des demandes formées en juſtice, ſoit tacitement, en s'immiſçant dans la poſſeſſion des biens ſubſtitués, il ſera cenſé avoir recueilli l'éfet de ladite diſpoſition ; enforte que le premier dégré de ſubſtitution ſoit compté après lui ; ce qui aura lieu encore qu'il eût révoqué leſdits actes ou qu'il ſe fut déſiſté deſdites demandes ou les eût laiſſé périr ou preſcrire, ou qu'il offrit de rendre les biens avec les fruits, article 36. Mais, ſi le grévé de ſubſtitution renonce à la diſpoſition faite en ſa faveur, ſans s'être immiſcé dans les biens ſubſtitués, ou s'il meurt ſans l'avoir acceptée, ni expreſſément ni tacitement, le ſubſtitué du premier dégré en prend la place, enforte que les dégrès de ſubſtitution ſeront comptés qu'après lui ; & dans les mêmes cas de renonciation ou d'abſtention d'un des ſubſtitués, il ne ſera point

_____

(*) Par l'article 59 de l'ordonnance de Charles IX, donnée à Orléans en 1560, il a été défendu à tous juges d'avoir égard aux ſubſtitutions, outre & plus avant deux dégrés de ſubſtitution, non compris l'inſtitution & première diſpoſition ; &, par l'article 57 de celle de Moulins, en 1566, il fut ordonné que les ſubſtitutions faites avant l'ordonnance d'Orléans, ſeroient reſtraintes à quatre dégrés outre l'inſtitution.

Subftitu-
tion.

cenfé avoir rempli un dégré ; celui qui fera apellé après lui prendra fa place , le tout encore que la renonciation ou l'abftention dudit subftitué grévé ou dudit subftitué n'eut pas été gratuite , article 37.

Outre la fubftitution fidéi-commiffaire , il y en a de plufieurs autres efpèces, introduites par les loix Romaines, & qui , pour la plûpart , ne font connuës que dans le païs de droit écrit.

2. La fubftitution *directe* eft celle en vertu de laquelle l'apellé reçoit les biens immédiatement du teftateur. C'eft précifément l'efpèce de la feconde inftitution : le teftateur , en inftituant Pierre héritier ou légataire , ajoûte que , s'il ne peut ou ne veut pas l'être , il inftituë Jean en fa place. Si Pierre accepte , la fubftitution devient caduque à l'égard de Jean ; mais lorfque Pierre ne peut ou ne veut pas accepter , Jean , qui lui eft fubftitué , prend directement les biens de la main du teftateur , fans qu'ils aïent paffé par celle de Pierre.

On la nomme fubftitution *vulgaire* , parce qu'elle étoit d'un ufage fréquent chez les Romains , afin que l'inftitution d'héritier , néceffaire pour la validité du teftament , pût toujours avoir lieu ; en conféquence , cette fubftitution peut être faite à l'infini , d'autant qu'elle ceffe dès que l'hérédité eft recueillie.

Cette fubftitution , qui n'a été que prévûë , n'eft fujéte à aucuns droits , fi elle eft caduque lors du décès du teftateur ; c'eft-à dire , fi les biens paffent immédiatement à l'un ou à l'autre de ceux qui y étoient apellés , pour les poffeder librement fans être nullement grévés ; il n'eft dû , dans ce cas , que les droits de l'inftitution , fi elle n'eft pas faite en ligne directe. Mais toute fubftitution , par le moïen de laquelle les biens peuvent paffer de l'un à l'autre , eft fujéte aux droits ordinaires. La fubftitution vulgaire peut être fujéte à ces droits , lorfqu'elle eft

faite fur le fils en puiffance du pere , & par lui inftitué héritier ; fi le père meurt avant la puberté du fils , celui-ci eft grévé , jufqu'à ce qu'il parvienne à la puberté , en faveur de ceux nommés par le père. C'eft pourquoi il a été décidé au confeil le 18 Octobre 1738 , fur une propofition de M. l'intendant de Grenoble , que les droits d'infinuation étoient dûs pour une fubftitution de cette efpèce.

3. Un père fait une fubftitution *pupillaire* , envertu de fa puiffance paternelle , lorfque , par fon teftament , il difpofe non-feulement de fes biens , mais encore de ceux de fes enfans en pupillarité , au cas qu'ils décédent avant l'âge de puberté. Si le fils meurt , après fon père , fans avoir atteint l'âge de 14 ans , la fubftitution eft ouverte en faveur de celui qui y eft apellé ; il fuccéde au fils comme s'il avoit été inftitué par lui-même. Mais , dès que le pupile parvient à la puberté , il eft propriétaire libre , il peut difpofer des biens comme il lui plait : la fubftitution eft anéantie , & celui qui y étoit apellé n'a plus aucune efpérance. Ainfi les droits de la fubftitution ne peuvent être dûs que lorfque le fils a recueilli en pupillarité ; il étoit alors grévé de fubftitution jufqu'à l'âge de puberté.

4. La fubftitution *exemplaire* , faite par les parens à leurs defcendans hors d'état de pouvoir tefter , parce qu'ils font en démence ou furieux , fut introduite , à l'éxemple de la fubftitution pupillaire , pour autorifer lefdits parens à fubftituer les petits-enfans ou autres defcendans , à leurs enfans dépourvus de jugement. Il faut donc confidérer fi , lors de la mort des auteurs de la fubftitution , elle fubfifte fur les enfans en démence chargés de tranfmettre , ou fi , par le prédécès de ceux-ci , elle eft caduque , ou enfin fi elle eft anéantie par la ceffation de la caufe qui l'avoit occafionnée ; les droits n'en feront dûs que dans le premier cas.

5. L'on nomme substitution *compendieuse* une disposition qui n'est pas une substitution d'espèce particulière, mais qui tient de plusieurs des espèces précédentes. Si le testateur institue un héritier, auquel il en substitue un autre, ce sera une substitution compendieuse, parce qu'elle renfermera la vulgaire & la fidéi-commissaire ; ensorte que le substitué pourra recueillir les biens immédiatement des mains du testateur, si l'institué meurt auparavant : auquel cas, il ne devra que les droits de l'institution, si elle y est sujète, puisque la substitution sera caduque, pourvu qu'il ne soit pas lui-même grévé. Si le premier institué recueille les biens, il y aura fidéi-commis en faveur du substitué, & les droits de la substitution seront dûs, indépendamment de ceux de l'institution.

6. Enfin la substitution *réciproque* n'est pas d'une espèce diférente des autres : elle a lieu, lorsque plusieurs institués ou légataires sont substitués les uns aux autres ; ils sont tous grévés de substitution ; & réciproquement, ils sont tous apellés à la substitution.

§. II. *Du droit de contrôle des substitutions.*

1. Si la substitution est faite par une disposition à cause de mort, elle est nommément comprise dans l'article 89 du tarif, qui en fixe le droit de contrôle suivant la qualité du testateur. L'on doit bien savoir que, pour le testament, contenant substitution ou toute autre disposition quelconque, il n'est dû qu'un seul droit de contrôle. Cette règle a également lieu pour la substitution pupillaire, sans pouvoir dire qu'il y ait deux dispositions testamentaires, puisque le père est le seul qui teste, tant en son nom qu'en celui de son enfant ; la question a même été jugée au conseil le 1er Mai 1728, sur le mémoire de M. le Chevalier d'Albert, con-

tre le commis d'Aix, qui avoit perçu deux droits pour un semblable testament.

Lorsque la substitution est faite, soit par contrat de mariage, en conséquence de la donation entre-vifs, ou de l'institution contractuelle qui s'y trouve stipulée, soit par tout autre acte entre-vifs, il n'est dû que le droit de contrôle de la disposition principale, sans en pouvoir percevoir un particulier pour raison de la substitution, puisque ce n'est qu'une condition stipulée entre le donateur ou l'instituant, & le donataire ou l'institué. Il est vrai que, si le substitué étoit partie dans l'acte, pour accepter la substitution stipulée en sa faveur, il seroit dû un second droit de contrôle, sur le pié d'acte simple ; mais cela arrive bien rarement, parce que l'intervention du substitué est inutile & n'ajoûte rien à son droit. Ce droit lui est pleinement conservé par les articles 11 & 12, du titre 1er de l'ordonnance du mois d'Août 1747.

La substitution ne peut être stipulée entre-vifs par un acte postérieur à la donation ou à l'institution contractuelle, suivant l'article 13 du même titre de l'ordonnance ; ainsi, n'étant point isolée de la disposition principale, il ne peut y avoir de dificulté sur le droit de contrôle.

Il y a cependant un cas dans lequel les biens précédemment donnés purement & simplement, peuvent être grévés de substitution : c'est lorsque le donateur fait une nouvelle libéralité au donataire. Si celui-ci accepte cette nouvelle libéralité, sous la condition que le tout demeurera chargé de substitution, il ne lui est plus permis de diviser les deux dispositions faites à son profit, suivant l'article 16 de l'ordonnance de 1747.

Quoique la substitution stipulée par cet acte affecte tous les biens, je pense que le droit de contrôle ne sera dû que sur la valeur de ceux qui font l'objet de la nouvelle libéralité, & que, nonobstant l'indivifibilité des difpofitions , l'on ne peut pas dire que le dernier aĉte foit le feul titre du donataire : il a déjà paŷé le droit de contrôle fur la valeur des biens précédemment donnés , & l'ancienne donation fubfifte , fous la condition onéreufe impofée en confidération de la nouvelle donation.

§. III. De l'infinuation des fubftitutions & des droits qui font dûs.

1. Je ne connois point de loi antérieure à 1703 , qui ait nommément ordonné l'infinuation des fubftitutions , fi ce n'eſt une déclaration de Louis XIV du mois de Mai 1645 , raportée tom. 2 , p. 547 (a) , par laquelle il étoit ordonné que les fubftitutions feroient infinuées , à l'exception de celles faites en ligne direĉte. Car il ne faut pas confondre l'infinuation avec la publication en jugement & l'enregiftrement des fubftitutions aux gréfes des fiéges roïaux : formalités de rigueur , mais purement judiciaires , ordonnées par l'ordonnance de Moulins , & par les déclarations de 1566 & 1690 , raportées dans le tom. 2 , p. 545 , & fuivantes. Les feules donations entre-vifs avoient été anciennement affujéties à être infinuées.

La publication en jugement & l'enregiftrement des fubftitutions au gréfe , ont été ordonnés de nouveau , par déclaration du Roi , du 18 Janvier 1712 , qui règla qu'il y feroit fatisfait à la diligence des héritiers , donataires ou légataires grévés de fubftitution , & fans préjudice de l'infinuation defdites fubftitutions , ordonnée par l'édit du mois de Décembre 1703 , qui

feroit éxécuté. La nouvelle ordonnance du mois d'Août 1747 , titre 2 , art. 18 & fuivans , ordonne que toutes les fubftitutions fidéi-commiffaires , faites par des aĉtes entre-vifs ou par des difpofitions à caufe de mort , feront *publiées en jugement* au bailliage , fénéchauffée ou autre fiége roïal reffortiffant nuement ès parlemens ou confeils fupérieurs (b) , dans l'étenduë ou reffort defquels étoit le domicile de l'auteur de la fubftitution au jour de l'aĉte qui la contiendra , ou au jour de fon décès , fi elle eſt contenuë dans une difpofition à caufe de mort ; & pareillement dans les fiéges de la même qualité , dans l'étenduë ou le reffort defquels feront fitués les biens fubftitués ; qu'elles feront *enregiftrées* en entier aux gréfes des mêmes fiéges dans un regiftre particulier ; le tout à la diligence des donataires , des héritiers légitimes ou inftitués , & des légataires grévés de fubftitution , dans fix mois du jour de l'aĉte fait entre-vifs , ou du jour du décès du teftateur , fi la fubftitution eſt faite par une difpofition à caufe de mort.

2. Toutes les fubftitutions faites par aĉtes entre-vifs ou par des difpofitions à caufe de mort , en ligne direĉte , comme en ligne collatérale ou en faveur d'étrangers , doivent être *infinuées* , avant qu'il puiffe être procédé à la publication en jugement & à l'enregiftrement au gréfe ; parce qu'on ne peut faire aucun ufage public des aĉtes fujets à l'infinuation , s'ils ne font préalablement infinués , comme il eſt expliqué à l'article *Infinuation* , n. 20 , tom. 2 , p. 555.

L'édit du mois de Décembre 1703 , a ordonné , par les articles 2 & 9 , que toutes difpofitions entre-vifs ou de der-

---

(a) Cette déclaration n'eut pas même une longue éxécution ; il ne fut pas fait mention de l'infinuation des fubftitutions dans celle du 17 Novembre 1690.

(b) Jufqu'à cette ordonnance , il fufifoit que la publication & l'énregiftrement fuffent faits au fiége roïal ordinaire.

nière volonté , contenant des fubftitutions , ainfi que les jugemens qui les auront déclarées nulles , feront infinuées
ès gréfes des infinuations-laïques , tant du
lieu du domicile des donateurs , que de
ceux de la fituation des biens , *fans préju-*
dice de la publication defdites fubftitutions
prefcrites par les ordonnances.

Par édit du mois d'Octobre 1705 , qui
affujétit les notaires & gréfiers à faire infinuer leurs actes , il fut fait une exception
pour les fubftitutions , en ordonnant qu'elles
feroient infinuées à la diligence des parties.

Les articles 3 & 5 de la déclaration du
20 Mars 1708 , ont également ordonné
que les fubftitutions , même en ligne directe , feroient infinuées , en conformité de
l'édit de 1703.

L'infinuation des fubftitutions n'eft pas
à beaucoup près auffi folemnelle que celle
des donations entre-vifs. Ces donations n'é-
tant affujéties à la publicité & à l'enregiftrement que par le moïen de l'infinuation ,
telle qu'elle eft prefcrite par l'ordonnance
du mois de Février 1731 , & par la déclaration du Roi du 17 du même mois , le
légiflateur a pris des précautions pour rendre
cette infinuation autentique & folemnelle ;
au lieu que les fubftitutions ne font affujéties qu'à une infinuation burfale : c'eft la
publication , & l'enregiftrement qui doivent
en être faits dans les fieges roïaux reffortiffans
nuëment aux cours , qui , en donnant la publicité aux fubftitutions , en affurent la validité.

Il s'enfuit donc qu'une fubftitution faite
par une inftitution contractuelle ou par teftament , & qui n'auroit été infinuée qu'au
bureau établi près les fieges roïaux ordinaires , ne pouroit être attaquée faute d'avoir
été infinuée aux bureaux établis près les
fieges roïaux reffortiffans nuëment aux cours
fupérieures. Je ne parle que de celles faites
par une inftitution contractuelle ou par teftament ; car il eft inconteftable que celles
faites par des donations entre-vifs doivent
être infinuées dans les mêmes lieux que la

donation & conjointement avec elle. Je
penfe néanmoins qu'il eft plus règulier que
toutes fubftitutions , fans nulle exception ,
foient infinuées dans les bureaux (tant du domicile de l'auteur de la fubftitution que de la
fituation des biens) établis près les fieges
roïaux reffortiffans nuëment aux cours ; &
je me fonde fur ce que la publication & l'enregiftrement ne font valables que dans les
mêmes fieges , & fur ce qu'il n'y a que les
juges de ces fieges qui puiffent connaitre de
tout ce qui concerne les fubftitutions.

3. A l'égard des *droits dûs pour l'in-*
finuation des fubftitutions , il y a quelques
diftinctions à faire , & nous les expliquerons après avoir raporté le texte.

L'article 5 du tarif du 29 Septembre
1722 , porte que , pour les fubftitutions
de biens meubles ou immeubles , les droits
(d'infinuation) feront païés par chacun des
fubftitués fuivant la qualité des fubftituans ,
fans néanmoins qu'il puiffe être perçu plus
de quatre droits , compris l'inftitution en
quelque nombre que foient les fubftitués.

Il ne peut donc être perçu plus de
trois droits , fur le pié règlé par cet article , pour les fubftitutions faites en faveur
de diférentes perfonnes ; car le quatrième
droit , étant dû pour l'inftitution , doit être
règlé fur le pié fixé par les autres articles
du tarif. Il faut divifer cette première difpofition , de la fubftitution , pour en percevoir les droits fuivant fa nature ; enforte
que , fi c'eft une donation , l'on fuivra les
règles prefcrites pour ces actes : fi c'eft
un legs particulier , l'on fe conformera à
l'article 1er du Tarif ; & fi c'eft un legs
univerfel ou une inftitution teftamentaire ,
l'article 2 fixe le droit qui doit être perçu :
voïez *Donation , Inftitution* & *Legs.*

Cette première difpofition peut même être
exemte de tous droits d'infinuation , comme lorfqu'elle eft faite par contrat de mariage
ou par teftament en ligne directe , ou même
lorfque la fubftitution eft faite fur un héritier légitime ; dans ces cas , il n'eft dû que

les droits fixés par l'article 5 du tarif, pour les ſubſtitutions, ſoit qu'elles ſoient faites en faveur des deſcendans du donateur, ou de toutes autres perſonnes : mais ces droits ne peuvent excéder le nombre de trois.

Si le domicile & la ſituation des biens ſont ſous le même bureau, ou s'ils ſont ſous des bureaux diférens, diviſez toujours la première diſpoſition, de la ſubſtitution ; dans le premier cas, le donataire ou légataire, grévé de ſubſtitution, paiera les droits qui lui ſont perſonnels, tels que celui d'inſinuation ſuivant le tarif, s'il eſt dû pour la diſpoſition, & celui de centième denier des immeubles ; il devra en outre les droits règlés par l'article 5 du tarif pour la ſubſtitution, à la décharge de ceux qui y ſont apellés.

Dans le ſecond cas, c'eſt-à-dire, ſi les biens ſubſtitués ne ſont pas ſitués ſous le même bureau que celui du domicile de l'auteur de la ſubſtitution, il ſera dû au domicile, les droits d'inſinuation ſuivant le tarif, tels qu'on vient de l'expliquer ; & à la ſituation des biens, l'on percevra ſeulement le droit de centième denier deſdits biens s'ils y ſont ſujets ; ſinon, un ſeul droit d'inſinuation qui ſera règlé ainſi qu'il a été expliqué à l'article des donations, §. VIII, ſi la ſubſtitution eſt faite par acte entre-vifs ſujet à l'inſinuation pour la diſpoſition principale. Mais, ſi le grévé de ſubſtitution ne doit à la ſituation aucun droit d'inſinuation, ſoit parce qu'il eſt donataire par contrat de mariage en ligne directe, ſoit parce qu'il eſt inſtitué héritier ou légataire par teſtament, il ne ſera dû à la ſituation que le centième denier des biens, ou un droit d'inſinuation ſur le pié règlé par l'article 5 du tarif.

Par arrêt du conſeil du 7 Mai 1718, au ſujet du teſtament de François Becquié, contenant inſtitution de ſon fils aîné pour héritier univerſel, avec ſubſtitution en faveur des trois autres fils, en cas qu'il décéde ſans enfans, il a été jugé qu'il étoit dû

un droit d'inſinuation pour chacune deſdites ſubſtitutions & que ces droits devoient être païés par l'inſtitué.

Un autre arrêt du 11 Décembre 1728, a condamné les enfans & héritiers de Madelene Troges à paier trois droits d'inſinuation pour chacun corps des ſubſtitutions portées par le teſtament de ladite Troges, contenant ſubſtitution en faveur des enfans nés & à naître de ſon fils aîné d'un premier lit, & des enfans nés & à naître de ſes deux enfans du ſecond lit, de la portion qui reviendra à chacun dans la ſucceſſion de la teſtatrice. Il n'étoit dû que trois droits en tout, ſuivant la diſpoſition du tarif ; & nous ne citons cet arrêt que pour prévenir de ne le pas ſuivre : les règlemens poſtérieurs ſont conformes au tarif.

Il a été rendu le 5 Août 1732, deux arrêts du conſeil en règlement, ſur les droits des ſubſtitutions faites par des actes entre-vifs, & de celles faites par teſtament.

Par le premier de ces arrêts, il a été ordonné que M. le duc de Geſvres, donataire *entre-vifs*, de M. le duc de Treſmes ſon père, à charge de ſubſtitutions, par acte déjà inſinué au domicile & dont le droit avoit été païé ſuivant le tarif pour la donation ſeulement, païera au domicile du donateur, les droits d'inſinuation fixés par le tarif pour les ſubſtitutions ; & le centième denier ſeulement des immeubles compris dans ladite donation, en chacun des bureaux de la ſituation deſdits biens. Il a été fait défenſes de percevoir d'autres droits, pour l'inſinuation des donations entre-vifs, même pour celles qui contiennent ſubſtitutions, que ceux règlés par l'article 3 de la déclaration du 20 Mars 1708.

Le ſecond arrêt du 5 Août 1732, rendu du mouvement du Roi, pour les ſubſtitutions *teſtamentaires*, porte qu'il ne pourra être perçu plus de quatre droits d'inſinuation pour les ſubſtitutions contenuës dans les teftamens ou difpofitions de dernière volonté, en quelque nombre que foient les héritiers inftitués ou légataires grévés de fubftitution; lefquels droits feront païés au domicile du teftateur, fans préjudice du centième denier, dans les cas où il eft dû. Ordonne pareillement S. M., que lefdites fubftitutions feront infinuées dans les bureaux de la fituation des biens, en païant feulement le centième denier; & au cas que le centième denier ne fut pas dû, il fera païé un feul droit fuivant la qualité du teftateur, conformément aux claffes de l'article 5 du tarif du 29 Septembre 1722, dans chacun defdits bureaux, pour l'infinuation defdites fubftitutions.

Décifion du confeil du 9 Janvier 1734, au fujet d'une fubftitution graduelle & réciproque, faite entre-vifs, par M^{rs} les ducs de Luynes & de Chaulnes, de leurs duchés & autres biens, aux mâles de leurs lignes. Cette fubftitution avoit été infinuée au domicile où il avoit été perçu trois droits; & il a été décidé qu'il n'en feroit perçu qu'un en chacun des lieux de la fituation des biens où elle feroit infinuée.

Autre décifion du confeil du 2 Juillet 1744, qui réforme une ordonnance de M. l'intendant de Bourges, par laquelle il avoit jugé qu'il n'étoit dû que deux droits d'infinuation y compris l'inftitution, pour le teftament de Rofe Turcat, portant inftitution de François d'Auvergne pour fon héritier, à la charge de ne pouvoir aliéner les biens au préjudice de fes trois filles. L'ordonnance avoit pour motif que le teftament ne contenoit qu'une fubftitution au premier dégré, qui fe divife feulement en trois perfonnes, lefquelles ne recueilleront chacune que le tiers des biens; mais les droits fe règlent par le nombre des apellés & non par fouches ni par dégrés; en conféquence, l'ordonnance a été réformée, en jugeant qu'il étoit dû trois droits, outre celui de l'inftitution.

Décifions du confeil des 22 Janvier &

20 Août 1746, fur le mémoire du fieur Prevoft, éxécuteur du teftament de la dame veuve du fieur Laliier, feigneur de Villiers, qui jugent qu'il eft dû quatre droits d'infinuation; l'un de 40 livres, fuivant l'art. 1er du tarif, & les trois autres, de 50 liv. chacun, fuivant la premiere claffe de l'article 5, pour ce teftament contenant legs de 4000 livres à Louife Loifel, femme du fieur Dubois, avec charge de fubftitution en faveur de fes enfans nés & à naître. Il foûtenoit qu'il n'étoit dû qu'un droit de fubftitution, parce que les enfans, furvivant à la mère, partageront librement entr'eux, ce qui ne forme qu'un dégré de fubftitution; qu'ils viendront par concurrence; & que le tarif n'eft aplicable qu'à ceux qui font fucceffivement apellés à la fubftitution. Ces deux décifions ont encore été confirmées par une autre du 20 Mai 1747, fur l'opofition de la femme du fieur Dubois.

Par décifion du confeil du 24 Décembre 1748, il a été jugé que, pour une fubftitution faite fur un héritier légitime, il n'eft dû que les droits d'infinuation des fubftitutions. Le fieur abbé Planchon, chanoine de faint Maur, avoit ordonné, par fon teftament, que tout ce qui reviendroit de fa fucceffion à fa fœur, fa feule héritière, feroit & demeureroit fubftitué quant à la propriété, en faveur de fes enfans nés & à naître, enforte qu'elle n'en jouïroit qu'en ufufruit. Le fermier demandoit un droit pour raifon de cet ufufruit, prétendant que, dès qu'il y avoit fubftitution, il devoit y avoir une inftitution; mais on lui a opofé avec raifon que la fœur étoit feule héritière fuivant la coûtume de Paris; que le teftament, loin d'augmenter fes droits, l'avoit grévée; & qu'en éxigeant le droit prétendu, ce feroit le faire païer pour la fimple capacité légale de fuccéder. Décidé qu'il n'eft dû que les trois droits d'infinuation des fubftitutions.

Décifion du confeil du 21 Mars 1750,

qui juge qu'il eſt dû trois droits d'inſinuation, outre celui du legs univerſel, pour
le teſtament du ſieur Heliot, par lequel il
inſtituë le ſieur Domiſe, ſon frère utérin,
légataire univerſel pour l'uſufruit, léguant la
propriété par forme de ſubſtitution aux
enfans nés & à naitre du ſieur Domiſe ; &,
s'il décéde ſans enfans, ou ſes enfans ſans
poſtérité, il leur ſubſtituë ſa couſine. L'on
ſoûtenoit que la ſubſtitution ne repréſentoit
qu'un ſeul dégré, les enfans recueillant
collativement.

Autre déciſion du conſeil du 25 Juillet
1750, qui déboute les ſieur & dame Bocquillon de leur demande en reſtitution de
trois droits d'inſinuation perçus à Montdidier. Par leur contrat de mariage, la
mère de ladite dame lui avoit donné une
rente, à condition que ſi les futurs décédoient ſans enfans, ou leurs enfans ſans
poſtérité, cette rente retourneroit à la
donatrice, ou, en cas de prédécès, à
ceux de ſes collatéraux qui doivent y ſuccéder ; & qu'en cas que ladite rente fut
venduë, l'action de remploi ſeroit ſujéte
au même retour. L'on ſoûtenoit qu'il n'y
avoit point de ſubſtitution ; que la dame
Bocquillon pouvoit vendre ; & que le retour
à la mère ou aux collatéraux eſt dans l'ordre de la coûtume. Le fermier a dit que le
retour ſtipulé en faveur des collatéraux eſt
une véritable ſubſtitution, qui leur aſſure la

rente ou le prix d'icelle, ſi la dame Bocquillon meurt ſans enfans.

Par une déciſion du 1ᵉʳ Juillet 1752,
le conſeil a débouté le ſieur de Berdolle,
ancien capitoul de Touloufe, de ſa demande
en reſtitution de l'un des trois droits d'inſinuation perçus pour une ſubſtitution indéfinie portée par ſon contrat de mariage. Il
diſoit que l'ordonnance de 1747, aïant
réduit toutes les ſubſtitutions à deux dégrés,
qui doivent être comptés par têtes, il ne
pouvoit être perçu que deux droits d'inſinuation, outre celui de la donation ou
du teſtament lorſqu'il eſt éxigible. On lui
a répondu que les droits ne ſont pas dûs
par dégrés, mais relativement au nombre
des perſonnes ſubſtituées, ſuivant l'article
5 du tarif & l'arrêt du 5 Août 1732, qui
limitent à trois, les droits d'inſinuation des
ſubſtitutions. (*)

Déciſion du conſeil du 26 Mai 1743,
qui réforme une ordonnance de M. l'intendant de Languedoc, par laquelle il avoit
ordonné qu'il ne ſeroit perçu que trois droits
d'inſinuation pour le teſtament du ſieur Girard, Prieur de Pompignon, portant inſtitution de ſon neveu pour ſon héritier, & ſubſtitution, en cas que ce neveu n'eût point
d'enfans, en faveur des enfans mâles de
ſa niéce, l'ordre de primogéniture gardé ;
& à défaut de mâles, à l'ainée des filles.
Cette ordonnance avoit pour motif la réduction

(*) L'ordonnance d'Orléans, citée à la note de la page 377, avoit réduit les ſubſtitutions à deux dégrés. L'édit de 1703 & la déclaration de 1708, avoient néanmoins ordonné indéfiniment la perception des droits d'inſinuation ; le tarif de 1722 eſt la première loi qui les ait réduit à trois, lorſque la ſubſtitution eſt indéfinie ou qu'il y a plus de deux ſubſtitués. Il eſt vrai que l'ordonnance de 1747 a reſtraint les ſubſtitutions à deux dégrés qui ſeront comptés par têtes, enſorte qu'il ne peut y avoir que deux perſonnes qui recueilleront ſuc-ceſſivement les biens en vertu de la ſubſtitution, après le donataire, l'héritier inſtitué, le légataire ou autre qui aura recueilli le premier les biens du donateur ou du teſtateur (à l'exception des provinces où les ſubſtitutions n'ont pas encore été reſtraintes à un certain nombre de dégrés.) Mais cette réduction de dégrés ne peut influer ſur une per-ception autoriſée par une loi ſubſiſtante ; d'ailleurs, pour remplir les dégrés fixés par l'ordonnance, le donateur ou le teſtateur eſt obligé de ſubſtituer indéfiniment, ou du moins d'apeller pluſieurs perſonnes pour recueillir ſuc-ceſſivement & à défaut l'une de l'autre ; parce qu'il peut arriver que l'un des apellés ne puiſſe pas recueillir, ſoit parce qu'il ſera décédé, ſoit parce qu'il ſera incapable, ſoit enfin, parce qu'il s'abſtiendra ; il eſt donc incertain quels ſeront ceux des ſubſtitués qui rempliront les deux dégrés ; ils doivent donc tous être traités également, d'autant que les droits tariffés dépendent uniquement des diſpoſitions des actes & non de l'évènement de ces diſpoſitions. Ainſi, le tarif doit être ſuivi ; il y auroit pareillement lieu de s'y conformer dans le cas où le teſtateur auroit lui-même borné ſa ſubſtitution à un ſeul dégré, en y apellant pluſieurs perſonnes à défaut l'une de l'autre.

tion faite par l'ordonnance de 1747, à deux dégrés de substitution ; & elle a été réformée, en jugeant qu'il est dû quatre droits, y compris celui de l'institution, attendu que le nombre des substitués est indéfini, & que, si l'ordonnance du Roi a réduit les substitutions à deux dégrés, elle n'a pas fixé le nombre des personnes qui peuvent être apellés pour les remplir.

Autre décision du conseil du 21 Novembre 1754, qui juge qu'il est dû trois droits d'insinuation pour le testament de la veuve du sieur Guyard, Bourgeois de Paris, par lequel voulant, traiter également tous ses enfans, elle les a institués tous ensemble ses légataires universels, à la charge de s'égaler entr'eux ; & quant aux parts & portions qui reviendront à ses trois enfans mâles (qui avoient déjà reçu plus que leur légitime), après le partage égal, elle veut qu'elles soient & demeurent substituées en faveur desdits frères, &, après eux, à ceux de la famille qui feront leurs héritiers de droit, & qu'ils ne jouïssent de leurs portions qu'en usufruit ; il a été perçu trois droits pour cette substitution. Le sieur Evrard, éxécuteur testamentaire, a dit que deux des mâles ont renoncé au legs universel, qu'ainsi il ne reste qu'un grévé. Mais, il ne s'agissoit pas des droits du legs, puisqu'il étoit fait en ligne directe : le seul grévé qui restoit se trouvoit indéfiniment chargé de substitutions, tant en faveur des deux autres frères, que des enfans & héritiers de la famille qui seront en droit de succéder après lesdits deux frères, lesquels n'auront en aucun cas de propriété libre.

Si le mari & la femme font conjointement une substitution, il faut distinguer si elle a pour objet des biens qui leur soient communs, tels que les conquêts & les éfets de la communauté, ou si elle tombe sur les biens propres du mari & de la femme. Dans le premier cas, il n'y a qu'une substitution & il n'est dû que les

mêmes droits fixés par les règlemens pour la substitution faite par une seule personne. Décision du 15 Juin 1729 ; mais, dans le second cas, il y a deux substitutions distinctes, pour chacune desquelles les droits font dûs ; décisions des 22 Janvier 1735 & 1er Février 1738.

4. Il a été observé ci-dessus, §. 1, n. 1, que la substitution se soûtient plus par l'intention du testateur ou donateur que par le mot *substituer*, qui peut être suplé par d'autres marques. Mais, il faut que sa volonté soit bien marquée de faire passer les biens de l'un à l'autre, & de les garantir de l'aliénation au préjudice de ceux qu'il y apelle, pour en induire une substitution. Nous ne pouvons que faire mention des contestations qui se sont élevées à cet égard, & des jugemens qui les ont décidées.

Par décision du conseil du 24 Septembre 1724, il a été jugé que la disposition du testament de la dame de la Roque, contenant legs d'usufruit à sa niéce & de la propriété à ses enfans nés & à naitre, ne pouvoit être considérée que comme une substitution pour laquelle il étoit dû trois droits d'insinuation outre celui du legs d'usufruit.

En général, l'on ne peut pas regarder comme substitution le legs d'usufruit à une personne & de la propriété à une autre ; parce que celui auquel la propriété est léguée, est dès à présent le maître d'en disposer ; au lieu que, s'il étoit simplement apellé à la substitution, il n'auroit aucun droit actuel dans les biens. Le legs de la propriété à une personne & de l'usufruit à une autre, font donc deux dispositions particulières, dont il ne résulte que le droit de centième denier & de demi-centième denier, lorsqu'elles font en faveur d'étrangers ou de Collatéraux.

Mais, dans l'espèce de la décision du 24 Septembre 1724, sa niéce étoit héritière suivant la loi, & sa réduction à une simple jouïssance, pour assurer la propriété à ses enfans nés & à naitre, a été considé-

rée comme une fubftitution en faveur defdits enfans. Néanmoins , la queftion s'eft
préfentée depuis , & elle a été jugée contre le fermier , par deux décifions des 14
Novembre 1739 & 30 Janvier 1740 , au
fujet du teftament de Zacharie Lambert ,
portant legs d'ufufruit à l'une de fes filles ,
& legs de la propriété aux enfans de cette
fille , nonobftant une confultation de M.
Cochin & d'un autre avocat au parlement
de Paris , qui difoient que c'étoit une fubftitution.

Décifion du confeil du 7 Février 1718 ,
contre M. de Guirand , inftitué héritier
univerfel par fon frère , chevalier de Malthe , fous la condition que , fi l'un des
deux autres frères , auffi chevaliers de
Malthe non profès , vint à fe marier , l'inftitué feroit obligé de lui remettre l'hérédité. Il eft certain que M. de Guirand ne
pouvoit difpofer & qu'il étoit grévé d'une
fubftitution qui pouvoit avoir lieu ; en conféquence il a été jugé que le droit d'infinuation étoit dû pour cette fubftitution , indépendamment de celui de l'inftitution.

Autre décifion du confeil du 1er Février
1738 , au fujet du teftament de Marie du
Coudray , par lequel elle fubftitué , en faveur des enfans à naître de Roze Cahouet
fa fille , tous les biens qu'elle laiffera lors de
fon décès ; parce que néanmoins cette fubftitution ceffera auffi-tôt que fa fille aura
atteint l'âge de 15 ans. L'exécuteur teftamentaire foûtenoit que ce n'étoit qu'une
fauffe aparence de fubftitution , parce que
la teftatrice n'avoit établi que ce qui eft
ordonné par la loi , qui défend aux mineurs
d'aliéner leurs biens. Mais la fille étoit véritablement grévée de fubftitution jufqu'à l'â-
ge de 15 ans , & il a été jugé que les droits
d'infinuation de cette fubftitution étoient dûs.

Décifion du confeil du 28 Octobre 1742,
contre le fieur Jean de la Fontaine , au
fujet du teftament de Françoife Jouanne ,
veuve du fieur Menard , par lequel , après
avoir réduit fon fils unique à fa légitime ,

elle a inftitué pour fes légataires univerfels fes petits-enfans nés & à naître ,
& ordonné que la portion de celui qui
viendroit à décéder accroîtroit à fes frères & fœurs. Le fieur de la Fontaine
foûtenoit que cette difpofition ne pouvoit
être confidérée comme une fubftitution ,
qu'elle ne fort point de la ligne directe ,
& qu'elle ne produit d'autre éfet que d'empêcher le fils de la teftatrice de fuccéder
à ceux de fes enfans qui décéderont avant
lui. Le fermier a dit que les petits-enfans
mêmes font grévés , puifqu'ils ne pourront
difpofer au préjudice les uns des autres ;
qu'ainfi c'eft une fubftitution tacite qui opère
le même éfet qu'une fubftitution formelle ;
& pour laquelle il eft dû trois droits d'infinuation. Décidé que la claufe ne peut être
confidérée que comme une fubftitution , &
que la demande du fermier eft bien fondée.

Par décifion du 13 Juillet 1743 , le
confeil a réformé une ordonnance de M.
l'intendant de Roüen , qui ordonnoit la reftitution d'un fecond droit d'infinuation perçu pour une donation de 3600 livres faite
à la communauté d'Ernemont par M. de
Bonnechofe , à charge de fondation d'une
école gratuite ; fous la condition qu'en cas
d'inéxécution de toutes les conditions de
cette fondation , il y auroit réverfion en
faveur de l'hôtel-dieu de Gifors , pour jouïr
de l'éfet de cette donation aux mêmes charges. M. l'intendant s'étoit fondé fur ce qu'il
ne s'agiffoit que d'une difpofition dont l'évènement étoit incertain , & qui n'étoit pas
fujéte à publication & enregiftrement , comme les fubftitutions. Le confeil a jugé que
le fecond droit eft dû pour la claufe de
réverfion , qui ne peut être confidérée que
comme une fubftitution. C'eft fur le même
principe que , par une décifion du 22 Juillet 1751 , les religieux pénitens du Pont-
de-l'arche ont été condamnés au païement
du droit de centième denier des biens fubftitués en faveur de leur couvent , par la
donation qui en avoit été faite en 1706 ,

aux bénédictines de la même ville , sous la condition que , si elles ne satisfaisoient pas aux charges impofées , les biens pafferoient aux pénitens ; condition arrivée par l'extinction du couvent des bénédictines.

Décifion du conseil du 25 Juin 1746 , contre le fieur Bourlet , procureur au châtelet de Paris , tuteur de fon petit-fils. La marquife de Lomenie avoit fait une donation entre-vifs à fon fils , de partie d'un contrat de rente , pour en joûir en toute propriété , s'en réfervant néanmoins l'ufufruit ; parce que , s'il décédoit après elle fans enfans , le fieur Bourlet fon aïeul , auroit la joûiffance , & la propriété pafferoit aux trois enfans d'un autre parent collatéral , par égale portion entr'eux , avec accroiffement en faveur du furvivant ; enforte que le dernier ait la totalité , si les autres n'ont pas difpofé de leurs portions. Décidé qu'il eft dû un droit d'infinuation pour la donation de la propriété au fils , un autre droit pour l'ufufruit donné au fieur Bourlet , & trois droits pour les fubftitutions graduelles en faveur des trois enfans qui y font apellés.

Autre décifion du conseil du 25 Février 1747 , qui confirme la perception faite à Beauvais de trois droits d'infinuation pour un acte paffé entre Pierre , Jean , Marguerite & Elizabeth Granchette , frères & fœurs , par lequel , en partageant en quatre lots , les biens de leur père , il a été ftipulé , conformément aux intentions du père , que , fi Pierre & Jean ne laiffent point d'enfans , les biens de leurs lots apartiendront pour la propriété aux enfans de leurs fœurs , lefquelles n'en auront que l'ufufruit. Il paraît que le partage étoit l'éxécution de la volonté du père , qui avoit fait une fubftitution que l'on s'eft difpenfé de faire paraître.

Le 22 Avril 1747 , le Confeil a confirmé une ordonnance de M. l'intendant de Bordeaux renduë contre le fieur Canet , inftitué héritier par fa mère , à la charge de remettre l'hérédité à fa fœur , & , à fon défaut , à fes deux filles. Il difoit qu'il n'étoit que procureur conftitué , & que le teftament ne parle point de fubftitution. Mais , l'inftitution à charge de rendre eft une fubftitution fidéi-commiffaire , qui emporte prohibition d'aliéner tant qu'il y a des apellés ; en conféquence , il a été jugé qu'il étoit dû trois droits d'infinuation.

Décifion du conseil du 16 Août 1750 ; la veuve Gayet avoit légué par fon teftament tous fes biens à fes enfans & petits-enfans , voulant qu'il foit fait emploi du mobilier pour leur tenir nature de propres , & qu'en cas de décès d'aucuns d'eux fans avoir difpofé , leur part accroiffe aux furvivans , pour leur apartenir & à leurs héritiers du côté & ligne , à l'exclufion de leur père ; on a opofé qu'il n'y avoit point de fubftitution , puifque les petits-enfans peuvent difpofer , au lieu qu'une fubftitution empêche le grévé d'aliéner ; le fermier a dit que c'étoit une fubftitution réciproque , fans laquelle les furvivans des légataires n'auroient pû fuccéder aux premiers décédés , dans le mobilier qui auroit paffé au père fuivant la loi.

Autre décifion du conseil du 23 Décembre 1751 , qui réforme une ordonnance de M. l'intendant de Dijon , par laquelle il avoit ordonné la reftitution de deux droits d'infinuation de fubftitution perçus pour le teftament de la dame Mermeti , portant legs d'un domaine , à Louis Pelleton & à fes deux fœurs , par portions égales , & avec accroiffement , en cas de décès de l'un , de fa portion au profit des autres. M. l'intendant avoit jugé que le terme d'accroiffement n'étoit pas équivalant à celui de fubftitution ; le fermier a foûtenu que c'eft une fubftitution réciproque , au moïen de laquelle chacun des légataires eft grévé , fans pouvoir par conféquent difpofer.

Décifion du conseil du 25 Avril 1754. Les fieurs Dionis & le Canut ont demandé la décharge du droit d'infinuation pré-

Subftitu-
tion, §. 3.

tendu pour la difpofition du teftament du fieur Benier médecin , portant réduction de l'une de fes filles , époufe du fieur Dionis , à fa légitime ; & que , fi elle fe contente de l'ufufruit de fa portion héréditaire pour cette légitime , l'autre fille , époufe du fieur le Canut & fes enfans , feront tenus de lui abandonner ledit ufufruit , dont , audit cas , le teftateur lui fait don & legs , fans qu'elle puiffe le tranfporter ni qu'il puiffe être faifi ; & , dans le même cas , il donne & lègue la propriété de cette portion aux enfans nés & à naitre de ladite dame Dionis , & , à leur défaut , à la dame le Canut & à fes enfans nés & à naitre. Ils ont dit qu'il ne s'agiffoit que de deux legs en ligne directe , l'un de l'ufufruit & l'autre de la propriété ; que la dame le Canut & fes enfans n'étoient apellés qu'au cas que , lors du décès du teftateur , la dame Dionis n'eût point d'enfans ; mais qu'elle en avoit , qui font propriétaires libres ; qu'ainfi cette difpofition n'étoit qu'un legs conditionnel , qui fe trouve anéanti. Le fermier a dit que la réduction à la légitime , & à l'ufufruit de fa portion héréditaire pour en tenir lieu eft une exhérédation oficieufe qui opère une véritable fubftitution , & que la dame Dionis eft grévée , puifqu'elle ne peut difpofer d'aucune partie de cette portion héréditaire. Décidé que le droit eft dû pour la fubftitution.

Autre décifion du 4 Février 1755 , qui déboute Jean & Charles Henry de leur demande en reftitution d'un droit d'infinuation de fubftitution perçu à Chaumont , en Champagne , fur un acte par lequel la demoifelle de la Cauffade leur a donné des biens , pour les partager également , fous la condition que , fi Jean décéde fans enfans , fa moitié paffera à Charles.

Autre décifion du 27 Mars 1755 , qui en confirmant une ordonnance de M. l'intendant de Dauphiné , juge qu'il n'y a point de fubftitutions dans deux contrats

de mariage , & qu'il n'eft dû de droit d'infinuation dans l'un ni dans l'autre cas.

Par le contrat de mariage de M. de Chabons , confeiller au parlement de Grenoble , M. de Coulanges avoit fait donation à la future , fa petite-niéce , d'une fomme païable après fon décès ; avec ftipulation que , fi ladite dame décéde fans enfans , ou fes enfans fans enfans , cette fomme retournera de plein droit au donateur ou à fes héritiers ou repréfentans , fans nulle diminution ni diftraction. On a opofé qu'en païs de droit écrit les fubftitutions doivent être expreffes & littérales , qu'il ne s'agit même que d'une condition de la donation pour éviter que des étrangers ne profitaffent de la fomme donnée au préjudice des héritiers du donateur. Le fermier a contefté le principe , en foûtenant qu'il fufit que l'héritier ou le donataire foit chargé de rendre pour en induire une fubftitution formelle ; que fi le retour n'avoit pour objet que le donateur , il ne pouroit être regardé comme fubftitution , mais que ce retour , étant étendu à fes repréfentans , emporte fubftitution , dont la donataire & fes enfans font grévés ; enfin , il a cité les décifions des 13 Juillet 1743 & 25 Juin 1746 , raportées ci-deffus , & celle du 25 Juillet 1750 , raportée au n. 3. , page 384 ; & il a foûtenu qu'il étoit dû trois droits d'infinuation.

L'autre contrat de mariage , eft celui de M. de Beconne , par lequel , dans la vûe d'établir un ordre particulier de fucceffion entre les conjoints & les enfans qu'ils peuvent avoir , & d'affûrer une portion de leurs biens à leurs parens refpectifs , par forme de retour ou de reverfion , ils font convenus que , fi le mari prédécéde avoir difpofé , laiffant un ou plufieurs enfans , & que lefdits enfans ou l'un d'eux décédent enfuite (avant leur mère) en pupillarité ou en puberté , fans avoir difpofé & fans enfans , ladite dame ne poura rien avoir dans les fucceffions des enfans ainfi décédés au-delà de la moitié de ce qu'ils auront recueilli immédiatement de leur père ; & que l'autre moitié apartiendra à la mère du futur, si elle est encore vivante, sinon aux plus proches parens du dernier décédé des enfans ; & si, au contraire, ladite dame décéde la première, sans avoir disposé, la même clause est réciproquement stipulée. On a oposé les mêmes moïens que M. de Chabons, & le fermier y a fait la même réponse ; il a ajoûté que la clause ne peut être regardée que comme substitution, puisque, sans elle, M. de Beconne succéderoit dans tous les biens, si ses enfans décédoient en pupillarité ou en puberté, sans avoir disposé & sans enfans, parce que, dans le païs de droit écrit, les pères & mères succédent dans tous les biens de leurs enfans, à l'exclusion des aïeux & des oncles desdits enfans ; au lieu qu'au moïen de la disposition réciproque, le père ou la mère n'hériteront que de la moitié de ce que les enfans auront recueilli immédiatement de la succession du prédécédé. Qu'ainsi ces dispositions renversent l'ordre naturel des successions, en établissant une reversion en faveur de parens éloignés, qui, sans cela, auroient été exclus par les héritiers de droit.

La décision du 27 Mars 1755, ne paraît avoir d'autre motif que ce qui a été allégué, qu'en païs de droit écrit les substitutions doivent être expresses & litérales ; mais si, dans les deux espèces, l'on ne pouvoit pas induire une substitution formelle sujéte à la publication, à l'enregistrement & aux autres formalités des substitutions, l'on peut du moins dire que les conditions stipulées, qui produiront leur éfet dans les cas prévûs, sont équivalantes à la substitution ; c'est pourquoi le conseil a toujours jugé que les mêmes droits d'insinuation en sont dûs.

Décision du conseil du 7 Juillet 1757, sur le mémoire du sieur Geslain de Saint Martin, mousquetaire du Roi. La dame Ravenel lui avoit légué une somme de 12000 liv. par son testament fait devant notaires à Paris ; parce que cette somme ne lui seroit remise que lorsqu'il auroit atteint l'âge de 34 ans, ou lors de son mariage, s'il en contracte un auparavant ; que les intéréts lui en seroient païés, jusqu'alors ; & qu'en cas qu'il décéde avant cet âge, sans s'être marié, ladite somme retournera à la fille de la testatrice ou autres ses héritiers. Sur la demande d'un droit pour le legs & de trois droits pour la substitution indéfinie, le sieur Geslain a soûtenu qu'il n'y avoit point de substitution, mais seulement un legs conditionnel, qui n'aura pas lieu si le légataire meurt avant 34 ans, sans s'être marié ; ensorte que, dans ce cas, la somme léguée restera dans la succession de la testatrice. Le fermier a dit qu'une substitution peut être à certain tems, ou sous condition ; & qu'un testateur peut charger de fidéi-commis particulier son héritier ou son légataire de toutes sortes de biens, même d'une somme en argent, ou de toute autre chose qu'il veut faire passer d'une personne à uue autre ; qu'il est également de principe que la charge de retour, soit pure & simple, soit conditionnelle, en faveur des héritiers du testateur ou de tous autres, emporte substitution fidéi-commissaire ; & que, l'événement prévu arrivant, la chose léguée passe des mains du légataire grévé en celle de l'apellé ; que c'est la doctrine de Ricard dans son traité des substitutions, & le sentiment unanime des jurisconsultes ; que ce principe est même consacré par l'article 16 d'un édit du mois de Juillet 1711, rendu pour l'Artois & autres provinces : on y voit que les legs ou dispositions sous condition de retour aux héritiers des testateurs ou autres, sont nommément mis au rang des substitutions fidéi-commissaires ; que la dame Ravenel a légué la propriété des 12000 livres, sous la charge conditionnelle de retour ; qu'ainfi le légataire eft propriétaire grévé , & que , par conféquent , il y a une fubftitution fidéi-commiffaire , pour laquelle il eft dû trois droits d'infinuation , attendu que le nombre des apellés eft illimité. Décidé que le droit ed fubftitution eft dû.

§. IV. *Les droits doivent être païés par le grévé de fubftitution.*

L'héritier ne peut laiffer imparfaites ou vicieufes , les volontés de celui auquel il fuccéde ; la déclaration du Roi du 18 Janvier 1712 , lui impofe la foi de leur donner la perfection , en ordonnant que les fubftitutions feront enregiftrées & publiées à la diligence des héritiers , foit inftitués , foit *ab inteftat* , donataires ou légataires univerfels & particuliers , lorfque leurs donations ou legs font chargés de fubftitutions.

L'article 18 du titre 2 de l'ordonnance du mois d'Août 1747 , porte que toutes les fubftitutions faites par des actes entrevifs ou par des difpofitions à caufe de mort , feront publiées & enregiftrées , à la diligence des donataires , héritiers inftitués , légataires univerfels ou particuliers , qui feront grévés de fubftitution , même des héritiers légitimes , lorfque la charge de la reftitution du fidéi-commis tombera fur eux dans les cas de droit. L'article 27 fixe le délai pour y fatisfaire , à fix mois , du jour des actes entre-vifs , ou du jour du décès des teftateurs. Suivant l'article 35 les donataires , héritiers inftitués , légataires univerfels ou particuliers , grévés de fubftitution , ne peuvent fe mettre en poffeffion des biens fubftitués qu'en vertu d'une ordonnance du juge roïal ; & ils ne peuvent l'obtenir qu'en juftifiant de la publication & de l'enregiftrement. Par l'article 45 , il eft ordonné que ces formalités feront remplies , encore que lefdits donataires , héritiers ou légataires grévés prétendiffent être en droit d'attaquer la fubftitution , contre laquelle ils ne pouront fe pourvoir qu'après y avoir fatisfait ; fans néanmoins que l'on puiffe s'en prévaloir contre leur prétention.

Les fubftitutions ne peuvent être publiées & enregift.ées , fi elles n'ont été préalablement infinuées ; ainfi , c'eft aux donataires , héritiers , légataires ou autres grévés , à faire infinuer les fubftitutions & à païer les droits dûs pour cette formalité. Les droits d'infinuation fuivant le tarif , font le falaire de la formalité de l'infinuation de l'acte & doivent par conféquent être acquités , fans attendre l'événement ; il n'y a que le droit de centième denier qui , n'étant dû que pour la mutation , fe païe par le grévé pour lui perfonnellement , & enfuite par chacun des fubftitués , à mefure qu'ils recueillent ces biens par l'ouverture de la fubftitution en leur faveur , comme on l'expliquera dans le paragraphe fuivant.

Voïez les arrêts du confeil des 13 Décembre 1712 & 7 Mai 1718 , qui ont condamné des donataires & légataires grévés , au païement des diférens droits dûs pour les fubftitutions. Il eft très-inutile de raporter d'autres arrêts & décifions , puifque l'ordonnance de 1747 , eft une loi pofitive qui charge expreffément les donataires , héritiers légitimes ou inftitués , légataires univerfels ou particuliers & tous autres de grévés de fubftitutions , de tout ce qui eft néceffaire pour rendre valables les actes qui contiennent lefdites fubftitutions.

On peut néanmoins voir encore l'article *Teftament* , §. V.

§. V. *De l'ouverture aux fubftitutions en faveur des fubftitués.*

Les biens chargés de fubftitution paffent aux fubftitués , ou par la remife que leur en fait celui qui étoit inftitué à charge de rendre , ou par la mort de celui qui étoit grévé.

Si l'inftitué remet les biens à celui auquel il étoit chargé de les remettre , *voïez* l'article *Remife* , page 259 , où l'on a expliqué les droits dûs pour cet acte.

Lorfqu'il y a ouverture à la fubftitution par la mort du grévé , il faut diftinguer fi celui qui eft apellé & qui recueille les biens étoit defcendant en ligne directe du dernier poffeffeur , ou s'il étoit fon parent en ligne collatérale ou étranger. Nous avons déjà dit que la fubftitution eft une image de la fucceffion , & qu'en conféquence on lui a apliqué toutes les règles de la fucceffion , quant aux diférens droits qui réfultent de la mutation ; enforte que, fans confidérer nullement fi l'apellé defcend ou non de l'auteur de la fubftitution , il ne faut s'attacher qu'au dégré dans lequel il fe trouve relativement à celui duquel il reçoit immédiatement les biens.

Par un arrêt du confeil rendu en règlement , le 30 Décembre 1721 , il a été ordonné que les règlemens intervenus pour le centième denier des fucceffions , feront éxécutés dans les cas de fubftitution ; & , en conféquence , que les biens fonds échus à titre de fubftitution aux enfans , par le décès de leurs pères & mères , feront éxems du centième denier dans tous les cas , foit que la fubftitution ait été originairement faite en ligne directe ou en ligne collatérale , & foit que le fubftitué qui a recueilli lefdits biens , defcende en ligne directe de celui qui a fait la fubftitution , ou qu'il n'en defcende qu'en ligne collatérale ; & que , dans tous les cas où la fubftitution fera ouverte au profit du fubftitué par le décès d'un frère , d'un coufin , ou d'un autre collatéral , ou de telle autre perfonne que ce foit , hors les père & mère du fubftitué , les droits de centième denier en feront païés , ainfi qu'ils l'auroient été en pareils cas ,

fi lefdits biens lui étoient échus à titre de fucceffion.

Le parlement de Paris a jugé la même chofe pour le droit de relief , par un arrêt du 20 Mai 1727 , cité à l'article *Relief* , page 256.

Ces principes font devenus une loi fixe & invariable par la difpofition de l'article 56 du titre 1er de l'ordonnance du mois d'Août 1747 , raporté à l'article *Remife* page 259; ainfi , l'on fe difpenfera de raporter une infinité d'arrêts & de décifions rendus en conformité du règlement de 1721.

SUCCESSION , eft une mutation , par le moïen de laquelle les biens que laiffe une perfonne par fa mort , naturelle ou civile , font déférés à celui qui eft apellé pour lui fuccéder. Il y a trois efpèces d'ouvertures de fucceffions : la première , par la mort naturelle , qui faifit à l'inftant l'héritier des biens que poffédoit le défunt ; la feconde , par la mort civile , qui eft l'image de la naturelle , parce que , par raport à la fociété , c'eft la même chofe qu'un homme n'éxifte plus ou qu'il ait perdu les droits de Citoïen : la privation des éfets civils le fait regarder comme mort , & fes biens paffent en conféquence à ceux auxquels la loi les défère dans le cas de la mort naturelle ; & la troifième , par la longue abfence , qui fupofe ou qui fait préfumer la mort de l'abfent. *Voïez* les articles *Abfence* , *héritier* , *Jéfuites* , *Profeffion* &c.

Dans les fucceffions , l'on en diftingue auffi de plufieurs fortes : les *directes* defcendantes ; les directes afcendantes (*voïez* Afcendans) ; & les *Collatérales*. Il y a encore celles auxquelles il ne s'eft point préfenté d'héritiers , ou qui ont été répudiées par ceux qui y étoient apellés , & que l'on nomme fucceffions *vacantes*. Il a été traité , fous les titres *d'aubaine* , *bâtardife* , *confifcation* & *deshérence* des fucceffions dévoluës au fifc. Et à l'égard de certaines successions irrégulières , *voïez* Démission , Institution & Substitution.

SUCCESSION DIRECTE , est celle qui est ouverte en faveur des enfans ou petits-enfans de la personne décédée ; cette mutation peut donner lieu aux droits seigneuriaux , tels que ceux de relief ou de rachat , dans quelques coûtumes ; mais , dans le plus grand nombre , les héritiers en ligne directe en sont exemts ; ils sont aussi exemts du droit de centième denier dans tout le roïaume.

Par l'article 25 de l'édit du mois de Décembre 1703 , les successeurs en ligne directe , dans les coûtumes où ils étoient tenus de païer des droits aux seigneurs lors des mutations au même titre , furent assujétis à païer la moitié du droit de centième denier des biens immeubles qu'ils recueilleroient , afin que l'enregistrement de leurs déclarations servît à procurer les connaissances nécessaires auxdits seigneurs & aux fermiers des domaines du Roi pour la conservation de leurs droits. Cette disposition fut confirmée par l'art. 16 de la déclaration du Roi du 19 Juillet 1704.

Mais , par édit du mois d'Août 1706 , les biens immeubles échûs à titre successif en ligne directe ont été dispensés de ce droit , comme je l'ai déjà observé , à l'article *Directe* , tom. 2 , p. 61.

La succession ouverte en ligne directe , peut devenir une succession collatérale , si , en conséquence de la répudiation des enfans , elle est acceptée par des parens collatéraux.

Le droit de franc-fief est dû pour la mutation en ligne directe , comme pour toute autre mutation , lorsqu'il y a lieu de l'éxiger , relativement à la nature des biens & à la qualité du nouveau possesseur.

Si la succession passe , par la mort des enfans , à leurs pères & mères ou aïeux , c'est aussi une succession directe , au sujet

de laquelle il faut voir ce qui a été dit à l'article *Ascendans*.

SUCESSION COLLATÉRALE est celle qui , à défaut d'enfans ou de petits-enfans , passe au frère , ou aux autres parens habiles à succéder.

1. Les nouveaux possesseurs de biens immeubles à titre successif en ligne collatérale , soit *ab intestat* , soit par testament , soit aussi qu'ils aïent accepté les successions purement & simplement , ou sous bénéfice d'inventaire , sont assujétis à faire leurs déclarations détaillées & circonstanciées desdits biens , sur le registre de chacun des bureaux de leur situation , dans six mois du jour de l'ouverture des successions ; ils sont tenus de communiquer les titres de propriété , les baux actuels & autres titres justificatifs de la valeur , ou de déclarer qu'ils n'en ont aucuns ; & ils doivent païer le droit de centième denier de la valeur entière de tous les immeubles réels dépendans de la succession , de quelque nature qu'ils soient , sans aucune distraction , si ce n'est seulement des rentes foncières non rachetables dont les biens sont chargés , en justifiant qu'elles éxistent & qu'elles sont véritablement foncières & non rachetables ; faute d'y satisfaire dans ledit délai de six mois , ils encourent la peine du triple droit ; & , en cas qu'il soit obmis quelques biens dans les déclarations , ou que ceux qui y sont compris soient évalués au-dessous de leur valeur , les règlemens prononcent une amende de 300 livres , outre le suplément du droit & le triple d'icelui , contre ceux qui ont fait ces déclarations.

L'enregistrement de la déclaration des héritiers collatéraux est une insinuation de la mutation de propriété qui s'est effectuée en leur faveur , par la mort naturelle ou civile de la personne de la succession de laquelle il s'agit.

2. L'on raportera d'abord les *règlemens généraux* , & ensuite ceux qui ont réglé

règlé les contestations qui se sont élevées au sujet des déclarations qui doivent être faites & des droits qui sont dûs.

Par l'article 25 de l'édit du mois de Décembre 1703, il a été ordonné que les nouveaux possesseurs à titres successifs, de biens immeubles tenus en fief ou en censive, du Roi ou des seigneurs particuliers, seront tenus d'en faire leurs déclarations aux gréfes des insinuations-laïques, dans six mois du jour de l'ouverture desdites successions & de païer le droit de centième denier de la valeur d'iceux, à la seule exception de la succession en ligne directe; & l'article 26 prononce la peine du triple droit, faute d'y satisfaire dans ledit tems de six mois, à laquelle lesdits nouveaux possesseurs pourront être contraints par saisie des revenus desdits biens.

La déclaration du 19 Juillet 1704, ordonne, par l'article 16, que tous les biens, même ceux en franc-aleu, franc-bourgage & franche-bourgeoisie, ou qui, suivant les coûtumes & usages, ne sont sujets à aucun droit aux mutations, seront compris dans lesdites déclarations, & que le droit de centième denier en sera païé. Par l'article 17, il est ordonné que les nouveaux possesseurs à titre successif, de biens & héritages, nobles & roturiers, seront tenus d'en faire leurs déclarations auxdits gréfes des insinuations dans les six mois du jour de l'ouverture desdites successions, & d'en païer le droit de centième denier. Et l'article 18 porte que, faute d'y satisfaire dans ledit tems de six mois, ils seront contraints au païement du triple desdits droits, & que les fruits & revenus des biens dûs & échus après ce délai, & qui échéront jusqu'à l'insinuation, seront acquis au profit du Roi (*) & perçus pour en être compté à S. M.

Suivant l'édit du mois d'Août 1706, raporté dans le tom. 1, p. 391, le droit de centième denier doit être païé sur le pié entier du prix ou de la valeur des immeubles.

L'article 10 de la déclaration du 20 Mars 1708, ordonne que les nouveaux possesseurs de biens immeubles, soit que la nouvelle possession leur soit acquise par donations testamentaires ou autres titres, soit qu'elle leur soit échuë par succession collatérale, & qu'ils soient héritiers purs & simples ou bénéficiaires, seront tenus de faire leurs déclarations & de païer les droits dans les six mois du jour de l'ouverture de la succession, sous les peines portées par l'édit de 1703 & par la déclaration de 1704.

Par l'arrêt du conseil rendu en règlement le 18 Juillet 1713, il est ordonné que les successeurs en ligne collatérale seront tenus de faire leurs déclarations de tous les biens immeubles à eux échûs & d'en païer le centième denier sur le pié de la valeur entière desdits immeubles, dans les tems & sous les peines portés par les édits & déclarations; laquelle valeur ils seront tenus de justifier par la représentation des titres de propriété ou des baux qui pourront avoir été faits desdits biens, sinon, suivant l'estimation qui en sera faite à l'amiable, ou par experts qui seront convenus ou nommés d'ofice, à leurs frais.

Autre arrêt du conseil rendu en règlement le 15 Septembre 1722, par lequel (sur ce que plusieurs héritiers en ligne collatérale, donataires, légataires, institués, substitués & autres nouveaux possesseurs de biens immeubles sujets aux droits de centième denier, pour raison desquels il doit être fait des déclarations afirmatives aux bureaux des insinuations

---

(*) Je ne connois pas d'éxemple que les fruits échus après les six mois & jusqu'au païement du droit de centième denier aient été perçus au préjudice de l'héritier. La seule peine que le fermier puisse éxiger pour le défaut de païement du droit de centième denier dans les six mois, c'est celle du triple droit.

Succef-
fion colla-
térale.

laïques, obmettent de déclarer partie defdits biens, ou ne repréfentent pas les
titres néceffaires pour juftifier de leur
jufte valeur, parce que les précédens règlemens n'ont point ordonné de peine dans
les cas d'obmiffion ou de fauffe déclaration),
il eft ordonné que les héritiers en ligne
collatérale, donataires, légataires, inftitués, fubftitués & autres nouveaux
poffeffeurs de biens immeubles fujets aux
droits de centième denier, feront tenus,
dans les délais preferits par les précédens
règlemens, de faire leur déclaration éxacte, fignée d'eux ou par procureur fpécial, fur le regiftre à ce deftiné, dans
chacun bureau le plus prochain de la fituation des biens, de la confiftance & valeur d'iceux, & de repréfenter les titres
de propriété & les derniers baux à ferme
qui auront été faits, pour être procédé à
la liquidation du droit de centième denier; laquelle déclaration fera certifiée
véritable, avec afirmation qu'il n'aura été
obmis en icelle aucuns biens fujets audit
droit de centième denier, & que la valeur qui fera déclarée fera leur jufte valeur. Veut S. M., en cas d'obmiffion ou
de fauffe déclaration, que l'amende de
300 livres, enfemble la peine du triple
droit demeurent encouruës contre ceux
qui les auront faites, fans que lefdites
peines puiffe être remifes, modérées, ni
réputées comminatoires, fous quelque prétexte que ce foit. Au furplus, il eft permis, par cet arrêt, au fermes les commis & prépofés de faire procéder, fi bon
leur femble, par experts convenus ou
nommés d'ofice, à l'eftimation de la valeur des biens mentionnés dans les déclarations, les frais defquelles eftimations

feront fuportés par les redevables, outre les peines & amendes, lorfque les
biens fe trouveront être de plus grande
valeur qu'ils n'auront été déclarés.

3. *Les héritiers, donataires, légataires &c, ne peuvent fe difpenfer de faire
leurs déclarations dans tous les bureaux de
la fituation des biens & de communiquer
les titres juftificatifs de leur valeur.*

L'enregiftrement des mutations aux
gréfes des infinuations laïques, aïant eû
pour premier objet, celui d'en procurer la
connaiffance aux feigneurs dont les biens
font mouvans, il s'enfuit que les déclarations doivent être faites en chacun des
bureaux dans l'étenduë defquels lefdits
biens font fitués. *Voïez* l'édit de 1703, &
la déclaration de 1704, au n. 2, ci-deffus.

Par un arrêt du confeil du 1er Décembre 1705, il fut ordonné que le Marquis
de Beaufort, inftitué héritier de fa tante
par teftament de 1697, dont la fucceffion
étoit ouverte en 1704, feroit fa déclaration de tous les immeubles, dans les gréfes
des infinuations de *chacune* des jurifdictions
de leur fituation; & qu'il en païeroit le
droit de centième denier, à l'éfet de quoi,
il feroit tenu de repréfenter les titres de
propriété ou les baux à ferme; finon, fuivant l'eftimation qui feroit faite à fes
frais (*).

Autre arrêt du confeil du 11 Février
1710, contre le marquis de la Heufe, confeiller au parlement de Roüen, & la demoifelle Voifin, héritiers de M. Voifin,
qui ne vouloient repréfenter aucuns titres
& qui prétendoient plufieurs diftractions;
il fut ordonné qu'ils fourniroient une déclaration en bonne forme, atteftée véritable & fignée d'eux, de tous & chacuns

(*) Si l'héritier afirme qu'il n'a ni titres ni baux à repréfenter, il ne s'enfuit pas qu'il doive être fait
une eftimation à fes frais : il peut afirmer la valeur actuelle des biens, & c'eft fur cette valeur que le droit
de centième denier doit être perçu. Si le fermier veut faire faire une eftimation par experts, les frais n'en
feront fuportés par l'héritier qu'au cas qu'elle excède la valeur à laquelle il avoir porté les biens; mais lorfque l'héritier refufe d'évaluer les biens dans fa déclaration, & d'en faire l'eftimation à l'amiable, celle que
l'on eft obligé de faire faire, dans ce cas, par des experts eft toujours à fes frais.

les immeubles de la fucceffion , & qu'ils païeroient le centième denier de leur valeur , à l'éfet de quoi ils feroient tenus de repréfenter les titres de propriété d'iceux , pour en connaître la valeur , finon fuivant l'eftimation qui en feroit faite à l'amiable par perfonnes convenuës ou nommées d'ofice.

L'arrêt de règlement du 18 Juillet 1713 , raporté ci-deffus, n. 2 , ordonne que la valeur fera juftifiée par la repréfentation des titres ou des baux.

Celui du 2 Octobre 1714 , contre M. l'évêque de Metz , héritier bénéficiaire de M. le duc de Coaflin fon frère , ordonne qu'il fera déclaration de tous les biens, & qu'il repréfentera les titres.

Arrêt du confeil du 20 Juin 1721 , par lequel , fans s'arrêter aux offres faites d'une fomme par M. le duc de Luynes , fans déclaration détaillée , il a été ordonné qu'il fourniroit une déclaration des biens à lui échus de la fucceffion de la ducheffe de Nemours , & qu'il en païeroit le droit de centième denier.

L'arrêt de règlement du 15 Septembre 1722 (ci-deffus , n. 2) ordonne que les déclarations feront exactes , fignées des héritiers ou d'un procureur fpécial , fur le regiftre de chacun des bureaux les plus proches de la fituation ; qu'elles contiendront la confiftance & la valeur des biens ; & que les titres & les derniers baux feront repréfentés.

L'exécution de ces règlemens a été ordonnée toutes les fois qu'il s'eft élevé des conteftations : le 22 Janvier 1729 , il fut décidé , contre la dame de Mailloc , que le droit doit être païé dans les diférens bureaux de la fituation des biens ; le 6 Mai 1730 , décidé contre les héritiers du fieur Herault que la déclaration doit être faite & le droit païé aux bureaux de la fituation ; décidé le 6 Septembre 1743 , con-

tre le marquis de Beaupreau , & le 22 Mars 1749 , contre le fieur Rigault , que l'héritier doit néceffairement faire fa déclaration & raporter les titres.

Décifion du confeil du 26 Janvier 1758 , qui réforme une ordonnance de M. l'intendant de Rouen , en ce qu'après avoir ordonné que les fieurs Ficquet feroient leur déclaration des biens des fucceffions de leurs frère & fœur , il étoit dit que , s'ils ne jugeoient pas à propos de raporter les titres juftificatifs de la valeur , le fermier pouroit faire procéder à une eftimation par experts , & demander , en cas d'obmiffion ou de fauffe déclaration , la condamnation des peines prononcées par les règlemens ; en conféquence , il a été ordonné qu'ils feroient tenus de repréfenter les titres. L'ordonnance étoit irrégulière en ce quelle laiffoit l'option aux héritiers de repréfenter les titres , ou de ne pas les communiquer. Lorfqu'un héritier n'a réellement aucuns titres , on ne peut pas exiger l'impoffible ; mais il doit afirmer pofitivement qu'il n'en a point ; dans ce cas , il peut donner une évaluation aux biens , fauf au fermier à prouver qu'elle eft infuffifante , foit en faifant faire une eftimation par experts , foit en raportant d'autres preuves de leur valeur.

4. *Le droit de centième denier eft dû de la valeur entière des biens , déduction faite des rentes foncières non-rachetables dont lefdits biens font chargés.*

Les règlemens généraux raportés au n. 2 , ci-deffus , ordonnent le païement du droit de centième denier fur la valeur entière des biens échus à titre fucceffif en ligne collatérale.

Si les biens font affermés , le droit de centième denier eft dû par l'héritier collatéral , fur le pié du capital au denier 20 du revenu lors de l'ouverture de la fucceffion (*) , & non pas fur le prix des

_____

(*) Les fiefs & biens nobles s'eftiment toujours au-deffus du denier 20 ; mais la règle eft générale , fi ce n'eft en Provence feulement , où le fermier des domaines a été autorifé par une décifion du 29 Septembre 1736 , à faire payer le droit de centième denier des fiefs échus à titre fucceffif en ligne collatérale , fur le pié qu'il eft d'ufage de les évaluer.

Succef-
fion colla-
térale.

acquifitions ; mais , lorfque les biens ne font pas affermés , il n'y a d'autre règle à fuivre que celle du prix des contrats , pourvû qu'ils ne foient pas anciens. A défaut de nouveaux titres , ou de baux éxiftans , c'eft à l'héritier à fixer la valeur par fa déclaration , fauf au fermier à en prouver l'infufifance.

Sur cette valeur , il ne doit être diftrait aucune des charges dont l'héritier a la liberté de fe libérer en deniers. Mais , il faut diftraire les rentes foncières non-rachetables dont les biens font chargés. L'héritier n'a pas la faculté de s'affranchir de ces rentes ; fi le créancier la lui accorde , il en païera le droit de centième denier lors du remboursement , comme il a été obfervé à l'article *Rachat*, p. 237 ; au moïen de quoi , il fe trouvera avoir païé le droit de centième denier de la valeur entière des biens qui lui étoient échus. Si , au contraire , il s'agit de rentes foncières rachetables , il n'en doit être fait aucune diftraction , parce que l'héritier peut s'en affranchir fans païer , pour raifon de ce , aucun droit de centième denier. Celui qui hérite d'une maifon chargée de 500 livres de rente foncière rachetable , & loüée 600 livres , doit donc païer le droit de centième denier , pour raifon de la mutation à titre fucceffif , fur le pié de 12000 livres ; d'autant que , fi l'on avoit fait diftraction de la rente , il ne païeroit le droit que fur le pié du fixième de la valeur de la maifon , qu'il pourroit poffeder dès le lendemain librement & quite de toutes charges , fans être affujéti à païer aucun nouveau droit.

Il en eft de même de toutes dettes & autres charges affectées fur les biens ; dès que l'héritier peut s'en affranchir , fans que cette libération donne ouverture au droit de centième denier , l'on ne doit point les diftraire pour fixer les droits qui font dûs à caufe de la mutation à titre fucceffif. *Voïez* Charges, §. 3 , tom. 1 ,

p. 409 ; & Légitime , tom. 2 , pages 599 & 604.

Le droit eft dû fur la valeur entière des biens , quand bien même l'ufufruit de ces biens apartiendroit à une tierce perfonne & que l'héritier n'en auroit actuellement que la nuë propriété ; *voïez* Ufufruit.

Les bois qui font fur une terre font partie de fa valeur , & doivent être compris dans la déclaration ; *voïez* Bois , n. 3. page 321.

Voïez encore le n. 11 de cet article , où , en parlant des fauffes déclarations , l'on rapellera quelques principes fur les évaluations qui doivent être données aux biens.

5. *Tous les biens de la fucceffion font affectés , fans divifion , au païement du droit ; & tous les héritiers en font folidairement tenus.*

Par l'édit de 1703 , & par la déclaration de 1704 , les fruits & revenus des biens fujets au centième denier , font fpécialement affectés au païement de ce droit ; tout ce qui provient de la fucceffion , même en mobilier , y eft auffi affecté , par préférence à tous créanciers. Si les immeubles ne font point affermés & qu'ils ne produifent point de fruits , l'on peut auffi s'attaquer aux autres biens meubles ou immeubles du débiteur du droit de centième denier pour le contraindre à l'acquiter. Cela eft inconteftable ; mais , alors il n'y a point de préférence. Une décifion du confeil du 29 Mai 1745 , renduë contre le fieur Ricoul de Rouvray , curé de fainte Gemme , en Anjou , a validé une faifie-exécution faite des meubles du débiteur d'un droit de centième denier pour fucceffion collatérale , en vertu de la contrainte qui lui avoit été fignifiée dòuze jours auparavant.

Il a été jugé une infinité de fois , & notamment par décifions du confeil des 4 Octobre 1726 , 30 Janvier 1728 , 26 Février 1729 , 16 Septembre 1730 , 31 Octobre 1732 , 7 Décembre 1737 , 27 Décembre.

1738 & 14 Mars 1739, que le droit de centième denier doit être païé en même tems de toute l'hérédité immobiliaire, pour ce qui est situé dans l'étendue de chaque bureau; qu'un cohéritier ne peut être admis à païer le droit de la seule portion qu'il prétend lui apartenir; & qu'il peut être contraint au païement de la totalité, sauf son recours contre les autres, ou sur les biens.

La même chose a encore été décidée au conseil le 25 Juin 1746, au sujet de la succession de la femme de Joseph Rousseau; cette décision porte que l'un des héritiers sera contraint au païement du droit de la totalité, sauf son recours.

Il y a une autre décision du même jour 25 Juin 1746, sur le mémoire de la veuve du sieur Budet & autres, qui, en qualité de créanciers de la succession du sieur Pelais, curé de Montigny, avoient païé le centième denier dû à cause de cette succession, & qui en demandoient la reprise, par préférence à d'autres créanciers, sur le prix de la vente des meubles dudit sieur Pelais. Décidé que » le centième denier » des immeubles d'une succession est dû » sur la masse générale de cette succession; » & que le fermier a droit de se pourvoir » sur tout ce qui en provient, tant meubles » qu'immeubles.

6. *Le délai de six mois ne doit être prolongé, soit sous prétexte de contestation entre les cohéritiers, soit parce qu'ils n'ont pas encore pris de qualité.*

Ce délai est tellement de rigueur, que les fruits échus depuis son expiration jusqu'au païement du droit, avoient été déclarés acquis au Roi par l'art. 18 de la déclaration du 19 Juillet 1704.

Les contestations entre les cohéritiers ne peuvent diférer le païement du droit de centième denier; parce qu'il est dû pour tous les immeubles de la succession, que les fruits & les meubles qui en dépendent y sont affectés par préférence à toute autre prétention, & que, si l'un des héritiers fait l'avance du droit, il en éxerce la reprise également par préférence.

Si ceux qui sont habiles à succéder n'ont pas encore pris de qualité, ce n'est pas non plus un motif pour diférer le païement du droit de centième denier, parce qu'il est dû dès l'instant de l'ouverture de la succession, soit qu'elle soit acceptée purement & simplement ou sous bénéfice d'inventaire, soit qu'elle soit répudiée & qu'elle reste vacante. L'un de ceux qui sont habiles à se porter héritiers, peut donc, pour éviter les frais qui seroient faits après les six mois & qui seroient à la charge de la succession, faire la déclaration, sans attribution de qualité, & païer le droit, sauf à en éxercer sa reprise.

Ces principes sont fondés sur les dispositions de l'édit de 1703, & de la déclaration de 1704. Ils ont été confirmés par une infinité de décisions; *voïez* celle du 20 Février 1758, contre M. le comte de Sabran, héritier institué de M. le marquis de la Capelle, qui oposoit à la demande du droit de centième denier qu'il y avoit une instance au parlement de Bordeaux entre lui & un prétendu substitué aux biens, & que d'ailleurs la veuve étoit usufruitière desdits biens.

Le sieur Brunet du Boccage aïant oposé à la demande du droit de centième denier des biens de la succession de son frère, que cette succession lui étoit contestée par une prétendue veuve de son frère, qui disoit avoir un enfant, & qu'il y avoit une instance au parlement, il fut décidé au conseil le 26 Juin 1752, que le droit de centième denier seroit païé, sauf à le restituer s'il y a lieu dans la suite; c'est-à-dire, si la succession est déclarée ouverte en ligne directe. Il est vrai que le sieur Brunet étoit en possession, & c'est sur ce motif qu'il a été condamné non-seulement au païement provisoire du droit, mais encore à un droit en sus, pour tenir lieu du triple droit qu'il avoit encouru.

7. *Le mort saisit le vif, sans ministère
de fait; & l'instant de la mort naturelle
ou civile, fait celui de l'ouverture de la
succession.*

Cette maxime a été établie à l'article
Abstention, tom. 1, page 11; & l'on y
a raporté trois décisions rendues dans
des cas où l'on prétendoit que le défunt
n'avoit pas été saisi des biens.

Décision du conseil du 11 Mai 1735,
contre Anne-Françoise Chedeville de saint
Paul, qui soûtenoit ne devoir aucun droit
de centième denier pour la succession d'un
frère, disant qu'elle avoit recueilli les
biens immédiatement de celle de son père,
parce que l'enfant posthume, dont sa mère
accoucha après la mort du père, étoit mort
peu de tems après. Mais un instant de vie su-
fisoit pour qu'il eut été propriétaire; ainsi la
sœur ne possédoit que comme son héritière.

Par un arrêt du parlement de Paris du
7 Septembre 1752, confirmatif d'une
sentence des requêtes du palais, il a été
jugé que la demoiselle Etienne, qui s'étoit
noïée conjointement avec ses père &
mère en passant la rivière de seine dans
un bateau qui fut renversé, étoit censée
avoir résisté plus long-tems à la mort, que
ses père & mère, & avoir recueilli leurs
successions pour quelques instans; en conséquence, tous les biens ont été ajugés aux
oncles de ladite demoiselle, à l'exclusion de
ses cousins germains, qui n'y pouvoient prétendre aucune part qu'à titre d'héritiers
des père & mère, en supposant que la fille
fut morte sans leur avoir survêcu.

Si, dans un cas aussi douteux, l'on
présume que le plus robuste a survêcu,
& qu'il a été saisi de la succession de l'autre, il ne peut donc y avoir aucune dificulté, lorsque les instans de la mort des
uns & des autres sont connus.

8. *Si un particulier meurt après la saisie réelle de ses biens,* l'on considère qu'il
n'étoit pas dépouillé, à moins qu'il n'y
eut eû un congé d'ajuger; ensorte que,

s'il meurt depuis la saisie & avant le congé, il est censé transmettre la propriété
à ses héritiers, qui en doivent païer le
droit de centième denier si la succession
est ouverte en ligne collatérale; voïez
Décret, tom. 2, page 19; & la décision
du 2 Mai 1739, qui y est raportée.

Il fut même décidé au conseil le 25
Juin 1722, que le droit de centième
denier étoit dû par le curateur à la succession vacante d'un homme mort après le
congé d'ajuger.

Par autres décisions des 17 Juillet
1722, 16 Juillet 1729, 29 Mai 1734,
12 Janvier 1735 & 2 Mai 1739, il a
été jugé que le droit de centième denier
devoit être païé par les héritiers collatéraux, quoique les biens fussent saisis réellement lors de la mort de celui dont ils
avoient hérité.

La même chose a été décidée au conseil
le 29 Mai 1751, pour la succession du sieur
Volant, dont les biens avoient été saisis
réellement de son vivant.

9. *L'héritier bénéficiaire en ligne collatérale, est tenu de païer le droit de
centième denier des immeubles, comme l'héritier pur & simple.*

Celui qui accepte une succession sous
bénéfice d'inventaire ne diffère de l'héritier pur & simple, qu'en ce qu'il n'est
tenu de païer les dettes que jusqu'à concurrence des biens de la succession. Il est
nommément assujéti, par l'article 10 de
la déclaration du Roi du 20 Mars 1708,
au païement du centième denier des immeubles de cette succession; & les règles
que l'on vient d'établir lui sont communes
avec l'héritier pur & simple; voïez Bénéfice
d'inventaire, tom. 1, page 313.

10. *Si la succession est vacante,* le
droit de centième denier doit pareillement être païé de la valeur des immeubles qui en dépendent; & il doit être
païé, par préférence à tous créanciers,
sur les fruits, revenus & éfets de la suc-

ceffion ; à moins cependant que le défunt n'ait laiffé des enfans, auquel cas, fa fucceffion étant ouverte en ligne directe, il ne fera point dû de centième denier : cette fucceffion eft toujours confidérée comme directe pendant qu'elle refte vacante ; mais elle ceffe de l'être, fi, fur la renonciation des enfans, elle eft acceptée par un autre parent : dans ce cas, c'eft une fucceffion collatérale fujéte aux règles ordinaires établies ci-devant.

Indépendamment du droit dû à caufe de l'ouverture en collatérale de la fucceffion qui refte vacante, il eft dû un autre droit de centième denier par celui qui eft enfuite adjudicataire des biens, pour raifon de l'acquifition qu'il en fait en païement de fes créances ou autrement ; & fi le premier droit n'a pas été acquité, cet adjudicataire eft tenu d'en faire le païement, fauf fa reprife fur la fucceffion, ainfi qu'il avifera.

On nomme fucceffion vacante, celle d'une perfonne qui a laiffé des parens habiles à lui fuccéder, & qui ont renoncé à la fucceffion, ou qui fe font abftenus de faire aucun acte d'héritier. Car fi le défunt n'avoit aucun parens connus, qui fuffent habiles à lui fuccéder, la fucceffion apartiendroit au Roi ou aux feigneurs à titre de deshérence ; *voïez* Deshérence.

Les 25 Juin & 17 Juillet 1722, il fut décidé au confeil que les droits de centième denier étoient dûs des biens délaiffés par deux particuliers décédés depuis la faifie réelle defdits biens, l'un, depuis le congé d'adjuger, &. l'autre aupar vant ; & que ces droits devoient être païés par les curateurs nommés aux fucceffions vacantes.

Par arrêt du confeil du 28 Juin 1723, les créanciers de la fucceffion du marquis de Chamlay, à laquelle il avoit été établi une direction, ont été condamnés au païement du centième denier des biens de ladite fucceffion & au triple droit.

Il a été jugé une infinité de fois que le droit de centième denier étoit dû par le curateur aux fucceffions vacantes ; entr'autres, par décifion du 10 Juin 1729, contre le fieur Blanchard avocat, qui foutenoit qu'un curateur n'eft qu'un fimple adminiftrateur, en la perfonne duquel il ne fe fait point de mutation ; par celle du 16 Juin 1740, fur l'article 10 du cahier des états de Bourgogne, qui demandoient que, pour les immeubles dépendans des fucceffions vacantes, auxquelles il étoit créé un curateur, il ne fut point païé de droit de centième denier, lorfque l'acquéreur ou adjudicataire de ces immeubles auroit païé ce droit pour le prix de fon acquifition ou adjudication ; il fut décidé que » le droit de centième » denier fe percevant dans toutes les pro- » vinces du roïaume fur les curateurs aux » fucceffions vacantes, en ligne collaté- » rale, S. M. ne juge pas qu'il conviene » de faire un règlement particulier pour fa » province de Bourgogne ». Autre décifion du 23 Juin 1743, fur le mémoire du contrôleur des bons d'états du confeil, qui prétendoit que le centième denier n'étoit pas dû pour la fucceffion vacante du comte de Canouville, décédé débiteur de plufieurs fommes au Roi ; décidé que le curateur à la fucceffion vacante repréfente l'héritier, & qu'en ligne collatérale le droit de centième denier eft dû.

Par arrêt du confeil du 9 Mars 1745, fans avoir égard à une ordonnance de M. l'intendant de Bourges, Louife Boüanat, veuve de Simon Boutet, a été condamnée, fauf fon recours, au païement du droit de centième denier des biens de la fucceffion vacante dudit Boutet ; elle étoit détentrice defdits biens en conféquence de la ceffion qui lui en avoit été faite par le curateur à la fucceffion, en païement de fes reprifes, & elle avoit païé le droit de centième denier de cette ceffion ; ainfi il ne s'agiffoit que de celui de la fucceffion,

La même chose a été décidée au conseil le 10 Août 1752, contre Elisabeth Boisvin, veuve le Coq, qui s'étoit fait ajuger sur le curateur à la succession vacante de son fils, les biens immeubles en dépendans, pour son douaire & pour ses reprises ; il fut jugé qu'indépendamment du droit par elle païé pour son adjudication, elle devoit encore païer le droit dû pour raison de la succession vacante.

Ce n'est pas parce qu'il est nommé un curateur aux successions vacantes que le droit de centième denier est dû, c'est seulement à cause de l'ouverture de la succession ; ensorte qu'il doit être païé pour toute succession ouverte en ligne collatérale, dans les six mois du décès ; soit que la succession ait été acceptée ou qu'elle reste vacante, soit aussi qu'en cas de vacance, il y ait un curateur, ou qu'il n'y en ait point. Le curateur n'est qu'un simple administrateur qui n'a jamais de droit personnel dans les biens ; il n'est pas même nécessaire qu'il en soit nommé, & le parlement de Bretagne a proscrit cette formalité dans son ressort, par arrêt du 11 Avril 1753, raporté dans le tom. 2, p. 51.

Par une décision du 26 Janvier 1743, le conseil a réformé une ordonnance du subdélégué de l'intendance de Roüen, & a jugé, contre Anne Serré, veuve de Vincent Roussel, qu'il étoit dû deux droits de centième denier des biens de la succession vacante dudit Roussel : l'un, pour l'ouverture de cette succession, & l'autre, pour l'adjudication des biens faite judiciairement à la veuve en païement de ses reprises. La veuve avoit acquité ce dernier droit en faisant insinuer la sentence ; &, sur la demande du premier, elle en fut déchargée à l'intendance, sur le fondement qu'il n'y avoit point eû de curateur nommé à la succession vacante, & sous prétexte que l'on devoit en conséquence considérer qu'il n'y avoit eû qu'une mutation, dont le droit avoit été acquité.

Le parlement de Paris a jugé, par arrêt du 5 Juin 1736, qu'un curateur à une succession vacante, ne peut être reçu en foi, qu'en païant le droit de relief. Cet arrêt a été rendu, sur apointement, entre le marquis de Roye, seigneur de la Ferté-au-Col, le marquis de la Vieuville, le légataire universel, les créanciers, & le curateur à la succession vacante du duc de la Vieuville, mort sans enfans, pour la terre de Pavan, régie par la coûtume de Meaux & relevante de la Ferté-au-Col.

Ferriere, sur Bacquet, ch. 14, des droits de justice, dit que le relief est dû par le curateur, comme il le feroit par l'héritier, à cause de l'intérêt qu'a le seigneur d'avoir un vassal ou un homme qui le représente en qualité d'homme vivant & mourant ; & que le seigneur n'est point obligé de le recevoir pour tel, si les droits de la mutation ne lui sont payés.

11. Lorsque, dans les déclarations des héritiers, donataires, légataires, institués, substitués, & autres nouveaux possesseurs de biens immeubles, il y a omission de partie des biens sujets au centième denier, ou que ceux qui y sont compris, sont évalués au-dessous de leur vraie valeur, c'est ce qu'on apelle fausse déclaration. L'arrêt de règlement du 15 Septembre 1722, raporté ci-dessus, n. 2, ordonne que, dans ces cas, l'amende de 300 livres, ensemble la peine du triple droit, demeureront encourues contre ceux qui auront fait de telles déclarations, sans que lesdites peines puissent être remises, modérées ni réputées comminatoires, sous quelque prétexte que ce soit.

Par arrêt du conseil du 14 Novembre 1724, sans avoir égard à une ordonnance de M. l'intendant de Bretagne, le sieur Pierre Josse prêtre, & ses cohéritiers ont été condamnés solidairement au païement de 11 livres 12 sols pour droit de centième denier des immeubles non compris dans leur déclaration des biens de

la

la fucceffion de Julien Joffe, notaire & procureur à Mauron ; enfemble au triple droit & en l'amende de 300 livres pour la fauffe déclaration.

Autre arrêt du confeil du 25 Septembre 1725, qui condamne les héritiers de Marie Gafteau, veuve du fieur Dodrillac, folidairement à l'excédent du droit de centième denier d'une maifon évaluée 4000 livres dans la déclaration par eux paffée à Sens le 17 Août 1724, & qu'ils ont enfuite affermée moïennant 400 liv. par an, le 27 Avril 1725 ; au triple dudit excédent & en l'amende de 300 liv., ainfi qu'au coût de l'arrêt, liquidé à 75 liv.

Par autre arrêt du confeil du 4 Novembre 1744, rendu contradictoirement entre le fermier des domaines & le fieur Rouffelot & autres héritiers fous bénéfice d'inventaire du fieur Paris, qui avoient afirmé, par une déclaration, qu'il n'y avoit en Champagne aucuns biens immeubles dépendans de cette fucceffion, quoiqu'il y en eût réellement, lefdits héritiers ont été condamnés à faire une nouvelle déclaration de tous les biens, & à en païer le centième denier, avec le triple droit & l'amende de 300 liv., enfemble le coût dudit arrêt.

Arrêt du confeil du 14 Juin 1746, rendu contradictoirement avec Nicolas de Caifne & autres héritiers de Marie du Fay, fans avoir égard à leur apel d'une ordonnance de M. l'intendant d'Amiens, ils ont été condamnés au païement d'un fuplément de centième denier fur le pié de 3754 liv. 10 fols, montant de la fauffe eftimation faite au bureau de Mailly le 10 Novembre 1741, en conféquence de leur procuration fpéciale ; dans laquelle déclaration les biens n'avoient été eftimés que 3000 livres, au lieu qu'ils valoient 6754 liv. 10 fols fuivant la vente faite des deux tiers d'iceux le 18 Janvier 1742, moïennant 4503 livres ; le prix de cette vente étoit même relatif à un bail de 1731, fait moïennant une cer-

taine quantité de grains ; ils ont en outre, été condamnés au triple dudit fuplément, en 300 livres d'amende, aux frais & au coût de l'arrêt.

Ces peines ont été prononcées toutes les fois qu'il a paru que les déclarations étoient infufifantes. Mais, il faut obferver qu'une vente poftérieure à la déclaration n'eft pas toujours une preuve convainquante de l'infufifance ; l'héritier ne doit le droit de centième denier, comme il a été dit au n. 4, que fur le pié du denier vingt ; il peut vendre enfuite à un prix bien plus avantageux, fans qu'on puiffe lui imputer qu'il ait fait une fauffe déclaration. Si fa déclaration a été faite en conformité d'un bail fubfiftant, le fermier ne peut abfolument l'inquiéter, à moins de prouver qu'il y eut d'autres biens que ceux qui étoient affermés, ou que le prix du bail ne fut pas férieux, comme cela n'eft que trop ordinaire ; mais, fi cette déclaration a été faite fans raporter aucun titre, & que le prix de la vente poftérieure foit tellement difproportionné à la valeur déclarée, qu'il foit fenfible qu'il y ait fraude, le fermier fera fondé à demander le fuplément jufqu'à concurrence du prix de la vente, avec les peines & amendes ; fauf néanmoins à l'héritier à juftifier de la vraie valeur lors du décès, foit par des baux ou autres actes non fufpects, foit par une eftimation faite par des experts.

Il fufit, fur cette matière, de donner le principe, fans entrer dans le détail des jugemens particuliers, qui ont tous été déterminés par les circonftances, qui prouvoient plus ou moins d'efprit de fraude de la part de ceux qui avoient fait les déclarations.

SUÉDOIS, font éxems d'aubaine en France pour les éfets mobiliaires, depuis le 1er Janvier 1753. Les Français jouïffent de la même éxemtion en Suéde.

Par l'article 1er des conventions préliminaires de commerce & de navigation, entre le Roi, & le Roi de Suéde, signées à Verſailles le 25 Avril 1741, il fut permis aux Français de naviger dans tous les ports de Suéde, & d'y négocier avec entière liberté, ſans païer plus grands droits que les ſujets de Suéde; la même liberté fut accordée en France, par l'article 2, aux Suédois, leſquels ſeroient traités à l'inſtar des villes anſéatiques.

La dame de la Gardie, ſuédoiſe de nation & veuve d'un ſénateur du roïaume de Suéde, étant décédée en France, ſa ſucceſſion fut réclamée à titre d'aubaine; il intervint une ſentence proviſoire en la chambre du domaine de Paris; ſes héritiers, ſuédois, ſe pourvurent au conſeil & réclamèrent les priviléges des villes anſéatiques.

Cett affaire aïant été communiquée à M. Freteau, inſpecteur général du domaine de la couronne, il obſerva que ce qui devoit conduire au point déciſif étoit de ſavoir quelle avoit été la véritable intention du Roi lors de la convention préliminaire avec la Suéde: qu'on voit que l'objet principal a été de favoriſer le commerce, & qu'il paraît qu'on a voulu ajoûter les priviléges relatifs au commerce, dont les villes anſéatiques jouïſſent en France; mais, en ſupoſant qu'on y pût admettre l'éxemtion du droit d'aubaine, il ne s'enſuivroit pas que la prétention des héritiers de la dame de la Gardie, fut fondée; parce que les villes anſéatiques n'ont pas obtenu une éxemtion abſoluë & indéfinie de ce droit, celle qui leur eſt accordée étant accompagnée de clauſes limitatives; en éfet, ſuivant l'art. 2 du traité de 1716 (*), il ne ſufit pas que les ſujets des villes anſéatiques ſoient demeurans en France: il faut qu'ils

y continuënt actuellement le trafic & le commerce; parce que c'eſt en faveur du commerce que cette éxemtion leur a été accordée. D'ailleurs, l'éxemtion de l'aubaine ne tombe que ſur les biens meubles ſeulement; c'eſt-à-dire, ſur les fruits naturels & ordinaires d'un commerce lié d'un état à un autre, & non ſur les immeubles, dont l'article ne ſait point de mention. Si les biens de la dame de la Gardie ſont immeubles, le privilége des villes anſéatiques ne peut s'y apliquer; & ſi ce ſont des éfets mobiliaires, ils ne ſont point dans le cas de l'éxemtion, cette dame n'étant point venuë en France pour y faire le commerce, & ſes biens n'étant point le fruit d'un trafic utile aux deux nations.

Par arrêt du conſeil du 2 Novembre 1746, ſans s'arrêter aux demandes & concluſions des héritiers de ladite dame de la Gardie, dont ils ont été déboutés, il a été ordonné que la ſentence de la chambre du domaine de Paris ſeroit éxécutée; & les parties ont été renvoïées en ladite chambre, pour y procéder ſur les conteſtations concernant ladite ſucceſſion, ſuivant les derniers erremens, & y être jugées, ſauf l'apel au parlement. La ſucceſſion a été ajugée au Roi, parce que, juſqu'au 1er Janvier 1753, les ſuédois n'ont point été éxemts de l'aubaine, même pour les éfets mobiliaires; mais, depuis cette époque, l'éxemtion a été réciproquement établie en faveur des français & des ſuédois.

L'ordonnance d'Adolphe-Frédéric, Roi de Suéde, du 7 Décembre 1752, s'explique ainſi: » Comme Nous ſommes » convenus avec S. M., le Roi de Fran- » ce, de l'établiſſement d'une parfaite » réciprocité, de ſorte que le droit *d'au-* » *baine* ceſſera déſormais entièrement à » l'égard des biens & éfets mobiliaires

(*) *Voïez* le tome 1, page 287.

» qui fe trouveront apartenir en France » à ceux de nos fujets qui y décéderont » ou ailleurs , Nous avons trouvé bon » d'ordonner ultérieurement , par la pré- » fente , que , fi un françaIs vient à » mourir en Suéde ou ailleurs , fes héri- » tiers légitimes ou teftamentaires , fes » légataires ou tous autres aïant titres » valables pour éxercer fes droits , foit » qu'ils foient régnicoles ou étrangers , » pourront librement recueillir les biens » meubles & éfets mobiliaires qu'ils auront » délaiffés dans ce roïaume , foit que lef- » dits héritiers ou repréfentans veuillent » s'établir en Suéde , ou tranfporter lef- » dits éfets hors du roïaume , fans au- » cune diminution & fans païer aucun » droit , foit à la couronne , foit à la » ville où la fucceffion fera ouverte , ni » à autre ; & pourront les procureurs » & mandataires des héritiers & répré- » fentans du défunt , même leurs tuteurs » & curateurs , qui auront été légitime- » ment établis dans le lieu du domicile » des mineurs , réclamer lefdits biens , » fe les faire remettre , en donner dé- » charge valable , les règler & adminif- » trer , en juftifiant feulement de leurs » titres & qualités. Au refte , Nous fom- » mes convenus avec S. M. le Roi de » France , que ce qui a été ainfi réglé en- » tre Nous fortira fon éfet , & fera réci- » proquement obfervé dans les deux » roïaumes , à commencer du 1er Jan- » vier 1753. Enjoignons à tous qu'il apar- » tiendra de tenir la main à l'éxécution » de la préfente ordonnance ». *Voïez* la gazette de France du 17 Mars 1753.

La réciprocité eft établie par une dé- claration du Roi du 24 Décembre 1754 , enregiftrée au parlement de Paris le 11 Mars 1755 , dont nous raporterons auffi les difpofitions : » Comme Nous fommes » convenus avec le Roi de Suéde de faire » jouïr fes fujets des mêmes avantages en » France , pour les fucceffions mobiliaires,

dont nos fujets jouïroient dans fes états , & , qu'à cet éfet , il a , par fon ordon- nance du 7 Décembre 1752 , déclaré & ordonné que les héritiers & repréfentans des françaIs , qui délaifferoient des biens meubles & éfets mobiliaires en Suéde , pouroient les recueillir librement , & les tranfporter hors de fefdits états fans païer aucuns droits , foit à la couronne , foit aux villes où les fucceffions feroient ou- vertes ; Nous avons réfolu réciproque- ment d'éxemter du droit *d'aubaine* les meubles & éfets mobiliaires qui fe trou- voient ci-devant foumis en France audit droit par la mort des fujets de la cou- ronne de Suéde , auxquels ils avoient apartenu. A ces caufes , *&c.* Nous avons , par ces préfentes , fignées de notre main , dit , déclaré & ordonné , difons , décla- rons & ordonnons , voulons & nous plait qu'il foit permis à tous les fujets du Roi de Suéde , foit commerçans ou autres , fans aucune diftinction , de léguer ou don- ner , foit par teftament , par donation ou autre difpofition quelconque , reconnuë valable & légitime dans le lieu de leur domicile , toutes les marchandifes , éfets , argent , dettes actives & autres biens mobiliaires qui fe trouveront ou devront leur apartenir en France au jour de leur décès : que leurs héritiers légitimes ou teftamentaires , leurs légataires ou tous autres aïant titre valable pour éxercer leurs droits , demeurans dans les terri- toires & lieux de notre domination ou venans d'ailleurs , quoiqu'ils ne foient pas reçus dans le nombre des citoyens de nos états , puiffent recueillir libre- ment lefdits biens & éfets , tant dans le cas où ils voudroient s'établir en Fran- ce , que dans celui où ils auroient in- tention de tranfporter lefdits biens & éfets hors du roïaume ; qu'en conféquence lefdits fujets du Roi de Suéde , leurs pro- cureurs & mandataires , & leurs tuteurs & curateurs puiffent réclamer lefdits biens

E ee ij

Suiſſe.

» & éfets, ſe les faire remettre, les régir &
» adminiſtrer, donner toutes décharges va-
» lables, en juſtifiant ſeulement de leurs
» titres & qualités, & ce, nonobſtant toutes
» loix, ſtatuts, édits, coûtumes, *ou droit*
» *d'aubaine* à ce contraires, auxquels Nous
» dérogeons en tant que beſoin ſeroit. Vou-
» lant en outre que le contenu en cette notre
» déclaration, ſorte ſon plein & entier éfet,
» à compter du 1er Janvier de l'année der-
» nière 1753. Si donnons en mandement &c.

SUISSE, république, diviſée en 13
cantons, qui forment eux-mêmes autant de
républiques particulières, que l'on apelloit
anciennement les ligues des Hautes-Alle-
magnes. Les ſuiſſes, très-attachés à la
France, y jouïſſent de grands priviléges ;
mais, l'on fait quelques diſtinctions entre
les cantons catholiques & les cantons proteſtans (*).

Les ſuiſſes commencèrent à être à la
ſolde de la France en 1481 ; & Loüis XI
leur accorda des lettres patentes au mois
de Septembre de la même année, portant
que tous ceux de cette nation qui étoient
alors ou ſeroient à l'avenir demeurans à
ſon ſervice, étant engagés & ſoldoïés, &
qui s'étoient mariés ou habitués, ſe ma-
rieroient ou habitueroient ci-après dans
le roïaume, pourroient y acquérir tous
biens, meubles & immeubles, les poſſéder & en diſpoſer par teſtament, donation entre-vifs ou autrement, ainſi que
bon leur ſembleroit ; & que leurs femmes,
enfans & héritiers pourroient les recueillir
& leur ſuccéder, comme s'ils étoient natifs du roïaume ; à l'éfet de quoi, il les
déclara autoriſés & habitués, ſans qu'eux,
leurs femmes, enfans ou héritiers puſſent
être tenus de païer, pour raiſon de ce,
aucune finance ni indemnité.

Il fut conclu à Fribourg, le 7 Décembre 1516, un traité de paix perpétuelle
entre François I, tous les cantons ſuiſſes
& le païs de Valois, par l'art. 9 duquel
il fut ſtipulé que tous marchands, ambaſſa-
deurs, pellerins & autres gens de quelque état & dignité qu'ils ſoient, pouroient
franchement & quitement, avec leurs
corps, biens & marchandiſes, ſûrement
aller, trafiquer & venir par tout le païs
des parties contractantes, trafiquant &
négociant, ſans aucune moleſtation, ni
nouvelle impoſition de péages ou d'autres
choſes, ſinon comme du paſſé a été accoûtumé.

Ces priviléges ont été confirmés par les
Rois ſucceſſeurs & nommément par lettres
patentes de Henry IV., du mois de Novembre 1602, regiſtrées au parlement, en
la chambre des comptes & en la cour des
aides de Paris, les 10 Mars, 6 Juin &c.
22 Août 1603 ; par leſquelles, après avoir
rapoté les diſpoſitions de celles de 1487,
S. M. continuë & confirme aux ſuiſſes
étant à ſes gages & ſoldes, & à tous autres de ladite nation, mariés & habitués
dans le roïaume, & à leurs veuves durant
leur viduité, tous & un chacun les priviléges, franchiſes, liberté, & éxemtions immunités à eux donnés & octroïés par les
Rois précédens, & attachés ſous le con-
tre-ſcel.

Loüis XIII les confirma pareillement,
par lettres patentes du mois de Décembre 1618, enregiſtrées au parlement &
en la cour des aides de Paris les 26 Janvier & 15 Février 1619.

Par le traité d'alliance projetté le 1er
Juin 1658, & conclu à Soleure en 1663,
entre le Roi & les treize cantons Suiſſes,
pour avoir lieu pendant la vie de Loüis.

(*) Les cantons de *Lucerne*, *Ury*, *Schwitz*, *Underwalde*, *Zug*, *Fribourg* & *Soleure*, ſont catholiques ;
dans ceux de *Glaris* & *Appenzel*, la religion eſt mêlée ; & les cantons de *Zürich*, *Berne*, *Bale* &
Schaffhouſe ſont proteſtans. Il y a en outre la république de *Valais*, qui eſt compriſe dans les différens
traités de paix & d'alliance faits entre la France & les cantons Suiſſes.

XIV, & huit ans après son décès, confirmé par lettres patentes des 19 Juillet 1658, & 17 Novembre 1663, il fut stipulé que les marchands suisses, tratiquant en France, jouïroient de tous les priviléges & immunités à eux accordés pour toutes leurs marchandises, tant fabriquées ou aprêtées en suisse, qu'autres, qui, suivant le traité de paix perpétuelle de 1516, doivent être éxemtes des péages & impôts.

Suivant les lettres patentes de 1481, & les subféquentes, il n'y avoit que les suisses étant au service de la France, aux gages & à solde du Roi qui fussent éxemts de l'aubaine ; qui pûssent disposer de leurs biens, meubles & immeubles ; & dont les héritiers pûssent les recueillir, comme s'ils étoient naturels français.

Par l'art. 9 du traité d'Utrecht du mois d'Avril 1713, il fut stipulé que le Roi reconnaîtroit le Roi de Prusse pour souverain seigneur de la *principauté de Neuf-Châtel & Vallengin*, dont les habitans jouïroient en France des mêmes droits & priviléges que les autres païs de la Suisse.

Il a été fait à Soleure un traité de renouvellement d'alliance, le 9 Mai 1715, au nom de Louis XIV, entre M. le comte du Luc, ambassadeur de France & les loüables cantons catholiques de la Suisse, & la loüable république de Valais ; c'est-à-dire, les cantons de Lucerne, Ury, Schwitz, Underwalde haut & bas, Zug, avec les ofices extérieurs, Fribourg & Soleure ; Glaris & Appenzel, pour les parties catholiques ; & la république & païs de Valais.

Par l'article 1er de ce traité, il est déclaré expressément que, quoique tous les cantons & états qui composent le corps helvétique, ne soient pas compris dans le présent traité (*), l'intention est de les inviter, autant qu'il sera convenable,

à l'accepter ; n'aïant pas lieu de douter qu'y trouvant leurs avantages, ils n'y donnent volontiers les mains, puisqu'il est également glorieux à tous, & absolument nécessaire pour le maintien de la république en général.

L'article 2 est une ratification des traités de paix & d'alliance, & nommément de la paix perpétuelle, des alliances de 1521 & 1663, & de toutes les lettres annéxes.

Il est dit, par l'article 3, que le Roi (Louis XIV) pour mieux marquer sa grande affection au corps helvétique, a bien voulu renouveller la présente alliance, pour être continuée avec le sérénissime Dauphin (Louis XV) héritier présomptif de la couronne, & avec tous les Rois successeurs de S. M. ; à condition qu'après le décès du premier Roi successeur de sadite majesté, les autres Rois très-chrétiens qui se succéderont, aussi-bien que les cantons, républiques & états, jureront & ratifieront l'éxacte observation de la présente alliance, dans tous ses points..., ce qui se fera à chaque changement de régne.

L'article 6 porte que les oficiers, soldats & autres attachés au militaire & à la solde du Roi, seront éxemts de toutes taxes faites ou à faire, soit capitation, dixième, ou autres impositions, quelque nom qu'on puisse leur donner, *par raport à leurs apointemens ou à leur solde*. Si les sus-nommés ont acquis, ou s'ils possédent des *biens fonciers* en France, sans examiner s'ils les tiennent d'eux, de leurs femmes ou autrement, ils en jouïront leur vie durant, aussi-bien que leurs veuves pendant leur viduité, en la même manière que peuvent en jouïr les commensaux ou les nobles ; ensorte que les suisses sus-nommés n'auront à suporter que

---

(*) Le traité est fait & signé pour tout le corps helvétique, à la seule exception des quatre cantons protestans, & des protestans des cantons de Glaris & Appenzel.

Suisse.

les taxes ou charges attachées à la nature du bien qu'ils posséderont. Mais, si lesdits soldats, quoiqu'au service, entreprenoient, par eux ou par leurs femmes, de faire quelque *commerce*, ou d'éxercer un métier, lequel métier ne regardât point directement le service particulier des compagnies suisses à la solde de S. M., en ce cas, ils se trouveront confondus & ne pourront prétendre d'autres prérogatives que celles dont les sujets du Roi jouïront.

Par l'article 24 il est stipulé que *les suisses seront censés régnicoles, & comme tels seront éxemts du droit d'aubaine, dans les roïaumes & états de l'obéïssance du Roi, en justifiant de leur naissance, & qu'ils sont sortis de leur païs avec l'agrément de leurs supérieurs.* Ils pourront acquérir comme les nationnaux ; & s'ils ont quelque métier ou profession, ils pourront l'éxercer en toute liberté, pourvû qu'ils se soumettent aux règles établies dans les lieux où ils éliront leurs domiciles. Jouïront aussi de *l'éxemtion du droit de foraine*, pour les éfets des successions de ceux de leur nation décédés en France, pourvû qu'il en ait été fait inventaire par les juges des lieux, suivant les règles & usages ordinaires ; & seront traités en tout comme les propres sujets de sa majesté. Quant aux suisses qui la servent actuellement dans ses troupes, à ses gages & soldes, ils seront éxemts de toutes charges, & n'en suporteront d'autres que celles qui seront attachées à la nature des biens qu'ils pourront acquérir, comme les nationnaux, dans les roïaumes & états de l'obéïssance du Roi ; jouïssant au surplus de tous les priviléges & éxemtions qui leur ont été accordés par les Rois prédécesseurs de S. M. & par elle, en vertu des traités de paix & d'alliance. Les mêmes priviléges & éxemtions sont accordés à ceux de la nation suisse, qui auront été dans les troupes de S. M., à ses gages & soldes, pourvû

qu'ils aïent servi trois années consécutives & qu'ils en soient sortis de l'agrément & par un congé en bonne forme de leurs supérieurs.

L'article 25 établit la réciprocité : les sujets du Roi pourront aussi succéder en Suisse par parentés, testamens, donations, ou tous autres actes usités ; & seront protégés par les magistrats & juges établis ; ensorte qu'ils ne seront soumis à aucun droit d'aubaine, traite foraine, ou autres pour leurs propres biens ; mais, pour ce qui est des biens Suisses, qui leur pouroient écheoir par mariages, successions, testamens, donations ou autres actes usités dans le païs, ils y seront maintenus de même que les suisses : réservés pourtant les régales & autres droits usités. Les marchands, négocians, messagers, pellerins & autres, pourront trafiquer, négocier sûrement & sans aucun empêchement en corps & en biens, librement & à leur volonté, aller, venir, séjourner & demeurer en Suisse, sans fraude ni déception, ainsi qu'il est porté dans l'alliance de 1663, art. 20.

Le traité de 1715, est moins un véritable traité, qu'un projet de traité ; du moins, je ne lui connais ni ratification, ni enregistrement, mais il est éxécuté.

L'éxemtion de l'aubaine, limitée d'abord aux suisses étant au service de la France, aux gages & à la solde du Roi, a donc lieu actuellement en faveur de tous les suisses des cantons catholiques, dénommés dans ledit traité de 1715 ; & les suisses qui servent ou qui ont servi pendant trois années consécutives, jouïssent en outre de l'éxemtion de toutes charges, autres que celles attachées à la nature des biens qu'ils acquièrent.

Les cantons protestans & les protestans des cantons de Glaris & Appenzel, ne sont point entrés dans le traité de 1715 ; il a été dit, à la vérité que l'intention étoit de les inviter à l'accepter, autant qu'il seroit convenable ; mais, ils ne l'ont point accepté, & ils n'en peuvent par conféquent réclamer les priviléges. Ils la prétendent néanmoins, & il y a actuellement deux inftances en la chambre du domaine de Paris, à ce fujet ; ils fe fondent principalement fur la réciprocité de ce qui s'obferve chez eux à l'égard des français & fur une lettre de feu M. de Chavigny, ambaffadeur de France, en Suiffe, datée de Soleure du 15 Novembre 1761. J'ai vû une copie de cette lettre légalifée par le bourgemeftre & conful de la ville & canton de Bafle, & j'en raporterai la teneur.

» Magnifiques feigneurs ... auffi attentif que je le fuis & ne ceffe de l'être, » du moment que j'ai eu l'honneur d'être » au milieu de vous, à tout ce qui peut » vous être agréable, je n'ai pas vû fans » peine l'incertitude qui s'étoit répandue » fur la réciprocité de l'éxemtion du » droit d'aubaine & de celui de traite-» foraine, reftrictivement pour les éfets » de fucceffion ; auffi, n'ai-je été occupé » que d'épier & faifir les circonftances » qui pourroient me donner plus de faci-» lité de faire ceffer une fois cette in-» quiétude.

» J'ai trouvé dans la plénitude de la » bienveillance du Roi, qui vous eft fi » juftement & fi conftamment acquife, les » difpofitions que je pouvois defirer ; S. M. » m'a donc autorifé à annoncer aux loüa-» bles cantons proteftans la réciprocité » de l'éxemtion d'aubaine & de traite-» foraine, relativement aux éfets de fuc-» ceffion. On ne m'a pas laiffé ignorer, » depuis, que les intendans & commiffai-» res départis dans les provinces, ont été » prévenus de cette affurance, afin qu'elle » ait fon éxécution toutes & quantes-» fois qu'elle aura lieu pour les éfets de » fucceffion.

» J'ai pris volontiers le parti d'annon-» cer féparément, à chacun des cantons

» proteftans, cette nouvelle preuve de » la bienveillance du Roi, nefut-ce que » pour me procurer la fatisfaction de vous » rapeller plus particuliérement les fenti-» mens que me dicte fans ceffe la confidé-» ration diftinguée que j'ai voüée fi fincè-» rement à votre gouvernement, Magni-» fiques feigneurs, votre affectionné à » vous fervir ; *figné* CHAVIGNY. Enfuite » eft écrit : Nous, le bourguemeftre & » conful de la ville & canton de Bafle, » certifions & atteftons que la copie ci-» deffus a été fidèlement tirée de fon » original & qu'elle lui a été trouvée en » tout conforme, en la collationnant ; en » foi de quoi, nous avons fait figner la » préfente par notre fecrétaire d'état & » y apofer le fceau ordinaire de notre » ville, ce 23 Février 1762. *Signé* » François Paffavant, fecrétaire d'état ».

Cette lettre n'eft pas un titre fufifant pour fervir de règle dans les tribunaux ; mais, fi elle eft conforme aux intentions du Roi, comme on doit le croire, S. M. ne tardera pas à les manifefter.

Indépendamment de l'éxemtion de l'aubaine, les fuiffes ont prétendu diférens autres priviléges ; mais il faut fe renfermer dans ceux ftipulés par le traité de 1715, qui ne les éxemte du droit de traite-foraine que pour les éfets des fucceffions de ceux de leur nation décédés en France, dont il a été fait inventaire par les juges des lieux. Et qui, à l'égard des militaires, en les éxemtant des charges & impofitions perfonnelles, les foumet néanmoins à celles attachées à la nature des biens qu'ils peuvent acquérir, comme les nationaux, dans le roïaume.

Par arrêt du confeil du 7 Octobre 1738, il a été jugé qu'ils ne peuvent prétendre l'éxemtion du droit d'*enfaifinement*, &, en conféquence, Anne Beaugrand, veuve de Blondal, l'un des cent-fuiffes de la garde du Roi, propriétaire d'héritages à faint Germain, dans la mouvance du Roi, a été condamnée à faire enfaifiner fes titres de propriété par le receveur générale des domaines ; & contrôler par le contrôleur général des domaines , ainfi qu'au païement des droits attribués à ces oficiers , nonobftant les priviléges par elle réclamés.

Les fuiffes qui font en France au fervice du Roi , ne font jufticiables que de la juftice Suiffe , qui s'éxerce , tant pour le civil que pour le criminel par des juges de leur nation , fous l'autorité d'un oficier qui a le titre de chef de la juftice fuiffe , ou de grand juge. Les conteftations qui y font portées ne font point foumifes aux loix & aux formalités françaifes ; ainfi l'on peut y plaider fans contrôle & fans papier timbré. Mais , les fuiffes font fujets à ces droits , comme les français , pour tous actes quelconques , autres que ceux qui émanent de la juftice fuiffe , il eft même ordonné par la déclaration du Roi du 29 Septembre 1722 , que ceux de contrôle , infinuation & petit-fcel feront païés par toutes fortes de perfonnes éxemtes & non éxemtes , privilégiées & non privilégiées.

Par une décifion du confeil du 24 Février 1719 , le fieur Evarre , major d'un régiment fuiffe , fût débouté de fa demande en éxemtion du centième denier de l'acquifition par lui faite d'une maifon à Ablon. Il a pareillement été décidé le 15 Juillet 1727 , qu'un fuiffe de la garde du Roi , devoit païer le centième denier d'une maifon à Paris , rüe de charonne , qui lui avoit été donnée. Autre décifion du 7 Février 1728 , contre le fieur de Willens , lieutenant - colonel au régiment d'Affry , pour centième denier d'un retour de lot ftipulé dans le partage d'entre lui & fa fœur. La même chofe a été jugée toutes les fois que la queftion s'eft préfentée ; nous ne raporterons que quelques décifions principales.

Décifion du confeil du 6 Septembre 1738 , qui déboute M. Courten , briga-

dier des armées du Roi , & colonel d'un régiment fuiffe de fon nom , de fa demande en éxemtion du centième denier d'une maifon à Paris , rüe Montmartre , qu'il avoit acquife de fes coufines ; il prétendoit que l'acquifition étant faite de fuiffe à fuiffe , il n'étoit dû aucuns droits.

Pareille décifion du 4 Septembre 1745 , contre la veuve du fieur Mort , capitaine au régiment fuiffe de Diefback , pour droit de centième denier de biens des fucceffions de fes fœurs , dont elle fe prétendoit éxemte comme veuve de fuiffe & mère de deux oficiers , l'un dans le régiment de Diefback & l'autre dans le régiment des Gardes-Suiffes.

Autre décifion du confeil du 30 Avril 1746 , fur le mémoire de madame la comteffe de Biclinska , veuve du baron de Bezenval , lieutenant général des armées du Roi & colonel au régiment des gardes-fuiffes , qui demandoit l'éxemtion des droits de *contrôle & d'infinuation* de fon contrat de mariage paffé à Varfovie & du teftament olographe de fon mari fait à Paris en 1734 , en vertu defquels elle faifoit faire un commandement pour les arrérages d'une rente ; elle invoquoit les priviléges généraux des fuiffes , & difoit que le teftament n'avoit pas befoin d'infinuation , parce que toutes les conteftations ne peuvent être portées qu'au tribunal de la nation. Il eft vrai que ce tribunal peut prononcer entre des fuiffes , fur des actes non contrôlés ni infinués ; mais , dès que l'on fe fert de ces actes dans les actions ordinaires , & qu'ils produifent un éfet à affujétir les naturels français à en païer les droits , les fuiffes doivent y être également foumis. La décifion eft en ces termes ; » il ne parait pas que » les fuiffes puiffent être difpenfés de la » formalité du contrôle & de l'infinuation » pour les actes dont ils veulent faire » ufage dans les juftices du roïaume ; par- » ce que les juges ne peuvent avoir au-
                                        » cun

» cun égard à ces actes, à moins qu'ils » ne soient revêtus de cette formalité.

» Le 31 Octobre 1748, décidé, contre M. Staal, maréchal-de-camp & capitaine aux gardes-suisses, que le droit de centième denier étoit dû des biens des successions de deux de ses filles, échuës aux autres enfans.

Autre Décision du 8 Février 1753, contre la veuve de M. de Mons, premier capitaine du régiment des gardes-suisses, pour laquelle le colonel du régiment, en qualité de chef de la justice, étoit intervenu. Il s'agissoit des droits d'insinuation du testament de l'oncle de ladite dame, lieutenant général des armées & colonel suisse, & du droit de centième denier des immeubles de sa succession. On soûtenoit l'éxemtion de tous droits, autres que les charges attachées à la nature du bien; & l'on prétendoit limiter ces charges aux droits seigneuriaux, rentes foncières, cens, dixmes & autres semblables redevances, d'autant que toutes les contestations au sujet de la succession étoient de la compétence du tribunal suisse. Décidé que le droit d'insinuation des legs faits par le testament est dû, ainsi que celui de centième denier des immeubles, s'il y en a, dont il doit être fait déclaration.

Le sieur Voille, major d'un régiment suisse, ayant prétendu l'éxemtion du droit de centième denier dû pour la succession collatérale d'un suisse, M. l'intendant de la Rochelle renvoïa la question au conseil, où il a été décidé le 31 Décembre 1755, que le droit étoit dû. La même chose a encore été décidée le 1er Septembre 1758, contre le sieur Buffet, oficier des cent-suisses de la garde, sur un renvoi de M. l'intendant de Paris.

Il a pareillement été jugé que les suisses ne peuvent prétendre l'éxemtion des droits-réservés, ainsi qu'il a été observé, tom. 2, pag. 246.

Pour confirmer ces principes, de plus

Tome III.

en plus, l'on raportera une lettre écrite le 7 Août 1760, par M. Chauvelin, conseiller d'état, & intendant des finances, aux fermiers généraux.

» Les suisses aïant renouvellé, M^{rs}, » leur prétention de l'éxemtion du droit » de centième denier, M. le contrôleur » général a pris, sur l'étenduë & sur les » objets de leurs priviléges, des éclaircis- » semens qui lui ont fait connaitre les » abus qui s'y sont introduits par raport à » la contribution aux charges de l'état. » Pour y remédier, M. le contrôleur gé- » néral a informé M^{rs} les intendans des » bornes de ces priviléges; & il m'a char- » gé de vous marquer que les suisses & » Génevois militaires ne doivent point » avoir d'autres priviléges que les com- » mensaux & les nobles; & que les non- » militaires n'en ont pas d'autres que ceux » de régnicoles; qu'ainsi, c'est sur ces prin- » cipes, que vous devez faire percevoir » les droits de votre ferme. Je suis &c. » *Signé* CHAUVELIN.

SUPLÉMENS *de droits*, sont dûs lorsque les droits n'ont pas été perçus d'abord, tels qu'ils devoient l'être; soit par la faute du commis, soit parce que les parties, les notaires, gréfiers ou autres avoient pratiqué des moïens pour diminuer la juste quotité de ce qu'ils devoient païer. *Voïez* Estimation; Forcement de recette; & Successions, n. 11.

SURSÉANCE, terme & délai accordé à un débiteur. Suivant les articles 8 & 17 de l'édit du mois de Décembre 1703, les lettres de répi & les arrêts de surséance doivent être insinués au bureau du domicile de ceux qui les ont obtenus.

L'article 17 du tarif du 29 Septembre 1722, fixe à 20 liv. le droit d'insinuation de chacune lettre de répi, arrêt, jugement & sentence, portant surséance générale, soit qu'ils soient accordés par Sa Majesté, ou par les cours & autres jurisdictions.

Par une décision du conseil du 6 Juin

F ff

1733, il a été jugé que le droit d'insinuation devoit être païé d'un arrêt du conseil obtenu par un éxemt des gardes-du-corps, portant surséance des pourfuites de ses créanciers, & il a été déchargé, par grace, des amendes encouruës pour l'avoir fait signifier avant qu'il fut insinué.

Deux huissiers ont été condamnés en 300 liv. d'amende chacun, par arrêt du conseil du 17 Novembre 1733, pour avoir signifié des arrêts de surséance générale non insinués.

Une décision du 11 Septembre 1734, a prononcé la même peine contre des huissiers du conseil & de la grande chancellerie, pour avoir signifié deux arrêts de sur-

séance générale sans qu'ils fussent insinués.

Il faut observer que les règlemens ne parlent que des surséances générales, c'est-à-dire celles qui imposent silence pendant un tems aux diférens créanciers d'un débiteur. Le délai qui seroit accordé pour satisfaire à une condamnation ou au païement d'une dette, seroit une surséance particulière, qui, n'intéressant qu'un seul créancier, n'auroit nullement besoin de la publicité par le moïen de l'insinuation. Il faut donc se borner à demander les droits d'insinuation pour les surséances générales, conformément au tarif.

Voïez au surplus, Lettres d'état, & Lettres de répi, tom. 2, pages 617 & 619.

T.

ABELLIONNAGE, est le droit d'établir des oficiers fous le titre de tabellions, pour recevoir des actes & contrats, ou feulement pour en déli-vrer des expéditions fur les minutes qui leur font remifes par le notaire qui a fait les actes. *Voïez* Notaires, où il a été parlé des fonctions des notaires & des tabel-lions. On y a dit auffi que les tabellionna-ges font de l'ancien domaine de la couron-ne ; que le droit d'établir des tabellions apartient au Roi feul ; qu'il en a été fait néanmoins conceffion à quelques feigneurs haut-jufticiers, qui, pour en jouïr, doivent juftifier de leur droit ; & que S. M., par un édit du mois de Février 1761, a fu-primé tous les tabellionnages dans l'étenduë de fes domaines & juftices, engagés ou non engagés, en réuniffant leurs fonctions à celles des notaires roïaux ; à l'exception cependant des tabellions établis dans l'étenduë des ter-res de l'apanage de M. le duc d'Orléans, & de ceux créés dans le reffort du parlement de Flandre & du païs d'Artois.

Les tabellions, qui avoient été créés depuis le régne de François I, furent fuprimés par l'art. 184 de l'ordonnance d'Orléans du mois de Janvier 1560 ; ceux de l'ancien domaine, qui n'étoient pas compris dans cette fupreffion, en furent nommément exceptés, par déclaration du 28 Octobre 1561.

Il fut ordonné diverfes aliénations & re-ventes des tabellionnages & autres ofices domaniaux.

Par un édit du mois de Mai 1597, Henry IV, réunit les fonctions des tabel-lions à celles des notaires roïaux ; mais cette réunion ne fut pas entièrement éxé-cutée ; & Loüis XV en a ordonné la con-fommation par fon édit du mois de Février 1761.

Les tabellions des feigneurs ne doivent recevoir des actes que dans l'étenduë de leur jurifdiction & pour biens y fitués. Par édit du mois de Mai 1686, il fut dé-fendu aux tabellions des feigneurs haut-jufticiers, qui fe font fait maintenir, par arrêts du confeil, dans le droit de tabellion-nage, de paffer aucuns actes, finon dans leur détroit & jurifdiction, entre leurs juf-ticiables, & pour biens fitués dans l'éten-duë de leur haute-juftice, à peine de nul-lité, de cent livres d'amende au profit du Roi, & de reftitution du quadruple des droits par eux pris, qui apartiendra au no-taire fur lequel l'entreprife aura été faite ; avec pareilles défenfes aux parties, qui ne font pas domiciliées dans lefdites hau-tes-juftices, de paffer leurs actes & contrats devant lefdits tabellions haut-jufticiers, fous les mêmes peines. *Voïez* Notaires, §. XXIV.

Tous les tabellions qui paffent & reçoi-vent des actes, font affujétis aux mêmes règles que les notaires : leurs devoirs font

F ff ij

entièrement les mêmes ; ainsi , on les trouvera à l'article , *Notaires*.

TABLE DE MARBRE; jurifdiction ; c'eft le fiége général des eaux & forêts , où font portées les appellations des jugemens des maîtrifes particulières & de ceux rendus par les gruïers des feigneurs particuliers , tant en matière civile que criminelle. Il connaît auffi en première inftance de tous procès & diférends concernant le fond & la propriété des eaux & forêts , ifles & rivières du domaine du Roi.

Il y a trois fiéges diférens , connus fous le titre de table de marbre : celui de la connétablie & maréchauffée de France ; celui de l'amirauté ; & celui de la réformation générale des eaux & forêts. C'eft de ce dernier dont nous parlerons plus particulièrement.

L'inftitution du fiége général des eaux & forêts de la table de marbre du palais à Paris eft fi ancienne qu'on en ignore l'époque.

Il en fut créé un , au palais à Roüen , par édit de Loüis XII du mois de Novembre 1508 ; un en Bretagne , par François I , au mois de Juillet 1544 ; enfuite à Touloufe , Bordeaux , Dijon , Provence & Dauphiné , par édit de Henry II , du mois de Février 1554 ; & par Loüis XIV , à Metz au mois de Novembre 1679 , & à Befançon au mois d'Août 1692.

Celui de Bordeaux ne fut pas entièrement établi , & même les ofices tombèrent vacans ; mais il fut rétabli , & en tant que de befoin , créé & érigé de nouveau , par édit du mois de Janvier 1698. Celui de Dijon , auquel la jurifdiction en dernier reffort avoit été attribuée par édit du mois d'Avril 1641 , & révoquée en 1653 , fut pareillement créé & rétabli au mois de Juin 1702.

Par édit du mois de Février 1704 , tous les fiéges de table de marbre & chambres de réformation des eaux & forêts furent fuprimés ; il fut créé, en leur place ,

dans chacun des parlemens de Paris , Touloufe , Rennes , Roüen , Dijon , Tournay , Bordeaux , Metz , Befançon , Grenoble , Aix , Pau & confeil fupérieur d'Alface , une chambre pour juger fouverainement & en dernier reffort toutes les inftances & procès concernant les eaux & forêts , pêches & chaffes.

Cet édit n'a eu lieu que dans quelques parlemens ; dans d'autres , les fiéges de table de marbre ont été rétablis moïennant finance ; & , dans quelques autres , ils ont été unis aux parlemens.

Le fiége de la table de marbre du palais à Paris a été rétabli comme auparavant , par édit des mois de Mai & Novembre 1704.

Celui de Franche-Comté , a été uni aux requêtes du palais au parlement de Befançon , par édit du mois de Juillet 1704.

A Tournay , il a été uni au parlement par édit du mois de Septembre 1704.

Celui de Bretagne a été uni au parlement , par édit du mois d'Octobre de la même année.

A Bordeaux , il fut uni aux requêtes du palais , par édit du mois d'Octobre 1704 , enfuite fuprimé par édit de Juillet 1705 , & rétabli comme avant la fupreffion de 1704.

Celui de Touloufe a été uni aux requêtes du palais , par édit du mois de Janvier 1705.

A Grenoble , il a été entièrement fuprimé , par édit du mois d'Avril 1706.

Et celui de Roüen a été rétabli comme avant 1704 , par édits des mois d'Avril & Octobre 1706.

Il a été défendu par arrêt du parlement de Paris du 7 Septembre 1737 , rendu contradictoirement en l'audience de la grand'chambre , aux oficiers de la table de marbre , de prendre la qualité de cour ; & au fubftitut de M. le procureur général audit fiége , de prendre celle de procureur général du Roi.

Par l'édit du mois de Novembre 1696, portant création d'ofices de *gardes-fcel*, il en fut créé nommément dans chaque fiége des tables de marbre, établi près les cours ; la réunion de tous les ofices de gardes-fcel créés dans les jurifdictions des connétables & maréchauffées de France, table de marbre, maitrifes des eaux & forêts, élections & autres jurifdictions extraordinaires, fut ordonnée par déclaration du Roi du 17 Septembre 1697, aux corps des oficiers des mêmes jurifdictions, pour en exercer les fonctions & joüir des droits attribués auxdits ofices ; & par l'article 15 de la déclaration du 10 Novembre 1699, il fut ordonné que les droits attribués aux ofices de gardes-fcel defdites jurifdictions extraordinaires, dont la vente ou la réunion auxdites jurifdictions avoient été ordonnées, feroient perçus par lefdits oficiers (gardes-fcel) pour en joüir en conformité des édit, déclaration & tarif ; à l'exception néanmoins de la table de marbre de Paris, aux oficiers de laquelle le Roi ordonna que l'ofice de garde-fcel, auquel il avoit été pourvû, demeureroit réuni, en rembourfant dans quinzaine la finance & les frais païés par le pourvû dudit ofice & non autrement ; & encore à la charge que le droit de fcel feroit éxercé en ladite jurifdiction de la table de marbre à Paris, de même & comme il a été fixé pour les requêtes du Palais de ladite ville. *Voïez* Sceau, n. 7.

Les oficiers des tables de marbre ont plufieurs fois prétendu l'éxemtion des droits de *franc-fiefs*, quoique, comme oficiers de jurifdictions fubalternes, ils n'aïent aucune attribution de nobleffe.

Par arrêt du confeil du 17 Août 1740, le fieur Clofanges, procureur du Roi au fiége de la table de marbre du Palais à Bordeaux, a été condamné contradictoirement & en conformité du dire de M. Magneux, infpecteur général du domaine de la couronne, à païer le droit de franc-

fief des biens nobles qu'il poffédoit. Il difoit que, par l'édit de 1698, portant rétabliffement de ce fiége, il avoit été ordonné que les oficiers joüiroient des mêmes droits & priviléges attribués à ceux du fiége de la table de marbre de Paris ; que ceux-ci joüiffoient, fuivant un édit du mois de Décembre 1543, des mêmes priviléges que les oficiers de la chambre du tréfor ; & qu'aïant droit de juger dans certains cas, en dernier reffort avec des oficiers du parlement, ils étoient cenfés & réputés du corps du parlement.

On lui a opofé que les priviléges accordés par les édits de 1554 & 1698, ne font relatifs qu'aux fonctions des oficiers & ne peuvent s'étendre au droit de franc-fief, dont l'éxemtion ne peut jamais être fous-entendüe par des expreffions générales ; *voïez* encore l'arrêt du 23 Mars 1762, ci-après.

Un autre arrêt du confeil du 8 Juillet 1749, a déchargé le fieur Mallet, oficier du fiége de la table de marbre de Dijon, d'un droit de franc-fief qui lui étoit demandé. Les oficiers de ce fiége étoient intervenus, & ils repréfentèrent que, par édit du mois d'Avril 1641, le Roi les avoit déclarés du corps du parlement de Dijon ; qu'ils avoient l'attribution pour juger en dernier reffort conjointement avec les oficiers du parlement, & qu'en conféquence, S. M. avoit conféré le titre d'avocat général & de procureur général à fes Avocat & procureur audit fiége ; qu'ainfi les oficiers joüiffoient depuis 1641 , de la nobleffe qui ne pouvoit être comprife dans la révocation ordonnée en 1669, puifqu'elle étoit antérieure à l'époque de cette révocation fixée à 1644. Le fermier acquiefça, en déclarant qu'il s'en raportoit à ce qu'il plairoit au Confeil d'ordonner.

Il y a encore un pareil arrêt du 26 Août 1749, en faveur des oficiers du même fiége de la table de marbre de Dijon.

Par autre arrêt du conseil du 19 Mai 1750, rendu sur la requête des oficiers de la table de marbre du Palais à Paris, & sans qu'il paraisse que cette requête ait été communiquée au fermier, le sieur Marchais, conseiller honoraire audit siége, a été déchargé des droits de franc-fiefs qui lui étoient demandés par le sous-fermier des domaines de la généralité de Paris. Les oficiers de ce siége ont opofé que sa création est si ancienne qu'on n'en peut trouver le titre; que, par un édit du mois de Décembre 1543, François I leur avoit accordé les mêmes & semblables priviléges dont jouïssoient les conseillers, avocat & procureur du trésor à Paris; que ceux-ci jouïssoient de l'éxemption du droit de franc-fief qui leur avoit été accordée par édit du mois d'Avril 1519; qu'ainsi lesdits oficiers de la table de marbre en devoient pareillement jouïr; que, pardiférens édits & arrêts, ils étoient réputés faire corps du parlement, & qu'ils jugeoient en dernier ressort avec des oficiers de cette cour souveraine; enfin, ils se sont prévalus de l'arrêt du 8 Juillet 1749, obtenu par les oficiers de la table de marbre de Dijon.

Autre arrêt du conseil du 23 Mars 1761, contre les oficiers de la table de marbre de Bordeaux. La veuve du sieur Closanges, procureur du Roi de ce siége, aïant demandé la décharge d'un droit de franc-fief, M. l'intendant de Bordeaux a renvoïé les parties au conseil. Les oficiers du siége ont pris le fait & cause; ils ont dit que, par les édits de 1554 & 1698, ils ont été créés & établis à l'instar de la table de marbre de Paris, pour jouïr des mêmes priviléges; ils se sont prévalus des arrêts de 1749 & 1750; & ils ont soûtenu qu'étant juges en dernier ressort dans certaines matières & faisant corps du Parlement avec lequel ils siégent, on ne peut leur contester la jouïssance des priviléges accordés aux cours souveraines. Le fermier a opofé l'arrêt de 1740, rendu contre le sieur Closanges; que les siéges des tables de marbre ne sont point des cours souveraines; qu'il n'y a que les principaux ofices des cours souveraines qui confèrent la noblesse & l'éxemption du droit de franc-fiefs, à moins d'une concession expresse. Que les oficiers de la table de marbre de Bordeaux n'ont aucun titre qui leur ait accordé ces priviléges; & que, d'ailleurs, en supofant qu'ils leur eussent été accordés par l'édit du mois de Janvier 1698, il ne subsisteroient plus, au moïen de l'édit du mois d'Août 1715, qui a révoqué tous les priviléges & éxemtions accordés aux ofices créés depuis le 1er Janvier 1689, dont la première finance ne seroit pas de 10000 liv. Par l'arrêt rendu sur cette contestation » le Roi en son conseil, faisant » droit sur le renvoi porté par l'ordon- » nance du sieur Boutin, intendant en » Guyenne, du 14 Mars 1761, sans s'ar- » rêter à l'opofition des oficiers de la table » de marbre du palais à Bordeaux à » l'arrêt contradictoire du conseil du 17 » Août 1740, ni à leurs autres deman- » des, dont S. M. les a déboutés & » déboute, a ordonné & ordonne que » ledit arrêt sera éxécuté selon sa forme » & teneur; condamne S. M. ladite veuve » du sieur Closanges, procureur du Roi » honoraire en ladite table de marbre près » le parlement de Guyenne, au païement » du droit de franc-fief des biens nobles » qu'elle posséde; sauf à elle à se pour- » voir en modération devant ledit sieur » intendant, si elle prétend que la taxe » portée par la contrainte excède une ,, année du revenu desdits biens nobles; ,, condamne en outre S. M. ladite dame ,, veuve Closanges au coût du présent ,, arrêt, liquidé à 75 livres ,,.

Il est certain que les oficiers des tables de marbre, même de celle de Paris, n'ont aucune concession de la noblesse, & que, par conféquent, ils ne doivent pas jouïr de l'éxemtion du droit de franc-fief, qui ne peut jamais avoir lieu fi elle n'eft nommément exprimée, & que l'on ne peut par conféquent fous-entendre dans une attribution générale des priviléges d'un autre corps.

TABLE DE MER, ancien droit domanial établi par les comtes de Provence, fur les marchandifes & denrées que les étrangers faifoient entrer ou fortir du port de Marseille. Ce port aïant été affranchi par l'édit du mois de Mars 1669, le droit y fut fupprimé; mais la perception en fut ordonnée dans les autres ports de Provence. Il a été obfervé, à l'article *Provence* que ce droit a été diftrait de la ferme des domaines, & joint aux cinq groffes fermes.

TAILLE, tribut & impofition dont l'ufage eft très-ancien. Saint Louis y eût recours pour les voïages d'outre-mer; elle eft devenuë une impofition ordinaire & perpétuelle fous Charles VII, pour le foutien de l'état & le maintien de la dignité du trône.

La taille eft *réelle* dans le païs de droit écrit, & elle s'impofe fur les terres roturières, quelle que foit la qualité du poffeffeur; elle eft *perfonnelle* dans les païs d'élection; & plufieurs perfonnes en font éxemtes. A l'article *Priviléges*, on trouvera les règlemens qui accordent l'éxemtion de taille aux employés des fermes.

L'impofition des biens à la taille réelle, ne fait pas néanmoins une preuve de roture, comme il a été obfervé à l'article *Franc-fiefs*, §. IV, n. 5, tom. 2, page 445.

Sur ce qui concerne les nominations des collecteurs des tailles, les traités qui peuvent être faits avec eux pour la levée de cette impofition, les rôles qui en font faits, les pourfuites faites contr'eux ou qu'ils éxercent eux-mêmes contre les redevables, & les quitances qui leur font

données par les receveurs des tailles; *voïez* Collecte & Rôles, & les renvois qui y font indiqués.

TARIF, eft une loi qui fixe la quotité de certains droits; il y a des tarifs pour les droits apartenans aux gréfiers, aux procureurs, aux notaires & autres officiers; il y en a auffi pour règler diférens droits roïaux régis ou affermés. Nous ne parlerons que de ceux qui font de notre objet.

Les diférens tarifs qui ont été faits pour règler la perception des droits de *contrôle* des actes, font des 17 Mars 1693, 20 Avril 1694, 14 Juillet 1699, 24 Août 1706, 20 Mars 1708 & 29 Septembre 1722. C'eft ce dernier qui fait la règle qu'on doit fuivre, parce qu'il a abrogé les précédens. Il fera abrogé à fon tour: on en parle depuis plufieurs années. Plus un tarif fera fimplifié, moins il fera naitre de conteftations: il s'en élevera toujours, parce que l'efprit humain ne peut pas tout prévoir dans une loi auffi générale que celle qui a pour objet tous les actes & toutes les conventions poffibles; l'obmiffion n'eft pas un grand inconvénient, parce qu'on y peut remédier; il eft bien plus effentiel d'obferver de juftes proportions, rélativement à l'objet des conventions & à celles qui font plus ou moins favorables, & de s'expliquer d'une manière qui n'ait befoin d'aucune interprétation. Le tarif de 1722, fixe le même droit pour la prife de poffeffion d'une cure, fut-elle à portion congruë, que pour celle d'un archevêché; la proportion n'eft donc pas obfervée. Il fixe le droit des actes contenant vente, ceffion ou tranfport & de tous actes attributifs de droits & actions, fur la valeur ou fur le prix: cela eft jufte; mais il fixe le même droit pour les actes fimplement déclaratifs de droits acquis, tels qu'un partage, une tranfaction, un inventaire &c. Il règle le droit de contrôle des fociétés fuivant les fommes ou fuivant les qualités des affociés, & il fixe indiftinctement à 10 livres le droit des diffolutions de fociétés; enforte que le droit de la diffolution eft fouvent plus fort que celui de la fociété même. Comme il faut néanmoins fe conformer au tarif fubfiftant, je ne m'étendrai pas fur les réformes dont il eft fufceptible.

Il y a eû trois tarifs des droits *d'infinuation;* les deux premiers, des 22 Décembre 1703 & 20 Mars 1708, font abrogés par celui du 29 Septembre 1722, qui fubfifte.

Il y en a eu auffi trois, pour les droits de *petit-fcel;* celui du 27 Novembre 1696, abrogé par celui du 10 Novembre 1699, qui ne fubfifte que pour les expéditions & extraits des actes des notaires antérieurs au 1er Octobre 1706; & celui du 20 Mars 1708, qui règle les droits de petit-fcel des actes judiciaires.

Les tarifs actuellement fubfiftans fe trouvent au commencement du 1er volume de ce Dictionnaire.

Tout tarif des droits de contrôle, d'infinuation & de petit-fcel, fait une loi qui doit être obfervée dès l'inftant de fa publication où du jour auquel fon éfet eft fixé, tant pour les actes paffés antérieurement que pour ceux qui n'ont été faits que depuis. Dès cet inftant, il n'y a plus qu'une perception fubordonnée à la loi fubfiftante, fans avoir égard à la date des actes; c'eft même ce qui fut ordonné par un arrêt de règlement du 9 Mars 1723, tant pour les droits de contrôle, d'infinuation & de petit-fcel, que pour les quatre fols pour livre, foit qu'ils fuffent établis ou qu'ils n'euffent pas lieu lors de la paffation des actes; l'éxécution de ce règlement a été ordonnée par décifion du confeil du 29 Septembre 1727, contre les religieufes de Coulommiers, qui foûtenoient ne devoir le droit d'infinuation d'un acte antérieur à 1722, que fur le pié du tarif de 1708.

TÉMOINS; les falaires des témoins entendus dans les affaires criminelles, de la nature de celles dont le Roi doit fuporter les frais, doivent être acquités par les commis du fermier des domaines, comme il a été dit à l'article *Exécutoires*, tom. 2, p. 327.

Il eft défendu à toutes perfonnes de fervir de témoins dans les actes qui font faits fous-fignatures privées; *voïez*, Actes fous-fignatures privées, §. 16, tom. 1, p. 64.

TERRES *vaines & vagues*, landes, bruïères, garennes, palus & marais vacans, apartenans au Roi; l'aliénation en fut ordonnée à titre de propriété par édit du mois de Février 1566, raporté dans le 2e vol. p, 94; *voïez* encore ce qui eft obfervé à l'article *Places* & lieux inutiles, tom. 3, p. 139.

TERRIER, eft une defcription de tous les héritages féodaux & roturiers qui font dans la mouvance ou cenfive d'un feigneur; c'eft le recueil de toutes les reconnaiffances qui lui ont été fournies par fes vaffaux ou tenanciers, contenant l'étenduë & les limites de ce qu'ils poffédent, ainfi que les diférens droits & devoirs dont les biens font chargés envers le feigneur.

Le papier terrier du Roi fert à conferver le domaine de Sa Majefté; parce qu'en affujétiffant les feigneurs particuliers à juftifier par titres des limites de leurs directes & mouvances, on empêche les ufurpations. Tout ce que les feigneurs ne juftifient pas devoir leur apartenir, apartient au Roi comme feigneur fouverain, parce qu'il n'y a point de terres fans feigneur.

Si les états dont il eft parlé dans le 2e vol. p. 142 & fuivantes, étoient régulièrement faits, ce feroient des terriers d'une grande utilité pour le domaine du Roi.

Il a été fait, ou il a dû être fait des papiers terriers des domaines du Roi dans toutes

toutes les provinces & généralités du roïaume ; *voïez* le traité du domaine par Berthelot du Ferrier.

Par édit du 25 Novembre 1549 , il fut ordonné qu'il feroit procédé à la confection du papier terrier de la ville , prévôté & vicomté de *Paris* & à la recherche des ufurpations. Louis XIII , ordonna la même chofe, par lettres patentes du 31 Décembre 1641 , dont l'éxécution fut ordonnée par arrêt du confeil du 28 Décembre 1666 , contenant règlement de ce qui feroit obfervé à cet égard , adreffé aux oficiers de la chambre du tréfor. *Voïez* encore les arrêts des 13 Mai 1684 & 10 Août 1700 , pour la confection du papier terrier du domaine de Paris.

Loüis XIV avoit ordonné, en 1655 , 1656, 1657 & 1658, qu'il feroit fait un terrier général & univerfel du domaine dans tout le roïaume ; à l'éfet de quoi il fut établi une chambre fouveraine au bailliage du Palais à Paris. Par une déclaration du 26 Mars 1659 , S. M. règla tout ce qui devoit être obfervé à cet égard ; & ordonna que l'éxécution de tous les terriers des feigneurs particuliers demeurât fufpenduë jufqu'à ce que ledit terrier général & univerfel fut parfait & accompli.

La confection du papier terrier dans toutes les provinces, fut ordonnée par un arrêt du confeil du 4 Janvier 1673 , contenant règlement pour les aveux à fournir des biens nobles , & les déclarations des biens roturiers , même de ceux prétendus en franc-aleu noble ou roturier.

Le papier terrier de la généralité de *Bordeaux* a été particulièrement ordonné par arrêt de règlement du 18 Décembre 1670 , autre arrêt du 1er Août 1681 , & lettres patentes du 15 Août 1752.

Celui de la province de *Bretagne* , par édit du mois d'Août 1681 ; celui de la généralité de *Châlons* , par arrêt du confeil du 29 Mars 1677 ; celui de *Flandre* , *Artois* & *Hainault* , par déclaration du

Roi du 10 Juillet 1700 ; celui de *Provence* , par lettres patentes du 26 Août 1727 ; celui de Verfailles, Marly , S. Germain-en-Laye & Meudon , par lettres patentes du 17 Janvier 1736.

Par l'article 502 du bail de Forceville , du 16 Septembre 1738 , il étoit dit qu'en cas que le Roi jugeât à propos de faire faire de nouveaux terriers pour quelques provinces & généralités , ou pour quelques domaines particuliers , S. M. fe réfervoit de difpofer de tous les droits feigneuriaux & cafuels , même des arrérages des cens , rentes & redevances, recelés & négligés , échus avant ledit bail , & pour lefquels il n'auroit été formé aucune demande par les fermiers ni par les receveurs généraux des domaines & bois , avant que l'aveu ou déclaration euffent été fournis au papier terrier. Mais les baux actuels ne contiennent point de femblable réferve.

L'article 517 du même bail porte que l'adjudicataire fera tenu de remettre à qui il fera par S. M. ordonné , les papiers terriers des domaines , qui ont été faits jufqu'à préfent , lefquels lui auront été délivrés par les précédens fermiers ou régiffeurs defdits domaines , & dont il aura fourni fes reconnaiffances.

Les déclarations fournies au papier terrier du Roi , par devant notaires , doivent être contrôlées comme celles fournies aux feigneurs particuliers ; *voïez* Déclaration, tom. 2 , p. 6 ; elles n'en font pas plus exceptées que les aveux fournis à S. M. ; l'arrêt du confeil du 19 Juin 1736 , qui règle le falaire des notaires , pour les déclarations à fournir au terrier de Verfailles, Marly, Meudon & S. Germain , explique pofitivement que c'eft non compris le coût du papier , du fcel & du contrôle, qui doivent être païés en outre. Les copies qui en font remifes tous les mois au procureur du Roi de la commiffion fe font fur du pa-

G g g

pier non timbré , fuivant l'article 7 du même arrêt.

TESTAMENT, eft un acte qui contient la dernière volonté d'une perfonne ; c'eft une difpofition à caufe de mort , où la loi permet aux hommes d'éxercer un pouvoir qui s'étend au-delà des bornes de leur vie , comme l'obferve le légiflateur dans fon ordonnance du mois d'Août 1735. Les teftamens font du droit civil & ne peuvent être faits que par ceux qui font capables des éfets civils.

Tous teftamens, ou difpofitions à caufe de mort, doivent être faits par écrit, à peine de nullité ; article 1er de ladite ordonnance.

Il n'y a que deux formes qui puiffent avoir lieu pour ces difpofitions : favoir , celle des teftamens , codiciles ou autres difpofitions *olographes ;* & celle des teftamens , codiciles , ou autres difpofitions *reçuës par perfonnes publiques ;* art. 22 de la même ordonnance.

Les teftamens , codiciles & difpofitions *olographes* , doivent être entièrement écrits , datés & fignés de la main de celui ou celle qui les aura faits ; art. 20 de l'ordonnance de 1735.

Les *perfonnes publiques* , qui peuvent recevoir les autres teftamens & difpofitions à caufe de mort , font les notaires avec le nombre de témoins fixé par l'ordonnance. Les oficiers de juftice , les gréfiers & les oficiers municipaux , peuvent auffi les recevoir, dans les lieux où ils y font autorifés par les coûtumes & ufages. Les curés féculiers ou règuliers peuvent également les recevoir, en préfence de deux témoins , mais feulement dans l'étenduë de leurs paroiffes , & dans les lieux où les coûtumes ou ftatuts les y autorifent expreffément. Les prêtres féculiers , prépofés par les évêques pour defservir les cures , ont la même permiffion pendant qu'ils deffervent ; mais cela eft interdit aux vicaires & autres eccléfiaftiques ; art. 23 24 & 25 de l'ordonnance.

Suivant l'article 4 de cette ordonnance , l'ufage des teftamens *nuncupatifs* écrits , & des teftamens *myftiques ou fecrets* , continuera d'avoir lieu dans les païs de droit écrit & autres , où lefdites formes de tefter font autorifées par les coûtumes ou ftatuts.

La forme du teftament *nuncupatif ;* qui fe faifoit précédemment de vive voix & fans écrit, en préfence de fept témoins mâles , a été règlée par l'article 5 de la nouvelle ordonnance , qui veut que ce teftament foit dicté , en préfence des témoins , notaire ou tabellion , qui en écrira les difpofitions à mefure qu'elles feront prononcées.

Lorfque le teftateur veut faire un teftament *myftique* ou fecret , il eft tenu de figner fes difpofitions , foit qu'il les ait écrites lui-même , ou qu'il les ait fait écrire par un autre ; & le papier qui les contient , enfemble celui qui fervira d'envelope , s'il y en a une , fera *clos* & fcellé ; il le préfentera , ainfi clos & fcellé , à fept témoins y compris le notaire ou tabellion ; ou , il le fera clorre & fceller en leur préfence , en déclarant que le contenu audit papier eft fon teftament ; le notaire ou tabellion en dreffera l'acte de fufcription fur la feuille fervant d'envelope , lequel acte fera figné par le teftateur , par le notaire ou tabellion , & par les témoins ; article 9 de l'ordonnance. L'acte de fufcription ne peut être écrit que de la main du notaire , tabellion ou autre oficier public qui reçoit les teftamens , fous peine de nullité, fuivant la déclaration du Roi du 6 Mars 1751.

Les teftamens *mutuels* , qui fe faifoient réciproquement entre conjoints ou autres au profit du furvivant , ont été abrogés par l'article 77 de l'ordonnance de 1735 ; même ceux faits conjointement , foit par mari & femme ou par d'autres perfonnes ; fans préjudice néanmoins de l'éxécution des actes de partage entre enfans & deftendans, suivant ce qui est réglé par la même ordonnance, & sans rien innover en ce qui concerne les donations mutuelles à cause de mort.

La forme des testamens *militaires*, c'est-à-dire, des dispositions à cause de mort de ceux qui servent dans les armées, en quelque païs que ce soit, & des testamens faits en tems de peste, est réglée par la même ordonnance, qui les assujétit à moins de formalités que les autres.

Un testament ou autre disposition à cause de mort, est susceptible de tout ce qui n'est pas défendu par les loix ; il peut contenir institution d'héritier, des substitutions, des legs universels ou particuliers, & des fidéi-commis. Nous avons déjà parlé de ces dispositions, sous leurs titres particuliers ; mais il nous reste à traiter ici des règles générales pour le contrôle & l'insinuation des testamens ; dans quel tems les droits dûs pour ces formalités doivent être païés ; par qui ils doivent être acquités ; & de ce qui s'observe pour en faire le recouvrement.

§. I. Règlemens généraux concernant le contrôle & l'insinuation des testamens & autres actes de dernière volonté.

Comme les actes de dernière volonté peuvent être révoqués toutesfois & quantes par ceux qui les ont faits, qu'ils n'ont d'éfet qu'après leur décès, & que, jusqu'alors, ils peuvent être retirés, par les testateurs, des mains des notaires auxquels ils en ont fait, le dépôt (*), il s'ensuit que

ces actes ne peuvent être assujétis au contrôle ni à l'insinuation qu'après le décès desdits testateurs.

Par l'édit du mois de Mars 1693, l'article 5 de la déclaration du Roi du 20 Avril 1694, & les arrêts du conseil des 20 Juillet 1694, 2 Août & 13 Décembre 1695, les testamens & les donations à cause de mort furent dispensés du contrôle dans la quinzaine de leur date ; il fut ordonné que les notaires ne pourroient déclarer, communiquer ni expédier les testamens, après le décès des testateurs, aux héritiers, éxécuteurs testamentaires, légataires & autres, qu'ils n'eussent été préalablement contrôlés, à peine de nullité & de 200 livres d'amende ; avec défenses auxdits héritiers & autres de se servir des testamens & donations à cause de mort, à tous juges d'établir leurs qualités, faire aucuns inventaires ni autres actes, avant le contrôle desdits actes, sous pareilles peines.

Ces dispositions furent confirmées par l'article 7 de la déclaration du Roi du 19 Mars 1696, portant défenses aux notaires, tabellions & autres, qui seront dépositaires des testamens ou codiciles ; de les communiquer & d'en délivrer aucunes copies ou extraits (avant le contrôle) ; que lesdits testamens ne pourront être admis en justice ; que les légataires, institués, ou autres personnes ne pourront s'en servir, ni les légataires ou institués être mis en possession des choses à eux données que lesdits testamens n'aïent été contrôlés, à peine de nullité & de 200 liv. d'amende.

Il fut ordonné, par l'article 2 de la déclaration du Roi du 14 Juillet 1699,

---

(*) L'édit du mois de Mars 1693, porte qu'il sera loisible aux testateurs de retirer leurs testamens quand bon leur semblera. L'éxécution en a été ordonnée par décision du 21 Juin 1749, sur le mémoire de Nicolas de Nausse du diocèse de Comminge, qui se plaignoit de ce que Durand notaire, refusoit de lui remettre son testament, sur les offres de lui en donner une décharge. *Voïez* Répertoires, page 299 ; mais les testamens ne peuvent être retirés que par les testateurs mêmes ; & il est expressément défendu aux dépositaires de s'en dessaisir en d'autres mains.

Tetament que tous teftamens & codiciles faits par devant les curés ou vicaires (*), feroient, par les éxécuteurs teftamentaires, héritiers ou légataires, inftitués, ou fubftitués, dépofés ès mains des notaires, après le décès des teftateurs, pour leur en être délivré des expéditions, avant que de les éxécuter; au pié defquelles expéditions fera mis autant de l'acte de dépôt ou d'aport qui en fera dreffé par ledit notaire, & lefdits teftamens contrôlés dans la quinzaine du jour dudit acte d'aport; les difpofitions de la déclaration de 1696, furent auffi renouvellées: le tout, fous les mêmes peines.

L'article 3 de l'édit du mois de Décembre 1703, ordonne l'infinuation, par extraits fommaires, de tous legs faits par teftamens ou codiciles, dont les extraits feront infinués à la diligence des éxécuteurs teftamentaires ou des héritiers, fauf à répéter fur les légataires en déduction de leurs legs; &, au défaut defdits éxécuteurs & héritiers, à la diligence des légataires, lefquels, non plus que les donataires à caufe de mort, ne pourront obtenir la délivrance de leur legs ou donations, que l'infinuation n'en ait été faite.

Par arrêt du 17 Juin 1704, le confeil a caffé une fentence du bailliage d'Orléans, qui avoit ordonné la délivrance des legs faits par un teftament de 1672, fans que lefdits legs fuffent infinués, comme ils devoient l'être, attendu que la teftatrice étoit décédée depuis l'édit de 1703; avec défenfes d'en délivrer aucun, avant l'infinuation & le païement des droits &c.

L'article 11 de la déclaration du Roi du 19 Juillet 1704, fait défenfes aux éxécuteurs teftamentaires, héritiers ou légataires univerfels, d'acquiter aucuns legs, que l'infinuation n'en ait été faite

& les droits païés, à peine d'en répondre en leurs propres & privés noms, même d'être contraints au païement du double defdits droits; &, par l'article 14 de la même déclaration, afin de donner connaiffance aux gréfiers des infinuations de tous les legs faits par teftament ou codicile, il eft ordonné qu'avant de procéder aux inventaires des biens & éfets des teftateurs, leurs teftamens & codiciles feront portés aux gréfes des infinuations, pour en être tiré telles copies ou extraits que bon femblera auxdits gréfiers, lefquels y mettront leur vû gratis, dont mention fera faite dans l'intitulé defdits inventaires, fur peine de nullité, & d'être, par les notaires ou autres oficiers chargés de la confection defdits inventaires, garants & refponfables du triple defdits droits d'infinuation, & des dommages & intérêts des parties.

Par un arrêt du confeil du 26 Février 1718, rendu pour la province de Languedoc & fur les mémoires des findics des états, des notaires & du fermier, les droits de contrôle des teftamens & autres actes de dernière volonté, & ceux d'infinuation dûs par les héritiers à caufe des meubles & éfets mobiliaires non évalués, furent règlés fuivant les qualités des teftateurs. Il fut en outre ordonné que les notaires, curés ou autres dépofitaires defdits actes, dont les teftateurs étoient décédés, & qui n'avoient pas encore été contrôlés & infinués, feroient tenus, dans un mois de la publication dudit arrêt, de les porter aux bureaux du fermier, pour y être contrôlés & infinués & les droits païés, fous les peines & amendes portées par les règlemens.

Cet arrêt fut rendu commun pour les

(*) L'article 26 de l'ordonnance du mois d'Août 1735, porte que le curé ou le deffervant feront tenus, incontinent après la mort du teftateur, s'ils ne l'ont fait auparavant, de dépofer le teftament ou autre dernière difpofition qu'ils auront reçû, chez le notaire ou tabellion du lieu; &, s'il n'y en a point, chez le plus prochain notaire royal dans l'étendue du bailliage ou fénéchauffée dans laquelle la paroiffe eft fituée; fans que lefdits curé ou deffervant puiffent en délivrer aucunes expéditions, à peine de nullité defdites expéditions, & des dommages & intérêts des notaires ou tabellions & des parties qui pourroient en prétendre.

provinces & généralités de Dauphiné, Provence, Guyenne, Montauban & Auch, par autre arrêt du 17 Janvier 1719; & enfuite, pour tout le roïaume, par arrêt du 29 Octobre 1720.

Il a été ordonné, par arrêt du confeil du 22 Mai 1722, que, nonobftant toutes coûtumes & ufages, auxquels il a été dérogé, les règlemens rendus fur le fait du contrôle des actes & de l'infinuation-laïque feront éxécutés felon leur forme & teneur; en conféquence, que les teftamens & codiciles *olographes* feront contrôlés & infinués dans la quinzaine du jour du procès verbal de leur ouverture, lecture & publication, à peine de nullité & de 500 livres d'amende &c. (Les difpofitions de cet arrêt font renouvellées par celui du 4 Décembre 1725, ci-après). On opofoit que, fuivant la coûtume de Berry, les teftamens olographes doivent être raportés, clos & fcellés, devant le juge, l'audience tenante, où il eft donné acte de l'état où ils fe trouvent; & que, s'ils font fans vice, l'éxécution provifoire en doit être ordonnée, après en avoir fait faire la lecture & publication. Mais les juges n'en peuvent ordonner l'éxécution, s'ils ne font préalablement contrôlés & infinués : ils doivent feulement procéder à l'ouverture, lecture & publication, pour en connaître la nature & la qualité, fauf à en ordonner l'éxécution après la formalité du contrôle & de l'infinuation.

Par arrêt du confeil du 4 Décembre 1725, le fieur Fromont, notaire à Paris, a été condamné au païement des droits de contrôle & d'infinuation d'un teftament olographe, qui lui avoit été dépofé & dont il avoit délivré une expédition, repréfentée au bureau du fermier pour faire infinuer les legs particuliers; il a été en outre condamné en 1000 liv. d'amende, tant pour n'avoir pas fait contrôler & infinuer ce teftament dans la quinzaine de l'ouverture & du dépôt, que pour en avoir délivré l'expédition

avant qu'il fut contrôlé & infinué. » Et, » en réïtérant de nouveau les difpofi- » tions des règlemens concernant le con- » trôle & l'infinuation des teftamens olo- » graphes, ordonne S. M. que, no- » nobftant toutes coûtumes & ufages, aux- » quels S. M. a dérogé & déroge, les tef- » tamens & codiciles olographes feront » contrôlés & infinués dans la quinzaine » du jour du procès verbal de leur ou- » verture, lecture & publication, à peine » de 500 livres d'amende, tant contre » les héritiers, légataires univerfels, & » éxécuteurs teftamentaires, que contre » les notaires, tant de la ville de Paris, » que des autres villes & lieux du roïaume, » enfemble les gréfiers, tabellions & au- » tres dépofitaires; veut S. M. que lef- » dits teftamens & codiciles ne puiffent » avoir aucun éfet en juftice, que per- » fonne ne puiffe s'en fervir, que les » juges n'en puiffent ordonner l'éxécu- » tion, qu'il n'en puiffe être délivré de co- » pies ou extraits, ni que les héritiers, inf- » titués & fubftitués, & les légataires uni- » verfels & particuliers puiffent fe mettre » en poffeffion des éfets de l'inftitution, » fubftitution, dons, & legs, ni en deman- » der la délivrance, fous quelque prétexte » que ce foit, que lefdits teftamens & » codiciles n'aïent été préalablement con- » trôlés & infinués, à peine de nullité » de toutes procédures & actes qui pou- » roient être faits en conféquence defdits » teftamens & codiciles, & de 500 liv. » d'amende pour chaque contravention » & contre chacun des contrevenans; » comme auffi, contre les huiffiers qui » auront fait les exploits; les procu- » reurs qui auront occupé dans les inf- » tances, les juges qui auront prononcé » & les gréfiers qui délivreront les fen- » tences & jugemens.

Arrêt du confeil du 29 Juillet 1732, rendu en règlement, du mouvement du Roi, par lequel il eft ordonné *qu'il ne fera perçu qu'un feul droit* d'infinuation,

Teftament | fuivant la qualité du teftateur , *pour tous les héritiers rapellés* , & *pour tous les légataires univerfels* , en quelque nombre que foient lefdits héritiers ou légataires ; & fans qu'en aucun cas, il puiffe être perçu plus d'un droit , fous prétexte des diférentes difpofitions de pareille nature contenuës dans les teftamens : le tout néanmoins fans préjudice de l'infinuation des legs particuliers & des fubftitutions ; » & » attendu que les héritiers ou légataires » conteftent fouvent le païement des » droits , fous prétexte que les difpofi- » tions du teftament n'ajoûtent rien aux » avantages qui leur font déférés par la » loi , ordonne S. M. que lefdits héritiers » ou légataires ne pourront , en aucun » cas , être difpenfés du païement des » droits , qu'en renonçant par eux aux- » dits teftamens.

§. II. *Droit de contrôle des teftamens , codiciles & autres difpofitions à caufe de mort.*

Le droit de contrôle de ces aëtes avoit été fixé par les articles 168 & 170 du tarif de 1708 , à proportion des fommes ; mais cela étoit fujet à des inconveniens , parce que les teftamens font fufceptibles de plufieurs difpofitions, qui ne font pas de nature à être facilement évaluées ; c'eft pourquoi ce droit fut fixé fuivant la qualité des teftateurs , lorfqu'il n'y auroit ni défignation ni évaluation , par les arrêts des 26 Février 1718 , 17 Janvier 1719 , & 29 Oëtobre 1720.

Cette règle des qualités a été adoptée indiftinëtement , par le tarif du 29 Septembre 1722 , foit qu'il y ait défignation ou évaluation , foit qu'il n'y en ait point.

L'article 89 de ce tarif , porte que , pour les teftamens , codiciles , donations à caufe de mort , & autres aëtes portant donations , qui ne doivent avoir éfet qu'a-

près la mort des teftateurs ou donateurs ; foit que l'eftimation , défignation ou évaluation des chofes foit faite ou non par lefdits aëtes , les droits (de contrôle) en feront païés fuivant la qualité des teftateurs ou donateurs.

Le droit de contrôle étant fixé fuivant la qualité du teftateur , on ne peut , fous aucun prétexte , s'écarter de cette règle , quelles que foient les difpofitions du teftament ; foit que le teftateur déclare qu'il doit une fomme à un particulier , foit qu'il faffe des legs confidérables , ce ne font que des difpofitions particulières du teftament , pour lequel il ne peut , en aucun cas , être perçu d'autre droit que celui fixé par l'article 89 du tarif.

Arrêt du confeil du 2 Avril 1754 , qui réforme une ordonnanee de M. l'intendant de Languedoc , par laquelle il avoit réduit à 10 fols le droit de contrôle du teftament de M. Jaufferand , juge-mage , & lieutenant général de la fenéchauffée de Montpellier , fous prétexte que , par le contrat de mariage de fon fils , fait poftérieurement , il l'avoit inftitué héritier , à la charge de remplir les claufes , réferves & conditions portées par le teftament ; & que le droit de contrôle , ayant été païé en entier pour ce contrat de mariage , il ne devoit être perçu pour le teftament , que fur le pié d'aëte fimple. Mais , comme les droits de contrôle des teftamens ne font pas fixés fur les difpofitions & contenuës , & qu'ils font toujours dûs fuivant la qualité du teftateur , il étoit indiférent que la difpofition principale eût été renouvellée par un aëte entre-vifs contrôlé : il fufifoit que le teftament dût être foumis à cette formalité , pour que le droit fût dû fuivant l'article 89 du tarif ; & c'eft ce qui a été jugé par l'arrêt.

Par une décifion du 10 Juillet 1754 , il a été jugé que le droit de contrôle n'étoit dû que fur le pié de l'article 89 du tarif, pour le teftament olographe de la dame Briand , par lequel elle avoit fait le partage de ses biens entre ses enfans , & prononcé la réduction à la légitime contre ceux qui s'y opoſeroient. Le Commis de Vezelay avoit perçu le droit ſur la valeur des biens , ſous prétexte que les enfans avoient , depuis le décès de leur mère , ſouſcrit le teſtament , pour acceptation pure & ſimple ; mais il ne s'agiſſoit pas moins d'un teſtament , & la ſoumiſſion des enfans aux dernières volontés de leur mère n'en changeoit pas la nature; en conféquence , il a été ordonné que ce que le commis avoit perçu de trop ſeroit reſtitué.

S'il ſe trouve pluſieurs doubles d'un même teſtament olographe , il n'y en a qu'un qui ſoit ſujet au droit de contrôle , pourvû qu'ils ſoient en tout ſemblables ; mais , s'ils diférent entr'eux , le droit de contrôle de l'un eſt dû ſur le pié fixé par l'article 89 du tarif , & il ne peut être perçu que 10 ſols pour chacun des autres , comme il a été obſervé à l'article *Codicile*.

Lorſqu'un père , après avoir diſpoſé en faveur de ſon fils mineur , teſte enſuite pupillairement au nom du fils , au cas qu'il meure avant l'âge de puberté , il n'eſt dû qu'un ſeul droit de contrôle , parce qu'il n'y a réellement qu'un ſeul teſtateur ; déciſion du conſeil du 1er Mai 1728 , pour M. le Chevalier d'Albert.

Tous les teſtamens , à la ſeule exception de ceux reçus par les notaires de Paris , doivent être contrôlés , dans les lieux où cette formalité eſt établie , dans la quinzaine du jour de leur ouverture , & avant qu'il en puiſſe être fait aucun uſage , ni délivré aucune expédition ou extrait. *Voïez* les règlemens raportés ci-deſſus , au §. I. Le fermier eſt même fondé à demander les droits dans la quinzaine du décès des teſtateurs , comme il ſera expliqué ci-après.

Ceux dépoſés aux notaires de Paris ,

ſoit qu'ils aïent été reçus par les curés , ſoit qu'ils ſoient olographes , ſont ſujets au contrôle comme tous les autres ; déciſions des 30 Septembre 1723 , & 12 Août 1725 ; arrêt du 4 Décembre 1725 ; & déciſion du conſeil du 12 Mars 1740.

Les teſtamens faits en païs étranger ou dans les lieux où le contrôle n'eſt pas établi, doivent pareillement être contrôlés, avant que de pouvoir s'en ſervir dans les païs où cette formalité a lieu , ſoit pour obtenir la délivrance des legs , ou autrement de quelque maniere que ce ſoit ; & même le droit d'inſinuation ſera dû pour la diſpoſition qui doit y être éxécutée ; déciſions des 22 Février & 21 Septembre 1723 , 7 Octobre 1724 , 3 Février 1727 , 29 Novembre 1732 , & 9 Janvier 1740 , raportées dans le 1er vol. p. 78 & 79 ; autre déciſion du 24 Août 1735 , qui juge que , pour un teſtament fait en Eſpagne par une perſonne décédée à Madrid , contenant un legs univerſel , dont il y avoit une partie des biens en France , il eſt dû le droit de contrôle ſuivant l'article 89 du tarif , & en outre celui d'inſinuation du legs univerſel entier , parce qu'on ne peut pas diviſer la diſpoſition.

Par une autre déciſion du 14 Novembre 1744 , renduë ſur le mémoire du ſieur Gerard d'Aucourt , qui demandoit qu'un teſtament fait à Rome , par une perſonne encore vivante , fut contrôlé comme acte ſimplè , afin de ſe ſervir d'une procuration générale y contenuë , ſauf à païer les droits comme teſtament après la mort du teſtateur , il a été jugé que , s'il vouloit faire contrôler l'acte , le droit étoit dû ſur les clauſes y contenuës.

On peut bien inſinuer un legs particulier ſeulement , ſauf à faire païer enſuite les autres droits d'inſinuation par l'éxécuteur teſtamentaire , l'héritier ou le légataire univerſel ; mais le teſtament doit être contrôlé avant que l'extrait puiſſe être délivré & qu'il puiſſe être inſinué ; & , dans ce

Teftament

cas, le légataire particulier aura recours du droit de contrôle fur la fucceffion. *Voïez* les règlemens raportés ci-deffus , §. I, & ce qui a été dit , tom. 1, p. 607.

Les curés & autres, qui , après le décès d'un teftateur , dépofent le teftament chez un notaire , ne font point tenus de le faire préalablement contrôler ; c'eft le notaire qui doit fatisfaire à cette formalité, dans la quinzaine du dépôt & avant que de pouvoir le communiquer , ou en délivrer aucun extrait ou expédition , fuivant l'article 1 de la déclaration de 1699.

L'on ne doit point éxiger le droit de contrôle du teftament d'une perfonne vivante. Mais , fi la formalité du contrôle étoit requife du vivant du teftateur, elle ne peut être refufée , & le droit eft dû tel qu'il eft réglé par le tarif ; dans ce cas , le commis doit avoir attention de faire mention , dans l'enregiftrement & dans la rélation , que la formalité a été requife.

§. III. *Droits d'infinuation des teftamens.*

Les teftamens ne font fujets à l'infinuation que lorfqu'ils renferment des difpofitions que les règlemens y ont affujéties ; il faut , pour y être foumis , qu'ils contiennent inftitution d'héritier , ou legs univerfel ou particulier en faveur de collatéraux ou d'étrangers , ou enfin des fubftitutions. Les difpofitions en ligne directe n'y font fujétes que lorfqu'il s'agit de fubftitutions , ou de legs faits aux afcendans de ce qui ne leur apartiendroit pas en vertu de la feule difpofition de la loi. *Voïez* Afcendans ;Inftitution ; Legs & Subftitution.

Suivant l'art. 10 de l'édit du mois de Décembre 1703 , les donations d'éfets mobiliaires & les legs faits par teftamens ou codiciles , doivent être infinués au domicile des donateurs ou teftateurs , au jour de leur décès.

Nous ne répéterons point ici quels font

les droits dûs pour l'infinuation de chaque difpofition d'un teftament , parce que l'explication en a été donnée fous le titre même de ces difpofitions. Nous nous bornerons à quelques obfervations.

Les droits d'infinuation des inftitutions d'héritier & des legs univerfels font fixés par l'art. 1 du tarif du 29 Septembre 1711 , fuivant la qualité des teftateurs , fans préjudice de l'infinuation des legs particuliers , des fubftitutions s'il y en a , & du centième denier des immeubles. Et le droit d'infinuation de chacun des legs particuliers , eft fixé, par l'art. 3 , à proportion de ce qui eft donné à chaque légataire , fur le pié règlé par l'art. 1er ; enforte que, pour les legs qui ne contiendront point d'évaluation ou eftimation des chofes données , il fera païé 50 liv.

Il eft donc poffible qu'il foit dû 50 liv. pour un legs particulier , tandis qu'il fera dû beaucoup moins pour le legs univerfel fait par le même teftament , fi le teftateur n'eft pas du nombre de ceux compris dans la première claffe du tarif. Il n'y a pas de proportion en cela ; mais telle eft la difpofition de la loi.

Le droit de l'inftitution d'héritier ou du legs univerfel, ne fut fixé fuivant la qualité, que par l'arrêt du 26 Février 1718 , qui a fervi de matrice au tarif de 1711 ; il eft dit , dans cet arrêt , que les difpofitions univerfelles ne peuvent pas recevoir d'eftimation ; que les héritiers inftitués , obligés de faire contrôler les teftamens dans la quinzaine du décès des teftateurs , ne peuvent pas connaitre l'objet des fucceffions , ni en faire des déclarations juftes ; que s'ils étoient admis à en faire des eftimations vagues , elles feroient toujours frauduleufes , par la facilité qu'ils auroient à divertir ou receler les meubles & éfets les plus confidérables, tels que l'argent comptant, bijoux , vaifelle d'argent, billets, lettres de change , & autres obligations ; & ils fe rendroient, par ce moïen , arbitres des droits , fans que le fermier

fermier pût s'y opofer ; que cette queftion, s'étant préfentée en Normandie & en Provence, a été décidée au confeil par un arrêt du 11 Février 1710, & par deux autres arrêts du 13 Décembre 1712, qui jugent que l'évaluation des biens doit être faite par le teftament même, & qu'elle ne peut l'être par aucuns actes poftérieurs. C'eft fur ces motifs que S. M. jugea à propos de fixer, fuivant la qualité des teftateurs, les droits d'infinuation dûs par les héritiers, à caufe des meubles & éfets mobiliaires qui ne font point évalués par le teftament, fans préjudice des droits d'infinuation des legs particuliers.

Cette règle a été adoptée par l'art. 1 du tarif de 1722, pour les teftamens dans lefquels le legs univerfel ou l'hérédité mobiliaire ne font point évalués ; ainfi il ne peut s'élever de dificultés pour ces difpofitions, lorfque l'évaluation n'eft pas faite par le teftament même ; au lieu que la quotité du droit d'infinuation des legs particuliers non évalués fait fouvent naitre des conteftations. *Voiez* Legs, n. 3, tom. 1, p. 607.

Le tarif fixe le droit d'infinuation des legs particuliers, à proportion de la valeur des chofes léguées ; &, à défaut d'évaluation ou d'eftimation, il ordonne qu'il fera perçu 50 liv.

Si l'objet du legs particulier eft défigné, l'on ne doit pas néanmoins percevoir 50 liv. fous prétexte du défaut d'évaluation ; c'eft le cas de vifer le teftament, conformément à l'art. 14 de la déclaration du 19 Juillet 1704, pour percevoir enfuite le droit d'infinuation fur le pié de la prifée faite de cet objet par l'inventaire ; ou fur le pié d'une eftimation à l'amiable, au cas

qu'il ne fe faffe point d'inventaire. Mais, fi l'objet du legs particulier n'eft pas défigné par une limitation précife, il doit être perçu 50 liv. en conformité du tarif. Ce n'eft plus le cas d'admettre une évaluation, dans laquelle le légataire feroit le maître de ne faire entrer que ce qu'il jugeroit à propos.

§. IV. *Dans quel tems les Droits doivent-ils être païés, & fous quelles peines ?*

Il a déja été obfervé que les droits des teftamens ne font dûs qu'après le décès des teftateurs.

Les éxécuteurs teftamentaires, les héritiers & les légataires, ne peuvent faire procéder aux inventaires, faire aucuns actes qui établiffent leur qualité, fe mettre en poffeffion de ce qui leur eft attribué, ni éxécuter les teftamens en façon quelconque, s'ils ne font préalablement contrôlés & infinués, à peine de 500 liv. d'amende : fçavoir, 200 liv. pour défaut de contrôle, & 300 liv. pour défaut d'infinuation, outre le païement defdits droits, même du double de celui d'infinuation.

Les notaires & autres oficiers publics ne peuvent, fous les mêmes peines, communiquer aux héritiers & autres parties, les teftamens par eux reçus ou qui leur ont été dépofés, ni leur en délivrer aucunes copies ou extraits, avant qu'ils aïent été contrôlés & infinués ; ils font tenus de faire contrôler & infinuer ceux qui leur font dépofés après la mort des teftateurs, dans la quinzaine de ce dépôt (*) ; & à l'égard de ceux qu'ils avoient reçus, ou qui leur avoient été dépofés auparavant, on

---

(*) Un gréfier, qui, après l'ouverture & publication du teftament, le reçoit en dépôt en vertu de l'ordonnance du juge, n'eft point tenu de faire l'avance des droits : c'eft un dépôt qu'il eft forcé de recevoir ; les règlemens lui défendent feulement d'en délivrer aucune copie ou extrait aux parties, même de le leur communiquer avant qu'il foit contrôlé & infinué. Mais le notaire, qui reçoit en dépôt le teftament d'une perfonne décédée, eft tenu de le faire contrôler & infinuer dans la quinzaine, & d'en païer les droits : il étoit le maître de refufer ce dépôt, jufqu'à ce qu'on lui remit les deniers néceffaires pour acquiter ces droits.

Teſtament ne peut pas éxiger qu'ils ſatisfaſſent à ces formalités & au païement des droits dans un tems fixe : ils ne ſont pas tenus de faire l'avance de ces droits, comme ils y ſont obligés pour tous autres actes, même pour les teſtamens qui leur ſont dépoſés depuis le décès des teſtateurs ; mais ils doivent en fournir des extraits au fermier des domaines, contenant les diférentes diſpoſitions de ceux dont les teſtateurs ſont décédés, pour le mettre en état de faire païer les droits par les éxécuteurs teſtamentaires, les héritiers ou les légataires ; à l'exception néanmoins des teſtamens clos, dont ils ne peuvent fournir que l'extrait ou la copie de la ſuſcription. Il ſera parlé ci-après au §. VI, de ces extraits & de ce qui s'obſerve pour le recouvrement.

Voïez les Règlemens généraux raportés ci-deſſus, §. I.

Par arrêt du conſeil du 14 Mai 1718, le ſieur Gervaiſe, notaire à Tours & gréfier de Château-Neuf, a été condamné en 300 liv. d'amende, & à la garantie des droits de contrôle & d'inſinuation d'un teſtament reçu par le curé de ſainte Croix de Tours, même du triple droit d'inſinuation, faute d'avoir fait mention, dans l'inventaire par lui fait, que ledit teſtament eût été préalablement contrôlé & inſinué, ou préſenté au bureau des inſinuations & viſé.

Arrêt du conſeil du 23 Décembre 1721, qui confirme une ordonnance de M. l'intendant de Bourges, par laquelle le ſieur Auger, ſon procureur, le juge de Maſſay & le gréfier, ont été condamnés en 500 liv. d'amende chacun, pour avoir requis, ordonné & fait un inventaire, en vertu d'un teſtament olographe, dépoſé au gréfe lors de ſon ouverture & publication, & dont le gréfier avoit même délivré une copie, le tout ſans qu'il fut contrôlé & inſinué ; ledit gréfier a été en outre condamné au païement des droits de contrôle & d'inſinuation ſauf ſon recours.

Déciſion du conſeil du 22 Décembre 1731, ſur mémoire des notaires de la ville de Mantes, qui ſoûtenoient que le commis ne pouvoit éxiger d'eux les droits d'inſinuation des teſtamens, en même - tems qu'ils les faiſoient contrôler. Décidé que les droits d'inſinuation doivent être payés en même-tems que les droits de contrôle des teſtamens.

Par déciſion du 15 Février 1738, le conſeil a confirmé une ordonnance de M. l'intendant d'Orléans, par laquelle le ſieur Bocquillon, notaire à Montdidier, a été condamné en 500 liv. d'amende, pour avoir fait en 1727, une tranſaction, en vertu d'un teſtament olographe non contrôlé ni inſinué, entre les héritiers & légataires, contre leſquels il a été auſſi prononcé des amendes, outre le païement des droits.

Arrêt du conſeil du 29 Juillet 1747, par lequel le ſieur Godart de Thuiſon a été, contradictoirement, condamné à païer au Bureau d'Abbeville les droits de contrôle & d'inſinuation du teſtament olographe de ſon père, contenant des legs & des ſubſtitutions ; en 500 liv. d'amende, pour avoir tranſigé avec ſes frères & ſœurs par un acte ſous-ſignatures privées, conſenti reſpectivement à l'éxécution dudit teſtament, & s'être mis en poſſeſſion des biens à eux légués, avant que le teſtament fut contrôlé & inſinué ; & en outre, au coût de l'arrêt, liquidé à 75 liv.

Autre arrêt du conſeil du 22 Février 1752, qui, ſans avoir égard à la requête du ſieur Thevet de Leſſart, confirme une ordonnance de M. l'intendant de Limoges, par laquelle il a été condamné au païement du droit de contrôle du teſtament du ſieur Renaudiere, père de ſa femme, reçu par un notaire ; le condamne en outre, en 200 livres d'amende, pour avoir tranſigé en conſéquence de ce teſtament, ſans qu'il fut contrôlé ; & au coût de l'arrêt. Il diſoit que le teſtament étoit contraire aux intérêts de ſa femme, qui n'avoit paſſé aucun acte en conſéquence & qui y avoit même renoncé. Mais il étoit prouvé qu'il avoit marqué au notaire de ne pas faire contrôler le teftament, attendu qu'il avoit traité à ce fujet avec fon beau-frère, héritier inftitué. Il avoit en éfet paffé une tranfaction, par laquelle, au moïen d'une fomme, il quitoit fon beau-frère de tous droits & prétentions, ainfi qu'il paraît, par une décifion du 9 Novembre 1752, qui l'a débouté de fon opofition à l'arrêt du 22 Février précédent.

Par autre arrêt du confeil du 13 Avril 1756, fans s'arrêter à l'apel interjetté par le fieur Florent Falcon d'une ordonnance de M. l'intendant de Languedoc, dont il a été débouté contradictoirement, il a été ordonné que cette ordonnance, portant condamnation au païement des droits du teftament de fa fœur, & en 500 liv. d'amende, feroit éxécutée felon fa forme & teneur; & ledit Falcon a été condamné au coût de l'arrêt. Il difoit que fa fœur étoit morte en 1723, & qu'un particulier lui aïant dit, en 1744, qu'elle lui avoit fait un legs de 60 liv., il lui en paffa une obligation devant notaires; que cet acte donna lieu à la demande du fermier, à laquelle il opofa une fin de non-recevoir, fondée fur ce qu'il y avoit plus de 20 ans que fa fœur étoit décédée; il a répété les mêmes moïens au confeil. Mais l'obligation étoit paffée en conféquence du teftament, qui avoit dû, par conféquent, être préalablement contrôlé & infinué, fauf à compter des droits au Roi; il y avoit donc contravention, en paffant un acte pour l'éxécution d'un teftament qui n'étoit pas en forme. Les droits ont été ajugés au Roi, & l'amende au fermier.

§. V. Par qui les droits doivent-ils être païés ?

Les droits de contrôle & d'infinuation d'un teftament font une charge de la fucceffion du teftateur; en conféquence, ils doivent être acquités par l'éxécuteur teftamentaire, par l'héritier, ou par le légataire univerfel, fauf le recours ou la reprife contre les légataires particuliers, pour les droits d'infinuation de leurs legs feulement.

Le teftateur aïant mis fa confiance dans celui qu'il a nommé pour faire éxécuter fes volontés, celui-ci doit donner l'autenticité & la formalité néceffaires au teftament, &, par conféquent, en païer les droits, qui font la première charge de fon éxécution teftamentaire. Les premiers deniers qu'il reçoit doivent être emploïés à l'acquit de cette charge; &, s'il n'y fatisfait pas, il peut y être contraint. Il eft vrai qu'on ne peut pas l'obliger d'en faire l'avance; mais, s'il l'a fait, il en a reprife fur l'héritier ou fur le légataire univerfel, même fur les légataires particuliers, pour les droits d'infinuation qui les concernent.

L'héritier, qui renonce au teftament, n'eft pas moins tenu d'acquiter les legs, en qualité d'héritier; &, par conféquent, de païer les droits du teftament qui contient ces legs.

Quoique le teftateur ne nomme pas d'autre héritier que celui qui devoit lui fuccéder ab inteftat, s'il accepte l'hérédité, il fera héritier teftamentaire, en cette qualité, tenu d'acquiter les legs, & toutes les charges du teftament; car il n'a qu'à ce titre une hérédité que le teftateur auroit pû laiffer à d'autres, s'il avoit voulu. L. civ. feconde partie, liv. 3, tit. 1, fect. 1, art. 5.

Dans le cas où l'héritier inftitué par teftament feroit l'héritier légitime, fi, pour éviter d'acquiter le legs, il prétendoit renoncer à la fucceffion teftamentaire & s'en tenir à fon droit de fuccéder ab inteftat, il feroit néanmoins tenu d'acquiter les legs & les autres charges du teftament. Id. fect. 5, art. 17.

Il a été obfervé, à l'art. *Subftitution*, §. IV, page 390, que l'héritier ou autre grévé de fubftitution eft obligé de païer tous les droits du teftament ou autre acte qui contient la Subftitution.

Le légataire univerfel peut , comme l'héritier, être contraint au païement de tous les droits du teftament, à moins qu'il n'y renonce par acte en forme ; auquel cas, n'aïant plus rien à prétendre dans la fuccef-fion , il ne peut être inquiété , fauf à s'a-dreffer à l'héritier pour le droit de con-trôle & pour les droits d'infinuation des difpofitions fubliftantes.

Les légataires particuliers ne peuvent obtenir , ni demander la délivrance de leurs legs , fi le teftament n'eft contrô-lé , & même infinué pour ce qui les con-cerne. Il eft vrai que le droit de contrôle eft toujours une charge de la fucceffion ; mais le légataire particulier ne peut faire infinuer fon legs , pour en former la de-mande ou pour le recevoir , fi le teftament n'eft préalablement contrôlé ; enforte qu'il eft tenu de païer le droit de contrôle , s'il n'a pas été acquité , fauf fon recours con-tre l'éxécuteur teftamentaire , l'héritier ou le légataire univerfel. Si le fermier ne connaît que le légataire particulier , il peut même s'adreffer à lui & le contraindre au païement, tant du droit de contrôle, que de celui d'infinuation de fon legs feule-ment ; à moins qu'il ne renonce par acte fufifant.

L'on a déja dit que les notaires , qui reçoivent des teftamens en dépôt après le décès des teftateurs , font tenus d'en païer les droits dans la quinzaine du dépôt, fauf leur recours contre les éxécuteurs teftamentaires , héritiers ou légataires.

Ces principes , fondés fur les règlemens raportés au §. I de cet article , ont été confirmés différentes fois.

Arrêt du confeil du 13 Décembre 1712 , qui réforme une ordonnance du fubdélé-gué de l'intendance à Marfeille , & con-damne la veuve Juramy , légataire de fon mari , au païement des diférens droits du teftament & des fubftitutions y contenuës.

Pareil arrêt dudit jour 13 Décembre 1712 , contre Pierre Garnier , grévé de fubftitution , fauf à répéter les droits d'in-finuation contre les légataires particuliers.

Arrêt du confeil du 7 Mai 1718 , par lequel , fans avoir égard à une ordonnance de M. l'intendant d'Auch , François Bec-quié , héritier inftitué par fon père , a été condamné au païement des droits d'infinua-tion des fubftitutions dont il étoit grévé en faveur de fes frères.

Décidé au confeil, le 16 Septembre 1721 , qu'un teftament ne peut être in-finué pour le legs univerfel , qu'en acquitant les droits dûs pour tous les legs, dont le légataire univerfel doit faire l'avance , fauf à répéter.

Par arrêt du confeil du 17 Octobre 1721 , le fieur le Comte , avocat au parlement de Paris , en qualité d'éxécuteur du teftament du fieur le Vaffeur du Bois-le-Comte , a été condamné à faire infinuer en entier toutes les diférentes difpofitions fujétes à infinuation , contenuës dans ledit teftament, & à en païer les droits ; fauf à en faire la répétition fur les légataires particuliers , & à déduire les legs caducs , en juftifiant par lui de leur caducité , ainfi que ceux que les légataires particuliers auroient fait infi-nuer. Il prétendoit qu'aïant fait vifer le teftament au bureau des infinuations de Paris , il n'étoit tenu que de faire infi-nuer l'article de fon éxécution teftamentai-re , fauf à ne délivrer aucuns legs qu'a-près que les légataires juftifieroient qu'ils les avoient fait infinuer.

Il eft ordonné , par l'art. 3 du tarif du 29 Septembre 1722 , que les droits d'in-finuation des legs feront païés par les héri-tiers , légataires univerfels , ou éxécuteurs teftamentaires, dont il leur fera tenu comp-te par les légataires , lors du païement de leurs legs , chacun pour ce qui les concer-nera.

Décidé, le 14 Août 1728 , que l'éxécuteur teſtamentaire , obligé de païer les droits d'inſinuation ſuivant le tarif des différentes diſpoſitions du teſtament , n'eſt pas tenu de païer ceux de centième denier des immeubles légués. Il en eſt de même de l'héritier & de l'éxécuteur teſtamentaire : les droits tarifés , tels que ceux de contrôle & d'inſinuation ſont dûs pour raiſon du teſtament , & ſont une charge de la ſucceſſion , ſauf à répéter ; mais le centième denier eſt un droit réel , qui eſt dû perſonnellement par celui qui recueille les biens.

L'arrêt du 29 Juillet 1732 , rendu en règlement , & raporté au §. I , porte que les héritiers ou légataires ne pourront , en aucun cas , être diſpenſés du païement des droits , qu'en renonçant par eux aux teſtamens. Mais , ſi les teſtamens contiennent d'autres diſpoſitions , les droits ſeront dûs par les héritiers , éxécuteurs teſtamentaires &c., même par ceux qui, étant inſtitués , ont renoncé à l'inſtitution , pour ſe porter héritiers légitimes. Dès qu'il y a des diſpoſitions ſubſiſtantes dans un teſtament , les droits en doivent être païés & ſont à la charge de la ſucceſſion.

Déciſion du conſeil du 27 Septembre 1732 , ſur la queſtion de ſavoir ſi , lorſqu'un teſtament eſt entièrement inutile & qu'il demeure en minute chez le notaire, ſans que perſonne en demande l'expédition , les droits de contrôle en ſont dûs; décidé de ne faire païer les droits que lorſqu'on veut faire uſage des teſtamens , & qu'on en leve des expéditions.

Cette déciſion eſt ſouvent opoſée au fermier , quelquefois avec ſuccès , mais plus ſouvent mal-à-propos. Pour l'opoſer juſtement , il faut que le teſtament ſoit abſolument inutile , & que toutes ſes diſpoſitions ſoient entièrement caduques , par le prédécès de ceux en faveur de qui elles ſont faites , ou par des renonciations en forme. Car , ſi le teſtament renferme une ſeule diſpoſition ſubſiſtante , le fermier ſera fondé à demander les droits , quand bien même l'éxécution de cette diſpoſition ne ſeroit pas requiſe , & que perſonne ne demanderoit l'expédition du teſtament. Ce principe ſe dévelopera par les autorités ſuivantes.

Déciſion du conſeil du 29 Novembre 1732 , contre le ſieur André Boirac , qui demandoit la décharge des droits du teſtament de Louiſe Boirac dont il étoit héritier ; prétendant qu'il étoit nul , & que les légataires n'avoient oſé accepter leur legs, ni en former aucune demande. Décidé que les droits ſont dûs , faute de juſtifier de la caducité des legs.

M. le Nain , intendant de Poitiers , aïant demandé au conſeil ſi l'on pouvoit forcer les héritiers à païer les droits des teſtamens reçus par les notaires, ou à eux dépoſés , il lui fut répondu le 6 Octobre 1733 , par M. Amelot de Chaillou , que la ſimple déclaration des héritiers ou légataires qu'ils n'entendent point ſe ſervir du teſtament , n'eſt pas ſufiſante pour les diſpenſer de païer ces droits ; qu'il faut les obliger à renoncer formellement à toutes les diſpoſitions & à juſtifier qu'ils ne poſſédent de l'hérédité du défunt que ce que la loi leur accorde ; & qu'au cas que le fermier découvre quelques fraudes , il ne faut pas balancer à prononcer ſuivant la rigueur des règlemens ; enfin , que la renonciation d'un légataire univerſel , qui aime mieux ſe porter héritier légitime , ne le diſpenſe pas d'acquiter les droits d'inſinuation des legs particuliers.

Déciſion du 12 Janvier 1735 , qui condamne M. le marquis de Simianne à païer les droits de contrôle & d'inſinuation du teſtament de ſon père. Il étoit inſtitué légataire univerſel , & il avoit renoncé à cette qualité, pour prendre celle d'héritier ſous bénéfice d'inventaire ; mais le teſtament contenoit d'autres diſpoſitions.

Mʳˢ les intendans d'Auvergne & de Moulins aïant écrit au Conſeil, ſur les difficultés qui ſe préſentoient au ſujet des teſtamens, parmi leſquels il y en avoit qui ne contenoient aucune inſtitution univer-ſelle, & qui néanmoins chargeoient les héritiers de faire deſſervir des fondations, d'acquiter des legs pieux, & de récom-penſer des domeſtiques, il leur fut mar-qué le 30 Juin 1736, par M. le con-trôleur général, que ces diſpoſitions ſont ſujétes aux droits d'inſinuation, & que les héritiers inſtitués ou légitimes ne peuvent ſe diſpenſer d'acquiter ces droits, ainſi que celui de contrôle du teſtament.

Les 9 Mars & 13 Avril 1737, il a été décidé que, lorſque le teſtament eſt contrôlé, le légataire particulier peut faire inſinuer ſon legs ſeulement ; mais que l'éxécuteur teſtamentaire, l'héritier, ou le légataire univerſel, ne peuvent faire inſinuer que pour la totalité, ſauf leur repriſe : la même choſe a encore été déci-dée le 25 Août 1742.

Par arrêt du conſeil du 1er Avril 1738, ſans avoir égard à une ordonnance de M. l'intendant de Tours, le ſieur Jouye des Roches, tant comme héritier que com-me éxécuteur teſtamentaire, a été condam-né au païement des droits de contrôle & d'inſinuation du teſtament de ſon père, par lequel il avoit réglé ce qui ſeroit obſ-ervé pour ſa ſépulture, ordonné quelques diſtributions aux pauvres, & un certain nombre de meſſes, avec quelques legs modiques. Il ſoûtenoit que les droits n'é-toient dûs que lorſqu'on levoit les expé-ditions des teſtamens ; que perſonne n'a-voit intérêt de faire expédier celui de ſon père, parce qu'étant inſtruit de ſes intentions, il s'étoit fait un devoir de les remplir ; c'eſt ſur ces motifs que M. l'in-tendant de Tours avoit prononcé la dé-charge des droits ; mais les règlemens défendent d'éxécuter les teſtamens en façon quelconque, s'ils ne ſont préalablement contrôlés & inſinués. S'il falloit en le-ver des expéditions pour être ſoumis à

ces droits, ils ſeroient rarement païés ; par la facilité de ſatisfaire aux legs & de remplir les autres diſpoſitions des teſta-mens ſans le ſecours de ces expéditions.

M. Caze de la Bove, intendant à Auch, demanda au conſeil, au mois de Décem-bre 1745, ſi un héritier du ſang, qui renonce à l'inſtitution teſtamentaire faite en ſa faveur pour s'en tenir au bénéfice de la loi, peut être contraint au païe-ment des droits de contrôle & d'inſinua-tion des legs particuliers contenus au teſ-tament ; il obſerva que cette prétention lui paroiſſoit contraire à l'arrêt du conſeil du 29 Juillet 1732. Il lui fut répondu le 18 Février 1746, par M. Orry de Fulvy, après en avoir rendu compte à M. le con-trôleur général, que, comme la renon-ciation au teſtament ſeulement ne dépouille pas le renonçant de la ſucceſſion & ne le diſpenſe pas d'acquiter les legs & d'éxé-cuter les diſpoſitions du teſtament, qui lui ſont étrangères, il eſt néceſſairement tenu du païement de droits de contrôle & d'inſinuation des legs particuliers, quoi qu'ils ne lui ſoient pas perſonnels ; & qu'il eſt autoriſé à faire la retenuë de ces droits aux légataires lors du païement de leurs legs. Que c'eſt ſur ce principe qu'a été rendu l'arrêt du 1er Avril 1738 contre le ſieur Deſroches, qui n'étoit pas inſti-tué, mais ſeulement héritier légitime ; que l'arrêt du 29 Juillet 1732, ne con-cerne que les héritiers rapellés & les légataires univerſels, qui, après leur renon-ciation, n'ont plus aucun droit à la ſuc-ceſſion ; & qu'il en ſeroit de même de l'héritier du ſang, s'il renonçoit, tant à l'inſtitution qu'à la ſucceſſion même, parce qu'alors, n'en tirant aucun avantage, il ne ſeroit tenu du païement d'aucuns droits.

Déciſion du conſeil du 26 Février 1746, qui confirme une ordonnance de M. l'intendant d'Auch, par laquelle la dame veuve Frixmont a été condamnée au païement des droits du teſtament de fon mari ; elle difoit , pour moïens d'a-pel , que le teftament lui étoit étranger ; qu'elle y avoit même renoncé ; & qu'elle ne jouïffoit des biens de fon mari qu'en vertu de fon contrat de mariage , par droit de rétention. Décidé que l'ordon-nance fera éxécutée , fi mieux elle n'aime renoncer au teftament par acte en forme & y faire renoncer tous ceux qui y ont intérêt ; mais que , s'il fubfifte pour quel-que partie , elle ne peut être difpenfée d'en païer les droits fauf fon recours , puifqu'elle jouït des biens du teftateur.

Par deux décifions du 6 Août 1746 , le confeil a réformé deux ordonnances de M. l'intendant de Tours , par lefquelles il avoit déchargé le fieur de Longueil & Pierre Bouin , des droits de deux tefta-mens , fur leur allégation qu'ils étoient nuls & qu'ils n'avoient eu aucune éxécu-tion. Mais , les teftamens éxiftoient , & le confeil a jugé que les droits en devoient être païés , faute de juftifier de leur entière inéxécution , par des renonciations en forme de tous ceux qui y avoient intérêt.

Décifion du confeil du 25 Février 1747, fur le mémoire de Madelene Bonvalet , veuve de François Duflos , qui demandoit la décharge des droits du teftament de fon frère , reçu par un notaire de Mont-didier , contenant des legs & des fubfti-tutions. Elle difoit qu'elle n'avoit aucune connaiffance du teftament , & que , s'il y en avoit un , elle ne pouvoit être affujétie à païer les droits d'un acte qui tendroit à la priver de ce que la loi lui accorde ; qu'un pareil acte ne faifit point , & qu'il refte fans éfet pendant que perfonne n'en demande l'éxécution. Décidé que les droits font dûs , & qu'elle ne peut être difpenfée de les acquiter qu'en renonçant à la fucceffion de fon frère ; auquel cas , celui qui la recueillera fera tenu de païer lefdits droits comme une charge de la fucceffion.

Autre décifion du 17 Juin 1747 , qui

réforme une ordonnance de M. l'inten-dant de Tours , par laquelle il avoit dé-chargé le fieur le Bellier de la Buiffandiere des droits du teftament de la demoifelle le Bellier dont il étoit héritier , fur le fon-dement de la renonciation qu'il avoit faite à ce teftament par la requête tendante à la décharge des droits. En conféquen-ce , il a été jugé qu'un héritier doit renon-cer par acte en forme ; auquel cas , les au-tres héritiers , l'éxécuteur teftamentaire ou les légataires feront tenus de païer les droits. N. B. C'eft toujours bien entendu qu'après la renonciation de l'héritier , il y ait des difpofitions fubfiftantes.

Décifion du 22 Mars 1749 , pour les droits du teftament olographe du grand prieur de France ; on opofoit que les legs ne pouroient être païés , & que les légataires n'avoient point formé de deman-de. Décidé que les droits feront païés , par préférence , fur les deniers étant entre les mains de l'économe-fequeftre , fauf la reftitution , fi tous les légataires renon-cent.

Autre décifion du 14 Février 1750 , qui déboute le fieur Jean-Claude-Martin Darzilliers , confeiller en la cour des mon-noïes de Paris , de fon apel d'une ordon-nance de M. l'intendant de Soiffons , par laquelle il a été condamné , en qualité d'éxécuteur du teftament du fieur Nicolas Regnault , à en païer les droits d'infinua-tion. Il prétendoit que le fermier ne pou-voit exiger que le droit de contrôle des éxécuteurs teftamentaires , fauf à fe pour-voir contre les légataires pour ceux d'in-finuation. Mais fa demande étoit contraire au texte même de l'article 3 du tarif , & aux autres règlemens raportés ci-devant.

Par une autre Décifion du 29 Mai 1751 , la demoifelle Tauxier a été con-damnée à païer feulement les droits d'in-finuation des legs particuliers faits par le teftament de fon père. Elle foûtenoit ne devoir aucuns droits d'infinuation , parce qu'elle avoit renoncé au legs univerfel fait en fa faveur , & qu'elle avoit accepté la fucceffion fous bénéfice d'inventaire. Il étoit jufte de la décharger du droit d'infinuation du legs univerfel , puifqu'il ne fubfiftoit plus au moïen de la renonciation ; mais , comme héritière , elle étoit tenuë des droits des legs particuliers.

Arrêt du confeil du 8 Juillet 1755 , par lequel , fans s'arrêter à une ordonnance de M. l'intendant de Languedoc , le fieur Germain de Polaftre de Peyrefitte , a été , contradictoirement , condamné au païement des droits de contrôle & d'infinuation du teftament de fa mère , contenant inftitution en fa faveur & des fubftitutions. Il difoit que lui ni fes frères n'avoient eû aucune connaiffance du teftament & qu'ils avoient partagé également entr'eux les biens de leur mère. Mais , le teftament fubfiftoit , & le prétendu partage égal ne pouvoit difpenfer d'en païer les droits.

Décifion du confeil du 1er Avril 1756 , fur le mémoire de M. de Beauchamp, apellant de deux ordonnances de M. l'intendant de la Rochelle , par lefquelles il a été condamné au païement des droits du teftament de fon époufe , contenant legs du mobilier & des acquêts en fa faveur , ainfi que de l'ufufruit des propres. Il difoit que nul n'eft héritier ou donataire qui ne veut ; que les droits des teftamens ne font dûs que lorfqu'on en fait ufage & qu'ils ont leur éxécution ; qu'il eft le maître de laiffer dans l'oubli , des difpofitions dont il ne veut pas profiter au préjudice de fes enfans ; qu'il ne jouït des biens qu'en qualité de père & d'adminiftrateur , fuivant la coûtume qui lui en accorde la jouïffance ; & qu'il a même renoncé devant notaires à ce teftament. Le fermier a répondu que la renonciation eft poftérieure à fa demande ; qu'elle auroit dû être faite avant que de s'immifcer en aucune façon dans les biens ; que fi le fieur de Beauchamp

avoit voulu s'en tenir à ce que la loi lui accorde , il devoit d'abord renoncer au teftament par acte en forme & faire faire inventaire du mobilier , qui ne pouvoit lui apartenir en vertu de la coûtume ; au lieu qu'il s'eft mis en poffeffion de tout , dont il jouït depuis plufieurs années , & que cette jouïffance eft l'éxécution du teftament. Décidé que les droits font dûs.

Autre décifion du confeil du 13 Avril 1758 , qui réforme une ordonnance de M. l'intendant de Montauban , & ordonne le païement des droits de contrôle & d'infinuation du teftament de la dame Coureze , époufe du fieur de Leymarie , par lequel elle avoit légué à fes enfans leur légitime telle que de droit , & inftitué pour héritier celui qui feroit inftitué par fon mari ; voulant que fondit mari n'ait pas l'ufufruit de fes biens , qu'il rende compte de tous les fruits , & que lefdits biens puiffent même être gérés & adminiftrés par un curateur. Le fieur de Leymarie opofoit qu'il n'avoit ni propriété ni ufufruit des biens de fa femme ; & M. l'intendant avoit furfis au païement des droits jufqu'à ce que le père eut nommé un héritier , qui feroit auffi celui de la mère. Mais les droits étoient dûs dès l'inftant du décès de la teftatrice , & affectés par préférence fur les biens & éfets de fa fucceffion , fans attendre l'élection d'héritier : c'eft ce que le confeil a jugé.

Les renonciations aux teftamens doivent être faites devant notaires ou en juftice , pendant que les chofes font entières ; elles difpenfent alors de païer les droits des difpofitions qui deviennent , par ce moïen , caduques ; mais , comme on l'a déjà dit , s'il y a d'autres difpofitions fubfiftantes , les droits font dûs , & l'héritier peut y être contraint , quoiqu'il ait renoncé aux difpofitions faites en fa faveur. Quant aux droits dûs pour ces renonciations , *voïez* Renonciations à des legs , page 275.

§. VI.

§. VI. *Recouvrement des droits des teftamens.*

Dans les divifions précédentes, l'on a établi que les droits des teftamens doivent être païés après la mort des teftateurs, & avant que de fe mettre en poffeffion des biens & de faire aucun ufage defdits teftamens; que le fermier des domaines eft fondé à demander ces droits; & que les héritiers légitimes ou inftitués, légataires univerfels ou particuliers, & les exécuteurs teftamentaires, ne peuvent être difpenfés du païement defdits droits, qu'en juftifiant de l'anéantiffement abfolu de toutes les difpofitions du teftament, foit parce que ceux, en faveur defquels elles étoient faites, font morts avant le teftateur, foit parce qu'ils y ont renoncé par acte en forme, avant que d'avoir formé aucune demande, ou de s'être immifcés dans les biens. Il ne s'agit donc ici que des moïens particuliers pour parvenir au recouvrement des droits.

Les Notaires font tenus de porter fur leurs répertoires tous les teftamens qu'ils reçoivent ou qui leur font dépofés. L'article 173 de l'ordonnance du mois d'Août 1539, enjoint à tous notaires & tabellions, tant du châtelet de Paris, qu'autres quelconques, de faire fidèlement regiftres & protocoles de tous les teftamens & contrats qu'ils pafferont & recevront. *Voïez* auffi l'article *Répertoire*, p. 299, & les arrêts du confeil des 5 Décembre 1752, & 30 Mars 1756, qui y font raportés, page 301. Ils doivent communiquer leurs minutes, même les teftamens, aux emploïés du fermier, fuivant les mêmes arrêts, & ainfi qu'il a été jugé par autre arrêt du 15 Janvier 1754, contre les notaires d'Arles, & par décifion du 6 Novembre 1755, contre ceux de la ville de Lyon.

Il eft vrai que, pendant la vie des *Tome III.*

teftateurs, les notaires & autres dépoutaires ne doivent nullement communiquer leurs teftamens & autres difpofitions à caufe de mort. Ils font feulement tenus de communiquer le répertoire, où il eft fait mention de la date des teftamens & du nom des teftateurs; mais, lorfque le fermier prouve que lefdits teftateurs font décèdés, les teftamens doivent inconteftament lui être communiqués: les notaires & autres dépofitaires font même tenus de lui en fournir, & à fes emploïés, des extraits certifiés, s'ils en font requis. Il n'y a de dificulté à cet égard que pour les teftamens *clos*, autrement dits myftiques ou fecrets; les notaires ne peuvent les communiquer, parce qu'il ne leur eft pas permis d'en faire l'ouverture, qui doit être faite autentiquement.

Le parlement de Touloufe a rendu un arrêt le 29 Avril 1746, fur le requifitoire de M. le procureur général, qui ordonne l'éxécution de précédens arrêts des 7 Septembre 1701 & 23 Mai 1739; en conféquence, défend à tous notaires de la fenéchauffée de Tarbe, de fe deffaifir des teftamens clos qu'ils ont en leur pouvoir, après le décès des teftateurs, à peine d'en répondre en leur propre, de tous dépens, dommages & intérêts, & d'être punis fuivant la rigueur des ordonnances; ordonne qu'à la diligence du procureur général, lefdits notaires feront, en la forme de droit, l'ouverture & publication des teftamens qu'ils ont en leur pouvoir, des perfonnes décédées, contenant des legs pieux en faveur de l'églife; & qu'à l'avenir ils feront pareillement *tenus d'en faire l'ouverture & publication, quinzaine après qu'ils auront été inftruits du décès des teftateurs;* laquelle lecture & publication lefdits notaires feront tenus de dénoncer auxdits fubftituts du procureur général, fauf auxdits notaires & aux prépofés pour la perception du droit de contrôle, d'agir, s'il y a lieu, pour leurs droits, contre les héritiers ou poffeffeurs des biens des teftateurs, ainsi qu'ils aviferont.

Le findic du païs de Bigorre s'eft pourvû au confeil en caffation de cet arrêt; il a expofé qu'il n'étoit pas douteux que c'étoient les fermiers du contrôle qui avoient excité le miniftère du procureur général; qu'en 1733, ils avoient obtenu une décifion du confeil qui ordonnoit pareille ouverture des teftamens; mais que, fur les repréfentations du findic général de Bigorre, il leur fut fait défenfes de forcer les parties & les notaires de procéder à cette ouverture; que le prétexte des legs pieux eft illufoire; qu'il fufit au fermier que les parties ne puiffent faire ufage en juftice des teftamens, fans qu'ils foient contrôlés &c.

M. le procureur général a obfervé que la première difpofition de l'arrêt du parlement de Touloufe, qui tend à prévenir l'enlévement des teftamens, eft relative & conforme aux loix civiles & politiques, & au refpect qu'on doit avoir pour les dernières volontés des hommes; & qu'elle eft fi avantageufe au bien des fujets du Roi, qu'elle ne peut être critiquée; que la feconde difpofition, qui a pour objet d'affurer l'éfet des legs pieux, eft également jufte; que l'intérêt du fermier n'y a eû aucune part, mais les repréfentations de plufieurs perfonnes que la mauvaife volonté rendoit inutiles nombre de legs pieux, & que prefque tous les teftamens clos en contenoient; que le parlement de Touloufe n'eft pas le feul qui ait pris des précautions pour affurer le païement des legs pieux, puifque tous les tribunaux fouverains y ont pourvû & que le parlement de Paris en a donné l'éxemple; que le Roi, par arrêt du 7 Mars 1702, a auffi enjoint aux procureurs généraux & à leurs fubftituts de faire les diligences néceffaires pour le païement des legs pieux; qu'ainfi le miniftère public ne peut donner trop d'attention à cette partie &c.

Par arrêt du confeil du 30 Janvier 1748, le findic de Bigorre a été débouté de la demande par lui formée en caffation de l'arrêt du parlement de Touloufe, lequel fera exécuté felon fa forme & teneur.

M. l'intendant de Bordeaux a rendu le 22 Juin 1747, une ordonnance qui enjoint aux héritiers préfomptifs des teftateurs de faire procéder à l'ouverture des teftamens qui les concernent; & aux héritiers inftitués ou légataires univerfels, d'en païer les droits, quinzaine après l'ouverture. Et, faute d'y fatisfaire, permet aux commis des fermiers des domaines de faire faire l'ouverture, en obfervant les formalités néceffaires; auquel cas, feront lefdits héritiers ou légataires univerfels contraints au païement des droits & des frais.

Pareille ordonnance a été rendue le 18 Août 1751, par M. l'intendant de Limoges.

L'on m'a affuré que le parlement de Bordeaux a rendu un arrêt le 9 Avril 1756, portant que les teftamens clos, ne pourront, dans l'étendue de fon reffort, être ouverts que de la requifition des héritiers des teftateurs, ou des fubftituts du procureur général; les emploïés du fermier ne peuvent donc pas faire faire l'ouverture des teftamens, comme ils y étoient autorifés par les ordonnances de Mrs les intendans de Bordeaux & Limoges; ils doivent attendre que cette ouverture foit faite, pour pouvoir demander les droits de contrôle & d'infinuation des teftamens.

Il paroît néanmoins néceffaire qu'il foit pris des précautions pour affurer, dans le reffort du parlement de Bordeaux, l'ouverture des teftamens clos, auffi-tôt que le décès des teftateurs eft connu; ces précautions ne doivent pas, fans doute, différer de celles adoptées par le parlement de Touloufe & confirmées par le confeil.

TIERCEMENT, eft une enchère, qui eft ordinairement du tiers du prix principal pour lequel une adjudication a été faite ; cette enchère a lieu pour les adjudications des domaines du Roi, ainsi que pour les baux des fermes de S. M. Mais, dans ce dernier cas, le tiercement est le triple de la dernière enchère. *Voïez* Enchère, tom. 1, p. 302, & les renvois qui y font indiqués.

TIERCE OPOSITION, est celle formée à des sentences, jugemens & arrêts, par des personnes qui n'y font point dénommées comme parties. *Voïez* Opolition, tom. 3, p. 81.

TIERS - COUTUMIER, est, en Normandie, une espèce de légitime des enfans : une portion privilégiée que la loi leur conserve dans les biens de leurs pères & mères, en renonçant à leurs successions.

L'article 399 de la coûtume de cette province porte que la propriété du tiers de l'immeuble destiné par la coûtume pour le doüaire (*a*) de la femme, est acquise aux enfans, du jour des épousailles : & néanmoins, la joüissance en demeure au mari sa vie durant, sans toutesfois qu'il le puisse vendre, engager ni hipotéquer ; comme en pareil, les enfans ne pourront vendre, hipotéquer ou disposer dudit tiers avant la mort du père, & qu'ils aïent tous renoncé à sa succession. Suivant l'article 401, les enfans ne peuvent accepter ledit tiers, si tous ensemble ne renoncent à la succession paternelle, & ne raportent toutes donations & autres avantages qu'ils pouroient avoir reçus du père.

Par l'article 404 de la même coûtume, il est dit que, pareillement, la propriété du tiers des biens que la femme a lors du mariage, ou qui lui échèront constant le mariage, ou qui lui appartien-

dront à droit de conquêt, apartiendra à ses enfans, aux mêmes charges & conditions que le tiers des biens du mari.

Il s'agit de savoir si le droit de centième denier est dû par les enfans, des biens de leur tiers-coûtumier, sous prétexte qu'ils n'obtiennent ces biens qu'après avoir renoncé à la succession dont ils proviennent.

Cette prétention s'est élevée sur le fondement de ce qui avoit été jugé pour le doüaire des enfans dans la coûtume de Paris (*b*) ; & elle a été portée beaucoup trop loin, parce qu'on a confondu deux espèces, entre lesquelles il y a néanmoins bien des diférences.

On a dit, en Normandie, pour soûtenir le droit de centième denier, que, quoiqu'il paroisse, par l'article 399 de la coûtume, que la propriété du tiers apartienne aux enfans du jour du mariage, néanmoins elle ne leur apartient réellement qu'après la mort du père ; que, jusqu'alors, *solam habent spem succedendi;* que leur action pour le tiers ne commence à naître que par la mort naturelle ou civile du père, étant incertain s'ils lui survivront & s'ils répudieront sa succession ; que, pour accepter ce tiers, ils font obligés de renoncer à la succession, conformément à l'article 401 de la coûtume ; & que, jusqu'alors, ils ne peuvent vendre, engager ni hipotéquer le tiers, pas même le transmettre à des collatéraux, parce qu'ils n'en font saisis que par leur renonciation ; que, ne pouvant le prendre qu'en renonçant, & devant l'avoir franc de toutes dettes contractées depuis le mariage, il s'ensuit qu'il ne leur est pas déféré à titre successif, puisque la renonciation efface la qualité d'héritier ; & que,

---

(*a*) Le doüaire de la femme, en Normandie, consiste dans l'usufruit du tiers des immeubles dont le mari est saisi lors du mariage, & de ce qui lui est échû, pendant le mariage, en ligne directe ; il s'étend aussi sur les biens de la succession du père ou de l'aïeul du mari, s'ils ont consenti au mariage, ou s'ils y ont été présens, encore qu'ils meurent après le mari ; art. 367 & 369. Le doüaire ne peut pas être plus étendu ; mais, on ne peut stipuler un qui le soit moins ; art. 371 & 374.

(*b*) *Voïez* Doüaire, §. V, tome 2, page 231.

Tiers-coû-
tumier.

par conséquent, le droit de centième denier eſt dû, avec d'autant plus de raiſon
que les enfans n'étant point héritiers, & ne
ſuportant point les charges de l'hérédité,
ils ne doivent pas joüïr de l'éxemption qui
n'eſt accordée qu'aux héritiers en ligne
directe ; enfin, l'on s'eſt ſervi de l'arrêt & des déciſions rendus contre les enfans doüairiers dans la coûtume de Paris.
Je les ai raportés dans le 2ᵉ volume, page
231.

Ces moïens me paraiſſent plus ſpécieux
que ſolides : il s'agit d'une légitime qui
apartient aux enfans en cette qualité d'enfans ; la loi & le droit du ſang concourent
pour la leur conſerver. Elle leur eſt ſi
parfaitement acquiſe dès l'inſtant du mariage, que le père ni la mère ne peuvent
la diminuer en quelque manière que ce
ſoit, ni ſtipuler aucunes clauſes qui puiſſent y donner atteinte. La rénonciation
n'eſt qu'une formalité pour être diſpenſés
des dettes contractées depuis le mariage :
elle ne rend pas les enfans étrangers aux
biens, puiſqu'au contraire elle leur aſſure
le tiers des biens des pères & mères ;
ce tiers coûtumier eſt propre en leur perſonne ; & ils ont un droit inconteſtable
de ſe le faire fournir en eſſence. Ils ont
jus in re, & non pas ſimplement, *jus*
ad rem ; d'où je conclus afirmativement
qu'ils n'en doivent point de centième denier.

On ne peut pas apliquer au tiers-coûtumier, les arrêts & déciſions rendus contre les enfans doüairiers dans la coûtume
de Paris. J'ai déjà obſervé (tom. 2, page
231) que ces enfans doüairiers ne peuvent être aſſujétis au droit de centième
denier, lorſqu'ils n'obtiennent que les immeubles dont leur mère a joüï, ou a eû
droit de joüïr en eſſence, pour ſon doüaire
coûtumier ; & qu'ils ne doivent çe droit
que lorſqu'en païement du doüaire préfix
de leur mère, il leur eſt cédé ou ajugé
des immeubles ; parce que, dans ce cas,

ils n'ont qu'une créance, en païement de
laquelle ils ne peuvent éxiger des immeubles.

En Normandie, la loi deſtine le tiers
des immeubles du mari pour le doüaire
de la femme ; c'eſt ce même tiers qu'elle
conſerve aux enfans, nonobſtant toutes
conventions qui auroient pû être faites
par le contrat de mariage ; car l'article
399 dit poſitivement que la propriété du
tiers de l'immeuble deſtiné par la coûtume
pour le doüaire de la femme, eſt acquiſe
aux enfans du jour des épouſailles ; &
l'article 404 leur donne auſſi le tiers des
biens de leur mère ; ce n'eſt donc pas,
comme à Paris, ce qui eſt convenu pour
doüaire que la loi leur accorde : c'eſt le
tiers des biens de leurs pères & mères ;
ils ont, par conſéquent, toujours le droit
de demander & d'obtenir des immeubles
en eſſence, pourvû qu'il en reſte ſuſfiſam-
ment de non aliénés, pour les remplir
de ce tiers coûtumier.

Ainſi, je dis que les enfans qui, après
avoir renoncé à la ſucceſſion de leur père
ou de leur mère, ſe mettent en poſſeſſion ou ſe font ajuger des biens non aliénés, dépendans de la ſucceſſion à laquelle ils ont renoncé, pour les remplir de
leur tiers-coûtumier, ſuivant la coûtume
de Normandie, ne doivent aucun droit
de centième denier de ces biens.

J'ai vû former des demandes du droit
de centième denier, non-ſeulement lorſque les enfans, après leur renonciation,
obtenoient des jugemens qui leur aju-
geoient les biens non aliénés, en tout ou
partie, pour leur tiers-coûtumier ; mais
encore, contre des enfans qui, ſans autre
formalité que leur renonciation, s'étoient
mis en poſſeſſion des biens. Ces demandes étoient mal fondées dans les deux
cas, & ſingulièrement dans le dernier :
car le fils qui a renoncé à la ſucceſſion
de ſon père, & qui, dans la ſuite, s'em-
pare des biens de la ſucceſſion, ſans au-

torité de juftice , eft réputé héritier , & , comme tel , tenu des dettes , fans pouvoir être admis à dire qu'il jouît des biens en diminution de fon tiers-coûtumier ; le parlement de Roüen l'a ainfi jugé par arrêt du 8 Août 1749. C'étoit donc prétendre faire païer le droit de centième denier par un héritier en ligne directe.

Il y a deux cas dans lefquels les enfans n'ont pas le droit d'éxiger des immeubles pour leur tiers-coûtumier ; & s'il leur en eft abandonné dans ces cas , j'eftime qu'ils en doivent le centième denier , parce qu'ils n'avoient qu'une créance.

Le premier de ces cas , eft quand le père n'avoit qu'un fief , qui fe trouve décrété , c'eft-à-dire faifi réellement ; alors , les enfans peuvent demander leur tiers-coûtumier , du vivant du père ; mais , pour ne pas divifer le fief , qui eft naturellement indivifible en Normandie , il a été jugé , par divers arrêts , que les enfans n'y peuvent prétendre leur tiers-coûtumier en effence , mais feulement le tiers du prix de l'adjudication. Or , fi l'adjudicataire , au lieu de païer le tiers de ce prix , s'en libère en abandonnant une partie des terres dépendantes de ce fief , le droit de centième denier fera dû , par la raifon que ce fera une ceffion volontaire d'immeubles , pour s'acquiter d'une créance dont on pouvoit fe libérer en deniers.

Le fecond cas , eft lorfque tous les biens du père ou de la mère ont été aliénés. Dans ce cas , l'article 403 de la coûtume donne l'option aux derniers aquéreurs de rendre les biens aux enfans , jufqu'à concurrence de leur tiers-coûtumier , ou de leur en rembourfer la valeur. Les enfans n'aïant donc qu'une créance privilégiée fur les biens aliénés , il s'enfuit

que , fi , en païement de cette créance , ils obtiennent le tout ou partie de ces biens immeubles , ils en devront le droit de centième denier ; mais , fi l'acquéreur les rembourfe en deniers , il ne fera rien dû (*).

L'on voit que , fur la queftion du tiers-coûtumier , comme fur celle du doüaire des enfans , le même principe fert à décider fi les enfans doivent ou non le droit de centième denier. S'ils avoient *jus in re* , le droit d'obtenir des immeubles en nature , ils ne doivent point le centième denier de ceux qui leur font ajugés ; fi , au contraire , on pouvoit fe libérer envers eux en deniers , & que néanmoins on leur cède des immeubles , ou qu'ils s'en faffent ajuger faute de païement , ils n'avoient que *jus ad rem* , & ils doivent le droit de centième denier. C'eft encore le même principe fur lequel on doit fe déterminer pour favoir fi ce droit eft dû pour les biens cédés aux enfans en païement de leur légitime.

Par une décifion du confeil du 15 Février 1738 , le fieur de la Roquelle a été condamné au païement du droit de centième denier de biens à lui ajugés par fentence du fiège de S. Sauveur-le-Vicomte , pour fon tiers-coûtumier dans la fucceffion de fon aïeule. Cette décifion eft jufte , parce que tous les biens avoient été aliénés ; le fieur de la Roquelle , en s'adreffant aux derniers acquéreurs , leur avoit laiffé l'option de lui païer fon tiers en argent , & ce n'eft que , faute par eux d'y avoir fatisfait , qu'il lui a été ajugé une partie des biens aliénés , jufqu'à concurrence de fon tiers-coûtumier.

Une ordonnance de M. l'intendant de Roüen du 6 Septembre 1748 (qui eft im-

---

(*) On ne peut pas dire que l'acquéreur , qui , au lieu d'abandonner les biens , en païe la valeur aux enfans jufqu'à concurrence de leur tiers-coûtumier , doive le centième denier comme d'un fuplément de prix ; ce n'eft que la fâcheufe alternative , ou d'être évincé fans rien recevoir , ou de païer la créance des enfans ; ainfi , l'acquéreur ne doit aucuns nouveaux droits pour raifon de ce rembourfement. On peut voir ce que du Dumoulin a dit à cet égard pour le droit de treizième ; art. 78 , gl. 1 , n. 125 & 140.

prmée), a débouté le fieur de la Houffaye de fon opofition à une précédente ordonnance , par laquelle il a été condamné
au païement du droit de centième denier
des biens dont fon époufe s'eft mife en
poffeffion , pour fon tiers-coûtumier dans
la fucceffion de fon aïeul. Elle avoit renoncé à cette fucceffion , & enfuite formé
la demande de fon tiers-coûtumier ; elle
avoit même plaidé avec le fieur le Noble
dernier acquéreur , & il avoit été ordonné que , par experts , il feroit fait
une eftimation des biens éxiftans & de
ceux aliénés ; après cette eftimation , les
parties tranfigèrent , & l'époufe du fieur de
la Houffaye reconnut que le fieur le Noble lui avoit païé une fomme de 1271 liv.
pour *fuplément & par-fourniffement*
de fon tiers-coûtumier , réglé & liquidé
entre les parties. Cette dame vendit enfuite une maifon , qu'elle déclara lui apartenir pour fon tiers-coûtumier ; & cette
énonciation donna lieu à lui demander le
droit de centième denier , qui fut jugé
dû. J'eftime qu'il n'en étoit point dû : la
dame de la Houffaye n'avoit eû que les
biens non aliénés , qui lui apartenoient de
droit ; & , comme ils n'étoient pas fufi-
fans pour la remplir de fon tiers-coûtumier , elle avoit pourfuivi le dernier acquéreur , qui lui avoit païé le fuplément
en deniers ; tout cela étoit en règle. Les
motifs de mon opinion font expliqués ci-
deffus.

Décifion du confeil du 18 Avril 1750 ,
fur une queftion renvoïée par M. l'intendant d'Alençon. Il s'agiffoit de favoir fi le
fieur Decombes , repréfentant le fieur Damois , devoit le droit de centième denier
des biens dont ledit fieur Damois avoit
été envoïé en poffeffion , pour le remplir
de fon tiers-coûtumier dans la fucceffion
de fon père , à laquelle il avoit renoncé.
On ne voit pas fi les biens avoient été
aliénés ou s'ils reftoient dans la fucceffion ;
ainfi la queftion n'a pas été préfentée fous le
point de la dificulté. M. l'intendant avoit
renvoïé au confeil , parce que le droit de
centième denier n'avoit jamais été perçu
dans fa généralité pour le tiers-coûtumier
des enfans ; & le fermier , pour foûtenir
le droit , s'eft fondé fur ce qui avoit été
jugé à l'égard des enfans doüairiers dans la
coûtume de Paris , & fur la décifion du 15
Février 1738 , dont il n'a pas expliqué l'efpèce particulière. La décifion renduë le
18 Avril 1750 , porte que » la queftion
» a été décidée fur un principe certain :
» tout ce que les enfans tiennent à titre
» de créanciers & non d'héritiers , eft
» toujours affujéti au centième denier ;
» & toutes les décifions renduës en pareil
» cas ont eû ce principe pour bafe. Ainfi
» le fieur Decombes , aux qualités qu'il
» procède , doit païer le droit demandé
» par le fermier , pour le tiers-coûtumier
» dont le fieur Damois a été envoïé en
» poffeffion ». Le principe de cette décifion
eft jufte ; mais , comme les enfans ne font
créanciers pour leur tiers-coûtumier que
lorfque les biens font faifis réellement ou
qu'ils font aliénés , l'on ne peut leur apliquer ce principe que dans ces cas. Ainfi le
droit demandé étoit dû , fi l'envoi en poffeffion du fieur Damois avoit été prononcé
contre des acquéreurs ; & il ne l'étoit
pas , s'il s'agiffoit de biens non aliénés.

Autre décifion du confeil du 14 Août
1753 , qui confirme une ordonnance de
M. l'intendant de Caën , par laquelle M.
de Barville a été condamné au païement
du droit de centième denier de biens
dont il a été envoïé en poffeffion par arrêt , pour le remplir du refte de fon tiers-
coûtumier fur la fucceffion de fa mère , à
laquelle il avoit renoncé. Il n'eft pas expliqué s'il s'agiffoit de biens aliénés , feul
cas où je penfe que la décifion foit jufte.

Je connois encore plufieurs décifions
fur cette queftion , qu'il eft inutile de raporter , d'autant qu'elles ne font pas fuffifamment expliquées pour connaître les

efpèces. Jai dit ce qui m'a paru jufte : j'en ai expliqué les motifs ; & je m'en tiens là.

TITRE CLÉRICAL *ou* SACERDOTAL, eft un acte par lequel un afpirant à l'ordre de prêtrife, fes parens ou autres, conftituent en fa faveur un certain revenu temporel, qui puiffe lui affûrer fa fubfiftance, jufqu'à ce qu'il foit pourvû d'un bénéfice.

L'article 90 du tarif du 29 Septembre 1722, porte que, pour les titres cléricaux ou facerdotaux par les pères & mères ou autres, au profit de l'afpirant, portant conftitution de rente ou donation de fonds, les droits (*de contrôle*) en feront païés fur le pié du capital au denier vingt, fuivant l'article 3 du même tarif. Et, lorfque les titres cléricaux contiendront feulement des rentes ou penfions viagères, les droits en feront païés fur le pié du capital au denier dix.

Si le titre ne contient pas expreffément qu'il n'eft donné ou affuré qu'une rente viagère ou un fimple ufufruit, l'afpirant eft propriétaire, ainfi qu'il a été jugé par deux arrêts du parlement de Paris des 19 Décembre 1619 & 3 Avril 1629. Ainfi, les droits doivent être païés fur le pié du capital au denier vingt.

Quant à l'*infinuation* (*), les règlemens n'y ont affujéti que les titres facerdotaux, qui contiennent donations d'immeubles, foit en propriété, foit en ufufruit, faites en ligne directe ou en ligne collatérale ; pour laquelle infinuation il eft dû le centième denier de la valeur des immeubles donnés en propriété, & le demi-

centième denier de ceux donnés en ufufruit.

Par un arrêt du confeil du 10 Mai 1707, le Roi déclara n'avoir entendu comprendre dans l'éxécution de l'édit du mois de Décembre 1703, les conftitutions de titres cléricaux, lefquelles feroient feulement infinuées au gréfe des infinuations eccléfiaftiques.

La déclaration du Roi du 20 Mars 1708, a expreffément affujéti au droit de centième denier tous actes tranflatifs de propriété ou d'ufufruit de biens immeubles.

Sur ce principe, arrêt du 27 Septembre 1729, rendu en règlement fur les mémoires de M^rs les agens généraux du clergé & des fermiers des droits de centième denier, par lequel il eft ordonné que l'arrêt du 10 Mai 1707 fera éxécuté ; & , en conféquence, que les titres cléricaux ou facerdotaux qui ne contiendront que des conftitutions de rentes viagères fixées à une fomme annuelle, fuivant l'ufage des diocèfes, pour en jouïr par les afpirans aux ordres, pendant leur vie, feront éxempts de la formalité & du païement des droits d'infinuations laïques, & affujétis feulement à l'infinuation eccléfiaftique, & au contrôle des actes concernant ces droits, auxquels S. M. n'entend en rien déroger ni innover par le préfent arrêt ; & ce, foit que les parens de l'afpirant aux ordres, ou l'afpirant lui-même, affectent & hipotéquent cette rente fur le tout ou partie des immeubles à lui appartenans lors de ladite conftitution ; fans néanmoins que, fous ce prétexte, les donations d'immeubles pour fervir de titre clérical puiffent être

(*) Par un arrêt du 23 Juillet 1623, raporté par Bafnage, fur l'article 448 de la coûtume de Normandie, il fut jugé que l'infinuation n'étoit pas néceffaire pour une donation faite en ligne directe, pour fervir de titre clérical. Mais, en ligne collatérale, Brodeau fur Louet, L. D. n. 56, dit qu'il a été jugé au Parlement de Paris, que le défaut d'infinuation emportoit la nullité. Il y en a un arrêt du 4 Septembre 1649, cité dans le dictionnaire des arr. verb. Bénéfices, CCCXLII, n. 8.

Suivant l'article 52 des arrêtés de M. le P. P. de L., titre des donations, la donation d'un immeuble, faite par les pères & mères & autres afcendans, à l'un de leurs enfans, pour parvenir à l'ordre de prêtrife & tenir lieu de titre, eft fujete à infinuation, à l'égard des créanciers des donateurs & des tiers-acquereurs, & ne laiffe d'être valable dans la famille, encore qu'elle n'ait été infinuée.

dispensées de la formalité & du païement des droits de l'insinuation laïque, conformément à la déclaration du 20 Mars 1708, que S. M. veut être exécutée suivant sa forme & teneur, & sous les peines y portées.

Décision du conseil du 12 Mai 1731, qui déboute le sieur Jean Quebre de sa demande en décharge du droit de centième denier des immeubles à lui donnés par son père, pour en jouïr pendant sa vie & lui servir de titre clérical.

Autre décision du 28 Mars 1733, sur le mémoire de M. l'archevêque de Bourges, qui se plaignoit de ce que les commis percevoient les droits d'insinuation laïque sur les titres que les pères & mères assignent à leurs enfans qui se destinent à l'état ecclésiastique. Décidé que les constitutions de titres cléricaux, portant donation d'immeubles, sont sujétes à l'insinuation laïque ou centième denier, suivant l'arrêt du 27 Septembre 1729.

Arrêt du conseil du 31 Mars 1739, par lequel, sans s'arrêter à une ordonnance de M. l'intendant de Provence, le sieur Roberty a été condamné à païer l'insinuation & centième denier par lui dûs, à cause de l'abandon d'immeubles à lui fait par son père, pour son titre clérical, par acte du 27 Novembre 1717. M. l'intendant avoit prononcé la décharge du droit, sous prétexte que l'acte étoit antérieur à l'arrêt de 1729, & que la déclaration de 1708, n'avoit pas dérogé expressément à l'arrêt de 1707. Mais cette déclaration a assujéti au centième denier toute transmission d'immeubles.

La même chose a été jugée pour des titres sacerdotaux antérieurs à 1729, par une décision du 20 Juin 1739, contre le sieur Tassy, & par une autre du 17 Septembre 1746, confirmative d'une ordonnance de M. l'intendant d'Alençon rendue contre le sieur Coignard.

Autre décision du conseil du 22 Octo-

bre 1755, contre le sieur Maillet, qui demandoit restitution du droit de centième denier perçu au bureau de Nogent-sur-Seine, à raison du capital au denier vingt d'une rente foncière de 58 livres, qu'il avoit donnée à son fils, pour lui servir de titre clérical. Il prétendoit que ces actes n'étoient sujets qu'à l'insinuation ecclésiastique. Décidé que, dès que le titre est en immeubles, le droit de centième denier est dû.

Suivant l'arrêt de 1729, les donations d'immeubles pour servir de titre clérical ne peuvent être dispensées de la formalité & du païement des droits de l'insinuation laïque, conformément à la déclaration du 20 Mars 1708. D'où il résulte que, si les biens donnés ne sont pas sous le ressort du même siége roïal où se trouve le domicile du donateur, il sera dû au domicile un droit d'insinuation suivant le tarif; &, à la situation, le droit de centième denier; car ces donations sont sujétes aux mêmes règles prescrites par l'ordonnance & par la déclaration de 1731, pour toutes donations entre-vifs indistinctement.

A l'égard des titres contenant simplement constitution d'une rente viagère, quoiqu'affectée sur les biens du constituant, il faut se conformer à l'arrêt de 1729, & s'abstenir d'en percevoir le droit d'insinuation, à moins que la formalité ne fut requise pour plus de sûreté; auquel cas, il faut faire signer la requisition.

Mais, comme l'exception ne tombe que sur les rentes fixées suivant l'usage des diocèses, il s'ensuit que, si le père, ou autre donateur, fait une plus ample libéralité, l'acte sera soumis aux règles & aux droits ordinaires pour tout ce qui excédera la quotité fixée par l'usage du diocèse.

Il a été observé (tom. 2, p. 246) que les biens qui servent de titre clérical ne sont point sujets aux droits réservés, faisant partie de ceux qui étoient attribués aux commissaires-conservateurs des décrets volontaires

volontaires , fuivant un arrêt du 12 Août 1710 , quoique l'afpirant , pour donner une plus grande fûreté à l'évêque , prenne poffeffion defdits biens , & s'en faffe aproprier.

TITRE NOUVEL , eft un acte qui fe paffe par le débiteur d'une rente foncière ou conftituée , ou de toute autre redevance , en faveur du créancier , portant reconnoiffance de la rente & des biens qui y font affectés & hipotéqués. On l'apelle titre nouvel , parce qu'il fe fournit à chaque mutation de débiteur , par fucceffion ou par vente des biens fujets aux rentes , afin de donner au créancier une obligation perfonnelle & un titre éxécutoire contre le nouveau débiteur , comme il l'avoit contre le précédent. Quoiqu'il n'y ait pas de mutation de débiteur , le créancier peut éxiger un titre nouvel , lorfque le titre eft prêt à prefcrire , ou même de dix ans en dix ans ; le débiteur peut auffi être obligé de fournir un titre nouvel lors du changement de créancier.

1. L'article 91 du tarif du 29 Septembre 1722 , porte que , pour le titre nouvel & reconnaiffance d'hipotéque de rentes conftituées ou foncières , les droits (de contrôle) feront païés , comme pour les contrats de conftitution ou de création de rentes , fur le pié réglé par le même tarif ; ainfi , le droit eft dû fur le capital au denier vingt de la rente , & fur le pié fixé par l'article 3 du tarif ; puifque c'eft à cet art. ; que renvoient les articles où il eft parlé des baux à cens ou à rentes foncières , & des conftitutions.

Par arrêt du 27 Avril 1706 , le confeil a caffé un jugement du bureau des finances de Moulins , qui avoit réglé , fur le pié d'acte fimple , le droit de contrôle d'un titre nouvel ; & il a été ordonné qu'il fera païé , pour chaque titre nouvel , le même droit que pour les conftitutions , à proportion des fommes y contenuës.

Décifion du confeil du 9 Septembre

Tome III.

1751 , fur mémoire de M. le procureur général du parlement de Bordeaux , qui fe plaignoit de ce que l'on percevoit le droit de contrôle fur les capitaux des rentes , lorfqu'à l'aproche de la trentième année de la conftitution , il étoit donné une quitance d'une feule année. M. le P. G. repréfentoit qu'une quitance n'eft point un titre nouvel , & que , quoiqu'elle puiffe être regardée comme une interruption de prefcription , cette prefcription peut également fe trouver interrompuë par d'autres moïens , ou n'être point opofée par le débiteur ; que , s'il veut fe fervir de cette exception péremptoire , le demandeur peut s'en défendre par la production de quelques pièces qui aient interrompu la prefcription , & que le droit de contrôle de ces pièces n'eft dû que fur ce qu'elles contiennent ; que l'article 8 de l'édit fur la prefcription des rentes foncières & obituaires porte que S. M. , voulant procurer les moïens d'empêcher la prefcription des rentes , permet à ceux auxquels elles font duës d'éxiger des contre-quitances , ou un titre nouvel de la part des poffeffeurs des biens fujets auxdites rentes , comme auffi d'affigner lefdits poffeffeurs en déclaration d'hipotéque. Le fermier a répondu que , dans quelque forme que foient rédigés les titres nouvels & déclarations d'hipotéques , ils font fujets au droit de contrôle fur le pié fixé par l'article 91 du tarif. Il a raporté l'expédition d'un des actes qui avoient occafionné les repréfentations de M. le P. G. , par lequel acte le créancier , en donnant quitance d'une partie des arrérages de la rente conftituée , fe réferve le furplus , avec le capital d'icelle , le privilège & la priorité d'hipotéque du contrat de conftitution. Il a dit qu'une femblable quitance , donnée devant notaires à l'aproche du tems de la prefcription , opère l'éfet du titre nouvel , en interrompant cette prefcription & en faifant renaitre l'hipotéque avec le même pri-

K k k

vilége que celui de la conftitution; qu'ainfi, elle doit être fujéte au même droit de contrôle. La décifion porte que *les quitances équivalantes au titre nouvel, doivent le droit comme titre nouvel.*

Un contrat de conftitution produit obligation hipotécaire & obligation perfonnelle ; la première donne droit au créancier de fuivre le fond affecté à fa rente ; & la feconde lui donne une action contre le débiteur. Par la ceffation du païement des arrérages pendant 30 ans, ou par le défaut de preuve qu'ils aïent été païés, la prefcription totale eft acquife, tant en faveur du détenteur du fond que pour le débiteur originaire.

Mais le créancier a diférens moïens pour fe garantir de cette prefcription, & conferver fes actions : fi les biens hipotéqués à fa rente changent de main, il peut agir contre le tiers-détenteur en déclaration d'hipotéque ; fi le débiteur originaire meurt, le créancier a droit d'éxiger de fon héritier une nouvelle reconnaiffance, pour conferver l'action perfonnelle contre cet héritier. La preuve du païement de la rente empêche également la prefcription, parce que ce païement eft une reconnaiffance de la part du débiteur, qui vaut un renouvellement de titre, fuivant la loi 7, §. 5, *de præfcript. trig. vel quadrag. an.* & le §. dernier de la loi 8, *eod.* qui décident que la prefcription en faveur du débiteur ne commence à courir que du jour qu'il a ceffé de païer la rente. Le parlement de Touloufe a rendu un arrêt en conformité, le 23 Février 1734, qui juge que la preuve du païement empêche la prefcription.

Les fimples quitances peuvent dificilement fervir de preuve : ou elles font entre les mains du débiteur, qui ne les produira pas, lorfque fon objet fera de foûtenir la prefcription : ou elles font reftées en minute chez le notaire; mais, dans ce dernier cas, le débiteur, qui n'aura pas foufcrit les quitances, dira que le créancier n'a pû fe

faire un titre. D'ailleurs, ce qui peut fervir à interrompre la prefcription, ne peut pas toujours être confidéré comme un titre nouvel ; une quitance eft un acte du fait du créancier, & quelles qu'en foient les réferves & ftipulations, c'eft toujours une quitance. On ne peut trouver de titre nouvel, là où le débiteur n'eft pas obligé ; &, pour l'obliger, il faut un jugement, ou un acte dans lequel il ait été lui-même partie.

Difons donc que les quitances, feulement foufcrites par le créancier, quoique données devant notaires, & même aux aproches du tems de la prefcription, ne doivent pas être fujétes au droit de contrôle fixé pour le titre nouvel. Mais, fi ces quitances font fignées du débiteur, ou fi, ne fachant pas figner, il eft dit qu'il a été préfent & ftipulant, ce font des contre-quitances qui produifent pleinement l'éfet du titre nouvel ; & c'eft le cas de l'aplication de la décifion du 9 Septembre 1751. Il n'eft pas même néceffaire que ces contre-quitances foient données à l'aproche des trente années du titre, parce que le créancier peut éxiger titre nouvel de dix ans en dix ans, quand même il n'y auroit aucun changement de débiteur ; & qu'il peut l'exiger, quoique dans un bref intervale, lorfqu'il y a eu changement de débiteur.

Arrêt du confeil du 5 Mars 1754, par lequel, fans s'arrêter à une ordonnance de M. l'intendant de Languedoc, il a été contradictoirement ordonné que le droit de contrôle d'un acte paffé devant notaires, entre le fieur Fabry & la dame Paucy de la Valette, fera païé fur le pié règlé pour le titre nouvel par l'art. 91 du tarif de 1722. Il s'agiffoit d'une quitance donnée par le fieur Fabry, héritier de fon père, à la dame de la Valette, de 400 liv, pour une année d'arrérages de deux rentes conftituées par contrats des années 1731 & 1733, au profit de fon père, par la dame Seguier Fabas, dont la dame de la Valette eſt héritière ; cette quitance étoit ſouſcrite par ladite dame, reconnaiſſant qu'elle étoit débitriçe des deux rentes, avec promeſſe d'en continuer le païement, ſur l'hipotéque de tous ſes biens ; ainſi, l'acte étoit un véritable titre nouvel.

2. Si la rente a été conſtituée par un acte fait ſous-ſignatures privées, qu'enſuite on faſſe contrôler cet acte, & qu'en conſéquence il ſoit reconnu devant notaires, il ne ſera dû que 10 ſols pour le droit de contrôle de cette reconnaiſſance, conformément à l'article 78 du tarif ; pourvû qu'il ne s'agiſſe, de la part des parties, que de reconnaitre leurs écritures & ſignatures ſans novation.

Mais, ſi cette reconnaiſſance contient quelque nouvelle obligation, comme étant faite par l'héritier de celui qui s'étoit conſtitué, ou même par le débiteur originaire au profit de l'héritier du créancier, ou enfin dans le tems que le créancier auroit pû éxiger un titre nouvel, quand bien même la conſtitution auroit d'abord été paſſée devant notaires, le droit de contrôle de la reconnaiſſance ſera dû ſur le pié règlé par l'art. 91 du tarif, parce qu'elle produit nouvelle obligation & titre nouvel.

Déciſion du conſeil du 7 Août 1745, qui, en réformant une ordonnance du ſubdélégué de l'intendance de Roüen, juge que le droit de contrôle eſt dû ſur le pié règlé par l'art. 91 du tarif, pour une reconnaiſſance faite devant notaires, par le ſieur de la Soudetrie, en qualité d'héritier du ſieur Dubois, en faveur de l'héritier de la marquiſe de la Heuſe, d'une conſtitution faite ſous-ſignatures privées en 1720, par ledit ſieur Dubois au profit de ladite dame, & contrôlée la veille de ladite reconnaiſſance.

Autre déciſion du conſeil du 26 Mars 1746, contre le ſieur le Vaſſeur tréſorier de France à Amiens, qui avoit paſſé une conſtitution de rente, avec ſa femme, en 1733, par acte ſous-ſignatures privées, &

qui, ſur l'aſſignation à lui donnée par l'héritier du créancier, après avoir fait contrôler la conſtitution, en a paſſé la reconnaiſſance, conjointement avec ſes enfans, en qualité d'héritiers de leur mère. Il ſe plaignoit de ce que, pour cette reconnaiſſance, il avoit été perçu le même droit que pour la conſtitution ; mais cette perception a été jugée règulière, parce qu'il y avoit nouvelle obligation, & par conſéquent titre nouvel.

Par une autre déciſion du 29 Avril 1747, le conſeil a réformé une ordonnance de M. l'intendant de Roüen, par laquelle il avoit jugé qu'il n'étoit dû que 10 ſols pour droit de contrôle de la reconnaiſſance faite devant notaires, par le ſieur Yvelin de Berville, tuteur des enfans du ſieur de la Croix, & par Marguerite le Bon, d'une conſtitution de rente, paſſée ſous-ſignatures privées par ledit de la Croix au profit de ladite le Bon, & que celle-ci avoit fait contrôler depuis la mort du débiteur originaire ; en conſéquence, il a été jugé que le droit de contrôle de cette reconnaiſſance étoit dû comme pour titre nouvel, & que la ſomme reſtituée en vertu de l'ordonnance ſeroit rétablie.

Autre déciſion du conſeil du 31 Octobre 1748, qui réforme une ordonnance de M. l'intendant de Bourges, par laquelle il avoit réduit à 10 ſols le droit de contrôle d'un acte paſſé en 1742, par le ſieur Gaſſot débiteur d'une rente, portant conſentement de ſa part que le titre nouvel fourni en 1711, par ſa mère & par ſon oncle, ait ſon éfet contre lui, déclarant le ratifier à cette fin ; en conſéquence, il a été jugé que le droit étoit dû ſuivant l'art. 91 du tarif.

Déciſion du conſeil du 9 Mars 1752, qui confirme une ordonnance de M. l'intendant de Roüen, par laquelle il a été jugé que le droit de contrôle eſt dû ſur le pié règlé par l'art. 91 du tarif, pour un acte paſſé en 1751, par lequel les ſieurs

Saint Oüen & le Page ont reconnu leurs fignature & le contenu d'une conftitution fous-fignatures privées, faite en 1720, en faveur du fieur Corneille, avec promeffe de païer la rente à fon fils, devenu fon héritier.

3. On ne doit pas regarder comme titre nouvel les déclarations fournies au papier terrier, qui contiennent reconnaiffance de cens ou fur-cens à la feigneurie. *Voïez* Déclaration au papier terrier, tom. 2, page 7.

4. Le titre nouvel eft quelquefois fourni en forme judiciaire. Pour favoir s'il eft fujet au contrôle, il faut voir les principes établis aux articles *Actes judiciaires*, & *Actes volontaires*, tom. 1, p. 81 & 82. Il eft inconteftablement fujet au contrôle s'il eft figné par le débiteur ou par fon procureur. Mais, s'il n'eft pas foufcrit & que le juge, en condamnant au païement des arrérages, ordonne que la fentence vaudra titre nouvel, c'eft un acte judiciaire, qui ne peut être affujéti au contrôle.

T O U L, ville de France, dans la généralité de Metz; & ci-devant ville impériale *Voïez* Metz.

La ville de Toul avoit été éxemtée de l'établiffement du contrôle des actes, par la déclaration du Roi du 14 Juillet 1699: Mais il y fut rétabli par édit du mois d'Août 1706. La ville en obtint encore l'éxemtion, dont elle a jouï jufqu'à la déclaration du 29 Septembre 1722, ainfi qu'il paroit par une décifion du confeil du 3 Août 1748, qui, fur ce fondement, a prononcé, du confentement du fermier, la décharge du droit de contrôle d'un acte antérieur à 1722, & ordonné que le droit d'infinuation en feroit feulement païé.

T O U L O U S E, ville capitale du Languedoc; *voïez* Languedoc.

M. Maynard, dans fes queftions notables, liv. 4, ch. 57, dit que tout étranger, venant habiter à Touloufe & vivant chrétiennement & catholiquement, peut, fans lettres de naturalité, difpofer librement de fes biens au profit de qui il lui plaira, ne pouvant en être empêché par le droit d'aubaine pratiqué en France, & qui n'a donc lieu en Languedoc, & principalement en la ville de Touloufe. Il cite des lettres patentes publiées au parlement de Touloufe les 16 Août 1476 & 6 Juillet 1484; & un arrêt du mois de Décembre 1580.

Par lettres patentes du mois de Septembre 1717, le Roi a confirmé l'affranchiffement du droit d'aubaine en faveur des étrangers qui s'établiront en la ville de Touloufe; l'éxemtion des droits de péage, de franc-fiefs & nouveaux acquêts, & tous les droits, avantages & priviléges dont les capitouls & habitans ont jouï ou dû jouïr, tant par le droit originaire & fondation de ladite ville, qu'en vertu des traités, lettres patentes & arrêts qui les y ont confirmés.

Les habitans roturiers de la ville de Touloufe ne jouïffent point de l'éxemtion du droit de franc-fiefs; ils l'ont prétendue, mais fans fuccès.

Par arrêt du confeil du 6 Février 1722, fans s'arrêter à la demande de Jean-Thomas, procureur au parlement de Touloufe, & faifant droit fur la demande des fermiers des droits de franc-fiefs, il a été ordonné que ledit Thomas & les autres habitans de la ville de Touloufe, païeront les droits de franc-fiefs, pour tous les fiefs & biens nobles qu'ils poffédent à quelque titre que ce foit, fur le pié d'une année de revenu pour vingt années de jouïffance, à compter du jour qu'ils font entrés en poffeffion defdits biens. Ils invoquoient des priviléges antérieurs à l'union du comté de Touloufe à la couronne, & diférentes confirmations de nos Rois, notamment les lettres patentes du mois de Septembre 1717. On leur a opofé que, depuis l'établiffement de la monarchie, la ville & le comté de Touloufe ont toujours été un fief mouvant de la couronne, fujet aux droits & aux loix du roïaume; que ce comté n'a pas été uni à la couronne par le traité du mois d'Avril 1228, comme une feigneurie indépendante; que ce traité ne contient qu'une ftipulation de réunion de la feigneurie utile à la direéte de la couronne, laquelle réunion a été efféétuée en 1270; qu'en fupofant que les comtes de Touloufe, comme jouïffant des droits de fouveraineté, euffent accordé l'éxemtion du droit de franc-fief, cette éxemtion ne pouvoit fe foûtenir, parce que le droit eft roïal & attaché à la couronne; que nos Rois font rentrés dans leurs droits à l'inftant de la réunion; que les diférentes lettres patentes, en confirmant des priviléges, fupofent une conceffion valable de ces priviléges; mais que le droit de franc-fief eft inaliénable & imprefcriptible; que le recouvrement en eft ordonné, par l'édit de 1708, & par les précédens, fur tous les roturiers fans exception; que les lettres patentes de 1717, n'accordent rien de nouveau, & que l'éxemtion du droit de franc-fief, qui s'y trouve inférée, ne peut fubfifter, puifqu'elle n'avoit pas lieu auparavant; que le Roi n'a entendu accorder par ces lettres que ce qui étoit accordé par la réponfe fur le cahier des états du mois de Juillet 1717, qui contient, à l'art. 9, que lefdits habitans ne jouïront de l'éxemtion du droit de franc-fief, que comme ils avoient droit d'en jouïr; or, comme ils n'avoient pas le droit d'en jouïr, il s'enfuit qu'il ne leur a été rien accordé, parce qu'une confirmation n'eft pas une conceffion.

Arrêt du confeil du 17 Août 1694, par lequel les terres & feigneuries des fiefs nobles fitués dans l'ancienne fenéchauffée de Touloufe, ont été maintenus dans le droit & la poffeffion où elles étoient d'être éxemtes du païement du droit de lods & ventes aux mutations, & autres profits de fief, en quelque cas & manière que ce foit.

La déclaration du Roi du 21 Mars 1671, concernant le contrôle des exploits, n'a été enregiftrée au parlement de Touloufe que le 11 Décembre 1722, en conféquence de lettres patentes du 3 Oétobre de la même année.

Les capitouls ont une jurifdiétion contentieufe dans l'étenduë de la ville de Touloufe & gardiage d'icelle; ils y ont été maintenus par l'art. 71 de la déclaration du Roi du 20 Janvier 1736, pour connaitre en première inftance des matières qui y font expliquées, fauf l'apel au parlement. *Voïez* ce qui eft obfervé à l'article, *Hôtel-de-ville*. A l'égard de leurs priviléges, *voïez* Capitouls.

TOURS, ville capitale de la Touraine, & chef-lieu de généralité. *Voïez* ce que dit M. Dupuy, dans fon traité des droits du Roi, page 632, fur l'éreétion du comté de Touraine en duché & pairie, & fur les conceffions qui en ont été faites à titre d'apanage, dont la dernière eft de 1576, par Henry III, en faveur de fon frère François duc d'Alençon; après la mort duquel, fans enfans, ledit duché a été réuni au domaine.

Voïez les lettres patentes & l'édit des années 1547 & 1570, pour l'aliénation des domaines dans la Touraine; ils font raportés à l'article, *Orléans*.

La réunion générale des domaines, ordonnée par l'édit du mois d'Avril 1667, l'a été nommément, par arrêt du confeil du 28 Juillet 1668, pour les domaines de Tours, d'Amboife & autres, qui, en conféquence, ont été efféétivement réunis par autre arrêt du 31 Décembre 1668.

Par arrêts de 1706 & 1708, tom. 1, p. 34, les acquéreurs des juftices dépendantes du domaine d'Amboife ont été reftraints à la haute-juftice & à la jouïffance des cenfives & des lods & ventes des biens roturiers.

Arrêt du confeil du 6 Novembre 1725, pour la réunion des prévôtés de Jallange,

Villemereau , & autres domaines & droits dépendans du domaine d'Amboife.

La déclaration du Roi du 14 Juillet 1699 , excepta du contrôle des actes , la généralité de Tours , comme aïant racheté ce droit en éxécution de l'édit du mois de Mars 1696 ; mais il y fut rétabli par l'édit du mois d'Août 1706.

L'aliénation faite le 7 Mars 1711 , en éxécution de la déclaration du 9 Décembre 1710 , des droits de contrôle & d'infinuation dans ladite généralité , pour dix années , fut révoquée par l'édit du mois de Mars 1714 , qui a réuni tous ces droits au domaine , pour être perçûs au profit du Roi.

T R A I T É , eft une convention réciproque pour quelque entreprife. L'article 87 du tarif du 29 Septembre 1722 , porte que le droit de contrôle des traités , fous-traités &c. fera perçû fur le pié de l'article 31 du même tarif. *Voïez* Marché & Société.

Les traités d'ofices font compris , fous le titre de ventes d'ofices , dans l'article 93 du tarif , qui en fixe le droit de contrôle à proportion des fommes qui y font défignées , fur le pié règlé par l'article 3 du même tarif. *Voïez* ce qui eft obfervé à l'article , *Procuration pour réfigner,* tom. 3 , page 201.

Le droit de contrôle des traités pour la levée des tailles & autres impofitions , tant ordinaires qu'extraordinaires , eft fixé par l'article 22 du tarif. *Voïez* Baux pour la levée des tailles , tom. 1. page 275.

Il fe fait des traités avec le Roi , foit pour la vente d'offices nouvellement créés , foit pour le recouvrement d'impofitions extraordinaires. Ceux qui font ces traités font nommés *Traitans* ; & , fous cette dénomination , à laquelle on attache des idées peu favorables , les gens mal inftruits confondent fouvent tous ceux qui ont contracté avec S. M. , foit à titre de ferme , ou de régie , foit à titre de traité. La ferme des revenus de l'état , limitée à fix années de jouïffance , eft la forme la plus ordinaire & la plus ancienne de leur adminiftration : le fermier a intérêt de bien régir , dans l'efpérance d'être continué le bail fuivant ; s'il fait des bénéfices , ils font auffi légitimes que ceux que peut faire tout fermier d'un feigneur , ou d'un particulier ; le bail eft paffé fur des produits connus , & les bénéfices qui en peuvent réfulter proviennent , tant des foins du fermier , que de la progreffion naturelle dont les produits font fufceptibles , relativement à l'accroiffement de la population , qui augmente le nombre des confommateurs & donne de l'étenduë à l'induftrie & au commerce ; ainfi qu'au progrès des défrichemens & de l'agriculture , qui donnent une valeur plus confidérable aux biens ; cette progreffion eft un motif pour limiter la durée de ces baux , comme elle eft la caufe de l'augmentation fucceffive du prix de chaque bail. Une autre forme d'adminiftration, eft celle de la régie pour le compte du Roi : elle n'a ordinairement lieu que lorfqu'il a plû à S. M. de faire quelques changemens dans la quotité des droits ou dans la manière de les percevoir , ou lorfque les befoins de l'état ont éxigé quelques nouvelles impofitions ; les produits ne pouvant être connûs dans ces cas , il y a néceffité d'avoir recours à une régie : le régiffeur eft obligé de compter de la totalité , à la déduction de la remife qui lui eft accordée pour fes foins & pour fes frais de régie ; cette remife n'a également rien que de légitime. A l'égard des traités , il y en a de plus ou de moins légitimes , les uns que les autres. Si les befoins de l'état déterminent le Roi à traiter à forfait , de certains ofices ou droits , dont l'objet n'eft pas connu , le traitant peut faire des bénéfices confidérables : il peut auffi faire des pertes ; mais , dans ce dernier cas , la juftice du fouverain le dédommage ; il eft donc également jufte que le traitant raporte, s'il a fait des bénéfices exceffifs. Ces traités font actuellement aufli rares qu'ils ont été fréquens dans le fiécle précédent & dans le commencement de celui-ci ; les bénéfices immenfes des traitans , & les recherches faites contre plufieurs d'entr'eux , en ont donné , juftement fans doute , des idées défavorables. Mais le titre de traitant & les idées qu'on y attache ne conviennent qu'à ceux qui traitent à forfait avec le Roi, fur des objets qui ne font pas encore connus ; les baux d'une trop longue durée & ceux qui excédent le terme de fix années peuvent même être confidérés comme des traités ; on fent bien que je ne parle que des baux de droits fufceptibles de progreffion , & nullement des baux de terres incultes & à défricher , dont il eft effentiel de faire des baux d'une certaine durée , & qui peuvent même être aliénés à perpétuité.

TRAITTES, font des droits qui fe lévent fur les marchandifes qui entrent dans le roïaume ou qui en fortent. La plûpart des droits de traittes , fixés par les tarifs de 1664 & 1667, font compris dans la ferme des traittes , qui eft l'une des cinq groffes fermes. Quelques droits de traitte ont été unis à la ferme des aides , pour plus de facilité dans la régie , parce qu'ils font dûs fur les liqueurs fujétes aux droits d'aides.

Il y a aufli des traittes domaniales, dont les droits font partie de la ferme des domaines , parce que ces droits étoient établis par les anciens fouverains des provinces dans lefquelles ils fe perçoivent. Ils font dûs fuivant les pancartes qui en ont été faites & confirmées au confeil ; la traite domaniale de Nantes eft , je crois , la plus confidérable : elle eft actuellement engagée , comme il a été obfervé à la 1re page de ce volume.

TRANSACTION, eft un acte fait entre plufieurs perfonnes , pour terminer un procès , ou pour prévenir des conteftations prêtes à naitre. Ainfi , les tranfactions , pouvant être faites fur toutes fortes d'objets , font fufceptibles de claufes de toutes efpéces.

1. L'article 92 du tarif du 29 Septembre 1722 , porte que , pour les tranfactions ou accords en matière civile , dans lefquels toutes les fommes , enfemble les dommages & intérêts feront défignés , les droits (de contrôle) en feront païés fuivant l'article 3 du même tarif. Que , pour celles où les fommes ne feront pas défignées , les droits en feront païés fuivant l'article 4. Et que , pour les tranfactions ou accords en matière criminelle , pour excès , injures ou autres cas , dans lefquels il n'y aura aucune fomme défignée , il fera païé trois livres.

Le droit de contrôle eft dû fur tout ce qui fait la matière & l'objet de la tranfaction ; s'il n'y a point de défignation ni d'évaluation , quoique , dans l'acte , il y ait des dommages & intérêts , frais ou dépens , liquidés à des fommes certaines , le droit doit être païé fuivant l'article 4 du tarif (*) , à la feule exception des tranfactions en matière criminelle , dont le droit eft dû , ou fur ce qui y eft défigné , ou fur le pié de 3 livres feulement.

Par arrêt du confeil du 11 Février 1710 , au fujet d'une tranfaction contenant diférentes difpofitions , & tranfport de droits non eftimés , dont M. l'intendant de Roüen avoit fixé le droit de contrôle fur ce que l'une des parties devoit à l'autre

(*) Par les articles 138 & 175 des tarifs de 1706 & 1708 , il étoit dit que , pour les tranfactions où les fommes ne feroient pas défignées , & dans lefquelles les chofes qui en ont fait la matière ne feroient & ne pouroient être eftimées ni évaluées , quoique , par lefdits actes , il y eût des dommages & intérêts , frais ou dépens liquidés à des fommes certaines , il feroit païé le plus fort droit fixé pour ceux de ces actes , dans lefquels tout étoit évalué.

par l'événement, il a été jugé que le droit de contrôle étoit dû fur toutes les chofes qui en faifoient la matière ; & , fans s'arrêter à l'ordonnance de M. l'intendant, les parties ont été condamnées au païement du plus fort droit fixé par le tarif.

Décifion du confeil du 21 Septembre 1723, fur le mémoire des prêtres de la congrégation de la miffion de Chartres, qui demandoient qu'une tranfaction, qu'ils avoient paffée avec un curé pour les bornes & limites d'une dixme, fut contrôlée comme acte fimple. Il fut décidé qu'on avoit eû tort de ne pas évaluer & qu'on devoit fe l'imputer ; que le tarif décidant la quotité du droit, on ne pouvoit le modérer.

Autre décifion du confeil du 11 Juillet 1724, qui confirme une ordonnance de M. l'intendant d'Amiens , par laquelle il a été jugé qu'il étoit dû 200 liv. pour droit de contrôle d'une tranfaction paffée entre Joachim le Sage, laboureur, & autres particuliers, qui fe font refpectivement tenus quites, en fe défiftant des procès intentés & à intenter , fans défignation ni évaluation des objets.

Décifion du confeil du 14 Février 1728, fur le mémoire d'un ancien procureur du Roi de la ville de Souillac, qui demandoit la réduction du plus fort droit de contrôle prétendu pour une tranfaction paffée entre les religieux de Souillac , leur abbé commendataire & les confuls de ladite ville ; par laquelle les parties règlent le rang & la féance des confuls fur le juge de l'abbaïe en certaines occafions , & du juge fur les confuls, dans d'autres occafions ; ainfi que l'attribution de jurifdiction & la connaiffance des affaires de police, dans plufieurs cas, en faveur des uns & des autres. Décidé que le droit eft dû fur le pié règlé par l'article 4 du tarif.

Par décifion du 4 Décembre 1728, il a pareillement été jugé qu'il étoit dû 200 livres, pour le droit de contrôle d'une tranfaction paffée entre M. le marquis de

Laxion & M. le marquis de Puiquillon ; par laquelle ils fe font accordés fur 14 chefs de demandes, faifant la matière d'un procès qui duroit depuis 1694, dans lequel il s'agiffoit de plufieurs corps héréditaires, dont la valeur n'étoit pas défignée dans la tranfaction ; ils fe mettoient réciproment hors de cour & de procès fur tous les chefs, à la charge que l'un païeroit une fomme de 11000 livres , à des créanciers , en l'acquit de l'autre , qui païeroit le furplus de cette créance. L'on prétendoit que le droit n'étoit dû que fur le pié de cette fomme , parce que, les parties s'étant mifes hors de cour & de procès , il n'y avoit que le prix de cette obligation qui fit l'objet de la tranfaction.

Arrêt du confeil du 13 Décembre 1729, par lequel , fans s'arrêter à une ordonnance de M. de Bernage , intendant de Languedoc , il a été ordonné que l'article 92 du tarif de 1722, & l'arrêt du confeil du 11 Février 1710 , feront éxécutés felon leur forme & teneur ; ce faifant , le nommé Farabofe , notaire , a été condamné au païement de 200 liv. pour le droit de contrôle d'une tranfaction , avec les 4 fols pour livre en outre ; & en 200 liv. d'amende , pour ne l'avoir pas fait contrôler dans la quinzaine de fa date. Par cette tranfaction , Jean & Armand Bonnet , aïant compté de toutes les affaires qu'ils avoient entr'eux jufqu'àlors , fe font refpectivement quités de toutes les demandes qu'ils fe faifoient l'un à l'autre , en quoi qu'elles puffent confifter ; moïennant , favoir , pour les demandes liquidées & qui pourroient être apréciées, la fomme de 62 liv. 7 fols 2 deniers , que Jean s'eft obligé de païer à Armand fon frère ; & , pour les demandes qui ne pouvoient être apréciées, Armand a promis de paffer contrat de vente à Jean , de la moitié d'une teinturerie qui leur apartenoit en commun , fur le pié de l'eftimation qui en feroit faite à l'amiable. Le notaire a foûtenu que le droit n'étoit
dû

dû que fur la fomme de 62 livres 7 fols 2 deniers, qui faifoit le réfultat de la tranfaction ; & M. l'intendant l'avoit ainfi jugé. Mais fon ordonnance a été réformée, parce que ce n'eft pas fimplement le réfultat qui détermine la quotité du droit.

Décifion du confeil du 24 Novembre 1731, qui juge qu'il eft dû 200 livres pour le droit de contrôle d'une tranfaction paffée entre la demoifelle de Mornay d'Ambleville, dame de Gadancourt, & les chanoines de Rouen, feigneurs de la paroiffe de Vay, à caufe de leurs prébendes ; par laquelle il eft dit que l'objet des parties eft de prévenir un grand procès fur les demandes que ladite demoifelle étoit dans l'intention de former contre les chanoines ; que l'état & les limites des deux feigneuries, ainfi que leurs droits refpectifs, font fixés à perpétuité par des bornes convenuës ; & qu'à l'égard de feize piéces de terre, fur lefquelles les parties prétendoient réciproquement la feigneurie exclufive, les unes feront dans la feigneurie de ladite demoifelle, & les autres dans celle des chanoines.

Une décifion du 4 Novembre 1735, a jugé qu'il n'étoit dû que 20 fols, pour droit de contrôle d'une tranfaction paffée entre des habitans de villages & communautés, & leurs feigneurs, attendu que les parties reftoient au même état qu'elles étoient avant le procès, fans rien acquérir de part ni d'autre & fans rien païer, & que, par conféquent, l'acte ne produifoit que l'éfet d'un défiftement.

Par autre décifion du 30 Octobre 1736, renduë fur le mémoire du fieur Defcoyeux Fouras, il a été jugé qu'il étoit dû le plus fort droit pour le contrôle d'une tranfaction paffée entre lui & le fieur le Bert du Châtelet, fur diférens chefs ; par le réfultat de laquelle, il avoit païé une fomme de 2000 livres, fur laquelle il offroit feulement de païer le droit.

Il a pareillement été décidé le 5 Février *Tome III.*

1737, qu'il étoit dû le plus fort droit de contrôle, pour une tranfaction que le fieur du Hardaz, capitaine au régiment roïal-artillerie, avoit paffée avec fa mère, & le fieur Charot & fa femme. Il difoit que tout l'objet de la tranfaction n'étoit pas de 4000 livres ; mais la plû-part des prétentions & des demandes des parties, n'y étoient point évaluées & ne pouvoient l'être ; il en étoit de même de leurs conventions, entr'autres de l'abandonnement fait par le fieur Charot & fa femme de leurs droits fur trois fucceffions : ces droits n'étoient pas défignés, & l'évaluation qui en étoit propofée ne pouvoit fervir de règle.

Décifion du confeil du 19 Avril 1738, qui réprouve la perception du plus fort droit fur une tranfaction paffée entre le fieur Thioliere & la veuve Garget, pour terminer leurs diférends à l'occafion de fociété & d'intérèts de commerce. Les fommes qui faifoient la matière de la tranfaction étoient, d'une part, 34000 livres que la veuve Garget s'obligeoit de païer au fieur Thioliere pour raifon d'une première fociété, & 11000 liv. d'autre part, pour reliqua d'une feconde fociété. Le commis avoit prétendu le plus fort droit de contrôle, fous prétexte que les parties avoient, à ce moïen, déclaré fe tenir refpectivement & généralement quites de toutes prétentions. M. l'intendant de la Rochelle, qui propofoit la queftion, obfervoit que toutes les fommes, qui faifoient la matière de la tranfaction, étoient défignées, & que la claufe générale étoit une fuite néceffaire de toutes les tranfactions, qui ne pouvoit augmenter le droit de celle dont il s'agiffoit, puifqu'il y étoit dit que toutes les prétentions du fieur Thioliere ne s'étendoient que fur ce qui réfultoit des fociétés, qui fe trouvoit fixé par l'acte même. Décidé que l'avis de M. l'intendant eft bon, & que, les fommes étant défignées, le commis a eû grand tort de percevoir 200 livres.

Autre décifion du confeil du 28 Juin 1738, fur le mémoire de M. le duc de Bouillon, qui a demandé que le droit de contrôle d'un acte paffé entre lui & les bénédictins de l'abbaïe de faint Alyre-lès-Clermont, fut réduit fur le pié fixé par les articles 42 & 72 du tarif, concernant les défiftemens & raports d'experts; il a dit que c'étoit un fimple procès verbal de bornement de dixmes, fait de l'avis d'experts, pour affurer à chacune des parties, ce qui lui apartient fur des territoires contigus & voifins l'un de l'autre; que les parties ne s'étoient tranfmis l'une à l'autre aucune propriété; que chacune d'elles avoit confervé ce qui lui apartenoit; & qu'il ne s'agiffoit que d'un fimple procès verbal de fixation de limites, pour prévenir des conteftations. Décidé que le droit fera réduit fur le pié offert par M. le duc de Bouillon, & que le furplus de ce qui a été perçu fera reftitué.

Arrêt du confeil du 27 Novembre 1742, par lequel, fans avoir égard à une ordonnance de M. l'intendant de Bordeaux, il a été ordonné que l'article 92 du tarif de 1722, & les arrêts du confeil des 11 Février 1710 & 13 Décembre 1729, feront éxécutés felon leur forme & teneur; en conféquence, S. M. a déclaré le droit de contrôle d'une tranfaction bien & légitimement perçu fur le pié de 240 livres en principal & 4 fols pour livre; &, en cas que le commis du bureau de Bordeaux, pour fatisfaire à ladite ordonnance, ait reftitué fur ladite fomme, l'excédent des 36 livres, à quoi ledit droit a été réduit par la fufdite ordonnance, condamne, S. M., le fieur Grenouilleau à le raporter immédiatement après la fignification de l'arrêt. Par cette tranfaction les fieurs Boyer, neveux du fieur Grenouilleau, lui ont rétrocédé & abandonné l'ufufruit de tous les biens dont il leur avoit fait donation univerfelle par leur contrat de mariage, fe reftraignant feulement à la nuë pro-

priété de ceux éxiftans lors de la donation, & renonçant expreffément aux biens à venir; au moïen de quoi, le fieur Grenouilleau les a déchargés, tant de fa nourriture & entretien, que de plufieurs autres conditions exprimées dans la donation. Cet acte contenoit une évaluation à 6000 liv. & M. l'intendant avoit adopté cette évaluation pour fixer le droit de contrôle en conféquence. Mais l'objet principal de l'acte n'étoit pas fufceptible d'eftimation, puifqu'il tombe non-feulement fur l'ufufruit des biens préfens, mais encore fur la propriété & fur l'ufufruit des biens à venir du fieur Grenouilleau, qui s'en retrouve propriétaire libre, après les avoir donnés. L'évaluation étoit d'ailleurs frauduleufe, puifque, par la donation, les biens qui en faifoient l'objet avoient été évalués 60000 livres. Enfin, M. l'intendant avoit auffi jugé qu'il n'étoit point dû de demi-droit de centième denier, pour la rétroceffion faite au donateur, de l'ufufruit de fes biens préfens; l'ordonnance a pareillement été réformée en cette partie, & le fieur Grenouilleau a été condamné, par l'arrêt, au païement dudit droit de demi-centième denier.

Décifion du confeil du 28 Octobre 1744, qui confirme une ordonnance de M. l'intendant de Tours, portant fixation à 3 livres & les 4 fols pour livre, du droit de contrôle d'une tranfaction, par laquelle Madeleine Renou, qui avoit vendu à Jacques Couturier, un contrat de conftitution au principal de 4000 livres, moïennant 250 livres de rente viagère, & qui avoit obtenu des lettres de refcifion, dont elle avoit demandé l'enterrinement au Bailliage de Tours, s'eft défiftée de l'éfet de ces lettres, & a confenti l'éxécution de la vente du contrat; reconnaiffant avoir reçu 500 livres pour deux années d'arrérages de fa rente viagère. L'ordonnance étoit très-jufte : la vente n'étoit pas anéantie, quoiqu'attaquée; la tranfaction n'a procuré à l'acquéreur que le rétabliffement d'une tranquillité troublée par le procès qui lui étoit intenté. Si le défiftement avoit été pur & fimple, il auroit produit le même éfet ; le droit a été fixé à 3 livres par raport à la quitance de 500 livres qui s'y trouvoit inférée.

Autre décifion du confeil du 19 Novembre 1744 , fur le mémoire du fieur Dupont , fecrétaire du Roi , qui demandoit que le droit de contrôle d'une tranfaction paffée entre lui & le chapitre de Chartres , fut fixé à 3 livres ; attendu que l'acte contenoit une évaluation à 500 liv. Cette tranfaction avoit pour objet de terminer des conteftations qui duroient depuis long-tems , au fujet des prétentions refpectives des parties pour diférens droits feigneuriaux & honorifiques , & de fixer les alignemens & les bornes diftinctives des limites de leurs feigneuries ; le fermier obfervoit que l'évaluation n'avoit été inférée que par renvoi , & feulement pour fixer les droits de contrôle , qu'ainfi elle ne pouvoit fervir de règle. Le fieur Dupont répliquoit que l'objet principal de l'acte étoit de fixer des limites entre des terres trop voifines , pour ne pas occafionner , fans cela , des conteftations fréquentes ; que la tranfaction ne tient lieu que d'un procès verbal d'experts ; qu'à l'égard des droits feigneuriaux & honorifiques , les parties ne fe tranfmettent aucune propriété ; que chacune conferve ce qui lui apartenoit ; & que l'évaluation qui a été faite excéde même la valeur de ces droits. Décidé que cette tranfaction ne peut être confidérée que comme un acte qui renferme plufieurs difpofitions , aïant pour objet des conteftations dont le principal ne peut être évalué ; qu'ainfi elle ne peut être contrôlée que conformément à l'article 4 du tarif.

Par autre décifion du 3 Avril 1745 , le confeil a réformé une ordonnance de de M. l'intendant de Tours , & jugé que le droit de contrôle étoit dû fuivant l'article 4 du tarif , pour une tranfaction paffée entre les fieurs Defnots & Pannart , père & fils ; lequel droit avoit été fixé à 4 livres 10 fols par M. l'intendant , fur le pié de l'article 31 du tarif , & comme compte de tutelle. S'il n'avoit été queftion que d'un compte de tutelle , le droit n'auroit été dû que fur le reliqua , comme il a été obfervé à l'article *Compte*. Mais , le fermier a dit que la tranfaction contenoit , outre le compte , une remife & une décharge mutuelle de penfions & autres frais , & de revenus qui n'étoient & ne pouvoient être évalués ni eftimés.

Décifion du confeil du 10 Décembre 1746 , fur l'apel d'une ordonnance de M. l'intendant de Pau , qui avoit fixé à 20 fols le droit de contrôle d'une tranfaction paffée entre les fieurs & demoifelles Verdier frères & fœurs , en confidérant qu'il ne s'agiffoit que d'un défiftement pur & fimple de la part de l'ainé , des prétentions qu'il avoit fur la qualité des biens de la mère , pour le partage defquels les parties étoient en conteftation. Le fermier a dit , qu'après des conteftations portées en diférens tribunaux , l'ainé a reconnu , par la tranfaction , que les biens n'étoient ni paraphernaux ni adventifs ; qu'ils étoient fujets à un partage égal ; qu'en conféquence il a été ftipulé qu'ils feroient vendus , & que , fur le prix , il feroit prélevé une fomme de 6000 livres , pour être emploïée à l'acquit d'une dette commune , & que le furplus feroit partagé ; qu'ainfi c'eft une tranfaction fur l'événement incertain d'un procès , qui règle les partages & qui ne contient ni défignation ni évaluation des biens ; qu'elle diffère du défiftement , qui ne fe fait que par une partie , fans l'acceptation de l'autre ; & qu'il n'y a point de diftinction à faire , comme le prétendent les fieurs Verdier , entre les tranfactions , foit qu'elles contiennent ceffion ou tranfport , foit qu'elles n'en contiennent point ; parce que toutes les tranfactions font comprifes dans la même loi pour la fixation du droit de contrôle , fans aucune diftinc-

tion. Décidé que » l'acte dont il s'agit con-
» tient les conventions du partage des
» biens , & auroit dû être confidéré com-
» me tel par M. l'intendant , qui ne l'a
» regardé que comme un défiftement de
» procédures commencées devant le Séné-
» chal ; ainfi , l'ordonnance fera réformée ,
» & les droits perçûs fur le pié du plus
» fort droit , attendu que l'acte ne contient
» point d'évaluation ».

Autre décifion du confeil du 21 Janvier 1754, qui déboute les drapiers &
teinturiers du Bourg de Darnetal , de leur
apel de deux ordonnances de M. l'intendant de Roüen , portant que le droit de
contrôle d'une tranfaction , par eux paffée
avec M. le duc de Luxembourg , feroit
païé fur le pié réglé par l'art. 4 du tarif. Ils
difoient que cet acte ne pouvoit être confidéré que comme un défiftement pur &
fimple , de la part de M. le duc de Luxembourg , de deux fentences qu'il avoit obtenuës , portant qu'il feroit païé 5 fols du
cent pefant des laines qui feroient expo-
fées au marché de Darnetal ; que cet acte
ne leur procure rien , ni à M. de Luxembourg , qui s'eft défifté de l'excédent du
droit que les fentences lui accordoient , &
qui ne lui étoit pas dû ; qu'ainfi, les parties
ne donnant & ne retenant rien , l'acte n'avoit
pas le moindre caractère de tranfaction ;
que d'ailleurs , lorfqu'une tranfaction ne
contient ni vente , ni ceffion , ni tranfport ,
& qu'elle eft paffée fur des objets modiques , le confeil en a toujours règlé mo-
dérément le droit , fuivant les décifions
des 1er Mars & 13 Décembre 1732 (*),
& 28 Juin 1738. Le fermier a dit qu'il y
avoit originairement des conteftations fur
la fixation des droits de poids & de coûtume du cent pefant des laines ; que cette
fixation a été faite diverfement par les
diférens jugemens intervenus ; & que l'acte

dont il s'agit eft une tranfaction pour terminer les conteftations , & qui règle ce
qui fera païé ; qu'elle n'a aucun raport au
défiftement compris dans l'art. 42 du tarif ,
& que fon objet n'étant ni défigné ni évalué , il eft dû 200 liv. fuivant l'art. 92 du
tarif qui renvoïe à l'article 4.

Décifion du confeil du 12 Juin 1755 ,
qui confirme deux ordonnances de M. l'intendant de Soiffons , par lefquelles il a été
jugé qu'il étoit dû 200 liv. pour le droit
de contrôle d'un acte paffé entre Georges
Thibaut & conforts , pour terminer une
inftance au fujet de la fucceffion d'Anne
Davefne , dont Marie-Anne le Sage fe prétendoit feule héritière ; elle s'eft défiftée
de cette prétention , en confentant que la
fucceffion fut partagée également. Les parties foûtenoient que ce n'étoit qu'un défiftement d'inftance , & que la fucceffion étoit
de peu de valeur ; mais , la tranfaction a été
paffée avec tous les héritiers , qui font
convenus qu'elle feroit partagée par fouches & non par têtes , & qui ont règlé
ce qui apartiendroit à chacun , fans défignation ni évaluation. Le confeil , en confirmant l'ordonnance , a renvoïé à la charité
du fermier pour modérer le droit fur la
valeur des biens : c'eft juger que le confeil
même ne peut s'écarter de la règle faite
par le tarif , & , en même-tems , prefcrire
au fermier un acte de juftice , dans un
cas où il étoit fenfible que le fort droit auroit été trop rigoureux , eû egard à la modique valeur des biens.

Voïez encore , Sentence arbitrale.

2. Quelquefois les parties tranfigent
fur procès ; & , aulieu d'en faire rédiger
l'acte pardevant notaires , on fait admettre
les conventions par un jugement d'expédient. Les jugemens de cette efpéce font
des actes volontaires , de nature à être
faits par les notaires , & , comme tels , ils

(*) Je ne connais pas ces deux premières décifions : elles font citées dans le commentaire des
tarifs , fous l'article 92 de celui du contrôle.

doivent être contrôlés dans la quinzaine de leur date, à la diligence des gréfiers. *Voïez* Actes volontaires, tom. 1ᵉʳ page 82.

3. Les transactions ne font pas ordinairement des actes translatifs de propriété ; ce font des actes fimplement déclaratifs. Néanmoins, comme les transactions font fufceptibles de toutes fortes de difpofitions, il peut s'y trouver des ceffions, tranfports ou ventes d'immeubles ; dans ce cas, les droits de centième denier & autres feront dûs, comme fi ces difpofitions avoient été faites par des actes particuliers. Une fomme païée par celui qui étoit en poffeffion d'un immeuble, & qui le conferve par le réfultat de la transaction, n'eft pas toujours une preuve que la ceffion lui en foit faite par l'autre partie ; parce qu'on peut païer une fomme pour acheter fa tranquilité & fe délivrer d'un procès. Mais fi cette fomme aprochoit de la valeur du bien, ou s'il étoit prouvé que celui qui fe défifte fut le véritable propriétaire, les droits réels feroient dûs, parce qu'il y auroit tranflation de propriété, quoique ce fut en faveur de celui qui poffédoit déja. Si, au contraire, l'héritage change de main par la transaction, les droits font dûs, à moins qu'il ne foit prouvé que celui qui reprend cet héritage en fût réellement le véritable propriétaire, & que l'autre en eût mal-à-propos la poffeffion, foit par ufurpation ou autrement.

4. Lorfque, par une transaction fur procès, les parties règlent des dépens ou des dommages & intérêts, qui ont été prononcés dans un fiége roïal, le droit de contrôle ou fol pour livre de ces dépens, dommages & intérêts eft dû, s'il n'a pas été acquité lors de la levée du jugement qui les a prononcés, ou lors de l'éxécutoire, au cas qu'il en ait été obtenu. Ce droit de contrôle eft diftinct du droit de contrôle des Actes : il fait partie de ceux qu'on apelle *droits-réfervés* ; mais, pour le percevoir, il faut qu'il y ait eû une condamnation prononcée dans un fiége roïal, parce que c'eft

la condamnation qui acquiert le droit, quoiqu'il ne foit éxigible que lors de la liquidation. *Voïez* ce qui eft obfervé à l'article *Droits-réfervés* §. 11, tom. 2, page 242.

TRANSLATION *de domicile*. Les particuliers taillables, qui vont demeurer d'une paroiffe dans une autre, font obligés, pour ne pas fuporter la taille perfonnelle dans les deux paroiffes, de faire publier leur tranflation de domicile, d'en faire la dénonciation aux habitans de la paroiffe qu'ils quitent, & de les affigner à l'élection avant le 1ᵉʳ Octobre, pour voir juger bonne & valable la tranflation ; & elle doit être jugée telle avant le 1ᵉʳ Janvier, conformément au règlement de 1673 & à la déclaration du Roi du 16 Août 1683.

Il a été décidé au confeil, le 26 Mai 1724, que les certificats des curés d'avoir publié les tranflations de domicile ne font point fujets au contrôle. Suivant la déclaration de 1683, ces publications devoient être faites au prône de l'églife paroiffiale ; & toutes celles qui y doivent être faites, ne peuvent être affujéties au contrôle. Il a été obfervé, à l'article *Publication*, que, depuis 1695, les curés ne font obligés de publier au prône que les prifes de poffeffion de bénéfices, les bans de mariage & les monitoires ; d'où il s'enfuivroit que, n'étant point tenus d'y publier les tranflations de domicile, les certificats qu'ils donnent d'avoir fait ces publications devroient être fujets au contrôle ; mais la décifion de 1724, quoique contraire au principe, doit être fuivie, pendant qu'elle fubfiftera.

Les caufes de tranflations de domicile, font, comme les autres, fujétes aux préfentations, tant en demandant qu'en défendant. Il arrive fouvent néanmoins que le procureur du demandeur ne fe préfente point, & qu'il fait juger la tranflation par défaut, fans avoir levé le défaut au gréfe des préfentations.

M. l'intendant de Roüen a rendu deux ordonnances en forme de règlement à ce sujet , contre les procureurs des élections de Montivilliers & d'Arques, les 4 Novembre 1742 , & 16 Février 1743 , par lesquelles les procureurs ont été condamnés au païement desdits droits de préfentations & de défauts qu'ils avoient obmis de lever ; il leur a été fait défenfes de faire aucunes pourfuites ni procédures , pas même de conftitution de procureur , avant que de s'être préfentés au gréfe des préfentations , en toutes caufes , même de tranflations de domicile , foit en demandant ou défendant ; ainfi que de pourfuivre aucune fentence par défaut , d'audience ou de raport , fur requête ou autrement , que le défaut ou congé n'ait été levé & les droits païés ; le tout à peine de nullité des procédures , de demeurer perfonnellement refponfables des dommages & intérêts des parties & de 300 liv. d'amende pour chaque contravention.

Les fentences qui jugent les tranflations de domicile bonnes & valables , font fujétes au droit de petit-fcel , fur le pié fixé par la feconde claffe du tarif du 20 Mars 1708 , comme jugemens qui donnent acte; décifion du 24 Juillet 1730 , renduë contre le fieur le Brun , gréfier de l'élection de Montargis , confirmative d'une précédente du 4 Février de la même année.

Quelquesfois , les oficiers des élections , en jugeant une tranflation de domicile , accordent acte de ce qu'elle eft bonne & valable , & ordonnent qu'il en fera fait note. Le gréfier , dans l'idée d'éluder le païement du droit de petit-fcel , fe contente de faire mention , fur l'exploit , que la tranflation de domicile a été jugée bonne & valable tel jour , afin de fupléer par cette note au jugement néceffaire au particulier , pour fe faire décharger de la taille dans la paroiffe qu'il quite. Mais cette mention , certifiée par le gréfier , eft un extrait du jugement , fujet par conféquent au même droit de petit-fcel , comme il a été dit , à l'article *Sceau*, n. 10. Cette queftion s'é-

tant préfentée en 1729 , M. le contrôleur général écrivit le 18 Juillet de la même année à M. de Gafville , intendant à Roüen , que ces certificats des gréfiers au pié des exploits , produifoient le même éfet que s'ils délivroient les fentences mêmes ; que l'ufage dans lequel ils étoient à cet égard ne tendoit qu'à fruftrer le fermier des droits de petit-fcel ; qu'il convenoit de ne le pas tolérer plus longtems & d'affujétir ces certificats au droit de petit-fcel , comme les expéditions. Par l'ordonnance de M. de la Bourdonnaye intendant de Roüen , du 16 Février 1743 , déjà citée ci-deffus , il eft enjoint au gréfier de l'élection d'Arques & à tous autres gréfiers des élections de la généralité , de faire fceller éxactement & de païer les droits de petit-fcel de toutes les tranflations de domicile , dont ils délivreront des expéditions ou des extraits , ou dont ils feront note ou mention au bas des exploits , fous les peines & amendes portées par les règlemens.

TRANSPORT , *Ceffion* , l'article 25 du tarif du 29 Septembre 1722 , porte que , pour les ceffions , transports & fubrogations de chofes mobiliaires ou immobiliaires , le droit de contrôle fera païé fur le pié des articles 3 & 4 du même tarif. *Voïez* Ceffion , tom. 1 , page 392.

TREIZIÉME eft , en Normandie , ce qu'on nomme communément ailleurs , lods & ventes. L'article 171 de la coûtume de cette province , porte que , pour la vente du fief à prix d'argent , il eft dû treizième du prix au feigneur , outre le relief. Suivant l'article 173 , il n'eft dû que le treizième du prix de la vente de la terre roturière.

Ce droit n'eft néanmoins que la douzième partie du prix ftipulé , ce qui revient au treizième en fus ; l'article 174 de la coûtume porte que treizième fe païe au prix de vingt deniers pour livre , s'il n'y a titre , poffeffion fufifante , ou convenant au contraire.

Voïez Lods & Ventes.

TRÉSOR *trouvé*. Il faut diftinguer le dépôt d'or ou d'argent, ou d'autres éfets précieux, caché par précaution ou par crainte, dont le propriétaire peut être connu & fournir la preuve de fa propriété ; ce dépôt, dis-je, doit être diftingué du tréfor dont on ne peut connaître le maître qui l'avoit enfoüi ou caché. Le dépôt doit être rendu au propriétaire ; le tréfor apartient, ou au Roi, ou au Seigneur haut-jufticier, ou au propriétaire de la terre dans laquelle il étoit, ou enfin à celui qui l'a trouvé. *Thefaurus*, dit Bacquet, *eft vetus pecuniæ depofitio, cujus memoria ignoratur & quæ Dominum non habet*. Ainfi, *thefauri abfconditi nemo fe Dominum, vel poffefforem dicere poteft*.

Suivant une ordonnance (*) de faint Louis, (dont plufieurs nient l'éxiftence, parce que Domat en a douté, dans fon droit public, liv. 1, tit. 6, feétion 3, n. 7.) Le tréfor trouvé en terre, apartient au Roi, s'il eft en or ; & au haut-jufticier, s'il eft en argent. Cette ordonnance porte auffi que le tréfor fera rendu au maître, qui l'avoit perdu ou enfoüi, s'il le réclame avec ferment & s'il eft de bonne renommée.

A la prononciation des arrêts en Décembre 1259, entre le procureur général, & l'abbé de faint Pierre-le-Vif de Sens, un tréfor fut ajugé au haut-jufticier, excepté l'or, apellé *fortune d'or*, qui fut ajugé au Roi. Il fut encore jugé, par l'arrêt de l'abbé de faint Denis, rendu à la Touffaints 1295, que tréfor trouvé en or, apartient au Roi, non à autre. *Voïez* le diétion. des Arr.

Les coûtumes d'Anjou & du Maine, & plufieurs autres, portent que tous tréfors confiftans en or apartiennent au Roi feul, à l'exclufion des feigneurs & des particuliers.

L'article 46 de celle de Bretagne porte, que tréfor d'or ou d'argent trouvé en terre, par béchement ou ouverture, eft au prince, s'il n'y a pourfuite ; & fi terre n'étoit béchée & ouverte, ce qui eft trouvé doit être rendu à la juftice de fur les lieux, pour le faire bannir & rendre à qui il apartient.

Suivant l'article 111 de la coûtume de Normandie, le tréfor trouvé aux terres du domaine du Roi, apartient au Roi ; & s'il eft trouvé ailleurs, il apartient au feigneur du fief. L'article 112 porte que, s'il eft trouvé dans la nef ou cimetière de l'églife, il apartient à la fabrique ; & que, s'il eft trouvé dans le chœur de l'églife, il apartient à celui qui doit entretenir le chœur ou chancel.

Dans le païs de droit écrit & dans quelques coûtumes, les tréfors, fans diftinguer s'ils font en or ou en argent, font ajugés au haut-jufticier, au propriétaire du fonds & à celui qui les a trouvés, à l'exclufion du Roi ; à moins qu'ils ne foient trouvés dans les lieux de la haute juftice de S. M., ou dans les chemins roïaux & autres lieux publics ; tous les lieux, dont perfonne n'a la propriété privée, font dans le domaine du fouverain ; ainfi, le tréfor qui y eft trouvé apartient au Roi, & à l'inventeur, c'eft-à-dire, à celui qui la trouvé.

Il fut trouvé, dans les démolitions de l'hôtel de Soiffons à Paris, d'anciennes efpéces étrangères, en or. La cour des monnoïes,

---

(*) Etabliffemens de Saint Louis, *L*. 1, ch. 90. Nus n'a *fortune* (tréfor) d'or, fe il n'eft Rois ; & les fortunes d'argent, font aux Barons, & à ceux qui ont grand juftice en leur terre ; & fe il avenoit que aucuns hons qui n'eut voyere en fa terre, trouvât fous terre aucune trouvaille, elle feroit au Vavaflor, à qui la voyere de la terre feroit, où la trouvaille fût trouvée ; & fe cil venoit, avant qu'il l'auroit perdue, il l'auroit à fon ferment, fe il étoit de bonne renommée. Et fe li hons de foi la receloit à fon feigneur, & il li eût demandée, il en perdroit fon mueble ; & fe il difoit : Sire, ie ne favois mie que je vous la deuffe rendre, il en feroit quitte par fon ferment, & fi rendroit la trouvaille au Baron. *Fortune* fi eft, quand elle eft trouvée dedans terre, & terre en eft effondrée. *Voïez* le nouveau commentaire de la coûtume de Bretagne, article 46.

fur le fondement de l'édit du mois de Février
1726, qui renouvelle les défenses de garder
des efpéces décriées, réclama ces efpéces, à
titre de confifcation, comme fi elles avoient
été cachées en fraude de la loi. Cette cour
rendit plufieurs arrêts au mois d'Août
1749, tant pour juger la confifcation, que
pour informer de l'enlévement defdites
efpéces, & les faire raporter és mains du
directeur de la monnoïe. Le procureur du
Roi, en la chambre du domaine & le receveur général des domaines prétendirent
les mêmes efpéces, comme tréfor trouvé,
dont le propriétaire étoit inconnu ; la
chambre du domaine rendit une fentence
le 13 Août, par laquelle, fans avoir égard
à l'arrêt de la cour des monnoïes du 8
du même mois, elle ordonna que les efpéces en queftion demeureroient ajugées
au Roi, à titre de tréfor trouvé ou épaves, avec défenfes de procéder ailleurs
qu'en ladite chambre. La cour des monnoïes rendit un autre arrêt qui prononçoit
la caffation de la fentence de la chambre
du domaine, & l'éxécution des précédens
arrêts. L'affaire portée au confeil, il eft
intervenu un arrêt contradictoire le 18
Novembre 1749, fur les mémoires refpectifs des oficiers du domaine & de ceux
de la cour des monnoïes, par lequel, fans
s'arrêter aux arrêts de ladite cour des
monnoïes, que S. M. a déclaré nuls, il
a été ordonné que la fentence de la cham-
du domaine fera éxécutée fuivant fa forme & teneur ; en conféquence, que les
efpéces d'or trouvées dans les démolitions
de l'hôtel de Soiffons, feront remifes par
ceux qui s'en trouvoient dépofitaires,
entre les mains du receveur général des
domaines de Paris ; & que, fur les conteftations qui pourront naitre à l'occafion
dudit tréfor, circonftances & dépendances,
les parties, procéderont en ladite chambre du domaine, avec défenfes à ladite
cour des monnoïes d'en connaître.

Voïez encore, Epaves ; & Rivières.

TRÉSOR, *chambre du tréfor* ; c'eft la
jurifdiction des tréforiers de France. *Voïez*
Bureaux des Finances tom. 1, p. 347.

TRÉSORIERS *de France* font les
oficiers des bureaux des finances, qui connaiffent des conteftations fur tout ce qui
concerne le domaine du Roi. *Voïez* Bureaux des Finances, tom. 1, p. 347, où
il eft parlé de leur compétence, & de
l'origine de leur établiffement.

Les tréforiers de France jouïffent de la
nobleffe graduelle ; ceux de Paris ont même
la nobleffe au premier dégré. Les uns &
les autres jouïffent auffi, depuis 1694, de
l'éxemtion des droits feigneuriaux pour
raifon des biens mouvans du Roi.

Par arrêt du parlement de Touloufe du
15 Avril 1658, obtenu par les tréforiers
de France de Montpellier, ils furent déclarés éxemts de païer les lods & ventes,
quints & requints, pour raifon des acquifitions qu'ils pouroient faire dans la mouvance du Roi. Mais, comme l'éxemtion des
droits dûs au Roi ne peut être accordée
que par S. M., il intervint arrêt du confeil le 4 Août 1667, portant que les
tréforiers de France, redevables des droits
de lods & ventes, quints & requints, &
autres droits feigneuriaux, feroient contraints au païement d'iceux, conformément aux arrêts & règlemens qui font
rendus, nonobftant & fans avoir égard à
l'arrêt du parlement de Touloufe du 15
Avril 1658, & autres femblables.

L'édit du mois d'Avril 1694, leur a
accordé diférens priviléges ; l'article 3 de
cet édit porte qu'ils feront éxemts de
tous droits de lods & ventes, quint, requint, relief, treizième, rachat, fous-rachat & autres droits feigneuriaux & féodaux, à caufe des terres & fiefs nobles
ou roturiers qu'ils pofféderont dans le
roïaume, tenus & mouvans de S. M.,
tant en achetant, vendant, qu'autrement,
même dans le cas des échanges portées
par les édits des mois de Mai 1645,
Mars

Mars 1673, & Février 1647, que S. M. leur a, en tant que befoin, attribués & attribuë dans les lieux & coûtumes où lefdits droits n'avoient pas lieu auparavant lefdits édits. Par l'article 4, ils font déclarés éxents de droits de francfiefs, de ban & arrière-ban, fans néanmoins que, fous prétexte de l'édit du mois de Mai 1635, qui leur attribuë tous les priviléges des notaires-fecrétaires, les charges de préfidens, tréforiers généraux, avocats & procureurs du Roi, puiffent opérer une pleine nobleffe à ceux qui en feront pourvûs; mais elles ferviront feulement, comme elles ont toûjours fait, de dégré pour y parvenir, ainfi que celles des compagnies fupérieures. L'article 5 du même édit porte que ceux qui auront eû fucceffivement leur père & leur aïeul dans lefdites charges, qui feront décédés revêtus d'icelles, ou qui les auront éxercées pendant vingt années, feront nobles, leurs enfans & poftérité, fuivant l'ufage du roïaume.

Par arrêt du confeil du 15 Juin 1706, un tréforier de france a été condamné à païer les droits feigneuriaux dans l'étenduë de l'apanage de M. le duc d'Orléans, fans néanmoins préjudicier à l'éxemtion defdits droits, dont doivent joûïr les tréforiers de france, dans l'étenduë des domaines du Roi, même dans ceux engagés poftérieurement à l'édit du mois d'Avril 1694.

Un arrêt du parlement de Paris du 14 Mai 1714, à confirmé une fentence du bureau des finances de Poitiers, qui avoit jugé que les tréforiers de france, éxents de païer les lods & ventes pour leurs acquifitions, peuvent les répéter de celui qui éxerce le retrait fur eux, quoiqu'ils ne les aïent point païés. *Voïez* ce qui eft obfervé fur cet arrêt, à la page 380 du 1er vol.

Par l'article 2 de l'édit du mois d'Août 1715, le Roi a révoqué la nobleffe au premier dégré, qui avoit été accordée en *Tome III.*

conféquence de l'édit du mois d'Octobre 1704, à ceux des oficiers des cours & compagnies fupérieures, & bureaux des finances du roïaume, qui avoient acquis les quatre difpenfes d'un dégré de fervice; voulant que ces oficiers & leurs enfans & les defcendans de ceux d'entr'eux qui font morts revêtus de leurs charges, après avoir acquis lefdites difpenfes, foient remis & rétablis au même & femblable état qu'ils étoient avant ledit édit du mois d'Octobre 1704, déclarations & arrêts rendus en conféquence. L'article 3 de cet édit révoque pareillement la nobleffe au premier dégré, accordée aux oficiers du bureau des finances de Paris, par édit du mois d'Avril 1705; &, par l'article 4, tous les oficiers des cours & des bureaux des finances, ont été maintenus dans la nobleffe graduelle.

Les oficiers du bureau des finances de Paris ont obtenu un édit du mois de Septembre 1720, qui les rétablit dans la nobleffe au premier dégré: il ordonne que celui du mois d'Avril 1705, fera éxécuté felon fa forme & teneur; en conféquence, le Roi maintient & garde les préfidens, tréforiers généraux de france, avocat & procureur de S. M., & le gréfier en chef au bureau des finances & chambre du domaine à Paris, préfentement pourvûs & qui le feront ci-après, enfemble leurs veuves viduité, leurs enfans & defcendans, même les veuves & enfans de ceux qui font décédés depuis l'édit du mois d'Août 1715, dans le privilége de nobleffe au premier dégré.

Par arrêt du confeil du 24 Octobre 1724, rendu en faveur du fieur Rouger, tréforier de france au bureau des finances d'Auch, il a été jugé qu'il ne devoit point de droits feigneuriaux pour l'acquifition par lui faite d'une terre dans la généralité de Touloufe; en conféquence, il a été ordonné que la fomme qu'il avoit confignée pour les fix fols pour livre du receveur général & des autres oficiers du domaine, lui feroit rendüe ; mais il a été déclaré non recevable dans fa demande en reftitution des quatorze fols pour livre qu'il avoit païés au fermier des domaines, faute d'avoir formé cette demande en tems utile ; c'eft-à-dire, dans les deux années qui ont fuivi l'expiration du bail de ce fermier, comme il a été expliqué à l'article *Reftitution*.

Les tréforiers de france & autres oficiers des bureaux des finances, jouïffent de l'éxemtion du droit de franc-fief, qui leur eft accordée par l'édit de 1694 ; c'eft même une fuite néceffaire de la nobleffe dont ils jouïffent. Mais cette éxemtion n'a point d'éfet rétroactif ; enforte qu'un tréforier de france doit païer le droit de franc-fief pour les jouïffances antérieures à fa réception, s'il étoit originairement roturier : il n'en peut être éxemt que du jour qu'il commence à jouïr des priviléges de la nobleffe ; arrêt du confeil du 18 Janvier 1741, contre le fieur Ayrault, gréfier en chef du bureau des finances de la Rochelle ; décifion du confeil du 5 Octobre 1746, contre le fieur du Bois, avocat du Roi au bureau des finances de Soiffons ; autre décifion du 23 Octobre 1748, contre le fieur d'Halloy, tréforier de france au bureau des finances d'Amiens. La même chofe a encore été décidée au confeil le 16 Juillet 1749, contre les oficiers des bureaux des finances d'Amiens & de la Rochelle.

Comme les tréforiers de france des provinces n'ont que la nobleffe graduelle & perfonnelle, qui fert de premier dégré à celui de leurs enfans mâles qui éxercera un pareil ofice, pour acquérir la nobleffe tranfmiffible à fa poftérité, il s'enfuit que les enfans d'un tréforier de france ne peuvent réclamer les priviléges de nobleffe dont jouït leur père, ni par conféquent fe prétendre éxemts du droit de franc-fief pour les biens nobles qui leur apartiennent. C'eft ce qui a été jugé par arrêt du confeil du 11 Décembre 1747, contre les enfans du fieur Jouault, tréforier de france au bureau des finances de Poitiers. Leur père & les autres tréforiers de france de Poitiers foûtenoient que les priviléges de leurs charges devoient procurer l'éxemtion du droit de franc-fief à leurs enfans, pendant qu'ils étoient pourvûs de ces charges ; que les enfans du fieur Jouault étoient fous fa puiffance ; qu'ils habitoient avec lui, & qu'ils n'avoient point d'état par eux mêmes. L'affaire fut communiquée à M. Freteau, infpecteur général du domaine de la couronne ; il conclût contre les enfans ; & l'arrêt les a condamnés au païement du droit de franc-fief des biens dont ils étoient propriétaires, & qui leur étoient échus de la fucceffion de leur mère.

TRIPLE DROIT, eft une peine prononcée contre les nouveaux poffeffeurs de biens immeubles, foit à titre fucceffif en ligne collatérale, foit par acquifition ou autrement, lorfqu'ils n'en païent pas le droit de centiéme denier dans les délais qui leur font fixés par les règlemens (*). Le centième denier des biens échus à titre fucceffif doit être païé dans fix mois du décès ; celui des biens donnés par des actes entrevifs doit être acquité dans quatre mois de la date des actes ; & celui dû pour toutes autres acquifitions quelconques, doit être païé dans le délai de trois mois, au plus tard ; le tout, à peine du triple droit.

Par l'art. 16 de l'édit du mois de Dé-

(*) L'article 14 de la déclaration du 19 Juillet 1704, prononce auffi le triple des droits d'infinuation des teftamens & codiciles, contre les notaires ou autres officiers qui procédent aux inventaires, fans y faire mention de l'infinuation defdits teftamens & codiciles, ou qu'ils ayent été vifés au bureau des infinuations. Un notaire a été condamné au païement de ce triple droit d'infinuation, par arrêt du 14 Mai 1718.

cembre 1703, il fut ordonné que ceux des nouveaux posseffeurs de biens immeubles, qui n'auroient pas fait enregistrer leurs titres dans le tems de six mois, feroient tenus de païer aux gréfiers des infinuations le triple dudit droit d'enregistrement.

L'article 18 de la déclaration du 19 Juillet 1704, porte que tous nouveaux acquéreurs & poffeffeurs de biens immeubles, à quelque titre que ce foit, feront tenus de faire infinuer & regiftrer leurs titres de propriété, ou les déclarations qu'ils doivent faire, dans les fix mois portés par l'édit de 1703; qu'àprès ledit tems paffé, ils feront contraints au païement du triple defdits droits; & même, que les fruits & revenus defdits biens, dûs & échûs après ledit tems & qui échéront jufqu'à l'infinuation, demeureront acquis au profit du Roi; le triple droit de centième denier a été prononcé par arrêts des 16 Janvier, 3 Février, 21 Avril, 21 Juillet & 11 Août 1705, contre diférens acquéreurs qui n'avoient pas fait infinuer leurs contrats. Ces arrêts, n'ont prononcé que le païement du triple des droits de centième denier, & non pas le triple, outre par-deffus le droit de centième denier.

L'édit du mois d'octobre 1705, a affujéti les notaires, les gréfiers & tous autres, qui ont droit de paffer des actes, à faire enregiftrer & infinuer, dans les bureaux où ils les feront contrôler, tous contrats de vente, d'échange, baux à rente foncière rachetable ou non rachetable, & autres actes tranflatifs de propriété, dans la quinzaine du jour de leur date & en même-tems qu'ils les feront contrôler; leur faifant défenfes de les délivrer aux parties qu'après qu'ils auront été infinués & les droits païés, à peine de 300 liv. d'amende pour chaque contravention; à la réferve néanmoins des fubftitutions & donations entre-vifs, qui feront infinuées à la diligence des parties. Et pour ce qui regarde l'infinuation des contrats de vente, déchanges & au-

tres actes tranflatifs de propriété de biens immeubles fitués hors l'étenduë des bureaux de la demeure des notaires, tabellions & gréfiers, il a été ordonné qu'attendu la diftance des lieux, ils feront infinués à la diligence des parties, dans les bureaux où les biens fe trouveront fitués, dans les trois mois, à compter du jour & date d'iceux, aulieu de fix mois fixés par l'édit de 1703, & par la déclaration de 1704; fous les mêmes peines y portées, fans qu'elles puiffent être réputées comminatoires, modérées ni furfifes.

Un arrêt du confeil du 13 Juillet 1706, rendu en règlement (dont l'objet a été de pourvoir au recouvrement des droits de centième denier, tant fur les fruits que fur les autres biens des débiteurs,) porte que tous les nouveaux poffeffeurs de biens immeubles, foit à titre d'acquifition, fucceffion, donation ou autrement, qui n'auront pas fait infinuer leurs titres dans le tems porté par l'édit du mois d'Octobre 1705, feront tenus de païer les droits d'infinuations, *enfemble* la peine du triple defdits droits par eux encouruë, à quoi faire ils feront contraints par faifie & vente de leurs biens, & par toutes autres voïes duës & raifonnables, fur les contraintes du fermier, fes procureurs & commis; & fans que cette peine puiffe être remife, modérée, furfife, ni réputée comminatoire.

Par l'article 10 de la déclaration du 10 Mars 1708, il eft ordonné que, lorfque les biens immeubles feront fitués hors l'étenduë des bureaux de la demeure des notaires, tabellions, gréfiers & autres qui pafferont & expédieront les actes, arrêts & jugemens, ils feront feulement tenus d'y faire mention qu'ils font fujets à l'infinuation, afin que les parties n'en prétendent caufe d'ignorance; & feront, dans ce cas, les nouveaux poffeffeurs defdits biens immeubles, foit que la poffeffion nouvelle leur foit acquife par contrats de vente, adjudications, donations teftamentaires ou autres titres, soit qu'elle leur soit échue par succession collatérale & qu'ils soient héritiers purs & simples ou bénéficiaires, tenus : savoir, les nouveaux possesseurs par contrats ou titres d'acquisition, de les faire insinuer & païer les droits dans les trois mois du jour & date d'iceux ; & à l'égard des nouveaux possesseurs à titre successif, de faire leurs déclarations & païer les droits dans les six mois du jour de l'ouverture de la succession ; le tout, sous les peines portées par les édits de 1703 & 1705, & par la déclaration de 1704, contre les parties, & de 300 liv. d'amende contre les notaires, tabellions & gréfiers.

Arrêt du conseil du 16 Janvier 1717, qui condamne le sieur de Montesson au païement du triple droit de centième denier d'une acquisition, non insinuée dans les trois mois, sur lequel il lui sera tenu compte du droit de centième denier qu'il avoit païé, sans faire insinuer le contrat. Le fermier avoit conclu au païement du droit de centième denier & du triple dudit droit, conformément à l'arrêt du 13 Juillet 1706 : la partie a justifié que le droit de centième denier avoit été païé, & le conseil n'a prononcé que le triple droit, à la déduction de ce qui avoit été païé.

Autre arrêt du conseil du 6 Mai 1719, par lequel il a été ordonné que le sieur Jouvet, notaire à Grenoble, feroit insinuer une acquisition par lui faite, & qu'il en païeroit le centième denier, *ensemble* le triple droit, faute d'y avoir satisfait dans les trois mois de la date du contrat. L'acquisition avoit été faite moïennant 35000 liv.; & M. l'intendant de Grenoble avoit condamné le notaire au païement de 350 liv. pour le centième denier, & de 700 liv. pour le triple droit ; cette disposition de l'ordonnance n'a point été attaquée.

Par un autre arrêt du conseil du 16 Mai 1719, sans avoir égard à une ordonnance de M. l'intendant de Tours, qui avoit prononcé la décharge du triple droit pour

un bail à rente fait au sieur Roussel, marchand à Angers, par acte sous-signatures privées, non insinué dans les trois mois : ledit Roussel a été condamné au païement du centième denier & du triple droit. Il a été en outre ordonné que les acquéreurs à titre de bail à rente foncière, engagemens, démissions, abandonnemens, transports, subrogations, résolutions volontaires de ventes, & autres actes translatifs de propriété d'immeubles, passés sous-signatures privées, qui n'auront pas fait insinuer lesdits actes & païé le centième denier dans les trois mois du jour de leur date, seront contraints au païement du droit de centième denier & du triple dudit droit, sans qu'il puisse leur en être fait aucune remise ni modération, pour quelque cause & sous quelque prétexte que ce soit ; comme aussi, que tous les acquéreurs d'immeubles, à quelque titre que ce soit, ensemble les héritiers collatéraux, seront contraints au païement du droit de centième denier, *ensemble* du triple dudit droit, faute par les acquéreurs d'avoir fait insinuer leurs actes translatifs de propriété, & païé le centième denier dans les trois mois du jour de la date desdits actes, & par les héritiers d'avoir fourni leur déclaration & païé ledit droit de centième denier dans les six mois de l'ouverture des successions.

L'arrêt de règlement du 15 Septembre 1722, porte qu'en cas d'ommission ou de fausse déclaration des biens échus à titre successif en ligne collatérale, l'amende de 300 liv., ensemble la peine du triple droit demeureront encourues contre ceux qui les auront faites.

La peine du triple droit a été prononcée, outre le droit de centième denier par les diférens arrêts du conseil intervenus depuis : *voïez* ceux des 20 Septembre & 31 Décembre 1720, 28 Mars 1721, 24 Février, 13 Mars, 22 Septembre & 17 Novembre 1722, 26 Avril 1723, 9 Mai & 18 Juillet 1724, 25 Septembre 1725, 5 Octobre

1728, 4 Novembre 1744, 12 Juin 1745, 14 Juin 1746 & 8 Juillet 1755, qui ont condamné des nouveaux poſſeſſeurs de biens immeubles à titre d'acquiſition ou de ſucceſſion, au païement du droit de centième denier, enſemble du triple d'icelui.

L'arrêt du 22 Septembre 1722, eſt bien explicatif ſur l'étenduë de la peine du triple droit ; il condamne les héritiers de Marguerite Aſſeline à païer 200 liv. pour le droit de centième denier, & en outre 600 liv. pour le triple droit. La même explication ſe trouve dans celui du 14 Juin 1746, rendu contre les héritiers de Marie Dufay : il les condamne au païement de 37 liv. 11 ſols pour ſuplément de centième denier à cauſſe d'une fauſſe déclaration, & en outre en 112 liv. 13 ſols pour le triple droit.

Les quatre ſols pour livre, non plus que le nouveau ſol pour livre, ne ſont point dûs ſur le triple droit, parce que c'eſt une peine & une eſpéce d'amende ; ces ſols pour livre ne ſont dûs que ſur le droit principal.

TURENNE, ville du bas Limouſin, capitale de la vicomté de Turenne, qui s'étend dans les généralités de Limoges, Bordeaux & Montauban.

L'établiſſement du contrôle des actes, ordonné par l'édit du mois de Mars 1693, ne fut pas introduit dans la vicomté de Turenne, apartenante à M. le duc de Bouillon.

Par arrêt du conſeil du 21 Novembre 1693, il fut ordonné que, conformément à l'arrêt du 9 Juin précédent (*), les actes, contrats & autres expéditions, reçus par les notaires, tabellions ou autres oficiers de la vicomté de Turenne, ne pouroient être reçus, faire foi en juſtice, établir aucune action, privilége, ni hipotéque dans l'étenduë du roïaume,

terres & ſeigneuries de l'obéïſſance du Roi, s'ils n'avoient été contrôlés dans les bureaux établis ſur les confins de ladite vicomté, pour laquelle ils auroient lieu ſeulement.

En 1734, le ſous-fermier des droits de contrôle de la généralité de Limoges, demanda que les actes paſſés par les notaires *roïaux* de la vicomté de Turenne fuſſent aſſujétis au contrôle dans la quinzaine de leur date ; & que ceux paſſés par les notaires *ſeigneuriaux* de ladite vicomté, y fuſſent aſſujétis lorſqu'ils ſeroient produits en juſtice dans les juridictions où le contrôle étoit établi, ſous les peines portées par la déclaration du 19 Mars 1696, (dont les diſpoſitions ſont raportées dans le tom. 1er page 74). M. le duc de Bouillon s'opoſa à cette demande ; il conclût à la confirmation de l'éxemtion dont les habitans de la vicomté avoient jouï juſqu'alors, & à ce qu'il fut, en conſéquence, ordonné que les actes paſſés par les notaires roïaux & ſeigneuriaux de ladite vicomté fuſſent exempts de la formalité du contrôle, lorſqu'ils ſeroient produits en cauſe d'apel, après avoir été produits, en première inſtance, devant les juges de la vicomté de Turenne.

Il intervint le 9 Février 1734, un arrêt, portant que le Roi, en ſon conſeil, a débouté ledit ſous-fermier de ſa demande ; en conſéquence, & attendu l'affranchiſſement dont S. M. a bien voulu juſques à préſent faire jouïr les habitans de la vicomté de Turenne, ordonne que les actes paſſés pardevant les notaires ſeigneuriaux de la vicomté de Turenne, même ceux paſſés pardevant les notaires roïaux reſidens dans ladite vicomté, & entre parties qui y ſeront domiciliées, ſeront éxempts des droits & de la formalité du contrôle, lorſqu'ils ſeront produits en cauſe d'apel

---

(*) Voïez le tom. 1, p. 74.

Turenne.

devant les juges roïaux , après avoir été produits en première inftance devant les juges du vicomté de Turenne ; fans néanmoins que lefdits actes puiffent être difpenfés du contrôle , lorfque les parties voudront acquérir hipotéque , les fignifier, former aucune demande , ou faire aucun acte de juftice en conféquence , hors ladite vicomté ; le tout , conformément à la déclaration du 19 Mars 1696. Voulant auffi S. M. que tous les actes paffés pardevant notaires dans la vicomté de Turenne , & dont l'une des parties contractantes ne feroit pas domiciliée dans ladite vicomté , foient affujétis au contrôle , aux bureaux les plus prochains , dans la quinzaine de leur date à peine de nullité.

Le 16 Février 1734 , il fut rendu un autre arrêt du confeil fur la demande de M. le maréchal duc de Roquelaure , propriétaire du comté de Montfort & Aillac , en Périgord , autrefois membre de la vicomté de Turenne , dont il a été défuni par lettres patentes du mois d'Août 1667 , fous la condition de jouïr des mêmes franchifes & priviléges ; par lequel arrêt , celui du 9 Février 1734 , fut déclaré commun pour les habitans du comté de Montfort & Aillac , membre féparé de la vicomté de Turenne.

Par arrêt du confeil du 7 Octobre 1738 , » le Roi , étant informé que la plûpart » des droits établis dans tout le roïaume , » & notamment dans les généralités de » Montauban & de Limoges , lefquels » ont été réunis aux fermes des domai- » nes , n'ont point été perçus jufqu'à » prefent dans la vicomté de Turenne , » ou ne l'ont été qu'en partie ; *ce qui* » *n'a pû arriver que par abus & fous* » *des prétextes qui ont entiérement cef-* » *fé* ; & S. M. défirant que lefdits droits » y foient perçûs , tout ainfi & de la » même manière qu'ils le font dans tous » les autres païs de fa domination ; S. M. » étant en fon confeil , a ordonné que les

» droits de *contrôle des actes* des notai- » taires , tabellions , gréfiers & autres » aïant pouvoir d'inftrumenter ; ceux des » actes fous-fignatures privées , dans les » cas où ils y font fujets ; comme auffi » les droits d'*infinuation* & *centième de-* » *nier* , feront perçus au profit de S. M. » dans ledit vicomté de Turenne , terres » & païs en dépendans & *de tout ce qui* » *en a ci-devant fait partie ;* & ce , à » commencer du 1er Janvier de l'année » prochaine 1739 , conformément à la » déclaration du Roi du 29 Septembre » 1722 , & aux tarifs y joints ; & à » l'égard des actes qui ont été & feront » paffés jufques & compris le dernier » Décembre prochain , veut , S. M. , qu'ils » ne puiffent être produits en juftice , » ni mis à éxécution , paffé ledit jour 1er. » Janvier 1739 , qu'ils n'aïent été préa- » blement contrôlés & même infinués dans » les cas qui y font fujets , & les droits » païés ; le tout , fous les peines portées » par les règlemens. Seront pareillement » perçûs , à compter dudit jour 1er Jan- » vier 1739 , les droits de *petit-fcel* des » actes judiciaires , fur le pié du tarif du » 20 Mars 1708 ; à l'éfet dequoi toutes » les groffes & expéditions qui fe déli- » vreront , paffé ledit jour 1er Janvier , » dans toutes les juftices & juridictions » dudit vicomté , apartenantes à S. M. , » feront fcellées du fcel de fes armes ; » comme auffi feront perçûs les droits de » *contrôle des exploits* , & enregiftre- » ment des faifies mobiliaires , conformé- » ment à la déclaration du 23 Février » 1677 , & aux édits des mois de Mars » & Septembre 1704 ; les droits fur le » *papier & parchemin timbrés* , fur le » pié qu'ils font établis dans les provin- » ces de Limoufin , Périgord & Quer- » cy ; & les *droits d'échanges* , confor- » mément à l'édit du mois de May 1645 , » la déclaration du 20 Mars 1673 , & » autre édit du mois de Février 1674 ;

» comme auffi , les droits & émolumens
» des _gréfes_ , les deux fols pour livre
» d'iceux , les droits de préfentations ,
» defauts , congés , affirmations de voïa-
» ges & contrôle d'iceux , réunis au do-
» maine par l'édit du mois de Février
» 1715 ; les _droits réfervés_ par les édits
» des mois d'Août 1716 , Janvier & No-
» vembre 1717 , réduits & modérés par
» la déclaration du 3 Août 1732 ; le
» tout , pour avoir lieu feulement dans
» les juftices apartenantes à S. M. Les ro-
» turiers poffédant fiefs & biens nobles
» dans ledit vicomté , terres & païs en
» dépendans feront tenus de fournir dans
» trois mois , à compter dudit jour 1er
» Janvier 1739 , à ceux qui feront à ce
» prépofés , des déclarations defdits biens,
» & d'en païer les droits de _franc-fiefs_
» pour vingt années , à compter dudit jour;
» comme auffi , les gens de main-morte
» feront pareillement tenus de fournir ,
» dans le même délai de trois mois , des
» déclarations des biens fonds par eux
» acquis ou à eux donnés , légués ou
» cédés , à quelque titre que ce foit ,
» dans l'étenduë dudit vicomté , depuis
» quarante années ; d'en repréfenter les
» titres de propriété & d'en païer les
» droits d'_amortiffement_ , _nouvel acquêt_
» & _indemnité_ , conformément aux dé-
» clarations des 9 Mars 1700 , & 16
» Juillet 1702 ; à l'édit du mois de
» Mai 1708 , & à la déclaration du 11
» Novembre 1724. Seront lefdits droits
» de franc-fiefs , amortiffement , indem-
» nité & nouveaux-acquêts païés par les
» roturiers & gens de main-morte , pour
» les biens qu'ils acquerront à l'avenir
» & dans les cas qui s'y trouveront
» fujets. Tous lefquels droits & tous
» autres de pareille nature , qui ont
» lieu dans les provinces de Limoufin ,
» Périgord & Quercy , enfemble les
» _deux & quatre fols pour livre_ de ceux
» qui y font fujets , feront perçûs con-

» formément aux édits , déclarations ,
» tarifs & règlemens intervenus fur cha-
» que matière ; & les conteftations qui
» pourront naitre au fujet de la perception
» defdits droits , feront portées parde-
» vant les fieurs intendans & commiffai-
» res départis des généralités de Montau-
» ban & Limoges , auxquels S. M. en a
» attribué & attribuë la connoiffance en
» première inftance , fauf l'apel au con-
» feil , & ce , pendant fix années , &
» icelle interdit à fes autres cours &
» juges.

Autre arrêt du confeil du 1er Décembre 1739 , par lequel , le Roi étant informé que les habitans du comté de _Mont-
fort & Aillac_ , fitué dans la généralité
de Bordeaux , & qui faifoit ci-devant partie du vicomté de Turenne , fe font difpenfés jufqu'à préfent de païer les droits
énoncés dans l'arrêt du 7 Octobre 1738 , fur
les mêmes prétextes qui ont été jugés infuf-
fans par raport audit vicomté ; S. M. étant en
fon confeil , a ordonné que ledit arrêt du confeil du 7 Octobre 1738 , fera éxécuté felon
fa forme & teneur dans l'étenduë du comté
de Montfort & Aillac , & autres paroiffes ,
ci-devant dépendantes du vicomté de Turenne , fituées dans la généralité de Bordeaux : & , voulant traiter favorablement
les notaires , gréfiers ou autres perfonnes
publiques dudit comté , qui auront paffé
des actes depuis le 1er Janvier de la préfente année (1739) S. M. leur a permis
& permet de porter lefdits actes au bureau
général de la formule établi à Bordeaux ,
pour y être timbrés , & les droits de
timbre païés , conformément aux règlemens. Permet pareillement S. M. auxdits
notaires , gréfiers & autres , de faire contrôler , infinuer & fceller aux bureaux particuliers du fermier , qui feront établis
dans ledit comté de Montfort & Aillac ,
ou autres bureaux auxquels lefdites paroiffes feront arondies , tous les actes &
jugemens qui font fujets auxdits droits ; &

ce , pendant deux mois , à compter du 1ᵉʳ Janvier prochain ; au moïen dequoi S. M. a validé & valide lefdits actes , & déchargé les notaires & tous contrevenans des peines & amendes encouruës. Et faute par lefdits notaires & autres de fe conformer au préfent arrêt dans ledit délai , veut S. M. que tous les actes par eux paffés depuis le 1ᵉʳ Janvier de la préfente année , foient & demeurent nuls , ainfi que les procédures qui pouroient avoir été faites en conféquence ; & les amendes portées par les règlemens encouruës en vertu du préfent arrêt ; & que les notaires , tabellions , grèfiers , gens de loi & autres perfonnes publiques foient pourfuivis & contraints fur les fimples contraintes des fermiers defdits droits , leurs commis ou prépofés , au païement defdites amendes , enfemble à la reftitution des droits de contrôle , infinuation & petit-fcel qui feront dûs pour lefdits actes , fans qu'ils puiffent s'en difpenfer , fous prétexte qu'ils ne les auroient point reçus des parties , ni pour quelqu'autre caufe que ce foit. Veut S. M. que les conteftations qui pouront naître au fujet de la perception defdits droits , circonftances & dépendances , foient portées devant le fieur intendant & commiffaire départi en la généralité de Bordeaux , pour être par lui jugées en première inftance , fauf l'apel au confeil ; & ce , pendant fix années.

Par un autre arrêt du confeil du 16 Août 1740 , il eft dit que l'intention du Roi n'a pas été de déroger aux difpofitions de l'arrêt du 9 Février 1734 , par celui du 7 Octobre 1738 , à l'égard des actes paffés avant le 1ᵉʳ Janvier 1739 ; en conféquence , & en interprétant , en tant que befoin , ledit arrêt du 7 Octobre 1738 , il a été ordonné que celui du 9 Février 1734 fera éxécuté , par raport aux actes paffés pardevant notaires réfidens dans ladite vicomté de Turenne avant le 1ᵉʳ Janvier 1739 ; voulant S. M.

que lefdits actes , qui auront été paffés entre toutes perfonnes domiciliées dans ladite vicomté , puiffent être mis à éxécution dans l'étenduë de ladite vicomté & produits dans les jurifdictions qui y font ou feront établies , fans que lefdits actes puiffent être affujétis à la formalité du contrôle , ni au païement des droits ; même au cas où ils feroient produits en caufe d'apel dans les fiéges roïaux établis hors de ladite vicomté , après avoir été produits en première inftance devant les juges préfentement établis , ou qui le feront à l'avenir dans ladite vicomté ; & fera , au furplus , ledit arrêt du 7 Octobre 1738 , éxécuté felon fa forme & teneur.

Les comtés de Montfort & Aillac , fitués en Perigord , élection de Sarlat , dépendoient de la vicomté de Turenne ; ils en furent démembrés par la vente qu'en fit M. de la Tour-d'Auvergne , duc de Bouillon & vicomte de Turenne , le 15 Mars 1667 , à M. le duc de Roquelaure , moïennant 135000 livres. La défunion & le démembrement furent confirmés par lettres patentes du mois d'Août 1667.

Par deux contrats du 20 Janvier 1741 , les princeffes de Leon & de Pons , héritières de M. de Roquelaure vendirent au Roi , pour S. M. & pour les Rois fes fucceffeurs , lefdits comtés de Mont-fort & Aillac , moïennant 350000 livres , à raifon de 175000 livres pour la moitié qui apartenoit à chacune d'elles , par indivis.

L'aliénation en a été ordonnée par arrêt du confeil du 24 Juin 1747 ; & , en conféquence , ils ont été ajugés le 19 Février 1748 , par Mʳˢ les commiffaires députés par l'arrêt du 14 Juillet 1722 , pour procéder à l'aliénation des domaines en conformité de l'édit du mois d'Août 1708 , à M. le maréchal de Noailles , à titre de propriété incommutable , pour les tenir en foi & hommage du Roi , moïennant 180000 livres.

TUTEUR , eft celui qui eft nommé pour avoir foin de la perfonne d'un pupille

ou

ou d'un mineur , de fon éducation & de l'adminiftration de fes, biens.

Suivant l'arrêt du confeil du 2 Août 1724 , fervant de règlement , les exploits faits pour raifon des élections de tuteurs aux mineurs , à la requête des procureurs du Roi (lorfqu'ils y font feuls parties) doivent être contrôlés , fans que lefdits procureurs du Roi ni les huiffiers foient tenus d'en avancer les droits ; fauf aux commis à faire mention , tant fur lefdits exploits qu'à la marge du regiftre du con- trôle , que les droits font dûs ; en confé- quence , il eft ordonné que les tuteurs nommés , ne pourront , fous peine de 100 livres d'amende , en leur propre & privé nom , faire aucuns actes en ladite qualité de tuteurs , ni faire procéder aux inven- taires , que les droits de contrôle des exploits n'aïent été païés , dont les frais feront répétés par préférence fur les biens des mineurs.

Par décifion du confeil du 11 Mars 1726 , renduë fur le mémoire du procu- reur du Roi au bailliage & fiége préfi- dial de Metz , il a été ordonné qu'il en feroit ufé de la même manière pour les droits de petit-fcel des ordonnances ren- duës fur les remontrances des procureurs du Roi , à l'éfet d'affembler les parens , & d'élire des tuteurs.

Il eft certain que l'ordonnance d'un juge roïal , qui permet d'affigner les parens pour la tutelle , doit être fcellée avant que de pouvoir donner l'affignation , & que l'exploit , qui contient cette affignation , doit être contrôlé. L'arrêt du confeil du 12 Décembre 1721 , enjoint à tous huif- fiers & fergens , conformément aux décla- rations de 1671 & 1677 , de faire con- trôler , dans les délais ordinaires , tous les exploits & actes qu'ils feront , pour parvenir aux élections de tuteurs , cura- teurs , affemblées & avis de parens , tou- chant les affaires des mineurs ; & leur défend de faire aucuns exploits & de don-

ner des affignations en conféquence d'or- donnances de juges (roïaux) pour par- venir auxdites nominations de tuteurs , curateurs , affemblées & avis de parens , que lefdites ordonnances n'aïent été fcel- lées , conformément au tarif du 20 Mars 1708 , à peine de cent livres d'amende pour chaque contravention.

Mais , les parens peuvent s'affembler & délibérer , fans qu'il foit néceffaire que le juge ait ordonné qu'ils feroient affignés , & fans qu'il leur ait été donné d'affigna- tion ; auquel cas , n'y aïant ni ordonnan- ce ni affignation , il n'en fera dû ni droit de petit-fcel ni droit de contrôle , ainfi qu'il a été décidé au confeil le 6 Juin 1733 , fur le mémoire du lieutenant général du fiége du Mans.

Lorfque le tuteur eft élû , il doit païer les droits qui font dûs pour les actes qui ont été faits , à l'éfet de pourvoir les mi- neurs ; il doit même retirer l'acte de tutelle & païer les diférens droits de gréfe & de fcel qui en font dûs , avant que de faire aucunes fonctions en fa qualité de tuteur , parce que ce feroit agir en vertu d'actes qui ne feroient pas en forme. M. l'inten- dant de Caën , rendit une ordonnance , le 13 Novembre 1744 , par laquelle , il étoit enjoint à tous particuliers , établis tuteurs , qui n'avoient pas retiré leurs actes de nomination , d'en lever l'expé- dition au gréfe , dans un mois , & d'en païer , au bureau du fermier , les droits de petit-fcel & autres ; faute dequoi ils y feroient contraints , & qu'il en feroit ufé de même à l'avenir , fous peine de cent livres d'amende.

Si l'acte de tutelle contient quelques dif- pofitions volontaires , comme des conven- tions pour la nourriture des mineurs ; *voïez* Baux , tom. 1 , page 271.

Les tuteurs , les curateurs & les maris , font perfonnellement garants des peines & amendes encouruës pour leur fait & négligence , dans les affaires qui concernent les mineurs & les femmes qui font en leur puiſſance.

L'article 3 de la déclaration du Roi du 19 Juillet 1704, prononce une amende pour le défaut d'inſinuation des actes d'émancipation, lettres de bénéfice d'âge & d'inventaire; & il eſt dit que cette peine ne poura néanmoins être jugée encouruë contre les mineurs ni contre les femmes en puiſſance de mari, mais ſeulement contre les tuteurs ou curateurs & les maris, par le fait ou la négligence deſquels la contravention aura été commiſe.

La déclaration du 18 Janvier 1712, concernant les publications des ſubſtitutions porte qu'en cas de minorité, les publications & les enregiſtremens ſeront faits à la diligence des tuteurs ou curateurs, qui demeureront reſponſables du défaut deſdites publications & enregiſtremens.

Par arrêt du conſeil rendu en règlement, le 18 Septembre 1725, il eſt dit que, le Roi étant informé que l'inſinuation des actes qui concernent les mineurs eſt ſi négligée dans tout le roïaume, qu'il n'y a preſque point de mineurs qui ne ſoient tous les jours expoſés aux peines portées par les règlemens; & que les tuteurs & curateurs, peu attentifs à les prévenir, comptent toujours d'en obtenir la remiſe ſous le nom des mineurs, à la faveur de la foibleſſe de leur âge & de leur ignorance dans les affaires, ſans ſe mettre en peine de les éviter, en faiſant ſoigneuſement inſinuer tous les actes dans leſquels les mineurs ſont intéreſſés, ſous prétexte

que les peines portées par les règlemens n'ont pas été diſertement prononcées contr'eux, pour l'omiſſion d'inſinuation des actes, autres que les lettres de bénéfice d'âge & d'inventaire, & les ſubſtitutions; ce qui eſt non-ſeulement contraire à l'eſprit des règlemens & aux intérêts du Roi, mais encore d'une très-dangereuſe conſéquence pour les mineurs, qui pouroient ſe trouver privés de l'éfet des donations entre-vifs faute d'inſinuation, ou obérés des peines & amendes encouruës par la négligence de leurs tuteurs ou curateurs; à quoi S. M. déſirant pourvoir, LE ROI, étant en ſon conſeil, a ordonné que les déclarations des 19 Juillet 1704 & 18 Janvier 1712 ſeront exécutées, non-ſeulement au regard des lettres de bénéfice d'âge & d'inventaire dont l'inſinuation aura été omiſe, & au défaut de publication & d'enregiſtrement des ſubſtitutions, mais encore par raport à tous les autres actes concernant les mineurs, dont l'inſinuation n'aura pas été faite dans le délai des règlemens. Veut S. M. que les peines & amendes portées par leſdits règlemens, demeurent encouruës, en vertu du préſent arrêt, ſans qu'il en ſoit beſoin d'autre, par les tuteurs & curateurs, même par les maris, par le fait ou négligence deſquels l'inſinuation n'aura pas été faite; ſans que les tuteurs ou curateurs puiſſent les répéter contre les mineurs, ni les maris ſur les biens de leurs femmes, ſous quelque prétexte que ce puiſſe être.

V.

 ACANS ; les *biens vacans* font généralement toutes fortes de chofes, meubles ou immeubles, qui ne font poffédées par perfonne & qui n'ont point de maitre. *Voïez* Deshérence ; Épaves ; Succeffion, n. 10 ; & Tréfor.

VARIATIONS dans la valeur des monnoïes ; lors des augmentations ou diminutions de la valeur des efpèces ; il doit être fait des borderaux en forme de tous les fonds & éfets qui fe trouvent dans les caiffes des receveurs de deniers roïaux. *Voïez* Bordereaux de caiffe, tom. 1, page 323.

VENDOME, ville de la Beauce, dans la généralité d'Orléans ; c'eft la capitale du duché du même nom. Les domaines de Vendôme & de Blois font les feuls dont le Roi jouït dans la généralité d'Orléans.

Le comté de Vendôme, la Châtellenie de Mondoubleau, Laverdin &c. furent érigés en Duché & Pairie, par lettres patentes du mois de Février 1514, en faveur de Charles de Bourbon, comte de Vendôme, pour être tenu de la couronne à une feule foi & hommage, fous le titre de duché & pairie de Vendômois ; à la charge qu'à défaut d'hoirs mâles, la pairie demeureroit éteinte, demeurant néanmoins le titre de duché.

Henry IV donna le duché & pairie de Vendôme, à Céfar de Vendôme fon fils naturel, légitimé, par contrat du 3 Avri 1598, confirmé par lettres patentes, données à Nantes le 15 du même mois ; pour en jouïr, ainfi que de tous les droits, autorités & prééminenees attribués à ladite pairie.

Ce duché a été réuni au domaine de la couronne, par le décès, fans enfans mâles, de Louis-Jofeph duc de Vendôme, arrivé le 11 Juin 1712. Il fut, en conféquence, ordonné, par arrêt du confeil du 6 Décembre 1712, que les revenus en feroient perçus par les receveurs des domaines, à compter du jour du décès du duc de Vendôme. Il eft entré dans la ferme générale des domaines, au 1er Janvier 1718.

Par une déclaration du Roi du 4 Janvier 1724, S. M. a ordonné que, conformément à l'arrêt du confeil du 6 Décembre 1712, le duché de Vendôme & païs du haut & bas Vendômois, circonftances & dépendances demeureront réunis au domaine ; & que le fieur de Mahy, receveur général des domaines & bois du comté de Blois, fera tenu d'en compter, depuis le décès du duc de Vendôme. Et, pour mettre ledit domaine, qui eft le feul, avec le comté de Blois, dont S. M. jouït dans la généralité d'Orléans, dans l'ordre & la règle des autres domaines, & pourvoir au païement des charges affignées, il a été ordonné que la recette en fera faite par ledit receveur général, ainfi que les autres recettes des domaines du Roi.

VENTE, eft l'aliénation d'une chofe mobiliaire ou immobiliaire, dont la propriété paffe de l'un à l'autre, moïennant un prix ; il y a des ventes volontaires & des ventes forcées.

Les volontaires, ne font *ventes* qu'à l'égard du vendeur : ce font des *acquifitions*, relativement à l'acquéreur ; *voïez* Acquifitions. Il faut trois chofes effentielles pour donner la perfection aux ventes d'immeubles : le confentement de parties libres ; la chofe apartenante au vendeur ; & la ftipulation d'un prix. Il fe fait auffi des ventes volontaires de meubles, foit par des actes conventionnels, foit par le miniftère d'huiffiers, gréfiers ou autres oficiers, par détail, au plus donnant.

Les ventes forcées, font, à l'égard des immeubles, les adjudications par décret; *voïez* Adjudications, & Décret. Celles de meubles fe font par des huiffiers ou fergens, en conféquence d'une faifie-éxécution que le créancier a fait faire.

VENTES de MEUBLES, *faites par des huiffiers ou fergens*, ne font fujétes qu'au contrôle des exploits, quand bien même elles feroient purement volontaires ; mais il faut obferver que, fi la vente étoit faite à terme de païement, & qu'en conféquence, chaque article fut foufcrit par les adjudicataires, avec foumiffion de païer le prix, ces obligations doivent être confidérées comme des actes fous-fignatures privées, qu'il faudroit faire contrôler aux actes, avant que de pouvoir agir en conféquence, pour demander le païement des enchères.

Chaque vacation de la vente doit être contrôlée diftinctement, aux exploits ; & le droit païé dans les trois jours qui fuivent celui de la vacation ; déclaration du 21 Mars 1671, & arrêt du confeil du 1er Décembre 1705.

Il eft, dû en outre, un droit de contrôle aux exploits, pour chaque opofition formée aux ventes de meubles, même un droit de faifie-mobiliaire ; décifion du 23 Mai 1733.

Par arrêt du confeil du 5 Octobre 1728, (au fujet d'une vente de bois de haute-futaïe que le préfident de Frequienne avoit fait faire en Normandie, par un fergent, contenant obligation, de la part des adjudicataires, de païer le montant de leurs enchères dans le tems convenu) ; il a été ordonné que les règlemens concernant le contrôle des actes fous-fignatures privées feront éxécutés ; en conféquence, que les procès verbaux de vente de meubles qui fe font par les huiffiers, portant obligation par les adjudicataires pour le païement des chofes ajugées, ne pouront être affujétis au contrôle des actes fous-fignatures privées que dans le cas où il s'agira de les préfenter au juge, à l'éfet d'être rendus éxécutoires contre les adjudicataires qui n'auront pas fatisfait au païement de leurs enchères ; & que les droits n'en feront païés que fur le pié des fommes reftantes à recouvrer.

Si ces obligations doivent être contrôlées aux actes, avant que d'être préfentées au juge pour être renduës éxécutoires, il s'enfuit à plus forte raifon, qu'elles doivent être contrôlées avant que de faire aucunes demandes ni pourfuites en conféquence, puifqu'elles font confidérées comme des actes fous-fignatures privées.

L'éxécution de l'arrêt du 5 Octobre 1728, a été ordonnée, par décifion du confeil du 23 Mai 1733, au fujet d'une vente de grains & beftiaux, faite par un fergent, à terme de païement. Deux ans après la vente, l'on avoit fait contrôler au bureau de Longueville, quelques articles reftans à païer, & l'on demandoit reftitution des droits perçûs ; il fut décidé que les articles de vente non païés comptant n'étoient fujets qu'au contrôle des actes fous-fignatures privées : c'eft-à-dire, lorfqu'on veut en former la demande. Et

que , comme les articles en queſtion n'a-
voient été contrôlés que deux ans après
la vente , il étoit évident qu'on les avoit
portés volontairement au contrôle , dans
le deſſein de s'en ſervir ; & que , par
conſéquent , la perception étoit régulière.

On a quelquefois prétendu , ſur le fondement des articles 3 & 67 du tarif , que
les ventes de meubles faites par les huiſſiers & ſergens devoient être contrôlées
aux actes , à la ſeule exception de celles
faites par autorité de juſtice , en conſéquence
d'une ſaiſie-éxécution. Cette prétention
fut autoriſée par une déciſion du 19 Janvier 1736 , ſur le mémoire de M. l'archevêque d'Alby , tuteur des enfans de
M. le duc de Levy , ſes neveux , au ſujet de la vente qu'il avoit fait faire , par
un huiſſier , des meubles & éfets qui ſe
trouvoient au château de Levy ; quoique
cette vente fut néceſſaire ſuivant la coûtume de Bourbonnois , & qu'elle eût été
faite en vertu d'une ordonnance de juſtice.
La même choſe fut jugée , par autre déciſion du 11 Août 1736 , pour une vente que
la demoiſelle de Molierne avoit fait faire
à Tours , par un huiſſier , des meubles
d'une ſucceſſion à elle échuë.

Les huiſſiers-priſeurs du châtelet de
Paris , s'étant plaints de ce qu'on éxigeoit
le contrôle aux actes de toutes ventes
de meubles faites après décès , & de celles de meubles inutiles & de marchandiſes
dont on veut ſe défaire , il fut décidé le
1er Février 1737 , que l'on ſuivroit l'ancien uſage à Paris , & que l'on verroit dans
la ſuite à pourvoir à l'explication du tarif. Le fermier fit des repréſentations ſur
cette déciſion : il apuïa particulièrement
ſur ce qu'il s'agiſſoit d'une vente volontaire de meubles inutiles. La réponſe fut
que la déciſion n'éxceptoit aucune vente
de meubles faite par le miniſtère des huiſſiers-priſeurs ; & que celle des meubles
inutiles devoit être éxemte du contrôle
des actes , ainſi que les autres.

L'on prétendit encore que ces déciſions
n'étoient qu'une exception pour Paris ſeulement ; mais , la queſtion a été jugée le
22 Août 1739 , par quatre déciſions du
conſeil : la première , en faveur de la demoiſelle Sirois , qui ſe plaignoit de la perception faite à S. Germain-en-Laye , du
droit de contrôle aux actes , pour la vente
qu'elle avoit fait faire , par un huiſſier ,
des éfets de la ſucceſſion de ſa mère ,
après l'inventaire. Cette déciſion ordonne
la reſtitution du droit de contrôle aux actes , ledit procès verbal de vente n'y étant
pas ſujet. La ſeconde , en faveur de Pierre
Chapuis , éxécuteur du teſtament de la
demoiſelle de Montalan , qui avoit fait
procéder à la vente des meubles , à Ar-
genteuil , par un huiſſier-priſeur. La troiſième déciſion , ſur le mémoire des huiſſiers-priſeurs de la ville de Troyes , qui
ſe plaignoient de la prétention de contrôler aux actes les ventes de meubles ,
par eux faites ; & la quatrième déciſion ,
en faveur de François Chollet , qui , en
qualité d'éxécuteur du teſtament du ſieur
Charpentier avoit fait faire , à Soiſſons ,
par un huiſſier-priſeur , la vente des éfets
de la ſucceſſion , après l'inventaire.

Concluons donc que les ventes de meubles , volontaires ou forcées , faites par
des huiſſiers ou ſergens , ne peuvent ,
dans aucun cas , être aſſujéties au contrôle
des actes ; ſi ce n'eſt ſeulement , lorſqu'elles
ſont faites à terme de païement , & qu'on
veut enſuite mettre à éxécution les obligations des adjudicataires.

Par arrêt du conſeil du 24 Août 1756 ,
Claude Dufeu , huiſſier-priſeur au bailliage
de Sens , a été condamné en deux amendes
de cent livres chacune , pour n'avoir pas
fait contrôler (aux exploits) deux procès
verbaux de ventes de meubles par lui faits ,
& au païement des droits de contrôle deſdits procès verbaux. Il diſoit n'avoir fait
aucun uſage de ſon miniſtère dans ces ventes ; qu'il y avoit ſeulement aſſiſté à la re-

quête des héritiers, dans l'unique vûe de les obliger, & fans avoir rédigé aucuns procès verbaux par écrit; qu'il n'y avoit point eû d'inventaire, & qu'il s'agiffoit de ventes purement volontaires. Le fermier lui a opofé la notoriété de fait qu'il avoit procédé publiquement à la vente; l'obligation impofée aux huiffiers, par les arrêts des 10 Juillet 1696, & 26 Juillet 1710, de rédiger tous leurs exploits par écrit; & la néceffité indifpenfable de faire contrôler tous ceux qu'ils font.

VENTES *de* MEUBLES , *par des gréfiers ou par des notaires*, doivent être contrôlées aux contrôle des actes, dans la quinzaine de la dernière vacation; .& le droit de contrôle eft dû fur le total du produit de la vente, fur le pié règlé par l'art. 3 du tarif du 29 Septembre 1722.

Ces ventes font, en outre, fujètes au contrôle des exploits, pour chaque vacation; le droit des gréfiers & notaires eft de rédiger les procès verbaux de vente; mais l'expofition, & le cri public des éfets font du reffort des fonctions des huiffiers-crieurs-prifeurs, qui doivent affifter auxdites ventes; à moins que les ofices de ces huiffiers n'aïent été fuprimés, & les fonctions réunies à celles des gréfiers ou des notaires; auquel cas, ceux-ci font la double fonction d'expofer & crier les éfets, & de rédiger le procès verbal de vente, dont ils délivrent l'expédition. En conféquence, il a toujours été jugé que les procès verbaux de vente de meubles devoient être contrôlés aux exploits pour chaque vacation. *Voïez* les arrêts du confeil des 14 Septembre 1688, 22 Novembre 1689 & 16 Décembre 1721.

Par arrêt du 13 Juillet 1734, le confeil à confirmé une ordonnance de M. l'intendant de Lyon, par laquelle le fieur Rouffet, gréfier de la fenéchauffée de Lyon, a été condamné en 100 liv. d'amende pour n'avoir pas fait contrôler, au *contrôle des actes*, un procès verbal de

vente de meubles, faite d'autorité de juftice après décès; ce faifant, a condamné ledit Rouffet au païement du droit de contrôle aux actes; a ordonné, en outre, que le procès verbal feroit contrôlé au *contrôle des exploits*, & que ledit Rouffet en païeroit les droits. Il difoit que la vente avoit été faite en vertu de fentence, en place publique, par un fergent, en préfence de lui gréfier, qui devoit être dépofitaire du produit, pour être diftribué aux créanciers; mais il avoit rédigé le procès verbal, qui devoit, par conféquent, être contrôlé au contrôle des actes, comme au contrôle des exploits.

Décifion du confeil du 8 Juillet 1747, fur le mémoire du findic de la ville de Dijon, au fujet d'une vente, faite par le gréfier de la mairie, dont le commis demandoit le droit de contrôle aux actes & aux exploits. Le findic conteftoit le droit de contrôle aux actes; & il a été décidé qu'il étoit dû, conformément à l'arrêt de 1734.

Arrêt du confeil du 9 Mai 1758, qui caffe un arrêt du parlement de Bretagne, par lequel il étoit défendu de contrôler, au contrôle des exploits, les procès verbaux de ventes de meubles faits par les gréfiers de cette province; en conféquence, il a été ordonné que lefdits procès verbaux feront contrôlés au contrôle des exploits, ainfi qu'au contrôle des actes.

VENTES *d'ofices*; l'art. 93 du tarif du 29 Septembre 1722, porte que, pour les ventes d'ofices, les droits de contrôle feront païés à proportion des fommes qui y feront défignées, fuivant l'art. 3 du même tarif.

Avant que de pouvoir donner procuration pour réfigner les ofices, l'on doit faire contrôler les traités defdits ofices, ainfi qu'il a été obfervé à l'article, *Procuration pour réfigner.*

Il a été parlé des ventes ou traités d'ofices, fous les articles *Promeffes* page 208; & *Réfiliment* page 307.

VENTES *d'immeubles.* Une vente de biens immeubles peut être pure & simple, conditionnelle, ou à faculté de réméré ; le prix peut être ftipulé païable en argent, en rente rachetable, ou en rente viagère ; il peut auffi être formé des dettes du vendeur : c'eft ce qu'on apelle *datio in folutum.* La vente peut être fuivie d'un décret volontaire, foit que la ftipulation en ait été faite, ou non, par le contrat. Enfin, une vente peut être forcée, comme il a été dit ci-deffus, en renvoïant à l'article *Décret.*

Il y a des ventes avec réferve d'ufufruit, qui ne transférent actuellement que la nuë propriété ; d'autres, qui ne transférent que l'ufufruit ; d'autres enfin, qui n'ont pour objet que des droits fucceffifs, des droits & actions &c.

La vente, une fois faite, donne ouverture aux droits feigneuriaux ; ils font acquis indépendamment de la tradition, qui, parmi-nous, fe fait par voïe feinte ; il ne faut, pour faire un contrat parfait, que le confentement, le prix & la chofe. L'on doit néanmoins excepter, pour les droits feigneuriaux, le cas où les parties fe départent de la vente à l'inftant du contrat ou dans un bref intervalle. *Voïez* le Traité des fiefs de Guyot tom. 3, p. 236 & 293 ; & ce qui a été ci-devant obfervé, à l'article *Réfolution.*

L'article 3 du tarif du 29 Septembre 1722, fixe le droit de contrôle des acquifitions de meubles ou immeubles, foit par contrats volontaires, adjudications en direction ou autrement.

Tous contrats de vente & autres actes tranflatifs & rétroceffifs de propriété de biens-immeubles, doivent être infinués & le droit de centième denier païé, encore que lefdits biens ne fuffent fujets à lods & ventes & autres droits feigneuriaux ; *voïez* l'art. 24 de l'édit du mois de Décembre 1703 ; l'art. 16 de la déclaration du 19 Juillet 1704 ; l'édit du mois d'Octobre 1705 ; celui du mois d'Août 1706 ; & l'art. 6 de la

déclaration du 20 Mars 1708, raportés à l'article *Centième denier*, tom. 1, page 389 &c.

Ces contrats doivent être infinués & le droit païé, dans la quinzaine de leur date, & en même tems que lefdits contrats font contrôlés, fi les biens font fitués dans l'arondiffement du bureau où la formalité du contrôle doit être donnée. Mais, lorfque les biens font fitués ailleurs, l'infinuation doit être faite à la fituation, à la diligence de la partie, fur une expédition du contrat, dans les trois mois du jour de fa date, & avant que de faire aucun acte en conféquence de ce contrat ; édit du mois d'Octobre 1705 & déclaration du 20 Mars 1708, article 10.

Il a été expliqué, à l'article *Prix*, quelles font les chofes qui contribuent à former le prix d'une vente, à l'éfet de déterminer la quotité des droits de contrôle, de centième denier & autres.

Lorfqu'une vente eft réfoluë, on connaîtra fi les droits font dûs pour cette vente & pour la réfolution, en confultant l'article *Réfolution.*

VENTES *à faculté de réméré ou de rachat*, font celles par lefquelles le vendeur fe réferve la liberté de reprendre l'héritage dans un certain tems, en rembourfant ce que l'acquéreur aura païé. Le terme ordinaire eft de neuf années & au-deffous ; mais, dans quelques provinces, la jurifprudence a établi que la ftipulation d'un réméré, même au-deffous de neuf ans, ouvrant une action perfonnelle au vendeur, feroit prorogée jufqu'à 30 années, lorfque l'acquéreur n'auroit pas fait purger le réméré à l'expiration du tems convenu, par un jugement de déchéance ; mais cet ufage, qui n'a pour principe aucune loi & qui eft même contraire à la convention écrite dans le contrat, n'empêche pas que le feigneur ne puiffe éxiger les droits feigneuriaux de la vente, à l'expiration du tems ftipulé ; ou même au bout de 9 ans , lorsque le terme convenu par le contrat est plus long ; *voïez* le Traité des fiefs de Livonniere page 161 , & celui de Guyot, tome 3 , page 299 ; *voïez* aussi Faculté , tome 2 , page 341.

La vente à faculté de réméré est translative de propriété ; elle est parfaite , quoique résoluble sous condition ; & le droit de centième denier en est dû dès l'instant du contrat , quelle que soit la durée de la faculté ; l'article 6 de la déclaration du Roi du 20 Mars 1708 , ordonne que ce droit sera païé pour toutes ventes à faculté de réméré ou de rachat , dans le tems fixé par les précédens règlemens & sous les peines y portées, encore que les biens ne fussent sujets à lods & ventes & autres droits seigneuriaux. Sur ce principe , il a été jugé diférentes fois que le droit de centième denier seroit païé pour des ventes à faculté de réméré , quoique cette faculté eût été éxercée avant la demande du droit , & que , par conséquent , ces ventes ne subsistassent plus. *Voïez* les décisions des 30 Avril 1729 , 1er Mars 1732 , 9 Mars 1735 & 2 Juin 1744.

S'il arrive des mutations pendant que la faculté dure , les uns estiment que celles du chef du vendeur donneront ouverture aux droits ; néanmoins , la vente à faculté de réméré étant translative de propriété , il s'ensuit que cette propriété réside sur la tête de l'acquéreur , & que , par conséquent , les droits doivent être païés pour les mutations qui arriveront de son chef. *Voïez* l'article *Faculté* ; & l'article 193 de la coûtume de Normandie , portant que les acheteurs sont tenus de faire foi & hommage , bailler aveux & païer tous droits seigneuriaux , encore que , par le contrat , il y ait condition de rachat.

L'éxercice de la faculté de réméré est un retrait conventionnel , pour lequel il n'est point dû de droit de centième de-

nier , pourvû qu'il soit fait par le vendeur même , ou par son héritier en ligne directe , dans le tems stipulé par le contrat , & que ce délai n'éxcéde pas neuf ans. Mais , si le retrait est éxercé après l'expiration de la faculté stipulée (fut elle de deux ou trois ans , plus ou moins) , le droit de centième denier en sera dû. Il sera pareillement dû pour le retrait conventionnel éxercé , dans le tems convenu , par un cessionnaire du vendeur , ou par son héritier en ligne collatérale. *Voïez* l'article Retrait , pages 324 , 327 & 329.

La faculté de réméré , étant une condition expresse de la vente , doit être exprimée dans le contrat. Si elle est stipulée dans un acte particulier , le retour des biens dans la main du vendeur n'est plus considéré comme un retrait conventionnel , mais comme une revente sujéte au droit de centième denier ; *voïez* la Décision du 20 Mars 1755 , raportée ci-dessus , page 337.

V E N T E S *avec réserve de l'usufruit des biens* , dont on ne transfére actuellement que la nuë propriété. Les diférens droits dûs pour ces ventes sont expliqués à l'article *Prix* n. 7 , page 185.

La communauté des huissiers & sergens roïaux de la ville de Roüen , aïant acquis en 1732 , moïennant 4000 livres , la propriété de la sergenterie noble à masse du bailliage de la même ville , dont le vendeur s'étoit réservé la joüissance pendant sa vie , le fermier leur demanda 1200 livres pour le droit d'amortissement , à raison du cinquième , prétendant que ce droit étoit dû sur le pié de 6000 livres : savoir , 4000 livres pour le prix stipulé , & 2000 liv. pour l'usufruit réservé. Cette quotité ne fut point contestée , parce que les huissiers se bornèrent à dire qu'ils ne devoient que le droit de franc-fief , & non celui d'amortissement. Néanmoins , le conseil , en jugeant , par arrêt du 8 Mai 1736 ,

1736 , que le droit d'amortiffement étoit dû ; ordonna qu'il feroit feulement païé fur le pié des 4000 livres portées par le contrat d'acquifition.

Cet arrêt eft fondé fur ce que le droit d'amortiffement des acquifitions n'eft dû que fur le prix ; & , conformément aux principes établis à la citation ci-deffus , le confeil jugea que la réferve d'ufufruit ne faifoit point partie du prix. Si la fergenterie avoit été donnée à la communauté des huiffiers , fous la réferve de la jouïffance , le droit d'amortiffement auroit été dû de la valeur entière , comme il a été obfervé dans le 1er volume page 179.

V E N T E S *à vie* , font celles qui ne transférent qu'une jouïffance à l'acquéreur ; elles font nommément affujéties au droit de centième denier par l'article 6 de la déclaration du 10 Mars 1708. Ce droit & celui de contrôle font dûs en entier fur la totalité du prix de la vente à vie , quoiqu'elle ne transfére qu'un ufufruit, parce que la fomme convenuë eft le prix de la vente de cet ufufruit ; au lieu que , s'il étoit convenu que l'acquéreur païeroit annuellement , & pendant fa vie , une fomme au propriétaire pour jouïr du bien , ce feroit un bail à vie , dont le droit de contrôle ne feroit dû que fur le pié de l'article 18 du tarif ; & celui de centième denier , fur le pié du capital au denier dix de ce prix annuel , ainfi qu'il a été obfervé à l'article *Baux à vie* , tome 1 , page 287.

Décifions du confeil des 12 Janvier & 19 Février 1735 , qui jugent que le droit de centième denier eft dû fur la totalité d'une fomme de 20000 livres convenuë pour le prix d'une vente à vie , faite à un mari & à fa femme ; duquel prix il feroit païé la moitié après la mort de l'un d'eux , & le furplus après la mort de l'autre.

Autre décifion du 22 Mars 1738 , au fujet d'une vente à vie , faite à M. & à Mme de la Jonchère , moïennant un prix ;

Tome III.

ils prétendoient qu'il n'étoit dû qu'un demi-droit de centième denier de ce prix. Décidé que la fomme convenuë faifant le prix de la jouïffance , le centième denier en eft dû en entier.

Par autre décifion du 25 Juin 1756 , il a été jugé que le prince de Grimberghem devoit le droit de centième denier , pour l'acquifition à vie qu'il avoit faite d'un hôtel à Paris , fur la totalité du prix convenu , & qui n'étoit païable qu'un an après fa mort.

V E N T E S *de droits fucceffifs* , ou de droits litigieux &c. *Voïez* Ceffion, tome 1 , page 392 ; *voïez* auffi le Traité des fiefs de Guyot , volume 3 , du Quint ch. 11 , où il dit que , pour la vente de droits fucceffifs , les droits feigneuriaux ne font dûs , lorfqu'il y a d'autres héritiers avec lefquels l'acquéreur devient copropriétaire, qu'après le partage & la divifion ; & feulement de ce qui tombe au lot de l'acquéreur. Il dit auffi que , pour la vente de droits & actions , l'acquéreur ne devra les droits feigneuriaux qu'en cas qu'il obtienne des immeubles en conféquence de l'action qui lui a été tranfportée. Mais les droits de centième denier font dûs , à l'inftant des ventes & ceffions de droits immobiliers , fur tout le prix qui y eft ftipulé , quand bien même il s'agiroit auffi de droits mobiliaires vendus conjointement , dès que le contrat ne contient point de diftinction de prix & de défignation des chofes.

VENTILATION , eft l'eftimation particulière d'une chofe venduë conjointement avec une autre , pour un même prix. Ventiler , c'eft mettre un prix diftinct à chaque chofe venduë ; l'objet de la ventilation eft de connaître la valeur de chaque partie des biens vendus , par proportion à la totalité du prix : foit afin de fixer les droits des diférens feigneurs dont les biens font mouvans : foit parce qu'il y a un retrait de partie des biens ; foit enfin pour diftinguer le prix des immeubles , dans une vente qui comprend auffi des meubles & des éfets mobiliaires.

Si la ventilation eft faite par le contrat , elle fait la règle du païement des droits feigneuriaux ; le feigneur peut néanmoins faire afirmer l'acquéreur ; il peut même faire faire une ventilation ; mais les frais en feront à fa charge , fi elle ne lui eft pas plus avantageufe que celle faite par le contrat. S'il n'y a point de ventilation dans le contrat , les frais de celle qui fera faite , feront fuportés par l'acquéreur qui y donne lieu par la confufion du prix ; mais s'il s'agit d'une adjudication par décret , la ventilation doit être faite à frais communs. *Voïez* le Traité des fiefs de Guyot , tom 4 , du retrait , ch. 15.

Il a été jugé , par arrêt du parlement de Paris , rendu en grand'chambre le 29 Décembre 1730 , contre M. de Moras , acquéreur de diférens fiefs , pour un feul prix , par contrat volontaire , que la ventilation , néceffaire pour déterminer le prix de ce qui relevoit de chaque feigneur, feroit faite aux frais de l'acquéreur.

Par arrêt du confeil du 23 Avril 1686 , rendu pour la province de Bretagne , & enregiftré au parlement féant à Vannes , le 15 Mai fuivant , il a été ordonné que les ventilations néceffaires pour régler les droits de lods & ventes des contrats d'acquêt , dans lefquels le fief du Roi fe trouvera mêlé avec des feigneurs , feront faites judiciairement. *Voïez* Eventilement.

A l'égard du droit de *centième denier* , il eft dû fur la totalité du prix ftipulé par les contrats, quoiqu'on ait vendu , conjointement avec les immmeubles , des meubles , beftiaux & autres éfets mobiliaires ; à moins qu'il n'en ait été fait une defcription ou état , & qu'il n'en ait été ftipulé un prix particulier par le contrat ; auquel cas , le droit de centième denier ne fera païé que fur le pié du prix convenu pour l'immeuble , ou fuivant l'eftimation qui en

fera faite , fupofé qu'il parût y avoir de la fraude dans la ftipulation du prix defdits immeubles. C'eft la difpofition d'un arrêt du confeil du 18 Juillet 1713 , rendu en règlement.

Il eft d'autant plus néceffaire qu'il y ait une defcription ou état des meubles annéxé au contrat , que plufieurs chofes , mobiliaires dans leur origine , font devenuës un feul corps d'immeubles avec le fonds , par leur deftination à perpétuité pour fervir d'utilité ou d'ornement.

L'article 90 de la coûtume de Paris porte que les uftenciles d'hôtel , qui fe peuvent tranfporter fans fraction & détérioration , font réputés meubles ; mais que , s'ils tiennent à fer & à clou , ou s'ils font fcellés en plâtre , & font mis pour perpétuelle demeure & ne peuvent être tranfportés fans fraction ou détérioration , ils font cenfés & réputés immeubles ; comme auffi , un moulin à vent & à eau , preffoir édifié en une maifon , font réputés immeubles , quand ne peuvent être ôtés fans dépecer ou défaffembler ; autrement font réputés meubles.

Les états d'Utrecht font allés plus loin : ils ont réglé que les meubles , tableaux , ornemens de maifons ou de jardins , foit qu'on les vende avec les maifons & les jardins dont ils dépendent , foit que là vente s'en faffe féparément , feront affujétis à l'impôt du quarantième denier , qui n'eft dû que pour les immeubles ; *voïez* la Gazette de France du 27 Avril 1754.

Décifion du confeil du 23 Mars 1752 , au fujet d'une acquifition faite par la dame de Lailly , d'une maifon à Paris , moïennant 180000 livres pour la maifon , & 38000 livres pour les glaces , boiferies , & ornemens , mais fans defcription ni état annéxé au contrat. Il avoit été fait une ventilation pour régler les lods & ventes dûs au feigneur , & les meubles n'avoient été eftimés que 20000 livres ; il fut décidé que , faute d'une defcription ou état des meubles annéxé au contrat , l'arrêt de

1713 devoit être éxécuté ; & cependant, elle ne fut condamnée au païement du droit de centième denier que fur le pié de 100000 livres.

M. Dallemand, curé de faint Sulpice, à Paris, aïant acquis une maifon, moïennant 177400 liv. avec ftipulation que, de ce prix, il y avoit 20000 liv. pour les glaces, deffus de portes & autres meubles, mais fans état annéxé, demanda que le droit de centième denier ne fut perçû que fur le pié de 157400 liv. Le fermier opofa que, faute d'un état annéxé au contrat pour conftater la nature des meubles, il ne pouvoit s'en raporter à la ventilation ; que, par un arrêt du parlement de Paris du 4 Mars 1750, rendu en faveur de M. l'archevêque de Paris, à l'occafion de la vente de l'hôtel de Cambray, faite moïennant 300000 liv. avec ftipulation qu'il y avoit le tiers de ce prix pour les glaces, tableaux & autres ornemens, il fut jugé que les lods & ventes feroient païés fur le prix entier, déduction faite feulement de la fomme à laquelle les éfets mobiliers feroient évalués par experts. En conféquence, le fermier demanda qu'il fut fait vifite & eftimation des meubles qui étoient dans la maifon acquife par M. Dallemand. Il fut décidé au confeil le 3 Mai 1753, qu'il feroit tenu de donner un état particulier des éfets mobiliers, finon qu'il en feroit fait vifite & eftimation par experts.

Décifion du 31 Août 1754, fur le mémoire des fieurs Souhart & Debès, qui avoient acquis l'hôtel d'Armenonville à Paris, moïennant 350000 liv. avec ftipulation que, dans ce prix, il y avoit 30000 liv. pour les glaces, tableaux, armoires & ornemens. Le contrat fut infinué & le droit de centième denier perçû fur le pié de 320000 liv. relativement à un état informe; mais, dès le lendemain, & avant que d'avoir rendu l'expédition, le commis demanda le droit fur la totalité du prix, attendu que les meubles & ornemens tenoient à la mai-

fon à perpétuelle demeure ; le fait fût contefté, & le fermier aïant demandé une vifite & une eftimation par experts, le confeil renvoïa les parties pardevant les experts pour juger ce qui pouvoit être réputé meuble ou immeuble, & être le droit païé en conformité.

Autre décifion du confeil du 12 Septembre 1754, qui réforme une ordonnance de M. l'intendant de la Rochelle, obtenuë par le fieur Vachier du Cluzeau. Son frère lui avoit cédé une métairie avec des uftenciles & des beftiaux, fur le pié de 13000 liv. pour fe libérer de fa légitime précédemment liquidée, & à condition de païer le furplus de ce prix. M. l'intendant avoit ordonné que le centième denier ne feroit païé qu'après la déduction de la légitime, & de la valeur des meubles & éfets mobiliaires, dont l'eftimation feroit faite. Le fermier, après avoir fait voir que la légitime ne pouvoit pas être diftraite, a dit que l'on ne devoit pas non plus déduire la valeur des meubles, beftiaux & éfets, parce que l'acte n'en contenoit point d'évaluation diftincte, & qu'il n'y en avoit aucun état annéxé à l'acte ; en conféquence, il a demandé le droit fur la totalité, & cela a été ainfi jugé.

Décifion du confeil du 22 Octobre 1755, fur le mémoire de M. le comte d'Autrey. Il avoit acquis une maifon & jardin, dont le prix étoit fixé à 30000 liv. & il étoit ftipulé dans le contrat que les meubles, glaces, ornemens & uftenciles lui avoient auffi été vendus moïennant 15000 liv. Le fermier aïant demandé le droit fur le pié de 45000 liv., M. d'Autrey foûtenoit ne le devoir que fur les 30000 liv. attendu la diftinction de vente & de prix faite par le contrat, fans nulle confufion d'un objet avec l'autre ; il ajoutoit que, fi l'on éxerçoit un retrait, le retraïant pouroit lui laiffer les meubles & ne lui rembourfer que le prix de l'immeuble ; qu'ainfi l'on ne pouvoit pas foupçonner de fraude. Mais la fimple ftipulation d'un prix diftinct pour les meubles ne pouvoit fervir de règle , dès qu'il n'y en avoit point d'état annéxé au contrat : ce prix tomboit même fur les meubles comme fur ce qui tenoit nature d'immeubles. La décifion porte qu'il fera fait eftimation des éfets tenans nature d'immeubles , & que le centième denier en fera païé , ainfi que du prix ftipulé pour la maifon & le jardin.

VÉTURE. Les aftes de vêture , noviciat & profeffion dans tous les ordres religieux , font difpenfés de la forma ité & des droits de contrôle , depuis 1 7 3 6. *Voïez* Profeffion en religion.

VIDUITÉ, eft l'état de veuvage. Les veuves de diférens privilégiés jouïffent , pendant leur viduité , des mêmes priviléges dont jouïffoient leurs maris ; mais , cette jouïffance n'eft pas de droit, il faut qu'elle ait été accordée ; *voïez* le titre de chaque Privilégié.

La coûtume de Normandie accorde un *droit de viduité,* qui eft une efpéce de doüaire, au mari qui a eû enfant né vif de fa femme. Ce droit de viduité confifte dans l'ufufruit de tous les immeubles apartenans à la femme lors de fon décès, encore que l'enfant foit mort avant la mère. Si le mari ne refte pas en viduité & qu'il fe remarie, il perd la jouïffance des deux tiers des biens, & fon droit eft réduit à l'ufufruit du tiers. *Voïez* les art. 3 8 1 & fuivans de la coûtume.

Cet ufufruit eft purement légal : il apartient au mari par la feule difpofition de la loi ; il n'eft donc point fujet au demi-droit de centième denier, auquel les ufufruits acquis en vertu de ftipulations font affujétis.

Par décifion du 1 4 Février 1 7 3 9, le confeil a confirmé une ordonnance de M. l'intendant de Caën, par laquelle le fieur de Sainte Marie avoit été condamné au païement du centième denier, des biens dépendans de la fucceffion collatérale de fa femme, dont il jouïffoit par droit de viduité, fauf fon recours contre les héri-

tiers. Il prétendoit que, ne devant rien pour fon ufufruit, il ne pouvoit être inquiété pour les droits dûs à caufe de la propriété échuë aux héritiers ; mais, comme le droit de centième denier eft une charge privilégiée des biens & que les revenus y font fpécialement affeftés, il s'enfuit que tout ufufruitier, à quelque titre que ce foit, peut être contraint au païement du droit dû à caufe des biens dont il jouït, fauf fon recours contre ceux qui doivent perfonnellement le droit. La décifion porte : » le cen-
» tième denier eft une charge réelle des
» biens ; *il eft vrai qu'il* (le fieur de Sainte
» Marie) *ne doit point de droits pour fon*
» *ufufruit* ; mais le droit eft acquis pour
» la propriété échuë aux héritiers collaté-
» raux. Lorfqu'ils fe mettront en poffef-
» fion ils n'auront plus de droit à païer ;
» & fi le fieur de Sainte Marie ne fe l'eft
» pas fait rendre de fon vivant, fes héri-
» tiers feront en droit de le répéter contre
» ceux qui entreront en poffeffion des
» biens ».

Dans une queftion jugée par décifion du 1 2 Août 1 7 4 7, contre M. Turgot, qui prétendoit affimiler le don mobil au doüaire de la femme & au droit de viduité du mari, le fermier des domaines de Normandie, obferva que le droit de viduité eft véritablement affimilé au doüaire coûtumier de la femme, & qu'il n'avoit jamais prétendu l'infinuation ni le centième denier de l'un ni de l'autre ; mais que le don mobil provient de la ftipulation & qu'il eft nommément affujéti à ces droits.

Si le mari céde fon droit de viduité à fes enfans ou aux héritiers collatéraux de fa femme, c'eft une ceffion d'ufufruit fujéte au droit de centième denier, fur le pié de ce qui fait le prix de la ceffion ; ou, à défaut de prix, fur le pié du capital au denier dix du revenu des biens. Il en eft de même de la ceffion que fait une veuve de fon doüaire coûtumier, & de toute autre ceffion d'ufufruit.

Décision du conseil du 21 Janvier 1747, contre les sieurs Dorival & de la Haye héritiers de la demoiselle Bonhomme, & cessionnaires du droit de viduité de Guillaume Guerard son mari, moïennant une rente viagère. Sur la demande du droit de centième denier de cette cession, à raison du capital au denier dix de la rente viagère, M. l'intendant de Roüen en prononça la décharge, attendu que lesdits héritiers avoient païé le droit de centième denier des biens, lors de l'ouverture de la succession ; mais, sans avoir égard à cette ordonnance, le conseil a jugé que le droit étoit dû pour la cession d'usufruit.

Autre décision du conseil du 29 Avril 1747, qui confirme deux ordonnances de M. l'intendant de Roüen, des 30 Avril & 15 Juillet 1746, par lesquelles Marie-Cath. rine Loynel avoit été condamnée au païement du droit de centième denier de la cession du droit de viduité de son père sur les biens de sa mère ; elle oposoit que la consolidation de la jouïssance à la propriété qui lui apartenoit en qualité d'héritière en ligne directe, ne pouvoit donner ouverture au droit. Cela est vrai, lorsque la consolidation s'opère par l'extinction naturelle de l'usufruit ; mais lorsque cet usufruit est remis par anticipation au propriétaire, il en doit le centième denier, comme d'une acquisition qu'il fait, ou à prix d'argent ou à titre gratuit.

Voïez ci-après, l'article *Usufruit*.

VINGTIÉME *denier*, a été substitué au Dixième, par édit du mois de Mai 1749. Il en a été établi un second, par déclaration du Roi du 7 Juillet 1756 ; & un troisiéme, à titre de secours extraordinaire, par édit du mois de Février 1760, dont l'éxécution est prorogée jusqu'au 31 Décembre 1763, par déclaration du Roi du 16 Juin 1761. *Voïez* Dixième denier, tom. 2, page 64.

VINGTIÈME, *ou nouveau sol pour livre d'augmentation sur les droits des fermes*, établi, pour avoir lieu jusqu'au dernier Sep-

tembre 1770, par déclaration du Roi du 3 Février 1760. *Voïez* Quatre sols pour livre, tom. 3 page 225.

VIOLENCES & *voïes de fait*, sont défenduës par les loix naturelles & par les loix positives à l'égard de tout le monde ; il est particulièrement défendu d'en éxercer contre les emploïés des fermes ; ils ne doivent pas non plus user de ces voïes ; *voïez* Injures, & Rebellion.

Par diférens arrêts & entr'autres par ceux des 27 Juin 1719, 16 Juillet 1720, 14 Mars & 21 Novembre 1721, 27 Janvier 1722, 7 Mars 1724, 17 & 31 Juillet 1725, 4 Juin 1726 &c. Il a été ordonné que, par M[rs] les intendans, le procès seroit fait aux auteurs des violences & voïes de fait éxercées contre des emploïés de la ferme des domaines dans leurs fonctions.

V I S A de signature en cour de Rome, & les autres *visa* ou institutions canoniques de bénéfices, accordés par les évêques, sont dispensés du contrôle par l'art. 1er de l'arrêt du conseil du 30 Août 1740 ; mais les procès verbaux de *visa* de signature de cour de Rome, qui sont rédigés par les notaires apostoliques, y sont déclarés sujets par l'art 4 du même arrêt, conformément à la première section de l'article 1er du tarif du 29 Septembre 1722, qui en fixe le droit à 5 liv.

UNION *en matière bénéficiale*, est l'extinction du titre d'un bénéfice ou d'une communauté, & la translation de ses biens à un autre bénéfice, à une autre maison conventuelle, ou à une autre manse. Il y a même des unions, par lesquelles le titre est joint & uni à un autre, sans être éteint.

Ces unions se font, ou en conséquence d'actes volontaires passés entre les bénéficiers & autres gens de main-morte, ou dans le cas d'une nécessité ou utilité évidente, par décrets de M[rs] les évêques, autorisés par des lettres patentes.

Tous décrets d'union doivent nécessai-

rement être autorifés par des lettres patentes enregiftrées dans les cours , à peine
de nullité ; édit du mois de Septembre
1718 , & Déclarations du Roi des 25 Avril
& 13 Juillet 1719.

Les décrets d'union des évêques ne font
point fujets au *contrôle* , parce que ce font
des actes émanés de leur jurifdiction , fans
miniftère des notaires apoftoliques ; art. 1er
de l'arrêt du 30 Août 1740. Il n'eft point
dû de *centième denier* pour les unions faites par la puiffance eccléfiaftique , & confirmées par lettres patentes , fans le concours de la volonté des titulaires actuels.
Les unions faites avec les formalités néceffaires font éxemtes d'un nouveau droit
d'*amortiffement* ; & je crois qu'elles ne
font pas fujétes à une nouvelle *indemnité*
(*) envers les feigneurs dont les biens
font mouvans. Après avoir raporté les autorités qui établiffent ces maximes , nous fe-
rons quelques obfervations fur les unions qui
produifent un éfet actuel en conféquence du
confentement des titulaires.

Décifion du confeil du 17 Septembre
1729 , qui juge qu'il eft dû un demi-
droit de centième denier des biens dont
le féminaire de S. Sulpice de Paris avoit
abandonné gratuitement la jouïffance au
féminaire d'Autun , pour fervir de maifon de campagne , tant que le féminaire
d'Autun feroit dirigé par des eccléfiaftiques de celui de S. Sulpice.

Par arrêt du confeil du 9 Septembre
1730 , il a été ordonné que les biens
déja amortis & dépendans des bénéfices ,
canonicats ou prébendes , dont les revenus ont été ou feront unis à des féminai-
res , à des communautés féculières ou ré-

gulières de l'un & de l'autre féxe , ou à
d'autres bénéfices , par des lettres patentes de S. M. ou par les archevêques &
évêques , en obfervant les formalités prefcrites & néceffaires , feront & demeureront éxemts des droits d'amortiffement
& nouveaux-acquêts.

Le 6 Novembre 1732 , il fut décidé
qu'il n'étoit point dû de droits pour l'u-
nion des revenus de la manfe abbatiale
de l'abbaïe de S. Pierre-de-Béze , congrégation de S. Maur , fituée en Champagne , à la manfe conventuelle. Ces revenus avoient été deftinés à la dotation
du nouvel évêché établi à Dijon ; les dificultés qui fe trouvèrent à faire un jufte
partage des deux manfes donnèrent lieu
à un arrêt du confeil du 1er Septembre
1731 , qui fixa la dotation de l'évêché à
12000 livres par an , à prendre fur les revenus de l'abbaïe , pour tenir lieu de tout
partage à l'avenir ; par ledit arrêt & par
les lettres patentes expédiées en conféquence , il fut ordonné qu'il ne feroit païé
aucuns droits d'amortiffement , de centième denier , nouveaux-acquêts , infinuation & autres droits , affermés ou non affermés. Le fermier demandoit , en conféquence , une indemnité ; il fut décidé qu'il n'é-
toit dû aucuns droits. L'extinction du titre
d'abbé & l'union des revenus à la manfe
conventuelle avoient été faites par la feule
autorité fouveraine ; ainfi , il n'étoit point
dû de droits , & , par conféquent , il n'y
avoit pas lieu d'accorder d'indemnité de
ces droits.

Par décifion du confeil du 8 Novembre 1736 , il a été jugé qu'il n'étoit dû
que 5 livres , pour le droit de contrôle

_____

(*) Il eft raporté dans le fecond volume , page 533 , un arrêt du Confeil du 7 Août 1744 , qui a
jugé que le féminaire de faint Louis de Roüen , devoit une indemnité au Roi , pour des biens amortis ,
apartenans ci-devant aux religieufes du Val-de-grace , & unis à ce féminaire , avec les formalités néceffaires .
Mais , dans l'arrêt du 26 Avril 1745 , concernant le centième denier des Unions , il eft cité un arrêt rendu en
la grand'chambre du parlement de Paris , le 13 Avril 1742 , qui déboute M. le duc de Rochechouart d'une
demande d'indemnité , à l'occafion de l'union faite à l'évêché de Nevers , des manfes abbatiale & conventuelle de l'abbaïe de faint Cyran.

de la prife de poffeffion que madame l'abbeffe de Gigean avoit fait faire des biens
de l'abbaïe de S. Ginié, unie à celle de
Gigean avec les formalités ordinaires ; &
qu'il n'étoit point dû de centième denier.
Le contraire a été jugé par l'arrêt du 8
Mai 1744, ci-après ; mais il eſt préfentement de principe que les unions ne peuvent être fujétes au droit de centième denier, à moins que la jouïffance des biens
unis ne foit en même tems transférée
par des conventions volontaires. Quant
au droit de contrôle de la priſe de poſ-
feſſion, il me femble inconteſtablement dû
fur le pié réglé par l'article 70 du tarif ;
l'on ne doit pas confondre cette priſe de
poffeffion de biens temporels unis à perpétuité, avec la priſe de poffeffion d'un
bénéfice, qui eſt un acte eccléſiaſtique ;
le bénéficier prend feulement poffeffion
du titre qui lui eſt conféré à vie ; & ,
dans l'eſpèce dont il s'agit ici, on prend
poffeffion réelle des biens unis.

Décifion du confeil du 25 Mars 1739,
fur le mémoire de M. l'évêque de Clermont, qui demandoit qu'il ne fut point
païé de droit d'amortiſſement à cauſe de
l'union qu'il étoit fur le point de faire à
l'hôpital de Lezon, des biens de la manfe
des Bernardines dudit lieu, en éteignant
cette maifon. Décidé » qu'en cas de réu-
» nion de biens *déjà amortis*, à une
» communauté religieuſe, chapitre, ou
» bénéfice, il n'eſt dû aucun droit d'a-
» mortiſſement, conformément à l'arrêt du
» 9 Septembre 1730 ; & , quoique les
» hôpitaux ne foient pas compris nom-
» mément dans cet arrêt, comme ils
» méritent encore plus de faveur que les
» autres communautés, on ne peut douter
» que l'éxemtion qui eſt accordée, ne
» doive s'étendre juſqu'aux hôpitaux ;
» ainſi l'hôpital de Lezon ne devra point
» de droit d'amortiſſement pour la réunion
» qui y fera faite «.

Une autre décifion du 27 Janvier 1740,

a jugé qu'il n'étoit point dû de droit d'a-
mortiſſement, pour raifon d'un décret de
M. l'évêque de Clermont, confirmé par
lettres patentes enregiſtrées, portant extinction d'un prieuré, & union de fes
biens & revenus, à un féminaire, que le
prélat avoit établi à Clermont avec les
formalités néceſſaires.

Par arrêt du confeil du 8 Mai 1744,
il fut jugé que, pour la priſe de poffeffion des biens de l'hôpital de Villary,
unis à l'hôpital de Caſtel-Naudary, le
droit de contrôle avoit été bien perçu
fur le pié de l'article 70 du tarif, ainſi
que celui de centième denier defdits biens.

L'éxécution de cet arrêt a été ordonnée par décifion du confeil du 15 Août
1744, au fujet de la priſe de poffeffion
des biens de l'abbaïe de la Peliffe, unis au
féminaire du Mans, en conféquence d'actes volontaires paſſés entre les religieux
& les fupérieurs du féminaire, au moïen
des penfions fixées auxdits religieux ; leſquels actes ont été fuivis des décrets & lettres patentes néceſſaires pour la validité de
l'union ; il étoit juſte d'ordonner que le droit
de contrôle de la priſe de poffeffion feroit païé fuivant l'article 70 du tarif ; &
celui de centième denier des actes volontaires, fur le capital au denier dix des
penfions : *voïez* ce qui eſt obſervé à la fin
de cet article.

Arrêt du confeil du 26 Avril 1746,
qui décharge les fupérieur & directeurs
du féminaire d'Evreux, du droit de centième denier qui leur étoit demandé pour
raifon de l'union faite audit féminaire, des
biens du chapitre de Gaillon & de la
chapelle de S. Gilles ; & faifant droit fur
l'intervention du clergé, S. M. a déclaré
& déclare qu'attendu qu'aux termes de
l'édit de 1703, & des déclarations de
1708 & 1722, les biens dépendans des
bénéfices, canonicats ou prébendes n'ont
point été affujétis au droit de centième
denier lors des mutations qui furviennent :

lefdits biens, lors des unions qui pouroient en être faites à d'autres bénéfices, ne feront point fujets audit droit.

M^{rs} les agens généraux du clergé, qui avoient pris le fait & caufe du féminaire d'Evreux, ont dit que les règlemens concernant le centième denier ne peuvent s'apliquer qu'aux actes & contrats temporels, ce qui exclut ceux concernant les matières fpirituelles & eccléfiaftiques, telles que font les unions de bénéfices, qui tirent leur éfet du décret du fupérieur eccléfiaftique ; enforte que l'autorité féculière n'intervient que pour confirmer ce qui a été fait par la puiffance eccléfiaftique ; que, dans les unions de bénéfices, il n'y a aucun véritable contrat temporel, qui puiffe être le fondement des droits dûs à caufe des autres mutations, & qu'il n'y paroît que le miniftère & l'éxercice de la puiffance eccléfiaftique ; que les principes de l'arrêt du 9 Septembre 1730, font communs à l'amortiffement & au droit de centième denier ; que ce droit eft dû lorfqu'on tire des biens du commerce, pour les deftiner à foûtenir des œuvres de piété ; lorfque ces mêmes biens font dans la fuite remis dans le commerce ; & lorfque les communautés eccléfiaftiques & les bénéficiers traitent entr'eux, par vente, échange ou autrement, de quelque partie du temporel de leur manfe ou bénéfice ; parce que tous ces changemens s'opèrent par des actes purement temporels ; mais que, dans l'union faite au féminaire d'Evreux & dans toute autre femblable, n'y aïant ni vente, ni échange, ni aucun autre contrat temporel, ce droit n'eft pas dû ; que l'union d'un bénéfice n'eft autre chofe que la tranflation de l'office & des fondations d'une églife dans une autre ; & que, s'il y a des biens attachés à cet office & à ces fondations, c'eft un acceffoire qui fuit néceffairement l'acquit du fervice divin dans le lieu où il eft transféré.

Décifion du confeil du 30 Octobre 1747; fur un renvoi de M. l'intendant de Tours, & fur les mémoires tant du fermier que des députés de la chambre eccléfiaftique du diocèfe d'Angers & de M^{rs} les agens généraux du clergé intervenans. Il avoit été paffé deux actes le 17 Juillet 1741, entre les prieur & religieux de N. D. de Cunault, ordre de S. Benoit de l'ancienne obfervance, & les députés du clergé d'Angers, tant en leur nom qu'en celui de M. l'évêque ; par le premier de ces actes, le prieur & les religieux ont cédé au clergé leur manfe conventuelle, le petit couvent & les onces clauftraux, pour les unir au féminaire de S. Charles, deftiné à retirer des prêtres âgés ou infirmes, parce qu'il leur feroit païé 4050 livres de penfion viagère pendant leur vie ; &, par le fecond acte, le prieur clauftral, qui s'étoit réfervé la jouïffance de fon prieuré & le droit d'y habiter, en a confenti l'extinction au profit du féminaire, ainfi que de toutes les réferves qu'il avoit faites, moïennant 600 livres de penfion, outre celle convenuë par le premier acte pour fa place monachale. Le fermier a d'abord prétendu le droit de contrôle & celui de centième denier de ces actes fur le pié du capital au denier dix des rentes viagères. Le clergé a foûtenu qu'il n'étoit dû que le droit de contrôle, fur le pié fixé pour les concordats par l'article 1er du tarif ; qu'il ne s'agiffoit que d'une union pour la dotation d'une maifon de charité & qu'il n'a été queftion que de fixer une fomme pour la fubfiftance de ceux qui devoient jouïr des biens ; enfin, il a allégué que, fuivant l'arrêt de 1746, il n'eft point dû de centième denier pour les unions. Le fermier a jugé à propos de fe défifter de la demande du droit de centième denier, mais il a perfifté dans fa demande du droit de contrôle fur le capital au denier dix des penfions. La décifion porte que » vû les termes
» mes

» mes des actes, qui caractérisent l'union » de bénéfice & non une vente ou cession d'un fonds, les droits ne doivent » être perçus que pour le concordat fait » entre le sieur Mezeray (député du » clergé) & les moines, sur le pié de » l'article 1er du tarif. Je pense que le fermier étoit fondé dans sa demande originaire : j'ai expliqué les motifs, pour le droit de contrôle, à l'article *Concordat* : ces motifs sont fortifiés par une décision du 5 Juillet 1748, rendue en pareil cas ; j'expliquerai ceux pour le centième denier, en terminant cet article.

Autre décision du conseil du 5 Juillet 1748, qui réforme une ordonnance de M. l'intendant de Pau, par laquelle il avoit ordonné que le droit de contrôle d'une transaction passée devant notaires, au sujet de l'union de la manse conventuelle & des ofices claustraux de l'abbaïe de la Réole, au séminaire de la ville de Tarbes, seroit seulement perçù comme pour un acte simple. Il y avoit eu un décret d'union de M. l'évêque de Tarbes ; &, par la transaction passée ensuite, les religieux avoient consenti à l'éfet actuel de cette union, moïennant les pensions viagères que le séminaire s'étoit obligé de leur païer. Décidé que » l'acte de- » vant notaires étant nécessaire, on ne peut » se dispenser de païer le droit, qui, sur le » pié du fond des pensions, doit être fixé » à 86 liv. & les quatre sols pour livre.

Décision du conseil du 26 Juin 1749, qui a jugé qu'il n'étoit point dû de droit d'amortissement pour une union faite par décret de M. l'archevêque de Paris, portant translation & union à perpétuité, du chapitre de saint Maur-les-Fossés, au chapitre de l'église de saint Louis du Louvre, avec les biens en dépendans, pour ne former qu'une seule & même manse avec l'église de saint Louis, sans extinction du titre des prébendes du chapitre de saint Maur ; mais avec extinction des hauts-vicariats ou chapelains. Le fermier prétendoit tirer des

conséquences de cette distinction : il convenoit que l'union des deux chapitres n'opéroit point de mutation, puisque les titres des prébendes subsistent, & que ceux qui en sont pourvûs jouïront confusément des biens qui apartenoient à l'un & à l'autre chapitre ; mais, à l'égard des biens qui étoient attachés aux haut-vicariats dont les titres sont éteints, il soûtenoit que le droit d'amortissement en étoit dû, parce que l'union de ces biens au chapitre de saint Louis, forme en sa faveur une nouvelle propriété & une augmentation de revenus.

Par arrêt du conseil du 6 Avril 1751, les jésuites du collége de la Fléche ont été déchargés du droit d'amortissement qui leur étoit demandé, à cause de l'union faite audit collége des fonds & revenus de l'abbaïe d'Asnieres, en conséquence du consentement de l'abbé & des religieux. Par un acte capitulaire de 1730, lesdits abbé & religieux, reconnoissant que l'abbaïe n'avoit pas assés de revenus pour nourrir & entretenir un nombre suffisant de religieux, ont consenti à l'extinction de cette abbaïe & à ce que les revenus fussent unis au collége des jésuites de la Fléche, parce que les jésuites feroient des missions dans le diocèse d'Angers, & que l'abbé & les religieux jouïroient des revenus pendant leur vie, si mieux n'aimoient les jésuites leur faire une pension viagère, proportionnée auxdits revenus. Cet acte a été accepté par les jésuites, & agréé par un brevet du Roi ; en conséquence, il a été expédié, en cour de Rome, des bulles d'extinction du titre, & d'union des biens. Il y a eû oposition & même un apel comme d'abus de la part de la dame de Montreuil-Bellay, dont les auteurs étoient fondateurs de l'abbaïe ; & après un arrêt de partage au grand conseil, les parties ont transigé en 1746 : ladite dame s'est désistée & a consenti à l'union, parce que les jésuites fourniroient un prêtre à Asnieres, sans titre de bénéfice, pour y dire journellement la messe, dans une chapelle qui fera entretenuë par les jéfuites ; & fous la condition, en outre, de la fondation d'une bourfe dans ledit collége, pour un jeune étudiant, à la nomination de ladite dame & de fes fucceffeurs. Il eft enfuite intervenu un décret d'union & des lettres patentes qui l'ont confirmé. Les jéfuites ont foûtenu qu'il n'étoit point dû de droit d'amortiffement pour cette union ; qu'il n'en étoit point dû, non plus, pour les fondations, parce qu'il n'avoit été donné ni deniers ni immeubles pour fûreté de leur éxécution ; & qu'il ne s'agit que de remplacemens des objets pour lefquels la fondation primitive avoit été faite. On leur a opofé que l'éxemtion du droit n'avoit été accordée que pour les unions faites par des motifs de néceffité ou d'utilité ; que ces motifs manquoient ici ; & que les jéfuites devoient païer le droit d'amortiffement des biens qu'ils ne s'étoient procurés qu'à titre onéreux.

Ainfi, toutes les unions de bénéfices & des biens amortis en dépendans, faites par le fouverain, ou par la puiffance eccléfiatique & confirmées par l'autorité féculière, font éxemtes du droit d'*amortiffement* ; foit qu'il y ait extinction du titre des bénéfices dont les biens unis dépendoient, foit que ce titre fubfifte, & qu'il ait été pareillement uni à un autre ; foit auffi que l'union ait été précédée ou fuivie du confentement des titulaires actuels. Dans la règle générale, quoique des biens aïent été amortis avec finance, ils font néanmoins fujets à un nouveau droit d'amortiffement, lorfqu'ils paffent à quelque titre que ce foit dans la poffeffion d'une autre main-morte que celle qui avoit obtenu l'amortiffement, comme il a été obfervé, tom. 2, page 272. Mais ce qui a été jugé pour les unions, eft une exception à cette règle : exception fondée fur ce que les unions fe font par l'autorité fupérieure, & qu'elles produifent leur éfet, quant à la propriété, fans qu'il foit nulle.

ment befoin du confentement des titulaires actuels des bénéfices.

A l'égard du droit de centiéme denier, il faut obferver que l'union ne peut priver le titulaire actuel, de la jouïffance ni des droits & revenus de fon bénéfice ; ainfi, pour que l'union produife actuellement fon éfet, tant pour la propriété, que pour la jouïffance, il faut qu'elle foit précédée ou fuivie d'une ceffion, de la part des religieux ou des titulaires de bénéfices, des revenus dont ils ont droit de jouïr, au moïen des conventions faites entr'eux & ceux aufquels les biens font unis.

Ces conventions, qui transférent une jouïffance que l'on pouvoit fe conferver pendant fa vie, font des actes purement temporels, qui ne concernent ni le fpirituel, ni le titre même des bénéfices dont il a été difpofé par la puiffance eccléfiaftique & par l'autorité féculière : ainfi les droits de contrôle & de centième denier font dûs pour raifon de ces actes, fur le pié du capital au denier dix des revenus cédés, ou de la penfion qui en eft le prix. La queftion pour le droit de contrôle fe trouve jugée par la décifion du 5 Juillet 1748, raportée ci-deffus ; & celle pour le droit de centième denier doit d'autant moins fouffrir de dificulté, qu'il s'agit d'une ceffion volontaire d'ufufruit, telle que celle qui s'opère par un bail à vie ou par tout autre acte quelconque. Ceux en faveur defquels l'union eft faite, ne tiennent point leur jouïffance actuelle, de cette union : elle ne leur eft transférée que par une difpofition abfolument temporelle & volontaire, moïennant le prix convenu ; ainfi ils doivent païer le droit de centiéme denier. Cette conféquence a même été reconnuë par le clergé, ainfi qu'on peut le voir par fes mémoires inférés dans l'arrêt du 26 Avril 1746.

UNION *de créanciers*. Le contrat d'union, fuivant le dict. de Ferriere, fe fait entre les créanciers d'un homme obéré de dettes : ils s'uniffent pour agir de concert, à l'éfet de parvenir au recouvrement de ce qui leur est dû, & d'empêcher que les biens de leur débiteur ne se consomment en frais, par la multiplicité & la contrariété des procédures. Par ce même contrat, les créanciers nomment des directeurs, auxquels ils donnent pouvoir de faire toutes poursuites & diligences nécessaires pour la conservation de leurs droits, & pour leur intérêt commun ; consentant que tout ce qui aura été fait par ces directeurs ait son plein & entier éfet, & vaille comme s'il avoit été fait par tous les créanciers. Enfin, ils consentent qu'il soit procédé à une vente volontaire des biens du débiteur, pour éviter les frais de la discussion de ces biens.

Ces actes ne sont point dénommés dans le tarif des droits de contrôle du 29 Septembre 1722 ; ils doivent néanmoins être contrôlés dans la quinzaine de leur date, s'ils sont faits devant notaires ; ou avant que de s'en servir, s'ils n'ont été faits que sous-signatures privées. L'article 94 du tarif porte que, pour les actes qui ne s'y trouveront pas expressément dénommés, le droit de contrôle sera paté sur le pié de ceux auxquels ils auront raport.

Lorsque les contrats d'union & de direction de créanciers sont purs & simples, c'est-à-dire, qu'ils ne contiennent que les clauses qui viennent d'être expliquées, quelques commis ont prétendu qu'il étoit dû autant de droits de 10 sols qu'il y avoit de créanciers qui s'unissoient ; d'autres ont dit qu'il ne pouvoit être perçu qu'un droit de 5 liv. en principal, sur le même pié fixé par l'article 2 du tarif pour les abandonnemens ou cessions volontaires de biens, faits par le débiteur aux créanciers, pour les vendre en direction ; les derniers se sont fondés sur ce que l'art. 16 du tarif de l'insinuation comprend les contrats d'union ou de

direction de créanciers, conjointement avec les abandonnemens de biens, & qu'il assujétit les uns & les autres au même droit d'insinuation ; d'où ils ont conclu que les contrats d'union doivent pareillement être sujets au même droit de contrôle. C'est ce qui a été jugé par trois décisions du conseil, sans même qu'il paroisse que l'une ait été invoquée pour déterminer l'autre.

La première décision, du 30 Avril 1724, a été rendue sur le mémoire de M. le procureur général (*), qui demandoit qu'en conformité de l'art. 94 du tarif, le droit de contrôle des contrats d'union & de sindicat entre créanciers, fut fixé sur le pié de l'article 2 du même tarif, sans pouvoir multiplier les droits par le nombre des créanciers qui parlent dans l'acte. Il fut décidé qu'il falloit donner des ordres, conformes à cette demande.

La seconde décision, du 8 Janvier 1737, a confirmé la perception faite de 18 liv., y compris les quatre sols pour livre, pour droits de contrôle & d'insinuation du contrat d'union fait sous-signatures privées entre les créanciers de Guillaume Maignan, contenant nomination de sindic. Ils soûtenoient que ce n'étoit qu'une procuration, pour laquelle il n'étoit dû que dix sols, sans aucun droit d'insinuation ; & demandoient que le surplus fut restitué. Il a été mis néant sur cette demande, en jugeant qu'il étoit dû 5 liv. pour le contrôle, & 10 liv. pour l'insinuation.

Et la troisième décision a été rendue le 23 Novembre 1752, sur le mémoire des sindics des créanciers de Pierre Barrier, marchand facturier à Montauban, & de Pierre Delprat, fabriquant en la même ville. Il s'agissoit de deux actes par lesquels lesdits créanciers s'étoient unis & avoient nommé des sindics ; le commis avoit perçu

(*) Cette décision n'explique pas de quelle cour ; ce qui donne lieu de croire que c'est du parlement de Paris.

P p p ij

autant de droits de 10 fols , qu'il y avoit de créanciers ; & les findics foûtenoient que chacun de ces actes n'étoit fujet qu'à un droit de dix fols , comme procuration , ou comme délibération de communauté. Le fermier eft convenu que la perception n'é- toit pas règulière ; il a dit qu'il étoit dû 5 liv. pour le droit de contrôle de cha- cun de ces actes , & qu'ils étoient en outre fujets au droit d'infinuation fixé par l'art. 16 du tarif. La décifion porte qu'*il eft dû 5 liv. de contrôle pour chaque contrat , & 10 liv. pour l'infinuation.*

Il faut donc réformer ce qui a été dit à la fin de l'article , *Direction de créan- ciers.*

Tous contrats d'union ou de direction de créanciers , font affujétis à l'infinuation , par l'art. 7 de l'édit du mois de Décembre 1703 ; cette infinuation doit être faite au lieu du domicile des débiteurs , fuivant l'art. 15 du même édit ; & il y doit être fatisfait avant que de faire procéder à l'ho- mologation du contrat d'union , & d'en faire aucun autre ufage.

Le droit d'infinuation eft fixé à 10 liv. par l'art. 16 du tarif du 29 Septembre 1722.

Par décifion du confeil du 17 Juin 1747, le fieur Daumafou , & le fieur Vivier fon procureur au parlement de Paris , ont été condamnés en 300 liv. d'amende chacun , pour avoir fait homologuer un contrat d'u- nion de créanciers , fans qu'il fut préalable- ment infinué ; & la partie a été en outre condamnée au païement du droit d'infinua- tion.

Les mêmes condamnations ont été pro- noncées , par décifion du 2 Mars 1752 , contre le fieur Brouillard huiffier à verge au châtelet de Paris , pour avoir fait la fignifi- cation d'un contrat d'union de créanciers , non-infinué ; & contre les créanciers , pour avoir préfenté requête à fin d'affigner en conféquence. *voïez* encore les décifions des 7 Septembre 1752 , 7 Février & 19 Dé- cembre 1754 , qui prononcent de fembla- bles condamnations , pour s'être fervi de contrats d'union non-infinués , foit en les fai- fant fignifier , foit en les faifant homologuer.

Ces décifions font fondées fur le principe établi à l'article , *Infinuation* , n. 20 , tom. 2 , page 555.

USAGES , font des droits de paccage , pâturage , glandage , chauffage & autres femblables , apartenans aux communautés laïques , c'eft-à-dire , aux communautés d'habitans des villes , bourgs & hameaux , qui , fans être propriétaires des fonds , en ont un ufage commun pour y prendre leur chauffage & y faire paitre leurs beftiaux. Lefdites communautés ont été difpenfées de païer le droit d'amortiffement de leurs ufages ; mais elles en doivent le droit de nouvel-acquêt. *Voïez* Nouvel-acquêt , §. II. page 65.

USUFRUIT , eft le droit de joüir d'une chofe dont on n'eft pas propriétai- re : c'eft une joüiffance pleine & entière de tous les fruits & revenus que cette chofe peut produire , fans la détériorer ni la diminuer.

1. L'ufufruit d'une maifon ou d'un hé- ritage , étant un droit inhérent à un im- meuble , eft confidéré comme un véritable immeuble. *Ufusfructus inter immobilia ;* Brodeau L. B. N. 23. *Voïez* auffi les ar- ticles 502 & 508 de la coûtume de Nor- mandie ; l'article 57 de celle de Breta- gne , & autres , qui confidérent à tous égards l'ufufruit comme immeuble.

2. Le droit de centième denier eft dû pour tout ufufruit d'immeubles , dans les mêmes cas où il eft dû pour les mutations de propriété ; à l'éxception néanmoins de l'ufufruit purement légal ; c'eft-à-dire , de celui qui n'a pour fondement que les difpofitions des coûtumes & autres loix : comme le *doüaire* coûtumier , le droit de *viduité* apartenant au mari fur les biens de fa défunte femme en Normandie , & au- tres ufufruits femblables.

3. L'ufufruit finit par la mort naturelle ou civile de l'ufufruitier ; il n'eft dû aucun droit de centième denier pour cette confolidation de jouïffance à la propriété ; mais fi la confolidation fe fait par anticipation, au moïen de la ceffion que l'ufufruitier fait de fon ufufruit au propriétaire, gratuitement, ou moïennant un prix ou une rente viagère ; le droit de centième denier fera inconteftablement dû ; foit que l'ufufruit fut légal, foit qu'il fut conventionnel`, fans diftinction.

4. Il en eft de même de toute autre ceffion d'ufufruit, qui, opérant mutation d'un droit réel, eft fujéte au centième denier, dans tous les cas où les mutations de la propriété y font fujétes.

5. La quotité du droit de centième denier de l'ufufruit eft porportionnée à l'objet ; de manière que l'ufufruitier ne païe qu'un demi-droit de centième denier de la valeur entière des biens dont il a droit de jouïr. Lorfque l'ufufruit eft donné ou légué & que l'on ne connaît pas le revenu des biens, il eft dû, pour cet ufufruit, la moitié du droit de centième denier de la valeur entière defdits biens ; fi le revenu eft connu, le droit de centième denier doit être fixé fur le pié du capital au denier dix de ce revenu. A l'égard des ceffions d'ufufruit en faveur du propriétaire ou d'un tiers, il faut fuivre les mêmes règles, fi la ceffion eft gratuite ; mais, fi elle eft faite moïennant un prix, le droit de centième denier fera dû fur ce prix entier ; & fi ce prix ne confifte qu'en une rente viagère, le droit ne fera dû que fur le pié du capital au denier dix de cette rente, pourvû que la ceffion ne foit pas faite par un principe gratuit, & que la rente viagère en foit tout le prix ; car fi on fe défifte d'un ufufruit par démiffion, donation ou autrement, en retenant feulement une rente viagère, cette rente ne fait pas le prix de la ceffion d'ufufruit ; &, dans ce cas, le droit de cen-

tième denier eft dû fur le pié du capital au denier dix du revenu.

6. Ces règles de fixation du droit n'ont lieu que pour l'ufufruit attaché à la vie d'une perfonne ; car, fi la jouïffance eft cédée ou aliénée pour un tems fixe, il faut éxaminer le tems de fa durée, & fe déterminer par les règles établies pour les baux à longues années ; en forte que, fi la jouïffance ne doit pas excéder neuf années, il ne fera dû aucun droit de centième denier ; au-deffus de neuf années & jufqu'à trente, il fera dû la moitié du droit de centième denier de la valeur des biens ; &, de trente années & au-deffus, le droit fera dû de la valeur entière defdits biens.

7. Quoique l'ufufruit foit féparé de la propriété, le droit de centième denier eft dû pour les mutations de propriété, à titre fucceffif, de donation ou de legs, fur le pié de la valeur entière des biens, fans aucune déduction de l'ufufruit ; mais, à l'égard des mutations par vente, comme les règlemens ordonnent que le droit de centième denier en fera païé fur le prix, il s'enfuit que le droit d'une vente de la nuë propriété n'eft dû que fur le prix ftipulé, comme il a été obfervé à l'article *Prix* n. 7, page 184.

8. L'ufufruitier d'un bien noble, doit perfonnellement païer le droit de franc-fief, s'il eft roturier, parce que ce droit eft une finance pour avoir la faculté de jouïr, & par conféquent, une charge de la jouïffance. *Voïez* Franc-fiefs §. I I I. n. 12, tome 1, page 436.

9. Il doit auffi païer les autres droits qui peuvent être dûs pour raifon des mutations de la propriété, parce que ces droits font fpécialement affectés fur les fruits ; mais, comme ces droits ne font pas dûs perfonnellement par l'ufufruitier, il eft fondé à en éxercer la reprife contre les propriétaires. *Voïez* Détenteur §. 1, n. 2, tome 2, page 56.

Ufufruit. Nous raporterons les autorités qui établissent ces principes & leurs conféquences. On peut aussi voir les articles *Baux emphytéotiques* ; *Baux à vie* ; *Don-mutuel* ; *Douaire* ; *Vente à vie* ; *Viduité* &c.

10. *Règlemens principaux*. Par l'article 4 de la déclaration du 20 Mars 1708, il est ordonné que, pour les donations & legs de rentes & penfions viagères & d'ufufruit, les droits d'infinuation feront païés fur le pié règlé par l'article 1er du tarif, fuivant l'évaluation qui fera faite du fonds de l'ufufruit, à raifon du denier dix. L'article 6 de la même déclaration affujétit au droit de centième denier les contrats de vente à vie, & plufieurs autres actes y dénommés, qui n'accordent que la poffeffion & la jouïffance des immeubles.

Arrêt du confeil du 22 Mars 1729, rendu en règlement ; » le Roi s'étant fait » repréfenter en fon confeil la déclara- » tion du 20 Mars 1708, concernant » les droits d'infinuations laïques & de » centième denier ; par l'article 4 de la- » quelle il eft porté que le droit d'infi- » nuation des donations & legs de ren- » tes, penfions viagères & d'ufufruit, fe- » ront païés fur le pié de l'article 1er du » tarif, fuivant l'évaluation qui fera faite » du fonds de l'ufufruit, à raifon du de- » nier dix ; & par l'article 6 de la même » déclaration, que les droits de centième » denier feront païés pour les ventes à vie » & autres actes qui n'accordent que la plû- » part que la poffeffion & jouïffance des » immeubles. Et S. M. étant informée » que, quoique les difpofitions dudit ar- » ticle 4, ne puiffent s'apliquer qu'aux » chofes mobiliaires, *les donations*, » *legs & autres actes*, *qui tranfmettent* » *la jouïffance & ufufruit des immeu-* » *bles*, *devant païer le droit de centième* » *denier*, ainfi qu'il a été jugé par S. M. » *toutes les fois que la queftion s'en eft* » *préfentée*, plufieurs commis à la percep-

» tion defdits droits, fous prétexte que » ladite déclaration du 20 Mars 1708 » ne s'explique pas difertement, préten- » dent que les donations & legs d'ufufruit » des biens immeubles, doivent païer, » outre le droit de centième denier ; ce- » lui d'infinuation fuivant le tarif ; ce qui » fait journellement des conteftations en- » tre les redevables & lefdits commis ; » à quoi S. M. voulant pourvoir & le- » ver tout doute à cet égard : ouï le » raport du fieur le Pelletier, confeiller » d'état & ordinaire au confeil roïal, » contrôleur général des finances. LE » ROI ETANT EN SON CONSEIL, en » expliquant, en tant que befoin eft, » les articles 4 & 6 de la déclaration du » 20 Mars 1708, a ordonné & ordonne » qu'il ne fera païé que le droit de cen- » tième denier pour les ufufruits des biens » immeubles, à quelques titres qu'ils » foient donnés ou acquis, fur le pié de » l'évaluation qui fera faite du fonds de » l'ufufruit, à raifon du denier dix. En- » joint S. M. aux fieurs intendans & » commiffaires départis dans les provin- » ces & généralités du roïaume de tenir » la main à l'éxécution du préfent arrêt.

Il y a cependant des cas, où pour une donation d'ufufruit d'immeubles, il peut être dû un droit d'infinuation fuivant le tarif, outre le centième denier ; c'eft lorfque, par acte entre-vifs, l'on donne l'ufufruit de biens qui ne font pas fitués dans l'étendue du même bailliage que le domicile du donateur ; il faut néceffaire- ment alors deux infinuations pour la vali- dité de la donation : l'une au domicile & l'autre à la fituation ; il eft dû un droit fui- vant le tarif, pour la première ; & il n'eft dû que le centième denier pour la fecon- de ; *voïez* Donation d'ufufruit, tome 2, page 205.

11. *Ufufruit acquis en vertu de don mutuel, ou de donation conditionnelle & éventuelle*. Indépendamment du droit d'in-

finuation païé pour la donation & pour en affûrer la validité, le furvivant, qui recueille en conféquence l'ufufruit des biens du prédécédé, doit en païer le droit de centième denier. *Voïez Don mutuel* §. 2, tome 2, page 160; & *Donations*, page 212, du même volume. Mais fi le furvivant des conjoints joüit des biens de l'autre, en vertu de la difpofition du contrat de mariage de leurs enfans, *voïez* Contrat de mariage §. 10 tome 1, page 513.

12. *L'ufufruit féparé de la propriété, n'empêchepas que le droit de centième denier ne foit dû de la valeur entière des biens, lorfque la propriété change de main*. Ce principe, établi au n. 7, ci-deffus, a été confirmé toutes les fois que la queftion s'eft préfentée. Voïez *Démiffion*; *Don mutuel*, §. 2. & *Donations* §. VIII, n. 12.

Décifion du confeil du 25 Juillet 1725, qui condamne Jean-Jofeph Paillard, & autres héritiers en ligne collatérale, au païement du droit de centième denier des biens dont la propriété leur eft échuë, quoique l'ufufruit en apartint à une autre perfonne.

Autre décifion du 22 Mars 1732, qui juge que le droit de centième denier eft dû dès-à-préfent pour raifon de la propriété d'une maifon, léguée à la dame Raimond, par fon frère, indépendamment du demi-droit de centième denier dû par le légataire de l'ufufruit.

Décifion du 9 Février 1735, fur le mémoire du fieur de Beauregard, qui demandoit que le confeil réglât ce qu'il devoit pour raifon des biens de M. de Saint Juft, dont il avoit légué l'ufufruit à la dame de Beauregard, & la propriété aux enfans nés & à naitre de ladite dame. Décidé qu'il eft dû un demi-droit de centième denier pour l'ufufruit, & un droit de centième denier entier pour la propriété.

Décifion du 14 Février 1739, contre le fieur de Sainte-Marie; elle eft raportée à l'article *Viduité*.

Autre décifion du confeil du 17 Septembre 1751, fur le mémoire de M. le viconte de Chabot, qui demandoit que, pour la donation que madame la comteffe de Jarnac fe propofoit de lui faire de la propriété de la terre de Jarnac, fous la réferve de l'ufufruit, il ne fut perçû qu'un demi-droit de centième denier. Décidé que le droit eft dû en entier.

Le 9 Mai 1754, il a été décidé qu'il étoit dû un autre droit de centième denier, pour la propriété de la même terre de Jarnac, échuë à titre de fubftitution au frère du viconte de Chabot, nonobftant l'ufufruit dont joüiffoit toujours la donatrice, conformément à la donation de 1751, qui contenoit la fubftitution.

Voïez la Décifion du 18 Juin 1757, pour des donations faites par M. le duc de la Force, fous la réferve de l'ufufruit, tom. 2, page 201.

13. *L'ufufruitier eft même tenu de faire l'avance des droits dûs pour les mutations de la propriété, fauf fon recours*, comme on l'a dit au n. 9 ci-deffus. Cette règle n'a pas lieu feulement pour le droit de centième denier: elle eft fuivie pour le droit de relief & autres profits de fief, ainfi que l'attefte Guyot, dans fon traité des fiefs, tom. 2, p. 124, & les diférens auteurs qu'il cite. *Jura metimur à poffeffore*: principe établi à l'article *Détenteur*. Mais, comme c'eft toujours fauf le recours contre le débiteur principal, il s'enfuit que le fermier peut s'adreffer au propriétaire ou à l'ufufruitier.

Décifion du confeil du 26 Janvier 1732, qui condamne le fieur de Méricourt & la comteffe d'Ufés, légataires de l'ufufruit des biens de la demoifelle Hourlier, dont ils avoient païé le demi-droit de centième denier, à païer le droit fur la valeur entière defdits biens à la décharge des héritiers de la propriété, fauf leur recours contr'eux.

Autre décifion du 14 Mars 1733,

contre la veuve de Charles Bailly, ufufrui-
tière des biens de fon mari, qui demandoit à être déchargeé du droit de centième
denier dû pour la propriété échuë aux héritiers collatéraux.

Par autre décifion du 7 Février 1736,
la veuve de Jean-Baptifte de Gor, jouïffant des biens de fon mari, en vertu de
donation mutuelle, a été condamnée au
païement du droit de centième denier de
la valeur entière defdits biens, à caufe
de la propriété échuë aux héritiers collatéraux, fauf fon recours; & en outre,
au demi-droit de centième denier perfonnellement, pour fon ufufruit.

Pareille décifion du 11 Avril 1739,
contre la veuve du fieur Buirette, ufufrui-
tière des biens de fon mari, en vertu de
donation mutuelle. Autre femblable, du
19 Mars 1740, contre la veuve du fieur
Vitalis.

Autre décifion du 15 Avril 1747, contre la veuve du comte de Montaut, ufufrui-
tière des biens de fon mari; elle demandoit
la décharge du droit de centième denier
pour la propriété échuë aux héritiers collatéraux. Décidé que le bien-tenant eft tenu
de païer le droit, fauf fon recours contre
le propriétaire.

Décifion du 26 Juillet 1749, contre le
fieur Jofeph Galan du Claufel, ufufruitier
des biens de fa tante; il offroit le demi-
droit de centième denier de fon ufufruit,
& prétendoit ne rien devoir de plus. Décidé que, comme jouïffant des biens, il doit
païer, en outre, le droit de centième denier, fauf fon recours contre les héritiers.

14. *Ceffion d'ufufruit.* Lorfque l'ufufruitier d'immeubles céde fon ufufruit au
propriétaire ou à un tiers, le ceffionnaire
doit païer le droit de centième denier, fur
le pié expliqué au n°. 5, ci-deffus, parce
qu'il acquiert un droit réel, & qu'il eft
affujéti à ce droit par la déclaration de
1708, & par l'arrêt de 1729, raportés
au n. 10.

Décifion du confeil du 31 Janvier 1728,
qui juge qu'il eft dû un demi-droit de centième denier, pour la ceffion faite par madame la duchefle de Lude, à M. Darmen-
tières, de l'ufufruit à elle apartenant fur les
biens dont il étoit propriétaire, moïennant
une rente qui égaloit le revenu de ces biens.

Autre décifion du 6 Septembre 1732,
qui juge la même chofe, pour un abandonnement fait par la veuve du fieur Caftel-
neau, en faveur de fes enfans, de l'ufufruit qu'elle avoit des biens de fon mari.

Décifion du 30 Octobre 1743, contre
la comtefle de Gergy, ceffionnaire, moïennant une penfion, de la portion de fa fœur
dans l'ufufruit qui leur avoit été légué conjointement des biens de leur père.

Arrêt du confeil du 1er Février 1746,
par lequel, fans s'arrêter à une ordonnance
de M. l'intendant de Châlons, le fieur Jean-
François Lévêque de Vandiere, confeiller
au parlement de Metz, a été condamné au
païement de 160 liv. & les 4 fols pour livre,
pour le droit de mi-centième denier de
la ceffion faite à fon profit, par la dame
Lefcamouflier, de l'ufufruit de partie de
la terre de Vouzy, dont il étoit propriétaire, moïennant 1600 liv. de penfion viagère; & ce, conformément aux règlemens
& notamment à la déclaration de 1708 &
à l'arrêt de 1729, dont l'éxécution eft ordonnée par ledit arrêt. Le fieur de Vandière difoit que c'étoit une renonciation faite à
fon profit comme propriétaire, à l'ufufruit
dont jouïffoit la dame Lefcamouflier depuis
long-tems, en qualité de donataire du fieur
Canelle fon premier mari; qu'il ne s'agiffoit
que d'une fimple remife & de l'extinction d'un
droit de fervitude moïennant une penfion;
qu'il n'avoit rien acquis & qu'il ceffoit feulement de foufrir une fervitude qui s'étei-
gnoit néceffairement par la mort de l'ufu-
fruitière; que la ceffion d'ufufruit en faveur
d'un tiers opéroit une mutation, parce que
le ceffionnaire acquéroit l'ufufruit, mais que
la renonciation en faveur du propriétaire
n'opéroit

n'opéroit qu'une extinction ; enfin , que le droit de centiéme denier avoit été païé de la valeur entière de la terre , lors du décès du fieur Canelle , à caufe de l'ouverture de fa fucceffion en ligne collatérale.

Le fieur Levêque de Vandière , aïant formé opofition à cet arrêt , en a été débouté par décifion du confeil du 6 Août 1746.

Décifion du confeil du 15 Avril 1747, qui confirme une ordonnance de M. l'intendant de Roüen , par laquelle les adminiftrateurs de l'hôtel-dieu de Roüen ont été condamnés au païement du droit de centiéme denier de la ceffion à eux faite, moïennant une rente viagère , de l'ufufruit d'une terre , dont la propriété leur avoit été donnée , cinq ans auparavant ; & pour raifon de laquelle donation le droit de centiéme denier avoit été païé fur la valeur entière.

Autre décifion du confeil du 12 Juillet 1754 , contre les enfans du nommé Lobel , à caufe de la rétroceffion à eux faite de l'ufufruit des biens de leur père , qu'ils avoient accordé à leur mère , & qu'elle leur a rétrocédé , après en avoir joüï pendant quelques années.

Par décifion du 22 Janvier 1756 , le confeil a réformé une ordonnance de M. l'intendant d'Amiens , par laquelle il avoit ordonné la reftitution du droit de centiéme denier , perçu pour une ceffion d'ufufruit ; & il a été jugé que le droit étoit dû fur le capital au denier dix du revenu des biens. Le fieur Daouft étoit donataire de l'ufufruit des biens de fa femme ; le fieur Charmont, héritier de la femme, a prétendu que la donation étoit nulle en tout , ou du moins en partie ; après avoir plaidé , les parties ont tranfigé , & le mari a abandonné la joüïffance des biens au fieur Charmont , moïennant une penfion de 1050 livres ; il a été reconnu que les biens produifoient 1677 livres de revenu ; mais le mari , en faveur de la parenté , a déclaré

renoncer au furplus. Le droit avoit été perçu fur le pié de 16770 livres ; & la décifion , en réformant l'ordonnance , ordonne qu'il fera rétabli tel qu'il avoit été perçu.

Décifion du confeil du 23 Mars 1756 , contre la veuve du fieur Vigier , pour une ceffion d'ufufruit faite poftérieurement à la donation de la nue propriété ; elle opofoit que le centiéme denier dû pour la donation , n'avoit été païé que depuis la ceffion de l'ufufruit , & qu'on avoit fait païer ce droit fur la valeur entière ; qu'ainfi , il avoit été païé tant pour la propriété que pour l'ufufruit ; mais , il avoit dû être païé fur la valeur entière dès l'inftant de la donation ; & l'abandonnement poftérieur de l'ufufruit étoit dans le cas de toute autre ceffion d'ufufruit.

Il y a une infinité de décifions fur cette queftion ; voïez auffi les articles *Doüaire* §. 3 , & *viduité.*

USURPATEURS *des titres de nobleffe ,* font ceux qui , fans être nobles , en prennent le titre & la qualité dans les actes qu'ils paffent , pour fe faire infenfiblement un moïen de prouver la poffeffion autorifée par la déclaration du Roi du 16 Janvier 1714 ; mais , lorfqu'on prouve leur état originaire de roture , il n'y a point de poffeffion qui puiffe valoir en leur faveur : il faut néceffairement qu'ils raportent la preuve du changement d'état , fans quoi ils font déclarés ufurpateurs. *Voïez* ce qui eft dit ci-deffus , à l'article *Nobleffe* , n. 10 , page 14 & fuivantes.

Par la déclaration du Roi du 8 Octobre 1729 , qui y eft raportée, S. M. a renvoïé aux cours des aides les conteftations au fujet de la recherche des ufurpateurs du titre de nobleffe ; l'article 10 de la déclaration du Roi du 20 Janvier 1736 , contenant règlement fur la jurifdiction des cours & fiéges de la Province de Languedoc , porte que les procès qui pourront furvenir fur la nobleffe des perfonnes , à l'occafion de la levée des tailles ou autres impositions, seront portés directement en la cour des comptes, aides & finances de Montpellier, à l'exclusion de tous autres juges ; le tout néanmoins, aux charges & conditions contenuës dans la déclaration du 8 Octobre 1729, qui sera éxécutée selon sa forme & teneur.

USURPATION *des domaines du*

Roi, est une jouïssance sans titre légitime, & par conséquent injuste ; des biens dépendans du domaine de la couronne.

Il a été ordonné, en diférens tems, qu'il seroit procédé à la recherche de ces usurpations ; *voïez* Domaine §. V ; & il a été indiqué quelques moïens de les recouvrer, au même article, tome 2, page 139 & suivantes.

X.

AINTES *ou* SAINTES ; l'ufage eft même d'écrire & de prononcer *Saintes ;* c'eft la ville capitale de la Saintonge , dans la généralité de la Rochelle , aïant fa coûtume particulière , fous le reffort du parlement de Bordeaux. La Saintonge eft un ancien domaine de la couronne ; *voïez* le Traité de Dupuy ; page 625.

Il y a eu diverfes aliénations de différentes parties dépendantes du domaine de Saintes.

Le domaine de la prévôté de Saintes & comté de Saintonges , confiftant dans les cens & rentes fur les maifons & autres héritages de la ville & fauxbourgs de Saintes & fur la forêt Guillon , rentes fur les droits de coûtume & de Péage & fur les halles de S. Sorlin de Sechaud , à caufe de la prairie de Sainte Jame , les droits de la poiffonnerie , la coûtume de la rivière de Charente , en ce qui apartient au Roi , le droit de minage , les poids du Roi , les lods & ventes des maifons & terres roturières , & les droits de lods & ventes & de prélation , & de retenuë féodale , & tous autres droits cafuels & féodaux fur les terres nobles relevantes de la prévôté & comté de Saintonge ; & généralement tous les autres droits dépendans dudit domaine , circonftances & dépendances , tout ainfi qu'en jouïffoit l'engagifte ou les fermiers des domaines , aux mêmes charges & conditions de l'ancien engagement , *a été ajugé* , par M^{rs} les commiffaires du confeil , le 31 Janvier 1697 , à Mre Charles de Lorraine comte de Marfan , fire de Pons &c. moïennant 6000 livres & les deux fols pour livre , outre & par-deffus la fomme de 2016 livres d'ancienne finance , liquidée par arrêt du confeil du 31 Décembre 1670 ; à la charge de païer les fiefs & aumônes , montans à 98 livres , & de jouïr dudit domaine , à titre de vente & engagement à faculté de rachat perpétuel , qui ne pouroit être fait qu'après 30 années , fuivant l'édit du mois de Mars 1695.

Cet engagement fubfifte encore actuellement (1762) ; il y a néanmoins eû quelques tentatives pour la réunion ; l'on prétendoit que le domaine de Saintes vaut 5 à 6000 livres de revenu.

Il y a un acte de notoriété du parquet des tréforiers de france de la généralité de Guyenne , portant que les lods & ventes des biens nobles pour les fenéchauffées de Saintes & de Cognac font dûs à raifon du fixième denier , fuivant l'ufage , n'y aïant point de coûtume.

Y.

VETOT , bourg de la province de Normandie , dans le païs de Caux , généralité de Roüen. C'est une seigneurie particulière ; l'on prétend qu'elle à le titre de principauté : la fable lui avoit même attribué celui de roïaume , sous prétexte que cette terre à des priviléges singuliers , & principalement celui d'être éxemte de foi & hommage au Roi & à la couronne. Louis XI. donna des lettres patentes le 11 Octobre 1464 , par lesquelles il déclara la terre d'Yvetot , *qui , vulgairement étoit apellée roïaume* , quite & éxemte envers lui & ses successeurs , d'hommage & autres devoirs. On a voulu donner un principe à ces priviléges , & l'on a dit qu'ils étoient le prix du sang de Gauthier , seigneur d'Yvetot , tué par Clotaire I , le vendredi saint de l'année 534 , dans la chapelle de Soissons ; mais , en admettant le fait , il n'en auroit pû résulter que la perte de la mouvance & des droits seigneuriaux qui en sont la suite ; les droits de souveraineté restoient dans leur entier , parce qu'ils sont inaltérables ; ainsi , le seigneur d'Yvetot , ni les habitans de sa terre n'avoient aucun titre pour se soustraire à l'éxercice des droits régaliens. Néanmoins , les gens de main-morte établis dans cette terre , & les roturiers , qui y possédent des biens nobles , se sont maintenus jusqu'à nos jours dans l'éxemtion des droits *d'amortissement* & de *franc-fief.*

Cette prétendüe éxemtion a été attaquée en 1746 , & entièrement détruite , en 1750 ; les priviléges ont été amplement aprofondis & discutés. L'analyse des moïens emploïés de part & d'autre , doit trouver ici sa place , en raportant les jugemens qui sont intervenus.

Par arrêt du conseil du 11 Octobre 1746 , sans avoir égard à une ordonnance de M. l'intendant de Roüen , du 25 Juillet 1739 , le sieur Fossard , avocat au parlement de Roüen a été condamné au païement du droit de *franc-fief* du fief de Mezerville , mouvant de la seigneurie d'Yvetot. L'ordonnance étoit relative à plusieurs autres rendües précédemment ; & il y étoit dit , en outre , qu'elle étoit fondée sur ce que la seigneurie d'Yvetot étoit considérée comme une principauté étrangère , attendu l'éxemtion de foi & hommage envers le Roi.

Cet arrêt fut rendu sur la seule requête du fermier des domaines , mais après les sommations susisantes faites au sieur Fossard de défendre sur l'apel de l'ordonnance.

Le fermier convint que la seigneurie d'Yvetot avoit des priviléges & des franchises ; mais il dit que le titre originaire ne subsistant plus , on ne pouvoit les connaître que par le témoignage des auteurs ; que , suivant l'abbé des Thuilleries , auteur d'une

diſſertation ſur ce fief, les ſeigneurs d'Yvetot ſont redevables de l'affranchiſſement de
l'hommage & de la ſervitude à Henry II,
Roi d'Angleterre, qui, pour reconnaître les
ſervices que ces ſeigneurs avoient rendus
dans le tems des croiſades, avoit bien
voulu illuſtrer leur terre; que cet auteur
& l'abbé de Vertot ont prouvé que tout
étoit fabuleux dans la prétenduë érection
de la terre d'Yvetot en roïaume; & que
l'auteur de la deſcription de la haute-Nor-
mandie eſt du même ſentiment; que ce dernier auteur dit qu'Yvetot, en ſon origine,
étoit un fief comme les autres, ſujet à la
foi & hommage, au relief, & au ſervice
militaire; qu'il eſt devenu aleu avant l'an
1203, mais aleu tenu d'un ſeigneur ſuze-
rain, puiſqu'il eſt apellé fief *liberum feudum*, ce qui fait toujours ſupoſer un ſeigneur ſupérieur à celui qui en eſt propriétaire, & non pas un de ces aleux héréditaires qui éxiſtoient avant l'établiſſement des
fiefs; que Guillaume Chenû, propriétaire
de la terre d'Yvetot, obtint, au mois de
Mars 1461, des lettres de Louis XI, par
leſquelles il lui fut permis de jouïr à l'avenir de toutes les franchiſes, libertés, droi-
tures, prérogatives & prééminences qui
apartenoient à ce fief, & dont ſes prédéceſſeurs, ſeigneurs d'Yvetot, jouïſſoient au
tems & avant la deſcente des Anglais à
Touques; &, parce que les titres, qui
pouvoient juſtifier de ces droits, s'étoient
perdus pendant que le Roi d'Angleterre
avoit poſſédé la Normandie, il lui fut permis, par les mêmes lettres, d'en informer;
que, ſur l'information faite la même année,
par le lieutenant du bailly de Caux, les
témoins dépoſèrent que la terre d'Yvetot
étoit franche de foi & hommage & de toute autre ſervitude; que la juſtice n'étoit en
rien ſujéte de la ſouveraineté du Roi de
France, parce que le ſeigneur de cette
terre avoit droit de hauts-jours où les cauſes prenoient fin; & qu'il ne s'y levoit
pour le Roi aucuns aides, ſubſides, tailles

ni quatriéme; que François I, confirma ces
priviléges, par lettres patentes du mois de
Juillet 1544; que, ſur les remontrances
du parlement de Roüen, Henry II, donna des lettres patentes le 26 Décembre
1553, par leſquelles il confirma les priviléges de la terre d'Yvetot, à l'exception
de la haute-juſtice en dernier reſſort; que,
depuis ce tems, le bailly d'Yvetot eſt apellé
au parlement de Roüen, où il doit compa-
rence une fois l'an; qu'à l'égard de la foi
& hommage, le ſeigneur d'Yvetot en paraît
éxempt pour ſa terre; mais qu'il eſt évident
que cette terre n'eſt autre choſe qu'un fief
affranchi de droits ſeigneuriaux, *liberum
feudum*, ou un franç-aleu noble, parce qu'il
faut éloigner toute idée de roïaume ou de
principauté; que, dès-là que la haute-juſtice d'Yvetot reſſortit au parlement de
Roüen, elle n'a aucun caractère de ſouveraineté; que le papier timbré, le contrôle
des actes & des exploits, les droits d'inſinuation, de centième denier & de petit-
ſcel, la capitation, le dixiéme denier & autres droits, y ont lieu; qu'il y a été établi des notaires & des ſergens roïaux;
& que la milice s'y tire comme ailleurs;
qu'il y a donc une erreur bien grande à
regarder cette terre comme une principauté étrangère, que c'eſt une ſimple ſeigneurie en franc-aleu, dont la haute-juſtice reſſortit au parlement de Roüen; que
cette ſeigneurie jouït, à la vérité, de l'éxemption de la taille, & que le ſeigneur a le privilége d'y faire percevoir à ſon profit le
droit de quatrième ſur les boiſſons qui s'y
vendent en détail; mais que, ſi les habitans
de cette terre ont anciennement jouï de
l'éxemtion des droits de franc-fiefs & d'a-
mortiſſement, cette éxemtion, quand même elle leur auroit été accordée, ne ſubſiſte
plus; que ces droits ſont impreſcriptibles
& inaliénables. Enfin, le fermier a cité diférens arrêts rendus contre les habitans de
pluſieurs villes & provinces, qui avoient
reclamé l'éxemtion de ces droits.

Il a auſſi été rendu, le 3 Juin 1747, un arrêt du conſeil qui a condamné les gens de main-morte d'Yvetot au païement des droits d'amortiſſement.

Le ſieur Foſſard a formé opoſition à ces deux arrêts, tant en ſon nom qu'en celui du ſieur Bailly, propriétaire d'un fief relevant de la ſeigneurie d'Yvetot, de la Prieure de la communauté de religieuſes établies à Yvetot, & du maître en charge de la confrérie du Saint Sacrement du même lieu. Il a dit que l'arrêt du 11 Octobre 1746, avoit été obtenu ſur un fait avancé fauſſement, en ſoûtenant que l'hiſtoire de la principauté d'Yvetot étoit fabuleuſe; que le fief d'Yvetot étoit ſujet à foi & hommage avant 1203, & que ſi le ſeigneur & les habitans de cette principauté avoient des priviléges, ils les tenoient dans le principe, de la ſeule libéralité de Henry II, Roi d'Angleterre; qu'il eſt conſtant qu'Yvetot eſt qualifié de principauté par le Roi même; que les droits d'amortiſſement & de francfiefs n'y ont jamais été païés, & que les habitans n'ont contribué à aucune taxe pour raiſon de ces droits; que la vérité & la tradition du meurtre de Gautier par Clotaire I. ont été ſi généralement reconnuës dans le roïaume, que preſque tous les célébres hiſtoriens en ont parlé, & parmi eux, Robert Gaguin, Baptiſte Fulgoſe, Nicolle Gilles, Bede en ſon martirologe ſur la vie du pape Agapet, Gabriel Dumoulin, Duhaillan, du Tillet & autres; que les premiers titres de conceſſion des priviléges furent enlevés par les Anglais lors de leur deſcente à Touques; mais que ces priviléges furent confirmés par Charles VI, en 1401; que Charles VII, déchargea les habitans d'Yvetot des droits d'aides & de quatrième, par lettres patentes du 14 Juillet 1450, & les confirma dans leurs franchiſes dont ils jouïſſoient depuis huit à neuf cent ans : reconnaiſſance qui proſcrit toute idée du faux & du fabuleux que le fermier des domaines a cherché à jetter ſur l'hiſtoire de la principauté d'Yvetot. Que les mêmes priviléges ont été confirmés en 1461, & 1464; que François I, par lettres patentes du mois de Juillet 1544, en confirmant le ſeigneur & les habitans d'Yvetot dans leurs priviléges & éxemtions, a déclaré que ſon intention étoit que les princes & princeſſes d'Yvetot & leurs ſucceſſeurs fuſſent éxemts envers lui & ſes ſucceſſeurs, de foi & hommage & autres droits; qu'ils euſſent en ladite terre & principauté des hauts-jours, où les matières prendroient fin, ſans reſſortir ailleurs; qu'ils euſſent foires & marchés, & que les habitans de cette terre fuſſent éxemts de toutes ſortes d'impoſitions; que, ſur les plaintes du P. G. du parlement de Roüen, il fut ordonné, par lettres patentes de Henry II, du 26 Décembre 1553, que les ſeigneurs d'Yvetot n'auroient plus, en ladite terre & principauté, aucune ſouveraineté en dernier reſſort pour la juſtice, qui eſt réſervée à la couronne & au parlement de Roüen, avec la connaiſſance des cas roïaux; que tous les autres priviléges ont été confirmés par diférentes lettres patentes, & par pluſieurs arrêts. Qu'il réſulte de ces titres que le lieu d'Yvetot, ci-devant dit roïaume, eſt qualifié de principauté; qu'il n'eſt point relevant à foi & hommage de la couronne; que les droits & éxemtions dont il jouït n'ont point été aliénés de la couronne, ni acquis moïennant finance; que rien ne prouve plus évidemment la ſouveraineté de ce lieu & l'indépendance de ſes habitans envers le Roi & la couronne, que l'éxemtion des tailles & taillon, droits d'aides & de gabelles, dont ils ont jouï de tous les tems & dont ils jouïſſent encore; que ſi la formule & les autres droits y ont lieu, c'eſt que l'établiſſement en fut fait dans un tems de guerre, où il n'étoit pas poſſible de s'en diſpenſer, parce que le Roi, en ſoûtenant la guerre contre ſes ennemis, protégeoit également les habitans d'Yvetot que ſes propres ſujets, enſorte qu'il étoit jufte qu'à caufe de leur confervation, ils fe foumiffent à quelque contribution. Enfin, que les arrêts rendus contre diférentes villes & provinces, n'ont aucune aplication à la principauté d'Yvetot, qui n'a jamais été domaniale & qui n'a jamais relevé de la couronne, directement ni indirectement.

Le fermier, répondant à cette opofition, a annoncé quatre propofitions: la première, que l'hiftoire de Gautier d'Yvetot eft une fable; la feconde, que, quand elle feroit vraïe, Yvetot n'auroit pû être érigé en roïaume; la troifiéme, que, fupofant même que ce lieu eût été érigé en roïaume, ce roïaume ne fubfifteroit plus depuis longtems; la quatriéme enfin, qu'Yvetot eft & a toujours été fous la domination du Roi, ainfi que le refte de la province de Normandie, & que, par conféquent, les roturiers qui y poffédent des fiefs, & les gens de main-morte, qui y ont acquis des immeubles, font fujets, les uns au droit d'amortiffement, & les autres à celui de franc-fief....

L'hiftoire d'Yvetot eft fabuleufe: Scipion Duplex dit, dans fon hiftoire de France (fol. 87 & 88). *Je pafferois fous filence l'éreElion du roïaume d'Yvetot comme fabuleufe, fi tous les hiftoriens modernes ne lui avoient donné crédit enre les événemens véritables, hors que la fable paroiffe évidemment par les circonftances de la chofe:* Il raporte enfuite ce que difent, à ce fujet, Robert Gaguin & Nicole Gilles; & il ajoute que les perfonnes judicieufes tiennent que c'eft plutôt un conte fait à plaifir, qu'une hiftoire; & que Gaguin, bon religieux, mais homme facile, premier auteur, felon lui-même, de cette remarque, s'eft laiffé décevoir par de faux mémoires; & d'autant, pourfuit-il, que cette action a été n'aguères fuffifamment & doctement réfutée par d'autres comme fabuleufe, je raporterai fort fommairement les raifons qui la détruifent, 1°. que Gaguin & Nicole Gilles, qui vivoient fous Charles IX &

Louis XII, ont débité les premiers ce conte, plus de neuf cent ans après le tems qu'ils le citent, fans que nul de tant d'hiftoriens qui ont écrit avant eux les vies de nos Rois & des Papes, aïent touché un feul mot d'une chofe de fi grande importance. 2°. Il n'y avoit point de guerre en ce tems-là entre les Chrétiens & les Sarrafins, qui alors étoient chrétiens eux-mêmes, n'aïant point encore été infectés des impoftures de Mahomet, qui ne naquit qu'environ l'an 600. 3°. Le Pape Agapet, expreffément nommé en ce conte, ne fut promu au pontificat qu'en l'an 536, & mourut dans l'an de fa promotion; & néanmoins aucuns marquent cette action en l'an 533, & Duhaillant, plus inconfidérément que tous, en l'an 553, feize ans après la mort d'Agapet: les autres plus judicieux s'appercevant de cette répugnance, la remettent en l'an 536, toutefois ils ne fauroient par-là venir à leur compte, d'autant que ce Pape, foudain après fa promotion, fut contraint par Théodat Roi d'Italie, d'aller à Conftantinoples où il mourut, felon Anafthafe le 20 Avril, n'aïant tenu le pontificat que onze mois dix-huit jours, au raport de Platine; & par ainfi, foit que Gautier ait pris fes lettres à Rome ou à Conftantinople, il n'étoit pas poffible qu'après qu'il fut occis par Clotaire en la femaine fainte, le mois d'Avril enfuivant, le Pape en eût eu connaiffance en Grèce, & décrétât contre Clotaire; moins le pouvoit-il faire avec le Collége des cardinaux, puifqu'il étoit fi éloigné de Rome, joint que ce facré Collége n'étoit pas encore inftitué, quoiqu'il y eût des prêtres romains, qui portoient le titre de cardinaux. Jean Ruault démontre également la fauffeté de cette hiftoire, dans fon livre intitulé : *Preuves contre l'hiftoire du roïaume d'Yvetot;* il obferve que ni Grégoire de Tours, ni Aimoinus, & autres hiftoriens français qui ont écrit huit ou neuf cent ans enfuivant, ni encore Anafthafe bibliothécaire, & autres, qui ont recueilli

Yvetot.

la vie du Pape Agapet, fous lequel & à fa requête on prétend que Clotaire érigea le roïaume d'Yvetot, n'en ont fait aucune mention : les circonftances de cette hiftoire en marquent la fauffeté, favoir, que Gautier alla faire la guerre contre les Sarrafins infidèles, puifqu'il n'y avoit point de guerre alors entre les Chrétiens & les Sarrafins, Mahomet ne s'étant élevé que fous le régne d'Héraclius ; alors le jour du vendredi faint n'étoit pas encore dédié, en l'églife catholique, au baifement & à l'adoration de la croix : que la vraie croix fut trouvée long-tems après fous le Pape Sergius, & que de-là commença la coûtume de la baifer & l'adorer ; qu'en 546 on ne comptoit pas les dates par les années de la nativité de notre Seigneur, mais par celles de nos Rois ; & que la terre d'Yvetot n'étoit pas fous la domination de Clotaire en 536. Pafquier, dans fes recherches (fol. . . . . .) traite d'ignorans ceux qui ont regardé l'hiftoire d'Yvetot comme véritable : L'Abbé de Vertot, dans fon mémoire de l'académie des infcriptions (tome 4, page 728) prouve qu'il n'y a rien que de fabuleux dans cette hiftoire : L'abbé des Thuilleries, dans fon dictionnaire univerfel de la France, (tome 3, page 1402) détruit également cette prétenduë hiftoire ; qu'il eft donc conftant qu'elle eft fabuleufe.

Le titre de roïaume, que le lieu d'Yvetot a porté autrefois, n'a pas le fondement qu'on lui donne, & c'eft une ufurpation formelle, ainfi que l'abbé des Thuilleries l'a démontré dans l'ouvrage cité : mais, quand cette hiftoire feroit véritable, le lieu d'Yvetot n'auroit pû être érigé en roïaume ; c'eft la deuxiéme propofition du fermier, dont il va faire la preuve. Brodeau, fur l'article LXVIII de la coûtume de Paris, s'exprime en ces termes : Plufieurs auteurs ont dit que le franc-aleu eft un héritage ou un domaine qui ne reconnaît aucun feigneur ni fupérieur que Dieu, ce qui a donné lieu à un grand abus, qui eft l'entreprife de quelques petites fouverainetés dans le roïaume,

qui fe font fouftraites à celle du Roi & à fes juftices ; quoique, par les loix de France & de tous les états monarchiques, le droit de fouveraineté foit inceffible ou incommunicable à qui & pour quelque caufe que ce foit, fupofé que la première conceffion de franc-aleu eût été faite par le Roi. Louis Chantereau Lefèvre, favant & judicieux hiftorien de notre tems, dit dans fes confidérations hiftoriques fur la Géographie de la maifon de Lorraine, page 3, que ces petites fouverainetés introduites dans la monarchie françaife, lorfque les duchés & comtés, qui n'étoient en leur origine que des ofices & dignités, furent rendus patrimoniaux & héréditaires fur le déclin de la deuxième race de nos Rois, par leur imprévoïance & foibleffe, & dans le commencement de la troifième affez empêchée fur fon établiffement, ont premièrement été attaquées du tems des Rois Philippe I, & Philippe Augufte ; & enfin du tout abolies & anéanties par leurs fucceffeurs, qui ne fe font point arrêtés à la prefcription plus que centenaire, d'autant que toutes ces fouverainetés n'étoient que des ignorances & erreurs à la politique, ou plûtôt de malicieufes & puniffables ufurpations fur la couronne & loix fondamentales de l'état, au préjudice defquelles les Rois mêmes n'en auroient pû confentir l'établiffement, ni par leur tolérance obliger leurs fucceffeurs Rois à le maintenir, étant en éfet une aliénation ou un démembrement de la fouveraineté, qui eft un des plus beaux & plus précieux fleurons de la couronne : On peut mettre, ajoute cet auteur, au rang de ces fouverainetés imaginaires, la fauffe & fabuleufe narration de la terre & baronnie d'Yvetot, que l'on dit avoir été érigée en roïaume, avec éxemtion de la fouveraineté de la couronne, & de toutes fortes de tributs & impofitions, par le Roi Clotaire I, vers l'an 536 ; & il cite, à cette occafion, un docte traité fait en l'an 1615, par Denis Bouthillier, ancien avocat au parlement, *de falfâ falsâ regni* Yvetoti *narratione.* Dupuy, dans son traité des droits du Roi de France au roïaume de Bourgogne (page 358), observe qu'il n'en est pas des Rois comme des particuliers ; que les particuliers disposent de leurs biens , les obligent comme bon leur semble , les font passer à leurs héritiers aux charges qu'il leur plaît : les Rois au contraire n'ont la libre disposition d'aucune partie du domaine de la couronne , ils sont usufruitiers , administrateurs , & comme les tuteurs de leur roïaume ; ils reçoivent leurs états , non par la disposition de leurs prédécesseurs , mais par la seule loi & la coûtume du roïaume ; ce qu'ils font n'a point de suite : leurs fautes meurent avec eux , & ne se transmettent point à leurs successeurs , qui sont toujours mineurs pour faire rétablir ce que leurs prédécesseurs ont gâté ; il est donc évident que , quand même Clotaire I auroit tué Gauthier d'Yvetot, & que, pour réparer sa faute, ce Roi eût érigé la terre d'Yvetot en roïaume en faveur des héritiers de Gauthier , cette érection ne pouroit porter aucun préjudice aux Rois de France successeurs de Clotaire , dont la faute seroit morte avec lui.

Il reste à démontrer que , quand même la terre d'Yvetot auroit été érigée en roïaume , ce roïaume ne subsisteroit plus depuis long-tems; c'est la troisiéme proposition dont le fermier a entrepris la preuve. Il est constant que toutes les érections en principauté , duché, marquisat, baronnie & autres dignités , ne subsistent qu'autant qu'il y a des enfans mâles , descendans de ceux en faveur desquels l'érection a été faite ; ainsi , n'y aïant plus depuis un tems infini de descendans de Gauthier d'Yvetot , & cette terre étant même possédée par des étrangers à la famille de Gauthier , le titre de roïaume ou de principauté est éteint & réuni à la couronne de France. Terrien , commentateur sur la coûtume de Normandie , & Chopin dans son traité du domaine

Tome III.

(liv. 2 , p. 257) conviennent que le titre du roïaume d'Yvetot ne subsistoit plus , parce qu'il n'y avoit plus de descendans de Gauthier d'Yvetot.

Après de pareilles autorités , le fermier croit pouvoir passer à la preuve de sa quatrième proposition qu'Yvetot est sous la domination du Roi de France ; & cette vérité , déjà prouvée par toutes les précédentes citations , demeure établie par les lettres patentes de Henri II , du 26 Décembre 1553 , qui , en renouvellant les priviléges accordés au prince d'Yvetot & à ses vassaux , en exceptent nommément la souveraineté , qui est réservée à la couronne ; la preuve de cette souveraineté résulte encore clairement de la perception qui se fait dans le lieu d'Yvetot , du dixième , des droits de contrôle , insinuation , centième denier & autres au profit du Roi , de même que dans le reste du roïaume : les lettres patentes & arrêts raportés par le sieur Fossard & ses adjoints , ne prouvent en aucune façon l'indépendance du seigneur & des habitans d'Yvetot ; ils font seulement connaître que nos Rois ont bien voulu leur accorder différens priviléges & éxemtions ; & ces concessions , loin d'écarter l'idée de la souveraineté , en font la preuve ; mais aucuns de leurs titres ne portent éxemtion des droits de franc-fief & amortissement , qui sont domaniaux & inséparables de la couronne ; d'où il s'ensuit qu'ils ne peuvent être dispensés de les païer , parce qu'il est de principe que toute éxemtion est de droit étroit. La question de savoir si les droits d'amortissement & de franc-fief étoient aliénables & pouvoient être détachés du domaine de la couronne , a été tant de fois jugée contre des villes à qui l'éxemtion de ces droits avoit été nommément accordée par les Rois prédécesseurs de S. M. , qu'il est étonnant que les habitans d'Yvetot , à qui cette éxemtion n'a jamais été donnée

R r r

fous aucun règne, & qui ne les ont pas païés, uniquement parce que ceux qui ont été chargés de les percevoir ont négligé de les leur demander, réclament contre les arrêts du confeil des 11 Octobre 1746, & 3 Juin 1747, qui les ont condamnés à les païer. Il n'eft pas moins furprenant que le fieur Foffard & fes adjoints ofent dire que la milice ne fe tire à Yvetot qu'à caufe des étrangers qui s'y réfugient, & que fi fes habitans païent au Roi les droits de contrôle, infinuation, centième denier, le dixième & autres, c'eft par une tolérance des vaffaux du fief d'Yvetot, qui peuvent en tout tems s'en faire décharger : de pareils moïens ne méritent pas d'être réfutés. Le fermier, après avoir prouvé l'ancienne & actuelle fouveraineté de la couronne fur le lieu d'Yvetot, & qu'il n'a jamais été accordé d'exemtion d'amortiffement & de franc-fief aux vaffaux de cette feigneurie, eft bien fondé à conclure &c.

Ces moïens ne font pas reftés fans réplique : le fieur Foffard & fes adjoints ont dit que les pièces qu'ils ont produites, prouvent que l'hiftoire d'Yvetot n'eft point une fable, qu'elle a été fuffifamment reconnuë pour véritable fur le raport des hiftoriens anciens & modernes, & fi quelques-uns fe font trompés dans l'ordre de la chronologie, tous néanmoins conviennent du fonds de l'hiftoire ; que ce n'eft point du fait de Gauthier d'Yvetot dont il s'agit, quoique bien vérifié, mais des priviléges & éxemtions authentiques de cette terre, qualifiée diftinctement de roïaume & de principauté par neuf Rois de France, & particulièrement par les lettres patentes de Charles VI, Louis XI & de François I, qui ont traité de *Sire* les feigneurs d'Yvetot, & qui ont reconnu & ratifié leurs priviléges & éxemtions ; S. M. les a de même confirmés par fes lettres patentes du 27 Septembre 1723, & par l'arrêt du confeil du 2 Avril 1726, pour, par les habitans, en jouïr comme

au paffé, & qu'ils avoient toûjours jouï paifiblement de l'éxemtion des franc-fiefs & amortiffemens ; que le fermier n'eft pas fondé à contredire des titres auffi refpectables & à vouloir enfraindre les volontés des Rois, qui, depuis tant de fiécles, ont, de leur propre mouvement & en connaiffance de caufe, emploïé leur autorité pour la confervation des priviléges accordés aux habitans de cette principauté : que la differtation du fermier, fur les droits du roïaume de Bourgogne, n'a aucune aplication à l'efpèce préfente, parce que, loin qu'il puiffe prouver que les éxemtions d'Yvetot aïent jamais été aliénées de la couronne, il eft forcé de convenir qu'elles font fi anciennes qu'il ne peut remonter à leur origine : que les termes de droits domaniaux & inaliénables ne peuvent leur être opofés au fermier, parce qu'il ne fauroit prouver que les droits de franc-fief aïent jamais été païés pour les héritages nobles, fitués dans la principauté d'Yvetot, & parce qu'Yvetot étant éxemt de foi & hommage, le droit de franc-fief ne peut y être perçu, parce que ce droit ne fe païe que pour avoir la permiffion de poffeder une chofe tenuë du Roi en foi & hommage ; raifon pour laquelle la terre d'Yvetot a toujours été réputée province étrangère : que, quoiqu'il n'y ait plus de defcendans mâles de Gauthier, cependant tous les Rois de France ont reconnu & confirmé les feigneurs d'Yvetot, & fes habitans, dans la paifible poffeffion de leurs anciens priviléges : que Clotaire en érigeant, pour récompenfe, la terre d'Yvetot en roïaume ou principauté, cette récompenfe n'eft pas morte avec lui, parce que les récompenfes des grands ne peuvent s'éffacer & qu'elles fe tranfmettent à la poftérité : que la volonté des fouverains n'a point de bornes ; que leurs loix font irrévocables ; que leurs fucceffeurs les admettent en les faifant refpecter ; & que ſes Rois qui ont ſuccédé à Clotaire, & S. M. même, n'ont fait aucune difficulté d'autoriſer & confirmer le prince & les habitans d'Yvetot dans leurs priviléges; s'ils ont fourni à la milice, ſi le contrôle a été établi, & s'ils païent le dixième, un droit ne peut s'étendre à un autre, d'autant même que le Roi, en ordonnant que le dixième ſeroit païé dans cette principauté, a formellement déclaré que c'é-toit ſans titrer à conſéquence, & ſans pré-judicier aux autres priviléges du ſeigneur & des habitans d'Yvetot, ce qui en eſt en-core une nouvelle confirmation. Que de-puis l'établiſſement des francs-fief & amor-tiſſemens, il n'en a jamais été païé dans la terre & ſeigneurie d'Yvetot, parce que ſes priviléges ſont des dons de Rois, reconnus & confirmés par leurs ſucceſſeurs: que le fermier demande ces droits de ſa propre autorité, puiſqu'il n'a aucun titre politif, & que le Roi ne lui a affermé que pour jouir ainſi qu'ont joui les précédens fermiers ou régiſſeurs, qui connaiſſoient mieux la portée de leurs engagemens avec S. M., que le fermier d'aujourd'hui, qui les taxe de négligence : que dans tous les baux, & particulièrement dans le bail ac-tuel, il n'eſt aucunement fait mention de la principauté d'Yvetot. Que cette excep-tion ſe trouve démontrée par l'impercep-tion de tous les tems, & confirmée préciſément par la clauſe deſdits du bail, portant que le fermier jouira deſdits droits, tout ainſi qu'en ont joui ſes prédéceſſeurs fer-miers ou régiſſeurs : que, la principauté d'Yvetot n'étant point dénommée & n'aïant jamais été compriſe dans aucun bail, direc-tement ni indirectement, le fermier ne peut & ne doit jamais rien éxiger pour des droits qu'il n'a point acquis, qui ne

lui ont point été cédés, & pour leſ-quels il ne païe rien ; car ſi Yvetot eût été ſujet à foi & hommage au Roi, s'il lui avoit plû, ou à ſes ſucceſſeurs, de joindre cette principauté au domaine de la France, de l'aſſujétir à la foi & hom-mage, & de détruire ſes priviléges, il eût été fait mention de ce changement dans quelqu'un des baux des fermes de S. M., de même qu'il a été fait à l'égard de la principauté d'Orange. Qu'il en eſt de même de pluſieurs autres principautés, mais que rien n'y annonce celle d'Yvetot comme aſſujétie à aucun droit, & encore moins à ceux de franc-fief & amortiſſe-ment. Il eſt donc certain que, le fermier n'aïant en ſa faveur ni titre ni uſage, pen-dant que les habitans d'Yvetot ont un uſage immémorial fondé ſur des titres reſ-pectables, reconnus & confirmés de tout tems par nos Rois, ils doivent être dé-chargés, avec dépens, des demandes qu'il a mal-à-propos & irrégulièrement formées contr'eux.

Par arrêt du 28 Avril 1750, inter-venu ſur cette conteſtation » LE ROI, en » ſon conſeil, ſans avoir égard à l'opo-» ſition dudit Foſſard & adjoints, à l'éxé-» cution des arrêts du conſeil des 11 Oc-» tobre 1746, & 3 Juin 1747, dont » S. M. les a déboutés, a ordonné & » ordonne que leſdits arrêts ſeront éxé-» cutés ſelon leur forme & teneur. En-» joint S. M. au ſieur de la Bourdon-» naye intendant de la généralité de » Roüen, de tenir la main à l'éxécution » du préſent arrêt, que S. M. a *déclaré* » *commun avec les autres habitans &* » *gens le main-morte de la ſeigneurie* » *d'Yvetot* «.

F I N.

TABLE

De ce qui est contenu dans le troisiéme Volume.

N

TABLE. 509

Fin de la Table du troifiéme Volume.

ADDITIONS,

Contenant ce que l'on a remarqué avoir été omis dans le cours de l'ouvrage, & les règlemens essentiels intervenus pendant l'impression.

CQUISITIONS *faites par le Roi*, tome 1, page 17 ; à cet article il faut joindre ce qui est dit au mot *Domaine*, §. 1, n. 6, tome 2, page 88. Le retrait lignager peut-il avoir lieu pour les biens acquis par le Roi ? *Voiez* ci-après *Retrait,*

ACTES *sous-signatures privées* §. IV, tome 1, pages 38 & suivantes.

Arrêt du conseil du 8 Décembre 1761, qui confirme une ordonnance de M. l'intendant de Roüen, par laquelle la dame veuve du sieur de Cavelier de Cuverville a été condamnée à représenter au bureau de Montivilliers, son contrat de mariage fait sous signatures privées, & à païer les diférens droits qui en peuvent résulter ; attendu l'usage qu'elle en a fait, en réclamant diférens meubles & éfets en vertu d'icelui, lors de l'inventaire fait après la mort de son mari, en 1743. Elle avoit reclamé ces éfets, comme faisant partie de ses remports aux termes de son contrat de mariage ; sur la demande

des droits, elle prétendit que cette demande étoit sans fondement ; qu'elle n'étoit pas même saisie de son contrat de mariage ; & que, si les droits étoient dûs, ils étoient à la charge de la succession de son mari, à laquelle elle avoit renoncé. M. l'intendant l'aïant condamnée au païement de ces droits, elle s'est pourvuë par apel au conseil, où l'ordonnance a été confirmée par décision du 16 Avril 1761 ; elle a formé oposition à cette décision ; & l'arrêt, sans s'arrêter à son oposition à ladite décision, a ordonné l'éxécution de l'ordonnance de M. l'intendant.

AGRICULTURE, art très-nécessaire, & de la perfection duquel on s'occupe beaucoup aujourd'hui ; dans le dessein d'y parvenir, il a été accordé diférens priviléges à ceux qui y concourent, dont il sera parlé, dans cette addition, aux articles *Aubain, Baux*, & *Défrichement.*

ALIÉNATION des droits de contrôle des actes & autres y joints, tome 1, page 110.

En conséquence de l'édit du mois de

Mars 1710 , qui avoit ordonné l'aliénation , il fut nommé des commissaires , par arrêt du conseil du 1er Avril 1710 , pour procéder à cette aliénation.

Dans les généralités de *Roüen* & d'*Alençon* , l'aliénation fut faite le 23 Avril 1711 , en conséquence d'une déclaration du 25 Novembre 1710.

Dans celle de *Tours* , elle fut faite le 7 Mars 1711 , en conséquence de déclaration du 9 Décembre 1710. Cette aliénation fut faite dans la généralité de *Metz* , le 5 Janvier 1711 , en vertu de la même déclaration.

L'aliénation pour la généralité de *Châlons* fut faite le 9 Mars 1711 , en conséquence de la déclaration du 30 Décembre 1710.

Celle de la généralité d'*Orléans* , fut faite le 2 Juillet 1711 , en conséquence de la déclaration du 16 Février précédent.

Dans la généralité d'*Amiens* , elle fut faite le 9 Juin 1711 , en vertu de déclaration du 30 Août 1710.

Celle de *Bretagne* fut ordonnée par déclaration du 19 Novembre 1710 , & faite en conséquence , sous le nom d'Emanuel Boisbunon.

Ces droits furent aliénés dans la généralité de *Caën* le 24 Décembre 1710 , en conséquence d'une déclaration du 20 Septembre précédent.

Et , dans la généralité de *Lyon* , le 31 Octobre 1710 , en vertu d'une déclaration du 3 Août précédent.

AMORTISSEMENT , §. 35.
Juges qui connaissent des droits , tome 1, page 183.

L'article 23 de la Déclaration du Roi du 9 Mars 1700 , porte que les opositions aux demandes des droits d'amortissement seront instruites sommairement pardevant les sieurs intendans & commissaires départis ; & que ce qui sera par eux ordonné sera éxécuté , nonobstant & sans préjudice de l'apel au conseil.

APANAGE , tome 1 , page 195 , col. 1.
Suivant l'arrêt du 26 Janvier 1723 , les droits de contrôle & d'insinuations-laïques apartenans à M. le duc d'Orléans , doivent être perçus en conformité des tarifs ; les *quatre fols pour livre* de ces droits doivent être perçus en outre , par le fermier du prince & par ses préposés , pour en compter de quartier en quartier au fermier du Roi.

Le vingtième ou *nouveau fol pour livre* établi , pour dix années sur lesdits droits , par la déclaration du Roi du 3 Février 1760 , se perçoit au profit du prince , au moïen de l'abonnement qui lui en a été accordé par arrêt du conseil du 18 Mars 1760 , portant qu'en conséquence des offres faites par M. le duc d'Orléans , & en païant annuellement entre les mains du préposé qui sera commis à cet éfet , la somme de 26000 livres , par forme d'abonnement , M. le duc d'Orléans joüira , à compter du 1er Mars 1760 , du vingtième ou nouveau fol pour livre enfus , sur les droits d'aides & sur ceux de courtiers-jaugeurs , inspecteurs aux boissons , dont il joüit dans les élections d'Orléans & de Pithiviers ; ensemble sur ceux d'inspecteurs aux boucheries , d'aides , insinuations , centième denier , contrôle des actes des notaires , petit scel , & généralement sur tous ceux qui y sont assujétis par la déclaration du 3 Février 1760 , & qui lui apartiennent dans les villes & lieux de son apanage , de ses terres patrimoniales , & de celles tenuës par engagement , à quelque titre que ce soit , tant & si longuement , que ledit nouveau fol pour livre aura lieu sur ces diférens objets , dans le surplus du Roïaume.

APELS des ordonnances de Mrs les

intendans, tome 1, page 208. Joignez à cet article, la difpofition de la déclaration de 1700, raportée ci-deffus, à l'article *Amortiffement*.

ATERMOYEMENT, tome 1, page 220.

Il a été dit que, lorfque le Bilan a été contrôlé & que l'atermoïement fait enfuite ne contient pas d'autres éfets, le droit de contrôle de cet atermoïement ne doit être perçu que fur le pié d'acte fimple ; cela eft jufte, lorfque le droit a été perçu pour le Bilan fur la maffe ; mais une pareille perception feroit irréguliere : le Bilan que fait le créancier feul, eft un acte fimple, pour lequel il n'eft dû que 10 fols ; au moïen de quoi, le droit de contrôle de l'atermoïement fait enfuite, doit être perçû fur le montant de toutes les fommes y contenuës, déduction faite des remifes accordées par le même acte.

AUBAIN, §. I, n. 13 page 231.

Par l'article 13 d'un édit de Louis XV, du mois de Février 1762, donné en faveur des matelots Français & étrangers, il eft dit : » Nous éxemtons, par grace » fpéciale, lefdits matelots (étrangers) » & leur fucceffion après leur mort, de » tout droit d'aubaine & revendication » pour notre fifc ; voulant que leur dite » fucceffion foit recueillie librement par » leurs héritiers naturels, ou inftitués » par teftament, foit qu'ils habitent en » France ou dans les païs étrangers. Vou- » lons auffi que leurs enfans, reftant dans » nôtre roïaume, y foient traités en tout » comme nos propres fujets.

Les étrangers emploïés aux défrichemens des terres incultes du marquifat de Certes, dans la fénéchauffée de Bordeaux, font tenus pour naturels Français, aux conditions expliquées par l'article 5 de l'arrêt du confeil du 1er Juin 1762, raporté ci-après, à l'article *Défrichement*.

BATARDISE ; l'arrêt du parlement de Paris du 9 Mai 1716, cité dans le 1er volume, page 266, eft raporté dans le Journal des audiences, où l'on voit que M. l'avocat général, Joly de Fleury, depuis procureur général, dit, lors de cet arrêt, que c'eft une règle certaine & inviolable de notre droit public, que les coûtumes ne règnent que fur les peuples qui y font affujétis, & qu'elles n'éxercent pas leur empire fur le prince même, qui, en les aprouvant, ne fait que leur imprimer le caractère de loix, par raport aux peuples quelles regardent, fans foumettre la Majefté roïale à l'autorité d'un ftatut purement municipal.

BAUX *de boucherie*, tome 1, page 272 ; à la fin de l'article, page 275 col. 1.

Décifion du confeil du 29 Octobre 1761, contre le gréfier de Pacy, & fur un renvoi de M. l'intendant de Roüen, qui, fur la demande des droits de contrôle des baux ou adjudications faites à des bouchers depuis 1741, du privilége de vendre la viande pendant le carême, juge que ces droits doivent être acquités ; &, du confentement du fermier, accorde la décharge des amendes encouruës pour n'avoir pas fait contrôler ces actes dans la quinzaine de leur date. Les adminiftrateurs du bureau des pauvres étoient intervenus & foûtenoient qu'il ne s'agiffoit que d'adjudications gratuites, faites à la pourfuite du mininiftère public. Mais, dès que le privilége de vendre, qui apartient à l'hôpital ou au bureau des pauvres, paffe à un boucher ou autre perfonne, à quelque titre que ce foit, c'eft toujours fur le fondement d'une difpofition volontaire, qui rend l'acte fujet au contrôle.

BAUX *à longues années*, §. 1, page 290 &c.

Les baux à ferme de terres incultes,

à

à la charge de les défricher, dans les généralités de Paris, Amiens, Soissons, Orléans, Bourges, Moulins, Lyon, Riom, Poitiers, la Rochelle, Limoges, Bordeaux, Tours, Auch, Champagne, Roüen, Caën & Alençon, quoique faits pour plus de neuf années & jusqu'à 27 ans, ont été déchargés des droits d'insinuation, centième ou demi-centième denier, & des droits de franc-fiefs; sans préjudice des droits de contrôle, & de tous autres, qui continueront à être perçûs conformément aux règlemens. *Voïez* les arrêts du conseil des 8 Avril & 1er Juin 1762, raportés ci-après, à l'article *Défrichement.*

B L O I S, ancienne ville, chef-lieu du comté du même nom, dans la généralité d'Orléans. Le comté de Blois apartenoit au duc d'Orléans, lorsqu'il parvint au trône, sous le nom de Louis XII; &, par conséquent, ce comté fut uni de plein droit au domaine de la couronne, ainsi qu'il a été observé à la page 85 du tome second. Blois & Vendôme font les seuls domaines qui soient dans la main du Roi dans la généralité d'Orléans.

Les habitans roturiers de Blois ont prétendu être éxemts des droits de franc-fiefs, sur le fondement des dispositions de leur coûtume & de différentes lettres patentes; mais cette prétention a été condamnée par un arrêt du conseil du 1er Mai 1742, qui a jugé qu'ils devoient païer les droits de franc-fiefs, comme les roturiers possesseurs de fiefs & biens nobles.

B O I S, n. 3, tome 1, page 321. Décision du conseil du 7 Novembre 1761, qui réforme une ordonnance de M. l'intendant de Roüen, & condamne les demoiselles Gresil au païement du droit de centième denier de bois de futaye étans sur une ferme à elles échuë de la

Tome III.

succession de leur tante. Dans leur déclaration, en 1757, elles avoient estimé cette ferme 540 liv. de revenu, suivant le bail subsistant; &, en 1760, elles ont vendu des bois moïennant 1832 livres; sur la demande du droit de centième denier de la valeur des bois, qui avoient dû être compris dans la déclaration, M. l'intendant avoit déclaré le fermier des domaines non recevable, sous prétexte qu'il avoit dû se faire représenter le bail lors de la déclaration, & que le fermier des biens devoit jouïr des fruits & branchages des bois; mais la déclaration ne comprenoit pas ces bois, qui ont une valeur réelle indépendamment des fruits & branchages.

Arrêt du conseil du 2 Février 1762, par lequel, sans s'arrêter à une ordonnance de M. l'intendant de Roüen, le sieur Coüé & ses cohéritiers en la succession de la demoiselle Cresté, ont été contradictoirement condamnés au païement du centième denier du bois de futaïe dépendans de ladite succession & non compris dans leur déclaration faite en 1758. Ils disoient avoir fait leur déclaration en conformité du bail, dans le prix du quel les bois étoient entrés en considération, puisque le fermier des biens doit jouïr des fruits & des branchages, & qu'en païant le droit sur le prix du bail, ils l'avoient acquité pour le tronc & le corps des arbres, comme pour le surplus du sol produisant du blé, des fruits &c.

B O U R G E S. La décision du 18 Juillet 1739, citée à cet article, tome 1, page 327, col. 2, n'étoit pas fondée en principes : le droit de sceau des rôles des tailles, établi en 1696, ne pouvoit faire partie de l'engagement fait à la maison de Condé en 1675; d'ailleurs, l'élection est une jurisdiction roïale extraordinaire, qui n'est & qui ne peut être engagée : les rôles des tailles n'ont

T t t

été alujétis au fceau que comme devant être déclarés éxécutoires par les oficiers des élections ; il s'enfuit donc que le droit de fceau de ces rôles, pendant qu'il doit être perçu (*), & de tous autres actes émanés de l'élection, ne peut apartenir qu'au Roi. Le confeil commun des princes & princeffes de la maifon de Condé, a reconnu, par une délibération du 15 Juin 1740, que le droit de fceau des rôles des tailles apartenoit au fermier du Roi, dans la généralité de Bourges ; en conféquence, la décifion de 1739, n'a eû aucune éxécution : les droits perçûs antérieurement ont été comptés audit fermier, qui, depuis ce tems, a toujours continué d'en jouïr.

Par arrêt de la cour des aides du 11 Juillet 1741, il a pareillement été jugé que le droit de fceau des rôles de l'impôt du fel, dans la même généralité de Bourges, apartient au Roi ; & le fermier de la maifon de Condé a été débouté de fa prétention de faire percevoir ces droits à fon profit.

CASUELS, §. 1, tome 1, page 368.

Il a été obfervé que les baux des fermes ne comprenoient que la moitié des droits de rachat, fous rachat & de confifcation, & 10000 livres fur l'autre moitié ; parce que l'excédent de cette moitié étoit réfervé au Roi. Mais, tous les droits domaniaux cafuels fans aucune exception ni réferve, font compris dans le bail de Prévôt, raporté à la page 348 ** du fecond volume ; il y eft dit que le preneur jouïra de ces droits, y compris les excédens qui étoient réfervés au Roi.

§. 2. Recette des cafuels, même page.

Le chef-lieu d'un fief, ne réunit pas la totalité des droits utiles ; chaque receveur général doit recevoir les droits ca-

fuels pour ce qui eft fitué dans fa généralité ; voïez ce qui eft dit à cet égard, tome 2, page 147.

§. 3. Attributions des oficiers du domaine.

Il faut joindre à cet article ce qui eft dit aux mots, Echanges, Indemnité & Receveurs généraux, foit dans le corps de l'ouvrage, foit dans les additions.

CAUTIONNEMEMT, §. 3, tome 1, page 384.

Décifion du confeil du 22 Juillet 1754, fur l'article 7 du cahier des états de la province de Bretagne. Ils fe plaignoient de ce que l'on éxigeoit le droit de contrôle des cautionnemens des adjudications judiciaires & des fentences provifoires, difant que le tarif ne parle que des cautionnemens relatifs à des actes paffés pardevant notaires, ou donnés pour des comptables. Décidé que » les cautionne- » mens purement judiciaires, comme aïant » dû être fournis en juftice, & qui font » en éfet reçus par les juges, comme » une fuite & une éxécution des fentences, » font éxempts du contrôle ; mais ceux qui » n'ont point été ordonnés en jugement » & qui pouvoient être paffés pardevant » notaires, doivent être contrôlés comme » actes volontaires ».

CHARGES locales, tom. 1, p. 413, après l'arrêt du 5 Août 1738.

Arrêt du confeil du 10 Janvier 1761, qui défend aux receveurs généraux des domaines de s'adreffer à d'autres juges qu'à ceux des bureaux des finances, pour la remife des fonds emploïés dans les états du Roi ; & ordonne le rétabliffement d'une fomme de 1560 livres que le directeur des domaines à Grenoble avoit été contraint de païer, en vertu d'arrêt du par-

---

(*) Quoique le droit de fceau des rôles des tailles foit fuprimé, comme il a été obfervé à l'article Rôles, il étoit néanmoins néceffaire de rectifier l'article dont il s'agit ici.

lement , pour les menuës néceſſités & autres attributions de cette cour , quoiqu'emploïées dans l'état des domaines de l'année 1758.

Vû par le Roi , étant en ſon conſeil , un arrêt rendu au parlement de Grenoble le 11 Septembre 1760 ; par lequel cette cour , de ſon propre mouvement , ſur le vû de l'état des domaines de l'année 1758 , qu'elle avoit fait prendre au bureau des finances de la généralité de Grenoble , dans lequel il eſt fait fonds de la ſomme de 3760 liv. pour menuës néceſſités & autres attributions de ladite cour , ſurquoi elle avoit déja reçu 2200 liv. à compte , elle a ordonné au ſieur Raby de la Ponte , receveur général des domaines , en éxercice ladite année 1758 , de païer entre les mains du ſieur Chenavier , receveur des deniers de ladite cour , la ſomme de 1560 liv. dans le jour , & à défaut de ce faire , qu'il y ſera contraint , même par corps , enjoignant audit ſieur Chenavier de faire à cet éfet toutes pourſuites & diligences néceſſaires ; la ſignification dudit arrêt faite le 12 du même mois , à la requête dudit ſieur Chenavier audit ſieur de la Ponte , avec commandement d'y ſatisfaire dans le jour ; la réponſe dudit receveur général ; un acte de dénonciation par lui faite le même jour , de tout ce que deſſus , aux fermiers généraux du domaine du Roi , en la perſonne du ſieur Faure leur directeur à Grenoble , avec ſommation de le mettre en état de ſatisfaire audit arrêt dans le jour , & proteſtation de ſe pourvoir , à défaut d'y avoir ſatisfait ; la réponſe du ſieur Faure contenant toutes proteſtations contre la demande à lui faite , pour les cauſes y exprimées. Extrait du bail général des fermes du Roi ; une requête préſentée au bureau des finances de Grenoble , chargé de l'éxécution des états de S. M. , par ledit Raby de la Ponte , tendante à ce qu'il fut enjoint au fermier général des domaines & à ſes prépoſés , de remettre audit ſieur de la Ponte , dans le jour , la ſom-

me de 13787 liv. 4 ſols 10 deniers , pour reſte de celle portée par l'état du Roi , outre le droit de quitance , pour être emploïée au païement des parties prenantes , & à défaut de ce , octroïer la contrainte , même par corps contre ledit fermier & ſes prépoſés , directeur & receveurs ; l'ordonnance de ſoit communiqué , étant enſuite de la ſignification deſdites requêtes & ordonnances , du 13 des mêmes mois & an , audit ſieur Faure , à la requête dudit ſieur de la Ponte : la réponſe par lui faite audit acte. Autre requête dudit receveur général des domaines , préſentée au bureau des finances contre ledit ſieur Faure , tendante à obtenir ſes fins & concluſions précédentes. Ordonnance définitive dudit bureau des finances , du 20 Septembre 1760 , portant qu'il n'y a lieu , en l'état où les choſes ſe trouvoient , aux contraintes demandées. Autre requête préſentée au parlement de Grenoble par ledit ſieur de la Ponte , tendante à être déchargé de l'éxécution de l'arrêt de ladite cour du 11 Septembre 1760 , ou , ſinon , enjoindre aux fermiers généraux des domaines , leur directeur ou receveur , de remettre audit ſieur de la Ponte , au premier commandement , la ſomme de 13757 l. 4 ſ. 10 den. , pour reſte de celle portée en l'état du Roi , pour l'acquit des charges de ladite année 1758 , outre les droits de quitances , frais & dépens , à ce faire , contraints par corps ; ce qui ſeroit éxécuté nonobſtant opoſitions & autres empêchemens quelconques & ſans préjudice d'iceux ; l'ordonnance de ſoit montré au Procureur général du Roi , du 23 du même mois de Septembre 1760 : les concluſions dudit mois données par le ſieur Chavel ſubſtitut ; l'ordonnance étant enſuite , en date dudit jour 24 Septembre 1760 , portant que l'arrêt du 11 ſera éxécuté ſelon ſa forme & teneur ; en conſéquence , enjoint au directeur de païer audit ſieur de la Ponte , au premier commandement , la ſomme de 1560 liv. portée par ledit arrêt , à défaut , contraint , même par corps ; il eſt dit enſuite :

Ttt ij

& au furplus, aparoiffant d'un extrait en forme de l'état du domaine de 1758, & des demandes & pourfuites des parties prenantes, fera pourvû fur les plus amples demandes dudit fieur de la Ponte. La commiffion expédiée ledit jour 24 Septembre 1760, fur ladite ordonnance du parlement; la fignification faite du tout, le 25 dudit mois, à la requête dudit de la Ponte aux fermiers généraux en la perfonne dudit fieur Faure, par laquelle il forme opofition à ladite ordonnance, offrant néanmoins de païer par confignation, pour éviter plus ample contrainte, & fauf à répeter, le cas y échéant, proteftant &c. En conféquence duquel acte ledit Faure a païé ladite fomme de 1560 liv.; vû auffi l'arrêt du confeil rendu en 1691, par l'article 6 duquel les tréforiers de france ont été maintenus & confervés dans le droit de décerner toutes contraintes contre les païeurs des gages & autres droits apartenans aux oficiers de leur généralité; & S. M. voulant réprimer une entreprife auffi formelle, à laquelle même le fieur de la Ponte a donné lieu en s'adreffant au parlement fur le fait en queftion, au lieu de s'adreffer au confeil, ou aux tréforiers de france : Oui le raport du fieur Bertin confeiller ordinaire au confeil roïal, contrôleur général des finances : LE ROI ÉTANT EN SON CONSEIL; fans avoir égard audit arrêt du parlement de Grenoble du 11 Septembre 1760, ni à l'ordonnance de ladite cour du 24 du même mois & an, que S. M. a caffé & annullé avec tout ce qui s'eft enfuivi, a ordonné & ordonne que ledit fieur Chenavier, receveur des deniers de ladite cour, fera tenu de remettre, à la première fommation qui lui en fera faite, entre les mains du fieur Raby de la Ponte, ladite fomme de 1560 liv.; laquelle fera par ledit fieur de la Ponte remife le même jour au fieur Faure, directeur des domaines à Grenoble, à quoi faire ils feront contraints par toutes voïes & même par corps, à la diligence du procureur de S. M. au bureau des finances de Grenoble; quoi faifant, ils en demeureront bien & valablement quites & déchargés : fait S. M. très-expreffes inhibitions & défenfes aux receveurs généraux des domaines de Dauphiné, de s'adreffer en pareil cas au parlement fous peine de défobéïffance; enjoint aux préfidens, tréforiers de france généraux des finances en Dauphiné, de tenir la main à l'éxécution du préfent arrêt, nonobftant toutes opofitions ou autres empêchemens généralement quelconques, pour lefquels ne fera diféré, & dont, fi aucuns interviennent, S. M. s'eft réfervé la connaiffance & à fon confeil, icelle interdifant à toutes fes cours & juges. Fait au confeil d'état du Roi, Sa Majefté y étant, tenu à Verfailles le 10 Janvier 1761, *Signé,* LE DUC DE CHOISEUL.

LOUIS, par la grace de Dieu, Roi de France & de Navarre, Dauphin de Viennois, Comte de Valentinois & Dyois, à nos amés & féaux confeillers, les préfidens, tréforiers de france & généraux de nos finances à Grenoble, SALUT. Nous vous mandons & enjoignons, par ces préfentes fignées de nous, de tenir la main à l'éxécution de l'arrêt dont l'extrait eft ci attaché fous le contre-fcel de notre chancellerie, cejourd'hui rendu en notre confeil d'état, nous y étant, pour les caufes y contenuës; commandons au premier notre huiffier ou fergent fur ce requis, de fignifier ledit arrêt à tous à qui il apartiendra, à la requête de notre procureur audit bureau des finances & de faire en outre pour fon éxécution, circonftances & dépendances, tous actes & exploits néceffaires, fans autre permiffion, nonobftant toutes opofitions & autres empêchemens généralement quelconques, pour lefquels ne fera diféré; fi aucuns interviennent, nous nous fommes réfervé la connaiffance & à notre confeil, icelle interdifant à toutes nos cours & juges. Car tel eft notre plaifir; donné à Verfailles le dixième jour de Janvier l'an de grace 1761, & de notre règne le quarante-lixième. *Signé*, Louis ; par le Roi Dauphin , *Signé*, Le Duc de Choiseul.

COMMENSAUX, tom. 1. page 427, colonne. 1.

Le règlement du 15 Mai 1703 , cité à cet article , établit un principe certain & conforme à ce qui avoit déja été jugé plufieurs fois , en ordonnant que ceux qui poffédent des charges & ofices qui donnent le titre d'écuïer fans attribuer la nobleffe , ne pouroient prendre ce titre , qu'en y joignant la qualité de leurs charges ou ofices. *Voïez* l'arrêt des commiffaires députés pour la recherche des ufurpateurs du titre de nobleffe , du 17 Décembre 1699 , raporté dans le troifiéme vol , p. 96 , col. 2.

COMPROMIS *en matière laïque*, tome 1 , page 464.

Il eft fouvent ftipulé une peine de dédit dans les compromis ; mais ces ftipulations ne doivent rien changer à la perception règlée par l'article 30 du tarif , qui fixe indiftinctement à 2 livres le droit de contrôle de tout compromis en matière laïque , pour quelque caufe que ce foit. Le dédit ftipulé ne change point la nature du compromis ; & l'on ne peut divifer de l'acte principal , une condition qui eft acceffoire , pour percevoir le droit de contrôle fur le dédit. D'ailleurs , ces ftipulations ne font pas éxécutoires par elles-mêmes ; & lorfque les tribunaux y ont égard , ils réduifent toujours la peine , dans la porportion des dommages & intérêts de la partie fouffrante.

CONSEILLERS D'ÉTAT, *par brevet*, tome 1 , page 479 , à la fin de l'article.

Arrêt du confeil du 23 Juillet 1754, par lequel , faifant droit fur le renvoi porté par une ordonnance de M. de Bernage de Vaux , intendant de la généralité de Mou-lins du 24 Novembre 1751 , il a été ordonné que les contraintes décernées pour droits de franc-fiefs , contre Claude-François Rapine de Sainte Marie , feront éxécutées felon leur forme & teneur , nonobftant & fans avoir égard à fa prétention de nobleffe , comme defcendant de Pierre Rapine , confeiller d'état par brevet.

CONSIGNATION *ou dépôt d'efpèces ;* tome 1 , page 480.

Il a été obfervé , à la fin de cet article , que les quitances données aux receveurs des confignations , par les créanciers qui ont été colloqués , ou autorifés par jugement à recevoir les deniers confignés , ne peuvent être fujétes au contrôle des actes ; parce que , dans ce cas , ce font des actes judiciaires , de même que les confignations faites entre les mains defdits receveurs.

Cette obfervation ne paroiffoit pas avoir befoin d'un commentaire ; ni devoir occafionner aucune conteftation. La confignation faite , en vertu de jugement , entre les mains d'un receveur en titre , & les quitances qui lui font données par les créanciers colloqués , font des actes judiciaires , lorfqu'ils font infcrits fur fon regiftre ; & , comme tels , ils ne font point fujets à la formalité du contrôle , ni par conféquent au droit. Mais fi la quitance eft donnée devant notaires , ce n'eft plus un acte judiciaire , quoique fait en vertu d'un jugement ; cette quitance doit donc être contrôlée comme tous les actes des notaires fans exception. Dès que la formalité du contrôle eft néceffaire , le droit eft inconteftablement dû en conformité du tarif , qui règle celui des quitances fur les fommes y contenuës.

On a cependant prétendu à Alençon , d'après l'obfervation ci-deffus , que la quitance, donnée, devant notaires, au receveur des confignations, en vertu d'un jugement , n'étoit point fujéte au contrôle ; ou , dumoins , que le droit ne pouvoit être perçû que fur le pié d'acte fimple , fans avoir égard à la fomme contenuë dans cette quitance. Mais cette prétention eft contraire aux principes , & à l'obfervation même fur laquelle on vouloit l'établir.

CONTROLE *des exploits* §. X. tome 1 , page 568 , à la fin de l'article.

Par arrêt du confeil du 14 Avril 1759 , & lettres patentes du 29 Juin 1761 , il eft ordonné que tous les regiftres , quitances , rôles , extraits , exploits , procès verbaux , affignations , faifies & généralement toutes les expéditions & procédures qui fe feront en éxécution de l'édit du mois d'Août 1758 , & de la déclaration du Roi du 3 Janvier 1759 , pour le recouvrement des fommes du *don gratuit extraordinaire à païer par les villes & bourgs du roïaume,* pourront être & feront faits fur du papier ordinaire & non timbré ; & que toutes les fignifications & exploits qui feront faits en conféquence , feront difpenfés du droit de contrôle ; fauf & à l'exception néanmoins des demandes en fommations ou en garanties , qui pourront être faites de particulier à particulier , à l'occafion dudit recouvrement, pour lefquelles S. M. entend qu'il en foit ufé comme pour le paffé.

COUTUMES ; ufages rédigés par écrit , pour fervir de loi entre les habitans d'une province , ou d'un même canton particulier ; le Roi eft-il foumis à l'empire de ces coûtumes ? *Voiez* ci-deffus , *Bâtardife ;* & ci-après , *Retrait.*

DÉFRICHEMENT de terres incultes, pour les mettre en valeur , eft un objet qui , méritant l'attention du gouvernement , en a été favorifé par différentes éxemtions. Il a été permis , par arrêt du 8 Avril 1762 , de faire des baux jufqu'à 27 années , des terres incultes , à la charge de les défricher & de les mettre en valeur , dans la plûpart des généralités du roïaume , fans que ces baux puiffent donner ouverture aux droits de centième denier & de franc-fiefs.

Il a auffi été accordé , par un autre arrêt du 1er Juin 1762 , diférens priviléges à ceux qui contribuëront au défrichement & au deffechement de terres incultes , vaines , vagues , landes & marais , qui dépendent & font partie de la feigneurie de Certes , mouvante du Roi , dans la fénéchauffée de Bordeaux ; ces deux arrêts doivent trouver place ici.

Arrêt du confeil du 8 Avril 1762 , *pour les baux des terres incultes , faits pour plus de neuf années & jufqu'à vingt-fept.* LE ROI aïant , par arrêt de fon confeil du 16 Août dernier , ordonné que , dans les généralités de Paris , Amiens , Soiffons , Orléans , Bourges , Moulins , Lyon , Riom , Poitiers , la Rochelle , Limoges , Bordeaux , Tours , Auch , Champagne , Roüen , Caën & Alençon , *ceux qui défricheront ou feront défricher des terres incultes ,* ne pouront être augmentés à la taille , vingtième & autres impofitions , pour raifon du produit & de l'exploitation defdits défrichemens ; il a été repréfenté à S. M. que plufieurs propriétaires , qui auroient défiré de profiter de la faveur accordée par ledit arrêt , pouroient trouver des fermiers qui fe chargeroient de mettre en valeur *des fonds reftés incultes jufqu'à préfent* , s'ils vouloient leur paffer des baux de dix-huit & de vingt-fept années , attendu qu'ils n'efpèrent de fe dédommager des premiers frais qu'éxigent les défrichemens , que par une jouïffance plus longue que celle des baux ordinaires ; mais qu'ils ont été arrêtés par les difpofitions des règlemens , qui affujétiffent aux droits d'infinuation , centième & demi-centième denier , même aux droits de franc-fiefs , les baux qui excèdent le terme de neuf années ; à quoi S. M. voulant pourvoir , &

donner à fes fujets de nouvelles marques de fon attention pour le progrès & l'amélioration de l'agriculture dans fon roïaume : ouï le raport du fieur Bertin , confeiller ordinaire au confeil roïal , contrôleur général des finances ; LE ROI ÉTANT EN SON CONSEIL , a ordonné & ordonne que les baux à ferme des biens fonds , qui feront à l'avenir paffés pour un terme au-deffus de neuf années jufqu'à vingt-fept ans , & par lefquels les fermiers feront chargés de défricher , marner , planter ou autrement améliorer en tout ou partie les terres comprifes dans lefdits baux , feront éxemts , dans lefdites généralités de *Paris* , *Amiens* , *Soiffons* , *Orléans* , *Bourges* , *Moulins* , *Lyon* , *Riom* , *Poitiers* , *la Rochelle* , *Limoges* , *Bordeaux* , *Tours* , *Auch* , *Champagne* , *Roüen* , *Caën* & *Alençon* , des droits d'infinuation , centième ou demi - centième denier , & des droits de franc-fiefs ; S. M. dérogeant expreffément à cet égard à la difpofition de l'édit du mois de Décembre 1703 , & à tous autres édits , arrêts & règlemens à ce contraires : fait défenfes S. M. à fes fermiers , leurs commis & prépofés , de les percevoir ; fans préjudice des droits de contrôle , & de tous autres , qui continuëront à être perçus , conformément aux règlemens. FAIT au confeil d'état du Roi , S. M. y étant , tenu à Verfailles , le huit Avril 1762 , *Signé* , PHELYPEAUX.

Autre arrêt du confeil , du 1er Juin 1762 , *concernant le défrichement des terres incultes du marquifat de Certes* , mouvant du Roi , dans la fenéchauffée de Bordeaux. SUR la requête préfentée au Roi en fon confeil , par Pierre Vallet de Sallignac , écuïer , & André-Pierre Chaulce de Chazelle & compagnie : contenant que, par contrat paffé devant Bronod & fon confrère , notaires à Paris le 19 Juin 1761 , il leur a été concédé & abandonné en toute propriété à perpétuité , par le fieur d'É-

mery-François de Durfort , Marquis de Civrac , maréchal des camps & armées du Roi , menin de Monfeigneur le Dauphin , & par dame Marie-Françoife de Pardaillan de Gondrin d'Antin fon époufe , moïennant les claufes & conditions y portées , toutes les terres incultes , vaines , vagues , landes & marais qui dépendent & font partie de la feigneurie de Certes , mouvante de Sa Majefté , dans la fenéchauffée de Bordeaux , contenant environ deux cent quarante mille arpens ; qu'étant néceffaire de défricher & de deffécher ces vaftes terreins , & d'y former les établiffemens néceffaires pour les rendre utiles à l'état & au public , ils ont befoin, pour cet éfet, de toute la protection de Sa Majefté , tant par raport aux étrangers qu'ils fe propofent de faire venir pour la culture de ces terres , que pour ce qui peut les regarder perfonnellement. Requéroient, à ces caufes, les fuplians qu'il plût à Sa Majefté aprouver ledit contrat de vente , pour être éxécuté felon fa forme & teneur ; leur accorder , pendant quarante années , tous les privilèges & éxemtions atribués aux nouveaux cultivateurs & deffécheurs de marais ; ordonner qu'il ne fera païé pour droit de contrôle , que dix fols pour chaque acte qu'ils pafferont , foit entr'eux ou avec d'autres particuliers; & que, dans le cas où il feroit dû des droits de centième denier , ou demi - centième denier , lefdits droits ne feront perçus qu'à raifon d'un denier par arpent ; que ceux des affociés qui ne feront pas nobles , feront éxemts de tous droits de franc-fiefs , & ne fera païé non plus , aucun droit d'amortiffement ; ordonner pareillement qu'ils feront éxemts, ainfi que les acquéreurs ou leurs fermiers , de toute augmentation de tailles , vingtièmes & autres impofitions ; leur permettre de faire venir des étrangers catholiques romains , pour la culture & défrichement des terres ; les éxemter de toutes tailles & fubfides , ainfi que du droit d'aubaine , enforte qu'ils puiffent être regardés & traités comme fujets du Roi. Vû ladite requête, le contrat de conceffion & abandon du 19 Juin 1761, enfemble l'avis du fieur intendant & commiffaire départi en la généralité de Bordeaux. Ouï le raport du fieur Bertin, confeiller ordinaire au confeil roïal, contrôleur général des finances. Le Roi en fon confeil, aprouve ledit contrat du 19 Juin 1761, portant conceffion de deux cent quarante mille arpens ou environ, dont la vingtième partie à titre d'inféodation, & le furplus à la charge d'un cens.

I. Sa Majefté, défirant encourager les défrichemens que lefdits fieurs de Sallignac & compagnie fe propofent de faire, ordonne, du confentement de l'adjudicataire des fermes générales, que tous actes par eux paffés, foit entre affociés, foit avec d'autres particuliers, relatifs à ladite entreprife, foient contrôlés, fans qu'il puiffe être éxigé autres ni plus grands droits de contrôle, que dix fols par chacun acte, de quelque nature qu'il foit; & que, dans le cas où il feroit dû des droits d'infinuation ou centième, ou demi-centième denier, lefdits droits foient perçus feulement à raifon d'un denier par arpent.

II. Ordonne S. M. que, conformément à l'arrêt du 8 Avril 1762, lefdits Sallignac & compagnie, ni leurs fermiers, ne feront tenus de païer aucun droit d'infinuation, centième ou demi-centième denier, ni de francs-fiefs, pour les baux par eux faits relativement à ladite exploitation, quoiqu'ils fuffent faits pour un terme au-deffus de neuf années & jufqu'à vingt-fept années.

III. Les affociés qui ne feront pas nobles, & leurs ceffionnaires, jouïront, pendant quarante ans, de l'éxemtion des droits de franc-fiefs pour toutes les terres dépendantes de ladite inféodation; & au cas qu'il foit établi dans lefdites landes & terres défrichées, des églifes paroiffiales ou chapelles fuccurfales, il ne fera païé aucuns droits d'amortiffement pour raifon

dudit établiffement, ni pour les donations, ceffions & tranfports de biens-fonds deftinés à l'entretien des curés, vicaires ou chapelains defdites paroiffes & chapelles.

IV. S. M. voulant faire jouïr lefdits Sallignac & compagnie des prérogatives accordées par l'arrêt de fon confeil du 16 Août 1761, à tous les entrepreneurs des défrichemens, pendant un tems proportionné à ladite exploitation, veut que, conformément audit arrêt, lui, fes affociés, acquéreurs & fermiers ne puiffent, à raifon de ladite exploitation, être augmentés à la taille, vingtième & autres impofitions, pendant l'efpace de quarante ans.

V. Les étrangers emploïés auxdits défrichemens, jouïront dès privilèges accordés, par l'édit de Henri IV. du mois de Janvier 1607, à ceux qui avoient travaillé au deffèchement des marais. Veut S. M. qu'ils y puiffent conftruire des maifons, les habiter, cultiver des terres & y faire toute efpèce de commerce; quoi faifant, ils feront tenus pour naturels françois, & jouïront des mêmes droits, franchifes, immunités que lefdits naturels françois, après néanmoins qu'ils auront déclaré devant les juges roïaux du reffort, qu'ils élifent leur domicile & fixent leur habitation ordinaire fur lefdites terres nouvellement défrichées, & qu'ils auront pris un certificat defdits entrepreneurs, énonçant qu'ils font domiciliés dans l'étenduë de leur exploitation; & lorfqu'ils auront travaillé pendant trois ans au défrichement defdites terres, ou de partie d'icelles, ils pourront fe retirer dans tel lieu de la France, & y éxercer telle profeffion que bon leur femblera, fans perdre les privilèges qui leur font accordés par le préfent arrêt, fur lequel toutes lettres néceffaires feront expédiées. Fait au confeil d'état du Roi, tenu à Verfailles le premier Juin mil fept cent foixante-deux. Collationné. *Signé,* DEVOUGNY, avec paraphe. *Enregiftré au contrôle général des finances, par nous*

nous , conseiller ordinaire au conseil roïal , contrôleur général des finances. A Paris le huit Juin mil sept cent soixante-deux. Signé , BERTIN.

DIRECTION de créanciers , tom 2 , page 63. Suprimez ce qui concerne le droit de contrôle ; & voïez ce qui est dit à cet égard , sous l'article : Union de créanciers , tom. 3 , page 483.

DOMAINE , § 1 , n. 3 , à la fin de l'article , page 86.

Toutes les aliénations faites par Henri IV de ses biens patrimoniaux , depuis son avènement à la couronne , ne peuvent être considérées que comme des engagemens à faculté de rachat , sujets à réunion & revente , toutes fois & quantes , quoique ces aliénations eussent été faites à titre de propriété incommutable.

Par arrêt du conseil du 31 Août 1728 , il fut donné acte au sieur Delaleu du désistement par lui fait d'une demande en maintenuë dans la propriété incommutable des bois de Monforêts , & des avoüeries dépendantes de la terre de Ceisiéres , qui avoient été vendus par les commissaires du Roi Henri IV , en 1603 , au sieur de Cartigny ; & du consentement par lui donné à ce que ces bois fussent regardés comme domaniaux & aliénés par S. M. ; en conséquence , il fut ordonné qu'il ne pouroit en jouïr que comme engagiste , & conformément à l'ordonnance de 1669.

Autre arrêt du conseil du 8 Mai 1742 , par lequel il a été ordonné , entr'autres choses , que M. le duc de la Valière , ses receveurs , fermiers & autres , ne pouroient entreprendre aucune coupe dans les bois de la terre de Dorigny , aliénée par les commissaires du Roi Henri IV , en 1605 , à Marie Hennequin , veuve de Guillaume Barthelemy , que conformément au Titre des bois tenus à titre de doüaire , concession , engagement & usufruit , de l'or-

Tome III.

donnance de 1669 , & sous les peines y portées.

Par autre arrêt du conseil du 7 Mai 1746 rendu entre les communautés de Lascazere , Hagedet & Caussade , l'inspecteur général du domaine de la couronne , & la dame de Busca , il a été décidé que tous les biens qui ont apartenu à Henri IV , lors de son avènement à la couronne , ont été réunis au domaine ; & , en conséquence , ordonné que la dame de Busca ne continuera de jouïr de la terre de Lascazere , aliénée par ce prince , en 1604 , aux auteurs deladite dame , qu'à titre d'engagement , comme étant un domaine de la couronne.

Les commissaires de Henri IV vendirent , par contrat du 14 Février 1604 , à Jean de Saint André , entr'autres choses , ce qui apartenoit au Roi au village de Travecy , consistant aux terrages & dixmes dudit lieu , cens , rentes & vinées , dûs à S. M. , tant en deniers que chapons , sur plusieurs héritages dans la généralité de Soissons , pour en jouïr par lui , comme de son propre & loïal acquet , avec droit de haute , moïenne & basse-justice , & de chasse ; à la charge de tenir les choses venduës de S. M. , à cause de son château de la Fere , à foi & hommage , & au devoir d'un fer de lance , à mutation de seigneur , ou autres droits & devoirs seigneuriaux ou féodaux , le cas y échéant selon la coûtume des lieux , & , en outre , moïennant la somme de 2400 livres. Par arrêt du conseil du 28 Mars 1752 , il fut ordonné que , par M. l'intendant de Soissons , il seroit procédé à la revente de ce qui apartient au Roi audit village de Travecy , pour en jouïr ainsi que les anciens engagistes en ont jouï , ou dû jouïr , sur l'offre du païer une rente au domaine & de rembourser les finances païées par les anciens engagistes. Le sieur Louis-Laurent Tuffereau , forma oposition à cette revente , & demanda qu'il fut ordonné qu'il continueroit de jouïr du fief de Travecy

V v v

& dépendances, à titre de propriété incommutable. Mais il a été débouté de cette opolition par arrêt du conseil du 9 Juillet 1754, par lequel il a été ordonné que celui du 28 Mars 1752, seroit éxécuté suivant sa forme & teneur ; &, en conséquence, qu'il seroit procédé à la revente & adjudication définitive du fief de Travecy & dépendances.

DOMAINE, §. I, n. 6, tom. 2, p. 89. M. le maréchal de Belle-Isle avoit vendu au Roi le duché de Gisors, par contrat du 18 Décembre 1759, moyennant 2666666 liv. pour la nuë propriété, le vendeur s'en étant réservé l'usufruit. Les commissaires du Roi avoient déclaré, dans ce contrat, que S. M. n'entendoit pas qu'il se fît, quant à présent, aucune réunion dudit duché de Gisors & dépendances, au domaine de sa couronne ; & que son intention étoit de le posséder & d'en joüir, le cas d'extinction d'usufruit arrivant, à titre de Seigneurie & de propriété privée, si mieux n'aimoit alors S. M. en disposer autrement.

Par des lettres patentes enregistrées au Parlement de Rouen le 18 Novembre 1761, S. M. a prononcé la réunion de ce duché au domaine ; le motif de ces lettres, est que le duché de Gisors a servi autres fois d'apanage à des enfans de France, de dot à une fille de France, de doüaire à une Reine, & que le Roi le destinoit à former l'apanage d'un de ses petits enfans.

Depuis ce tems, le Roi a cédé le duché de Gisors à M. le comte d'Eu, en échange de la principauté de Dombes.

Si la réunion avoit lieu de droit, par l'acquisition faite au nom du Roi, nonobstant la déclaration inférée dans le contrat, les lettres patentes du 18 Novembre 1761, étoient surabondantes. M. le procureur général du parlement de Paris a soûtenu que la réunion se fait de droit au domaine, lorsque le Roi acquiert un fief mouvant de sa couronne ; c'est un des moïens qui ont été oposés à la demande que la dame de Becquey, héritière présomptive de M. le maréchal de Belle-Isle, avoit formée pour éxercer le retrait lignager de la terre de Gisors, sur la vente faite au Roi.

DOMAINE, §. VI, n. 4. Le chef-lieu d'un fief, ne réunit pas la totalité des droits utiles dûs au Roi : chaque receveur général devant recevoir ces droits pour la partie située dans sa généralité &c. tom. 2, page 147.

La connoissance des contestations doivent être portées au bureau des finances de la généralité dans laquelle se trouve le chef-lieu du fief, quoiqu'il relève d'un domaine situé dans une autre généralité, & que toute l'étendüe du fief ne soit pas dans la même généralité où se trouve le chef-lieu ; les parties ne peuvent être traduites en diférens tribunaux pour raison du même fief & de ses dépendances ; la division des droits n'est qu'un accessoire, qui intéresse seulement les oficiers du domaine, & les fermiers du Roi, relativement à ce qu'ils ont droit d'y prétendre.

Par arrêt du conseil du 26 Juillet 1681, rendu entre les oficiers des bureaux des finances de Limoges & de Bordeaux, les premiers ont été maintenus dans le droit de recevoir les hommages dûs au Roi, pour tous les fiefs relevans du vicomté de Limoges, encore que les biens fussent situés hors l'étendüe de leur généralité, & d'en vérifier les aveux & dénombremens ; & il fut ordonné que les foi & hommage dûs à S. M. à cause du comté de Perigord, seroient reçus par les oficiers du bureau des finances de Bordeaux, encore que les fiefs fussent situés dans la généralité de Limoges. Cet arrêt n'a pas été suivi dans l'espèce ci après, qui a été jugée en conformité du principe établi précédemment.

M. Crozat, baron de Thiers, nouveau

poſſeſſeur de la châtellenie de Vandeuil, du marquiſat de Moy, & du fief du Bois-lottin, s'étendans dans les généralités de Soiſſons & d'Amiens, dont les limites ne ſont pas bien fixées, mais dont le chef-lieu ſe trouve dans la généralité de Soiſſons, mouvans du Roi à cauſe du domaine de ſaint Quentin en Picardie, païa le 28 Février 1752, au receveur général des domaines d'Amiens, la ſomme de 16500 liv. à quoi fut fixé le droit de relief de la portion deſdites terres, ſituée en Picardie, ſuivant la ventilation qui en avoit été faite à l'amiable. Il intervint, en conſéquence, un jugement du bureau des finances d'Amiens, le 17 Mars 1752, par lequel le baron de Thiers fut reçu au relief de la chatellenie de Vandeuil & du fief du Bois-lottin, à la charge de rendre le foi & hommage à la chambre des comptes, & d'en fournir les aveux & dénombremens ; & il lui fut accordé main-levée des ſaiſies féodales. L'acte de foi & hommage fut fourni entre les mains de M. le chancelier, le 14 Juin ſuivant ; le baron de Thiers obtint, le 20 du même mois, des lettres de réception dudit acte de foi & hommage, & un arrêt de la chambre des comptes de Paris, du 7 Juillet ſuivant, portant réception deſdites foi & hommage, avec des lettres d'attache du 17 du même mois, données par ladite chambre des comptes, à l'éfet de le mettre en poſſeſſion deſdites terres.

Il fut procédé à la ſaiſie féodale des terres de Vandeuil & de Moy, d'autorité du bureau des finances de Soiſſons, en vertu d'une ordonnance qu'il avoit rendue le 15 Mai 1752. M. de Thiers fut reçu apellant de cette ordonnance, par arrêt du parlement de Paris du 22 Juillet 1752, qui lui accorda main-levée proviſoire des ſaiſies féodales.

Dans cet état, l'affaire fut évoquée au conſeil, par arrêt du 25 Septembre 1752, rendu ſur la requête du procureur du Roi au bureau des finances de Soiſſons, & du receveur général des domaines de la même généralité. Le baron de Thiers ſe pourvût, en conſéquence, au conſeil, où il demanda que les ſaiſies féodales fuſſent déclarées nulles, ſauf aux oficiers de Soiſſons à faire ſtatuer ſur leurs conteſtations avec ceux d'Amiens, ainſi qu'ils aviſeroient.

Le fermier des domaines de Soiſſons intervint & demanda que, ſans s'arrêter à la liquidation faite par le receveur général d'Amiens, ni au païement qui lui avoit été fait en conſéquence, il fut ordonné qu'il ſeroit procédé à une nouvelle liquidation par le bureau des finances de Soiſſons ; ſur laquelle le baron de Thiers ſeroit tenu de païer le montant des droits de relief, ſauf à ſe pourvoir, comme il aviſeroit, contre le receveur général d'Amiens, pour la reſtitution de ce qu'il lui avoit païé.

Le receveur général d'Amiens & le procureur du Roi du bureau des finances de la même généralité, aïant été aſſignés, prirent le fait & cauſe du baron de Thiers, quant à la preſtation de relief & à la demande en nouvelle liquidation & païement des droits par lui païés ; ils demandèrent la main-levée définitive des ſaiſies féodales faites d'autorité du bureau des finances de Soiſſons, & la décharge des demandes formées en conſéquence ; & en cas que S. M. fit dificulté de ſtatuer ainſi dès-à-préſent, ou qu'Elle jugeât que le receveur général d'Amiens pouroit être tenu de rendre & reſtituer à celui de Soiſſons, quelque portion des droits reçus pour raiſon deſdites terres de Vandeuil & de Moy, ils demandèrent que, pour mettre fin aux entrepriſes & conteſtations, il fut ordonné qu'il ſeroit procédé à la fixation des limites des généralités d'Amiens & de Soiſſons, ſauf à ſe pourvoir, après ladite fixation, pour la preſtation des reliefs, foi & hommage indûement

V v v ij

rendu.s , & pour la répétition des droits aussi induëment perçus , contre qui & ainsi qu'il apartiendroit.

Les oficiers de Soissons ayant persisté dans leurs demandes , ceux d'Amiens ont demandé que l'arrêt du conseil du 26 Juillet 1681 , (raporté ci-dessus) fut déclaré commun entr'eux , & les oficiers du bureau des finances de Soissons; en conséquence , qu'ils fussent maintenus dans le droit & faculté , chacun en ce qui le concerne , de connaitre de toutes les matières domaniales , de faire la réception d'hommages , aveux & dénombremens , & de se faire rendre & païer les autres devoirs & droits dûs à S. M. , à cause des fiefs & héritages relevans de ses domaines situés dans la généralité d'Amiens , en quelque lieu que soit assise , partie ou totalité desdits fiefs & héritages ; sauf aux oficiers du domaine & bureau des finances de Soissons , à faire pareillement suite des fiefs & héritages situés en Picardie ou ailleurs , lorsqu'ils se trouveront relever des domaines de S. M. assis dans ladite généralité de Soissons; qu'il fût fait défenses aux oficiers de Soissons & à tous autres de les troubler , ni d'entreprendre sur leurs fonctions à cet égard , & aux communautés & particuliers acquéreurs de fiefs & héritages relevans des domaines de Picardie de se retirer , pour raison de ce , ailleurs que pardevant lesdits oficiers de la généralité de Picardie , à peine d'amende & de tous dépens , dommages & intérêts.

De la part des oficiers de Soissons , ils ont demandé acte de ce que ceux d'Amiens reconnaissoient que les terres de Vandeuil & de Moy , & le fief du Boislottin , étoient situés dans la généralité de Soissons ; & en conséquence , ils ont persisté dans leurs précédentes conclusions. Ils ont produit l'édit de 1727 , par l'article 4 duquel il est ordonné que les receveurs généraux des domaines recevront les droits casuels dûs pour raison

des terres & seigneuries situées dans les provinces & généralités où ils sont établis ; l'arrêt du 14 Août 1736 , rendu entre les fermiers des domaines de la généralité d'Orléans & ceux de la généralité de Bourges ; autre arrêt du conseil du 24 Octobre 1741 , rendu sur la requête des oficiers du bureau des finances d'Auch , qui a ordonné , par provision , que ledit bureau des finances connaitroit de toutes les contestations domaniales dans l'étenduë de son ressort , & notamment dans les deux élections de Commenges & de Rivière-Verdun ; autre arrêt du conseil du 22 Octobre 1750 , rendu entre lesdits oficiers du bureau des finances d'Auch & ceux du bureau des finances de Toulouse , par lequel S. M. a débouté ces derniers de leur oposition à l'arrêt du 24 Octobre 1741 , leur faisant défenses de connaitre des contestations concernant la réception d'hommages , aveux & dénombremens des fiefs mouvans du Roi , situés dans lesdites élections de Commenges & de Rivière-Verdun & autres lieux dépendans de la généralité d'Auch. Enfin , ils ont raporté diférens certificats que les paroisses dans lesquelles sont les terres de Vandeuil & de Moy , sont entièrement de la généralité de Soissons.

Par l'arrêt rendu sur cette contestation le 21 Décembre 1756 , le Roi en son conseil , sans s'arrêter aux demandes & prétentions des oficiers du bureau des finances & du receveur général des domaines de Picardie , & du sieur Crozat , baron de Thiers , dont S. M. les a déboutés , à déclaré les saisies féodales faites à la requête du procureur du Roi du bureau des finances de Soissons , des terres de Vandeuil & de Moy , & du fief du Boislottin *situés dans la généralité de Soissons* , bonnes & valables ; en conséquence ordonne que , dans trois mois , le sieur Baron de Thiers sera tenu de justifier audit bureau des finances de Soissons , de l'acte de foi & hommage desdites terres , par lui fait entre les mains de M. le chancelier , des lettres de réception dudit acte de foi & hommage , & de l'arrêt de la chambre des comptes de Paris , portant réception desdites foi & hommage , pour , par ledit bureau des finances , donner acte de ladite foi & hommage , & accorder main-levée des faisies féodales ; à la charge, par ledit Sieur Baron de Thiers , de paîer aux oficiers & fermiers des domaines de la généralité de Soiſſons , entre les mains du receveur général des domaines & bois de ladite généralité , les droits de relief qu'il doit desdites terres ; & ce , ſur le pié de la liquidation qui en ſera faite , en préſence dudit ſieur Baron de Thiers , ou lui dûment apellé , par les oficiers dudit bureau des finances de Soiſſons , ſur les baux & autres titres juſtificatifs des revenus desdites terres, qui leur ſeront repréſentés ; ſauf audit ſieur Baron de Thiers ſon recours contre le receveur général des domaines de Picardie, pour l'obliger à lui reſtituer la ſomme qu'il ſe trouvera lui avoir païée , pour raiſon des droits de relief dont il s'agit ; & ſauf aux oficiers du bureau des finances d'Amiens à ſe pourvoir , ainſi qu'ils aviſeront , pour faire fixer les limites des généralités de Picardie & de Soiſſons.

Cet arrêt à donc jugé que les droits doivent être païés au receveur général de la généralité dans laquelle les biens ſont ſitués , quoique ces biens ſoient mouvans du Roi à cauſe d'un domaine ſitué dans une autre généralité.

DOMBES , tom. 2 , page 148. Cette principauté eſt actuellement dans la main du Roi , au moïen de l'échange qui vient d'être fait entre S. M. & M. le comte d'Eu.

Par contrat paſſé devant Baron ſ. notaire à Paris le 19 Mars 1762 , M. le comte d'Eu a délaiſſé au Roi , à titre d'échange , la ſouveraineté & principauté de Dombes ; & , en contr'échange , Mrs les commiſſaires du Roi ont cédé à M. le comte d'Eu , 1° les vicomtés d'Argentan & d'Exmes & dépendances ; 2° le comté de Dreux ; 3° le domaine de Crecy & la forêt de Crecy ; 4° le duché de Giſors , marquiſat de Biſy, Pacy & dépendances ; 5° la baronie d'Yvry ; 6° la forêt de Vernon & celle d'Andely , partie de la Forêt de Merey , & 453 arpens de bois dans la forêt de Gouſſey ; aux conditions y exprimées.

DONS *du Roi* , tom. 2 , page 155, col. 1re. Les droits domaniaux caſuels ſont actuellement compris dans les baux des fermes , ſans aucune réſerve , comme il a été obſervé ci-deſſus , à l'art. *Caſuels* dans cette addition ; ainſi , il n'y a plus de dons de ces droits.

DOUAIRE , §. 1 , tom. 2 , page 227.

Par déciſion du 8 Mai 1760 , le conſeil a réformé une ordonnance de M. l'intendant d'Orléans ; & a jugé qu'une donation faite par contrat de mariage , de la part du mari en faveur de ſa femme , ſous le titre de doüaire préfix , devoit être inſinuée , & que le fermier étoit fondé à demander le droit dû pour cette inſinuation. Le ſieur Danicourt , en paſſant à un troiſième mariage , & aïant des enfans des deux premiers , avoit déclaré doüer la future , en cas que doüaire ait lieu , & ſoit qu'il y ait des enfans vivans dudit mariage ou non à la diſſolution d'icelui , de la ſomme de 5000 liv. de doüaire préfix & limité , lequel doüaire ſeroit néanmoins réductible à pareille part & portion qu'un enfant dudit futur pourroit avoir dans ſa ſucceſſion , pour demeurer ledit doüaire propre à la future & aux ſiens , à toujours & ſans raport.

Le fermier a dit que cette ſtipulation ne pouvoit être conſidérée que comme une donation de part d'enfant , & nullement comme un doüaire , parce que , fuivant l'article 187 de la coûtume de Blois , fous laquelle les parties ont contracté , le doüaire , foit coûtumier , foit préfix , eft feulement viager à la femme ; qu'ainfi , la propriété étant donnée fans retour , il s'agit d'une donation dans toute l'étenduë permife par l'édit des fecondes noces.

DROITS-RÉSERVÉS ; tom. 2 , page 235 ; il a été dit que la perception de ces droits a été continuée jufqu'au 31 Décembre 1762 , par déclaration du 8 Septembre 1755. *Ajoutez* qu'elle a été prorogée jufqu'au 31 Décembre 1768 , par autre déclaration , du 29 Octobre 1761.

DROITS-RÉSERVÉS , §. III. La décifion du confeil du 25 Octobre 1750 , citée à la page 245 , col. 1re , eft fondée fur le tarif de 1716 , qui fixe le droit pour chaque contrat ; elle eft d'ailleurs conforme à un arrêt du confeil du 30 Septembre 1727 , portant règlement pour les vacations des Juges & des gréfiers des fiéges roïaux de la province de Bretagne ; par lequel arrêt il eft ordonné que le droit des gréfiers , pour les aprrimens , fera perçu fur chacun des contrats dont on pourfuivra l'apropriment , encore qu'il fe faffe par un feul & même jugement. M. le premier préfident du parlement de Rennes a ordonné l'éxécution de cet arrêt , le 13 Novembre 1727 , fur les conclufions de M. le procureur général , du même jour.

ÉCHANGES , *droits* d') §. II. Aliénations ordonnées , tom. 2 , page 282.

Arrêt du confeil du 17 Septembre 1761 , par lequel le Roi , étant en fon confeil , a ordonné & ordonne que les droits feigneuriaux dûs aux mutations par échange , en vertu des édits & déclarations des mois de Mai 1645 , 20 Mars 1673 , Février 1674 , & autres règlemens depuis intervenus , dans *l'étenduë des fiefs & terres des feigneurs particuliers* , tant eccléfiaftiques que laïques , *& des domaines engagés* , feront vendus & aliénés en la forme & ainfi qu'il eft porté par la déclaration du 20 Mars 1748 , qui fera éxécutée fuivant fa forme & teneur. Veut néanmoins S. M. , que , pendant trois mois , à compter du jour de la publication du préfent arrêt , il foit furfis à la confection des rôles qui doivent être arrêtés en conformité de l'article premier de ladite déclaration , pour la fixation du prix de la vente & aliénation defdits droits ; & que , pendant ledit tems de trois mois , lefdits feigneurs particuliers & lefdits engagiftes puiffent remettre , foit au fieur contrôleur général de fes finances , foit aux fieurs intendans & commiffaires départis dans les provinces & généralités du roïaume , dans lefquelles lefdits droits d'échange ont lieu , leurs offre & foumiffion de les acquérir , avec un état de l'étenduë des mouvances & cenfives appartenantes à chaque terre , fief , feigneurie ou domaine engagé , auquel ils défireront réunir lefdits droits ; faute de quoi , & ledit délai de trois mois expiré , ordonne S. M. qu'il fera procédé au confeil , conformément à l'article 1er de ladite déclaration du 20 Mars 1748 , à la fixation du prix defdites ventes & aliénations defdits droits d'échange dans l'étenduë des domaines engagés & de chacune des terres , fiefs & feigneuries , dont les engagiftes & les feigneurs ne les ont pas acquis , & à l'arrêté des rôles de la finance à païer par ceux defdits engagiftes & feigneurs particuliers qui en voudront faire l'acquifition ; lefquels , audit cas , feront tenus de païer ladite finance , enfemble les deux fols pour livre du montant d'icelle , dans le délai de fix mois , à compter du jour de la fignification qui leur fera faite defdits rôles , à perfonne ou domicile , ès mains de celui qui fera prépofé par S. M. ; & faute par lefdits engagiftes & feigneurs particuliers , de païer lefdites fommes dans les fix mois, à compter du jour de la fignification qui leur aura été faite defdits rôles, à perfonne ou domicile, à la pourfuite & diligence de celui qui fera à cet effet prépofé par S. M., elle veut & entend qu'à la même pourfuite & diligence, il foit, conformément aux articles II & III de ladite déclaration, procédé à la vente & adjudication defdits droits au plus offrant & dernier enchériffeur, en la manière accoûtumée, pardevant les commiffaires du confeil députés pour la vente & aliénation des domaines; & que toutes perfonnes puiffent les acquérir, pour en jouïr en conformité de ladite déclaration. Veut pareillement S. M. que lefdits engagiftes & feigneurs particuliers qui acquerront lefdits droits d'échange, en jouïffent à compter du jour & date des quitances du garde du tréfor roïal & en vertu d'icelles, fans qu'il foit befoin d'aucunes publications ni adjudications, dont S. M. les a difpenfés, conformément à l'arrêt du confeil du 4 Février 1698; comme auffi que, tant les engagiftes & les feigneurs des terres, fiefs & feigneuries, que les acquéreurs defdits droits, ne puiffent être impofés, pour raifon de l'acquifition d'iceux, aux différens vingtièmes & deux fols pour livre, ni fujets aux droits d'indemnité, amortiffement, franc-fief & de centième denier, dont S. M. les a déchargés : & fera le préfent arrêt lû, publié & affiché par tout où befoin fera &c. *Signé*, PHELYPEAUX.

Par le bail de Prévôt, art. 1er, tom. 2, page 348 ***, il eft dit qu'il ne poura prétendre d'indemnité pour raifon des aliénations qui pouront être faites defdits droits d'échange.

ÉCHANGES, §. IV. *Recouvrement des droits d'échange*, tom. 2, page 296.

Si les biens échangés font mouvans des domaines qui font dans la main du Roi, il n'y a aucun doute que les receveurs généraux des domaines ne foient fondés à faire la recette des droits d'échange, & à jouïr de leurs attributions; au moïen de quoi ils ne compteront au fermier du Roi, que des quatorze fols pour livre.

Mais fi les biens font mouvans de domaines engagés, l'on diftingue l'époque de l'engagement; & l'on prétend que les receveurs généraux des domaines ne peuvent faire la recette ni jouïr de leurs attributions fur les droits d'échange dûs pour biens mouvans des domaines engagés avant 1702, quoique ces droits apartiennent au Roi, lorfqu'ils n'ont pas été aliénés aux engagiftes.

L'édit du mois d'Avril 1685, portant création d'ofices de receveurs généraux des domaines, ne leur a accordé d'attribution que fur les droits de lods & ventes, fallines, quint, requint, treizième, relief, rachat, fous-rachat, épave, aubaine, bâtardife, deshérence, confifcation & autres droits cafuels. Celui du mois de Décembre 1689, portant création d'ofices de contrôleurs généraux des domaines & bois, eft relatif à l'édit de 1685. Or, les droits d'échange n'étant point nommément exprimés dans ces édits, les oficiers du domaine n'avoient alors, ni le droit d'en faire la recette, ni aucune attribution à prétendre; ces droits apartenoient en entier au fermier du Roi, ou à ceux qui les avoient acquis.

L'article 4 de l'édit du mois de Décembre 1701, porte que les receveurs généraux des domaines & bois recevront les droits de quint, requint, *échanges* &c. & généralement tous autres droits cafuels, tant des fiefs que des rotures, apartenans au Roi, à quelque titre que ce foit, *à caufe des domaines qui font en fes mains*.

Ce n'eft que fur les droits que lefdits receveurs ont droit de recevoir, qu'ils peuvent prétendre les fix fols pour livre qui leur font attribués & aux autres oficiers du domaine, par l'art. 6 de l'édit de 1701.

Suivant cet édit, ils n'ont le droit de recevoir les droits d'échanges que pour les biens mouvans des domaines qui étoient alors dans les mains du Roi ; ainsi le fermier a dû continuer à faire la recette desdits droits d'échanges dûs au Roi, dans les domaines précédemment aliénés ou engagés, & jouir, par conséquent, de la plénitude de ces droits.

Les expressions de l'article 4 de l'édit de 1701, sont positives : si le Roi avoit entendu que les receveurs généraux dûssent recevoir les droits d'échanges dûs pour biens mouvans des domaines engagés, & jouir de leurs attributions sur cette partie, S. M. se seroit expliquée, comme elle l'a fait, par l'article 5, au sujet des droits d'ensaisinement qu'elle a attribués à ces officiers, tant dans les domaines qui étoient alors dans ses mains, que dans ceux qui étoient engagés. L'explication faite dans cet article interprète naturellement la réserve faite par le précédent.

Il y avoit même un motif pour que le Roi n'accordât point d'attribution sur les droits d'échanges, dûs pour biens mouvans des domaines qui étoient engagés : l'intention de S. M. n'a jamais été de conserver les droits d'échanges, dans les mouvances des domaines engagés ; mais au contraire, qu'ils fussent réunis à ces domaines, & acquis par les engagistes moïennant un suplément de finance, comme on l'a dit dans le 2ᵉ vol. page 284.

Les édits postérieurs n'ont rien attribué de nouveau aux receveurs généraux & autres officiers du domaine ; ils ont simplement confirmé les attributions accordées par l'édit de 1701. On assure même que le conseil, après avoir ordonné l'aliénation des droits d'échanges par l'arrêt de 1761, raporté ci-dessus, a réglé que lesdits officiers n'auroient aucune indemnité à prétendre pour raison des droits dûs à cause de biens mouvans des domaines qui ont été engagés avant l'édit du mois de Décembre 1701 ;

la raison en est simple : si lesdits officiers n'ont point d'attributions sur ces droits, quoiqu'ils se perçoivent au proiit du Roi, il s'ensuit nécessairement qu'ils ne peuvent prétendre d'indemnité lorsque S. M. les aliénera aux engagistes.

Il faut donc conclure de ce que l'on vient de dire que les droits d'échanges dûs au Roi pour biens mouvans des domaines engagés avant 1701, apartiennent en entier au fermier de S. M. sans que les receveurs généraux ni les autres officiers du domaine y puissent rien prétendre.

ENGAGISTES *des domaines* ; tom 2, page 308. col. 1, ligne 20. *Il faut lire* : Réparations au rabais ; édit du mois de Mars 1695 ; déclaration du 4 Septembre 1696 &c.

A la ligne 29, *ajoûtez* : l'édit du mois de Mars 1695, ordonne que ces procès verbaux seront déposés aux gréfes des bureaux des finances, pour y avoir recours.

ENGAGISTES *à vie des domaines*, tom. 2, page 309, à la fin de l'article.

Par arrêt du conseil du 17 Février 1756, il fut ordonné que les domaines & droits domaniaux, qui avoient été aliénés à vie, par les commissaires à ce députés, en éxécution de l'édit du mois d'Août 1717 & de la déclaration du 5 Mars 1718, & qui étoient revenus & échus à S. M. pendant le cours du bail de ses domaines, expiré le 31 Décembre 1756, par le décès de la dame de Saissac, des dames de Parabère & le Chanoine, & des sieurs de Magnane, Duchauffour, Hultz & le Bourgeois ; ensemble ceux lors possédés à vie par le sieur de Cébéret, pour en commencer la jouissance du jour du décès dudit sieur de Cébéret, seroient compris dans un bail particulier.

En conséquence, il a été fait bail à François

çois Hacquin , par réfultat du confeil du 24 du même mois de Février 1756 , defdits domaines , enfemble de ceux qui étoient poffédés à vie par le fieur de Cébéret , pour en jouïr pendant 15 années , à compter du 1er Janvier 1757 , & du jour du décès du fieur de Cébéret , à l'égard de ceux par lui poffédés , moïennant la fomme de 74500 l. païable par chacune defdites 15 années , fur les fimples quitances de ceux à qui il feroit , par S. M. ordonné ; & à la charge d'avancer par ledit Hacquin , annuellement , en faveur des porteurs de brevets de don , qui feroient compris dans les états que S. M. feroit arrêter chaque année en fon confeil , la fomme de 11500 liv. ; laquelle , avec celle fufdite , feroit celle de 86000 liv. à laquelle montoient les brevets par elle affectés fur ladite ferme ; en dédommagement de laquelle avance S. M. auroit cédé audit Hacquin , les premières portions de domaines qui rentreroient dans fa main , par le décès des adjudicataires & engagiftes à vie , jufqu'à concurrence de 12000 liv. de revenu annuel ; pour , par ledit Hacquin , en prendre poffeffion & jouïffance auffi-tôt & après le décès defdits adjudicataires & engagiftes à vie , & en jouïr pendant le tems qui refteroit lors à expirer defdites 15 années ; comme auffi , à la charge , par ledit Hacquin , de compter du prix de ladite ferme par état au vrai , au confeil & à la chambre des comptes de Paris , en la forme & manière accoûtumées &c. Il a été expédié , le 26 Avril 1756 , des lettres patentes fur ce réfultat , qui ont été enregiftrées en la chambre des comptes de Paris le 1er Juin fuivant.

Par autre réfultat du confeil du 30 Novembre 1756 , S. M. , en confirmant le précédent , a cédé , à titre de bail , audit Hacquin , tant par augmentation de ferme & de jouïffance , que pour lui tenir lieu des domaines qui reviendroient à S. M. , dont la jouïffance avoit été cédée audit Hacquin , jufqu'à concurrence de 12000 l.

de revenu annuel , les domaines & droits domaniaux énoncés audit réfultat du 30 Novembre 1756 , pour n'en commencer toutefois la jouïffance , qu'à compter du jour & incontinent après le décès des engagiftes à vie , & la continuer pour le tems qui refteroit lors à expirer des quinze années fixées par ledit réfultat du 24 Février 1756 ; moïennant que ledit Hacquin , païeroit annuellement , fuivant les offres & foumiffion de fes cautions , pour chacune defdites quinze années , à commencer du premier Janvier 1757 , la fomme de 104000 livres , au lieu de celle de 86000 liv. portée par ledit réfultat du 24 Février 1756 , aux porteurs des brevets de don , qui fe trouveroient compris dans les états qui feroient arrêtés chaque année au confeil , & fur leurs fimples quitances. Les lettres patentes données fur ledit réfultat , le 17 Janvier 1757 , ont été enregiftrées en la chambre des comptes le 25 Octobre fuivant.

Il a été enfuite reconnu qu'aux termes defdits réfultats , & au moïen de la difpofition faite en faveur des porteurs des brevets du don de la fomme de 104000 liv. , qui forme le prix total de ladite Ferme , S. M. fe trouveroit chargée de faire chaque année un fonds particulier pour les frais de comptes & autres relatifs à l'exploitation des domaines & droits compris au réfultat du 30 Novembre 1756 ; ce qui étoit auffi opofé aux règles que contraire à fa volonté , fuivant laquelle elle auroit préféré de reftraindre les brevets de don à une fomme inférieure au prix de la ferme , fi elle n'avoit pas entendu que lefdits frais fuffent à la charge dudit Hacquin , indépendamment de ladite fomme de 104000 liv. qu'il s'étoit foumis de païer en conféquence dudit réfultat du 30 Novembre 1756 ; fur quoi , S. M. défirant faire connaître plus particulièrement fes intentions , à l'éfet de faire ceffer les demandes qui pourroient lui être faites à cet égard , & faire en même-tems éxécuter le bail paffé audit Hacquin, ensemble les brevets de don qu'elle a fait expédier de ladite fomme de 104000 liv., & dont le païement eft affecté fur ladite ferme, pour jouïr, par lefdits porteurs defdits brevets, de l'éfet d'iceux, à compter du 1er Janvier 1757.

Il a, en conféquence, été rendu le 4 Juin 1758, un arrêt, par lequel le Roi étant en fon confeil en confirmant les réfultats de fon confeil, des 24 Février & 30 Novembre 1756, & 17 Janvier 1757, & en les interprétant, en tant que befoin, a ordonné & ordonne que ledit Hacquin & fes cautions, jouïront de l'éfet & contenu en iceux pour le tems de quinze années, à commencer du 1er Janvier de l'année dernière 1757 ; en conféquence, & conformément audit réfultat du confeil du 30 Novembre 1756, & aux lettres patentes du 17 Janvier fuivant, ledit Hacquin fera tenu de païer annuellement la fomme de 104000 liv., faifant le prix de fon bail, aux porteurs des brevets de don de S. M., & pour les fommes portées par iceux ; quoi faifant, ledit Hacquin, & fes cautions, feront & demeureront valablement quites & déchargés du prix dudit bail ; à l'éfet de quoi, veut & entend S. M., qu'en raportant par ledit Hacquin, fur chacun des comptes qu'il doit rendre, les quitances des porteurs defdits brevets de don, enfemble les états qui feront arrêtés pour chaque année au confeil, jufqu'à concurrence de ladite fomme de 104000 liv., &, pour une fois feulement, copies collationnées des brevets de don, lettres de confirmation & arrêts d'enregiftrement d'iceux', ladite fomme de 104000 liv. foit paffée & allouée audit Hacquin dans la dépenfe defdits comptes, par les gens tenans fa chambre des comptes à Paris, auxquels elle mande ainfi le faire fans difficulté ; comme auffi, fur la repréfentation qui leur fera faite des lettres expédiées fur lefdits brevets, de procéder à l'enregiftrement def-

dits brevets & lettres, jufqu'à concurrence de ladite fomme de 104000 l. Veut pareillement, S. M., qu'indépendamment de ladite fomme de 104000 liv. que ledit Hacquin eft tenu de païer de prix de bail, pour chacune des quinze années de jouïffance à lui accordée, par ledit réfultat du confeil du 30 Novembre 1756 & les lettres patentes du 17 Janvier 1757, il foit & demeure, en outre, chargé pour le tems dudit bail, du païement des épices, vacations & frais de reddition des états au vrai & comptes qu'il doit fournir & rendre pour chacune defdites quinze années du prix de ladite ferme ; à l'éfet de quoi S. M. a dérogé & déroge audit réfultat du confeil du 24 Février 1756, & aux lettres patentes du 26 Avril fuivant, en ce que, par lefdits réfultat & lettres, elle s'étoit chargée de faire le fonds defdites épices, vacations & frais. Veut & entend en outre, S. M., que ledit Hacquin foit & demeure pareillement chargé des entretiens & réparations des bâtimens dépendans defdits domaines, uftenfiles, & généralement de ce qui peut apartenir à S. M., fervant à l'exploitation d'iceux, tant à l'égard des domaines & droits à elle échûs & revenus par le décès des dames de Saiffac, de Parabère & le Chanoine, des fieurs de Magnane, Duchaufour, Hultz, le Bourgeois & de Cébéret, que de ceux qui reviendront à S. M., pendant le cours du bail dudit Hacquin, lors du décès du fieur de la Chenelaye & de la Béchade, & des dames de la Farre & de faint Sulpice, pour le tems que ledit Hacquin en a jouï ou doit jouïr, conformément auxdits réfultats des 24 Février & 30 Novembre 1756, & aux lettres patentes des 26 Avril 1756, & 17 Janvier 1757. Ordonne S. M., que, pardevant les fieurs intendans & commiffaires départis pour l'éxécution de fes ordres dans les provinces & généralités de la fituation des domaines & droits domaniaux compris audit réfultat du 30 Novembre

1756, ou leurs subdélégués sur les lieux; il fera, à la poursuite, diligence & aux frais dudit Hacquin, dressé procès verbal de l'état des bâtimens; ensemble des uftensiles & autres chofes apartenant à S. M., servant à l'exploitation desdits domaines & droits, ainsi que de leur valeur, dont prisée & eftimation sera faite par le même procès verbal, à l'éfet par ledit Hacquin de s'en charger, pour rendre le tout à la fin de fa jouïssance au même état & valeur; en conséquence, de joindre lefdits procès verbaux aux acquits du premier compte, qu'il doit rendre en la chambre des comptes du prix de ladite ferme; fans que, pour raifon de ce que deffus, ledit Hacquin puiffe former aucune répétition contre S. M., ni prétendre aucune diminution du prix du bail, de dédommagement, rembourfement & indemnité, pour quelque caufe que ce foit, ou fous quelque prétexte que ce puiffe être; même pour guerre, ftérilité, famine, pefte ou autres cas prévûs ou imprévûs; & fera ledit Hacquin, ainfi que fes cautions, tenu de fournir dans deux mois de ce jour, au gréfe de la chambre des comptes, leur foumiffion d'éxécuter le contenu au préfent arrêt, fur lequel toutes lettres néceffaires feront expédiées. Fait au confeil d'état du Roi, Sa Majefté y étant, tenu à Verfailles le 4 Juin 1758. *Signé*, PHELYPEAUX.

ENSAISINEMENT, tom. 1, p. 312.
Arrêt du confeil du 22 Juin 1756, par lequel, fans s'arrêter aux demandes du maire & des confuls de la ville de *Mezin*, *en Condomois*, dont ils ont été déboutés, il a été ordonné que les poffeffeurs actuels de maifons & héritages fitués dans l'étendüe, tant de la ville, que de la jurifdiction de Mezin, tant en fiefs que rotures, & *dont la directe eft commune entre S. M. & le prieur de Mezin*, feront tenus de repréfenter les titres de leurs propriétés, ou, à défaut de titres, des déclarations en bon-

ne forme, pour être enfaifinés & contrôlés, & , par grace & fans tirer à conféquence, S. M. a ordonné que, pour les titres ou déclarations qui feront repréfentés dans fix mois, du jour de la publication de l'arrêt, il ne feroit païé que les deux tiers des droits attribués par les édits & règlemens; & qu'à faute d'y fatisfaire dans ledit délai, qui ne poura être réputé comminatoire, ils pourront y être contraints par les receveurs & contrôleurs généraux des domaines, lefquels pourront, en ce cas, éxiger le païement en entier de leurs droits.

Autre arrêt du confeil du 31 Août 1756, qui ordonne l'éxécution des règlemens concernant l'enfaifinement; en conféquence, que le duc de Randan, lieutenant général & commandant pour le Roi en Franche-Comté, le Marquis de Beaufremont & tous autres vaffaux & cenfitaires, poffédans fiefs, maifons & héritages au comté de Bourgogne, tant par acquifition, que fucceffion ou autrement, foit que les fiefs foient mouvans & relevans immédiatement du Roi, à caufe de fa couronne, du comté de Bourgogne, ou de fes autres domaines & feigneuries particulières, tant ceux qui font en fes mains, qu'en celles des engagiftes, & dont la poffeffion perfonnelle ne remonte pas au-dèlà du 1er Janvier 1702, feront tenus de repréfenter aux receveurs & contrôleurs généraux des domaines de la province de *Franche-Comté*, les titres de leur propriété, ou, à défaut de titres, des déclarations en bonne forme, pour être enfaifinés & contrôlés; & de païer auxdits receveurs & contrôleurs généraux des domaines, les droits à eux attribués par lefdits édits & règlemens, à peine d'y être contraints. On oppofoit que, dans le comté de Bourgogne, les fiefs font purement d'honneur & de danger, qu'ils n'y peuvent être affujétis à aucunes redevances & preftations pécuniaires; que le vaffal ne doit à fon feigneur que la bouche & les mains; & qu'il n'eft

X x x ij

obligé qu'à faire la foi & hommage, à fournir son dénombrement, & à présenter ses titres à la chambre des comptes de Dôle ; formalités qui devoient supléer à l'ensaisinement. Mais l'ensaisinement est une loi générale à laquelle sont assujétis tous les biens soumis à la directe du Roi, sans exception.

Voïez encore l'arrêt du 11 Avril 1752, rendu contre les habitans de Mortagne, qui soûtenoient être éxemts d'ensaisinement, sous prétexte d'une prétenduë allodialité ; il est raporté dans le troisième volume, page 135.

ÉPAVES, tome 2, page 315. *Voïez* l'arrêt du parlement de Paris du 29 Mai 1743, raporté à l'article *Rivières*, tome 3, page 341, au sujet d'un diamant trouvé dans la rivière de Seine.

Par l'article 1er du résultat du conseil du 30 Décembre 1761, portant bail à Jean-Jacques Prévôt, il est dit qu'il jouïra des épaves ou deshérences des éfets non réclamés dans les bureaux des doüanes, carrosses de voitures & messageries, à la charge de se conformer à l'arrêt du conseil & aux lettres patentes du 13 Août 1726.

ESPAGNE ; les Espagnols ont été soumis au droit d'aubaine en France, jusqu'au traité conclu en 1761, sous la dénomination de pacte de famille, entre le Roi, le Roi d'Espagne & le Roi des deux Siciles.

Par édit du mois de Décembre 1700, le Roi déclara que le Roi d'Espagne, son petit-fils, conserveroit toûjours les droits de sa naissance, de la même manière que s'il faisoit sa résidence actuelle dans le roïaume ; voulant que sondit petit-fils le Roi d'Espagne, ni ses enfans mâles, ne soient censés & réputés moins habiles & capables de venir à la couronne de France (le cas échéant), ni aux autres successions qui pourroient leur échoir dans le roïaume : entendant, au contraire, que tous droits &

autres choses, généralement quelconques, qui pourroient à présent & à l'avenir, leur compéter & apartenir, soient & demeurent conservées saines & entières, comme s'ils résidoient & habitoient continuellement dans le roïaume, jusqu'à leur trépas ; & que leurs hoirs fussent originaires & régnicoles, les aïant à cet éfet, en tant que besoin est ou seroit, habilités & dispensés, par ces présentes.

Le Roi d'Espagne renonça à la couronne de France, le 5 Novembre 1712 ; & à ce moïen, l'édit du mois de Décembre 1700, fut révoqué par un autre édit du mois de Mars 1713, enregistré au parlement de Paris le 15 du même mois.

Il a été cité, dans le 1er. vol., p. 228, un arrêt du 23 Octobre 1703, confirmatif d'une ordonnance du bureau des finances de la Rochelle du 3 Mai 1702, qui avoit ajugé au Roi, à titre d'aubaine, les biens & éfets d'un Espagnol, décédé à Rochefort, étant simplement passager en France.

Par arrêt du parlement de Paris, du 24 Février 1756, rendu sur les conclusions de M. Seguier, avocat général, la succession du sieur Olano, espagnol, décédé à Paris, où il étoit venu pour se faire traiter d'une maladie, a été ajugée au domaine, à titre d'aubaine. On avoit trouvé, sous les scellés aposés après son décès, un testament, par lequel il avoit disposé de son mobilier ; sur la prétention du droit d'aubaine, le légataire disoit qu'il falloit distinguer entre un étranger domicilié en France, & un étranger simple voïageur ; mais ces moïens ont été rejettés, parce qu'il n'y a aucune distinction à faire.

L'art. 23 du traité d'amitié & d'union, conclu le 15 Août 1761, entre le Roi, & le Roi d'Espagne, sous la dénomination de pacte de famille, dont les ratifications ont été échangées le 8 Septembre suivant, porte, que le droit d'aubaine est aboli en faveur des sujets de leurs Majestés Catholique & Sicilienne , qui joüïront en France des mêmes prérogatives que les nationaux ; que les Français feront également traités en Efpagne & dans les deux Siciles, comme les fujets naturels de ces deux monarchies. *Voïez* le fuplément à la Gazette de France du 26 Décembre 1761.

ÉXÉCUTOIRES , *pour frais de juftice* ; tom. 2 , page 325.

Par une déclaration du Roi du 22 Février 1760 , enregiftrée au parlement de Roüen, le 9 Juillet fuivant , il eft ordonné : I. que les *engagiftes des domaines des* lieux (*de la province de Normandie*) où il y a des jurifdictions roïales établies , feront tenus de païer tous les frais de juftice & ceux de tous les procès qui s'inftruifent par les oficiers defdites jurifdictions roïales, à la requête des procureurs du Roi, dans les cas où il n'y aura pas de partie civile. II. Lefdits engagiftes feront pareillement tenus , tant des frais de tranflation des accufés aux prifons du parlement , & de leur retour dans celles defdites jurifdictions , que des frais de l'éxécution , lorfqu'il aura été ordonné qu'elle fera faite fur les lieux. III. Le contenu aux deux articles précédens fera obfervé , foit que les procès criminels fe trouvent de la compétence naturelle defdites jurifdictions roïales, foit qu'ils y aïent été renvoïés par des arrêts du confeil ou des cours. IV. Lorfqu'il s'agira des cas roïaux, les engagiftes des jurifdictions roïales qui n'ont pas droit de connaitre defdits cas , ne feront tenus d'aucuns autres frais que de ceux des informations , fi aucunes ont été faites par les oficiers defdites jurifdictions roïales, dans le territoire defquelles le crime aura été commis , & de la garde & nourriture des accufés arrêtés en vertu de leurs décrets , jufqu'au jour de leur tranflation des prifons defdites jurifdictions en celles du fiége qui devra connaitre du cas roïal ; & , en conféquence,

les frais de la tranflation dans les prifons du fiége , auquel la connaiffance dudit cas roïal apartiendra , feront acquités fur le domaine , s'il eft dans les mains du Roi , ou par l'engagifte d'icelui. V. Les éxécutoires décernés contre les engagiftes , ne pourront comprendre autres ni plus grands frais que ceux dont S. M. feroit elle-même tenuë fi le domaine étoit en fes mains , fans que les oficiers defdites juftices , ni ceux des cours, puiffent fe taxer aucunes vacations , fi ce n'eft dans le cas où ils feroient obligés de fe tranfporter hors du lieu de leur réfidence &c. VI. Le tarif qui fera joint à cette déclaration ,fera éxécuté pour tous les frais qui feront païables , tant fur le domaine étant ès-mains du Roi , que fur celui qui eft engagé , fans que les gréfiers puiffent éxiger aucuns droits pour le port & dépôt des procédures & pièces ou éfets fervant à conviction ; ni pareillement que les géoliers puiffent rien éxiger pour gîte & géolage , ni pour l'entrée & fortie des prifonniers , non plus qu'aucuns autres droits , de quelque nature que ce puiffe être, excepté le géolier de la conciergerie du parlement de Roüen , qui percevra 20 fols par chaque prifonnier , à l'inftar du géolier de la conciergerie du palais à Paris. VII. Toutes les procédures faites , tant devant les juges roïaux que dans les cours , & tous jugemens , commiffions & éxécutoires qui interviendront dans les afaires criminelles, qui feront pourfuivies à la requête des procureurs de S. M. , feuls parties , feront éxemts de tous droits de *gréfe* , de chancellerie , de *contrôle*, de *fceau* , de garde-minutes & autres femblables ; fans que les receveurs ou fermiers des domaines , ni les engagiftes, puiffent être tenus de païer autre chofe que les fimples débourfés & falaires des gréfiers ou autres qui auront été emploïés à rédiger & à expédier les procédures &c.

Il a été annexé à cette déclaration , un

tarif arrêté le 26 Février 1760, qui règle les falaires des témoins, médecins, chirurgiens, experts &c.; le pain des prisonniers; & les vacations des oficiers, lorfqu'ils iront en commiffion hors du lieu de leur réfidence.

FORMULE, §. XI. Juges qui connaiffent des conteftations, tom. 2, page 411.

Par l'article 3 de la déclaration du Roi du 20 Janvier 1736, contenant règlement fur la jurifdiction des cours & des autres fiéges de la province de Languedoc, il eft ordonné que les conteftations qui pourront furvenir au fujet de la ferme du tabac, de celle du papier & parchemin timbrés &c. feront portées en première inftance pardevant les maitres des ports & juges des traittes, établis en Languedoc, &, par apel, en la cour des comptes, aides & finances de Montpellier.

FRANC-ALEU, tom. 2, page 427 col. 2, ligne 25. *Voïez* auffi l'Arrêt du 11 Avril 1752, rendu contre les habitans de Mortagne, raporté dans le 3ᵐᵉ vol., page 135.

GRÉFES, §. 1, tome 2, page 463, col. 2, ligne 12.

Par édit du mois de Décembre 1663, le Roi, entr'autres chofes, révoqua les héredités, & déclara cafuels les ofices de gréfiers des bureaux des finances, élections, greniers à fel, ceux des villes & communautés, les contrôles defdits gréfes, préfentations, clercs, commis & parifis, qui étoient auparavant domaniaux. En conféquence, il fut ordonné, par arrêts du confeil des 29 Février & 1ᵉʳ Août 1676, 20 Mars 1677, & 26 Février 1684, que lefdits ofices ne pouroient être exercés qu'en vertu de provifions fcellées en la grande chancellerie; & que ceux dont

les propriétaires étoient décédés depuis l'édit du mois de Décembre 1663, fans avoir païé le droit annuel, ni aucune autre finance, aux revenus cafuels, feroient taxés vacans, & lêvés en la manière accoûtumée.

INDEMNITÉ due au Roi, par les gens de main-morte; tom 2, à la fin de l'article, page 537.

Les receveurs & contrôleurs généraux des domaines & les autres oficiers du domaine, ont préfenté des mémoires au confeil, en 1761 & 1762, par lefquels ils ont demandé qu'il foit ordonné qu'ils jouïront des fix fols pour livre des rentes d'indemnité, duës par les gens de main-morte, pour les acquifitions qu'ils ont faites ou qu'ils feront dans les domaines du Roi; ainfi & de la même manière qu'ils jouïffent des fix fols pour livre des *autres* droits cafuels feigneuriaux; & qu'en conféquence, l'adjudicataire des fermes foit tenu de leur compter de ces fix fols pour livre depuis le commencement de fon bail; fe réfervant à fe pourvoir contre les précédens fermiers pour les droits perçus avant le bail actuel. Ils ont dit que, par les édits des mois d'Avril 1685, Décembre 1689, Avril 1694 & Décembre 1701, il leur a été attribué fix fols pour livre des droits feigneuriaux & autres cafuels des domaines de S. M.; foit qu'ils foient donnés, remis, engagés ou affermés; que, par les édits des mois de Décembre 1727, & Décembre 1743, ils ont été confirmés dans la jouïffance de ces attributions; que, par la déclaration du 21 Novembre 1724, il a plû à S. M. de convertir le païement du droit d'indemnité à elle dû pour les acquifitions faites par les gens de main-morte, dans fes mouvances, en une rente foncière & perpétuelle, pour lui tenir lieu des droits de directe & de juftice; que, par l'article 9 de cette déclaration, il eft ordonné que les engagiftes du domaine du Roi jouïront defdites rentes pendant la durée de leurs engagemens ; que cependant lefdits oficiers du domaine n'ont pas jouï jufqu'à préfent de leurs attributions fur lefdites rentes d'indemnité ; lefquelles ont été païées en entier au fermier, quoiqu'elles foient la repréfentation des droits feigneuriaux ; que lefdits oficiers foient, comme les engagiftes, aliénataires defdits domaines pour la portion des droits cafuels qui leur eft attribuée ; & que les receveurs généraux, en particulier, foient chargés de donner leur avis pour la liquidation defdites rentes.

Les attributions des oficiers du domaine ne font point une aliénation comme ils le prétendent. Ces attributions leur ont été accordées fur les droits domaniaux *cafuels* feulement, comme une remife fur la recette qu'ils font obligés d'en faire ; elles furent augmentées en 1701, pour les exciter à veiller à la confervation des mouvances & des directes du Roi.

L'indemnité ne fe païoit point alors, diftinctement, au Roi : elle étoit confonduë avec le droit d'amortiffement ; & ce droit apartenoit en entier au fermier. L'édit de 1701, ne leur accorda aucune attribution dans le principal du droit d'amortiffement, ni par conféquent dans le montant de l'indemnité qui en faifoit partie ; ils ne peuvent donc pas invoquer cet édit.

Par la déclaration du 21 Novembre 1724, l'indemnité a été divifée du droit d'amortiffement ; &, en conféquence, ce droit a fouffert une diminution confidérable. A l'égard de l'indemnité, il a été défendu de la recevoir en argent, parce que cela opéroit une aliénation du domaine : elle a été convertie en un revenu fixe & perpétuel. L'article 8 de cette déclaration porte que le fermier fera le recouvrement & jouïra des rentes d'indemnité, parce qu'il eft de principe que tous les revenus fixes lui apartiennent, comme faifant partie de fon bail, fans que les receveurs géné-

raux, ni les autres oficiers du domaine puiffent s'immifcer à en faire la recette, ni prétendre aucune attribution fur ces revenus.

S'il eft ordonné, par cette déclaration, que les engagiftes jouïront des rentes d'indemnité pendant la durée de leurs engagemens, c'eft parce qu'ils doivent jouïr de tous les revenus dépendans des domaines qui leur font engagés ; mais les oficiers des domaines n'en peuvent tirer aucune conféquence, parce que le Roi ne leur a aliéné aucuns corps de domaines ; S. M. ne leur a accordé que des attributions fur les droits domaniaux cafuels, & ils ne font pas fondés à les étendre fur les rentes d'indemnité qui font des revenus fixes.

Il eft vrai que les receveurs généraux des domaines font obligés, par la déclaration de 1724, de fe faire fournir copie des titres des gens de main-morte, & de les remettre au confeil avec leur avis, pour être procédé à la liquidation des rentes d'indemnité. Mais, de cette obligation, il ne s'enfuit pas qu'ils doivent jouïr de leurs attributions fur les rentes d'indemnité. S'ils font réunir au domaine un bien qui en avoit été diftrait, par ufurpation ou autrement, & que ce bien ne produife que des revenus fixes, ils n'auront pas une récompenfe particulière des foins qu'ils fe feront donnés pour cette réunion : le fermier percevra & jouïra feul des revenus fixes du bien réuni, fans que lefdits oficiers y puiffent rien prétendre, parce qu'il a été très-fuffifamment pourvû à la récompenfe des foins qu'ils fe donnent, ou qu'ils doivent fe donner pour la confervation des domaines du Roi. Il n'avoit été attribué aux receveurs & contrôleurs généraux des domaines que deux fols pour livre du montant des droits domaniaux cafuels, pour en faire la recette ; cette attribution fut portée à cinq fols pour livre, par l'édit de 1701 ; & l'augmentation de trois fols fut accordée précifément pour les exciter à veiller à la confervation des mouvances & directes du Roi ; c'eſt donc cette augmentation de trois fols pour livre qui leur tient lieu de falaire & de récompenfe de leurs foins, infructueux pour eux.

Avant 1724, ils n'avoient & ne pouvoient avoir aucune attribution fur le droit d'indemnité ; en convertiſſant ce droit en rentes, le Roi a ordonné que le recouvrement defdites rentes feroit fait par le fermier des domaines ; ces rentes font même entièrement comprifes dans les baux des fermes fans nulle exception. Il n'y a donc pas la moindre aparence de fondement dans la prétention de ces oficiers, à moins qu'ils ne produifent des titres poſtérieurs en leur faveur.

On voit, au contraire, que, depuis 1724, les ofices de receveurs & de contrôleurs généraux des domaines ont été fuprimés & créés de nouveau ; que les édits de 1727 & de 1743, ne leur accordent d'attributions que fur les droits domaniaux cafuels feulement ; que, jufqu'à préfent, ils n'en ont eû aucune fur les rentes d'indemnité ; & que les finances qu'ils ont païées ont été proportionnées aux objets dont ils jouïſſoient, fans que lefdites rentes d'indemnité foient nullement entrées en confidération, puifqu'ils n'en ont jamais jouï.

Enfin, la tentative que font les oficiers du domaine a déja été faite, & même profcrite par un arrêt du confeil du 24 Juin 1738, dans un cas qui paraiſſoit devoir d'autant plus la favorifer, que la déclaration de 1724, n'avoit rien changé dans la manière de païer l'indemnité en Provence, & que le receveur général, contre lequel cet arrêt a été rendu, ne réclamoit que les mêmes attributions dont il avoit jouï avant ladite déclaration.

Comme il n'a pas encore été prononcé fur la nouvelle demande, nous croïons devoir raporter en entier l'arrêt de 1738, qui, jufqu'à préfent, n'a pas été rendu public par la voïe de l'impreſſion.

Vû au confeil d'état du Roi, la requête préfentée en icelui, par le fieur du Grou, receveur général des domaines de Provence, contenant que ce que l'on entend dans les autres provinces du roïaume par le droit d'indemnité, n'eſt autre chofe en Provence, que le droit de demi-lods ; que le païement de ces droits dûs par les perfonnes de main-morte & communautés de cette province, pour les biens dont elles jouïſſent, non dûëment amortis, a été règlé par arrêt du 30 Octobre 1670, fuivant l'ufage ancien & accoûtumé de ladite province, à raifon de la vingtième partie du lod pour chacun an ; que les fermiers, qui ont précédé Grégoire Carlier fermier actuel des domaines, avant & depuis la déclaration du 21 Novembre 1724, n'ont jamais fait la moindre dificulté de lui païer les fix fols pour livre des oficiers des domaines, ainfi qu'il fe trouve juſtifié par les comptes qui leur ont été rendus des droits de lods & de mi-lods ; parce que ces droits de mi-lods, ou indemnité, païés par les communautés & perfonnes de main-morte de Provence, ont toujours été regardés comme droits feigneuriaux & cafuels, en ce qu'ils tiennent lieu des cafuels fur lefquels on ne pouvoit valablement conteſter les fix fols pour livre apartenans aux oficiers du domaine, à moins de vouloir anéantir l'aliénation des fix fols pour livre qui leur étoit faite fur lefdits droits feigneuriaux & cafuels ; que les fix fols pour livre fur les droits d'indemnité païés aux fermiers des domaines, pour les biens acquis par les gens de main-morte depuis la déclaration du 21 Novembre 1724, ne font pas moins dûs auxdits oficiers des domaines, fi l'on confidére que la liquidation de ces droits eſt pareillement faite fuivant l'ancienne coûtume & l'ufage, conformément au fufdit arrêt du 30 Octobre 1670, & à l'article 2 de la déclaration de 1724 ; que la forme du païement, ni la nature defdits droits d'indemnité, ou de mi-lods, n'eſt abfolument

ment point changée en Provence par cette déclaration de 1724, puisqu'elle n'ordonne rien de plus, de ce qui étoit exécuté, que le païement du droit d'indemnité des acquisitions qui feront faites par les ecclésiastiques & gens de main-morte, outre le droit d'amortissement; qu'il sufit que ces droits soient païés pour récompenser la perte que S. M. souffre des droits casuels qui lui seroient dûs si les biens étoient dans le commerce ordinaire, pour acquérir aux oficiers du domaine les six sols pour livre qui leur ont été attribués par l'édit de 1727, postérieur à cette déclaration; autrement il s'ensuivroit que l'indemnité desdits droits casuels produiroit aux fermiers du domaine vingt sols, au lieu de quatorze sols qui leur ont été succesivement affermés depuis la susdite attribution faite en faveur desdits oficiers, qui se trouveroient privés de tous droits casuels par la vente qui seroit faite des biens relevans du domaine de S. M. aux personnes ecclésiastiques & gens de main-morte : tandis que le fermier seroit dédommagé non-seulement des quatorze sols à lui apartenans, mais qu'il retireroit encore la portion desdits oficiers; ce qui est tout-à-fait contraire à l'intention du Roi; d'autant mieux que ce droit d'indemnité est particulier en Provence, puisque, dans les autres provinces du roïaume, lesdites communautés & personnes de main-morte sont géés de fournir à S. M. homme vivant, mourant & confisquant, par le décès ou forfaiture duquel le droit de relief ou rachat & autres sur lesquels il est pareillement attribué six sols pour livre aux oficiers des domaines, sont païés à S. M. ; aulieu qu'il n'est dû aucuns desdits droits en Provence, mais seulement les droits de lods en cas de vente, & un droit d'indemnité, pour lequel il est païé à S. M. un vingtiéme dudit lod annuellement depuis l'arrêt du conseil du 30 Octobre 1670; & un demi-lod, de dix ans en dix ans, aux seigneurs particuliers de ladite province, par les communautés & personnes de main-morte, qui tient lieu dans ladite province de l'obligation à quoi elles sont astraintes de fournir à S. M. & auxdits seigneurs particuliers homme vivant, mourant & confisquant; qu'ainsi lesdits droits de demi-lod ou d'indemnité païés, tant pour les biens dont lesdites communautés & gens de main-morte jouïssent non dûëment amortis avant la déclaration de 1724, que ceux liquidés en éxécution de l'art. 2 de ladite déclaration, font non-seulement droitsseigneuriaux, mais encore casuels; qu'envain le fermier oposeroit qu'il est chargé du recouvrement des rentes liquidées en éxécution de la déclaration de 1724; & qu'il n'est pas obligé par son bail de païer aux oficiers du domaine les six sols pour livre sur cette partie : parce que c'est une obmission faite dans le bail de Provence, où ce droit est particulier & diférent des autres provinces du roïaume. Requéroit à ces causes, ledit sieur du Grou, qu'il plût à S. M. ordonner que, conformément à l'arrêt du 30 Octobre 1670, les oficiers du domaine de Provence jouïront des six sols pour livre des rentes dûës au domaine par les gens de main-morte à cause des acquisitions qu'ils font dans la justice ou censive de S. M. ; Vu aussi ledit arrêt du 30 Octobre 1670, & la déclaration du 21 Novembre 1724, énoncés en ladite requête ; ensemble le mémoire en réponse dudit Grégoire Carlier, contenant que le sieur du Grou est mal fondé en sa prétention par plusieurs raisons ; la première se tire de la disposition de la déclaration du 21 Novembre 1724, par laquelle il a plû au Roi. de régler une nouvelle forme pour le recouvrement des droits d'amortissement & d'indemnité; il paroît, par cette déclaration, que les gens de main-morte ne païoient point de droits d'indemnité, parce que, jusqu'alors, on les avoit confondus avec les droits d'amortissement ; ainsi, les receveurs des

Tome III. Y y y

domaines ne prenoient point les six sols pour livre à eux attribués , puisque le droit d'indemnité ne se percevoit pas. La seconde , que bien loin que ce changement soit avantageux aux fermiers des domaines , il leur est fort préjudiciable , parce que les amortissemens qu'ils recevoient au tiers pour les fiefs , & au cinquième pour les rotures , ne sont plus païés qu'au cinquième pour les fiefs , & au sixième pour les rotures ; ce qui fait une perte réelle de deux cinquièmes sur les fiefs , & d'un sixième sur les rotures ; & joignant à cette perte la privation totale du fonds du droit d'indemnité qui leur apartiendroit , s'il avoit plû au Roi le faire païer , il est évident qu'il s'en faut bien que le fermier ne soit dédommagé du fonds considérable dont il est privé , ou des mi-lods qui seroient dûs , au moïen des rentes au denier trente que S. M. a jugé à propos d'établir. La troisième , c'est que , suivant l'article 5 de ladite déclaration , le Roi a regardé le païement de l'indemnité comme une véritable aliénation d'une portion de son domaine , puisqu'il prive S. M. des droits seigneuriaux que les mutations produiroient , si les biens acquis par les gens de main-morte étoient restés dans le commerce ; c'est pourquoi il est défendu aux ecclésiastiques & gens de main-morte de le païer , & à ses fermiers de le recevoir en argent , à peine de 1000 liv. d'amende & de restitution du droit ; & ordonné qu'il sera païé des rentes foncières non rachetables , sur le pié du denier trente des sommes auxquelles se trouveront monter les droits d'indemnité ; c'est donc une aliénation que le Roi fait d'une portion de son domaine , quand il laisse aux gens de main-morte le fonds des droits d'indemnité ; les rentes qu'ils sont obligés d'en païer , sont le prix de ces aliénations ; or , les receveurs du domaine n'aïant rien à prétendre sur le prix des biens que le Roi aliène de sa couronne , & de son domaine , ils

ont encore bien moins de raison de demander les six sols pour livre sur les arrérages des rentes qui procédent du prix même. La quatrième raison résulte des articles 6 & 7 de cette déclaration qui ordonne aux receveurs des domaines de recevoir , des mains des ecclésiastiques , copies des contrats d'acquisitions qu'ils feront , de les enregistrer , & de les envoïer au sieur contrôleur général , pour être procédé à son raport à la liquidation de ces rentes ; que , si l'intention de S. M. avoit été que les receveurs des domaines eussent des droits sur ces rentes , il n'est pas douteux qu'elle ne s'en fut expliquée ; mais que le contraire est évident par la disposition de l'article 8 de la même déclaration , par lequel il est dit que ces arrêts de liquidation seront envoïés aux bureaux des finances de chaque généralité pour y être enregistrés sans frais , & en être délivré des copies aux fermiers & régisseurs des domaines , pour leur servir à faire le recouvrement desdites rentes , dont les arrérages leur seront païés à compter du jour des acquisitions , en quelque tems que les arrêts aïent été rendus ; qu'enfin , le bail de la sous-ferme des domaines de Provence porte que le fermier doit jouïr des droits d'amortissemens , franc-fiefs , de nouveaux-acquêts & usages , & des rentes du droit d'indemnité , apartenans à S. M. conformément à la déclaration du Roi du 9 Mars 1700 , à l'édit du mois de Mai 1708 , & à la déclaration du 21 Novembre 1724 ; en ce non compris les deux sols pour livre en sus desdits droits d'amortissemens , franc-fiefs , nouveaux-acquêts & usages , attribués aux receveurs généraux des domaines ; à raison desquels le fermier sera tenu d'en faire le païement ; que , par ce bail , le fermier ne doit païer , au receveur général des domaines , ni deux sols , ni six sols des arrérages de ces rentes procédantes du droit d'indemnité ; & , par conséquent , il doit les toucher en entier , fans que le fieur du Grou puiffe préten-dre aucune indemnité, ni contre lui ni contre S. M., parce que les édits de créa-tion des ofices de receveurs généraux des domaines de 1685 & 1701 n'attribuent aucun droit aux titulaires fur les indem-nités ; qu'il n'y a d'attribution que fur les droits cafuels, & que l'indemnité n'eft pas un droit cafuel, mais qu'elle fait au contraire partie du fonds du domaine ; & que, quand il y a ouverture au droit, le Roi en aïant défendu l'aliénation & aïant ordonné qu'elle demeureroit toujours unie à fon domaine, à la charge par les débi-teurs de fuporter la rente du fonds d'icel-le, il n'y a par cette conftitution de rente aucun changement, & que c'eft une aug-mentation du revenu fixe, qui n'eft point fujet aux droits des receveurs généraux ; à ces caufes requéroit, ledit Carlier, qu'il plût à S. M. débouter ledit fieur du Grou de fa demande ; en conféquence, ordonner que, conformément à l'article 8 de la dé-claration du 21 Novembre 1724, ledit Carlier percevra en entier, & fans aucune déduction des fix fols pour livre, les ren-tes duës au domaine par les gens de main-morte, à caufe des acquifitions qu'ils font dans la directe ou cenfive de S. M. ; Oui le raport du fieur Orry, confeiller d'état & ordinaire au confeil roïal, contrôleur général des finances LE ROI EN SON CONSEIL, a ordonné & ordonne que la déclaration du 21 Novembre 1724 fera éxécutée fuivant fa forme & teneur ; en conféquence, S. M. a débouté & déboute ledit fieur de Grou de fa demande ; ordonne que ledit Carlier & fes fucceffeurs, fermiers des domaines de Provence, percevront en entier, & fans diftraction des fix fols pour livre, les rentes duës au domaine de S. M. par les gens de main-morte, à caufe des ac-quifitions qu'ils font dans fa directe ou cen-five. Fait au confeil d'état du Roi, tenu à Verfailles le 24 Juin 1738. Collationné, *Signé* DE VOUGNY avec paraphe.

LOUIS, par la grace de Dieu roi de France & de Navarre, comte de Provence, Forcalquier & terres y adja-centes, au premier notre huiffier ou fer-gent fur ce requis, nous te mandons & commandons que l'arrêt dont l'extrait eft cy attaché fous le contre-fcel de notre chan-cellerie, cejourd'hui rendu en notre con-feil d'état pour les caufes y contenuës, tu fignifies à tous qu'il apartiendra, à ce qu'au-cun n'en ignore ; & fais en outre pour fon entière éxécution, à la requête de Gré-goire Carlier fermier actuel de nos domai-nes de Provence y dénommé, tous com-mandemens, fommations, & autres actes & exploits requis & néceffaires, fans autre permiffion ; car tel eft notre plaifir. Donné à Verfailles, le vingt-quatrième jour de Juin, l'an de grace 1738, & de notre règne, le vingt-troifième ; par le Roi, comte de Provence, en fon confeil, *Signé* DE VOUGNY avec paraphe.

INSTITUTION, tome 2, page 568.

Il a été cité deux décifions des 19 Avril 1738 & 17 Décembre 1748, qui ont jugé que des femmes inftituées héritieres par leurs maris, à la charge de remettre l'hérédité à leurs enfans, devoient païer le droit de centième denier de la valeur des biens, fans diftraction de la légitime defdits enfans.

Les enfans ne peuvent être privés de leur légitime que par une exhérédation, dans les cas où elle peut avoir lieu ; cette légitime ne peut même être grévée de fidéi-commis. Il n'eft donc pas poffible que l'inftitué puiffe devenir propriétaire de la totalité des biens, lorfque l'inftituant laiffe des enfans qui ont une légitime à préten-dre ; à moins que cette légitime ne foit fixée à une fomme par le teftament du père. Si la légitime eft ainfi fixée & que les enfans n'aïent pas renoncé à cette dif-pofition, pour s'en tenir à la légitime de droit, c'eft le cas de l'aplication des dé-cifions de 1738 & 1748, parce que l'inf-

Y y y ij

titué peut devenir propriétaire de la totalité des biens, fous la charge de païer aux héritiers des enfans, une légitime, dont il peut fe libérer en deniers.

Mais, lorfque les enfans ont la légitime de droit à prétendre, c'eft une portion de l'hérédité, qui leur apartient en effence. S'ils meurent avant que l'inftitué leur ait remis les biens, ils tranfmettront cette portion à leurs héritiers. Il s'enfuit donc que l'inftitué ne peut jamais devenir propriétaire de la totalité des biens chargés d'une légitime de droit ; il faut donc lui faire diftraction de cette légitime, lorfqu'il païe le droit de centième denier dû pour raifon de fon inftitution.

LABOURT ; le païs de Labourt eft abonné pour les droits de contrôle des actes, infinuation & petit-fcel. Cet abonnement, pour le contrôle & le fceau, fut d'abord accordé, par un arrêt du confeil du 17 Février 1699, dont la teneur fuit.

Sur ce qui a été repréfenté au Roi en fon confeil, par Etienne Chaplet, fermier général des droits de contrôle des actes & contrats des notaires & tabellions, & de petits-fceaux, tant des actes & contrats des notaires, que des actes des juftices & jurifdictions du roïaume, établis par les édits des mois de Mars 1693 & Novembre 1696 ; contenant que, fur les offres à lui faites par Me Jean Dartaguiette d'Ifon, ancien findic & à préfent député du païs de Labourt & des communautés de Guiche, Urt & Bardos, en conféquence de la délibération du bilcar & affemblée dudit païs, en date du 17 Décembre 1698, de païer pour les droits defdits contrôles & fceaux des actes & contrats qui feront reçus & paffés par les notaires dudit païs dans l'étenduë d'icelui & communautés, & pour les droits des fceaux des actes de juftice qui feront rendus dans l'étenduë des jurifdictions dudit païs & communautés, audit Chaplet dans la ville de Bor-

deaux, fur les récépiffés de fes procureurs ou commis, la fomme de deux mille fix cent livres par chacun an pendant le refte du bail du fupliant, à commencer la première année au premier Janvier dernier, en quatre païemens égaux & par avance ; fçavoir, le premier audit mois de Janvier, immédiatement après qu'il aura plu à S. M. d'aprouver l'acceptation faite par le fupliant des offres dudit païs ; le fecond terme au premier Avril ; le troifième au premier Juillet ; & le quatrième au premier Octobre de ladite année ; & ainfi des autres années dudit bail du fupliant ; à condition que les notaires & habitans dudit païs, & ceux defdites communautés de Guiche, Urt & Bardos feront difpenfés de faire contrôler & fceller leurs actes & contrats, & actes de juftice rendus entre lefdits habitans, ou que l'une des parties foit habitante dudit païs, fi ce n'eft que lefdits actes ou contrats foient paffés entre tous étrangers qui ne font pas habitans dudit païs & communauté, ou qu'il foit befoin de mettre à éxécution tous lefdits actes, contrats, jugemens, apointemens, ordonnances & autres actes de juftice, hors des limites dudit païs & defdites paroiffes ; fupliant S. M. d'autorifer ledit traité ; ce faifant, ordonner que les notaires dudit païs de Labourt, & ceux defdites paroiffes de Guiche, Urt & Bardos, à la réferve des notaires, tabellions & habitans de la ville, fauxbourgs & banlieuë de Bayonne, feront difpenfés de faire contrôler & fceller les actes & contrats qu'ils pafferont entre les habitans dudit païs, & les expéditions des actes de juftice defdites jurifdictions, en païant par le findic dudit païs & dans les tems portés par ladite foumiffion, la fomme de deux mille fix cent livres, à quoi faire ils feront, en cas de refus, contraints comme pour les deniers roïaux ; & faire défenfes aux notaires dudit païs & paroiffes de Guiche, Urt & Bardos de paffer des actes & contrats pour d'autres que pour des habitans dudit païs & paroiſſes, à peine de 300 livres d'amende & nullité deſdits actes & contrats ; & de mettre à éxécution, hors des limites dudit païs & paroiſſes, leſdits actes & contrats des notaires, jugemens & autres actes de juſtice rendus ſur iceux dans leſdites juriſdictions, que préalablement ils n'aïent été contrôlés & ſcellés, ſous pareilles peines : vû ladite requête, la délibération du 23 Janvier 1698 ; ouï le raport du ſieur Phelypeaux de Pontchartrain, conſeiller du Roi au conſeil roïal, contrôleur général des finances ; LE ROI EN SON CONSEIL, a, du conſentement du ſieur Chaplet, accepté les offres faites par le député dudit païs de Labourt ; &, conformément à icelui, a diſpenſé les notaires dudit païs & ceux des paroiſſes de Guiche, Urt & Bardos, à la réſerve de ceux de la ville, fauxbourgs & banlieuë de Bayonne, de faire contrôler & ſceller tous les actes & contrats qu'ils paſſeront entre les habitans dudit païs & paroiſſes ; leſdits habitans & les gréfiers deſdites juſtices & juriſdictions dudit païs & paroiſſes, de faire ſceller les expéditions des actes de juſtice, qui ſeront rendus dans leſdites juriſdictions ; S. M. faiſant défenſes aux notaires d'en paſſer pour d'autres que leſdits habitans, ſans les faire contrôler au plus prochain bureau de leur réſidence, à moins que l'une des parties contractantes ne ſoit habitante dudit païs & paroiſſes, à peine de nullité & de deux cent livres d'amende ; & auxdits habitans, de mettre ou faire mettre à éxécution, tant leſdits contrats, qu'actes de juſtice, hors les limites dudit païs & paroiſſes, que préalablement leſdits actes, contrats & expéditions deſdits actes de juſtice n'aïent été contrôlés & ſcellés, ſous les mêmes peines, conformément aux arrêts du 21 Novembre 1693 & 28 Octobre 1698 ; ordonne S. M. que la ſomme de 2600 livres, portée par les offres, ſera païée

par chacun an audit Chaplet, pendant le courant de ſon bail, ſur les quitances de ſes procureurs & commis, conformément à l'offre dudit Me Jean Dartaguiette d'Iſon ; au païement de laquelle ſomme le ſindic dudit païs poura être contraint, comme pour deniers & affaires de S. M. ; enjoignant au ſieur de Bezons, conſeiller d'état & intendant de la généralité de Bordeaux, de tenir la main à l'éxécution de ce que deſſus, & du preſent arrêt, lequel ſera lû & publié par tout où beſoin ſera, & éxécuté nonobſtant opoſition, apellation, ou empêchemens quelconques, & ſans préjudice d'iceux. Fait au conſeil d'état du Roi, tenu à Verſailles le 17 Février 1699.

Par autre arrêt du 1er Juillet 1712, le Roi en ſon conſeil, conformément à l'avis du ſieur de Courſon, a ordonné & ordonne que les ſindics des païs de Labourt & Bigorre, païeront à Rey, en deniers ou quitances de ſes ſous-fermiers, procureurs & commis ; ſavoir, celui du païs de Labourt, la ſomme de 6500 liv. pour le prix de l'abonnement des droits de contrôle des actes & petit ſcel, depuis le premier Juillet 1708, juſqu'au dernier Décembre 1710, à raiſon de 2600 liv. par an, conformément à l'arrêt du conſeil du 17 Février 1699 ; & celui de Bigorre, la ſomme de 100 liv. pour le prix de l'abonnement des droits de petit - ſcel des rôles de tailles & autres impoſitions dudit païs ; à ce faire, les ſindics contraints par les voïes ordinaires & accoûtumées pour les deniers & affaires de S. M. ; ordonne en outre, S. M., que les habitans dudit païs de Labourt & des paroiſſes de Guiche, Urt & Bardos, à l'exception de ceux de la ville & fauxbourgs de Bayonne, demeureront éxempts deſdits droits de contrôle des actes qu'ils paſſeront pardevant notaires, de ceux ſous-ſignatures privées, petit-ſcel des actes judiciaires & des rôles des tailles, & inſinuations-laïques & ; ceux dudit païs de Bigorre, du petit-ſcel des rôles.

des tailles & autres impofitions, pendant les dix années de jouïffance aliénées audit Rey, à compter du premier Janvier 1711; à la charge par les fyndics dudit païs de Labourt & Bigorre, de païer par chacun an, de quartier en quartier, audit Rey, fes procureurs & commis; favoir, celui de Labourt, la fomme de 2364 liv., pour l'abonnement defdits droits; & aux propriétaires defdits ofices de contrôleurs, gardes-fcels, & gréfiers des infinuations, celle de 236 livres, pour les deux fols pour livre dudit abonnement, à eux attribués par lefdits édits des mois de Février & Octobre 1707; & celui dudit païs de Bigorre, la fomme de 364 liv. audit Rey, pour le prix de l'abonnement defdits droits de petit-fcel des rôles des tailles & autres impofitions dudit païs; & aux propriétaires defdits ofices de gardes-fcels, celle de 36 liv., pour les deux fols pour livre à eux attribués; auxquelles fommes S. M. a réduit & fixé de grace lefdits abonnemens; à quoi faire, en cas de refus, feront pareillement lefdits fyndics, contraints par toutes voïes; enjoint S. M. audit fieur de Lamoignon de Courfon, de tenir la main à ce que le préfent arrêt foit éxécuté nonobftant toutes opofitions.

Ces abonnemens ont ceffé de droit, tant en vertu de l'édit du mois de Mars 1714, qui, en révoquant les aliénations defdits droits, les a réunis au domaine pour être perçûs au profit de S. M.; qu'en conféquence de la déclaration du 29 Septembre 1722, qui a révoqué tous abonnemens, & ordonné la perception dans tout le Roïaume. Néanmoins, l'abonnement du païs de Labourt fubfifte; mais je ne connais pas fes titres actuels.

LÉGITIME, tome 2, page 601.

Les décifions qui ont jugé que les héritiers inftitués devoient païer le droit de centième denier de la valeur entière des biens, fans diftraction de la légitime des enfans,

ne font aplicables qu'aux cas où l'inftitué eft le maitre de fe libérer de la légitime en deniers; car, fi la légitime n'eft pas fixée, & que les enfans puiffent la prétendre en biens-fonds de l'hérédité, il eft certain que l'inftitution ne tombe que fur le furplus defdits biens, & que, par conféquent, l'inftitué ne doit païer le centième denier que de ce qui doit lui revenir, diftraction faite de la légitime. *Voïez*, ci-deffus, l'article *Inftitution*, dans cette addition.

NORMANDIE, tome 3, page 23 &c.

Il fe perçoit, dans cette province, des droits de coûtume, tant au profit du Roi, que pour les engagiftes & pour des feigneurs particuliers, dont la quotité n'eft pas la même par-tout: elle eft déterminée par des titres, &, à défaut de titres, par l'ufage le plus général de la province. En 1604, il fut publié, dans la ville de Caën, une pancarte, contenant un tarif de ces droits, qui a été regardé comme faifant le droit le plus commun de toute cette province. Mais, comme il n'étoit pas jufte de priver les propriétaires des droits qui leur apartenoient en vertu de titres légitimes ou d'une poffeffion plus que centenaire, & qu'il s'étoit même élevé des dificultés fur l'autenticité & fur l'interprétation de la pancarte de 1604, le Roi s'eft expliqué à cet égard, par une déclaration du 12 Mars 1752, enregiftrée le 7 Août fuivant au parlement de Roüen; par laquelle il eft, entr'autres chofes, ordonné:

I. Ceux qui fe prétendront fondés à percevoir les droits de coûtume dans les villes, bourgs ou autres lieux du reffort du parlement de Normandie, même les engagiftes des domaines, feront tenus, dans fix mois au plus tard, de préfenter leurs titres à la grand'chambre du parlement; &, par provifion, ils ne pourront, du jour de la publication de cette déclaration, percevoir d'autres droits que ceux réglés par le tarif qui y eft annéxé.

II. Ceux qui auront repréfenté leurs titres ne pourront être maintenus dans les droits qui y feront portés, qu'après avoir juftifié de l'établiffement de ces droits par lettres patentes ou chartes de conceffion, ou prouvé, par des jugemens, aveux, dé-nombremens & autres actes, qu'ils en étoient en poffeffion avant 1650.

III. Si les droits, dans lefquels ils fe-ront maintenus, font diférens de ceux portés au tarif annéxé à la préfente décla-ration, ils feront tenus de les faire infcri-re fur un tableau expofé dans l'endroit le plus aparent du lieu où fe tiendra la foire ou le marché; finon, ils ne pourront percevoir d'autres droits que ceux portés audit tarif.

IV. Faute par ceux qui prétendent lef-dits droits de coûtume d'avoir fatisfait à l'article 1er; ou en cas que leurs titres ne fuffent pas fuffifans pour être maintenus dans les droits y portés, ils ne pourront éxiger ni recevoir d'autres droits que ceux portés par le tarif.

V. Le droit de coûtume fera païé par l'acheteur feul, à l'égard des bêtes vivan-tes; & par le vendeur feul, pour toutes autres denrées ou marchandifes.

VI. Le fort denier fera au profit du pro-priétaire defdits droits de coûtume, ou de fon fermier ou receveur; fans néanmoins que, quand la même perfonne païera les droits pour plufieurs articles, le fort denier puiffe être éxigé fur chaque article en par-ticulier, mais feulement fur le total de la fomme à la quelle lefdits articles, joints enfemble, fe trouveront monter.

VII. défend S. M. d'éxiger double droit de coûtume aux jours des foires, quand même elles fe rencontreroient le jour du marché, s'il n'y a titre au contraire.

VIII. Le droit de halle ne fera perçu que fur ceux qui étaleront volontairement fous le toit defdites halles, fans que ceux qui aporteront des marchandifes aux foires & marchés, puiffent être contraints d'étaler fous lefdites halles, s'il n'y a titre contraire.

IX. Ceux auxquels S. M. a accordé ou accordera des lettres patentes pour l'éta-bliffement des foires ou marchés, à la char-ge de fe conformer à l'ufage des lieux cir-convoifins, ne pourront néanmoins préten-dre d'autres droits que ceux portés au tarif annéxé à cette déclaration.

NOTAIRES, §. XX, page 52.

Par arrêt du confeil du 15 Janvier 1754, rendu contradictoirement avec les notaires d'Arles & les confuls de la même ville, fans avoir égard à une ordonnance de M. l'in-tendant de Provence, il a été ordonné que la déclaration du 20 Mars 1708, & les arrêts & règlemens concernant la commu-nication des répertoires, minutes & liaffes des notaires, aux fermiers des domaines, feront éxécutés felon leur forme & teneur; &, en conféquence, S. M. a enjoint aux-dits notaires de la ville d'Arles de faire ouverture de leurs études aux prépofés du fous-fermier des domaines, & de leur donner communication de leurs regiftres, liaffes & répertoires, & de tous leurs actes fans exception, même des teftamens & des donations à caufe de mort, des per-fonnes décédées, foit qu'ils les ayent re-çus ou qu'ils leur aient été dépofés; & au cas que lefdits notaires enveloppent au-cuns defdits actes d'une feuille de papier, ordonne qu'ils feront tenus d'y mettre leur certificat, portant que ladite feuille ren-ferme un teftament ou donation à caufe de mort, avec le nom du teftateur ou donateur; à peine, en cas d'obmiffion de leur part de mettre ledit certificat, & de refus de déclarer aux prépofés du fous-fermier les noms defdits teftateurs ou do-nateurs, & de repréfenter leurs répertoi-res, de 200 liv. d'amende pour chacune contravention, conformément à la décla-ration du 20 Mars 1708. Sur la deman-de du fous-fermier des domaines, tendan-te à ce que les notaires fuffent tenus de donner communication de tous leurs actes,

& de justifier que ceux qu'ils avoient couverts d'enveloppe , fussent des testamens & autres dispositions à cause de mort, de personnes vivantes , M. l'intendant avoit mis lesdits notaires hors de cour & de procès , sauf audit sous-fermier à constater , sur les répertoires des notaires, que les actes qu'ils refuseroient de communiquer à les préposés, fussent réellement des testamens ou des donations à cause de mort ; comme aussi , à justifier du décès des testateurs, pour réclamer les droits.

Autre arrêt du conseil du 29 Avril 1755 , rendu sur un renvoi de M. l'intendant de Tours ; par lequel quatre notaires roïaux de la ville d'Angers , ont été condamnés en 200 livres d'amende chacun , pour le refus par eux fait de représenter à l'inspecteur de la ferme des domaines , leurs liasses , minutes & répertoires. Il leur a été enjoint , & à tous les notaires de ladite ville , & autres personnes publiques, de faire ouverture de leurs études & de communiquer aux emploïés de ladite ferme , *à toutes requisitions* , leurs liasses , minutes & répertoires , sous les peines portées par les réglemens. Lesdits notaires avoient allégué pour motifs , le dérangement qu'ils prétendoient que les opérations des emploïés causoient dans l'ordre de leurs minutes , le secret inviolable dû à la plûpart des actes , & l'inutilité d'une seconde vérification , lorsque les minutes ont été une fois vuës ; en conséquence , ils avoient demandé que les emploïés qui viendroient faire l'éxamen de leurs registres , liasses & répertoires , feroient tenus de dresser un procès verbal de leur visite , dans lequel il seroit fait mention des liasses éxaminées ; duquel procès verbal il seroit laissé copie aux notaires ; avec défenses auxdits emploïés d'éxaminer , lors d'une seconde visite , les minutes déjà vérifiées.

PORTUGAIS , tom. 3 , page 146.

Par ordonnance du Roi , du 20 Juin 1762 , la guerre a été déclarée au Roi de Portugal , qui , lui même , venoit de la déclarer à la France & à l'Espagne.

PRIX *des contrats* &c. , n. 7. tom. 3 , page 188. col. 2.

Si la valeur de l'usufruit retenu par le vendeur , devoit être jointe au prix de la vente de la nuë propriété , pour règler les droits du contrat , on trouveroit un grand éxemple , dans lequel l'usufruit a été évalué au tiers de la valeur entière ; & le prix de la vente de la nuë propriété , fixé aux deux tiers de cette valeur Par contrat du 18 Décembre 1759 , M. le maréchal de Belle-Isle vendit au Roi , la terre de Gisors & les domaines de Vernon , Andely & Lions en dépendans ; ces terres furent estimées quatre millions ; mais , comme M. le maréchal de Belle-Isle s'en réservoit l'usufruit , il ne vendit la nuë propriété que 2666666 liv. 13 sols 4 den. ; le surplus montant à 1333333 liv. 6 sols 8 deniers , étant l'évaluation convenuë de l'usufruit.

Mais l'usufruit réservé doit-il être considéré comme faisant partie du prix ? je n'ai rien à ajouter à ce qui est dit à cet égard , tant à l'endroit cité ci-dessus , qu'à l'article , *Vente avec réserve d'usufruit* , tom. 3 , page 472.

QUALITÉS *des personnes* , n. 4 , page 220.

Arrêt du conseil du 26 Novembre 1754 , par lequel , sans s'arrêter à une ordonnance de M. l'intendant de Languedoc , il a été contradictoirement ordonné que les droits de contrôle & d'insinuation du testament de la femme du sieur Forret , marchand fabriquant de draps , en la ville de Carcassonne , seront perçus sur le pié de la première classe de l'article 89 du tarif du contrôle , & de l'article 2 de celui des insinuations. M. l'intendant avoit ordonné que

que ces droits ne feroient perçûs que fur le pié de la troifiéme claffe , attendu que la première ne fait pas mention de la qualité de frabiquant ; que la troifième comprend tous les marchauds & notables artifans des lieux où il y a jurifdiction roïale ; & que le fieur Forret , en qualité de fabriquant à Carcaffonne , ne pouvoit être confidéré que comme artifan , compris dans la troifiéme claffe.

REBELLION , tom. 3 , page 240.

Par arrêt du confeil du 19 Décembre 1752 , le fieur Froment le jeune , huiffier à cheval au châtelet de Paris , a été condamné en 300 liv. d'amende , faute d'avoir fait mention , dans un exploit , du contrôle du billet qui y étoit énoncé ; & , pour la rebellion & violence commifes par le clerc dudit Froment , ils ont été condamnés folidairement en 500 liv. d'amende par forme de réparations civiles , & en outre au coût de l'arrêt ; au païement defquelles condamnations il a été ordonné qu'ils feroient contraints , chacun en ce qui les concerne , comme pour deniers & afaires du Roi ; & que , jufqu'à ce que le dit Froment y ait fatisfait , il demeurera interdit des fonctions de fon ofice. Le clerc dudit Froment aïant préfenté au bureau du contrôle établi à Paris dans le quartier de la place Maubert , un exploit fait en vertu d'un billet , le commis déclara retenir cet exploit , faute d'y avoir fait mention du contrôle du billet ; furquoi le clerc fe jetta à l'inftant fur l'exploit , s'en faifit , le déchira & l'avalla , en ufant de violences , qui obligèrent le commis & l'infpecteur , qui fe trouvoit dans fon bureau , de faire venir la garde , par laquelle ce clerc fut conduit chez un commiffaire & enfuite ès prifons du châtelet. Dans cet état , le fermier s'eft pourvû au confeil , & a obtenu ledit arrêt.

REMISE de fidéi-commis , tome 3 , page 261 , à la fin de l'article.

Tome III.

Arrêt du confeil du 17 Septembre 1754 , par lequel , fans s'arrêter à une ordonnance de M. l'intendant de Languedoc , le fieur de Genas , baron de Vauvert , a été contradictoirement condamné au païement des droits de contrôle & de centième denier , des biens de l'hérédité de fa mère , à caufe de la remife qui lui en a été faite en 1746 , par fon père , lequel avoit été inftitué héritier , à la charge de rendre à leur fils , lorfqu'il le jugeroit à propos , par le teftament de la mère fait en 1723.

Les motifs de l'ordonnance étoient que la remife faite par le père à fon fils aîné , ne pouvoit être réputée donation de fon chef , foit en propriété , foit en ufufruit ; puifqu'il s'y agit du bien de la mère , dont la propriété réfidoit fur la tête du fils , en vertu de fon teftament , & que , par ledit teftament , le père n'avoit pas été inftitué légataire des fruits , ni déchargé d'en rendre compte ; que cette remife ne paroiffoit avoir été faite que pour conferver l'ordre de la fucceffion teftamentaire de la mère au fils , éxemte de centième denier ; qu'il paroît que c'eft fur ce principe que , par une décifion du 11 Mai 1742 , le fieur de Trimond a été déchargé du centième denier , pour la remife des biens de fon père , à lui faite par fa mère , quoique cette remife n'eut pas été faite par contrat de mariage ; & que , fi le confeil n'a déchargé , par une autre décifion du 1er Mars 1753 , le fieur Maurin , du droit de centième denier d'une remife à lui faite par fon père , que parce qu'elle avoit été faite en faveur de mariage , ce ne fût que parce que les biens provenoient d'un oncle , qui avoit inftitué le père , par l'entremife duquel ces biens avoient paffé au fils.

Le fermier a démontré que tous ces motifs étoient contraires aux vrais principes ; il a dit , entr'autres chofes , que l'inftitution d'héritier à charge de rendre à

Z z z

la fin des jours de l'inftitué , ou plutôt fi bon lui femble , fans déterminer le tems , tranfmet la propriété à l'inftitué , qui eft fimplement grévé de fubftitution. ; enforte que toutes les actions actives & paffives , réfident en fa perfonne , & que , fi le fubftitué le prédécéde , il devient héritier pur & fimple , & propriétaire incommutable , par la caducité de la fubftitution ; qu'ainfi , la remife anticipée eft une démiffion volontaire, qui faifit le fubftitué d'un bien, auquel il n'avoit & n'auroit même eû aucun droit s'il étoit mort avant l'inftitué (*a*) ; d'où il fuit que la remife anticipée eft fujéte au droit de centième denier, dans tous les cas où les donations y font affujéties , & que , par conféquent , celles faites en ligne directe , autrement que par contrat de mariage , n'en peuvent être difpenfées ; que , lorfque l'inftitué n'eft chargé de remettre que quand bon lui femble , la remife de l'hérédité dépend abfolument de fa volonté , puifqu'il peut conferver les biens jufqu'à fa mort , & devenir propriétaire incommutable ; que le fieur de Vauvert père étoit dans ce cas , & que , par conféquent , il a éxercé une libéralité envers fon fils , en fe dépouillant volontairement d'un bien qu'il pouvoit conferver jufqu'à la fin de fes jours , dont la propriété réfidoit fur fa tête , & dont il pouvoit devenir propriétaire libre & incommutable par le prédécès de fon fils.

Autre arrêt du confeil du 7 Octobre 1755 , par lequel , fans s'arrêter à une ordonnance de M. l'intendant de Languedoc , ni aux opofitions du fieur de Mercoran , aux décifions des 29 Mars (*b*) & 30 Août 1753 , dont S. M. l'a débouté ; il a été ordonné qu'il fera tenu de païer les droits de contrôle & de centième denier , réfultans de l'acte de remife à lui faite par fa mère , inftituée héritière par le père , à la charge de lui remettre l'hérédité quand elle jugeroit à propos , fuivant la valeur des biens , fur le pié des baux au denier vingt , déduction faite des rentes foncières dont lefdits biens font chargés ; ledit fieur de Mercoran a en outre été condamné au coût de l'arrêt , liquidé à 75 livres.

RETRAIT lignager peut-il avoir lieu , pour biens acquis par le Roi ? cette queftion , traitée par Choppin, livre 3 , du dom. chapitre 23 , vient d'être jugée au parlement de Paris , en déclarant les demandeurs en retrait non-recevables dans leurs demandes.

M. le maréchal de Belle-Ifle avoit vendu au Roi , le 18 Décembre 1759 , la nüe propriété du duché de Gifors & des terres en dépendantes , moïennant 2666666 livres. Les commiffaires du Roi déclarèrent au nom de S. M. qu'elle n'entendoit pas qu'il fe fît , quant à préfent , aucune réunion dudit duché de Gifors & dépendances au domaine de la couronne , & que fon intention étoit de le poffeder & d'en jouïr , le cas d'extinction arrivant , à titre de feigneurie & de propriété privée , fi mieux n'aimoit alors S. M. en difpofer autrement.

Gifors étoit de l'ancien domaine : il fut affigné à titre de doüaire , à la Reine Blanche ; François I , le donna en dot à madame Renée de France , en la mariant au duc de Ferrare ; & Louis XIV , l'avoit donné en 1710 , à titre d'apanage , à M. le duc de Berry.

En 1718 , le Roi avoit cédé la terre de Gifors & fes dépendances à M. de Belle-Ifle, en contr'échange de l'Ifle & marquifat de Belle-Ifle.

Ces terres furent érigées en duchépairie , en 1748 , à la charge de relever

---

(*a*) Ce principe eft établi , à l'article *Inftitution*, tom. 2 , p. 565 , col. 1.
(*b*) La décifion du 29 Mars 1743, eft raportée à l'article *Remife* , tom. 3 , p. 260 , col. 2.

nuëment & en plein fief de la couronne ; avec dérogation à l'édit de 1566 , pour le retour à la couronne , en cas que la ligne masculine de M. de Belle-Isle vint à manquer.

Le Roi fit faire , le 30 Mars 1760 , la *lecture* de son contrat d'acquisition , suivant l'usage observé en Normandie ; M. de Belle-Isle mourut quelque tems après , & l'usufruit fut consolidé à la propriété.

Le 28 Mars 1761 , deux jours avant l'expiration de l'année de la lecture , il fut signifié à M. le Procureur général du parlement de Paris , deux exploits de demande afin de retrait lignager , avec assignation à la grand'chambre : l'un , à la requête de madame de Becquey , unique héritière présomptive de M. de Belle-Isle , pour retirer des mains du Roi l'éfet entier de la vente faite par M. le maréchal de Belle-Isle , sommant à cet éfet M. le Procureur général de lui représenter le contrat , aux ofres de rembourser sur le champ la totalité du prix ; & l'autre , à la requête de M. le duc de la Vauguyon & de madame son épouse , pour retirer une partie des biens vendus.

Dans cet état, le Roi , suivant la faculté réservée par le contrat , donna des lettres patentes , enregistrées au parlement de Roüen , le 18 Novembre 1761 , par lesquelles il déclara que lesdites terres , eû égard à leur état ancien & actuel , étant propres par leur situation à entrer dans un apanage de l'un de ses petits enfans , il vouloit qu'elles fussent & demeurassent réunies au domaine de la couronne.

C'est dans ces circonstances que la question a été discutée , pour savoir s'il peut y avoir lieu au retrait dans une acquisition faite par le Roi , d'un grand fief relevant nuëment & directement de la couronne , sur-tout lorsque le Roi en a prononcé la réunion.

Il y a eû un mémoire imprimé fait contre la demande en retrait ; & un autre fait pour la dame de Becquey. L'analyse de ces deux mémoires rapellera de grands principes , & fera connaître les moïens emploïés de part & d'autre , dans cette cause importante.

On est convenu de la part du ministère public que tout étoit en règle , & que , s'il étoit question de prononcer entre deux particuliers , il n'y auroit aucuns moïens de se refuser à la légitimité de cette demande , & d'ajuger la préférence du retrait à la dame de Becquey comme plus proche parente du vendeur , conformément à l'article 468 de la coûtume de Normannie ; il y avoit d'ailleurs des moïens de forme contre la demande de madame de la Vauguyon ; mais il n'a pas paru convenable de se servir d'une action pour écarter l'autre.

Il est un moïen plus simple , absolument péremptoire & qui frape également sur les deux rétraïans ; c'est le seul dont on puisse se servir ; & ce moïen se réduit à soûtenir que *le retrait lignager n'est jamais admissible contre le Roi , soit dans la thèse générale , soit dans l'espéce particulière.*

1°. Dans la thèse générale , parce que le retrait lignager est introduit par la coûtume , & que *le Roi n'est point soumis aux dispositions de la coûtume.* 2° Dans l'espéce particulière , parce qu'il s'agit de la réunion à la couronne , d'un grand fief , relevant nuëment & directement de la couronne.

Premier moïen. Pour établir la première proposition , l'on remonte à l'origine des coûtumes , qui ne sont autre chose que les usages particuliers adoptés par les habitans d'une province ou d'un canton ; auxquels usages , chaque seigneur , après avoir usurpé les droits régaliens sous la 2ᵉ race de nos Rois , voulut innover selon ses intérêts. La multiplicité produisit la confusion ; & l'incertitude devint si grande , que nos Rois furent obligés d'ordonner que ces usages seroient rédigés par écrit & déterminés par le confentement des trois états de chaque province. Ainfi, chaque coûtume eft la loi du païs, pour lequel elle a été faite du confentement des habitans ; elle règle tous leurs droits, enforte qu'on ne peut juger contre la coûtume, en ce qui regarde le droit privé des particuliers qui s'y font foumis, & entre lefquels elle tient lieu de contrat.

Ayant confidéré les coûtumes relativement à leur établiffement en France, on les éxamine dans la manière dont elles ont été rédigées. Elles doivent leur origine à la tirannie des feigneurs particuliers ; quel eft le duc, le comte ou le Baron, qui eut alors ofé prétendre que fon fouverain étoit obligé de fe foumettre aux loix qu'il avoit données à fes vaffaux ? en ne confültant que la fource dont elles émanent, il eft évident que le Roi ne peut y être affujéti ; autrement, il faut aller jufqu'à dire que le feigneur fervant, peut impofer des loix au feigneur dominant, que le fujet peut commander à fon Roi.

On éxamine fi, depuis que les coûtumes ont été révêtuës de l'autorité roïale, elles ont pû changer de nature ; &, de loix particulières qu'elles étoient, devenir des loix générales de l'état.

La coûtume eft le code des ufages d'un païs ; & ces ufages n'ont pû acquérir force de loi, fans l'autorité du Roi. De-là vient que, pour leur donner le caractère de la loi, il a fallu le concours de la puiffance fouveraine & du confentement du peuple ; le peuple a choifi la loi, & s'eft foumis à fon empire ; le prince a confenti qu'elle fut éxécutée, & fon autorité eft fatisfaite, parce que la loi n'eft devenuë loi, que par fon aprobation. Les commiffaires qu'il a nommés ont reçu le vœu & la dépofition des habitans ; la rédaction & la publication s'eft faite de l'autorité du Roi. Dès-lors, les coûtumes font l'ouvrage & le pacte des trois états de chaque province ; c'eft une convention particulière qui ne peut avoir de force qu'entre ceux qui ont bien voulu s'y foumettre.

Aucuns des magiftrats n'ignorent que perfonne n'a ftipulé pour le Roi, lors de la rédaction des coûtumes ; les trois états ont été affemblés pour attefter la réalité de l'ufage ; &, de la réunion de confentement dont les commiffaires ont été témoins & dépofitaires, s'eft formé le recueil de ce qu'on apelle la coûtume d'un païs. Le Roi a bien voulu tolérer ces ufages locaux. Il les a révêtus du fceau de fon autorité : mais *les coûtumes, en devenant* ainfi *loix dans l'état, ne font point devenuës loix de l'état.* Avant leurs rédactions, elles n'étoient qu'un ufage ; après leurs rédactions, elles font reftées ufages ; & tout ce que la rédaction peut avoir opéré, c'eft qu'elles pouvoient changer avant que d'être rédigées par écrit, & qu'aujourd'hui elles ne peuvent plus varier ; la convention eft devenuë immuable, le pacte eft formé, le contrat eft parfait, tous les habitans font forcés de s'y conformer ; mais cette convention, ce pacte, ce contrat peut-il obliger le Roi ? le Roi n'a point été préfent au contrat ; il n'a point difcuté le pacte ; il n'a point été partie dans la convention ; perfonne n'y a ftipulé en fon nom ; il ne pouvoit point y être queftion de fes intérêts, parce que fes droits font indépendans du confentement des trois états de chaque païs ; il n'eft donc point obligé par la coûtume ; c'eft *res inter alios acta* ; c'eft chofe étrangère à la couronne ; & les privilèges de la couronne ne peuvent fe règler par l'ufage particulier des diférens lieux que la couronne renferme dans fon enceinte.

D'après le tableau de l'origine des coûtumes & de la manière dont elles ont été rédigées, il eft inconteftable que *le Roi ne peut jamais être foumis à la coûtume d'un païs,* à moins qu'il n'y ait donné un confentement formel ; encore, fi ce confentement bleffoit effentiellement les droits de la roïauté, fon Procureur général feroit-il toujours en état de réclamer. Il eft des éxemples fans nombre qui, tous, viennent à l'apui de cette propofition.

Quelque fief que le Roi puiffe acquérir, il ne rend hommage à perfonne; cependant l'hommage eft prefcrit par les coûtumes.

Plufieurs coûtumes accordent le droit d'*aubaine* aux feigneurs particuliers; & l'on a toujours décidé que c'étoit un droit roïal, dont la coûtume n'avoit pû difpofer.

La prefcription eft introduite par les coûtumes; cependant *on ne prefcrit jamais contre le Roi.*

Enfin, le Roi ne reconnoit point d'héritiers bénéficiaires, lors même qu'il a accordé des lettres de bénéfice; & cependant, ces héritiers font reconnus par la coûtume.

Il y a une infinité d'autres cas où le Roi a toujours été élevé au-deffus de la coûtume; & l'on ne peut jamais en conclure que ce foit une injuftice, parce que *la coûtume ne peut étendre fon empire fur la perfonne même du Roi*, dont le confentement n'a été donné que pour la laiffer éxécuter, & non pour s'y foumettre.

Après plufieurs preuves de cette maxime, émanées du miniftére public & des Rois eux-mêmes, on vient à la diftinction des loix & des coûtumes.

Les ordonnances font des loix publiques & générales, émanées de la volonté du Prince : les coûtumes font des loix particulières & privées, qui ne font que l'éfet de la convention des citoïens.

Les ordonnances commandent abfolument & par-tout; & font d'autant plus juftes qu'elles font univerfelles; les coûtumes au contraire, ne trouvent d'obéïffance que lorfqu'elles juftifient de leur empire.

Les ordonnances font des loix de l'état; les coûtumes ne font que des loix dans l'état : cette diférence des unes & des autres eft fi fimple, qu'il faut s'aveugler pour la méconnaitre. Le Roi fe foumet aux ordonnances, parce que c'eft la loi qu'il a faite : il s'eft enchainé lui-même; ce ne font point fes fujets, c'eft fa promeffe qui le lie, fa volonté eft fa chaine; &, femblable à la divinité dont il eft l'image, il eft lui-même fa néceffité.

Il n'en eft pas de même des coûtumes; comme elles font le fruit de la convention, il faut éxaminer fi le Roi a fait un pacte, s'il a promis quelque chofe; on a démontré que le Roi n'a rien promis, que de les faire éxécuter entre ceux qui s'y font volontairement foumis; &, de ce qu'il s'eft chargé de l'éxécution, on ne peut point conclure qu'il ait entendu s'y affujétir.

Il eft donc évident que, *dans la thèfe générale, le Roi n'eft point foumis à l'empire de la coûtume.* Si l'on confulte fon origine, elle eft l'éfet de la tirannie, elle eft la loi des feignèurs particuliers qui l'ont établie. Si l'on confidére fa durée, elle eft la fuite du long ufage où les peuples ont été de l'obferver fous le gouvernement des comtes & des barons, qui s'étoient arrogé le pouvoir fouverain. Enfin, fi on l'envifage lors de fa rédaction, c'eft un contrat entre les habitans du païs, c'eft une convention ftipulée entr'eux; &, fous aucun de ces trois points de vuë, elle ne peut éxercer fon empire contre les droits du Roi; elle eft contraire à fon autorité, dans fon origine & dans fes progrès. Si le Roi l'a aprouvée lors de fa rédaction, c'eft une grace qu'il a faite à fon peuple, grace qui ne peut jamais réfléchir contre fon auteur.

Second moïen; peut-on retirer des mains du Roi, à titre de retrait lignager, un grand fief relevant nuëment & directement de la couronne, & dont le Roi lui-même a prononcé la réunion?

En matiére de réunion à la couronne, il ne faut point envifager la loi ordinaire des fiefs ; ce n'eſt point en vertu de cette loi , que ces ſortes de réunions s'opèrent : c'eſt en vertu du droit de la roïauté , qui eſt un droit particulier & qui a ſes règles ſingulières.

Par le droit commun des fiefs , ſi un vaſſal acquiert le fief dominant , ou ſi le ſeigneur féodal acquiert le fief mouvant immédiate- ment de lui , il eſt certain qu'ils ont l'un & l'autre la faculté d'unir ou de ne pas unir. Il n'en eſt pas de même à l'égard du Roi : s'il acquiert un grand fief relevant nuëment & directement de la couronne , du moment que le fief a touché à la couronne , l'incorporation s'en eſt faite de plein droit , l'union eſt parfaite & con- ſommée ; cette acquiſition devient le do- maine de la couronne ; le Roi n'eſt pas plus le maître d'en diſpoſer que des autres biens qu'il poſſédoit avant ſon avènement à la couronne ; il faut cependant en excep- ter le cas de néceſſité ou d'utilité ; mais , hors ces deux cas , ſa volonté eſt indifé- rente , parce qu'il y a une loi ſouveraine qui y a pourvû ; cette loi eſt celle de la roïauté , en vertu de laquelle l'union & l'incorporation ſe fait de plein droit , quand même le ſouverain voudroit s'y opoſer. C'eſt par la conſidération de cette loi impérieuſe , que M. le Procureur général de la Gueſle , réſiſta avec tant de fermeté & de conſtance à la défunion que Henri IV vouloit faire de ſon domaine particu- lier , d'avec celui de la couronne (*a*).

S'il eſt conſtant que le patrimoine du Roi ſe confond avec le patrimoine de la couronne , il eſt encore plus inconteſtable que , quand le Roi acquiert un fief rele- vant directement de la couronne , la réu- nion doit être auſſi certaine : parce que , les Rois n'aïant que la jouïſſance & l'adminiſtra-

tion des revenus de l'état , tout ce qu'ils acquièrent eſt acquis des deniers de l'état (*b*).

L'union de la terre & ſeigneurie de Giſors s'eſt opérée de plein droit à la cou- ronne , & même ſans qu'il fut beſoin de lettres de réunion ; elle ne peut plus en être détachée aujourd'hui , ſans le con- ſentement du Roi , & pour cauſe de né- ceſſité ou d'utilité.

Cette terre relevoit anciennement du duché de Normandie ; ce n'étoit qu'un arrière fief de la couronne. Le duché de Normandie étant réuni à la couronne , tout ce qui relève du duché de Norman- die , relève aujourd'hui de la couronne , à cauſe de l'incorporation du duché de Nor- mandie au domaine du Roi. On ne peut la conſidérer comme un arrière fief , parce que le patrimoine des ducs de Normandie , étant le patrimoine de la couronne , tout ce qui relève du duché de Normandie , relève de la couronne.

Lorſque le Roi érigea la ſeigneurie de Giſors en comté , il fut dit , dans les lettres patentes du mois de Juillet 1737 , qu'elle ne feroit à l'avenir qu'un ſeul & même fief relevant de la couronne , à cauſe du duché de Normandie ; mais le Roi aïant jugé à propos d'ériger ces mê- mes terres en duché-pairie , il fut dit , dans les lettres d'érection de 1748 , qu'elles releveroient à l'avenir nuëment & en plein fief de la couronne. L'on doit donc , à tous égards , enviſager le fief de Giſors , comme un fief relevant directement de la couronne.

Il faut diſtinguer entre les fiefs qui n'ont jamais été unis au domaine de la couronne , & ceux qui ſe trouvent dans le cas de la réunion par quelque cauſe que ce ſoit. .

(*a*) *Voïez* le tom. 2 , p. 85.
(*b*) C'eſt par cette raiſon que la plûpart des domaniſtes ſoûtiennent également l'union de droit , des arrière-fiefs , à l'inſtant qu'ils font acquis par le Roi ; il y a , en conſéquence , diſtraction de mouvance , ſauf l'indemnité des ſeigneurs.

C'eft un principe inconteftable que , lorf-que le Roi acquiert une terre mouvante directement de la couronne , elle s'unit & s'incorpore de plein droit au domaine roïal, parce qu'il n'y a aucun obftacle qui s'opofe à cette réunion ; c'eft la partie qui fe rejoint à fon tout ; & , du moment que l'incor-poration en eft faite , toutes les parties font tellement confonduës, qu'il n'eft plus poffible de les diftinguer ; la partie eft le tout , le tout eft la partie , & c'eft le cas de cet axiôme fi connu : *pars in toto &* *totum in quâlibet parte* ; il n'eft pas même befoin de lettres de réunion.

Il n'en eft pas de même des arrières-fiefs ; le Roi peut les acquérir du confen-tement des propriétaires ; mais il faut une claufe expreffe de réunion, ou qu'ils foient adminiftrés pendant dix ans par les oficiers du domaine ; fans cela , ils ne font poffédés par le Roi , que comme des acquifitions particulières (*) ; ce n'eft pas qu'ils ne faffent réellement partie du domaine ; mais on ne les a jamais regardés comme parties intégrantes, parce que le Roi a la liberté de pouvoir les aliéner.

Il réfulte de cette diftinction que la terre de Gifors , érigée en fief relevant nuëment de la couronne, s'y eft incor-porée au moment de l'acquifition , & qu'il n'a pas été befoin de lettres patentes pour opérer cette incorporation ; elle a reçu un caractère public & domanial , qui ne peut plus s'effacer que par une aliénation volontaire , utile & néceffaire ; en un mot, c'eft la couronne elle-même qui a acquis ; fa circonférence, s'il eft permis de s'expri-mer ainfi, s'eft étenduë ; le domaine acquis, fe trouve enfermé dans fon enceinte ; l'in-corporation eft faite ; ce n'eft plus un domaine particulier , c'eft le domaine de nos Rois , c'eft le domaine de l'état.

On a dit que la terre de Gifors ne pouvoit plus être détachée du domaine du Roi fans fon confentement & pour une caufe d'utilité & de néceffité. Pour éta-blir cette propofition , il faut fe former une jufte idée de la nature de la réunion.

On doit diftinguer entre l'union & la réunion ; il y a lieu à l'union , quand jamais la chofe n'a fait partie du domaine de la couronne ; il y a lieu à la réunion , quand la chofe originairement a fait partie de ce même domaine. L'union a lieu dans l'acqui-fition d'un arrière-fief ; & la réunion , dans l'acquifition d'un fief relevant nuë-ment & directement de la couronne. Mais , foit dans l'un ou dans l'autre cas , la nature de l'union ou de la réunion eft la même ; leurs éfets font auffi femblables ; la nature & l'éfet de l'un ou de l'autre , eft de confondre les chofes unies ou réunies & de n'en faire qu'un feul & même corps ; c'eft un mêlange fi parfait, qu'on ne peut plus les féparer ni les défunir ; on ne diftin-gue plus rien ; tout ce qui eft uni ou réuni eft domanial ; tout eft le patrimoine de la couronne.

La terre de Gifors a été réunie de plein droit à la couronne , dès l'inftant de l'ac-quifition ; le Roi n'avoit pas befoin d'expli-quer fon intention ; la réunion s'étoit opérée fans fon confentement.

Ainfi , foit dans la thèfe générale , foit dans l'efpéce particulière , les demandeurs en retrait font également non recevables dans leur demande. Dans la thèfe géné-rale , parce que le retrait lignager eft introduit par la coûtume , & que le Roi ne peut jamais être foumis aux difpofi-tions des coûtumes. Dans l'efpéce particu-lière , parce qu'il s'agit de la réunion à la couronne , d'un grand fief relevant direc-tement de la couronne ; que cette réunion s'eft opérée de plein droit , & qu'il ne peut plus en être détaché aujourd'hui.

On répond enfuite aux objections qui ont été faites pour écarter cette double fin de non-recevoir.

La *première objection* a été de dire

(*) Voïez la note précédente.

qu'il n'y avoit point de diftinction à faire entre les ordonnances & les coûtumes ; que les unes & les autres n'aïant d'éxécution qu'en vertu de la même autorité, le Roi doit également les reconnaitre : &, comme le Roi eft obligé de donner l'éxemple & d'obéïr lui-même aux loix, on a tiré la conféquence qu'il ne pouvoit fe difpenfer d'admetre lui-même le retrait, parce que c'eft une loi qu'il a autorifée. Les loix, a-t-on ajouté, étant un titre pour le fouverain, doivent également être un titre contre lui. Sans cette réprocité, l'autorité des loix feroit imparfaite, & le pouvoir des Rois ne feroit qu'un fardeau accablant pour les fujets.

Pour répondre à cette objection, on n'agite point la queftion de favoir fi le Roi eft foumis aux loix, ou fi l'on doit placer les loix au-deffus de la majefté roïale ; on ne place ni les loix au-deffus des Rois, ni les Rois au-deffus des loix. On fe contente de dire que la loi & le Roi ne font qu'un ; que le Roi eft la fource de la loi ; que feul il peut en être l'auteur & l'interprète ; qu'elle éxifte par lui & qu'il règne par elle ; & de même qu'une monarchie ne peut fubfifter fans un Roi, de même un gouvernement ne peut fubfifter fans loix. Le prince peut les changer, les modifier, même les abolir ; mais il doit en créer de nouvelles, au même inftant ; & les anciennes ont toujours leur force & leur fouveraineté, jufqu'à ce que les nouvelles aïent été créées & publiées, enforte qu'il ne puiffe pas fe concevoir un inftant où le roïaume ait fubfifté fans loix.

Il faut cependant diftinguer entre les loix immuables de l'état, & celles que les circonftances ont obligé d'établir. Les loix fondamentales de l'état font écrites fur le trône : elles font inébranlables comme lui ; mais les loix que les circonftances ont éxigé, dans d'autres circonftances, demandent à être abolies. Les premières font indépendantes de la volonté du fouverain ; les fecon-

des dépendent de fa fageffe. Il ne peut jamais changer les premières, & c'eft en ce fens qu'il eft foumis à la loi ; il peut révoquer les fecondes, & c'eft en ce fens qu'il-n'eft point foumis à l'empire de la loi.

Outre cette première diftinction, il faut en admettre une feconde ; celle des ordonnances & des coûtumes. Les ordonnances font des loix générales, les coûtumes ne font que des loix particulières ; les unes & les autres font revêtuës du fceau de l'autorité roïale, parce que cette autorité, il n'eft point de loix ; mais, de ce que le Roi a bien voulu autorifer la coûtume, il ne s'enfuit pas qu'il ait voulu s'y foumettre. On peut encore aller plus loin : il n'a pas pû s'y foumettre dans les cas qui intéreffent la fouveraineté ; & il n'eft pas plus raifonnable de confondre les ordonnances avec les coûtumes, que de confondre dans la perfonne du Roi, la roïauté & les droits de la couronne, avec les fucceffions qui apartiennent au Roi & les droits qui en font une fuite naturelle.

Il eft des droits réels, & il eft des droits perfonnels. Les droits de lods & ventes, de relief, de rachat & autres de cette nature, font des droits réels ; s'ils font dûs au Roi, on doit s'en acquiter envers lui ; il s'en acquitera, s'il en eft débiteur. La coûtume alors fera un titre pour le Roi, ou contre le Roi. La loi fera un titre commun, il y aura réciprocité, & la loi ne fera point imparfaite. Il en eft de même de tout ce qui concerne le droit des gens ; Le prince & les fujets y font également foumis : *quia potentius eft jus naturale, quam jus principatûs.* Il y a réciprocité, & la loi n'eft point imparfaite.

Mais il eft des droits perfonnels, qui n'apartiennent qu'au fouverain, des droits inaliénables, des droits inféparables de la couronne. La loi fera-t-elle imparfaite, parce que le Roi trouvera dans une fucceffion qui peut lui échéoir, une feigneurie dont il ne rendra point hommage ? la

loi

loi fera-t-elle un fardeau pour les fujets du Roi, parce que le retrait lignager, droit odieux en lui-même, contraire à la liberté publique, qui tend à détruire un contrat de bonne-foi, qui n'eft que l'éxercice d'un droit de convenance, d'un droit purement privé, n'aura pas lieu en acquifition faite par le Roi, d'un héritage relevant nuëment de la couronne ? le Roi n'eftil donc pas le père des peuples ? n'eft-il pas de la famille de tous les citoïens ? n'eft-il pas le chef de toute la famille ? tous les auteurs conviennent qu'il tient le premier rang en dégré de parenté, entre tous les parens du vendeur.

Comment a-t-on pû hazarder de dire qu'il n'y auroit point de réciprocité, fi le prince & les fujets n'avoient des droits égaux ? n'eft-ce point opofer au fouverain les loix mêmes de fa fouveraineté ? hâtonsnous (c'eft toujours le miniftère public qui parle) de profcrire un raifonnement aufli étrange. Rentrons dans les vrais principes. Il faut diftinguer les droits qui s'éxercent au nom du Roi, comme feigneur particulier, d'avec les droits qu'il réclame à titre de fouverain.

Dans le premier cas, ce font des droits réels; dans le fecond, ce font des droits perfonnels. Au premier, c'eft un feigneur particulier; au fecond, c'eft le Roi luimême. Quand le Roi fe défend du retrait lignager, ce n'eft point comme feigneur particulier, c'eft comme fouverain; l'éxemtion du retrait eft, dit Choppin, un droit roïal, un droit domanial, un droit annéxé à la couronne. Comme feigneur particulier, le Roi veut bien, il doit même ne réclamer les droits qui lui font dûs, que conformément aux coûtumes; mais, comme feigneur dominant de toutes les provinces de fon roïaume, en fa qualité de Roi, il n'eft foumis à aucunes coûtumes. Toutes les provinces de France ne font qu'une; le Trône couvre tout de fon ombre; la couronne enferme tout dans fon enceinte;

Tome III.

le Roi ne connait d'égal que la loi; il ne voit au-deffus de lui que la Divinité dont il eft l'image.

Seconde objection; La dame de Becquey, aïant fenti que la coûtume étoit incapable d'autorifer le retrait, a invoqué quatre ordonnances, des années 1301, 1315, 1338 & 1581.

La première ne parle point du retrait lignager; mais, par une difpofition expreffe, le Roi promet à fes fujets, de ne faire aucunes acquifitions dans leurs fiefs, fans leur confentement; même de mettre hors de fes mains les héritages qui pouroient lui avenir par forfaiture.

Dans l'efpéce, le Roi s'eft conformé à cette ordonnance : c'eft non-feulement du confentement du maréchal de Belle-Ifle qu'il a acheté; mais encore, c'eft à fa prière & à fa follicitation; il a donc rempli le vœu de l'ordonnance. Cette même ordonnance excepte nommément ce qui appartient au droit roïal; il eft de droit roïal de réunir à la couronne tout fief mouvant nuëment de la couronne, auffitôt qu'il eft acquis; donc cette ordonnance eft aufli impuiffante pour les retraïans, qu'elle eft favorable aux droits du Roi.

La feconde ordonnance, eft une charte donnée, au mois de Juillet 1315, par Louis **X**, dit le Hutin : elle eft vulgairement connuë fous le nom de Charte aux Normands; elle porte que, fi l'hérédité de quelqu'un des fujets parvient au Roi, ou à fes fucceffeurs, à défaut de païement, *ob defectum folutionis*, les lignagers, ou à défaut de lignager, le feigneur dont l'héritage relevoit, feront reçus à retirer ce qui fera ainfi parvenu au Roi. Mais une loi ne s'étend pas d'une efpéce à une efpéce, ni d'un cas à un autre. Le Roi a bien voulu déroger à fon privilége dans une nature d'acquifition; s'enfuit-il qu'il ait abandonné fes droits dans toutes les acquifitions qu'il peut faire ? Il

Aaaa

a confenti que le retrait fut éxercé , quand il lui écheoit un héritage à défaut de paîement ; mais il n'a pas dit que , quand il acheteroit ce même héritage , il vouloit bien fe foumettre à l'éxercice du retrait. Dans le cas de l'écheoite , qui eft une acquifition forcée , il confent que fes fujets éxercent fur lui le retrait , parce qu'il ne veut pas de ce genre d'acquifitions ; il fe hâte de fe dépouiller d'un bien qui lui eft parvenu malgré-lui. Dans un achat , au contraire , comme cette acquifition eft un éfet de fa volonté , comme elle eft libre de fa part , il n'a pas voulu fe dépouiller d'un droit qu'il connaiffoit ; la preuve qu'il ne l'a pas voulu , c'eft qu'il ne l'a pas exprimé.

L'ordonnance de 1338 , donnée par Philippe de Valois , en faveur des fenéchauffées de Touloufe , Carcaffonne , Beziers , Beaucaire , Nimes & Rouergues , porte que le Roi promet de ne plus rien acquérir dans les hautes-juftices , fi ce n'eft les Forts néceffaires pour la défenfe du roïaume ; mais , cette ordonnance , faite pour les païs qui y font dénommés , étoit inutile à citer.

Refte l'édit de 1581 , apellé l'édit des notifications. Il ordonne que le retrait lignager aura lieu en tout païs , même en ceux de Droit écrit ; mais il a depuis été révoqué , par un autre édit du mois de Novembre 1584 ; il étoit donc encore inutile d'en faire ufage.

Troifième objeƈion. La Dame de Becquey a auffi invoqué le fuffrage des auteurs : ils fe font partagés en deux opinions diférentes : les uns ont penfé que le retrait lignager en général n'étoit point admiffible contre le Roi ; ils fondent leurs fentimens fur ce que c'eft un établiffement du Droit français , contraire au Droit des gens ; que c'eft un bénéfice de la coûtume ; & que le Roi , en homologuant les coûtumes , n'eft point cenfé s'être foumis à un droit de cette efpéce ; ils ajoutent que toute acquifition , qui eft faite pour le bien public , n'eft point fujéte au retrait ; & , comme l'on doit penfer que toute acquifition faite par le Roi eft de cette nature , ils rejettent indiftinƈement tout retrait intenté contre le Roi. Les autres ne diférent de cette première opinion qu'en ce qu'ils n'admettent point la propofition dans toute fa généralité ; mais ils conviennent que toutes les fois que le Roi acquiert dans des vuës d'utilité publique , comme pour augmenter le domaine de la couronne , pour la fûreté de l'état , pour fubvenir à fes charges , ou pour maintenir fa dignité : en ce cas , ils fe réuniffent tous , & font d'accord que le retrait n'eft pas recevable. Choppin , du Domaine , liv. 3 , tit. 23 , après avoir raporté l'arrêt rendu en 1283 , contre le comte de Guines , qui demandoit le retrait lignager du comté de Guines , vendu au Roi par fon père , tire la conféquence qu'aux chofes venduës au Roi ceffe le retrait lignager , & principalement lorfque deux cas s'y rencontrent : la mouvance direƈe & l'utilité.

Ainfi , en réuniffant les fentimens de tous les auteurs , celui qui feroit le plus favorable à la demande formée , concourroit à exclure le retrait dans l'efpéce particulière : puifqu'il eft démontré que l'acquifition faite par le Roi eft néceffaire à l'état ; s'il n'y a pas une néceffité préfente , il y a aumoins une utilité prochaine : le Roi veut en former un apanage ; cette confidération feule eft fufifante ; & la réunion à la couronne acheve de la démontrer.

On a répondu à toutes les objeƈions qui ont été propofées ; on a éclairci toutes les ordonnances qui ont été citées ; il eft de la fageffe du Parlement de maintenir les droits de la couronne ; & , *en déclarant que le Roi n'eft point foumis à l'empire des coûtumes , il aprendra à tous les fujets du Roi , que la fouveraineté ne fe règle que par les loix de la fouveraineté.*

Le mémoire de la dame de Becquey, contient en substance, qu'après s'être assurée de son droit par les consultations des plus célébres jurisconsultes, elle a présenté au Roi un mémoire, dans lequel elle a exposé sa situation & la ressource que lui offroient les loix, en protestant de la résolution où elle étoit de s'abandonner entièrement à la justice & à la bonté du Roi ; que le ministre lui marqua le 21 Mars 1761, que S. M. l'avoit chargé de lui mander qu'elle pouvoit se pourvoir pour réclamer ses droits, comme elle le jugeroit à propos, & que le Roi agréeroit qu'elle formât ses demandes en justice. Il n'apartenoit qu'au plus juste & au meilleur des Rois de descendre ainsi de son Trône, & de soumettre son pouvoir souverain à l'autorité de la justice.

La dame de Becquey divise sa réponse par les trois questions que présente la défense de M. le procureur général. 1°. Le retrait a-t-il lieu contre le Roi ? 2°. Celui qu'éxerce la dame de Becquey peut-il être combattu par l'importance & par l'utilité de l'acquisition ? 3°. La réunion au domaine est-elle un prétexte qui y puisse mettre obstacle ?

1°. Quelle est l'étendüe du pouvoir des souverains ? quelles en sont les bornes ? les Rois sont-ils soumis aux loix ? sont-ils au-dessus des loix ? ce sont-là des objets sur lesquels on n'ose porter que des regards timides. La majesté qui environne le Trône frape de son éclat tout ce qui l'intéresse ; & il n'apartient qu'aux souverains de dire ce qu'ils sont, ou ce qu'ils doivent être. Ce n'est aussi qu'en empruntant leur langage qu'on se permettra de dire que, quoique la puissance des souverains semble les mettre au-dessus des loix, cependant la justice & leur propre intérêt les invitent à s'y soumettre.

Après la citation de plusieurs éxemples, dans lesquels les souverains, & surtout nos Rois, se sont fait une gloire de reconnaître les loix, on ajoûte que ce que l'on dit de la loi en général, il faut le dire de toutes les loix en particulier, quel que soit leur objet. Car si l'une est violée, qui garantira l'éxécution des autres ?

Mais, pour se fixer à des idées encore plus précises & plus adaptées à la nature de l'afaire, il faut, avec tous les auteurs qui ont traité du Droit public, & avec les magistrats mêmes qui ont le mieux aprofondi les droits de la souveraineté (le Bret, tr. de la souv. liv. 3, ch. 2, pag. 184), distinguer dans le souverain, les qualités qui lui sont propres & celles qui lui sont communes avec tous les autres hommes.

Ce qui est propre au souverain, ce qui n'est qu'à lui, ce qu'il ne partage avec personne, c'est sa souveraineté ; &, sous ce raport, il est vrai de dire que le prince est au-dessus de la loi, puisque c'est de lui qu'elle émane, puisqu'il peut la changer & même l'abroger.

Mais il en est autrement pour tout ce qui n'est pas inhérent à la souveraineté ; sous cet aspect, dit *Grotius*, un souverain ne peut être regardé que comme faisant partie d'une société & d'une communauté générale, dont l'équité naturelle est la loi commune, & dans laquelle la loi est la loi de tous, par cette raison essentielle que, dans un tout, toutes les parties sont dirigées à ce tout.

Les Empereurs ont reconnu qu'ils étoient soumis aux coûtumes des villes & des lieux de leur Empire. Nos Rois ont toujours placé les coûtumes au rang des loix du Roïaume ; la plûpart sont nées avec la monarchie ; & la loi salique, elle même, que l'on met avec raison à la tête de celles auxquelles le Roi ne peut déroger, ne fut, dans son origine, qu'une simple coûtume. Philippe le Bel, en ordonnant qu'on rédigeat les coûtumes, les apelloit les anciennes coûtumes de son roïaume ; leur rédaction, faite de l'autorité du Roi, contradictoirement avec son procureur général, n'a pas diminué leur autorité. On peut dire même qu'elles jouïffent d'un avantage que n'ont pas les autres loix du roïaume, puifque nos Rois ont promis à leurs fujets de les maintenir & d'en procurer l'éxécution.

Eh ! comment ne l'auroient-ils pas promis ? les coûtumes ne font que l'expreffion des mœurs & du génie des peuples ; ce font les ufages fous la loi defquels ils font nés, fous l'autorité defquels ils doivent vivre. La fouveraineté ne peut pas y être foumife ; mais, dans tout ce qui apartient à la feigneurie privée, elles font évidemment la loi commune de tous ceux qui partagent cette feigneurie.

Auffi voit-on tous les jours les coûtumes fervir de titre au prince comme aux fujets ; & il n'eft peut-être pas un feul de leurs articles qui ne foit adopté dans l'ufage, comme la règle des droits du Roi. Il ne jouït des droits de confifcation, de commife, de deshérence, que dans les coûtumes qui les lui donnent, & dans la mefure & la forme qu'elles ont déterminées. S'il achete, s'il échange, s'il reçoit par donation, ou par teftament, il fe foumet, dans tous ces actes, aux formalités que prefcrivent les coûtumes. C'eft conformément à ces coûtumes, & dans la même variété qui règne entr'elles, qu'il eft admis au retrait féodal, ou qu'il en eft exclus, & qu'il fe fait païer des droits réfultans des mutations. Le domaine même de fa couronne, ce domaine facré & inaliénable, eft gouverné en partie par les coûtumes, qui régiffent tous les fiefs du roïaume.

Combien d'autres preuves ne pouroit-on pas raffembler ? c'eft aux coûtumes que le fouverain doit les hommages qu'il reçoit : ce font elles qui ont formé un de fes principaux revenus, en établiffant des cens, des redevances & autres droits feigneuriaux. C'eft la coûtume du roïaume qui lui en affure la fucceffion ; c'eft elle enfin qui a formé ce contrat indiffoluble, cette union

fainte & politique à la fois, qui lie le prince & fes fujets. Un fouverain peut-il ne pas fe foumettre à des loix auxquelles il doit fa couronne, & qui en font le plus ferme apui ?

Tant d'éxemples prouvent affez combien il répugne aux faines maximes & à l'intérêt même de la fouveraineté, de prétendre que le Roi ne foit pas fujet aux coûtumes ; on n'y ajoûtera que deux autorités qui paraîtront fans doute décifives.

La première eft celle du célèbre jurifconfulte qui compofa, fous les ordres du Roi, le traité qu'on a déjà cité, & dont l'ouvrage fut envoïé dans toutes les Cours, comme un témoignage public des fentimens du Roi. »Il y a bien de la diférence, » dit-il, (p. 161) , entre la loi & la coû- » tume : car encore que la loi femble plus » puiffante, toutes-fois elle n'a pas fa difpo- » lition fi auftère ; & la coûtume, qui paraît » inférieure, procède néanmoins avec plus » de rigueur. La raifon eft que la loi fort » d'une pleine puiffance du prince, qui, pour » établir le droit, ne prend confeil que de » foi-même ; c'eft pourquoi elle plie quel- » quefois, & fléchit felon que le fujet fe » trouve intéreffé contre l'équité, en quelque » cas que le fouverain ni la loi n'ont pas » prévu ; mais la coûtume, au contraire, » étant une loi qui eft requife par le fujet, » & accordée par le prince, il eft conftant » que l'un & l'autre ont volontairement re- » noncé à l'autorité de la pouvoir changer, » parce qu'elle eft faite en forme de ftipula- » tion & révétuë d'une efpéce de contrat, » qui, étant une fois parfait, doit avoir fon » être immuable ; & le Roi, auffi bien que » chacun de fes Sujets, eft préfumé avoir » ftipulé ce qui eft ordonné par les Statuts.«

La feconde autorité eft un arrêt du parlement de Paris, du 25 Septembre 1755, qui a jugé qu'en conformité de la coûtume de Paris, la fucceffion des chanoines de la Sainte Chapelle de Vincennes apartenoit en entier à leurs héritiers, nonobftant la fondation roïale de cette chapelle en 1379, qui n'en accordoit que le tiers auxdits héritiers ; & que, parconféquent, la coûtume, rédigée poſtérieurement, avoit, par ſa diſpoſition générale, dérogé au droit ſucceſſif établi par la fondation & confirmé par lettres patentes de 1387.

Ces témoignages ne permettent pas de douter que les coûtumes ne ſoient des loix dont les diſpoſitions ſont communes aux princes & aux ſujets ; mais il eſt un nouvel ordre de moïens qui naiſſent des caractères propres à la loi du retrait.

Ce ne ſeroit pas prendre une idée juſte du retrait lignager que de le comparer aux autres droits réſultans des coûtumes & autoriſés par leurs diſpoſitions ; elles ſe ſont réunies pour l'adopter, mais il éxiſtoit avant elles. Il eſt né, diſoit M. l'avocat général, en portant la parole dans cette cauſe, il eſt né avec la monarchie ; il tient au droit public du roïaume ; il eſt reçu chez toutes les nations policées. Ce n'eſt pas encore aſſez dire : les ordonnances mêmes du roïaume atteſtent que le vœu commun de tous les Rois a été de le protéger ; qu'il eſt tiré des anciennes mœurs & coûtumes de France ; que c'eſt un droit d'autant plus favorable, qu'il eſt dérivé de la loi que Dieu donna à ſon peuple.

Ce ſont les propres expreſſions dont le Roi ſe ſervit, lorſque, par ſon édit du mois de Novembre 1581, il voulut que le retrait lignager eût lieu dans tout ſon roïaume, même en païs de droit écrit, ſans en excepter les acquiſitions qu'il pouroit faire lui même. Elevé par-là à la qualité de loi publique de l'état, de loi univerſelle pour tout le roïaume, que manque-t-il donc au retrait pour avoir lieu contre le Roi ?

M. le procureur général convient que les loix de l'état doivent être gardées & éxécutées par le ſouverain. C'eſt la conféquence qu'il a tirée de la diférence qu'il a voulu mettre entre les loix & les coû-

tumes ; mais, puiſque le retrait a été placé, par le ſouverain même, au rang des droits qui tiennent à nos plus anciennes mœurs & coûtumes, puiſqu'il a voulu qu'il eût lieu par tout ſon roïaume, même dans les païs où les uſages des lieux ne l'avoient pas encore admis, qu'elle reſſource aura-t-on encore pour prétendre que le Roi n'y eſt pas aſſujéti ?

On annonce que cet édit de 1581 ne s'éxécute pas, & qu'il a été révoqué en 1584 ; mais, ſi l'on avoit conſulté les loix mêmes, on auroit vû que l'édit de 1581, eſt encore dans toute ſa vigueur. Cet édit, en ordonnant que le retrait auroit lieu déſormais dans tout le roïaume, avoit créé un ofice de gréfier des notifications. Les repréſentations ſur l'inutilité & les inconvéniens de cette création, déterminèrent l'édit de 1584, par lequel le Roi ſuprima ces ofices, ſans révoquer expreſſément les édits de création. Le Roi lui-même déclara, dans un autre édit du mois de Mars 1586, qu'en révoquant la création de l'ofice de gréfier des notifications, il n'avoit aucunement entendu révoquer l'édit de Novembre 1581, ſur l'établiſſement & conſtitution de l'action de retrait lignager par tout le Roïaume.

A cette loi publique & générale, s'en joint une autre particulière à la Normandie : c'eſt la Charte aux Normands de 1315. On a eſſaïé envain de mettre une diférence entre la tranſmiſſion à défaut de païement dont il eſt parlé dans cette Charte, & celle qui ſe fait par vente ; l'abandon qui ſe fait pour ſervir de païement, eſt une véritable vente ; & tous les auteurs qui ont parlé de cette Charte, l'ont citée comme une preuve que le retrait lignager a lieu en Normandie dans les ventes faites au Roi. Si la Charte n'a parlé que du cas du délaiſſement, la raiſon de ſa diſpoſition eſt un moïen de plus pour la dame de Becquey : cette raiſon a été que, dans beaucoup de coûtumes, le retrait lignager n'eſt pas admis en ventes forcées ; au lieu qu'il est reçu par-tout en ventes volontaires ; il falloit donc une loi spéciale pour l'introduire dans les délaissemens pour dettes, qui sont des ventes forcées ; & , puisque la Charte a admis le retrait dans ce cas extraordinaire, on ne peut contester qu'il n'ait lieu dans les ventes volontaires, à moins que de vouloir se refuser à l'esprit évident de cette loi.

Ainsi ; les loix générales du roïaume & les loix particulières de la Normandie autorisent également l'action de la dame de Becquey ; mais, quand ces loix n'auroient pas autorisé le retrait des biens vendus au Roi, la raison seule & le bien de l'état ne suffiroient-ils pas pour le faire reconnaître ?

Dans tous les tems de la monarchie, la multiplication des domaines de la couronne a été jugée nuisible à l'état, parce qu'on a toujours été persuadé que c'est la richesse des sujets qui fait celle du prince ; ce seroit méconnaître ce qu'une expérience journalière ne cesse de démontrer, que d'ignorer que les domaines de l'état ne font que surcharger l'état & diminuer ses ressources.

Le retrait a donc lieu & doit avoir lieu contre le Roi ; voilà la règle, la loi, & le bien du Roïaume ; il n'est pas étonnant qu'une maxime si bien établie ait été adoptée par tous les meilleurs auteurs.

Dumoulin dit que l'arrêt de 1283, fut fondé sur des circonstances particulières : que le comté de Guines avoit été long-tems entre les mains des Anglais : que, sans cela, le Roi n'auroit pû se dispenser de reconnaître le droit du retraïant. La dame de Becquey cite plusieurs autres auteurs. Elle ajoute que l'opinion de Choppin n'exclud le retrait contre le Roi que dans les acquisitions faites pour l'utilité publique, & qu'elle l'admet dans toutes les acquisitions que le Roi fait pour son particulier.

2°. Dans les cas d'utilité ou de nécessité publique, le retrait lignager ne peut être exercé contre le Roi ; la cause qui l'exclud seroit suffisante pour obliger le possesseur à faire le sacrifice de son bien ; mais c'est la seule exception autorisée par les loix du roïaume.

Dans l'espéce présente, il n'y a aucune circonstance qui annonce, ni la nécessité, ni l'utilité publique ; il y a deux époques à considérer sur ce point : dans la 1re époque, il est certain qu'on ne peut rien alléguer qui prouve que le Roi ait acquis pour l'utilité publique, puisqu'il étoit même expressément déclaré, dans le contrat, qu'il ne se feroit point de réunion au domaine, & que S. M. posséderoit Gisors à titre de seigneurie & de propriété privée ; c'est pourquoi le Roi s'est soumis aux formes prescrites par la coûtume de Normandie : cette coûtume exige que tout acquéreur fasse *lecturer* ou publier son contrat, & ce n'est que du jour de cette lecture qu'elle fait courir le délai du retrait. Le Roi a satisfait à cette formalité : il a reconnu ainsi, que la coûtume étoit la loi de son acquisition ; & c'est parce qu'il l'a reconnu qu'il a voulu être jugé, comme l'auroit été tout autre acquéreur.

Puisque le Roi a acquis comme seigneur privé, puisqu'il a joui à ce titre, puisqu'il jouïssoit encore dans cette seule qualité, au moment de l'action en retrait, il est évident que cette action n'a rencontré aucun obstacle.

Quand des évènemens imprévus auroient, depuis le retrait intenté, rendu le duché de Gisors nécessaire à l'état, il n'en résulteroit pas moins que le retrait a été régulier dans son principe ; par conséquent il seroit toujours inévitable de l'adjuger à la dame de Becquey, sauf à elle à le consacrer ensuite aux besoins de l'état.

Les lettres patentes enregistrées le 18 Novembre 1761, ont prononcé la réunion de ce duché au domaine, parce que le Roi le destinoit à former l'apanage d'un de ses petits fils. Mais, avant que ces motifs respectables & que cette destination précieuse fuſſent connus à la dame de Becquey, elle avoit dépoſé tous ſes droits aux pieds du Trône; le Roi a voulu qu'il lui fut fait juſtice, c'eſt pour cela qu'il lui a ordonné de ſe pourvoir. On ne peut pas donc ſupoſer que le Roi ait voulu que le ſort de la dame de Becquey dépendît d'un nouvel acte émané de ſa ſouveraine autorité.

Si le duché de Giſors a ſervi autrefois d'apanage, de dot, de douaire, à des enfans de France & à des Reines, c'eſt parce qu'il apartenoit alors au Roi; ce n'eſt qu'avec les domaines & les revenus de l'état, qu'un ſouverain fournit à ces charges importantes.

On en dira autant du projet d'échange (*) avec M. le comte d'Eu; quelqu'avantage que l'état puiſſe retirer de l'acquiſition de la principauté de Dombes, ce projet, conçu depuis la demande en retrait, ne peut porter aucun préjudice au retrayant. On ne jugera jamais qu'il ſoit néceſſaire que cette acquiſition ſe faſſe aux dépens de la dame de Becquey & d'un droit qui lui eſt acquis.

3°. Si tout fief mouvant de la couronne ſe réunit de droit au domaine par l'acquiſition qu'en fait le Roi, la réunion n'eſt pas encore un obſtacle au retrait; parce que cette réunion ne peut avoir qu'un éfet dépendant de la propriété irrévocable. Si la propriété n'eſt acquiſe que ſous une condition réſoluble, la réunion n'a lieu que de la même manière: c'eſt-à-dire, ſous la condition de ne produire aucun éfet ſi le contrat de vente eſt réſolu. Il en eſt abſolument de même d'une acquiſition qui donne ouverture au retrait lignager, qui eſt une charge légale impoſée à l'immeuble. La réunion eſt ſubordonnée au retrait, puiſqu'il eſt la loi de l'acquiſition; au lieu que la réunion, n'eſt que la loi de la propriété.

L'érection de Giſors en duché-pairie n'a porté aucune atteinte à l'action en retrait, puiſque cette érection n'a été faite qu'avec la clauſe dérogatoire au retour ordonné par l'édit de 1566. Si ce duché s'étoit trouvé dans les biens de M. de Belle-Iſle, la dame de Becquey lui auroit ſuccédé par le même droit qui lui aſſûre l'éxercice du retrait.

Pour répondre aux déſirs que le Roi a manifeſtés depuis la demande en retrait, ſoit par les lettres de réunion, ſoit par l'échange de la principauté de Dombes, la dame de Becquey a conclu, par une nouvelle requête, à ce qu'en ordonnant à ſon profit le délaiſſement à titre de retrait de la terre de Giſors & de ſes dépendances, il lui ſoit donné acte de ce que, pour ſe conformer au déſir que le Roi a manifeſté, depuis ladite demande, de conſerver leſdites terres, ſi la Cour juge qu'il y ait lieu, elle offre de remettre au Roi leſdites terres, à l'inſtant qu'elles lui auront été délaiſſées; & ce, pour le prix qu'elles ſe trouveront valoir au jour de l'arrêt qui interviendra; ſur la fixation duquel prix, la dame de Becquey ſe retirera par devers le Roi.

Elle perſiſte à demander qu'on lui ajuge le retrait, parce que ſon droit eſt conſtant, parce qu'il eſt acquis, parce qu'il eſt indépendant des évènemens poſtérieurs: mais, elle ne réclame en même-tems cette propriété, que pour jouïr de la ſatisfaction de l'offrir au même inſtant au Roi, & de la conſacrer à l'uſage qu'il s'eſt propoſé d'en faire, au cas qu'il fut jugé qu'elle doit lui reſter.

Par l'arrêt rendu ſur cette queſtion, le 30 Juillet 1762, au raport de M. Terray, la Cour a déclaré les parties de Gerbier (madame de Becquey), & de Dandaſne (M. de la Vauguyon), non-recevables dans leurs demandes.

SUCCESSION *collatérale*; n. 11, tom, 3, page 401.

(*) Voïez ci-deſſus l'article *Dombes*, p. 525.

Arrêt du conseil du 8 Juillet 1755, par lequel, sans s'arrêter à une ordonnance de M. l'intendant de Poitiers, le sieur de la Haye du Brie & ses cohéritiers en la succession du sieur de Montfermier, ont été solidairement condamnés à payer l'excédent du droit de centième denier de la valeur d'une terre & d'une maison, dépendantes de ladite succession, sur le pié de 37200 liv.; au triple d'icelui, & en l'amende de 300 livres. Par leur déclaration, faite en 1741, ils avoient estimé la terre, 28000 livres, & la maison 2000 livres; le droit de centième denier fut payé en conformité. Neuf mois après, l'un des héritiers a cédé son huitième à un autre, moyennant 8400 liv.; d'où le fermier a conclu que les biens valoient 67200 livres, & que, par conséquent, la déclaration étoit insufisante de 37200 livres; les héritiers ont dit que la déclaration étoit juste, & que l'on ne pouvoit induire le contraire, du prix d'affection & de convenance, que l'un des cohéritiers avoit donné pour réunir en sa personne les portions des autres; qu'il a éfectivement réuni le tout, & qu'ensuite il a fait plusieurs améliorations à la terre, de manière qu'elle étoit actuellement affermée 2800 liv.; mais qu'on ne pouvoit encore conclure, de cette reconnaissance, que la déclaration fut insufisante, puisque le prix du bail n'est déterminé que par les augmentations considérables faites depuis la déclaration. M. l'intendant avoit seulement ordonné qu'il feroit payé un suplément de droit de centième denier, relativement au prix du bail. Le fermier a interjetté apel de cette ordonnance; & a dit que la cession d'un huitième ne fut pas faite à celui des cohéritiers qui, depuis, a réuni la totalité; qu'ainsi le prétendu motif d'un prix d'affection n'est d'aucune considération. Il ne paraît pas que les héritiers ayent répondu sur l'apel.

TURENNE, vicomté, dont il a été parlé dans le 3ᵉ vol., page 461, & suiv. Mais, n'ayant pas dit comment cette terre a passé au Roi, on l'expliquera ici.

M. le duc de Bouillon proposa au Roi, de lui vendre la terre & vicomté de Turenne, pour être le montant du prix de la vente, employé au remboursement des dettes hipotéquées, tant sur ladite terre & vicomté, que sur toutes les autres terres dont il étoit en possession; &, comme le Roi voulut, avant que de prendre une résolution définitive sur cette proposition, être éxactement instruit du revenu que pouvoit produire cette terre, de son étenduë, des droits qui apartenoient à M. le duc de Bouillon en qualité de vicomte de Turenne, & des moyens de faire ladite acquisition avec sûreté; S. M. commit, par arrêt du conseil du 25 Juin 1737, Mʳˢ Fagon, Dormesson, de Gaumont & Trudaine, conseillers d'état & intendans des finances, pour, conjointement avec M. le contrôleur général, sur les titres & mémoires qui leur seroient remis, lui donner leur avis, tant sur la consistance & le produit de ladite terre & vicomté de Turenne, & droits apartenans à M. le duc de Bouillon en qualité de seigneur de ladite terre, que sur les moyens d'en faire l'acquisition avec sûreté; & ledit avis vû & raporté, être ensuite pris par S. M. telle résolution qu'elle jugeroit à propos.

Mʳˢ les commissaires donnèrent leur avis le 15 Mars 1738, qui est resté annéxé à la minute d'un arrêt du conseil du 10 Avril suivant.

Par cet arrêt du 10 Avril 1738, les mêmes commissaires furent commis, pour procéder, au nom du Roi, à l'acquisition de la vicomté de Turenne, baronie de Cazillac & Châtellenie de la Miliere, circonstances & dépendances, ensemble de tous les droits en dépendans, & priviléges prétendus par M. le duc de Bouillon, en qualité de Vicomte de Turenne, sans en rien excepter ni réserver, si ce n'est la faculté de porter le le nom & titre de vicomte de Turenne, que S. M. a bien voulu accorder audit sieur duc de Bouillon, & aux mâles descendans de lui, & lui permettre de se la réserver expressément par le contrat qui sera passé, & aux autres conditions qui ont ensuite été exprimées dans le contrat.

En conséquence, le contrat a été passé le 8 Mai 1738, devant Bouron & son confrère, notaires au châtelet de Paris : M. le duc de Bouillon, Charles-Godefroy de la Tour d'Auvergne, a vendu, cédé, transporté & délaissé, promettant garantir de tous troubles, évictions & empêchemens, à S. M., pour elle & ses successeurs Rois de France, ce acceptant par M^{rs} les commissaires, ladite terre & vicomté de Turenne, la terre & seigneurie de Cazillac, les co-seigneuries de Brives & Malmort, & la châtellenie de la Miliere, circonstances & dépendances, & généralement tous les fiefs, terres & droits seigneuriaux apartenans audit seigneur duc de Bouillon, dans l'étenduë des provinces de Limousin & de Quercy, qui sont compris dans le bail passé devant Bougainville & son confrère, notaires à Paris, le 24 Mai 1735, à Pierre-Paul Binois, Jean-Baptiste Molin, & Anne-Louis Lacauche ; même les réserves mentionnées audit bail ; comme aussi les droits & priviléges extraordinaires dont ledit seigneur duc de Bouillon a joui dans l'étenduë desdites terres, & dont il pourroit avoir eû droit de joüir, sans néanmoins que la présente clause puisse être regardée comme une aprobation de la part de S. M., du droit de joüir desdits priviléges, ni de la possession prétenduë par ledit seigneur duc de Bouillon ; & sans que ledit seigneur duc de Bouillon puisse être tenu envers S. M. d'aucune garantie desdits droits & priviléges ; ensemble tous les autres droits dépendans desdites terres & seigneuries, dont joüit actuellement ledit seigneur duc de Bouillon, en qualité de vicomte de Turenne, sans

en rien excepter ni réserver. Ladite vicomté de Turenne, terres & seigneuries ci-dessus désignées, relevans immédiatement en plein fief, foi & hommage du Roi, soit à cause de son duché d'Aquitaine, soit à cause de la couronne de France. Et, en cas qu'il fut justifié que lesdites terres ci-dessus venduës relevassent en tout ou partie d'autres seigneurs, ledit seigneur duc de Bouillon se soumet de païer, en l'acquit de S. M., les lods & ventes & les droits d'indemnité & autres droits de mutation qui se trouveroient dûs, & à qui il apartiendra ; à l'éfet dequoi estimation seroit faite des terres qui seroient justifiées relever d'autres seigneurs que de S. M. au denier 30 de leurs revenus ordinaires & casuels seulement, conformément à l'arrêt du conseil du 19 Avril dernier ; sans néanmois que, de la présente clause, on puisse induire aucune aprobation de la part dudit seigneur duc de Bouillon des prétentions qui pouroient être formées par aucuns seigneurs ; faisant ledit seigneur duc de Bouillon toutes protestations & réserves contraires. Apartenant ladite terre & vicomté de Turenne, & les autres terres & seigneuries en dépendantes, ci-dessus désignées, audit seigneur duc de Bouillon, en vertu des donations qui ont été faites par les contrats de mariage de feu monseigneur Emmanuel-Theodose de la Tour d'Auvergne son père, duc d'Albret, & depuis duc de Bouillon, audit seigneur duc d'Albret, par monseigneur Godefroi-Maurice de la Tour d'Auvergne, duc de Bouillon son père ; le premier desdits contrats passé devant Valet & son confrère, notaires à Paris, le 31 Janvier 1696 ; & le second, devant Meusnier & son confrère, notaires à Paris, le 1er Juillet 1718 : par lesquels contrats de mariage contenant lesdites donations, lesdites terres & seigneuries ont été substituées audit seigneur duc de Bouillon vendeur, &, après lui, aux autres apellés

Tome III. Bbbb

à ladite substitution desdites terres. Pour être ledit vicomté de Turenne, terres & droits y joints, & en dépendans, réunis incommutablement & à perpétuité au domaine de la couronne, sans pouvoir à l'avenir être donnés, cédés ou aliénés à titre d'apanage, échange, engagement ou en quelqu'autre forme ou manière que ce puisse être ; à l'exception néanmoins de quelques justices & seigneuries particulières, portions de seigneuries ou justices en dépendantes, dont S. M. s'est réservé la faculté de pouvoir disposer dans trois années, conformément audit arrêt du conseil du 10 Avril dernier. Et pour jouïr, par S. M., des choses ci-dessus venduës, à commencer du 1er Janvier dernier de la présente année 1738 ; se réservant ledit seigneur duc de Bouillon tous les revenus & droits desdites terres & seigneuries & dépendances d'icelles, échûs jusqu'audit jour. S. M. entretiendra le bail ci-dessus mentionné, fait le 24 Mai 1735, pour six années, si mieux elle n'aime, en le résiliant, indemniser les fermiers. Les oficiers de judicature de la vicomté de Turenne, & autres actuellement pourvûs & institués par ledit seigneur duc de Bouillon & par ses prédécesseurs vicomtes de Turenne, ne pouront être dépossédés de leurs ofices, qu'en les remboursant, par S. M., de ce qui se trouvera leur être légitimement dû pour les finances par eux fournies, ou pour indemnités, en telle sorte qu'il ne puisse être éxercé de leur part aucun recours ni répétition contre ledit seigneur duc de Bouillon. Pour perpétuer la mémoire des grands & importans services rendus aux Rois & à la couronne de France par les vicomtes de Turenne, pré-

décesseurs dudit seigneur duc de Bouillon, & particulièrement par Henry de la Tour d'Auvergne, vicomte de Turenne, maréchal général des camps & armées du Roi, il a été convenu que ledit seigneur duc de Bouillon, ses hoirs & successeurs mâles, pouront continuer de porter le nom & le titre de vicomte de Turenne, nonobstant la présente vente ; S. M. leur en accordant toute faculté & permission sur ce nécessaires. Sera tenuë S. M. d'acquiter & faire païer, à compter dudit jour 1er Janvier 1738, les charges réelles & foncières, redevances & fondations dont sont chargées lesdites terres & dépendances, conformément à l'état fourni par ledit seigneur duc de Bouillon, qui demeure annéxé à la minute des présentes, après avoir été certifié véritable par ledit seigneur duc de Bouillon, signé & paraphé de lui & desdits seigneurs commissaires (*) ; sans que S. M. puisse être tenuë d'aucunes autres charges que de celles mentionnées audit état, & sans cependant que les énonciations y contenuës puissent attribuer aucun droit aux parties non contractantes. Cette vente faite aux charges, clauses & conditions ci-dessus, & outre moïennant le prix & somme de *quatre millions deux cent mille livres*, que lesdits seigneurs commissaires s'engagent, pour & au nom de S. M., promettent & s'obligent emploïer audit nom, au remboursement des dettes dudit seigneur duc de Bouillon qui seront par lui indiquées, & qui seront jugées être de telle nature que S. M., en remboursant lesdites dettes & se faisant subroger aux créanciers remboursés, acquière une sûreté suffisante de ne pouvoir être évincée de ladite vicomté de

---

(*) Suivant cet état, les charges locales de la vicomté de Turenne, non-compris les gages des oficiers & les frais de justice, montent à 635 livres annuellement, savoir, 570 livres au curé de saint Hilaire du Peyrou, pour sa portion congruë ; pension de vicaire, conformément au règlement fait avec lui pour le pain, vin, luminaire & vestiaire ; 10 livres au Chapitre de Roquemadour, pour Obit ; 13 livres aux Religieuses de l'abbaye de l'Hôpital, pour fondation ; 12 livres aux Jacobins de Brives, pour Obit ; & 30 livres aux Cordeliers de Brives, aussi pour Obit.

Turenne & terres y jointes, sans être rembourfée des fommes qu'elle aura païées; lefquels rembourfemens feront faits en la préfence & du confentement dudit feigneur duc de Bouillon ; & en cas qu'il ne fe trouve pas fufifamment de créances de la nature fufdite, pour abforber en entier ladite fomme de 4200000 livres, le furplus fera emploïée en acquifition d'immeubles au profit dudit feigneur duc de Bouillon, qui feront par lui choifis, & agréés par S. M., pour être lefdits immeubles fubrogés audit vicomté de Turenne, & grévés des mêmes fubftitutions dont ladite vicomté fe trouve grévée ; & cependant, en attendant que ladite fomme de 4200000 liv. foit emploïée au rembourfement des fufdites dettes, ou à l'acquifition defdits immeubles, l'intérêt de ladite fomme, ou de celle qui reftera à emploïer, fera païé audit feigneur duc de Bouillon, fur le pié du denier vingt, à compter dudit jour 1er Janvier dernier 1738 ; & feront lefdits intérêts païés de quartier en quartier, dont le premier eft échu le dernier Mars de la préfente année, le fecond échéra le dernier Juin prochain ; & ce, par l'adjudicataire général des fermes unies, pour & en l'acquit de S. M. ; & ainfi des autres à échéoir à l'avenir, fans que lefdits intérêts puiffent être réduits à un denier qui foit au-deffous du denier vingt, ni qu'ils puiffent être fufceptibles de la retenuë du dixième, même dans le cas où il plairoit à S. M. d'en ordonner la levée fur les revenus des fonds & autres biens de fon roïaume ; & ne poura le païement & emploi dudit prix principal être retardé pour quelque raifon & fous quelque prétexte que ce foit. Sera tenu ledit feigneur duc de Bouillon de remettre à S. M. tous les titres, contrats, piéces, mémoires & documens concernans la propriété & les droits dudit vicomté de Turenne, terres

& droits y joints & en dépendans, ci-deffus vendus, & particulièrement ceux compris dans l'inventaire, repréfenté auxdits feigneurs commiffaires & aux notaires fouffignés, & par eux paraphé ; à l'éfet dequoi il en fera fait récollement fur ledit inventaire par telle perfonne qu'il plaira à S. M. commettre ; fans néanmoins que ledit feigneur duc de Bouillon puiffe être recherché ni inquiété pour raifon des titres & documens compris audit inventaire, & qui ne fe trouveroient pas en nature ; & à l'égard des titres domeftiques & actes de famille qui ne concerneront point lefdites terres & droits, ledit feigneur duc de Bouillon poura les faire retirer des archives de Turenne, fuivant l'état qu'il en donnera, qui fera vû & aprouvé par lefdits feigneurs commiffaires; lefquels confentent en outre que ledit feigneur duc de Bouillon foit aidé de tous les titres par lui remis, toutes fois & quantes il le requerra, & qu'il lui en foit délivré des expéditions, fi befoin eft, fans païer par lui d'autres frais que les fimples débourfés, tels que S. M. en eft tenuë : & demeureront refpectivement lefdites parties obligées; favoir, lefdits feigneurs commiffaires, pour & au nom de S. M. fous fon obligation perfonnelle, & fous l'hipotéque fpéciale, & par privilége expreffément réfervé de ladite terre & vicomté de Turenne, terres & droits vendus par le préfent contrat ; & ledit feigneur duc de Bouillon, fous l'obligation & hipotéque de tous fes biens préfens & à venir, d'exécuter & entretenir toutes les claufes & conditions du préfent contrat, fans jamais y contrevenir ; en témoin dequoi &c. La minute demeurée à Me Bouron notaire.

Par arrêt du 1er Juillet 1738, le Roi, étant en fon confeil, a aprouvé & ratifié ledit contrat de vente & a ordonné qu'il fera éxécuté fuivant fa forme & teneur.

Fin des Additions.

TABLE

Des Matières contenuës dans les Additions.

F I N.

APPROBATION.

J'Ai lû, par ordre de Monseigneur le Chancelier, un Ouvrage intitulé *Dictionnaire Raisonné des Domaines & Droits Domaniaux*. Je n'y ai rien trouvé qui en pût empêcher l'impression ; & il m'a parû que l'Auteur y avoit parfaitement rempli son objet, & que cet ouvrage ne pouvoit qu'être extrêmement utile pour la connaissance des Droits du Roi, & la facilité de leur perception. A Paris, ce premier Janvier 1762. *Signé*, GIBERT.

PRIVILÉGE DU ROI.

LOUIS, par la grace de Dieu, Roi de France & de Navarre : A nos amés & féaux Conseillers, les Gens tenans nos Cours de Parlement, Maîtres des Requêtes ordinaires de notre Hôtel, Grand Conseil, Prevôt de Paris, Baillifs, Sénéchaux, leurs Lieutenans Civils, & autres nos Justiciers qu'il appartiendra : SALUT. Notre amé le Sieur * * * Nous a fait exposer qu'il désireroit faire imprimer & donner au Public un Ouvrage de sa Composition qui a pour titre : *Dictionnaire Raisonné des Domaines, Droits Domaniaux, & autres Droits y joints*, s'il Nous plaisoit lui accorder nos Lettres de Privilége pour ce nécessaires ; A CES CAUSES, voulant favorablement traiter l'Exposant, Nous lui avons permis & permettons, par ces Présentes, de faire imprimer ledit Ouvrage, autant de fois que bon lui semblera, & de le faire vendre & débiter par tout notre Roïaume, pendant le tems de dix années consécutives, à compter du jour de la date des Présentes ; faisons défenses à tous Imprimeurs, Libraires & autres Personnes de quelque qualité & condition qu'elles soient, d'en introduire d'impression étrangère dans aucun lieu de notre obéïssance ; comme aussi, d'imprimer ou faire imprimer, vendre, faire vendre, débiter, ni contrefaire ledit Ouvrage, ni d'en faire aucun extrait, sous quelque prétexte que ce puisse être, sans la permission expresse & par écrit dudit Exposant, ou de ceux qui auront droit de lui, à peine de confiscation des Exemplaires contrefaits, de trois mille livres d'amende contre chacun des Contrevenants, dont un tiers à Nous, un tiers à l'Hôtel-Dieu de Paris, & l'autre tiers audit Exposant, ou à celui qui aura droit de lui, & de tous dépens, dommages & intérêts ; A la charge que ces Présentes seront enregistrées tout au long sur le Registre de la Communauté des Imprimeurs & Libraires de Paris, dans trois mois de la date d'icelles ; que l'impression dudit Ouvrage sera faite dans notre Roïaume & non ailleurs, en bon papier & beaux caractères, conformément à la feüille imprimée attachée pour modèle, sous le contrescel des Présentes, que l'Impétrant se conformera en tout aux Réglemens de la Librairie, & notamment à celui du 10 Avril 1725. Qu'avant de l'exposer en vente, le Manuscrit qui aura servi de copie à l'impression dudit Ouvrage, sera remis dans le même état où l'Approbation y aura été donnée, ès mains de notre très-cher & féal Chevalier Chancelier de France, le Sieur DE LAMOIGNON ; & qu'il en sera ensuite remis deux Exemplaires dans notre Bibliothéque publique, un dans celle de notre Château du Louvre, un dans celle de notredit très-cher & féal Chevalier Chancelier de France, le Sieur DE LAMOIGNON, & un dans celle de notre très-cher & féal Chevalier Garde des Sceaux de France, le Sieur BERRYER ; le tout à peine de nullité des Présentes. Du contenu desquelles vous mandons & enjoignons de faire joüir ledit Exposant, & ses ayans cause, pleinement & paisiblement, sans souffrir qu'il leur soit fait aucun trouble ou empêchement ; Voulons que la Copie des Présentes, qui sera imprimée tout au long au commencement ou à la fin dudit Ouvrage, soit tenuë pour duëment signifiée, & qu'aux Copies collationnées par l'un de nos Amés & féaux Conseillers-Secrétaires du Roi, foi soit ajoûtée comme à l'Original. Commandons au premier notre Huissier ou Sergent sur ce requis, de faire pour l'exécution d'icelles, tous actes requis & nécessaire, sans demander autre permission, & nonobstant clameur de Haro, Charte Normande, & Lettres à ce contraires. CAR tel est notre plaisir. DONNÉ à Paris, le neuvième jour du mois de Décembre, l'an de grace mil sept cent soixante-un : Et de notre régne : le quarante-septiéme. Par le Roi en son Conseil. *Signé*, LE BEGUE, *avec grille & paraphe.*

Régistré sur le Régistre de la Chambre Roïale & Sindicale des Libraires & Imprimeurs de Paris, Nº. 250, Fol. 234, conformément au Réglement de 1723, qui fait défenses à toutes Personnes de quelques qualités & conditions qu'elles soient, autres que les Libraires & Imprimeurs de vendre, débiter, faire afficher aucuns Livres pour les vendre en leurs noms, soit qu'ils s'en disent les Auteurs ou autrement, & à la charge de fournir à la susdice Chambre, neuf Exemplaires prescrits par l'article 108. du même Réglement. A Paris, ce 19 Décembre 1761. Signé, SAUGRAIN, *Sindic.*

Régistré sur le Régistre de la Chambre des Libraires & Imprimeurs de Roüen, Nº. 276, conformément au Réglement de 1723. A Roüen, ce 25 Décembre 1761. Signé, G. L. LE BOUCHER, *Sindic.*

*Fautes à corriger , indépendamment de celles indiquées dans l'Errata ,
qui se trouve à la fin du second Volume.*

Tome Premier.

Page.	Colon.	Ligne.			
82	2	40	par conséquence	*Lisez*	par conséquent
88	1	38	lesquelles		lesquels
121	2	8	général de la ville		général de police , de la Ville
122	1	7	confirmant		infirmant
181	2	30	au §. précédent		au §. 30
196	2	8	donc savoir		donc de savoir
432	1	31	*main de*		*main du*
589	1	32	pareage		pariage

Tome Second.

Page.	Colon.	Ligne.			
95	2	8	1567	*Lisez*	1667
134	2	22	engagistes		échangistes
138	1	44	dans tous		dans tout
374	2	41	du 1er Octobre		du 13 Novembre
410	2	39	le noms de		le nom de
412	2	25	qu'à la charge		qu'à la condition
564	2	13	l'héritier est grévé		l'héritier grévé
580	1	18	subvenir		survenir
611	1	10	200 Messes ,		2000 Messes ,
682	2	6	*propres ,*		*progrès ,*

Tome Troisiéme.

Page.	Colon.	Ligne.			
10	1	8	d'établir le	*Lisez*	d'établir les
21	2	46	livre		livres ,
25	2	37	Henri II ,		Henri III ,
		40	Tom. 1		tom. 2 ,
33	2	46	Janvier 1743		Janvier 1734
38	1	4	avoit , mis par		avoit mis , par
45	2	19	Lauverjo , nnotaire		Lauverjon , notaire
46	2	9	atresctes de		actes de
		9	& au actes		& autres actes
67	2	17	fournies		fourni
76	2	40	Tom , 3 ,		Tom. 2
98	2	19	traité de		traité hist. de
122	2	10	infirmés		infirmée

Page.	Colon.	Ligne.		*Lisez*	
152	1	1	demeura		demeurera
165	1	17	prétention que fur		prétention fur
177	2	19	à laquelle étoit		à laquelle il étoit
178	1	4	privilégiées		privilégiés
183	1	2	pour vendeur ;		pour le vendeur ;
184	1	2	qu'ils		qu'il
187	2	17	eft l'apel		eft apel
195	2	8	requéront		requerront
		9	& vant la		& avant la
218	1	30	celles		celle
219	1	4	d'inférieurs		d'inférieures
234	1	1	*relif*		*relief*
241	1	22	des provifions ou des		de provifions ou de
243	1	24	voire		voir
256	1	28	du 30 Mai		du 20 Mai
289	2	24	tem slimitées		tems limités
327	2	31	§. 36.		§. 37.
362	1	39	lods & vendes		lods & ventes
	2	33	conforme		conformes
366	2	20	puifqu'il		puifqu'ils
384	2	21	Mai 1743		Mai 1753
390	2	34	autres de grévés		autres grévés
404	2	4	Valois		Valais
		23	rapoté		raporté
		23	1487		1481
		29	liberté , & éxemtions		libértés , éxemtions &
		38	d'ailliance		d'alliance
418	2	13	témoins , notaire		témoins , au notaire
427	2	18	s'il l'a fait ,		s'il la fait ,
499	2	39	*gens le main-morte*		*gens de main-morte*